قاموس

العربية المعاصرة

قاموس

現代アラビア語辞典

アラビア語—日本語

المؤلف:
تاناكا هيرويتشي
مراجعة:
د. ليث صبيحات

著者　田中 博一
監修　スバイハット レイス

鳥影社

خُضَار:野菜

قَرْنَبِيط : ブロッコリー
مَلْفُوف : キャベツ
فِلْفِل أَخْضَر : ピーマン

بَنْدُورَة : トマト
بَاذِنْجَان : 茄子
بَصَل : 玉ネギ
بَطَاطَا : ジャガ芋
جَزَر : 人参
كُوسَا : ズッキーニ

فُجْل : 赤カブ

هَلْيُون :アスパラガス　كَرَفْس :セロリ　ذُرَة : トウモロコシ　خِيَار : キュウリ　قَرْعَة : カボチャ

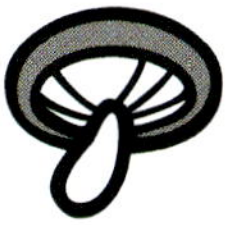

ثُوم : ニンニク　إِسْبَانَخ : ホウレンソウ　فُول : 空豆　فِلْفِل حَارّ : 唐辛子　فُطْر : キノコ

昆虫〔こんちゅう〕: حَشَرات

羽〔はね〕:جَنَاح

頭〔あたま〕:رَأْس

触角〔しょっかく〕:زُبَانَى (زُبَانِيَا)

胸〔むね〕:صَدْر

複眼〔ふくがん〕:عَيْن مُرَكَّبَة

腹〔はら〕:بَطْن

前肢〔ぜんし〕:رِجْل (قَائِمَة) أَمَامِيَّة

後肢〔こうし〕:رِجْل (قَائِمَة) خَلْفِيَّة

カブト虫〔むし〕:خُنْفُسَاء

クワガタ虫〔むし〕:خُنْظُب

蝶〔ちょう〕:فَرَاشَة

ハエ:ذُبَابَة الْمَنَازِلِ

芋虫〔いもむし〕:دُودَة

蛍〔ほたる〕:حُبَاحِب

バッタ:جُنْدُب

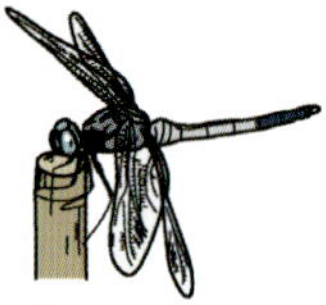

トンボ:سُرْمَان

蚊〔か〕:نَامُوسَة

蟻〔あり〕:نَمْلَة

鳥(とり)：طُيُور

鶏(にわとり):دَجَاج

ヒヨコ:فَرْخ

雄鶏(おんどり):دِيك

鳩(はと):حَمَام

烏(からす):غُرَاب

ペリカン:بَجَع

ダチョウ:نَعَامَة

鷹(たか):صَقْر

アヒル:بَطٌّ

燕(つばめ):سُنُونُو

雀(すずめ):عُصْفُور

オウム:بَبْغَاءُ

フクロウ:بُوم

鷺(さぎ):مَالِك الحَزِين

鷲(わし):نَسْر

白鳥(はくちょう):إِوَزّ عِرَاقِيّ

人体: أَقْسَامُ جِسْمِ الإِنْسَان

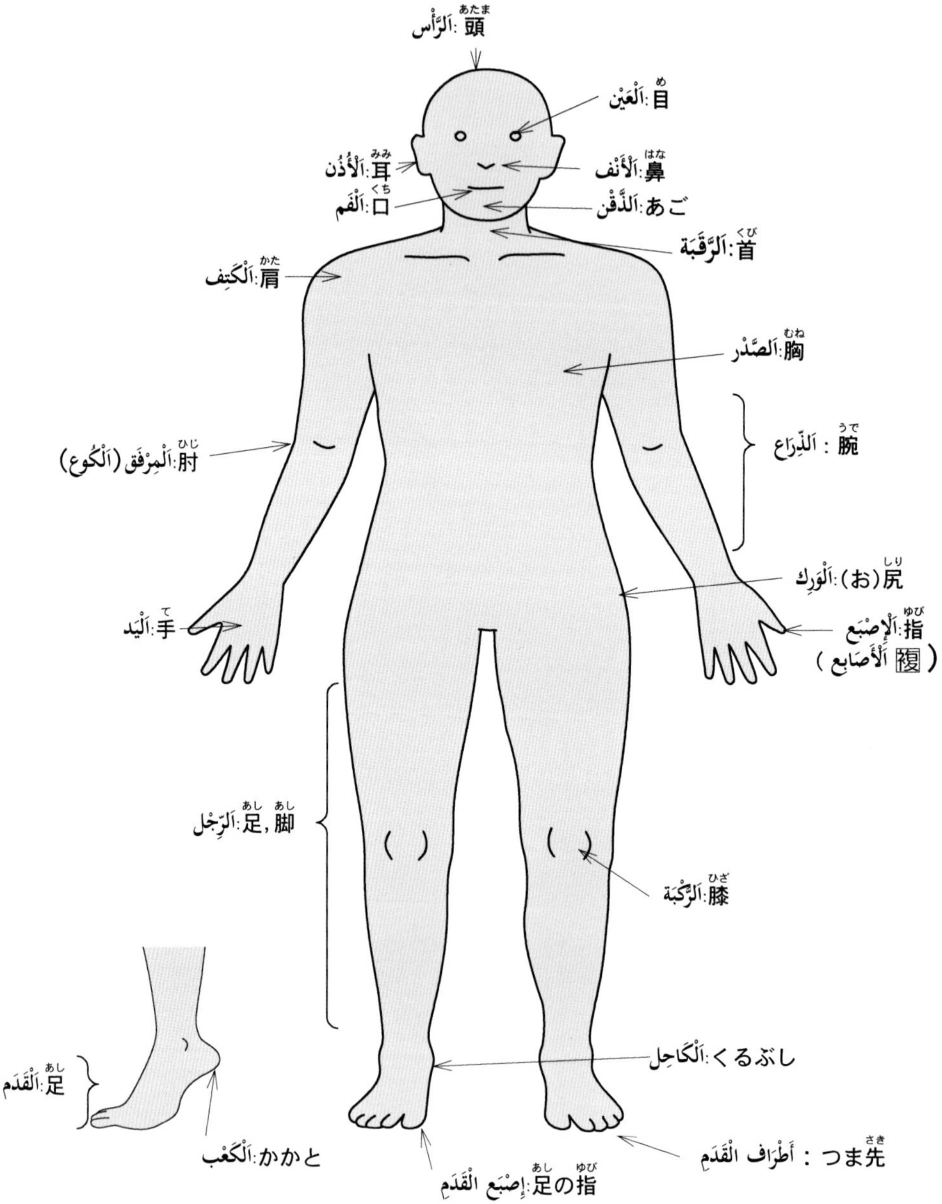

خَرِيطَةُ الْيَابَانِ : 日本地図（にほんちず）

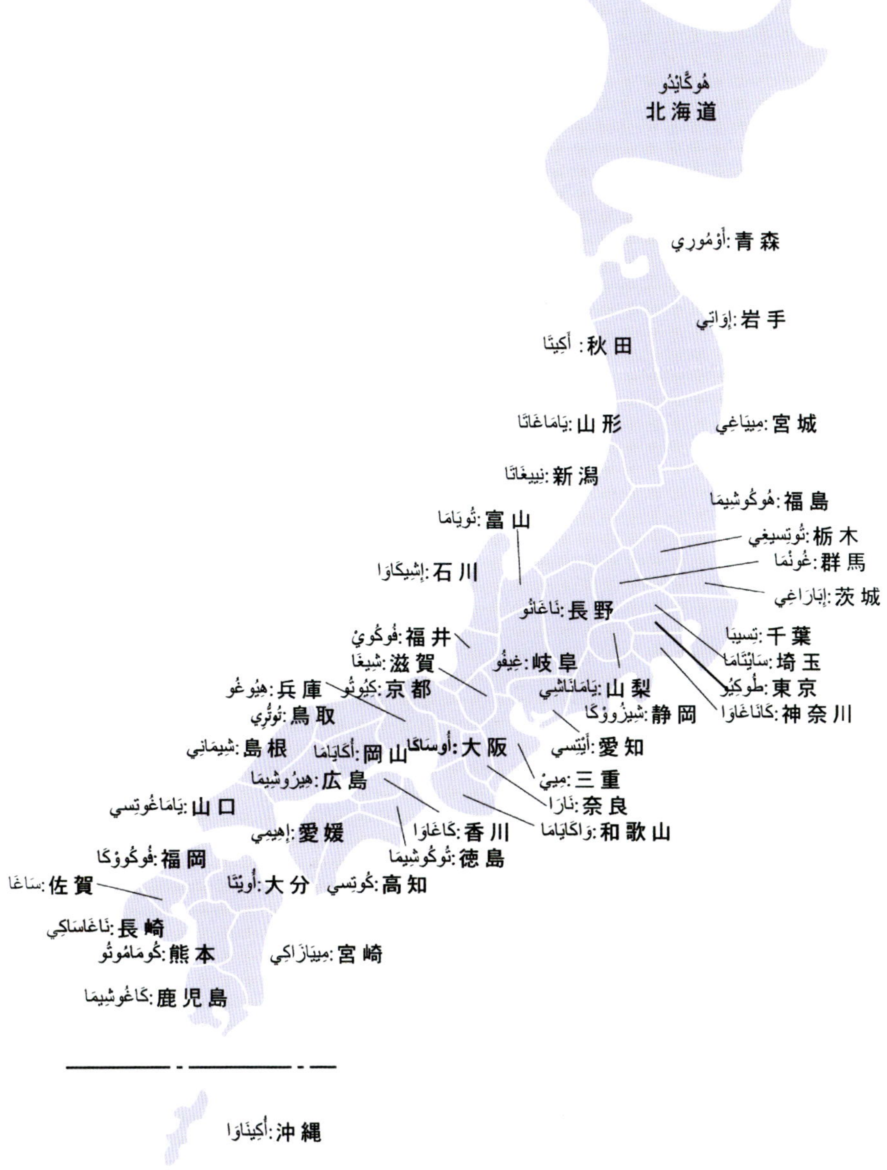

هُوكَّايْدُو
北海道
青森: أَوْمُورِي
岩手: إِوَاتِي
秋田: أَكِيتَا
山形: يَامَاغَاتَا
宮城: مِيَاغِي
新潟: نِيِيغَاتَا
福島: هُوكُوشِيمَا
富山: تُويَامَا
栃木: تُوتِسيغِي
石川: إِشِيكَاوَا
群馬: غُونْمَا
茨城: إِبَارَاغِي
長野: نَاغَانُو
福井: فُوكُويْ
千葉: تِسيبَا
滋賀: شِيغَا
岐阜: غِيفُو
埼玉: سَايْتَامَا
兵庫: هِيُوغُو
京都: كِيُوتُو
山梨: يَامَانَاشِي
東京: طُوكِيُو
鳥取: تُوتُّرِي
静岡: شِيزُووكَا
神奈川: كَانَاغَاوَا
島根: شِيمَانِي
岡山: أَكَايَامَا
大阪: أُوسَاكَا
愛知: أَيْتِسي
広島: هِيرُوشِيمَا
三重: مِيِيْ
山口: يَامَاغُوتِسي
奈良: نَارَا
愛媛: إِهِيمِي
香川: كَاغَاوَا
和歌山: وَاكَايَامَا
福岡: فُوكُووكَا
徳島: تُوكُوشِيمَا
佐賀: سَاغَا
大分: أُويْتَا
高知: كُوتِسي
長崎: نَاغَاسَاكِي
熊本: كُومَامُوتُو
宮崎: مِيَازَاكِي
鹿児島: كَاغُوشِيمَا
沖縄: أُكِينَاوَا

【はじめに】

本書『現代アラビア語辞典』(アラビア語ー日本語)は２０１５年８月に出版しました『現代日本語アラビア語辞典』と同時進行で編集したものです。アラビア語の語彙をデータ化し始めたのは１９８０年代半ばで、日本でアラビア文字の個人的使用はタイプライターしか無い時代、ようやくコンピューター上で日本語を操れる時代でした。本書中のアラビア語のフォントもタイプライターの文字をコンピューターに移植したもので、現在では貧弱な感がするものですが、三十数年に渡って集積した語彙を再度、現在のフォントに置き換えることは多大な労力を要しますので、あえてそのまま本書に使用しました。

見出し語はアラビア語アラビア語辞典『المعجم الوسيط المدرسي』(学生用アラビア語中辞典)から借用し、アラビア語圏で学生が使用する語を配列しました。

アラビア語辞典は語根から求める語を探すのですが、アラビア語学習初期においては、その語根を把握することに困難を来すのが常であります。本書はこの語根主義のアラビア語辞典が使用可能になるまでの過渡的使用を目的とするもので、『المعجم الوسيط المدرسي』と同様に見出し語はアルファベット順に配列しています。見出し語数は約一万語でありますが、例文・熟語を多数収録していますので、アラビア語新聞・雑誌などを理解するのに十分な語彙数であると思われます。

見出し語がアルファベット順であることは言葉を探すのに容易ではありますが、本来アラブ人の使用するアラビア語辞書はアルファベット順ではありません。それは前述の語根主義と呼ばれるもので、その語根は３文字の動詞(彼は〜した)を基本としています。この語根が見出し語になります。さらに、この語根に一つから三つの文字を付加したものが動詞の派生形で、ほぼ九つの型があります。いわゆる欧米語文法による現在分詞、受動分詞、名詞、形容詞などがそれぞれの型に存在します。語根の３文字の動詞は漢字の旁や偏のように基本の意味を持ち、派生形はその型に応じた意味を持ちます。

非アラビア語圏のアラビア語学習者に必携といわれる Milton Cowan の Dictionary of Modern Written Arabic でさえ語根主義は見出しの動詞にのみ見られるだけで、名詞、形容詞、副詞に相当するものは動詞の欄の後に、ほぼアルファベット順に記述されていて、語根主義の辞書とは言えない形態です。

しかしながら筆者がマレーシアで偶然見つけた Hizbi Sdn. Bhd 出版の ARABIC-ENGLISH DICTIONARY OF THE MODERN LITERARY LANGUAGE, ISBN 983-816-022-9 は完全なる語根主義辞書で、その配列はアラビア語の持つ構造的・文法的美さえ感じさせるものです。語彙数も十分で、申し分のない辞書です。学習諸子も機会があれば、是非とも入手されることをお薦めします。

例えばイスラムという語の語根(語源)は س(s) ل(l) م(m) という三つの子音から成る سَلِمَ という「安全である」とか「無事である」とかを意味する語です。

Milton Cowan の Dictionary of Modern Written Arabic では、この語根 سلم の項の動詞の

説明の後に、何の関連性もなく اسلام islām の項が2ページ後に出てきます。

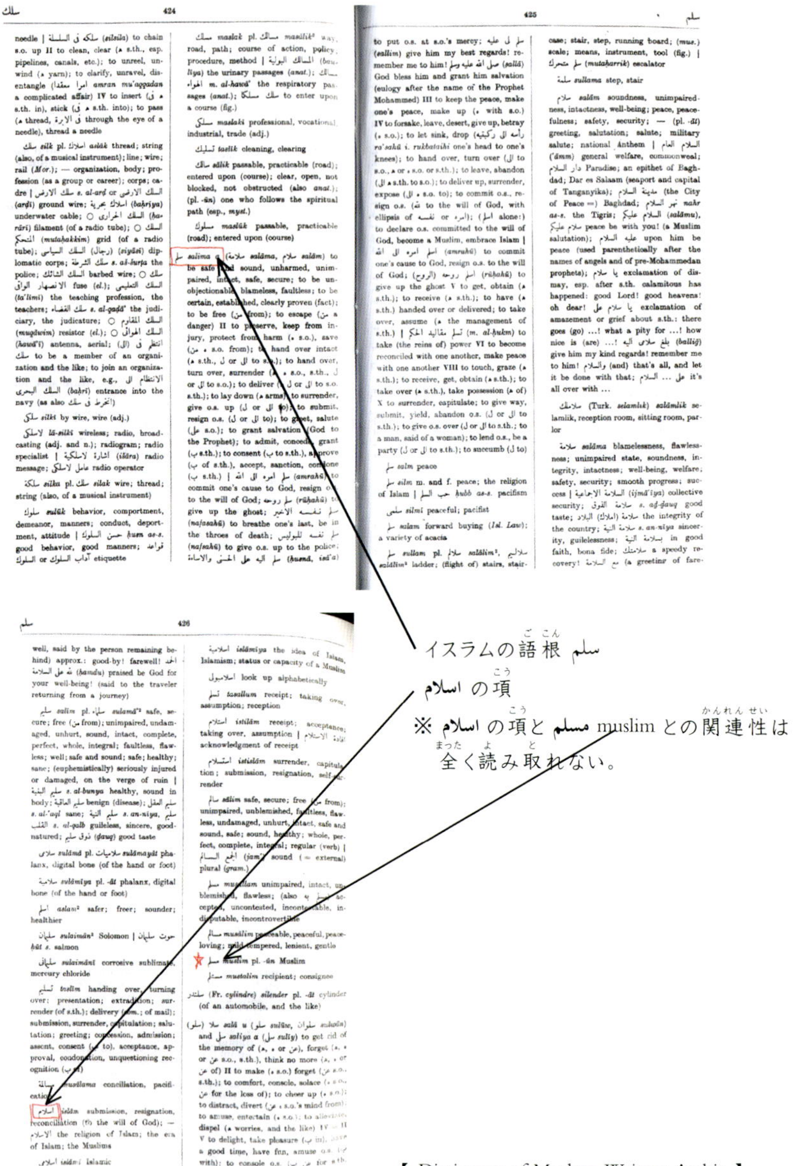

【 Dictionary of Modern Written Arabic 】

一方、 ARABIC -ENGLISH DICTIONARY OF THE MODERN LITERARY LANGUAGE では

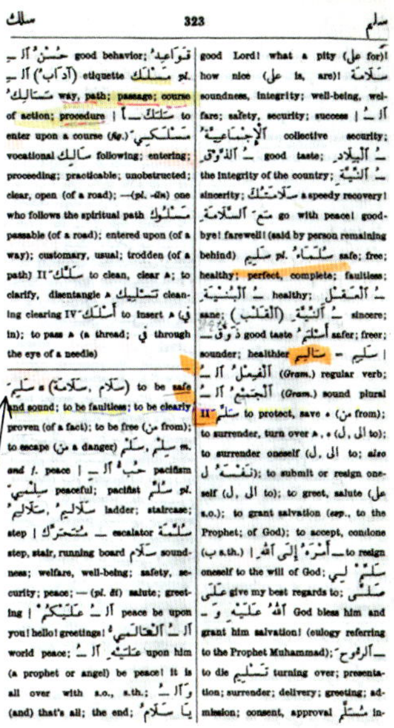

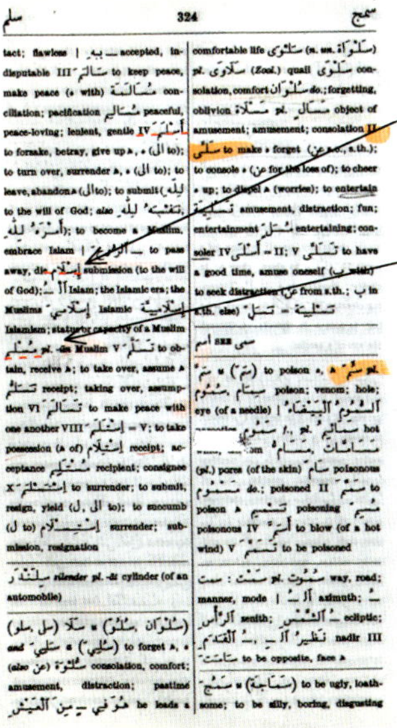

語根は سَلِم 、(سَلَامَة と سَلَام)はその名詞形、إِسْلَام は派生形動詞のⅣ形 أَسْلَمَ の項にその名詞として有り、さらに同じ項に人や場所を示す م が語頭に付いた مُسْلِم イスラム教徒があることにより、この2語の近似性が読み取れます。

【 ARABIC-ENGLISH DICTIONARY ISBN 983-816-022-9 】

その上 Milton Cowan の Dictionary of Modern Written Arabic では発音がローマ字表記でなされているのに対して、この ARABIC-ENGLISH DICTIONARY OF THE MODERN LITERARY LANGUAGE は適切なアラビア語の発音記号(タシュキール)が付されており、発音上も申し分のない辞書となっています。

本書は前著『現代日本語アラビア語辞典』同様、日本語を学ぶアラブ人による使用も可能なように配慮していますので、日本人には不必要だったり、不自然な日本語の表現もあると思われますが、ご容赦の程お願い致します。

本書の出版にあたって、前著同様にパレスチナ人のスバイハット レイス博士の監修、助言を、またパレスチナ出身の書道家アブドゥ サラーム氏に表紙のアラビア文字のタイトルを書いて頂きました。さらに本書の各アルファベットの題字はパレスチナ人の美術家河野 レゼック ボシュナク氏の作品であります。

三十数年の長きに渡って、無数のアラブ人の助言と励ましが、一市井人の私にどれだけ力になったか、感謝の念をここに記しておきたい。

また『現代日本語アラビア語辞典』同様に、快く本書出版にご尽力頂いた鳥影社の皆さんにも心から謝辞を申し上げます。

2017 年　春

田中　博一

【 主な参考文献 】

ARABIC-ENGLISH DICTIONARY OF THE MODERN LITERARY LANGUAGE, MaaN Z. Madina 1997 年

المعجم الوسيط المدرسي عربي-عربي

القاموس المبسط عربي-عربي مكتبة سمير

المورد قاموس عربي-إنكليزي (AL-MAWRID ARABIC-ENGLISH DICTIONARY) 1997 年

معجم الطلاب عربي-إنكليزي دار الكتب العلمية (Student Dictionary Arabic-English, Dar Al-Kotob Al-ilmiyah)

The Oxford English-Arabic Dictionary of Current Usage EDITED BY N. DONIACH 1979 年

THE OXFORD COMPREHENSIVE ENGLISH-ARABIC DICTIONARY Compiled by Joyce M. Hawkins 1998 年

THE CONCISE OXFORD ENGLISH-ARABIC DICTIONARY EDITED BY N. S. DONIACH 1982 年

المنجد في اللغة والأعلام ,لاروس المعجم العربي الحديث, المعجم العربي الميسر دار الكتاب المصري 1994 年

201 ARABIC VERBS Barron's Educational Series Inc. 1978 年

A Dictionary of Modern Written Arabic Arabic-English Edited by J. Milton Cowan 1974 年

日亜対訳 注解 聖クルアーン 日本ムスリム協会刊 1983 年

イスラム事典 平凡社 1986 年

アラビア語入門 黒柳恒男,飯森嘉助 共著 泰流社 1972 年

基礎アラビヤ語 内記良一著 大学書林 1983 年

現代アラビア語小辞典 池田修 竹田新 編 第三書館 1981 年

パスポート 初級アラビア語辞典 本田孝一 石黒忠昭 編 白水社 1997 年

パスポート 日本語アラビア語辞典 本田孝一 イハーブ·アハマド·イベード 編 白水社 2004 年

【凡例】

本書において、見出し語は全てアルファベット順です。名詞、形容詞などは見出し語の＞の左側にその語根が示してあります。ただし、語根と同じであったり、その語が女性形であることを示すター・マルブータ(ة)を取れば語根と同じになる場合は語根は示していません。

動詞について、語根（原形）は動作の完了形を意味します。未完了形は右側の( )内に語中（第２語基)の母音を示すか、不規則に変化する動詞については左側の・に続けて示しています。また、それが語根以外の派生形であれば、ローマ数字でⅡからⅩの派生形の型を示しています。

さらにその動詞に名詞形がある場合はその語は名の後に書かれています。

(例) 原形動詞の右横の(a)は未完了形での語中（第２語基）の音価がファトハ（ــَ）, (i)はカスラ(ــِ), (u)はダンマ(ــُ)になることを表しています。＞の後の原形動詞の次の数字はⅡからⅩの派生形を表しています。

1)（ــَ）の例　　فَتْح 名 فَتَحَ (a) ❖ 開ける，開く;征服する 名開ける事;征服

未完了形 يَفْتَحُ

(ــِ)の例　　ضَرْب 名 ضَرَبَ (i) ❖ 叩く，殴る，打つ;(針で)刺す;(ベルを)鳴らす;

未完了形 يَضْرِبُ

(ــُ)の例　　كُتِبَ 受 كَتَبَ (u) ❖ 書く 受書かれる

未完了形 يَكْتُبُ

2)派生形の例　　أَدْهَشَ＞دهش Ⅳ ❖ 驚かす

⇓

派生形第Ⅳ形 原形は دهش

اِسْتِعْمَال 名 X عمل＞اِسْتَعْمَلَ ❖ 使う，使用する，用いる;操作する 名使用;操作

⇓

派生形第Ⅹ形 原形は عمل

3)不規則動詞の例

مُبَالَاة 名 Ⅲ بلو＞بَالَى ، يُبَالِي ❖ 注意する，注意を払う 名注意，関心;考慮

⇓

派生形第Ⅲ形 原形は بلو 未完了形 يُبَالِي

本書中の略語は以下のようでありますが、文法用語は西欧の文法学に基づいています。因みにアラブ人によるアラビア語文法では品詞は動詞、名詞、（他の語と結合することで意味をなす）文字の三つに分けられています。

動：動詞　末：動詞未完了形	男：男性形	命：命令形
名：名詞	女：女性形	受：受動態
形：形容詞	単：単数形	比：比較級
副：副詞	複：複数形	定：定冠詞 اَلْ の付いた形
前：前置詞	双：双数形	文：文法用語
接：接続詞	主：主格	
疑：疑問詞	属：属格	
関：関係詞	対：対格	

本書でアンダーライン上の語は次に続く( )内の語と置き換え可能です。なおアンダーラインの無い( )の中の語はその語を省略しても意味は変らないことを示しています。

例えば

1) عُقِدَ الاِجْتِماعُ :**集まり(集い)が持たれた(開かれた)**　の訳文では
集まりが持たれた、集いが持たれた、集まりが開かれた、集いが開かれた の4文が可能です。

2) تَرَأَّسَ الْجَلْسَةَ (الْمُؤْتَمَرَ) :**会議の議長になった**　の文においては
تَرَأَّسَ الْجَلْسَةَ と تَرَأَّسَ الْمُؤْتَمَرَ の2文が **会議の議長になった** に対応しています。

3) خُلُق (خُلْق) 複 أَخْلَاق ♦ **性格, 気性, 性質 複性格, 個性; 道徳, モラル, 倫理**　の( )は発音において
خُلُق と خُلْق があることを示しています。

4) وَثِيقَة رَسْمِيَّة :**公(式)文書** では「公文書」と「公式文書」の二つの表現があることを示しています。

また /(スラッシュ)のある場合　対応するものが二つ以上ある場合で、/ で区切っています。

حَتَّى مَتَى / إِلَى مَتَى؟　**いつまで**　では إِلَى مَتَى؟ と حَتَّى مَتَى؟ の2文が **いつまで** に相当する文です。日本語文にある場合も同様で

رَقَدَتْ عَلَى الْبَيْضِ　**卵を抱いた/抱卵した/卵をかえした**　では **卵を抱いた、抱卵した、卵をかえした** の3文が رَقَدَتْ عَلَى الْبَيْضِ に相当する文です。

原形動詞 فعل の人称による変化表

数	人称	代名詞	完了形	未完了形	未完了接続形*	未完了短形*
単数	1人称 男女形	أَنَا	فَعَلْتُ	أَفْعَلُ	أَفْعَلَ	أَفْعَلْ
単数	2人称 男性形	أَنْتَ	فَعَلْتَ	تَفْعَلُ	تَفْعَلَ	تَفْعَلْ
単数	2人称 女性形	أَنْتِ	فَعَلْتِ	تَفْعَلِينَ	تَفْعَلِي	تَفْعَلِي
単数	3人称 男性形	هُوَ	فَعَلَ	يَفْعَلُ	يَفْعَلَ	يَفْعَلْ
単数	3人称 女性形	هِيَ	فَعَلَتْ	تَفْعَلُ	تَفْعَلَ	تَفْعَلْ
双数	1人称					
双数	2人称 男女形	أَنْتُمَا	فَعَلْتُمَا	تَفْعَلَانِ	تَفْعَلَا	تَفْعَلَا
双数	3人称 男性形	هُمَا	فَعَلَا	يَفْعَلَانِ	يَفْعَلَا	يَفْعَلَا
双数	3人称 女性形	هُمَا	فَعَلَتَا	تَفْعَلَانِ	تَفْعَلَا	تَفْعَلَا
複数	1人称 男女形	نَحْنُ	فَعَلْنَا	نَفْعَلُ	نَفْعَلَ	نَفْعَلْ
複数	2人称 男性形	أَنْتُمْ	فَعَلْتُمْ	تَفْعَلُونَ	تَفْعَلُوا	تَفْعَلُوا
複数	2人称 女性形	أَنْتُنَّ	فَعَلْتُنَّ	تَفْعَلْنَ	تَفْعَلْنَ	تَفْعَلْنَ
複数	3人称 男性形	هُمْ	فَعَلُوا	يَفْعَلُونَ	يَفْعَلُوا	يَفْعَلُوا
複数	3人称 女性形	هُنَّ	فَعَلْنَ	يَفْعَلْنَ	يَفْعَلْنَ	يَفْعَلْنَ

※派生形動詞Ⅱ～Ⅹも基本的に同じような変化をするので、各人称の変化の特徴に留意のこと。

動詞派生形表　（3人称男性単数による変化）

	完了形	未完了形	未完了接続形*	未完了短形*	命令形	動名詞
原形	فَعُلَ, فَعِلَ, فَعَلَ	يَفْعَلُ *1	يَفْعَلَ *2	يَفْعَلْ *3	اِفْعَلْ , اِفْعِلْ , اُفْعُلْ	
II	فَعَّلَ	يُفَعِّلُ	يُفَعِّلَ	يُفَعِّلْ	فَعِّلْ	تَفْعِيلٌ
III	فَاعَلَ	يُعَاعِلُ	يُفَاعِلَ	يُفَاعِلْ	فَاعِلْ	مُفَاعَلَةٌ , فِعَالٌ
IV	أَفْعَلَ	يُفْعِلُ	يُفْعِلَ	يُفْعِلْ	أَفْعِلْ	إِفْعَالٌ
V	تَفَعَّلَ	يَتَفَعَّلُ	يَتَفَعَّلَ	يَتَفَعَّلْ	تَفَعَّلْ	تَفَعُّلٌ
VI	تَفَاعَلَ	يَتَفَاعَلُ	يَتَفَاعَلَ	يَتَفَاعَلْ	تَفَاعَلْ	تَفَاعُلٌ
VII	اِنْفَعَلَ	يَنْفَعِلُ	يَنْفَعِلَ	يَنْفَعِلْ	اِنْفَعِلْ	اِنْفِعَالٌ
VIII	اِفْتَعَلَ	يَفْتَعِلُ	يَفْتَعِلَ	يَفْتَعِلْ	اِفْتَعِلْ	اِفْتِعَالٌ
IX	اِفْعَلَّ	يَفْعَلُّ	يَفْعَلَّ	يَفْعَلَّ , يَفْعَلِلْ	اِفْعَلَّ , اِفْعَلِلْ	اِفْعِلَالٌ
X	اِسْتَفْعَلَ	يَسْتَفْعِلُ	يَسْتَفْعِلَ	يَسْتَفْعِلْ	اِسْتَفْعِلْ	اِسْتِفْعَالٌ

*1 يَفْعَلُ の他に يَفْعُلُ، يَفْعِلُ がある。 *2 يَفْعَلَ の他に يَفْعُلَ، يَفْعِلَ がある。*3 يَفْعَلْ の他に يَفْعُلْ، يَفْعِلْ がある。

*未完了接続形・・① 接続詞 أَنْ の後に用いられ「～すること」の意味を表す。② لَنْ の後に用いられ「～しないだろう」と未来の否定を表す。 لَنْ يَنْجَحَ ٱلْكَسْلَانُ 怠け者は成功しないであろう

③ لِ،لِكَيْ،كَيْ の後に用いられ「～するために」の意味を表す。

لِكَيْ لَا تَمُوتَ ٱلسَّمَكَةُ その魚が死なないために

*未完了短形・・① 否定詞 لَمْ の後に用いられ、「～しなかった」と過去の否定を表す。

② 否定詞 لَا の後に2人称形を続けて、「～するな、してはいけない」と否定の命令を表す

（例）

لَا تَكْتُبْ （2人称男性単数）書くな、書いてはいけない

لَا تَذْهَبِي （2人称女性単数）行くな、行ってはいけない

لَا تَدْرُسَا （2人称双数形）勉強するな、勉強してはいけない

لَا تَشْرَبُوا （2人称男性複数）飲むな、飲んではいけない

لَا تَضْرِبْنَ （2人称女性複数）叩くな、叩いてはいけない

目　次

أ

حَرْفُ الأَلِف

أَ…؟ < أ ❖・・ですか

أَلَيْسَ ～/ أَلَا ～/ أَلَمْ ～/ أَمَا ～؟　～ではないですか

أَلَمْ أَقُلْ ذٰلِكَ؟　私はそう言いませんでしたか

～، أَلَيْسَ كَذٰلِكَ؟　～ではありませんか？

ائْتَلَفَ ، يَأْتَلِفُ < ألف VIII 名 اِئْتِلَاف　❖結ばれる, まとまる;集まる;調和する, 合意する 名調和, 合意;連合, 連立

ائْتَلَفَ النَّاسُ　人々はまとまった

حُكُومَةُ الائْتِلَافِ　連立政権

ائْتَلَقَ ، يَأْتَلِقُ < ألق VIII　❖閃く, 煌めく, 光る, 輝く

تَأْتَلِقُ النُّجُومُ فِي سَمَاءِ الشَّرْقِ　東の空に星が輝いている

ائْتَمَرَ ، يَأْتَمِرُ < أمر VIII 名 اِئْتِمَار　❖相談し合う, 陰謀を企む;(命令を) 遵守する, 従う;実行する 名討論;陰謀, 謀議

عَلَى الْجُنْدِيِّ أَنْ يَأْتَمِرَ بِالْأَمْرِ　兵士は命令を実行しなければならない

ائْتَمَنَ ، يَأْتَمِنُ < أمن VIII 名 اِئْتِمَان　❖信用する, 信頼する;委ねる, 預ける 名信用, 信頼

الْحَاكِمُ الظَّالِمُ لَا يَأْتَمِنُ أَحَدًا　暴君は誰をも信用しない

بِطَاقَةُ الائْتِمَانِ　クレジットカード

آبَ < أوب 名 أَوْب　❖帰る, 戻る, (太陽が)沈む 名帰り, 戻り

آبَ الْكَافِرُ إِلَى اللّٰهِ　不信心者が神に帰依した

مِنْ كُلِّ أَوْبٍ (وَصَوْبٍ)　あらゆる方角から/四方八方から

آبُ　❖アーブ ※シリア暦の八月

آبُ الثَّامِنُ مِنَ الشُّهُورِ السُّرْيَانِيَّةِ　アーブはシリア暦で8番目の月です

أَبٌ 複 آبَاء ❖ 父,父親 ※主 أَبُو 対 أَبَا 属 أَبِي

جَاءَ أَبُوكَ وَرَأَيْتُ أَبَاكَ وَمَرَرْتُ بِأَبِيكَ　あなたの父がやって来て,私はあなたの父を見ました,そして私はあなたの父の側を通った

أَبَوَانِ(يْنِ)　両親 ※( )内は属対

أَبُو الْفَلْسَفَةِ　哲学の父(先駆者)

أَبُو الْيَقْظَانِ　雄鶏

عَادَاتُ أَجْدَادِي وَآبَائِي　私の先祖の習慣

أَبَى ، يَأْبَى 名 إِبَاء/ إِبَاءَة ❖ 拒む,拒否する;嫌う 名拒否;嫌悪;自尊心

أَبَى إِلَّا أَنْ ~　~(する事を)主張した

شَاءَ أَمْ أَبَى　好むと好まざるとにかかわらず/意志に関係なく

أَبَيْتُ أَنْ أُفَارِقَهُمْ　私は彼らと別れたくなかった

أَبَاحَ ، يُبِيحُ <بوح IV 名 إِبَاحَة ❖ 明らかにする,暴く;公言する;許す(~لِـ:~に):捨てる 名暴露;許可,許し

أَبَاحَ السِّرَّ　秘密を明らかにした(暴いた)

أَبَاحَ لَنَا الْمُعَلِّمُ اسْتِعْمَالَ الْكِتَابِ　先生は私達に本の使用を許した

أَبَاحَ دِمَاءَ رِجَالِنَا　彼は我らが男達の血を無駄にした

إِبَاحِيَّة <بوح ❖ 不道徳;ニヒリズム;アナーキズム,無政府主義
※"إِبَاحِيّ:無制限の"の女

أَبَادَ ، يُبِيدُ <بيد IV ❖ 根絶する,滅ぼす,撲滅する,殲滅する,絶滅させる

هٰذَا الدَّوَاءُ يُبِيدُ الذُّبَابَ　この薬は蝿を根絶(撲滅)します

أَبَادَ الْأَعْدَاءَ　敵を殲滅した

أَبَانَ ، يُبِينُ <بين IV ❖ 明らかになる;説明する;区別する(~مِنْ:~と)
※ هِيَ أَبَانَتْ ، أَنَا أَبَنْتُ

أَبَنْتُ لَكَ الْحَقِيقَةَ　私はあなたに真実を明らかにした

إِبَّانٌ<بين ❖ 時,時間,時期

إِبَّانَ الشَّبَابِ　若い時に

فِي إِبَّانِ~　~の時期に/~の間に

ابْتَأَسَ ، يَبْتَئِسُ < بؤس VIII ❖ 嘆く,悲しむ;惨めである,不幸である;悩む

لَمْ يَنْجَحْ فِي الامْتِحَانِ فَابْتَأَسَ　彼は試験に受からなかったので,悲しんだ

ابْتَاعَ ، يَبْتَاعُ < بيع VIII 名 ابْتِيَاع ❖ 買う,購入する(〜مِنْ:〜から) 名購入

نَبْتَاعُ السُّكَّرَ مِنْ عِنْدَ الْبَقَّالِ　私達は雑貨屋から砂糖を買う

لَا أَبْتَاعُ مِنْهُ وَلَا أَبِيعُهُ　私は彼を買っていません ※価値を認めない[比喩]

ابْتَدَأَ ، يَبْتَدِئُ < بدأ VIII 名 ابْتِدَاء ❖ 始まる,開始する 名始まり,開始

يَبْتَدِئُ شُغْلِي مِنَ السَّاعَةِ ٩　私の仕事は9時から始まる

ابْتِدَاءً مِنْ ~　〜から ※時間の起点

ابْتِدَائِيّ < بدأ ❖ 始まりの;初等の,初級の,初歩の

مَدْرَسَة ابْتِدَائِيَّة　小学校

صَفّ ابْتِدَائِيّ　初級クラス

اَلتَّعْلِيم الابْتِدَائِيّ　初等教育

مَحْكَمَة ابْتِدَائِيَّة　下級裁判所/第一審裁判所

ابْتَدَعَ < بدع VIII 名 ابْتِدَاع ❖ 発明する;刷新する;異端の説を唱える[宗教]
名発明;創造;刷新

مَنْ ابْتَدَعَ آلَةَ التَّصْوِيرِ ؟　写真機(カメラ)を発明したのは誰ですか

أَبْتَرُ < بتر 複 بُتْر 女 بَتْرَاءُ ❖ 切られた,尾を切られた;削減された;(家系を)断たれた

هَلْ رَأَيْتَ الْقِطَّةَ الْبَتْرَاءَ ؟　尾を切られた猫を見ませんでしたか

ابْتَزَّ ، يَبْتَزُّ < بز VIII 名 ابْتِزَاز ❖ 取る,奪う;くすねる,横領する 名強奪;横領,盗み

ابْتَزَّ اللُّصُوصُ أَمْوَالَ النَّاسِ　盗賊が人々の財産を奪った

ابْتَسَمَ < بسم VIII 名 ابْتِسَامَة / ابْتِسَام ❖ 微笑む(〜لِـ:〜に),微笑する 名微笑み,笑み

命 ابْتَسِمْ　笑いなさい

بِابْتِسَامَةٍ　微笑みながら/微笑んで

ابْتَعَدَ < بعد VIII 名 ابْتِعَاد ❖ (〜から)遠ざかる;(〜を)避ける,敬遠する(〜عَنْ)
名遠ざかる事;忌避

命 ابْتَعِدْ 女 ابْتَعِدِي　あっちへ行け

دَعْنَا نَبْتَعِدُ عَنْ تِلْكَ الطَّرِيقِ	あの道(みち)(を行(ゆ)くの)は避(さ)けよう
❖ اِبْتَغَى، يَبْتَغِي < بغى VIII	求(もと)める, 欲(ほっ)する
اِبْتَغَى الطَّالِبُ الْعِلْمَ وَالْمَعْرِفَةَ	学生(がくせい)は学問(がくもん)と知識(ちしき)を求(もと)めた
❖ اِبْتَكَرَ < بكر VIII 名 اِبْتِكَار 複 ـات	(〜を)発明(はつめい)する, 考案(こうあん)する;最初(さいしょ)の人(ひと)になる 名発明(はつめい),創造(そうぞう) 複ファッション, 流行(りゅうこう)
اِبْتَكَرَ هٰذِهِ الْآلَةَ	(彼(かれ)が)この機械(きかい)を発明(はつめい)した
اِبْتِكَار الْكَلِمَاتِ أَوْ الْعِبَارَاتِ	新(あたら)しい語(ご)や語句(ごく)を作(つく)る事(こと)
قُوَّة اِبْتِكَارٍ	創造力(そうぞうりょく)
❖ اِبْتَلَّ، يَبْتَلُّ < بل VIII	濡(ぬ)れる, 湿(しめ)る
اِبْتَلَّ الثَّوْبُ	服(ふく)が濡(ぬ)れた
❖ اِبْتَلَى، يَبْتَلِي < بلو VIII 名 اِبْتِلَاء	試(ため)す 名試(こころ)み;試練(しれん)
❖ اِبْتَلَعَ < بلع VIII	飲(の)み込(こ)む;我慢(がまん)する
اِمْضَغْ لُقْمَتَكَ ثُمَّ ابْتَلِعْهَا	食(た)べ物(もの)は噛(か)んで, それから飲(の)み込(こ)みなさい
❖ اِبْتَهَجَ < بهج VIII 名 اِبْتِهَاج	幸福(こうふく)である, 嬉(うれ)しい, 喜(よろこ)ぶ 名喜(よろこ)び, 歓喜(かんき)
فَازَ بِالْجَائِزَةِ الْأُولَى، فَابْتَهَجَ	一等賞(いっとうしょう)をもらって, 喜(よろこ)んだ
❖ اِبْتَهَلَ < بهل VIII 名 اِبْتِهَال	(神(かみ)に)懇願(こんがん)する, 嘆願(たんがん)する 名懇願(こんがん), 祈願(きがん)
نَبْتَهِلُ إِلَيْكَ يَا اَللّٰهُ، يَا رَحِيمُ !	誠(まこと)に慈悲深(じひぶか)き神(かみ)に, 我(われ)らは懇願(こんがん)する
❖ أَبْجَد 関 أَبْجَدِيّ	アルファベット ※アラビア文字列(もじれつ) ا, ب, ج, د から 関アルファベットの, アルファベット順(じゅん)の
اَلْحُرُوف الْأَبْجَدِيَّة / اَلْأَبْجَدِيَّة	アルファベット
❖ أَبْحَرَ < بحر IV 名 إِبْحَار	航海(こうかい)する 名航海(こうかい)
أَبْحَرَتِ السَّفِينَةُ إِلَى الْيَابَانِ	船(ふね)は日本(にほん)に向(む)けて航海(こうかい)した
❖ أَبَد 複 آبَاد	永遠(えいえん), 永久(えいきゅう), 恒久(こうきゅう)
أَبَدَ الدَّهْرِ / إِلَى الْأَبَدِ	永遠(えいえん)に
يَخْلُدُ الْمُؤْمِنُ فِي الْجَنَّةِ إِلَى الْأَبَدِ	信(しん)じる者(もの)は永遠(えいえん)に天国(てんごく)にとどまる
أَبَدًا	いつも/常(つね)に

كَانَ قَمِيصُهُ نَظِيفًا أَبَدًا　彼のシャツはいつも清潔だった

أَبَدًا　全く/全然/決して/絶対に(～ない) ※ لَمْ / لَا を伴って強い否定を表す

لَمْ يَرْجِعْ بَعْدَ هٰذَا أَبَدًا　この後,彼は全く帰らなかった

لَا أَفْعَلُهُ أَبَدًا　私は決して(絶対に)それをしない

أَبْدَى ، يُبْدِي < بدو IV 名 إِبْدَاء　❖ 表す,表現する(～فِي:～について)※望み,意見等を
名表現,表明

أَبْدَى رَأْيَهُ　意見を述べた/意見を表明した

أَبْدَتِ الْبِنْتُ عَجَبَهَا　娘は驚きを表した(驚いた)

أَبْدَى اهْتِمَامًا بِـ～　～に関心を示した/興味を示した

أَبْدَعَ < بدع IV 名 إِبْدَاع　❖ 創造する;傑出する,優秀である 名創造

أَبْدَعَ الْمُلَحِّنُ لَحْنًا عَسْكَرِيًّا جَدِيدًا　作曲家は新しい行進曲を作った

أَبَدِيّ < أبد　❖ 永遠の,終わりの無い

هٰذَا سِرٌّ أَبَدِيٌّ　これは永遠に(絶対に)秘密ですよ

إِبْرَاهِيمُ　❖ イブラヒーム,アブラハム[人名]

إِبْرَة 複 إِبَرٌ　❖ 針,指針

إِبْرَة وَخَيْط　針と糸

إِبْرَة الْبُوصْلَةِ　磁石の針

إِبْرَة نَحْلَةٍ　蜂の針

أَبْرَزَ < برز IV 名 إِبْرَاز　❖ 貼り出す,見えるようにする;出版する
名見せる事,提示

أَبْرِزْ بِطَاقَتَكَ عِنْدَ بَابِ الْمَسْرَحِ　劇場の入り口でチケットを見せなさい

إِبْرَاز جَوَازِ السَّفَرِ　パスポートの提示

أَبْرَص < برص 複 بُرْص 女 بَرْصَاء　❖ 形らい病(ハンセン病)の 名らい病患者

يَتَحَاشَى النَّاسُ مُعَامَلَةَ الرَّجُلِ الْأَبْرَصِ　人はハンセン病患者との交際を避ける

أَبْرَقَ < برق IV　❖ 稲妻(雷光)が光る(走る);雷に打たれる;
電報を打つ

أَبْرَقَتِ السَّمَاءُ ثُمَّ أَمْطَرَتْ　空に稲妻(雷光)が光り，それから雨が降った

أَبْرَمَ < برم IV 名 إِبْرَام　❖(条約を)批准する，締結する；(紐を)撚る
名(条約の)批准，締結

أَبْرَمَ الْمُعَاهَدَةَ　条約を批准した

إِبْرِيز 関 إِبْرِيزِيّ　❖(純)金 関(純)金の，金製の

هٰذَا السِّوَارُ مِنَ الذَّهَبِ الْإِبْرِيزِيِّ　このブレスレットは純金です

إِبْرِيق 複 أَبَارِيق　❖水差し，急須

إِبْرِيق نُحَاسٍ　銅の水差し

سَقَطَ الْإِبْرِيقُ وَتَحَطَّمَ　急須が落ちて割れた

أَبْرِيلُ　❖四月 ※西暦の四月

أَبْرِيل هُوَ الشَّهْرُ الرَّابِعُ مِنَ السَّنَةِ　四月は1年の4番目の月です

أَبْصَرَ < بصر IV　❖見る；気付く；見守る；見させる

أَبْصَرَ بِـ.. يَفْعَلُ ~　‥が～するのを見た

أَبْصَرْتُ مِنْ بَعِيدٍ نُوراً يَلْمَعُ　私は遠くに，ちらちら光る灯りを見ました

إِبْط 複 آبَاط　❖男女脇，脇腹

حَمَلَ ~ تَحْتَ الْإِبْطِ　～を小脇に抱えた

أَبْطَأَ ، يُبْطِئُ < بطؤ 名 إِبْطَاء　❖遅れる；遅らせる 名遅れる事，遅延

يُبْطِئُ فِي عَمَلِهِ　(彼の)仕事が遅れる

أَبْطَلَ < بطل IV　❖無効にする，失効させる；妨げる

((لَا تُبْطِلُوا صَدَقَاتِكُمْ))　あなた達の施しを無駄にしてはならない

أَبْعَدَ < بعد IV 名 إِبْعَاد　❖遠ざける，遠くにやる；離す；取り除く 名隔離；除去

أَبْعِدْ كَلْبَكَ عَنِّي　あなたの犬を遠ざけなさい

أَبْعَدُ < بعد　❖より(もっと)遠い ※ بَعِيد の比

اَلْمَكَان الْأَبْعَد　一番遠い所

أَبْغَضَ < بغض IV　❖嫌う，憎む

لَا تُبْغِضْ مِنَ النَّاسِ أَحَدًا　誰一人憎んではいけません

أَبْقَى، يُبْقِي < بقي IV ❖ 残す;助ける(～عَلَى:～を);留まらせる;保存する

أَبْقَى كُلَّ شَيْءٍ فِي الْمَوْضِعِ　彼はそこに全部残しました(置き去りにした)

أَبْكَى، يُبْكِي < بكي IV ❖ 泣かせる

أَبْكَانِي الْحُزْنُ　その悲しみに私は泣いた

إِبِلٌ 複 آبَال ❖ ラクダ/駱駝 ※集合名詞

اِعْتَمَدَ الْبَدْوُ الْإِبِلَ فِي تَنَقُّلِهِمْ　ベドウィンは移動をラクダに頼った

أَبْلَى، يُبْلِي < بلي IV ❖ (服を)ぼろぼろにする

أَبْلَى الثَّوْبَ　服をぼろぼろにした

أَبْلَى، يُبْلِي < بلو IV ❖ 鍛える;試す

أَبْلَى بَلَاءً حَسَنًا　(戦争で)勇敢さを発揮した

أَبْلَغَ < بلغ IV 名 إِبْلَاغ ❖ 伝える,通報する,通知する(～عَنْ/بِـ:～を)
名通知,通報;運搬,輸送

أَبْلِغْ أَهْلَكَ سَلَامَنَا　ご家族の皆さんに宜しくお伝え下さい

أَبْلَهُ < بله 複 بُلْهٌ 女 بَلْهَاءُ ❖ 形愚かな,馬鹿な 名愚か者,馬鹿者

يَتَصَرَّفُ كَأَبْلَهَ　彼は馬鹿みたいな事をする

إِبْلِيسُ 複 أَبَالِسَة / أَبَالِيس ❖ イブリース ※シャイターン(悪魔)の別称

أَبَّنَ < أبن II 名 تَأْبِين ❖ 追悼する 名追悼

أَبَّنُوا الشَّهِيدَ　彼らは殉教者を追悼した

حَفْلَةُ تَأْبِينٍ　追悼式

اِبْنٌ < بنى 複 بَنُونَ 対属 بَنِينَ / أَبْنَاء ❖ 息子;子孫;住人;～歳の男

اِبْنُ الْأَخِ / اِبْنُ الْأُخْتِ　甥

هُوَ اِبْنُ يَوْمِهِ　彼は明日の事は考えない男だ

اِبْنُ خَمْسِينَ سَنَةً　五十歳の男

اِبْنَةٌ 複 بَنَات ❖ 娘

اِبْنَة الْأَخِ / اِبْنَة الْأُخْت	姪（めい）
لِي ثَلَاث بَنَات	私（わたし）には娘（むすめ）が三人（さんにん）います
أَبِهْ ، يَأْبَهْ	✿気（き）をつける, 注意（ちゅうい）する(～بِ /～لِ :～に)
لَا يُؤْبَهْ لَهُ	取（と）るに足（た）らない/ 重要（じゅうよう）ではない
إِبْهَام >بُهَم أَبَاهِم / أَبَاهِيم 複	女親指（おやゆび）※古（ふる）くは男
يُوَقِّع بِبَصْمَة مِنْ إِبْهَامِه	親指（おやゆび）で押捺（おうなつ）する
أَبْهَج >بَهَج IV	✿喜（よろこ）ばす, 嬉（うれ）しくさせる
أَبْهَجَنِي مَنْظَر الْأَطْفَال يَنْتَظِرُونِي	私（わたし）を待（ま）っている子供達（こどもたち）の光景（こうけい）に嬉（うれ）しくなった
أَبِيّ > أَبَى	✿誇（ほこ）り高（たか）い;高慢（こうまん）な, 尊大（そんだい）な
مُحَمَّد فَتًى أَبِيّ لَا يُخَادِع	ムハンマドは裏切（うらぎ）る事（こと）を知（し）らない, 誇（ほこ）り高（たか）い若者（わかもの）だ
اِبْيَضّ ، يَبْيَضّ >بِيض IX	✿白（しろ）くなる
اِبْيَضّ شَعْرُه	彼（かれ）の髪（かみ）(の毛（け))は白（しろ）くなった
أَبْيَض >بِيض 女 بَيْضَاء 複 بِيض	✿白（しろ）い
اَللَّوْن الْأَبْيَض	白（しろ）い色（いろ）/白色（はくしょく）
ذَهَب أَبْيَض	プラチナ/白金（はっきん）
سِلَاح أَبْيَض	刀剣（とうけん）
اَلدَّار الْبَيْضَاء	ホワイトハウス/カサブランカ ※モロッコ最大（さいだい）の都市（とし）
يَد بَيْضَاء	援助（えんじょ）の手（て）
مَوْت أَبْيَض	自然死（しぜんし）
اِبْيِضَاض الدَّم	✿白血病（はっけつびょう）
آتٍ > أَتَى آتِيَة 女	次（つぎ）の,来（き）つつある,来（きた）る ※定 اَلْآتِي
اَلشَّهْر الْآتِي	来月（らいげつ）
كَالْآتِي	次（つぎ）のように
اَلسُّؤَال الْآتِي اَلْأَسْئِلَة الْآتِيَة 複	次（つぎ）の質問（しつもん）
آتَى ، يُؤْتِي >أَتَى III	与（あた）える,提供（ていきょう）する;有利（ゆうり）になる
※ هِيَ آتَتْ / أَنَا آتَيْتُ	

آتَاهُ كُلُّ شَيْءٍ	全てが順調であった
آتَى، يُؤْتِي < اتى IV ※ هِيَ آتَتْ / أَنَا آتَيْتُ	❖(心に)浮かぶ;持ってくる,連れてくる;施す
آتَى الزَّكَاةَ	喜捨を施した
أَتَى، يَأْتِي ※ هِيَ أَتَتْ / أَنَا أَتَيْتُ	❖来る(~إِلَى:~に),持って来る(~بِـ:~を);与える,もたらす(~بِـ:~を);行う;(罪を)犯す;成し遂げる(~عَلَى:~を);壊す(~عَلَى:~を);使い切る(~عَلَى:~を)
أَتَى ~ رَاجِلًا	~が歩いてやって来た
مَتَى تَأْتِي؟	あなたはいつ来ますか
كَمَا يَأْتِي	次(以下)の様に
تَأْتِي شَجَرَةُ الزَّيْتُونِ بِالزَّيْتِ	オリーブの樹は油をもたらす
أَتَانَا الضَّيْفُ لَاجِئًا فَأَمَّنَّاهُ	客が避難して来たので,安全を保障しました
أَتَاحَ، يُتِيحُ < تيح IV 名 إِتَاحَة	❖与える(~لِـ:~に),授ける ※機会などを 名与える事
أَتَاحَ لَهُ الْمُدَرِّسُ فُرْصَةً لِـ~	教師は彼に~する機会を与えた
أُتِيحَتْ لَهُ الْفُرْصَةُ لِـ~	彼に~する機会が与えられた *受
*أَتَان 複 آتُن / أُتُن (ة) (و)	❖雌のロバ
أَتْبَعَ < تبع IV	❖服従させる,追随させる;継がせる;連続させる
اِتَّبَعَ < تبع VIII 名 اِتِّبَاع	❖(~に)従う,付いて行く;(~を)守る 名順守
اِتَّبَعَ الْأَحْكَامَ	その規則に従った(を守った)
اِتَّبَعَ الدَّرْبَ	道を辿った
اِتَّجَهَ < وجه VIII 名 اِتِّجَاه 複 ـات	❖(~へ)向かう(~نَحْوَ / إِلَى) 名方向,方面
اِتَّجَهْتُ نَحْوَ السِّيَاسَةِ	私は政治に向かって行った(関心を持った)
اِتِّجَاه وَاحِد	一方通行
بِاتِّجَاهِ إِلَى~	~に向かって
اِتَّحَدَ < وحد VIII 名 اِتِّحَاد	❖統一する,一つになる,結合する;団結する;連合する 名統一,団結;連合,連邦,結合

اتَّحَدَتِ الْمُنَظَّمَتَانِ	二つの組織が一つになった(結合した)
اتَّحَدَتْ آرَاؤُنَا	私たちの意見がまとまりました
اتِّحَادُ الدُّوَلِ الْعَرَبِيَّةِ (السُّوفِيتِ)	アラブ連合(ソビエト連邦)
الاتِّحَادُ الْأُورُبِّيُّ	欧州連合/EU
فِي الاتِّحَادِ قُوَّةٌ	団結に力あり/団結は力なり
أَتْحَفَ < تحف IV	❖贈る(~بِ:~を),贈り物をする,プレゼントする
أَتْحَفَنَا الشَّاعِرُ بِكَلَامِهِ	詩人が私達に言葉の贈り物をしてくれた
اتَّخَذَ < أخذ VIII 名 اتِّخَاذ	❖取る,採用する;使う,(~に)する 名取る事,採用
يَتَّخِذُ رَأْيًا	意見を採用する
اتَّخَذَ قَرَارًا	決定した/決心した
يَتَّخِذُ الصَّيَّادُ مِنْ بَعْضِ الدُّودِ طُعْمًا لِلسَّمَكِ	釣り師はある種の虫を魚の餌に使う
اتِّخَاذُ الْقَرَارِ	決議の採択
أَتْخَمَ < تخم IV	❖胃にもたれる,消化を悪くする
يُتْخِمُنِي الطَّعَامُ	(私は)食べ物が胃にもたれます
اتَّزَنَ ، يَتَّزِنُ < وزن VIII 名 اتِّزَان	❖調和の取れている;中庸である;釣り合う 名均衡
تَطَرَّفَ الْأَبُ فِي رَأْيِهِ ، أَمَّا الْأُمُّ فَاتَّزَنَتْ	父親の意見は極端だったが,母親は中庸であった
اتَّسَعَ ، يَتَّسِعُ < وسع VIII 名 اتِّسَاع	❖広がる;(~する)広さがある(~لِ);豊かになる 名広がり,拡大;収容能力
اتَّسَعَ الْحَرِيقُ	火事は広がった
يَتَّسِعُ بُؤْبُؤُ الْعَيْنِ فِي الظَّلَامِ	瞳は暗闇で広くなる
اتَّسَعَ بَيْتُ الضَّيْفِ	迎賓館は十分に広かった
اتِّسَاعُ السُّوقِ	市場の拡大
اتَّصَفَ ، يَتَّصِفُ < وصف VIII	❖記述される;知られる(~بِ:~の良さで);描かれる
تَتَّصِفُ أُمُّهُ بِاللُّطْفِ	彼の母は優しさで知られている
اتَّصَلَ ، يَتَّصِلُ < وصل VIII 名 اتِّصَال 複 ـات	❖(~に)連絡する(~بِ);(~に)接続する(~بِ) (~に)着く(~إِلَى);(~と)結ばれる 名連絡;結合

命 اتَّصِلْ 女 اتَّصِلِي	連絡しなさい
اتَّصَلَ (بِـ هَاتِفِيًّا)	(〜に)電話を掛けた
اتَّصَلَتْ بِهِ النَّارُ	火が付いた
اتِّصَال جَمَاهِيرِيّ	マスコミニュケーション/マスコミ
اتِّصَال جِنْسِيّ	性的結合/性交
اتَّضَحَ ، يَتَّضِحُ < وضح VIII 名 اتِّضَاح	❖判明する,明らかになる 名明白,明瞭
اتَّضَحَتْ لَنَا الْحَقِيقَةُ بَعْدَ ذٰلِكَ	その後,真相が私たちに明らかになった
أَتْعَبَ < تعب IV	❖疲れさせる,疲れさす;飽きさせる
أَتْعَبْنَاكَ !	お疲れ様/ご苦労様でした
لَا تَقْرَأْ فِي نُورٍ خَفِيفٍ فَتُتْعِبُ عَيْنَيْكَ	暗い所で読んではいけません,目が疲れますよ
أَتْعَسَ < تعس IV	❖不幸にする;破滅させる
اَلْغِنَاءُ يُتْعِسُ الْإِنْسَانَ	富が人を不幸にする
اتَّعَظَ ، يَتَّعِظُ < وعظ VIII	❖(説教を)受け入れる,説得される;忠告される
وَعَظَنِي الْمُعَلِّمُ بِالصَّبْرِ ، فَاتَّعَظْتُ	先生が辛抱強く説得されたので,私は聞き入れました
اتِّفَاقِيَّة < وفق	❖協定;取り決め,規約
اتِّفَاقِيَّة تِجَارِيَّة	商業協定/貿易協定
اتِّفَاقِيَّة السَّلَامِ	和平合意
اتَّفَقَ ، يَتَّفِقُ < وفق VIII 名 اتِّفَاق	❖同意する,賛成する;協調する(〜مَعَ:〜と/عَلَى:〜に);(偶然に)起こる,生じる 名同意,合意,一致;協定
اتَّفَقَتِ السُّلَحْفَاةُ مَعَ الْأَرْنَبِ عَلَى أَنْ يَتَسَابَقَا	亀は兎と競争する事に同意した
اتَّفَقَ عَلَى السِّعْرِ	値段で折り合った
اتَّفَقَ الرَّجُلَانِ	二人の男は協調した
كَيْفَمَا اتَّفَقَ	例え何が起ころうと/とにかく
اتِّفَاق الْآرَاءِ	意見の一致/コンセンサス/満場一致
اتِّفَاق صُلْحٍ	和平協定

اِتَّقَى، يَتَّقِي <وقى VIII 名 اِتِّقَاء ❖ (神を)恐れる；注意する 名(神への)畏れ；警戒

اِتَّقِ اللّٰهَ فِيمَا تَقُولُ وَتَفْعَلُ! 言動において神を恐れよ

أَتْقَنَ <تقن IV 名 إِتْقَان ❖ 熟達する，上手になる，修得する；上手である 名巧みさ，上手な事；完全；修得

أَتْقَنَ اللُّغَةَ الْيَابَانِيَّةَ 日本語に熟達した(を修得した)

تَكَلَّمَ اللُّغَةَ الْيَابَانِيَّةَ بِإِتْقَانٍ 日本語を上手に話した

اِتَّكَأَ، يَتَّكِئُ <وكأ VIII 名 اِتِّكَاء ❖ 寄り掛かる；もたれる 名寄り掛かる事

اِتَّكَأَ الْمَرِيضُ عَلَى عَمُودٍ 病人は柱に寄り掛かった

اِتَّكِئْ عَلَى الْوِسَادَةِ クッションにもたれなさい

اِتَّكَأَ عَلَى الْعَصَا 杖をついた

اِتَّكَلَ، يَتَّكِلُ <وكل VIII 名 اِتِّكَال ❖ 委ねる，任せる；信頼する，信じる(～عَلَى：～を) 名信頼，信用

اِتَّكِلْ عَلَيَّ فِي هٰذَا الْغَرَضِ これは私に任せなさい

اِتَّكِلْ عَلَى اللّٰهِ 神に委ねよ/神を信じなさい

اَلاِتِّكَالُ عَلَى اللّٰهِ 神を信じる事/神への信仰

اَلاِتِّكَال عَلَى الْغَيْرِ 他人を信用する事

أَتْلَفَ <تلف IV 名 اِتِّلَاف ❖ 破壊する，滅ぼす；損する 名破壊；損害

أَتْلَفَتِ الْعَاصِفَةُ الثِّمَارَ وَلَمْ تَذَرْ شَيْئًا 嵐は果物に損害を与え，何も残さなかった

أَتْلَفَ مَالَهُ お金を損した(浪費した)

أَتَمَّ، يُتِمُّ <تم IV 名 إِتْمَام ❖ 終える，完了する；満ちる 名終了，完了；完成

أَتَمَّ عَمَلًا 仕事を終えた

أَتَمَّتِ الْحَامِلُ حَمْلَهَا その妊婦は月が満ちた(臨月になった)

لَمْ يُتْمِمِ الرَّسَّامُ اللَّوْحَةَ 画家は絵を仕上げなかった

اِتَّهَمَ، يَتَّهِمُ <وهم VIII 名 اِتِّهَام ❖ 訴える，告訴する，起訴する(～بِـ：～の罪で) 疑う(～فِي：～を) 名告訴，起訴；疑う事

اِتَّهَمَهُ بِالْقَتْلِ 彼を殺人の容疑で訴えた(起訴した)

اِتَّهَمَ فِي قَوْلِهِ 彼の言った事を疑った

أُتُّهِمَ بِكَسْرِ الْمَزْهَرِيَّةِ　彼は花瓶を壊した事を疑われた *受

مُذَكِّرَة (وَرَقَة) الاِتِّهَامِ　起訴状

دَائِرَة الاِتِّهَامِ　検察庁

أَثَاث < أث 複 أَثَاثَات　❖家具,家財道具 複家具類

أَثَاث الْبَيْتِ　家具/家財道具

أَثَارَ ، يُثِيرُ < ثور IV 名 إِثَارَة　❖刺激する;興奮させる;引き起こす;扇動する
名刺激;興奮;発生

يُثِيرُ اهْتِمَامَهُمْ　彼らの興味を刺激する(引き起こす)

أَثَارَ غَضَبَهُ　彼の怒りをかき立てた

أَثَارَ الْغُبَارَ　埃を立てた

طَعَامُكِ يُثِيرُ الشَّهِيَّةَ　貴女の料理は食欲をそそる

أَثَارَ أَعْصَابَهُ　神経を尖らせた

إِثَارَة جِنْسِيَّة　性的(な)興奮/エロティシズム

آثَارٌ < أثر　❖遺跡,遺物;作品 ※ أَثَرٌ の複

عِلْمُ الْآثَارِ　考古学

دَارُ الْآثَارِ　考古博物館

آثَار أَدَبِيَّة (فَنِّيَّة)　文学(芸術)作品

أَثْبَتَ < ثبت IV 名 إِثْبَات　❖証明する;定める;確認する 名証明;確認

أَثْبَتَ بَرَاءَتَهُ　彼は自分の無実を証明した

أَثْبَتَ الشَّخْصَ　身元を確認した

إِثْبَات الشَّخْصِيَّة　身分証明

أَثَّثَ ، يُؤَثِّثُ < أث II 名 تَأْثِيث　❖家具を用意する,家具を揃える 名家具の備え付け

أَثَّثَ الْعَرُوسَانِ بَيْتَهُمَا قَبْلَ الزِّفَافِ　結婚式の前にカップルは家に家具を揃えた

آثَرَ ، يُؤْثِرُ < اثر IV 名 إِيثَار　❖好む;大事にする;選ぶ 名好み;無欲,利他主義;愛

آثَرَ .. عَلَى～　～よりも‥を好んだ

آثَرَ حَيَاةَ الدُّنْيَا　この世の生活を好んだ

أَثَّرَ ، يُؤَثِّرُ < أثر II 名 تَأْثِير 複 -ات	❖影響を与える,影響する(～عَلَى/فِي:～に);役に立つ 名影響;効果,効能(～فِي/عَلَى :～の,に対する)
تُؤَثِّرُ السِّيَاسَةُ فِي الاقْتِصَادِ	政治は経済に影響を与える
أَثَّرَتْ قِصَّتُهَا فِينَا بِشَكْلٍ عَمِيقٍ	彼女の話は私達の心を深く打った
تَأْثِير جَانِبِيّ 複 تَأْثِيرَات جَانِبِيَّة	副作用
تَحْتَ تَأْثِيرِ السُّكْرِ	酔っ払って/酔って
اَلْيَابَانُ لَهَا تَأْثِيرٌ حَسَنٌ عَلَيَّ	私は日本に良い印象を持っていました
أَحْدَثَ تَأْثِيرًا	影響を与えた
أَثَرٌ 複 آثَار	❖跡;影響,効果;作品 複遺跡
أَثَرُ الْجُرْحِ (الْقَدَمِ)	傷(足)跡
أَثَرُ حَادِثَةٍ	余波/影響
أَثَرُ التَّعْلِيمِ	教育の効果
أَثَرٌ فَنِّيٌّ (أَدَبِيٌّ)	美術(文学)作品
عَلَى أَثَرِ ~	～の直後に/直ぐに
عَلَى الْأَثَرِ	直ちに/直ぐに
إِثْرَ < أثر	❖直後
فِي إِثْرِ ~	～の直後に/～の直ぐ後ろに
خَرَجْتُ فِي إِثْرِهِ	私は彼の(出た)直後に出ました
وَاحِدًا فِي إِثْرِ وَاحِدٍ	一人ずつ
أَثْرَى ، يُثْرِي < ثرى/ثرو IV	❖豊かになる;金持ちになる
أَثْرَتِ الْأَرْضُ	地味が豊かになった(肥えた)
أَثْقَلَ < ثقل IV	❖(重荷を)負わせる,抱えさせる;苦しめる
أَثْقَلَهُ بِالدَّيْنِ (بِالْهُمُومِ)	負債を負った(悩みを抱えた)
أَثْلَجَ < ثلج IV	❖雪を降らせる;喜ばせる
أَثْلَجَتِ السَّمَاءُ	雪が降った
أَثْلَجَ الصَّدْرَ (النَّفْسَ/قَلْبَهُ)	喜ばせた(※直訳は胸,心を冷たくする)

❖ أَثِمَ ، يَأْثَمُ 名 إِثْم 複 آثام — 罪(過ち)を犯す 名罪悪,罪

مَنْ يَسْرِقُ مَالَ غَيْرِهِ يَأْثَمْ — 他人のお金を盗む者は罪を犯している

اَلْقَتْلُ إِثْمٌ فَظِيعٌ — 殺人は恐ろしい罪悪です

❖ آثِمٌ < أثم 複 أَثَمَة — 形罪深い,悪い 名罪,犯罪

آثِمٌ كُلُّ مَنْ يَزْنِي — 姦通(不倫)をする者は全て罪深い

❖ أَثْمَرَ < ثمر IV — 実を結ぶ,実を付ける

أَثْمَرَتْ جُهُودُهُ — 彼の努力は実を結んだ

هٰذِهِ الشَّجَرَةُ لَا تُثْمِرُ — この木は実を付けません(実が生りません)

❖ أَثْنَى ، يُثْنِي < ثنى IV — 賞賛する,ほめる(～عَلَى:～を)

أَثْنَى عَلَى الْجُهُودِ — 努力をほめ称えた

❖ أَثْنَاءَ～/ فِي أَثْنَاءِ～ — ～の間に

أَثْنَاءَ الْعَمَلِ / فِي أَثْنَاءِ الْعَمَلِ — 仕事中に

فِي أَثْنَاءِ سَيْرِهِ — 行く間に/行く途中で/道中で

فِي أَثْنَاءِ رُجُوعِهِ إِلَى بَيْتِهِ — 彼が家に帰る途中で

❖ اِثْنَانِ < ثنى 属対 اِثْنَيْنِ — 名二/2,二つ

女 اِثْنَتَانِ 属対 اِثْنَتَيْنِ

اَلِاثْنَيْنِ / يَوْمُ الِاثْنَيْنِ — 月曜日

男 اِثْنَا عَشَرَ 女 اِثْنَتَا عَشْرَةَ — 十二(12)

❖ أَثِيمٌ < أثم 複 أُثَمَاء — 形罪深い 名(宗教上の)罪人,犯罪者

لَوْلَا التَّوْبَةُ ، لَهَلَكَ الْأَثِيمُ — 悔悟(後悔)がなければ罪人は無くならない

❖ أَثْيُوبِيَا 関 أَثْيُوبِيّ 複 ـون — エチオピア 関エチオピアの;エチオピア人

اَلْبِلَادُ الْأَثْيُوبِيَّةُ — エチオピア

❖ أَجَابَ ، يُجِيبُ < جوب IV 名 إِجَابَة 複 ـات — 答える(ه/عَنْ/إِلَى:～に);同意する,応じる(～إِلَى:～に) 名答え,応答

أَجِبْ إِلَى الْأَسْئِلَةِ — 質問に答えなさい

أَسْئِلَةٌ وَإِجَابَاتٌ — 質疑応答

إِجَابَةً لِـ~ (عَنْ / إِلَى)	~に答えて/~に応じて
أَجَادَ ، يُجِيدُ <جود IV 名 إِجَادَة	❖(~するのが)うまい, 上手である, 上手に(~)する
أُجِيدُ الْعَزْفَ عَلَى الْعُودِ	私はウードを上手に<u>弾きます</u>(演奏します)
أَجَارَ ، يُجِيرُ <جور IV 名 إِجَارَة	❖助ける, 救う;守る(~مِنْ:~から)
أَجَارَهُ مِنَ الْعَذَابِ	彼を苦しみから救った
أَجَازَ ، يُجِيزُ <جوز IV 名 إِجَازَة	❖横切る;許す, 認可する;認める 名休日, 休暇;許可, 認可
تُجِيزُ الْحُكُومَةُ زِرَاعَةَ التَّبْغِ	政府はタバコの栽培を認可する
هِيَ فِي إِجَازَةٍ	彼女は休暇中です
إِجَازَة <u>صَيْفِيَّة</u> (شَتَائِيَّة)	<u>夏</u>(冬)休み
إِجَازَة قِيَادَةٍ	運転免許証
إِجَازَة الْمُرُورِ	通行許可(証)
اَلْعَمَلُ الطَّوِيلُ يَحْتَاجُ إِلَى إِجَازَةٍ	長時間労働は許可が必要です
نَالَ الْمُوَظَّفُ إِجَازَةً	職員は休暇を得た
إِجَّاص ※ إِجَّاصَة	❖梨 ※1個の梨, 1本の梨の木
ذُقْتُ الْإِجَّاصَةَ	私は梨を味わった
أَجَالَ ، يُجِيلُ <جول IV	❖回す, 巡らせる
أَجَالَ النَّظَرَ	辺りを見回した
إِجْبَارِيّ <جبر	❖義務の; 強制の, 強制的な
تَعْلِيم إِجْبَارِيّ	義務教育
تَجْنِيد إِجْبَارِيّ	兵役
عَمَلٌ إِجْبَارِيٌّ	強制労働
أَجْبَرَ <جبر IV 名 إِجْبَار	❖(~を)強制する, 強いて(~)させる(~عَلَى) 名強制
أَجْبَرَهُ عَلَى الرُّجُوعِ إِلَى وَطَنِهِ	彼に帰国を強制した
اِجْتَاحَ ، يَجْتَاحُ <جوح VIII 名 اِجْتِيَاح	❖破壊する, 壊す;押し流す 名破壊;全滅
اِجْتَاحَ السَّيْلُ بُيُوتَ الْأَرْيَافِ	洪水が郊外の家々を押し流した

اِجْتَازَ ، يَجْتَازُ <جوز VIII 名 اِجْتِيَاز ❖ (通りや川を)渡る,越える,越す;(試験に)合格する,通る 名横断,越える事;合格

اِجْتَازَ الْقِطَارُ رَصِيفَ الْمَحَطَّةِ　列車が駅のホームを通過した

اِجْتَازَ امْتِحَانًا　試験に通った(合格した)

اِجْتَازَ النَّهْرَ مَشْيًا عَلَى الْجِسْرِ　川の橋を歩いて渡った

اِجْتَذَبَ <جذب 名 اِجْتِذَاب ❖ 引き付ける,引っ張る;(人を)魅了する 名引き付ける事;魅力

اِجْتَذَبَ أَنْظَارَ ~　~の視線を引き付けた

اِجْتَرَّ <جر VIII 名 اِجْتِرَار ❖ 反すう(芻)する;繰り返す 名反すう(芻)

أَخَذَتِ الْبَقَرَةُ تَجْتَرُّ　牛が反芻し始めた

اِجْتِمَاعِيّ <جمع ❖ 社会の

دِرَاسَة اِجْتِمَاعِيَّة　社会科

اَلْعِلْم الاِجْتِمَاعِيّ　社会科学

خِدْمَة اِجْتِمَاعِيَّة　社会奉仕

اَلْإِنْسَانُ كَائِنٌ اِجْتِمَاعِيٌّ　人間は社会的な生き物(存在)である

اِجْتَمَعَ <جمع VIII 名 اِجْتِمَاع ❖ 集まる;会見する,会う(~بِـ/مَعَ:~と) 名集合,集まり;会議;社会

اِجْتَمَعَتِ الْحَيَوَانَاتُ فِي الْوَاحَةِ　動物達はオアシスに集まった

اِجْتَمَعَ الْوَزِيرُ بِالطُّلَّابِ　大臣は学生達と会見した

عَقَدَ اِجْتِمَاعًا　集会を開いた

لَدَيْنَا اِجْتِمَاعٌ　私達は会議があります

عِلْم الاِجْتِمَاع　社会学

اَلاِجْتِمَاع الْبَشَرِيّ　人間(の)社会

اِجْتَهَدَ <جهد VIII 名 اِجْتِهَاد ❖ 努力する,励む(~فِي:~に) 名勤勉,努力;イジュティハード[イスラム神学・法学用語]

اِجْتَهَدَ فِي التَّمْرِينَاتِ (عَمَلِهِ)　練習(仕事)に励んだ

بِاجْتِهَادٍ　勤勉に/真面目に

يَتَوَقَّفُ النَّجاحُ عَلَى الاجْتِهادِ　成功は努力次第である

أَجَدُّ <جدّ　❖ より新しい ※ جَدِيد の比

مَطارُ "نارِيتا" أَجَدُّ مِنْ مَطارِ "هانِيدا"　成田空港は羽田空港より新しい

أَجْدَبَ <جدب IV　❖ 干ばつになる;不毛になる

احْتَبَسَ الْمَطَرُ طَوِيلاً ، فَأَجْدَبَتِ الْأَرْضُ　長い間,降雨が無くて干ばつになった

آجُرّ ※ آجُرَّة　❖ 煉瓦 ※一個の煉瓦

أَجَّرَ ، يُؤَجِّرُ < اجر II 名 تَأْجِير　❖ 賃貸する,貸す 名賃貸し,賃貸;レンタル

أَجَّرَ الْبَيْتَ لِـ~　~に家を貸した

هُناكَ مَكانُ تَأْجِيرِ سَيّاراتٍ لِلسِّياحَةِ　あそこが観光用レンタカーの場所です

آجَرَ ، يُؤْجِرُ < اجر IV 名 إِيجار　❖ 報いる;賃貸する,賃貸しする,賃借する,賃借りする;雇う 名賃貸,賃借;雇用

أَحْسَنْتَ إِلَى الْفُقَراءِ ، فَآجَرَكَ اللهُ　貧者に善行を施すならば,神が報いて下さる

إِيجارُ بَيْتِنا سَنَوِيٌّ　私達の住まいは1年ごとの賃貸です

بَيْت لِلْإِيجارِ　借家/賃貸住宅

أَجْر 複 أُجُور　❖ 賃金,労賃;報酬(~عَلَى :~に対する);料金

رَفَعَ الْأُجُورَ　賃金を上げた

الْأَجْر الْأَدْنَى　最低賃金

النَّحّاتُ الْماهِرُ يَتَقاضَى أَجْرًا عالِيًا　腕の良い石工は高額の報酬を受け取る

أَجْرَى ، يُجْرِي <جرى IV 名 إِجْراء 複 -ات　❖ 行う,実行する,実施する;流す;走らせる 名実行,実施;措置,対策 複手続き

أَجْرَى تَجْرِبَةً　実験をした

أَجْرَى الْعَمَلِيَّةَ　手術を行った(した)

أَجْرَى مُقابَلَةً مَعَ ~　~と会見した(対談した)

أُجْرِيَتْ لِلطِّفْلِ عَمَلِيَّةُ التَّطْهِيرِ　子供に割礼が行われた

إِجْراءات قانُونِيَّة　法的措置/法的手続き

اتَّخَذَ إِجْراءاتٍ لازِمَةً　必要な対策を講じた(手続きをした)

أُجْرَة 複 أُجَر ❖ 料金;賃貸料;賃借り

أُجْرَة الْبَرِيد　郵便料金

أُجْرَة النَّقْلِ (الْحَمْلِ)　運賃

أُجْرَة سَكَنٍ　家賃

سَيَّارَة أُجْرَةٍ　タクシー

أَجْرَد ＜جرد 複 جُرْد 女 جَرْدَاءُ ❖ 形不毛の;禿の;着古した 名禿げ山

الْأَرْض الْجَرْدَاء　不毛の地/荒野

أَجْرَمَ ＜جرم IV 名 إِجْرَام ❖ 罪を犯す;危害を加える 名犯罪

سَيْطَرَتْ عَلَيْهِ رُوحُ الشَّرِّ فَأَجْرَمَ　悪い霊に取り付かれ,彼は罪を犯した

أَجْزَلَ ＜جزل IV ❖ 気前良く与える(～لِ:～に)

أَجْزَلَ لَهُ الْعَطَاءَ (مِنَ الْعَطَاءِ / فِي الْعَطَاءِ)　気前良く与えた

آجِل ＜ أجل ❖ 遅れた;延ばされた;未来の

عَاجِلًا أَوْ آجِلًا / فِي الْعَاجِلِ وَالْآجِلِ　遅かれ早かれ/やがて

أَجَّلَ ، يُؤَجِّلُ ＜ أجل II 名 تَأْجِيل ❖ 延期する,延ばす 名延期

لَا تُؤَجِّلْ عَمَلَ الْيَوْمِ إِلَى الْغَدِ　今日出来る事を明日に延ばすな

أَجَّلَ سَفَرَهُ أُسْبُوعًا　旅行を1週間延期した

تَمَّ تَأْجِيلُ نَشْرِ الْكِتَابِ إِلَى السَّنَةِ الْقَادِمَةِ　本の発行を翌年に延期した

أَجَلٌ 複 آجَال ❖ 期間,期限;臨終,死に際;寿命

طَوِيل (قَصِير) الْأَجَلِ　長期(短期)

الْأَجَل الْمَضْرُوب (الْمَعْلُومِ)　指定期日

جَاءَ أَجَلُهُ　臨終の時が来た

قَضَى أَجَلَهُ　寿命が尽きた

بِالْأَجَلِ　付けで/信用貸しで

أَجَلْ ! ❖ その通り,勿論! ※相手に強い賛意を示す時に

أَجْلٌ ❖ 理由,わけ

مِنْ أَجْلِ / لِأَجْلِ ~	～の為に
مِنْ أَجْلِ ذٰلِكَ	それ故/従って/すなわち
مِنْ أَجْلِكَ أَتَيْتُ	あなたの為に私は来ました
أَجْلَسَ <جلس IV	❖ 座らせる;席に着かせる
أَجْلَسَ الْمُدَرِّسُ الطُّلَّابَ	教師は生徒達を座らせた
إِجْمَالٌ <جمل	❖ 概略,要約;集計
بِوَجْهِ الْإِجْمَالِ / إِجْمَالًا / عَلَى الْإِجْمَالِ / بِالْإِجْمَالِ / فِي إِجْمَالِهِ	概して/総じて/要するに
إِجْمَالًا لِذٰلِكَ أَقُولُ ~	つまり(要するに)私が言いたいのは～である
أَجَمَةٌ 複 ـات/ آجَام / أُجُم	❖ 茂み,藪;ジャングル
اِخْتَبَأَ النَّمِرُ فِي الْأَجَمَةِ	虎は茂みに隠れた
أَجْمَعَ <جمع IV 名 إِجْمَاع	❖ (～に)賛成する(～عَلَى),合意する 名満場一致;イジュマー[イスラム教徒全体の合意]
أَجْمَعُوا أَمْرَهُمْ	彼らは相談事がまとまった
إِجْمَاعُ الرَّأْيِ	意見の一致
بِالْإِجْمَاعِ	満場一致で
أَجْمَعُ <جمع 女 جَمْعَاءُ 複 ـون	❖ ～の全体,全部 ※名詞～の部分を後ろから修飾
الْعَالَمُ أَجْمَعُ	世界全体/全世界
الْقَرْيَةُ جَمْعَاءُ	全村/村全体
الْمُسْلِمُونَ أَجْمَعُونَ	全イスラム教徒
بِأَجْمَعِهِمْ	(彼ら)全員で
بِأَجْمَعِهِ (هَا)	それを一緒に
أَجْمَلُ <جمل	❖ ～より美しい(～مِنْ) ※ جَمِيل の比
الْحِصَانُ أَجْمَلُ مِنَ الْحِمَارِ	馬はロバより美しい
أَجْنَبِيٌّ <جنب 複 أَجَانِب	❖ 形外国の,異邦の 名外国人,外人;異邦人
لُغَةٌ أَجْنَبِيَّةٌ	外国語

ضُيُوف أَجَانِب　外国人客達

فِرْقَة الْأَجَانِب　外人部隊

أَجْهَدَ <جهد IV 名 إِجْهَاد　❖疲れさせる,疲れさす,酷使する 名苦労;奮闘,努力

أَجْهَدَ الْعُمَّالَ　労働者を酷使した

أَجْهَدَهُ السَّيْرُ فِي الشَّمْسِ　日中の旅行が彼を疲れさせた

أَجْهَدَ نَفْسَهُ　奮闘した/努力した

أَجْهَزَ <جهز IV　❖止めを刺す(～عَلَى:～の);破滅させる

أَجْهَزَ عَلَى الْجَرِيحِ　傷ついた者に止めを刺した

أَجْهَشَ <جهش IV　❖涙に暮れる;泣く

أَجْهَشَ بِالْبُكَاءِ (فِي الْبُكَاءِ)　涙に暮れた/ひどく嘆き悲しんだ

أَجْوَفُ <جوف 女 جَوْفَاءُ 複 جُوف　❖空洞の;空っぽの

يُصْنَعُ النَّايُ مِنَ الْقَصَبِ الْأَجْوَفِ　ナーイ笛は空洞の葦から作る

فِعْل أَجْوَف　くぼみ動詞 ※第2語根が ا, و, ي の動詞

أَجِير < أجر 複 أُجَرَاء　❖労働者,従業員,使用人;日雇い

بَخَسَ الْأَجِيرَ حَقَّهُ　労働者を不当に取り扱った(搾取した)

أَحَاطَ، يُحِيطُ <حوط IV 名 إِحَاطَة　❖(～を‥で)囲む(‥بِـ ～);(～を)知らせる(بِـ～)
名囲み,包囲;理解

الْأَخْطَارُ تُحِيطُ بِهِمْ　危険が彼らを取り囲んでいた

أَحَاطَهُ بِالْأَمْرِ عِلْمًا　彼にその事を知らせた

أَحَالَ، يُحِيلُ <حول 名 إِحَالَة 受 أُحِيلَ　❖移す;変える;送る 名変化;転化;移行 受移される

أُحِيلَ عَلَى (إِلَى) الْمَعَاشِ (التَّقَاعُدِ)　年金生活になった

أَحَبَّ، يُحِبُّ <حب IV　❖愛する;気に入る,(～が)好き,(～を)好む;恋をする

※ هِيَ أَحَبَّتْ / أَنَا أَحْبَبْتُ

يُحِبُّكِ　彼は貴女に恋をしてます(が好きです)

كَمَا تُحِبُّ　あなたの好きなように

أَحْبِبْ جَارَكَ　あなたの隣人を愛しなさい

أُحِبُّ السِّبَاحَةَ　私は水泳を好む

أَحْبَطَ <حبط IV 名 إِحْبَاط	❖中止する，止める；阻止する 名妨害；阻止
أَحْبَطَ عَمَلَهُ	仕事を止めた
اِحْتَاجَ ، يَحْتَاجُ <حوج VIII 名 اِحْتِيَاج 複 -ات	❖(～を)必要とする，(～が)必要である(إِلَى/لِـ~)
※هِيَ اِحْتَاجَتْ / أَنَا اِحْتَجْتُ	名必要 複必需品，必要品
تَحْتَاجُ إِلَى حُبِّكَ	彼女はあなたの愛を必要としています
اِحْتَالَ ، يَحْتَالُ <حول VIII 名 اِحْتِيَال	❖騙す，欺く(～عَلَى:～を) 名騙し，欺く事，詐欺
اِحْتَالَ الثَّعْلَبُ عَلَى الْغُرَاب	狐は烏を騙した
اِحْتَجَّ ، يَحْتَجُّ <حج VIII 名 اِحْتِجَاج 複-ات	❖抗議する(～عَلَى :～に)；論証する(～بِـ:～を) 立証する 名抗議；口実，言い訳
اِحْتَجَّ عَلَى الظُّلْمِ	その不正に(対して)抗議した
مُذَكِّرَة اِحْتِجَاجٍ	抗議文書(書)
اِحْتِجَاجًا عَلَى~	～に抗議して
اِحْتَجَبَ <حجب VIII	❖姿を消す，見えなくなる
اِحْتَجَبَتِ الْمَجَلَّةُ عَنِ الصُّدُورِ	その雑誌は流通から姿を消した
اِحْتَجَبَتِ الشَّمْسُ	太陽が見えなくなった
اِحْتَجَزَ <حجز VIII 名 اِحْتِجَاز	❖監禁する，人質に取る；留置する 名監禁；拘留
اِحْتَجَزَتِ الْعِصَابَةُ الطَّيَّارَ رَهِينَةً	一味はパイロットを人質に取った
اِحْتِجَاز الرَّهَائِنِ	人質の監禁
اِحْتَدَّ ، يَحْتَدُّ <حد VIII	❖怒る(～عَلَى:～に)；憤慨する(～عَلَى:～を)
لَا يَلِيقُ بِكَ أَنْ تَحْتَدَّ	あなたが怒るのは正当ではない
اِحْتَدَمَ <حدم VIII 名 اِحْتِدَام	❖怒り狂う，憤慨する；燃える；(戦闘が)起こる 名燃焼；発生；発作[医学]
اِحْتَدَمَ النِّقَاشُ	議論が巻き起こった
اِحْتَدَمَ أَبُوهُ غَيْظًا	彼の父親は大いに怒った
اِحْتَرَسَ <حرس VIII 名 اِحْتِرَاس 複-ات	❖用心する，注意する，気を付ける(～مِنْ:～に) 名用心，注意
اِحْتَرَسَ مِنَ الْمَرَضِ	病気に気を付けた

اِحْتِرَاسًا مِنْ ~	～を用心して/～に気を付けて
اِحْتَرَفَ<حرف VIII 名 اِحْتِرَاف	❖仕事(職業)に就く 名(職業への)従事;実行
أَيَّ مِهْنَةٍ تُحِبُّ أَنْ تَحْتَرِفَ؟	貴男はどんな仕事に就きたいのですか
اِحْتَرَفَ التَّعْلِيمَ	教育関係の仕事に就いた(従事した)
اِحْتِرَاف الْإِجْرَام	犯罪行為/犯行
اِحْتَرَقَ<حرق VIII 名 اِحْتِرَاق	❖燃える,燃焼する,火が点く 名燃焼;火事
اِحْتَرَقَتِ الْمَدِينَةُ طُولَ النَّهَارِ	街は一日中燃えていた
غُرْفَة الاِحْتِرَاق	燃焼室
اِحْتَرَمَ<حرم VIII 名 اِحْتِرَام	❖尊敬する,敬う,尊重する 名尊敬,尊重
اِحْتَرِمِ الْمُدَرِّسِينَ	先生達を敬いなさい(尊敬しなさい)
يَجِبُ أَنْ نَحْتَرِمَ رَايَ الْأَغْلَبِيَّةِ	多数の意見を尊重しなければならない
سَلَّمَ عَلَيْهِ فِي أَدَبٍ وَاحْتِرَامٍ	彼は礼儀正しく,尊敬の念をこめて挨拶をした
اِحْتَشَدَ<حشد VIII 名 اِحْتِشَاد	❖群がり集まる,集る,詰めかける 名群がり,集合
اِحْتَشَدَتِ السُّفُنُ فِي الْمَرْفَأِ	波止場に船が集まった
اِحْتَشَدَ النَّاسُ أَمَامَ شُبَّاكِ الْبَرِيدِ	人々が切手売り場に詰めかけた
اِحْتَضَرَ<حضر VIII 名 اِحْتِضَار	❖赴く,来る,出席する;文明化する 名死亡,逝去
受 أُحْتُضِرَ	死ぬ,みまかる ※神の下に赴く
اِحْتَطَبَ<حطب VIII	❖薪を集める
اِحْتَطَبَ فِي الْغَابَةِ	森で薪を集めた
اِحْتَفَى، يَحْتَفِي<حفو VIII 名 اِحْتِفَاء	❖祝う,歓迎する(~بِ:～を) 名歓迎;式典
زَارَنَا جِيرَانُنَا فَاحْتَفَيْنَا بِهِمْ	近所の人が私達を訪ねて来たので,歓迎した
اِحْتَفَظَ<حفظ VIII 名 اِحْتِفَاظ	❖保つ,保持する,維持する(~بِ:～を),守る(~بِ:～を) 名保持,保守,メンテナンス(~بِ:～の)
اِحْتَفَظَ بِالسِّرِّ	秘密を守った
اِحْتَفَلَ<حفل VIII 名 اِحْتِفَال 複 ـات	❖(～を)祝う(~بِ) 名祝典,祝い事

اَلْأَطْفَالُ وَالْكِبَارُ يَحْتَفِلُونَ بِعِيدِ رَأْسِ السَّنَةِ　大人も子供も新年を祝う

اِحْتِفَال تَأْبِينِيّ　故人追悼式(会)

❋ اِحْتَقَرَ <حقر VIII 名 اِحْتِقَار　軽蔑する, 蔑む, 見下す 名軽蔑, 侮辱, 蔑み

اِحْتَقَرَتْ زَوْجَتُهُ خَادِمَهُ　彼の妻は召使いを見下した

اِحْتِقَار الْمَحْكَمَةِ　法廷侮辱罪

نَظَرَ إِلَيَّ بِعَيْنِ الْاِحْتِقَارِ　彼は私を軽蔑の目で見た

❋ اِحْتَكَّ ، يَحْتَكُّ <حك VIII 名 اِحْتِكَاك　(〜と)接する;(〜を)擦る(بِـ〜) 名摩擦

مَنِ احْتَكَّ بِالنَّاسِ تَعَلَّمَ كَثِيرًا　大衆と接する者は多くを学ぶ

تَتَوَلَّدُ مِنَ الاِحْتِكَاكِ حَرَارَةٌ　摩擦から熱が生じる

❋ اِحْتَكَرَ <حكر VIII 名 اِحْتِكَار 複 ـات　独占する, 買い占める 名独占, 専売;一人占め

اِحْتَكَرَ بَيْعَ ~　〜の販売を独占した

اِحْتَكَرَ التَّاجِرُ الْأَرُزَّ　商人は米を買い占めた

اِحْتِكَار الْمِلْحِ　塩の専売

قَوَانِين مُكَافَحَةِ الاِحْتِكَارَاتِ وَالْقُيُودِ الْمَشْرُوعَةِ　独占禁止法

❋ اِحْتَلَّ ، يَحْتَلُّ <حل VIII 名 اِحْتِلَال　占領する, 占拠する;(順位を)占める 名占領, 占拠

اِحْتَلَّ الْجَيْشُ الْبَلَدَ　軍隊がその国を占領した

اِحْتَلَّ الْمَكَانَ الْأَوَّلَ　第1位になった

تَحْتَ الاِحْتِلَالِ　占領下

قُوَّات (جَيْش) اِحْتِلَالٍ　占領軍

❋ اِحْتَمَى ، يَحْتَمِي <حمى VIII 名 اِحْتِمَاء　自己防衛する;保護を求める 名防衛, 防御

اِحْتَمَى الْمَرِيضُ　病人は助けを求めた

❋ اِحْتَمَلَ <حمل VIII 名 اِحْتِمَال 複 ـات　予想される, 可能性がある;耐える 名可能性, 予想;忍耐, 耐える事

ا ب ت ث ج ح خ د ذ ر ز س ش ص ض ط ظ ع غ ف ق ك ل م ن هـ و ي

لَا يُحْتَمَلُ — 耐えられない *受

أَحْتَمِلُ الْجُوعَ ، وَلَا أَحْتَمِلُ الظَّمَأَ — 私は空腹は耐えられるが,喉の渇きは耐えられない

بَعِيدُ الاحْتِمَالِ — 有りそうにない事

صَعْبُ الاحْتِمَالِ — 耐え難い

اِحْتَوَى ، يَحْتَوِي <حوى VIII 名 اِحْتِوَاء — ❖(〜を)含む(〜عَلَى);(〜を)持つ,所有する(〜عَلَى)
名含有,含む事;封じ込め

كَمْ كِتَابًا تَحْتَوِي حَقِيبَتُكَ ؟ — あなたの鞄は本が何冊入りますか

男 أَحَدٌ 女 إِحْدَى — ❖一/壱/1,一つ;誰か;一人の

الْأَحَد / يَوْمُ الْأَحَدِ — 日曜日/日曜

اَللّٰهُ الْأَحَدُ — 神は一つである

هَلْ فِي السَّيَّارَةِ أَحَدٌ ؟ — 誰か車の中にいますか

لَا أَحَدَ — 誰も(〜しない)

فِي أَحَدِ الْأَيَّامِ — ある日

男 أَحَدَ عَشَرَ 女 إِحْدَى عَشْرَةَ — 十一/11

أَشْتَغِلُ أَحَدَ عَشَرَ شَهْرًا، وَأَسْتَرِيحُ شَهْرًا — 私は十一ヶ月働いて,一ヶ月休みます

أَحْدَاث <حدث — ❖⇒ حَدَث 名複

أَحْدَثَ <حدث IV 名 إِحْدَاث — ❖引き起こす,生じさせる;創造する,発明する
名引き起こす事;発生;創造

أَحْدَثَ مُشْكِلَةً — 彼は問題を起こした

أَحْدَثُ <حدث — ❖より新しい;最新の ※حَدِيث の比

هٰذِهِ هِيَ أَحْدَثُ آلَاتِ التَّصْوِيرِ — これは最新のカメラです

أَحْرَى <حرى — ❖より十分な;より正確な;より適切な ※حَرِيّ の比

أَوْ بِالْأَحْرَى — むしろ/正確に言えば

هِيَ لَا تَدْرُسُ الْآنَ ، أَوْ بِالْأَحْرَى نَائِمَةٌ — 彼女は勉強していない,むしろ寝ている

أَحْرَزَ <حرز IV 名 إِحْرَاز — ❖得る,所有する;保護する 名獲得;所有

أَحْرَزَ نَصْرًا عَلَى~ — (〜に)勝った/(〜を)打ち破った

إِحْرَاز نَصْرٍ	勝利の獲得
أَحْرَصُ<حرص	✿より大切な；より貪欲な ※حَرِيص の比
اَلصَّدِيقُ الْوَفِيُّ كَنْزٌ أَحْرَصُ عَلَيْهِ	誠実な友人は最も大切な宝である
أَحْرَقَ<حرق IV 名 إِحْرَاق	✿燃やす，焼く；火をつける 名燃焼；放火
أَحْرَقَ الْأَوْرَاقَ	紙を燃やした
أَحْرَقَ جُثَّةَ مَيِّتٍ	火葬した
إِحْرَاق جُثَثِ الْمَوْتَى	火葬
إِحْرَاق الْمَنْزِلِ	家屋への放火
أَحْزَنَ<حزن IV 名 إِحْزَان	✿(～を)悲しませる，嘆かせる 名悲しませる事
أَحْزَنَنِي الْخَبَرُ	その知らせは私を悲しませた
أَحَسَّ ، يُحِسُّ<حس IV 名 إِحْسَاس 複 ـات/ أَحَاسِيس	✿(～を)感じる(بِ~) 名感覚，感じ；気持
أَحَسَّ بِقَطَرَاتِ الْمَطَرِ	雨粒を感じた
أَحَسَّ بِالتَّعَبِ	疲れ(疲労)を感じた
اَلْإِحْسَاس بِالتَّعَبِ	疲労感/倦怠感
جَرَحَ إِحْسَاسَهُ	彼の気持ち(感情)を傷つけた
شَدِيد (عَدِيم) الْإِحْسَاسِ	敏感(鈍感)な
أَحْسَنَ<حسن IV 名 إِحْسَان	✿良くする，親切にする，施す(～إِلَى:～に)；巧みにする，うまい，上手にする 名慈善，善行
أَحْسَنَ إِلَيَّ	彼は私に親切にしてくれた
أَحْسَنْتَ !	良くやった!/でかした!
هُوَ يُحْسِنُ الْعَزْفَ	彼は演奏がうまい(上手に演奏する)
أَحْسَنَ اللُّغَةَ الْيَابَانِيَّةَ	日本語を習得した(マスターした)
أَفْضَلُ الْإِحْسَانِ مَا تَقُومُ بِهِ سِرًّا	慈善はひそかに行うものである
أَحْسَنُ<حسن	✿より良い；より美しい；より素敵な，より素晴らしい ※حَسَنٌ の比
أَنْتِ أَحْسَنُ أُمٍّ فِي الدُّنْيَا	あなたはこの世で最も素晴らしい母親です

أَحْصَى، يُحْصِي<حصو IV 名 إِحْصَاء 複 -ات ❖数える;計算する 名計算,数える事;複統計

لَا يُحْصَى　数えられない/無数の *受

تُرِيدُ الدَّوْلَةُ أَنْ تُحْصِيَ السُّكَّانَ　国は人口の統計をとりたがっている

عِلْمُ الْإِحْصَاءِ　統計学

إِحْصَاءُ السُّكَّانِ (سُكَّانِيّ)　人口調査/国勢調査

أَحْضَرَ<حضر IV 名 إِحْضَار ❖(～を)持って来る,持参する;呼び出す,連れて来る 名持参,連れてくる事;調達

أَحْضِرْ لِي الْوَلَدَ　その子を連れて来なさい

أَحْكَمَ<حكم IV 名 إِحْكَام ❖上手にする;強化する;完全に行う 名完全さ,正確さ

أَحْكِمْ إِغْلَاقَ الْبَابِ قَبْلَ أَنْ تَنَامَ　寝る前に,戸締まりをしっかりしなさい

أَحْكَمَ أَمْرَهُ　事を完全にやり遂げた

بِالْإِحْكَام　正確に

أَحَلَّ، يُحِلُّ<حل IV 名 إِحْلَال ❖許す,認める,合法とみなす;定着する,落ち着く 名置き換え,代用,代理

أَحَلَّ اللّٰهُ ذَبْحَ الْمَوَاشِي　神は家畜を殺す事を許された

أَحْمَى، يُحْمِي<حمى IV ❖近寄らせない;避ける

أَحْمَى الْفُرْنَ　オーブンに近寄らせなかった

أَحْمَرُ<حمر 女 حَمْرَاءُ 複 حُمْر / حُمْرَان ❖赤い,赤色の,紅の,紅色の,バラ色の

女双 حَمْرَاوَان (يْن)　※( )内は属対

لَوْن أَحْمَر　赤(い)色

اَلْأَحْمَرَان　肉とぶどう酒 ※二つの赤いもの

اَلْبَحْر الْأَحْمَر　紅海

أَحْمَر الشِّفَاه　口紅

اَلْكُرَات الْحَمْرَاء　赤血球

اَللَّوْنُ الْأَحْمَرُ فِي هٰذَا الْعَلَمِ يَرْمُزُ إِلَى الدَّمِ　この旗の赤(い)色は血を意味する(象徴する)

اِحْمَرَّ ، يَحْمَرُّ <حمر IX ❖ 赤くなる

اِحْمَرَّتِ الْإِشَارَةُ　信号機が赤になった

اِحْمَرَّ لَوْنُهُ (وَجْهُهُ خَجَلًا)　(恥ずかしくて)顔が赤くなった

أَحْمَقُ <حمق 女 حَمْقَاءُ 複 حُمْق / حَمْقَى ❖ 形愚かな, 馬鹿な 名愚かな人, 馬鹿な人, 馬鹿

شَخْص أَحْمَق　愚か者/愚かな人

يَا لَهُ مِنْ أَحْمَق !　彼は何て馬鹿なんだ!

أَحْوَلُ <حول 複 حُول 女 حَوْلَاءُ ❖ 形斜視の 名斜視の人

أَحْيَا ، يُحْيِي <حيي IV 名 إِحْيَاءٌ ❖ 蘇らせる, 生き返らせる; 追悼する; 活気付かせる
名 蘇らせる事, 蘇生, 再生; 活性化; 追悼

((وَأَنَّهُ هُوَ أَمَاتَ وَأَحْيَا))　実に彼(神)は死なせ, また生かすお方である

أَحْيَا ذِكْرَى　追悼式を行った

أَحْيَيْنَا لَيْلَةَ الْعِيدِ رَقْصًا وَغِنَاءً　祭りの夜を私達は歌って踊って過ごした

أَحْيَا حَفْلَةً　(芸人が)演じた/演奏した

أَحْيَا النَّارَ　(吹いて)火を起こした

إِحْيَاءً لِذِكْرَى لِـ～　～を追悼して/～を偲んで

أَحْيَاء <حيي ❖ 生物学(＝عِلْم الْأَحْيَاءِ) ※ حَيّ の複

أَحْيَانًا <حين ❖ 時々, 時折 ※ حِين の複

قَابَلَهَا أَحْيَانًا　彼は時々彼女に会った

أَخ 双 أَخَوَانِ (يْنِ) 複 إِخْوَة / إِخْوَان ❖ 兄, 弟, 兄弟; 親しき者 複 إِخْوَان: 同胞; 兄弟

主 أَخُو 属 أَخِي 対 أَخَا

أَخُو (أَخِي / أَخَا) مُحَمَّدٍ　ムハンマドの兄は(兄の/兄を)

※ أَخِي　私の兄は(兄の/兄を) ※ 私の場合は格変化無し

اِتَّفَقَ الْأَخَوَانِ ، وَضَعَا حَدًّا لِخِصَامِهِمَا　兄弟二人は仲直りして, 仲違いを終わらせた

اِسْأَلْ أَخَاكَ عَمَّا يَأْتِي　兄(弟)に次の事を聞きなさい

الْأُمُّ تُحِبُّ الْأَخَوَيْنِ　母親はその兄弟二人が好きです

أَخ كَبِير (صَغِير)　兄(弟)

ا ب ت ث ج ح خ د ذ ر ز س ش ص ض ط ظ ع غ ف ق ك ل م ن هـ و ي

إِخْوَة كِبَار (صِغَار)	兄(弟)達
أَخُو الْجَهْدِ (الْعِلْمِ)	努力家(学者)
أَخَافَ<خوف IV 名 إِخَافَة	❖恐れさせる, 怖がらせる 名脅し, 脅迫
أَخَافَ الْجَيْشُ الْقَرَوِيِّينَ	軍は村人を恐れさせた
أَخْبَار<خبر	❖知らせ, ニュース, 報道; うわさ, 消息 ※"خَبَر" の複
أَخْبَار طَيِّبَة	吉報
نَشْرَة أَخْبَارٍ	ニュース(報道)番組
سَأَلَ عَنْ أَخْبَارِهِ	彼の消息を尋ねた
أَخْبَرَ<خبر IV 名 إِخْبَار	❖知らせる, 連絡する, 通知する, 通報する, 伝える; 報告する(~ه/بـ:~を) 名通知, 知らせ
أَخْبِرْنِي كَمْ تُرِيدُ	あなたはいくら欲しいのか, 知らせて下さい
أَخْبَرَهُ النَّتِيجَةَ (بِالنَّتِيجَةِ)	結果を彼に通知した(伝えた)
أُخْت<أخو 複 أَخَوَات	❖姉, 妹
أُخْت كُبْرَى (صُغْرَى)	姉(妹)
اِخْتَارَ، يَخْتَارُ<خير VIII 名 اِخْتِيَار	❖(~を)選ぶ, 選択する; (~を)好む 名選ぶ事, 選択, ; 自由意志
受 أُخْتِيرَ، يُخْتَارُ	選ばれる
اِخْتَرْ أُمْنِيَةً وَاحِدَةً	あなたの望みを一つ選びなさい
أُخْتِيرَ رَئِيسًا لِلْجَلْسَةِ	議長に選ばれた
قَامَ بِاخْتِيَارِ ~	~を選んだ
اِخْتِيَارًا	自発的に
اِخْتَبَأَ، يَخْتَبِئُ<خبأ VIII	❖隠れる, 身を隠す
命 اِخْتَبِئْ 女 اِخْتَبِئِي	隠れなさい
اِخْتَبَأَ فِي مَكَانٍ أَمِينٍ	安全な場所に隠れた
اِخْتَبَرَ<خبر VIII 名 اِخْتِبَار	❖試験する, 実験する, 試す; 経験する 名試験, 実験, テスト; 経験, 体験

اِخْتَبَرَ الْبَرْنَامَجَ	そのプログラムを試した
تَحْتَ الاِخْتِبَارِ	実験中
اِخْتَتَمَ <ختم VIII 名 اِخْتِتَام	❖終わらせる, 終える 名終わり, 終了
受 اُخْتُتِمَ ، يُخْتَتَمُ	終わる
اِخْتَتَمَ الْحَفْلَةَ	パーティを終えた
حَفْلُ الاِخْتِتَامِ	終了式/閉幕式
اِخْتَرَعَ <خرع VIII 名 اِخْتِرَاع	❖発明する 名発明
اِخْتَرَعَ الْآلَةَ الْبُخَارِيَّةَ	蒸気機関を発明した
اَلْحَاجَةُ أُمُّ الاِخْتِرَاعِ	必要は発明の母[格言]
اِخْتَرَقَ <خرق VIII 名 اِخْتِرَاق	❖貫く, 貫通する, 通る;破る;克服する;広まる 名貫通;横断
اِخْتَرَقَ الرَّصَاصُ صَدْرَهُ	銃弾が彼の胸を<u>貫いた</u>(貫通した)
اِخْتَصَّ ، يَخْتَصُّ <خص VIII 名 اِخْتِصَاص 複 ـات	❖抜きん出る, 際立つ;専門とする(～بِـ/فِي:～を); 独特である;独占する 名権限;専門;特権;管轄
يَخْتَصُّ بِالْأَدَبِ الْيَابَانِيِّ	彼は日本文学を専門としている
ذُو الاِخْتِصَاصِ	管轄の/権限を持つ
مَا اخْتِصَاصُكَ ؟	(あなたの)専門は何ですか
اِخْتِصَاصِيّ <خص 複 ـون	❖専門家(～بِـ:～の)
هُوَ طَبِيبٌ اخْتِصَاصِيٌّ بِجِرَاحَةِ الْعَظْمِ	彼は整形外科の専門医だ
اِخْتَصَرَ <خصر VIII 名 اِخْتِصَار	❖要約する, 短縮する;近道をする 名略, 要約;短縮
اِخْتَصِرِ الْقِصَّةَ الَّتِي قَرَأْتَهَا فِي صَفْحَةٍ وَاحِدَةٍ	読んだ物語を1ページに要約しなさい
اَلْحَرْفَانِ UN اخْتِصَارُ اسْمِ الْأُمَمِ الْمُتَّحِدَةِ	UNの二文字は国際連合の略です
بِاخْتِصَارٍ / بِالاِخْتِصَارِ	要約すると
اِخْتَطَفَ <خطف VIII 受 اُخْتُطِفَ 名 اِخْتِطَاف	❖さっと奪う;誘拐する;強奪する 受誘拐される 名誘拐, 拉致;乗っ取り;強奪

اُخْتُطِفَتِ الطَّائِرَةُ * — 飛行機は乗っ取られた(ハイジャックされた) *受

اِخْتَفَى ، يَخْتَفِي <خفي VIII 名 اِخْتِفَاء — ❖(姿を)消す,(姿を)隠す,(姿が)見えなくなる 名姿が消える事;消滅

اِخْتَفَى عَنِ الْأَنْظَارِ — 姿を消した(隠した)/視界から消えた

اِخْتَفَى السَّارِقُ بِسُرْعَةٍ — 盗人は急いで姿を隠した(隠れた)

اِخْتَلَّ ، يَخْتَلُّ <خل VIII 名 اِخْتِلَال — ❖混乱する;(バランスを)失う,なくす,崩す 不完全である;欠陥がある 名混乱;喪失;障害

اِخْتَلَّ التَّوَازُنُ — バランスが崩れた

اِخْتَلَّ عَقْلُهُ — 正気を失った(で無くなった)

اِخْتِلَال وَظِيفِيّ — 機能障害[医学]

اِخْتَلَسَ <خلس VIII 名 اِخْتِلَاس — ❖盗む;着服する,横領する 名盗み;着服,横領

اِخْتَلَسَ الْخُطَى إِلَى~ — 忍び込んだ

اِخْتَلَسَ النَّظَرَ إِلَى~ — 盗み見た/こっそり見た

اِخْتِلَاس النَّظَرِ — 盗み見

اِخْتَلَطَ <خلط VIII 名 اِخْتِلَاط — ❖混ざる(〜بِـ:〜と);混乱する;付き合う 名混合,紛糾,交際,付き合い

سَقَطَ الشَّعِيرُ عَلَى الْقَمْحِ فَاخْتَلَطَا — 大麦が小麦の上に落ちて,混ざり合った

اِخْتَلَطَ عَقْلُهُ — 頭が混乱した

اِخْتَلَفَ <خلف VIII 名 اِخْتِلَاف — ❖違う,異なる(〜عَنْ:〜と);反目する(〜مَعَ:〜と);口論する;よく通う(〜إِلَى:〜に) 名違い,相違,差異;不一致

تَخْتَلِفُ لُغَتُهُ عَنْ لُغَتِنَا — 彼の言葉は私達の(言葉)と違う

لَنْ يُبَاعِدَ بَيْنَنَا اخْتِلَافُ الرَّأْيِ — 意見の相違が私達を疎遠にする事はない

عَلَى اخْتِلَافِ~ — 様々な〜/〜の違いにかかわらず

اِخْتَمَرَ <خمر VIII 名 اِخْتِمَار — ❖発酵する;熟考する 名発酵

اِخْتَمَرَ الْعَصِيرُ — 果汁が発酵した

اِخْتَمَرَتِ الْفِكْرَةُ — 考えがまとまった

اِخْتَنَقَ < خنق VIII 名 اِخْتِنَاق ❖ 窒息する, 窒息死する; 息が詰まる, 抑制される
名窒息, 窒息死; 休止

مَنْ أَكَلَ عَلَى مَائِدَتَيْنِ اخْتَنَقَ — 二つのテーブルで食べる者は窒息する/二兎を追う者は一兎をも得ず[格言]

اِخْتِنَاق الْمُرُورِ — 交通渋滞

اِخْتِيَار < خير ❖ ⇒ اِخْتَارَ 名

أَخْجَلَ < خجل IV ❖ 辱める, 恥をかかせる

أَخْجَلَنِي سُوءُ تَصَرُّفِكَ — 貴男の不品行で私は恥をかいた

أُخْدُود < خد 複 أَخَادِيد ❖ わだち 複顔のしわ

حَفَرَ دُولَابُ السَّيَّارَةِ فِي الطَّرِيقِ الرَّمْلِيِّ أُخْدُودًا — 自動車の車輪が砂地の道にわだちをつけた

أَخَذَ ، يَأْخُذُ 名 أَخْذ ❖ (～を)取る; (～を)連れて行く, 持って行く;
(～し)始める(～: 未, 動名詞 + فِي)
名取る事, 採用; 連れていく事

أَخَذَ كِتَابًا مِنْ عَلَى الرَّفِّ — 彼は棚から1冊の本を取った

خُذْنِي إِلَى فُنْدُقِ كَارْلْتُون — カールトンホテルまで連れて行って下さい

أَخَذَ يَقُولُ — 言い始めた

أَخَذَهُ الْعَجَبُ — 驚いた/びっくりした

أَخْذ وَعَطَاء — ギブアンドテイク/商売/交渉

آخَذَ < أخذ IV 名 مُؤَاخَذَة ❖ 非難する; (～の罪で)罰する(～عَلَى/بِـ) 名非難; 異議

آخَذَهُ عَلَى ذَنْبِهِ (بِذَنْبِهِ) — 彼の罪を罰した

لَا تُؤَاخِذْنِي — (ちょっと)ご免なさい/すみません/失礼します

لَا مُؤَاخَذَة / بِدُونِ مُؤَاخَذَةٍ — (ちょっと)ご免なさい/すみません/失礼します

أَخَّرَ < أخر II 名 تَأْخِير ❖ 延期する, 遅らす; 遅れる 名遅れ, 延期

أُخِّرَ الاجْتِمَاعُ الْقَادِمُ لِمُدَّةِ أُسْبُوعٍ * — 次の会議は一週間延期された *受

أَخَّرَ السَّاعَةَ — (時計の針を)戻した(遅らせた)

أَخَّرَتِ السَّاعَةُ — 時計の時間が遅れていた

أَخَّرَ الْمِيعَادَ　出発を遅らせた(延期した)

دُونَ تَأْخِيرٍ　遅滞なく/滞りなく/遅れも無く

آخَرُ < أخر 女 أُخْرَى　❖ 別の, もう一つの, 他の

مَرَّةً أُخْرَى　もう一度

هٰذِهِ مَسْأَلَةٌ أُخْرَى　それはまた別の問題です

مِنْ وَقْتٍ إِلَى آخَرَ　時々

هُوَ الْآخَرُ (هِيَ الْأُخْرَى)　彼(彼女)もまた

أَنَا الْآخَرُ (الْأُخْرَى)　私もまた(女)

عِنْدَنَا سَيَّارَةٌ أُخْرَى　私達は別の車があります

مَعَنَا مِفْتَاحٌ آخَرُ　私達は別の鍵を持っています

آخِرٌ < أخر 複 ـونَ / أَوَاخِرُ 女 آخِرَةٌ 複 ـات　❖ 終わり, 最後, 最終; 最近; 奥, 突き当たり

إِلَى آخِرِهِ　その他/等々 ※ إلخ はその略

آخِرُ الْأُسْبُوعِ　週末

آخِرُ قِطَارٍ　最終列車

كَانُونُ الْأَوَّلُ هُوَ آخِرُ أَشْهُرِ السَّنَةِ　カーヌーン・アルアッワルは一年の最後の月です

مَتَى رَأَيْتَهُ آخِرَ مَرَّةٍ ؟　最近, 彼を見たのはいつですか

أَخِيرًا وَلَيْسَ آخِرًا　大事な事を言い残しましたが/最後に

الْآخِرَةُ　❖ 来世, あの世

هَلْ تُؤْمِنُ بِوُجُودِ الْآخِرَةِ ؟　あなたは来世を信じますか

أُخْرَى < أخر　❖ ⇒ آخَرُ 女

أَخْرَجَ < خرج 名 إِخْرَاجٌ　❖ (物を取り)出す, (人を連れ)出す; 追い出す, 追放する; 出版する; 演出する, 監督する
名 出す事; 出版; 演出, 監督

受 أُخْرِجَ　出される, 追い出される

أَخْرَجَ الْكِتَابَ مِنَ الْحَقِيبَةِ　カバンからその本を取り出した

أُخْرِجَ مِنْ دَارِهِ　家から追い出された

هُوَ أَخْرَجَ الْفِيلْمَ (الْمَسْرَحِيَّةَ)	映画(劇)の監督(演出)をした
مِنْ إِخْرَاجِ ～	～監督による
أَخْرَسَ<خرس IV	❖口を利けなくする，沈黙させる
لَقَدْ أَخْرَسَنِي الْخَبَرُ الْمُخِيفُ	私はその恐ろしい知らせに，口が利けなかった
أَخْرَسُ<خرس 女 خَرْسَاء 複 خُرْس/خُرْسَان	❖(先天的に)口の利けない(人)；しゃべれない(人)
أَخْصَبَ<خصب IV 名 إِخْصَاب	❖肥沃にする，地味を豊かにする；肥沃である 名肥沃化；肥沃，豊穣
الْأَسْمِدَةُ تُخْصِبُ الْأَرْضَ	肥料が地味を豊かにする
أَخْضَرُ<خضر 女 خَضْرَاءُ 複 خُضْر/خَضْرَاوَات	❖緑の，緑色の 複野菜，ハーブ
女双 خَضْرَاوَانِ(يْنِ)	※()内は属対
لَوْن أَخْضَر	緑色/緑色
الْخَضْرَاء	青空
اِخْضَرَّ، يَخْضَرُّ<خضر IX	❖緑になる，緑色になる
لَمْ تَخْضَرِ الْأَشْجَارُ بَعْدُ	木々はまだ緑になっていなかった
أَخْضَعَ<خضع IV 名 إِخْضَاع	❖征服する，服従させる 名征服；服従
أَخْضَعَ الْإِسْكَنْدَرُ شُعُوبَ الشَّرْقِ قَدِيمًا	昔，アレキサンダー大王が東方の人々を征服した
أَخْطَأَ، يُخْطِئُ<خطئ IV	❖誤る(～فِي:～を)；罪を犯す；外す 名過ち，間違い
أَخْطَأَ هَدَفًا	的を外した
أَخْطَأَ الشَّيْءَ	(物を)失った
أَلَمْ تُخْطِئْ فِي جَمْعِ هٰذِهِ الْأَعْدَادِ؟	これらの数の足し算を間違えていませんか
أُخْطُبُوط	❖たこ/蛸
※ حَيَوَان بَحْرِيّ أُسْطُوَانِيّ الشَّكْلِ، لَهُ ثَمَانِي أَذْرُعٍ	8本の足を持った円筒状の形をした海の動物
أَخْفَى، يُخْفِي<خفي IV 名 إِخْفَاء	❖隠す，見えなくする 名隠匿，隠す事
مَاذَا تُخْفِي تَحْتَ إِبْطِكَ؟	脇の下に何を隠したのですか
أَخْفَى الْحَقِيقَةَ	真実を隠した

أَخْفَقَ <خفق IV 名 إِخْفَاق ❖ 失敗する(~فِي:~に);羽ばたく 名失敗

أَخْفَقَ فِي الامْتِحَانِ　試験に失敗した

أَخْفَقَ الطَّائِرُ بِجَنَاحَيْهِ عَالِيًا　鳥が空高く羽ばたいた

أَخَلَّ <خل IV 名 إِخْلَال ❖ 破る;乱す,混乱させる(~بِ:~を);損なう(~بِ:~を)
名違反;妨害;損傷

أَخَلَّ بِالنِّظَامِ　規律(秩序)を乱した

مَعَ عَدَمِ الْإِخْلَالِ بِـ~　~に損害なく

أَخْلَى، يُخْلِي <خلو IV 名 إِخْلَاء ❖ 空にする;避難させる 名空にする事;避難

أَخْلَى سَبِيلَهُ إِلَى الْحُرِّيَّةِ　解き放った/解放した/自由にした

أَخْلَى السَّبِيلَ (الطَّرِيقَ/ الْمَكَانَ/ الْمَجَالَ) لِـ~　~への道を開いた

أُخْلِيَ سَبِيلُ الْمُتَّهَمِ بِكَفَالَةٍ مَالِيَّةٍ *　容疑者が保釈金を積んで釈放された *受

إِخْلَاص <خلص ❖ 献身さ;忠誠,忠義;誠実さ

إِخْلَاص لِلْوَطَنِ　祖国への忠誠

بِإِخْلَاصٍ　誠実に

أَخْلَاق <خلق ❖ 良心,真心;道徳,モラル ※خُلْق の複

تَعْلِيم الْأَخْلَاقِ　道徳教育

عِلْم الْأَخْلَاقِ　倫理学

عَدِيم الْأَخْلَاقِ　モラルの無い/道徳心の無い/人道に反する

أَخْلَصَ <خلص IV 名 إِخْلَاص ❖ 誠実である,忠実である(~لِ:~に);
捧げる(~لِ:~に) 名誠実さ,真心

أَخْلَصَ لِلّٰهِ دِينَهُ　神を崇拝した

أَخْلَصَ لِـ~ الْحُبَّ (الْمَوَدَّةَ)　~を熱愛した/~に愛を捧げた

أُحِبُّ فِي صَدِيقِي إِخْلَاصَهُ　私は友人の誠実さが好きです

أَخْلَفَ <خلف IV ❖ (子孫を)残す;賠償する(~عَلَى:~に);(約束に)背く,
(約束を)破る

أَخْلَفَ وَعْدَهُ (بِوَعْدِهِ)　彼は約束に背いた(約束を破った)

أَخْمَدَ < خمد IV 名 إخْمَاد ❖ (火を)消す;静める;抑圧する 名消す事;鎮圧

أَخْمَدَ النَّارَ بِالْمِطْفَاءَةِ　火を消火器で消した

أَخْمَدَ الثَّوْرَةَ　反乱を静めた(鎮圧した)

إِخْمَاد الْحَرِيق　消火

أَخْمَصُ < خمص 複 أَخَامِص ❖ 土踏まず

مِنَ الرَّأْسِ إِلَى أَخْمَصِ الْقَدَمِ　頭の天辺からつま先まで

أَخَوَات < أخو ❖ 姉妹 ※ أُخْت の複

إِخْوَان < أخو ❖ 兄弟,同胞 ※ أَخ の複

جَمَاعَةُ الْإِخْوَانِ الْمُسْلِمِينَ　モスレム同胞団/イフワーンモスレミーン

إِخْوَة < أخو ❖ 兄弟 ※ أَخ の複

أَخِير < أخر 女 أَخِيرَة ❖ 最後の;最近の

أَخِيرًا　とうとう/終に/やっと/最後に

جَاءَ أَخِيرًا　とうとう,やって来た

وَجَدَ وَظِيفَةً جَدِيدَةً أَخِيرًا　やっと,新しい仕事を見つけた

فِي هٰذِهِ السَّنَوَاتِ الْأَخِيرَةِ　ここ数年

اَلْأَوَّلُ ~ اَلْأَخِيرُ ..　前者は~後者は‥

أَدَّى ، يُؤَدِّي < أدى II 名 تَأْدِيَة ❖ (~を)する,実行する,果たす;導く,至る(~إِلَى:~に)
※ هِيَ أَدَّتْ / أَنَا أَدَّيْتُ　名実行;成就

أَدَّى التَّحِيَّةَ (الْعَسْكَرِيَّةَ لِـ~)　挨拶した(~に敬礼をした)

أَدَّى السَّلَامَ　挨拶した

أَدَّى يَمِينًا　誓った/宣誓した/誓いを立てた

أَدَّى الصَّلَاةَ　礼拝を行った

أَدَّيْتُ وَاجِبِي　私は義務を果たした

اِنْتَشَرَ الرُّكُودُ الِاقْتِصَادِيُّ مِمَّا أَدَّى إِلَى فُقْدَانِ الْعَمَلِ　不景気の拡大が失業を招くに至った

آدَاب < أدب ❖ 行儀,道徳,倫理 ※ أَدَب の複

ا ب ت ث ج ح خ د ذ ر ز س ش ص ض ط ظ ع غ ف ق ك ل م ن هـ و ي

أَدَاة < أدو 複 أَدَوَات	❖道具;装置;機関;不変化詞[文] 複物質;用具
أَدَوَات النِّجَارَةِ	大工道具
أَدَاة الْحُكْم	統治機構(組織)
كَانُوا يَصْنَعُونَ أَدَوَاتٍ مِنَ الْبُرُونْزِ	彼らは青銅器を作っていた
أَدَاة التَّعْرِيف	定冠詞
أَدَارَ ، يُدِيرُ < دور IV 名 إِدَارَة 複 -ات	❖回す,回転させる;経営する,運営する,管理する 電源を入れる 名回転;経営,運営,管理;行政
أَدَارَ الْكُرَةَ	ボールを回転させた(回した)
يُدِيرُ عَمَلًا تِجَارِيًّا	彼は商売をやっています(しています)
إِدَارَةُ الْأَمْنِ	警察
جَدَّدَتِ الْإِدَارَةُ بَابَ الْمَدْرَسَةِ	事務局は校門を新しくした
إِدَارِيّ<دور	❖形行政の;管理の 名行政官;監督 複 ـون
قَانُون إِدَارِيّ	行政法
أَدَامَ ، يُدِيمُ < دوم IV 名 إِدَامَة	❖続けさせる;守る;恒久化する 名維持,恒久化
أَدَامَ اللّٰهُ عِزَّكَ	神はあなたの名誉を守られた
أَدَانَ ، يُدِينُ < دين IV 名 إِدَانَة	❖貸す;付けで売る;有罪の判決を下す;非難する 名有罪(の)判決
أَدَانَنَا الْمَصْرَفُ مَالًا لِبِنَاءِ الْبَيْتِ	銀行は私達に家を建てる資金を貸してくれた
الْحُكْم بِإِدَانَتِهِ	有罪判決
أَدَّبَ ، يُؤَدِّبُ < أدب II 名 تَأْدِيب	❖仕付ける,仕付けをする;教育する 名仕付け/躾;教育;懲戒
أَدَّبَتْ بَنَاتِهَا	彼女は娘達を仕付けた
أَدَب 複 آدَاب 関 أَدَبِيّ	❖文学;教養 複道徳,モラル 関文学の;道徳的な
كُلِّيَّة الْآدَاب	文学部
قَلِيل الْأَدَب	教養のない/不作法な
آدَاب السُّلُوك	エチケット/行儀/礼儀作法
آدَاب الْمَائِدَةِ	テーブルマナー

بِأَدَبٍ　礼儀正しく

اِسْأَلْ بِأَدَبٍ عَنِ الْعُنْوَانِ　住所は礼儀正しく尋ねなさい

اَلْقِسْمُ الْأَدَبِيُّ　文学部

أَدَبِيًّا　道徳的に

اِدَّخَرَ < ذخر VIII 名 اِدِّخَار　✽ 蓄える, 貯める, 貯蔵する 名 蓄え, 貯蔵, 貯蓄

لَا يَدَّخِرُ جَهْدًا　(余力を残さず)全力を注ぐ/努力を惜しまない

لَا يَدَّخِرُ جَهْدًا فِي مُسَاعَدَةِ الْآخَرِينَ　彼は他人を助ける事に全力を注ぎます

بَنْك الِادِّخَارِ　貯蓄銀行

أَدْخَلَ < دخل IV 名 إِدْخَال　✽ (～に)入れる, 差し込む, 挿入する(～عَلَى/فِي), 通す 名入れる事, 導入；挿入

أَدْخَلَنِي أَبِي الْمَدْرَسَةَ وَأَنَا فِي السَّادِسَةِ　父親は私が6歳の時に(私を)学校へ入れた

أَدْخَلَ مَالًا فِي الْمَحْفَظَةِ　お金を財布に入れた

أَدْخِلْنِي فِي الْغُرْفَةِ　私を部屋に入れなさい

أَدْخَلَ الْبَيَانَاتِ فِي الْكُمْبِيُوتَرْ　コンピューターにデータを入力した

أَدْرَى، يُدْرِي < درى IV　✽ 知らせる, 告げる(～بِـ:～を)

مَا أَدْرَانِي أَنَا؟　どうして私に分かるんだね

أَدْرَكَ < درك IV 名 إِدْرَاك　✽ 理解する, 悟る；達する, 追いつく；得る；熟する 名理解；到達

أَدْرَكَ الْوَلَدُ الدَّرْسَ　少年は授業を理解した

أَدْرَكَ الْحَقِيقَةَ مُبَكِّرًا　早期に真実を見抜いた

لَمْ أُدْرِكْ الْقِطَارَ　私は列車に間に合わなかった

أَدْرَكَ الثَّمَرُ فِي مَوْسِمِهِ　実が熟した

أَدْرَكَهُ الْفَزَعُ　恐怖に襲われた

اِدَّعَى، يَدَّعِي < دعو VIII 名 اِدِّعَاء 複 -ات　✽ 主張する；要求する；非難する, 告発する(～عَلَى:～を)；(～の)ふりをする(～بِـ) 名主張；告発, 告訴

اِدَّعَى عَلَى خَصْمِهِ　相手を告発した(裁判に訴えた)

أَثْبِتْ اِدِّعَاءَكَ بِدَلِيلٍ　あなたの告発を証拠で立証しなさい

ب
ت
ث
ج
ح
خ
د
ذ
ر
ز
س
ش
ص
ض
ط
ظ
ع
غ
ف
ق
ك
ل
م
ن
ه
و
ي

اَلْاِدِّعَاء الْعَام 　検察（けんさつ）

أَدْفَأَ ، يُدْفِئُ>دفأ< IV 　❖暖（あたた）める, 温（あたた）める

أَدْفَأَهُ الْمِعْطَفُ الثَّقِيلُ 　厚手（あつで）のコートが彼（かれ）を暖（あたた）めた

أَدْفَأَ الْخُبْزَ 　パンを温（あたた）めた

أَدْلَى ، يُدْلِي>دلو< IV إِدْلَاء 図 　❖ぶら下（さ）げる, 吊（つ）るす;投（な）げる;知（し）らせる, 発表（はっぴょう）する
（〜ِبـ：〜を/〜ِإل！：〜に） 图発表（はっぴょう）, 公表（こうひょう）;投票（とうひょう）

أَدْلَى بِصَوْتِهِ 　投票（とうひょう）した

أَدْلَى الْوَزِيرُ بِتَصْرِيحٍ هَامٍّ 　大臣（だいじん）は重要（じゅうよう）な声明（せいめい）を発表（はっぴょう）した

إِدْلَاء بِالصَّوْتِ فِي الْاِنْتِخَابَات 　選挙（せんきょ）での投票（とうひょう）

آدَمُ 　❖アダム ※旧約聖書（きゅうやくせいしょ）上（じょう）の人物（じんぶつ）

اِبْنُ آدَمَ 　人間（にんげん）/人類（じんるい）

أَدْمَى ، يُدْمِي>دمو< IV 　❖血（ち）を流（なが）す;出血（しゅっけつ）させる

أَدْمَاهُ شَوْكُ الْوَرْدَةِ 　バラの刺（とげ）で血（ち）を流（なが）した（出血（しゅっけつ）した）

أَدْمَنَ>دمن< IV إِدْمَان 图 　❖（〜に）耽（ふけ）る, （〜の）中毒（ちゅうどく）になる（〜َعل） 图中毒（ちゅうどく）

أَدْمَنَ شُرْبَ الْخَمْرَةِ 　飲酒（いんしゅ）に耽（ふけ）った

أَدْمَنَ عَلَى التَّدْخِينِ 　タバコ（ニコチン）中毒（ちゅうどく）になった

إِدْمَانُ الْأَفْيُونِ（الْمُخَدِّرَات/الْمُسْكِرَات） 　阿片（あへん）（薬物（やくぶつ）/アルコール）中毒（ちゅうどく）

أَدْنَى>دنو< 女 دُنْيَا 　❖より近（ちか）い, より低（ひく）い ※نَـِدْي の比

أَدْنَاهُ 　下（した）に/下部（かぶ）に/下記（かき）に

اَلْحَدُّ الْأَدْنَى 　最小限（さいしょうげん）/最小値（さいしょうち）

اَلشَّرْقُ الْأَدْنَى 　近東（きんとう） ※ヨーロッパに近（ちか）い東洋（とうよう）の地域（ちいき）

أَدْهَشَ>دهش< IV 　❖驚（おどろ）かす

أَدْهَشَ الْخَبَرُ الشَّعْبَ 　その知（し）らせは国民（こくみん）を驚（おどろ）かせた

أَدْوِيَة>دوي< 　❖薬（くすり）, 薬剤（やくざい） ※دَوَاء の複

شَرِكَةُ الْأَدْوِيَةِ 　製薬会社（せいやくがいしゃ）

رَشَّ أَدْوِيَةً لِيَقْتُلَ الْحَشَرَاتِ 　害虫（がいちゅう）を殺（ころ）す薬剤（やくざい）を撒（ま）いた

أَدِيب < أدب 複 أُدَبَاء ❖ 形 品行の良い; 教養のある
名 教養のある人物; 小説家, 著者, 作家, 文学者

أَدِيب كَبِير　文豪

شَكَّلَ الأُدَبَاءُ جَمْعِيَّةً أَدَبِيَّةً نَشِيطَةً　文学者達は活動が活発な文学者の集まりを作った

إِذْ ~ ❖ 接 ~する時; ~なので 副 すると; その時; 突然

قُولُوا لَهُ إِذْ جَاءَكُمْ　彼が(あなた達の所に)来た時に, 言いなさい

ذَهَبْتُ لِزِيَارَتِهِ إِذْ كَانَ مَرِيضًا　彼は病気だったので, 私は見舞いに行った

ضَرَبْتُ ابْنِي إِذْ أَسَاءَ　私は息子が悪さをしたので, 殴った

بَيْنَمَا أَنَا سَائِرٌ إِذْ هَطَلَ الْمَطَرُ　私が歩いていると, 突然ひどい雨が降り出した

إِذْ ذَلِكَ　その時/当時

إِذْ مَا ~　~する時はいつも; ~なので ※~: 未 短形

إِذْ مَا تَدْرُسْ أَدْرُسْ　あなたが勉強すれば, 私も勉強する

إِذْ أَنَّ ~　~なので

إِذَا ~ ❖ (もし~)ならば, なら ※起こりうる仮定, 条件文に完了形, 主文は完了形や未完了形が来る; その時, 突然~ ※~ بِـ に導かれる名詞節が続く; ~かどうか

إِذَا اجْتَهَدْتَ، نَجَحْتَ　あなたは努力するならば, 成功するだろう

إِذَا لَقِيتَ "مُحَمَّدًا"، سَلِّمْ عَلَيْهِ　ムハンマドさんに会ったなら, よろしくお伝え下さい

سَأَلَنِي إِذَا كُنْتُ يَابَانِيًّا　彼は私に日本人かどうか, 尋ねた

إِذَا بِـ ~ ..　突然~が‥した ※驚いた時などに

إِذَا بِمُعَلِّمِنَا قَدْ أَتَى　突然, 私達の先生がやって来た

إِذَا مَا ~　~する時/する時はいつも

إِلَّا إِذَا ~　~する時を除いて/もし~でないならば

فَإِذَا ~　すると~

زُرْتُهُ فَإِذَا هُوَ مَرِيضٌ　彼を訪問すると, 彼は病気だった

إِذًا ❖ それでは，その場合；それゆえ

إِذًا، مَاذَا تُرِيدُ ؟　それでは，あなたは何が欲しいのですか

آذَى، يُؤْذِي > أذي IV ❖ 傷つける；害する

لَا يُؤْذِي　害が無い/無害の

آذَى صِحَّتَهُ　彼は健康を害した

أَذًى > أذي ❖ 女損害，被害，害 ※定 الْأَذَى

تَعْوِيض عَنِ الْأَذَى　損害賠償

لَمْ يُصِبْهُمَا أَذًى　彼ら二人に被害はなかった

لَحِقَ بِهِ أَذًى　害が彼に及んだ

أَذَابَ، يُذِيبُ > ذوب IV 名 إِذَابَة ❖ 溶かす 名溶解

اَلنَّارُ تُذِيبُ الْمَعَادِنَ　火は金属を溶かす

آذَارُ ❖ アーザール ※シリア暦の三月

أَيَّامُ آذَارَ ٣١　アーザールは３１日有ります

أَذَاعَ، يُذِيعُ > ذيع IV 名 إِذَاعَة 複 -ات ❖ 広める；放送する；明らかにする 名放送，番組；暴露

أَذَاعَ بِالتِّلِفِزْيُونِ (بِالرَّادِيُو)　テレビ(ラジオ)で放送した

أَذَاعَ السِّرَّ　秘密を明らかにした

مَحَطَّة الْإِذَاعَةِ　放送局

أَذَاقَ، يُذِيقُ > ذوق IV ❖ 食べさせる，(風味を)味わわせる；苦しめる

أَذَاقَتْنِي أُمِّي طَعْمَ الزُّبْدَةِ　母は私にバター風味を味わわせた

أَذَان > أذن ❖ アザーン ※モスクからの祈りへの呼びかけ

صَوْتُ الْأَذَانِ يَنْطَلِقُ دَاعِيًا إِلَى الصَّلَاةِ　アザーンの声が祈りへの呼びかけをしている

اِذَّخَرَ > ذخر ❖ = اِدَّخَرَ

أَذْبَلَ > ذبل IV ❖ 枯らす

أَذْبَلَ الْعَطَشُ النَّبَاتَ　水が無くて，植物が枯れた

أَذْعَنَ > ذعن IV 名 إِذْعَان ❖ 服従する，従う；認める；ゆずる 名服従；屈服

لَا تُذْعِنْ لِغَيْرِ الْحَقِّ !　真実以外に服従するな

إِذْعَانُ الْمَطَالِبِ　要求への屈服

أَذْكَى ، يُذْكِي < ذكو IV　❖ (火を)つける, (火を)起こす; 煽る

أَذْكَى الْحَرْبَ　戦争を起こした

أَذِنَ (a) أَذَنَ 名 إِذْن 複 أُذُون / أُذُونَات　❖ 許す, 許可する(لِـ ~ بِـ/فِي・・ : ~に・・を)
名許し, 許可

أَذِنَ لَهُ بِالْإِنْصِرَافِ إِلَى・・　彼に・・へ行く事を許可した

إِذْنُ (أُذُونَاتُ) الْبَرِيدِ　郵便為替 (複)

طَلَبَ الْإِذْنَ بِالزَّوَاجِ　結婚の許可を求めた

بِإِذْنِ اللّٰهِ　もし神が許し給うなら

بِدُونِ إِذْنٍ　許可無く

عَنْ إِذْنِكَ (ِ)　すみません(女)

أَذَّنَ ، يُؤَذِّنُ < أذن II　❖ 祈りを呼び掛ける

أَذَّنَ الشَّيْخُ لِلصَّلَاةِ　長老が礼拝を呼び掛けた

أُذُن (ْ) 複 آذَان　❖ 女耳, 取っ手

طَبْلَةُ الْأُذُنِ　鼓膜

إِذَنْ　❖ それでは, その場合　※後の動詞は接続形

سَأَزُورُكَ — إِذَنْ أُكْرِمَكَ　私はあなたに会いに行きます—それなら, 歓迎しますよ

أَذْنَبَ < ذنب IV　❖ 悪い事をする, 罪を犯す

كَمْ مَرَّةٍ أَذْنَبْتَ وَسَامَحْتُكَ !　あなたの過ちを私は何度許したことか

آر (= ١٠٠ مِتْر مُرَبَّع)　❖ アール(=100平方メートル)

أَذْهَبَ < ذهب IV　❖ 動かす, 取り去る(~عَنْ: ~から), 消す

أَذْهَبَ أَثَرَهُ　その跡を消した

أَرَى ، يُرِي < رأى IV 命 أَرِ 女 أَرِي　❖ 見せる 命見せなさい, 見せよ, 見せろ

※ هِيَ أَرَتْ / أَنَا أَرَيْتُ　*未完了接続形 يُرِيَ, 未完了短形 يُرِ

هَلْ أَرَيْتَهُ كِتَابِي؟　(あなたは)彼に私の本を見せましたか

ا ب ت ث ج ح خ د ذ ر ز س ش ص ض ط ظ ع غ ف ق ك ل م ن هـ و ي

أَرِنِي الْكِتَابَ	その本を私に見せて下さい
أَرَاحَ ، يُرِيحُ < ريح / روح IV	❖ 休ませる,気分を落ち着かせる,楽にする;救う(～مِنْ :～から)
اَلتَّدْخِينُ يُرِيحُ الْأَعْصَابَ	喫煙は神経を休ませる(リラックスさせる)
اِجْلِسْ وَأَرِحْ قَدَمَيْكَ	座って,足を楽にして下さい
أَرَادَ ، يُرِيدُ < ريد IV 名 إِرَادَة 複 -ات	❖ (～を)欲する,(～が)欲しい;好きだ;～したい(～أَنْ) 名意志;欲望
مَاذَا تُرِيدُ ؟	あなたは何が欲しいのですか
أُرِيدُ أَنْ أَشْتَرِيَ وَرَقَ الْبَرْدِيِّ	私はパピルス紙を買いたい
قَوِيّ (ضَعِيف) الْإِرَادَةِ	意志の強い(弱い)
إِرَادَة قَوِيَّة (ضَعِيفَة)	強い(弱い)意志
اِفْعَلْ كَمَا تُرِيدُ	好きなようにしなさい
اَلْأَرْبَعَاء / يَوْم الْأَرْبَعَاءِ (ـَ) (ـَ)	❖ 水曜日
أَرْبَعَة < ربع 女 أَرْبَع	❖ 四/4,四つ;四つの
男 أَرْبَعَةَ عَشَرَ 女 أَرْبَعَ عَشْرَةَ	十四,十四(14)/十四の,十四の
أَرْبَعَة زَوَارِق	4艘の舟
تَتَكَوَّنُ الْيَابَانُ مِنْ أَرْبَعِ جُزُرٍ أَسَاسِيَّةٍ	日本は主に四つの島から成っている
أُمّ أَرْبَع وَأَرْبَعِينَ	百足
أَرْبَعُون < ربع	❖ 四十/40;四十の ※属対 أَرْبَعِين
عَلِيّ بَابَا وَأَرْبَعُونَ حَرَامِيًّا	アリ・ババと四十人の盗賊
اِرْتَأَى ، يَرْتَئِي < رأى VIII	❖ よく考える;疑う;意見を言う;決心する
اِرْتَأَى رَأْيًا	意見を述べた
اِرْتَأَى أَنْ نَمْشِيَ طَرِيقًا مُسْتَقِيمًا	私達は真っ直ぐな道を行こうと彼は意見を言った
اِرْتَابَ ، يَرْتَابُ < ريب VIII 名 اِرْتِيَاب	❖ 疑う(فِي:～を),怪しむ(مِنْ:～と,を) 名疑い,疑惑
اِرْتَابَ فِي نَظَافَةِ الْمَاءِ	水の清潔さを疑った
اِرْتَابَ مِنْ قَذَارَةِ الْمَاءِ	水の汚染を疑った

في ارْتِيَابٍ	疑わしげに
ارْتَاحَ ، يَرْتَاحُ <روح VIII 名 ارْتِيَاح	※(～に)満足する(إِلَى/لِـ);解放される(～مِنْ:～から);休息する 名満足;安らぎ;解放感
ارْتَحْتُ لِنَتِيجَةِ الامْتِحَانِ	私は試験の結果に満足した
شَعَرَ بِارْتِيَاحٍ إِلَى～	～に安らぎを感じた/～に清々した
بِارْتِيَاحٍ	気楽に
ارْتَبَطَ <ربط VIII 名 ارْتِبَاط	※縛られる;繋がれる,結ばれる;関係がある(～بِـ:～と) 名結びつき,絆;関係
ارْتَبَطَ الْفَرَسُ بِالْحَبْلِ	馬がロープに繋がれた
تَرْتَبِطُ الْمُشْكِلَةُ بِمُشْكِلَةِ الْبِيئَةِ	その問題は環境問題と関係がある
ارْتَبَكَ <ربك VIII 名 ارْتِبَاك	※慌てる,戸惑う 名慌てる事,戸惑う事,狼狽
لِمَاذَا ارْتَبَكَ الرَّجُلُ عِنْدَمَا دَخَلْتُ الْغُرْفَةَ ؟	あの男は私が部屋に入った時,どうして慌てた(狼狽した)のですか
في ارْتِبَاكٍ	慌てて/狼狽して
ارْتَجَفَ <رجف VIII	※震える,振動する 名震え,振動
ارْتَجَفَتْ مِنَ الْبَرْدِ (الْخَوْفِ)	彼女は寒くて(怖くて)震えた
ارْتَجَلَ <رجل VIII 名 ارْتِجَال	※即興で行う 名即興,即席
يَرْتَجِلُ الشِّعْرَ ارْتِجَالًا	即興で詩を詠む
ارْتَخَى ، يَرْتَخِي <رخو VIII 名 ارْتِخَاء	※たるむ;緩くなる 名たるみ;緩み,弛緩
أَكْثَرْتُ الْمَاءَ فَارْتَخَى الْعَجِينُ	私が水を入れ過ぎて,パン生地が柔らかくなりました
ارْتَدَى ، يَرْتَدِي <ردي VIII 名 ارْتِدَاء	※着る,身に付ける 名着服,着る事;服の着用
ارْتَدَى مَلَابِسَهُ	服を着た
ارْتَدَى سَاعَةً	時計を身に付ける
ارْتِدَاء الْحِجَاب	ヒジャーブの着用
ارْتَشَى ، يَرْتَشِي <رشو VIII 名 ارْتِشَاء	※賄賂を受け取る 名収賄;堕落
الرَّجُلُ النَّزِيهُ لَا يَرْتَشِي	高潔な男は賄賂を受け取らない

ارْتَشَفَ < رشف VIII	❖ 啜る, 飲む
ارْتَشَفَ شُورْبَةً	スープを飲んだ
ارْتَطَمَ < رطم VIII 名 ارْتِطَام	❖ 衝突する, ぶつかる(~بِـ：~と) 名 衝突; 激突
ارْتَطَمَتِ الْعَرَبَةُ بِجِذْعِ الشَّجَرَةِ	車は木の幹に衝突した
ارْتَعَبَ < رعب VIII	❖ 恐れる, 怖がる
دَخَلَ الْكَلْبُ عَلَيَّ فَجْأَةً فَارْتَعَبْتُ	犬が急に私の所に来たので, 私は怖かった
ارْتَعَدَ < رعد VIII	❖ 恐ろしくて震える, 怯える
ارْتَعَدَتْ فَرائِصُهُ	恐怖に怯えた
ارْتَعَشَ < رعش VIII 名 ارْتِعَاش	❖ 震える, 身震いする 名 震え, 振動
تَرْتَعِشُ مِنَ الْبَرْدِ (الْخَوْفِ)	彼女は寒くて(怖くて)震えている
ارْتَفَعَ < رفع VIII 名 ارْتِفَاع	❖ 上がる, 昇る, 上昇する, 高くなる; (声が)大きくなる 名 上昇; 高さ, 高度
ارْتَفَعَتْ أَسْعَارُ الْخُبْزِ ارْتِفَاعًا	パンの値段が上がった(高くなった)
يَبْلُغُ ارْتِفَاعُ جَبَلِ فُوجِي ٣,٧٧٦ م	富士山の高さ(標高)は3,776メートルです
ارْتِفَاعُ الْأَسْعَارِ	値上がり/物価の上昇
ارْتَقَى، يَرْتَقِي < رقي VIII 名 ارْتِقَاء	❖ 登る; 発展する; (~の地位に)就く(~إِلَى) 名 登る事; 上昇; 発展
ارْتَقَيْتُ عَلَى طَرِيقِ الْجَبَلِ	私は山道を登った
ارْتَكَبَ (جَرِيمَةً) < ركب VIII 名 ارْتِكَاب	❖ (罪を)犯す 名 犯行, 犯罪
ارْتَكَبَ جَرِيمَةَ الْقَتْلِ	殺人の罪を犯した
ارْتِكَابُ الْجُرْمِ	犯行/犯罪の実行
ارْتَكَزَ < ركز VIII 名 ارْتِكَاز	❖ 固定される; 安定する; 集中する 名 安定; 集中
ارْتَكَزَ الْبِنَاءُ عَلَى الْأَعْمِدَةِ الضَّخْمَةِ	建物は巨大な柱で固定された
ارْتَمَى، يَرْتَمِي < رمى VIII	❖ 身を伏せる, 身を投げる(~فِي/عَلَى：~に); 転ぶ
ارْتَمَى الطِّفْلُ فِي حِضْنِ أُمِّهِ	子供は母親の胸に飛び込んだ

ا ب ت ث ج ح خ د ذ ر ز س ش ص ض ط ظ ع غ ف ق ك ل م ن هـ و ي

ارْتَمَى عَلَى السَّرِيرِ مِنَ التَّعَبِ　疲れてベッドに身を投げた

ارْتَوَى، يَرْتَوِي<روي VIII ❖のどの渇きを癒す;灌漑される

تَرْتَوِي النَّخْلَةُ بِقَلِيلٍ مِنَ الْمَاءِ　ナツメヤシの木は少ない水で灌漑される

ارْتِيَاح<روح ❖⇒ ارْتَاحَ 名

إِرْث<ورث ❖相続;遺産

اقْتَسَمَ الْأَبْنَاءُ الْإِرْثَ　子供達は遺産を分けた

أَرْجَأَ، يُرْجِئُ<رجأ IV 名 إِرْجَاء ❖延ばす,延期する 名猶予;延期

أَرْجَأَ عَمَلَ الْيَوْمِ إِلَى الْغَدِ　今日の仕事を明日に延ばした

إِرْجَاء تَنْفِيذ حُكْمٍ　執行猶予

أَرْجَعَ<رجع IV 名 إِرْجَاع ❖返す,戻す 名返却,戻す事;弁償

أَرْجِعِ الْكِتَابَ إِلَى الْمَكْتَبَةِ　(その)本を図書館に返しなさい

الْأَرْجَنْتِين 関 أَرْجَنْتِينِيّ ❖アルゼンチン 関アルゼンチンの;アルゼンチン人

أُرْجُوَان 関 أُرْجُوَانِيّ ❖紫,紫色 関紫の,紫色の

شَرِيط أُرْجُوَانِيّ　紫(色)のリボン

أُرْجُوحَة < أرجح 複 أَرَاجِيح ❖ブランコ,シーソー(= مَرْجُوحَة) ※遊具

أَنَا أَجْلِسُ فِي الْأُرْجُوحَةِ أَوَّلًا　私が最初にブランコに乗ります

أَرَّخَ، يُؤَرِّخُ < أرخ II 名 تَارِيخ / تَأْرِيخ 複 تَوَارِيخ ❖日付を付ける;歴史を書く 名日付;歴史

أَرَّخَ الْمُؤَرِّخُ الْحَدَثَ　歴史家はその出来事を歴史に書いた

تَارِيخ الْوِلَادَةِ (الْمِيلَادِ)　生年(生年)月日

عِلْم التَّارِيخِ　歴史学/史学

تَارِيخ الْحَيَاةِ　伝記/履歴書

بِتَارِيخِ ～　～日付の

أَرْخَى، يُرْخِي<رخو IV ❖緩める;ほどく;(カーテンを)降ろす

إِذَا أَرْخَيْتَ لِلْحِصَانِ زِمَامَهُ أَسْرَعَ　馬は手綱を緩めれば,速く走る

أردى～أرشد

أَرْخَى الشِّرَاعَ	帆を上げた
أَرْدَى، يُرْدِي < ردي IV	❖ 破壊する;殺す;倒す
طَعَنَ عَدُوَّهُ فَأَرْدَاهُ	敵を刺し殺した
أَرْدَفَ < ردف IV 名 إِرْدَاف	❖ (動物の)背中に乗せる;続ける; 補う 名継続
أَرْدَفَ يَقُولُ	続けて言った
الْأُرْدُنُّ 関 أُرْدُنِّيّ	❖ ヨルダン 関ヨルダンの;ヨルダン人
الْمَمْلَكَة الْأُرْدُنِّيَّة الْهَاشِمِيَّة	ヨルダン・ハシェミット王国
أُرُزّ / أَرُزّ	❖ 米,稲;ご飯,ライス
زِرَاعَة الْأَرُزّ	米作り/稲作
شَتَلَات الْأَرُزّ	田植え
مَحْصُولُ الْأَرُزّ فِي هٰذِهِ السَّنَةِ جَيِّدٌ جِدًّا	今年は米が良くできた
غَسَلَ أَرُزًّا	お米を洗った(研いだ)
أَرْز	❖ 杉
أَرْز لُبْنَانَ	レバノン杉
أَرْسَلَ < رسل IV 名 إِرْسَال	❖ 送る,出す;自由にする,行かせる;発散する;(髪を)垂らす;(涙 を)流す 名送る事,送付
أَرْسَلَ طَرْدًا	小包を送った(出した)
أَرْسَلَ رِسَالَةً إِلَى～	～に手紙を出した
تُرْسِلُ شَعْرَهَا عَلَى ظَهْرِهَا	彼女は髪を背中に垂らす
جِهَازُ الْإِرْسَالِ	無線機/送信機
مَحَطَّة إِرْسَالٍ	放送局
أَرْشَدَ < رشد IV 名 إِرْشَاد 複 -ات	❖ 導く,指導する,案内する(～إِلَى:～へ),説く;制御する 名導き,指導;案内 複指示,命令
أَرْشِدْنَا إِلَى الصِّرَاطِ الْمُسْتَقِيمِ	私達を正しい道に導き給え
أُرْشِدُكُمْ إِلَى الْمَكَانِ	私があなた達をそこまでご案内します
يُرْشِدُ الْمُعَلِّمُ الْأَوْلَادَ فِي دُرُوسِهِمْ	先生は子供達の勉強を指導する
شُبَّاك الْمَعْلُومَاتِ وَالْإِرْشَادَاتِ	案内窓口

أَرْض أَرْضُون / أَرَاضٍ 複 أَرْضِيّ 関 ❖ 女地面, 大地; 地球 (اَلْأَرْض); (部屋の)床
関大地の; 地球の

اَلْأَرْض الْمُقَدَّسَة　パレスチナ

فِلَسْطِينُ أَرْضٌ مُقَدَّسَةٌ　パレスチナは聖地です

عَلَى (تَحْتَ) الْأَرْضِ　地面(地下)に

قِطْعَة الْأَرْض　土地の一区画

أَرْض الْغُرْفَةِ　(部屋の)床

تَدُورُ الْأَرْضُ حَوْلَ الشَّمْسِ فِي سَنَةٍ　地球は太陽の回りを1年で回る

اَلْكُرَة الْأَرْضِيَّة　地球

أَرْضِيّ شَوْكِيّ　チョーセンアザミ[植物]

أَرْضَى، يُرْضِي <رضي IV 名 إِرْضَاء ❖ 満足させる 名満足

إِذَا أَرَدْتَ أَنْ تُرْضِيَ كُلَّ النَّاسِ فَلَنْ يَرْضَى عَنْكَ أَحَدٌ　もし君がすべての人を満足させようとしたら, 誰も君に満足しないだろう

صَعْب الْإِرْضَاءِ　好みの難しい/潔癖な

أَرْضَعَ <رضع IV ❖ 授乳する, 乳をやる

جَاعَ الطِّفْلُ فَأَرْضَعَتْهُ أُمُّهُ　子供がお腹を空かせたので, 母親は授乳した

أَرْغَى، يُرْغِي <رغو IV ❖ 泡を立てる

أَرْغَى وَأَزْبَدَ　激怒した

أَرْغَمَ <رغم IV 名 إِرْغَام ❖ 強制する, 強いる(～عَلَى:～を) 名(～の)強制(～عَلَى)

أُرْغِمَ الْمَزِيدُ مِنَ الْفِلَسْطِينِيِّينَ عَلَى الْهِجْرَةِ إِلَى خَارِجِ الْأَرْضِ الْمُحْتَلَّ*　多数のパレスチナ人が占領地外への移住を強いられた　*受

أُرْغُن أَرَاغِنُ 複 ❖ オルガン

تَعَلَّمَ الْعَزْفَ عَلَى الْأُرْغُنِ　オルガンの演奏を習った

أَرْفَقَ <رفق IV ❖ 添える, 添付する; 役に立つ

أَرْفَقَ وَثِيقَةً طَيَّ الرِّسَالَةِ　書類を手紙に同封した

أَرِقَ (a) أَرَق 名 أَرِقٌ ❖ 不眠になる, 眠れない 名不眠, 不眠症

اَلْقَلَقُ يُسَبِّبُ الْأَرَقَ　不安が不眠の原因になる

كَانَ فِي أَرَقِهِ يَرْقُبُ النُّجُومَ	眠れない時は星を見た
أَرَّقَ ، يُؤَرِّقُ < أرق II	❖ 眠れなくさせる,眠らせない
نَقِيقُ الضَّفَادِعِ يُؤَرِّقُنَا لَيْلًا	夜の蛙の鳴き声が私達を眠らせない
أَرْقَدَ < رقد IV	❖ 横にする,横たえる;眠らせる;寝かし付ける
أَرْقَدَتِ الْأُمُّ طِفْلَهَا فِي السَّرِيرِ	母親は子供をベッドに寝かし付けた
أَرْقَصَ < رقص IV	❖ 踊らせる;揺さぶる
إِيقَاعُ اللَّحْنِ يُرْقِصُنَا	曲のリズムが私達を踊らせる
أَرْكَبَ < ركب IV	❖ 乗せる;同乗させる
هَلْ أَرْكَبَكَ سَيَّارَتَهُ الْجَدِيدَةَ ؟	彼は新しい車にあなたを乗せましたか
أَرْمَل < رمل أَرَامِل 複 أَرْمَلَة 女 أَرَامِل 複	❖ 男やもめ 女未亡人,寡婦,やもめ
مَاتَتْ إِمْرَأَةُ أَحْمَدَ فَظَلَّ أَرْمَلًا	アフマドは妻が死んでから,男やもめを続けた
أَرْنَب أَرَانِب 複	❖ 兎
أَرْنَب بَرِّيّ (وَحْشِيّ)	野兎
أَرْنَب أَلِيف	飼い兎
أَرْهَبَ < رهب IV 名 إِرْهَاب 関 إِرْهَابِيّ	❖ 脅す,脅迫する 名脅し;テロ,テロリズム 関テロの,恐怖の;テロリスト
اِنْفِجَارُ قُنْبُلَةٍ مَوْقُوتَةٍ أَرْهَبَ النَّاسَ	一発の時限爆弾の炸裂が人々を恐怖に陥れた
إِرْهَاب الدَّوْلَةِ	国家テロ
هُجُوم إِرْهَابِيّ	テロ攻撃
أَرْهَقَ < رهق IV 受 أُرْهِقَ 名 إِرْهَاق	❖ 疲れさす,困らせる;重荷を負わせる 受苦しむ,喘 名弾圧,抑圧;負担
أَرْهَقَهُ الْعَمَلُ	その仕事は彼を疲れさせた
اَلْحُكُومَةُ تُرْهِقُ الشَّعْبَ بِالضَّرَائِبِ الثَّقِيلَةِ	政府は重税で国民を疲弊させている
أُرُومَة < أرم	❖ 根,元;起源;切り株
صَنَعْتُ مِنْ أُرُومَةِ الْأَرْزِ مَقْعَدًا	私は杉の切り株で椅子を作りました

أَرِيج ＜ أرج ✽良い香り,匂い

يَعْبَقُ الْبَيْتُ بِأَرِيجِ الْيَاسَمِينَةِ　家はジャスミンの良い香りで満たされている

أَزَّ ، يَئِزُّ / يَؤُزُّ 名 أَزِيز ✽(ぶんぶん,ぶくぶく,ぶーんと)音を立てる
名(ぶんぶん,ぶくぶく,ぶーんという)音

هَبَطَتِ الطَّائِرَةُ وَهِيَ تَئِزُّ　飛行機はブーンと音を立てて,着陸した

أَلَا تَسْمَعُ لِلْقِدْرِ أَزِيزًا؟　薬缶のぶくぶくと沸騰する音が聞こえませんか

إِزَاءَ ＜ أزى ✽正面;直面 ※ إِزَاءَ:前～の前に;～に面して

يُوقِفُ عَرَبَتَهُ إِزَاءَ بَابِ الْمَدْرَسَةِ　彼は学校の門の前に車を止める

بِإِزَاءِ ～　～に直面して/～に向き合って

أَزَاحَ ، يُزِيحُ ＜ زيح IV 名 إِزَاحَة ✽取り除く,剥がす,ベールを剥ぐ;追いやる 名除去

يُزِيحُ الرَّئِيسُ السِّتَارَ عَنْ تِمْثَالِ الشُّهَدَاءِ　大統領が殉教者の像の除幕をする

أَزَاحَ اللِّثَامَ (السِّتَارَ) عَنْ ～　～のベールを剥いだ/～の秘密を明らかにした

إِزَاحَةُ السِّتَارِ　除幕

إِزَار ＜ أزر 複 أُزُر ✽腰巻き,腰布

خَاطَتْ إِزَارًا　彼女は腰巻きを縫った

أَزَالَ ، يُزِيلُ ＜ زول 名 إِزَالَة ✽(～を)取り除く,除去する 名除去;撤廃;解消

أَزَالَ الْأَلْغَامَ مِنَ الْأَرْضِ　地雷を取り除いた(除去した)

أَزَالَ سُوءَ التَّفَاهُمِ　誤解を解いた

يُزِيلُ الْغَسْلُ الْوَسَخَ عَنِ الثَّوْبِ　洗濯が服の汚れを落とす

إِزَالَةُ الْخِلَافَاتِ　対立の解消

أَزْبَدَ ＜ زبد IV ✽泡を立てる

أَرْغَى وَأَزْبَدَ　いきり立った

هَاجَ الْبَحْرُ ، فَأَرْغَى وَأَزْبَدَ　海は白波を立てて,大いに荒れた

اِزْدَادَ ، يَزْدَادُ ＜ زود VIII 名 اِزْدِيَاد ✽増える,増加する,増す 名増加;成長;強化

اِزْدَادَ وَزْنِي　私の体重は増えました

ازْدَادَ جَمَالًا يَوْمًا بَعْدَ يَوْمٍ	日毎に美しくなった
❖ ازْدَانَ < زين VIII	飾られる
ازْدَانَتِ الشَّوَارِعُ بِالْأَزْهَارِ	通りは花で飾られた
❖ ازْدَحَمَ < زحم VIII 名 ازْدِحَام	混雑する, 込み合う 名混雑; 渋滞
تَزْدَحِمُ الشَّوَارِعُ بِالسَّيَّارَاتِ وَالنَّاسِ	通りは自動車と人で混雑している
ازْدِحَام فِي مَسَافَةِ عَشَرَةِ كِيلُومِتْرَاتٍ	１0キロメートルの渋滞
❖ ازْدَرَى، يَزْدَرِي < زرى VIII 名 ازْدِرَاء	軽蔑する, 見下す; 見くびる, 侮る 名軽蔑; 侮り
أَتَزْدَرِي صَدِيقَكَ لِأَنَّهُ لَا يُحْسِنُ اللَّعِبَ؟	君は運動が下手な友人を見下していないか
❖ ازْدَهَرَ < زهر VIII 名 ازْدِهَار	輝く; 咲く; 繁栄する, 栄える 名咲く事, 開花; 繁栄
تَزْدَهِرُ أَشْجَارُ الْكَرَزِ كَثِيرًا فِي الْيَابَانِ	日本では桜の花が沢山咲きます
ازْدَهَرَتِ التِّجَارَةُ	商業が繁栄した(栄えた)
الْأَشْجَارُ فِي أَوْجِ ازْدِهَارِهَا خِلَالَ الرَّبِيعِ	春を通して木々は満開です
❖ أَزَرَّ، يُزِرُّ < زر IV	ボタンを付ける
يُزِرُّ الْقَمِيصَ	シャツにボタンを付ける
❖ ازْرَقَّ، يَزْرَقُّ < زرق IX 名 ازْرِقَاق	青くなる, 青になる, 青色になる 名青, 青色
ازْرَقَّتِ الْقَدَمُ مِنَ الْإِصَابَةِ	打ち身で足が青くなった
❖ أَزْرَقُ < زرق 女 زَرْقَاءُ 複 زُرْق	青い, 青の, 青色の
女双 زَرْقَاوَانِ (يْنِ)	※( )内は属対
عَيْنَاهَا زَرْقَاوَانِ	彼女の目は青い
لَوْن أَزْرَق	青(い)色
السَّمَاءُ زَرْقَاءُ فِي الصَّيْفِ	夏の空は青い
❖ أَزْعَجَ < زعج IV 名 إِزْعَاج	迷惑をかける, 困らせる; 不快にする, 悩ます 名迷惑, 妨害
لِمَاذَا تُزْعِجِينِي؟	どうして貴女は私を困らせるですか
لَا تَكُنْ سَبَبًا فِي إِزْعَاجِ الْآخَرِينَ	あなたが他人に迷惑をかけても良い理由はない

أَزِفَ (a) 名 أَزَفٌ ❖ (時間が)来る，近づく，時間になる 名近づく事

أَزِفَتْ سَاعَةُ الرَّحِيلِ　出発の時間になった(時間が来た)

أَزَلٌ 複 آزَال 関 أَزَلِيّ ❖ 永遠；不滅 関永遠の；不滅の

اَللّٰهُ كَائِنٌ مُنْذُ الْأَزَلِ　神は不滅の存在である

اَلْمَخْلُوقَاتُ لَيْسَتْ أَزَلِيَّةً　創造物は永遠ではない

أَزْلَجَ < زلج IV ❖ (ドアに)鍵を掛ける

لَا أُزْلِجُ الْبَابَ قَبْلَ النَّوْمِ　私は寝る前にドアの鍵を掛けません

أَزْمَة 複 أَزَمَات / إِزَم ❖ 危機；問題

أَزْمَة اقْتِصَادِيَّة (سِيَاسِيَّة)　経済(政治)的危機

أَزْمَة قَلْبِيَّة　心臓発作

أَزْمَعَ < زمع IV ❖ 決める，決心する(～عَلَى：～を)

أَزْمَعَتْ أُمِّي عَلَى السَّفَرِ بَعْدَ يَوْمَيْنِ　母は二日後に旅行に行く事を決めた

إِزْمِيل 複 أَزَامِيل ❖ のみ，たがね，チス

إِزْمِيلُ النَّجَّارِ　大工ののみ

أَزْهَرَ < زهر IV 名 إِزْهَار ❖ (花が)咲く 名(花が)咲く事，開花

أَزْهَرَتْ أَشْجَارُ الْبُرْتُقَالِ فِي الرَّبِيعِ　春にオレンジの木に花が咲いた

أَزْهَرُ < زهر 女 زَهْرَاءُ 複 زُهْر ❖ 形(月や顔などが)光り輝いている；(花が)咲き誇る

اَلْقَمَرُ الْأَزْهَرُ　輝く月

اَلْأَزْهَرَانِ (يْنِ)　月と太陽 ※( )内は属対

آزُوت ❖ 窒素

يُشَكِّلُ الْآزُوتُ أَرْبَعَةَ أَخْمَاسِ الْهَوَاءِ　窒素は空気の5分の4を形成する

أَزْيَاء < زي ❖ 衣装，服装；ファッション ※زِيّ の複

مَجَلَّةُ الْأَزْيَاءِ رَائِجَةٌ　ファッション雑誌は売れ行きが良い

مُصَمِّمُ الْأَزْيَاءِ　ファッションデザイナー

آسَى، يُوَاسِي < اسو / اسي III 名 مُوَاسَاة ❖ 慰める；看護する；治療する 名慰め

بَكَتِ الْبِنْتُ حُزْنًا فَآسَيْتُهَا	女の子が悲しそうに泣いていたので，私は慰めた
رِسَالَة مُوَاسَاة	慰めの手紙
❖ أَسَاءَ ، يُسِيءُ <سوء IV 名 إِسَاءَة	正しくしない；誤る；悪事を働く，害する；いじめる
※ هِيَ أَسَاءَتْ / أنا أَسَأْتُ	名いじめ，虐待；過失
أَسَاءَ الْفَهْمَ	誤解した
أَسَاءَ التَّصَرُّفَ	悪い行いをした/不品行だった
أَسَاءَ إِلَيْهِ	彼をいじめた
أَسَأْتَ التَّعْبِيرَ عَنْ أَفْكَارِكَ	あなたは考えの表現を誤った
أَسَأْتُ تَقْدِيرَهُمْ	私は彼らを見損なった
إِسَاءَة الْمُعَامَلَةِ	いじめ/虐待
❖ أَسَاسٌ < أس 複 أُسُس 関 أَسَاسِيّ	原則，原理；基礎，基本　関原理の；基礎の，基本的な；原理主義，原理主義者
أَسَاسُ الْبِنَاءِ	建物の基礎
عَلَى أَسَاسِ ～	～に基づいて/～によると
أَسَاسًا	基本的に/原則的に
دُونَ أَسَاسٍ	根拠のない
حَجَرٌ أَسَاسِيٌّ/ حَجَرُ أَسَاسٍ	基礎石
حُقُوق الْإِنْسَانِ الْأَسَاسِيَّة	基本的人権
❖ أَسَالَ ، يُسِيلُ <سيل IV 名 إِسَالَة	流す；注ぐ　名流す事；注ぐ事
أَسَالَتْ رَائِحَةُ الْبَصَلِ دُمُوعًا	タマネギの匂いに涙を流した
❖ اَلْإِسْبَان/ اَلْأَسْبَان 関 إِسْبَانِيّ	スペイン人　関スペインの；スペイン人
اَللُّغَة الْإِسْبَانِيَّة	スペイン語
❖ إِسْبَانَج	ほうれん草
❖ إِسْبَانِيَا	スペイン
تَنَازَلَ مَلِكُ إِسْبَانِيَا عَنِ الْعَرْشِ لِابْنِهِ	スペイン国王は息子に王位を譲った

أَسْبِيرِين ❖ アスピリン

يُسْتَعْمَلُ الأَسْبِيرِينُ ضِدَّ الآلاَمِ وَالْحُمَّيَاتِ — アスピリンは痛みや熱に(対して)用いられる

أُسْبُوع <سبع 複 أَسَابِيع 関 أُسْبُوعِيّ ❖ 週 関 週の, 週刊の

الأُسْبُوع الْحَالِي (الْمَاضِي/ الْقَادِم) — 今週(先週/来週)

صَحِيفَة (مَجَلَّة) أُسْبُوعِيَّة — 週刊誌

أُسْبُوعِيَّة / أَجْر أُسْبُوعِيّ — 週給

اِسْتَاءَ ، يَسْتَاءُ <سوء VIII 名 اِسْتِيَاء ❖ 不快である;不満である 名不快;不満, いらだち

اِسْتَاءَ الأُسْتَاذُ مِنْ ضَجِيجِنَا — 教授は私達の騒がしさを不快に思った

أَعْرَبَ عَنِ اسْتِيَائِهِ — 不快の念を表した

اِسْتَأْجَرَ < أجر X 名 اِسْتِئْجَار ❖ 借りる, 賃借する, チャーターする;雇う 名賃借

اِسْتَأْجَرَ الشَّقَّةَ (الْبَيْتَ) — アパート(家)を借りた

أُسْتَاذ 複 أَسَاتِذَة ❖ 教授, 師匠, 先生;台帳

أُسْتَاذ الْجَامِعَة — 大学教授

أُسْتَاذ مُسَاعِد — 准教授/助教授

دَفْتَر الأُسْتَاذ — (会計の)元帳

اِسْتَأْذَنَ ، يَسْتَأْذِنُ < أذن X 名 اِسْتِئْذَان ❖ 許しを乞う(~في:~する) 名許しを乞う事

اِسْتَأْذَنَ بِالانْصِرَافِ — いとま乞いをした/さよならを言った

أَسْتَأْذِنُ بِالانْصِرَافِ — お先に失礼します

اِسْتَأْذَنَ عَلَى~ — ~に家に入る許可を求めた

دُونَ اسْتِئْذَانٍ — 許可なく/無断で

اِسْتِئْمَارَة / اِسْتِمَارَة < أمر ❖ 請求書;証明書;用紙

اِسْتِئْمَارَةُ (اِسْتِمَارَةُ) طَلَبٍ — 願書

اِسْتَأْنَسَ ، يَسْتَأْنِسُ < أنس X ❖ 親しくなる;飼い慣らされる;(意見を)聞く

اِسْتَأْنَسَ الْحَيَوَانُ — その動物は飼い慣らされた

اِسْتَأْنَفَ ، يَسْتَأْنِفُ < أنف X 名 اِسْتِئْنَاف ❖ また(再び)~し始める, 再開する;控訴する 名再開;控訴

اِسْتَأْنَفَ عَمَلَهُ	また仕事を始めた(再開した)
اِسْتَأْنَفَ الْحُكْمَ	判決に対して控訴した
مَحْكَمَةُ الاِسْتِئْنَافِ	控訴審
اِسْتَبَاحَ ، يَسْتَبِيحُ < بوح X 名 اِسْتِبَاحَة	❖合法とみなす;略奪する;(名誉)を汚す 名略奪;没収
اِسْتَبَاحَ الْجُنْدُ الْمَدِينَةَ	兵隊達はその町を略奪した
اِسْتَبَاحَ حُرْمَتَهُ (الشَّرَفَ)	名誉を汚した
اِسْتَبَدَّ < بد X 名 اِسْتِبْدَاد	❖独占する(~بِـ:~を);独裁者になる;頑固である 名独占;独裁
اِسْتَبَدَّ بِرَأْيِهِ	頑固であった/頑固になった
اِسْتَبَدَّ بِهِ الْيَأْسُ	絶望に陥った
حُكْمُ الاِسْتِبْدَادِ	独裁/独裁支配
اِسْتَبْدَلَ < بدل X 名 اِسْتِبْدَال	❖(~に)代える,交換する,取り替える(~بِـ:~を) 名交換,交代
اِسْتَبْدَلَ عُقُوبَةً بِأَدْنَى مِنْهَا	減刑した
اِسْتَبْدَلَ جِهَازًا جَدِيدًا بِالْجِهَازِ الْقَدِيمِ الْبَالِي	古い,くたびれた装置を新しいのに取り替えた
((أَتَسْتَبْدِلُونَ الَّذِي هُوَ أَدْنَى بِالَّذِي هُوَ خَيْرٌ))	あなた方は良いものの代わりに,つまらないものを求めるのか
اِسْتَبْسَلَ < بسل X 名 اِسْتِبْسَال	❖勇敢さを示す;死を恐れない 名ヒロイズム
لَقَدْ اِسْتَبْسَلَ "الساموراي" فِي الْقِتَالِ	かつて侍は戦闘で死を恐れなかった
اِسْتَبْشَرَ < بشر X	❖吉兆と見なす,幸運とみなす 名歓喜,喜び
يَمَّمَ الطَّائِرُ ، فَاسْتَبْشَرْنَا خَيْرًا	鳥が右へ飛んだので,私達はそれを吉兆と見なした
اِسْتَبْعَدَ < بعد X 名 اِسْتِبْعَاد	❖離れる;離れていると思う;退ける 名離れる事;排除
اِسْتَبْعَدَ حُصُولَ حَرْبٍ جَدِيدَةٍ	新しい戦争の起こる可能性は無いと思った
لَا يُسْتَبْعَدُ *	~はあり得ないわけではない *受

اِسْتَبَقَ < سبق VIII	❖競走する;競い合う(~إِلَى:~を)
((فَاسْتَبِقُوا الْخَيْرَاتِ))	だから競って慈善に努めよ
اِسْتَبْقَى ، يَسْتَبْقِي < بقي X 名 اِسْتِبْقَاء	❖引き止める;守る;保持する;蓄える 名保存;維持
اِسْتَتَبَّ < تب X 名 اِسْتِتْبَاب	❖安定する,落ち着く 名安定;正常
اِسْتَتَبَّ الْأَمْنُ فِي الْبَلَدِ	国の治安が落ち着いた
اِسْتَثْمَرَ < ثمر X 名 اِسْتِثْمَار	❖投資する(~فِي,لِـ:~に);儲ける 名投資;搾取
اِسْتَثْمَرَ الْمَالَ فِي الشَّرِكَةِ	その会社に資金を投資した
اِسْتَثْنَى ، يَسْتَثْنِي < ثنى X	❖例外とする,除く(~مِنْ:~から) 名例外
名 اِسْتِثْنَاء 複 ـات 関 اِسْتِثْنَائِيّ	関例外の,例外的な;普通でない
لِمَاذَا دَعَوْتَ رُفَقَاءَكَ وَاسْتَثْنَيْتَنِي؟	なぜ貴男は私を除いて友人達を招いたのですか
بِاسْتِثْنَاءِ ~	~を例外として
بِدُونِ (بِلَا) اسْتِثْنَاءٍ	例外なく
ظُرُوف اسْتِثْنَائِيَّة	例外的な場合/特別な場合
أَحْوَال اسْتِثْنَائِيَّة	緊急事態
اِسْتَجَابَ ، يَسْتَجِيبُ < جوب X 名 اِسْتِجَابَة	❖応える,応答する(~لِـ/ ه;~に);聞き入れる,応じる 名応答;承諾;共鳴
اِسْتَجَابَ الطَّلَبَ	その要求に応えた(を受け入れた)
اِسْتِجَابَةً لِـ~	~に応じて/~に答えて
اِسْتَجْدَى ، يَسْتَجْدِي < جدو X 名 اِسْتِجْدَاء	❖求める,要求する,(施しを)求める 名求め,要求
اِسْتَجْدَى الْفَقِيرُ الْحَسَنَةَ	貧しい者が施しを求めた
اِسْتَجْوَبَ ، يَسْتَجْوِبُ < جوب X 名 اِسْتِجْوَاب	❖質問する,尋問する 名質問,尋問
اِسْتَجْوَبَ شَاهِدَ الْخَصْمِ	反対尋問をした
اِسْتِجْوَاب الْمُتَّهَمِ	容疑者(被告)の尋問
اِسْتَحَى ، يَسْتَحِي < حيي X 名 اِسْتِحْيَاء	❖恥じる,恥ずかしがる 名恥
اِبْتَسَمَ فِي اسْتِحْيَاءٍ	恥ずかしげに微笑んだ

◈ اِسْتَحَالَ ، يَسْتَحِيلُ <حول X 名 اِسْتِحَالَة	変わる,～になる;不可能である(～عَلَى:～が) 名変化;不可能;不合理
اِسْتَحَالَ الصَّدَفُ حَجَرًا	貝が石になった
يَسْتَحِيلُ عَلَيْهَا أَنْ تَعِيشَ فِي بَلَدِكَ	彼女があなたの国で暮らす事は不可能です
◈ اِسْتَحْسَنَ <حسن X 名 اِسْتِحْسَان	良いと思う,良さが分かる;是認する;上手である 名是認;賞賛
اِسْتَحْسَنَ رَأْيِي	彼は私の意見を是認した
شَهَادَة اِسْتِحْسَانٍ	表彰状
◈ اِسْتَحْضَرَ <حضر X 名 اِسْتِحْضَار	呼び出す,召喚する;運ばせる;(薬を)調合する 名召喚,召集
اِسْتَحْضَرَ الْقَاضِي الشَّاهِدَ	裁判官は証人を召喚した
اِسْتَحْضَرَ الشَّرَابَ	飲み物を運ばせた
اِسْتَحْضَرَ دَوَاءً جَيِّدًا لِلْمَرِيضِ	病人に良い薬を調合した
◈ اِسْتَحَقَّ <حق X 名 اِسْتِحْقَاق	(～に)値する;(支払いの)期日になる,(借金の)返済日になる;(税を)課す 名価値;資格;正当性
يَسْتَحِقُّ الذِّكْرَ	述べるに値する(価値がある)
اِسْتَحَقَّ الْجَائِزَةَ الْكُبْرَى	大賞に値した
اِسْتَحَقَّ الضَّابِطُ وِسَامًا جَدِيدًا	兵士(の行為)は新しい勲章に値した
اِسْتَحَقَّ الدَّيْنُ	借金(負債)の返済日になった
لَا يَسْتَحِقُّ عَلَى~ الرَّسْمُ	～に税を課せられない/～は無料である
تَارِيخ الِاسْتِحْقَاق	借金の返済日/満期日
عَنِ اسْتِحْقَاقٍ	正当にも/当然にも
بِدُونِ اسْتِحْقَاقٍ	不当にも
◈ اِسْتَحْكَمَ <حكم X 名 اِسْتِحْكَام 複 -ات	強くする;根が深い;強固である 名要塞化;強固 複防備
اِسْتَحْكَمَ بَيْنَهُمْ الْخِلَافُ	彼らの反目は根強かった
◈ اِسْتَحَلَّ <حل X	合法とみなす;許されると思う;横領する
لَا تَسْتَحِلْ مَالَ أَخِيكَ	兄弟の財産を横領してはならない

اِسْتَحَمَّ <حم X 名 اِسْتِحْمَام	❖風呂に入る，入浴する 名入浴
مَتَى تَسْتَحِمُّ ؟	何時風呂に入りますか
اِسْتَخْبَرَ <خبر X 名 اِسْتِخْبَار 複 ـات	❖調査する，尋ねる(～عَنْ ：～ついて) 名調査；尋問 複秘密警察；諜報機関
دَائِرَة (وَكَالَة) اِسْتِخْبَارَات	諜報部/諜報機関/調査室
اِسْتَخْدَمَ <خدم X 名 اِسْتِخْدَام 複 ـات	❖使用する，用いる；雇う，雇用する 名使用；雇用 複使用方法
اِسْتَخْدَمَ الرَّجُلَ سَائِقًا	その男を運転手に雇った
اِسْتَخْدَمَ السِّلَاحَ	武器を使用した
اِسْتِخْدَام السِّلَاحِ	武器の使用
اِسْتَخْرَجَ <خرج X 名 اِسْتِخْرَاج	❖取り出す；採掘する；収穫する；引用する；見積もる 名取り出し；採掘；引用；見積り
اِسْتَخْرَجَ الزَّيْتَ مِنَ الزَّيْتُونِ	オリーブから油を取り出した
تُسْتَخْرَجُ الْمَعَادِنُ مِنْ جَوْفِ الْأَرْضِ	地中から鉱物が採掘される
اِسْتَخَفَّ <خف X 名 اِسْتِخْفَاف	❖侮る，軽視する，軽んじる；(喜びで)我を忘れる， うっとりする 名軽視，侮り
اَلنَّايُ آلَةٌ بَسِيطَةٌ وَلٰكِنْ لَا تَسْتَخِفَّ بِهَا	ナーイ笛は簡単だけど侮ってはいけない
اِسْتَخَفَّنِي النَّغَمُ	その曲は私をうっとりさせた
اِسْتِخْفَاف بِالْقَانُونِ الدُّوَلِيِّ	国際法の軽視
اِسْتَخْلَصَ <خلص X 名 اِسْتِخْلَاص	❖導く，推論する；取り出す，抽出する；選ぶ 名抽出；要点；選択
مَعَامِلُ التَّكْرِيرِ تَسْتَخْلِصُ الْبَنْزِينَ مِنَ النِّفْطِ	精油所でナフサからガソリンを取り出す
اِسْتَخْلَصَ دُرُوسًا مِنْ ～	～から教訓を導いた
اِسْتِخْلَاص الْبُلُوتُونِيُوم	プルトニウムの抽出
اِسْتَدَارَ ، يَسْتَدِيرُ <دور X 名 اِسْتِدَارَة	❖円形である，円形になる；回る，回転する 名円形；球形
يَسْتَدِيرُ الْقَمَرُ بَعْدَ أَيَّامٍ	数日後に月は円形になる

اِسْتَدَرَّ < در X	❖流れ出る，溢れる；呼び覚ます
اِسْتَدَرَّ الشَّفَقَةَ	同情を引いた
اِسْتَدْرَجَ < درج X 名 اِسْتِدْرَاج	❖次第に進歩する；誘う，誘惑する（～إِلَى：～に） 名説得；誘惑
اِسْتَدْرَجَنِي إِلَى التَّدْخِينِ	私を喫煙に誘った
اِسْتِدْرَاجُ النَّاسِ لِلشِّرَاءِ فِي السُّوقِ	市場での買い物に人々を誘う誘惑
اِسْتَدْعَى ، يَسْتَدْعِي < دعو X 名 اِسْتِدْعَاء	❖呼ぶ；呼びつける，招く 名召喚
أَخْشَى أَنْ يَسْتَدْعِيَ الْمُدِيرُ وَالِدِي	校長先生が父親を呼びつけはしないかと、私は心配してます
اِسْتَدْعَتْ أُمِّي الطَّبِيبَ	母は医者を呼んだ
اِسْتِدْعَاء الطَّبِيبِ	医者を呼ぶ事/医者に往診を頼む事
اِسْتَدَلَّ < دل X 名 اِسْتِدْلَال	❖情報を探す（～عَلَى：～の）；結論を出す；導く 名結論；推論；証拠
يَسْتَدِلُّ الْكَلْبُ عَلَى الْجَانِي بِرَائِحَتِهِ	犬は臭いで犯人の情報を探す
اِسْتَذْكَرَ < ذكر X 名 اِسْتِذْكَار	❖覚える，暗記する；復習する 名記憶，暗記；復習
اِسْتَذْكَرَ دُرُوسَهُ	授業の復習をした
اِسْتَرَاحَ ، يَسْتَرِيحُ < روح X 名 اِسْتِرَاحَة	❖休む；くつろぐ，楽になる；頼る（～إِلَى：～に）
命 اِسْتَرِحْ	名休憩；くつろぎ 命くつろいで下さい
دَلَّكْتُ عَضَلَاتِ سَاقِي فَاسْتَرَحْتُ	自分で足の筋肉を揉んだら，楽になりました
فَلْنَسْتَرِحْ هُنَا	さぁ，ここで休みましょう
فَتْرَة الاِسْتِرَاحَةِ	休憩時間
اِسْتَرْجَعَ < رجع X 名 اِسْتِرْجَاع	❖取り戻す，回復する；返還を要求する；取り消す 名回復；返還の要求；取り消し，キャンセル
اِسْتَرْجَعَ وَعْيَهُ	意識を取り戻した
اِسْتَرْجَعَ الْحُقُوقَ	権利を取り戻した
اِسْتَرْجَعَ وَعْدًا	約束を取り消した
اِسْتَرْحَمَ < رحم X 名 اِسْتِرْحَام	❖慈悲を求める，同情を求める 名慈悲の懇願

اِسْتَرْحَمَ السَّارِقُ الْقَاضِي　盗人は裁判官に慈悲を求めた

اِسْتَرْخَى، يَسْتَرْخِي <رخو X 名 اِسْتِرْخَاء　❖ 緩くなる;柔らかくなる;緊張がほぐれる
名緩み,弛み;くつろぎ

فَازَ فَرِيقُ كُرَةِ الْقَدَمِ ، فَاسْتَرْخَى مُدِيرُ الْفَرِيقِ　サッカーチームの監督はチームが勝って,緊張がほぐれた

اِسْتَرَدَّ <رد X 名 اِسْتِرْدَاد　❖ 取り戻す,回復する;返す事を求める
名回復;返還の要求;払い戻し

اِسْتَرَدَّ صِحَّتَهُ　健康を取り戻した(回復した)

اِسْتَرَدَّنِي الْكِتَابَ　彼は私に本を返すように求めた

اِسْتِرْدَادُ الرُّسُومِ　料金の払い戻し

اِسْتَرْضَى، يَسْتَرْضِي <رضي X 名 اِسْتِرْضَاء　❖ 満足させる,機嫌を取る 名なだめる事,慰撫

اِسْتَرْضَى وَالِدَيْهِ　両親の機嫌を取った

اِسْتَرْعَى، يَسْتَرْعِي <رعى X　❖ 注意を引く;観察する

اِسْتَرْعَى انْتِبَاهَهُ　注意を引いた

اِسْتَرَقَ <سرق VIII　❖ 盗む;忍び込む(~فِي:~に)

وَقَفَ يَسْتَرِقُ السَّمْعَ　立ち止まって盗み聞きした/立ち聞きした

اِسْتَرَقَ النَّظَرَ (إِلَى~)　(~を)盗み見した

اِسْتَسْلَمَ <سلم X 名 اِسْتِسْلَام　❖ 降伏する,降参する,屈する(~لِـ;~に);
耽る(~إِلَى/لِـ:~に) 名降伏,投降,屈服;諦め

مَا اسْتَسْلَمَ الْجَيْشُ الْيَابَانِيُّ　日本軍は降伏しなかった

اِسْتَسْلَمَ إِلَى التَّفْكِيرِ　考えに耽った

اِسْتِسْلَام بِدُونِ شَرْطٍ　無条件降伏

اِسْتَشَارَ، يَسْتَشِيرُ <شور X 名 اِسْتِشَارَة　❖ (~を)相談する,(~の)アドバイスを求める
名相談;アドバイス

اِسْتَشَارَ الْمُدَرِّسَ فِي الْأَمْرِ　先生にその事を相談した

اِسْتَشْرَقَ <شرق X 名 اِسْتِشْرَاق　❖ 東洋(地中海から東方)の言語や文学を学ぶ
名東洋学(الِاسْتِشْرَاق)

كَثِيرُونَ مِنْ عُلَمَاءِ الْغَرْبِ اسْتَشْرَقُوا	西洋の多くの学者が東洋学を学んだ
اسْتَشْفَى، يَسْتَشْفِي<شفى X 名 اسْتِشْفَاء	❖治療を求める 名治療
اسْتَشْفَى الْمَرِيضُ مِنْ مَرَضِهِ	病人は病気の治療を求めた(頼んだ)
اسْتَشْهَدَ<شهد X 名 اسْتِشْهَاد	❖証言を求める;引用する(～بِـ:～を) 名引用;殉教
受 اُسْتُشْهِدَ	殉教する
يُحِبُّ أَنْ يَسْتَشْهِدَ بِشَكْسْبِير	彼はシェイクスピアを引用するのが好きだ
اسْتَصْعَبَ<صعب X	❖困難である;難しいと思う(分かる)
اسْتَصْعَبَ الأَمْرُ	その事は困難であった(難しかった)
اسْتَصْعَبَ الأَمْرَ	その事は難しいと思った
اسْتَصْغَرَ<صغر X	❖小さいと見る,小さいと判断する;見くびる
اسْتَصْغَرَ رَفِيقَهُ لِأَنَّهُ ~	～だからと同僚を見くびった(侮った)
اسْتَصْلَحَ<صلح X 名 اسْتِصْلَاح	❖(土地を)開墾する;認める 名開墾,開拓,干拓
سَيَسْتَصْلِحُ الْمُزَارِعُ أَرْضًا جَدِيدَةً	農民は新しい土地を開墾するだろう
اسْتَصْوَبَ، يَسْتَصْوِبُ<صوب X 名 اسْتِصْوَاب	❖正しいと見なす;賛成する 名賛成;承認
اسْتَصْوَبَ رَأْيَ أُمِّهِ	母親の意見に賛成した
اسْتَضَاءَ، يَسْتَضِيءُ<ضوء X	❖明かりを取る;明かりを求める;知識を求める
اسْتَضَاءَ بِقِنْدِيلِ الْكَازِ	ガス灯で明かりを取った
اسْتَضْعَفَ<ضعف X	❖弱いと見なす;見くびる
لَا تَسْتَضْعِفْ خَصْمَكَ	敵を見くびってはいけない
اسْتَطَابَ، يَسْتَطِيبُ<طيب X	❖良いとする;美味しいと感じる;好む
اسْتَطَاعَ، يَسْتَطِيعُ<طوع X 名 اسْتِطَاعَة	❖出来る(～أَنْ:～する事が) 名能力;可能性
أَتَسْتَطِيعُ أَنْ تَرْكَبَ حِصَانًا؟	あなたは馬に乗る事が出来ますか
لَوِ اسْتَطَاعَ	出来る事なら
اسْتَطَالَ، يَسْتَطِيلُ<طول X 名 اسْتِطَالَة	❖長くなる;高くなる;横柄になる 名横柄;尊大さ
اسْتَطَالَتْ لَيَالِي الشِّتَاءِ	冬の夜(の時間)が長くなった

اِسْتَطْرَدَ <طرد X 名 اِسْتِطْرَاد ❖話を続ける;余談をする 名余談,(話の)脱線

اِسْتَطْرَدَ يَقُولُ 話を続けた

اِسْتَطْرَدَ فِي كَلَامِهِ 話が脇道に逸れた

اِسْتَطْلَعَ <طلع X 名 اِسْتِطْلَاع 複 -ات ❖調査する,探求する;尋ねる 名調査,探求

اِسْتَطْلَعَ رَأْيَ الْجُمْهُورِ 世論調査をした

اِسْتِطْلَاعَاتُ الرَّأْيِ الْعَامِّ 世論調査

اِسْتَظْهَرَ <ظهر X 名 اِسْتِظْهَار ❖見せる;暗記する;助けを求める;打ち勝つ,克服する 名暗記;勝利

لَقَدِ اسْتَظْهَرْتُ الشِّعْرَ 私は既に,その詩を暗記しました

اِسْتَعَادَ ، يَسْتَعِيدُ <عود X 名 اِسْتِعَادَة ❖回復する,取り戻す;アンコールする 名回復

اِسْتَعَادَ وَعْيَهُ 意識を回復した

سَيَسْتَعِيدُ الْعَرَبُ أَرْضَ فِلَسْطِينَ アラブはパレスチナの土地を取り戻します

اِسْتِعَادَةُ الْأَرْضِ وَالْحُقُوقِ 領土と権利の回復

اِسْتَعَارَ ، يَسْتَعِيرُ <عور X 名 اِسْتِعَارَة ❖借りる(~مِنْ:~から) 名借りる事,借用;比喩

أُرِيدُ أَنْ أَسْتَعِيرَ كُتُبًا مِنْكَ 私はあなたから本を借りたい

اِسْتَعَانَ، يَسْتَعِينُ <عون X 名 اِسْتِعَانَة ❖助けを乞う(求める)(ه/~بِـ:~に);利用する,頼る;参考にする(~بِـ:~を) 名助けを乞う事;利用

اِسْتَعِينِي بِمُدَرِّسَتِكِ (女性に向かって)あなたの先生に頼りなさい

اِسْتَعْبَدَ <عبد X 名 اِسْتِعْبَاد ❖奴隷にする;従属させる,服従させる 名奴隷化

اِسْتَعْبَدَ النَّاسُ النَّاسَ أَجْيَالًا 人間は他の人間を何世代も奴隷にした

اِسْتَعْبَدَ الْعَامِلِينَ فِي الشَّرِكَةِ 会社に労働者を隷属させた

اِسْتَعْجَلَ <عجل X 名 اِسْتِعْجَال ❖急ぐ;急がせる,急き立てる 名急ぎ

اِسْتَعْجَلَتِ الْأُمُّ فِي إِطْعَامِ أَبْنَائِهَا 母親は子供達に食事を急がせた

بِدُونِ اسْتِعْجَالٍ 急ぎではない/急いでいない

اِسْتَعَدَّ <عد X 名 اِسْتِعْدَاد ❖準備する(~لِـ:~を);待機する 名準備(~لِـ:~の)

اِسْتَعَدَّتِ الْيَابَانُ لِلْحَرْبِ ضِدَّ أَمْرِيكَا 日本は米国に対する戦争の準備をした

اِسْتَعِدَّ لِلدِّرَاسَةِ مُقَدَّمًا	前もって授業の準備をしなさい
اِسْتِعْدَاد لِلسَّفَرِ	旅行の準備
كَانَ عَلَى اسْتِعْدَادٍ لِـ~	～に備えて用意した/喜んで～した
اِسْتَعْرَضَ<عرض X 名 اِسْتِعْرَاض	❖目に見えるようにする;閲兵する;考える 名ショー,パレード
اِسْتَعْرَضَ كَتَائِبَ الْجَيْشِ	部隊を閲兵した
اِسْتَعْرَضَ الْأَوْضَاعَ السِّيَاسِيَّةَ	政治的状況を検討した
اِسْتَعْطَى، يَسْتَعْطِي<عطو X 名 اِسْتِعْطَاء	❖物乞いをする,施しを求める 名物乞い
رَجُلٌ فَقِيرٌ يَسْتَعْطِي	貧しい男が物乞いをする
اِسْتَعْفَى، يَسْتَعْفِي<عفو X 名 اِسْتِعْفَاء	❖許しを求める;辞める(～مِنْ:～を);免除を求める 名謝罪;辞任
اِسْتَعْفَى مِنْ وَظِيفَتِهِ	職を辞した/辞職した
اِسْتَعْلَمَ<علم X 名 اِسْتِعْلَام 複 ـات	❖尋ねる;情報を集める 名尋ねる事,尋問,質問;情報収集 複情報
مَكْتَب الِاسْتِعْلَامَات	(政府,会社などの)情報部/情報課/広報部
اِسْتَعْمَرَ<عمر X 名 اِسْتِعْمَار	❖植民地にする;住まわせる 名植民地,植民地主義
اِسْتَعْمَرَتِ الدُّوَلُ الْأُورُوبِّيَّةُ الْكُبْرَى أَفْرِيقِيَا	ヨーロッパの列強がアフリカを植民地にした
سِيَاسَة الِاسْتِعْمَارِ	植民地化政策
ضِدَّ الِاسْتِعْمَارِ	反植民地主義/植民地勢力に抗して
اِسْتَعْمَلَ<عمل X 名 اِسْتِعْمَال	❖使う,使用する,用いる;操作する 名使用;操作
اِسْتَعْمَلَ الْآلَةَ	その機械を操作した(使用した)
طَرِيقَة الِاسْتِعْمَالِ	使用法
سَهْل الِاسْتِعْمَالِ	使いやすい
اِسْتَغَاثَ، يَسْتَغِيثُ<غوث X 名 اِسْتِغَاثَة	❖助けを乞う(求める)(～بِـ:～に) 名助け求める事
نِدَاء الِاسْتِغَاثَةِ	救助信号/SOS

اِسْتَغْرَبَ <غرب X 名 اِسْتِغْرَاب ❖ おかしいと思う;気づく;驚く;西洋化する
名驚き,奇妙さ;当惑

طَبِيعِيٌّ أَنْ تَسْتَغْرِبَ الشَّيْءَ　その事に驚くのは当たり前です

اِسْتَغْرَقَ <غرق X 名 اِسْتِغْرَاق ❖ (時間が)掛かる;のめり込む,没頭する;(眠りに)落ちる 名(時間が)掛かる事;没頭

تَسْتَغْرِقُ الْمَسَافَةُ ١٠ دَقَائِقَ تَقْرِيبًا بِالسَّيَّارَةِ　その距離は車で約10分掛かります

اِسْتَغْرَقُوا فِي الضَّحْكِ　彼らはどっと笑った

اِسْتَغْفَرَ <غفر X 名 اِسْتِغْفَار ❖ (～に)許しを乞う(求める),謝る 名許しを乞う事

أَسْتَغْفِرُ اللّٰهَ　私は神に許しを乞う

اِسْتَغَلَّ <غل X 名 اِسْتِغْلَال ❖ 収穫する;利用する,悪用する;搾取する
名利用;悪用;搾取;虐待

اِسْتَغَلَّ الْأَرْضَ　土地を利用した

اِسْتَغَلَّ الشَّعْبَ　人民(国民)を搾取した

اِسْتِغْلَال السُّلْطَةِ　職権乱用

اِسْتَغْنَى ، يَسْتَغْنِي <غني X ❖ (～に)満足する(بِـ～);(～なしで)済ます(عَنْ～)
(～は)必要ない(عَنْ～);金持ちになる

لَا يُسْتَغْنَى عَنْ ～ لِـ..　‥には～が不可欠である

لَا يُسْتَغْنَى عَنِ السُّكَّرِ لِلشَّايِ　お茶には砂糖が不可欠である(欠かせない)

اِسْتَغْنَى عَنِ الْقَوْلِ أَنْ ～　～は言うまでもない

اِسْتَفَادَ ، يَسْتَفِيدُ <فيد X 名 اِسْتِفَادَة ❖ (利益を)得る;(～を)利用する(مِنْ～);告げられる
名利益;利用,活用

اِسْتَفَادَ عِلْمًا (مَالًا)　知識(財力)を得た

كَثِيرًا مَا اسْتَفَدْتُ مِنَ الْمَكْتَبَةِ　私は良く図書館を利用した

اِسْتَفَاقَ ، يَسْتَفِيقُ <فوق X ❖ 目覚める;覚める,醒める;快復する

مَتَى تَسْتَفِيقُ مِنْ نَوْمِكَ ؟　あなたが目覚めるのはいつですか

اِسْتَفَاقَ مِنْ سُكْرِهِ　酔いが醒めた

اِسْتَفْتَى، يَسْتَفْتِي < فتو X 名 اِسْتِفْتَاء
※(公的効力のある意見,知恵を)求める[イスラム法]投票する;相談する 名相談;住民投票

اِسْتِفْتَاء شَعْبِيّ
住民(国民)投票

اِسْتَفْتَحَ < فتح X 名 اِسْتِفْتَاح
※開ける;始める;(神に)祈る 名始め,始まり

أَيَسْتَفْتِحُ الْبَقَّالُ فِي يَوْمِ الْأَحَدِ ؟
雑貨屋さんは日曜日に開いてますか

اِسْتَفَزَّ < فز X 名 اِسْتِفْزَاز
※挑発する;扇動する;刺激する 名挑発;扇動

اِسْتَفَزَّ خَصْمَهُ
相手(ライバル)を挑発した

اِسْتَفْسَرَ < فسر X 名 اِسْتِفْسَار
※問い合わせる,尋ねる;見舞う 名問い合わせ,照会

اِسْتَفْسَرَ عَنْ نَتِيجَةِ الامْتِحَان
試験の結果を問い合わせた

لِلاسْتِفْسَارِ يُرْجَى الاتِّصَالُ عَلَى~
お問い合わせは~まで

اِسْتَفْظَعَ < فظع X
※嫌悪感を引き起こす;残虐と思う

مَنْ لَا يَسْتَفْظِعُ قَتْلَ الْبَرِيءِ ؟ !
罪もない人の殺人を,誰が残虐と思わないものか

اِسْتَفْهَمَ < فهم X 名 اِسْتِفْهَام
関 اِسْتِفْهَامِيّ
※尋ねる(عَنْ:~を) 名質問,尋問;疑問 関疑問の

أَوَدُّ أَنْ أَسْتَفْهِمَ عَنْ قَضِيَّةٍ غَامِضَةٍ
不明瞭な問題を尋ねたいのですが

حَرْف اِسْتِفْهَامٍ
疑問詞

عَلَامَة اِسْتِفْهَامٍ
疑問符/クェスチョンマーク

جُمْلَة اِسْتِفْهَامِيَّة
疑問文

اِسْتَقَى، يَسْتَقِي < سقى VIII
※飲み水を求める,水を汲む

حَمَلَتِ الصَّبِيَّةُ الْجَرَّةَ إِلَى الْعَيْنِ لِتَسْتَقِي
乙女は水汲みに,壺を持って泉に行った

اِسْتَقَالَ، يَسْتَقِيلُ < قيل X 名 اِسْتِقَالَة
※辞職する,辞任する,辞める(~عَنْ,مِنْ:~を)
名辞職,辞任,退職

اِسْتَقَالَ مِنْ مَنْصِبِهِ
辞職した/職を退いた

قَدَّمَ اِسْتِقَالَتَهُ إِلَى الرَّئِيسِ
社長(大統領)に辞表を出した

اِسْتَقَامَ، يَسْتَقِيمُ < قوم X 名 اِسْتِقَامَة
※真っ直ぐにする;真っ直ぐになる;立ち上がる
名直立;正直,誠実

دَعَمْتُ الشُّجَيْرَةَ الْمَائِلَةَ ، فَاسْتَقَامَتْ	傾いた苗を私が支えたら,真っ直ぐになった
اِسْتَقْبَحَ < قبح X	❖醜いと感じる(思う);嫌う
هَلْ تَسْتَقْبِحِينَ شَعْرِي الطَّوِيلَ ؟	貴女は私の長い髪を醜いと思うのですか
اِسْتَقْبَلَ < قبل X 名 اِسْتِقْبَال	❖迎える;会う;面する;引き受ける;受信する 名歓迎;出迎え;満月[天文];受信;未来
اِسْتَقْبَلُونِي فِي الْمَحَطَّةِ	彼らは駅で私を出迎えてくれた
حَفْلَةُ اسْتِقْبَالٍ	歓迎会/歓迎パーティ
غُرْفَةُ (قَاعَةُ) اسْتِقْبَالٍ	応接室/応接間/待合室
جِهَازُ اسْتِقْبَالٍ	受信機
حَرْفُ الاسْتِقْبَالِ	未来詞 ※ سَـ, سَوْفَ, لَنْ など
اِسْتَقْدَمَ < قدم X 名 اِسْتِقْدَام	❖来るように求める;呼び出す 名呼び出す事
وَقَعَ حَادِثُ السَّيْرِ فَاسْتَقْدَمْتُ الطَّبِيبَ	交通事故が起きたので,私は医者を呼んだ
اِسْتَقَرَّ < قر X 名 اِسْتِقْرَار	❖定住する(~فِي/بِـ:~に);安定する;とどまる;決まる 名定住;安定
اِسْتَقَرُّوا بِالْمِنْطَقَةِ	彼らはその地方に定住した
اِسْتَقَرَّ الْوَضْعُ فِي الشَّرْقِ الْأَوْسَطِ	中東情勢は安定した
اِسْتَقَرَّ الرَّأْيُ عَلَى~	~という事が決まった(決定した)
اَلاسْتِقْرَارُ السِّيَاسِيُّ (الاقْتِصَادِيُّ)	政治(経済)的安定/政治(経済)の安定
اِسْتَقْرَضَ < قرض X 名 اِسْتِقْرَاض	❖借りる(~مِنْ:~から,に),借金を申し込む 名借金,借り入れ,ローン
مَا اسْتَقْرَضَ مَالاً مِنْ أَبِيهِ	彼は父親からお金を借りなかった
اِسْتَقَلَّ < قل X 名 اِسْتِقْلَال	❖少ないと思う;過小評価する;乗る;運ぶ; 独立する,自立する 名独立;自治
اِسْتَقَلَّ سَيَّارَتَهُ	自分の車に乗った
اِسْتَقَلَّ بِنَفْسِهِ	自立した
كَافَحَ مِنْ أَجْلِ اسْتِقْلَالِ الْوَطَنِ	祖国の独立のために闘った
اِسْتَقْوَى ، يَسْتَقْوِي < قوي X	❖強くなる;元気を出す

اِسْتَقْوَى عَلَيَّ　彼は私より強くなった

اِسْتَكْثَرَ <كثر X　❖多いと思う(感じる);～しすぎる,多用する

اِسْتَكْثَرَ بِخَيْرِهِ　彼に感謝した

اِسْتَكْشَفَ <كشف X 名 اِسْتِكْشَاف　❖探検する;偵察する 名探検;偵察

اِسْتَكْشَفَتِ الطَّائِرَةُ مَوَاقِعَ الْعَدُوِّ　飛行機が敵地を偵察した

طَائِرَة الاِسْتِكْشَاف　偵察機

اِسْتَكْمَلَ <كمل X 名 اِسْتِكْمَال　❖完成する;充ちる;終わる;やり遂げる 名完成;完了

اِسْتَكْمَلَ دَرْسَ اللُّغَةِ الْفَرَنْسِيَّةِ　フランス語を修めた

اِسْتَلَّ، يَسْتَلُّ <سل VIII　❖(刀を)抜く;つかむ

اِسْتَلَّ السَّيْفَ مِنْ غِمْدِهِ　刀を鞘から抜いた

اِسْتَلَذَّ، يَسْتَلِذُّ < لذ X　❖美味しいと思う;楽しいと感じる;賞味する

شَرِبَ كُوبَ الْمَاءِ وَاسْتَلَذَّ بِطَعْمِهِ الْمُنْعِشِ　コップの水を飲んで,美味しいと思った

اِسْتَلْطَفَ <لطف X　❖優しいと思う;かわいいと感じる;好ましく思う

اِسْتَلْطَفَتِ الْفَتَاةُ حَدِيثَ الشَّابِّ　娘はその若者の話を好ましく思った

اِسْتَلَفَ <سلف VIII　❖借りる

مِنْ أَيْنَ أَسْتَلِفُ الْمَالَ؟　どこからお金を借りようか

اِسْتَلْقَى، يَسْتَلْقِي < لقى X　❖仰向けに寝る;横たわる

اِسْتَلْقَى عَلَى سَرِيرِهِ　ベッドに横たわった

اِسْتَلَمَ <سلم VIII 名 اِسْتِلَام　❖受け取る;所有する 名受け取る事,受領

لَنْ يَسْتَلِمَ الْمَبْلَغَ　彼はそのお金を受け取らないだろう

إِفَادَة الاِسْتِلَام　受け取り/受領書

اِسْتَمَاتَ، يَسْتَمِيتُ < موت X　❖命がけで行う(～فِي:～を),必死に～する

اِسْتَمَاتَ الْجُنُودُ فِي الدِّفَاعِ عَنِ الْوَطَنِ　兵士達は命がけで祖国を防衛した

اِسْتَمَالَ، يَسْتَمِيلُ <ميل X　❖傾ける;引き付ける,魅了する;勝つ

لَا تَسْتَمِيلُنِي السِّينَمَا　その映画は私を魅了しない/私はその映画に魅力を感じない

اِسْتَمْتَعَ <متع X 名 اِسْتِمْتَاع　❖楽しむ(~بِ:~を) 名楽しみ,娯楽

اِسْتَمْتَعَ بِمُشَاهَدَةِ السِّينَمَا　映画を見て楽しんだ

اِسْتَمَدَّ <مد X 名 اِسْتِمْدَاد　❖助けを求める;得る;取り出す 名(物資の)調達,入手;供給

اِسْتَمَدَّ الْحَاكِمُ سُلْطَانَهُ مِنَ الشَّعْبِ　支配者は国民の支持を得た

اِسْتَمَرَّ <مر X 名 اِسْتِمْرَار　❖続く,連続する;(~し)続ける(~:未/~فِي) 名連続,継続

اِسْتَمَرَّ فِي تَصَوُّرِ مُسْتَقْبَلِهِ　自分の将来を想像し続けた

اِسْتَمَرَّ يَكْتُبُ الرِّسَالَةَ　手紙を書き続けた

بِاسْتِمْرَارٍ　連続して/続けて

تَغَيَّبَ عَنِ الشَّرِكَةِ بِاسْتِمْرَارٍ　会社を続けて休んだ

اِسْتَمَعَ <سمع VIII 名 اِسْتِمَاع　❖(~に)耳を傾ける,(~を)聞く(~لِـ/إِلَى/ه) 名聞く事,聴取

اِسْتَمَعَ إِلَى الْحَدِيثِ　その話に耳を傾けた

اِسْتَمَعَ خِلْسَةً (إِلَى~)　(~を)盗み聞きした

اَلِاسْتِمَاعُ إِلَى الْمُوسِيقَى　音楽鑑賞

اِسْتَمْهَلَ <مهل X　❖延期を求める,猶予を乞う

اِسْتَمْهَلَنِي رَيْثَمَا يَجْمَعُ مَالًا　彼は私にお金を集める迄の猶予を求めた

اِسْتَنَارَ ، يَسْتَنِيرُ <نور X　❖灯りを得る;灯りを点ける;(~の意見を)求める(~بِ)

اِسْتَنَارَ الْبَيْتُ　家に灯りが点いた

جِئْتُ أَسْتَنِيرُ بِرَأْيِكَ　私はあなたの意見を求めに来ました

اِسْتَنْبَطَ <نبط X 名 اِسْتِنْبَاط　❖工夫する;見つける;発見する;発明する 名発見;発明

اِسْتَنْبَطَ الْجَوَابَ　答を見つけた

اِسْتَنْتَجَ <نتج X 名 اِسْتِنْتَاج　❖結論する,結論を出す;推理する 名結論;推理

أَخِيرًا مَا اسْتِنْتَاجُكَ؟　結局,あなたの結論は何ですか

اِسْتَنْجَدَ < نجد X	❖助けを求める(～بِـ/ـهُ:～に);なれなれしくする
اِسْتَنْجَدَ بِمَرْكَزِ الْإِطْفَاءِ	消防署に助けを求めた
اِسْتَنَدَ < سند VIII	❖寄りかかる,もたれる(～عَلَى/إِلَى:～に)
اِسْتَنَدَ إِلَى الْحَائِطِ	壁に寄りかかった(もたれた)
اِسْتَنْشَقَ < نشق X 名 اِسْتِنْشَاق	❖(匂いを)嗅ぐ;息を吸う 名(匂いを)嗅ぐ事;呼吸
اِسْتَنْشَقَ الرَّائِحَةَ	匂いを嗅いだ
اِسْتَنْطَقَ < نطق X 名 اِسْتِنْطَاق	❖尋ねる;尋問する 名尋問
بَدَأَ الْقَاضِي يَسْتَنْطِقُ الْمُتَّهَمَ	裁判官は被告を尋問し始めた
اِسْتَنْقَعَ < نقع X	❖淀む
اِسْتَنْقَعَ الْمَاءُ	水は淀んでいた
اِسْتَنْكَرَ < نكر X 名 اِسْتِنْكَار	❖無知である;非難する;嫌う 名非難;嫌悪
اِسْتَنْكَرَ الْعَالَمُ تَفْجِيرَ الْقَنَابِلِ النَّوَوِيَّةِ	世界は核爆弾の爆発を非難した
اِسْتَهْدَفَ < هدف X 名 اِسْتِهْدَاف	❖狙う,目指す;曝される(～عَلَى/لِـ:～に) 名曝される事;敏感;アレルギー
اِسْتَهْدَفَتِ الْعَمَلِيَّاتُ الْمَدَنِيِّينَ	作戦は市民を目標とした
اِسْتَهْزَأَ، يَسْتَهْزِئُ < هزأ X 名 اِسْتِهْزَاء	❖からかう,馬鹿にする(～بِـ:～を) 名からかい,嘲り
اِسْتَهْزَأَ الْفِتْيَانُ بِالْفَتَاةِ فَبَكَتْ	男の子達が女の子をからかったら,その女の子は泣いた
بِاسْتِهْزَاءٍ	からかって/嘲って
اِسْتَهَلَّ < هل X 名 اِسْتِهْلَال 関 اِسْتِهْلَالِيّ	❖(雨が)降る;(新月が)現れる;大声を出す;始める 名始まり;序文 関始まりの,最初の
اِسْتَهَلَّتِ السَّمَاءُ	雨が降り始めた
اِسْتَهَلَّتِ الْعَيْنُ	涙を流した/目に涙を浮かべた
اِسْتَهَلَّ الشَّهْرَ	月が始まった[暦]
اِسْتِهْلَال مُوسِيقِيّ	序曲/プレリュード

اِسْتَهْلَكَ < هلك X 名 اِسْتِهْلاك	◈費やす，消費する；全力を尽くす；(借金を)返す
関 اِسْتِهْلاكِيّ	名消費；返却 関消費の
اِسْتَهْلَكَ مالاً كَثيراً عَلَى دِراسَتِهِ	彼は研究に多大なお金を費やした(注いだ)
اِسْتَهْلَكَ الدَّيْنَ	借金を返した/負債を償却した
اَلْمَوادّ الاِسْتِهْلاكِيَّة	消費財
اِسْتَهْوَى ، يَسْتَهْوِي < هوى X 名 اِسْتِهْوا	◈引き付ける，魅惑する，魅了する 名魅惑，魅了
اِسْتَهْواهُ الْمَنْظَرُ	彼は景色に魅了された
أَلا يَسْتَهْوِيكَ؟ *	～に魅力を感じませんか *～:主格
اِسْتَوَى ، يَسْتَوِي < سوى VIII 名 اِسْتِواء	◈等しくなる；定まる；真っ直ぐである；熟する；よく煮てある；平らである；しっかりと座る；
関 اِسْتِوائِيّ	乗る(～عَلَى:～に) 名均等，同一；真っ直ぐな事；平ら 関熱帯の
اِسْتَوَى عَلَى ظَهْرِ الْحِمارِ	ロバの背中にしっかりと座った
خَطُّ الاِسْتِواءِ	赤道
اَلْمِنْطَقَة الاِسْتِوائِيَّة	熱帯/熱帯地方
اَلْمُناخ الاِسْتِوائِيّ	熱帯気候
اِسْتَوْحَى ، يَسْتَوْحِي < وحى X	◈相談する，意見を求める；啓示を受ける，霊感を受ける；思い付く；着想を得る
اِسْتَوْحَى مَوْعِظَةً مِنْ ~	～から着想を得た
اِسْتَوْثَقَ ، يَسْتَوْثِقُ < وثق X 名 اِسْتيثا	◈確かめる；量る(～مِنْ:～を)；自信を持つ 名確認；自信
يَسْتَوْثِقُ مِنْ قُدْرَةِ الْخَصْمِ	敵の力を推し量る
اِسْتَوْحَشَ ، يَسْتَوْحِشُ < وحش X 名 اِسْتيحا	◈荒廃する，荒れる；寂しがる 名荒廃；寂しさ
اِسْتَوْحَشَ الْمَنْزِلُ	住居は荒廃した(荒れた)
اِسْتَوْدَعَ ، يَسْتَوْدِعُ < ودع X 名 اِسْتيدا	◈置く；委ねる，預ける，委託する 名供託，委託
اِسْتَوْدَعَ وَديعَةً في الْبَنْكِ	銀行に預金した
اِسْتَوْدَعَني صَديقي مالَهُ قَبْلَ سَفَرِهِ	友人が旅行に行く前に，お金を私に託した
أَسْتَوْدِعُكَ اللّٰهَ ، يا أُمِّي	お母さん，あなたのために神のご加護を祈ります

مَخْزَن الِاسْتِيدَاع　倉庫

❖ اِسْتُودْيُو 複 اِسْتُودْيُوهَات　スタジオ;アトリエ

يُنْقَلُ الْبَرْنَامَجُ مُبَاشَرَةً مِنَ الِاسْتُودْيُو　番組はスタジオから直接送られます

❖ اِسْتَوْرَدَ، يَسْتَوْرِدُ <ورد X 名 اِسْتِيرَاد　輸入する;買い付ける 名輸入

بِلَادُنَا تَسْتَوْرِدُ السَّيَّارَاتِ　我が国は自動車を輸入している

اِسْتِيرَادُ النَّفْطِ مِنَ الْبُلْدَانِ الْمُنْتِجَةِ لِلنَّفْطِ　産油国からの石油の輸入

❖ اِسْتَوْضَحَ، يَسْتَوْضِحُ <وضح X 名 اِسْتِيضَاح　説明を求める;尋問する,調べる 名尋問,質問

اِسْتَوْضَحَ الطَّالِبُ مَعْنَى الشِّعْرِ　学生にその詩の説明を求めた

❖ اِسْتَوْطَنَ، يَسْتَوْطِنُ <وطن X 名 اِسْتِيطَان　定住する;祖国とする,入植する 名定住;移住

مُهَاجِرُونَ كَثِيرُونَ اسْتَوْطَنُوا بَلَدَنَا　沢山の移民が我が国に定住した

أَعْمَال الِاسْتِيطَانِ　入植活動

❖ اِسْتَوْعَبَ، يَسْتَوْعِبُ <وعب X 名 اِسْتِيعَاب　根こそぎにする;抱く;入れる;空きがある;余裕がある;理解する 名容量,収容能力;理解

اِسْتَوْعَبَ ~ بَيْنَ ذِرَاعَيْهِ　~を両腕に抱いた

فَتَحَتْ حَضَانَةً تَسْتَوْعِبُ عِشْرِينَ طِفْلًا　彼女は20名収容の保育園を開いた

هَلِ اسْتَوْعَبْتُمْ دَرْسَ الْحَالِ؟　君達は今の授業を理解しましたか

❖ اِسْتَوْفَى، يَسْتَوْفِي <وفى X 名 اِسْتِيفَاء　十分に受け取る;完成する;満たす 名充足;完成;完納,完済

اِسْتِيفَاءُ الرُّسُومِ الدِّرَاسِيَّةِ　学費の完納

❖ اِسْتَوْقَفَ، يَسْتَوْقِفُ <وقف X　引き止める,停止を求める,呼び止める

اِسْتَوْقَفَ الْجَدَّةَ شُرْطِيُّ السَّيْرِ　交通警察官がお婆さんを呼び止めた

اِسْتَوْقَفَ النَّظَرَ　目に止まった/注意を喚起した

❖ اِسْتَوْلَى، يَسْتَوْلِي <ولى X 名 اِسْتِيلَاء　手に入れる(~عَلَى:~を);捕らえる;支配する;所有する 名捕獲;占拠(~عَلَى:~の);所有

اِسْتَوْلَى عَلَى الْحُكْمِ (السُّلْطَةِ)　権力を握った(奪取した)

هَجَمَ الْكَلْبُ فَاسْتَوْلَى عَلَى الطِّفْلِ الذُّعْرُ　犬が子供を襲い, パニックに陥れた

اِسْتِيلَاء عَلَى الْقَصْرِ　宮殿の占拠

اِسْتَيْقَظَ < يقظ X 名 اِسْتِيقَاظ　✽起きる, 目覚める; 起こすように頼む; 目覚めさせる
名目覚め, 起床; 覚醒

اِسْتَيْقَظَ مِنْ نَوْمِهِ　眠りから目覚めた

أَسْتَيْقِظُ بَاكِرًا لِمُرَاجَعَةِ دُرُوسِي　私は勉強の復習の為に, 朝早く起きる

أَسَد 複 أُسُود　✽名ライオン, 獅子 形勇気のある

نَصِيب الْأَسَدِ　大きな役割

الْأَسَد　獅子座[天文]

أَسْدَى، يُسْدِي < سدى IV 名 إِسْدَاء　✽与える, 授ける; する 名与える事, 授与

أَسْدَى إِلَيْهِ النُّصْحَ　彼に忠告を与えた(した)

أَسْدَى الشُّكْرَ لَهُ　彼に感謝した

أَسْدَلَ < سدل IV　✽下ろす, 降ろす; 吊す

أَسْدَلَ السِّتَارَ　幕(カーテン)を下ろした

فِي آخِرِ الْمَسْرَحِيَّةِ، يُسْدَلُ السِّتَارُ　劇の終わりに, 幕が下りる *受

أَسْدِلِي النَّامُوسِيَّةَ *حَوْلَ سَرِيرِ أَخِيكِ　(貴女の)弟のベッドに蚊帳を吊しなさい

أَسَرَ (i) أَسَرَ 名 أَسْر　✽捕まえる, 逮捕する; 捕虜にする, 虜にする
名逮捕, 捕獲; 革ひも

أَسَرَ الْأَعْدَاءُ بَعْضَ رِجَالِنَا　敵は我らが兵を数人捕虜にした

الْجَمَالُ الْفَتَّانُ يَأْسِرُ الْقُلُوبَ　魅力ある美は心を虜にする

بِأَسْرِهِ　全て/全く/全体で/全部で

هٰذَا الشَّيْءُ لِي بِأَسْرِهِ　これは全て私の物です

اِنْتَشَرَ الْخَبَرُ فِي الْقَرْيَةِ بِأَسْرِهَا　そのニュースは村全体に広がった

أَسَرَّ، يُسِرُّ < سر IV　✽喜ばせる, 幸せにする; (〜を)秘密にする;
秘密を打ち明ける; ささやく(هُ/بِـ/إِلَى: 〜に)

يَسُرُّنِي أَنْ تَزُورَنِي　あなたの訪問が私には嬉しいです

أَسَرَّ إِلَيْهِ السِّرَّ (بِالسِّرِّ)　彼に秘密を打ち明けた

أَسْرَىٰ ، يُسْرِي < سري IV 名 إِسْرَاء　❖夜の旅をする,夜の旅をさせる 名夜の旅;イスラー
*預言者ムハンマドが七つの天を昇ったとされる夜の

الْإِسْرَاء　夜の旅

لَيْلَة الْإِسْرَاءِ　イスラーの夜

إِسْرَائِيلُ 関 إِسْرَائِيلِيّ　❖イスラエル 関イスラエルの;イスラエル人

عَدُوِّي إِسْرَائِيلُ　我が敵はイスラエルなり

أُسْرَة 複 أُسَر　❖家族,一族;共 同体

كَيْفَ حَالُ أُسْرَتِكَ؟　ご家族の皆様はお元気ですか

إِلَى أَيَّةِ أُسْرَةٍ تَنْتَمِي؟　どちらの一族の方ですか

أَسْرَعَ < سرع IV 名 إِسْرَاع　❖急ぐ(〜فِي:〜を);素早い;加速する 名急ぐ事;加速

أَسْرَعَ فِي الرُّجُوعِ إِلَى بَيْتِهِ　彼は急いで家に帰った(家路を急いだ)

بِالْإِسْرَاعِ　急いで

أَسْرَعُ < سرع　❖より速い ※سَرِيعٌ の比

أَسْرَعُ مِنَ الصَّوْتِ　超音速の

بِأَسْرَعِ مَا يُمْكِنُ / فِي أَسْرَعِ وَقْتٍ مُمْكِنٍ　出来るだけ早く(急いで)

أَسْرَفَ < سرف IV 複 إِسْرَاف　❖金遣いが荒い;無駄遣いをする;度が過ぎる
名金遣いが荒い事,浪費;過剰

يُسْرِفُ فِي إِنْفَاقِ الْمَالِ　彼は金遣いが荒いです

أَسَّسَ ، يُؤَسِّسُ < أس II 名 تَأْسِيس 複 -ات　❖建てる,設立する;基づく;基礎をおく(〜عَلَى:〜に);
組織する 名設立,創立;基礎 複建造物

أَرَدْتُ أَنْ أُؤَسِّسَ الشَّرِكَةَ　私は会社を設立したかった

أَسَّسْتُ هٰذِهِ الْمَدْرَسَةَ　私がこの学校を作りました

تَأْسِيس حِزْبِ الْعُمَّالِ　労働党の創立

تَأْسِيس دَوْلَة　建国

إِسْطَبْل 複 -ات　❖家畜小屋

تَنَامُ الْفَرَسُ فِي الْإِسْطَبْلِ	馬は馬小屋で眠る
أُسْطُوَانَة 複 ـات/ أَسَاطِين	❖円柱;円筒,シリンダー;レコード盤;名士;大家
أُسْطُوَانَة مُوسِيقِيَّة	レコード盤
أَسَاطِين الْفَنِّ	芸術の大家達
أُسْطُورَة 複 أَسَاطِير	❖伝説,神話;伝説的な人
الدِّيَانَاتُ الْوَثَنِيَّةُ مَلْأَى بِالْأَسَاطِيرِ	偶像崇拝の宗教は神話に満ちている
أُسْطُورِيّ	❖伝説の,神話の;架空の,想像上の
التِّنِّينُ حَيَوَانٌ أُسْطُورِيٌّ	竜は架空の動物です
أُسْطُول 複 أَسَاطِيل	❖艦隊,船団
اِنْضَمَّتِ السَّفِينَةُ الْجَدِيدَةُ إِلَى الْأُسْطُولِ	新しい船が船団に加わった
أَسْعَدَ < سعد IV	❖幸せにする,幸福にする
سَوْفَ أُسْعِدُ ابْنَتَكَ بِكُلِّ تَأْكِيدٍ	あなたのお嬢さんを必ず幸せにします
أَسْعَفَ < سعف IV 名 إِسْعَاف 複 ـات	❖応急手当をする;救う;求めに応じる;(願いを)叶える 名救助,救援;手当,医療
قَضَى نَحْبَهُ قَبْلَ أَنْ يُسْعِفَهُ الطَّبِيبُ	医者の応急手当を受けずに死んだ
إِسْعَاف أَوَّلِيّ 複 إِسْعَافَات أَوَّلِيَّة	応急手当
سَيَّارَة الْإِسْعَافِ	救急車
أَسِفَ (a) 名 أَسَف	❖残念に思う;すまなく思う(〜لِ/عَلَى:〜を);悲しむ 名残念,遺憾;悲しみ
نَأْسَفُ لِفَشَلِهِ فِي الِامْتِحَانِ	私達は彼の試験の失敗を残念に思います
نَأْسَفُ لِمَا فَعَلْنَا	私達は自分達のした事をすまなく思っています
مَعَ الْأَسَفِ/ بِكُلِّ أَسَفٍ	残念ながら
أَسَفَّ، يُسِفُّ < سف IV	❖下降して飛ぶ;傾ける;くだらない事をする
تُسِفُّ السُّنُونُوَةُ	燕は低く飛ぶ
آسِفٌ < أسف 複 ـون	❖残念な,遺憾な(〜لِ/عَلَى:〜について)

أَنَا آسِفٌ (آسِفَةٌ) ご免なさい/すみません(女)

❖ إِسْفَانَاخ / إِسْفَانَخ ほうれん草

❖ أَسْفَرَ <سفر IV 輝く;(～という)結果になった(～عَنْ);暴く

أَسْفَرَ الصُّبْحُ 朝になった

أَسْفَرَتِ الْمُبَارَاةُ النِّهَائِيَّةُ عَنْ فَوْزِ فِرْقَتِنَا 決勝戦は我らがチームの勝利となった

❖ أَسْفَلُ <سفل 女 سُفْلَى 複 أَسَافِل より低い,より下の ※ سَافِلٌ の比 名下部,低い所

الطَّبَقَاتُ السُّفْلَى 最下層の階級(クラス)

فِي الْأَسْفَلِ 低い所で

❖ أَسْفَلْت アスファルト

رَصَفَ الشَّارِعَ بِالْأَسْفَلْتِ 通りをアスファルトで舗装した

❖ إِسْفَنْج スポンジ;海綿動物

يَمْتَصُّ الْإِسْفَنْجُ السَّوَائِلَ وَيَحْفَظُهَا スポンジは液体を吸収し,保持する

يَعِيشُ الْإِسْفَنْجُ مُلْتَصِقًا بِالصُّخُورِ 海綿動物は岩にくっ付いて,生きている

❖ إِسْفِين 複 أَسَافِين くさび/楔

ثَبَّتَ الْبَابَ بِإِسْفِينٍ くさびでドアを固定した

❖ أَسْقَطَ <سقط IV 名 إِسْقَاط 落とす,撃ち落とす;倒す,打倒する;流産する;捨てる 名(撃ち)落とす事;打倒;流産

أَسْقَطَ حَقَّهُ فِي～ ～の権利を放棄した

سَيُسْقِطُ حَقَّهُ فِي الْمِيرَاثِ 彼は相続の権利を放棄するだろう

أَسْقَطَ النِّظَامَ 体制を倒した(打倒した)

أَسْقَطَتِ الْمَرْأَةُ (الْحُبْلَى) الْجَنِينَ 婦人(妊婦)は流産した

❖ أُسْقُف 複 أَسَاقِفَة / أَسَاقِف 司教,主教

رَئِيسُ الْأَسَاقِفَةِ 大司教/総主教

❖ إِسْكَاف <سكف 複 أَسَاكِفَة 靴屋

خَاطَ الْإِسْكَافُ قِطْعَةَ الْجِلْدِ وَبَرْشَمَهَا 靴屋は一切れの皮を縫って,それを鋲止めした

اَلْإِسْكَافُ حَافٍ وَالْحَائِكُ عُرْيَانٌ　靴屋は裸足で,機屋は裸/紺屋の白袴[格言]

أَسْكَتَ <سكت IV 名 إِسْكَات　❖黙らせる,沈黙させる 名黙らせる事

أَسْكِتْهُ　彼を黙らせなさい

اَلْإِسْكَنْدَرِيَّة　❖アレキサンドリア ※エジプト地中海側の港町

أَسْلَمَ <سلم IV 名 إِسْلَام 関 إِسْلَامِيّ　❖イスラム教徒になる;委ねる,任せる(～إِلَى:～に);
名服従,帰依;イスラム教徒
関イスラムの,イスラム教の

أَسْلَمَ أَمْرَهُ (نَفْسَهُ) إِلَى اللّٰهِ　すべてを神の意志に任せた

((أَسْلَمْتُ لِرَبِّ الْعَالَمِينَ))　私は万物の主に帰依する

اَلْإِسْلَام　イスラム教/イスラム

اَلدِّين الْإِسْلَامِيّ　イスラム教/イスラム

أُسْلُوب <سلب 複 أَسَالِيب　❖方法,仕方,手段

أُسْلُوب التَّعْبِيرِ (الْكِتَابَةِ)　表現方法(書き方/文体)

بِأُسْلُوب ~　～で/～の方法で

فَكَّرَ بِأُسْلُوبٍ إِنْكِلِيزِيّ　英語で考えた

اِسْم <سمى 複 أَسْمَاء / أَسَامٍ　❖名前;名声;名詞;題名,タイトル

اِسْم جَمْعٍ (جِنْسٍ/عَلَمٍ)　集合(普通/固有)名詞

اِسْم مَعْنًى　抽象名詞

اِسْم إِشَارَة　指示代名詞

اِسْم فِعْل　動名詞

اِسْم فَاعِلٍ (مَفْعُولٍ)　能動(受動)分詞

اِسْم الْجَلَالَةِ　神

اِسْم الْعَائِلَةِ (الْأُسْرَةِ)　姓

بِاسْمِ ~　～の名において/～宛に

أَرْسَلَ الطَّرْدَ بِاسْمِ زَوْجَتِهِ　妻宛に小包を送った

((بِسْمِ اللّٰهِ الرَّحْمٰنِ الرَّحِيمِ))　慈悲深き,慈愛遍く神の御名において

أَسْمَىٰ <سمى IV ❖ 名付ける，命名する

أَسْمَاهُ نَمِرَ الْغَابَةِ 彼を森のタイガーと名付けた

أَسْمَرُ <سمر 女 سَمْرَاءُ 複 سُمْر ❖ 茶色の，褐色の，ブルネットの；日焼けした

女双 سَمْرَاوَانِ (يْنِ)

وَجْه أَسْمَر 日焼けした顔

اِسْمَرَّ ، يَسْمَرُّ <سمر IX ❖ 茶色(褐色)である；茶色(褐色)にする

قَصَدَ الْبَحْرَ لِيَسْمَرَّ 体を褐色にする(焼く)ために海に行った

أَسْمَعَ <سمع IV 名 إِسْمَاع ❖ 聞かせる，知らせる 名聞かせる事

أَسْمَعْتُهَا الْأُغْنِيَةَ 私は彼女にその歌を聞かせた

أَسْمَنْت (ـ) ❖ セメント，コンクリート

أَسْمَنْت مُسَلَّح 鉄筋コンクリート

أَسْنَدَ <سند IV 名 إِسْنَاد 複 أَسَانِيد ❖ 立てかける，もたせかける；委ねる；(～に)帰する，(～の)せいにする 名委託 複文書

لَا تُسْنِدِ السُّلَّمَ إِلَى الْجِدَارِ 壁に梯子を立て掛けるな

أَسْهَلَ <سهل IV 名 إِسْهَال ❖ (下剤で)便秘を楽にする 名下痢

يُسْهِلُ زَيْتُ الْخِرْوَعِ الْمَعِدَةَ ヒマシ油は胃腸を緩くします

عِنْدِي إِسْهَالٌ 私は下痢をしています

أَسْهَلُ <سهل ❖ より易しい，より簡単な ※ سَهْلٌ の比

اَللُّغَةُ الْعَرَبِيَّةُ أَسْهَلُ مِنَ اللُّغَةِ الْيَابَانِيَّةِ アラビア語は日本語より易しい

أَسْهَمَ <سهم IV ❖ 分かち合わせる，共有させる；参加する

أَسْهَمَ لِـ～ فِي ‥ ～に‥の分け前を与えた

إِسْوَار / أُسْوَار 複 أَسَاوِر / أَسَاوِرَة ❖ 腕輪；ブレスレット

مَا أَجْمَلَ الْأُسْوَارَ فِي مِعْصَمِكِ ! 貴女の手首の腕輪は何と美しいのでしょう

أُسْوَة 複 أُسًى / إِسْوَة 複 إِسًى <أسو ❖ 例，例え，手本，モデル

أُسْوَةً (بِـ～) (～の)例にならって/(～の)ように

ا ب ت ث ج ح خ د ذ ر ز س ش ص ض ط ظ ع غ ف ق ك ل م ن هـ و ي

أَسْوَدُ < سود 女 سَوْدَاءُ، 複 سُود ❖ 形黒い，黒色の，邪悪な 名黒人（複 سُودَان）
女双 سَوْدَاوَانِ (يْنِ)

يَوْم أَسْوَد　不運な日/困窮する日

اَللَّوْنُ الْأَسْوَدُ يَمْتَصُّ حَرَارَةَ الشَّمْسِ　黒い色は太陽の熱を吸収する

اِسْوَدَّ ، يَسْوَدُّ < سود IX ❖ 黒くなる，暗くなる

اِسْوَدَّتِ الْغُرْفَةُ فَجْأَةً　突然部屋が暗くなった

اِسْوَدَّ وَجْهُهُ　面目を失った/顔をつぶした

آسِيَا / آسِيَة 関 آسِيَوِيّ ❖ アジア 関アジアの；アジア人

آسِيَا الصُّغْرَى　小アジア

قَارَّة آسِيَا　アジア大陸

أَسِير < أسر 複 أَسْرَى / أُسَرَاء / أُسَارَى ❖ 捕虜，人質

إِطْلَاق سَرَاح الْأَسْرَى　捕虜(人質)の解放

نَهْتَمُّ بِأَسْرَى الْحَرْب　私達は捕虜に関心を持っています

أَشَادَ ، يُشِيدُ < شيد IV 名 إِشَادَة ❖ 褒める，絶賛する；建てる 名称賛

يُشِيدُ بِأَخْلَاقِكَ الطَّيِّبَةِ　彼はあなたの良い性格を褒めている

أَشَارَ ، يُشِيرُ < شور IV 名 إِشَارَة 複 ـات ❖ 指摘する；指し示す(～إِلَى：～を)，指示する(～عَلَى：～に)；合図する(～إِلَى：～に) 名信号，合図，標識

男命 أَشِرْ 女 أَشِيرِي　指し示しなさい/合図しなさい

أَشَارَ عَلَى～ بِ‥　～に‥するようにアドバイスした

أَشَارَ شُرْطِيُّ السَّيْرِ بِالْوُقُوفِ　交通警官は止まるように指示した

إِشَارَة الْمُرُورِ　交通信号

إِشَارَة الطَّرِيق　道路標識

أَشَاعَ ، يُشِيعُ < شيع IV 名 إِشَاعَة 複 ـات ❖ 広める；噂する 名広める事；噂

يُشَاعُ أَنَّ السُّكَّرَ سَيُفْقَدُ مِنَ السُّوقِ　砂糖が市場から無くなるという噂だ *受

اِنْتَشَرَتْ إِشَاعَةٌ　噂が立った

أَشْبَعَ < شبع IV 名 إِشْبَاع ❖ 満足させる；満たす，満腹にさせる 名満足

أُشْبِعَ 受 　満足する;満たされる

أَشْبَعَ رَغْبَتَهُ 　彼は思いを遂げた(願いを適えた)

أَشْبَهَ <شبه IV 　❖似ている

هُوَ يُشْبِهُ أُمَّهُ 　彼は母親に似ている

وَمَا أَشْبَهَ ذٰلِكَ 　その他に

اِشْتَاقَ ، يَشْتَاقُ <شوق VIII 名 اِشْتِيَاق 　❖切望する(~إِلَى:~を);恋しく思う(ـهُ/~إِلَى:~を)
名あこがれ;切望;慕情

اِشْتَقْتُ إِلَى رِفَاقِي 　私は友人達を恋しく思った

اِشْتَبَكَ <شبك VIII 名 اِشْتِبَاك 　❖もつれる,入り乱れる;絡み合う;巻き込まれる
名もつれ;交戦,衝突

اِشْتَبَكَ الْجَيْشَانِ فِي الْقِتَالِ 　二人の兵士は白兵戦を行った

اِشْتِبَاك مُسَلَّح 　武力衝突

اِشْتَبَهَ <شبه VIII 名 اِشْتِبَاه 　❖似ている,相似である;疑う 名相似;疑い

اِشْتَبَهَ الْمُفَتِّشُ فِي حِسَابَاتِ التَّاجِرِ 　検査官は商人の計算書を疑った

اِشْتَدَّ <شد VIII 名 اِشْتِدَاد 　❖ひどくなる,激しくなる,強くなる;堅い;堅くなる
名増加;激化

اِشْتَدَّ أَلَمُ الضِّرْسِ 　奥歯の痛みがひどくなった

اِشْتَدَّتِ الرِّيحُ 　風が強くなった

إِذَا اشْتَدَّ الطِّينُ ، فَهُوَ يُطَرِّيهِ بِالْمَاءِ 　土が堅いならば,水で柔らかくします

اِشْتِدَاد الْمَعَارِكِ 　戦闘の激化

اِشْتَرَى ، يَشْتَرِي <شرى VIII 名 اِشْتِرَاء 　❖買う,購入する 名買い,購入

命 اِشْتَرِ (女 اِشْتَرِي) 受 أُشْتُرِيَ ، يُشْتَرَى 　命買いなさい 受買われる

أَلَا تَذْهَبُ إِلَى الْفُرْنِ وَتَشْتَرِي خُبْزًا؟ 　パン屋さんに行って,パンを買って来てくれませんか

أُرِيدُ أَنْ أَشْتَرِيَ سَيَّارَةً 　私は車を買いたい

لَا تُشْتَرَى حُرِّيَّتِي بِالذَّهَبِ 　私の自由はお金で買えません *受

اِشْتِرَاكِيّ <شرك 　❖形社会主義の 名社会主義者

الاِشْتِرَاكِيَّة 　社会主義

دَوْلَة اشْتِرَاكِيَّة	社会主義国家
اِشْتَرَطَ < شرط VIII 名 اِشْتِرَاط 複 -ات	❖条件を課す,条件を付ける(～عَلَى:～に) 名条件,条項
مَا أَشْتَرِطُهُ عَلَيْكَ	私はあなたに,その条件を課してはいません
اِشْتَرَكَ < شرك VIII 名 اِشْتِرَاك 複 -ات	❖協力する;参加する,出る,出場する;分担する;定期購読する 名参加,協力;出場;定期購読;加入
أَشْتَرِكُ بِمُبَارَاةِ الْوَثْب	私はジャンプ競技に出ます(出場します)
اِشْتَرَكَ فِي الْمَجَلَّةِ	雑誌を定期購読した
بِالاشْتِرَاكِ مَعَ ～	～と一緒に/～の協力のもとに
اِشْتِرَاك فِي جَرِيمَةٍ	共犯
اِشْتِرَاك شَهْرِيّ	月間購読料
اِشْتَعَلَ < شعل VIII 名 اِشْتِعَال	❖燃える,火がつく;怒る 名燃焼;点火
تَشْتَعِلُ النَّارُ فِي الْأَغْصَانِ الْيَابِسَةِ	乾いた木の枝に火が燃えている
اِشْتَعَلَ غَضَبًا	怒りに燃えた
قَابِل لِلاشْتِعَال	可燃性の
اِشْتَغَلَ < شغل VIII 名 اِشْتِغَال	❖働く;(機械などが)作動する;多忙である 名仕事,作動;多忙
أَيْنَ تَشْتَغِلُ الْآنَ؟	今あなたはどこで働いていますか
بِمَ يَشْتَغِلُ أَخُوكَ؟	お兄さんはどのような仕事に就いておられますか
اِشْتَغَلَ فِي الشَّرِكَةِ	会社に勤めた
اَلْآلَةُ لَا تَشْتَغِلُ	機械が作動しない
اِشْتَكَى، يَشْتَكِي < شكو VIII	❖不平(苦情)を言う(～إِلَى:～に,～مِنْ:～の);苦しむ
يَشْتَكِي إِلَيْهَا مِنَ الْغُرْفَةِ	彼は部屋について,彼女に不平を言う
اِشْتَمَلَ < شمل VIII	❖含む(～عَلَى;～を);身を包む(～بِـ:～で,に)
يَشْتَمِلُ هٰذَا الْقَامُوسُ عَلَى ٦,٠٠٠ كَلِمَةٍ	この辞書は6千語を含む
اِشْتَمَلَ بِثَوْبِه	彼は服に身を包んだ(を着た)
اِشْتَهَى، يَشْتَهِي < شهو VIII 名 اِشْتِهَاء	❖望む,欲する;好む 名欲望;食欲;好み

اِشْرَبْ مَا تَشْتَهِي نَفْسُكَ　自分が好きな物を飲みなさい

❖ اِشْتَهَرَ <شهر VIII 名 اِشْتِهَار　有名である, 良く知られている(~بِـ:~で)
名有名, 名声; 評判; 悪名

تَشْتَهِرُ الْقُدْسُ بِقُبَّةِ الصَّخْرَةِ　エルサレムは岩のドームで有名です

❖ أَشْجَى ، يُشْجِي <شجو IV　悲しませる; 心配させる, 悩ませる

أَشْجَانِي هَدِيلُ الْحَمَامِ الْحَزِينُ　寂しそうな鳩の声が私を悲しくした

❖ أَشُدّ <شد　成熟; 男らしさ

بَلَغَ أَشُدَّهُ　成熟した/成人になった

❖ أَشَدّ <شد　より激しい, より強い ＊ شَدِيد の比

أَشَدُّ سَوَادًا　より(一層)黒い

أَشَدُّ قُوَّةً　より強い

أَشَدُّ مَا يَكُونُ　極端に/極限まで

زِلْزَالُ الْيَوْمِ أَشَدُّ مِنْ زِلْزَالِ أَمْسِ　今日の地震は昨日の地震より激しい

❖ أَشْرَبَ <شرب IV　飲み物を与える, 飲ませる

أَشْرَبَتْهُ الْمُمَرِّضَةُ الدَّوَاءَ　女性の看護師が薬を飲ませた

❖ أَشْرَفَ <شرف IV 名 إِشْرَاف　監督する(~عَلَى:~を); 高い, そびえる; 見下ろす;
瀕する(~عَلَى:~に) 名監督, 監修, 管理

أَشْرَفَ عَلَى الْعَمَلِ　仕事を監督した

بُنِيَ الصَّرْحُ عَلَى تَلَّةٍ تُشْرِفُ عَلَى الْبَحْرِ　海を見下ろす丘の上に城が建てられた

اَلْغَرِيقُ يُشْرِفُ عَلَى الْمَوْتِ　おぼれた人が死にかけて(死に瀕して)いる

❖ أَشْرَقَ <شرق IV 名 إِشْرَاق　(日が)昇る; 輝く 名日の出; 輝き

سَتُشْرِقُ الشَّمْسُ مَهْمَا طَالَ اللَّيْلُ　どんなに夜が長くても, 日は昇る[格言]

❖ أَشْرَكَ <شرك IV　仲間にする; 分かち合う; 参加させる

أَشْرِكُونِي فِي اللَّعِبِ مَعَكُمْ　私も遊びの仲間に入れなさい(入れてよ)

❖ أَشَعَّ <شع IV 名 إِشْعَاع 複 -ات　放つ; 放射する; 広げる 名放射能

أَشَعَّتِ الشَّمْسُ　太陽が光を放った

يُشَكِّلُ الْإِشْعَاعُ الذَّرِّيُّ خَطِيراً كَبِيراً	放射能は多大な危険を生み出す
أَشْعَثُ <شعث 女 شَعْثَاء 複 شُعْث	❖ぼさぼさ髪の;くしゃくしゃの
يُفَضِّلُ أَنْ يَكُونَ أَشْعَثَا	彼はぼさぼさ髪を好む
أَشْعَرَ <شعر IV 名 إِشْعَار	❖知らせる,通知する(~بِـ:~を) 名通知
إِشْعَار تَسْلِيم	受取伝票/受領書
أَشْعَلَ <شعل IV 名 إِشْعَال	❖火を点ける,点火する;焚く 名点火,着火
نُشْعِلُ نَاراً فَنَرْقُصُ حَوْلَهَا	火を起こして,その回りで踊ろう
أَشْفَقَ <شفق IV 名 إِشْفَاق	❖(~に)同情する,(~を)哀れむ(~عَلَى);恐れる,怖がる(~مِنْ:~を) 名同情,哀れみ
أَشْفَقَ عَلَى الرَّجُلِ الْفَقِيرِ	貧しい男に同情した
أَشْقَى، يُشْقِي <شقو IV	❖不幸にする;苦しめる
اَلشَّبَابُ الطَّائِشُ يُشْقِي وَالِدَيْهِ	分別のない若者は親を不幸にする
اِشْقَرَّ، يَشْقَرُّ <شقر IX	❖ブロンドにする,赤毛にする
صَبَغَتْ شَعْرَهَا فَاشْقَرَّ	彼女は髪を染めてブロンドにした
أَشْقَرُ <شقر 女 شَقْرَاءُ 女男複 شُقْر	❖ブロンドの,赤毛の
شَعْرُهَا أَشْقَرُ	彼女の髪はブロンドです
أَشَلُّ <شل 女 شَلَّاءُ	❖形麻痺した 名(中風などの)麻痺患者
مِسْكِينٌ هٰذَا الْوَلَدُ، إِنَّهُ أَشَلُّ	この子はかわいそう,体が麻痺しています
اِشْمَأَزَّ، يَشْمَئِزُّ <شمأز IV 名 اِشْمِئْزَاز	❖嫌がる(~مِنْ:~を);縮む 名嫌がる事,嫌悪
اِشْمَأَزَّتْ مِنَ الشُّغْلِ	彼女はその仕事を嫌がった
أَشْيَبُ <شيب 女 شَيْبَاءُ 女男複 شِيب	❖髪の白い,白髪の;年老いた;老人
أَنَا رَجُلٌ طَوِيلُ الْقَامَةِ أَشْيَبُ	私は白髪の背の高い男です
أَصَابَ، يُصِيبُ <صوب IV 名 إِصَابَة 複 ـات	❖(病気,災害などが)襲う,降り掛かる;当たる,命中する 名病気,災害などに会う事,被害;得点
受 أُصِيبَ، يُصَابُ	(病気に)掛かる;(被害を)被る
أَصَابَ الْمِنْطَقَةَ الشَّرْقِيَّةَ زِلْزَالٌ	地震が東部地方を襲った

ا ب ت ث ج ح خ د ذ ر ز س ش ص ض ط ظ ع غ ف ق ك ل م ن هـ و ي

أَصَابَ الْهَدَفَ　的に当った(命中した)

أَصَابَ عُصْفُورَيْنِ بِحَجَرٍ وَاحِدٍ　一石二鳥［格言］

أُصِيبَ بِـ~　~の損害を被った

أُصِبْتُ بِجِرَاحٍ　私は傷を負った

أُصِبْتُ بِمَرَضٍ مُعْدٍ　私は伝染病に掛かった

كَمْ إِصَابَةً سَجَّلَ فَرِيقُنَا؟　私達のチームは何点取ったのですか

أَصْبَحَ ＜صبح IV　❖朝になる;明らかになる;(~に)なる※~:形容詞,名詞の対;(~し)始める※~:未

أَصْبَحَ الصَّبَاحُ　朝になった

اِسْتَمَرَّتِ الْقَافِلَةُ حَتَّى أَصْبَحَتْ عَلَى مَشَارِفِ الْبَلْدَةِ　町が見える迄キャラバンは旅を続けた

أَرَادَ أَنْ يُصْبِحَ مُدَرِّسًا　彼は先生になりたかった

أَصْبَحْتُ أَشْعُرُ بِالْأَلَمِ　私は痛みを感じ始めた

إِصْبَع ＜صبع 複 أَصَابِع　❖指;つま先

أَطْرَاف الْأَصَابِع　指先

إِصْبَع الْيَدِ (الْقَدَمِ)　手(足)の指

وَقَفَ عَلَى أَصَابِعِ قَدَمَيْهِ　つま先立った

أَصْدَرَ ＜صدر IV 名 إِصْدَار　❖出す;発行する;(法律を)発布する;判決を下す 名発行,出版;輸出;宣告

أَصْدَرَ إِنْذَارًا　警告を発した

أَصْدَرَ كِتَابًا (نُقُودًا)　本(お金)を発行した

أُصْدِرَ الْقَانُونُ الْجَدِيدُ　新しい法律が発布された *受

أَصْدَرَ الْقَاضِي الْحُكْمَ فِي الدَّعْوَى　裁判官が訴訟の判決を下した

أَصَرَّ ، يُصِرُّ ＜صر IV 名 إِصْرَار　❖(~に)固執する,(~を)主張する(~عَلَى) 名頑固,固執;主張

أَصَرَّ عَلَى حَقِّهِ　権利を主張した

تُصِرُّ عَلَى رَأْيِهَا　彼女は自分の意見に固執する

بِإِصْرَارٍ / فِي إِصْرَارٍ　執ように/しつこく/頑固に

اِصْطَادَ ، يَصْطَادُ <صيد VIII 名 اِصْطِيَاد　❖捕まえる,捕獲する,取る;漁をする,猟をする
名捕獲;狩猟,狩り;漁,釣り

اِصْطَادَ سَمَكًا　魚を捕まえた(捕った)

كَيْفَ اصْطَدْتَ هٰذَا الْأَرْنَبَ؟　どのようにして,この兎を捕まえたのですか

اِصْطَافَ ، يَصْطَافُ <صيف VIII 名 اِصْطِيَاف　❖夏を過ごす(~بِـ:~で) 名夏休み;避暑

اِصْطَفْتُ بِسَوَاحِلِ غَزَّةَ　私はガザの海岸で夏を過ごした

اِصْطَبَرَ <صبر VIII 名 اِصْطِبَار　❖我慢する,耐える,辛抱する 名我慢,忍耐,辛抱

اِصْطَبِرْ قَلِيلًا　少し我慢しなさい(辛抱しなさい)

اِصْطَبَغَ <صبغ VIII　❖染まる,色をつけられる,着色される

يَصْطَبِغُ الْأُفُقُ بِلَوْنِ الذَّهَبِ　地平線が金色に染まる

اِصْطَحَبَ <صحب VIII 名 اِصْطِحَاب　❖伴う,同行する;友人(友達)になる
名同行,同伴;友人,友達;付き合い

يَصْطَحِبُنِي جَدِّي فِي النُّزْهَةِ　祖父は散歩に私を伴う

اِصْطَدَمَ <صدم VIII 名 اِصْطِدَام　❖ぶつかる,衝突する(~بِـ:~と);躓く(~بِـ:~に)
名衝突;衝撃

اِصْطَدَمَتِ السَّيَّارَتَانِ عِنْدَ الْمُنْعَطَفِ　カーブの所で2台の車が衝突した

اِصْطَدَمَتْ بِحَجَرٍ ، فَوَقَعَتْ　彼女は石に躓いて,倒れた

اِصْطَفَّ ، يَصْطَفُّ <صف VIII　❖列を作る;隊列を作る,並ぶ

اِصْطَفَّ الْجُنُودُ أَمَامَ الْمَدْخَلِ　兵士達が入り口の前で,列を作った(並んだ)

اِصْطَفَى ، يَصْطَفِي <صفو VIII 名 اِصْطِفَاء　❖選ぶ 名選択,選抜

إِنَّ اللّٰهَ اصْطَفَاكَ وَطَهَّرَكَ　実に,神は貴女を選んで清められた

أَيَّ كُتُبٍ تَصْطَفِي؟　(あなたは)どんな本を選びますか

اِصْطَكَّ ، يَصْطَكُّ <صك VIII　❖膝が震える;歯ががちがち言う

اِصْطَكَّتِ الرُّكْبَتَانِ مِنَ الْخَوْفِ　恐怖で膝がぶるぶる震えた

اِصْطَكَّتِ الْأَسْنَانُ مِنَ الْبَرْدِ　寒さで歯ががちがち言った

أَصْعَبُ <صعب ❖ より難しい;いっそう困難な ※ صَعْب の比

اَللُّغَةُ الْيَابَانِيَّةُ أَصْعَبُ مِنْ لُغَتِكُمْ — 日本語はあなた達の言葉より難しいです

أَصْعَدَ <صعد IV ❖ 上げる,昇らせる

لَيْتَكَ تُصْعِدُنِي إِلَى سَطْحِ السَّيَّارَةِ — あなたが私を車の上に,上げてくれたら良いのに

أَصْغَى ، يُصْغِي <صغى IV 名 إِصْغَاء ❖ 聞く,耳を傾ける;注意を払う(~إِلَى/لِـ :~に)
名注意して聞く事;注意

أَصْغَى إِلَى النَّصَائِحِ — 忠告に耳を傾けた

لَا تُصْغِ إِلَى كَلَامِ الْوَاشِي — 中傷者の言葉に耳を傾けるな

أَصْغَرُ <صغر 女 صُغْرَى ❖ より小さい,年下の ※ صَغِير の比

أَخِي الْأَصْغَرُ — 私の一番(年)下の弟

آسِيَا الصُّغْرَى — 小アジア ※トルコのアナトリア半島地方

اِصْفَرَّ ، يَصْفَرُّ <صفر IX ❖ 黄色になる

تَصْفَرُّ أَوْرَاقُ الشَّجَرَةِ فِي الْخَرِيفِ — 木の葉は秋に黄色くなります

أَصْفَرُ <صفر 女 صَفْرَاءُ 女双 صَفْرَاوَانِ(يْنِ) ❖ 黄色の,黄色い

هَلْ لَوْنُ الذَّهَبِ أَصْفَرُ ؟ — 金の色は黄色ですか

بِطَاقَة صَفْرَاء — イエローカード

أَصْل 複 أُصُول 関 أَصْلِيّ ❖ 源,起源;出身;(山の)麓;根,株 複先祖:ルール,
規則;基本,原則;財産 関元々の,元の

مِنْ أَصْلِ ~ — ~系

بَرَازِيلِيّ مِنْ أَصْلٍ يَابَانِيٍّ — 日系ブラジル人

أَصْلُ الْجَبَلِ — 山の麓/山麓

أُصُولُ لُعْبَةِ الْكُرَةِ الطَّائِرَةِ — バレーボールのルール

ثَمَنٌ أَصْلِيٌّ — 原価

لُغَة أَصْلِيَّة — 国語/母国語

كَلِمَة ذَاتُ أَصْلٍ عَرَبِيٍّ — アラビア語に由来する言葉

أَصْلَحَ <صلح IV 名 إِصْلَاح 関 إِصْلَاحِيّ ❖ 改革する,改正する;修理する,直す;補修する
名改革,改正;修理,補修 関改革の,改良の

أَصْلَحَ الْمُجْتَمَعَ　社会を改革した

أَصْلَحَ سَيَّارَتَهُ بِنَفْسِهِ　彼は自分で車を直した(修理した)

انْتَهَىٰ مِنْ إِصْلَاحِ الْعَرَبَةِ　その車両の修理を終えた

اَلْإِصْلَاح الْإِدَارِيّ　行政改革

مَعْهَد إِصْلَاحِيّ　感化院/矯正施設

إِصْلَاحِيَّة　少年院

❖ أَصْلَحُ <صلح　より良い;よりふさわしい;より立派な

وَازِنْ بَيْنَ الْكِتَابَيْنِ وَاشْتَرِ الْأَصْلَحَ　二つの本を比べて,良い方を買いなさい

❖ أَصْلَعُ <صلع [女] صَلْعَاءُ [複男女] صُلْع / صُلْعَان　(頭の,額の)禿げた,禿げの

اَلرَّأْس الْأَصْلَع　禿げ頭

❖ أَصَمَّ ، يُصِمُّ <صم II　聞こえない

لِمَاذَا أَصْمَمْتَ أُذُنَيْكَ عَنْ سَمَاعِ نَصِيحَتِي؟　どうして私の忠告に耳を貸さないのですか

❖ أَصَمُّ <صم [女] صَمَّاء [複] صُمّ /صُمَّان　聞こえない;岩が固い

لَا يَسْتَطِيعُ الطِّفْلُ الْأَصَمُّ الْكَلَامَ　耳の聞こえない子は話せない

❖ أُصُولِيّ < أصل [複] ون　[形]原理主義の;原則的な [名]原理主義者

هٰذِهِ مَجْمُوعَةٌ أُصُولِيَّةٌ　これは原理主義者のグループです

❖ أُصِيبَ ، يُصَابُ <صوب IV　⇒أصاب [受]

❖ أَصِيص [複] أُصُص　植木鉢

أَيْنَ وَضَعْتَ الْأَصِيصَ؟　(あなたは)植木鉢をどこに置きましたか

❖ أَصِيل < أصل [複] أُصَلَاءُ　[形]由緒正しい,血統の良い;真の,本物の
[名](日没前の)夕方([複] آصال / أَصَائِلُ)

جَوَاد عَرَبِيّ أَصِيل　アラブ種純血の馬

أَصِيل الرَّأْيِ　思慮深い/判断力の確かな

❖ أَضَاءَ ، يُضِيءُ <ضوء IV [名] إِضَاءَة　明かりを点ける;輝く,光る;照らす

※ هِيَ أَضَاءَتْ / أَنَا أَضَأْتُ　[名]照明;点灯;啓蒙

أضاع ~ أضحك

أَضَاءَ الْمِصْبَاحُ　ランプが点いた

تُضِيءُ الشَّمْسُ الْأَرْضَ　太陽が地面を照らす

يُضِيءُ الْقَمَرُ　月が照っている

❖ أَضَاعَ ، يُضِيعُ <ضيع IV 名 إِضَاعَة　無駄使いする,浪費する,無駄にする;失う,無くす
名無駄使い,浪費

أَضَاعَ الْوَقْتَ سُدًى　時間を無駄にした

أَضَاعَ صَوَابَهُ　理性を失った

أَضَاعَ فُرْصَةً　機会(チャンス)を逃した(失った)

أَضَعْتُ شَنْطَتِي　私は鞄を無くした

إِضَاعَةُ الْوَقْتِ　時間の無駄(浪費)

❖ أَضَافَ ، يُضِيفُ <ضيف IV 名 إِضَافَة　(〜に)付け加える,足す(〜إِلَى);(客を)歓迎する
名付加,追加

أَضِفْ إِلَى ذٰلِكَ　それに付け加えなさい

أَضَافَ الضَّرِيبَةَ إِلَى ذٰلِكَ　それに税金を加えた

بِالْإِضَافَةِ إِلَى〜　〜に加えて/〜に追加して/さらに

ضَعِي بِالْإِضَافَةِ إِلَى ذٰلِكَ ، مِلْعَقَةً مِنَ السُّكَّرِ　(貴女は)さらに(それに加えて)スプーン一杯の砂糖を入れなさい

❖ أَضْجَرَ <ضجر IV　いらいらさせる;退屈させる

أَضْجَرَتْنِي الْمُحَاضَرَةُ فِي الْجَامِعَةِ　大学の講義は私には退屈だった

❖ أَضْحَىٰ ، يُضْحِي <ضحى IV　正午近くになる;〜になる;〜し始める※〜:未

نَامَ حَتَّىٰ يُضْحِيَ　正午近くになる迄,眠った

أَضْحَى الشَّارِعُ مُزْدَحِمًا　通りは混み始めた

❖ أَضْحًى <ضحى　いけにえ;いけにえの動物 ※定 الْأَضْحَىٰ

عِيدُ الْأَضْحَىٰ　犠牲祭/イード・ル=アドハー

❖ أَضْحَكَ <ضحك IV　笑わせる

كُلُّ حَرَكَةٍ مِنْهُ تُضْحِكُنَا　彼のすべての動作が私達を笑わせる

((وَأَنَّهُ هُوَ أَضْحَكَ وَأَبْكَىٰ))　彼こそ笑わせたり,泣かせたりするお方である

أُضْحُوكَة <ضحك 複 أَضَاحِيك	❖笑い;物笑いの種
أُضْحُوكَة النَّاسِ	人々の物笑いの種
أَضَرَّ ، يُضِرُّ <ضر IV 名 إِضْرَار	❖害を与える(~بِ:~に);苦しめる;強制する 名被害,損失
أَضَرَّ بِالصِّحَّةِ	健康に害を与えた
اَلتَّدْخِينُ يُضِرُّ الصِّحَّةَ	喫煙は健康を害する
أَضْرَبَ <ضرب IV 名 إِضْرَاب 複 ـات	❖ストライキをする,ストをする;拒否する; 放棄する 名ストライキ,スト
أَضْرَبَ الْعُمَّالُ عَنِ الْعَمَلِ	労働者達はストをした
أَضْرَبَ السَّجِينُ عَنِ الطَّعَامِ	囚人はハンガーストライキ(ハンスト)をした
قَامَ بِإِضْرَابٍ	ストライキを行った(実行した)
إِضْرَاب عَامّ	ゼネラル・ストライキ/ゼネスト
أَضْرَمَ <ضرم IV 名 إِضْرَام	❖(火を)起こす,(火)を点ける 名点火
أَضْرَمَ النَّارَ	火を起こした/火を点けた
إِضْرَام النَّارِ	放火
اِضْطَجَعَ <ضجع VIII	❖横になる,横たわる;寝る
اِضْطَجِعْ قُرْبَ النَّارِ	火の近くで横になりなさい
اِضْطَرَّ ، يَضْطَرُّ <ضر VIII 名 اِضْطِرَار	❖強制する,強いる,余儀なくさせる 名強制;必要
受 أُضْطُرَّ ، يُضْطَرُّ	余儀なく~する/~せざるを得ない(~إِلَى:~を)
أُضْطُرَّ إِلَى قُبُولِ الشَّرْطِ	やむなくその条件を受け入れた
أُضْطُرِرْتُ إِلَى التَّوْقِيعِ	私は仕方なく署名した
عِنْدَ الِاضْطِرَارِ	必要な場合は
اِضْطَرَبَ <ضرب VIII 名 اِضْطِرَاب	❖混乱する,乱れる;荒れる 名混乱,乱れ;騒ぎ
اِضْطَرَبَ الْبَحْرُ بَعْدَ هُدُوءٍ	海は凪の後,時化(荒れ)ました
حَصَلَ اِضْطِرَابٌ	混乱が生じた
اِضْطِرَاب سِيَاسِيّ	政治的混乱

اِضْطَرَمَ <ضرم VIII 名 اِضْطِرَام ❖ 火が点く,引火する 名着火;火事

اِضْطَرَمَتِ النَّارُ　火が点いた

اِضْطَلَعَ <ضلع VIII 名 اِضْطِلَاع ❖ 熟知する;熟達している;受け持つ,責任を取る 名熟知;熟達,技術;受け持ち

تَضْطَلِعُ بِمَسْؤُولِيَّةِ الْجَرِيمَةِ　あなたには犯罪に対する責任があります

اِضْطَهَدَ <ضهد VIII 名 اِضْطِهَاد ❖ 迫害する,苦しめる;抑圧する 名迫害,抑圧

عَانَيْنَا مِنَ الاضْطِهَادِ　私達は迫害に苦しんだ

أَضَلَّ ، يُضِلُّ <ضل IV 名 إِضْلَال ❖ 迷わす,惑わす 名惑わせる事

كَثْرَةُ الآرَاءِ أَضَلَّتْنِي　意見の多さが私を惑わせた

اِضْمَحَلَّ <ضمحل IV 名 اِضْمِحْلَال ❖ 消滅する,無くなる;減少する 名消滅;減少

اِضْمَحَلَّتِ الْمُوسِيقَى التَّقْلِيدِيَّةُ　伝統音楽が減少した

أَضْنَى ، يُضْنِي <ضني IV ❖ (病気が)衰弱させる;(不安を)募らせる

أَيُضْنِيكَ الْمَرَضُ إِلَى هٰذَا الْحَدِّ ؟　病気があなたをここ迄,やつれさせるのか

أَطَاحَ ، يُطِيحُ <طوح IV 名 إِطَاحَة ❖ (頭を)切り落とす; 倒す,打倒する;捨てる 名打倒;追放

أَطَاحَتِ الثَّوْرَةُ الْفَرَنْسِيَّةُ بِالْمَلَكِيَّةِ　フランス革命は王制を倒した(打倒した)

إِطَاحَة بِالْحُكُومَةِ　政府の打倒(転覆)

أَطَارَ ، يُطِيرُ <طير IV ❖ 飛ばす,吹き飛ばす

أَطَارَتِ الرِّيحُ قُبَّعَتِي　風が私の帽子を吹き飛ばした

إِطَار < أطر 複 -ات/ أُطُر ❖ タイヤ;枠

مَصْنَع إِطَارَاتٍ　タイヤ生産工場

إِطَار الشُّبَّاك　窓枠

أَطَاعَ ، يُطِيعُ <طوع IV 名 إِطَاعَة ❖ 従う,服従する 名服従;(法令の)遵守

أَنَا أَعِدُكَ بِالْعِقَابِ ، إِنْ لَمْ تُطِعْ　あなたが従わなければ罰します

الضُّبَّاطُ يُطِيعُونَ أَوَامِرَ الْعِمَادِ　兵士は指揮官の命令に服従する

أَطَاقَ ، يُطِيقُ <طوق IV ❖ ～できる(～عَلَى:～が);我慢できる,耐えられる

لَا يُطَاقُ	我慢できない/耐えられない *受
لَمْ يُطِقْ صَبْرًا	彼は我慢できなかった(耐えられなかった)
أَطَالَ ، يُطِيلُ <طول IV 名 إِطَالَة	♦伸ばす, 長くする, 延長する 名長くする事, 延長;拡大
رَجُلُ الدِّينِ يُطِيلُ لِحْيَتَهُ	宗教的な人は髭を伸ばす(蓄える)
لَا تُطِلْ حَدِيثَكَ فَيَبْرَمُ بِكَ السَّامِعُ	話は長くしないように, 聞く人がうんざりします
أَطْبَقَ <طبق IV	♦(~を)覆う;閉じる;囲む;押さえる(~عَلَى);同意する
نَسِيتُ أَنْ أُطْبِقَ الطَّنْجَرَةَ	私は鍋に蓋をするのを忘れました
أَطْرَبَ <طرب IV	♦嬉しくさせる, 楽しませる;(~のために)歌う
عَزْفُ الْعُودِ يُطْرِبُنَا	ウードの演奏は私達を楽しませる
أَطْرَشُ <طرش 女 طَرْشَاءُ 複 طُرْش	♦形(先天的に)耳の聞こえない 名耳の聞こえない人
هَلْ حَيَاةُ الْأَطْرَشِ أَسْهَلُ مِنْ حَيَاةِ الْأَعْمَى؟	耳の聞こえない人の生活は, 目が見えない人の生活より容易ですか
أَطْرَقَ <طرق IV 名 إِطْرَاق	♦沈黙する;黙って頭を下げる 名沈黙
أَطْرَقَ رَأْسَهُ (بِرَأْسِهِ)	頭を下げた
أَطْرَقَ يُفَكِّرُ	深く考えた
أَطْعَمَ <طعم IV	♦食べさせる, 餌を与える
مِنَ اللَّازِمِ أَنْ أُطْعِمَ قِطَّتِي	私は猫に餌を与えなければならない
أَطْفَأَ ، يُطْفِئُ <طفئ IV 名 إِطْفَاء	♦消す※明かりや火などを 名消火, 消防
أَطْفَأَ النُّورَ	明かりを消した
سَيَّارَةُ الْإِطْفَاءِ	消防車
إِطْفَائِيٌّ <طفئ	♦形消防の 名消防士
أَنْقَذَ الْإِطْفَائِيُّ الْجَرِيءُ الْوَلَدَ	勇敢な消防士が子供を救った
أَطَلَّ ، يُطِلُّ <طل IV	♦見下ろす;表す, 見える;支配する;そびえる
أَطَلَّ الْأُسْتَاذُ بِوَجْهِهِ الْوَضَّاحِ	教授は顔に笑みを浮かべた
تُطِلُّ هٰذِهِ النَّافِذَةُ عَلَى الشَّارِعِ	この窓から通りが見渡せます

أَطْلَسِيّ	❖大西洋の
اَلْأَطْلَسِيّ / اَلْمُحِيط اَلْأَطْلَسِيّ	大西洋
حِلْف شَمَال اَلْأَطْلَسِيّ	北大西洋条約機構/NATO
أَطْلَعَ < طلع IV	❖知らせる,通知する(～مِنْ/عَلَى:～について);現れる
أُطْلِعُكَ عَلَى أَسْرَارِي	あなたに私の秘密を教えよう
أَطْلَعَ النَّجْمُ	星が現れた
اِطَّلَعَ ، يَطَّلِعُ < طلع VIII 名 اِطِّلَاع	❖見る,眺める;情報を得る;見つける;知る;調べる 名研究;試験;知識;調査
اِطَّلَعَ عَلَى طَرِيقَةِ الِاسْتِعْمَالِ	使用法を調べた
أَطْلَقَ < طلق IV 名 إِطْلَاق	❖自由にする,解放する;放つ,発射する;離婚する 名付ける 名解放;発射;離婚
أَطْلِقْنِي	(私を)放して下さい/(私を)自由にして下さい
أَطْلَقَ سَبِيلَهُ	自由にした/解放した
أَطْلِقْ يَدِي	私の好きにさせて下さい
أَطْلَقَ سَرَاحَ الْأُسَرَاءِ	捕虜を<u>自由にした</u>(解放した)
أَطْلَقَتِ الْقَوْسُ السَّهْمَ	弓から矢が放たれた
أَطْلَقَ <u>الرَّصَاصَ</u> (النَّارَ) عَلَى~	～に向かって発砲した
أَطْلَقَ عَلَيْهِ اسْمَ ~	～と<u>名前を付ける</u>(名付ける)
أُطْلِقَ عَلَى الشَّارِعِ اسْمٌ جَدِيدٌ	その通りは新しい名前を付けられた *受
*يُطْلَقُ عَلَى~	～に当てはまる
إِطْلَاق النَّارِ	発砲
عَلَى الْإِطْلَاقِ / إِطْلَاقًا	絶対に
وَقْف إِطْلَاق النَّار	停戦
إِطْلَاق السُّجَنَاءِ السِّيَاسِيِّينَ	政治犯(複)の釈放
اِطْمَأَنَّ ، يَطْمَئِنُّ < طمأن IV 名 اِطْمِئْنَان	❖安心する;頼る(～إِلَى:～に),信じる;休息する 名安心;平穏;信頼
男命 اِطْمَئِنَّ 女 اِطْمَئِنِّي	安心しなさい

اِطْمَأْنَنْتُ أَنْ سَمِعْتُ هٰذَا	私はそれを聞いて安心した
أَظْلَمَ <ظلم IV 名 إِظْلَام	❖暗くなる 名暗がり,闇
غَابَ الْقَمَرُ، فَأَظْلَمَ اللَّيْلُ	月が陰ると,夜は暗くなった
أَظْهَرَ <ظهر IV 名 إِظْهَار	❖示す,表す 名発表;表示;表現
أَظْهَرَ سُرُورَهُ (حُزْنَهُ)	彼は喜び(悲しみ)を表した
أَعَادَ، يُعِيدُ <عود IV 名 إِعَادَة	❖返す,戻す;やり直す,再建する;繰り返す 名返す事,返還;繰り返し
命 أَعِدْ 女 أَعِيدِي	返しなさい,戻しなさい
لَمْ يُعِدْ	繰り返さなかった
أَعِدِ الْحِسَابَ	計算をやり直しなさい
أَعَادَ الْكِتَابَةَ	書き直した
أَعَادَ لَفَّ شَرِيطِ لِلْقِيَاسِ	巻き尺を巻き戻した
أَعَادَ بِنَاءَ الْمَعْبَدِ	お寺(神社)を再建した
أَعَادَ سُؤَالَهُ	質問を繰り返した
إِعَادَة "أُكِينَاوَا" إِلَى الْيَابَانِ	沖縄の日本への返還
إِعَادَة الـ～	再～
إِعَادَة التَّشْغِيل	再起動/再稼働
أَعَارَ، يُعِيرُ <عور IV 名 إِعَارَة	❖貸す ※物を貸す事 名貸与,貸し出し
命 أَعِرْ 女 أَعِيرِي	貸しなさい
أَعَارَهُ أُذُنًا صَاغِيَةً	耳を貸した(傾けた)
أَعَارَهُ انْتِبَاهًا	注意を払った
أَعَانَ، يُعِينُ <عون IV 名 إِعَانَة	❖援助する,助ける 名援助,援助金;補助金
تُعِينُ الْبِنْتُ أُمَّهَا فِي أَعْمَالِ الْبَيْتِ	娘は母親の家事を手伝っている
اِعْتَادَ، يَعْتَادُ <عود VIII 名 اِعْتِيَاد	❖慣れる(～عَلَى:～に);習慣になる 名慣れる事;習慣
اِعْتَادَ النُّهُوضَ بَاكِرًا	早起きが習慣になりました
اِعْتَبَرَ <عبر VIII 名 اِعْتِبَار 複 ـات	❖考える;(～と)見なす;尊敬する 名考慮,見なし;尊敬

ا ب ت ث ج ح خ د ذ ر ز س ش ص ض ط ظ ع غ ف ق ك ل م ن هـ و ي

أُعْتُبِرَ، يُعْتَبَرُ 受 — ～と見なされる

أَعْتَبِرُ اللَّعِبَ ضَرُورِيًّا — 私はその遊びを有害と見なします

تُعْتَبَرُ مَسْأَلَةُ فِلَسْطِينَ أَهَمَّ مَسْأَلَةٍ — パレスチナ問題は一番重要な課題と見なされてい

لِاعْتِبَارَاتٍ سِيَاسِيَّةٍ — 政治的な配慮のため

فِي كُلِّ اعْتِبَارٍ — あらゆる面において

عَلَى (بِ) اعْتِبَارِ أَنْ ~/ اِعْتِبَارًا مِنْ ~ — ～なので/～から/～を考慮すると/～と仮定して

أَخَذَ ~ بِعَيْنِ الاعْتِبَارِ — ～を考慮に入れた/～を配慮した

اِعْتَدَى، يَعْتَدِي <عدو VIII 名 اِعْتِدَاء 複 ـات — ❖ (～に)侵入する,(～を)侵略する(～عَلَى); 暴行する;越える 名侵入,侵略;攻撃;侵害

اِعْتَدَتِ الْقُوَّاتُ التُّرْكِيَّةُ عَلَى الْعِرَاقِ — トルコ軍がイラクを侵略した(に侵攻した)

اِعْتِدَاءَات إِرْهَابِيَّة — テロ攻撃

اِعْتِدَاء عَلَى الْحُقُوق — 権利の侵害

اِعْتَدَلَ <عدل VIII 名 اِعْتِدَال — ❖ 釣り合いがとれている,中庸である;温暖である;真直ぐである;穏やかである 名均衡,中庸;温暖

اِعْتَدَلَ جِسْمُهُ بَيْنَ الطُّولِ وَالْقِصَرِ — 体格は高からず低からずで,バランスが良かった

يَعْتَدِلُ الطَّقْسُ فِي الْيَابَانِ — 日本の気候は温暖である

اِعْتَذَرَ <عذر VIII 名 اِعْتِذَار — ❖ 謝る,謝罪する,詫びる(～مِنْ/عَنْ・・إِلَى:～に・・を) 名謝罪,詫び

أَعْتَذِرُ عَنِ التَّأْخِيرِ (تَأَخُّرِي) — 遅れた事を謝ります/遅れてすみません

لَيْسَ فِي نِيَّتِي الاعْتِذَارُ — 私には謝罪する意志はない

كَلِمَة اعْتِذَارٍ — 謝りの言葉/謝辞

اِعْتَرَى، يَعْتَرِي <عرو VIII — ❖ 襲う,降り掛かる

اِعْتَرَاهُ الْمَرَضُ — 病魔が彼を襲った

اِعْتَرَضَ <عرض VIII اِعْتِرَاض — ❖ 遮る,妨害する;反対する(～عَلَى :～に) 名妨害;

اِعْتَرَضَتِ السَّيَّارَةُ الطَّرِيقَ — 車が行く手を妨げた

اَلتُّرْعَة تَعْتَرِضُ الطَّرِيقَ — 小川が道を遮っている

اِعْتَرَضَ عَلَى الرَّأْيِ — その意見に異議を唱えた

اِعْتِرَاض عَلَى الرَّأْيِ	異議
اِعْتَرَفَ <عرف VIII 名 اِعْتِرَاف	❖(〜を)肯定する, 認める, 白状する(〜بِـ);告白する 名肯定, 承認;自白;告白
اِعْتَرَفَ بِغَلَطِهِ	間違いを認めた
اِعْتَرَفَ السَّارِقُ بِالسَّرِقَةِ	盗人が盗みを白状した
اِعْتِرَاف بِالْأَمْرِ الْوَاقِعِ	事実上の承認
اِعْتَزَّ ، يَعْتَزُّ <عز VIII 名 اِعْتِزَاز	❖強さを感じる;誇りに思う, 自慢する(〜بِـ:〜を) 名誇り, プライド
أَنَا أَعْتَزُّ بِتَارِيخِ بِلَادِي الْمَجِيدِ	私は輝かしい我が国の歴史を誇りに思う
اِعْتَزَلَ <عزل VIII 名 اِعْتِزَال	❖引退する, 止める;孤立する(〜مِنْ:〜から) 名引退, 隠居;辞職
اِعْتَزَلَ وَظِيفَتَهُ	勤めを止めた(辞めた)
اِعْتِزَال الْعَمَلِ	辞職
اِعْتَصَمَ <عصم VIII 名 اِعْتِصَام	❖掴む;固持する;抵抗する;避難所を探す 名保持, 固執
اِعْتَصَمَ الْغَرِيقُ بِحَبْلِ النَّجَاةِ	溺れている人が救助のロープをしっかりと掴んだ
((وَاعْتَصِمُوا بِحَبْلِ اللّٰهِ جَمِيعًا وَلَا تَفَرَّقُوا))	あなた方は神の絆に掴まり, 分裂してはならない
اِعْتَصَمَ بِالصَّمْتِ	沈黙を守った
أَعْتَقَ <عتق IV 名 إِعْتَاق	❖(奴隷を)解放する, 自由にする 名解放
أَعْتَقَ الْعَبْدَ	奴隷を解放した
اِعْتَقَدَ <عقد VIII 名 اِعْتِقَاد	❖信じる;思う 名信じる事;信条, 信念;教義
أَعْتَقِدُ أَنَّهُ مَشْغُولٌ	彼は忙しいと思います
اِعْتَقَلَ <عقل VIII 名 اِعْتِقَال	❖逮捕する, 拘留する 名逮捕, 拘留;収容所
لَمْ يَسْتَطِعْ الشُّرْطِيُّ أَنْ يَعْتَقِلَ اللِّصَّ	警官は泥棒を逮捕する事が出来なかった
مُعَسْكَر الِاعْتِقَال	(政治犯や捕虜などを入れて置く)収容所
اِعْتَكَفَ <عكف VIII	❖こもる;留まる

سَأَعْتَكِفُ فِي بَيْتِي أُسْبُوعًا ، لِلتَّحْضِيرِ لِلامْتِحَانِ	私は試験準備に一週間,家にこもります
اِعْتَلَى ، يَعْتَلِي <علو VIII 名 اِعْتِلاء	❖昇る,登る,上る,上がる;そびえる;(高い地位に)就く 名上昇,登る事,上がる事;就任
اِعْتَلَى الْخَطِيبُ الْمِنْبَرَ	演説者がミンバル*に上った *モスク内の演壇
اِعْتَلَى الْمَوْقِعَ الرَّفِيعَ	高い地位に登りつめた
اِعْتَمَدَ <عمد VIII 名 اِعْتِماد	❖頼る,依存する(〜عَلَى:〜に),信任する;用いる,採用する 名依存;信任;認可,承認
اِعْتَمَدَ عَلَى عَمِّهِ	おじさんを頼った
اِعْتَمَدَ الْقَرَوِيُّونَ عَلَى الزِّرَاعَةِ	村民は農業に依存していた
اِعْتَمِدْ عَلَى نَفْسِكَ	自分を信じなさい
بِالاعْتِمَادِ عَلَى~	〜によれば
أَوْرَاق الاعْتِمَادِ	信任状 ※外交上の
اِعْتَنَى ، يَعْتَنِي <عني VIII 名 اِعْتِنَاء	❖(〜の)世話をする(〜بِ);留意する 名世話;関心
اِعْتَنَى بِالْمَرِيضِ	病人の世話(看病)をした
إِذَا كَتَبْتَ ، فَاعْتَنِ بِخَطِّكَ	書く時は書き方に留意しなさい
اِعْتَنَقَ <عنق VIII 名 اِعْتِنَاق	❖抱擁する;信奉する;改宗する 名抱擁;信奉;改宗
اِعْتَنَقَ الْإِسْلَامَ (الْمَارْكْسِيَّةَ)	イスラム教(マルクス主義)を信奉する
أَعْجَبَ <عجب IV 名 إِعْجَاب	❖気にいらせる,喜ばせる;感動させる 名感動,感嘆;驚き;誇り
受 أُعْجِبَ ، يُعْجَبُ	気に入る(〜بِ:〜を);感動する(〜بِ:〜に)
هَلْ أَعْجَبَكَ الْكِتَابُ؟	あなたはその本が気に入りましたか
أُعْجِبَتْ بِهَدِيَّتِكَ	彼女はあなたの贈り物が気に入りました
أَعْجَزَ <عجز IV 名 إِعْجَاز	❖出来なくする;麻痺させる;不能にする 名不能;無比;(コーランの)絶対性
أَعْجَزَ الرَّقْصُ الْمُعَلِّمَةَ	(女の)先生は踊りが出来なかった
أَعْجَمِيّ <عجم	❖外国の;アラブでない,非アラブの

فِي اللُّغَةِ الْعَرَبِيَّةِ كَلِمَاتٌ أَعْجَمِيَّةٌ كَثِيرَةٌ	アラビア語には非アラブ系の言葉が沢山あります
أُعْجُوبَة <عجب 複 أَعَاجِيب	✻ 驚くべき出来事, 奇跡; 驚異
نَجَا مِنَ الْمَوْتِ بِأُعْجُوبَةٍ	奇跡的に死から逃れた
أَعَدَّ ، يُعِدُّ <عد IV 名 إِعْدَاد 関 إِعْدَادِيّ	✻ 用意する, 準備する;(報告書を)作成する 名用意, 準備, 支度;作成 関用意の, 準備の
أَعْدَدْتُ لَهَا حَلْوَى	私は彼女のために, お菓子を用意した
أَعَدَّ طَعَامًا	食事の支度をした
أَعَدَّ تَقْرِيرًا	報告書を作成した
إِعْدَادُ الطَّعَامِ	食事の準備(支度)
أَعْدَمَ <عدم 名 إِعْدَام	✻ 奪う;破壊する, 全滅させる;処刑する;貧しくなる, 落ちぶれる 名破壊;処刑
أَعْدَمَ الْمُقَامِرُ	そのギャンブラーは落ちぶれた
حُكْمُ الْإِعْدَامِ	死刑判決
أَعْرَابِيّ <عرب 複 أَعْرَاب / أَعَارِيب	✻ アラブのベドウィン
لَمْ يَكُنْ هُنَاكَ أَعْرَابِيٌّ	そこにはアラブのベドウィンはいなかった
أَعْرَبَ <عرب 名 إِعْرَاب	✻ 表明する, 公表する(~عَنْ:~を);アラブ風にする 名表明, 公表
أَعْرَبَ عَنْ رَأْيِهِ	彼は自分の意見を表明した
يُعْرِبُ الْعُمَّالُ عَنْ سُخْطِهِمْ بِالْإِضْرَابِ	労働者はストライキで不満を表す
أَعْرَجُ <عرج 女 عَرْجَاءُ 複 عَرْج / عُرْجَان	✻ 足の悪い, 足の不自由な
أَعْجَبَتْنِي قِصَّةُ الرَّجُلِ الْأَعْرَجِ	足の悪い男の話に感動しました
أَعْرَضَ <عرض IV 名 إِعْرَاض	✻ 避ける;遠ざける;言わない;断念する 名回避;嫌気;断念
إِذَا صَادَفْتَ الْكَلْبَ ، فَأَعْرِضْ عَنْهُ	もしその犬と遭遇したら, 避けなさい
فِي إِعْرَاضٍ	嫌々ながら
أَعَزَّ ، يُعِزُّ <عز IV 名 إِعْزَاز	✻ 強くする;愛する, 好む 名強化;尊敬;愛
أُعِزُّ صَدِيقِي كَثِيرًا	私は友人がとても好きです

أَعْزَبُ <عزب 女 عَزْبَاءُ 複 عُزْب ❖ 形独身の, 未婚の 名独身, 独身者

مَا زَالَ عَمِّي شَابًّا أَعْزَبَ　私の叔父さんは未だ独身男性です

أَعْزَلُ <عزل 女 عَزْلَاءُ 複 عُزْل ❖ 武器を持たない, 無防備の

لَا أَقْتُلُ الأَعْزَلَ　私は武器を持たない(無防備の)人を殺さない

أَعْسَرُ <عسر ❖ 左利きの

تِلْمِيذ أَعْسَر　左利きの生徒

إِعْصَار <عصر 複 أَعَاصِير / أَعَاصِر ❖ 暴風, 竜巻, ハリケーン

كَادَ الْإِعْصَارُ يُغْرِقُ السَّفِينَةَ　暴風は船を殆ど沈めるところだった

إِعْصَار اسْتِوَائِيّ　熱帯性低気圧

أَعْطَى ، يُعْطِي <عطو IV 名 إِعْطَاء ❖ 与える, 上げる, 贈る 名授与; 贈呈; 許可

أَعْطِنِي الْمِفْتَاحَ　その鍵をよこしなさい(下さい)

أَعْفَى ، يُعْفِي <عفو IV 名 إِعْفَاء 複 -ات ❖ 治す; 助ける, 救う; 免除する 名免除, 控除

أَعْفَاهُ مِنَ الْخِدْمَةِ الْعَسْكَرِيَّةِ　彼の兵役を免除した

إِعْفَاءَات جُمْرُكِيَّة　関税の免除

أَعْلَى ، يُعْلِي <علو IV 名 إِعْلَاء ❖ (建物を)高くする; 持ち上げる; ほめる/褒める

بَنَى الْقَلْعَةَ فَأَعْلَاهَا　城を高く築いた

أَعْلَى <علو 女 عُلْيَا 複 عُلًى / أَعَالٍ ❖ より高い; 高等な, 上級の ※ عَالٍ の比

مَثَلٌ أَعْلَى　理想の人

الطَّبَقَات الْعُلْيَا　上流階級

أَعْلَمَ <علم IV 名 إِعْلَام ❖ 告げる, 知らせる(~بِ:~を) 名通知, 知らせ; 情報

أَعْلَمَنَا الْمُدَرِّسُ بِمَوْعِدِ الِامْتِحَانِ　先生は私達に試験の期日を知らせました

وَسَائِل الْإِعْلَام　マスコミ

وِزَارَة الْإِعْلَام　情報省

أَعْلَنَ <علن IV 名 إِعْلَان 複 -ات ❖ 広告する; 発表する, 宣言する
名広告, ポスター; 発表, 宣言, 通知

أَعْلَنَ حَرْبًا عَلَى~　~に宣戦布告した

أَعْلَنَ الْحَقِيقَةَ	事実を公にした(公表した)
أَعْلَنَ الْحَكَمُ بَدْءَ الْمُبَارَاةِ بِصَفْرَةٍ	笛の音で審判は試合開始を告げた
اَلْإِعْلَانَاتُ التِّجَارِيَّةُ	商業広告/コマーシャル
لَوْحَةُ الْإِعْلَانَاتِ	掲示板
إِعْلَانَاتٌ ضَوْئِيَّةٌ	ネオンサイン
أَعْمَى ، يُعْمِي <عمي IV	❖見えなくする,目を眩ます;失明させる
أَعْمَاهُ الْمَالُ عَنْ رُؤْيَةِ الْحَقِيقَةِ	お金が彼に真実を見えなくさせた
أَعْمَى <عمي 女 عَمْيَاءُ 複 عُمْيٌ/عُمْيَان	❖形目の見えない,盲目の 名盲人
حُبٌّ أَعْمَى	盲目的愛
سَاعِدِ الْأَعْمَى عَلَى اجْتِيَازِ الشَّارِعِ	通りを渡る目の見えない人を助けなさい
أَعْمَلَ <عمل IV	❖働かせる,雇う;操作する,使う
أَعْمَلَ الْفِكْرَ	深く考えた/熟慮した
اِعْوَجَّ ، يَعْوَجُّ <عوج IX	❖曲がっている,ねじれている
لِمَاذَا تَعْوَجُّ سَاقُ الصَّنَوْبَرَةِ ؟	どうして,松の木の幹は曲がっているのですか
أَعْوَجُ <عوج 女 عَوْجَاءُ 複 عُوجٌ	❖形曲がった,ねじれた;奇妙な
غُصْنٌ أَعْوَجُ	曲がった枝
أَعْوَرُ <عور 女 عَوْرَاءُ 複 عُورٌ/عُورَانٌ	❖形片目の;片方が閉じている
اَلزَّائِدَةُ الدُّودِيَّةُ فِي ذَيْلِ الْأَعْوَرِ مِنَ الْمِعَى	盲腸は片方が閉じている腸の端にあります
أَعْوَزَ ، يُعْوِزُ <عوز IV 名 إِعْوَاز	❖貧しくなる;必要とする;足りない 名貧困;欠落
يُعْوِزُهُ الْمَالُ وَالْعَمَلُ	彼にはお金と仕事が必要です
أَعْيَا ، يُعْيِي <عيي IV 名 إِعْيَاء	❖疲れる,疲労する;疲れさせる,疲労させる 名疲労
أَعْيَا الْمَرَضُ الطَّبِيبَ	病気が医者を疲労させた
أَعْيَتْهُ الْحِيلَةُ	思考が停止した/どうしたら良いか分からなかった
أَغَاثَ ، يُغِيثُ <غوث IV 名 إِغَاثَة	❖救う,救援する,救助する 名救援,救助

أُغِيثَتِ الْقَرْيَةُ الْمَعْزُولَةُ بِوَاسِطَةِ الْهَلِيكُوبْتَر *	孤立した村はヘリコプターで救われた *受
وَكَالَةُ إِغَاثَةِ اللَّاجِئِينَ الْفِلَسْطِينِيِّينَ	国連パレスチナ難民救済事業機関
أَغَارَ، يُغِيرُ <غور IV 名 إِغَارَة	❖攻撃する;侵略する(〜عَلَى:〜を) 名攻撃, 襲撃
أَغَارَ عَلَى مَوَاقِعِ الْعَدُوِّ	敵地を攻撃した
أَغْبَرُ <غبر 女 غَبْرَاءُ 複 غُبْر	❖埃まみれの, 埃っぽい;土色の
الْغَبْرَاء	地球
اِغْتَاظَ، يَغْتَاظُ <غيظ VIII 名 اِغْتِيَاظ	❖怒る, 怒る(〜مِنْ:〜に) 名怒り(〜مِنْ:〜への)
اِغْتَالَ، يَغْتَالُ <غول VIII 名 اِغْتِيَال	❖暗殺する 名暗殺
受 أُغْتِيلَ، يُغْتَالُ	暗殺される
أُغْتِيلَ "تْرُوتْسْكِي" فِي الْمَكْسِيك	トロツキーはメキシコで暗殺された
أَمَرَ بِإِغْتِيَالِ الْمُؤَلِّفِ	その作家の暗殺を命じた
اِغْتَبَطَ <غبط VIII 名 اِغْتِبَاط	❖喜ぶ(〜بِـ:〜を);する 名喜び, 幸せ;満足
اِغْتَبَطَ التَّلَامِيذُ بِيَوْمِ الْعُطْلَةِ	生徒達は休みの日(休日)を喜んだ
اِغْتَرَّ، يَغْتَرُّ <غر VIII	❖欺かれる, だまされる
يَغْتَرُّ بِنَفْسِهِ	うぬぼれる
لَا تَغْتَرَّ بِمَظْهَرِ الْأَشْخَاصِ وَالْأَشْيَاءِ	人や物の外見(外観)に惑わされるな
اِغْتَرَبَ <غرب VIII 名 اِغْتِرَاب	❖移住する;古里から離れる 名移住;異郷での暮ら
اِغْتَرَبَ عَلَى أَمَلِ أَنْ يَثْرَى	金持ちになる希望を持って移住した
اِغْتَسَلَ <غسل VIII	❖(体を)洗う;(宗教的行為として)清める
اِغْتَسِلْ كُلَّ يَوْمٍ	毎日体を洗いなさい
اِغْتَسَلَ فِي الْحَمَّامِ	風呂に入った
اِغْتَنَى، يَغْتَنِي <غني VIII	❖豊かになる;豊かである, 金持である
كَثِيرُونَ يُتَاجِرُونَ، وَلٰكِنَّهُمْ لَا يَغْتَنُونَ	多くの人が商売をしているが,豊かではない

اِغْتَنَمَ <غنم VIII　❖ 機会を得る;儲けを得る;戦利品を獲る

اِغْتَنَمَ فُرْصَةَ ~　～する機会を得た

إِذَا هَبَّتْ رِيَاحُكَ فَاغْتَنِمْهَا　好機を逃すな

أَغْرَى، يُغْرِي <غرو IV 名 إِغْرَاء　❖ 誘惑する,誘う 名誘惑;扇動

اَلشَّيْطَانُ يُغْرِي النَّاسَ بِالشَّرِّ　悪魔が人を唆す

اِسْتَسْلَمَ لِلْإِغْرَاءِ　誘惑に負けた

أَغْرَبَ <غرب IV　❖ ふざける;誇張する;度を越す

يُغْرِبُ فِي الضَّحِكِ　大声を上げて笑う/げらげら笑う

كُنْتُ أُدَغْدِغُ أَخِي الصَّغِيرَ، فَيُغْرِبُ فِي الضَّحِكِ　私が弟をくすぐると,大声を上げて笑ったものだった

أَغْرَقَ <غرق IV　❖ 誇張する;沈める,溺れさせる;水浸しにする

أَغْرَقَتْ عَاصِفَةُ التَّيْفُونِ السَّفِينَةَ　台風が船を沈めた

أَغْرَقَ فِي الضَّحِكِ　どっと笑った

أُغْرِمَ <غرم IV ※受　❖ (～が)大好き,(～に)恋する,(～に)目がない(بِـ~)

أُغْرِمَ بِصَيْدِ السَّمَكِ　魚釣りが大好きだった(に目がなかった)

أُغْرُودَة <غرد 複 أَغَارِيد　❖ (人の)歌声,(鳥の)さえずり,鳴き声

مَا أَجْمَلَ أُغْرُودَةَ الْعَنْدَلِيبِ!　まぁ,ナイチンゲール鳥の鳴き声のきれいなこと

اِغْرَوْرَقَ <غرق XII　❖ 涙で一杯になる

اِغْرَوْرَقَتْ عَيْنَاهَا بِدُمُوعِ الْفَرَحِ　彼女の目はうれし涙で一杯だった

أُغُسْطُس　❖ 八月 ※西暦の八月

أَغْضَبَ <غضب IV　❖ 怒らせる,いらいらさせる;刺激する

لَا تُغْضِبْهُ، إِنَّهُ بَكَّاءٌ　彼は泣き虫だから,刺激するな

أَغْضَبَنِي الضَّحِكُ　笑いが私をいらいらさせた

أَغْفَى، يُغْفِي <غفى IV 名 إِغْفَاءَة　❖ 眠る;まどろむ,うたた寝する 名うたた寝,まどろみ

كُلَّمَا جَلَسَ جَدِّي وَحْدَهُ أَغْفَى　祖父は一人で座ると,いつもうたた寝をしていた

أَغْفَلَ <غفل IV 名 إِغْفَال ❖ 見落とす, 見逃す;油断する;無視する 名見落し, ミス;無視

وَاجِبَاتُكَ كَثِيرَةٌ، لَا تُغْفِلْهَا　する事が沢山あるので, ミスしないようにね

أَغْلَى، يُغْلِي <غلو IV ❖ (高く)評価する, 称賛する;(値段を)上げる;沸かす, 沸騰させる

أَغْلَى الشِّعْرَ　その詩を高く評価した

أَغْلَى الْمَاءَ　湯を沸かした

أَغْلَبُ <غلب ❖ 殆どの, 大抵の, 大多数の

أَغْلَبُهُمْ　彼らの殆ど

فِي أَغْلَبِ الْأَحْيَانِ　大概/殆ど

أَلْعَبُ مَعَ أَوْلَادِ الْجِيرَانِ فِي أَغْلَبِ الْأَحْيَانِ　私は大抵, 近所の子と遊んでいます

أَغْلَبِيَّة <غلب ❖ 多数, 大部分

يَجِبُ أَنْ نَحْتَرِمَ رَأْيَ الْأَغْلَبِيَّةِ　私達は多数の意見を尊重しなければならない

أَغْلَظَ <غلظ IV ❖ ののしる, 侮辱する事を言う;不作法に話す

أَغْلَظَ لِـ~ فِي الْقَوْلِ　~をののしった

أَغْلَقَ <غلق IV 名 إِغْلَاق ❖ 閉める, 閉鎖する 名閉鎖

أَغْلَقَ الْمَحَلَّ　店を閉めた

أُغْلِقَتِ الْمَدْرَسَةُ*　学校は閉鎖された *受

أَغْلَقَ الْحُدُودَ　国境を封鎖した

إِغْلَاق الْمُنْشَآتِ النَّوَوِيَّةِ　核施設の閉鎖

أَغْمَدَ <غمد IV ❖ (剣を)さやに納める, 入れる;突き刺す(~فِي:~を)

أَغْمَدَ السَّيْفَ فِي صَدْرِهِ　剣で胸を刺した

أَغْمَضَ <غمض IV ❖ (目を)つむる;見ない振りをする, 黙認する

أَغْمَضْتُ عَيْنَيَّ لَا إِرَادِيًّا　私は思わず目をつむった

أُغْمِيَ، يُغْمَى <غمى 受IV 名 إِغْمَاء ❖ 卒倒する, 気絶する(~عَلَى:~が) 名卒倒, 気絶

رَأَتْ ابْنَهَا الْجَرِيحَ ، فَأُغْمِيَ عَلَيْهَا	傷ついた我が子を見て，彼女は卒倒した
أَغْنَى ، يُغْنِي <غني IV	❖豊かにする(~بِ:～で)；満足させる(~عَنْ:～を)；役立つ
مَا أَغْنَى شَيْئًا	役に立たなかった
أُغْنِيَة / أُغْنِيَّة <غني 複 -ات/ أَغَانٍ	❖歌/唄，曲
غَنَّى أُغْنِيَةً يَابَانِيَّةً	日本の歌を歌った
أُغْنِيَة جَمَاعِيَّة	合唱曲
تَشْكِيلَة أَرْوَع أَغَانِي فَيْرُوز	ファイルーズ*・ベストソング集 *エジプト人女性歌手
أَفَادَ ، يُفِيدُ <فيد IV 名 إِفَادَة	❖(お金や知識を)得る，稼ぐ；有用である，役に立つ；知らせる 名有益；通知；(裁判での)証言
يُفِيدُنِي الْكِتَابُ مَعْرِفَةً	本は私が知識を得るのに役に立つ(役立つ)
طَلَبَ الْقَاضِي سَمَاعَ إِفَادَةِ الشَّاهِدِ	裁判官は証人の証言を聞くように求めた
إِفَادَة الاِسْتِلَام	受け取り/受領書
أَفَاقَ ، يُفِيقُ <فوق IV 名 إِفَاقَة	❖目覚める，起きる；回復する 名目覚め；回復
الْيَوْمَ ، أَفَقْتُ مُتَأَخِّرًا	今日，私は遅く目覚めた
أَفَاقَ مِنْ ذُهُولِهِ	我に返った
أَفْتَى ، يُفْتِي <فتو IV 名 إِفْتَاء	❖正式見解を述べる(～فِي:～の)[イスラム法] 名正式見解
الْيَوْمَ ، يُفْتِي الْقَاضِي فِي الدَّعْوَى	今日，裁判官は訴訟の判決を述べる
اِفْتِتَاحِيَّة <فتح 複 -ات	❖(新聞などの)巻頭論文，社説，論説
أَقَرَأْتَ إِفْتِتَاحِيَّةَ الْيَوْمِ ؟	今日の新聞の社説を読みましたか
اِفْتَتَحَ <فتح VIII 名 اِفْتِتَاح	❖開く，開会する，始める 名開会
受 اُفْتُتِحَ ، يُفْتَتَحُ	開かれる，開催される
اِفْتَتَحَ الْجَلْسَةَ	会議を開いた
خِطَاب الاِفْتِتَاح	開会の演説
اُفْتُتِحَت* الْحَفْلَةُ	パーティが開かれた *受
اِفْتَخَرَ <فخر VIII 名 اِفْتِخَار	❖誇る，自慢する(~بِ:～を) 名誇り，自慢

يَفْتَخِرُ بِشُجَاعَتِهِ　勇敢さを誇っている

اِفْتَرَى ، يَفْتَرِي < فري VIII 名 اِفْتِرَاء　❖ (〜を)中傷する(〜عَلَى);ねつ造する 名中傷,嘘

لِمَاذَا افْتَرَيْتَ عَلَى رَفِيقِكَ ؟　なぜあなたはクラスメートを中傷するのですか

اِفْتَرَسَ < فرس VIII　❖ 襲う;暴行する

اِفْتَرَسَ الأَسَدُ غَزَالًا　ライオンがカモシカを襲った

اِفْتَرَضَ < فرض VIII　❖ 想定する,見なす;義務づける,義務を課す

اِفْتَرِضْ أَنَّكَ رَجُلٌ غَنِيٌّ　自分が金持ちの男と想定しなさい

اِفْتَرَقَ < فرق VIII 名 اِفْتِرَاق　❖ 別れる,離れる 名別れ,分離

اِجْتَمَعْنَا سَاعَةً ثُمَّ افْتَرَقْنَا　私達は一緒に1時間いて,それから別れました

اِفْتَعَلَ < فعل VIII　❖ 偽造する;考え出す

اِفْتَعَلَ ضَحْكَةً　作り笑いをした

اِفْتَقَدَ < فقد VIII 名 اِفْتِقَاد　❖ 探し求める;無くす;懐かしむ;視察する;(〜がいなくて)寂しく思う 名視察

غَابَتْ أُمِّي فَافْتَقَدْنَاهَا كَثِيرًا　私達は母がいなくて,とても寂しかった

اِفْتَقَرَ < فقر VIII 名 اِفْتِقَار　❖ 貧しくなる;乏しい,欠ける(〜إِلَى:〜が) 名欠乏,欠落;必要

اِفْتَقَرَ الْبَحْثُ إِلَى الْعُمْقِ　議論は深みに欠けた

اِفْتَقَرَ إِلَى الْحَنَانِ　愛情が乏しかった

اِفْتَكَرَ < فكر VIII　❖ 思い出す;考える;瞑想する(〜فِي:〜を)

هَلِ افْتَكَرْتَ فِي مَوْضُوعِ الإِنْشَاءِ ؟　作文の題を考えましたか

أَفْحَشَ < فحش IV　❖ 下品な言葉を使う;残虐な事をする

أَفْحَشَ فِي كَلَامِهِ　下品な(きたない)言葉を使った

أَفْحَشَ فِي ذَنْبِهِ　残虐な犯罪を犯した

أَفْرَجَ < فرج IV 名 إِفْرَاج　❖ 解放する(〜عَنْ:〜を);立ち去る(〜عَنْ:〜から) 名解放,釈放 ※特に囚人の

أَفْرَجَ عَنِ السَّجِينِ　囚人を釈放した

إِفْرَاج عَنِ السُّجَنَاءِ السِّيَاسِيِّينَ　政治犯の釈放

أَفْرَدَ < فرد IV ❖ 分ける,取っておく;孤立させる

أَفْرَغَ < فرغ IV 名 إفْرَاغ ❖ 空にする,荷を降ろす;注ぐ 名空にする事;注入

أَفْرَغَتِ الْبَاخِرَةُ حُمُولَتَهَا عَلَى الرَّصِيفِ　汽船が積み荷を桟橋に降ろした

أَفْرَغَ جَهْدَهُ فِي~　~に全力を注いだ

أَفْرَطَ < فرط IV 名 إفْرَاط ❖ ~過ぎる,度をこす(~فِي) 名過度,過剰;行き過ぎ

إِنْ تُفْرِطْ فِي الْأَكْلِ تُتْعِبْ مَعِدَتَكَ　食べ過ぎると,お腹をこわしますよ

إِفْرَاط فِي الْأَكْلِ　食べ過ぎ/過食

إِفْرِيقِيَا / أَفْرِيقِيَا / أَفْرِيقِيَة / أَفْرِيقَا ❖ アフリカ

أَفْرِيقِيّ 複 ون ❖ アフリカの;アフリカ人

اِسْتَعْبَدَ أَفْرِيقِيِّينَ　アフリカ人を奴隷にした

أَفْزَعَ < فزع IV ❖ 怖がらせる,恐れさせる

أَفْزَعَنِي ظَلَامُ اللَّيْلِ　私は夜の闇が怖かった

أَفْسَحَ < فسح IV 名 إفْسَاح ❖ (空間を)空ける,広くする 名広くする事;拡張

أَفْسِحُوا الطَّرِيقَ لِسَيَّارَةِ الْإِطْفَاءِ　消防車に道を空けなさい

أَفْسَدَ < فسد IV 名 إفْسَاد ❖ 駄目にする,損ねる,悪くする;邪魔する 名腐敗;妨害

اَلتَّدْخِينُ يُفْسِدُ صِحَّتَكَ　喫煙はあなたの健康を損ねます

أَفْشَى ، يُفْشِي < فشى IV 名 إفْشَاء ❖ 言いふらす,暴露する,ばらす 名暴露

اِطْمَئِنِّي ! لَنْ أُفْشِيَ سِرَّكِ　安心しなさい!あなたの秘密は暴露しないから

أَفْصَحَ < فصح IV 名 إفْصَاح ❖ はっきり述べる,率直に言う(~عَنْ:~を) 名率直な発言;表明

أَفْصِحْ عَنْ رَأْيِكَ　自分の意見をはっきり言いなさい

أَفْصَحُ < فصح 女 فُصْحَى ❖ (言葉の)より純粋な ※ فَصِيح の比

اَلْفُصْحَى / اَللُّغَةُ الْفُصْحَى　正則アラビア語/フスハー

أَفْضَى ، يُفْضِي < فضى IV ❖ 来る,着く(~لِ:~に);知らせる(~بِ:~を/إِلَى:~に)

أَفْضَيْتُ إِلَيْهِ بِأَسْرَارِي　私は彼に秘密を打ち明けた

أفضل ~ أفلت

أَفْضَلَ <فضل IV ❖ (恩恵,利益などを)与える(~بِ:~を~عَلَى:~に)

أَفْضَلْتَ عَلَيَّ بِنَصَائِحِكَ، شُكْرًا لَكَ ! 私に助言を与えてくれて,有り難う

أَفْضَلُ <فضل -ون 複 / أَفَاضِل ❖ より良い,より優れた ※ فَاضِل の比

女 فُضْلَى 複 فُضْلَيَات / فُضَل

مِنَ الْأَفْضَلِ أَنْ ~ (~した方が)良い

مِنَ الْأَفْضَلِ أَلَّا تُحَاوِلَ (あなたは)しない方が良い

مَجَلَّةُ "الْهِلَالُ" هِيَ أَفْضَلُ مَجَلَّةٍ فِي مِصْرَ アル=ヒラールはエジプトで一番良い雑誌です

أَفْطَرَ <فطر IV 名 إِفْطَار ❖ 朝食を取る;断食後の最初の食事を取る

名断食後の最初の食事,イフタール

دَوَى مِدْفَعُ الْغِيَابِ، فَأَفْطَرَ الصَّائِمُونَ 日没を知らせる大砲が鳴り響いて,断食している人達は食事をした

أَفْطَسُ <فطس 女 فَطْسَاءُ 複 فُطْسٌ ❖ しし鼻の

الْأَنْفُ الْأَفْطَسُ しし鼻

أَفْعَى <فعي 複 أَفَاعٍ ❖ 女毒蛇 ※ أُفْعُوان:雄の毒蛇

لَدْغَةُ الْأَفْعَى سَامَّةٌ وَقَدْ تُمِيتُ 毒蛇に噛まれたら,死ぬ事がある

أُفُق (أُفْق) 複 آفَاق 関 أُفُقِيّ ❖ 地平線,水平線 関水平な;横の

كَانَ الْبَرْقُ يَمِضُ فِي الْأُفُقِ 稲妻が地平線に光っていた

اَلْخَطُّ الْأُفُقِيُّ 地平線/水平線

غَابَتِ السَّفِينَةُ وَرَاءَ الْأُفُقِ 船は水平線の向こうに消えた

أَفْقَدَ <فقد IV ❖ 奪う;無くさせる

أَفْقَدَهُ صَوَابَهُ 彼の理性を奪った

أَفْقَرَ <فقر IV ❖ 貧乏にする;必要とさせる(~إِلَى:~を)

يُفْقِرُ الْقِمَارُ عَائِلَاتٍ كَثِيرَةً ギャンブルは多くの家族を貧乏にする

أَفَلَ (u, i) ❖ (星が)消える,沈む

أَفَلَ الْقَمَرُ 月が沈んだ

أَفْلَتَ <فلت IV 名 إِفْلَات ❖ 逃げる,逃亡する;自由になる

لَا يُفْلِتُ أَحَدٌ مِنَ الْعِقَابِ 何人も懲罰から逃れられない

أَفْلَحَ < فلح IV ❖ 栄える;成功する(~فِي:~に)

((لَعَلَّكُمْ تُفْلِحُونَ)) おそらく,あなた達は成功するであろう

أَفْلَسَ < فلس IV 名 إِفْلَاس ❖ 倒産する,破産する,潰れる 名倒産,破産

أَفْلَسَتِ الشَّرِكَةُ その会社は倒産した

إِعْلَانُ الْإِفْلَاسِ 破産宣告

أَفْنَى، يُفْنِي < فني IV 名 إِفْنَاء ❖ 滅ぼす;疲れさす;消費する 名破滅;絶滅

أَفْنَى الْأُسْتَاذُ عُمْرَهُ فِي التَّعْلِيمِ 教授は生涯を教育に捧げた

أَفْهَمَ < فهم IV ❖ 理解させる,分からせる 名理解させる事

هَلْ أَفْهَمْتَهُمُ الدَّرْسَ؟ あなたは彼らに授業を理解させましたか

أَفْيُون ❖ アヘン,麻薬

حَرْبُ الْأَفْيُونِ アヘン戦争

أَقَالَ، يُقِيلُ < قيل IV 名 إِقَالَة ❖ 解雇する,首にする;廃止する 名解雇,首

أَقَالَهُ مِنْ مَنْصِبِهِ 彼を解雇した(首にした)

أَقَامَ، يُقِيمُ < قوم IV 名 إِقَامَة ❖ 直立させる;立てる;滞在する(~بِـ/فِي:~に);訴える;開催する;設立する;任命する 名建設,滞在;設立;実施,実行

أُقِيمُ فِي فُنْدُقِ سُلْطَانٍ 私はスルタン・ホテルに泊まって(滞在して)います

أَقَامَ تِمْثَالًا 像を建てた

أَقَامَ قَضِيَّةً (دَعْوَى) عَلَى~ ~を告訴した/~に対する訴訟を起こした

أُقِيمَتِ الْحَفْلَةُ تَحْتَ رِعَايَةِ الْجَمْعِيَّةِ * そのパーティは協会の主催で開かれた *受

أَتَمَنَّى لَكَ إِقَامَةً سَعِيدَةً ご無事な滞在をお祈りしてます

تَأْشِيرَةُ الْإِقَامَةِ 滞在ビザ

أَقْبَلَ < قبل IV 名 إِقْبَال ❖ やって来る,近づく;関心を持つ(~عَلَى:~に);専念する(~عَلَى:~に);突進する(~عَلَى:~に);(作物が)豊かに実る 名接近;前進;関心;要求

أَقْبَلَتِ الْجَدَّةُ تَبْتَسِمُ お婆さんが微笑みながら,やって来た

أَقْبَلَ عَلَى الثَّقَافَةِ الْيَابَانِيَّةِ 日本文化に関心を持った(興味を持った)

أَقْبَلَ الْمُؤْمِنُونَ عَلَى الْعَمَلِ الْخَيْرِيِّ	信者達は慈善事業に身を捧げた
أَقْبَلَ الْجَمِيعُ عَلَى الْعَمَلِ	皆が仕事に専念した
أَقْبَلَتِ الْأَرْضُ بِالنَّبَاتِ	作物が良くできた(豊作だった)
إِقْبَالًا وَإِدْبَارًا	行ったり来たり
اِقْتَاتَ ، يَقْتَاتُ < قوت VIII	❖ 食べる(~بِ:~を);食べ物を与えられる
بِمَ تَقْتَاتُ الْخَنَازِيرُ ؟	豚は何を食べますか
اِقْتَادَ ، يَقْتَادُ < قود VIII 名 اِقْتِيَاد	❖ 連行する;導く 名連行
قَبَضَ الشُّرْطِيُّ الْمُجْرِمَ وَاقْتَادَهُ	警官は犯人を逮捕して,連行した
اِقْتَبَسَ < قبس VIII 名 اِقْتِبَاس	❖ 知識を得た;学ぶ;借りる,借用する;(火を)得た,採火する,引火する 名習得,獲得;引用
اِقْتَبَسَ عِلْمًا مِنْ ~	~から知識を得た
اِقْتَبَسَ نَارًا مِنْ ~	~から火を得た
عَلَامَتَا الْاِقْتِبَاسِ	引用符
اِقْتَتَلَ < قتل VIII	❖ 殺し合う;互いに戦う
يَقْتَتِلُ مَعَ نَفْسِهِ	自分と戦う
اِقْتَحَمَ < قحم VIII 名 اِقْتِحَام	❖ 押し入る,突っ込む;侵入する 名突進;侵入
اِقْتَحَمَ اللُّصُوصُ الْمَنْزِلَ	強盗が邸宅に押し入った
اِقْتَدَى ، يَقْتَدِي < قدو VIII 名 اِقْتِدَاء	❖ 見習う,真似る(~بِ:~を) 名模倣,真似
صَدِيقُكَ نَشِيطٌ لَيْتَكَ تَقْتَدِي بِهِ !	お友達は元気だね,あなたも見習ったらいいのに!
اِقْتِدَاءً بِ~	~の例に従って
اِقْتَرَبَ < قرب VIII 名 اِقْتِرَاب	❖ 近づく,やって来る(~مِنْ:~に) 名接近
لَا تَقْتَرِبْ مِنَ الرَّجُلِ	その男に近付くな
اِقْتَرَحَ < قرح 名 اِقْتِرَاح	❖ 提案する 名提案
أَيَّ حَلٍّ تَقْتَرِحُ لِلْمُشْكِلَةِ ؟	その問題にどんな解決策を提案しますか
نَالَ الْاِقْتِرَاحُ عِشْرِينَ صَوْتًا مِنْ ثَلَاثِينَ	その提案は３０票中２０票を得た
قَبِلَ الْاِقْتِرَاحَ	提案を承諾した(受け入れた)

اِقْتَرَضَ < قرض VIII 名 اِقْتِرَاض	❖借りる, 借金する(～مِنْ:～から) 名融資, ローン
اِقْتَرَضَ مَالاً مِنَ الْبَنْك	銀行からお金を借りた
اِقْتَرَعَ < قرع VIII 名 اِقْتِرَاع	❖投げる;投票する(～عَلَى:～に) 名投票
اِقْتَرَعْتُ عَلَى الْمُرَشَّحِ الْأَفْضَلِ	私は一番良い候補者に投票しました
صُنْدُوق الاِقْتِرَاع	投票箱
اِقْتَسَمَ < قسم VIII	❖分ける, 分割する, 分配する
اِقْتَسَمَ الْأَبْنَاءُ الْإِرْثَ	子供達は遺産を分けた
اِقْتَصَدَ < قصد VIII 名 اِقْتِصَاد 関 اِقْتِصَادِيّ	❖節約する, 倹約する(～فِي:～を) 名経済;節約, 倹約 関経済の, 経済的な;経済学者
تَعَوَّدْتُ أَنْ أَقْتَصِدَ فِي النَّفَقَةِ	私は出費を節約するのが習慣になった
عِلْم الاِقْتِصَاد	経済学
اَلسِّيَاسَة الاِقْتِصَادِيَّة	経済政策
اَلنَّشَاطَات الاِقْتِصَادِيَّة	経済活動
اِقْتَصَرَ < قصر VIII	❖限られる, 制限される(～عَلَى:～に)
اِقْتَصَرَ فِي حَدِيثِهِ عَلَى الْأَدَبِ	彼の話は文学に限った(限られた)
اِقْتَلَعَ < قلع VIII	❖掘り出す, 引き抜く;むしる
اِقْتَلَعَتِ الْجَرَّافَةُ الصُّخُورَ	トラクターが石を掘り出した
حَوْلَ الْوَرْدَةِ أَعْشَابٌ، اِقْتَلِعْهَا	バラの回りに草が生えています, それをむしりなさい
اِقْتَنَى، يَقْتَنِي < قنو VIII 名 اِقْتِنَاء	❖得る, 収得する 名収得;購入
اِقْتَنَى الْمَالَ	お金を得た
اِقْتَنَعَ < قنع VIII 名 اِقْتِنَاع	❖納得する, 満足する(～بِـ:～に) 名納得, 満足
لَا أَقْتَنِعُ بِحُجَّتِكَ	私はあなたの言い訳に納得できない
أُقْحُوَان 複 أَقَاحِيّ/ أَقَاحٍ	❖ヒナギク/ひな菊, デージー
لِلْأُقْحُوَانِ زَهْرَةٌ صَفْرَاءُ صَغِيرَةٌ	ヒナギクには小さな黄色い花があります
أَقْدَمَ < قدم IV 名 إِقْدَام	❖勇敢である;思い切って～する(～عَلَى);攻撃する 名勇敢, 大胆

أَقْدَمَ عَلَى إِنْجَازِ الْمَشْرُوعِ	計画の実施(実行)に踏み切った
أَقْدَمُ < قدم 複 ون	✽より古い,年長の ※ قَدِيم の比
	名古代人*,祖先 複 ون *ｴｼﾞﾌﾟﾄ,ｷﾞﾘｼｬ,ﾛｰﾏなど
رَأَى الْأَقْدَمُونَ فِي الزُّهَرَةِ إِلٰهَةَ الْجَمَالِ	古代の人々は金星が美の女神に見えた
أَقَرَّ ، يُقِرُّ < قر IV 名 إِقْرَار	✽定住させる(～فِي:～に);設立する;申告する;同意する 名定住;申告,告白,設立;制定
لَيْسَ لَدَيَّ مَا أُقِرُّ حِيَازَتَهُ	申告する物は何も無いです
أَقَرَّ عَيْنَهُ (بِعَيْنِهِ)	喜ばせた
إِقْرَار قَانُونٍ	法律の制定
أَقْرَبُ < قرب 複 أَقَارِب	✽より近い 複親戚,親類 ※ قَرِيب の比
مَطَارُ "هَانِيدَا" أَقْرَبُ مِنْ مَطَارِ "نَارِيتَا"	羽田空港は成田空港より近い
فِي الْأَعْيَادِ أَزُورُ أَقَارِبِي	私は祭りの日に親戚を訪れます
أَقْرَضَ < قرض IV	✽貸す ※お金を貸す ※⇔اِسْتَقْرَضَ:借りる
أَقْرِضْنِي فُلُوسًا قَلِيلَةً	お金を少し貸して下さい
أَقْرَعُ < قرع 女 قَرْعَاءُ 複 قُرْع / قَرْعَان	✽形禿の;草木の生えてない 名禿頭の人
جَبَلٌ أَقْرَعُ	禿げ山
أَقْصَى < قصى 女 قُصْوَى 複 أَقَاصٍ	✽より離れた,より遠くの;極限の ※قَصِيّ の比
اَلْمَسْجِدُ الْأَقْصَى	アル=アクサー・モスク
اَلشَّرْقُ الْأَقْصَى	極東
اَلْيَابَانُ فِي الشَّرْقِ الْأَقْصَى	日本は極東にあります
اَلسُّرْعَةُ الْقُصْوَى	最高速度
أَقْصَرُ < قصر	✽より短い;より背が低い ※ قَصِير の比
هٰذَا الطَّرِيقُ أَقْصَرُ وَأَسْرَعُ	この道の方が近くて早いです
أُقْصُوصَة < قص 複 أَقَاصِيص	✽短編小説,小説,物語
يَكْتُبُ الْكَاتِبُ أُقْصُوصَةً كُلَّ شَهْرٍ	その作家は小説を毎月一冊書く
أَقْعَدَ < قعد IV 受 أُقْعِدَ	✽座らせる;妨げる(～عَنْ:～を);不自由させる
	受不具になる,(手足が)不自由になる

أَقْعَدَهُ الْعَمَلُ عَنِ السَّفَرِ　仕事が旅行の妨げになった

أَقْفَلَ <قفل IV　❖閉める, 閉じる;鍵を掛ける

أَقْفَلَ الْبَابَ　ドアを閉めた

أَقَلَّ، يُقِلُّ <قل IV　❖少なくする, 減らす;持ち上げる;運ぶ, 輸送する

كَمْ رَاكِبًا تُقِلُّ سَيَّارَتُكَ؟　あなたの自動車は何人乗客を運びますか

أَقَلُّ <قل　❖より少ない, 低い ※ قَلِيل の比

أَقَلُّ مِنْ ~　～より少ない/～未満の

عَلَى الْأَقَلِّ　少なくとも

أَقْلَعَ <قلع IV 名 إِقْلَاع　❖離陸する, 出発する;止める, 諦める
名離陸, 出帆, 出発

أَقْلَعَتِ الطَّائِرَةُ فِي تَمَامِ السَّادِسَةِ　6時きっかりに,飛行機は離陸した

الطَّائِرَةُ عَلَى وَشْكِ الْإِقْلَاعِ　飛行機は今,離陸しようとしています

أَقَلِّيَّة <قل 複 -ات　❖少数者, 少数派

يَجِبُ أَنْ نَحْتَرِمَ رَأْيَ الْأَقَلِّيَّةِ　私達は少数者の意見を尊重すべきです

إِقْلِيم <قلم 複 أَقَالِيم　❖地方, 地域; 州

الْأَقَالِيم　田舎/地方

أَقْنَعَ <قنع IV　❖説得する, 納得させる(~بِ:～するように);満足させる

أَقْنَعَتْنِي أُمِّي بِأَنْ أَسْكُنَ مَعَهَا　母は一緒に住もうと私を説得した

أَكَبَّ، يُكِبُّ <كب IV 名 إِكْبَاب　❖身を伏せる;打ち込む, 専念する(～عَلَى:～に)
名専念, 没頭

أَكَبَّ عَلَى الدَّرْسِ　勉学に打ち込んだ(専念した)

أَكْبَرَ <كبر IV 名 إِكْبَار　❖大きいと見なす; 称賛する;尊敬する 名尊敬

أُكْبِرُ قُدْرَتَكَ عَلَى الصَّفْحِ عَنِ الْإِسَاءَةِ　私は悪事を許すあなたの度量を称賛します

عَلَى الْأَبْنَاءِ إِكْبَارُ الْوَالِدَيْنِ　子供は両親を敬わなければならない

أَكْبَرُ <كبر 複 ون 女 كُبْرَى 複 كُبْرَيَ　❖より大きい, 年上の ※ كَبِير の比

هُوَ أَكْبَرُ مِنِّي　彼は私より年上だ

اَللّٰهُ أَكْبَرُ　神は偉大である

اَلْمُدُنُ الْكُبْرَى　大都会(複)

"طُوكِيُو" أَكْبَرُ مُدُنِ الْعَالَمِ　東京は世界最大の都市です

اِكْتَأَبَ ، يَكْتَئِبُ <كئب VIII 名 اِكْتِئَاب　✤悲しい,悲しむ;がっかりする,落胆する 名悲しみ,嘆き;落胆;ゆううつ

حَدَّثَتْهُ بِأَحْزَانِهَا ، فَاكْتَأَبَ　彼女が自分の悲しみを語ったので,彼も悲しんだ

اِكْتَتَبَ <كتب VIII 名 اِكْتِتَاب　✤(名簿に)名前を書く;寄付する(~بِ:~を/~لِ:~に) 名登録;寄付

بِأَيِّ مَبْلَغٍ تَكْتَتِبُ فِي الْمَشْرُوعِ ؟　その計画に,あなたはいくら寄付しますか

اِكْتَرَثَ <كرث VIII 名 اِكْتِرَاث　✤注意を払う;気に掛ける;関心を持つ(~لِ:~に) 名注意;関心

لَمْ يَكْتَرِثْ لِرَأْيِ الشَّعْبِ　人々の意見に注意を払わなかった

قِلَّةُ الِاكْتِرَاثِ　無関心

اِكْتَسَى ، يَكْتَسِي <كسى VIII　✤身にまとう,着る(~بِ:~を);茂る

لَيْسَ لِي مَا أَكْتَسِي بِهِ　私には着るものがありません

اِكْتَسَتِ الْأَرْضُ بِالنَّبَاتِ　大地に草が茂った

اِكْتَسَبَ <كسب VIII 名 اِكْتِسَاب　✤所有する,得る;稼ぐ 名所有;習得;獲得

تُكْتَسَبُ الْمَهَارَةُ بِالتَّمْرِينِ　練習(訓練)によって技術は習得される *受

*اِكْتِسَابُ الْمَعْرِفَةِ　知識の獲得

اِكْتَسَحَ <كسح VIII 名 اِكْتِسَاح　✤掃除する;押し流す;一掃する;略奪する 名掃除;一掃;略奪

أَغَارُوا عَلَيْهِمْ فَاكْتَسَحُوهُمْ　彼らは侵略し,略奪した

اِكْتَشَفَ <كشف VIII 名 اِكْتِشَاف 複 -ات　✤発見する;見出だす 名発見;発覚

اِكْتَشَفَ فْلِمِنْغُ الْبِنِسِلِين　フレミングはペニシリンを発見した

اِكْتَظَّ ، يَكْتَظُّ <كظ VIII　✤込み(混み)合っている,混雑している(~بِ:~で);腹一杯食べる;多量にある

اِكْتَظَّتِ الْمَدْرَسَةُ بِالطُّلَّابِ　学校は学生で混み合っていた

اِكْتَفَى ، يَكْتَفِي <كفي VIII 名 اِكْتِفَاء	❖満足する(~بِـ:~に) 名満足
اِكْتَفَى بِوَظِيفَتِهِ	自分の仕事に満足した
اِكْتِفَاء ذَاتِيّ	自給自足
اِكْتَمَلَ <كمل VIII 名 اِكْتِمَال	❖完成する,完全になる;終わる 名完成,完了
قَرِيبًا يَكْتَمِلُ بِنَاءُ الْمَبْنَى	間もなくそのビルは完成する
حَفْلَة اِكْتِمَال الْبِنَاءِ	建物の完成(落成)式
اِكْتَنَزَ <كنز VIII 名 اِكْتِنَاز	❖蓄える;頑丈になる,丈夫になる;隠す 名丈夫な事,頑健さ
بِفَضْلِ الْعِلْمِ ، سَتَكْتَنِزُ حِكْمَةً أَفْضَ	あなたは学問のおかげで,より賢明な知恵を蓄えるだろう
أُكْتُوبَر	❖十月 ※西暦の十月
أَكْثَرَ <كثر IV	❖増やす;多くを与える;たびたび行う(~مِنْ;~を);~しすぎる(~فِي/مِنْ)
أَكْثَرَ الْإِنْفَاق	消費を増やした
أَكْثَرَ مِنَ السَّفَرِ	たびたび旅をした
أَكْثَرُ <كثر	❖より多い ※كَثِير の比
أَكْثَرُ مِنْ ~	~より多い
عَلَى الْأَكْثَر	多くとも
الْأَكْثَرُونَ 対属 الْأَكْثَرِينَ	多数派
أَكَّدَ ، يُؤَكِّدُ <أكد II 名 تَأْكِيد	❖確かめる,確認する;強調する(~عَلَى:~を) 名確認;強調
أَكَّدْتُ الْحَجْزَ	私は予約を確かめた
أَكَّدَ عَلَى ضَرُورَةِ أَنْ ~	~する必要性を強調した
بِالتَّأْكِيد !	確かに!/勿論!
أُكْذُوبَة <كذب 複 أَكَاذِيب	❖うそ/嘘
أُكْذُوبَة فِي أَوَّلِ نِيسَان / أُكْذُوبَة نِيسَان	4月1日のうそ/エイプリル・フール/四月馬鹿

أَكْرَمَ <كرم IV 名 إِكْرَام　❖ 尊敬する，敬う；（客を）もてなす，歓迎する
名尊敬，敬意；もてなし，歓迎

أَكْرِمْ مُدَرِّسِيكَ (وَالِدَيْكَ)　先生（両親）を敬いなさい

مَتَى تَزُرْنَا نُكْرِمْكَ　お出でになる時は，いつでも歓迎します

إِكْرَامًا لِـ~　~に敬意を表して

أَكْسَبَ <كسب IV　❖ 得させる，獲得させる；授ける，与える

أَكْسَبَهُ الْعَمَلُ مَالًا وَمَعْرِفَةً　その仕事は彼に金銭と知識を与えた

أَكْسَدَة　❖ 酸化

※ اتِّحَادُ الْأَكْسِيجِينِ مَعَ عُنْصُرٍ آخَرَ　酸素が他の元素と結びつく事

أُكْسِيجِين / أُكْسِجِين　❖ 酸素

قِنَاعُ الْأُكْسِيجِينِ　酸素マスク

يُوجَدُ الْأُكْسِيجِينُ فِي الْهَوَاءِ بِنِسْبَةِ ١ مِن ٥　酸素は空気中に5分の1の割合で存在する

اِكْفَهَرَّ ، يَكْفَهِرُّ <كفهر IV 名 اِكْفِهْرَار　❖ 暗くなる，曇る 名暗さ；暗がり，闇

تَلَبَّدَتِ الْغُيُومُ وَاكْفَهَرَّتِ السَّمَاءُ　雲が厚くなり，空が暗くなった

أَكَلَ ، يَأْكُلُ 名 أَكْل　❖ 食べる；かじる；貪る；浪費する；侵害する
名食べ物，食事

يَأْكُلُ الْيَابَانِيُّونَ سَمَكًا كَثِيرًا　日本人は魚を良く食べる

أَكَلَ أَيَّامَهُ　時間を浪費した

أَكَلَ الصَّدَأُ الْحَدِيدَ　鉄が腐食した（錆びた）

أَكَلَ حَقَّهُ　権利を侵害した

الْأَكْلُ وَالشُّرْبُ　飲食

غُرْفَةُ الْأَكْلِ　食堂

أَكْلَة 複 أَكَلَات　❖ 料理，食べ物；食事

أَكَلَاتٌ يَابَانِيَّةٌ　日本食/和食

إِكْلِيل <كل 複 أَكَالِيل / أَكِلَّة　❖ 王冠，冠；花輪，リース；結婚；冠状の花

إِكْلِيلُ الشَّوْكِ　茨の冠

أَكَمَة 複 -ات/ أُكُم	❖ 丘
وَرَاءَ الْأَكَمَةِ مَا وَرَاءَهَا	何か裏がある/怪しい
اِمْتَدَّ الْعُشْبُ الْأَخْضَرُ وَرَاءَ الْأَكَمَةِ	丘の向こうまで，芝生が広がっていた
أَكْمَلَ < كمل IV	❖ 完成させる，完全にする；終える；実行する
أَكْمِلْ الْإِجَابَةَ عَنِ الْأَسْئِلَةِ التَّالِيَةِ	次の質問に対する答えを完成しなさい
أَكُول < أكل	❖ 形食いしん坊の；大食の 名美食家；大食漢
أَكِيد < أكد	❖ 確かな，確かである；確固とした
دُكَّانُ الْحَيِّ يَفْتَحُ لَيْلًا ، هٰذَا أَكِيدٌ	この地区のお店は夜も開いています，確かですよ
عَزَمَ عَزْمًا أَكِيدًا	固く決心した
أَكِيدًا	確かに
آل < اول	❖ 家族，一族，親戚
آل الْبَيْت	家族
آل خِبْرَةٍ	専門家/大家
اَلْ~	❖ その～ ※定冠詞で名詞や形容詞に接続する
اَلْكِتَاب	その本
زُرْنَا الْمَسْجِدَ الْقَدِيمَ	私達はその古いモスクを訪れた
أَلَا~ < أ ※(= أَ + لا)	❖ ～しませんか；ほら，おい！(警告する時)
أَلَا تَأْكُلُ مَعِي؟	一緒に食べませんか
أَلَا أَيُّهَا الرِّفَاقُ ، اِسْمَعُوا	おい，友よ！ 聞きなさい
إِلَّا~ ※(= إِنْ + لا)	❖ ～以外，～を除いて；～前
لَا إِلٰهَ إِلَّا اللّٰهُ	神以外に神はいない
مَا .. إِلَّا ~	～以外‥しない/～しか‥しない
مَا حَضَرَ إِلَى الْمَطْعَمِ إِلَّا الْمُدِيرُ	マネージャー以外誰もレストランに来なかった/マネージャーしかレストランに来なかった
لَا يَبْقَى عِنْدَ الْبَقَّالِ مَسَاءً إِلَّا الدُّونَ	夕方の八百屋には，くずしか残っていない
اَلسَّاعَةُ الثَّانِيَةُ إِلَّا ثُلْثًا	1時40分です ※2時20分前です
إِلَّا أَنَّ ~	～という事を除いて/しかし

ا ب ت ث ج ح خ د ذ ر ز س ش ص ض ط ظ ع غ ف ق ك ل م ن هـ و ي

إِلَّا إِذَا~ もし～でなければ

وَإِلَّا さもないと

وَمَا هِيَ إِلَّا أَنْ ~ まもなく～した

وَمَا هِيَ إِلَّا أَنْ ~ حَتَّى .. ～すると直ぐに‥する/～するや否や‥する

أَلَّا ~ ※(= أَنْ + لا) ❖ ～しないように, ～しないこと ※～:未接続形

يَجِبُ عَلَيْكَ أَلَّا تَسْخَرَ مِنْهُ 彼を馬鹿にしてはいけない

إِلَى~ ❖ ～に, ～へ, ～まで ※إِلَيَّ：私に إِلَيْهِ：彼に

ذَهَبَ إِلَى الْيَابَانِ 彼は日本に(へ)行った

إِلَى آخِرِهِ 等/その他 ※ إلخ はその略

إِلَى مَتَى (أَيْنَ)؟ いつ(どこ)まで

هَلْ هٰذَا الْبَاصُ إِلَى بَيْرُوتَ؟ このバスはベイルート行きですか

إِلَاهَة 複 -ات ❖ 女神

إِلَاهَةُ الرَّبِيعِ 春の女神

أَلْبَسَ < لبس IV ❖ 着せる;包む

قَمِيصُكَ مَقْلُوبٌ! مَنْ أَلْبَسَكَ إِيَّاهُ؟ シャツが裏返しですよ！いったい誰が着せたのですか

آلَة < اول 複 آلَات ❖ 器具, 機械;装置

آلَةُ التَّصْوِيرِ カメラ

آلَةُ تَسْجِيلِ الصَّوْتِ テープレコーダー/録音機

آلَةٌ مُوسِيقِيَّةٌ 楽器

آلَةٌ يَدَوِيَّةٌ 道具/工具

آلَةُ الْخِيَاطَةِ (الْكِتَابَةِ) ミシン(タイプライター)

اِلْتَبَسَ < لبس VIII 名 اِلْتِبَاس ❖ あいまいである, はっきりしない(～عَلَى:～に)
名混乱;不明瞭

اِلْتَبَسَ عَلَيَّ صَوْتُكَ فِي التِّلِفُون 電話での, あなたの声がはっきりしない

رَفْعُ الِالْتِبَاسِ 明確にする事

اِلْتَجَأَ، يَلْتَجِئُ < لجأ VIII ❖ 逃げる, 避難する;頼る(～إِلَى:～に)

هَطَلَ الْمَطَرُ فَالْتَجَأَ الْأَطْفَالُ إِلَى الْمَحَلِّ — 土砂降りになったので,子供達は店に避難した

اِلْتَحَقَ < لحق VIII 名 اِلْتِحَاق — ※(学校,会社,軍隊,組織などに)入る(~بِ:~に)
名入る事,入学;就職;加入;入隊

اِلْتَحَقَتْ ابْنَتِي بِالْمَدْرَسَةِ الابْتِدَائِيَّةِ — 私の娘は小学校に入学した

شَبَابٌ قَلَائِلُ يَلْتَحِقُونَ بِالْجَيْشِ — 軍隊に入隊する若者は少ない

اِلْتَحَمَ < لحم VIII 名 اِلْتِحَام — ※くっ付く;接近して闘う 名粘着;闘い

اِلْتَحَمَ الْجُرْحُ — 傷がくっ付いた

اِلْتَحَمَ الْجَيْشَانِ — 両軍が接近して闘った

اِلْتَذَّ ، يَلْتَذُّ < لذ VIII — ※おいしいと分かる;味わう;喜ぶ

بُرْتُقَال سُكَّرِيّ! كُلُوا وَالْتَذُّوا — 砂糖漬けのオレンジだよ!皆さん味わいなさい

اِلْتَزَمَ < لزم VIII 名 اِلْتِزَام 複 -ات — ※固執する;維持する,守る;遵守する;独占する
請け負う,引き受ける 名必要;義務;契約;独占

عَلَى الْأَقَلِّيَّةِ أَنْ تَلْتَزِمَ بِرَأْيِ الْأَكْثَرِيَّةِ — 少数者は多数者の意見を守らなければならない

اِلْتَزَمَ بِنَاءَ الْمَسْجِدِ — モスクの建設を請け負った

اِلْتَصَقَ < لصق VIII 名 اِلْتِصَاق — ※付く(~بِ:~に),付着する 名付く事,付着

اِلْتَصَقَ الطِّلَاءُ بِيَدِهِ — ペンキが彼の手に付いた

اِلْتَفَّ ، يَلْتَفُّ < لف VIII 名 اِلْتِفَاف — ※被われる;縁取りされる;包まれる;巻く;集まる
名被われる事;包囲

إِذَا الْتَفَّ الْقَمَرُ بِهَالَتِهِ ، تَوَقَّعْنَا مَطَرًا قَرِيبًا — もし月にかさが出たら,じきに雨が降るでしょう

اِلْتَفَّ الْأَوْلَادُ عَلَى بَائِعِ الْبُوظَةِ — 子供達がアイスクリーム屋さんを取り巻いた

اِلْتَفَتَ < لفت VIII 名 اِلْتِفَات — ※顔を向ける(~إِلَى:~に);留意する,注意を傾ける
名向く事;留意,注意

اِلْتَفَتَ إِلَى الْوَرَاءِ — 振り返った/振り向いた

اِلْتَفَتَ بِأَفْكَارِهِ إِلَى شَيْءٍ مَاضٍ — 過去を振り返った

بِدُونِ الِالْتِفَاتِ — 不注意にも

عَدَمُ الالْتِفَاتِ	不注意
❖ اِلْتَقَى، يَلْتَقِي < لقي VIII 名 اِلْتِقَاء	会う;合流する 名出会い;合流
اِلْتَقَيْتُهُ صُدْفَةً	私は偶然,彼に会いました
تَلْتَقِي الشَّوَارِعُ عِنْدَ الدَّوَّارِ	通りはロータリーで,交わっている
اِلْتَقَى النَّهْرَانِ	二つの川は合流した
❖ اِلْتَقَطَ < لقط VIII 名 اِلْتِقَاط	拾い集める;(写真を)取る;(放送を)受信する 名集める事,収集;撮影;(放送の)受信
مَالَ عَلَى الأَرْضِ لِيَلْتَقِطَ الأَقْلاَمَ	鉛筆を拾うために地面に屈んだ
اِلْتَقَطَتِ الدَّجَاجَةُ الْحَبَّ الْمَنْثُورَ	一羽の鶏が散らばった穀物をついばんだ
اِلْتَقَطَ إِذَاعَةً	放送を受信した
جِهَازُ الالْتِقَاطِ	受信機/ラジオ
❖ اِلْتَمَسَ < لمس VIII 名 اِلْتِمَاس	頼む,請う(〜مِنْ‥;〜に‥を);探す 名懇願;探求
جِئْتُكَ أَلْتَمِسُ الْعَفْوَ	私はあなたの許しを請いに来ました
اِلْتَمَسَ طَرِيقًا	道を探した
❖ اِلْتَهَى، يَلْتَهِي < لهو VIII	遊ぶ,楽しむ,戯れる(〜بِ:〜と)
تَلْتَهِي الْهِرَّةُ بِكُرَةِ الصُّوفِ	猫が毛糸の玉と戯れる
❖ اِلْتَهَبَ < لهب VIII 名 اِلْتِهَاب	火が付く,燃え上がる;炎症を起こす 名炎症
اِلْتَهَبَتِ النَّارُ فِي الْفُرْنِ	オーブンの火が付いた
اِلْتِهَابُ الْكَبِدِ	肝炎
اِلْتِهَابُ الزَّائِدَةِ الدُّودِيَّةِ	虫垂炎/盲腸炎
❖ اِلْتَهَمَ < لهم VIII	貪る,(がつがつ)食べる,飲み込む
اِلْتَهَمَ الْجَائِعُ طَعَامَهُ	お腹の空いた人はがつがつ食べた
اِلْتَهَمَ اللَّهَبُ الْمَدِينَةَ	炎が街を飲み込んだ
❖ اِلْتَوَى، يَلْتَوِي < لوى VIII 名 اِلْتِوَاء 複 ـات	捻る,ねじれる;曲がる 名捻挫;曲がり;ねじれ
اِلْتَوَى كَاحِلُهُ	足首を捻った(捻挫した)
إِذَا الْتَوَى الْمِسْمَارُ، اِسْحَبْهُ بِكَمَّاشَةٍ	釘が曲がったら,ペンチで抜きなさい

الْتِوَاءُ الْعُنُقِ　首の捻挫

اَلَّتِي ~ اَللَّاتِي / اَللَّوَاتِي 複　❖ ~するところの ※関係代名詞,先行詞は女性単数形,
اَللَّتَانِ 主双 اَللَّتَيْنِ 対属　又は物の複数形,男性形は اَلَّذِي
※複は先行詞が人の女性の複数形の場合のみ

هٰذِهِ هِيَ الطَّالِبَةُ الَّتِي أُدَرِّسُهَا فِي الْمَدْرَسَةِ　こちらは私が学校で教えている女学生です

الْقِصَّتَانِ اللَّتَانِ قَرَأْتَهُمَا جَمِيلَتَانِ　あなたが読んだ二冊の本は美しい

الْأُمَّهَاتُ اللَّاتِي حَضَرْنَ الْحَفْلَ مَسْرُورَ　パーティに出席した母親達は喜んだ

أَلَحَّ ، يُلِحُّ < لح IV 名 إِلْحَاح　❖ 懇願する;主張する;強く促す,せき立てる
名緊急(性);主張;強調

لَا تُلِحَّ فِي طَلَبِكَ !　しつこく要求するな!

فِي إِلْحَاحٍ / بِإِلْحَاحٍ　しつこく

أَلْحَقَ < لحق IV 名 إِلْحَاق　❖ 付け足す;結び付ける;加入させる;(害を)及ぼす
名付加;加入;併合

أَلْحَقَ الْبَرْدُ بِالثِّمَارِ مَضَرَّةً　寒さは果実に害を及ぼした

اَلَّذِي 複 اَلَّذِينَ 主双 اَللَّذَانِ 対属 اَللَّذَيْ　❖ ~するところの ※関係代名詞:先行詞は人,及び物の
男性単数形 複は先行詞が人の男性複数形の場合のみ

ذٰلِكَ هُوَ الرَّجُلُ الَّذِي قَابَلْتُهُ فِي الْقَاهِرَةِ　あれは私がカイロで会った男です

الْجُنُودُ الَّذِينَ هُمْ مُكَلَّفُونَ بِالْحِرَاسَ مُسْتَعِدُّونَ　警備を任された兵士達は準備が出来ている

أَلْزَمَ < لزم IV 名 إِلْزَام　❖ 強いる,強要する,強制する(~بِ:~を)
名強要,強制

أَلْزَمَهُ بِالْمَالِ　支払いを強要した

أَلْصَقَ < لصق IV 名 إِلْصَاق　❖ 張る,付ける(~بِ:~を) 名張る事;張り紙

أَلْصِقْ طَابِعًا عَلَى الْبِطَاقَةِ الْبَرِيدِيَّةِ　葉書に切手を張りなさい

أَلْصَقَ الْإِعْلَانَ عَلَى ظَهْرِهِ　広告を背中に付けた

أُلْعُوبَة < لعب 複 أَلَاعِيب	❖ おもちゃ,人形:遊び;いたずら
أَلَاعِيب خَبِيثَة	いたずら/悪戯
أَلْغَى، يُلْغِي < لغى IV 名 إِلْغَاء	❖ 撤廃する,廃止する;取り消す,無効にする 名撤廃,廃止;取り消し,キャンセル
أَلْغَى الْقَانُونَ الْقَدِيمَ	古い法律を撤廃した(廃止した)
أَلْغَى سَفَرَهُ إِلَى "فُوكُوشِيمَا"	福島への旅行を取り消した(見合わせた)
إِلْغَاء الْحَجْزِ	予約の取り消し(キャンセル)
إِلْغَاء عُقُوبَةِ الْإِعْدَامِ	死刑制度の撤廃(廃止)
أَلِفَ (a) 名 إِلْف 複 أُلَّاف	❖ 親しくなる;馴れる,慣れる;好む 名親友;恋人
أَلِفَ الْكَلْبُ بَيْتَنَا الْجَدِيدَ	犬は私達の新しい家に慣れました
أَلِفْنَا وُجُودَكَ مَعَنَا فِي الْبَيْتِ	私達はあなたが私達と一緒に家にいる事が好きだった
أَلِف 複 آلَاف	❖ アリフ ※アルファベットの最初の文字"ا"
مِنَ الْأَلِفِ إِلَى الْيَاءِ	初めから終わりまで
أَلْف 複 آلَاف/أُلُوف	❖ 千/1,000
أَلْفُ لَيْلَةٍ وَلَيْلَةٌ	千夜一夜
خَمْسَةُ آلَافِ يِنٍّ	五千円/5,000円
عَشَرَةُ آلَافٍ	一万
عِشْرُونَ (عِشْرِينَ) أَلْفَ يِنٍّ	二万円 ※( )内は属対
أَلْفُ أَلْفٍ (=مِلْيُون)	百万
أَلَّفَ < ألف II 名 تَأْلِيف	❖ (本などを)著す,(辞書を)編さんする;編成する;組織する 名著作,編さん;編成;結合
أَلَّفَ الْقَامُوسَ	彼はその辞書を編さんした
تَأْلِيف الْقَامُوسِ	辞書の編さん
أَلِفْبَاء 関 أَلِفْبَائِيّ	❖ アルファベット 関アルファベットの
أَلِفْبَائِيًّا	アルファベット順に

أُلْفَة	❖ 親密さ;友情,友好
لِقَاؤُنَا كُلَّ يَوْمٍ يُقَوِّي بَيْنَنَا الْأُلْفَةَ	毎日会う事が私達の親密さを増す
أَلْقَى، يُلْقِي < لقى IV 名 إِلْقَاء	❖ 投げる,投下する;講義する;負わす;発表する;(詩を)朗唱する 名投げる事;発表;朗読
أَلْقَى نَظْرَةً عَلَى~	〜に視線を投げた
أَلْقَى السِّلَاحَ	武器を捨てた/降伏した
أَلْقَى خِطَابًا(كَلِمَةً) عَلَى~	〜に演説をした
أَلْقَى مُحَاضَرَةً (عِظَةً)	講義(説教)をした
أَلْقَى تَحِيَّةً (سَلَامًا) عَلَى~	〜に挨拶した
أَلْقَى الْقَنَابِلَ عَلَى~	〜に爆弾を投げつけた/〜に爆弾を投下した
أَلْقَى الْقَبْضَ عَلَى الْجَاسُوسِ	スパイを逮捕した
أَلْقَى الشَّاعِرُ قَصِيدَةً جَمِيلَةً	詩人は美しい詩を朗唱した
إِلِكْتُرُون 関 إِلِكْتُرُونِيّ	❖ 電子 関電子の
عِلْمُ الْإِلِكْتُرُون	電子工学
حَاسِب إِلِكْتُرُونِيّ 複 حَاسِبَات إِلِكْتُرُونِيَّة	電子計算機/コンピューター
إِلِكْتُرُونِيَّات	❖ 電子工学,エレクトロニクス
اَللَّتَانِ	❖ ⇒ اَلَّتِي 双主
اَللّٰه < اله	❖ 神 ※ اَلْ + إِلٰه
اَللّٰهُ أَكْبَرُ	神は偉大です
((بِسْمِ اللّٰهِ الرَّحْمٰنِ الرَّحِيمِ))	慈悲深き,慈愛あまねく神の御名において
إِنْ شَاءَ اللّٰهُ	もし神が望み給うならば* *(約束をする時などの)必ず,きっと
مَا شَاءَ اللّٰهُ	これは神が望まれた事
إِلَى مَا شَاءَ اللّٰهُ	永遠に/未来永劫に
وَاللّٰهِ / تَاللّٰهِ / بِاللّٰهِ	神かけて/神に誓って ※ وَاللّٰهِ 口語では驚いた時などにも使う「本当に!?」
اَللّٰهُمَّ	❖ ああ,神様(= يَا اللّٰهُ)

اَللّٰهُمَّ اهْدِنَا سَوَاءَ السَّبِيلِ　ああ，神様!正しい道にお導き下さい

اَللّٰهُمَّ نَعَمْ　神掛けて/その通り

آلَمَ ، يُؤْلِمُ < ألم IV　❖痛める，傷つける

تُؤْلِمُنِي السِّنُّ الْفَاسِدَةُ　(私の)虫歯が疼く

أَلَمٌ 複 آلَام　❖痛み，苦痛;苦しみ

عِنْدِي أَلَمٌ هُنَا　ここが痛いです

آلَام نَفْسَانِيَّة　精神的苦痛

أَلْمَاسٌ 関 أَلْمَاسِيّ　❖ダイヤ，ダイヤモンド 関ダイヤの，ダイヤモンドの

خَاتَم مُرَصَّع بِالْأَلْمَاسِ　ダイヤの指輪

أَلَّهَ ، يُؤَلِّهُ < اله II　❖祭る;神格化する

أَلَّهَ شُهَدَاءَ الْحَرْبِ　戦没者を祭った

إِلٰهٌ / إِلَاهٌ 複 آلِهَة 女 إِلٰهَة　❖神 女女神

لَا إِلٰهَ إِلَّا اللّٰهُ　神以外に神はいない

يَا إِلٰهِي !　ああ，神よ！何たる事を！

إِلٰهَة الْجَمَالِ　美の女神

أَلْهَى ، يُلْهِي < لهو IV　❖楽しませる(～بِـ:～で);注意をそらす(～عَنْ:～から

يُلْهِيهَا عَمَلُ الْبَيْتِ عَنِ الدَّرْسِ　彼女は家事が忙しくて，学習から遠ざかった

أَلْهَبَ < لهب IV 名 إِلْهَاب　❖火をつける，燃やす;(感情，情熱を)かき立てる
名着火，点火;炎症

أَلْهَبَ النَّشِيدُ الْوَطَنِيُّ صُدُورَهُمْ حَمَاسًا　国歌が彼らの胸の情熱をかき立てた

أَلْهَمَ < لهم IV 名 إِلْهَام　❖飲み込ませる;吹き込む，霊感を与える
名霊感，ひらめき，インスピレーション;本能

مَتَى هَبَطَ عَلَيْهِ الْإِلْهَامُ يَكْتُبُ الشِّعْرَ؟　いつ彼にその詩を作る閃きが，湧いたのですか

أَلُومِنْيُوم　❖アルミ，アルミニウム

حَلْقَة مِنَ الْأَلُومِنْيُوم　アルミの輪(リング)

آلِيّ < اول 複 آلِيَّات　❖機械的(な)，自動の

إِنْسَان آلِيّ	ロボット
اَلْآلِيَّة / اَلْهَنْدَسَة اَلْآلِيَّة	機械工学
اَلْقُوَات اَلْآلِيَّة	機甲部隊/機械化部隊
أَلِيم < ألم	❖ 痛む;苦しい;悲しい
إِنَّهَا تُعَانِي عَذَابًا أَلِيمًا	本当に,彼女は悩み苦しんでいる
أَمْ	❖ あるいは,それとも
أَيُّهُمَا أَبْعَدُ اَلْقَاهِرَةُ أَمْ بَغْدَادُ ؟	遠いのはカイロですか,それともバグダードですか
أَيُّهُمَا أَفْضَلُ عِنْدَكَ اَلشِّتَاءُ أَمْ اَلصَّيْفُ ؟	冬あるいは夏のどちらが好きですか
أَنَذْهَبُ بِالسَّيَّارَةِ أَمْ نَمْشِي ؟	車で行きましょうか,それとも歩きましょうか
أَمَّ ، يَؤُمُّ	❖ 行く,赴く;導く;母親になる,母親である
أَمَّ رِجَالُ الْأَعْمَالِ "أُوسَاكَا"	労働者は大阪に赴いた
اَلشَّيْخُ يَؤُمُّ الصَّلَاةَ	長老が祈りを先導する
أَمَّتِ الْمَرْأَةُ	その女性は母親になった
أُمّ 複 أُمَّهَات / أُمَّات	❖ 母親,母;母なるもの;源
أُمّ مُحَمَّدٍ	ムハンマドの母親(お母さん)
أُمّ أَرْبَعٍ وَأَرْبَعِينَ	ムカデ/百足[節足動物]
أُمّ الْحِبْرِ	いか/烏賊[海生動物]
أُمّ قَرْنٍ	サイ/犀[脊椎動物]
يَوْم عِيدِ الْأُمِّ	母の日
اَللُّغَة الْأُمّ	母語/母国語
أُمَّهَات الْحَوَادِثِ	その事故の本質(核心)
أُمّ الْكِتَاب	(コーランの)開端の章/アル=ファーティハ
أَمَا	❖ 実に~;おお本当に!
أَمَا وَاللّٰهِ	おお本当に!/神に誓って
أَمَا ~؟ (أَ + مَا ~؟)	❖ ~しなかったのか ※過去の否定疑問
أَمَا رَأَيْتَ ؟	君は見なかったのか

أَمَّا ~ (فَ..) ❖ ~について言えば, ~といえば(..です)

أَبِي اسْتَقْبَلَهُمْ أَمَّا أَنَا، فَسَلَّمْتُ عَلَيْهِمْ　父は彼らを出迎え, 私は彼らに挨拶した

أَمَّا بَعْدُ　さて/ところで ※作文で主題について冒頭句

إِمَّا ~ أَوْ.. / إِمَّا ~ وَإِمَّا .. ❖ ~あるいは…かどちらか ※إِنْ+ما = إِمَّا

إِمَّا هٰذَا أَوْ ذٰلِكَ　これか(あるいは)あれかどちらか

إِنْ بَكَى الطِّفْلُ، فَهُوَ إِمَّا جَائِعٌ وَإِمَّا مَوْجُوعٌ　子供が鳴くのは空腹の時か, あるいは痛い時である

أَمَاتَ، يُمِيتُ <موت IV 名 إِمَاتَة ❖ 殺す, 死に至らせる, 死なせる; 滅ぼす; 抑圧する
名殺害, 殺人

أَمَاتَ نَفْسَهُ　情欲を抑えた/修行した

((وَأَنَّهُ هُوَ أَمَاتَ وَأَحْيَا))　実に彼こそ死なせ, また生かすお方である

أَمَارَة < أمر 複 -ات ❖ 印, 兆し; 特徴

ظَهَرَتْ أَمَارَاتُ الْحُزْنِ عَلَى وَجْهِهِ　彼の顔に悲しみの表情が表れた

إِمَارَة < أمر 複 -ات ❖ 権力; 首長国

اَلْإِمَارَاتُ الْعَرَبِيَّةُ الْمُتَّحِدَةُ　アラブ首長国連邦/UAE

أَمَالَ، يُمِيلُ <ميل IV ❖ 傾ける; (気持を~に)向かわせる(~نَحْوَ / إِلَى)
(気持を~から)離れさせる, 背ける(~عَنْ)

أَمَالَ الْخَطَّ　線を傾けた

أَمَام < أم 関 أَمَامِيّ ❖ 前 関前の

إِلَى الْأَمَامِ　前方に

مِنَ الْأَمَامِ　前方から/前から

أَمَامَ ~　~の前に/~に対して

اَلْقِسْمُ الْأَمَامِيّ　前部/前の部分

إِمَام < أم 複 أَئِمَّة / أَيِمَّة ❖ 導師, イマーム*; カリフ *祈りの時の指導者, 先達

رَكَعَ الْإِمَامُ فَرَكَعَ الْمُصَلُّونَ　イマームがひざまずくと, 礼拝者もひざまずいた

أَمَان < أمن ❖ 安全;安らか,平穏

حِزَام أَمَانٍ　安全ベルト

فِي أَمَانٍ　安全に/安らかに/平穏に

عَبَرَ الْحُدُودَ فِي أَمَانٍ　彼は安全に国境を越えた

عَاشَ فِي أَمَانٍ　平穏に暮らした

أَمَانَة < أمن 複 -ات ❖ 信頼;誠実,忠実,正直;委託物

"سَعِيد" رَجُلٌ مَعْرُوفٌ بِأَمَانَتِهِ　サィードは誠実な男として知られている

اَلْأَمَانَةُ أَفْضَلُ سِيَاسَةٍ　正直は最良の策[格言]

أَمَانَة الصُّنْدُوقِ　財務省/大蔵省

أَمَانَة عَامَّة　事務総長

مَخْزَن الْأَمَانَاتِ　荷物預かり所

إِمْبَرَاطُور 複 -ات ❖ 皇帝

إِمْبَرَاطُور الْيَابَانِ　天皇

إِمْبَرَاطُورِيَّة ❖ 帝国;帝国主義

اَلْإِمْبَرَاطُورِيَّة الرُّومَانِيَّة　ローマ帝国

اَلْإِمْبَرَاطُورِيَّة الْأَمِيرِكِيَّة　アメリカ帝国主義

أُمَّة 複 أُمَم ❖ 共同体,オンマ;国家;人々

اَلْأُمَم الْمُتَّحِدَة　国際連合

اَلْأُمَّة الْإِسْلَامِيَّة　イスラム共同体/オンマ

اِمْتَازَ ، يَمْتَازُ < ميز VIII 名 اِمْتِيَاز ❖ ～に優れている,勝る(～بِ);～を特徴とする(～بِ);際立つ 名 長所;優先,特権;区別,差別

اَلْجَوَادُ هُنَا يَمْتَازُ بِالْجَمَالِ　ここの馬は美しさの点で優れている

يَمْتَازُ بِطُولِ قَامَتِهِ　彼は際立って長身である

اِمْتِيَازَات دِبْلُومَاسِيَّة　外交特権

اِمْتَحَنَ < محن VIII 名 اِمْتِحَان 複 -ات ❖ 試験をする,試す,テストをする 名 試験,試練

اِمْتَحَنَ الْمُدَرِّسُ طُلَّابَهُ　教師は学生達に試験をした

أَرْجُو النَّجَاحَ فِي الامْتِحَانِ　どうか試験に受かりますように

❖ اِمْتَدَّ < مد VIII 名 اِمْتِدَاد　広がる,延びる;発展する;成長する;(〜に手が)差し伸べられる 名拡大,広がり;発展

اِمْتَدَّ الْوَرَمُ حَوْلَ الْجُرْحِ　傷の回りに腫れが広がった

اِمْتَدَّتِ الْحَرْبُ إِلَى الأُرْدُنِّ　戦火がヨルダンへ広がった

عَلَى امْتِدَادِ الْبَصَرِ　見渡す限り

عَلَى امْتِدَادِ ~　〜に沿って

❖ اِمْتَزَجَ < مزج VIII 名 اِمْتِزَاج　混ざる,混合する(〜بِـ:〜と) 名混合

أَيَمْتَزِجُ الْمَاءُ بِالزَّيْتِ؟　水は油と混ざりますか

❖ اِمْتَصَّ < مص VIII 名 اِمْتِصَاص　吸収する,吸う 名吸収

اَلأَرْضُ الرَّمْلِيَّةُ تَمْتَصُّ مَاءَ الْمَطَرِ　砂地が雨水を吸う

قُوَّةُ امْتِصَاصٍ　吸引力

❖ أَمْتَعَ < متع IV 名 إِمْتَاع　楽しませる(〜بِـ:〜で) 名楽しみ,快楽

أَمْتَعَ الْمُطْرِبُ سَامِعَهُ بِحُسْنِ صَوْتِهِ　歌手は聴衆を美声で楽しませた

❖ اِمْتَلأَ، يَمْتَلِئُ < ملأ VIII 名 اِمْتِلاء　一杯になる,満たされる(〜بِـ:〜で) 名満杯

اِمْتَلأَتِ الْجَرَّةُ مَاءً (بِالْمَاءِ)　瓶は水で満たされていた(満杯であった)

اِمْتَلأَتْ عَيْنَاهُ بِالدُّمُوعِ　目に涙が溢れた

❖ اِمْتَلَكَ < ملك VIII 名 اِمْتِلاك　所有する,手に入れる 名所有;支配,制御

هَلْ يَمْتَلِكُ أَبُوكَ أَرْضًا فِي الْقَرْيَةِ؟　(あなたの)お父さんは村に土地が有るのですか

اِمْتِلاكُ النَّفْسِ　自制/克己

❖ اِمْتَنَعَ < منع VIII 名 اِمْتِنَاع　拒否する;慎む,控える(〜عَنْ:〜を),遠慮する;止まる 名拒否;遠慮;自制

اِمْتَنِعْ عَنِ الْكَلامِ　言葉を差し控えなさい(慎みなさい)

اِمْتَنَعَ عَنِ التَّدْخِينِ　煙草を吸うのを(喫煙を)差し控えた

اِمْتَنَعَ الْمَطَرُ شَهْرًا كَامِلاً　雨が一ヶ月全く降らない

اِمْتِنَاعٌ عَنِ التَّصْوِيتِ　(選挙での)棄権

أَمْثَلُ <مثل 複 أَمَاثِلُ 女 مُثْلَى ❖ より理想の, より理想的な ※ مَثِيل の比

اَلْعَلَاقَات الْأَمْثَل　理想的な関係

اَلْوَسِيلَة الْمُثْلَى لِـ~　～の理想的な方法

أُمْثُولَة <مثل 複 -ات/ أَمَاثِيل ❖ 例え, 格言, 諺, 教訓;学業, 宿題

حَسِبْتُ الْأُمْثُولَةَ الْعَرَبِيَّةَ صَعْبَةً　私はアラブの格言(諺)は難しいと思いました

يَدْرُسُ أُمْثُولَتَهُ كُلَّ الْيَوْمِ　毎日, 学業に励んでいる

اِمَّحَى، يَمَّحِي <محو VII ❖ ⇒ اِنْمَحَى

أَمَدَّ، يُمِدُّ <مدد IV 名 إِمْدَاد ❖ 供給する, 与える, 提供する(~بِـ:～を);支える;助ける 名 供給, 提供;支援

أَمَدَّ الْيَابَان بِالنَّفْط　日本に石油を供給した

أَتَسْتَطِيعُ أَنْ تُمِدَّنِي بِبَعْضِ الْمَالِ؟　お金を少し融通してくれませんか

اَلْإِمْدَاد بِالْوَقُود　燃料の補給

أَمَرَ (u) 名 أَمْر 複 أَوَامِر ❖ 命令する, 命ずる(~بِـ :～を, ~أَنْ :～するように) 名 命令;事, 事柄(複 أُمُور)

أَمَرَ الْمُدِيرُ الْعُمَّالَ أَنْ يَشْتَغِلُوا إِضَافِيًّا　監督は労働者に余分に働くように命じた

أَعْطَى أَوَامِرًا　命令を出した/命令した

صِيغَة الْأَمْر　命令形[文法]

هٰذِهِ الْأُمُور　この事

فِي آخِرِ الْأَمْر　結局

أَمَّرَ، يُؤَمِّرُ < أمر II ❖ アミール(首長)にする

أَمَّرَتِ الْقَبِيلَةُ "مُحَمَّدًا"　部族はムハマドを首長にした

اِمْرَء/ اِمْرَأ / اُمْرُؤ <مرأ ❖ 男, 人 ※定 اَلْمَرْء :人類, 人

لَا بُدَّ لِلْمَرْءِ مِنْ أَنْ يَمُوتَ　人は必ず死ぬ

يُعْرَفُ الْمَرْءُ بِأَقْرَانِهِ　人は友によって知られる[格言]

اِمْرَأَة <مرأ 複 نِسَاء / نِسْوَان / نِسْوَة ❖ 女;妻 ※定 اَلْمَرْأَة

حَرَكَة تَحْرِيرِ الْمَرْأَةِ　婦人(女性)解放運動

مَرْأَتِي　私の妻

فِي الزَّفَاف رَقَصَ الرِّجَالُ، وَزَغْرَدَتِ النِّسْوَةُ　結婚披露宴では男達は踊り，女達は歓声(ザグルーダ)を上げた

أَمْس　✽ 名 昨日，きのう

مَسَاءَ أَمْسِ　昨日(きのう)の夕方

أَوَّلَ أَمْسِ　おととい/一昨日

بِالْأَمْسِ زُرْنَا مُعَلِّمَنَا　きのう，私達は先生を訪問しました

أَمْسِ　✽ 副 昨日，きのう

أَوَّلَ أَمْسِ　おととい/一昨日

أَمْسِ لَمْ أُغَادِرِ الْبَيْتَ　昨日，私は家を出ませんでした

أَمْسَكَ <مسك IV 名 إِمْسَاك　✽ 掴む，握る(～بِـ:～を)；控える(～عَنْ:～を)
名 保持；停止；便秘[医学]

أَمْسَكَ الْبَطْنَ　便秘になった

أَمْسَكَ ～ بِيَدِهِ　～を素手で掴んだ

أَمْسِكْ عَنِ الْكَلَامِ　言葉を控えなさい(慎みなさい)

عِنْدِي إِمْسَاكٌ　私は便秘です

وَقْتَ الْإِمْسَاكِ　断食(サウム)の開始時刻

أُمْسِيَّة <مسو 複 أَمَاسِيّ　✽ 夕べ，夕方

أُمْسِيَّة تَبَادُل ثَقَافِيّ　文化交流の夕べ

أَمْضَى ، يُمْضِي <مضى IV 名 إِمْضَاء　✽ 過ごす；完遂する；署名する 名 完遂；実行；署名

أَمْضَى جَدِّي شَيْخُوخَةً هَنِيئَةً صَالِحَةً　祖父は快適で健康な老後を過ごした

أَمْضَى الْحَاكِمُ قَرَارَهُ　裁判官は判決に署名した

أَمْطَرَ <مطر IV　✽ 雨を降らす

أَمْطَرَتِ السَّمَاءُ مَطَرًا كَثِيرًا　天は大量の雨を降らした/雨が沢山，降ってきた

أَمْعَنَ <معن IV　✽ やり過ぎる；夢中になる；遠くへ行く；精査する

أَمْعَنَ النَّظَرَ فِي~	注意深く調べた
إِمْكَانِيَّة <مكن 複 -ات ❖	❖可能性
إِمْكَانِيَّةُ وُقُوعِ الْحَرْبِ	戦争の起こる可能性
أَمْكَنَ <مكن IV 名 إِمْكَان 複 -ات ❖	❖出来る,可能である;〜かも知れない 名可能,能力
مَا يُمْكِنُ ~	できるだけ〜
أَحْضِرْ بَعْدَ الظُّهْرِ حَالَمَا يُمْكِنُكَ	午後に出来るだけ早く来て下さい
عِنْدَ الْإِمْكَانِ	出来る時に/可能な時に
عَلَى قَدْرِ (بِقَدْرِ) الْإِمْكَانِ	出来る限り
إِذَا أَمْكَنَ	もし可能ならば
أَيُمْكِنُ الْحُصُولُ عَلَى تَأْشِيرَةِ الدُّخُولِ	入国ビザをもらう事ができますか
أَمَلَ (u) 名 أَمَل 複 آمَال ❖	❖望む,希望する(〜 فِي/أَنْ:〜を) 名望み,希望
آمُلُ السَّلَامَ الْعَالَمِيَّ	私は世界平和を望みます
يُؤْمَلُ أَنْ ~	〜と期待されている *受
خَيْبَةُ الْأَمَلِ*	失望
عَقَدَ أَمَلًا عَلَى~	〜に希望を持った
اِغْتَرَبَ عَلَى أَمَلٍ أَنْ يَثْرَى	金持ちになる希望を持って移住した
أَمْلَى، يُمْلِي <ملو IV 名 إِمْلَاء 複 أَمَالٍ / أَمَا ❖	❖聞き取らせる,口述筆記をする;(神が)楽しませる 名書取り,口述筆記
تَحَاشَوْا أَخْطَاءَ الْإِمْلَاءِ عِنْدَمَا تَكْتُبُو	書取りの間違いに気をつけましょう
أَمْلَسُ <ملس 女 مَلْسَاءُ 複 مُلْسٌ ❖	❖柔らかい,滑らかな
فَرْوُ هِرَّتِي أَبْيَضُ أَمْلَسُ	私の猫の毛は柔らかくて白い
أَمَّمَ <أم II 名 تَأْمِيم ❖	❖国有化する 名国有化
أَمَّمَتْ مِصْرُ قَنَاةَ السُّوَيْسِ فِي عَام ٩٥٦ ١	エジプトは1956年にスエズ運河を国有化した
قَرَّرَتِ السُّلْطَةُ تَأْمِيمَ شَرِكَاتِ النَّفْط	当局は石油会社の国有化を決定した
آمَنَ، يُؤْمِنُ <أمن IV 名 إِيمَان ❖	❖信じる(〜بِ:〜の存在を) ※宗教的に 名信仰
آمَنَ بِاللهِ	神(の存在)を信じた

ا ب ت ث ج ح خ د ذ ر ز س ش ص ض ط ظ ع غ ف ق ك ل م ن هـ و ي

إِيمَان بِاللهِ　　神を信じる事/信仰

أَمَّنَ ، يُؤَمِّنُ 名 تَأْمِين ❖ 保証する;保険をかける(～عَلَى:～に);成し遂げる;確保する 名保証;保険;保障

اَلْمَصْنَعُ يُؤَمِّنُ لِلْعَامِلِ مَعَاشَهُ وَمَلْبَسَهُ　　工場は労働者に給料と衣料を保証する

أَلَمْ تُؤَمِّنْ عَلَى سَيَّارَتِكَ بَعْدُ؟　　あなたは未だ，車に保険を掛けていないのですか

تَأْمِين عَلَى الْحَيَاةِ　　生命保険

تَأْمِين اجْتِمَاعِيّ　　社会保障

آمِن < أمن ❖ 安全な;平和な

هٰذَا الْبَلَدُ آمِنٌ　　この国は安全です

أَمْن ❖ 安全;治安

اَلْأَمْن الْعَامّ　　公共の安全/治安

أُمْنِيَّة < منى 複 أَمَانٍ/ أَمَانِيّ ❖ 望み，希望，願い

إِخْتَرْ أُمْنِيَّةً وَاحِدَةً　　あなたの望みを一つ選びなさい

أُمَّهَات < أم ❖ ⇒ أُمّ 複

أَمْهَلَ < مهل IV ❖ (時間的)余裕を与える;猶予を与える

لَا تُمْهِلُ أُوتُوبِيسُ الْمَدْرَسَةِ أَحَدًا　　スクールバスは待ってくれません

أُمِّيّ < أم ❖ 形文盲の，無知の;母の，母親の，母性の
名文盲の人，無知な人

حَنَان أُمِّيّ　　母親のような愛/母性愛

لَا يَرْضَىٰ أَنْ يَظَلَّ أُمِّيًّا　　文盲である事を良しとしない

أُمِّيَّة < أم ❖ 文盲;母性

نِسْبَة الْأُمِّيَّةِ　　文盲率

أَمِير < أمر 複 أُمَرَاءُ ❖ 王子;首長

أَمِير الْبَحْرِ　　提督

أَمِيرِكَه / أَمِيرِكَا ❖ アメリカ

أَمِيرِكَا اللَّاتِينِيَّة　　ラテンアメリカ

أَمِيرِكِيّ ❁形アメリカの 名アメリカ人 複 ون 女 أَمِيرِكِيَّة 複 ـات

أَمِين < أمن 複 أُمَنَاءُ ❁形誠実な,信頼できる 名幹事,主任;長官;書記

رَجُل أَمِين 信頼できる男

أَمِين السِّفَارَة 大使館の書記

آنَ، يَئِينُ < اون ❁時間になる,～する時間である

آنَ لَكَ أَنْ تَدْرُسَ 君は勉強する時間だ

آنٌ < اون 複 آوِنَة ❁今;時

اَلْآنَ 今/現在

فِي آنٍ وَاحِدٍ 一度に

آنًا فَآنًا 次第に/徐々に

حَتَّى الْآنَ 今でも/今まで

وَالْآنَ .. مَا رَأْيُكَ؟ さて,あなたのご意見はどうでしょうか

أَنَّ، يَئِنُّ 名 أَنَّة ❁(痛みや悲しみで)呻く 名呻き,呻き声

تَئِنُّ مِنْ أَلَمِ الْجُرْحِ 彼女は傷の痛みで呻いている

كَانَ الْمَرِيضُ يُرْسِلُ أَنَّةً 患者は呻き声を上げていた

أَنْ ～ ❁～すること ※～:未接続形

أُرِيدُ أَنْ أَذْهَبَ إِلَى الْمَتْحَفِ 私は博物館に行きたい

إِنْ ～ ❁(もし～)ならば ※～:完了形,完了形短形
～しない ※لَيْسَ系の否定詞

إِنْ .. وَإِنْ ～ たとえ‥であれ～であれ

إِنْ لَمْ ～ もし～でなければ

إِنْ هُوَ (هِيَ) إِلَّا ～ それは～にすぎない

إِنْ شَاءَ اللّٰهُ (もし)神が望み給うならば/必ず

إِنْ دَرَسَ نَجَحَ 彼が努力するならば,成功するでしょう

إِنْ قَتَلْتَ قُتِلْتَ もしあなたが殺せば,(あなたは)殺されるだろう

إِنْ هُوَ نَاجِحًا إِلَّا بِالاجْتِهَادِ 努力なしには成功しない

أَنَّ ～ ❖ ～という事 ※～に名詞文が続き, 主語は対格

أَشْهَدُ أَنَّ مُحَمَّدًا رَسُولُ اللّٰهِ　私はムハンマドが神の使徒である事を証言します

إِنَّ ～ ❖ 実に, 本当に～である; (～قَالَ إِنَّ)～と言った
※～:主語は対格に

إِنَّ اللّٰهَ عَلِيمٌ بِذَاتِ الصُّدُورِ　本当に神は(人の)胸の中をご存じである

قَالَ إِنَّهُ تَعْبَانٌ جِدًّا　彼はとても疲れていると言った

إِنَّمَا ～　正に～である/～に他ならない/しかし

إِنَّمَا الْعِلْمُ نُورٌ　正に学問は光りである

أَنَا ❖ 私は ※1人称単数主格

أَنَا مِنَ الْيَابَانِ　私は日本から来ました

إِنَاءٌ < أنى 複 آنِيَة / أَوَانٍ ❖ 容器, 入れ物

آنِيَة خَزَفِيَّة　陶磁器/陶器/磁器/瀬戸物

آنِيَة زُجَاجِيَّة (مَعْدِنِيَّة)　ガラス(金属)の容器

آنِيَة الْمَطْبَخِ　台所用品

الْأَوَانِي الْفَارِغَةُ تُحْدِثُ الضَّجَّةَ الْكُبْرَى　空の容器が一番うるさい/
無知な男は良くしゃべる[格言]

أَنَارَ ، يُنِيرُ < نور IV 名 إِنَارَة ❖ 照らす, 輝かせる; 光を放つ, 輝く 名点灯; 照明

أَنَارَ الْمِصْبَاحُ الْغُرْفَةَ　ランプが部屋を照らした

سُرَّتِ الْجَدَّةُ وَأَنَارَ وَجْهُهَا　おばあさんは嬉しくなって, 顔を輝かせた

أُنَاس < أنس ❖ 人々

تَجْمَعُ النَّدْوَةُ أُنَاسًا مُثَقَّفِينَ　その討論会は教養のある人々を集めている

أَنَاقَة < أنق ❖ 品位, 上品, エレガンス

تُعْجِبُنِي الْفَتَاةُ بِأَنَاقَةِ لِبَاسِهَا　私はその娘の上品な服装を気に入っています

أَنَامَ ، يُنِيمُ < نوم IV ❖ 寝かしつける, 寝かす; 眠らせる; 麻酔をかける

تُنِيمُ الْأُمُّ طِفْلَهَا فِي سَرِيرِهِ　母親は子供をベッドに寝かしつける

الْأَنَام / الْآنَام ❖ 人類, 人間, 人

غَمَرَ اللّٰهُ الْأَنَامَ بِرَحْمَتِهِ　神は人類を慈悲で満たされた

أَنَانَاس　❖パイナップル

عُلْبَةُ أَنَانَاسٍ　パイナップルの缶詰

أَنَانِيّ ـون 複　❖我ままな, 自分中心の, 利己的な

فِي الدُّنْيَا كَثِيرٌ مِنَ النَّاسِ الْأَنَانِيِّينَ　この世には利己的な人が多い

أَنَانِيَّة　❖我まま;利己主義, エゴイズム

بِأَنَانِيَّةٍ　我がままに

أَنَّبَ ، يُؤَنِّبُ < أنب II 名 تَأْنِيب　❖咎める, 非難する 名非難

أَنَّبَنِي ضَمِيرِي　私の良心が咎めました

أَنْبَأَ ، يُنْبِئُ < نبأ IV 名 إِنْبَاء　❖(情報を)知らせる, 伝える 名情報, 知らせ

بِمَ تُنْبِئُنِي يَا "حَكِيمُ"؟　ハキームさん, お知らせは何ですか

أَنْبَتَ < نبت IV　❖(植物を)育てる, (種子を)発芽させる

اَلرُّطُوبَةُ تُنْبِتُ الْبِذْرَ　湿り気が種子を発芽させる

اَلْأَرْضُ تُنْبِتُ الزَّرْعَ　大地が農作物を育てる

هَلْ يُمْكِنُ أَنْ أُنْبِتَ هٰذِهِ النَّخْلَةَ ؟　この椰子の樹を育てても良いですか

اِنْبَرَى ، يَنْبَرِي < برى VII　❖(鉛筆が削られて)先が鋭くなる;挑む;抵抗する

بَرَيْتُ الْقَلَمَ فَانْبَرَى　私が鉛筆を削ったので, 先が鋭くなった

اِنْبَسَطَ < بسط VII 名 اِنْبِسَاط　❖広がる;伸びる;喜ぶ, 嬉しく思う
名広がり;嬉しい事

اِنْبَسَطَتْ أَغْصَانُ الشَّجَرَةِ فَوْقَ الْمَلْعَبِ　木の枝が遊び場の上に伸びていた

لَعِبَ الصِّغَارُ فِي ظِلِّ الشَّجَرَةِ وَانْبَسَطُوا　子供達は木の陰(木陰)で遊び, 楽しそうだった

اِنْبَطَحَ < بطح VII 名 اِنْبِطَاح　❖身を伏せる;うち倒される 名身を伏せる事

أَمَرَ الْمُدَرِّبُ الْكَلْبَ بِالِانْبِطَاحِ　訓練士は犬に伏せを命じた

اِنْبَعَثَ < بعث VII 名 اِنْبِعَاث　❖送られる;吹き出る;復活する, 蘇る
名覚醒;復活, 蘇り

اِنْبَعَثَ نُورٌ بَاهِرٌ　眩しい光が差し込んだ

اِنْبَعَثَ مِنَ الْمَوْتِ	死から蘇った
اِنْبَعَجَ < بعج VII	❖凹む
ضَرَبَ الْكُرَةَ ضَرْبَةً قَوِيَّةً فَانْبَعَجَتْ	ボールを強く一打ちしたら,凹んだ
اِنْبَعَجَ الْبَطْنُ	腹が凹んだ
اِنْبَغَى ، يَنْبَغِي < بغى VII	❖望ましい;必要である;～すべきである
يَنْبَغِي أَنْ ～	～することが必要である/～することが望ましい
يَنْبَغِي عَلَى.. أَنْ ～	‥は～<u>すべきである</u>(しなければならない)
يَنْبَغِي عَلَيْكَ أَنْ تَحْضُرَ الاِجْتِمَاعَ	あなたはその会議に出席すべきである
أُنْبُوب 複 أَنَابِيب	❖パイプ,チューブ,管,管
اِنْفَجَرَ أُنْبُوبُ النَّفْطِ	石油パイプが爆発した
أَنْتَ 男 أَنْتِ 女 أَنْتُمَا 女男双	❖<u>あなた</u>(貴男,貴女)は ※2人称単数形主格の代名
أَنْتُمْ 男複 أَنْتُنَّ 女複	あなた達は/あなた方は
هَلْ أَنْتِ يَابَانِيَّةٌ ؟	あなたは日本人女性ですか？
اِنْتَابَ < نوب VIII	❖ふりかかる,襲う
اِنْتَابَهُ الْقَلَقُ	不安に襲われた
اِنْتَبَهَ < نبه VIII 名 اِنْتِبَاه	❖注意する,気を付ける(～إِلَى/لِـ:～に);起きる,目覚める 名 注意;注目
اِنْتَبِهْ 命	気を付けなさい
اِنْتَبِهْ إِلَى إِشَارَاتِ الْمُرُورِ	交通信号に気を付けなさい
اِنْتَبَهَ إِلَى مَا حَوْلَ الضُّيُوفِ	お客さんに気を配った
بِانْتِبَاهٍ	注意して/気をつけて/丁寧に
أَنْتَجَ < نتج IV 名 إِنْتَاج	❖生産する,製造する,製作する,作る 名生産,製造,製作;創造
كَمْ شَنْطَةً يُنْتِجُ الْمَصْنَعُ فِي الْيَوْمِ ؟	工場では1日何個のカバンを製作していますか
تُنْتِجُ "تويوتا" سَيَّارَاتٍ كَثِيرَةً	"トヨタ"では多くの自動車を生産しています
أَنْتَجَ الْكَهْرَبَاءَ مِنَ الْمَاءِ	水から電気を作った

إِجْمَالُ الْإِنْتَاجِ الْقَوْمِيِّ — 国民総生産/GNP

مَجْمُوعُ الْإِنْتَاجِ الْمَحَلِّيِّ — 国内総生産/GDP

❖ اِنْتَحَبَ <نحب VIII — 声を上げて泣く,号泣する

عَنَّفَتْنِي مُعَلِّمَتِي فَانْتَحَبْتُ — 私は(女の)先生に叱られて,泣きました

❖ اِنْتَحَرَ <نحر VIII 名 اِنْتِحَار — 自殺する 名自殺

اِنْتَحَرَ شَنْقًا — 首吊り自殺した

اَلِانْتِحَارُ حَرَامٌ — 自殺は禁じられている

❖ اِنْتَخَبَ <نخب VIII 名 اِنْتِخَاب 複 -ات — 選ぶ;選挙に行く 名選択 複選挙

يَنْتَخِبُ مُمَثِّلِيهِ فِي مَجْلِسِ النُّوَّابِ — 国会への代表を選挙で選ぶ

اِنْتِخَابَات عَامَّة لِمُمَثِّلِي الشَّعْبِ — 国会議員総選挙

❖ اِنْتَدَبَ <ندب VIII 名 اِنْتِدَاب — 任命する;委任する;代理人を立てる
名委任統治;代理者;割り当て;任命

اِنْتَدَبَ نَفْسَهُ لِـ~ — ~に身を捧げた

اَلِاسْتِقْلَالُ وَضَعَ حَدًّا لِعَهْدِ الِانْتِدَابِ — 独立は委任統治の時代を終わらせた

❖ اِنْتَزَعَ <نزع VIII 名 اِنْتِزَاع — 引き出す,引き抜く;奪い取る
名排除,除去;立ち退き;没収

اِنْتَزَعَ الْأَعْشَابَ مِنَ الْأَرْضِ — 地面から草を引き抜いた

اِنْتَزَعَ الثَّعْلَبُ قِطْعَةَ الْجُبْنِ مِنَ الْغُرَابِ بِحِيلَةٍ — 狐は策を用いて,カラスからチーズを奪い取った

❖ اِنْتَسَبَ <نسب VIII 名 اِنْتِسَاب — 関係する(~إِلَى:~に);加入する;先祖をたどる
名関係;会員;所属

اِنْتَسَبَ إِلَى نَادٍ لِكُرَةِ الْقَدَمِ — サッカークラブに加入した

❖ اِنْتَشَرَ <نشر VIII 名 اِنْتِشَار — 広がる,広まる,流行る;普及する;(軍が)展開する
名広まり,拡散;普及

اِنْتَشَرَتِ النَّارُ فِي الْهَشِيمِ — 火はわらに広がった

اِنْتَشَرَتْ إِشَاعَةٌ — 噂が広まった

اِنْتَشَرَ الزُّكَامُ — 風邪が流行った

مُعَاهَدَة مَنْعِ الانْتِشَارِ النَّوَوِيّ	核拡散防止条約
اِنْتَشَلَ <نشل VIII 名 اِنْتِشَال	❖(急いで)引き上げる;助ける;抜き取る;摘み取る 名引き上げ;救助;(遺体の)収容
سَقَطَ الطِّفْلُ فِي الْبِئْرِ فَانْتَشَلَتْهُ أُمُّهُ	子供が井戸に落ちたら,母親が急いで引き上げた
اِنْتَصَبَ <نصب VIII 名 اِنْتِصَاب	❖真っ直ぐ立つ,そそり立つ,立つ;語が対格,接続形である[文法] 名立つ事,起立
اِنْتَصَبَ لِلْحُكْمِ	判決の場に立った
اِنْتَصَبَ بَيْتٌ قَدِيمٌ فِي الْوَسَطِ	中央に古い家が立っていた
اِنْتَصَرَ <نصر VIII 名 اِنْتِصَار 複 ـات	❖勝利する,勝つ(~عَلَى:~に) 名勝利
اِنْتَصَرَ عَلَى الْأَعْدَاءِ	敵に勝った
أَحْرَزَ انْتِصَارًا	勝利を得た
اِنْتَظَرَ <نظر VIII 名 اِنْتِظَار	❖待つ;期待する 名待つ事,待機;期待
اِنْتَظِرْ فِي غُرْفَةِ الانْتِظَارِ	待合室で,お待ち下さい
اِنْتَظِرْ قَلِيلًا	ちょっと,お待ち下さい
عَلَى غَيْرِ انْتِظَارٍ	思いがけなく/不意に
اِنْتَظَمَ <نظم VIII 名 اِنْتِظَام	❖糸に通される;組織される,秩序立つ;整理される;規則正しく動く;合併する,加わる;行き渡る 名規則正しい事;秩序
اِنْتَظَمَ اللُّؤْلُؤُ فِي السِّلْكِ	真珠に糸が通された
فِي انْتِظَامٍ / بِانْتِظَامٍ	規則的に
اِنْتَعَشَ <نعش VIII 名 اِنْتِعَاش	❖生き返る,さっぱりする,すっきりする,蘇る 名蘇生,再生
شَرِبْتُ الْمَاءَ الْبَارِدَ وَانْتَعَشْتُ	私は冷たい水を飲んで,生き返りました
اِنْتَفَخَ <نفخ VIII 名 اِنْتِفَاخ	❖膨らむ,膨張する;得意がる 名膨張,インフレ
اِنْتَفَخَ بَطْنُهُ كَمَا يَنْتَفِخُ الْإِطَارُ	タイヤが膨らんだみたいに,彼の腹も膨らんだ
اِنْتِفَاخُ الرِّئَةِ	肺気腫
اِنْتَفَضَ <نفض VIII 名 اِنْتِفَاض	❖震える,揺れる 名震え,揺れ

اِنْتَفَضَ مِنَ الْغَضَبِ　怒りで震えた/怒り狂った

❖ اِنْتَفَعَ <نفع VIII 名 اِنْتِفَاع　利益を得る;利用する 名利益;利用

❖ اِنْتَقَدَ <نقد VIII 名 اِنْتِقَاد　批評する,批判する;現金で受け取る 名批評;批判

اِنْتَقَدَ الْحُكُومَةَ　政府を批判した

قَرَأْنَا الْكِتَابَ، هَيَّا بِنَا نَنْتَقِدْهُ　私たちは本を読みました,さあ批評しましょう

❖ اِنْتَقَلَ <نقل VIII 名 اِنْتِقَال　移る,移動する;広がる 名移動;運搬;伝染

اِنْتَقَلَ مَعَ أُسْرَتِهِ إِلَى عَمَّانَ　彼は家族と一緒にアンマンに移った

اِنْتَقَلَ ~ إِلَى رَحْمَتِهِ تَعَالَى　~が天国に召された

اِنْتِقَالُ الْمَرَضِ　病気の伝染

❖ اِنْتَقَمَ <نقم VIII 名 اِنْتِقَام　復讐する,仕返しをする(~مِنْ:~に)
名復讐,報復,仕返し

أَرَادَ أَنْ يَنْتَقِمَ مِنْ ~　彼は~に復讐(仕返し)をしたかった

❖ أَنْتُمْ　あなた達は ※2人称男性及び男女混合の複数形

هَلْ أَنْتُمْ مُسْلِمُونَ؟　あなた達はイスラム教徒ですか

❖ أَنْتُمَا　あなた達(二人)は,あなた方達(二人)は ※男女両用

هَلْ أَنْتُمَا صَادِقَتَانِ؟　貴女達(二人)は正直ですか

❖ اِنْتَمَى، يَنْتَمِي <نمي VIII 名 اِنْتِمَاء　起源を辿る;由来する(~إِلَى:~に);(組織に)入る;
属する(~إِلَى:~に) 名加入;所属

إِلَى أَيَّةِ أُسْرَةٍ تَنْتَمِي؟　どちらの一族の方ですか

يَنْتَمِي الْجُنْدِيُّ إِلَى فَوْجِ الْمُدَرَّعَاتِ　その兵士は機動部隊に属する

❖ أَنْتُنَّ　貴女達は,貴女方は ※2人称女性複数の代名詞

هَلْ أَنْتُنَّ مُسْلِمَاتٌ؟　貴女達はイスラム教徒ですか

❖ اِنْتَهَى، يَنْتَهِي <نهى VIII 名 اِنْتِهَاء　終わる;(~を)終える(~مِنْ);尽きる;
至る(~إِلَى:~に) 名終わり,終了,終結

اِنْتَهَيْتُ مِنَ الامْتِحَانِ　私は試験を終えました

اِنْتَهَى الْعَمَلُ　仕事は(仕事が)終わった

اِنْتَهَى إِلَى اتِّفَاقٍ　合意に至った

اِنْتِهَاء الأَجَلِ	寿命が尽きる事/死
❖ اِنْتَهَزَ < نهز VIII 名 اِنْتِهَاز	捕らえる,(機会などを)捕らえて利用する,掴む 名日和見主義
اِنْتَهَزَ فُرْصَةً لِـ~	~するチャンスを捕らえた(つかんだ)
اِنْتِهَاز الْفُرَصِ	日和見主義
❖ اِنْتَهَكَ < نهك VIII 名 اِنْتِهَاك	冒涜する,犯す;疲れさす;強姦する 名冒涜;侵害;疲弊;強姦
اِنْتَهَكَ الأَجْنَبِيُّ حُرْمَةَ الْمَعْبَدِ	一人の外国人が神社を冒涜した
اِنْتَهَكَ الْقَانُونَ	法を犯した/法に触れた
لاَ يَنْتَهِكُ	犯すべからざる/神聖な
اِنْتِهَاك الْحُرْمَةِ	冒涜/涜神
❖ أَنَّثَ ، يُؤَنِّثُ < أنث II 名 تَأْنِيث	女性形にする;女性らしくする 名女性,雌;女性形
كَيْفَ تُؤَنِّثُ الْكَلِمَةَ ؟	どうやって,その語を女性形にしますか
❖ أُنْثَى < أنث 複 أَنَاثَى / إِنَاث	形女性の,雌の 名女性,雌
اَلدَّجَاجَةُ أُنْثَى الدَّجَاجِ	雌鶏は雌の鶏です
❖ إِنْجَازَات < نجز	⇒ إِنْجَاز 名複
❖ أَنْجَبَ < نجب IV 名 إِنْجَاب	産む,出産する,子をもうける(~مِنْ:~との間に)
أَنْجَبَ وَلَدَيْنِ	二人の子供をもうけた
أَنْجَبَ مِنْهَا ابْنَةً وَاحِدَةً	彼は彼女との間に娘を一人もうけた
❖ أَنْجَدَ < نجد IV	助ける,支える
صَدِيقُكَ فِي ضِيقٍ ، أَلاَ تُنْجِدُهُ ؟	(あなたの)友人が困っています,助けないのですか
❖ اِنْجَذَبَ < جذب VII 名 اِنْجِذَاب	引き付けられる;魅了される 名引力;傾向
اِنْجَذَبَتِ الدَّبَابِيسُ إِلَى الْمَغْنَطِيسِ	ピンが磁石に引き付けられた
❖ اِنْجَرَّ ، يَنْجَرُّ < جر VII	引かれる;漂う
اِنْجَرَّتِ الْعَرَبَةُ خَلْفَ الْحِصَانِ	馬車は馬に引かれた
❖ اِنْجَرَفَ < جرف VII 名 اِنْجِرَاف	(流れに)流される 名流される事,流出;侵食

انجرف مع التيار — 流れに流された

أنجز <نجز IV 名 انجاز 複 -ات — ❖やり遂げる，遂行する 名遂行，実行 複業績

أنجز عملك — 仕事はやり遂げなさい

أنجزت العمل بفضل تعاونكم — 皆様のご協力で，仕事をやり遂げる事が出来ました

أقيم تمثاله تكريما لإنجازاته — 彼の業績を称えて，像が立てられた

انجلى ، ينجلي <جلو VII — ❖きれいになる；明白になる；消える；避難する

تنحنحت بقوة ، فانجلى صوتي — 力を込めて咳払いをしたら，声が通るようになった

انجلى الهم عن قلبي — 悩みが私の心から消えた

إنجيل 複 أناجيل — ❖福音書 ※新約聖書のﾏﾀｲ:"متى",ﾏﾙｺ:"مرقس",ﾙｶ:"لوقا",ﾖﾊﾈ:"يوحنا" の4文書

انحاز ، ينحاز <حوز VII 名 انحياز — ❖遠ざける；避ける；引き上げる；加わる，組みする；(～を)ひいきする，(～に)味方する(إلى/لـ～) 名引退；ひいき；偏見，先入観

لا ينحاز الحكم إلى أي فريق — 審判はどのチームにも，ひいきをしない

الانحياز ضد الإسلام — イスラムに対する先入観

انحدر <حدر VII 名 انحدار — ❖下がる，落ちる；傾く，傾斜している 名下がる事，低下，下落；傾斜

انحدر سعر الدولار (الين) — ドル(円)の値段が下落した

انحدرت الشمس — 日が傾いた

انحدرت الطريق إلى الوادي — 道は谷の方に傾斜していた

انحرف <حرف VII 名 انحراف — ❖外れる，踏み外す，脇にそれる，曲がる 名外れる事，逸脱；傾き；病気

انحرفت صحته — 健康を害した

عند التلة تنحرف الطريق إلى الشرق — 道は丘の所で東に曲がっている

انحط ، ينحط <حط VII 名 انحطاط — ❖衰退する，落ち込む，寂れる；安くなる 名衰退，下降

مَعَ الْجَفَافِ يَنْحَطُّ مُسْتَوَى الْإِنْتَاجِ الزِّرَاعِيِّ　干ばつで農業生産が落ち込んでいる

انْحَطَّ السُّوقُ　市場が寂れた

أَنْحَلَ <نحل IV　✽衰えさせる;痩せさせる；やつれさせる

أَنْحَلَهُ الْمَرَضُ　病気で彼はやつれた

انْحَلَّ ، يَنْحَلُّ <حل VII 名 انْحِلَال　✽溶ける;緩む,解ける,弛む;弱くなる 名溶解;衰弱

هٰذَا الْحَلِيبُ الْمُجَفَّفُ يَنْحَلُّ فِي الْمَاءِ بِسُرْعَةٍ　このドライミルクは水に直ぐ(良く)溶ける

شُدَّ عُقْدَةَ الْحَبْلِ حَتَّى لَا تَنْحَلَّ　綱が緩まないように結び目をきつくしなさい

انْحَنَى ، يَنْحَنِي <حنى VII 名 انْحِنَاء　✽曲がる,屈む,傾く;お辞儀をする 名湾曲;屈折;挨拶

انْحَنَى أَمَامَهُ وَحَيَّاهُ　彼に挨拶をした/彼にお辞儀をした

انْحَنَى الطَّرِيقُ إِلَى الْغَرْبِ　道は西に曲がっていた

انْحَنَى ظَهْرُ الْفَلَّاحِ الْعَجُوزِ　その老農夫の背中は曲がっていた

انْحِنَاء الظَّهْرِ　猫背

انْخَدَعَ <خدع VII 名 انْخِدَاع　✽騙される,ごまかされる 名錯覚,思い違い

لَنْ أَنْخَدِعَ ثَانِيَةً　二度と騙されないぞ

انْخَرَطَ <خرط VII　✽旋盤にかけられる;(組織に)入る,加わる;(～に)通る

انْخَرَطَ فِي السِّلْكِ السِّيَاسِيِّ　政治の世界に入った

انْخَرَطَ الْجُنْدِيُّ فِي الْجَيْشِ　兵士は軍隊に加わった

انْخَرَطَتِ الْخَرَزَةُ فِي السِّلْكِ　真珠玉に糸が通った

انْخَفَضَ <خفض VII 名 انْخِفَاض　✽下がる,低下する;減る 名下がる事,低下,減少

انْخَفَضَتِ الْأَسْعَارُ　物価が下がった

فِي اللَّيْلِ تَنْخَفِضُ دَرَجَةُ الْحَرَارَةِ　夜に気温は下がる(低下する)

انْخِفَاض الضَّغْطِ الْجَوِّيِّ　大気圧の低下

انْدَفَعَ <دفع VII 名 انْدِفَاع　✽殺到する,突進する,押し寄せる(～بِـ:～に) 名殺到,突進

انْدَفَعَتِ الْمِيَاهُ فِي مَجَارِيهَا	水路を水が勢い良く流れた
انْدَفَعَ وَرَاءَ ~	～に屈服した/～を諦めた/～を放棄した
انْدَفَعَ خَارِجًا مِنَ السَّيَّارَةِ	車から飛び出した
انْدِفَاعًا	自発的に/進んで
انْدَلَعَ < دلع VII	✽燃え上がる，(戦争が)勃発する；舌を出す
انْدَلَعَتِ النَّارُ فِي الأَغْصَانِ	木の枝の炎が燃え上がった
انْدَلَقَ < دلق VII	✽こぼれる，噴き出る
انْدَلَقَ الشَّايُ مِنَ الْفِنْجَانِ	湯飲みのお茶がこぼれた
انْدَمَجَ < دمج VII 名 انْدِمَاج	✽合併される，吸収される 名合併，吸収；融合
انْدَمَجَتِ الْمَدِينَتَانِ	二つの都市が合併した
سِيَاسَةُ الانْدِمَاجِ	人種融合政策
انْدَهَشَ < دهش VII 名 انْدِهَاش	✽驚く，驚かされる(~لِـ/مِنْ：～に) 名驚き；困惑
انْدَهَشَ مِنْ مَا رَآهُ	彼はその光景に驚いた
آنَذَاكَ < اون	✽副その時；その日
شَعَرْتُ آنَذَاكَ بِأَنَّهُ سَيَمُوتُ	その時私は彼が死ぬのではと感じた
أَنْذَرَ < نذر IV 名 إِنْذَار 複 ـات	✽警告する(~بِـ：～を) 名警告，警報；通告
أَنْذَرَهُ بِالأَمْرِ	彼にその事を警告した
أَصْدَرَ إِنْذَارًا	警告を発した
إِنْذَار بِخَطَرٍ	警報
صَفَّارَةُ إِنْذَارٍ	サイレン
إِنْذَار نِهَائِيّ	最終提案/最後通告
بِدُونِ سَابِقِ إِنْذَارٍ	事前通告無しに
انْزَعَجَ < زعج VII 名 انْزِعَاج	✽(～で)不安になる；不快になる；悩む(～مِنْ：～に) 名不快，迷惑
انْزَعَجَ مِنْ حَدِيثِ الْكِبَارِ	大人たちの会話に不安になった
أَنْزَلَ < نزل IV 名 إِنْزَال	✽下ろす，降ろす；泊める 名下ろす事；上陸；進水

انزلق ~ إنسانية

أَنْزَلَ الْبَضَائِعَ مِنَ الْقِطَارِ　汽車から荷物を下ろした

أَنْزَلَ اللّٰهُ الْكَلَامَ عَلَى النَّبِيِّ　神は預言者に言葉を下された

❖ اِنْزَلَقَ < زلق VII 名 اِنْزِلَاق　(スキーやスケートなどで)滑る 名滑り, 滑走

اِنْزَلَقَ إِلَى أَسْفَلِ　下の方に滑っていった

اِنْزِلَاق الأَرْضِ　地滑り

❖ اِنْزَوَى، يَنْزَوِي < ز و ى VII 名 اِنْزِوَاءٌ　隅っこに行く; 隠居する, 引きこもる 名隠居; 引きこもり

غَضِبَ الْوَلَدُ وَانْزَوَى يَبْكِي　その子は怒って, (部屋の)隅で泣いた

❖ أُنْس　社交性; 親密さ; 友情; 喜び

سَادَ الْجَوَّ أُنْسٌ وَمَرَحٌ　その場は親密さと喜びに包まれた

❖ إِنْس 複 آنَاس　人間, 人類

❖ آنَسَ، يُؤَانِسُ < أنس III 名 مُؤَانَسَة　楽しませる; 友好的である

كَانَتْ أَضْوَاءُ الْحُبَاحِبِ تُؤَانِسُنَا لَيْلًا فِي الصَّيْفِ　夏の夜は蛍の光が私達を楽しませたものだった

❖ آنَسَ، يُؤْنِسُ < أنس IV 名 إِينَاس　楽しませる; 見る; 交際する 名友好; 親密さ

❖ أَنْسَى، يُنْسِي < نسي IV　忘れさせる

نِكَاتُكَ الظَّرِيفَةُ أَنْسَتْنِي حُزْنِي　あなたの気の利いた冗談が, 私の悲しみを忘れさせてくれた

❖ اِنْسَابَ، يَنْسَابُ < سيب VII　流れる; 早足で歩く; 滑る

أَرَأَيْتَ حَيَّةً تَنْسَابُ بَيْنَ الْحِجَارَةِ؟　石の間を蛇が行くのを見ましたか

❖ إِنْسَان < أنس / ناس 複 أُنَاس 関 إِنْسَانِيّ　人間, 人類 関人間の, 人類の; 人道的な, 人類愛の

الإِنْسَانُ حَيَوَانٌ مُفَكِّرٌ　人間は考える動物である

كَانَ طَبِيبًا إِنْسَانِيًّا　彼は人類愛にあふれる(人道的な)医者だった

عَمَلٌ إِنْسَانِيٌّ　人道的な行為

❖ إِنْسَانِيَّة < أنس　人間性, ヒューマニズム

الْفَلْسَفَةُ الإِنْسَانِيَّةُ　ヒューマニズム/人道主義

آنِسَة < انس 複 أَوَانِس / -ات ✽ 娘，お嬢さん

اَلْآنِسَة ~ ~さん ※未婚の女性に対する呼びかけ

اِنْسَجَمَ <سجم VII 名 اِنْسِجَام ✽ (~と)調和する，仲良くする(~مَعَ)；同意する
名調和

اِنْسَجِمْ مَعَ أَصْدِقَائِكَ 友達と仲良くしなさい

بِالْاِنْسِجَامِ مَعَ ~ ~と調和して

اِنْسَحَبَ <سحب VII 名 اِنْسِحَاب ✽ 引き上げる；退く，撤退する(~مِنْ：~から)
名撤退，脱退

اِنْسَحَبَتِ السَّيِّدَاتُ مِنْ هُنَاكَ ご婦人方はそこから引き上げた

اِنْسَحَبَتِ الْقُوَّاتُ مِنَ الْمِنْطَقَةِ 軍はその地域から撤退した

اِنْسَحَبَتِ الْيَابَانُ مِنَ الْمُنَظَّمَةِ الدُّوَلِيَّةِ 日本は国際連盟を脱退した

اِنْسَدَّ ، يَنْسَدُّ <سد VII 名 اِنْسِدَاد ✽ 詰まる，塞がる 名詰まる事，梗塞

اِنْسَدَّ الْمَصْرِفُ 排水口が詰まった

اِنْسِدَادُ الْقَلْبِ 心筋梗塞

اِنْسَكَبَ <سكب VII ✽ (血や水が)流れ出る，こぼれる；注がれる

اِنْسَكَبَ الشَّايُ فِي الْفِنْجَانِ カップのお茶がこぼれた

اِنْسَلَخَ <سلخ VII ✽ (月が)終わる；(皮が)剥ける，脱皮する

اِنْسَلَخَ الشَّهْرُ مِنَ السَّنَةِ 1年の中の1ヶ月が終わった

اِنْسَلَخَتِ الْحَيَّةُ مِنْ جِلْدِهَا 蛇が脱皮した

أَنْشَأَ ، يُنْشِئُ <نشأ IV 名 إِنْشَاء 複 -ات ✽ 建設する，創造する；作る；作文する
名建設，創造；作文 複施設，設備

أَنْشَأَ اللّٰهُ الْكَوْنَ 神が世界を創造された

سَتُنْشِئُ الْبَلَدِيَّةُ دَارًا لِلْكُتُبِ 市は図書館を作る予定だ

أَنْشَأْتُ قِصَّةً عَجِيبَةً 私は不思議な物語を書きました

تَحْتَ الْإِنْشَاءِ 工事中

بَلَغْتُ فِي الْإِنْشَاءِ مُسْتَوًى لَا بَأْسَ بِهِ 私の作文は悪くないレベルに達した

قَرِيبًا تُجَهِّزُ الشَّرِكَةُ إِنْشَاءَاتِهَا — 会社は近く,その設備を設置する

أَنْشَدَ < نشد IV 名 إِنْشَاد — ✽歌う;朗読する,吟ずる;探す 名歌う事;朗読

يُرْفَعُ الْعَلَمُ وَنُنْشِدُ النَّشِيدَ الْوَطَنِيَّ — 旗が掲げられ,私達は国歌を歌う

أَنْشِدْنَا الشِّعْرَ — 私達(のため)に詩を朗読しなさい

اِنْشَرَحَ < شرح VII 名 اِنْشِرَاح — ✽喜ぶ,心が晴れる,ほっとする;幸せになる 名喜び;くつろぎ

لَيْتَكَ تَعُودُ يَا أَخِي، فَتَنْشَرِحَ بِكَ صُدُورُنَا — 兄弟よ,あなたが戻れば,我らが心も晴れるのに

أَنْشِطَة < نشط — ✽ ⇒ نشاط 複

اِنْشَغَلَ < شغل VII 名 اِنْشِغَال — ✽多忙である,忙しい,心配になる 名多忙;心配

اِنْشَغَلَ وَالِدِي فَتَأَخَّرَ عَنِ الْمَوْعِدِ — 私の父親は忙しくて,約束の時間に遅れた

اِنْشَقَّ، يَنْشَقُّ < شق VII 名 اِنْشِقَاق — ✽破れる,裂ける,割れる 名分離;分裂

اِنْشَقَّتْ طَبْلَةُ الْأُذُنِ — 鼓膜が破れた

اِنْصَبَّ، يَنْصَبُّ < صب VII — ✽流れる,注ぐ;心を傾ける(〜عَلَى/إِلَى:〜に)

يَنْصَبُّ مَاءُ الْعَيْنِ فِي الْبِرْكَةِ — 泉の水が池に流れている

أَنْصَتَ < نصت IV — ✽聞く,耳を傾ける(〜إِلَى/لِـ:〜に)

أَنْصِتْ إِلَى حِكَايَتِهِ — 彼の話を聞きなさい

اِنْصَرَفَ < صرف VII 名 اِنْصِرَاف — ✽出て行く,去る;没頭する;注意を向ける;〜し始める(〜:未) 名退去;出発

اِنْصَرَفَ رَاجِعًا إِلَى بَيْتِهِ — 彼は自分の家に帰って行った

اِنْصَرِفْ مِنْ بَيْتِي — 私の家から出て行きなさい

اِنْصَرَفَ إِلَى تَحْضِيرِ الِامْتِحَانِ — 試験勉強に没頭した

أَسْتَأْذِنُ بِالِانْصِرَافِ — お先に失礼します

أَنْصَفَ < نصف IV 名 إِنْصَاف — ✽公平に扱う,公平にする 名公平さ;正義

أَنْصَفَ فِي مُعَامَلَتِهِ — 彼を公平に取り扱った

اِجْتَهَدَ لِإِنْصَافِهِ — 公平さを保つように努めた

انْصَهَرَ <صهر VII 名 انْصِهَار　❖溶ける;無くなる 名溶ける事,溶解

يَنْصَهِرُ النُّحَاسُ بِسُهُولَةٍ　銅は容易に溶ける

نُقْطَة (دَرَجَة) الانْصِهَارِ　融点

انْضَبَطَ <ضبط VII 名 انْضِبَاط　❖統制される;規律に服する,規制される;拘束される 名規律

عَلَى السَّائِقِينَ أَنْ يَنْضَبِطُوا بِقَانُونِ السَّيْرِ　ドライバーは交通規則に従わなければならない

أَنْضَجَ <نضج IV　❖(果物などを)熟させる,成熟させる;よく煮る(焼く)

الشَّمْسُ تُنْضِجُ الأَثْمَارَ　太陽が実を成熟させる

انْضَمَّ، يَنْضَمُّ <ضم VII 名 انْضِمَام　❖結合する,加わる(~إِلَى:~に);併合される 名加入;併合,合併,統合

انْضَمَّ إِلَى الْمُنَظَّمَةِ　その組織に加わった(加入した)

انْطَبَعَ <طبع VII 名 انْطِبَاع　❖印象づけられる;印刷される;押印される 名印象

انْطَبَعَتْ هٰذِهِ الْكُتُبُ فِي لُبْنَانَ　これらの本はレバノンで,印刷されました

أَخَذْتُ انْطِبَاعًا حَسَنًا عَنِ الْيَابَانِ　私は日本に良い印象を持ちました

انْطَبَقَ <طبق VII　❖覆われる;当てはまる(~عَلَى:~に);一致する

تَنْطَبِقُ هٰذِهِ الشُّرُوطُ عَلَيْهِ　この条件がそれに当てはまる

انْطَفَأَ، يَنْطَفِئُ <طفئ VII　❖(火や明かりなどが)消える;なくなる

انْطَفَأَتْ نَارُ الْمَوْقِدِ　ストーブの火が消えた

أَنْطَقَ <نطق IV　❖話をさせる;発言させる

أَنْطِقْ صَدِيقَكَ　友達に発言させなさい

انْطَلَقَ <طلق VII 名 انْطِلَاق　❖出発する;行く;急に~する;自由になる;放たれる ~し始める ※~:未 名出発;発射;放出

انْطَلَقَ يَضْحَكُ　おかしくて,吹き出した

انْطَلَقَ يَجْرِي　急いで出かけた

مَتَى تَنْطَلِقُ؟　いつ出発されますか

انْطَلَقَ السَّهْمُ نَحْوَ الْهَدَفِ　矢が的に向かって,放たれた

ا ب ت ث ج ح خ د ذ ر ز س ش ص ض ط ظ ع غ ف ق ك ل م ن هـ و ي

انْطَلَقْنَا نَعْدُو　私達は走り始めた

نُقْطَةُ الانْطِلاقِ　出発点

❖ انْطَوَى، يَنْطَوِي <طوى VII 名 انْطِوَاء　折りたたまれる;巻かれる;(本が)閉じられる;消える;(時間が)過ぎる;覆われる 名内向性;内省

انْطَوَتِ الْوَرَقَةُ　紙が折られた

الانْطِوَاءُ عَلَى النَّفْسِ　自己(の)反省

❖ انْعَزَلَ <عزل VII 名 انْعِزَال　孤立する,離れる(～عَنْ:～から);退く 名孤立;分離

انْعَزَلَ عَنْ أَصْدِقَائِهِ　友達から孤立した

❖ أَنْعَشَ <نعش IV 名 إِنْعَاش　生き返らせる,活気づける 名活性化;復活

تَنْمِيَةُ الْمُوَاصَلاتِ تُنْعِشُ الاقْتِصَادَ　交通の広がりが経済を活気づける(活性化する)

إِنْعَاشُ الاقْتِصَادِ　経済の活性化

❖ انْعَقَدَ <عقد VII 名 انْعِقَاد　結ばれる;開かれる;粘性を持つ 名締結;開催;約束

انْعَقَدَ الْخَيْطُ　糸が結ばれた

انْعَقَدَ مَجْلِسُ الْمُحَافَظَةِ　県議会が開かれた

يَنْعَقِدُ الْعَسَلُ عَلَى النَّارِ　蜂蜜は加熱されて,ねばねばになる

دَوْرُ الانْعِقَادِ　(議会の)会期

❖ انْعَكَسَ <عكس VII 名 انْعِكَاس 複 -ات　反射する;反響する;反映する 名反射;反響;反映

يَنْعَكِسُ النُّورُ عَلَى الْمِرْآةِ　光は鏡に反射する

انْعِكَاسَاتٌ إِيجَابِيَّةٌ (سَلْبِيَّةٌ)　肯定的(否定的)な反響

❖ أَنْعَمَ <نعم IV 名 إِنْعَام　授ける(～عَلَى:～に/～بِـ:～を),与える,恵む;専念する 名贈り物;授かり物;賜,恵み

أَنْعَمَ فِي ～　～に熱中した/専念した

أَنْعَمَ النَّظَرَ فِي～　(～を)良く見た/凝視した

أَنْعَمَ اللّٰهُ صَبَاحَكَ　お早うございます

أَنْعَمْتَ عَلَيْنَا بِالثَّوْرَةِ، يَا اللّٰهُ، فَشُكْرًا لَكَ　私達に革命を授けられた神よ,感謝申し上げます

اِنْغَرَزَ < غرز VII ❖差し込まれる;打ち込まれる;沈む

يَنْغَرِزُ الْمِسْمَارُ بِسُهُولَةٍ فِي الْخَشَبِ　釘は容易に木に打ち込まれる

اِنْغَلَقَ < غلق VII 名 اِنْغِلَاق ❖閉まる;不可解である 名理解できない事

اِحْذَرْ أَنْ يَنْغَلِقَ الْبَابُ　戸が閉まりますので,ご注意下さい

اِنْغَمَسَ < غمس VII ❖浸される,漬けられる;浸す;身を投げる

شَالُكِ يَكَادُ أَنْ يَنْغَمِسَ فِي الْمَاءِ　貴女のショールが水に浸かりそうですよ

أَنْف 複 أُنُوف / آنَاف ❖鼻;始め

هُوَ مَخَطَ أَنْفَهُ بِالْمَنْدِيلِ　彼はハンカチで鼻をかんだ

كَسَرَ أَنْفَهُ　鼻を折った ※得意がっている者の自慢を挫く事

رَغْمَ أَنْفِهِ / رَغْمَ (رَغْمًا) مِنْ أَنْفِهِ　逆らって/挑んで

رَغْمَ أَنْفِ أَبِيهِ خَرَجَ مِنْ بَيْتِهِ　父親に逆らって家を出た

شَعْرُ الْأَنْفِ　鼻毛

آنِف < أنف ❖先の,前述の

آنِفًا / آنِفُ الذِّكْرِ　前述した/先に述べた

أَنَفَة ❖誇り,プライド;高慢さ

أَنَفَتُهُ تُعْجِبُنِي　彼のプライドの高さに私は驚く

اِنْفَتَحَ < فتح VII 名 اِنْفِتَاح ❖開く※自動詞 名開放

اِنْفَتَحَ الْبَابُ　ドアが開いた

سِيَاسَةُ انْفِتَاحٍ　開放政策

اِنْفَجَرَ < فجر VII 名 اِنْفِجَار ❖爆発する,破裂する;あふれ出す 名爆発,破裂

اِنْفَجَرَتِ الْقُنْبُلَةُ　爆弾が破裂(爆発)した

مَوَادُّ الِانْفِجَارِ　爆発物

اِنْفَرَدَ < فرد VII 名 اِنْفِرَاد ❖孤立する;(人から)離れる,一人になる;独占する
名孤独,孤立;独占

قَبْلَ أَخْذِ الْقَرَارِ، اِنْفَرَدَ وَفَكَّرَ　決定する前に,一人になって考えた

اَلِانْفِرَادُ بِالسُّلْطَةِ　独裁(政治)/専制

عَلَى انْفِرَادٍ	個別に/別々に
انْفَرَطَ < فرط VII	❖緩くなる,解ける;(関係が)破綻する
انْفَرَطَ الْعِقْدُ	ネックレスが解けた
انْفَسَخَ < فسخ VII	❖無効になる;撤回される;破棄される
انْفَسَخَ الْعَقْدُ	契約は無効になった
انْفَصَلَ < فصل VII 名 انْفِصَال 関 انْفِصَالِيّ	❖分かれる,分離される,分裂する(〜عَنْ:〜から) 名分離,分裂 関分離主義の;分離主義者
انْفَصَلَ عَنِ الْجَمَاعَةِ	そのグループから分かれた
عَدَدٌ مِنَ الانْفِصَالِيِّينَ الأَكْرَادِ	多くのクルド分離主義者
انْفَطَرَ < فطر VII	❖ひびが入る;壊れる,裂ける
انْفَطَرَ الْعُودُ	棒にひびが入った
يَنْفَطِرُ قَلْبِي	私の心は張り裂けそうです
انْفَعَلَ < فعل VII 名 انْفِعَال	❖興奮する;影響を受ける 名興奮
انْفَعَلَ مِنْ شِدَّةِ الْغَضَبِ	激しい怒りで,興奮した
انْفِعَالاً	興奮して
أَنْفَقَ < نفق IV 名 إِنْفَاق	❖費やす(〜عَلَى/لِ〜:〜に) 名費やす事,消費;出費
أَنْفَقَ مَالاً (أَوْقَاتًا) عَلَى〜	〜のためにお金(時間)を費やした
أَكْثَرَ الإِنْفَاقَ	消費を増やした
انْفَكَّ ، يَنْفَكُّ < فك VII 名 انْفِكَاك	❖外れる,緩む;別れている;繋がれていない 名緩み;離脱
انْفَكَّتْ أَزْرَارُ الْمِعْطَفِ	コートのボタンが外れた
انْفَكَّ الْمِسْمَارُ (الْبُرْغِيُّ)	釘(ネジ)が緩んだ
مَا انْفَكَّ 〜	〜するのを止めなかった/〜し続けた※〜:未
انْفَلَقَ < فلق VII	❖ひびが入る,ひび割れる,裂ける;朝になる
انْفَلَقَتِ الْبُيُوضُ	卵にひびが入った
انْفَلَقَ الصُّبْحُ	朝になった/夜が明けた

اِنْقَادَ ، يَنْقَادُ < قود VII 名 اِنْقِيَاد　✽導かれる；従う，従順である 名服従，従順

اِنْقَادَ الأَسَدُ　そのライオンは従順だった

اِنْقَبَضَ < قبض VII 名 اِنْقِبَاض　✽萎縮する；縮む；圧力を受ける；便秘になる 名萎縮；収縮；便秘

اِنْقَبَضَ الْقَمِيصُ بَعْدَ الْغَسِيلِ　シャツを洗濯したら，縮んだ

اِنْقَبَضَ صَدْرُهُ　萎縮した/元気がなくなった/落胆した

اِنْقِبَاض الصَّدْرِ　落胆/気落ち

أَنْقَذَ < نقذ IV 名 إِنْقَاذ　✽助ける，救助する 名助ける事，救助，救済

أَنْقَذَ الطِّفْلَ مِنَ السَّيَّارَةِ　車の中から幼児を助け出した

اَلْجَبْهَة الإِسْلَامِيَّة لِلْإِنْقَاذ　イスラム救国戦線

اِنْقَرَضَ < قرض VII 名 اِنْقِرَاض　✽滅びる，絶滅する 名死滅，絶滅

اِنْقَرَضَتِ الذِّئَابُ الْيَابَانِيَّةُ　日本狼は滅んだ(絶滅した)

اِنْقَسَمَ < قسم VII 名 اِنْقِسَام　✽分けられる，分割される，分裂する 名分割；分裂

اِنْقَسَمَ الْكِتَابُ إِلَى ثَلَاثَةِ أَجْزَاءٍ　その本は三部に分けられた

اِنْقِسَام الْخَلَايَا　細胞分裂

اِنْقَشَعَ < قشع VII　✽(霧や雲が)晴れる；散らばる；解散する

اِنْقَشَعَ الضَّبَابُ　霧が晴れた

اِنْقَضَّ ، يَنْقَضُّ < قض VII 名 اِنْقِضَاض　✽舞い降りる，急降下する；突進する(～عَلَى：～に) 名急降下：突撃

اِنْقَضَّ الصَّقْرُ عَلَى الْعُصْفُورِ　鷹が小鳥の上に舞い降りた

طَائِرَة الانْقِضَاض　急降下爆撃機

اِنْقَضَى < قضى VII 名 اِنْقِضَاء　✽終わる；(時が)過ぎる 名終了；完成

اِنْقَضَى فَصْلُ الشِّتَاءِ　冬が終わった(過ぎた)

اِنْقَطَعَ < قطع VII 名 اِنْقِطَاع　✽切られる；止める(～عَنْ：～を)；止まる，止む，中断する 名切断；中断

اِنْقَطَعَتِ الشَّبَكَةُ　網が切られた

اِنْقَطَعَ عَنِ التَّدْخِينِ　煙草を止めた/禁煙した

انقلب ～ انكشف

اِنْقَطَعَ التَّيَّارُ الْكَهْرَبَائِيُّ	電気が止まった/停電した
بِلَا انْقِطَاعٍ	中断せずに/途切れなく
اِنْقَلَبَ < قلب VII 名 اِنْقِلَاب	❖覆る,ひっくり返る,転覆する,転倒する;戻る 名転覆,転倒;クーデター
اِنْقَلَبَ الْمَرْكَبُ	ボートがひっくり返った(転覆した)
اِنْقَلَبَ عَلَى عَقِبَيْهِ	踵を返した
اِنْقِلَاب عَسْكَرِيّ	軍事クーデター
اِنْقَلَعَ < قلع VII	❖抜かれる,引き抜かれる
اِنْقَلَعَتِ الشَّجَرَةُ	木が引き抜かれた
اِنْقَلَعَتِ السِّنُّ	歯が抜けた
اِنْكَبَّ ، يَنْكَبُّ < كب VII 名 اِنْكِبَاب	❖没頭する(～عَلَى:～に);ひれ伏す 名没頭;献身
اِنْكَبَّ عَلَى الدَّرْسِ	勉強に没頭した
اِنْكَبَّ عَلَى وَجْهِهِ (قَدَمَيْهِ)	彼の面前(足下)にひれ伏した
أَنْكَرَ < نكر IV 名 إِنْكَار	❖否認する,否定する;拒否する,拒む;知らない振りをする 名否認,否定;拒否
أُتُّهِمَ بِكَسْرِ الْكُرْسِيِّ ، وَلٰكِنَّهُ أَنْكَرَ ذٰلِكَ	彼は椅子を壊した事を疑われたが,否認した
أَنْكَرَ ذَاتَهُ (نَفْسَهُ)	自己否定した
إِنْكَار لِجَمِيلِهِ	恩知らず
اِنْكَسَرَ < كسر VII 名 اِنْكِسَار	❖壊れる,割れる;折れる;弱まる;屈折する 名壊される事,破損;敗北;(光の)屈折
اِنْكَسَرَتِ الزُّجَاجَةُ	ビンが割れた
اِنْكَسَرَتْ سَاقُهُ	彼の足(の骨)が折れた
اِنْكِسَار الْقَلْبِ	がっかりする事/意気消沈
اِنْكَسَفَ < كسف VII 名 اِنْكِسَاف	❖食が起こる[天文];恥じる 名食,月食,日食
اِنْكَسَفَتِ الشَّمْسُ	日食が起きた
اِنْكَشَفَ < كشف VII 名 اِنْكِشَاف 複 ـات	❖暴かれる,表れる,見つかる 名暴露;発見

لَمْ تَنْكَشِفْ مُلَابَسَاتُ الْحَادِثِ بَعْدُ ｜ まだ事件の状況(じけん じょうきょう)は判明(はんめい)していない

إِنْكِلْتِرَا / إِنْجِلْتِرَا ｜ ✣イギリス,英国(えいこく)

إِنْكِلِيزِيّ / إِنْجِلِيزِيّ ｜ ✣形イギリスの,英国(えいこく)の 名イギリス人,英国人(じん えいこくじん)

اللُّغَةُ الإِنْجِلِيزِيَّة ｜ 英語(えいご)

انْكَمَشَ ‹كمش› VII 名 انْكِمَاش ｜ ✣萎(しぼ)む,縮(ちぢ)む;引(ひ)きこもる;(精神(せいしん)を)集中(しゅうちゅう)する
名収縮(しゅうしゅく);没頭(ぼっとう)

انْكَمَشَ الْبَالُون ｜ 風船(ふうせん)が萎(しぼ)んだ

انْكِمَاش عَلَى نَفْسِه ｜ 引(ひ)きこもり

أُنْمُلَة ‹نمل أَنَامِل 複› ｜ ✣指先(ゆびさき)

سَلِمَتْ أَنَامِلُك! ｜ (手先(てさき)の仕事(しごと)をしている人(ひと)に)貴女(あなた)の手(て)が健康(けんこう)でありますように!

أَنْهَى・يُنْهِي ‹نهى› IV 名 إِنْهَاء ｜ ✣終(お)わらせる,終(お)える;片(かた)づける;完成(かんせい)させる
名終(お)える事(こと),終了(しゅうりょう);完成(かんせい)

أَنْهَى حَيَاتَه ｜ 彼(かれ)は人生(じんせい)を終(お)えた/彼(かれ)は自殺(じさつ)した

أُرِيدُ أَنْ أُنْهِيَ الْخُصُومَةَ بِسِلْمٍ ｜ 私(わたし)は仲直(なかなお)りして、喧嘩(けんか)を終(お)えたい

أَنْهَتْ دُرُوسَهَا الْجَامِعِيَّة ｜ 彼女(かのじょ)は大学(だいがく)を卒業(そつぎょう)した

إِنْهَاء الاحْتِلَال ｜ 占領(せんりょう)の終結(しゅうけつ)

انْهَارَ・يَنْهَارُ ‹هور› VII 名 انْهِيَار ｜ ✣崩(くず)れる,崩壊(ほうかい)する,倒(たお)れる 名崩壊(ほうかい),衰弱(すいじゃく)

انْهَارَ سُورُ الْبُسْتَان ｜ 庭(にわ)の塀(へい)が崩(くず)れた(倒(たお)れた)

تَزَلْزَلَتِ الأَرْضُ وَانْهَارَتْ بُيُوتُنَا ｜ 地面(じめん)が大(おお)きく揺(ゆ)れて、私(わたし)達(たち)の家々(いえいえ)が倒(たお)れました

انْهِيَار سَدّ ｜ ダムの崩壊(ほうかい)

انْهِيَار عَصَبِيّ ｜ 神経衰弱(しんけいすいじゃく)

انْهَالَ・يَنْهَالُ ‹هيل› VII 名 انْهِيَال ｜ ✣振(ふ)り掛(か)ける,降(ふ)り注(そそ)ぐ;(砂(すな),土(つち)が)積(つ)み重(かさ)なる
名崩壊(ほうかい),地滑(じすべ)り

انْهَالَتِ الْقَذَائِفُ عَلَى الدَّبَّابَة ｜ 戦車(せんしゃ)にロケット砲(ほう)が降(ふ)り注(そそ)いだ

انْهِيَال الأَرْض ｜ 土砂崩(どしゃくず)れ/地滑(じすべ)り

انْهَدَمَ ‹هدم› VII ｜ ✣壊(こわ)れる;壊(こわ)される;荒(あ)れ果(は)てる

اِنْهَدَمَ بَيْتُنَا الْقَدِيمُ	古い私達の家が壊れた
اِنْهَزَمَ <هزم VII 名 اِنْهِزَام	✽負ける;敗走する 名負け,敗北
اِنْهَزَمَ فِي مُبَارَاةِ ~	~の試合で負けた
اِعْتَرَفَ بِانْهِزَامِهِ	敗北を認めた
أَنْهَضَ <نهض IV 名 إِنْهَاض	✽引き上げる;起こす,目覚めさせる;勇気づける 名目覚めさせる事,覚醒;勇気づけ,鼓舞
سَأُنْهِضُهُ غَدًا فِي تَمَامِ الْخَامِسَةِ	私は明日5時きっかりに,彼を起こすつもりです
أَنْهَكَ <نهك IV 名 إِنْهَاك	✽疲れさせる 名疲労,疲弊,衰弱
لَقَدْ أَنْهَكَهُ الْمَرَضُ وَضَعَّفَهُ	彼は病気で疲れ,衰弱した
اِنْهَمَرَ <همر VII	✽降り注ぐ
اِنْهَمَرَتِ الْأَمْطَارُ غَزِيرَةً	雨が<u>ざあざあ降り注いだ</u>(土砂降りになった)
اِنْهَمَكَ <همك VII 名 اِنْهِمَاك	✽夢中になる,熱中する,耽る(~فِي:~に) 名夢中,熱中,没頭
يَنْهَمِكُ الْكَلْبُ فِي أَكْلِ اللَّحْمِ	その犬は肉を食べるのに夢中になっている
اِنْهِمَاك فِي عَمَلِهِ	仕事への没頭
أَنِيق < أنق	✽格式の高い;優雅な,エレガントな
خَادِمَةُ الْفُنْدُقِ تَلْبَسُ ثِيَابًا أَنِيقَةً	ホテルの女子従業員は優雅な服を着る
أَهَانَ، يُهِينُ <هون IV 名 إِهَانَة 複 ـات	✽侮辱する;軽蔑する 名侮辱,屈辱
شَعَرَ بِالْإِهَانَةِ	屈辱を感じた
أُهْبَة 複 أُهَب	✽準備,支度,用意
أُهْبَةُ الْحَرْبِ	軍備
أُهْبَةُ الرَّحِيلِ	旅支度
أَخَذَ أُهْبَتَهُ	準備した
أَهْبَل <هبل 複 هُبْل 女 هَبْلَاءُ	✽愚かな,馬鹿な
تَتَكَلَّمُ وَتَتَصَرَّفُ كَأَنَّهَا هَبْلَاءُ	彼女は愚か者のように話し,振る舞う
اِهْتَدَى، يَهْتَدِي <هدى VIII 名 اِهْتِدَاء	✽(正しい道に)導かれる;達する,たどり着く;見つける 名到達;発見

لَيْتَ الْأَشْرَارَ يَهْتَدُونَ ! 悪人どもが正しい道に導かれると良いのに

اِهْتَزَّ ، يَهْتَزُّ <هز VIII 名 اِهْتِزَاز ❖揺れる,振動する;震える 名揺れ,振動;震え

رَأَى الْبُيُوتَ تَهْتَزُّ 彼は家が揺れるのを見た

اِهْتَزَّ فَرَحًا (مِنَ الْفَرَحِ) 喜びに震えた

اِهْتَمَّ ، يَهْتَمُّ <هم VIII 名 اِهْتِمَام ❖関心を持つ,興味がある(~بِـ:~に);注意を払う 心配する;嘆く 名興味,関心(~بِـ:~についての)

اِهْتَمَّ بِالثَّقَافَةِ الْعَرَبِيَّةِ アラブ文化に関心を持った

عِنْدِي اهْتِمَامٌ بِالْحَمَّامَاتِ الْيَابَانِيَّةِ 私は日本の風呂に興味があります

مُثِيرٌ لِلِاهْتِمَامِ 興味深い

اِهْتَمَّ الرَّجُلُ عِنْدَ فَشَلِ فِي مَشْرُوعِ 計画が失敗して,男は嘆いた

أَهْدَى ، يُهْدِي <هدى IV 名 إِهْدَاء ❖贈り物をする(~إِلَى/لِـ:~に);捧げる 名贈呈,進呈

أَهْدَيْتُهَا سِوَارًا مِنْ ذَهَبٍ 私は彼女に金の腕輪を贈った

أَهَّلَ <أهل II ❖資格を与える;可能にする;歓迎する(~بِـ:~を)

شَهَادَةُ الدُّرُوسِ الثَّانَوِيَّةِ تُؤَهِّلُنِي لِدُخُولِ الْجَامِعَةِ 私の高校の成績は大学入学を可能にしています

أَهَّلْنَا بِالضُّيُوفِ 私達はお客さんを歓迎した

أَهْل 複 ون / أَهَالٍ 関 أَهْلِيّ ❖家族,一族;民 関家族の;土着の;国内の

سُرَّ الْعَائِدُ بِلِقَاءِ أَهْلِهِ 帰還者は家族に会って喜んだ

أَهْلُ الْكِتَابِ 啓典の民 ※イスラムでユダヤ教徒,キリスト教徒,イスラム教徒のこと

أَهْلًا وَسَهْلًا — أَهْلًا بِكَ ようこそ,いらっしゃいました―どうぞよろしく

قَتَلَ بَعْضُهُمْ بَعْضًا فِي الْحَرْبِ الْأَهْلِيَّةِ 内戦で,彼らは互いに殺し合った

أَهْلَكَ <هلك IV ❖滅ぼす;破壊する

لَقَدْ أَهْلَكَ سَيْلُ "تسونامي" الْمُدُنَ 津波の激流が諸都市を滅ぼしてしまった

إِهْلِيلَج (= شَكْل بَيْضَوِيّ) ❖楕円,楕円形

أَهَمّ <هم ❖主要な,主な ※ هَامّ の比

أَهَمُّ الْمُنْتَجَاتِ 主要(な)産物

أَهْمَلَ <هـمـل IV 名 إِهْمَال ❖ 怠る,なおざりにする;無視する
名怠慢,不注意;無視

سُرْعَانَ مَا تَوْعُرُ الْأَرْضُ إِذَا أُهْمِلَتْ* — 土地は使わない(手入れを怠る)と直ぐ荒れる *受

"أَحْمَدُ" حَرِدٌ لِأَنَّنَا أَهْمَلْنَاهُ — アフマドは私達が無視したので怒っている

بِإِهْمَالٍ — 不注意に(で)

أَهَمِّيَّة <هم ❖ 重要性,大切さ

ذُو أَهَمِّيَّةٍ — 重要な

عَدِيمُ الْأَهَمِّيَّةِ — 重要でない

أَوْ ❖ あるいは,または,それとも

أَوْ أَنَّ ~ — あるいは~であるかも知れない

مَاذَا تُرِيدُ، هٰذِهِ الْكَعْكَةَ أَوْ الْبُوظَةَ ؟ — 何が欲しいのですか,このケーキですか,それとも
アイスクリームですか

أَوَى، يَأْوِي <أوي ❖ 避難所を探す,避難する;行く;受け入れる,保護する

هٰذَا الْمَلْجَأُ يَأْوِي أَرْبَعِينَ شَخْصًا — この避難所は40名収容します

آوَى، يُؤْوِي <أوى IV 名 إِيوَاء ❖ 避難する(~إِلَى:~に),保護する; 収容する,泊める
名保護; 宿泊させる事

آوَى اللَّاجِئُونَ إِلَى الْمَلْجَإِ — 難民は避難所に避難した

أَوَاخِر <أخر ❖ آخِرٌ :終わりの複

أَوَاخِرَ الشَّهْرِ — 下旬

فِي أَوَاخِرِ ~ — ~の終わりの頃に

أَوَانٌ <اون 複 آوِنَة ❖ 時,時間;時期,季節

فِي أَوَانِهِ — 時宜を得た/タイミングの良い/季節にふさわしい

قَبْلَ أَوَانِهِ — 時期尚早で/早すぎて

فَاتَ الْأَوَانُ — 時宜を逸した/遅すぎた/後の祭りだった

فَاتَ وَقْتُ الْمُزَاحِ، وَآنَ أَوَانُ الْجِدِّ — ふざける時は過ぎて,真面目になる時が来た

آنَ الْأَوَانُ لِـ~ — ~する時が来た/今が~する時だ

أَوْب ❖ ⇒ آب 名

أُوتُومَاتِيكِيّ ❖ 自動の, 自動的な, オートマチックの, オートの

بَاب أُوتُومَاتِيكِيّ　自動ドア/オートドア

أَوْج ❖ 頂点;絶頂

بَلَغَ الأَوْجَ　最高潮(クライマックス)に達した

فِي أَوْجِ مَجْدِهِ　彼は栄光の頂点にいる

أَوْجَبَ، يُوجِبُ < وجب IV 名 إِيجَاب ❖ 義務とする, 課す 名義務;肯定, 同意

أَوْجَبَ عَلَيْهِ الْعَمَلَ　彼に仕事を課した

بِالْإِيجَاب　肯定的に

رَدَّ بِالْإِيجَاب　肯定的に答えた/肯定した

أَوْجَدَ، يُوجِدُ < وجد IV 名 إِيجَاد ❖ 作る, 創作する;発見する;供給する;強制する 名創作;発見;供給;強制

مَا الَّذِي أَوْجَدَ الْخِلَافَ بَيْنَ الْجَارَيْنِ ؟　二人の隣人の間に, どんな反目が有りましたか

أَوْجَزَ، يُوجِزُ < وجز IV 名 إِيجَاز ❖ 短くする;要約する;簡潔にする 名簡潔;要約

تَكَلَّمْ وَأَوْجِزْ، مِنْ فَضْلِكَ　簡潔に話して下さい

بِالْإِيجَاز　要するに/簡単に言えば

أَوْجَعَ، يُوجِعُ < وجع IV ❖ 痛める;痛くする, 苦痛を与える

أَوْجَعَتْنِي شَكَّةُ الإِبْرَةِ　(私は)注射が痛かった

أَوْحَىٰ، يُوحِي < وحى IV ❖ 霊感を与える;啓示する;示唆する;印象を与える

名 إِيحَاء 受 أُوحِيَ　名暗示 受霊感を得る;啓示を受ける

أُوحِيَ إِلَيَّ　私は霊感を得た

اِفْعَلْ مَا يُوحِي بِهِ ضَمِيرُكَ　良心に従って行動しなさい

مَظْهَرُ الأُسْتَاذِ يُوحِي بِالْقَسْوَةِ　教授の外見は厳しそうな印象を与えます

إِيحَاء ذَاتِيّ　自己暗示

أَوْحَدُ < وحد ❖ 比類のない;希な;唯一の

اللهُ الأَوْحَدُ　比類無き神

أَوْدَعَ ، يُودِعُ < ودع IV ❖ 預ける;置く,並べる

أَوْدَعْتُ الْمَالَ فِي الْبَنْكِ　お金は銀行に預けました

أَوْدَعَ ~ السِّجْنَ　~を投獄した

أُورَانِيُوم ❖ ウラン,ウラニュウム

رَقْمُ الأُورَانِيُومِ الذَّرِّيُّ ٩٢　ウランの原子番号は92です

أَوْرَثَ ، يُورِثُ < ورث IV ❖ もたらす,生じる:相続人に指定する

فِرَاقُكَ أَوْرَثَنِي كَآبَةً　あなたと別れて,ゆううつになりました

أَوْرَدَ ، يُورِدُ < ورد IV 名 إِيرَاد 複 -ات ❖ 運ばせる,持って来させる;運ぶ;掲載する;述べる
名引用 複供給;収入;輸入;利益

أَوْرَدَ الرَّاعِي قَطِيعَهُ الْمَاءَ　羊飼いは群に水を運んだ

لَمْ تُورِدِ الصَّحِيفَةُ خَبَرَ اسْتِقَالَتِهِ　新聞は彼の辞職を掲載しなかった

إِيرَادُ الضَّرَائِبِ　税収

أَوْرَقَ ، يُورِقُ < ورق IV ❖ (木が)葉をつける

أَوْرَقَ الشَّجَرُ ، فَمَرْحَىٰ بِالرَّبِيعِ　木が葉をつけたよ,春よいらっしゃい

أُورُوبَّة / أُورُوبَّا 関 أُورُوبِّيّ 複 ون ❖ ヨーロッパ,欧州 関ヨーロッパの,欧州の;
ヨーロッパ人,欧州人

إِوَزّ ※ إِوَزَّة ❖ ガチョウ ※1羽のガチョウ

إِوَزّ عِرَاقِيّ　白鳥

أُوسْتُرَالِيَا 関 أُوسْتُرَالِيّ 複 ون ❖ オーストラリア 関オーストラリアの;オーストラリア

أَوْسَطُ 複 أَوَاسِط 女 وُسْطَى 複 وُسَط/ أَوَاسِط ❖ 中間の,中央の ※وَسَط の比

الشَّرْق الأَوْسَط　中東

الْوُسْطَى　中指

أَوَاسِط الشَّهْرِ　(月の)中旬

أَوْشَكَ ، يُوشِكُ < وشك IV ❖ 殆ど~である;今にも~しそうである,
まさに~しようとする(~فِي/أَنْ)

أَوْشَكَ اللَّيْلُ أَنْ يَنْتَصِفَ　ほとんど真夜中になろうとしていた

أَوْشَكَ الْمَطَرُ أَنْ يَسْقُطَ　今にも雨が降りそうであった

أَوْصَىٰ ، يُوصِي > وصى IV 名 إِيصَاء ❖ 勧(すす)める(〜بِـ:〜を);委(ゆだ)ねる,託(たく)す;遺言(ゆいごん)する;発注(はっちゅう)する
実行者(じっこうしゃ)に命(めい)じる[イスラム法(ほう)]
名勧(すす)め,推薦(すいせん);遺言(ゆいごん);指名(しめい)[イスラム法(ほう)]

أَوْصَىٰ بِإِنْشَاءِ مَدْرَسَةٍ　学校(がっこう)の設立(せつりつ)を勧(すす)めた

بِأَيِّ عَمَلٍ أَوْصَاكَ مُعَلِّمُكَ؟　先生(せんせい)はあなたに,どんな仕事(しごと)を任(まか)せましたか

أَوْصَى الرَّسُولُ بِأَكْلِ التَّمْرِ　預言者(よげんしゃ)はナツメヤシを食(た)べる事(こと)を勧(すす)めた

أَوْصَلَ ، يُوصِلُ > وصل IV 名 إِيصَال ❖ (〜に)連(つ)れて行(ゆ)く(〜إِلَى),運(はこ)ぶ,結(むす)ぶ
名連結(れんけつ),結合(けつごう);運送(うんそう),伝送(でんそう);領収書(りょうしゅうしょ)

هٰذِهِ الطَّرِيقُ تُوصِلُ إِلَى قَرْيَتِي　この道(みち)は私(わたし)の村(むら)に通(つう)じる

أَوْضَحَ ، يُوضِحُ > وضح IV 名 إِيضَاح ❖ 説明(せつめい)する,はっきりさせる 名説明(せつめい);明解(めいかい)

كَلَامُكَ غَامِضٌ، أَلَا تَسْتَطِيعُ أَنْ تُوضِحَهُ　貴男(あなた)の話(はなし)は不明瞭(ふめいりょう)です,はっきり言(い)えませんか

أَوْعَزَ ، يُوعِزُ > وعز IV 名 إِيعَاز ❖ ほのめかす;忠告(ちゅうこく)する,勧告(かんこく)する(〜بِـ:〜を/
〜إِلَى:〜に) 名忠告(ちゅうこく),勧告(かんこく)

أَوْعَزَ بِتَحْقِيقَاتٍ　調査(ちょうさ)を勧告(かんこく)した

أَوْفَدَ ، يُوفِدُ > وفد IV 名 إِيفَاد ❖ 送(おく)る,(代表(だいひょう)として)派遣(はけん)する(〜إِلَى:〜に) 名派遣(はけん)

سَتُوفِدُكَ الشَّرِكَةُ إِلَى الْمُؤْتَمَرِ　会社(かいしゃ)はあなたを会議(かいぎ)に代表(だいひょう)として,派遣(はけん)するだろう

إِيفَادُ الْبَعْثَةِ　使節団(しせつだん)の派遣(はけん)

أَوْقَدَ ، يُوقِدُ > وقد IV 名 إِيقَاد ❖ 火(ひ)をつける,火(ひ)を起(お)こす 名着火(ちゃっか),点火(てんか)

هَلْ أَوْقَدْتَ النَّارَ تَحْتَ الْقِدْرِ؟　薬缶(やかん)の火(ひ)を付(つ)けましたか

أَوْقَعَ ، يُوقِعُ > وقع IV 名 إِيقَاع 複 -ات ❖ 落(お)とす;落(お)とさせる;放(ほう)り投(な)げる;攻撃(こうげき)する
名落下(らっか);リズム

أَوْقَعَ الْقِدْرَ مِنْ يَدِي　彼(かれ)は私(わたし)の手(て)から薬缶(やかん)を落(お)とした

رَقَصْنَا طَوِيلاً عَلَى إِيقَاعِ أَلْحَانِكَ　私達(わたしたち)はあなたの曲(きょく)のリズムに乗(の)って,長(なが)い事(こと)
踊(おど)りました

أَوْقَفَ ، يُوقِفُ > وقف IV 名 إِيقَاف ❖ 止(や)めさせる;止(と)める;中止(ちゅうし)する 名停止(ていし);中止(ちゅうし)

أَوْقِفِ الْغِنَاءَ　歌(うた)を止(や)めさせなさい/歌(うた)うのを止(や)めなさい

أَوْقَفَ الرَّجُلُ الدَّبَّابَاتِ　男(おとこ)は戦車(せんしゃ)を止(と)めた

إِيقَافُ السَّيَّارَةِ　車(くるま)を止(と)める事(こと)/停車(ていしゃ)

ا ب ت ث ج ح خ د ذ ر ز س ش ص ض ط ظ ع غ ف ق ك ل م ن هـ و ي

أَوَّلَ ، يُؤَوِّلُ < أول II 名 تَأْوِيل ❖ 解説する，訳する；説明する 名解説；説明

كَيْفَ تُؤَوِّلُ هٰذَا الْكَلَامَ ؟ この言葉はどう説明しますか

تَأْوِيل الْقُرْآنِ コーランの解釈

أَوَّل < أول 女 أُولَى ❖ 初めの，始めの，最初の，一番の，第一の，第一次の

وَلٰكِنَّهَا حَقِيقَةٌ مِنْ أَوَّلِهَا لِآخِرِهَا しかし，それは初めから終わりまで，本当(真実)です

اَلْمَرَّة الْأُولَى / لِأَوَّلِ مَرَّةٍ 初めて

اَلْحَرْب الْعَالَمِيَّة الْأُولَى 第一次世界大戦

اَلْإِنْسَان الْأَوَّل 原始人

أَوَّلَ أَمْسِ 一昨日/おととい

فِي أَوَّلِ الْأَمْرِ 先ず始めに

أَوَّلًا 第一に/始めに

أَوَّلًا اقْرَإِ الْأَسْئِلَةَ ، ثَانِيًا أُكْتُبْ الْإِجَابَاتِ 始めに問題を読んで，次に答えを書きなさい

أَوْلَى ، يُولِي < ولي IV ❖ 持って来る；振り向く；(悪事を) 働く；委ねる；与える

أَوْلَاهُ مَعْرُوفًا 恩恵を与えた

أُولَائِكَ / أُولٰئِك ❖ あれらは，あれらの ※ ذٰلِكَ の複 人にのみ使用

أُولَائِكَ رِجَالٌ مِنَ الْكُوَيْتِ あれらは(あれは)クウェートの男達です

أَوْلَعَ ، يُولِعُ < ولع IV ❖ 火をつける；夢中にさせる(～بِ:～に)

受 أُولِعَ ، يُولَعُ 好む，夢中になる(بِ:～に)

أَنْتَ أَوْلَعْتَنِي بِلَعِبِ الطَّاوِلَةِ あなたが私をバックギャモン遊びに夢中にさせた

أَوْلَوِيَّة < اول ❖ 優先，優先権；先行

تُعْطَى الْأَوْلَوِيَّةُ لِلْمُشَاةِ 歩行者が優先する

أَوْمَأَ ، يُومِئُ < ومأ IV 名 إِيمَاء ❖ 示す，指示する；身振りで示す 名身振り

أَوْمَأَ رَأْسَهُ مُوَافِقًا 頷いて同意した

فَنُّ الْإِيمَاءِ パントマイム

أَوْمَضَ ، يُومِضُ < ومض IV ❖ 光る；(雷が)遠くで光る，きらめく

أَخَذَ الْبَرْقُ يُومِضُ فِي الْأُفُقِ الْبَعِيدِ　雷が遠くの地平線で光り始めた

أَوْمَضَ بِعَيْنِهِ　盗み見した(~إِلَى:~を)

أَوْهَمَ ، يُوهِمُ <وهم IV 名 إِيهَام 複 -ات　◆偏見を持たせる;思わせる;間違って教える
名欺瞞;詐欺

أَوْهَمَنِي بِأَنَّهُ مُسَافِرٌ　私には彼は旅行者だと思われた

رَفْعُ الْإِيهَامِ　訂正/修正

أَيْ　◆即ち,つまり

بَعْدَ غَدٍ ، أَيْ فِي يَوْمِ السَّبْتِ الْقَادِمِ　明後日,即ち今度の土曜日に

أَيٌّ 女 أَيَّةٌ　◆どの,どちらの~,どんな~

> أَيِّ 属 أَيَّ 対 أَيٌّ 主※　※どの~(~:限定複数名詞·属格)　※どんな~(~:非限定単数名詞·属格)

أَيُّ الطُّلَّابِ نَجَحَ ؟　どの学生が受かったのですか

أَيُّ فِيلْمٍ عِنْدَكَ ؟　どんなフィルムが有りますか

أَيَّ حَلٍّ تَقْتَرِحُ لِأَزْمَةِ السَّيْرِ ؟　交通危機に,どのような解決策を提案しますか

فِي أَيِّ وَقْتٍ　どんな時でも/いつでも

مَرْحَبًا ، أَيُّ خِدْمَةٍ　いらっしゃい,何にしましょう

أَيُّهُمَا أَبْعَدُ الْقَاهِرَةُ أَمْ بَغْدَادُ ؟　カイロとバグダードは,どちらが遠いですか

أَيَا ~　◆やぁ,おーい~　※=يا, ~:対

أَيَا بَائِعَ الْبُرْتُقَالِ ، تَعَالَ !　おーい,オレンジ売り屋さん,こっちに来て下さい

إِيَّا~ ※ إِيَّايَ/ إِيَّاكَ/ إِيَّاهَا / إِيَّاهُ　◆~こそ　※人称代名詞の目的語を強調する

إِيَّاكَ نَعْبُدُ　あなたをこそ崇めます

إِيَّاكَ أَنْ ~　~しないようにしなさい

إِيَّاكَ أَنْ تُقَامِرَ أَحَدًا　賭け事は一切しないようにしなさい

إِيَاب <أوب　◆帰り

ذَهَاب وَإِيَاب　行き(と)帰り/往復

ذَهَابًا وَإِيَابًا　行ったり来たり

أَيَّارُ ❖ アイヤール ※シリア暦の五月

أَيَّارُ شَهْرُ الزُّهُورِ　アイヤールは花の月です

أَيَّانَ < أين ❖ いつ*;〜であれば;いつでも *=مَتَى

أَيَّانَ تَرْجِعُ ؟　あなたはいつ帰りますか(戻りますか)

أَيَّانَ تَدْرُسْ تَنْجَحْ　あなたは勉強すれば合格します

أَيَّانَ تَزُرْنَا نَسْتَقْبِلْكَ　あなたが私達を訪問されれば,いつでも歓迎します

أَيْبَسَ ، يُوبِسُ < يبس IV ❖ 乾かす,乾燥させる

أَيْبَسَتِ الشَّمْسُ سَنَابِلَ الْأَرُزِّ　太陽が稲穂を乾かした

آيَة < آي 複 ـات ❖ 印;啓示,奇跡;コーランの節

شَاهَدَ النَّاسُ آيَةً فَأَخَذُوا يُهَلِّلُونَ　奇跡を見た人々はコーランの一節を唱え始めた

أَيَّتُهَا ❖ ⇒ أَيُّهَا 女

إِيجَاب < وجب 関 إِيجَابِيّ ❖ 肯定,同意;義務 関積極的な;肯定の,肯定的な

مَحَلُّ (مَرَاجِعُ) الْإِيجَابِ　当局

رَدَّ (أَجَابَ) بِالْإِيجَابِ　肯定した

رَدَدْتُ عَلَى سُؤَالِهِ بِالْإِيجَابِ　私は彼の問いかけを肯定しました

اَلْأَفْعَال وَالْأَقْوَال الْإِيجَابِيَّة　積極的な言動

كَانَ رَدُّهَا إِيجَابِيًّا　彼女の返事は肯定的であった

إِيجَار < أجر ❖ ⇒ آجَرَ 名

أَيَّدَ ، يُؤَيِّدُ < أيد II 名 تَأْيِيد ❖ 支持する,擁護する 名支持

اَلْيَابَانُ تُؤَيِّدُ مَوْقِفَ الدُّوَلِ الْعَرَبِيَّةِ　日本はアラブの立場を支持する

اَلتَّأْيِيد وَالْمُعَارَضَة　支持と反対

اَلْأَيْدْز ❖ エイズ

※ دَاء خَبِيث يَتَمَيَّزُ بِنَقْصِ الْمَنَاعَةِ الْمُكْتَسَبَة　悪性の病気で免疫性の欠如に顕著な病気

إِيرَان 関 إِيرَانِيّ ❖ イラン 関イランの;イラン人

اَلْجُمْهُورِيَّة الْإِيرَانِيَّة　イラン共和国

أَيْسَرُ <يسر 女 يُسْرَى ❖ 左の;より易しい ※ يَسِير の比 ※⇔ أَيْمَن

اَلْقَدَم الْيُسْرَى 左の足/左足

اَلْكِتَابَةُ بِالرَّصَاصِ أَيْسَرُ مِنَ الْكِتَابَةِ بِالْحِبْرِ 鉛筆で書くのはインクで書くのより易しい

أَيْضًا ❖ ～も，もまた；再び

أَظُنُّ ذٰلِكَ أَيْضًا 私もそう思う

إِيطَالِيَا 関 إِيطَالِيّ 複 ـون ❖ イタリア 関イタリアの;イタリア人

إِيقَاعِيّ <وقع ❖ リズミカルな

اَلدَّبْكَةُ تَقُومُ عَلَى قَرْعِ الْأَرْضِ بِالرِّجْلِ قَرْعًا إِيقَاعِيًّا ダブカは足で地面をリズミカルに打ちながら，行います

إِيقَاع <وقع ❖ ⇒ أَوْقَعَ 名

إِيقَاف <وقف ❖ ⇒ أَوْقَفَ 名

أَيْقَظَ، يُوقِظُ <يقظ IV 名 إِيقَاظ ❖ 起こす，目覚めさせる 名起こす事

أَيْقِظْهُ 彼を起こしなさい

لَا تُوقِظِ الْفِتْنَةَ 誘惑を目覚めさせるな/寝た子を起こすな[格言]

أَيْقَنَ ، يُوقِنُ <يقن IV 名 إِيقَان ❖ 確信する，確かめる，(～بِ:～を) 名確信

أَيْقَنْتُ بِنَجَاحِي فِي الِامْتِحَانِ 私は試験の合格を確信した

أَيْلُول ❖ アイルール ※シリア暦の九月

فِي أَيْلُولَ يَتِمُّ نُضْجُ الْعِنَبِ アイルールに葡萄は熟する

إِيمَاءَة <ومأ 複 ـات ❖ 身振り，ジェスチャー

اَلذَّكِيُّ لَا يَحْتَاجُ إِلَى أَكْثَرَ مِنْ إِيمَاءَةٍ 聡明な者に余分な身振りは必要としない

إِيمَان <أمن ❖ 信仰;信念 ※⇒ آمَنَ 名

إِعْلَانُ الْإِيمَانِ 信仰告白

أَيْمَن <يمن 女 يُمْنَى ❖ 右の，右側の

اَلْيَد الْيُمْنَى 右の手/右手

أَيْـنَ ❖ どこに, どこ

أَيْـنَ يُـبَاعُ الْخُبْـزُ ؟　そのパンはどこに(で)売っていますか

أَيْـنَ أَخُـوكَ ؟　あなたの弟(兄)はどこにいますか

مِنْ أَيْـنَ ؟　どこから

إِلَى أَيْـنَ ؟　どこへ/どちらへ

أَيْـنَعَ ، يُونِـعُ <ينع IV 名 إِيـنَاع ❖ 熟す, 熟れる 名 熟成, 成熟

أَيْـنَعَ الْكَاكِي　柿の実が熟した

أَيْـنَمَا < أين ❖ どこへでも ※= أَيْـنَ + مَـا

أَيْـنَمَا تَذْهَبْ أَصْحَبْـكَ　あなたが行く所はどこへでも, 私はついて行きます

أَيُّـهَا 女 أَيَّـتُـهَا ❖ やあ, ～よ ※後ろに定冠詞の付いた名詞主格が来る

فَكِّرْ قَبْلَ أَنْ تَتَكَلَّمَ ، أَيُّهَا الْغَبِـيُّ!　愚か者よ, しゃべる前に考えなさい

أَيَّـتُـهَا الْفَـتَـاةُ الصَّغِـيـرَةُ　やあ, お嬢ちゃん

أَقْسامُ الشَّجَرَةِ: 木の各部

梅 : شَجَرَةُ الْمِشْمِش

ب

حَرْفُ الباء

~بِـ ❖ ～によって,～で,～でもって;～に,を
※次の語と接続する非分離形前置詞

ضَرَبَ بِيَدِهِ　手で叩いた

بِسُرْعَةٍ　急いで

مَاذَا بِكَ؟　どうしたんですか

بِمَ / بِمَا　何で/何を/どのような物で/どのような物を

بِمَا أَنَّ ~　～なので/～だから

بِمَا فِيهِ　それに含めて

صَلَّى بِالْجَامِعِ　モスクで祈った ※場所

قَابَلْتُهُ بِاللَّيْلِ　私は夜に彼と会った ※時間

اُكْتُبْ بِالْقَلَمِ　鉛筆で書きなさい ※道具

سَافَرَ بِالسَّيَّارَةِ　自動車で旅行した ※手段

بَاءَ ، يَبُوءُ < بوء ❖ 戻る(～بِـ:～を持って);戻す;認める(～بِـ:を)

بَاءَ بِالْفَشَلِ (بِالْخَيْبَةِ)　失敗した

بَائِت < بيت ❖ (食べ物が一晩過ぎて)古い;落第した

خُبْز بَائِت　古いパン

بَائِد < بيد ❖ 死に絶えた;過ぎた,過去の;一時の

عُصُور بَائِدَة　過ぎた時代

بَائِر < بور 複 بُوْر ❖ 耕されてない;売れない;(市場が)活気のない

أَرَاضٍ بَائِرَة　耕されてない土地/未耕地

بَائِس < بأس 複 بُؤُس ❖ 可哀そうな,不幸せな;大変貧しい

يَسْتَحِقُّ الْبَائِسُ الشَّفَقَةَ وَالْإِحْسَانَ　貧しさは同情と慈善に値する

بَائِع < بيع 複 بَاعَة ❖ 店員, 売り, 売り子, セールスマン; 商人

بَائِع وَمُشْتَرٍ　売り手と買い手

بَائِع اللَّبَنِ　ミルク売り/牛乳屋

بَائِن < بين ❖ はっきりした, 明白な; 最後の, 最終的な; 長大な

طَلَاق بَائِن　取り消し不可能な離婚 [イスラム法]

بَائِن الطُّولِ　とても背が高い

بَابٌ < بوب 複 أَبْوَاب / بِيبَان ❖ ドア, 戸, 扉; 門

ذٰلِكَ الْبَابُ مَكْسُورٌ　あの扉は壊れています

فَتَحَ (أَقْفَلَ) الْبَابَ　戸を開けた(閉めた)

بَابُ الْعَامُودِ　(エルサレムの)ダマスカス門

بُؤْبُؤ ❖ 瞳, 瞳孔

يَتَّسِعُ بُؤْبُؤُ الْعَيْنِ فِي الظَّلَامِ　瞳孔は暗闇で広くなる

بَابَا ❖ (幼児語で)パパ

اَلْبَابَا　ローマ法王

بَابَا نُويل　サンタクロース

بَابِل ❖ バビロン ※イラクのバグダード南方に位置する都市

بَابُونَج ❖ カモミール[植物]

بَاتَ، يَبِيتُ / يَبَاتُ < بيت 名 مَبِيت ❖ 泊まる, 夜を過ごす; ~になる 名 宿泊, 徹夜; 寮

بَاتُوا فِي الْمَدْرَسَةِ　彼らは学校で夜を過ごした

بَاتَ الْعِنَبُ يَانِعًا　葡萄が熟した

ضَحَايَا السِّلِّ بَاتُوا قَلِيلِينَ　結核の犠牲者は少なくなった

بَاحَ، يَبُوحُ < بوح 名 بَوْح ❖ (秘密を)打ち明ける, もらす; 知られる 名 告白; 暴露

بَاحَ بِسِرِّهِ لِـ~　~に秘密を打ち明けた

اَلْبَوْح بِأَسْرَارٍ　秘密の暴露

بَاحَثَ < بحث III 名 مُبَاحَثَة ❖ 議論する, 討論する(~فِي: ~について) 名 議論, 討論

بَاحَثَهُمْ فِي الْكِتَابِ	彼は彼らと,その本について議論した
❖ بَاحِث <بحث 複 -ون / بُحَّاث	学者,研究者(~فِي:~の,における)
بَاحِث فِي عِلْمِ النَّبَاتِ	植物学者
❖ بَاخِرَة <بخر 複 بَوَاخِر	汽船
أَفْرَغَتِ الْبَاخِرَةُ حُمُولَتَهَا عَلَى الرَّصِيفِ	汽船が積み荷を桟橋に降ろした
❖ بَادَ ، يَبِيدُ <بيد 名 بَيْد	滅びる;消える 名滅亡;消えてなくなる事
لَيْتَ الذُّبَابَ يَبِيدُ	蝿なんか,消えて,無くなれば良いのに
بَيْدَ أَنَّ ~	しかしながら~
اَلتَّاجِرُ غَنِيٌّ بَيْدَ أَنَّهُ بَخِيلٌ	その商人は金持ちであるが,けちである
❖ بَادٍ < بدو 複 بَادُون	形明白な,はっきりした ※定 اَلْبَادِي 名ベドウィン 複 بُدَاة
اَلضَّعْفُ بَادٍ فِي تَفْكِيرِهِ وَكَلَامِهِ	彼の思想と言葉に弱さがるのは明白である
❖ بَادِئ <بدأ	形初めの,最初の 名創造者;初心者;始まり
اَلْبَادِئُ ذِكْرُهُ	前述の事/先に述べた事
فِي بَادِئِ الْأَمْرِ / بَادِئَ الْأَمْرِ	先ず始めに
❖ بَادِئَة < بدأ	接頭辞
❖ بَادَرَ <بيدر III 名 مُبَادَرَة	急ぐ(~إِلَى:~に);急に来る;(頭に)浮かぶ 名第一歩,始め,開始;企て
بَادَرَهُ بِالْكَلَامِ	最初に話した/会話の口火を切った
بَادَرَ إِلَى لِقَائِهِ	急いで彼に会いに行った
اِتَّخَذَ مُبَادَرَةً	機先を制した/イニシアチブを取った
❖ بَادِرَة < بدر 複 بَوَادِر	(怒りからくる)激情,振る舞い;前触れ;誤り
اِسْتَاءَ الْأُسْتَاذُ مِنْ هٰذِهِ الْبَادِرَةِ	教授はこの振る舞いを不快に思った
❖ بَادَلَ < بدل III 名 مُبَادَلَة	交換する,取り換える(~بِـ:~と);交わす 名交換
أُرِيدُ أَنْ أُبَادِلَ هٰذَا الشَّيْءَ بِغَيْرِهِ	私はこの物を他の物と交換したい
بَادَلَهُمُ التَّحِيَّةَ	彼は彼らと挨拶を交わした

بَادِيَة < بدو 複 بَوَادٍ ❖ 砂漠, ステップ[地理]; ベドウィン

أَهْل الْبَادِيَة　砂漠の民/ベドウィン

مَا يَزَالُ الْبَدْوُ يَتَنَقَّلُونَ فِي الْبَادِيَةِ　今もなお, ベドウィンは砂漠を移動している

بَاذِنْجَان 複 ـات ※ بَاذِنْجَانَة ❖ 茄子, 茄子 ※1本の茄子

أُحِبُّ الْبَاذِنْجَان كَيْفَمَا طُبِخَ　私は茄子はどのように料理されても好きです

بَارَ ، يَبُورُ < بور 名 بَوَار / بُور ❖ 滅びる; 売れない; 未だ耕されていない

名未耕地, 荒れ地; 破滅, 滅び

بَارَ الْعَمَلُ　仕事がうまく行かなかった

بَارَتِ الأَرْضُ　土地は耕されていなかった

بَارَتِ السُّوقُ　市場は停滞した

أَهْمَلَ الْفَلَّاحُ الأَرْضَ فَصَارَتْ بُورًا　農民が土地を手入れしなかったので, 荒れ地になった

بَارٌّ < بر 複 بَرَرَة ❖ 忠実な, 誠実な, 忠義な, 義理堅い; 敬虔な

كُنْ بَارًّا بِوَالِدَيْكَ　両親に孝行しなさい

بِئْر < بأر 複 آبَار ❖ 女井戸; 水たまり

بِئْر عَمِيقَة　深い井戸

بِئْر نَفْط　油井

دَلَّى دَلْوَهُ فِي الْبِئْرِ　バケツを井戸に垂らした

بَارَى < بري 名 مُبَارَاة ❖ (〜と)競う, 争う 名コンテスト, 競技会, 競争, 試

فَرِيقُ "النَّجْمَةِ" يُبَارِي فَرِيقَ "الْقَمَرِ"　星さんチームが月さんチームと争います

مُبَارَاة نِهَائِيَّة　決勝戦

(الْ)بَارِئ < برأ ❖ 創造主, 神

يَا بَارِئَ الْكَوْن !　あぁ, 世界の創造主よ

بُؤْرَة < بأر 複 بُؤَر ❖ 穴, くぼみ; (レンズの)焦点; 中心

بَارِجَة < برج 複 بَوَارِج ❖ 戦艦

تُشْبِهُ الْبَارِجَةُ قَلْعَةً عَائِمَةً عَلَى الْمَاءِ　戦艦は水に浮く城のようなものだ

بَارِح < برح ❖ 過ぎ去った,過去の;不吉な

اَلْبَارِح / اَلْبَارِحَة　昨日/昨日

أَوَّلَ الْبَارِحَةِ / اَلْبَارِحَةَ الْأُولَى　一昨日/一昨日

اَللَّيْلَة الْبَارِحَة　昨日の夜/昨晩

بَارِد < برد ❖ 寒い,冷たい;楽な;馬鹿な

اَلْجَوُّ بَارِدٌ جِدًّا　とても寒い天気です

اَلْحَرْب الْبَارِدَة　冷たい戦争/冷戦

عَيْش بَارِد　楽な生活

بَارَزَ < برز III 名 مُبَارَزَة ❖ (〜と)決闘する,闘う,競う 名決闘,闘い

بَارَزَ "عَنْتَرَةُ" خَصْمَهُ ، وَسُرْعَانَ مَا صَرَعَهُ　アンタールは敵と闘い,直ぐにその敵を倒した

بَارِز < برز 複 ون ❖ 顕著な;突出した;ずば抜けた,傑出した

نَقْش بَارِز　レリーフ

كَانَ "رَشِيدٌ" لَاعِبًا بَارِزًا　ラシードはずば抜けた選手だった

بَارِع < برع 複 ون ❖ 上手な,巧みな,腕の良い,(〜فِي:〜の);卓越した

بَارِعٌ أَخِي فِي قِيَادَةِ السَّيَّارَةِ　兄は車の運転が巧い

بَارَكَ < برك III 名 مُبَارَكَة ❖ 祝福する,祝う(〜فِي:〜を) 名祝福,祝い

جِئْتُ أُبَارِكُ لِلْعَرُوسَيْنِ　花嫁と花婿を祝福するために私は来ました

بَارَكَهُ اللّٰهُ / بَارَكَ اللّٰهُ فِيهِ (عَلَيْهِ)　神が彼を祝福されますように

بَارُود ※ بَارُودَة ❖ 火薬,爆薬 ※銃(複 بَوَارِيد)

يُسْتَعْمَلُ الْبَارُودُ فِي تَفْجِيرِ الصُّخُورِ　岩石の爆破に火薬が使われる

بَازٌ 複 بُزَاة ❖ 鷹

كَانَ الْبَازُ يُسْتَخْدَمُ فِي صَيْدِ الْعَصَافِيرِ　鷹はかつて,小鳥の狩りに使われていた

بَؤُسَ ، يَبْؤُسُ ❖ 勇敢である,強くある

كَانَ الْفَتَى الْبَدَوِيُّ يَبْؤُسُ　かつてベドウィンの若者は勇敢であった

بئس ～ باشق

بَئِسَ ، يَبْأَسُ ❖ 惨めである, 惨めになる ; 不幸である, 不幸になる

خَسِرَ مَالَهُ وَبَئِسَ　財産を失って, 彼の生活は惨めになった

بَأْسٌ < بؤس / بئس ❖ 強さ, 勇気;害, 不都合;苦痛;恐れ

شَدِيدُ الْبَأْسِ / ذُو بَأْسٍ　勇敢な/勇気のある

لَا بَأْسَ　大した事はない/良いですよ/構いません

لَا بَأْسَ بِهِ (فِيهِ)　それは問題ありません(まあまあです)

لَا بَأْسَ عَلَيْكَ　心配しないで/気にしないで

كَمِّيَّةٌ لَا بَأْسَ بِهَا　かなりの量

بِئْسَ ❖ 何という不幸な;何と悪い

بِئْسَ الْكَذِبُ !　何と嘘の悪いことか!

بُؤْسٌ ❖ 悲惨, 惨め;苦悩

يَعِيشُ فِي الْبُؤْسِ　惨めに暮らす

بَاسِقٌ < بسق ❖ 高い, 高くそびえる

انْتَصَبَتْ عَلَى الضَّفَّةِ حَوْرَتَانِ بَاسِقَتَانِ　土手には2本の高いポプラの木があった

بَاسِلٌ < بسل 複 بَوَاسِلُ / بُسَلَاءُ ❖ 勇敢な, 勇気のある

جُنْدِيٌّ بَاسِلٌ　勇敢な兵士

بَاسِمٌ < بسم ❖ 形微笑んでいる 名微笑んでいる人

قَالَ بَاسِمًا　微笑んで言った

بَاشَا 複 بَاشَوَات / بَاشَاوَات ❖ パシャ ※オスマントルコの政府高官位名

بَاشَرَ < بشر III 名 مُبَاشَرَةٌ ❖ 始める;(～と)直接連絡する;請け負う;触れる
(～と)性交をする 名実行;直接

بَاشَرَ الْمُهَنْدِسُ رَسْمَ خَرِيطَةِ الْبَيْتِ　技術者がその家の設計を請け負った

مُبَاشَرَةً　直接に/直ぐに/直ちに

أَتَّصِلُ بِكَ مُبَاشَرَةً　(私は)直接, あなたに連絡します

بَاشِق (ـَ) ❖ 鷹

رَمَى الصَّيَّادُ بَاشِقًا　猟師は鷹を放った

بَاضَ ، تَبِيضُ 名 بَيْض ❖ 卵を生む 名卵 ＊卵を生むのは雌だから

تَبِيضُ الْوَزَّةُ كُلَّ يَوْمٍ　そのガチョウは毎日卵を生みます

بَاطِل < بطل ❖ 形無駄な,価値のない,不毛な;嘘の,偽りの
名嘘,偽り,欺瞞(複 أَبَاطِيل)

بَاطِلًا / بِالْبَاطِلِ　無駄に/甲斐なく

تُهْمَة بَاطِلَة　嘘の告発(告訴)

بَاطِل عَنِ الْعَمَلِ　仕事がない/失業している

الْحَقّ وَالْبَاطِل　真実と嘘

بَاطِن < بطن 複 بَوَاطِنُ ❖ 形内部の;隠れた,秘密の 名内部;本質

بَاطِن الْكَفِّ (الْقَدَمِ)　手のくぼみ(足の裏)

هَلْ يَنْبُتُ الشَّعْرُ فِي بَاطِنِ الْقَدَمِ ؟　足の裏に毛が生えますか

فِي بَاطِنِ الْأَرْضِ حَرَارَةٌ شَدِيدَةٌ　地球の内部はとても熱い

بَاطِنًا　こっそりと/内密に

بَوَاطِن الْأَمْرِ　物事の本質

فِي بَوَاطِنِ الْأَمْرِ　本当は/実際は

بَاطُون ❖ コンクリート

الْبَاطُونُ مَادَّةُ الْبِنَاءِ　コンクリートは建築資材です

بَاعَ ، يَبِيعُ < بيع 名 بَيْع ❖ 売る 名売る事,販売

受 بِيعَ ، يُبَاعُ 命 بِعْ　売られている 命売りなさい

بِعْنِي هٰذَا بِأَلْفَيْنِ　これを私に千円で売りなさい

بَاعَ بِالْمَزَادِ　オークションで売った/競売にかけた

بَاعٌ ❖ 尋 ※左右の手を広げたときの長さ

طَوِيل الْبَاعِ　寛大な/有能な/物知りの/力強い

قَصِير الْبَاعِ　けちな/無能な/無力な

بَاعِث < بعث 複 بَوَاعِث ❖ 動機,原因,理由;発送人

بَاعَدَ < بعد III 名 مُبَاعَدَة ❖ 分ける,離す(～ بَيْنَ);(～を)遠ざける
名分離;疎遠;不和の種を蒔く事

لَنْ يُبَاعِدَ بَيْنَنَا اخْتِلَافُ الرَّأْيِ　意見(見解)の相違が私達を疎遠にする事はない

بَاغَتَ <بغت III 名 مُبَاغَتَة ❖ 不意にやって来る;驚かせる;(動物が)襲う
名不意の出来事;不意打ち

بَاغَتَتِ الْأُخْتُ أَخَاهَا وَهُوَ يَلْعَبُ بِلُعَبِهَا　弟が姉の人形で遊んでいると,姉が弟の所へ不意にやって来た

بَاقٍ <بقي 複 ون ❖ 形残っている 名残り,余り ※定 اَلْبَاقِي

اَلْبَاقِي لِلْخِدْمَةِ　残り(お釣り)は取っておいて下さい

بَاقِي الطَّرْحِ　割り算の余り

اَلْحَيَاةُ الْبَاقِيَةُ　来世

بَاقَة <بوق 複 ـات ❖ 束;花束,ブーケ;暁,早朝

بَاقَةُ الْأَزْهَارِ　花束/ブーケ

بَاكٍ <بكى 複 بُكَاة 女 بَاكِيَة 複 ـات ❖ 形泣いている 名泣いている人 ※定 اَلْبَاكِي

رُفِعَ النَّعْشُ عَلَى الْأَكُفِّ فِي مَوْكِبٍ بَاكٍ حَزِينٍ　柩は嘆き悲しむ行列者の手で持ち上げられた

بَاكِر <بكر ❖ 早い,朝早い;日の出前

بَاكِرًا/ فِي الصَّبَاحِ الْبَاكِرِ　朝早く/早朝に/早く

مَوْت بَاكِر　早死に

بَاكِسْتَان 関 بَاكِسْتَانِيّ ❖ パキスタン 関パキスタンの;パキスタン人

بَاكُورَة <بكر 複 بَوَاكِير / ـات ❖ 最初の果実,初物;最初の作品,処女作 複兆し,兆

بَاكُورَةُ الْفَوَاكِهِ　果物の初物

هٰذَا الْكِتَابُ هُوَ بَاكُورَةُ الْأَدِيبِ　この本はその作家の最初の作品(処女作)です

بَالَ ، يَبُولُ 名 بَوْل 複 أَبْوَال ❖ 小便をする,放尿する 名放尿;小便,尿

أَحَسَّتِ الْجَدَّةُ بِحَفِيدِهَا يَبُولُ فِي حِضْنِهَا　おばあさんは孫が胸におもらしをするのを感じた

مَرَضُ الْبَوْلِ السُّكَّرِيِّ　糖尿病

بَالٌ <بول ❖ 注意;心の状態,心;考え;忍耐

أَعْطَى (أَلْقَى) بَالًا إِلَى～　～に注意を払った

اِنْشِغَالُ الْبَالِ　心配/懸念

مَشْغُول الْبَالِ　心配な/不安な

عُدْ إلَى الْبَيْتِ ، أُمُّكَ مَشْغُولَةُ الْبَالِ عَلَيْكَ　家に帰りなさい,お母さんが心配していますよ

خَطَرَ ذٰلِكَ بِبَالِي　その事が私の心に浮かんだ

خَلَا بَالُهُ مِنَ الْمَشَاكِلِ　彼には何の悩みも無かった

دِرْ (خُذْ) بَالَكَ !　気をつけて！ ※( )内は口語

ذُو بَالٍ　大事な/重要な

غَابَ ~ عَنْ بَالِهِ　~は記憶に残らなかった

فَرَاغُ (هُدُوءُ/ ارْتِيَاحُ/ خُلُوُّ) الْبَالِ　娯楽/レジャー/くつろぎ

لَمْ يُلْقِ بَالًا لِـ~　~に注意を払わなかった

لَا يَقِلُّ عَنْهُ بَالًا　負けず劣らずに重要である

مَا بَالُكَ؟　どう思いますか

مُرْتَاحُ (هَادِئُ/ فَارِغُ) الْبَالِ　心が落ち着いた/リラックスした

مَشْغُولُ الْبَالِ عَلَى امْتِحَانِ ابْنَتِهِ　娘の試験を心配している(が気掛かりである)

بَالَى ، يُبَالِي <بلو III 名 مُبَالَاة ❖ 注意する,注意を払う 名注意,関心;考慮

بَالَى الْخَطَرَ　危険に注意を払った

لَا (مَا) أُبَالِي　私は気にしません/私は構いません

لَا يُبَالِ !　心配しないで/気楽にやりなさい

لَا يُبَالِي مِنْ كَلَامِ الْآخَرِينَ　他人の言葉を気に掛けるな(するな)

لَا مُبَالَاة　無関心/無頓着

بِلَا مُبَالَاةٍ　無関心に/無頓着に

عَاشَ بِلَا مُبَالَاةٍ　気ままに暮らした

بَالَة 複 ـات ❖ 束;袋,包み;荷

تَكَدَّسَتْ بَالَاتُ الْقُطْنِ عَلَى الرَّصِيفِ　綿花の袋が桟橋に積み上げられた

بَالَغَ <بلغ III 名 مُبَالَغَة 複 ـات ❖ やり過ぎる,誇張する(~فِي:~を);努力する(~فِي:~に)
名誇張

بَالَغَ فِي الْكَلَامِ عَنِ السِّيَاسَةِ　政策について言葉を尽くした

بَالِغ < بلغ ❖ 形~に達した，成熟した；成人した；ひどい
名大人，成人

غَيْر الْبَالِغ　未成年の

اَلشَّخْص الْبَالِغ　成年

أَسْعَار التَّذَاكِرِ لِلْبَالِغِ　大人の切符の料金

بَالِغ الْخُطُورَةِ　危険性が高い

أَضْرَار بَالِغَة　ひどい被害

بَالُوعَة < بلع 複 -ات/ بَوَالِيع ❖ (洗面所や台所の)排水穴，流し；下水溝

انْسَدَّتِ الْبَالُوعَةُ مِنْ جَدِيدٍ　新しい流しが詰まった

بَالُون 複 -ات ❖ 風船，バルーン

نَفَخَ بَالُونَاتٍ　風船を膨らませた

بَالٍ < بلي ❖ 破れた，ぼろぼろの；腐った ※定 اَلْبَالِي

يَلْبَسُ مِعْطَفًا بَالِيًا　破れたコートを着ている

بَالِيه ❖ バレエダンス

بَامِيَا / بَامِيَة ❖ オクラ[野菜]

لَا أُحِبُّ الْبَامِيَا　私はオクラが好きではない

بَانَ، يَبِينُ < بين 名 بَيَان 複 -ات ❖ 現れる；はっきりする；分かれる，分離している
名明白さ；声明，宣言；説明，索引；記事 複データー

بَانَ مَعْنَى الْكَلَامِ بَعْدَ تَفْسِيرِهِ　説明の後，その言葉の意味がはっきりした

بَيَان صُحُفِيّ　新聞発表

بَيَانَات رَقْمِيَّة　数値のデーター

بَاهِر < بهر ❖ まぶしい，輝かしい；目覚ましい

نَتَائِج بَاهِرَة　目覚ましい成果

بَاهِظ < بهظ ❖ 重い；暗い；(値段が)高い，法外な，高価な

ثَمَن بَاهِظ　法外な値段(価格)

بَاهِظُ الثَّمَنِ　(価格/値段が)法外な/とんでもない

بَايَعَ ، يُبَايِعُ <بيع III ❖ 売買の契約をする;敬意を表す;カリフと認める

بُويِعَ لَهُ بِالْخِلَافَةِ　彼がカリフとして認められた *受

بَبَّغَاء/ بَبْغَاء 複 بَبَّغَاوَات/بَبْغَاوَات ❖ オウム[鳥類]

نَادَاهُ الْبَبْغَاءُ بِاسْمِهِ　オウムが彼の名を呼んだ

بَتَّ (u, i) 命 بُتَّ/ بِتَّ 女 بِتِّي ❖ 切る,切り離す;決定する,決める;完成させる
命切れ/ 切りなさい

لَا تَبُتُّ الشَّرِكَةُ أَمْرًا قَبْلَ مُرَاجَعَتِهِ　会社は彼の確認がなければ,決定できない

بَتَرَ (u) ❖ 切る,切り離す;切断する

بَتَرَ يَدَهُ　彼の手を切り離した(切断した)

بُتِرَتْ يَدُهُ　手が切られた(切断された) *受

بِتْرُول ❖ 石油

يُسْتَخْرَجُ مِنَ الْبِتْرُولِ مَحْرُوقَاتٌ وَزُيُوتٌ مُتَنَوِّعَةٌ　石油から様々な燃料と油が取れる

بَتُول <بتل ❖ 未婚の女性;処女

اَلْبَتُول　聖母マリア

فَتَاة بَتُول　処女

بَثَّ (u) 名 بَثٌّ ❖ (ニュース,理論,イデオロギー等を)広める;ばらまく;放つ;放送する,発信する 名広める事,普及;放送

بَثَّ الْأَخْبَارَ　ニュースを放送した

كَانَتِ السَّفِينَةُ تَبُثُّ نِدَاءَ الْاِسْتِغَاثَةِ　船が助けを求める呼びかけ(SOS)を発信していた

بَثٌّ مُبَاشِرٌ　生放送/ライブ放送

نَقَلَتْ قَنَاةُ الْجَزِيرَةِ بَثًّا مُبَاشَرًا مِنْ غَزَّةَ　アル=ジャジーラ・テレビ局はガザから生放送をした

بَجَعٌ ※ بَجَعَة ❖ ペリカン ※1羽のペリカン

بَجَّلَ <بجل II 名 تَبْجِيل ❖ 敬意を表す,尊敬する;崇める 名尊敬;崇拝

بَجَّلَ الْإِلٰهَ　神を崇めた

بَحَّ (a) ❖ しわがれ声になる, しわがれ声を出す, 声がかれる

بَحَّ صَوْتُهُ　声がかれた

بَحَّاث / بَحَّاثَة <بحث 複 ون ❖ 探求者, 研究者, 学者(～فِي:～の)

بَحَّار <بحر 複 ون / بَحَّارَة ❖ 船乗り, 船員

فَرِحَ الْبَحَّارَةُ بِرُؤْيَةِ الْيَابِسَةِ　船乗り達は陸地を見て喜んだ

يُنَفِّذُ الْبَحَّارَةُ أَوَامِرَ الرُّبَّانِ　船員は船長の命令を実行する

بَحْبُوحَة <بحبح 複 بَحَابِيح ❖ 中庸; 中間; 繁栄, 裕福

بَحْبُوحَةُ الْعَيْشِ　裕福な生活

فِي بَحْبُوحَةٍ مِنْ ～　～の真ん中に(で)

بَحْت ❖ 純粋な, 純血の; 本当の, 本物の, 真正な
※性, 人称, 数に関係なく用いられる

عَرَبِيٌّ بَحْت　(アラビア生まれの)本物のアラブ人

كَلَامُهُ كَذِبٌ بَحْتٌ　彼の話は真っ赤な嘘だ

بَحْتًا　純粋に/単に/排他的に

بَحَثَ (a) 名 بَحْثٌ 複 أَبْحَاث / بُحُوث ❖ 捜す, 探す(～عَنْ:～を); 研究する(～فِي:～を);
(～を)討論する, 議論する; 検討する(～فِي:～を)
名 捜す事, 探求; 研究(～فِي:～の); 討論

هَلْ تَرْغَبُ أَنْ تَبْحَثَ فِي الْاِقْتِصَادِ ؟　あなたは経済の研究をなさりたいのですか

يَبْحَثُ عَنْ كَلِمَةٍ فِي الْقَامُوسِ　辞書で言葉を探す

بَحْثًا عَنْ ～　～を探して/～を求めて

بَحْرٌ 複 أَبْحَار / بُحُور / بِحَار 関 بَحْرِيّ ❖ 海; (詩の)韻律; 偉大な男; 学者 関 海の; 船乗り

اَلْبَحْرُ الْأَبْيَضُ (الْمُتَوَسِّطُ)　地中海

سَمَكٌ بَحْرِيٌّ　海の魚

اَلْبَرِيدُ الْبَحْرِيُّ　船便

بَحْرِيَّة <بحر ❖ 海軍

يَـعْـمَـلُ فِي الْـبَـحْـرِيَّـةِ　海軍で働いている

(اَلْـ)بَـحْـرَيْـن <بحر ❖ バハレーン

دَوْلَـة الْـبَـحْـرَيْـنِ　バハレーン国

بُـحَـيْـرَة <بحر 複 ـات ❖ 湖，沼

بُـحَـيْـرَة "بِـيـوَا"　琵琶湖

بُـخَار <بخر 複 أَبْـخِـرَة 関 بُـخَارِيّ ❖ 蒸気 関 蒸気の，蒸気機関の

بُخَار الْـمَـاءِ　水蒸気

قَاطِـرَة بُخَارِيَّـة　蒸気機関車/SL

بَـخَـرَ (a) ❖ 蒸発する，蒸気が出る；沸騰する 名 蒸気

تَـبْـخَـرُ الْـقِـدْرُ عَـلَـى الـنَّـارِ　火にかかった薬缶から，蒸気が出ている

بَـخَّـرَ <بخر II 名 تَـبْـخِـير ❖ 蒸す；蒸発させる；香を焚く；薫蒸消毒する
名 蒸発，気化

بَـخَّـرَ ثِـيَـابَ الْـمَـرِيـضِ　病人の服を薫蒸消毒した

بَـخَّـرَ الـرُّزَّ　お米を蒸した

تُـبَـخِّـرُ الـشَّـمْـسُ رُطُـوبَـةَ الْـغَـسِـيـلِ　太陽が洗濯物の水分を蒸発させる

بَـخَـسَ (a) ❖ 減らす；ごまかす；無視する

بَـخَـسَ ～ حَـقَّـهُ　(～を)不当に取り扱った

بَـخَـسَ الْـمِـيـزَانَ　重さをごまかした

بَـخْـشِـيـش 複 بَخَاشِيش ❖ チップ，心付け

بَـخِـلَ (a) / بَـخُـلَ (u) 名 بُـخْـل ❖ けちである，けちる，出し惜しみする 名 けち

حَـرَامٌ أَنْ تَـبْـخَـلَ بِـمَالِـكَ عَـلَـى فَـقِـيـرٍ مُـحْـتَ　困っている貧しい人に，お金をけちるのは許されない

بَـخُـور <بخر 複 أَبْـخِـرَة / بَـخُـورَات ❖ (お)香，香料

أَحْـرَقَ بَـخُـورًا　香を焚いた

شَـمَّ بَـخُـورًا　香を嗅いだ

بَـخُـور مَـرْيَـمَ　シクラメン[植物]

بَخِيل < بخل ❖ 形けちな 名けち,けちんぼ 複 بُخَلَاء

كُنْ مُقْتَصِداً وَلَا تَكُنْ بَخِيلًا　節約家であるべきで,けちになってはいけない

بُدٌّ ❖ 逃げる事,脱出

لَا بُدَّ / مِنْ غَيْرِ بُدٍّ　避けられない/必ず/必至の

مِنْ كُلِّ بُدٍّ　どんな場合でも/とにかく

لَا بُدَّ مِنْ (أَنْ ~)　(~)しなければならない/(~に)違いない/(~は)選択の余地がない

اِنْهَارَ الْجِدَارُ فَلَا بُدَّ مِنْ اسْتِدْعَاءِ بَنَّاءٍ　壁が壊れたので,建築屋を呼ばなければならない

لَا بُدَّ مِنْ حُضُورِكَ　あなたは来なければならない

اَلرَّجُلُ لَا بُدَّ أَنَّهُ أَطْرَشُ　その男は耳が聞こえないのに違いない

لَا بُدَّ مِنْهُ　それは避けられない(逃れられない)

لَا بُدَّ لَهُ مِنْهُ　彼はそれをしなければならない

إِذَا لَمْ يَكُنْ بُدٌّ مِنْ أَنْ ~　もし~が避けられないのであれば

لَا بُدَّ لِي　私には選択の余地がない

بَدَأَ ، يَبْدَأُ 名 بَدْءٌ ❖ 始まる;~し始める※~:未,[動名詞+فِي] 名始まり,始め/初め

تَبْدَأُ الْمَدَارِسُ بِالدُّوَلِ الْعَرَبِيَّةِ فِي أَوَائِلِ سِبْتَمْبَر　アラブの学校は九月の上旬に始まる

بَدْءُ الْقِصَّةِ وَاضِحٌ　話の始まりがはっきりしている

بَدَا ، يَبْدُو < بدو 名 بَدْو ❖ (~のように)見える ※~:名詞,形容詞の対;現れる;砂漠に住む 名砂漠 ※(口語)ベドウィン

يَبْدُو أَنَّكِ عَرَبِيَّةٌ　あなたはアラブ人(の女性)のように見える

بَدَتْ فِي الْأُفُقِ غُيُومٌ سَوْدَاءُ　地平線に黒い雲が現れた

بَدَاوَة (َ) < بدو ❖ 遊牧生活,ベドウィンの生活,砂漠の生活

اِنْتَقَلَ الْعَرَبُ مِنَ الْبَدَاوَةِ إِلَى الْحَضَارَةِ　アラブ人は遊牧の生活から定住の生活に移った

بِدَائِيّ (ـُ) < بدأ ❖ 原始的な;(発展)初期の

اَلْمُجْتَمَعَاتُ الْبِدَائِيَّةُ　原始社会

إِنْسَان بِدَائِيّ	原始人
بِدَايَة < بدأ 複 -ات	❖ 始まり,始め/初め
فِي بِدَايَةِ الْأَمْرِ	先ず始めに
مُنْذُ الْبِدَايَةِ	最初から/初期から
بِدَايَةُ الدَّرْسِ (الْحِصَّةِ)	授業の始まり
بَدَّدَ < بد II 名 تَبْدِيد	❖ 散らす,分散させる;取り除く;浪費する 名分散;除去;浪費
بَدَّدَتِ الرِّيحُ الْغُيُومَ	風が雲を散らした
تَبْدِيدُ الْوَقْتِ	時間の浪費
بَدَرَ (u)	❖ (突然に,思いがけずに)来る;急ぐ(～إِلَى:～へ)
بَدَرَتْ مِنْهُ ضَحْكَةٌ	突然に笑いが込み上げて来た
بَدْر 複 بُدُور	❖ 満月
مَا أَجْمَلَ الْبَدْرَ !	何と美しいお月様だこと!
بِدْع 複 أَبْدَاع	❖ 形革新的な,斬新な 名革新者
لَا بِدْعَ	不思議ではない/疑いなく
بِدْعٌ مِنْ ～	～と異なる
بِدْعَة 複 بِدَع	❖ 新しい出来事;新説;異端,異教 複作品
أَهْل بِدْعَة	異教徒/異端者
بَدَلَ (u) 名 بَدْلٌ	❖ 代える,置き換える,交換する(～بِـ:～と) 名置換,交換
أَتَيْتُ أُبْدِلُ كِتَابَ الْمُطَالَعَةِ	私は読書の本を交換に来ました
بَدَّلَ < بدل II 名 تَبْدِيل	❖ 替える,交換する(～مِنْ/بِـ:～と) 名交換;交代
بَدَّلَ عُقُوبَةً بِمَا دُونَهَا	罪を減刑した
بَدِّلْ ثَوْبَكَ قَبْلَ أَنْ يَرِثَّ	服がくたびれる前に,着替えなさい
بَدَلٌ 複 أَبْدَال	❖ 代わり,代用;交換;代金,料金
بَدَلًا مِنْ / بَدَلَ أَنْ ～	～の代わりに/～する代わりに
دَعْنَا نَتَحَاوَرْ بَدَلَ أَنْ نَتَخَاصَمَ	敵対する代わりに,対話をしましょう

هَلْ دَفَعْتَ بَدَلَ اشْتِرَاكِكَ بِالْمَجَلَّةِ ؟	雑誌の購読代金を払いましたか
بَدْلَة 複 ـات ❖	外出着;服,スーツ,背広
بَدْلَة عَمَلٍ	作業服
بَدْلَة عَسْكَرِيَّة	軍服
بَدُنَ (u) / بَدَنَ (u) ❖	太っている,でっぷりしている;恰幅が良い
أَرَاكَ تَبْدُنُ يَوْمًا بَعْدَ يَوْمٍ	あなたが日に日に,太っているのが見えます
بَدَنٌ 複 أَبْدَان / أَبْدُن 関 بَدَنِيّ ❖	体,肉体,身体;胴体 関 体の,肉体的な;肉の
بَدَنٌ سَلِيمٌ	健康な体/健康体
تَرْبِيَة بَدَنِيَّة	体育
رِيَاضَة بَدَنِيَّة	体操
بَدْو ❖	砂漠;ベドウィン,砂漠の民
يَعِيشُ الْبَدْوُ فِي الصَّحْرَاءِ	ベドウィンは砂漠に住んでいる
بَدَوِيّ < بدو 女 بَدَوِيَّة ❖	形ベドウィンの,砂漠の民の 名ベドウィン,砂漠の民
سِلَاحُ الْبَدَوِيِّ سَيْفٌ وَرُمْحٌ	ベドウィンの武器は刀と槍です
بَدِيع < بدع ❖	形素晴らしい;独自の 名作者,作家;創造主,神
الْجَوُّ بَدِيعٌ الْيَوْمَ	今日は素晴らしい天気だ
بَدِيعُ السَّمَاوَاتِ وَالْأَرْضِ	天と地の創造主
بَدِيل < بدل ❖	形代わりの 名代わり,代用品,代替物,スペアー
مِفْتَاح بَدِيل	スペアーキー
بَدِين < بدن 複 بُدُن ❖	太った,肥満の;恰幅の良い
"بَسَّام" شَابٌّ بَدِينٌ	バッサームは太った(肥満体の)青年です
بَدِيهَة < بده 複 بَدَائِه ❖	直感,ひらめき;不意の出来事
عَلَى الْبَدِيهَةِ	即座に/直感的に
بَدِيهِيّ < بده ❖	自明の,明白な
بَدِيهِيّ أَنَّ / مِنَ الْبَدِيهِيِّ أَنَّ ~	~なのは言うまでもない(明かである)

بَذَأَ / بَذُؤَ ، يَبْذُؤُ 名 بَذَاءَة (a) ❖ 卑わい(下品)な言葉を使う, 罵る
名(言葉の)卑わいな事, 下品な事

اَلْبَذَاءَةُ غَيْرُ مَقْبُولَةٍ فِي الْمُجْتَمَعِ　卑わい(下品)な言葉は社会に受け入れられない

بَذِئَ ، يَبْذَأُ ❖ =بَذَأَ

بَذَاءَة ❖ ⇒ 名 بَذَأَ

بَذَرَ (u) 名 بَذْر 複 بُذُور / بِذَار ❖ (種を)蒔く, (説を)広める 名種, 種子 複(果実の)核

بَذَرَ الْحَبَّ　種を蒔いた

أَلْقَى بُذُورًا　種を蒔いた

أَوَان (مَوْسِم) الْبَذْرِ　種を蒔く時期/種蒔き時/播種期

بَذَّرَ < بذر II 名 تَبْذِير ❖ (お金を)浪費する, 無駄遣いする; ばらまく
名浪費, 無駄遣い

بَذَّرَ الْمَالَ فِي~　～にお金を浪費した

بَذَلَ (u, i) 名 بَذْل ❖ 惜しみなく与える; 使う; 努力する 名供与; 努力

بَذَلَ نَفْسَهُ　自分を犠牲にした

بَذَلَ جُهْدَهُ (وُسْعَهُ)　最善を尽した

سَأَبْذُلُ قُصَارَى جُهْدِي لِ~　私は～に最善を尽します

(َ)
رَجُل بَذْل　寛大な男

بَذْلُ الذَّاتِ　自己犠牲

بَذِيء < بذأ ❖ 卑わいな, 汚い, 下品な

بَذِيءُ اللِّسَانِ　言葉づかいの下品な/みだらな言葉を使う

بَرَّ (a, i) 名 بِرّ ※ أَنَا بَرِرْتُ/بَرَرْتُ ❖ 敬虔である, 信心深い; 正直である; 従順である;
親切である 名敬虔; 孝行

بَرَّ فِي وَعْدِهِ (قَوْلِهِ / يَمِينِهِ)　約束(言葉/誓約)を守った

اَلْبِرُّ بِالْوَالِدَيْنِ　親孝行

بَرّ 複 أَبْرَار / بَرَرَة ❖ 敬虔な; 孝行な, 従順な; 親切な

إِنَّهُ ابْنٌ بَرٌّ　彼は実に従順な子だ

أَنَا عُضْوٌ فِي جَمَاعَةِ الْبِرِّ وَالْإِحْسَانِ　私は慈善団体のメンバーです

أ ب ت ث ج ح خ د ذ ر ز س ش ص ض ط ظ ع غ ف ق ك ل م ن هـ و ي

بَرٌّ بَرِّيّ 関 ❖ 陸,陸地,地上 関陸の;(動植物が)野生の

بَرًّا وَبَحْرًا وَجَوًّا　陸路,海路,空路で

بِطَرِيقِ الْبَرِّ　陸路で

حَيَوَانَات بَرِّيَّة　野生動物

بَرَأَ، يَبْرَأُ 名 بَرْء ❖ (神が)作る,創造する 名(神による)創造

يَبْرَأُ اللّٰهُ تَعَالَى مَا يُرِيدُ　至高なる神は望むものを創造される

بَرِئَ، يَبْرَأُ 名 بَرَاءَة ❖ 快復する;自由になる,無実である(〜مِنْ:〜の罪から) 名無罪,無実;無邪気;特許,免許

بَرِئْتُ مِنْ مَرَضِي وَأَنْتَ أَيْضًا　私は病が直りました,あなたも直りますよ

بَرِئَ "بَسَّام" مِنْ تُهْمَةِ التَّزْوِيرِ　バッサームの詐欺の容疑が晴れた

حَكَمَ لِلْمُتَّهَمِ بِبَرَاءَتِهِ　被告に無罪の判決を下した

بَرَاءَة مِنْ ~　〜から自由である事

بَرَاءَة اخْتِرَاعٍ　(発明の)特許/特許権

اَلطِّفْلُ فِي بَرَاءَتِهِ مَلَكٌ　無邪気な子供は天使である

بَرَى، يَبْرِي ❖ 削る;疲れさせる,疲労させる,弱らせる

تُبْرَى أَقْلَامُ الرَّصَاصِ بِمِبْرَاةٍ　鉛筆はナイフで削る *受

*بَرَانِي التَّعَبُ　私は疲労した

بَرَّأَ < برئ II 名 تَبْرِئَة ❖ 無罪を宣告する;自由にする 名無罪判決

بَرَّأَ الْقَاضِي الْمُتَّهَمَ　裁判官は被告に無罪を宣告した

بَرَاءَة < برئ ❖ ⇒ بَرِئَ 名

بَرَّادٌ < برد ❖ 冷蔵庫,冷凍庫;製氷器

ضَعِ اللَّحْمَ فِي الْبَرَّادِ　肉は冷蔵庫に入れなさい

بُرَادَة < برد ❖ 鉄屑

يَجْذِبُ الْمَغْنَطِيسُ بُرَادَةَ الْحَدِيدِ　磁石は鉄屑を引き付ける

بِرَاز < برز ❖ 大便,排泄物,糞;競技;決闘

بِرَاز الْإِنْسَانِ　人糞

بَرازُ الدَّجاجِ سَمادٌ طَبيعِيٌّ　　鶏の排泄物は天然の肥料だ

(اَلْ)بَرازِيل ❖ ブラジル

تَأَلَّقَتِ الْبَرازِيلُ فِي كَأْسِ الْعالَمِ　　ブラジルにワールドカップが輝いた

بَراعَة ＜ برع ❖ 技術，技能；巧みさ；手腕

اَلْجَمِيعُ يَشْهَدُونَ لِعازِفِ الْكَمانِ بِالْبَراعَةِ　　皆がそのバイオリストの技能を認める

بَرَّاق ＜ برق ❖ 光り輝く；火花を散らす

ثَوْب أَبْيَض بَرَّاق　　光り輝く白い服

(اَلْ)بُراق ＜ برق ❖ ブラーク ※預言者ムハンマドがエルサレムの岩のドームから昇天した時に乗ったとされる天馬

بَرْبَرٌ 関 بَرْبَرِيّ ❖ ベルベル人 ※北アフリカに住む民族
関ベルベルの；ベルベル人

فَتَحَ "طارِقٌ" الْأَنْدَلُسَ بِمُحارِبِينَ مِنَ الْعَرَبِ وَالْبَرْبَرِ　　ターレクはアラブ人とベルベル人の兵士でアンダルシアを征服した

بُرْتُقال / بُرْتُقان ※ بُرْتُقالَة 関 بُرْتُقالِيّ ❖ オレンジ ※1個のオレンジ 関オレンジの

عَصِير الْبُرْتُقال　　オレンジジュース

كُرَة النّارِ الْبُرْتُقالِيَّةِ　　オレンジ色の火の玉

بُرْثُن 複 بَراثِن ❖ 爪 ※猛獣や猛禽類の爪

وَيْلٌ لِمَنْ يَقَعُ فِي بَراثِنِ الْأَسَدِ !　　ライオンの爪に掛かった者は災難だ

بُرْج 複 بُرُوج / أَبْراج ❖ 塔，タワー；星座

بُرْج الْمُراقَبَةِ　　管制塔/監視塔 ※飛行場の

بُرْج "طُوكْيُو"　　東京タワー

بُرْج (فِي السَّماءِ)　　星座

أَنا مِنْ مَوالِيدِ "بُرْجِ الْحُوتِ"　　私は魚座の生まれです

بَرِحَ (a) 名 بَراح ❖ 去る；続ける；未だ～だ※否定形で，كانَ と同じ類
名出発；停止

مَتَى تَبْرَحُ الْبَيْتَ صَباحًا؟　　あなたは朝，何時に家を出ますか

مَا بَرِحَ قَوِيًّا　彼は今だに(今でも)強い

بَرَدَ (u) 名 بَرْد　❖寒くなる,冷たくなる,冷める;風邪を引く
名寒さ;風邪,寒気

بَرَدَتْ هِمَّتُهُ　興奮(熱意)が冷めた/興味が無くなった

عِنْدِي بَرْدٌ　寒気がします/風邪をひいてます

بَرَدَ (u) 名 بَرْد　❖やすりをかける 名研磨

بَرَدَ ~ بِالْمِبْرَدِ　~にやすりをかけた

بَرَّدَ > برد II 名 تَبْرِيد　❖冷やす,冷たくする,冷ます;(痛みを)軽くする
名冷却,冷凍

بَرَّدَ الشَّايَ　お茶を冷やした(冷ました)

بَرَّدَ الْأَلَمَ　痛みを和らげた

جِهَازُ التَّبْرِيدِ　冷凍機

بَرَدٌ ※ بَرَدَة 複 ـات　❖あられ,ひょう ※1個のあられ

أَصَابَ الْبَرَدُ الثِّمَارَ فَأَتْلَفَهَا　果実にひょうが降って,損害を与えた

بَرْدَعَة ❖ = بَرْذَعَة

بَرْدِيّ 複 ـات ※ بَرْدِيَّة　❖パピルス ※一枚のパピルス

كَتَبَ الْمِصْرِيُّونَ عَلَى وَرَقِ الْبَرْدِيِّ　エジプト人達はパピルスに書いた

بَرْذَعَة 複 بَرَاذِعُ　❖(ロバやラクダなどの)鞍

سُرَّ الْحِمَارُ بِالْبَرْذَعَةِ الْجَدِيدَةِ　ロバは新しい鞍を喜んだ

بَرَّرَ > برر II 名 تَبْرِير　❖正当化する;立証する;釈放する 名正当化,弁明

لَا تُبَرَّرُ *　正当化できない *受

كَيْفَ تُبَرِّرُ غِيَابَكَ عَنِ الشَّرِكَةِ؟　あなたは欠勤をどう弁明するつもりですか

بَرَزَ (u)　❖現れる,生じる;傑出する,抜きんでる

بَرَزَتِ الْمُعْجِزَةُ　奇跡が起きた

تَبْرُزُ الْعَرُوسُ رَائِعَةً فِي ثَوْبِهَا الْأَبْيَضِ　花嫁は白い衣装で,美しさが傑出していた

بَرْزَخ 複 بَرَازِخُ　❖(狭いところを塞ぐ)柵,バリケード;地峡[地学]

بَرْشَمَ ، يُبَرْشِمُ ❖ 見つめる(~فِي/إِلَى);リベット(鋲)を打つ

بَرْشَمَ قِطْعَةَ الْجِلْدِ　(一片の)革にリベットを打った

بَرِصَ (a) 名 بَرَصٌ ❖ ハンセン病(らい病)になる 名ハンセン病,らい病

يُعْزَلُ كُلُّ مَنْ أُصِيبَ بِالْبَرَصِ　ハンセン病に罹った者は誰でも隔離される

بَرْطَلَ ، يُبَرْطِلُ 名 بَرْطَلَةٌ ❖ 賄賂を贈る,買収する,贈賄する 名贈賄行為

مَنْ يُبَرْطِلُ رَجُلاً يُشَجِّعُهُ عَلَى الْفَسَـ　人に賄賂を贈る者は腐敗を助長する

بِرْطِيلٌ 複 بَرَاطِيلُ ❖ 賄賂

يَرْفُضُ الْبِرْطِيلَ　賄賂を断る

بَرَعَ (a) / بَرُعَ (u) / بَرِعَ (a) ❖ 優れている,他をしのぐ

بَرَعَتْ "فَيْرُوز" فِي فَنِّ الْغِنَاءِ　ファイルーズは歌唱力に優れていた

بَرْعَمَ ، يُبَرْعِمُ 名 بُرْعُمٌ 複 بَرَاعِمُ ❖ 芽吹く,芽を出す,発芽する 名蕾,芽

ظَهَرَ الْبُرْعُمُ عَلَى الأَغْصَانِ　木の芽が枝に現れた

بَرَاعِمُ الأَزْهَارِ　複花の蕾

بَرْغَشٌ ※ بَرْغَشَةٌ ❖ 蚊 ※1匹の蚊

بَرْغَشَةٌ وَاحِدَةٌ تَمْنَعُ عَنِّي النَّوْمَ　一匹の蚊が私の眠りを妨げる

بُرْغُلٌ ❖ ボルゴル ※茹でて,押しつぶされた小麦,他の食材と一緒に料理される

بُرْغُوثٌ 複 بَرَاغِيثُ ❖ 蚤

بُرْغُوثُ الْبَحْرِ　えび/海老

اَلْبُرْغُوثُ يَعَضُّ الْكَلْبَ　蚤は犬の血を吸う

بُرْغِيٌّ (ـَ) 複 بَرَاغِيّ ※ بُرْغِيَّةٌ ❖ ネジ ※1本のネジ

مِفَكٌّ لِلْبَرَاغِيِّ　ネジ回し/ドライバー

اَلْمَقْعَدُ يَصِرُّ لأَنَّ بُرْغِيَّةً سَقَطَ　ねじが落ちたので,椅子がキーキー音を立てる

بَرَقَ (u) 名 بَرْقٌ 複 بُرُوقٌ ❖ 閃く,輝く 名閃き,輝き;稲妻,電光

بَرَقَتِ السَّمَاءُ　空に稲妻が閃いた(走った)

سَرِيعٌ كَالْبَرْقِ　電光石火の/素早い

بُرْقُع 複 بَرَاقِع ❖ブルクァ，ベール ※モスレムの女性が顔を覆うのに使う

أَخْفَتِ الْمَرْأَةُ وَجْهَهَا بِبُرْقُعٍ أَسْوَدَ　女性は黒いブルクァで顔を隠した

بَرْقُوق ※ بَرْقُوقَة ❖プラム，すもも ※1個のプラム

بَرْقِيَّة 複 ـات ❖電報

أَرْسَلَ (تَلَقَّى) بَرْقِيَّةً　電報を送った(受け取った)

بَرَكَ (u) ❖ひざまずく，ひざを曲げる；うずくまる

بَرَكَ الْجَمَلُ　ラクダがひざまずいた

بِرْكَار ❖コンパス ※製図用の

كَيْفَ تَرْسُمُ الدَّائِرَةَ بِالْبِرْكَارِ ؟　どうやって，コンパスで円を書きますか

بُرْكَان 複 بَرَاكِين ❖火山

أَذْهَلَتْنَا مُشَاهَدَةُ الْبُرْكَانِ الْحَيِّ　活火山を見て，私達は驚いた

بَرَكَة 複 ـات ❖祝福；繁栄；良き未来

قِلَّةُ الْبَرَكَةِ　不運

اَلْبَرَكَةُ فِي الْبُكُورِ　早起きに祝福あり/早起きは三文の得[格言]

بَرَكَاتُ اللّٰهِ　神の祝福

بِرْكَة 複 بِرَك ❖池；プール

بِرْكَةُ السِّبَاحَةِ　スイミングプール

بَرْلَمَان ❖議会，国会

عُضْوُ الْبَرْلَمَانِ 複 أَعْضَاءُ الْبَرْلَمَانِ　国会議員

اَلْبَرْلَمَانِيَّة ❖議会政治

بَرِمَ (a) ❖飽きる，うんざりする(～بِـ：～に)

لَا تُطِلْ حَدِيثَكَ فَيَبْرَمَ بِكَ السَّامِعُ　話は長くしないように，聞く人がうんざりします

بَرَمَ (u) ❖ひねる，ねじる，撚る；曲げる

بَرَمَ الْحَبْلَ　ロープをねじった

بَرِمٌ ❖ 飽きた，うんざりした(～بِـ:～に)
هُوَ بَرِمٌ بِالْحَدِيثِ　彼はその話しにうんざりしている

بُرْمَا / بُورْمَا ❖ ビルマ

بَرْمَائِيّ (=بَرِّيّ مَائِيّ) ❖ 両生類の；水陸両用の
حَيَوَان بَرْمَائِيّ　両生類[動物]
سَيَّارَة بَرْمَائِيَّة　水陸両用車

(الـ)بَرْمَائِيَّات ❖ 両生類[動物]

بَرْمِيل 複 بَرَامِيل ❖ 樽；バーレル※≒１６０リットル
بَرْمِيل خَشَبِيّ　木の(木製の)樽

بَرْنَامَج 複 بَرَامِج ❖ プログラム；計画，スケジュール；番組
بَرَامِج الْكُومْبِيُوتَر　(コンピューターの)ソフトウェア/プログラム
بَرَامِج تِلِفِزْيُونِيَّة　テレビの番組

بُرْهَان＜برهن 複 بَرَاهِين ❖ 証拠
بُرْهَان عَلَى ذَنْبِهِ (بَرَاءَتِهِ)　彼の有罪(無実)の証拠

بَرْهَنَ ، يُبَرْهِنُ 名 بَرْهَنَة ❖ 立証する，証明する(～عَلَى,عَنْ:～を) 名立証，証明
بَرْهَنَ عَلَى بَرَاءَتِهِ　彼の無実を証明した

بِرْوَاز＜بروز 複 بَرَاوِيز ❖ 枠；額縁，フレーム
بِرْوَاز الصُّورَةِ　(写真や絵を入れる)額縁/フレーム

بُرُوتِسْتَانْت ❖ プロテスタント ※信者，教徒

بُرُوتِسْتَانْتِيَّة ❖ プロテスタント ※宗教としての

بُرُودَة＜برد ❖ 冷たさ，寒さ；冷淡さ
شَعَرَ بِالْبُرُودَةِ　寒さを感じた
مَحْفُوظ الْبُرُودَةِ　冷凍保存 ※食品など
قَابَلَنِي بِبُرُودَةٍ　彼は私を冷たくあしらった

بَرْوَزَ ، يُبَرْوِزُ ❖ 額縁に入れる

بَرْوَزَ الصُّورَةَ　絵を額縁に入れた

بُرُولِيتَارِيَا ❖ 労働者階級，プロレタリアート

بُرُونْز 関 بُرُونْزِيّ ❖ 青銅，ブロンズ* 関青銅の，ブロンズの *bronze[仏語]

صُنِعَ هٰذَا التِّمْثَالُ مِنْ بُرُونْز　この像は青銅で作られています

أَدَوَات مِنَ الْبُرُونْز　青銅器

عَصْر الْبُرُونْز　青銅器時代

بَرِّي < بر ❖ 陸の，陸上の；(動物や植物が)野生の

قُوَّات بَرِّيَّة　陸軍

بَرِّي مَائِيّ　両生類の/(水陸)両用の

أَزْهَار بَرِّيَّة　野生の花/野の花

بَرِيء < برئ 複 أَبْرِيَاءُ/ بِرَاء ❖ 無実の；無邪気な；治った，(病気から)快復した

女 بَرِيئَة / بَرِيَّة 複 بَرَايَا

هُوَ كَانَ بَرِيئًا　彼は無実でした

أَطْفَال أَبْرِيَاء　無邪気な子供達

وَجْه مُبْتَسِم بَرِيء　無邪気な笑顔

بَرِّيَّة < بر 複 بَرَارِيّ ❖ 荒野，荒れ地，砂漠；ステップ，野原，人里離れた所

يَعِيشُ النَّمِرُ فِي الْبَرِّيَّةِ　虎は人里離れた所に住む

بَرِيَّة < برأ 複 ـات/ بَرَايَا ❖ 創造物，人間

رَحْمَةُ اللّٰهِ تَشْمَلُ الْبَرِيَّةَ　神の慈悲が人間を包む

بَرِيد < برد 関 بَرِيدِيّ ❖ 郵便 関郵便の；郵便配達人，郵便屋さん

الْبَرِيد الْجَوِّيّ (الْبَحْرِيّ)　航空便(船便)

أَرْسَلَ الطَّرْدَ بِالْبَرِيدِ الْبَحْرِيِّ　小包を船便で送った

إِذْن الْبَرِيدِ　郵便為替

صُنْدُوق الْبَرِيدِ　私書箱

مَكْتَب الْبَرِيدِ　郵便局

بَرِيد مُسْتَعْجِل　速達

بَرِيد إِلِكْتْرُونِيّ　電子メール/Eメール

بَرِيطَانِيّ 複 ون　✽形英国の, イギリスの 名英国人, イギリス人

بَرِيطَانِيَا　✽英国, イギリス

بَرِيطَانِيَا الْعُظْمَى　大ブリテン ※英国本国=イングランド, スコットランド, ウェールズ

بَرِيق < برق 複 بَرَائِق　✽稲妻, 電光;光り;輝き

بَرِيقُ اللِّحَامِ الْكَهْرَبَائِيِّ يُؤْذِي الْعَيْنَيْنِ　電気溶接(電溶)の光は目を痛める

بَزَّ ، يَبُزُّ　✽盗む, 強奪する;打ち負かす, 圧倒する

بَزَّ الْجَمِيعَ فِي مُسَابَقَةِ الْحِسَابِ　計算の大会で皆を打ち負かした

بَزَّاق ※ بَزَّاقَة　✽カタツムリ/蝸牛, でんでんむし ※1匹のカタツムリ

يَسْرَحُ الْبَزَّاقُ بَعْدَ هُطُولِ الْمَطَرِ　大雨の後にカタツムリが出てくる

بَزَرَ (i) 名 بَزْر　✽(種を)蒔く;(食べ物の)味付けをする 名蒔く事

بَزَرَ الْحَبَّ　種を蒔いた

بِزْر 複 بُزُور ※ بِزْرَة　✽種 ※1粒の種

هَلْ تَأْكُلُ بِزْرَ الْبَطِّيخِ ؟　(あなたは)西瓜の種を食べますか

بَزَغَ 名 بُزُوغ / بَزْغ　✽(星, 月, 太陽などが)現れる;昇る 名出現;昇る事

بَزَغَ النَّجْمُ (الْفَجْرُ)　星(朝日)が昇った

بُزُوغ الشَّمْسِ　日の出

بِزِلَّة / بِزِلَّا　✽グリーンピース[植物]

بِسَاط < بسط 複 بُسُط / أَبْسِطَة　✽絨毯, 敷物

بَسَطَ بِسَاطًا　絨毯を広げた(敷いた)

بِسَاط سِحْرِيّ　魔法の絨毯

بِسَاط الرَّحْمَةِ　死に装束

طَرَحَ (وَضَعَ) الْمَسْأَلَةَ عَلَى بِسَاطِ الْبَـ　その問題を議題に取り上げた

بَسَاطَة < بسط ✽ 簡単さ, 単純さ; 純粋さ, 純真さ

اِكْتَشَفَ السَّبَبَ بِبَسَاطَةٍ　その理由が簡単に分かった

بَسَالَة < بسل ✽ 勇気, 勇敢さ

قَاوَمَ الْجُنْدُ الْحِصَارَ بِبَسَالَةٍ نَادِرَةٍ　兵士達は類い希な勇敢さで, 包囲に対して闘った

بُسْتَان 複 بَسَاتِين 関 بُسْتَانِيّ ✽ 庭, 楽園, 果樹園 関庭の, 園芸の; 庭師, 園芸師

فِي بَيْتِنَا بُسْتَانُ لَيْمُونٍ وَبُرْتُقَالٍ　私達の家にはレモンとオレンジの果樹園がある

يَعْمَلُ الْبُسْتَانِيُّ بِلَا انْقِطَاعٍ　その庭師は中断せずに働く

فِي الْبُسْتَانِ دَجَاجَانِ　庭には二羽, 鶏がいる

بَسَطَ (u) بَسْط 名 ✽ 広げる, 伸ばす; 説明する; 喜ばす 名広げる事; 説
喜び, 幸せ

بَسَطَ الطَّائِرُ جَنَاحَيْهِ　鳥が翼を広げた

بَسَطَ يَدَ الْمُسَاعَدَةِ لِـ~　~に救いの手を差し伸べた/~を助けた

بَسَطَ نُفُوذَهُ عَلَى~　~に支配力を広げた(及ぼした)

هَلْ بَسَطَكَ نَجَاحُ أُخْتِكَ؟　あなたは妹さんの合格に喜びましたか

بَسْطُ الْيَدِ　欲張り/強欲

بَسُطَ (u) ✽ 簡単である, 簡単になる; 単純である, 単純になる

فَسَّرْتَ لِي مَسْأَلَةَ الْحِسَابِ فَبَسُطَ حَلُّهَا　あなたが算数の問題を説明(解説)してくれたので
答えが簡単になった

بَسَّطَ < بسط II ✽ 簡単にする, 易しくする; 広げる

بَسِّطْ كَلَامَكَ　話は簡単にしなさい

بَسْكَوِيت / بَسْكُوت ✽ ビスケット

قَدِّمْ لِي الْبَسْكَوِيتَ مَعَ الشَّايِ　お茶と一緒にビスケットを下さい

بِسِلَّة ✽ = بِزِلَّة

بَسَمَ (i) بَسْمَة 名 ✽ 微笑む(~لِـ:~に), 微笑する 名微笑み, 微笑

تَبْسِمُ مُعَلِّمَتِي دَائِمًا　私達の女の先生はいつも微笑んでいます

بَسْمَلَ، يُبَسْمِلُ بَسْمَلَة 名 ✽ 唱える 名唱える事※

بِسْمِ اللّٰهِ الرَّحْمٰنِ الرَّحِيمِ あるいは略して بِسْمِ اللّٰهِ と唱える事

بُسُط/بُسَطَاء 複 بسط < بَسِيط ❖ 簡単な, 質素な, 素朴な; 明瞭な; 無邪気な; 自然な
※複数形には無邪気な人々の意あり

بَسِيطُ الْيَدَيْنِ　寛大な/気前の良い

طَعَام بَسِيط　簡単な食事/軽食

لَا تَقْلَقْ ! اَلْمُشْكِلَةُ بَسِيطَةٌ　心配しないで！悩み事は簡単だよ

بَسَائِط 複 بسط < (اَلْ)بَسِيطَة ❖ 地球, 世界; 地上

بَشَّ (a) ❖ 微笑む(～لِـ: ～に); 陽気である, 快活である

بَشَّ وَجْهُهُ سَعَادَةً　彼は嬉しくて, にっこりした

بَشَائِر /ـات 複 بشر < بِشَارَة ❖ 良い兆し(前兆); 予言, (キリスト教の)福音

عِيد الْبِشَارَةِ　受胎告知の日 ※聖母マリアにキリストの受胎が告知された事を祝う日

بَشَّاش ❖ = بَشُوش

بَشَاشَة < بش ❖ 幸せそうな表情, 微笑み

بَشَاشَةُ بَنَاتِي تَمْلَأُ قَلْبِي فَرَحًا　娘達の微笑みで, 私の心は喜びで満たされる

بَشَرِيّ 関 بَشَرٌ ❖ 人間, 人類 ※定冠詞を伴う ※男女単複
関 人間の, 人類の; 皮膚の, 肌の

اَلسَّلَامُ الدَّائِمُ حُلْمُ الْبَشَرِ كُلِّهِمْ　恒久平和は人類皆の夢である

تِجَارَة الْبَشَرِ　人身売買

جِسْم بَشَرِيّ　人体

اَلْجِنْس الْبَشَرِيّ　人類

طَبِيب بَشَرِيّ　皮膚科専門医

تَبَاشِير 複 تَبْشِير 名 II بشر < بَشَّرَ ❖ (～に)吉報を告げる, 吉報をもたらす(～بِـ); 伝導する, 説教する; (報酬を)約束する 名 伝道

بَشَّرَهُمْ بِالْمَذْهَبِ (بِالدِّينِ)　彼らにそのイデオロギー(宗教)を伝えた

اَلسُّنُونُو يُبَشِّرُ بِقُدُومِ الصَّيْفِ　燕は夏の到来を告げる

بِشْر ❖ 幸(しあわ)せ, 喜(よろこ)び

شَاعَ الْبِشْرُ عَلَى وَجْهِهِمْ　喜(よろこ)びが彼(かれ)らの顔(かお)に広(ひろ)がった

بُشْرَى <بشر 複 بُشْرَيَات/بُشَر ❖ 女良(よ)い知(し)らせ, 吉報(きっぽう);嬉(うれ)しい事(こと)

أَخْبِرْهُ هٰذِهِ الْبُشْرَى بِسُرْعَةٍ　この良(よ)い知(し)らせを早(はや)く彼(かれ)に知(し)らせなさい

يَا بُشْرَى !　なんて素敵(すてき)な知(し)らせだろう

بَشَرَة 複 بَشَر ❖ 肌(はだ), 皮膚(ひふ); 表皮(ひょうひ)

بَشَرَتُكَ سَوْفَ تَحْمَرُّ　あなたの肌(はだ)は赤(あか)くなるだろう

حَافِظِي عَلَى نُعُومَةِ بَشَرَتِكِ　(貴女(あなた)は)肌(はだ)を滑(なめ)らかに保(たも)ちなさい

بَشِعَ (a) ❖ 醜(みにく)い, 醜(みにく)くある

يَبْشَعُ مَنْظَرُ الْبِنَايَةِ بَعْدَ الْحَرِيقِ　火事(かじ)(火災(かさい))の後(あと)の建物(たてもの)の光景(こうけい)は醜(みにく)い

بَشِعٌ / بَشِيع <بشع ❖ 醜(みにく)い, 嫌(いや)な

فَرْخُ الْبَطِّ الْبَشِعِ　醜(みにく)いアヒルの子(こ)

تَلَاقَمَتِ الْأَوْسَاخُ ، فَصَارَ الْمَنْظَرُ بَشِعًا　ゴミが積(つ)み重(かさ)なって,景観(けいかん)が醜(みにく)くなった

حَادِث بَشِع　嫌(いや)な事件(じけん)

بَشُوش <بش ❖ 微笑(ほほえ)んでいる, 快活(かいかつ)な

اَلْوَجْهُ الْبَشُوشُ جَمِيلٌ　微笑(ほほえ)んでいる顔(かお)(笑顔(えがお))は美(うつく)しい

بَشِير <بشر 複 بُشَرَاء ❖ 吉報(きっぽう)を運(はこ)ぶ人(ひと)

كَيْفَ حَالُكَ ، يَا بَشِيرَ الْخَيْرِ ؟　お元気(げんき)ですか,吉報(きっぽう)を運(はこ)んでくれる人(ひと)よ

بَشِيع <بشع ❖ = بَشِع

بَصَّ (i) 名 بَصِيص ❖ 光(ひか)る,きらりと光(ひか)る; 輝(かがや)く 名きらめき, 輝(かがや)き

يَبِصُّ الْجَمْرُ فِي الرَّمَادِ　炭(すみ)が灰(はい)の中(なか)で光(ひか)っている

بُصَاق <بصق ❖ 唾(つば), 唾液(だえき)

لَا يُطْرَحُ الْبُصَاقُ عَلَى مَرْأًى مِنَ النَّاسِ　人(ひと)の見(み)ている所(ところ)で,唾(つば)を吐(は)かない

بَصَرَ (u) / بَصِرَ (a) 名 بَصَر 複 أَبْصَار ❖ 見(み)る;理解(りかい)する,悟(さと)る(~بِ:~を) 名視力(しりょく);視覚(しかく)

قَدْ يَبْصُرُ الْأَعْمَى بِأُعْجُوبَةٍ　奇跡(きせき)によって,盲目(もうもく)の人(ひと)が見(み)えるようになるだろう

لَهُ بَصَرٌ بِـ~	～を良く知っている/～に詳しい
بَصَرٌ حَادٌّ	目がよい
قَصِيرُ (بَعِيدُ) الْبَصَرِ	近視(遠視)の
الْعَيْنُ عُضْوُ الْبَصَرِ	目は視覚器官です
بَصَّرَ <بصر II 名 تَبْصِير ❖	見せる;分からせる;予言する,占う 名占い
بَصِّرِي لِي يَا حَاجَّةُ	お婆さん,私を占って下さい
بَصَقَ (u) 名 بَصْق ❖	(唾などを)吐く(～عَلَى:～に) 名唾を吐く事
بَصَقَ عَلَيَّ	彼は私に唾を吐いた
بَصْقَة ❖	(吐き出された)唾,痰
لَيْسَ شَيْءٌ أَقْرَفَ مِنْ رُؤْيَةِ بَصْقَةٍ	私は唾を見る事ほど嫌なものはない
بَصَلٌ ※ بَصَلَة ❖	玉ねぎ/玉葱;球根 ※1個の玉ねぎ
زَرَعَ الْفَلَّاحُ الْبَصَلَ	農民は玉ねぎを植えた
بَصْمَة 複 -ات ❖	印象,面影;指紋;スタンプ;押印
لَا أَثَرَ لِبَصْمَاتِ اللِّصِّ عَلَى الصُّنْدُوقِ	箱には泥棒の指紋はない
بَصِير <بصر 複 بُصَرَاء ❖	目の見える;理解力(洞察力)のある,物事を良く知っている
خُذْ رَأْيَ مُعَلِّمِكَ ، إِنَّهُ بَصِيرٌ	先生の意見を聞きなさい,先生は物事を良く知っていらっしゃるから
بَصِيرَة <بصر 複 بَصَائِر ❖	理解(力),洞察(力)
عَنْ بَصِيرَةٍ	故意に/わざと/知っていて
نَافِذُ الْبَصِيرَةِ	理解力/洞察力
كَانَ عَلَى بَصِيرَةٍ مِنْ ~	～を正確に知っていた/～に詳しかった
بَصِيص <بص ❖	形輝いている 名光り,輝き,かすかな光り
كَانَ بَصِيصُ الْحُبَاحِبِ يُؤْنِسُنَا لَيْلًا	夜に私たちは蛍の光を見て楽しんだ
بَضّ ❖	(皮が)柔らかい,滑らかな
كَانَ جِسْمُهَا الْبَضُّ أَشْبَهَ بِجِسْمِ طِفْلٍ	彼女の体は子供のように,柔らかかった

بِضَاعَة 複 بَضَائِع ❖ 品,品物;商品

قِطَار الْبِضَاعَةِ　貨物列車

بِضَاعَة رَدِيئَة　(品質の)悪い商品/粗悪品

اَلْبِضَاعَةُ غَيْرُ مَوْجُودَةٍ　その商品はありません(品切れです)

بَضَعَ (a) 名 بَضْع ❖ 切る,切り開く;解剖する 名切る事;解剖

بَضَعَ الطَّبِيبُ الدُّمَّلَ وَطَهَّرَهُ　医者は腫れ物を切り取り,消毒した

بِضْع ❖ 幾つかの ※3から9の間

> 古典では両性に使うが,男性名詞複数には بِضْعَة 女性名詞複数には بِضْع を用いるのが普通

بِضْعَة أَيَّامٍ　数日

بِضْع سَنَوَاتٍ　数年

يَجِبُ أَنْ أَتَمَرَّنَ لِبِضْعِ سَاعَاتٍ　私は数時間練習しなければならない

بَطّ 複 بُطُوط ※ بَطَّة ❖ アヒル ※1羽のアヒル

سَبَحَ الْبُطُوطُ فِي الْبِرْكَةِ　池でアヒルが泳いだ

بَطُؤَ (u) 名 بُطْء ❖ (動作,速度などが)遅くなる,ゆっくりになる
名遅い事,緩慢な動作や口振り

تَبْطُؤُ حَرَكَةُ السَّيَّارَاتِ　自動車の動きがゆっくりになる

بِبُطْءٍ　ゆっくり/ゆっくりと

مِنْ فَضْلِكَ تَكَلَّمْ بِبُطْءٍ أَكْثَرَ　もっとゆっくり話して下さい

بَطَّارِيَّة 複 ـات ❖ 電池,バッテリー

بَطَّارِيَّة جَافَّة　乾電池

بَطَاطِس / بَطَاطَا / بَطَاطَة ❖ 女芋,じゃが芋,ポテト

بَطَاطِس مَقْلِيَّة　ポテトフライ/ポテトチップ

بَطَاطَا حُلْوَة　さつま芋

بِطَاقَة 複 ـات ❖ カード;券,チケット,切符;札;手紙

بِطَاقَة التَّعْرِيفِ (شَخْصِيَّة)　身分証明書/IDカード/名刺

تَبَادُل الْبِطَاقَةِ الشَّخْصِيَّةِ　名刺交換

بِطَاقَة بَرِيدِيَّة　葉書/ポストカード

بِطَاقَة الْإِئْتِمَانِ　クレジットカード

بِطَاقَة دَعْوَةٍ　招待状

بِطَاقَة الدُّخُولِ　入場券/チケット

نِظَام الْبِطَاقَاتِ　配給

بَطَالَة (ـِ) < بطل ❖ 怠ける事,怠惰;失業;休日;ヒロイズム

نِسْبَة الْبَطَالَةِ　失業率

بِطَانَة < بطن 複 بَطَائِن ❖ (服の)裏地;側近,従者

ضَعِي لِلثَّوْبِ الْأَسْوَدِ بِطَانَةً سَوْدَاءَ　(貴女は)黒い服の裏地は黒にしなさい

بِطْرِيق < بطرق 複 بَطَارِيق ❖ (ローマ時代の)貴族;ペンギン[動物]

اَلْبِطْرِيقُ لَا يَسْتَطِيعُ الطَّيَرَانَ　ペンギンは飛行できない

بَطَحَ (a) ❖ 投げる;身を伏せる;平らにする

بَطَحَ حَجَرًا فِي الْبِئْرِ　井戸に石を投げた

بَطَلَ (u) 名 بُطْل / بُطْلَان ❖ 無効になる,無駄になる;(仕事を)止める,失業する
名無効;無意味

بَطَلَ الْعَقْدُ　その契約は無効になった

بَطُلَ (u) 名 بَطَلٌ 複 أَبْطَال ❖ 英雄である;勇敢である 名英雄,チャンピオン

بَطَلَة　ヒロイン/女傑

بَطَلُ الصَّحْرَاءِ　砂漠の英雄

هُوَ بَطَلٌ مِنْ أَبْطَالِ السِّبَاحَةِ　彼は水泳のチャンピオンだ

بَطَّلَ < بطل II ❖ 無効にする;白紙にする,取り消す;首にする

بَطَّلَ الْعَقْدَ　その契約を取り消した

بُطْلَان < بطل 複 أَبَاطِيل ❖ 無効;無益;うそ

بُطْلَانُ الْعَقْدِ　契約無効

بُطْلَانًا / بِالْبُطْلَانِ　無駄に/偽って/だまして

أ ب ت ث ج ح خ د ذ ر ز س ش ص ض ط ظ ع غ ف ق ك ل م ن هـ و ي

بَطَّنَ < بطن II ❖ (服の)裏地を付ける;カバーをかける

يُبَطِّنُ كُتُبَهُ حَالَمَا يَشْتَرِيهَا　彼は本を買うと,直ぐにカバーをかける

بَطْن 複 أَبْطُن / بُطُون ❖ 腹;内側,中側;低地

عِنْدِي أَلَمٌ فِي بَطْنِي　腹(お腹)が痛いです

بَطْنُ الْقَدَمِ　足の裏

بَطْنُ الْكَفِّ　手のひら

بَطْنًا لِظَهْرٍ　逆さま(に)/あべこべに/後ろ前に

فِي بَطْنٍ (بُطُونٍ)　中に/内側に

ابْنُ بَطْنِهِ　大食家/食いしん坊

بِطْنَة ❖ 大食,暴食;消化不良

اَلْبِطْنَةُ تُضْعِفُ الْفِطْنَةَ　大食は頭を鈍くする

بُطُولَة < بطل 複 -ات ❖ 勇気;選手権,チャンピオンシップ,タイトル

دَوْرُ الْبُطُولَةِ　(劇や映画の)主役

بُطُولَةُ الْعَالَمِ فِي كُرَةِ الْقَدَمِ　サッカーの世界大会(ワールドカップ)

فَازَ الْفَرِيقُ بِبُطُولَةِ كُرَةِ السَّلَّةِ　チームはバスケットボールの試合に優勝した

بُطُولِيّ < بطل ❖ 勇気のある,勇敢な;英雄的な

عَمَلٌ بُطُولِيٌّ　勇敢な(勇気ある)行動

بَطِيء < بطؤ 複 بِطَاء ❖ 遅い,のろい,ゆっくりとした,緩慢な

بَطِيءُ الْحَرَكَةِ　動作が緩慢な

لَا تَزَالُ قِرَاءَتُهُ بَطِيئَةً　彼の読み方はまだ遅い

بِطِّيخ (بَ) ❖ 西瓜/スイカ

أَتُحِبُّ أَنْ تَأْكُلَ عِنَبًا أَمْ بِطِّيخًا ؟　葡萄を食べたいですか,それとも西瓜ですか

بَعَثَ (a) 名 بَعْث 複 بُعُوث/بُعْث ❖ 送る,派遣する(~بِـ:~を/~إِلَى:~に)
名送る事,送付;派遣;最後の審判の日;再生,復興

بَعَثَ رِسَالَةً إِلَى~　~に手紙を送った

حِزْبُ الْبَعْثِ　バース党/アラブ復興党

يَوْم الْبَعْثِ	最後の審判の日/復活の日
بَعْثَة ❖	派遣団, 使節団
بَعْثَة سِيَاسِيَّة (ثَقَافِيَّة)	政治的(文化)使節団
بَعْثَرَ ، يُبَعْثِرُ 名 بَعْثَرَة ❖	散らかす, 散らす, 散らばす, まく, ばらまく 名散らかす事;分散
وَقَعَ وَبَعْثَرَ كُتُبَهُ عَلَى الْأَرْضِ	転んで本を地面にばらまいた
بَعَجَ (a) ❖	(腹を)切り開く;破る;凹ませる;刻み目を入れる
ضَرَبَ الطَّبْلَ فَبَعَجَهُ	太鼓を叩いて,破った
بَعُدَ (u) ❖	遠くなる;遠い,離れている(～عَنْ :～から);離す
اُبْعُدْ عَنْهَا	それから離れなさい(離れて下さい)
بَعَّدَ <بعد II 名 تَبْعِيد ❖	離す,遠ざける;追い払う,移動させる 名追放;隔離
بَعِّدِي الْمَزْهَرِيَّةَ عَنْ حَافَّةِ الطَّاوِلَةِ	(貴女は)花瓶はテーブルの縁から離して置きなさい
بُعْدٌ 複 أَبْعَاد ❖	遠さ;距離;寸法
رَأَيْنَا الْبَحْرَ عَنْ بُعْدٍ	私達は遠い所から海を見た
أَبْعَاد الصُّنْدُوقِ	箱の寸法
بَعْدَ ❖	前～の後,～の後で;～に加えて,さらに
بَعْدَ الظُّهْرِ	午後
بَعْدَ مَا ～/بَعْدَمَا ～	～した後
بَعْدَ الْمِيلَادِ (الْمَسِيحِ)	紀元後/A. D.
اِنْصَرَفَ الْمُوَظَّفُ بَعْدَمَا تَمَّمَ وَاجِبَهُ	役人は自分の義務を果たすと,立ち去った
مَا بَعْدَهُ	この上ない～
حُزْنٌ مَا بَعْدَهُ حُزْنٌ	この上ない悲しみ
بَعْدَ ذٰلِكَ	その後で/それに加えて
بَعْدَ قَلِيلٍ	しばらくして/まもなく
بَعْدُ ※=حَتَّى الْآنَ ❖	今でも,未だ
هُوَ بَعْدُ طِفْلٌ	彼は未だ子供だ

فِيمَا بَعْدُ　後で/後に

لَمْ ~ بَعْدُ　未だ~ない

لَمْ يَأْتِ مُحَمَّدٌ بَعْدُ　ムハンマドさんは,未だ来ていません

أَمَّا بَعْدُ　さて/それから

بَعْرٌ 複 أَبْعَار ✽ (動物の)糞

اَلْبَعْرُ سَمَادٌ يُخْصِبُ التُّرْبَةَ　動物の糞は地味(地味)を良くする肥料です

بَعْزَقَ، يُبَعْزِقُ ✽ 散らす;浪費する

بَعْضٌ ✽ 幾つかの,若干の;ある一人の,ある一つの

بَعْضُهُمْ بَعْضًا　彼らは互いに

قَاتَلَ النَّاسُ بَعْضُهُمْ بَعْضًا　人々は互いに戦った

بَعْضَ الْوَقْتِ　しばらく

بَعْضَ فِي الْأَحْيَانِ　時々

قَالَ بَعْضُ الْعُلَمَاءِ ~　ある学者達は~と言った

اَلْبَعْضُ~ الْبَعْضُ الْآخَرُ ..　~する人もいれば‥する人もいる

بَعْلٌ 複 بُعُول / بِعَال ✽ 夫;バール神;(雨水だけの)灌漑しない土地

كَانَ الْكَنْعَانِيُّونَ يُسَمُّونَ السَّيِّدَ أَوِ الْإِلٰهَ بَعْلًا　カナーン人は主や神をバールと呼んでいた

بَعُوضٌ<بعض ※ بَعُوضَة ✽ ブヨ,蚊 ※1匹のブヨ,蚊

تُنَظِّمُ الْبَلَدِيَّةُ حَمْلَةً لِإِبَادَةِ الْبَعُوضِ　市の当局は蚊撲滅キャンペーンを行っている

بَعِيدٌ<بعد 複 بُعَدَاءُ / بُعْدٌ 比 أَبْعَدُ ✽ 遠い(~عَنْ:~から) 比より(もっと)遠い

بَيْتُهُ بَعِيدٌ عَنِ الْمَحَطَّةِ　彼の家は駅から遠い

مَدْرَسَتُنَا بَعِيدَةٌ عَنْ هُنَا　私達の学校はここから遠いです

مِنْ بَعِيدٍ　遠くから

بَعِيدُ الصِّيتِ (الصَّوْتِ)　有名な/良く知られている

بَعِيدًا　遠くに/遠くへ

مُنْذُ زَمَنٍ بَعِيدٍ　はるか遠い昔から

بَعِير <بعر 複 أَبْعِرَة / بُعْرَان / أَبَاعِر ❖ ラクダ

اَلْبَعِيرُ رَفِيقُ الْبَدَوِيِّ　ラクダはベドウィンの友である

بَغَى، يَبْغِي 名 بُغْيَة ❖ 欲する;売春する,姦通する;迫害する,抑圧する 名望み,望みの物;目的

مَاذَا تَبْغِي؟　何が欲しいのですか

بَغَتِ الْمَرْأَةُ　女性が姦通した

أَهْلًا بِكَ! مَا بُغْيَتُكَ؟　いらっしゃい!何に致しましょう

بَغَتَ (a) 名 بَغْتَة ❖ 不意に来る;驚かす 名突然;不意の出来事

لَا تَنْتَظِرُونِي، سَأَبْغَتُكُمْ بِمَجِيئِي　待たないで下さい,私は急に来たりしますから

جَاءَ بَغْتَةً (عَلَى بَغْتَةٍ)　突然に(急に)来た

بَغْدَادُ 関 بَغْدَادِيّ 複 ـُون ❖ 女バグダード ※イラクの首都 関バグダードの;バグダードの人

بَغْدَادُ بَعِيدَةٌ　バグダードは遠い

بَغِضَ (a) / بَغُضَ (u) 名 بُغْض ❖ 憎む,嫌う 名憎しみ,憎悪

شَدَّ مَا أَبْغَضُ الْكَذِبَ وَالْخِدَاعَ　私は嘘と欺瞞がどんなに嫌いな事か

لَا تَتْرُكْ لِلْبُغْضِ مَكَانًا فِي قَلْبِكَ!　心に憎しみを持ってはいけない

بَغَّضَ <بغض II ❖ 憎ませる(〜إِلَى:〜を),嫌いにする

مَنْ بَغَّضَ إِلَيْكَ الشِّرَاءَ؟　貴女を買い物嫌いにしたのは誰ですか

بَغْل 複 أَبْغَال / بِغَال ❖ ラバ ※雄ロバと雌馬との交配種またはその逆

حَزَمَ الْأَمْتِعَةَ عَلَى ظَهْرِ الْبَغْلِ　ラバの背に荷物を括り付けた

بُغْيَة <بغى ❖ ⇒ بَغَى 名

بَغِيض <بغض ❖ 憎むべき,嫌悪すべき

أَلَيْسَتِ الرِّشْوَةُ عَمَلًا بَغِيضًا؟　賄賂は憎むべき行為ではないですか

بَقّ ※ بَقَّة ❖ トコジラミ[昆虫] ※1匹のトコジラミ

يُعَشِّشُ الْبَقُّ فِي الْفَرْشَةِ الْقَدِيمَةِ　トコジラミは古いベッドに巣くう

بَقَاء <بقي ❖ とどまる事,残留;不滅,生き残る事

أ ب ت ث ج ح خ د ذ ر ز س ش ص ض ط ظ ع غ ف ق ك ل م ن هـ و ي

أ ب ت ث ج ح خ د ذ ر ز س ش ص ض ط ظ ع غ ف ق ك ل م ن هـ و ي

بَقَاءُ الطَّاقَةِ	エネルギー保存(不滅)
بَقَاءُ الْأَصْلَحِ (الْأَنْسَبِ)	適者生存
صِرَاعُ الْبَقَاءِ	生存競争
دَارُ الْبَقَاءِ	来世/あの世

بَقَّال <بقل 複 ـون ❖ 食料品屋, 雑貨屋

نَبْتَاعُ السُّكَّرَ وَالْأَفَاوِيَّةَ مِنْ عِنْدِ الْبَقَّالِ	私達は雑貨屋から砂糖と香辛料を買う

بَقْدُونِس (ـِ) ❖ パセリ[野菜]

لَا تَصْلُحُ السَّلْطَةُ بِلَا بَقْدُونِسٍ	パセリのないサラダはサラダではない

بَقَرٌ ❖ 牛 ※ بَقَرَة 複 ـات ※1頭の牛 関 بَقَرِيّ 牛の

بَقَرَة وَحْشِيَّة	オリックス[動物]
لَحْم بَقَرِيّ	牛肉/ビーフ

بُقْعَة 複 بِقَاع / بُقَع ❖ 染み; 場所, 地点

يُزِيلُ بُقْعَةَ الزَّيْتِ عَنِ الثَّوْبِ	服の油の染みを取る
فِي كُلِّ بِقَاعِ الْأَرْضِ	地上(世界)の至る所で

بَقْل 複 بُقُول / أَبْقَال 関 بَقْلِيّ ❖ 香草, ハーブ; 野菜; 豆

فَصِيلَة بَقْلِيَّة	豆科植物

بَقِيَ ، يَبْقَى ❖ 残る, 余る; とどまる(~فِي: ~に); ~のままである(~عَلَى), ~し続ける(~: 未)

اِبْقَ فِي الْبَيْتِ	家にいなさい
بَقِيَ عَلَى الْحَالِ	その状態を保った
بَقِيَ حَيًّا	生き残った
بَقِيَ يَقْرَأُ الْكِتَابَ	本を読み続けた
بَقِيَ مِنَ الْوَقْتِ رُبْعُ سَاعَةٍ	まだ15分残っていた

بَقِيَّة <بقي 複 بَقَايَا ❖ 残り, 余り ※限定複数名詞属格を従える

بَقِيَّةُ الْأَعْضَاءِ	残りのメンバー/他のメンバー
بَقَايَا قَصْرٍ قَدِيمٍ	古い城の廃墟

بَقَايَا الطَّعَامِ　食べ物の残り/残飯

بَكَىٰ ، يَبْكِي 名 بُكَاء ✿ 泣く 名泣く事, 泣き

إِبْكِ 男命 إِبْكِي 女　泣け/泣きなさい

بُكَاؤُكَ أَشْبَهُ بِنَعِيقِ الْغُرَابِ　あなたのは泣き声は鳥の鳴き声に似ている

بَكَّىٰ > بكى II ✿ 泣かす, 泣かせる

بَكَتِ الْبِنْتُ فَبَكَّتْ أُخْتَهَا　泣いた娘は妹を泣かせた

بَكَّاء > بكى 複 بَكَّاؤُونَ ✿ 涙もろい; 泣き上戸の, 泣き虫の

الأُمَّهَاتُ الْبَكَّاؤُونَ (بَكَّاءَات)　涙もろい母親達

لَا تُغْضِبْهُ ، إِنَّهُ بَكَّاءٌ　彼は泣き虫だから, 怒らせるな

بَكَّتَ > بكت II 名 تَبْكِيت ✿ 非難する, 咎める 名非難; 呵責

يُبَكِّتُنِي ضَمِيرِي لِأَنِّي لَمْ أُسَاعِدْكَ　あなたを助けなかった事で, 私は良心が咎めます

تَبْكِيتُ الضَّمِيرِ　良心が咎める事/良心の呵責

بَكَرَ (u) ✿ 早起きする; 朝早く出掛ける; 朝早く仕事をする

يَبْكُرُ الْفَلَّاحُ إِلَى عَمَلِهِ　農民は朝早く仕事に出掛ける

بَكَّرَ > بكر II 名 تَبْكِير ✿ 早起きする; 朝早く出掛ける 名朝早く出掛ける事

كُنَّا نُبَكِّرُ فِي الذَّهَابِ إِلَى الْمَزْرَعَةِ　私達は朝早く畑に出掛けていた

بِكْر 複 أَبْكَار ✿ 形最初に産まれた; 処女の; 最初の 名初生児; 処女

ابْنٌ (ابْنَةٌ) بِكْرٌ　長男(長女)

مَا تَزَالُ الْفَتَاةُ بِكْرًا　その娘は未だ結婚前である

بَكَرَة (بَكْرَة) ✿ 糸玉; コイル; (繊維機械の円錐状の)糸巻き, リール; 集団, グループ

تَلْعَبُ الْهِرَّةُ بِالْبَكَرَةِ　猫が糸玉で遊んでいる

عَلَى(عَنْ) بَكْرَةِ أَبِيهِمْ　皆一緒に/全て

بَلْ ✿ ～ではないが‥(否定詞の後について)

لَسْتُ مُسْلِمًا ، بَلْ أَنَا مَسِيحِيٌّ　私はイスラム教徒ではなくて, キリスト教徒です

لَا..فَقَطْ، بَلْ ～ أَيْضًا　‥ばかりでなく～でもある

هٰذَا لَيْسَ رَخِيصًا فَقَطْ، بَلْ هُوَ لَذِيذٌ أَيْضًا　これは安いばかりでなく,美味しいですよ

❖ **بَلَّ ، يَبُلُّ** ❖ 濡らす,湿めらす

يَبُلُّ الْمَطَرُ ثِيَابِي　雨が私の服を濡らす

❖ **بِلَا ~** (= بِ+لَا) ❖ ~無しで

بِلَا شَكٍّ　疑い無く

بِلَا شَرْطٍ　条件無しで/無条件で

أَتُفَارِقُنَا بِلَا وَدَاعٍ؟　あなたは私達に「さよなら」も言わないで,別れる
ですか

❖ **بَلَى** ❖ いいえ ※否定の前文に対するその否定に使われる

أَلَمْ تَقْرَإِ الْكِتَابَ؟ بَلَى　未だ本は読んでないのですかーいいえ(,読みました)

❖ **بِلَاد** <بلد 複 بُلْدَان ❖ 国,国家;国々 ※元来は بَلَدٌ :国の複

بِلَادِي　私の国/我が祖国

اَلْبِلَادُ الْعَرَبِيَّةُ　アラブ諸国

جَمِيعُ أَنْحَاءِ الْبِلَادِ　全国

فِي كُلِّ أَنْحَاءِ الْبِلَادِ　全国で

❖ **بَلَاطَة** <بلط 複 -ات ❖ タイル;敷石

اِنْكَسَرَتِ الْبَلَاطَةُ فِيمَا الْعَامِلُ يُرَكِّبُهَا　職人がタイルを取り付けている時に,割れた

بَلَاطَةُ الضَّرِيحِ　墓石

❖ **بَلَاغٌ** <بلغ 複 -ات ❖ 声明,コミュニケ;通達

بَلَاغ أَخِير (نِهَائِيّ)　最後通牒/最終通告

بَلَاغ مُشْتَرَك　共同声明

❖ **بَلَاغَة** <بلغ 複 -ات ❖ 雄弁;修辞,巧みな言葉使い;修辞法

عِلْمُ الْبَلَاغَةِ　修辞学/雄弁術

❖ **بَلْبَلَ ، يُبَلْبِلُ** ❖ 混乱させる

بَلْبَلَ آرَاءَنَا　(彼は)私たちの意見を混乱させた

بُلْبُل 複 بَلَابِل ❖ ナイチンゲール[鳥類]

مَا أَجْمَلَ أُغْرُودَةَ الْبُلْبُلِ!　まぁ,ナイチンゲールのさえずりのきれいなこと

بَلَح ※ بَلَحَة ❖ (熟す前のなつめ)椰子の実 ※1個の椰子の実

أُحِبُّ الْبَلَحَ أَكْثَرَ مِمَّا أُحِبُّ التَّمْرَ　私は熟した椰子の実より,青い椰子の実の方が好きです

بَلَد 複 بُلْدَان / بِلَاد 関 بَلَدِيّ ❖ 国,故郷,古里;田舎,地方 ※男女
関田舎の,地方の;地方の人,現地人

أَيْنَ بَلَدُكَ؟　あなたのお国はどちらですか

مَجْلِس بَلَدِيّ　市議会/地方議会

بَلْدَة ❖ 町,小都市;村落

رَأَيْتُ النُّورَ فِي الْبَلْدَةِ　私は町の明かりを見ました

بَلَدِيَّة < بلد 複 ـات ❖ 市役所,地方自治体

رَئِيس الْبَلَدِيَّة　市長/区長

بَلَّطَ < بلط II 名 تَبْلِيط ❖ (タイルや敷石で)舗装する 名タイル張り

بَلَّطَ الْأَرْضَ　タイルで地面を舗装した

بَلْطَة 複 ـات / بُلَط ❖ 斧

كَسَرَ الرَّجُلُ الْحَطَبَ بِالْبَلْطَةِ　男は斧で薪を割った

بَلَعَ (a) ❖ 飲み込む

بَلَعَ رِيقَهُ　一休みした/怒りを我慢した

أَلَا تَمْضَغُ اللُّقْمَةَ قَبْلَ أَنْ تَبْلَعَهَا　あなたは飲み込む前に,噛まないのですか

بُلْعُوم < بلعم 複 بَلَاعِيم ❖ 食道;咽頭

تَوَقَّفَتِ اللُّقْمَةُ فِي الْبُلْعُومِ　食べた物が食道に支えた

بَلَغَ (u) 名 بُلُوغ ❖ 達する;大人になる 名達する事,到達;成人

بَلَغَ رُشْدَهُ (سِنَّ الرُّشْدِ)　成人に達した(なった)

بَلَغَ أَشُدَّهُ　最高潮(頂点)に達した

بَلَغَ الثَّمَرُ　実が熟れた

بَلَّغَ < بلغ II ❖ 伝える, 伝達する; 運ぶ, 届ける

بَلِّغْ سَلَامِي إِلَى～　～さんに宜しくお伝え下さい

بَلَّلَ < بل II ❖ 濡らす, 湿らす, 湿気を与える

بَلَّلَ ～ بِالْمَاءِ　～を水で濡らした

بِلَّوْر / بَلُّور ❖ 結晶; 水晶; ガラス

بِلَّوْرُ الْمِلْحِ　塩の結晶

بَلُّوط ※ بَلُّوطَة ❖ 樫の木, ドングリの木 ※1本の樫の木

خَشَبُ الْبَلُّوطِ مَتِينٌ　樫の木は堅い

بَلِيَ ، يَبْلَى ❖ (服が)古くなる, ぼろぼろになる

تَبْلَى ثِيَابُكَ بِسُرْعَةٍ　あなたの服が直ぐに, ぼろぼろになる

بَلِيَّة < بلو 複 بَلَايَا ❖ 試練, 苦難; 苦痛; 災難

بَلِيد < بلد ❖ 愚かな

أَيَّتُهَا الْبِنْتُ الْبَلِيدَةُ　やぁ, 愚かな 娘 よ

بَلِيغ < بلغ 複 بُلَغَاء ❖ 形 雄弁な, 能弁な, 流ちょうな 名 雄弁家, 能弁家

سِيَاسِيٌّ بَلِيغٌ　雄弁な政治家

أَلْقَى مَوْعِظَةً بَلِيغَةً　雄弁に(説得力のある)説教をした

بَلِيل < بل ❖ 湿った; 涼しい

يَهُبُّ عَلَيْنَا مِنَ الْبَحْرِ نَسِيمٌ بَلِيلٌ　湿ったそよ風が, 海から私達の方へ吹いてくる

بِلْيُون 複 بَلَايِين ❖ 十億, 10億
(ُ)

أَلْف بِلْيُون يِنٍّ　1兆円

بِمَا (بِـ+ما) ❖ 何で ※前置詞 بِـ に ما がついたもの

بِمَا فِيهِ　含んでいる/含まれている

بِمَا أَنَّ ～　～なので/だから

بُنّ ❖ コーヒー, コーヒー豆

رَائِحَةُ الْبُنِّ الْمُحَمَّصِ　煎ったコーヒー豆の香り

بَنَى، يَبْنِي 受 بُنِيَ، يُبْنَى ❖ 建てる,建設する,築く 受建てられる

مَنْ بَنَى مَدِينَةَ "نارا"؟ 　誰が奈良の都を建設しましたか

نَبْنِي الْقَنْطَرَةَ الْجَدِيدَةَ عَلَى النَّهْرِ 　私達は川に新しい橋を掛けます

سَنَبْنِي لَنَا بَيْتًا عَلَى التَّلِّ 　丘の上に私達の家を建てよう

بِنَاءٌ <بنى 複 أَبْنِيَة ❖ 建物,建築物,ビルディング;建設;構造

بِنَاءً عَلَى~ 　~をもとにして/~によれば

بِنَاءً عَلَى الْمَعْلُومَاتِ 　その情報によれば

إِعَادَةُ الْبِنَاءِ 　建て直し/再建

انْهَارَتْ أَبْنِيَةٌ كَثِيرَةٌ 　沢山の建物が崩壊した

بِنَاءُ الْأَهْرَامِ 　ピラミッドの構造

بَنَّاءٌ <بنى 複 ون ❖ 形建設的な,積極的な;建築の
名建築家,大工,石工,左官

رَأْيٌ بَنَّاءٌ 　建設的な意見

انْهَارَ الْجِدَارُ فَلَا بُدَّ مِنْ اسْتِدْعَاءِ بَنَّاءٍ 　壁が壊れたので,左官を呼ばなければならない

بَنَادُورَة / بَنْدُورَة ❖ トマト

عَصِيرُ بَنَادُورَةٍ 　トマトジュース

يُسَمِّي الْمِصْرِيُّونَ الْبَنَادُورَةَ طَمَاطِمَ 　エジプト人はトマトを طَمَاطِم と言う

بَنَانٌ ❖ 指先;手先

أَنَا طَوْعُ بَنَانِكَ 　何でもお申し付け下さい

بِنَايَة <بنى 複 ـات ❖ ビル,ビルディング

مَنْ يَمْلِكُ هٰذِهِ الْبِنَايَةَ؟ 　このビルを所有しているのは誰ですか

بِنْت <بنى 複 بَنَات ❖ 娘,女の子,少女;(トランプの)女王,クイーン

بِنْتُ الْأَخِ (الْأُخْتِ) 　姪

بِنْتُ الْعَمِّ (الْخَالِ / الْعَمَّةِ / الْخَالَةِ) 　いとこ/従姉妹

بِنْتُ الشَّفَةِ 　言葉

بِنْتُ الزَّوْجِ (الزَّوْجَةِ) 　連れ子

بِنْت الْيَمَنِ　コーヒー

بَنَات الأَرْض　虫

بَنَات بِئْسٍ (الدَّهْرِ)　不幸/災難

بَنَات الصَّدْرِ (اللَّيْلِ)　悩み/心配

بَنَّجَ <بنج II ❖ 麻酔をかける

بَنَّجَ الطَّبِيبُ الْمَرِيضَ　医者は患者に麻酔をかけた

بَنْج ❖ ヒヨス[植物];麻酔

اَلْبَنْجُ يُزِيلُ شُعُورَ الأَلَمِ　麻酔は痛みの感覚を取り除く

بَنْجُلَادِيش ❖ バングラデシュ

بَنْد 複 بُنُود ❖ 広告,バーナー;幟;条項

نَرْفَعُ الْبُنُودَ يَوْمَ الْعِيدِ　私達は祭りの日に幟を立てる

اِقْرَإِ الْبَنْدَ الأَوَّلَ　第一条項を読みなさい

بُنْدُق 複 بَنَادِق ❖ どんぐりの木,どんぐり

حَبُّ الْبُنْدُقِ قَاسٍ　どんぐりの実は固い

بُنْدُقِيَّة <بندق ❖ 銃,ライフル;ベニス市(اَلْبُنْدُقِيَّة)

بُنْدُقِيَّة رَشٍّ　散弾銃/ショットガン

بَنْدُورَة ❖ = بَنَادُورَة

بَنْزِين ❖ ガソリン,ベンジン

مَحَطَّة بَنْزِينٍ　ガソリン・スタンド

بِنْصِر 複 بَنَاصِر ❖ 薬指

مَحْبَسُ الزَّوَاجِ يُحْمَلُ فِي الْبِنْصِرِ الْيُسْرَى　結婚指輪は左手の薬指にはめられる

بَنْطَلُون 複 ـات ❖ ズボン,パンタロン,スラックス

بَنَفْسَج 関 بَنَفْسَجِيّ ❖ 菫 関菫の,菫色の

يَعِيشُ الْبَنَفْسَجُ بَيْنَ الأَعْشَابِ　菫は草むらに生えている

بَنْك 複 بُنُوك ❖ 銀行

أَوْدَعَ (حَفِظَ) مَالًا فِي الْبَنْكِ　銀行にお金を預けた

بُنِّيّ ❖ コーヒー色の, 褐色の, 茶色の

حِزَام بُنِّيّ　茶色のベルト

بُنْيَان<بنى ❖ 建物, 建築物;構造;体格;建設, 建築

بُنْيَانُهُ الْقَوِيُّ　頑健な体格

بِنْيَة (و) <بنى 複 بِنًى (و) ❖ 骨格;体格;構造

خَلَلٌ فِي الْبِنْيَةِ　構造上の欠陥

سَلِيم (صَحِيح) الْبِنْيَةِ　体格の良い/健康な

ضَعِيف الْبِنْيَةِ　虚弱な/体の弱い/ひ弱な

قَوِيّ الْبِنْيَةِ　頑健な/体の強い/逞しい

بِنْيَة تَحْتِيَّة　下部構造/基盤/インフラストラクチャー

بَهَارٌ<بهر 複 ـات ❖ 香料, スパイス, 香辛料

وَضَعَ فَوْقَهَا بَهَارَاتٍ　香料をかけた

اَلْبَهَارُ يُطَيِّبُ الطَّعَامَ　香辛料が食べ物を美味しくする

بُهْتَان<بهت ❖ 嘘; 中傷

افْتَرَوْا عَلَيْهِ زُورًا وَبُهْتَانًا　真っ赤な嘘で中傷する

بَهْجَة 複 ـات ❖ 輝き; 喜び, 幸せ; 美しさ, 美

بَهْجَة الْأَنْظَارِ　目の保養

بَهَرَ (a) ❖ 目をくらます;(光り)輝く

بُهِرَ بَصَرُهُ　目がくらんだ *受

لَمَعَانُ الْبَرْقِ يَبْهَرُ الْعَيْنَ　稲妻の光りが目をくらませる

بُهْرَة ❖ 中央, 真ん中

فِي بُهْرَةِ ~　～の中央で

بَهْو 複 أَبْهَاء ❖ ラウンジ, 広間, ホール, サロン

بَهْو الْفُنْدُقِ　ホテルのサロン(ホール)

بَهِيّ < بهو / بهى ❖ 素晴らしい, 美しい, 魅力的な

حَفْلَة بَهِيَّة　華やかなパーティー

بَهِيم < بهم 複 بُهْم ❖ 真っ黒な, 漆黒の

أحاطَ بِالْقَرْيَةِ لَيْلٌ بَهِيمٌ　村は漆黒の夜に包まれた

بَهِيمَة < بهم 複 بَهائِم ❖ 獣, (足の4本ある)動物

ابْنِي يَعْتَنِي بِالْبَهِيمَةَ　私の息子は動物の世話をします

بَوّاب < بوب 複 ـون ❖ 門番, ドアマン

بَوّابُ الْمَوْقِفِ يُنَظِّمُ حَرَكَةَ السَّيّاراتِ　駐車場の門番は車の動きを整理する

بَوّابَة < بوب 複 ـات ❖ (大きな)戸, (大きな)門, ゲート

بَوّابَةُ الْمَدْرَسَةِ　校門

بَوارٌ < بور ❖ 滅びる事, 破滅; 未耕地 ※ ⇒ بارٍ 名

دارُ الْبَوارِ　地獄

بَوَّبَ < بوب II ❖ (本を)章に分ける; 分類する

كَيْفَ بَوَّبَ الْمُؤَلِّفُ كِتابَهُ ؟　著者はどのように, その本の章を分けたのです

بُوذا ❖ 仏陀

بُوذا حَكِيمٌ هِنْدِيٌّ أَسَّسَ مَذْهَبَ الْبُوذِيَّةِ ضِدَّ الْبَرَهْمِيَّةِ　仏陀はインドの賢者で, バラモン教に抗して, 仏教えの基礎を作った

بُوذِيّ 複 ـون 女 بُوذِيَّة 複 ـات ❖ 形 仏教の 名 仏教徒

هَلْ أَنْتُمْ بُوذِيُّونَ ؟　あなた達は仏教徒ですか

(اَلْ)بُوذِيَّة ❖ 仏教

اَلْبُوذِيَّةُ مَذْهَبٌ دِينِيٌّ يُنْسَبُ إِلَى "بُوذا"　仏教は仏陀に由来する宗教的理念です

بَوَّرَ < بور II ❖ 休耕にする; 役に立たなくする; (少女を)結婚て なくする

بَوَّرَ الْأَرْضَ　畑を耕さずにおいた

بُور ❖ 未耕作の; 荒れ地の

أَهْمَلَ الْفَلّاحُ الْأَرْضَ فَصارَتْ بُورًا　農民が耕さずにいたので, 荒れ地になった

بُوصَة 複 ـات ❖ インチ ※12分の1フィート

بُوصْلَة (بُوصَلَة) 複 ـات ❖ コンパス, 磁石 ※方位を知る道具

إِبْرَة الْبُوصْلَة　磁石の針

تَهْتَدِي السُّفُنُ وَالطَّائِرَاتُ بِالْبُوصْلَةِ　船や飛行機はコンパスに導かれる

بُوظَة ❖ アイスクリーム

أَعْطِنِي صَحْنَ الْبُوظَةِ　アイスクリームを下さい

بُوق 複 أَبْوَاق ❖ ラッパ, トランペット

نَفَخَ فِي الْبُوقِ النُّحَاسِيِّ　トランペットを吹いた

بُوق الصَّوْتِ　スピーカー

بَوَّلَ < بول II 名 تَبْوِيل ❖ 排尿させる, おしっこをさせる 名放尿;排尿

لَا تَنْسَيْ أَنْ تُبَوِّلِي الطِّفْلَ أَحْيَانًا　(貴女は)時々, 子供に排尿させるのを忘れるな

بَوْل < أَبْوَال ❖ 尿

مَرَض الْبَوْلِ السُّكَّرِيِّ　糖尿病

يُسْتَخْدَمُ الْبَوْلُ لِلْفَحْصِ الطِّبِّيِّ　健康の診断に尿が使われる

بُولِيس ❖ 警察

الْبُولِيس الْجِنَائِيّ　刑事警察

بُولِيس الْمُرُورِ　交通警察

بُوم 複 أَبْوَام ※ بُومَة ❖ ふくろう/梟 ※1羽のふくろう

يَعِيشُ الْبُومُ فِي الْأَمَاكِنِ الْخَرِبَةِ　ふくろうは廃墟に住む

بِيئَة < بوء 複 ـات ❖ 環境;状況

بِيئَة طَبِيعِيَّة　自然環境

تَلَوُّث الْبِيئَةِ　環境汚染

الْبِيئَة الِاجْتِمَاعِيَّة　社会的状況

بَيَاض < بيض ❖ 白, 白さ

تَفْخَرُ أُمِّي بِبَيَاضِ غَسِيلِهَا　私の母は洗濯物の白さを自慢する

بَيَاضُ الْبَيْضِ　卵の白身/卵白

بَيَاضُ الْوَجْهِ　名声/高潔である事

بَيَّاعٌ < بيع ❖ 売り, 売る人, 売り子, 店員; 商人

بَيَّاعُ الْبُرْتُقَالِ　オレンジ売り

بَيَانٌ < بين 複 ـات ❖ 明白さ; 声明, 宣言, コミュニケ; 説明, 索引; 明細書

حَرَّرَ "الْبَيَان الشُّيُوعِيّ"　共産党宣言を書いた

أُعْلِنَ الْبَيَانُ الْمُشْتَرِكُ　共同声明(コミュニケ)が発表された

لَمْ تَصِلِ الْبِضَاعَةُ وَلٰكِنَّ بَيَانَهَا وَصَلَ　商品は届いてないのに, 明細書は届いた

بِيَانُو ❖ ピアノ

عَزَفَ عَلَى الْبِيَانُو　ピアノを弾いた

بَيْتٌ 複 بُيُوت / بُيُوتَات ❖ 家; (詩で韻のある)行(複 أَبْيَات)

تَحَطَّمَتْ بُيُوتٌ كَثِيرَةٌ بِالزِّلْزَالِ　沢山の家が地震で壊れた

اَلْبَيْتُ الْحَرَام　(メッカの)カアバ神殿

رَبَّةُ الْبَيْتِ　主婦

بَيْتُ الشِّعْرِ　(詩の)一行

اَلْبَيْتُ الْأَوَّلُ تَصْوِيرٌ جَمِيلٌ　(詩の)第一行は美しい表現です

بَيْتُ لَحْمٍ　ベツレヘム ※ヨルダン川西岸地区にある都市

بَيْدَ (أَنَّ ~) ❖ しかし～, けれども～, にもかかわらず～

اَلتَّاجِرُ غَنِيٌّ بَيْدَ أَنَّهُ بَخِيلٌ　その商人は金持ちであるが, けちである

بَيْدَاء < بدو ❖ 砂漠; 荒野

يَتَنَقَّلُ الْبَدْوُ فِي الْبَيْدَاءِ　ベドウィンは砂漠を移動します

بَيْدَرٌ ❖ 脱穀場

تُحْمَلُ السَّنَابِلُ الْمَحْصُودَةُ إِلَى الْبَيْدَرِ　収穫された穂は脱穀場に運ばれる

بَيْذِنْجَان 複 ـات ❖ 茄子, 茄子

بِيرَة ❖ ビール

مَصْنَع الْبِيرَةِ　ビール工場

بَيْرَق 複 بَيَارِق ❖ 旗;大旗

بَيْرَقْدَار　旗手

بَيْرُوتُ 対属 بَيْرُوتَ ❖ ベイルート　※レバノンの首都

دَرَسَ الْعَرَبِيَّةَ فِي بَيْرُوتَ　彼はベイルートでアラビア語を勉強した

بَيَّضَ ، يُبَيِّضُ <بيض II ❖ 白くする, 漂白する;清書する, 改訂する

بَيَّضَ وَجْهَهُ　彼の顔を立てた

يُبَيِّضُ اللّٰهُ وَجْهَكَ / اَللّٰهُ يُبَيِّضُ وَجْ　神があなたを幸せになさいますように

كَتَبْتُ مُسَوَّدَةَ الْمَوْضُوعِ ، وَلَمْ أُبَيِّضْهُ بَعْدُ　テーマの概略は書きましたが, 未だ清書していません

بَيْض 複 بُيُوض ※ بَيْضَة ❖ 卵　※1個の卵

بَيْضُ الدَّجَاجِ　鶏の卵/鶏卵

رَقَدَتْ عَلَى الْبَيْضِ　卵を抱いた/抱卵した/卵をかえした

بَيْض بِرِشْت　半熟卵

بَيْض جَامِد (مَسْلُوق)　ゆで卵

بَيْض مَقْلُوّ (مَقْلِيّ)　卵焼き

بَيْضَةُ الْيَوْمِ خَيْرٌ مِنْ دَجَاجَةِ الْغَدِ　今日の卵は明日の鶏より良い[格言]

بَيْضَاءُ <بيض ❖ 白い, 白色の, 白い色の　※ أَبْيَض の女

اَلدَّار الْبَيْضَاء　カサブランカ　※モロッコ第一の都市

بَيْطَار <بيطر 複 بَيَاطِرَة ❖ 獣医

سَاقَ الْبَقَرَةَ صَاحِبُهَا إِلَى الْبَيْطَارِ　牛の持ち主はその牛を獣医に連れて行った

بَيْطَرِيّ <بيطر ❖ 形 獣医学の 名 獣医

اَلطِّبّ الْبَيْطَرِيّ　獣医学

طَبِيب بَيْطَرِيّ　獣医/動物のお医者さん

بِيعَ ، يُبَاعُ ❖ 売られる　※ بَاعَ の受

تُبَاعُ هٰذِهِ السَّيَّارَةُ فِي بَلَدِي أَيْضًا　この車は私の国でも売られています

بَيْع ❖ 販売, セールス, 売り

بَيْع السَّيَّارَاتِ　自動車のセールス

بَيْع بِالْجُمْلَةِ　卸売り

بِيكَار = ❖ بِرْكَار

بَيَّنَ ، يُبَيِّنُ <بين ‖ 名 تَبْيِين ❖ はっきりさせる, 明らかにする; 説明する; 発表する
名声明; 説明, 解説

بَيِّنْ السَّبَبَ　理由を説明しなさい

بَيْنَ ~(وَ ...) ❖ 前(...と~の) 間で, 間に

مِنْ بَيْنِهِمْ　彼らの間から

فِيمَا بَيْنَ ذٰلِكَ　そうするうちに/その間に

فِيمَا بَيْنِي وَبَيْنَ نَفْسِي　(私は) 心の中で

بَيْنَ يَدَيْهِ　彼の面前に/すぐ側に/手に持っている

اَلْكِتَاب بَيْنِي وَبَيْنَكَ　その本は私とあなたの間にある

مَا بَيْنَ يَوْمٍ وَلَيْلَةٍ (وَآخَرَ)　突然に/急に

بَيْنَ وَقْتٍ وَآخَرَ (فِتْرَةٍ وَأُخْرَىٰ)　時々/時折

بَيْنَمَا / بَيْنَا ❖ ~している間に, ~している時に(※過去の時でも~の部分には未完了形を用いる); 一方では

بَيْنَمَا أَنَا أَقْرَأُ الْكِتَابَ سَمِعْتُ أُمِّي تُنَادِينِي　本を読んでいる時に私を呼ぶ母の声が聞こえた

بَخُور مَرْيَم : シクラメン

حَرْفُ التَّاء

ت ☙ 電話（でんわ）

ت ☙ (〜)に誓って ※前置詞（ぜんちし）

تَاللّٰه
神（かみ）に誓（ちか）って/神掛（かみか）けて

تَاللّٰهِ مَا نَسِيتُكَ
神掛（かみか）けて, あなたを忘（わす）れません

☙ تَائِه >تيه
さ迷（まよ）う, 迷（まよ）っている

اِفْرِضْ إِنَّكَ تَائِهٌ فِي صَحْرَاءَ
自分（じぶん）が砂漠（さばく）をさ迷（まよ）っていると仮定（かてい）しなさい

تَابَ ، يَتُوبُ >توب ☙ 名 تَوْب/تَوْبَة
後悔（こうかい）する, 悔（く）いる(〜عَ:〜を);(神（かみ）が)許（ゆる）す 名後悔（こうかい）, 悔（く）い

تَابَ عَنْ تَكْرَارِ الذَّنْبِ
繰（く）り返（かえ）した罪（つみ）を後悔（こうかい）した

تَابَ إِلَى اللّٰهِ
神（かみ）に許（ゆる）しを求（もと）めた

تَأَبَّطَ ، يَتَأَبَّطُ > أبط ٧
脇（わき）に抱（かか）える, 小脇（こわき）に抱（かか）える

تَأَبَّطَ الْمُعَلِّمُ كُتُبَهُ وَخَرَجَ
教師（きょうし）は自分（じぶん）の本（ほん）を小脇（こわき）に抱（かか）えて出（で）て行（い）った

تَابَعَ >تبع III 名 مُتَابَعَة
従（したが）う;続（つづ）ける 名従属（じゅうぞく）;続行（ぞっこう）, 継続（けいぞく）;追跡（ついせき）

ثُمَّ تَابَعَتْ جَدَّتِي حِكَايَتَهَا
それから, 私（わたし）の祖母（そぼ）は話（はなし）を続（つづ）けた

تَابِع >تبع 女 تَابِعَة
形付属（ふぞく）の(複 تَبَعَة/تِبَاع) 名家来（けらい）, 従者（じゅうしゃ）, 部下（ぶか）
(複 أَتْبَاع) 女女中（じょちゅう）, 女（おんな）の従者（じゅうしゃ）(複 تَوَابِع)

صَفْحَة تَابِعَة
次（つぎ）のページ

دَوْلَة تَابِعَة
衛星国（えいせいこく）

وَصَلَ الرَّئِيسُ وَخَلْفَهُ تَابِعُهُ الْمُسَاعِ
後（うし）ろに補佐官（ほさかん）を従（したが）えて, 大統領（だいとうりょう）は着（つ）いた

تَابُوت >تَوَابِيت 複
棺（ひつぎ）, 棺桶（かんおけ）;箱（はこ）

وَضَعَ الْمَيِّتَ فِي التَّابُوتِ
死者（ししゃ）を棺（ひつぎ）に入（い）れた

تَأَثَّرَ ، يَتَأَثَّرُ > أثر ٧ 名 تَأَثُّر
影響（えいきょう）される;感動（かんどう）する, 興奮（こうふん）する(〜بِ/عَ:〜に);
真似（まね）をする 名影響（えいきょう）;刺激（しげき）;感動（かんどう）, 感激（かんげき）

شَاهَدْتُ الْمَرِيضَ يَتَأَلَّمُ فَتَأَثَّرْتُ
私（わたし）は苦（くる）しむ患者（かんじゃ）を見（み）て, 心（こころ）を動（うご）かされました

ا
ب
ت
ث
ج
ح
خ
د
ذ
ر
ز
س
ش
ص
ض
ط
ظ
ع
غ
ف
ق
ك
ل
م
ن
ه
و
ي

تَأْثِير < أثر ❖ ⇒ أَثَّرَ 名

تَاجٌ < توج 複 تِيجَان ❖ 冠，王冠

لَبِسَ تَاجًا　冠を被った

تَأَجَّجَ ، يَتَأَجَّجُ < أج V ❖ 燃える，燃え上がる

تَأَجَّجَتِ النَّارُ فِي الْمَوْقِدِ　ストーブの火が燃え上がった

تَاجَرَ < تجر III ❖ 商売をする，商う，売り買いをする

لَيْسَ كُلُّ مَنْ يُتَاجِرُ يَرْبَحُ　商売をしている者が，皆儲けているわけではない

تَاجِر < تجر 複 تُجَّار ❖ 形よく売れる 名商人

تَاجِرُ السِّلَاحِ　武器商人

تَأَجَّلَ ، يَتَأَجَّلُ < أجل V ❖ 延期される，延ばされる

تَأَجَّلَتِ الْمُبَارَاةُ بِسَبَبِ رَدَاءَةِ الطَّقْسِ　試合は悪天候のため延期された

تَأْجِير < أجر ❖ ⇒ أَجَّرَ 名

تَأْجِيل < أجل ❖ ⇒ أَجَّلَ 名

تَآخَى ، يَتَآخَى < أخو VI ❖ 兄弟のように付き合う；親しく付き合う

تَآخَى الرَّجُلَانِ　二人の男が兄弟のように付き合った

تَأَخَّرَ ، يَتَأَخَّرُ < أخر V 名 تَأَخُّر ❖ 遅れる(〜عَنْ：〜に) 名遅れ，遅刻

سَوْفَ تَتَأَخَّرُ عَنِ الْمَدْرَسَةِ　学校に遅れますよ(遅刻しますよ)

تَأْخِير < أخر ❖ ⇒ أَخَّرَ 名

تَأَدَّبَ ، يَتَأَدَّبُ < أدب V 名 تَأَدُّب ❖ 教育される；行儀を学ぶ；教養を高める
名礼儀正しさ；教養

اِكْتَسَبَ التِّلْمِيذُ مَعْرِفَةً وَتَأَدَّبَ　生徒は知識を得て，教養を高めた

تَارَة < تور ❖ 時々

〜 تَارَةً .. تَارَةً　ある時は〜又ある時は‥

يَعْمَلُ الْعُمَّالُ تَارَةً وَيَسْتَرِيحُونَ تَارَةً　労働者達はある時は働き，又ある時は休む

تَأْرِيخ / تَارِيخ < أرخ 複 تَوَارِيخ ❖ 歴史；日付

تَارِيخ عَامّ　世界史

تَارِيخ الاِسْتِحْقَاقِ	借金の返済日
مَا هُوَ تَارِيخُ مِيلَادِكَ؟	あなたの生年月日はいつですか
تَأَسَّسَ ، يَتَأَسَّسُ < أس V	✽発足する，設立される
تَأَسَّسَتْ جَمْعِيَّتُنَا فِي عَام ٢,٠٠٠ م	私たちの協会は西暦2000年に発足した
تَاسِع < تسع 女 تَاسِعَة	✽第九(の)，九番目(の)
تَاسِعَ عَشَرَ 女 تَاسِعَةَ عَشْرَةَ	第十九(の)，十九番目(の)
تَأَسَّفَ ، يَتَأَسَّفُ < أسف V 名 تَأَسُّف	✽残念に思う；申し訳なく思う(~عَلَى/لِـ:～を) 名後悔
تَأَسَّفْتُ عَلَى الْفُرْصَةِ الضَّائِعَةِ	私は失った機会を残念に思った
تَأْسِيس < أس 複 ـات	✽⇒ أَسَّسَ 名
تَأْشِيرَة < أشر 複 ـات	✽査証，ビザ
أَيُمْكِنُ الْحُصُولُ عَلَى تَأْشِيرَةِ الدُّخُولِ؟	入国ビザをもらえますか
تَأَفَّفَ ، يَتَأَفَّفُ < أف V 名 تَأَفُّف	✽文句を言う，不平を言う 名不平
طَالَ انْتِظَارُ الْفِيلْمِ فَتَأَفَّفَ الْحَاضِرُون	映画の待ち時間が長くなり，観客は文句を言った
تَافِه < تفه	✽些細な，小さな，つまらない；味のない
تَمَادَيْتَ فِي الْغَضَبِ وَالسَّبَبُ تَافِهٌ	君は些細な理由なのに，怒り続けた
تَأَكَّدَ ، يَتَأَكَّدُ < أكد V 名 تَأَكُّد	✽確かである；確かめる，確認する(مِنْ:～を) 確信する(مِنْ:～を) 名確認
تَأَكَّدَ مَوْعِدُ إِقْلَاعِ الْقِطَارِ فِي الْيَابَانِ	日本の列車の発車時刻は正確であった
تَأَكَّدَ مِنْ أَنَّ الْأَبْوَابَ مُقْفَلَةٌ	ドアが閉まっているのを確認した
لِلتَّأَكُّدِ	確認のために/念のために
تَأَكْسَدَ < أكسد II 名 تَأَكْسُد	✽酸化する，錆びる 名酸化
يَتَأَكْسَدُ الْحَدِيدُ ، إِنْ لَمْ يُدْهَنْ	鉄は塗装しないと錆びる
تَاكْسِي	✽タクシー
سَائِق تَاكْسِي	タクシーの運転手
تَالٍ 男 تَالِيَة 女	✽次の；以下の ※定 اَلتَّالِي
اَلْوَضْعُ الْحَالِيُّ كَالتَّالِي	現況(現在の状況)は次の通り

الْيَوْم التَّالِي　翌日

تَأَلَّفَ، يَتَأَلَّفُ < ألف V ❖ (～から)なる,(～で)構成される(～مِنْ)

تَتَأَلَّفُ الْيَابَانُ مِنْ أَرْبَعِ جُزُرٍ رَئِيسِيًّا　日本は主に4つの島からなっている

تَتَأَلَّفُ عَائِلَتِي مِنْ أَرْبَعَةِ أَشْخَاصٍ　私は4人家族です

تَالِف < تلف ❖ だめな,悪い;壊れた

سِنّ تَالِفَة　虫歯

أَصْلَحَ الْكُتُبَ التَّالِفَةَ　傷んだ本を繕った(修繕した)

تَأَلَّقَ، يَتَأَلَّقُ < ألق V 名 تَأَلُّق ❖ 輝く,光る;着飾る 名輝き,光

تَأَلَّقَ الْبَرْقُ　雷が光った

تَأَلَّقَتِ الْبَرَازِيلُ فِي كَأْسِ الْعَالَمِ　ブラジルにワールドカップが輝いた

تَأَلَّمَ، يَتَأَلَّمُ < ألم V 名 تَأَلُّم ❖ 痛む;苦しむ(～مِنْ/بِـ:～に) 名痛み

أَسْعِفْهُ بِسُرْعَةٍ ! إِنَّ الْمَرِيضَ يَتَأَلَّمُ　貴女,病人を早く助けて!苦しんでいます

تَامّ < تم ❖ 完全な,完璧な;十分な

لَا تَرْضَ بِالنَّجَاحِ إِلَّا تَامًّا　不完全な成功に満足するな

تَآمَرَ، يَتَآمَرُ < أمر VI 名 تَآمُر ❖ 相談する;企む 名討議;企み

بِمَ تَتَهَامَسَانِ؟ أَتَتَآمَرَانِ عَلَيَّ؟　あなた達(二人)は何をささやき合っているのです 私に何か企んでいるのですか

تَأَمَّلَ، يَتَأَمَّلُ < أمل V 名 تَأَمُّل 複 ـات ❖ 凝視する,見つめる;瞑想する,深く考える(～فِي ～について) 名凝視;瞑想;熟考

تَأَمَّلْتُ بَيْتَ الْعَنْكَبُوتِ　私は蜘蛛の巣を見つめた

ثُمَّ رُحْتُ أَتَأَمَّلُ فِي الْخَالِقِ　それから,私は神について瞑想し始めた

تَأْمِيم < أمم ❖ ⇒ أَمَّمَ 名

تَأْمِين < أمن ❖ ⇒ أَمَّنَ 名

تَأَنَّى، يَتَأَنَّى < أنو V ❖ ゆっくり行う(～فِي:～を);我慢する

تَأَنَّ فِي الْكِتَابَةِ لِيَتَحَسَّنَ خَطُّكَ　線が良く見えるように,ゆっくり書きなさい

تَأَنَّقَ، يَتَأَنَّقُ < أنق V 名 تَأَنُّق ❖ (細かいところにも)気を配る,入念に行う;優雅である 名優雅,上品

يَتَأَنَّقُ فِي كَلَامِهِ كَمَا يَتَأَنَّقُ فِي لِبَاسِهِ　彼は着ているものと同様に,言葉にも気を配る

تَاهَ، يَتِيهُ < تيه ✻ 自慢する,鼻にかける;さまよう,迷う

لِمَاذَا يَتِيهُ عَلَى أَقْرَانِهِ ؟　どうして彼は友人に傲慢なのですか

تَاهَ الْمُتَزَلِّجُ فِي الْجَبَلِ　スキーヤーは山をさまよった

تَأَوَّهَ، يَتَأَوَّهُ < أوه V 名 تَأَوُّه ✻ (痛みや悲しみの)うめき声を上げる;嘆く
名うめき;嘆き

عَضَّ شَفَتَهُ فَأَخَذَ يَبْكِي وَيَتَأَوَّهُ　唇を噛み,やがて悲しみの声を上げて泣いた

تَبَاحَثَ < بحث VI 名 تَبَاحُث ✻ 審議する;討論する;会談する

لِمَاذَا لَا نَتَبَاحَثُ بَدَلَ أَنْ نَتَخَاصَمَ ؟　なぜ私達は反目する代わりに,討論しないのですか

تَبَادَلَ < بدل VI 名 تَبَادُل ✻ 交換する,(物,言葉,挨拶,意見等を)取り交わす;交流する 名交換;交流

تَبَادَلَ الْوُزَرَاءُ الْآرَاءَ　大臣達は意見を交換した

التَّبَادُلُ الثَّقَافِيُّ بَيْنَ الْيَابَانِ وَالْعَرَ　日本とアラブの文化交流

تَبَارَى، يَتَبَارَى < بري VI ✻ 競い合う(～فِي:～を);競争相手(ライバル)である

تَبَارَيْتُمْ فِي الْإِلْقَاءِ، وَسَتَتَبَارَوْنَ فِي الْإِنْشَاءِ　あなた達は聞き取りを競いました,これから作文を競います

تَبَارَزَ < برز VI ✻ 争う,闘う/戦う;喧嘩をする

كُلَّمَا الْتَقَى الْكَلْبَانِ تَبَارَزَا　二頭の犬は会うたびに,喧嘩をした

تَبَارَكَ < برك VI ✻ (神に)祝福される;(吉事を)予言する

تَبَارَكَ ～!　～さんに祝福あれ!

تَبَاشِير < بشر ✻ 兆し,前兆,予兆 ※ تَبْشِير の複

لَاحَتْ تَبَاشِيرُ الرَّبِيعِ　春の兆しが現れた

تَبَاعَدَ < بعد VI 名 تَبَاعُد ✻ 離れる(～مِنْ/عَنْ:～から);離れている 名隔たり,距離

تَعَاوَنُوا وَلَا تَبَاعَدُوا !　助け合って,離れ離れにならないようにしなさい

تَبَاغَضَ < بغض VI 名 تَبَاغُض ✻ 互いに憎む,憎しみ合う 名憎しみ

اِخْتَلَفَ الْجِيرَانُ عَلَى الْحَدِّ وَتَبَاغَضُوا　隣人達は境界の事でもめて,憎しみ合った

تَبَاهَىٰ ، يَتَبَاهَىٰ < بهو VI 名 تَبَاهٍ ❖ (～を)自慢する，見せびらかす(～بِـ) 名誇り；自慢

يَتَبَاهَىٰ بِرَسْمِهِ　彼は自分の絵を自慢する

أَبِأَثْوَابِكُمْ تَتَبَاهَوْنَ ؟　君達は服を見せびらかしているのか

تَبَجَّحَ < بجح V ❖ 自慢する，鼻にかける

هَلْ سَمِعْتَ "خَالِداً" يَتَبَجَّحُ بِمِهْنَتِهِ ؟　ハーレドが自分の仕事を自慢するのを聞きましたか

تَبَخْتَرَ ، يَتَبَخْتَرُ < بختر II ❖ (孔雀などが)自慢げに歩く，気取って歩く

يَتَبَخْتَرُ الطَّاوُوسُ عَارِضاً رِيشَهُ　孔雀が尾を立てて，自慢げに歩く

تَبَخَّرَ < بخر V 名 تَبَخُّر ❖ 蒸気になる，気化する，蒸発する；沸騰する
名気化，蒸発：沸騰

يَتَبَخَّرُ الْمَاءُ فِي الْقِدْرِ بِسُرْعَةٍ　薬缶の水は直ぐに沸騰する

تَبَدَّدَ ، يَتَبَدَّدُ < بد V ❖ 広がる；散る，散乱する；散らされる

هَبَّتِ الرِّيحُ فَتَبَدَّدَتِ الْغُيُومُ　風が吹いて，雲が散った

تَبَدَّلَ < بدل V 名 تَبَدُّل ❖ 変わる 名変化

تَتَبَدَّلُ أَشْكَالُ الْأَشْيَاءِ عَلَى مُصَمِّمِهَا　物の形はデザイナーによって変わる

تَبَرَّأَ ، يَتَبَرَّأُ < برئ V ❖ 解放される，自由になる(～مِنْ：～から)；無罪になる

أُتُّهِمَ الْمُوَظَّفُ بِالرِّشْوَةِ فَتَبَرَّأَ مِنَ التُّهْمَةِ　事務員は収賄で訴えられたが，無罪になった

تَبَرَّجَ < برج V ❖ (女性が)身を飾る，化粧(を)する

تَبَرَّجَتِ الْمَرْأَةُ　その女性は化粧(を)した

تَبَرَّدَ < برد V ❖ 涼しくなる；気分を爽やかにする；元気になる

هَيَّا بِنَا إِلَى الْمَسْبَحِ نَتَبَرَّدْ　さぁ，プールへ行って涼しくなろう

تَبَرَّعَ < برع V 名 تَبَرُّع 複－ات ❖ 寄付する，寄贈する(～بِـ：～を) 名寄付；募金，献金

تَبَرَّعَ بِمَالٍ لِـ～　～のためにお金を寄付した/～に献金した

تَبَرَّعَ أَهْلُ الْحَيِّ لِبِنَاءِ مَسْجِدٍ　地区の家族がモスクの建設のために寄付をした

جَمَعَ تَبَرُّعَاتٍ مَالِيَّةً　献金を集めた

تَبَرَّكَ < برك V 名 تَبَرُّك ❖ 祝福される(~بِـ:~に);楽しむ(~بِـ:~を);祝福を求める(~بِـ:~に) 名祝福

تَبَسَّمَ < بسم V ❖ 微笑む

عَبَسْتُ فِي وَجْهِهَا فَتَبَسَّمَتْ　私が彼女をにらみつけると,彼女は微笑んだ

تَبْشِير < بشر ❖ ⇒ بَشَّرَ 名

تَبَضَّعَ < بضع V 名 تَبَضُّع ❖ 切られる;買う,商売をする 名買物

اَلتَّاجِرُ يَتَبَضَّعُ مِنَ الْعِرَاقِ　商人は(商品を)イラクから買っている

تَبِعَ (a) 名 تَبَعٌ / تَبَاعَة ❖ 従う,ついて行く,ついて来る;属する 名従う事;追随

تَبِعَ النَّصِيحَةَ　忠告に従った

اَلصِّفَةُ تَتْبَعُ الْمَوْصُوفَ　形容詞は名詞に続く/修飾語は被修飾語に続く

مَشَى الدَّلِيلُ وَتَبِعَهُ الزُّوَّارُ　ガイドが歩き,その後ろを見学者がついて行った

تَبَعْثَرَ ، يَتَبَعْثَرُ < بعثر II ❖ 散らばる,ばらまかれる

تَبَعْثَرَ الثَّمْرُ فِي التُّرَابِ　その果実は地面に散らばった

تَبْغ / تَبَغ / تَبْغ 複 تُبُوغ ❖ タバコ/煙草

تَحْتَاجُ زِرَاعَةُ التَّبْغِ إِلَى التَّرْخِيصِ　タバコの栽培は許可が要る

لِفَافَة مِنَ التَّبْغِ　紙巻きタバコ

تَبَقَّى ، يَتَبَقَّى < بقي V ❖ 残る;(~の状態に)とどまる(~عَلَى:)

ضَعِي مَا تَبَقَّى مِنَ الطَّعَامِ فِي الْبَرَّادِ　残っている食べ物を冷蔵庫に入れなさい

تَبَلَّدَ < بلد V 名 تَبَلُّد ❖ 慣れる,順応する;愚かである 名愚かさ

لَمْ يَنْقَضِ عَلَى الْمُهَاجِرِ شَهْرٌ حَتَّى تَبَلَّدَ　移民は慣れる迄に1ヶ月かからなかった

تَبَلَّغَ < بلغ V ❖ 通達を受ける;満足する(~بِـ:~に);食べる

لَمْ يَتَبَلَّغِ الشَّاهِدُ دَعْوَةَ الْقَاضِي　証人は裁判所の呼び出し通達を受けなかった

تَبَلَّلَ < بل V ❖ 濡れる,湿る

غَدَرَنَا الْمَطَرُ وَتَبَلَّلَتْ ثِيَابُنَا　思わぬ雨で,私達の服が濡れました

تَبَلْوَرَ ، يَتَبَلْوَرُ <بلور II ❖ 結晶になる,(水晶のように)透明になる;明確になる

بِالْمُنَاقَشَةِ تَتَبَلْوَرُ الْآرَاءُ　討論で意見が明確になる

تِبْن 複 أَتْبَان ❖ 麦わら,わら

أَيَأْكُلُ الْبَقَرُ التِّبْنَ ؟　牛はわらを食ますか

تَبَنَّى ، يَتَبَنَّى <بنى V 名 تَبَنٍّ ❖ 養子にする;採用する,受け入れる 名養子;採用

تَبَنَّى الزَّوْجَانِ طِفْلَةً يَتِيمَةً　夫婦は孤児の女の子を養子にした

تَبَنَّى الْفِكْرَةَ　その考えを採用した

طِفْلٌ بِالتَّبَنِّي　養子

تَبَوَّأَ ، يَتَبَوَّأُ <بوء V ❖ (地位を)得る,占める;落ち着く,住みつく

تَبَوَّأَ الْحِزْبُ الْحُكْمَ عَنْ طَرِيقِ الانْتِخَابَاتِ　その政党が選挙で権力の座についた

تَبَوَّأَ الْمَكَانَ　その土地に落ち着いた/(意見が)受け入れられた

تَبَوَّأَ الْعَرْشَ　王座(玉座)に就いた

تَبَيَّنَ ، يَتَبَيَّنُ <بين V ❖ 明らかになる;知ろうとする;確かめる:区別する

مَاذَا تَبَيَّنَ لَكَ مِنْ أَمْرِهَا ؟　その事で何が明らかになりましたか

تَتَابَعَ <تبع VI ❖ 跡を継ぐ;後に続く,連続する

تَتَابَعَتْ فِي الْقِصَّةِ أَحْدَاثٌ مُثِيرَةٌ　物語はわくわくする出来事が続いた

تَتَالَى ، يَتَتَالَى <تلو VI ❖ 次々と続く,連続する

تَتَالَتْ عَلَيْهِمُ الْمَصَائِبُ بِلَا هَوَادَةٍ　容赦のない災難が次々と彼らに起こった

تَتَبَّعَ <تبع V 名 تَتَبُّع ❖ 辿る,追う;観察する 名追跡;道のり;研究

نَتَتَبَّعُ هٰذِهِ الْبَعْثَةَ ..وَنَرَى مَاذَا سَتَفْعَلُ　この派遣団を追って,何をするか見てみましょう

تَثَاءَبَ ، يَتَثَاءَبُ <ثئب VI 名 تَثَاؤُب ❖ 欠伸をする 名欠伸

تَثَاءَبَ الطِّفْلُ قَبْلَ النَّوْمِ　その子は眠る前に欠伸をした

تَثَاقَلَ <ثقل VI 名 تَثَاقُل ❖ 重くなる;(気分が)重くなる;ゆっくりである 名重い事,重量;不活発;のろい事

تَثَاقَلَ الْمَرِيضُ فِي مَشْيِهِ　病人の足取りは重かった

تَثَبَّتَ < ثبت V 名 تَثَبُّت ❖ 確かめる，確認する（～فِي：～を）；注意深く考える
名確認；立証，証明

تَثَقَّفَ < ثقف V 名 تَثَقُّف ❖ 訓練される；教育を受ける，洗練される；教養がある
名訓練；教育；文化；洗練

أُرِيدُ أَنْ أَتَثَقَّفَ　私は教養を身に付けたい

تَثَلَّجَ < ثلج V ❖ 凍る，凍りつく

يَتَثَلَّجُ الْمَاءُ عِنْدَ وُصُولِ دَرَجَةِ الصِّ　水は摂氏零度になると凍る

تَجَادَلَ < جدل VI ❖ けんかする；口論する；議論する

تَجَادَلْنَا فِي نَتِيجَةِ اللَّعِبِ　私達は試合の結果について，口論した

تَجَاذَبَ < جذب VI ❖ お互いに引かれる；引っ張り合う；互いに競う

تَجَاذَبُوا أَطْرَافَ الْحَدِيثِ　彼らは話し込んだ

تَجَارِبُ < جرب ❖ ⇒ تَجْرِبَة 複

تِجَارَة < تجر ❖ 商売，商業，ビジネス；取り引き；商品

تِجَارَةُ التَّجْزِئَةِ　小売り

تِجَارَةُ الْجُمْلَةِ　卸売り

تِجَارَةُ الرَّقِيقِ　奴隷貿易

تِجَارِيّ < تجر ❖ 商業の；貿易の

مَدْرَسَة تِجَارِيَّة　商業高校

مَحَلّ تِجَارِيّ　商店

شَرِكَة تِجَارِيَّة　貿易会社

تَجَاسَرَ < جسر VI ❖ あえて～をする，～する勇気がある（～عَلَى）

مَنْ يَتَجَاسَرُ عَلَى دُخُولِ الْمَغَارَةِ ؟　誰か洞窟に入る勇気のある者はいないか

تَجَانَسَ < جنس VI 名 تَجَانُس ❖ 同種である，同類である；似ている 名同質性；類似性

تُجَاهَ < وجه ❖ ～に対して，～を前にして

(ـَ) سَلَكَ سُلُوكًا بَارِدًا تُجَاهَهُ　彼に冷たい態度を取った

تَجَاهَلَ < جهل VI ❖ 知らない振りをする，無視する

تَجَاهَلْتَنِي فِي الْحَفْلَةِ	パーティであなたは私を無視した
تَجَاهَلَ الْحَقِيقَةَ	真実に目を<u>つむった</u>(つぶった)
تَجَاوَرَ ، يَتَجَاوَرُ <جور VI	❖ 隣人である; 隣同士である; 境界を接する
وَالِدَايَ تَجَاوَرَا	私の両親は隣同士でした
تَجَاوَزَ ، يَتَجَاوَزُ <جوز VI 名 تَجَاوُز	❖ 越える, 追い越す; 諦める 名 超過; 断念
تَجَاوَزَتِ الْكُرَةُ الْهَدَفَ	ボールはゴールを越えた
تَجَدَّدَ ، يَتَجَدَّدُ <جد V	❖ 新しくなる; 更新される, 改訂される
تَجَدَّدَتْ طَبْعَةُ كِتَابِ التَّارِيخِ	歴史の教科書が改訂された
تَجْدِيد <جد	❖ ⇒ جَدَّدَ 名
تَجْرِبَة <جرب 複 تَجَارِبُ	❖ 試験, 試み; 経験; 実験
تَحْتَ التَّجْرِبَةِ	試験中/実験中
عِنْدَ ~ تَجْرِبَةٌ	(～が)経験する
عِنْدِي تَجْرِبَةٌ غَرِيبَةٌ	私は不思議な経験をした
هَلْ هُنَاكَ فَائِدَةٌ مِنَ التَّجْرِبَةِ السِّيَاسِيَّةِ السَّابِقَةِ ؟	この前の政治的経験から何か得るものが有りましたか
تَجَرَّعَ <جرع V	❖ (水をごくごく)飲む; 飲み込む; 耐える
أَهٰكَذَا تَبْكِي كُلَّمَا تَتَجَرَّعُ الدَّوَاءَ ؟	彼女は薬を飲む時に, いつもこの様に泣くのです
تَجَسَّسَ ، يَتَجَسَّسُ <جس V 名 تَجَسُّس	❖ 探る, スパイ行為をする 名 スパイ活動
اِحْذَرُوا الْمُسَافِرَ إِنَّهُ يَتَجَسَّسُ أَخْبَارَنَا	旅行者に気を付けなさい, 私達の情報を探っています
تَجَعَّدَ <جعد V	❖ 巻き毛である, カールする
شَعْرُهَا تَجَعَّدَ	彼女の髪は巻き毛であった
تَجَلَّى ، يَتَجَلَّى <جلو V 名 تَجَلٍّ	❖ 現れる; 明らかになる 名 明示
تَجَلَّتِ الشَّمْسُ	(食で見えなかった)太陽が現れた
تَجَلَّدَ <جلد V 名 تَجَلُّد	❖ 忍耐強い事を示す, 耐える 名 忍耐
تَجَلَّدْ أَمَامَ الْمَصَاعِبِ وَجَدِّدْ عَزِيمَتَكَ	困難に面して耐えよ, そして決意を新たにせよ

تَجَمَّعَ < جمع V ❖ 集まる, 集合する;溜まる

تَجَمَّعَ الْمُتَظَاهِرُونَ فِي الْمَيْدَانِ　デモの参加者は広場に集まった

تَجَمَّلَ < جمل V ❖ 化粧する;美しく装う,飾る

عِنْدَمَا تَتَجَمَّلُ أَمَامَ الْمِرْآةِ ، تُضِيعُ وَقْتًا طَوِيلًا　彼女は鏡の前で化粧する時,長い時間を浪費する

تَجَمْهَرَ ، يَتَجَمْهَرُ < جمهر II 名 تَجَمْهُر ❖ 集まる 名 集会;群衆

تَجَمْهَرَ النَّاسُ فِي الْمَحَطَّةِ　人々が駅に集まった

تَجَنَّبَ < جنب V 名 تَجَنُّب ❖ 避ける,回避する,免れる;慎む 名回避;忌避

أَتَجَنَّبُ الشَّارِعَ الْمُزْدَحِمَ　私は混雑した通りは避けます

تَجَنَّبُوا تَحَمُّلَ مَسْؤُولِيَّتِهِمْ　彼らは責任を免れた

تَجَنَّدَ < جند V 名 تَجَنُّد ❖ 徴兵される;兵士になる 名軍務,兵役

فُتِحَ بَابُ التَّطَوُّعِ فِي الْجَيْشِ فَتَجَنَّدَ الْكَثِيرُ مِنَ الشَّبَابِ　志願兵への道が開かれて,多くの若者が兵士になった

تَجَنَّسَ < جنس V 名 تَجَنُّس ❖ 帰化する,国籍(市民権)を得る 名帰化

لَيْسَ سَهْلًا أَنْ تَتَجَنَّسَ بِجِنْسِيَّةٍ أَجْنَبِيَّةٍ　あなたが外国の国籍を得るのは易しくない

تَجَهَّزَ < جهز V ❖ 装備される;備わっている(～بِـ:～が)

يَتَجَهَّزُ الْمَكْتَبُ بِمُعَدَّاتٍ حَدِيثَةٍ　事務所には最新の設備が備わっている

تَجَوَّلَ ، يَتَجَوَّلُ < جول V 名 تَجَوُّل ❖ 巡回する,うろつく,ぶらぶらする,見て回る 名巡回,パトロール

تَتَجَوَّلُ الدَّوْرِيَّةُ فِي شَوَارِعِ الْحَيِّ　パトロール隊が地区の通りを巡回する

فَرْض حَظْرِ التَّجَوُّلِ　外出禁止令

تَحَادَثَ < حدث VI ❖ 会話をする,話す;話し合う

هَلْ نَأْكُلُ وَنَتَحَادَثُ؟　食べながら話しませんか

تَحَارَبَ < حرب VI ❖ 戦争する;闘う/戦う

لِمَاذَا تَتَحَارَبُ الدُّوَلُ؟　なぜ国家は戦争するのでしょうか

تَحَاسَبَ >حسب VI ❖ 互いに清算する;清算し合う

ذَهَبْنَا إِلَى الرِّيفِ لِلنُّزْهَةِ ، أَنْفَقْنَا ثُمَّ تَحَاسَبْنَا — 私達は田舎にピクニックに行って,掛かった費用割り勘にした

تَحَاسَدَ >حسد VI ❖ 互いに羨む,互いに妬む,妬み合う

نَحْنُ أَصْدِقَاءُ مُتَحَابُّونَ لَا نَتَحَاسَدُ — 私達は親しい友人なので,互いに妬む事はない

تَحَاشَى ، يَتَحَاشَى >حشو VI 名 تَحَاشٍ ❖ 遠ざかる,避ける;控える,慎む 名 慎み,遠慮

يَتَحَاشَى الْأَدِيبُ كُلَّ كَلَامٍ مُسِيءٍ — 教養のある人は悪い言葉(の使用)を全て避ける

تَحَالَفَ >حلف VI 名 تَحَالُف 複 ـات ❖ 互いに誓う;協調する;同盟する(～مَعَ:～と)
名 協力;同盟国

تَحَالَفَ الْمُرَشَّحَانِ لِخَوْضِ الِانْتِخَابَاتِ مَعًا — 二人の候補者は選挙で協力する事を誓った

التَّحَالُفَاتُ الِانْتِخَابِيَّةُ — 選挙協力

تَحَامَلَ >حمل VI 名 تَحَامُل ❖ 不公平にする;偏見を持つ(～عَلَى:～に);頑張る
名 偏見;不寛容

اِعْتَقَدَ أَنَّ مُعَلِّمَهُ يَتَحَامَلُ عَلَيْهِ — 先生は自分に偏見を持っていると,彼は思った

تَحَامَلَ عَلَى نَفْسِهِ — 気を取り直した

تَحَاوَرَ ، يَتَحَاوَرُ >حور VI ❖ 対話する,話し合う;議論する

دَعْنَا نَتَحَاوَرْ بَدَلَ أَنْ نَتَخَاصَمَ — 反目する代わりに,対話をしましょう

تَحْتَ ~ ❖ 前 ～の下に;～中

تَعَوَّدْنَا الْعَيْشَ تَحْتَ سَقْفٍ وَاحِدٍ — 私達は一つ屋根の下の生活に慣れました

تَحْتَ التَّجْرِبَةِ — 試験中/実験中

تَحْتَ الطَّلَبِ — 要求されている

تَحْتَ إِشْرَافِ الْحُكُومَةِ — 政府の監督のもとに

تَحَجَّبَ >حجب V ❖ ベールを被る;隠す;消える

تَحَجَّبَتِ الْمَرْأَةُ وَخَرَجَتْ مِنْ بَيْتِهَا — 女性はベールを被って,家を出た

تَحَجَّرَ >حجر V 名 تَحَجُّر ❖ 石化する,石になる;化石になる;石のように硬く
名 石化;化石化

هٰذِهِ أَسْمَاكٌ تَحَجَّرَتْ فِي قَاعِ الْبَحْرِ — これは海の底で化石になった魚です

يَتَحَجَّرُ التُّرَابُ حِينَ يَجِفُّ　土は乾くと,石のように硬くなる

❖ تَحَدَّى ، يَتَحَدَّى < حدى V 名 تَحَدٍّ 複 تَحَدِّيَ　挑む, 挑戦する 名 挑戦; 挑発 ※定 اَلتَّحَدِّي

فَرِيقُنَا تَحَدَّى الْفِرَقَ الْفِلَسْطِينِيَّ　私たちのチームはパレスチナ人のチームに挑んだ

قَبِلَ التَّحَدِّي　挑戦に応じた

❖ تَحَدَّثَ < حدث V　語る(~عَنْ:~について)

تَحَدَّثَ الْأُسْتَاذُ عَنْ بِنَاءِ الْجِسْرِ　教授は橋の構造について語った

❖ تَحَرَّى ، يَتَحَرَّى < حرى V 名 تَحَرٍّ 複 تَحَرِّيَات　調べる, 調査する; 究明する; 追求する 名 調査, 捜査; 調査官, 捜査官 ※定 اَلتَّحَرِّي

اَلْمُفَتِّشُ تَحَرَّى الْحَقِيقَةَ　調査官は事実を調べた

شُرْطَة (مَصْلَحَة) التَّحَرِّي　秘密警察

بَدَأَتْ عَمَلِيَّاتُ التَّحَرِّي　調査が始まった

❖ تَحَرَّرَ ، يَتَحَرَّرُ < حر V 名 تَحَرُّر　解放される, 自由になる 名 解放, 自由

تَحَرَّرَتْ أَكْثَرِيَّةُ الشُّعُوبِ بَعْدَ الْحَرْ　戦後, 大多数の国民が解放された

❖ تَحَرَّشَ < حرش V 名 تَحَرُّش　(~を)怒らせる, (~を)挑発する(~بِـ)
(~に)不当に干渉する(~بِـ) 名 挑発; 干渉

يَتَحَرَّشُ بِالْكَلْبِ　犬を挑発して怒らせる

اَلتَّحَرُّشُ غَيْرُ مَقْبُولٍ أَخْلَاقِيًّا وَقَانُونِيًّا　その干渉は道徳的にも法的にも容認出来ない

❖ تَحَرَّكَ < حرك V 名 تَحَرُّك　動く, 動き始める; 出発する 名 動き; 出発

يَتَحَرَّكُ الْقِطَارُ مِنَ الْمَحَطَّةِ　汽車は駅を出発する

❖ تَحْرِير < حر　⇒ حَرَّرَ 名

❖ تَحْرِيم < حرم　⇒ حَرَّمَ 名

❖ تَحَزَّبَ < حزب V 名 تَحَزُّب　味方する; 党派をつくる 名 味方する事; 党派主義

تَحَزَّبَ الْبَعْضُ "لِعَلِيٍّ" وَالْبَعْضُ "لِمُعَاوِيَةِ"　ある者はアリに, 又ある者はウマイヤに味方した

❖ تَحَسَّرَ < حسر V 名 تَحَسُّر　(~を)嘆く, (~を)悔やむ, (~を)後悔する(~عَلَى);
(~に)ため息をつく(~عَلَى) 名 悔い, 後悔; 嘆息

أ ب ت ث ج ح خ د ذ ر ز س ش ص ض ط ظ ع غ ف ق ك ل م ن هـ و ي

لَا تَتَحَسَّرْ عَلَى مَا فَاتَ!	過ぎた事を嘆くな(悔やむな)
تَحَسَّنَ <حسن V 名 تَحَسُّن	❖ 向上する, 良くなる, 改善される 名改善;快方
هَنِيئًا لَقَدْ تَحَسَّنَ مُسْتَوَاكَ	おめでとう, 君のレベルが向上(アップ)したよ
تَحَسَّنَتْ حَالَةُ الْمَرِيضِ!	患者の病状が持ち直しました!
تَحْسِين <حسن	❖ ⇒ حَسَّنَ 名
تَحَصَّنَ <حصن V 名 تَحَصُّن	❖ 強固になる;要塞化する 名要塞化;防御
تَحَصَّنَ الْفَلَّاحُونَ بِجِبَالٍ كَالْقِلَاعِ	農民は山を要塞の様にした
تَحَضَّرَ <حضر V 名 تَحَضُّر	❖ 用意する, 準備する;定住する;文明化する 名準備;文明化
تَحَضَّرَ الْبَدْوُ شَيْئًا فَشَيْئًا	ベドウィンは次第に定住した
تَحْضِير <حضر	❖ ⇒ حَضَّرَ 名
تَحَطَّمَ <حطم V 名 تَحَطُّم	❖ 潰れる, 壊れる, 砕ける;ぶつかる 名崩壊;墜落
تَحَطَّمَتِ السَّفِينَةُ	船が難破した
تُحْفَة 複 تُحَف	❖ 贈り物, プレゼント;作品, 傑作
اَلتُّحَفُ الْفَنِّيَّةُ فِي الْمَتْحَفِ الْفَنِّيِّ	芸術作品は美術館にあります
يُخْرِجُ الْخَزَّافُ مِنَ الطِّينِ تُحَفًا	陶芸家は土から作品を作り出す
تَحَقَّقَ <حق V	❖ 実現される, 確かめる(～مِنْ:～を)
تَحَقَّقْنَا مِنْ وُصُولِ الرِّسَالَةِ	私達はその手紙が着いたかどうかを確かめた
تَحْقِيق <حق	❖ ⇒ حَقَّقَ 名
تَحَكَّمَ <حكم V 名 تَحَكُّم	❖ 支配する;コントロールする, 制御する(～فِي:～を) 名専制;独断;支配
لَا يَسْتَطِيعُ أَنْ يَتَحَكَّمَ فِي مَشَاعِرِهِ	自分の感情を押さえる(自制する)事が出来ない
لَوْحَةُ التَّحَكُّمِ	制御盤/コントロールパネル
تَحَلَّى، يَتَحَلَّى <حلى V	❖ 化粧(を)する, 美しく着飾る;おしゃれをする
أَلَا يَلِيقُ بِالْفَتَاةِ أَنْ تَتَحَلَّى؟	化粧するのは少女にふさわしくないのですか
تَحْلِيل <حل	❖ ⇒ حَلَّلَ 名

تَحَمَّسَ <حمس V 名 تَحَمُّس ❖ 熱狂する，熱中する，夢中になる 名熱狂；情熱

تَحَمَّسَ الْمُشَاهِدُونَ أَكْثَرَ مِمَّا تَحَمَّسَ اللاَّعِبُونَ　観客は選手達よりも熱狂した

تَحَمَّلَ <حمل V 名 تَحَمُّل 複 -ات ❖ (責任を)負う，負担する；耐える，凌ぐ 名負担；忍耐，我慢 複業務

تَحَمَّلَ الْمَسْؤُولِيَّةَ　彼はその責任を負った(取った)

تَحَمَّلَ الْمَصَارِيفَ　費用を負担した

يَتَحَمَّلُ الْجَمَلُ الْجُوعَ وَالْعَطَشَ　らくだは飢えと喉の渇きに耐える

تَحَمَّلَ الصُّعُوبَةَ　苦しさを凌いだ

تَحْمِيض <حمض ❖ ⇒ حَمَّضَ 名

تَحَنَّنَ ، يَتَحَنَّنُ <حن V 名 تَحَنُّن ❖ やさしくする；同情する(～عَلَى：～に) 名思いやり，同情

أَلاَ تَتَحَنَّنُ عَلَى الْعَجُوزِ الْفَقِيرَةِ؟　あなたは貧しい老婦人に同情しないのですか

تَحَوَّلَ ، يَتَحَوَّلُ <حول V 名 تَحَوُّل ❖ 変わる，変化する(～إِلَى：～に)；逸れる(～عَنْ：～から) 名変化；転化；移行

تَحَوَّلَ الْمَاءُ إِلَى ثَلْجٍ　水が氷に変化した

تَحَوَّلَ عَنِ الطَّرِيقِ　道を逸れた

نُقْطَةُ التَّحَوُّلِ　転換点/ターニングポイント

تَحْوِيل <حول ❖ ⇒ حَوَّلَ 名

تَحِيَّة <حيي 複 -ات ❖ 挨拶

تَحِيَّةٌ طَيِّبَةٌ وَبَعْدُ　拝啓

مَعَ أَطْيَبِ التَّحِيَّاتِ　敬具 ※直訳「最上の挨拶と共に」

تَحِيَّاتِي إِلَى～　～さんに宜しく

قَدَّمَ لِـ～ تَحِيَّةً　～に挨拶した

تَحَيَّرَ ، يَتَحَيَّرُ <حير V 名 تَحَيُّر ❖ 困る，迷う，当惑する(～فِي：～に) 名混乱；当惑

تَحَيَّرَ فِي أَمْرِهِ　途方にくれた

تَحَيَّرَ فِي حَلِّ الْمُشْكِلَةِ　そのもめ事の解決に困った

تَخَابَرَ <خبر VI ❖ 互いに知らせる;交渉する;通信する

دَعْنَا نَتَخَابَرْ ~ 　～を語り合いましょう

تَخَاصَمَ <خصم VI ❖ 喧嘩をする,いがみ合う;論争しあう

كُلَّمَا تَخَاصَمَ رَفِيقَانِ، دَخَلْتُ بَيْنَهُمَا وَسِيطًا 　友人が喧嘩をした時,私はいつも仲介に入った

تَخَاطَبَ <خطب VI 名 تَخَاطُب ❖ 話し合う;会話をする 名話し合い;会話

يَتَخَاطَبُ النَّاسُ بِاللَّهْجَةِ الدَّارِجَةِ 　人々は口語を話す

تَخَالَفَ <خلف VI 名 تَخَالُف ❖ 異なる,一致しない;同意しない 名不一致

تَخَالَفَ الْحَكَمَانِ 　二人の審判(の判定)が異なった

تَخَبَّطَ <خبط V ❖ 蹴る,踏みつける;打つ;抵抗する;迷う;混乱する

تَخَبَّطَتِ الْبِلَادُ 　国は混乱に陥った

تَخْت 複 تُخُوت ❖ 王座;座席;(周りより高くなっている)台;楽団

تَخْتُ الْمَمْلَكَةِ 　王都/首都

تَخَرَّجَ <خرج V 名 تَخَرُّج ❖ 卒業する(~مِنْ/فِي:~を) 名卒業

فِي السَّنَةِ الْقَادِمَةِ سَيَتَخَرَّجُ أَخِي 　来年,弟(兄)が卒業する

تَخَرُّج مِنَ الْجَامِعَةِ 　大学卒業/大卒

تَخَصَّصَ <خص V 名 تَخَصُّص ❖ 専攻する(~فِي/بِـ:~を);専念する(~لِـ:~に);特徴がある(~بِـ:~に) 名専攻,専門

تَخَصَّصْتُ فِي هَنْدَسَةِ الْكَهْرَبَاءِ 　私は電気工学を専攻しました

تَخْصِيص <خص ❖ ⇒خَصَّصَ 名

تَخَضَّبَ <خضب V ❖ 色づく;染められる

تَخَضَّبَتْ يَدَاهَا بِالْحِنَّاءِ 　彼女の手はヘンナで染められていた

تَخَطَّى، يَتَخَطَّى <خطو V ❖ 乗り越える,乗り切る;越える

تَخَطَّى الْمَرِيضُ مَرْحَلَةَ الْخَطَرِ 　病人は危険な状態を乗り越えた(峠を越えた)

تَخْطِيط <خط ❖ ⇒خَطَّطَ 名

تَخَفَّى، يَتَخَفَّى <خفي V 名 تَخَفٍّ ❖ 隠れる;変装する 名偽装,変装 ※定 اَلتَّخَفِّي

تَخَفَّى الصَّيَّادُ بَيْنَ قُضْبَانِ الْقَصَبِ　猟師は葦の間に隠れた

تَخْفِيض <خفض ❖ ⇒ خَفَّضَ 名

تَخْفِيف <خف ❖ ⇒ خَفَّفَ 名

تَخَلَّى ، يَتَخَلَّى <خلو V 名 تَخَلٍّ ❖ 譲る;放棄する;見捨てる,断念する(～عَنْ/مِنْ:～を)
名放棄,断念;辞任

يَا حَجَّةُ ، تَخَلَّيْتُ لَكِ عَنْ مَقْعَدِي　おばあさん,私の席をお譲りしますよ

تَخَلَّى عَنْ حُقُوقِهِ　権利を放棄した

التَّخَلِّي عَنِ الْأَسْلِحَةِ النَّوَوِيَّةِ　核兵器廃絶

تَخَلَّصَ <خلص V 名 تَخَلُّص ❖ 逃れる,脱する;自由になる(～مِنْ:～から)
名救い;解放

مَا عَرَفْتُ كَيْفَ تَخَلَّصْتُ مِنْ مُضَايَقَاتِي　私はその困難から脱する方法が分からなかった

تَخَلَّفَ <خلف V 名 تَخَلُّف ❖ (～に)遅れる;(～を)欠席する(～عَنْ);残る
名遅延;不在,欠席

تَخَلَّفَ عَنِ الِاجْتِمَاعِ　会合を欠席した

تَخَلُّف عَقْلِيّ　知恵遅れ

تَخَلَّلَ <خل V ❖ (～の)間にある,間に入る;通り抜ける;混ざる

تَخَلَّلَتِ الرَّقْصَةُ الشَّعْبِيَّةُ الْعَرْضَ الرِّيَاضِيَّ　フォークダンスは運動会の中間にあった

تُخْمَة 複 -ات/ تُخَم ❖ 消化不良;食べ過ぎ

كَانَتِ الْمَآكِلُ شَهِيَّةً فَأَصَابَتْنَا تُخْمَةٌ　食べ物がおいしかったので,私達は食べ過ぎた

تَخَيَّرَ ، يَتَخَيَّرُ <خير V ❖ 選ぶ,選択する

تَخَيَّرْ كِتَابًا قَيِّمًا　良い本を選びなさい

تَخَيَّلَ ، يَتَخَيَّلُ <خيل V 名 تَخَيُّل ❖ 想像する,空想する 名想像,空想

تَخَيَّلَ الطَّعَامَ الشَّهِيَّ　美味しい食べ物を想像した

فَوْقَ تَخَيُّلِنَا　私達の想像を超える

تَخَوَّفَ ، يَتَخَوَّفُ <خوف V 名 تَخَوُّف ❖ 恐れる,懸念する,心配する(～عَلَى/مِنْ:～を)
名恐れ,恐怖

تَخَوَّفَ مِنْ نَتَائِجِ الامْتِحَانِ　彼は試験の結果を心配していた

تَدَاخَلَ < دخل VI 名 تَدَاخُل　❖ 干渉する, 介入する; 絡み合う, 組み合う; 連結す 名干渉, 介入; 連結

تَدَاخَلَ فِي الْحَدِيثِ　話し(会話)に口を挟んだ

تَدَاخَلَتْ خُيُوطُ النَّسِيجِ　織物の糸が絡み合った

تَدَارَسَ < درس VI　❖ 一緒に勉強する, 学びあう; 互いに検討する 名一緒に勉強する事

تَدَارَسْنَا مَوَادَّ الامْتِحَانِ　私達は一緒に試験科目を勉強した

تَدَافَعَ < دفع VI　❖ ひしめく, 押し合う; 群がる

خَرَجَ التَّلَامِيذُ إِلَى الْمَلْعَبِ يَتَدَافَعُونَ　生徒達はひしめいて, 運動場へ出た

تَدَاوَى ، يَتَدَاوَى < دوي VI 名 تَدَاوٍ　❖ 治る; 治療を受ける; 薬を飲む 名治療

تَدَاوَى الْمَرِيضُ　病人は薬を飲んだ

تَدَبَّرَ < دبر V 名 تَدَبُّر　❖ 考える; 考察する; 反省する(～/～فِي:～を) 名考察, 熟考

عَلَيْكَ أَنْ تَتَدَبَّرَ نَتَائِجَ الامْتِحَانِ　(あなたは)試験の結果を反省しなければならない

تَدْبِير < دبر　❖ ⇒ دَبَّرَ 名

تَدَحْرَجَ ، يَتَدَحْرَجُ < دحرج II　❖ 転がる

أَخَذَتِ الْكُرَةُ تَتَدَحْرَجُ　球が転がり始めた

تَدَخَّلَ < دخل V 名 تَدَخُّل　❖ 干渉する, 介入する(～فِي:～に) 名干渉, 介入

تَدَخَّلْتُ فِي حَيَاتِهَا أَكْثَرَ مِنَ اللَّازِمِ　私は必要以上に彼女の生活に干渉した

التَّدَخُّل فِي شُؤُونِ الدَّوْلَةِ الْأُخْرَى　内政干渉

تَدَخُّل عَسْكَرِيّ　軍事介入

تَدْخِين < دخن　❖ ⇒ دَخَّنَ 名

تَدَرَّبَ < درب V　❖ 慣れる; 訓練を受ける; 練習する(～فِي/عَلَى:～を)

تَدَرَّبَ عَلَى الْقَفْزِ الْعَالِي　走り高跳びを練習した

تَدَرَّجَ < درج V 名 تَدَرُّج　❖ (徐々に)近づく; 進歩する 名次第に進歩する事; グラデーション

تَدَرَّجَ الْمُوَظَّفُ مِنْ أَجِيرٍ إِلَى مُدِيرٍ　その職員は日雇いから社長へ次第に出世した

بِالتَّدَرُّجِ　次第に/徐々に

تَدْرِيج＜درج ❖ ⇒ دَرَّجَ 名

تَدْرِيس＜درس ❖ ⇒ دَرَّسَ 名

تَدَفَّأَ ، يَتَدَفَّأُ＜دفأ V ❖ 暖まる

تَدَفَّأَ بِالدَّفَّايَةِ　ストーブで暖まった

تَدْفِئَة＜دفأ ❖ 暖房

تَدْفِئَة مَرْكَزِيَّة　セントラルヒーティング

تَدَفَّقَ＜دفق V 名 تَدَفُّق ❖ 流れ出る;殺到する 名流出;殺到;噴出

تَدَفَّقَ مَاءُ الْبِرْكَةِ فِي السَّاقِيَةِ　池の水が用水路に流れ出ていた

تَدَفُّق النِّفْطِ　石油の噴出

تَدَلَّى ، يَتَدَلَّى＜دلو V ❖ 垂れる;ぶら下がる;吊り下がる

تَدَلَّتْ الثُّرَيَّات مِنَ السَّقْفِ　天井からシャンデリアがぶら下がっていた

تَدَنَّسَ＜دنس V ❖ 土にまみれる;汚れる;汚れる

تَدَنَّسَ الثَّوْبُ　服が汚れた

لَا أَرْضَى بِأَنْ يَتَدَنَّسَ شَرَفُكَ　私はあなたの名誉が汚れる事に納得できない

تَدْلِيك＜دلك ❖ ⇒ دَلَّكَ 名

تَدَهْوَرَ ، يَتَدَهْوَرُ＜دهور II 名 تَدَهْوُر ❖ 落ちる;傾く;ひっくり返る;自動車事故が起きる 名落下;衰退,低下;自動車事故

تَدَهْوَرَتِ السَّيَّارَةُ　自動車が事故を起こした

تَدَيَّنَ ، يَتَدَيَّنُ＜دين V 名 تَدَيُّن ❖ 信仰告白をする;信心する(~بِ:～を);お金を借りる 名信仰;信心

تَدَيَّنَ بِدِينِ الْإِسْلَامِ　イスラム教を信仰した

لَا يُحِبُّ أَنْ يَتَدَيَّنَ مَالًا　彼は借金するのを好まない

تَذْكَار＜ذكر 関 تَذْكَارِيّ ❖ 記憶;思い出;お土産 関思い出の,記念の
(ـَ)　(ـَ)

سَيَحْفَظُ عَنْ رِحْلَتِهِ تَذْكَارًا لَا يُنْسَى　(彼に)忘れられない旅の思い出が出来るでしょう

هَدِيَّة تَذْكَارِيَّة　記念品

صُورَة تَذْكَارِيَّة　記念写真

تَذَكَّرَ＜ذكر V 名 تَذَكُّر　❖思い出す，覚えている 名記憶，思い出

命 تَذَكَّرْ　思い出しなさい/ 覚えておきなさい

تَذَكَّرَ اسْمَهُ عَلَى الْفَوْرِ　その名前を直ぐに思い出した

تَذْكَرَة(ـِ)＜ذكر 複 تَذَاكِر　❖切符，券；思い出させるもの

تَذْكِرَة الْبَرِيد　葉書

تَذْكِرَة ذَهَابٍ وإِيَابٍ　往復切符

تَذْكِرَة الدُّخُول　入場券

تَذْكِرَة الطَّائِرَة　航空券

تَذْكِرَة إِثْبَاتِ الشَّخْصِيَّةِ (الْهُوِيَّةِ)　身分証明書/ＩＤカード

تَذْكِرَة الانْتِخَاب　(選挙の)投票用紙

شُبَّاك التَّذَاكِرِ　切符の売り場窓口

تَذَلَّلَ＜ذل V 名 تَذَلُّل　❖低くする；卑下する，謙遜する 名卑下，謙遜

لَا أُرِيدُ أَنْ أَتَذَلَّلَ لِأَحَدٍ　私は誰にも自分を卑下したくない

تَذَمَّرَ＜ذمر V 名 تَذَمُّر　❖不平を言う，愚痴る(～مِنْ/عَلَى：～を) 名不平，愚痴

النَّاسُ يَتَذَمَّرُونَ مِنْ غَلَاءِ الْمَعِيشَةِ　人々は生活費の高さを愚痴る

تَذَوَّقَ، يَتَذَوَّقُ＜ذوق V 名 تَذَوُّق　❖味わう，味見する 名味わう事，賞味

أُمِّي تُرَاقِبُ الطَّعَامَ وَتَتَذَوَّقُهُ　母は料理の様子を見ながら，味見する

تُرَى＜رأى　❖※ رَأَى のIV形 أَرَى の2人称単数未受

يَا تُرَى～؟　あなたは～というのですか

مَتَى يَا تُرَى～؟　いったい，いつ～かしら

إِلَى أَيْنَ يَا تُرَى؟　いったい何処へ

أَتُرَاهَا جَاءَتْ؟　彼女は来たかしら

تُرَاب＜ترب 複 أَتْرِبَة / تِرْبَان　❖ゴミ，塵，埃；土，泥

اِحْذَرْ أَنْ تَلْعَبَ بِالتُّرَابِ　泥遊びに気を付けなさい

تُرَابَة < ترب ❖ セメント

جَبَلَ التُّرَابَةَ وَالرَّمْلَ بِالْمَاءِ　セメントと砂を水でこねた

تُرَاث < و ر ث ❖ 遺産

تُرَاث ثَقَافِيّ　文化遺産

يَفْخَرُ الْعَرَبُ بِتُرَاثِ الْحَضَارَةِ الْإِسْلَامِيَّةِ　アラブ人はイスラム文化の遺産を誇る

تَرَاجَعَ < رجع VI 名 تَرَاجُع ❖ 退却する;撤回する,取り下げる 名退却;撤回

تَرَاجَعَ الْعَدُوُّ تَحْتَ ضَغْطِ الْهُجُومِ　敵は攻撃に押されて,退却した

تَرَاجَعَ عَنْ قَرَارِهِ　決定を撤回した

تَرَاخَى، يَتَرَاخَى < رخو VI 名 تَرَاخٍ ❖ 緩める;緩くなる;(価格が)下がる;仕事に怠慢である
名弛み,緩み;低下 ※定 اَلتَّرَاخِي

تَرَاخَى عَنِ الْعَمَلِ　仕事が遅れた

تَرَأَّسَ < رأس V 名 تَرَؤُّس ❖ 長(トップ)になる;議長になる;率いる
名運営,経営;指導力;議長職

تَرَأَّسَ الْجَلْسَةَ (الْمُؤْتَمَرَ)　会議の議長になった

تَرَاشَقَ < رشق VI ❖ 互いに投げる,投げ合う

تَرَاشَقَ الْأَوْلَادُ بِالْحَصَى　子供達が小石を投げ合った

تَرَاضَى، يَتَرَاضَى < رضي VI 名 تَرَاضٍ ❖ 妥協する,合意する;互いに同意する 名合意;妥協

مَا تَلَاقَتَا حَتَّى تَرَاضَتَا　二人(の女性)は会うと,直ぐに互いを認め合った

عَنْ تَرَاضٍ　(相互の)合意の上で

تَرَافَعَ < رفع VI ❖ 互いに訴訟を起こす(~إِلَى:~に);弁護する

تَرَافَعَ الْمُحَامِي عَنِ الْمُتَّهَمِ　弁護士は被告を弁護した

تَرَاكَضَ < ركض VI ❖ 駈ける,競走する

تَرَاكَضَ الْكَلْبُ حَوْلَ الْأَرْنَبِ　犬が兎の回りを走り回った

تَرَاكَمَ < ركم VI 名 تَرَاكُم ❖ 積み重なる,堆積する;積もる;溜まる
名堆積;集積

تَرَاكَمَ الرَّمْلُ　砂が堆積した(溜まった)

تَرَاكَمَتِ الثُّلُوجُ　雪が積もった

❖ تِرْب 複 أَتْرَاب　同年輩;友人,仲間

وَلَدُكَ يَفُوقُ أَتْرَابَهُ فِي الذَّكَاءِ وَالنَّشَاطِ　お子さんは友達より利発さと活発さで勝ります

❖ تَرَبَّى، يَتَرَبَّى < ربو V　成長する;教育を受ける;教養を身につける

ذَهَبَ إِلَى الْمَدْرَسَةِ وَتَرَبَّى　学校に通って,成長した

❖ تُرْبَة 複 تُرَب　土,土壌;地面;墓,墓場

الْأَسْمِدَةُ تُكْسِبُ التُّرْبَةَ خِصْبًا　肥料は土壌を肥沃にする

❖ تَرَبَّصَ < ربص V　待ち伏せする,待つ(～بِـ:～を)

تَرَبَّصَ الْفُرْصَةَ　機会を待った(窺った)

❖ تَرَبَّعَ < ربع V　あぐらをかく;足を折って座る;正座する;座る

تَرَبَّعَ التَّلَامِيذُ يُصْغُونَ إِلَى الْمُعَلِّمِ　生徒達は正座をして,先生に注目した

تَرَبَّعَ عَلَى الْعَرْشِ　王の座(玉座)に就いた

❖ تَرْبِيَة < ربو　教育;養育;訓練

عِلْمُ التَّرْبِيَةِ　教育学

تَرْبِيَةُ الْحَيَوَانِ　畜産/牧畜

تَرْبِيَةُ الدَّجَاجِ (السَّمَكِ)　養鶏(魚の養殖)

❖ تَرْبِيعِيّ < ربع　平方の

الْجَذْرُ التَّرْبِيعِيّ　平方根[数学]

❖ تَرَتَّبَ < رتب V　固定される;整頓されている;生じる(～عَلَى:～に

تَرَتَّبَ عَلَيْهِ أَنْ يُسَدِّدَ دَيْنَهُ　彼に負債の支払いが生じた

❖ تَرْتِيب < رتب　⇒ رَتَّبَ 名

❖ تَرْتِيل < رتل　⇒ رَتَّلَ 名

❖ تَرْجَمَ، يُتَرْجِمُ　翻訳する,通訳する;伝記を書く(～لِـ:～の)

تَرْجِمِ الْمُحَادَثَةَ إِلَى الْعَرَبِيَّةِ　会話をアラビア語に通訳して下さい

تَرْجَمَ قِصَّةَ "تَاجِرُ الْبُنْدُقِيَّةِ"　小説ベニスの商人を翻訳した

تَرْجَمَ لِشِكْسْبِير　シェイクスピアの伝記を書いた

تَرْجُمَان (ـِ) 複 تَرَاجِم / تَرَاجِمَة　❖ 通訳者;翻訳者,翻訳家

هُوَ تَرْجُمَانٌ بَارِعٌ　彼は熟練の通訳者です

تَرْجَمَة 複 تَرَاجِم　❖ 通訳,翻訳;伝記

تَرْجَمَة (شَفَوِيَّة) آنِيَّة　同時通訳

تَرْجَمَة الْحَيَاةِ　伝記

تَرْجَمَة ذَاتِيَّة　自叙伝/自伝

كُتُبُ التَّرَاجِمِ　複翻訳書

تَرَحٌ 複 أَتْرَاح　❖ 悲しみ;嘆き

صَدِيقِي يُخْلِصُ لِي فِي الْفَرَحِ وَفِي التَّرَحِ　私の友人は楽しい時も悲しい時も誠実です

تَرَحَّمَ < رحم V　❖ "رَحِمَهُ اللّٰهُ"(彼に神の慈悲あれ)と言う;神の慈悲を乞う

صَلَّيْنَا لِلْفَقِيدِ وَتَرَحَّمْنَا عَلَيْهِ　私達は故人に神の慈悲があるように,祈った

تَرَدَّدَ < ردّ V 名 تَرَدُّد　❖ ためらう(～فِي:～を);繰り返される;たびたび行く;(音が)反響する 名ためらい;頻繁

تَرَدَّدَ عَلَى الْأَلْسِنَةِ　しばしば議論された

تَرَدَّدَتْ فِي الذَّهَابِ إِلَى مَنْزِلِهِ　彼女は彼の家に行くのをためらった

تَرَدَّدَتِ الْقَافِيَةُ مَرَّاتٍ فِي الْقَصِيدَةِ　その詩は何度も韻を踏んでいた

بَدَأَ الطُّلَّابُ يَتَرَدَّدُونَ عَلَى الْمَقْهَى　学生達はそのコーヒー店に,たびたび行き始めた

تُرْس 複 تُرُوس / أَتْرَاس　❖ 盾;(亀の)甲羅

لَعِبٌ بِالسَّيْفِ وَالتُّرْسِ　盾と刀の遊び/チャンバラ遊び

سَمَكُ التُّرْسِ　ヒラメ/カレイ

تِرْس 複 تُرُوس　❖ 歯車,ギヤ

صُنْدُوق (عُلْبَة) التُّرُوسِ　ギヤボックス/変速装置/トランスミッション

كَمْ تِرْسًا فِي السَّاعَةِ ؟　時計にはいくつ歯車がありますか

تَرْسَانَة 複 -ات ❖ 兵器庫;ドックヤード,ドック

اَلتَّرْسَانَةُ تَغُصُّ بِالسِّلَاحِ　兵器庫は武器が,ぎっしり詰まっている

تَرَشَّحَ <رشح V ❖ 候補者になる;(水などが)漏れる;風邪を引く

تَرَشَّحَ لِلِانْتِخَابَاتِ　選挙に立候補した

يَتَرَشَّحُ الْمَاءُ مِنْ جَرَّةِ الْفَخَّارِ　素焼きの壺から水が漏れている

تُرْعَة 複 -ات/تُرَع ❖ 運河;水路

تُرْعَةُ مَاءٍ　水路

تُرْعَةُ السُّوَيْسِ　スエズ運河

تَرَعْرَعَ، يَتَرَعْرَعُ <رعرع II ❖ 成長する,青年になる;栄える,繁栄する

تَرَعْرَعَ الْوَلَدُ فِي بَيْتِ جَدِّهِ　その子は祖父の家で成長した

تُرْغَل (ُ) ※ تُرْغَلَة (ُ) ❖ 雉鳩 ※1羽の雉鳩

تَرِفَ (a) 名 تَرَف ❖ 贅沢に暮らす 名贅沢;わがまま

تَرَفَّعَ <رفع V 名 تَرَفُّع ❖ うぬぼれる,自慢に思う(~عَنْ:~を) 名うぬぼれ,高慢

تَرَفَّقَ <رفق V ❖ 親切にする,優しくする(~مَعَ/بِـ:~に);ゆっくり進む

لَيْتَكَ تَتَرَفَّقُ بِأَطْفَالِكَ!　あなたが自分の子供に優しかったらいいのに

تَرَفَّقَ فِي سَيْرِهِ　ゆっくり歩いた/ぶらぶら歩いた

تَرَفَّهَ <رفه V ❖ 安楽に暮らす;呑気に暮らす;贅沢に暮らす

تُحِبُّ أَنْ تَتَرَفَّهَ فِي حَيَاتِهَا　彼女は贅沢に暮らすのが好きだ

تَرَقَّى، يَتَرَقَّى <رقي V ❖ 昇進する;昇る

أَخْلَصَ لِوَظِيفَتِهِ فَتَرَقَّى بِسُرْعَةٍ　彼は真面目に仕事をしたので,直ぐに昇進した

تَرَقَّبَ <رقب V 名 تَرَقُّب ❖ 待つ;期待する;観察する 名期待,予期

تَرَقَّبَ النَّتِيجَةَ　結果を待った

تَرَكَ (u) 名 تَرْك ❖ 残す;諦める;捨てる,放置する;そのままにする(※未,名詞,形容詞の対格を伴う) 名残す事;放置

اُتْرُكْنِي وَشَأْنِي!　一人にしておいてくれ!/自由にさせてくれ!

أُتْرُكْ رِسَالَتَكَ　伝言をして下さい

تَرَكْتُ دِرَاسَةَ الْمُوسِيقَى　私は音楽の勉強を諦めました

تَرَكَ صَدِيقَهُ　友達を見捨てた

أُتْرُكْ أَخَاكَ يَدْرُسْ　弟さんは勉強を続けさせなさい

تَرَكَّبَ < ركب V ❖ (～から)構成される,(～から)成る(～مِنْ)

اَلْمَاءُ يَتَرَكَّبُ مِنْ عُنْصُرَيْنِ　水は二つの原子から構成される(成る)

تَرِكَة [複] ـات ❖ 遺産

تَرَكَ تَرِكَةً لِـ～　～に遺産を残した

تَرَكَّزَ < ركز V ❖ 集中する(～عَلَى:～に)

تَرَكَّزَ النِّقَاشُ حَوْلَ حُقُوقِ الْإِنْسَانِ　人権について議論が集中した

تَتَرَكَّزُ مُعْظَمُ أَشْجَارِ الزَّيْتُونِ الْآنَ فِي إِسْبَانِيَا　現在,オリーブの樹の殆どはスペインに集中している

تُرْكِيّ [複] اَلتُّرْك / اَلْأَتْرَاك ❖ [形]トルコの [名]トルコ人

قَهْوَة تُرْكِيَّة　トルココーヒー

اَلْجُنُود الْأَتْرَاك　[複]トルコ兵

تُرْكِيَا ❖ トルコ

تُرْكِيَا جَارَةُ الْعَرَبِ　トルコはアラブの隣人です

تَرْكِيب < ركب ❖ ⇒ رَكَّبَ [名]

تَرْكِيز < ركز ❖ ⇒ رَكَّزَ [名]

تَرَمَّلَ < رمل V ❖ 夫を亡くす,未亡人になる;妻を亡くす

تَرَمَّلَتِ الْمَرْأَةُ　その女性は夫を亡くした(未亡人になった)

تَرَنَّحَ < رنح V ❖ ふらつく;酔っぱらう

يَتَرَنَّحُ الْمُلَاكِمُ الْمَهْزُومُ　負けたボクサーがふらついている

تَرَهَّبَ < رهب V [名] تَرَهُّب ❖ おどす;僧(尼)になる,修道士になる
[名]出家,修道院生活

مَالَ الشَّابُّ إِلَى الْعِبَادَةِ وَالزُّهْدِ فَتَرَهَّبَ　信仰と禁欲に引かれた若者は僧になった

تَرَوَّى، يَتَرَوَّى<روي V 名 تَرَوٍّ ❖ 得る;考える,熟慮する(〜في:〜を) 名思考,熟

تَرَوَّ فِي السُّؤَالِ ثُمَّ أَجِبْ　問題を考えて,それから答えなさい

تَرَيَّثَ<ريث V 名 تَرَيُّث ❖ ためらう,ちゅうちょする;待つ;耐える 名ためらい,ちゅうちょ

مَتَى اسْتَلَمْتَ الْكُرَةَ ، ارْمِهَا وَلَا تَتَرَيَّثْ　ボールを受けたら,ためらわずに投げなさい

تَزَاحَمَ<زحم VI 名 تَزَاحُم ❖ 群がる;ひしめく,押し合う;互いに争う 名混雑;競争

تَزَاحَمَ اللَّاعِبُونَ عَلَى الْكُرَة　選手がボールに群がった

تَزَحْلَقَ، يَتَزَحْلَقُ<زحلق II 名 تَزَحْلُق ❖ 滑る,滑走する 名滑る事,滑走;スキー,スケート

يَجْمُدُ النَّهْرُ فَنَتَزَحْلَقُ عَلَيْهِ　川が凍ると,私達はスケートをします

تَزَعَّمَ<زعم V ❖ 指導者になる,指導する,指導者らしく振るまう;率いる,導く

تَزَعَّمَ عِصَابَةَ الْمُجْرِمِينَ　ごろつき集団を率いた

تَزَلَّجَ<زلج V 名 تَزَلُّج ❖ 滑る 名滑る事,滑走

يَتَزَلَّجُ عَلَى الْجَلِيدِ (الثَّلْجِ)　スケート(スキー)をする

تَزَلْزَلَ، يَتَزَلْزَلُ<زلزل II ❖ 地震が起こる,(地面が)大きく揺れる

تَزَلْزَلَتِ الْأَرْضُ وَانْهَارَتْ بُيُوتُنَا　地面が大きく揺れて,私達の家が崩壊した

تَزَنَّرَ<زنر V ❖ ベルト(زُنَّار)をする

ضَاقَ بَنْطَلُونُهُ ، فَمَا عَادَ بِحَاجَةٍ لِأَنْ يَتَزَنَّرَ　ズボンがきつくなったので,もはやベルトをする必要がない

تَزَهَّدَ<زهد V 名 تَزَهُّد ❖ 禁欲する;世俗から離れる 名禁欲主義

تَزَهَّدَ فِي أَوَاخِرِ أَيَّامِهِ　彼は晩年に出家した

تَزَوَّجَ<زوج V 名 تَزَوُّج ❖ 結婚する(〜بِـ/مِنْ/عَلَى:〜と) 名結婚;婚姻

تَزَوَّجْتُ فِي الثَّلَاثِينَ مِنْ عُمْرِي　私は30才の時に結婚しました

تَزَوَّدَ<زود V ❖ (〜が)供給される(〜بِـ);(〜を)備える(〜بِـ);(〜を)補給する(〜بِـ)

تَزَوَّدَتِ الطَّائِرَةُ بِالْوَقُودِ　飛行機は燃料を補給した

تَزْوِيد <زود ❖ ⇒ زَوَّدَ 名

تَزْوِير <زور ❖ ⇒ زَوَّرَ 名

تَزَيَّنَ <زين V 名 تَزَيُّن ❖ 着飾る;盛装する;髭を剃る;散髪してもらう
名盛装,ドレスアップ;髭を剃る事;散髪

تَزَيَّنَتْ زَوْجَتِي لِاسْتِقْبَالِ الضُّيُوفِ　客を迎えるために,私の妻は盛装した

تَسَآَّلَ <سأل V ❖ = تَسَوَّلَ

تَسَاءَلَ، يَتَسَاءَلُ <سأل VI 名 تَسَاؤُل ❖ 自問する;互いに尋ね合う 名自問

أَنَا أَتَسَاءَلُ عَنِ السَّبَبِ　私はその原因を自問している

تَسَابَقَ <سبق VI 名 تَسَابُق ❖ 競う,競争する 名競争

اَلسُّلَحْفَاةُ وَالْأَرْنَبُ تَسَابَقَا　兎と亀は競争した

تَسَاقَطَ <سقط VI 名 تَسَاقُط ❖ (続けて葉や石などが)落ちる,降る 名落下;脱落

تَسَاقَطَتْ أَوْرَاقُ الشَّجَرِ الْجَافَّةِ　枯れ葉が続けて落ちた

تَسَاقُطُ الشَّعْرِ　脱毛

تَسَامَحَ <سمح VI 名 تَسَامُح ❖ 寛大である;互いに耐える 名寛大,寛容;忍耐

تَسَامَحَ الْجَابِي فِي قُبُولِ الضَّرِيبَةِ الْمُتَأَخِّرَةِ　収税人は納税の延期を寛大にも受け入れた

اَلتَّسَامُحُ الدِّينِيّ　宗教的寛容さ

تَسَاهَلَ <سهل VI 名 تَسَاهُل ❖ 寛大である;我慢する;見逃す,不注意である
名寛大;忍耐;不注意

لَنْ يَتَسَاهَلَ الْمُدَرِّسُ مَرَّةً ثَانِيَةً　先生は二度と見逃さないだろう

تَسَاوَى، يَتَسَاوَى <سوي VI 名 تَسَاوٍ ❖ 等しい;釣り合いがとれている
名等しい事,同等,平等

تَسَاوَتْ كَفَّتَا الْمِيزَانِ　天秤が釣り合った

بِالتَّسَاوِي　同等に/平等に/公平に

لِلنِّسَاءِ وَالرِّجَالِ حَقٌّ بِالتَّسَاوِي　男女は同等の権利を持つ

تَسَبَّبَ ، يَتَسَبَّبُ <سبب V ❖ (〜を)引き起こす,(〜の)原因となる(〜فِي/بِـ);原因を探す;動機づける;商う

تَسَبَّبَ الْجَفَافُ بِتَلَفِ الْمَزْرُوعَاتِ　日照りが作物の被害を引き起こす

تَسْجِيل <سجل ❖ 名 ⇒ سَجَّلَ

تَسَرَّبَ <سرب V ❖ 漏れる,流れ出す;(ニュースなどが)広まる

يَتَسَرَّبُ الْمَاءُ مِنْ شَقٍّ فِي جِدَارِ الْخَزَّانِ　ダムの壁のひびから水が漏れている

تَسَرَّعَ <سرع V 名 تَسَرُّع ❖ 急ぐ;あわてて行う 名急ぐ事;軽率さ;拙速

تَسَرَّعْتَ فِي الْإِجَابَةِ فَأَخْطَأْتَ　あなたは答えを急いだから,間違えた

تُسْع ❖ 九分の一

لِكُلٍّ مِنَّا تُسْعُ الْمَبْلَغِ　私達皆がその金額の九分の一を得る

تِسْعَة 女 تِسْع ❖ 九*/9,九つ　*九とも発音

فِي بَيْتِنَا تِسْعُ حُجُرَاتٍ　私達の家には部屋が九つあります

男 تِسْعَةَ عَشَرَ 女 تِسْعَ عَشْرَةَ　十九/19

تِسْعُونَ (تِسْعِينَ)　九十/90　※()内は属対

تَسَلَّى ، يَتَسَلَّى <سلو V ❖ 楽しむ(〜بِـ:〜を);楽しみ(娯楽)を求める(〜عَنْ:

تَسَلَّى بِالرَّسْمِ　絵画を楽しんだ(鑑賞した)

تَسَلَّحَ <سلح V 名 تَسَلُّح ❖ 武装する 名武装

تَسَلَّحَ الْفَلَّاحُونَ خَوْفًا مِنَ الْحَرْبِ　農民は戦を恐れて,武装した

تَسَلْسَلَ ، يَتَسَلْسَلُ <سلسل II 名 تَسَلْسُل ❖ 繋がる,続く,連続する;(液体が)流れる 名連続,

تَتَسَلْسَلُ فِقْرَاتُ الْمَوْضُوعِ بِوُضُوحٍ　論文の段落は明らかに繋がっています

بِالتَّسَلْسُلِ　連続して/継続して

تَسَلَّطَ <سلط V 名 تَسَلُّط ❖ 支配する;制圧する;制覇する(〜عَلَى:〜を)

لَا تَدَعِ الْغَضَبَ يَتَسَلَّطُ عَلَيْكَ　怒りに身を任せるな

تَسَلَّقَ <سلق V 名 تَسَلُّق ❖ 登る 名登る事

تَسَلَّقَ الْحَائِطَ　壁に(壁を)登った

يَتَسَلَّقُ الْقُرُودُ الْأَشْجَارَ　猿は木に登る

تَسَلُّقُ الْجِبَالِ　登山

تَسَلُّل 名 V سل＜تَسَلَّلَ ❖忍び込む,潜入する;(そっと)出る 名潜入;浸透

تَسَلَّلَ إِلَى الْخَارِجِ　そっと外に出た

V سلم＜تَسَلَّمَ ❖受け取る,貰う;得る,掌握する;ムスリムになる

تَسَلَّمْتُ خِطَابَكَ　あなたの手紙を受け取りました

تَسَلَّمَ الْمُدِيرُ الْمَدَارِسَ　事務長が学校を管理した

سلو＜تَسْلِيَة ❖⇒سَلَّى 名

سلم＜تَسْلِيم ❖⇒سَلَّمَ 名

V سمر＜تَسَمَّرَ ❖釘やピンで打ち付けられる;釘付けになる

اسْتَوْلَى عَلَيْهِ الْخَوْفُ وَتَسَمَّرَ فِي مَكَانِهِ　恐怖に捕らわれた彼は,その場に釘付けになった

تَسَمَّرَتْ فِي الْفَتَاةِ عَيْنَايَ　私の目はその娘に釘付けになった

تَسَمُّم 名 V سم＜تَسَمَّمَ ❖毒を入れられる(盛られる) 名中毒

تَسَمُّمٌ غِذَائِيٌّ　食中毒

V سنو＜تَسَنَّى، يَتَسَنَّى ❖可能である(~لِ:~にとって);上がる

مَرَرْتُ بِكِيُوتُو وَتَسَنَّتْ لِي زِيَارَةُ الْمَعْبَدِ　私は京都を通った時,そのお寺の訪問が出来た

V سهل＜تَسَهَّلَ ❖易しくなる;容易である,簡単である

تَسَهَّلَتِ الْمَصَاعِبُ، وَتَمَّ السَّفَرُ بِخَيْرٍ　苦難を乗り越え,旅は首尾良く終わった

سهل＜تَسْهِيل ❖⇒سَهَّلَ 名

V سوق＜تَسَوَّقَ ❖(市場で)買物をする;売買する

أَوَدُّ أَنْ أَتَسَوَّقَ فِي~　私は~で買物をしたい

تَسَوَّقْتُ كَثِيرًا　私は市場で沢山の買い物をした

تَسَوُّل 名 VI سول＜تَسَوَّلَ ❖(施しを)請う/乞う;懇願する 名懇願;物乞い

إِنَّهُ رَجُلٌ فَقِيرٌ يَتَسَوَّلُ الْمَارَّةَ　彼は通行人に施しを乞う様な,貧しい男だ

أ ب ت ث ج ح خ د ذ ر ز س ش ص ض ط ظ ع غ ف ق ك ل م ن هـ و ي

تُسونامِي ❖ 津波

مِياهُ التُّسونامِي تَغْمُرُ السَّهْلَ　津波の水が平野を覆っている

تَسْوِيَة < سوي ❖ ⇒ سَوَّى 名

تَشاءَمَ ، يَتَشاءَمُ < شأم VI 名 تَشاؤُم ❖ 悲観する;不吉と思う 名悲観;悲観論,ペシミズム

يَتَشاءَمُ النّاسُ مِنْ صَوْتِ الْبُومِ　人はふくろうの鳴き声を不吉と思う

تَشابَكَ < شبك VI 名 تَشابُك ❖ 絡み合う,もつれる 名絡み合い,もつれ;殴り合い

تَشابَكَتْ أَغْصانُ الْأَشْجارِ　木の枝が絡み合っていた

تَشابَهَ < شبه VI 名 تَشابُه ❖ 似ている;互いに等しい 名似ている事,類似

كَمْ تَتَشابَهُ الْأُخْتانِ !　何とその二人の姉妹は似ていることか

تَشاجَرَ < شجر VI 名 تَشاجُر ❖ 喧嘩する,喧嘩をする(～مَعَ:～と) 名喧嘩

تَشاجَرَ مَعَ مُدِيرِ الشَّرِكَةِ　彼は社長と喧嘩した

حَصَلَ التَّشاجُرُ الْعَنِيفُ بَعْدَ الْمُباراةِ　試合の後に,ひどい喧嘩が起きた

تَشارَكَ < شرك VI ❖ 分かち合う,分け合う;共に加わる

تَشارَكَ الرَّجُلانِ فِي اسْتِئْجارِ السَّيّارَةِ　二人の男が車の借り賃を分け合った

تَشاوَرَ ، يَتَشاوَرُ < شور VI 名 تَشاوُر ❖ 相談する;協議する(～فِي:～を) 名相談;協議

تَشاوَرْنا مَعًا فِي الْمُشْكِلَةِ　私達はその問題を協議した

تَشَبَّثَ < شبث V 名 تَشَبُّث ❖ つかむ,握る;しがみつく,すがる(～بِـ:～に) 名粘性;執着

تَشَبَّثَ بِثِيابِي　私の服をつかんだ

تَشَبَّهَ < شبه V ❖ 真似る(～بِـ:～を);たとえる(～بِـ:～に)

تَشَبَّهْ بِهِ　彼を真似なさい(見習いなさい)

تَشَتَّتَ < شت V ❖ 分散する,散らばる;ばらばらになる

تَشَتَّتَ شَمْلُ الْمُتَظاهِرِينَ　デモ隊の結束がばらばらになった

تَشَجَّعَ < شجع V ❖ 勇気を出す,奮い立つ;勇気付けられる

男命 تَشَجَّعْ 女 تَشَجَّعِي　頑張って!/勇気を出して!

تَشَجَّعَتْ وَدَخَلَتْ غُرْفَةَ الامْتِحَانَاتِ　彼女は勇気を出して,試験場に入った

تَشْجِيع <شجع ❖ ⇒ شَجَّعَ 名

تَشَدَّدَ <شد V ❖ 強化する;強まる;固くなる;厳しい(~عَلَى:~に)

عَلَى الْعُضْوِ أَنْ يَتَشَدَّدَ فِي فَرْضِ النِّظ　メンバーは組織を強化しなければならない

تَشَرَّدَ <شرد V 名 تَشَرُّد ❖ 身寄りが無くなる;亡国の民になる;放浪する
名ホームレス;亡国の民

مَاتَ الْوَالِدُ وَتَشَرَّدَ الْأَوْلَادُ　父親が死んで,子供達は身寄りが無くなった

تَشَرَّفَ <شرف V ❖ 光栄である

تَشَرَّفْنَا　お会いできて,光栄です/お会いして,嬉しいです

تَشْرِيح <شرح ❖ ⇒ شَرَّحَ 名

تَشْرِيع <شرع ❖ ⇒ شَرَّعَ 名

تِشْرِينُ الْأَوَّلُ ❖ テシュリーン・ル=アッワル ※シリア暦の十月

تِشْرِينُ الثَّانِي ❖ テシュリーン・ッ=サーニー ※シリア暦の十一月

تَشَقَّقَ <شق V ❖ ひびが入る,亀裂が入る

تَشَقَّقَ جِدَارُ الْفَصْلِ　分離壁にひびが入った

بَدَأَ الْبَيْضُ يَتَشَقَّقُ　卵がひび割れ始めた/卵に亀裂が入り始めた

تَشَكَّى، يَتَشَكَّى <شكو V ❖ 不平を言う,文句を言う;訴える(~إِلَى/لِـ:~に)

مِمَّ تَتَشَكَّى، يَا أَخِي؟　やぁ,兄弟!何の文句を言っているのだ

تَشَكَّلَ <شكل V ❖ 形づくられる(~مِنْ:~から),形成される

تَشَكَّلَ طِبَاعُهُ مُنْذُ الصِّغَرِ　性格は小さい時に作られた

تَشْكِيل <شكل ❖ ⇒ شَكَّلَ 名

تَشْكِيلَة <شكل ❖ 寄せ集め;(~)集

تَشْكِيلَةُ أَرْوَعِ أَغَانِي فَيْرُوز　ファイルーズ*・ベストソング集 *エジプト人女性歌手

تَشَمَّسَ <شمس V 名 تَشَمُّس ❖ 日に身を晒す,日光浴をする,日向ぼっこをする
名日向ぼっこ,日光浴

وَقَفَ الْقِطُّ عَلَى الْجِدَارِ يَتَشَمَّسُ　猫が壁の上で日向ぼっこをした

تَشَنَّجَ < شنج V 名 تَشَنُّج ◆ 引きつる，けいれんする 名引きつり，けいれん

مَتَى تَشَنَّجَتْ عَضَلاتُكَ؟ いつ筋肉が引きつりましたか

تَشَنُّجُ عَضَلَةِ الْقَدَمِ 足の筋肉のけいれん

تَشَوَّشَ < شوش V ◆ 乱れる；混ざる

تَشَوَّشَ جَوُّ الصَّفِّ クラスの雰囲気が乱れた

تَشَوَّقَ < شوق V 名 تَشَوُّق ◆ 欲しがる，切望する(～إِلَى：～を)；憧れる(ه；～に)
名欲望，切望；憧れ

مَنْ لا يَتَشَوَّقُ إِلَى الْهَدِيَّةِ؟ プレゼントを欲しがらない人がいますか

تَشَوَّهَ < شوه V 名 تَشَوُّه ◆ 醜くなる；歪んでいる 名醜さ；歪み，歪曲

أُهْمِلَتِ الْحَدِيقَةُ وَتَشَوَّهَ مَنْظَرُهَا なおざりにされた庭は景色が台無しになった

تَشْيِيد < شيد ◆ ⇒ شَيَّدَ 名

تَصَاحَبَ < صحب VI ◆ 友人(友達)になる(～مَعَ：～と)；付き合う

تَصَاحَبَ الرَّفِيقَانِ فِي رِحْلَةٍ 二人のクラスメートが一緒に旅行した

تَصَادَقَ < صدق VI ◆ 友人(友達)になる(～مَعَ：～と)

تَعَارَفَ الْفَتَيَانِ ثُمَّ تَصَادَقَا 二人の若者が知り合って，友達になった

تَصَارَعَ < صرع VI ◆ 取っ組み合う，格闘する；闘う／戦う

تَصَارَعَ الْمُصَارِعَانِ وَتَعَادَلا 二人のレスラーが闘って，引き分けた

تَصَاعَدَ < صعد VI ◆ 立ち上る，上昇する

تَصَاعَدَ الدُّخَانُ مِنَ الْمَدْخَنَةِ 煙突から煙が立ち上った

تَصَافَحَ < صفح VI ◆ (互いに)握手する

تَصَافَحَ الرَّجُلانِ بِحَرَارَةٍ 二人の男は固く握手した

تَصَالَحَ < صلح VI 名 تَصَالُح ◆ 和解する，仲直りする 名和解

تَصَالَحَ الْخَصْمَانِ بَعْدَ خِلافٍ طَوِيلٍ 長く反目していた二人は和解した

تَصَبَّبَ < صب V ◆ (汗や水が)吹き出る，吹き出す

الْعَرَقُ يَتَصَبَّبُ مِنْ جَبِينِهِ 汗が額から吹き出ている

تَصَبَّحَ <صبح V ❖ 朝に会う(～بِـ:～と)

أَتَصَبَّحُ كُلَّ يَوْمٍ بِوَجْهِ أُمِّي الْبَاسِمِ — 私は毎朝,母の笑顔に会います

تَصْحِيح <صح ❖ ⇒ صَحَّحَ 名

تَصَبَّرَ <صبر V ❖ 耐える,我慢強い

命 تَصَبَّرْ — 耐えなさい/我慢しなさい

تَصَدَّى، يَتَصَدَّى <صدي V ❖ 専念する,打ち込む(～لِـ/إِلَى:～に);逆らう(～لِـ:～に)抵抗する

تَصَدَّى لِلْهَجْمَةِ — 攻撃に反撃した

تَصَدَّرَ <صدر V ❖ 長(トップ)になる,首位に立つ;送られる

تَصَدَّرَ الْمَجْلِسَ شَيْخٌ وَقُورٌ — 議会に威厳のある長老が送られた

تَصَدَّعَ <صدع V 名 تَصَدُّع ❖ (～が)割れる,(～に)ひびが入る 名ひび割れ,ひび

تَصَدَّعَتْ أَبْنِيَةٌ كَثِيرَةٌ بِسَبَبِ الزِّلْزَالِ — 地震で沢山の建物にひびが入った

تَصَدَّقَ <صدق V 名 تَصَدُّق ❖ 施す,喜捨する,恵む 名施し,喜捨

تَصَدَّقْ عَلَى الْفُقَرَاءِ وَلَوْ بِقَلِيلٍ — たとえ少なくても,貧しい人に施しなさい

تَصْدِير <صدر ❖ ⇒ صَدَّرَ 名

تَصْدِيق <صدق ❖ ⇒ صَدَّقَ 名

تَصَرَّفَ <صرف V 名 تَصَرُّف 複 ـات ❖ (自由に)行動する,行う 名行動,行い,行為;行動する権利

أَتَصَرَّفُ كَمَا أَشَاءُ — 私は好きなようにします

تَصَرُّفٌ غَيْرُ إِنْسَانِيٍّ — 非人間的行為

تَصَرُّفَاتُكَ سَيِّئَةٌ — あなたの行いは悪い

بِتَصَرُّفٍ — 自由に/自由裁量で

تَصْرِيح <صرح ❖ ⇒ صَرَّحَ 名

تَصَفَّحَ <صفح V ❖ (本を)めくる;研究する;検査する

لَمْ أَقْرَإِ الْكِتَابَ، وَلٰكِنْ تَصَفَّحْتُهُ — 私は読んではいなかったけれど,ページをめくった

تَصْفِيَة <صفو ❖ ⇒ صَفَّى 名

تَصَلَّبَ <صلب V 名 تَصَلُّب ❖ 固くなる;強くなる 名強化

تَصَلَّبَ الْعُودُ　棒が固くなった

تَصَلَّبَ وَجْهُهُ　顔がこわばった

تَصْمِيم <صم ❖ ⇒ صَمَّمَ 名

تَصَنَّعَ <صنع V 名 تَصَنُّع ❖ 装う;(女性が)化粧する;見せ掛ける
名ごまかし;見せ掛け;作為

كُنْ طَبِيعِيًّا ، لاَ تَتَصَنَّعْ　あるがままでいなさい,作為してはいけません

تَصَوَّرَ <صور V 名 تَصَوُّر ❖ 撮られる;想像する,思い描く

هَلْ يُمْكِنُ أَنْ تَتَصَوَّرَ مَعِي؟　私と一緒に写真を撮りませんか

تَصَوَّرَ مُسْتَقْبَلَهُ　彼は自分の将来を想像した

لاَ يَتَصَوَّرُهُ الْعَقْلُ　想像できない/考えられない

تَصْوِيت <صوت ❖ ⇒ صَوَّتَ

تَصْوِير <صور ❖ ⇒ صَوَّرَ

تَصَيَّدَ <صيد V ❖ 取る,捕る,獲る;狩りをする;漁をする

لِمَاذَا تَتَصَيَّدُ الْأَسْمَاكَ الصَّغِيرَةَ ؟　どうして,あなたは小さな魚を捕るのですか

تَضَاءَلَ ، يَتَضَاءَلُ <ضوأل VI 名 تَضَاؤُل ❖ 減る;小さくなる;衰える;弱まる
名小さくなる事:不足;衰え,衰退

تَضَاءَلَ جِسْمُ الْعَجُوزِ مَعَ السِّنِينَ　老人の体は年毎に衰えた

تَضَاعَفَ <ضعف VI 名 تَضَاعُف ❖ 2倍になる,倍になる;倍加する 名倍加,倍増

تَضَاعَفَتْ ضَرِيبَةُ الدَّخْلِ　所得税が2倍(倍)になった

تَضَامَنَ <ضمن 名 تَضَامُن ❖ 団結する,連帯する;責任を分担する 名団結,連帯

إِذَا أَرَدْتُمْ أَنْ تَنَالُوا حَقَّكُمْ فَتَضَامَنُوا　自分たちの権利を得んと欲すれば,団結せよ

تَضَامُنًا مَعَ ~　~に連帯して

تَضَايَقَ <ضيق VI ❖ 当惑する,悩む;怒る,腹を立てる(~مِنْ:~に)

تَضَايَقَ الْمُدَرِّسُ مِنْ ضَجِيجِنَا　先生は私達のうるささに腹を立てた

تَضْحِيَة <ضحى ❖ ⇒ ضَحَّى 名

تَضَخَّمَ <ضخم V 名 تَضَخُّم ❖ 巨大になる;膨張する,膨らむ;拡大する
名膨張;拡大;インフレーション,インフレ

مَالُهُ تَضَخَّمَ　彼の財産が膨らんだ

تَضَخُّم مَالِيّ　インフレーション/インフレ

تَضَرَّرَ <ضر V ❖ 駄目になる;傷つく;被害を被る

تَضَرَّرَتِ الْمَزْرُوعَاتُ بِالْمَطَرِ　農地が雨で被害を受けた

تَضَرَّعَ <ضرع V 名 تَضَرُّع ❖ 謙遜する,へりくだる(～إِلَى:～に対し);懇願する
名謙遜;懇願

تَضَرَّعَ إِلَى اللّٰهِ　神に懇願した

تَضَلَّعَ <ضلع V ❖ (～に)精通する,熟練する(～مِنْ);
(～が)ぎっしり詰まっている(～مِنْ)

تَضَلَّعَ مِنْ عِلْمِ اللُّغَةِ　言語学に精通した

تَضَمَّنَ <ضمن V 名 تَضَمُّن ❖ 含む 名含む事,含有

الْأُجْرَةُ تَتَضَمَّنُ الضَّرِيبَةَ　その料金は税金を含みます

تَطَاوَلَ <طول VI ❖ 長くなる;延びる;(見るために)首を伸ばす;見下す;
襲う(～عَلَى:～を)

تَطَاوَلَ الْعُمْرُ　寿命が延びた

تَطَايَرَ ، يَتَطَايَرُ <طير VI ❖ 飛び散る,散らばる;飛び交う

يَتَطَايَرُ مِنَ الْفَحْمِ الْمُشْتَعِلِ شَرَارٌ　燃えさかる石炭から火花が飛び散る

تَطْبِيق <طبق ❖ ⇒ طَبَّقَ 名

تَطَرَّفَ <طرف V 名 تَطَرُّف ❖ 極端である,過激である 名極端,過激;急進主義

تَطَرَّفَ فِي آرَائِهِ　(彼は)意見が極端であった

تَطَرَّقَ <طرق V ❖ 浸透する(～إِلَى:～に):論じる(～إِلَى:～を);
着く(～إِلَى:～に)

تَطَرَّقَ فِي حَدِيثِهِ إِلَى السِّيَاسَةِ　彼は政治を論じた

تَطْرِيز <طرز ❖ 名 ⇒ طَرَّزَ

تَطَلَّبَ <طلب V ❖ 要する, 必要とする

اَلشَّطْرَنْجُ لُعْبَةٌ تَتَطَلَّبُ ذَكَاءً　チェスは聡明な頭脳を必要とするゲームだ

تَطَلَّعَ <طلع V 名 تَطَلُّع ❖ 見る;切望する;期待する 名見る事;切望;期待

تَطَلَّعَ إِلَى~　～を期待して見た/～を切望した

تَطَلَّعَ فِي~(بِ~)　～を注意して見た

أَتَطَلَّعُ إِلَى الْحَفْلَةِ كَثِيرًا　私はパーティをとても楽しみにしています

تَطَهَّرَ <طهر V ❖ 清められる;消毒される;沐浴する,清める

تَطَهَّرَ الْجُرْحُ بِالسَّائِلِ الْمُطَهِّرِ　傷は消毒液で消毒された

تَطْهِير <طهر ❖ 名 ⇒ طَهَّرَ

تَطَوَّرَ <طور V 名 تَطَوُّر 複 -ات 関 تَطَوُّرِيّ ❖ 進化する,発展する;変化する 名進化,発展;変化
複進化の過程 関進化の

تَطَوَّرَتْ صِنَاعَةُ السَّيَّارَاتِ بِسُرْعَةٍ　自動車産業は急速に発展した

تَطَوُّر اقْتِصَادِيّ　経済(の)発展

نَظَرِيَّة تَطَوُّرِيَّة　進化論

تَطَوَّعَ ، يَتَطَوَّعُ <طوع V 名 تَطَوُّع ❖ 志願する,自発的に行う
名志願,ボランティア;自主性

تَطَوَّعَ فِي الْجَيْشِ　軍隊に志願した

تَطَوَّعَ لِلْعَمَلِ الْخَيْرِيِّ　ボランティア活動をした

تَطَيَّبَ ، يَتَطَيَّبُ <طيب V ❖ 香水を付ける

تَطَيَّبَتْ أُخْتِي بَعْدَ الِاسْتِحْمَامِ　姉は入浴後に香水を付けた

تَظَاهَرَ <ظهر VI 名 تَظَاهُر 複 -ات ❖ (～の)ふりをする(بِ~);デモをする;助け合う
名ふり,欺瞞,偽善;複デモ,示威行動

تَظَاهَرَ بِأَنَّهُ عَرَبِيٌّ　アラブ人のふりをした

تَظَاهَرَ الطُّلَّابُ بِيَوْمِ "أُوكِينَاوَا"　学生達は沖縄デーにデモをした

تَظَاهُرَة <ظهر 複 -ات ❖ デモ;デモ行進

سَارَ النَّاسُ فِي تَظَاهُرَةٍ لِيُعْلِنُوا غَضَبَهُمْ　人々は怒りを示すためにデモ行進をした

تَظَلَّمَ <ظلم V ❖ 不平を言う(～مِنْ :～について)

تَتَظَلَّمُ أُمِّي مِنْ أُخْتِهَا　私の母は母の妹(姉)について不平を言う

تَعَاتَبَ <عتب VI 名 تَعَاتُب ❖ (相互に)批判する，非難する 名相互批判

اِلْتَقَوْا بَعْدَ جَفَاءٍ فَتَعَاتَبُوا　彼らは仲違いした後に会って，互いに非難した

تَعَادَلَ <عدل VI 名 تَعَادُل ❖ 等しい，釣り合う；引き分ける 名等しい事，均衡；引き分け

تَعَادَلَتْ كَفَّتَا الْمِيزَانِ　天秤の皿が釣り合った

تَعَارَفَ <عرف VI 名 تَعَارُف ❖ 知り合う，知る 名知り合う事

تَعَارَفْنَا فِي الْمَدْرَسَةِ　私たちは学校で知り合いました

تَعَارَكَ <عرك VI ❖ 戦い合う，争い合う

تَزَاحَمَ الْحَمَّالُونَ عَلَى تَفْرِيغِ الشَّاحِنَةِ وَتَعَارَكُوا　運び人達がトラックの荷下ろしで，もみ合い争った

تَعَاشَرَ <عشر VI ❖ 互いに親しくなる；親密な間柄である(～مَعَ:～と)

تَعَاشَرَ الْفَتَيَانِ خِلَالَ دِرَاسَةِ الْجَامِعَةِ　二人の若者は大学で勉学中に，親しくなった

تَعَاطَى، يَتَعَاطَى <عطو VI 名 تَعَاطٍ ❖ (薬を)飲む；仕事に取り組む，従事する 名実行

تَعَاطَى الْبَيْعَ وَالشِّرَاءَ　物の売り買い(売買)に従事した

يَتَعَاطَى أَبِي التِّجَارَةَ الْخَارِجِيَّةَ　私の父は海外と取引(貿易)をしています

تَعَاطَفَ <عطف VI ❖ 共感する，同情する(～مَعَ:～に)；好意を持つ

تَعَاطَفَ مَعَهُ　彼に共感した

تَعَافَى <عفو ❖ (病気が)治る，(健康を)快復する

تَعَافَى الْمَرِيضُ، فَغَادَرَ الْمُسْتَشْفَى　病人は治ったので，退院した

تَعَاقَبَ <عقب VI 名 تَعَاقُب ❖ 互いに続く；連続する，続発する 名連続

اَللَّيْلُ وَالنَّهَارُ يَتَعَاقَبَانِ　昼と夜は互いに連続する

عَلَى تَعَاقُبِ الْعُصُورِ　数世紀に渡って

تَعَاقَدَ <عقد VI 名 تَعَاقُد ❖ 契約する，協定を結ぶ(～عَلَى:～の，～مَعَ:～と) 名契約，協定

تَعَاقَدَ مَعَ الشَّرِكَةِ　彼はその会社と契約した

男 تَعَالَ 女 تَعَالَيْ <علو ❖ おいで，こちらへ来なさい；～しましょう※～:未短形 ※ تَعَالَى ⇓ の命

تَعَالَ هُنَا!　こちらへ来なさい

تَعَالَ إِلَى بَيْتِي حَالًا　直ぐに，私の家においでよ

تَعَالَ نَلْعَبْ　遊びましょう

VI تَعَالَى <علو ❖ 気高くある，至高である；立ち上る，昇る

اَللّٰهُ تَعَالَى　神は気高く(崇高で)あられる！

تَعَالَى اللّٰهُ عَمَّا يَصِفُونَ　神は筆でも口でも，表現出来ないお方である

تَعَالَى مِنْ نَارِ الْحَطَبِ لَهَبٌ وَدُخَّانٌ　たき火から炎と煙が立ち上っていた

تَعَالَجَ <علج VI 名 تَعَالُج ❖ 治療を受ける；格闘する 名治療

اَلْمَرِيضُ فِي الْمُسْتَشْفَى يَتَعَالَجُ　病院で患者さんは治療を受けます

تَعَامَلَ <عمل VI 名 تَعَامُل 複 ـات ❖ 取引をする(～مَعَ:～と)；取り扱う；交際する；共同作業をする 名取引，取り扱い；協同；交際 複(化学)反応

تَعَامَلَ التُّجَّارُ　商人達は取引をした

تَعَاوَنَ <عون VI 名 تَعَاوُن ❖ 協力する(～مَعَ:～と)，助け合う 名協力

تَعَاوَنَ مُوَظَّفُو الْمَدْرَسَةِ　学校の職員は助け合った

شَرِكَة تَعَاوُنِيَّة　生活協同組合/生協

اَلتَّعَاوُن الدَّوْلِيّ　海外(国際)協力

شُكْرًا عَلَى حُسْنِ تَعَاوُنِكُمْ　皆様のご協力に感謝します(有り難うございま

تَعَايَشَ <عيش VI 名 تَعَايُش ❖ 共存する，共生する 名共存，共生

تُرِيدُ دُوَلُ الْيَوْمِ أَنْ تَتَعَايَشَ بِسَلَامٍ　今日，諸国家は平和的に共存したいと望んでい

نَبْذُلُ جُهْدًا كَبِيرًا لِلتَّعَايُشِ　私たちは共存のために，大いに努力します

تَعِبَ (a) 名 تَعَب 複 أَتْعَاب ❖ 疲れる，嫌になる(～مِنْ:～が) 名疲れ，疲労；苦労 複手間賃；謝礼

أَتَعِبْتَ؟ نَعَمْ تَعِبْتُ　疲れましたか－はい疲れました

تَعِبَ الْفَلَّاحُونَ، فَجَلَسُوا تَحْتَ الشَّجَرِ	農民達は疲れて,木の下に座った
تَعِبَ مِنْ حَيَاةِ الْقَرْيَةِ	村の生活が嫌になった
أَحَسَّ بِالتَّعَبِ	疲れを感じた
لَا رَاحَةَ دُونَ تَعَبٍ	苦あれば楽あり[格言]
تَعِبٌ ❖	疲れて,疲労した;うんざりした
عَادَ إِلَى بَيْتِهِ تَعِبًا جَائِعًا	お腹を空かし,疲れて家に帰った
تَعْبَانُ<تعب 複 ون ❖	疲れて,疲労して;うんざりした
لَا بُدَّ أَنَّكَ تَعْبَانٌ	あなたはきっと疲れているに違いない
تَعْبِيد<عبد ❖	⇒ عَبَّدَ 名
تَعْبِير<عبر ❖	⇒ عَبَّرَ 名
تَعَجَّبَ<عجب V 名 تَعَجُّب ❖	驚く,感嘆する(~مِنْ:~に) 名驚き,感嘆
تَعَجَّبَ مِنَ الْآثَارِ الْبَدِيعَةِ	その素晴らしい遺跡に驚いた
عَلَامَة تَعَجُّب	感嘆符
تَعْدِيل<عدل ❖	⇒ عَدَّلَ 名
تَعْدِين<عدن ❖	⇒ عَدَّنَ 名
تَعَدَّى، يَتَعَدَّى<عدو V 名 تَعَدٍّ ❖	超える;不正をする 名超過;攻撃(複 تَعَدِّيات)
لَمْ أَتَعَدَّ السُّرْعَةَ الْمُحَدَّدَةَ	私は制限速度を超えてません
تَعَدَّى حُدُودَ اللّٰهِ	神の掟に背いた
تَعَدَّدَ<عد V 名 تَعَدُّد ❖	数が増える,多い;多様である 名多様性;多重
تَعَدُّد الْآلِهَةِ	多神教/多神論
تَعَدُّد الزَّوْجَاتِ	複婚制 ※一夫多妻や一妻多夫
تَعَذَّرَ<عذر V 名 تَعَذُّر ❖	困難である;不可能である(~عَلَى:~に) 名困難
تَعَذَّرَ عَلَى~ أَنْ..	~は‥する事が出来なかった
تَعَرَّى، يَتَعَرَّى<عري V ❖	(服を)脱ぐ(~مِنْ:~を),裸になる
تَعَرَّى الْوَلَدُ مِنْ ثِيَابِهِ	男の子が服を脱いだ

تَعَرَّضَ ＜عرض V ❖ (～に)晒される,(～を)浴びる(～لِـ);干渉する(～لِـ:～に);反対する(～لِـ:～に)

تَعَرَّضَ لِلْأَشِعَّةِ　放射線に晒された/放射線を浴びた

تَعَرَّضَ لِلْخَطَرِ　危険に晒された

تَعَرَّفَ ＜عرف V 名 تَعَرُّف ❖ 知り合いになる,知り合いである(～بِـ/إِلَى/عَلَى:～と);発見する,見つける;(名詞が)限定される
名面識,知己;確認

أَوَدُّ أَنْ أَتَعَرَّفَ عَلَيْكَ　あなたと知り合いになりたい

تَعْرِفَة / تَعْرِيفَة ❖ 料金表,タリフ ※英語の tariff の語源

التَّعْرِيفَة الْجُمْرُكِيَّة　関税/関税表/タリフ

تَعْرِيب ＜عرب ❖ ⇒ عَرَّبَ 名

تَعْزِيَة ＜عزو ❖ ⇒ عَزَّى 名

تَعْزِيز ＜عز ❖ ⇒ عَزَّزَ 名

تَعِسَ (a)/تَعَسَ (a) تَعَس 名 تَعْس ❖ 滅びる;惨めになる 名惨めさ;不幸な事,災い

تَعْسًا لَهُ　彼奴に災いあれ/畜生め

تَعَسَّرَ ＜عسر V 名 تَعَسُّر ❖ 困難になる,難しくなる;苦しい 名困難;苦境

تَعَطَّلَ الْجَدْوَلُ فَتَعَسَّرَ الْعَمَلُ　計画が中止になって,仕事が困難になった

تَعَشَّى، يَتَعَشَّى ＜عشو V ❖ 夕食を取る

تَعَشَّى خَارِجَ الْمَنْزِلِ　外食をした/外で夕食を取った

تَعَصَّبَ ＜عصب V 名 تَعَصُّب ❖ (スカーフなどをしっかり)頭に巻く;熱狂的である
名狂信;偏見;部族主義,人種主義

تَعَصَّبَتْ أُمِّي قَبْلَ أَنْ تَكْنُسَ الْبَيْتَ　母は家の掃除をする前に,頭に被りものをした

طَبَعَ التَّعَصُّبُ حَيَاةَ الْجَاهِلِيَّةِ　部族主義がジャーヒリヤ(イスラム以前)の生活に刷り込まれていた

تَعَطَّلَ ＜عطل V 名 تَعَطُّل ❖ 失業する;停止する、中止する;故障する
名失業;停止,中止;故障

تَعَطَّلَ عَنِ الْعَمَلِ　失業した

قَلِيلاً مَا تَتَعَطَّلُ السَّيَّارَاتُ الْيَابَانِيَّةُ　日本の自動車(日本車)は殆ど故障しない

اَلسَّيَّارَاتُ الْيَابَانِيَّةُ قَلِيلَةٌ مِنَ التَّعَطُّلِ　日本の自動車(日本車)は故障が少ない

تَعَقَّبَ<عقب V 名 تَعَقُّب ❖ 尾行する,追跡する 名尾行,追跡

تَعَقَّبَ رِجَالُ الشُّرْطَةِ النَّشَّالَ　警官達がすりを尾行した

تَعَقَّدَ<عقد V 名 تَعَقُّد ❖ 複雑になる,こじれる;縛られる 名複雑化

تَعَقَّدَ الْأَمْرُ　事は複雑になった

اَلْأَفْضَلُ حَلُّ الْمُشْكِلَةِ قَبْلَ أَنْ تَتَعَقَّدَ　問題はこじれる前に,解決するのが良い

تَعَقَّلَ<عقل V 名 تَعَقُّل ❖ 賢くなる,頭が良い;理解する 名賢さ;分別,理解

كَانَ كَسْلَانًا وَلٰكِنَّهُ تَعَقَّلَ　彼は怠け者だったが,頭が良かった

تَعَكَّرَ<عكر V ❖ 濁る;(事態が)悪化する

يَتَعَكَّرُ مَاءُ الْبِرْكَةِ　池の水が濁っている

تَعَلَّقَ<علق V 名 تَعَلُّق ❖ くっ付く;ぶら下がる;好む;関係がある(~بِـ:~と)
名付着;好み;関係

تَعَلَّقَ الْوَلَدُ بِذِرَاعِ أَبِيهِ　その男の子は父親の腕にぶら下がった

تَعَلَّقَ بِحُبِّهَا　彼女を好きになった

فِيمَا يَتَعَلَّقُ بِـ~　~に関して/~について

تَعَلَّمَ<علم V 名 تَعَلُّم ❖ 習う,学ぶ,学習する,勉強する 名学習,勉強

أَيْنَ تَعَلَّمْتَ الْيَابَانِيَّةَ ؟　あなたは日本語をどこで習いましたか

تَعْلِيق<علق ❖ ⇒ عَلَّقَ 名

تَعْلِيم<علم ❖ ⇒ عَلَّمَ 名

تَعَمَّقَ<عمق V ❖ 深まる;専念する(~فِي:~に)

تَعَمَّقَتِ الْعَلَاقَةُ بَيْنَ الْعَائِلَتَيْنِ　両家の関係が深まった

تَعَمَّمَ<عم V ❖ ターバン(عِمَامَة)を頭に巻く;普及する

تَعَمَّمَ الْعُمْدَةُ　村長はターバンを頭に巻いた

تَعَهَّدَ<عهد V 名 تَعَهُّد 複 ـات ❖ 擁護する,支持する;注意する;世話をする;約束する
責任を取る 名擁護;世話;約束;協定;責任

أ ب ت ث ج ح خ د ذ ر ز س ش ص ض ط ظ ع غ ف ق ك ل م ن هـ و ي

تَعَهَّدَ أَهْلَهُ بِالْعِنَايَةِ　家族の面倒を見ると約束した

تَعَهَّدَ مَزْرَعَتَهُ　畑の世話をした

تَعَهُّدَاتٌ سِلْمِيَّةٌ　平和協定

تَعَوَّدَ <عود V 名 تَعَوُّدٌ ✽ 習慣になる，習慣づける；慣れる(～عَلَى：～に)；～したものだった 名習慣，慣れ

لَا تَتَعَوَّدْ عَلَى التَّدْخِينِ　喫煙の習慣を持ってはならない

تَعَوَّدَ عَلَى الْمَعِيشَةِ فِي الْمَدِينَةِ　都会生活に慣れた(なじんだ)

تَعَوَّدْنَا أَنْ نَلْعَبَ مَعًا　私達は一緒に遊んだものだった

بِالتَّعَوُّدِ　習慣的に

تَعْوِيضٌ <عوض ✽ ⇒ 名 عَوَّضَ

تَعِيسٌ <تعس 複 تُعَسَاءُ ✽ 可哀そうな，惨めな，不幸な

تَعِيسًا　可哀そうに

تَعِيشُ تَعِيسًا　おお可哀そうに！

إِنَّكَ صَاحِبُ حَظٍّ تَعِيسٍ　本当に，あなたは不幸な運命の持ち主だ

تَعَيَّنَ <عين ✽ 任命される，割り当てられる；義務である(～عَلَى：～に

تَعَيَّنَ مُحَاسِبًا فِي الْجَمْعِيَّةِ　協会の会計に任命された

تَعْيِينٌ <عين ✽ ⇒ 名 عَيَّنَ

تَغَاضَى ، يَتَغَاضَى <غضو VI 名 تَغَاضٍ ✽ (～を)無視する；(～に)目をつぶる(～عَنْ) 名黙認

سَأَتَغَاضَى عَنْ أَخْطَائِكَ هٰذِهِ الْمَرَّةَ　今回の間違いには目をつぶりましょう

تَغَدَّى ، يَتَغَدَّى <غدو V ✽ 昼食を取る；朝食を取る

مَتَى نَتَغَدَّى؟　いつ昼食を取りましょうか

تَغَذَّى ، يَتَغَذَّى <غذو V ✽ 栄養を取る；食事を与えられる

لَا بُدَّ لِلطِّفْلِ أَنْ يَتَغَذَّى غِذَاءً صِحِّيًّا　子供には正しい食事が与えられるべきだ

تَغْذِيَةٌ <غذو ✽ ⇒ 名 غَذَّى

تَغَرَّبَ <غرب V 名 تَغَرُّبٌ ✽ 移住する；故郷から遠く離れる；西欧化する 名移住；西欧化

تَغَرَّبَ مُنْذُ أَرْبَعِينَ سَنَةً　40年間故郷から離れていた

تَغَزَّلَ < غزل V 名 تَغَزُّل ❖ (〜に)愛をささやく;(〜を)口説く(〜بِـ) 名 求愛

تَغَزَّلَ بِالْمَرْأَةِ　女性に愛をささやいた

تَغَطَّى ، يَتَغَطَّى < غطو V ❖ 覆われる;巻かれる;隠される, ベールに包まれる; 覆う, 包む(〜بِـ:〜で)

تَغَطَّى سَطْحُ الْأَرْضِ بِالثَّلْجِ　地表が雪で覆われた

تَغَلَّبَ < غلب V 名 تَغَلُّب ❖ (〜に)勝つ, (〜を)征服する, 克服する(〜عَلَى) (睡魔が)襲う 名 勝利;征服;克服

تَغَلَّبْتُ عَلَى الْأَحْزَانِ　私はその悲しみに打ち勝った(を克服した)

تَغَلَّبَ عَلَيْهِ النُّعَاسُ　眠気(睡魔)が襲った

التَّغَلُّبُ عَلَى الْمَشَاكِلِ　問題の克服

تَغَلْغَلَ ، يَتَغَلْغَلُ < غلغل II 名 تَغَلْغُل ❖ 進入する, 入り込む;口を出す;埋め込められる 名 進入;貫入

تَغَلْغَلَ الْجَيْشُ فِي أَرْضِ الْعَدُوِّ　軍は敵地に進入した

تَغَنَّجَ < غنج V ❖ 媚びる, 媚びを売る, 色目を使う(〜عَلَى:〜に)

تَغَيَّبَ < غيب V 名 تَغَيُّب ❖ (〜を)欠席する, 休む(〜عَنْ) 名 欠席, 休み

لِمَاذَا تَغَيَّبْتَ عَنِ الْمَدْرَسَةِ دُونَ مُبَرِّرٍ　どうして, あなたは学校を無断で欠席したのですか

لَا أَسْمَحُ لَكَ بِالتَّغَيُّبِ عَنِ الْمَدْرَسَةِ　(あなたが)学校を欠席する事は許しません

تَغَيَّرَ < غير 名 تَغَيُّر ❖ 変わる, 変化する 名 変化

تَغَيَّرَتِ الْمُدُنُ تَغَيُّرًا بَعْدَ الْحَرْبِ　戦後, 街は変わった

تَغَيُّرُ الْمُنَاخِ　気候の変化

تَغْيِير < غير ❖ ⇒ غَيَّرَ 名

تَفَاءَلَ ، يَتَفَاءَلُ < فأل VI 名 تَفَاؤُل ❖ 楽観する(〜بِـ:〜を), 楽観的である, 暢気である; 良い出来事とする(〜بِـ:〜を) 名 オプティズム, 楽観主義;暢気 関 楽観的な, 暢気な

関 تَفَاؤُلِيّ

تَفَاءَلَ الْعَرَبُ بِرُؤْيَةِ الْهِلَالِ　アラブ人は三日月を見るのを良い事とした

تُفَّاح 複 تَفَافِيح ※ تُفَّاحَة ❖ りんご/林檎 ※1個のりんご

يُحْفَظُ التُّفَّاحُ فِي الثَّلَّاجَةِ　りんごは冷蔵庫に保存します

تَفَاخَرَ < فخر VI 名 تَفَاخُر ❖ 見栄を張る;自慢する 名見栄;自慢;高慢

لَا يَزَالُ النَّاسُ يَتَفَاخَرُونَ بِالنَّسَبِ　人々は未だに家柄を自慢する

تَفَاعَلَ < فعل V 名 تَفَاعُل ❖ 反応する;互いに作用する 名反応;相互作用

تَتَفَاعَلُ الْمَادَّةُ مَعَ الْمَاءِ　その物質は水と反応する

تَفَاعُل مُتَسَلْسِل (كِيمَاوِيّ)　連鎖(化学)反応

تَفَاهَمَ < فهم VI 名 تَفَاهُم ❖ 理解し合う(~مَعَ:~と, ~عَلَى:~について)
名相互理解,合意

تَفَاهَمَ الْخَصْمَانِ وَانْتَهَى خِلَافُهُمَا　敵対する二人は理解し合い,争いは終わった

سُوءُ التَّفَاهُمِ　互いの誤解

تَفَاوَتَ < فوت VI 名 تَفَاوُت ❖ 異なる,違う;対照的である 名相違;対照

تَفَاوَتَتْ نَتَائِجُ الِامْتِحَانِ كَثِيرًا　試験の結果は大いに異なった(違った)

تَفَاوَضَ < فوض VI ❖ 交渉する(~فِي:~について,~مَعَ:~と)

تَفَاوَضَ مَعَ شَرِكَتِهِ عَلَى رَفْعِ الْأُجُورِ　彼は賃上げについて,会社と交渉した

تَفَتَّتَ < فت V ❖ 砕ける,粉々になる

تَفَتَّتَ الْحَجَرُ تَحْتَ دَوَالِيبِ الْمِحْدَلَةِ　石がローラーの下で砕けた

تَفَتَّحَ < فتح V ❖ 開かれる,開けられる;開く※自動詞

مَعَ إِطْلَالَةِ الرَّبِيعِ تَتَفَتَّحُ الْبَرَاعِمُ　春の訪れと共に,芽が開く

تَفَتَّحَتِ الْأَبْوَابُ　ドアが開いた

تَفَتَّقَ < فتق V ❖ (服などがびりっと)破れる;縫い目がほどける;
もたらす(~عَنْ:~を)

شَدَدْتَنِي بِكُمِّي فَتَفَتَّقَتْ خِيَاطَتُهُ　あなたが私の袖を引っ張ったので,縫い目が破れ

تَفْتِيش < فتش ❖ ⇒ فَتَّشَ 名

تَفَجَّرَ < فجر V 名 تَفَجُّر ❖ 吹き出る,勢い良く出る,噴出する;爆発する
名噴出;爆発

أ ب ت ث ج ح خ د ذ ر ز س ش ص ض ط ظ ع غ ف ق ك ل م ن هـ و ي

مَاءُ النَّبْعِ يَتَفَجَّرُ　泉の水が勢い良く出ている

تَفَجُّر نَوَوِيّ　核爆発

❖ تَفَرَّجَ < فرج V 名 تَفَرُّج　(〜を)見物する,見る(〜عَلَى);(穴が)開く,裂ける
(悲しみや痛みが)消える 名見物;視察

أَتَفَرَّجُ فَقَطْ　見るだけです ※買い物で

تَفَرَّجَ عَلَى السُّوقِ　市場を見物した

❖ تَفَرَّعَ < فرع V 名 تَفَرُّع 複 -ات　枝を広げる;枝分かれする,分岐する
名枝分かれ 複枝葉末節

نَمَتِ الشَّجَرَةُ وَتَفَرَّعَتْ أَغْصَانُهَا　木は大きくなって,枝を広げた

❖ تَفَرَّقَ < فرق V 名 تَفَرُّق　分割される,分断される;散る 名分割,分断;分離

تَفَرَّقَ الْمُتَظَاهِرُونَ بِهُدُوءٍ　デモ隊は静かに散って行った

❖ تَفْرِقَة < فرق　差別;分割,分離

التَّفْرِقَة الْعُنْصُرِيَّة (الْجِنْسِيَّة)　人種(性)差別

❖ تَفَسَّحَ < فسح V　広がる;歩く

خَرَجَ التَّلَامِيذُ إِلَى الْمَلْعَبِ يَتَفَسَّحُ　生徒達は広がりながら,運動場に出た

❖ تَفَسَّخَ < فسخ V　ばらばらになる;ひびが入る

تَفَسَّخَ الْعُودُ　棒にひびが入った

❖ تَفْسِير < فسر　⇒ فَسَّرَ 名

❖ تَفَشَّى، يَتَفَشَّى < فشو V　広まる,広がる,蔓延する;明らかになる

تَفَشَّى الطَّاعُونُ بَيْنَ السُّكَّانِ　ペストが住民の間に広まった(蔓延した)

تَفَشَّى السِّرُّ　秘密が漏れた

❖ تَفْصِيل < فصل　⇒ فَصَّلَ 名

❖ تَفَضَّلَ < فضل V 名 تَفَضُّل　親切にする,親切に〜する;与える,授与する(〜عَلَى:
〜に/〜بِ:〜を) 名親切,好意

男命 تَفَضَّلْ 女 تَفَضَّلِي 男複 تَفَضَّلُوا 女 تَفَضَّ　どうぞ/よろしかったらどうぞ ※相手に勧める時

تَفَضَّلْ، كُلْ　どうぞ,お召し上がり下さい

تَفَضَّلْ بِالدُّخُولِ
どうぞ,お入り下さい

هَلْ تَتَفَضَّلُ وَتَأْتِي مَعِي ؟
私(わたし) と一緒(いっしょ)に来てくれませんか

تَفَضَّلَ الشَّيْخُ عَلَيْنَا بِالسَّمَاحِ بِدُخُولِ
長老(ちょうろう)は私(わたし)達(たち)がモスクに入(はい)るのを許(ゆる)してくれた
الْمَسْجِدِ
(許可(きょか)してくれた)

تَفَقَّدَ >فقد< V 名 تَفَقُّد ♣訪(おとず)れる;視察(しさつ)する;探(さが)す 名訪問(ほうもん);査察(ささつ),視察(しさつ)

مَرَّ الْمُدِيرُ عَلَى الصُّفُوفِ يَتَفَقَّدُهَا
校長(こうちょう)先生(せんせい)はクラスを視察(しさつ)する為(ため)に,立(た)ち寄(よ)った

تَفَكَّكَ >فك< V 名 تَفَكُّك ♣離(はな)れる;ばらばらになる 名断片化(だんぺんか);分解(ぶんかい),分裂(ぶんれつ)

تَفْكِير >فكر< 名 ⇒名 فَكَّرَ

تَفَلَ (i, u) ♣吐(は)く,(口(くち)から)出(だ)す

اُتْفُلْ عَلَكَتَكَ قَبْلَ أَنْ تَأْكُلَ
食(た)べる前(まえ)に,ガムを口(くち)から出(だ)しなさい

تَفَلْسَفَ ، يَتَفَلْسَفُ >فلسف< II ♣哲学(てつがく)を学(まな)ぶ;哲学者(てつがくしゃ)のふりをする

يَتَفَلْسَفُ فِي هَذِهِ الْأَيَّامِ
彼(かれ)は最近(さいきん),哲学(てつがく)を学(まな)んでいる

أَمَّا " مَهَا " تُحِبُّ أَنْ تَتَفَلْسَقَ
"マハー"と言(い)えば,哲学者(てつがくしゃ)のふりをするのが好(す)きだ

تَفَنَّنَ >فن< V 名 تَفَنُّن ♣変化(へんか)に富(と)む;専門家(せんもんか)になる(〜فِ:〜の)
名多様性(たようせい);熟練(じゅくれん),精通(せいつう)

تَفَنَّنَ فِي بَرَامِجِ الْكُومْبِيُوتَر
コンピューターのプログラムに精通(せいつう)していた

تَفَهَّمَ >فهم< V ♣次第(しだい)に理解(りかい)する;理解(りかい)に努(つと)める,分(わ)かろうとする

أَرْجُوكَ أَنْ تَتَفَهَّمِي وَضْعَهَا
貴女(あなた)に彼女(かのじょ)の状況(じょうきょう) を分(わ)かって欲(ほ)しいのです

تَفَوَّقَ >فوق< V 名 تَفَوُّق ♣優(すぐ)れる,勝(まさ)る,上(うえ)を行(い)く 名優(すぐ)れる事(こと),優越(ゆうえつ);優位(ゆうい)

تَفَوَّقَ عَلَى رِفَاقِهِ فِي السِّبَاقِ
競走(きょうそう)で友人(ゆうじん)に勝(か)った

التَّفَوُّقُ الْعَدَدِيُّ
数的優位(すうてきゆうい)

تَفَوَّهَ >فوه< V ♣発言(はつげん)する;発音(はつおん)する(〜بِ:〜を)

حَذَارِ أَنْ تَتَفَوَّهَ بِكَلِمَةٍ !
用心(ようじん)して発言(はつげん)しなさい/言葉(ことば)に気(き)をつけなさい

تَفَيَّأَ ، يَتَفَيَّأُ >فيأ< V ♣木陰(こかげ)を捜(さが)す(求(もと)める);日陰(ひかげ)に入(はい)る

تَفَيَّأَ الْغَنَمُ الصَّنُوبَرَ
羊(ひつじ) は松(まつ)の木(こ)の木陰(こかげ)に入(はい)った

تُقًى <تقى ❖ (神へ)の畏怖,畏敬,敬虔 ※＝تَقْوَى

تَقَابَلَ <قبل VI ❖ (二人が)会う,出会う,会う(～مَعَ:～と);比べられる

تَقَابَلَ التَّاجِرَانِ　二人の商人が出会いました

تَقَاتَلَ <قتل VI ❖ 互いに闘う,殺し合う;争う(～مَعَ:～と)

تَقَاتَلَ الْمُتَحَارِبُونَ بِضَرَاوَةٍ　戦闘員(兵士)は荒々しく闘った

تَقَادَمَ <قدم VI 名 تَقَادُم ❖ 時間が経過する;古くなる,時代遅れになる
名(時の)経過

تَقَادَمَ الزَّمَنُ　(それから)長い時間が経過した

مَعَ تَقَادُمِ الزَّمَنِ　時間の経過と共に

تَقَادُمُ الْعَهْدِ　時効

تَقَارَبَ <قرب VI 名 تَقَارُب ❖ 互いに近づく;接近する 名相互の接近;和解

تَقَارَبَتِ الْآرَاءُ بِفَضْلِ الْمُنَاقَشَةِ　討論のおかげで,意見が近づいた

تَقَاسَمَ <قسم VI ❖ 分け合う,分かち合う;悩ます,苦しめる

طَبِيعِيٌّ أَنْ يَتَقَاسَمَ الشُّرَكَاءُ الْأَرْبَاحَ　共同経営者が利益を分け合うのは当然です

تَقَاسَمْنَا الْكَعْكَةَ　私達はケーキを分け合った

تَقَاضَى ، يَتَقَاضَى <قضى VI 名 تَقَاضٍ ❖ 訴える,訴訟を起こす;要求する;受け取る 名告訴

تَقَاضَى النَّجَّارُ الْمَاهِرُ أَجْرًا عَالِيًا　腕の良い大工は高額の報酬を要求した

تَقَاطَعَ <قطع VI 名 تَقَاطُع ❖ 絶交する,不仲になる;交差する
名絶交,断絶;交差,交差点

هُنَاكَ يَتَقَاطَعُ الطَّرِيقَانِ　あそこで二つの道が交差している

تَقَاعَدَ <قعد VI 名 تَقَاعُد ❖ 退職する(～عَنْ:～を),定年になる;引退する
名退職,定年;引退

يَتَقَاعَدُ الْمُوَظَّفُ بَعْدَ السِّتِّينَ　事務員は6 0 才で退職する

بَلَغَ سِنَّ التَّقَاعُدِ　彼は定年に達した(なった)

مَعَاشُ التَّقَاعُدِ　年金

تَقَبَّلَ <قبل V 名 تَقَبُّل ❖ 受け入れる 名受け入れ,受諾

تَقَبَّلْ تَحِيَّاتِي　(手紙の末尾で)敬具,草々
※私の挨拶を受けて下さい[直訳]

تَقَدَّسَ < قدس V ❖ 清められる;神聖である

تَقَدَّسَتْ تُرْبَةُ الْوَطَنِ بِدِمَاءِ الشُّهَدَاءِ　祖国の土は殉教者の血で清められた

تَقَدَّمَ < قدم V 名 تَقَدُّم ❖ 進歩する,進む;先頭を切る;提出する;(年を)取る
名進歩;優先,先行

تَقَدَّمَ فِي دِرَاسَةِ الْعُلُومِ　学力が進歩した(向上した)

تَقَدَّمَ بِهِ السِّنُّ (فِي السِّنِّ)　年を取った/老けた

اَلْعِلْمُ يَتَقَدَّمُ بِاسْتِمْرَارٍ　知識は絶えず発達する

تَقَدَّمَ إِلَى~ بِالْوَثِيقَةِ　~に書類を提出した

تَقَدُّمُ الطِّبِّ　医療(医学)の進歩

يَحْسُرُ الْبَصَرُ مَعَ التَّقَدُّمِ فِي السِّنِّ　年を取るにつれて,目がかすむ

تَقْدِير < قدر ❖ ⇒ قَدَّرَ 名

تَقْدِيم < قدم ❖ ⇒ قَدَّمَ 名

تَقَرَّبَ < قرب V ❖ 近づく(~مِنْ/إِلَى:~に);へつらう;聖体拝領を受ける[キリスト教]

تَقَرَّبَ التَّاجِرُ إِلَى الْوَالِي بِالْهَدِيَّةِ　商人が贈り物をして,知事に近付いた

تَقَرَّرَ < قر V ❖ 決まる,決定される;定まる

مَاذَا تَقَرَّرَ فِي الاِجْتِمَاعِ ؟　会議で何が決まったのですか

تَقْرِيب < قرب ❖ ⇒ قَرَّبَ 名

تَقْرِير < قر ❖ ⇒ قَرَّرَ 名

تَقَسَّمَ < قسم V ❖ 分かれる;分け合う,分かち合う;苦しめる

تَقَسَّمَ اللَّاعِبُونَ فِرَقًا　選手達はグループ別に分かれた

تَقْسِيم < قسم ❖ ⇒ قَسَّمَ 名

تَقَشَّفَ < قشف V 名 تَقَشُّف ❖ 禁欲的生活を送る;悲惨な生活をする;質素に暮らす
名禁欲主義;節制,節約;質素な暮らし

قَلَّ مَالُهُ فَتَقَشَّفَ　お金が少なくなって,質素な生活を送った

تَقَطَّرَ > قطر V ✽ 滴る, 滴り落ちる; しみ込む (〜إِلَى : 〜に)

تَقَطَّرَ الدَّمُ　　血が滴った

تَقَطَّعَ > قطع V 名 تَقَطُّع ✽ 切られる; 切り刻まれる; じゃまをされる 名 中断

تَقَطَّعَتْ خُيُوطُ الشَّبَكَةِ　　網の糸が切られた

تَقَلَّبَ > قلب V 名 تَقَلُّب 複 –ات ✽ ひっくり返る, 転倒する; 変わる, 変わりやすい 名 変化, 変更; 不安定 複 浮き沈み, 栄枯盛衰

تَقَلَّبَ عَلَى فِرَاشِهِ　　(眠れなくて) ベッドの上をあちこち動いた

تَقَلُّب جَوِّيّ　　天候の変化

تَقَلَّصَ > قلص V 名 تَقَلُّص ✽ 縮む; 減る; 衰える 名 収縮; 減少; 衰弱

إِذَا بَرَدَ قَضِيبُ الْحَدِيدِ تَقَلَّصَ　　鉄の棒は冷えたら, 縮む

تَقْلِيد > قلد ✽ ⇒ قَلَّدَ 名

تَقْلِيل > قل ✽ ⇒ قَلَّلَ 名

تِقْنِيَّة > تقن ✽ 技術; 完全, 完璧

تِقْنِيَّة مُتَقَدِّمَة　　先進技術

تَقَهْقَرَ ، يَتَقَهْقَرُ > قهقر II ✽ 後退する, 退却する, 撤退する

تَقَهْقَرَ الْجَيْشُ بَعْدَ الْهَزِيمَةِ　　軍は敗北して, 撤退した

تَقَوَّى ، يَتَقَوَّى > قوى V ✽ 強くなる, 強化される

هٰذَا دَوَاءٌ يُسَاعِدُكَ عَلَى أَنْ تَتَقَوَّى　　これはあなたが強くなるのを助ける薬です

تَقْوَى > قوى ✽ 神への畏怖, 畏敬

إِنَّهُ إِنْسَانٌ مَعْرُوفٌ بِالْفَضِيلَةِ وَالتَّقْوَى　　人々に美徳と神への畏怖があるのは周知の事である

تَقَوَّسَ > قوس V ✽ 曲がっている; 弓なりになっている

تَقَوَّسَ ظَهْرُهُ وَتَثَاقَلَ خَطْوُهُ　　彼の背は曲がり, 足取りは重かった

تَقْوِيَة > قوي ✽ ⇒ قَوَّى 名

تَقْوِيم > قوم ✽ ⇒ قَوَّمَ 名

تَقِيّ < تقى 比 أَتْقَى ❖ 宗教心の厚い, 敬虔な

كَانَ وَرِعًا تَقِيًّا　彼は敬虔であった(宗教心が厚かった)

تَكَاتَبَ < كتب VI ❖ 文通する, 手紙をやり取りする

تَكَاتَبَ زُمَلَاءُ الدِّرَاسَةِ　クラスメート達は文通した

تَكَاتَفَ < كتف VI ❖ 肩を組む;助け合う;団結する(～عَلَى:～に対して)

تَكَاتَفَ أَهْلُ الْحَيِّ لِمُسَاعَدَةِ الْفُقَرَاءِ　地区の住民は貧しい人々の支援に取り組んだ

تَكَاثَرَ < كثر VI 名 تَكَاثُر ❖ 増える, 増加する;繁殖する 名増加;繁殖

اَلْفِئْرَانُ تَتَكَاثَرُ بِسُرْعَةٍ　ねずみは急に繁殖する

تَكَاسَلَ < كسل VI 名 تَكَاسُل ❖ 怠ける, 不精(無精)する 名怠惰, 不精/無精

مَا بَالُكَ تَتَكَاسَلُ يَوْمًا عَنْ يَوْمٍ ؟　あなたは毎日怠けてばかりで, どうしたのですか

تَكَبَّدَ < كبد V ❖ 損害を受ける(被る);耐える;支払う;南中する

تَكَبَّدَ التَّاجِرُ خَسَارَةً كَبِيرَةً　商人は大損害を被った

تَكَبَّدَتِ الشَّمْسُ السَّمَاءَ　太陽が南中した

تَكَبَّرَ < كبر V 名 تَكَبُّر ❖ (～に)傲慢である, 高慢である;(～を)見下す, (～عَلَى)
名傲慢さ, 尊大

لِمَاذَا يَتَكَبَّرُ عَلَى أَقْرَانِهِ ؟　どうして彼は友人に傲慢なのですか

تَكَتَّفَ < كتف V ❖ (胸の前で)腕を組む

تَكَتَّفُوا وَاسْكُتُوا　(皆さん)黙って, 胸の前で腕を組みなさい

تَكَتَّلَ < كتل V 名 تَكَتُّل ❖ 塊(固まり)になる;一団となる
名連合;ブロック[政治]

تَكَتَّلَتْ كُرَةُ الثَّلْجِ　雪玉が塊になった

سِيَاسَةُ التَّكَتُّلِ　ブロックの形成策[政治]

تَكَدَّرَ < كدر V ❖ 土色になる, 濁る;泥のようになる;怒る(～مِنْ:～に)

تَكَدَّرَ مَاءُ الْبِرْكَةِ　池の水が濁った

تَكَدَّسَ < كدس V ❖ 積み上げられる, 重ねられる

تَكَدَّسَتْ بَالَاتُ الْقُطْنِ عَلَى الرَّصِيفِ　綿花の袋が桟橋に積み上げられた

تَكْرار < كر ❖ 繰り返し，反復；多発

تَكْرارُ الْأَحْداثِ فِي التّارِيخِ　歴史は繰り返す

تَكْرارًا　繰り返して/頻繁に/しばしば

مِرارًا وَتَكْرارًا　繰り返し/再三

تَكَرَّرَ < كر V 名 تَكَرُّر ❖ 繰り返される；再発する；精製される
名繰り返し，反復

تَكَرَّرَ هٰذا اللَّعِبُ كُلَّ يَوْمٍ　この遊びは毎日，繰り返された

تَكَرَّمَ < كرم V ❖ 寛大さを示す；寛大である；親切である；贈る

تَكَرَّمْ وَشَرِّفْنا بِزِيارَةٍ　是非お出で下さい

تَكْرِير < كر ❖ ⇒ كَرَّرَ 名

تَكْرِيم < كرم ❖ ⇒ كَرَّمَ 名

تَكَسَّرَ < كسر V 名 تَكَسُّر ❖ 粉々に割れる，砕ける；屈折する 名破損；屈折

تَكَسَّرَتِ الزُّجاجَةُ　ビンが砕けた

تَكَسُّرُ الْأَشِعَّةِ　光りの屈折

تَكَلَّفَ < كلف V 名 تَكَلُّف ❖ 負う；装う；強いる，強制する 名作為；強制

تَكَلَّفَ الْبَخِيلُ الْكَرَمَ　ケチは気前の良さを装った

تَكَلَّفَ الضَّحْكَ　作り笑いをした

تَكَلَّلَ < كل V ❖ 冠を被る；王位に就く；結婚する；首尾良く終わる

تَكَلَّلَتِ الْأَمِيرَةُ　王女は冠を被った

تَكَلَّلَتْ جُهُودُهُ بِالنَّجاحِ　努力は報われた

تَكَلَّلَ الْخَطِيبانِ　婚約者が結婚した

تَكَلَّمَ < كلم V 名 تَكَلُّم ❖ 話す，言う（～مَعَ：～と，～عَنْ/عَلَى：～について）
名会話，話し，おしゃべり

يَتَكَلَّمُ اللُّغَةَ الْيابانِيَّةَ　日本語を話す

تَكَلَّمَ الْأُسْتاذُ عَنِ الشِّعْرِ　教授は詩について話した

تَكْلِيف < كلف ❖ ⇒ كَلَّفَ 名

تَكَهْرَبَ ، يَتَكَهْرَبُ < كهرب II ❖ 電気が流れる;イオン化する;感電する

تَكَهْرَبَ بَابُ السَّيَّارَةِ　車のドアに電気が流れた

تَكَهَّنَ < كهن V 名 تَكَهُّن 複 -ات ❖ 予言する，占う，予想する 名予言，占い;予想

يَتَكَهَّنُ الْبَعْضُ بِأَنَّ حَرْبًا سَتَنْشَبُ　ある人達は戦争が起こるだろうと予言する

تَكَوَّنَ < كون V 名 تَكَوُّن ❖ 作られる，構成される，なる(～عَنْ:～で，から)
名誕生，発生

يَتَكَوَّنُ الْهَوَاءُ مِنْ مَجْمُوعَةِ غَازَاتٍ　空気は気体の集まりからなる

تَكْوِين < كون ❖ ⇒ كَوَّنَ 名

تَكَيَّفَ < كيف V 名 تَكَيُّف ❖ 適応する;形成される;楽しむ;酔う 名適応，順応

أَخُوكَ مَرِنٌ يَتَكَيَّفُ مَعَ الظُّرُوفِ　あなたの兄は状況に適応する柔軟さがある

تَكْيِيف < كيف ❖ ⇒ كَيَّفَ 名

تَلّ 複 تِلَال ※ تَلَّة ❖ 丘 ※1つの丘

عِنْدَ التِّلَالِ　丘の麓で

تَلَا ، يَتْلُو ❖ 続く，従う;朗読する

يَتْلُو الْخَمِيسُ الْأَرْبِعَاءَ　木曜日は水曜日に続く

تَلَا الْقِصَّةَ بِصَوْتٍ مَسْمُوعٍ　物語を聞こえるように朗読した

تَلَاحَقَ < لحق VI ❖ 続く;互いに後を追う(追跡する)

تَلَاحَقَتْ حَوَادِثُ الطَّائِرَةِ　飛行機事故が続いた

تَلَاحَمَ < لحم VI ❖ 戦い合う;戦闘に加わる;互いにしっかりつかむ

مَا لَبِثَ الْجَيْشَانِ أَنْ تَلَاحَمَا　二人の兵士は直ぐに闘い始めた

تَلَاشَى ، يَتَلَاشَى < لشي VI 名 تَلَاشٍ ❖ 薄くなる，消える;滅びる，全滅する 名滅亡;全滅

تَلَاشَى الضَّبَابُ　霧が消えた

لَا يَتَلَاشَى　不滅である

تَلَاصَقَ < لصق VI 名 تَلَاصُق ❖ 互いにくっ付く，結合する 名結合;付着;接触

اَلْحَيُّ الشَّعْبِيُّ تَتَلَاصَقُ فِيهِ الْمَنَازِلُ　庶民の地区は住居が軒を連ねています

تَلاطَمَ < لطم VI ❖ 互いにぶつかる;ぶつかり合う;殴り合う

تَلاطَمَ الْمَوْجُ　波がぶつかり合った

تَلاعَبَ < لعب VI 名 تَلاعُب ❖ 遊ぶ(~بِـ:~と);楽しむ(~بِـ:~を)
名遊び;博打,ギャンブル

تَلاعَبَتْ بِهِ الأَمْوَاجُ　波と戯れた

اَلْبَحْثُ الْعِلْمِيُّ لَيْسَ مَجَالاً لِلتَّلاعُبِ　学問の探究は遊びではない

تَلافَى، يَتَلافَى < لفو VI 名 تَلافٍ ❖ 直す,正す;逃れる 名修正,訂正;回避

تَلافَى الْخَطَرَ　危険を回避した

تَلاقَى، يَتَلاقَى < لقي VI 名 تَلاقٍ ❖ 会う,出会う;集まる 名出会い,遭遇

سَنَتَلاقَى فِي السَّاحَةِ الْمَدْرَسَةِ　学校の運動場で会いましょう

تَلاكَمَ < لكم VI ❖ 打ち合う,殴り合う

تَلاكَمَ الْمُلاكِمَانِ بِقَسْوَةٍ　二人のボクサーはひどく打ち合った

تَلأْلأَ، يَتَلأْلأُ < لألأ II ❖ (星や稲妻が)光る,(顔が)輝く;(火が)燃える

تَلأْلأَتِ النُّجُومُ فِي السَّمَاءِ　空に星が輝いた

تَلَبَّدَ < لبد V ❖ (髪や毛が)絡み合う;(雲が)厚くなる,曇る

تَلَبَّدَ الشَّعْرُ　髪が絡み合った

تَلَبَّدَتِ الْغُيُومُ وَاكْفَهَرَّتِ السَّمَاءُ　雲が厚くなり,空が暗くなった

تَلَبَّكَ < لبك V ❖ 混乱する;混ざる

تَلَبَّكَتِ الْمَعِدَةُ　消化不良で苦しんだ

تَلْبِيَة < لبى ❖ ⇒ لَبَّى 名

تَلَصَّصَ < لص V ❖ 盗みを働く;密かに探る,スパイする(~عَلَى:~を)

اِخْتَبَأَ لِيَتَلَصَّصَ عَلَيْنَا　私達を密かに探るために隠れた

تَلَطَّخَ < لطخ V ❖ 汚れる,しみが付く;滲む

تَلَطَّخَ شَرْشَفُ الطَّاوِلَةِ بِالْحِبْرِ　テーブルクロスがインクで汚れた

تَلَطَّفَ < لطف V 名 تَلَطُّف ❖ 温和である;親切である,優しい(~بِـ:~に)
名好意,親切心;情け;友好

تلف ~ تلقن

تَلَطَّفْ بِخَصْمِكَ　敵に情けを掛けなさい

تَلِفَ (a) ❖ 駄目になる, 壊れる, 傷む 名崩壊, 破損; 腐敗; 損害　تَلَفٌ 名

تَتْلَفُ الأَطْعِمَةُ خَارِجَ الْبَرَّادِ　食べ物は冷蔵庫の外では傷む

تِلِفِزْيُون ❖ = تِلْفَاز

تَلَفَّتَ < لفت V ❖ 振り向く, 振り返る

تَلَفَّتَ حَوْلَهُ　回りをを見回した

تَلَفَّتَ يَمْنَةً وَيَسْرَةً　左右を見た

تِلِفِزْيُون 複 -ات ❖ テレビ; テレビ放送

تَلَفَّظَ < لفظ V 名 تَلَفُّظ ❖ 発音する; しゃべる(~ بِـ :~を) 名発音

سَكَتَ خَجَلًا وَلَمْ يَتَلَفَّظْ بِكَلِمَةٍ　はにかんで黙り込み, 一言もしゃべらなかった

تَلِفُون ❖ 電話

اتَّصَلَ بِـ~ بِالتَّلِفُون　~に電話をかけた

الْتَبَسَ عَلَيَّ صَوْتُكَ فِي التَّلِفُون　電話のあなたの声がはっきりしない

تَلَقَّى، يَتَلَقَّى < لقى V 名 تَلَقٍّ ❖ 受け取る; 学ぶ; 迎える 名受領; 学習

تَلَقَّيْتُ الْهَدِيَّةَ　私は贈り物を受け取りました

تَلَقَّيْتُ هَاتِفًا مِنْ عُمَرَ　私はウマルから電話をもらった

تَلَقَّى دُرُوسًا فِي~　~の授業を受けた/~を学んだ

تَلَقِّي الْعُلُومِ فِي الْجَامِعَةِ　大学で受けた教育

تِلْقَاءَ < لقى 関 تِلْقَائِيّ ❖ 前(~の)前に(へ), ~に面して 関自発的な, 自動的な

مِنْ تِلْقَاءِ نَفْسِهِ　自発的に/自動的に

تِلْقَائِيًّا　自発的に/自動的に

قَامَ يَقْرَأُ تِلْقَائِيًّا　自発的に読み始めた

يَقُومُ بِأَعْمَالِ الْخَيْرِ تِلْقَائِيًّا　彼は自発的に良い事をする

تَلَقَّنَ < لقن V ❖ 学ぶ, 知る(~مِنْ:~から)

يَتَلَقَّنُ الطِّفْلُ الْكَلَامَ مِنْ أَبَوَيْهِ　子供は両親から言葉を学ぶ

تَلْقِيح < لقح ❋ ⇒ لَقْح 名

تِلْكَ < ذا 複 أُولَائِكَ ❋ あれ, あの, あれら, あれらの* (ذٰلِكَ の女性形)
*人以外の複数形に用いる 複は人のみに用いる

تِلْكَ الطَّائِرَةُ جَمِيلَةٌ　あの飛行機は美しい

تِلْكَ الْكُتُبُ مِنَ الْيَابَانِ　あれらの本は日本から来ました

أُولَائِكَ الطَّالِبَاتُ مُسْلِمَاتٌ　あの女学生達はイスラム教徒です

تَلْمِيح < لمح ❋ ⇒ لَمْح 名

تِلْمِيذ < تلمذ 複 تَلَامِذَة / تَلَامِيذ ❋ 生徒;弟子

تِلْمِيذُ الْخَبَّازِ　パン屋の弟子

جَلَسَ التَّلَامِيذُ بِهُدُوءٍ عَلَى الْكَرَاسِيِّ　生徒達は静かに椅子に座った

تَلَهَّى ، يَتَلَهَّى < لهو V ❋ 楽しむ, 遊ぶ;気晴らしをする(~بِ:~で);時間をつぶす

شُغْلِي كَثِيرٌ ! لَا أَسْتَطِيعُ أَنْ أَتَلَهَّى بِشَيْءٍ آخَرَ　私は仕事が沢山あって, ちっとも遊べない

تِلْوَ ❋ 続く

وَاحِدًا تِلْوَ وَاحِدٍ / وَاحِدًا تِلْوَ الْآخَرِ　続々/続々と

وَصَلَ الْعَدَّاؤُونَ وَاحِدًا تِلْوَ وَاحِدٍ　ランナーが続々(と)到着した

يَوْمًا تِلْوَ يَوْمٍ　毎日

تَلَوَّى ، يَتَلَوَّى < لوى V ❋ 身をよじる, 捻る;曲がる;そつ無く振る舞う

هُوَ تَلَوَّى مِنَ الْأَلَمِ　彼は痛みに身をよじった

تَلَوَّثَ < لوث V 名 تَلَوُّث ❋ 汚染される, 汚される 名汚染

هَوَاءُ الْمُدُنِ يَتَلَوَّثُ بِسُهُولَةٍ　都会の空気は容易に汚染される

تَلَوُّثُ الْبِيئَةِ مُشْكِلَةٌ عَصْرِيَّةٌ　環境汚染は現代の問題です

تَلَوَّنَ < لون V ❋ 彩られる, 色を塗られる

تَلَوَّنَتِ الْحَدِيقَةُ بِأَلْوَانِ الزُّهُورِ　庭が花の色で彩られた

تِلِيفُون ❋ = تَلِفُون

تَمَّ (i) ❋ 終わる;完成する;起こる, 生じる

لَقَدْ تَمَّ كُلُّ شَيْءٍ　すでに,全てが終わっていた

تَمَّتِ الْمُهِمَّةُ بِحَمْدِ اللّٰهِ　終わり※原稿など最後に

تَمَّ الْقَمَرُ　月が満ちた(満月になった)

تَمٌّ (َ) ❖ 白鳥

تِلْكَ كَانَتْ طُيُورُ التَّمِّ الْجَمِيلَةُ　あれらは美しい白鳥でした

تَمَادٍ 名 VI مدى < تَمَادَى ، يَتَمَادَى ❖ (〜に)固執する;我慢する;(〜を)続ける(〜فِي)
名長引く事 ※定 اَلتَّمَادِي

تَمَادَيْتَ فِي الْغَضَبِ وَالسَّبَبُ تَافِهٌ　君は些細な理由で怒り続けた

مَعَ التَّمَادِي　結局は

تَمَارُض 名 مرض < تَمَارَضَ ❖ 病気の振りをする,仮病を使う 名仮病

تَمَارَضَ الْكَسُولُ　怠け者が病気と偽った

تَمَازُج 名 VI مزج < تَمَازَجَ ❖ (二つのものが)混ざり合う 名混合

اَلْمَاءُ وَالزَّيْتُ لَا يَتَمَازَجَانِ　水と油は混ざらない

تَمَالُك 名 VI ملك < تَمَالَكَ ❖ 制御する,抑制する 名自制

تَمَالَكَ نَفْسَهُ　自制した

لَمْ أَتَمَالَكْ ~　私は〜を止める事が出来なかった

تم < تَمَامٌ ❖ 形完全な;全部の;個々の 名完全;丁度

فِي تَمَامِ السَّاعَةِ الثَّالِثَةِ　丁度(ぴったり)3時に

قَمَرٌ تَمَامٌ　満月

تَمَامًا　完全に

VI ميل < تَمَايَلَ ❖ (歩みが)ふらつく,よろめく;(木の枝が)揺れる

تَمَايَلَ فِي مَشْيِهِ　(彼の)足がふらついた

تَمَتُّع 名 V متع < تَمَتَّعَ ❖ (〜を)楽しむ,(〜に)親しむ(〜بِ);(評判を)得る
名楽しみ,娯楽

تَمَتَّعَ بِمُشَاهَدَةِ الْفِيلْمِ　映画を見て楽しんだ

يَتَمَتَّعُ مُخْتَارُ الْقَرْيَةِ بِسُمْعَةٍ حَسَنَةٍ　村長は良い評判を得ている

تَمْتَمَ ، يُتَمْتِمُ ❖ 吃る,ぶつぶつ言う

"تَا ، تَا" تَمْتَمَ فِي حَيْرَةٍ　当惑して「タッ,タッ」と吃った

تِمْثَال < مثل 複 تَمَاثِيل ❖ 像

نَحَتَ تِمْثَالًا بُوذِيًّا　仏像を彫った

تَمْثِيل < مثل ❖ 名 مَثَّلَ ⇐

تَمْثِيلِيَّة < مثل ❖ 劇,演劇,ドラマ

اِخْتَارَ الْمُخْرِجُ تَمْثِيلِيَّةَ الْمَلِكِ　監督は王様の劇を選んだ

تَمْثِيلِيَّة غِنَائِيَّة　オペラ/歌劇

تَمَدَّدَ < مد V 名 تَمَدُّد ❖ 広がる;伸びる;長くなる;身を横たえる(~عَلَى:~に)
名拡大;伸び;膨張

تَمَدَّدَ عَلَى السَّرِيرِ　ベッドに身を横たえた

تَمَدَّنَ < مدن V 名 تَمَدُّن ❖ 文明化する 名文明化

لَمْ تَتَمَدَّنِ الشُّعُوبُ كُلُّهَا فِي وَقْتٍ وَا　国民は一気に文明化しなかった

تَمْر 複 تُمُور ※ تَمْرَة ❖ (熟した)なつめ椰子の実 ※1個のなつめ椰子の実

تَمْر هِنْدِيّ　タマリンド[植物]

تَمْر حِنَّاء　ヘンナ[植物]

تَمَرَّدَ < مرد V 名 تَمَرُّد ❖ 反乱する;逆らう,反抗する(~عَلَى :~に対して)
名不服従;反乱,反抗

تَمَرَّدَ رِجَالُ الْعِصَابَةِ عَلَى زَعِيمِهِمْ　盗賊の男達は首領(ボス)に反乱を起こした

تَمَرَّدَ الصَّبِيُّ عَلَى وَالِدِهِ　若者は父親に反抗した

تَمَرَّسَ < مرس V 名 تَمَرُّس ❖ (~に)慣れる;(~職の)経験を積む(~بِـ)
名経験;実践;遂行

لَمْ يَتَمَرَّسْ بِالْمُحَامَاةِ بَعْدُ　まだ弁護士の経験が無かった

تَمَرَّغَ < مرغ V ❖ 転がる;ためらう,迷う

تَمَرَّغَ الْكَلْبُ فِي الرَّمْلِ　犬が砂場を転がった

تَمَرَّنَ < مرن V 名 تَمَرُّن ❖ 練習する,訓練する(~عَلَى:~を);慣れる(~عَلَى:~に)
名練習,訓練

أَنَا يَجِبُ أَنْ أَتَمَرَّنَ لِبِضْعِ سَاعَاتٍ　私は数時間練習しなければならない

تَمْرِيض<مرض ❖ ⇒مَرَّضَ 名

تَمْرِين<مرن ❖ ⇒مَرَّنَ 名

تَمَزَّقَ<مزق V ❖ 裂ける, 引き裂かれる

تَمَزَّقَتِ الثِّيَابُ فِي ذٰلِكَ الْوَقْتِ　その時, 服が裂けました

تِمْسَاح 複 تَمَاسِيح ❖ ワニ/鰐

يَعِيشُ التِّمْسَاحُ فِي نَهْرِ النِّيلِ　ナイル川にはワニが住む

تَمَسَّكَ<مسك V 名 تَمَسُّك ❖ (～を)しっかり掴む, (～に)しがみ付く(～بِ)縋る; 固執する, (～を)保持する(～بِ); (～に)献身する(～بِ) 名しがみ付く事; 固執, 堅持; 献身

تَمَسَّكَ بِأُمِّهِ　(彼は)母親にしがみ付いた

تَمَسَّكَ بِأَهْدَابِ～　～に献身的に仕えた/～の言いなりになった

تَمَسَّكَ بِرَأْيِهِ　自分の意見に固執した(こだわった)

أَهْلُ الْقَرْيَةِ يَتَمَسَّكُونَ بِالْعَادَاتِ وَالتَّقَالِيدِ الطَّيِّبَةِ　村民は良い習慣や伝統を保持している

تَمَسُّك بِالْحَرَكَةِ　運動(活動)への献身

تَمَشَّى ، يَتَمَشَّى<مشي V 名 تَمَشٍّ ❖ 散歩する, 歩く, 進む; 従う(～عَلَى:～に) 名散歩; 歩行

خَرَجْنَا نَتَمَشَّى عَلَى الشَّاطِئِ　私達は海辺を歩くために, 外へ出た

تَمَشَّى مَعَ ～　～に同調した

تَمَشِّيًا مَعَ (عَلَى)～　～に従って/～に応じて

تَمَضْمَضَ ، يَتَمَضْمَضُ<مضمض II ❖ すすぐ, ゆすぐ

تَمَضْمَضْ بِالْمَاءِ بَعْدَ الْأَكْلِ　食事の後は水で(口を)すすぎ(ゆすぎ)なさい

تَمَطَّى ، يَتَمَطَّى<مطو V ❖ 伸ばす(～بِ:～を), 伸びをする; 威張って歩く

تَمَطَّى الْهِرُّ بِصُلْبِهِ　猫が背骨を伸ばした(背伸びした)

تَمَكَّنَ<مكن V 名 تَمَكُّن ❖ 出来る, 可能である(～مِنْ:～が); (～する)力がある 所有する(～مِنْ:～を) 名能力; 権力

تَمَكَّنَ مِنْ قِرَاءَةِ الْيَابَانِيَّةِ　日本語を読む事が出来た

تَمَلْمَلَ ، يَتَمَلْمَلُ <ململ II 名 تَمَلْمُل ❖ つぶやく;不安である;いらだつ;寝返りを打つ 名不安

تَمَلْمَلَ الْمَرِيضُ عَلَى فِرَاشِهِ　病人がベッドで(痛みに)身をよじった

تَمَلَّقَ <ملق V ❖ へつらう,媚びる,ぺこぺこする,胡麻をする(٥/~لِـ/~إِلَى :~に) 名お世辞,へつらい,胡麻すり

لَا تَتَمَلَّقْ مُدِيرَكَ　上司にへつらってはいけません

تَمَّ ، يُتَمِّمُ <تم II 名 تَتْمِيم ❖ 終える,完成させる;果たす 名終了,完成,成就

انْصَرَفَ الْمُوَظَّفُ بَعْدَمَا تَمَّمَ وَاجِبَهُ　役人は自分の役目を果たすと,立ち去った

تَمَنَّى ، يَتَمَنَّى <مني V 名 تَمَنٍّ ❖ 望む,願う,希望する,要望する 名願い,希望,要望

مَاذَا تَتَمَنَّى يَا أَخِي؟　やぁ兄弟,(君は)何が望みですか

أَتَمَنَّى لَكَ إِقَامَةً سَعِيدَةً فِي الْيَابَانِ　日本でのご無事な滞在を願っております

تَمَنَّعَ <منع V 名 تَمَنُّع ❖ 拒否する,拒む(~عَنْ:~を);避ける;強くなる;保護を求める(~بِـ:~に) 名拒否,拒絶

تَمَنَّعَ عَنِ التَّدْخِينِ　煙草を吸うのを(差し)控えた

تَمَهَّلَ <مهل V 名 تَمَهُّل ❖ ゆっくりやる,慎重に行う(~فِي :~を) 名遅い事,落ち着き

تَمَهَّلْ فِي عَمَلِكَ　仕事はゆっくりやりなさい

بِتَمَهُّلٍ　ゆっくりと/徐々に

تَمْهِيد <مهد ❖ ⇒ 名 مَهَّدَ

تَمَوَّجَ <موج V 名 تَمَوُّج ❖ 波が高くなる;うねる 名うねり;震動

تَمَوَّجَ الْبَحْرُ مَعَ هُبُوبِ الرِّيحِ　海の波が風と共に<u>高くなった</u>(うねった)

تَمُّوزُ ❖ タンムーズ ※シリア暦の七月

تَمُّوزُ أَوَّلُ أَشْهُرِ الصَّيْفِ　タンムーズは夏の最初の月です

تَمَوَّلَ <مول V ❖ 豊かになる;金を得る

تَمَوَّلَ الْمُغْتَرِبُ بَعْدَ الْحَرْبِ　移民者は戦後に豊かになった

تَمَوَّنَ <مون V ❖ 食糧を備蓄する

اَلْقَرَوِيُّونَ يَتَمَوَّنُونَ لِلشِّتَاءِ　村の住民達は冬に備えて食糧を備蓄する

تَمَيَّزَ <ميز V 名 تَمَيُّز ❖ 区別される;差別される;特徴がある;際立ってい[る];顕著である 名区別;差別

بِمَ يَتَمَيَّزُ الْقَرَوِيُّونَ ؟ — どうして,村人は差別されるのですか

يَتَمَيَّزُ الْكُولِيرَا بِالتَّقَيُّؤِ وَالْمَغْصِ الْحَادِّ وَالْإِسْهَالِ — コレラは嘔吐や激しい胃腸の痛み,下痢が顕著である

تَمِيمَة <تم 複 تَمَائِم ❖ 魔よけ,お守り

رَفَضَ حَمْلَ التَّمِيمَةِ فِي عُنُقِهِ — 首に魔よけを掛けるのを拒んだ

تَمْيِيز <ميز ❖ ⇒ مَيَّزَ 名

تَنَاثَرَ <نثر VI 名 تَنَاثُر ❖ 散る,散らばる 名散乱

تَنَاثَرَتْ أَوْرَاقُ الشَّجَرَةِ فِي كُلِّ مَكَانٍ — 木の葉が辺り一面に散った

تَنَاجَى، يَتَنَاجَى <نجو VI ❖ ささやき合う;意見を交換する

الْتَقَى الْحَبِيبَانِ وَتَنَاجَيَا — 恋人達は会って,ささやき合った

تَنَاحَرَ <نحر VI ❖ 殺し合う;激しく闘う,争う

تَنَاحَرَ الْمُسْتَوْطِنُونَ عَلَى الْمَرْعَى — 入植者達は牧草地の事で争った

تَنَادَى، يَتَنَادَى <ندو VI ❖ 呼び合う,叫び合う;協力し合う

تَنَادَى الْجِيرَانُ لِإِطْفَاءِ الْحَرِيقِ — 隣人達は火事を消すために,協力し合った

تَنَازَعَ <نزع VI 名 تَنَازُع ❖ 争う;競う 名けんか/喧嘩

تَنَازَعَ السَّائِقَانِ عَلَى أَمْتِعَتِي — 二人の運転手が私の荷物の事で争った

تَنَازَلَ <نزل VI 名 تَنَازُل ❖ 放棄する,譲る(~عَنْ:~を);諦める 名放棄

تَنَازَلَ الْمَلِكُ عَنِ الْعَرْشِ (لِـ~) — 王は(~に)王位を譲った

رَفَضَ التَّنَازُلَ عَنْ حَقِّهِ — 彼はその権利の放棄を拒否した

تَنَاسَى، يَتَنَاسَى <نسي VI ❖ 忘れた振りをする;忘れようとする

تَنَاسَيْتُ إِسَاءَتَهُ — 私は彼の不当な扱いを忘れようと努めた

تَنَاسَبَ <نسب VI 名 تَنَاسُب ❖ ふさわしい;同意する,同調する(~مَعَ:~に);親戚になる 名比例,比率;関係;調和

تَنَاسُب عَكْسِيّ — 反比例

تَنَاسَقَ < نسق VI 名 تَنَاسُق ❖ 調和する,調和がとれている;整然とする;バランスがよい 名調和;整然

إِنَّهَا لَوْحَةٌ جَمِيلَةٌ تَنَاسَقَتْ فِيهَا الأَلْوَانُ　実に色の調和のとれた美しい絵だ

تَنَافَرَ < نفر VI 名 تَنَافُر ❖ 互いに避ける;意見が合わない 名相互不信;反感

لَا أَعْلَمُ لِمَاذَا تَنَافَرَا　なぜ二人が互いに避けていたか,私は知りません

تَنَافَسَ < نفس VI 名 تَنَافُس ❖ 競い合う,競争する;闘う/戦う 名競争;闘い/戦い

يَتَنَافَسُ الرِّيَاضِيُّونَ مِنْ أَجْلِ كَأْسِ الْفَـ　選手達は優勝トロフィーのために,競い合う

تَنَافُس حَيَوِيّ　生存競争

تَنَاقَشَ < نقش VI ❖ 議論する;口論する,言い争う

تَنَاقَشَتِ الشَّمْسُ مَعَ الْهَوَاءِ　太陽は風と口論した(言い争った)

تَنَاقَضَ < نقض VI 名 تَنَاقُض ❖ 異なる,矛盾する;相容れない 名矛盾;相違,違い

كَلَامُهُمَا يَتَنَاقَضُ　彼ら二人の言葉は異なる(矛盾する)

تَنَاقَلَ < نقل VI ❖ 運ぶ,運搬する;言い合う;広める,報じる

تَنَاقَلَتْهُ الأَلْسُنُ　それは口から口へ伝わった/噂になった

تَنَاقَلَتْهُ الأَيْدِي　手渡しした

تَنَاقَلَ الْكَلَامَ　互いに言葉を交わした/語り合った

تَنَاقَلَتِ الإِذَاعَاتُ الْخَبَرَ　放送局はそのニュースを流した

تَنَاوَبَ < نوب VI 名 تَنَاوُب ❖ 交代する;交代で行う 名交代

تَنَاوَبُوا الْجُلُوسَ مَعَ الْمَرْضَى　彼らは病人と席を交代した(代わった)

نَأْخُذُ الإِجَازَةَ بِالتَّنَاوُبِ　私達は交代で休日を取る

تَنَاوَلَ < نول VI 名 تَنَاوُل ❖ 取る;食べる,(食事を)する;扱う;薬を飲む;論じる 名食事

تَنَاوَلَ الْبُنْدُقِيَّةَ　銃を取った

أَتَنَاوَلُ الْغَدَاءَ فِي بَيْتِي دَائِمًا　私はいつも,お昼ご飯は家で食べています

تَنَاوَلَ وَجْبَةً　食事をした(取った)

أ ب ت ث ج ح خ د ذ ر ز س ش ص ض ط ظ ع غ ف ق ك ل م ن هـ و ي

تَنَاوَلَ دَوَاءً (شُرْبَةً) 薬(スープ)を飲んだ

تَنَاوَلَ الْجَمْرَةَ بِالْمِلْقَطِ 火箸で燃えている炭を扱った

بَعْدَ تَنَاوُلِ الطَّعَامِ 食後

تَنَبَّأَ ، يَتَنَبَّأُ <نبأ V 名 تَنَبُّؤ ❖ 予報する;予告する;予言する 名予報;予告;予言

تَنَبَّأَ الْمَرْصَدُ بِكُسُوفِ الشَّمْسِ 天文台は日食を予報した

تَنَبَّهَ <نبه V 名 تَنَبُّه ❖ 気を付ける,用心する(〜لِـ/إِلَى:〜に);気付く;目覚める 名注意,用心;目覚め

تَنَبَّهَتِ الْحُكُومَةُ إِلَى خَطَرِ التَّلَوُّثِ 政府は汚染に気を付けた

تَنَبَّهَتْ مِنْ نَوْمِهَا 彼女は眠りから覚めた

تَنْبِيه <نبه ❖ ⇒ نَبَّهَ 名

تَنْجِيم <نجم ❖ ⇒ نَجَّمَ 名

تَنَحَّى، يَتَنَحَّى <نحو V ❖ 脇へ寄る;後ろへ下がる;断念する(〜عَنْ:〜を)

تَنَحَّتْ عَنْ مَقْعَدِهَا لِتَجْلِسَ الْعَجُوزُ 彼女は老婆が座れるように,席を空けた

تَنَحْنَحَ <نحنح II ❖ 咳払いをする;咳をする

تَنَحْنَحْتُ بِقُوَّةٍ ، فَانْجَلَى صَوْتِي 力を込めて咳払いをしたら,声が通るようになった

تَنَزَّهَ <نزه V 名 تَنَزُّه ❖ 遠く離れている;避ける;散歩する;楽しむ 名散歩

أُرِيدُ أَنْ أَتَنَزَّهَ عَنِ الرِّشْوَةِ 私は賄賂に関わりたくない

أَلَا تَتَنَزَّهُ مَعِي قَلِيلًا؟ 私と一緒に,少し散歩しませんか

تَنْزِيل <نزل ❖ ⇒ نَزَّلَ 名

تَنْظِيف <نظف ❖ ⇒ نَظَّفَ 名

تَنْظِيم <نظم ❖ ⇒ نَظَّمَ 名

تَنَسَّكَ <نسك V ❖ 禁欲生活をする;禁欲主義者になる

تَنَشَّطَ <نشط V ❖ 元気を出す;快活である;活発である

اِغْسِلْ وَجْهَكَ بِالْمَاءِ الْبَارِدِ ، تَنَشَّطْ 冷たい水で顔を洗って,元気を出しなさい

تَنَشَّقَ <نشق V 名 تَنَشُّق ❖ 匂いを嗅ぐ;吸い込む 名息を吸う事,呼吸

تَنَشَّقْ رَائِحَةَ زَهْرِ الْيَاسَمِينِ ジャスミンの花の香りを嗅ぎなさい

تَنَصَّتَ < نصت V ❖ 立ち聞きをする;盗聴する(~عَلَى:~を)

تَنَصَّتَ عَلَى الْبَابِ　ドアの所で立ち聞きをした

تَنَصَّرَ < نصر V ❖ キリスト教徒(クリスチャン)になる;守る(~لِـ:~を)

تَنَصَّرَ صَيَّادُ السَّمَكِ　漁夫はキリスト教徒になった

تَنَظَّفَ < نظف V ❖ きれいになる,清潔になる

تَنَظَّفَتِ الثِّيَابُ بِفَضْلِ مَسْحُوقِ الْغَسِيلِ　服が洗剤のおかげで,きれいになった

تَنَظَّمَ < نظم V ❖ 良く組織される,良く整理される;紐に通される

تَنَظَّمَ اللُّؤْلُؤُ　真珠が紐に通された

تَنَعَّمَ < نعم V ❖ 楽しく暮らす,贅沢する,楽しむ(~بِـ:~を)

لَمْ نَسْتَطِعْ أَنْ نَتَنَعَّمَ بِالِاسْتِقْرَارِ وَالْهُدُوءِ　私達は平穏で安定した暮らしは出来なかった

تَنْغِيم < نغم ❖ ⇒ نَغَّمَ 名

تَنَفَّسَ < نفس V 名 تَنَفُّس ❖ 呼吸する,息をする 名呼吸

تَنَفَّسَ تَنَفُّسًا عَمِيقًا　深呼吸した

تَنَفَّسَ الصُّعَدَاءَ　ため息をついた/ほ～っとため息をついた

تَنَفَّسَتْ أُمِّي الصُّعَدَاءَ عِنْدَمَا نَجَحَتْ أُخْتِي　(私の)母は妹が(試験に)合格して,ほっとため息をついた

تَنَفَّسَ عَنِ الْحَيَاةِ　最後の息を引き取った

تَنْفِيذ < نفذ ❖ ⇒ نَفَّذَ 名

تَنَقَّلَ < نقل V 名 تَنَقُّل ❖ 運ばれる;飛び回る;移住する;移る,移動する 名運搬;移住;移動

يَتَنَقَّلُ مِنْ مَكَانٍ إِلَى مَكَانٍ　あちこち,うろうろする

يَتَنَقَّلُ ابْنِي كَثِيرًا بِعَمَلِهِ　息子は仕事で,あちこち飛び回ってます

يَتَنَقَّلُ الْبَدْوُ فِي الْبَيْدَاءِ　ベドウィンは砂漠を移動します

تَنْقِيَة < نقو ، نقي ❖ 浄化;選別

تَنْقِيَةُ الْمَاءِ　水の浄化/浄水

تَنْقِيَةُ الدُّودَةِ　害虫の駆除

تَنَكَة 複 ـات ❖ 缶

تَنَكَة زَيْت　オイル缶

تَنَكَّرَ < نكر V 名 تَنَكُّر 関 تَنَكُّرِيّ ❖ 変装する, 仮面を被る; 鼻であしらう
名変装; 仮面 関変装の; 仮面の

تَنَكَّرَ كُلُّ مِنَ السَّاهِرِينَ بِقِنَاعٍ　夜会にいた人は皆仮面で変装していた

حَفْل تَنَكُّرِيّ / حَفْلَة تَنَكُّرِيَّة　仮面舞踏会

تَنْمِيَة < نمي ❖ 名 نَمَّى ⇒

تَنَهَّدَ < نهد V 名 تَنَهُّد ❖ ため息をつく, 嘆く; 呻く 名ため息

تَنَهَّدَ تَنَهُّدًا عَمِيقًا　深いため息をついた

تَنُّورَة ❖ スカート

لَا تَلْبَسِي تَنُّورَةً قَصِيرَةً　(貴女は)ミニスカートをはかないようにしなさい

تَنَوَّعَ < نوع V 名 تَنَوُّع ❖ 多様化する, 多くの種類がある 名多様性

تَنَوَّعَتِ الْأَذْوَاقُ　好みが多様化した

تِنِّين 複 تَنَانِين ❖ 龍/竜; 竜座[天文]; 海の怪物, 鯨

اَلتِّنِّينُ حَيَوَانٌ أُسْطُورِيٌّ　竜は伝説上の動物です

تَهَجَّى < هجو V 名 تَهَجٍّ ❖ つづる/綴る, 書く 名綴り, スペル

أَتَعْرِفُ أَنْ تَتَهَجَّى حُرُوفَ اسْمِكَ؟　あなたは自分の名前の綴りを知っていますか

حُرُوف التَّهَجِّي　複アルファベット

تَهَجَّمَ < هجم V 名 تَهَجُّم ❖ 暴行する; 襲う; いじめる(〜عَلَى:〜を)
名暴行; 攻撃; いじめ

أَصَحِيحٌ أَنَّكَ تَهَجَّمْتَ عَلَى أَخِي؟　あなたが私の弟をいじめたのは本当ですか

تَهَدَّمَ < هدم V 名 تَهَدُّم ❖ 破壊される; 崩壊する, 崩れ落ちる 名崩壊, 崩落

تَهَدَّمَ الْبَيْتُ الْمَهْجُورُ　放置された家が崩壊した

تَهْدِيد <هد ❖ ⇒ هَدَّدَ 名

تَهَذَّبَ <هذب V 名 تَهَذُّب ❖ 教育を受ける;しつけられる;礼儀正しくなる;洗練される 名教養,しつけ

كَانَ الْوَلَدُ وَقِحًا ، وَلٰكِنَّهُ تَهَذَّبَ　その子は礼儀知らずだったが,礼儀正しくなった

تَهْذِيب <هذب ❖ ⇒ هَذَّبَ 名

تَهَشَّمَ <هشم V ❖ 潰れる;壊れる;折れる;破壊される

تَهَشَّمَ عَظْمُهُ　骨折した/骨が折れた

تَهَكَّمَ <هكم V 名 تَهَكُّم ❖ 壊される;荒廃する;馬鹿にする,あざける,からかう 名当てこすり;あざけり,からかい

لَا يُطِيقُ أَنْ يَتَهَكَّمَ عَلَيْهِ أَحَدٌ　彼は誰に馬鹿にされても我慢できない

تُهْمَة <وهم 複 تُهَم ❖ 告発,告訴;疑い,容疑

لَمْ تَثْبُتْ عَلَيْهِ تُهْمَةُ السَّرِقَةِ　彼への盗みの容疑は固まっていなかった

تَهْنِئَة <هنأ ❖ ⇒ هَنَّأَ 名

تَهَوَّرَ <هور V 名 تَهَوُّر ❖ 崩壊する;向こう見ずに突進する;軽率である;(自動車で)事故を起こす 名あさはか,軽率

كَانَ الْجُنْدِي شُجَاعًا وَلٰكِنَّهُ تَهَوَّرَ　その兵士は勇敢だったが,向こう見ずであった

تَهَوَّرَتِ السَّيَّارَةُ عِنْدَ الْمُنْعَطَفِ　自動車がカーブの所で事故を起こした

تَهَيَّأَ ، يَتَهَيَّأُ <هيء V 名 تَهَيُّؤ ❖ 用意(準備)が出来ている;可能である;武装している 名準備完了;軍備

مَنْ تَهَيَّأَ لِلدَّرْسِ؟　授業の用意(準備)が出来ているは誰ですか

تَوًّا <تو ❖ 直ぐに,直ちに ※定 التَّوَّ

لِتَوِّي (لِتَوِّهَا) ～　私は(彼女は)直ぐに～する

عُدْ إِلَى الْبَيْتِ تَوًّا　直ぐに家へ帰りなさい

تَوَابِع <تبع ❖ 付録,付属する物 ※ تَابِع の複

الدُّوَل التَّوَابِع (التَّابِعَة)　複衛星国

تَوَاجَهَ <وجه VI ❖ (二人が)面と向かい合う;直接会う

مَتَى يَتَوَاجَهُ التَّاجِرَانِ؟　その二人の商人はいつ会うのですか

تواری ~ توانی

تَوَارَىٰ ، يَتَوَارَىٰ < و ر ى VI ❖ (姿を)消す;隠れる,身を隠す

هَرَبَ النَّشَّالُ وَتَوَارَىٰ　すりは逃げて,姿を消した

تَوَارَثَ < و ر ث VI 名 تَوَارُث ❖ (財産,遺産を)引き継ぐ,受け継ぐ,相続する 名相続;世襲

تَوَارَثُوا الْمَزْرَعَةَ أَبًا عَنْ جَدٍّ　農地は代々,祖父から父親に受け継がれた

تَوَازٍ < و ز ي ❖ 平行;並列 ※定 اَلتَّوَازِي

عَلَى التَّوَازِي　平行に/並列に

تَوَازَنَ < و ز ن VI 名 تَوَازُن ❖ 均衡を保つ,釣り合う 名均衡,バランス

اَلْفَرِيقَانِ تَوَازَنَا فِي لُعْبَةِ شَدِّ الْحَبْلِ　綱引きで両チームは均衡を保っていた

تَوَاضَعَ < و ض ع VI 名 تَوَاضُع ❖ 謙遜する,謙虚である 名謙遜,謙虚

كُلَّمَا ازْدَادَ الطَّالِبُ عِلْمًا ، تَوَاضَعَ　学生は知識が増せば増す程,謙虚になった

تَوَاعَدَ < و ع د VI ❖ (互いに会う)約束をする;会う手はずを整える

تَوَاعَدُوا عَلَى اللِّقَاءِ بَعْدَ أُسْبُوعٍ　彼らは1週間後に会う約束をした

تَوَافَدَ < و ف د VI ❖ 一緒に来る(～عَلَى:～へ/に);集う,集まる

تَوَافَدَ الطُّلَّابُ عَلَى الْمَدْرَسَةِ　学生達は一緒に学校へ来た

تَوَافَرَ < و ف ر VI 名 تَوَافُر ❖ 豊かである,豊富にある;増える 名豊かさ,豊富さ

تَوَافَرَتِ الْأَمْوَالُ　お金は豊富に(潤沢に)あった

تَوَالَىٰ ، يَتَوَالَىٰ < و ل ى VI 名 تَوَالٍ ❖ (次々と)続く,連続する 名連続,継承 ※定 اَلتَّوَالِي

تَوَالَتْ هَجَمَاتُ الْفَرِيقِ الْخَصْمِ عَلَى هَدَفِنَا　相手チームの攻撃が次々と私達のゴールを襲った

عَلَى التَّوَالِي　次から次と/次々と

تَوْصِيل عَلَى التَّوَالِي　直列つなぎ

تَوْأَم 女 تَوْأَمَة 複 تَوَائِم ❖ 双子

هِيَ وَأُخْتُهَا تَوْأَمَانِ　彼女と妹は双子です

تَوَانَىٰ ، يَتَوَانَىٰ < و ن ى VI ❖ (～に)退屈する;(～を)ぐずぐずする(～فِي);ためら

أَخَذَ يَتَوَانَىٰ فِي دَرْسِهِ　勉強するのに退屈し始めた

تَوْبَة ❖ 後悔，悔い；ざん悔，改悛

لَوْلاَ التَّوْبَةُ ، لَهَلَكَ الأَثِيمُ　後悔がなければ罪人は無くならない

تُوت ❖ 桑の実

تُوت إِفْرَنْجِيّ/ تُوت أَرْضِيّ　苺

تَوَتَّرَ < وتر V 名 تَوَتُّر ❖ 張りつめる；緊張する 名緊張

تَوَتَّرَتِ الْعَلاَقَاتُ بَيْنَ الْيَابَانِ وَالصِّين　日中関係が緊張した

تَوَتُّر الأَعْصَابِ　神経の緊張/ストレス

تُوتِيَاء / تُوتِيَا ❖ トタン*；ウニ（※海の生物）　*アラビア語起源

لَوْحَة تُوتِيَا 複 أَلْوَاح تُوتِيَا　トタン板

اَلتُّوتِيَاءُ لَهُ شَوْكٌ حَادٌّ　ウニには鋭いとげがある

تَوَثَّقَ < وثق V ❖ 強い，強くなる，強固になる

تَوَثَّقَتْ عُرَى الصَّدَاقَةِ بَيْنَهُمَا　二人の友情の絆が強くなった

تَوَّجَ < توج II ❖ 冠を被せる；栄光に輝く

تَوَّجَ فَرِيقَنَا بِالْبُطُولَةِ　我がチームは優勝の栄光に輝いた

تَوَجَّعَ < وجع V ❖ 苦しむ，痛みを感じる，痛む；痛がる

تَوَجَّعَ مِنَ الصُّدَاعِ　頭痛を感じた/頭が痛んだ

تَوَجَّهَ < وجه V 名 تَوَجُّه ❖ 向かう（～/نَحْوَ/إِلَى：～へ） 名向かう事；方向

تَوَجَّهَ بِكَلاَمِهِ إِلَى～　～に向かって演説した

يَتَوَجَّهُ هٰذَا الْقِطَارُ إِلَى مَدِينَةِ ”كوبه　この汽車は神戸へ向かっています

تَوْحِيد < وحد ❖ ⇒ وَحَّدَ 名

تَوَدَّدَ < ود V ❖ 愛を求める；愛情を示す（～إِلَى：～に）；言い寄る

تَوَدَّدَ ”رَمْزِي“ ”جَمِيلَةَ“　ラムジーはジャミーラに愛を求めた

تَوَدَّدَ ”رَمْزِي“ إِلَى ”جَمِيلَةَ“　ラムジーはジャミーラに愛情を示した

تَوْرَاة ❖ 旧約聖書；トーラ※モーゼの五書

اَلْيَهُودِيَّةُ تَعْتَمِدُ التَّوْرَاةَ　ユダヤ教はトーラーを信じる

تَوَرَّطَ <ورط V 名تَوَرُّط ❖ (もめ事に)巻き込まれる, 引き込まれる; 連座する
名巻き込まれる; 連座, 関与

تَوَرَّطَ فِي الْحَدَثِ　事件に巻き込まれた

تَوَرَّمَ <ورم V 名تَوَرُّم ❖ 腫れる, 膨らむ 名腫れ, 膨張

آلَمَتْهُ ضِرْسُهُ وَتَوَرَّمَ خَدُّهُ　奥歯が痛んで, 頬が腫れた

تَوَزَّعَ <وزع V ❖ 割り当てられる; 振り分けられる

تَوَزَّعَ عُمَّالُ التَّنْظِيفِ فِي الشَّوَارِعِ الْمُخْتَلِفَةِ　清掃労働者は様々な通りに, 振り分けられた

تَوْزِيع <وزع ❖ ⇒ وَزَّعَ 名

تَوَسَّطَ <وسط V 名تَوَسُّط ❖ 仲裁する, 取りなす, 取り持つ; 中央にいる
名仲裁, 仲介; 中央にいる事

تَوَسَّطَ بَيْنَ الْجَارَيْنِ الْمُتَخَاصِمَيْنِ　喧嘩している隣人を仲裁した

تَوَسَّطَ الْمُهَرِّجُ السَّاحَةَ　道化師は広場の中央にいた

تَوَسَّعَ <وسع V 名تَوَسُّع ❖ 広がる, 拡大する; くつろぐ; 詳しく述べる
名拡大, 拡張

تَوَسَّعَ فِي النَّفَقَةِ　出費が増大した

تَوَسَّعَ فِي~　~を詳しく述べた

اَلتَّوَسُّع فِي الْإِنْتَاجِ　生産拡大/増産

تَوَسَّلَ <وسل V 名تَوَسُّل ❖ 懇願する, 嘆願する(~إِلَى:~に, ~بِـ:~を)
名懇願, 嘆願, 陳情

تَوَسَّلْ إِلَى رَبِّكَ　汝の神(主)に懇願せよ

تَوْسِيع <وسع ❖ ⇒ وَسَّعَ 名

تَوَصَّلَ <وصل V 名تَوَصُّل ❖ 着く, 至る, 達する(~إِلَى:~に); 近づく 名到達; 実現

تَوَصَّلَ إِلَى الاتِّفَاقِ مَعَ .. حَوْلَ ~　‥と~に関して合意に至った

تَوَصَّلَ إِلَى الْحَلِّ　解決に至った

تَوْصِيَة <وصى ❖ ⇒ وَصَّى 名

تَوَضَّأَ ، يَتَوَضَّأُ <وضؤ 名تَوَضُّؤ ❖ 沐浴する 名沐浴 ※礼拝前に体を洗って清める事

تَوَضَّأَ الْوَلَدُ بِالْمَاءِ لِلصَّلَاةِ　少年は礼拝のために,水で沐浴をした

تَوْضِيح < وضح ❖ ⇒ وَضَّحَ 名

تَوَطَّدَ < وطد V ❖ 安定する;しっかりする;強くなる

يَتَوَطَّدُ الْأَمْنُ بِالْحَزْمِ　シートベルトで安全は強化される

تَوَطَّنَ < وطن V ❖ 祖国とする;国民になる;居住する

تَوَطَّنَ الْغَرِيبُ بَلَدِي　異邦人が我が国の国民になった

تَوَظَّفَ < وظف V ❖ 雇われる,働く,(地位を)得る

تَوَظَّفَ فِي الْحُكُومَةِ　政府の役人(国家公務員)として働いた

تَوْظِيف < وظف ❖ ⇒ وَظَّفَ 名

تَوَغَّلَ < وغل V 名 تَوَغُّل ❖ 奥まで入り込む;侵入する 名侵入,浸透;貫入

تَوَغَّلَتْ قُوَّاتُ الْجَيْشِ دَاخِلَ الْحُدُودِ　軍は国境を越えて,侵入した

تَوَفَّرَ < وفر V 名 تَوَفُّر ❖ 十分である,(条件が)満たされている;豊かである
名 十分;充足,満たされる事;豊富

تَوَفَّرَتْ فِيهِ الشُّرُوطُ　条件は満たされていた

عِنْدَ تَوَفُّرِ الشُّرُوطِ　条件が満たされ次第

تَوَفَّقَ < وفق V 名 تَوَفُّق ❖ 繁栄する;成功する;優れる(～عَلَى:～より) 名繁栄;成功

عَسَى أَنْ تَتَوَفَّقَ فِي عَمَلِكَ !　あなたの仕事が繁栄しますように

تَفَوَّقَتْ عَلَيْهِ فِي الِامْتِحَانِ　試験では彼女は彼より優れていた

تَوَفَّى، يَتَوَفَّى < وفى V ❖ (分け前を)十分に受け取る;(神が)天国に召す

受 تُوُفِّيَ، يُتَوَفَّى　死ぬ,亡くなる,(天国に)召される

تَوَفَّاهُ اللّٰهُ وَهُوَ فِي السَّبْعِينَ　彼が70歳の時,神は彼を天国に召された

تُوُفِّيَتْ أُمُّهُ وَهُوَ لَا يَزَالُ طِفْلًا　彼がまだ子供の頃,母親が亡くなった

تَوْفِير < وفر ❖ ⇒ وَفَّرَ 名

تَوْفِيق < وفق ❖ ⇒ وَفَّقَ 名

تَوَقَّعَ < وقع V 名 تَوَقُّع ❖ 期待する;予期する,予想する 名期待;予期,予想

هِيَ أَعْظَمُ مِمَّا كُنْتُ أَتَوَقَّعُ　それは私が予想していた物より偉大でした

أَتَوَقَّعُ نَجَاحًا فِي～　～の成功を期待しています

غَيْرَ تَوَقُّعٍ　予期しない/思いがけない

تَوَقَّفَ<وقف V 名 تَوَقُّف ❖ 止まる;中止する(～عَنْ :～を);頼る(～عَلَى :～に);～にある(～عَلَى) 名停止,中止;依頼

تَوَقَّفَ عَنِ الْحَفْلَةِ　パーティを中止した

تَوَقَّفَتِ السَّاعَةُ　時計が止まった

لِمَاذَا تَوَقَّفْتَ عَنِ الدِّرَاسَةِ ؟　どうしてあなたは勉学を止めたんですか

تَوَقَّفَ الْأَمْرُ عَلَى～　その事は～に依存した(依った)

تَوَقُّف عَنِ الدَّفْعِ　支払い停止

تَوْقِيت<وقت ❖ ⇒ وَقَّتَ 名

تَوْقِيع<وقع ❖ ⇒ وَقَّعَ 名

تَوَكَّلَ<وكل V 名 تَوَكُّل ❖ 指名される;代理人になる(فِي:～の);頼る(عَلَى:～に) 名信頼;神への信頼

تَوَكَّلْ عَلَى اللّٰهِ　神に頼りなさい

اِعْقِلْ وَتَوَكَّلْ　最善を尽くして,神に頼りなさい/人事を尽くして,天命を待つ[格言]

تَوَلَّى، يَتَوَلَّى<ولي V 名 تَوَلٍّ ❖ 権力を取る,(地位に)就く;指揮を執る;面倒を見る 名権力を取る事,責任ある地位に就く事

يَتَوَلَّى الْحُكْمَ مِنْ بَعْدِهِ　彼の後を統治する(支配を受け継ぐ)

تَوَلَّى هَارِبًا　逃げた/尻尾を巻いた

تَوَلَّى مَنْصِبًا　役職に就いた

تَوَلَّى الْقِيَادَةَ　指揮を執った

تَوَلَّدَ<ولد V 名 تَوَلُّد ❖ 生まれる,生じる,生える 名誕生,発生;生産

تَتَوَلَّدُ مِنَ الِاحْتِكَاكِ حَرَارَةٌ　摩擦から熱が生じる

تَوْلِيد<ولد ❖ ⇒ وَلَّدَ 名

تُونَة / تُون ❖ 鮪,ツナ

تُونِس ❖ チュニジア

اَلْجُمْهُورِيَّة التُّونِسِيَّة　チュニジア共和国

تَوَهَّجَ <وهج V ❖ 燃える; 輝く

تَوَهَّجَتِ الشَّمْسُ فِي سَمَاءٍ زَرْقَاءَ　太陽が青空に輝いていた

اَلْجَمْرُ يَتَوَهَّجُ فِي الْمَنْقَلِ　こんろに炭が燃えている(おきている)

تَوَهَّمَ <وهم V 名 تَوَهُّم ❖ 想像する; 疑う; (誤って)思い込む 名想像; 疑い

تَوَهَّمْتُ الامْتِحَانَ سَهْلاً　私は試験は易しいだろうと思い込んだ

تَيَّار 複 ـات ❖ 流れ;傾向

تَيَّار مُسْتَمِرّ (مُبَاشِر)　直流電流

تَيَّار مُتَنَاوِب (مُتَغَيِّر)　交流電流

تَيَّار الْهَوَاءِ　気流

تَيَتَّمَ <يتم V ❖ 孤児になる, 孤児である

مَاتَ الْوَالِدُ وَتَيَتَّمَ الْوَلَدُ　父親が死んだので, その子は孤児になった

تَيَسَّرَ <يسر V ❖ 易しい;易しくなる;成功する, 栄える

تَيَسَّرَ إِصْلَاحُ السَّيَّارَةِ　車の修理は易しかった

تَيَقَّظَ <يقظ V 名 تَيَقُّظ ❖ 目覚めている; 注意を払う 名目覚め; 注意

تَيَقَّظَ مِنَ النَّوْمِ　目覚めた

تَيَقَّنَ <يقن V ❖ 知っている;確信している;確認する

وَرَدَتْنِي أَخْبَارٌ لَمْ أَتَيَقَّنْهَا بَعْدُ　確認できないニュースが私のもとに届いた

تِيكَ <ذا ❖ この, これ;あの;あれ ※指示代名詞女性形 = هٰذِهِ

تِيكَ الطَّائِرَةُ مُقْبِلَةٌ إِلَى الْمَطَارِ الْجَدِيدِ　この飛行機は新しい空港に向かっています

تَيَمَّنَ <يمن V 名 تَيَمُّن ❖ よい前触れ(吉兆)を見る 名良い前兆, 吉兆

رَأَيْتُ وَجْهَكَ فَتَيَمَّنْتُ　私は貴女の顔に吉兆を見た

تِين ※ تِينَة ❖ イチジク/無花果 ※1個の無花果

تِين شَوْكِيّ　サボテンの果実

حَرْفُ الثَّاء

ث

ثائر < ثور 複 ثُوَّار ✻ 形革命の;激怒した;興奮した 名反乱者,革命家;怒り

"لِينِين" هُوَ ثَائِرٌ رُوسِيٌّ　レーニンはロシアの革命家です

جَيْش الثُّوَّارِ　反乱軍/革命軍

ثَابِت < ثبت ✻ 安定した,固定した;不動の,不変の

هٰذِهِ الأَذْرُعُ ثَابِتَةٌ　これらの腕は固定されています

أَمْلَاك ثَابِتَة　不動産

ثَابَرَ < ثبر III 名 مُثَابَرَة ✻ (～を)頑張る,(～に)励む(～عَلَى) 名頑張り;勤勉;持続

ثَابِرْ عَلَى التَّعَلُّمِ فِي الْمَدْرَسَةِ　学校の勉強を頑張って下さい

ثَأَرَ (a) 名 ثَأْر 複 ـات/ آثَار ✻ (血の)復讐をする,敵を討つ(～بِـ:～の)
名復讐,敵討ち,仇討ち

مُبَارَاة الثَّأْرِ　(競技の)雪辱戦/リターンマッチ

أَخَذَ ثَأْرَهُ (بِالثَّأْرِ)　敵を討った/復讐した

ثَارَ ، يَثُورُ < ثور ✻ 反乱を起こす;蜂起する(～عَلَى/ بِـ:～に対し);
興奮する;(ほこり/ちり等が)舞い上がる

يَثُورُ الشَّعْبُ بِحُكْمِ الاسْتِعْمَارِ　植民地支配に人民は蜂起する

ثَارَ ثَائِرُهُ / ثَارَتْ ثَائِرَتُهُ　かっと怒った/激怒した

ثَالِث < ثلث 女 ثَالِثَة ✻ 第三(の),三番目(の)

شَخْص ثَالِث　第三者

اَلْعَالَم الثَّالِث　第三世界

ثَالِثًا　第三に/三番目に

هُوَ يَجْلِسُ ثَالِثًا　彼は三番目に座っている

男 ثَالِثَ عَشَرَ 女 ثَالِثَةَ عَشْرَة　第十三(の)/十三番目(の)

ثَامِن <ثمن 女 ثَامِنَة ❖ 第八(の),八番目(の)

اَلثَّامِن مِنَ الشَّهْرِ الْقَادِم　来月の八日

男 ثَامِن عَشَرَ 女 ثَامِنَة عَشْرَة　第十八(の)/十八番目(の)

ثَانٍ <ثنى 女 ثَانِيَة ❖ 第二(の);他の ※定 اَلثَّانِي

اَلدَّرَجَة الثَّانِيَة　2等クラス

جَاءَ الثَّانِي فِي السِّبَاقِ　彼はそのレースで2着だった

مَرَّةً ثَانِيَةً　もう一度/もう一回

ثَانِيًا　第二に/二番目に/次に/もう一度

男 ثَانِي عَشَرَ 女 ثَانِيَة عَشْرَة　第十二(の)/十二番目(の)

ثَانَوِيّ <ثنى ❖ 第二の;副次的な,二次的な;下級の

مَدْرَسَة ثَانَوِيَّة　高等学校/中学校

ثَانِيَة <ثنى 複 ثَوَانٍ ❖ 秒;ちょっとの間

خَمْس ثَوَانٍ　5秒

ثَانِيَةً　第二に/もう一度

اِنْتَظِرْ ثَانِيَةً　ちょっと待って下さい

ثَبَات <ثبت ❖ 安定,固定;不変,不動;確かさ

بِثَبَاتٍ　断固として/確固として

اَلشَّعْبُ يَمْضِي بِثَبَاتٍ نَحْوَ الْمُسْتَقْبَلِ　若者は確固として,未来に進む

ثَبَتَ (u) ❖ 安定する,保つ;証明される;確かである;主張する

هٰذِهِ السَّفِينَةُ ثَبَتَتْ أَمَامَ الْأَمْوَاجِ　この船はその波でも,安定していました

ثَبَتَت النَّظَرِيَّة　その理論が証明された

ثَبَّتَ <ثبت II 名 تَثْبِيت ❖ 安定させる,固定する;強化する;確認する,
証明する 名固定,強化,確認

ثَبَّتَ الْأَسْعَارَ　物価を安定させた

ثَبَّتَ قَدَمَيْهِ　足がかりを得た/足場を固めた

ثَبَّتَ بَصَرَهُ بِ~　~をじっと見た/凝視した

أ ب ت ث ج ح خ د ذ ر ز س ش ص ض ط ظ ع غ ف ق ك ل م ن هـ و ي

أ ب ت ث ج ح خ د ذ ر ز س ش ص ض ط ظ ع غ ف ق ك ل م ن هـ و ي

ثَبات = ❖ ثُبُوت

ثَخُنَ (u) ❖ 厚い, 厚くなる;濃い, 濃くなる;固い, 固くなる

جِذْعُ نَصْبَةِ التُّفاحِ يَثْخُنُ شَيْئًا فَشَيْئًا　リンゴの苗木の幹が少しずつ, しっかりしてきた

ثَخِين <ثخن 複 ثُخَناء ❖ 厚い;濃い;ごわごわした, 粗い

شُورْبَة ثَخِينَة　濃いスープ

ثَدًى/ثَدْيٌ 双 ثَدْيان 複 أَثْداء / ثُدِيٌّ ❖ 乳房 ※男女 ※定 اَلثَّدْيِ

تَناوَلَ الطِّفْلُ ثَدْيَ أُمِّهِ　子供が母親の乳房を吸っていた

سَرَطان الثَّدْيِ　乳がん

ثَرًى <ثرو 複 أَثْراء ❖ 地球;地面;土 ※定 اَلثَّرَى

أُحِبُّ ثَراكَ يا وَطَني　祖国よ, 我は汝が国土を愛す

يَبِسَ الثَّرَى بَيْنَهُمْ　彼らは互いに敵になった

طَيَّبَ اللّٰهُ ثَراهُ　神よ, 彼の霊を安らかにし給え

ثَراءٌ < ثرو ❖ 富, 豊かさ;金持ち;財産

لَيْسَتِ السَّعادَةُ فِي الثَّراءِ　幸せ(幸福)は豊かさの中に有るのではない

ثَرْثارٌ < ثرثر 複 ون ❖ 形お喋りな, 口の軽い 名お喋り;お喋りな人

يا لَكَ مِنْ ثَرْثارٍ!　お喋り(な人)!

ثَرْثَرَ ، يُثَرْثِرُ 名 ثَرْثَرَة ❖ お喋りをする 名お喋り

لا تُثَرْثِرْنَ !　お喋りをするな!※女性達に向かって

ثَرْوَة < ثرى 複 ثَرَوات ❖ 富, 豊かさ;資源

اَلثَّرْوَة الْمَعْدَنِيَّة　鉱物資源

ثَرِيَ ، يَثْرَى ❖ 金持ちになる, 豊かになる

اِغْتَرَبَ عَلَى أَمَلِ أَنْ يَثْرَى　金持ちになる希望を持って, 移住した

ثَرِيّ <ثرو 複 أَثْرِياء ❖ 形豊かな, 金持ちの 名金持ち, 成金

ثَرِيُّ الْحَرْبِ　戦争成金

ثُرَيّا / ثُرَيَّة < ثرو 複 ثُرَيّات ❖ シャンデリア

蔓から葡萄の房が，シャンデリアのように垂れていた　　تَدَلَّتْ عَنَاقِيدُ الْكَرْمَةِ كَالثُّرَيَّاتِ

❖蛇　　ثُعْبَان 複 ثَعَابِين

うなぎ/鰻　　ثُعْبَان الْمَاءِ/ سَمَكُ ثُعْبَانٍ

❖狐　　ثَعْلَب 複 ثَعَالِب

狐はカラスを騙した　　خَدَعَ الثَّعْلَبُ الْغُرَابَ

❖口;前歯; 港，湾; 港町;辺境の町　　ثَغْر 複 ثُغُور

その船は港から港へ移動します　　اَلسَّفِينَةُ تَنْتَقِلُ مِنْ ثَغْرٍ إِلَى ثَغْ

❖裂け目，穴;洞穴，洞窟　　ثُغْرَة 複 ثُغَر /ثُغُرَات

一発の爆弾が地面に穴を開けた　　فَتَحَتِ الْقُنْبُلَةُ ثُغْرَةً فِي الْأَرْضِ

❖沈澱物，おり，かす　　ثُفْل

コーヒーカップの底のかすが，占いの形を描く　　ثُفْلُ الْقَهْوَةِ يَرْسُمُ أَشْكَالَ التَّبْصِي
في قَاعِ الْفِنْجَانِ

❖マッチ　　ثِقَاب <ثقب

マッチ棒　　عُود الثِّقَاب

❖文化　　ثَقَافَة <ثقف 複 ـات

文化センター　　مَرْكَز الثَّقَافَةِ

❖文化の，文化的な　　ثَقَافِيّ <ثقف

文化交流　　تَبَادُل ثَقَافِيّ

❖貫く，穴を開ける 名 貫く事，穴を開ける事，貫通　　ثَقَبَ (u) 名 ثَقْب

どうやって，ベルトに穴を開けようか　　كَيْفَ أَثْقُبُ الْحِزَامَ ؟

ベルトにもう一つ穴を開けなければならない　　يَحْتَاجُ الزُّنَّارُ إِلَى ثَقْبٍ آخَرَ

❖穴　　ثُقْب 複 أَثْقَاب/ ثُقُوب

針の穴　　ثُقْب الْإِبْرَةِ

❖信用，信頼，信任;確信，自信　　ثِقَة < وثق

信用を失った(なくした)　　فَقَدَ ثِقَتَهُ

نَالَ الْحِزْبُ ثِقَةَ الشَّعْبِ　党は国民の信頼を得た

عَدَمُ الثِّقَةِ (بِـ~)　(~に対する)不信

عَلَى ثِقَةٍ　確かである

ثِقَة بِالنَّفْسِ　自信

كَسَبَ ثِقَةً بِالنَّفْسِ　自信を得た(付けた)

ثَقَّفَ <ثقف II 名 تَثْقِيف ❖ 真っ直ぐにする;正す;捕まえる;訓練する，教育する 名訓練;教育

مَدْرَسَتُكُمْ تُرِيدُ أَنْ تُثَقِّفَكُمْ　学校はあなた達に教育を施したがっています

اَلتَّثْقِيفُ الْعَامُّ ضَرُورَةٌ لِلطُّلَّابِ　公教育は学生に不可欠である

ثَقُلَ (u) 名 ثِقْل (ثِقَل) 複 أَثْقَال ❖ 重い，重くなる;負担になる 名重量，重さ;荷

ثَقُلَ سَمْعُهُ　耳が遠くなった

ثِقْل نَوْعِيّ　比重

مَرْكَز الثِّقْلِ　重心

رَفْع الْأَثْقَالِ　重量挙げ

يَمْتَازُ الذَّهَبُ بِالطَّرَاوَةِ وَالثِّقَلِ　金は柔らかいことや，重いことが特徴です

ثَقَّلَ <ثقل II 名 تَثْقِيل ❖ 重くする;負荷をかける 名荷重;負荷;妨害

ثَقَّلَ التَّاجِرُ حِمْلَ الْعَتَّالِ　商人は運び人の荷を重くした

ثَقِيل <ثقل ❖ 重い;厚い;のろい，おそい，鈍重な

صِنَاعَة ثَقِيلَة　重工業

مَا هُوَ أَثْقَلُ الْمَعَادِنِ ؟　一番重い金属は何ですか

ثَقِيلُ الدَّمِ (الظِّلِّ / الرُّوحِ)　虫の好かない/嫌な/不愉快な

ثَكْلَى 女 ثَكْلَان 男 ❖ 子を失った親

ثُكْنَة (ثِكْنَة) 複 ـات/ثُكَن ❖ 兵舎

عِنْدَ مَدْخَلِ الثُّكْنَةِ حَارِسٌ مُسَلَّحٌ　兵舎の入り口には武装した警備員がいる

(اَلـ)ثَّلَاثَاء / (اَلـ)ثُّلَاثَاء ❖ 火曜日

يَوْم الثُّلَاثَاءِ　火曜日

ثَلَاثَة 女 ثَلَاث ❖ 三/3,三つ/3つ

اِشْتَرَيْتُ ثَلَاثَةَ كُتُبٍ　私は3冊の本を(本を3冊)買いました

ثَلَاثًا　三度/三回

ثَلَاثَةَ عَشَرَ 女 ثَلَاثَ عَشْرَةَ　十三/13

ثَلَاثُونَ <ثلث 属対 ثَلَاثِينَ ❖ 三十/30

اَلثَّلَاثُونَ　三十番目(の)/第三十(の)

ثَلَّاجَة <ثلج 複 ـات ❖ 冷蔵庫;冷凍室

اَلثَّلْجُ فِي الثَّلَّاجَةِ　氷は冷蔵庫に有ります

ثُلْث ❖ 3分の1

ثُلْثَانِ　3分の2

اَلسَّاعَةُ الْآنَ الثَّالِثَةُ وَالثُّلْث　今,3時20分です

اَلثُّلْثُ أَصْغَرُ مِنَ النِّصْفِ　3分の1は2分の1より小さい

ثُلُث ❖ スルス体 ※アラビア文字の書体

خَطُّ الثُّلُث　スルス体

ثَلَجَ (u) ❖ 雪を降らせる

ثَلَجَتِ السَّمَاءُ عَلَى الْجِبَالِ　山では雪が降った

ثَلَجَ (a) ❖ (心が)弾む,嬉しくなる,喜ぶ(~بِ:~に/を)

تَثْلَجُ النَّفْسُ بِالنَّجَاحِ　成功に心が弾む

ثَلْج <ثلج ❖ 氷,雪

تَسَاقَطَ الثَّلْجُ　雪が降ってきた

ثَلَّجَ <ثلج II ❖ 凍らせる,冷凍する;氷で冷やす

ثَلَّجَ سَمَكًا　魚を冷凍した

ثَلَمَ (i) 名 ثَلْم ❖ 刻み目をつける;割る;汚す 名刻み目;裂け目,割れ目,穴

ثَلَمَ الصَّحْنَ الصِّينِيَّ　陶器の皿を割った

شَلْم الصِّيتِ (السُّمْعَةِ)　中傷/悪口

ثُمَّ ✤ それから，その時

مِنْ ثُمَّ　それから

سَنَذْهَبُ إلَى مَدِينَةِ "كيوتو" أَوَّلاً وَمِنْ ثُمَّ إلَى مَدِينَةِ "نارا"　はじめに京都へ行って，それから奈良へ行こう

ثَمَّ ✤ それで，そこで;あそこで;そこに

مِنْ ثَمَّ　その理由で/そのために

قِفْ ثَمَّ فِي زَاوِيَةِ الْقَاعَةِ　ホールの隅で立っていなさい

ثَمَانُونَ 属対 ثَمَانِينَ ✤ 八十/８０

اَلثَّمَانُونَ　八十番目(の)/第八十(の)

فِي الْقَاعَةِ ثَمَانُونَ طَالِبًا　ホールには８０人の学生がいます

ثَمَانِيَة <ثمن 女 ثَمَانٍ ✤ 八/８;八の，八つの

※女 ثَمَانٍ は次に名詞がくると ثَمَانِي になる

ثَمَانِي مُدُنٍ　八つの都市

男 ثَمَانِيَةَ عَشَرَ 女 ثَمَانِي عَشْرَة　十八/１８

ثَمَانِيَةَ عَشَرَ تِلْمِيذاً　十八人の生徒

ثَمَانِي مِئَةٍ / ثَمَانِمِائَة　八百/８００

ثَمَانِيَةُ آلافٍ　八千/8，０００

ثَمَّةَ ✤ あそこ，そこに(にある)

ثَمَّةَ ، فِي طَرَفِ الْمَلْعَبِ كُرَةٌ مَنْسِيَّةٌ　運動場の隅のあそこに，忘れられたボールがある

لَيْسَ ثَمَّةَ ~　～がない

لَمْ يَكُنْ ثَمَّةَ ~　～がなかった

ثَمَرَ (u) ✤ (樹木が)実をつける

يَثْمُرُ الشَّجَرُ قَرِيبًا　まもなく樹木が実をつける

ثَمَّرَ <ثمر II ✤ 実を結ぶ;利益を得る

قَرِيبًا يُثَمِّرُ التِّينُ　まもなくイチジクが実を結ぶでしょう

ثَمَر 複 أَثْمَار / ثِمَار ※ ثَمَرَة ❖ 果実,果物;成果,結果;報酬;利益 ※1個の果物

ثِمَار نَاضِجَة　熟れた(熟した)果実

ثَمَرَة الْجُهُود　努力の成果

ثُمْن 複 أَثْمَان ❖ 八分の一

لَا تَدْفَعْ أَكْثَرَ مِنْ ثُمْنِ الْمَبْلَغِ　その金額の八分の一以上は払うな

ثَمَن 複 أَثْمَان ❖ 値段,価格,代金;価値

مَا الثَّمَنُ ～؟　～はいくらですか

اَلثَّمَنُ غَالٍ (رَخِيص)　その値段は高い(安い)

ثَمَن أَصْلِيّ　原価

ثَمِين <ثمن ❖ 価値のある,貴重な

اَلْوَقْت الثَّمِين　貴重な時間

حَجَر ثَمِين　宝石

ثَنَى ، يَثْنِي ❖ 折る,畳む;繰り返す

هَلْ ثَنَيْتَ وَرَقَتَكَ؟　紙を折りましたか

ثَنَى عِنَانَ فَرَسِهِ　馬を全速力で走らせた

ثَنَّى <ثنى II ❖ 二倍する,倍する;双数形にする

كَيْفَ تُثَنِّي كَلِمَةَ "كِتَاب"؟　كِتَاب の双数形はどのようにしますか

ثُنَاء <ثنى 関 ثُنَائِيّ ❖ 二つづつ 関 二倍の,二の;コンビ,2人組

ثُنَائِيّ اللُّغَة　バイリンガルの/2言語の

"أَخ": لَفْظ ثُنَائِيّ　"أَخ"は2文字の言葉です

ثَوَاب < ثوب ❖ 報酬,ほうび

وَعَدَهُ الثَّوَابَ　報酬を約束した

ثَوْب 複 ثِيَاب / أَثْوَاب ❖ 服,衣服

لَبِسَ (خَلَعَ) ثَوْبًا　服を着た(脱いだ)

ثَوْب الْحِدَاد　喪服

ثور ～ ثياب

ثَوْر 複 ثِيرَان ❖ 牛　※雄牛 ⇔ بَقَرَة:雌牛

اَللَّوْنُ الْأَحْمَرُ يَهِيجُ الثَّوْرَ　赤い色は牛を興奮させる

اَلثَّوْر　牡牛座[天体]

ثَوْرَة 複 -ات ❖ 革命;興奮;噴火

ثَوْرَة بَيْضَاء　無血革命

ثَوْرَة مُضَادَّة　反革命

قَامَتِ الثَّوْرَةُ فِي مِصْرَ عَامَ ٢٠١١ م　西暦2011年にエジプトで革命が起きた

ثَوْرِيّ ❖ 形革命の,革命的な 名革命家

غَرَسَ فِكْرَةً ثَوْرِيَّةً فِي～　～に革命思想を植えた

ثُوم ❖ にんにく　※ ثُومَة 1個のにんにく

اَلثُّومُ كَثِيرٌ فِي صَحْنِ السَّلَطَةِ　サラダに沢山のにんにくが入っている

ثِيَاب ＜ ثوب ❖ 衣服,服　※ ثَوْب の複数形

ثِيَاب السَّهْرَةِ　夜会服/イブニングドレス

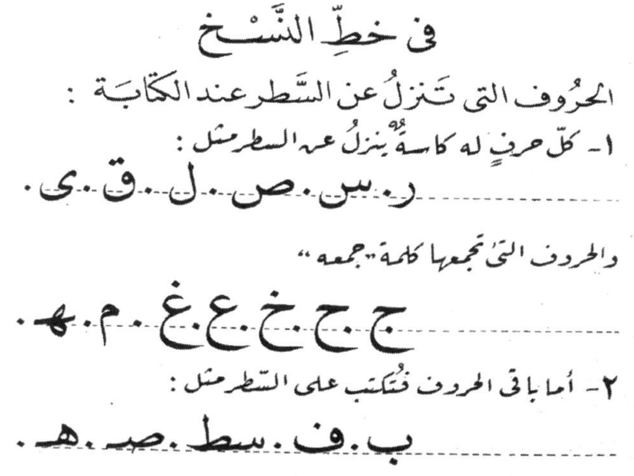
في خطِّ النَّسْخ
الحُروف التي تَنزِلُ عن السَّطر عند الكِتابة :
١- كلّ حرفٍ له كاسةٌ ينزلُ عنه السطر مثل :
ر.س.ص..ل..ق..ى.
والحروف التي تجمعها كلمة "جمعه"
ج.ح.خ.ع.غ..م..هـ.
٢- أما باقي الحروف فتُكتب على السّطر مثل :
ب.ف.سط.صـ.هـ.

【アラビア文字の書体　ナスヒ体】

ج

حَرْفُ الجيم

جَاءَ ، يَجِيءُ <جيء 名 مَجِيءٌ ❖ 来る, 連れて来る; 書かれている, 述べられている 名到来, 到着

جَاءَ الرَّبِيعُ　春が来た

جَاءَ بِ~　~を持って来た

جِئْتُكَ أَلْتَمِسُ الْعَفْوَ　私はあなたの許しを請いに来ました

جَاءَ فِي~　~に書かれている

جَاءَ فِي جَرِيدَةِ الْأَهْرَامِ أَنْ ~　アル=アフラーム新聞は~と伝えている

جَائِر <جور 複 جَارَة / جَوَرَة ❖ 形不当な; 圧制の 名暴君, 独裁者

لَا يُطِيقُ الْحُرُّ حُكْمًا جَائِرًا　自由は不当な支配を許さない

جَائِزَة <جوز 複 جَوَائِز ❖ 賞品; 賞

اَلْجَائِزَةُ الْأُولَى　一等賞

جَائِزَة دِرَاسِيَّة　奨学金

جَائِزَة نُوبِل　ノーベル賞

يَفُوزُ بِجَائِزَةٍ　賞を得る(獲得する)

جَائِع <جوع ❖ 飢えている, 空腹の, ひもじい

حَيَوَان مُتَوَحِّش جَائِع　飢えている野生の動物

جَابٍ <جبى 複 جُبَاة ❖ 収税人 ※定 الْجَابِي

تَسَامَحَ الْجَابِي فِي قَبُولِ الضَّرِيبَةِ الْمُتَأَخِّرَةِ　収税人は納税の延期を受け入れた

جَابَهَ <جبه III 名 مُجَابَهَة ❖ 立ち向かう; 向かい合う 名直面; 対決

جَابَهَ الصِّعَابَ　困難に立ち向かった

أ ب ت ث ج ح خ د ذ ر ز س ش ص ض ط ظ ع غ ف ق ك ل م ن هـ و ي

جَاحِظٌ <جحظ ✱ (目が)出ている

هُوَ جَاحِظُ الْعَيْنَيْنِ　彼は目が出ている(出目である)

جَادَ ، يَجُودُ <جود ✱ 良くなる, 改善される(名 جُودَة:良さ);寛大である, 寄付する(〜عَلَى;〜に, 〜بِـ:〜を)(名 جُود:寛大さ);涙を流す,(雨が)豊富にある(名 جَوْد:大雨)

اَلْكَرِيمُ يَجُودُ بِمَالِهِ عَلَى الْفُقَرَاءِ وَالْمَسَاكِينِ　情け深い男は貧しい人や, かわいそうな人にお金を与える

جَادَ بِنَفْسِهِ　自分を犠牲にした

جَادَ بِنَفَسِهِ الْأَخِيرِ　最後の息を引き取った

جَادَتِ السَّمَاءُ　雨が降った

جَادٌّ <جد ✱ 真面目な;熱心な, 真剣な

بِالْعَمَلِ الْجَادِّ　真面目な仕事で

تِلْمِيذٌ جَادٌّ　熱心な生徒

جَادَّةٌ <جد 複 -ات/جَوَادُّ ✱ 道の中央;通り, 大通り, メインストリート

أُتْرُكِ الْجَادَّةَ لِلسَّيَّارَاتِ ، وَسِرْ عَلَى الرَّصِيفِ　通りは車が通るから, 歩道を行きなさい

جَادَلَ <جدل III 名 مُجَادَلَة ✱ 討論する, 論争する(〜فِي :〜について) 名論争, 口論;議論

جَادَلْتُهَا سَاعَةً وَلَمْ أُقْنِعْهَا　一時間, 彼女と論争したけれど, 説得できなかった

جَاذِبِيَّةٌ <جذب ✱ 引き付ける事, 魅力;引力;磁力

كَانَتْ عِنْدَهَا جَاذِبِيَّةٌ فِي الْغِنَاءِ　彼女の歌には魅力が有りました

جَاذِبِيَّةُ الْأَرْضِ　地球の引力(重力)

جَاذِبِيَّةُ الْمَغْنَطِيسِ　磁力

جَارَ ، يَجُورُ 名 جَوْر ✱ 逸脱する, 外れる;虐める, 迫害する;暴行する 名逸脱;不正義;迫害

جَارَتْ بِهِ الطَّرِيقُ　道に迷った

آمَلُ أَلَّا تَجُورَ عَلَيَّ فِي حُكْمِكَ　あなたの判決が私を抑圧しないように望む

جَارٌ<جور 複 جِيرَان ❖ 隣人,近所の人

اَلْجَارُ قَبْلَ الدَّارِ　家の前に隣人[格言] ※良い家を得るには良い隣人を探せ

جَارٍ<جري ❖ 流れている;今の ※定 اَلْجَارِي

دَمٌ جَارٍ　流れている血

اَلْجَارِي　今の

اَلشَّهْرُ الْجَارِي　今月

جَارَى<جرى III ❖ 一致する;歩調を合わせる,協調する;適合する

أَنْتَ سَرِيعُ الْعَدْوِ ، مَنْ يُجَارِيكَ؟　君は走るのが速い,誰が君について行けますか

جَارِيَة<جرى 複 ‐ات/ جَوَارٍ ❖ 少女;女奴隷,女の召使い,女中

كَانَ فِي قَرْيَتِهِ جَارِيَةٌ بَارِعَةُ الْجَمَالِ　彼の村には絶世の美少女がいた

جَازَ ، يَجُوزُ<جوز ❖ 許される;出来る;通る,合格する;成功する

لَا يَجُوزُ لَكُمْ أَنْ تُدَخِّنُوا　君達に喫煙は許されていない

جَازَى ، يُجَازِي<جزي III 名 مُجَازَاة ❖ 報酬を与える,褒美を与える;お返しをする
名報酬;お返し

يُجَازِي أَحْسَنَ الْجَزَاءِ　良い褒美を与える

جَزَاكَ اللّٰهُ خَيْرًا　神があなたに良い報美を与えて下さいますように

جَازَفَ<جزف III 名 مُجَازَفَة ❖ 危険を冒す;冒険する;機会を捕らえる 名危険;冒険

جَازَفَ الْإِطْفَائِيُّ بِنَفْسِهِ لِيُنْقِذَ الْآخَرِينَ　消防士は身の危険を冒して,人を助けた

جَاسُوس<جس 複 جَوَاسِيس ❖ スパイ

أُلْقِيَ الْقَبْضُ عَلَى الْجَاسُوسِ　逮捕者はスパイを強制された

جَاسُوسِيَّة ❖ スパイ行為;諜報機関

عَمِلَ الرَّجُلُ فِي الْجَاسُوسِيَّةِ　男は諜報機関で働いていた

جَأْش ❖ 興奮;恐れ;心

رَابِطُ الْجَأْشِ　冷静な

رَابِطَة الْجَأْشِ	冷静さ
لَا تَخَفْ عَلَيْهِ إِنَّهُ مُدَرِّبٌ رَابِطُ الْجَأْشِ	心配しないで，彼は冷静なコーチだから
بِجَأْشٍ رَابِطٍ	勇敢に
جَاعَ ، يَجُوعُ <جوع	❖ 空腹になる，腹が減る，飢える
أَنَا جُعْتُ !	(私は)腹が減った!/お腹が空いた！
جَافٌّ <جف	❖ 乾いた，乾燥した；愛想のない
هَوَاء جَافّ	乾いた(乾燥した)空気
قَلَمُ الْحِبْرِ الْجَافِّ	ボールペン
جَافَى ، يُجَافِي <جفو III 名 مُجَافَاة	❖ 手荒く扱う；避ける，嫌う 名粗暴な事
أَتَدْرِي لِمَاذَا يُجَافِينِي الْمُدِيرُ ؟	支配人がどうして私を嫌うのか，知っていますか
جَالَ ، يَجُولُ <جول	❖ うろつく，歩き回る；(噂が)広まる；(考えが)過ぎ
جَالَ السَّائِحُ فِي أَسْوَاقِ الْمَدِينَةِ	観光客は町の市場をうろついた
مَا يَجُولُ فِي خَاطِرِهِ	彼の関心事
جَالَ بِرَأْسِهِ (فِي خَاطِرِهِ)	(ある考えが)頭を過ぎった
جَالَسَ <جلس III 名 مُجَالَسَة	❖ 座る，同席する；交際する 名交際；社交
أَلَا تُجَالِسُنَا هُنَا؟	ここで一緒に座りませんか
جَالِيَة <جلو 複 -ات/جَوَالٍ	❖ 植民地；租界
جَامِد <جمد 複 جَوَامِد	❖ 無生物の；無機物の；固い；凍った 複無生物；無機物
اَلْحَجَرُ جَامِدٌ	石は固いです
جَامِع <جمع 複 جَوَامِع	❖ 形総合的な，広範な 名モスク；集める人
أُقِيمَتِ الصَّلَاةُ فِي الْجَامِعِ	礼拝がモスクで行われた
جَامِعَة <جمع 複 -ات/جَوَامِع	❖ 大学；連盟
اَلِامْتِحَان لِدُخُولِ الْجَامِعَةِ	大学の入学試験
جَامِعَةُ الدُّوَلِ الْعَرَبِيَّةِ	アラブ連盟
جَامِعِيّ <جمع 複 ون	❖ 大学の

أُسْتَاذ (مُحَاضِر) جَامِعِيّ　大学(の)教授(講師)

جَامُوس 複 جَوَامِيس ❖ 水牛

اَلْجَامُوسُ أَقْوَى مِنَ الثَّوْرِ وَأَضْخَمُ　水牛は牛より強く大きい

جَانِبٌ 複 جَوَانِبُ ❖ 横,側;方面

مِنْ جَانِبِهِ　彼の側から

جَانِبًا/بِجَانِب　脇に/側に

وَضَعَ الشَّنْطَةَ جَانِبًا　鞄を脇に置いた

مِنْ كُلِّ جَانِبٍ　あらゆる方面から

إِلَى جَانِبِ ~/بِجَانِبِ ~　~の他に/更に~

إِلَى جَانِبِ ذٰلِكَ　その上に/その他に

يَقَعُ الْمَطْعَمُ فِي الْجَانِبِ الشَّرْقِيِّ مِنَ الْبَيْتِ　レストランは家の東側にある

جَاهَدَ <جهد III 名 مُجَاهَدَة ❖ 戦う;努力する,努める 名 戦い,戦闘;努力

جَاهَدَ فِي سَبِيلِ ~　~のために戦った(努力した)

جَاهِز <جهز ❖ 準備されて,用意が出来て,用意された,既成の

أَلْبِسَة جَاهِزَة　既成服

اَلْحَفْلَةُ جَاهِزَةٌ الْآنَ　パーティの用意はもう出来ています

جَاهِل 複 جُهَلَاء /جُهَّال /جُهَّل /جَهَلَة ❖ 無知の,無知な,無学の,愚かな 関 ジャーヒリー*

関 جَاهِلِيّ　*イスラム以前の多神教徒

إِنَّهُ فَتًى جَاهِلٌ　本当に彼は無知な若者だ

اَلْعَصْرُ الْجَاهِلِيّ　ジャーヒリーヤ時代

جَاهِلِيَّة <جهل ❖ 無知な状態;ジャーヒリーヤ時代(اَلْجَاهِلِيَّة)*
*イスラムが現れる以前の時代

لَا نَعْرِفُ الْكَثِيرَ عَنْ أَحْدَاثِ الْجَاهِلـ　私達はジャーヒリーヤ時代の出来事を良く知らない

جَاوَبَ <جوب III 名 مُجَاوَبَة ❖ 答える;(要求に)応じる 名 返事,回答;反応

سَأَلْتُهُ عَنْ سَبَبِ حُزْنِهِ، فَلَمْ يُجَاوِبْ　私が彼に悲しむ理由を尋ねたら,答えなかった

جَاوَرَ < جور III 名 جِوَار ❖ 近所に住む，隣にいる；隣人になる 名近所，隣り

لَا أُرِيدُ أَنْ أُجَاوِرَ الْمُتَكَبِّرَ　傲慢な人の近所に住みたくない

بِجِوَارِ ~/ إِلَى جِوَارِ ~/ فِي جِوَارِ ~　~の側に/~の隣りに

جَاوَزَ < جوز III 名 مُجَاوَزَة ❖ 通る；越える 名越える事，超越；無視

جَاوَزَ السَّائِقُ الثَّلَاثِينَ مِنَ الْعُمْرِ　運転手は三十歳を越えていた

جَبَى، يَجْبِي 名 جِبَايَة 複 -ات ❖ (税などを)集める，徴収する 名取り立て，徴収；税

جَبَى الضَّرِيبَةَ　税を徴収した

جَبَّار < جبر 複 ون /جَبَابِر/جَبَابِرَة ❖ 形強い；傲慢な；大きい 名巨人；征服者；暴君

مَجْهُود جَبَّار　大いなる努力

اَلْجَبَّار　全能者/神/オリオン座[天文]

جَبَان < جبن 複 جُبَنَاء ❖ 形臆病な 名臆病者，弱虫

يَا لَكَ مِنْ جَبَانٍ!　臆病者！/弱虫！

جَبَّانَة < جبن 複 -ات ❖ 墓場

تَقَعُ الْجَبَّانَةُ عِنْدَ التَّلِّ　墓場は丘の麓にある

جُبَّة 複 جُبَب/جِبَاب ❖ ジョッバ ※服の上にまとう長くゆったりとした外衣

نَسِيتُ جُبَّتِي فِي الْمَكْتَبِ　私は事務所にジョッバを忘れた

جَبَرَ (u) 名 جَبْر ❖ (折れた骨を)元に直す；修理する；救う；強いる
名整骨，接骨；力；抑圧；運命；代数

جَبَرَ خَاطِرَهُ　慰めた

اَلْجَبْر / عِلْم الْجَبْرِ　代数学/代数

لَا أَجِدُ عِلْمَ الْجَبْرِ صَعْبًا　代数は難しいと思わない

جَبْرًا　強制的に/無理やり

جَبَّرَ < جبر II 名 تَجْبِير ❖ 接骨する 名接骨

مَنْ يُجَبِّرُ الْعَظْمَ الْمَكْسُورَ؟　折れた骨は誰が接骨するのですか

جَبَلَ (u, i) ❖ こねる；形作る；(神が)創り出す，作る

جَبَلَ التُّرَابَةَ وَالرَّمْلَ بِالْمَاءِ　セメントと砂を水でこねた

جَبَلٌ 複 أَجْبَالٌ / جِبَال 関 جَبَلِيّ ❖ 山;丘 関山の;山に住む人

جَبَلُ الْجُلْجُلَةِ　ゴルゴタの丘

سِلْسِلَةُ جِبَالٍ　山脈

جِبَالُ هِيمَالَايَا　ヒマラヤ山脈

مُنَاخُ السَّاحِلِ أَفْضَلُ مِنْ مُنَاخِ الْجَبَلِ　海辺の気候は山の気候より良い

مَا أَجْمَلَ هٰذَا الْكَرَزَ الْجَبَلِيَّ !　この山桜は何と美しいのでしょう

جَبُنَ (u) 名 جُبْن ❖ 臆病になる,臆病である 名臆病

يَجْبُنُ الْحَارِسُ فَلَا يُطَارِدُ اللِّصَّ　臆病な警備員は泥棒を追いかけない

جُبْن(ٌ) / جُبْنَة ❖ チーズ

قِطْعَةٌ مِنَ الْجُبْنِ　一切れのチーズ

إِفْطَارُنَا جُبْنٌ وَقَهْوَةٌ　私達の朝食はチーズとコーヒーです

جَبْهَة 複 ـات / جِبَاه ❖ 額;戦線;前線

جَبْهَة حَرْبِيَّة　戦線

جَبْهَة شَعْبِيَّة　人民戦線

جَبِين 複 أَجْبِنَة / أَجْبُن ❖ 額,眉;(建物の)正面

عَمِلَ بِعَرَقِ جَبِينِهِ　額に汗を流して働いた

مِنْ جَبِينِي　私一人で

اَلْمَكْتُوبُ عَلَى الْجَبِينِ　運命

جُثَّة 複 جُثَث ❖ 死体,遺体;体

جُثَّةُ الْغَرِيقِ　溺死体

وُجِدَتْ جُثَّةُ الْقَتِيلِ فِي السَّيَّارَةِ　車の中から殺人死体が見つかった

جُثْمَان<جثم 複 ـات ❖ 体

جُثْمَانُ الْفَقِيدِ　死体/遺体

جُحْر 複 أَجْحَار / جُحُور ❖ 巣穴,穴,

سُرْعَانَ مَا اخْتَفَتِ الْحَيَّةُ فِي جُحْرِهَا　蛇は直ぐに(急いで)巣穴に隠れた

جَحْش 複 جِحاش ❖ 若いロバ;子供のロバ

هَلْ تَرْكَبُ الْجَحْشَ الصَّغِيرَ؟　あなたは小さい子ロバに乗るのですか

جَحِيم <جحم ❖ 男女地獄;酷暑地

جَدَّ (i) ❖ 努力する;真面目である;急ぐ(～في:～を)

مَنْ جَدَّ وَجَدَ　努力する者が報われる[格言]

جَدَّ فِي سَيْرِهِ　急いで行った

جَدَّ (i) ❖ 最近の事である,最近起きた事である

أَخْبِرْنَا بِمَا يَجِدُّ　最近の出来事を私達に知らせなさい

جَدٌّ 複 أَجْداد / جُدُود 女 جَدَّة 複 ـات ❖ 祖父,おじいさん;先祖 女祖母,おばあさん

أَسْرَعَ جَدِّي إِلَيَّ　祖父が急いで私の所へ来ました

أُحِبُّ حِكَايَاتِ جَدَّتِي　私はお祖母さんの話が大好きです

جِدٌّ 関 جِدِّيّ ❖ 熱意;真面目さ;真剣,本気 関熱心な;真剣な;本気の

جِدُّ مُرْتَاحٍ　とても快い

جِدُّ عَالِمٍ　博識の

جِدُّ عَظِيمٍ　とても偉大な

يَخْتَلِفُونَ جِدَّ الاخْتِلَافِ　彼らは大いに異なる

مِنْ جِدٍّ / بِجِدٍّ / جِدِّيًّا　熱心に/真面目に

جِدًّا　とても,非常に ※形容詞を修飾

هٰذَا الْكُرْسِيُّ مُرِيحٌ جِدًّا　この椅子はとても気持ちが良い

كُنْ جِدِّيًّا فِي حَيَاتِكَ　人生に真剣でありなさい

جِدَار <جدر 複 جُدُر / جُدْرَان ❖ 壁

جِدَارُ الصَّوْتِ　音速障壁/音速の壁 ※音速を超えるときの空気抵抗

جِدَارُ النَّارِ　防火壁

جِدَال <جدل ❖ 論争,口論;議論

لَا يَقْبَلُ الْجِدَالَ　議論の余地はない

جَدَّدَ < جد II 名 تَجْدِيد 複 -ات ✽ 更新する，新しくする；復活させる；再び行う 名更新；創造；復興 複改革

جَدَّدَ الْعَقْدَ (رُخْصَةَ الْقِيَادَةِ) 　契約(運転免許証)を更新した

جَدَّدَ بَابَ الْبَيْتِ 　家の門を新しくした

تَجْدِيد الرُّخْصَةِ 　免許証の更新

جَدُرَ (u) 名 جَدَارَة ✽ 価値がある；適している，ふさわしい 名価値；適切

يَجْدُرُ ذِكْرُهُ (الذِّكْرُ) 　述べる価値がある

جُدَرِيّ (جُدَرِيّ) < جدر ✽ 天然痘

لِقَاح الْجُدَرِيِّ 　天然痘ワクチン

جَدَّفَ < جدف II 名 تَجْدِيف ✽ (船を)漕ぐ；呪う(〜عَلَى：〜を)；冒涜する(〜عَلَى：〜を) 名漕ぐ事；冒涜

فَرِيقُ سِبَاقِ الْقَوَارِبِ يُجَدِّفُ بِقُوَّةٍ 　ボートレースのチームは力強く船を漕ぐ

لَمْ يُجَدِّفْ عَلَى اللّٰهِ 　神を呪わなかった

جَدَلٌ ✽ 論争；議論，討論

لَنْ نُطِيلَ الْجَدَلَ 　私たちは議論を長くしないだろう

جَدْوَى < جدو ✽ 有益さ，利点；贈り物

عَلَى غَيْرِ جَدْوَى / بِلَا جَدْوَى 　無駄に

كَانَتْ مُحَاوَلَاتُهُ بِغَيْرِ جَدْوَى 　彼の試みは無駄だった

لَا جَدْوَى فِي بُكَاءٍ عَلَى مَا مَضَى 　過ぎた事を嘆いても仕方ない

جَدْوَل 複 جَدَاوِل ✽ 表，スケジュール表；小川

جَدْوَل دِرَاسِيّ 　カリキュラム

جَدْوَل الْأَعْمَالِ 　作業日程表/工程表

جَدْوَل الْمَوَاعِيدِ 　時間表/時刻表/時間割

لَا تُعَكِّرْ مَاءَ الْجَدْوَلِ 　小川の水を濁すな

جَدْيٌ < جدى 複 أَجْدٍ / جِدَاء / جِدْيَان ✽ 若い山羊，子山羊；北極星[天体]

اَلْجَدْي 　山羊座[天体]

جدّ ⇐ جِدّ 関 ❖ جِدّي<جد

جَدِيد<جد 複 جُدُد 比 أَجَدّ ❖ 新しい,最近の 比より(もっと)新しい

هٰذَا ثَوْبٌ جَدِيدٌ　これは新しい服です

طَالِب جَدِيد　新入生

اَلْجَدِيدَان　昼と夜

مِنْ جَدِيدٍ　再び/新しく

جَدِير<جدر 複 جُدَرَاء ❖ (～する)価値のある,(～に)値する(～بِ)

جَدِير بِالرُّؤْيَةِ　一見の価値がある

جَدِير بِالذِّكْرِ　述べる価値がある

جَدِير بِالثِّقَةِ　信頼に値する

جَذَّاب<جذب ❖ 魅力的な,引き付ける

نَظَرُهَا جَذَّابٌ، وَحَدِيثُهَا جَذَّابٌ أَكْثَر　彼女の容姿は人を引き付け,またその話し方はもっと人を引き付ける

جَذَبَ (i) ❖ 引き付ける,引く

جَذَبَ اهْتِمَامًا　関心を引いた

يَجْذِبُ الْمَغْنَطِيسُ بُرَادَةَ الْحَدِيدِ　磁石は鉄屑を引き付ける

جَذْر (ِ) 複 جُذُور 関 جَذْرِيّ ❖ 根[植物];根[数学] 関根の;根本的な

جَذْر تَرْبِيعِيّ　平方根

جُذُور الْحَشِيشِ　草の根

جُذُور الْمُشْكِلَةِ　問題の根幹(核心)

تَغْيِير جَذْرِيّ　根本的な改革(変革)

جِذْع 複 أَجْذَاع ❖ 幹;切り株;胴,胴体

جِذْع الْجِسْمِ　胴体

جِذْع الشَّجَرَةِ　(木の)幹

جَذَّفَ<جذف II ❖ (船を)漕ぐ

جَذَّفَ الْقَارِبَ　船を漕いだ

جَرَّ (u) ❖ 引く, 引きずる; 引き起こす; 属格にする[文法] 名 جَرٌّ
名引く事, 牽引; 原因

جَرَّ الثَّوْرُ الْعَرَبَةَ	牛が荷車を引いた
جَرَّ الْكِيسَ عَلَى الْأَرْضِ	袋を引きずった
جَرَّ جَرِيرَةً عَلَى~	~に対し不法な行為を働いた
سَتَجُرُّنَا الْفَوْضَىٰ إِلَى مُصِيبَةٍ	無秩序が私達に災いを引き起こすだろう
حَرْفُ الْجَرِّ	前置詞

جَرُؤَ ، يَجْرُؤُ ❖ あえて~する, ~する勇気がある(~عَلَى), 思い切って~する(~عَلَى) 名 جُرْأَة 名勇気; 大胆

كَيْفَ تَجْرُؤُ عَلَى إِهَانَتِي؟	どうして, あなたは私をあえて侮辱するような事を言う(する)のですか
بِجُرْأَةٍ	勇敢に

جَرَىٰ ، يَجْرِي ❖ (水が)流れる; (風が)吹く; 走る; 起こる; 実施される; (噂が)広がる; (言葉が)発せられる 名 جَرْي 名流れ; 走り

جَرَىٰ إِلَى~	~に向かった/進んだ
جَرَىٰ عَلَى الْأَلْسُنِ	人々の口に上った(噂になった)
جَرَىٰ مَجْرَاهُ	類似した/真似た
جَرَىٰ بِهِ الْعَمَلُ	効果的であった/有効であった
جَرَتِ الْعَادَةُ	習慣であった
جَرَىٰ خَلْفَ~	~の後を追った
جَرَىٰ الطِّفْلُ خَلْفَ أُمِّهِ	子供は母親の後を追った
كَيْفَ جَرَىٰ حَادِثُ الِاصْطِدَامِ؟	その衝突事故はどのようにして, 起きたのですか
يَجْرِي نَهْرُ "ناجارا" عَبْرَ قَرْيَتِنَا	長良川は私たちの村の中を流れています
تَجْرِي مُحَادَثَاتٌ بَيْنَهُمَا	二人の間で, 会談が行われる
جَرْيًا عَلَى~	~によれば
عَلَى جَرْيِ الْعَادَةِ	習慣によれば
جَرْيًا	走って
عَادَ إِلَى الْبَيْتِ جَرْيًا	走って, 家に戻った

جَرَّأَ <جرؤ II ❖ 元気づける, 励ます(～عَلَى:～を)

جَرَّأَنِي مُعَلِّمِي عَلَى السِّبَاحَةِ　泳ぐ時に先生は私を励ましてくれた

جِرَاب <جرب 複 أَجْرِبَة ❖ カバン/鞄

حَمَلَ الْمُسَافِرُ زَادَهُ فِي الْجِرَابِ　旅行者はカバンに食料を持っていた

جَرَّاح <جرح 複 ون ❖ 外科医, 外科専門医

سَيُجْرِي جَرَّاحٌ مَاهِرٌ الْعَمَلِيَّةَ　腕の良い外科医がその手術をするだろう

جِرَاحَة <جرح ❖ 手術;外科

جِرَاحَةُ الدِّمَاغِ عَمَلِيَّةٌ صَعْبَةٌ　脳の手術は難しい

قِسْمُ الْجِرَاحَةِ　外科

جَرَادٌ <جرد ※جَرَادَة ❖ イナゴ, バッタ　※1匹のイナゴ

يَأْكُلُ الْجَرَادُ نَبَاتَ الْأَرْضِ　イナゴは地上の植物を食べる

جَرَّارٌ <جر 複 ـات ❖ 形 多大な 名 トラクター;陶磁器を作る人;陶磁器店

تَأَخَّرَتِ الْحِرَاثَةُ لِأَنَّ الْجَرَّارَ تَعَطَّلَ　トラクターが故障したので耕作が遅れた

اِشْتَرَى الْإِبْرِيقَ مِنْ عِنْدِ الْجَرَّارِ　陶磁器店でポットを買った

جَرَّافَة <جرف 複 ـات ❖ ブルドーザー

اَلْجَرَّافَةُ تُسَوِّي الطَّرِيقَ　ブルドーザーが道を平らにする

جَرِبَ (a) جَرَبٌ 名 ❖ 疥癬にかかる;(色が)落ちる 名 疥癬, 皮膚病

يَجْرَبُ الْجَمَلُ بِسُهُولَةٍ　ラクダは容易に疥癬にかかる

كَانَ الْبَدْوُ يُدَاوُونَ الْجَرَبَ بِالْقَطْرَانِ　かつてベドウィン達は皮膚病をタールで治療していた

جَرَّبَ <جرب II 名 تَجْرِيب ❖ 試みる, 試す, (～して)見る 名 試み;テスト

جَرَّبَ الدَّوَاءَ　薬を試した

جَرَّبَ الْأَيَّامَ　経験を積んだ

هَلْ أَسْتَطِيعُ أَنْ أُجَرِّبَ هٰذَا الطَّقْمَ ؟　このスーツを試着しても良いですか

جَرْبَاءُ <جرب ❖ ⇒ أَجْرَبُ 女

جَرْبَان <جرب 複 جَرْبَى ❖ 疥癬にかかった

اَلْغَنَمُ الْجَرْبَانُ يُبْعَدُ عَنِ الْقَطِيعِ　疥癬にかかった羊は群から離される

جَرَّةٌ 複 جِرَار ❖ (陶器の)壺, 瓶

وَضَعَ مَاءً فِي الْجَرَّةِ　瓶に水を入れた

جُرْثُوم / جُرْثُومَة 複 جَرَاثِيم ❖ 細菌, 菌, バクテリア, ビールス

طَهَّرَ الثِّيَابَ مِنَ الْجَرَاثِيمِ　服を殺菌消毒した

جَرْجَرَ ، يُجَرْجِرُ ❖ うがいをする;引きずる

جَرْجَرَ رِجْلَيْهِ　足を引きずった

جَرَحَ (a) 名 جَرْحٌ 複 جُرُوح / جِرَاح ❖ 傷つける;負傷する 名傷, けが

受 جُرِحَ ، يُجْرَحُ　傷付く, けがをする

سَوْفَ تُجْرَحُ مِنَ الْكَلِمَاتِ　彼女はその言葉に傷付くだろう

جُرِحَتْ فِي عَيْنَيْهَا　彼女は両目をけがした *受

* أُصِيبَ بِجِرَاحٍ فِي~　~に傷を受けた

جَرَدَ (u) ❖ 皮を剥ぐ, 皮をむく

يَجْرُدُ الْعَامِلُ جُذُوعَ الْحَوْرِ　作業員がポプラの幹の皮を剥いでいる

جَرَدَ جِلْدَ الْجَمَلِ　ラクダの皮を剥いだ

جَرَّدَ <جرد II 名 تَجْرِيد ❖ 皮を剥ぐ, むく;服を脱がす;奪い取る
名皮を剥ぐ事;武装解除

جَرَّدَ ~ مِنْ ..　~から‥を剥ぎ取った(奪い取った)

جَرَّدَهُ مِنْ ثِيَابِهِ　彼の服を剥ぎ取った

جَرَّدَ ~ مِنَ السِّلَاحِ　~を武装解除した

جُرْذ 複 جُرْذَان ❖ 大型のネズミ, 野ネズミ, どぶネズミ

اَلْجُرْذُ أَكْبَرُ مِنَ الْفَأْرِ　野ネズミは家ネズミより大きい

جَرَسٌ 複 أَجْرَاس ❖ 鈴, 鐘, ベル

أَعْلَنَ جَرَسُ الْبُرْجِ تَمَامَ السَّاعَةِ السَّادِسَةِ　塔の鐘がきっかり6時を告げた

جَرَسُ الْإِنْذَارِ　非常ベル

جَرِعَ (a) / جَرَعَ (a)	❖ 飲み込む, 飲み下す, 飲む:注ぐ
جَرِعَ الدَّوَاءَ	薬を飲み込んだ
جَرَّعَ <جرع II	❖ 飲み込ませる, 飲ませる
اِشْرَبِي الدَّوَاءَ وَإِلَّا جَرَّعْتُكِ إِيَّاهُ بِالْقُوَّةِ	薬を飲みなさい, さもないと力ずくで飲ませるよ
جُرْعَة 複 -ات/جُرَعٌ	❖ (水や薬の)一飲み, 一口
تَنَاوَلَ الْمَرَقَ جُرْعَةً بَعْدَ جُرْعَةٍ	スープをごくごく飲んだ
جَرَفَ (u) جَرْف 名	❖ 取り除く;押し流す, 洗い流す 名除去;排出
جَرَفْتُ الثَّلْجَ الَّذِي تَرَاكَمَ عَلَى الشَّارِعِ	私は通りに積み重なった雪を取り除きました
جُرْف 複 أَجْرَاف/ جُرُوف	❖ 崖; 急斜面
أَبْعِدْ حِمَارَكَ عَنِ الْجُرْفِ	ロバを崖から遠ざけなさい
جُرْف جَلِيدِيّ	雪崩
جَرَّمَ <جرم II	❖ 有罪とする;告発する, 告訴する
اَلْأَدِلَّةُ كُلُّهَا تُجَرِّمُ الْمُتَّهَمَ	全ての証拠が容疑者を有罪としている
جُرْم 複 أَجْرَام /جُرُوم	❖ 罪
بِأَيِّ جُرْمٍ يُحَاكَمُ الْمُتَّهَمُ ؟	いかなる罪で被告は裁かれるのか
لَا جُرْمَ	確かに
جُرْن 複 أَجْرَان	❖ (石製の)水盤;(肉をつぶす石の)つき臼, すり鉢
جُرْن الْمَعْمُودِيَّةِ	(キリスト教の)洗礼水盤
جَرْوٌ 複 جِرَاءٌ / أَجْرٍ	❖ 子犬;子供の肉食獣
لَجَأَ إِلَى الْمَطْعَمِ جَرْوٌ جَائِعٌ	レストランにお腹を空かした子犬が逃げてきた
جَرِيء <جرؤ 複 أَجْرَاءُ / أَجْرِيَاءُ	❖ 大胆な, 勇敢な
أَنْقَذَ الْإِطْفَائِيُّ الْجَرِيءُ الْوَلَدَ	勇敢な消防士が子供を救った
جَرِيح <جرح 複 جَرْحَى	❖ 形傷ついた, 負傷した 名けが人, 負傷者
اَلْجُنْدِيُّ جَرِيحٌ	その兵士は傷ついて(負傷して)いる
كَانَ الْجَرْحَى فِي مَيْدَانِ الْقِتَالِ	戦場に負傷者がいた

جَرِيد < جرد ❖ 椰子の木の(葉のない)枝

نَصْنَعُ الْأَقْفَاصَ مِنَ الْجَرِيدِ　私達は椰子の木の枝で鳥篭を作る

جَرِيدَة < جرد 複 جَرَائِد ❖ 新聞

جَرِيدَة يَوْمِيَّة　日刊紙

أَشْتَرِي الْجَرِيدَةَ صَبَاحَ كُلِّ يَوْمٍ　私は毎朝，新聞を買います

جَرِيرَة < جر 複 جَرَائِر ❖ 罪，違反，不法行為

مِنْ جَرِيرَةِ ~　~のために/~の理由で

عَاقَبَ بِجَرِيرَةِ غَيْرِهِ　他人の罪で罰せられた/濡れ衣を着せられた

جَرِيمَة < جرم 複 جَرَائِم ❖ 犯罪，罪

جَرِيمَة قَتْلٍ　殺人罪

اِرْتَكَبَ جَرِيمَةَ ~　~の罪を犯した

وَقَعَتْ فِي الْحَيِّ الْجَرِيمَةَ　この地区で犯罪が起きた

جَزَّ (u) ❖ 刈る，切る

جَزَّ الرَّاعِي صُوفَ الْخِرَافِ　羊飼いが羊の毛を刈った

جُزْء 複 أَجْزَاء 関 جُزْئِيّ ❖ 部品，部分，巻，章；コーランを３０に分けた部分

関部分の，部分的な

جُزْء مِنَ الْآلَةِ　機械の部品

اِقْرَإِ الْكِتَابَ جُزْءًا بَعْدَ جُزْءٍ　本は段落毎に読みなさい

أَصْدَرْتُ الْجُزْءَ الْأَوَّلَ مِنْ هٰذَا الْكِتَابِ　私はこの本の第一部(第一巻)を出版しました

مُوَظَّف بِدَوَامٍ جُزْئِيٍّ　パート/パートタイマー

جَزَى ، يَجْزِي ❖ 報いる，報酬を与える

جَزَاكَ اللّٰهُ خَيْرًا، أَيُّهَا الْمُحْسِنُ !　良き行いをする者よ！神は報いて下さる

جَزَّأَ < جزأ II ❖ 区切る，分ける，分割する

جَزَّأَ الْمُؤَلِّفُ الْكِتَابَ إِلَى ثَلَاثَةِ أَجْزَاءٍ　著者はその本を三つの部分(３巻)に分けた

جَزَاء < جزى ❖ 賠償；報い，罰；報酬，褒美

جَزَاء نَقْدِيّ　罰金

جزائر ~ جزيرة

اَلْجَزَاءُ الْمُسْتَحِقُّ عَلَى~	~に値する当然の報い
ضَرْبَةُ جَزَاءٍ	ペナルティーキック
❖ (اَلْ)جَزَائِر 関 جَزَائِرِيّ	アルジェリア 関アルジェリアの;アルジェリア人
اَلْجُمْهُورِيَّةُ الْجَزَائِرِيَّةُ الدِّيمُوقْرَاطِيَّةُ الشَّعْبِيَّةُ	アルジェリア人民共和国
❖ جَزَّارٌ <جزر 複 ون /جَزَّارَة	肉屋,屠殺者
يَذْبَحُ الْجَزَّارُ الْمَاشِيَةَ وَيَبِيعُ لَحْمَهَا فِي الْبِلَادِ الْعَرَبِيَّةِ	アラブの国では肉屋さんが家畜を殺し,その肉を売
❖ جُزْدَان (ُ) 複 -ات	財布
ضَيَّعَ جُزْدَانَهُ فِي الْمَطَارِ	飛行場で財布を失った(無くした)
❖ جَزَرٌ ※ جَزَرَة	人参 ※1本の人参
زَرَعَ الْفَلَّاحُ إِلَى جَانِبِ الْجَزَرِ فُجْلًا	お百姓さんは人参の隣りに大根を植えた
❖ جَزِعَ (a)	心配する,不安になる;哀れむ
جَزِعَتْ أُمُّ الطِّفْلِ عَلَى زَوْجِهَا الصَّيَّادِ	その子の母は漁師(猟師)の夫を心配した
❖ جَزُلَ (i)	豊かである,豊富にある;茂る
جَزُلَ جِذْعُ الشَّجَرَةِ	木の幹(に枝葉)が茂っていた
❖ جَزَمَ (i) 名 جَزْم	切る;断言する;判断する;語尾の母音を発音しない 名未完了形動詞の語尾の母音を発音しない事
جَزَمَ الْقَضِيبَ	枝を切った
بَعْدَ "لَمْ" يَكُونُ الْفِعْلُ الْمُضَارِعُ فِي حَالَةِ الْجَزْمِ	未完了形動詞は" لَمْ "の後では語尾の母音は発音されない
❖ جَزْمَة 複 -ات/ جِزَم	靴,長靴
ضَعْ هٰذِهِ الْجَزْمَةَ وَلَا تَخَفْ مَطَرًا	この長靴を履きなさい,雨でも心配ないですよ
❖ جَزِيرَة <جزر 複 جُزُر / جَزَائِر	島
شِبْهُ جَزِيرَةٍ	半島
فِيهَا أَرْبَعُ جُزُرٍ كَبِيرَةٍ	そこには4つの大きな島があります

جَزِيل <جزل 複 جِزَال ❖ 豊かな, 十分な:大量の

نِعْمَة جَزِيلَة　豊かな恵み

شُكْراً جَزِيلاً　どうも, ありがとう

جَسَّ (u) ❖ 調べる, 検査する;触れる

جَسَّ الطَّبِيبُ نَبْضَ الْمَرِيضِ　医者が患者の脈を調べた

جَسَارَة <جسر ❖ 勇敢さ;大胆:出しゃばり;高慢

جَسَد 複 أَجْسَاد ❖ 体, 身体, 肉体

جَسَدُ الْإِنْسَانِ　人体

جِسْر 複 أَجْسُر / جُسُور ❖ 橋

نَصَبَ الْجِسْرَ　橋を架けた

جِسْرُ الْعُبُورِ　歩道橋

جِسْم 複 أَجْسَام / جُسُوم 関 جِسْمِيّ ❖ 体, 身体, 肉体, 身;物質, 物体 関 体の;物質の

جِسْمُ الْإِنْسَانِ　人体

اَلْعَقْلُ السَّلِيمُ فِي الْجِسْمِ السَّلِيمِ　健全な精神は健全な肉体にある[格言]

جِسْم طَائِر مَجْهُول　未確認飛行物体/UFO

جَسِيم <جسم 複 جِسَام ❖ 大きい;巨大な

هٰذَا الْمَقْعَدُ لَا يَسَعُ رَجُلًا جَسِيمًا　この席は体の大きな人が座るほど広くない

جَشَع ❖ 名 欲望;欲張り

لَا تَدَعِ الْجَشَعَ يُسَيْطِرُ عَلَيْكَ　あなたを欲望が支配するのを許してはならない

جَشِع ❖ 形 欲張りな, 強欲な

كُنْ قَنُوعًا وَلَا تَكُنْ جَشِعًا　満足しなさい, 欲張りになってはいけません

جَشَّمَ <جشم II 名 تَجْشِيم ❖ 苦しめる;負わせる 名 負担;重荷

جَشَّمَنِي مَرَضُكَ سَهَرَ اللَّيَالِي　私はお前の病気で徹夜して, 苦労したのだよ

جَصّ / جِصّ ❖ 石膏

اِجْبِلِ الْجَصَّ بِالْمَاءِ　石膏を水でこねなさい

جَصَّصَ < جص II ❖ 石膏を塗る, 漆喰を塗る

جَصَّصَ الْعُمَّالُ جُدْرَانَ قَاعَةِ الِاسْتِقْبَالِ　職人が応接間の壁に漆喰を塗った

جَعْبَة 複 جِعَاب ❖ 矢筒;弾薬入れ

تَنَاوَلَ سَهْمًا مِنْ جَعْبَتِهِ　矢筒から矢を取り出した

جَعَّدَ < جعد II ❖ パーマをかける, ウェーブにする;しわにする

جَعَّدَ الْمُزَيِّنُ شَعْرَ صَدِيقِي　美容師が私の友人にパーマをかけた

جَعْد 複 جِعَاد ❖ 巻き毛の, 縮れた;パーマのかかった

تُفَضِّلُ الشَّعْرَ الْجَعْدَ عَلَى الْمُرْسَلِ　彼女はストレートの髪より, パーマをかけた髪を好

جَعَلَ (a) ❖ 作る;置く;与える;(~し)始める(~:未);
(~)させる(~:未)

جَعَلَ يَبْكِي　彼は泣き始めた

جَعَلَ لَهُ ~　彼に~を与えた

جَعَلَكَ تَذْهَبُ　彼はあなたを行かせた

اِجْعَلْ غُرْفَتَكَ مُرَتَّبَةً　部屋を整理整頓しなさい

جُعَلٌ 複 جِعْلَان ❖ スカラベ, ふんころがし

جُغْرَافِيَا / جُغْرَافِيَة ❖ 地理(学)

أُحِبُّ الْجُغْرَافِيَا، وَلَا أُحِبُّ التَّارِيخَ　私は地理が好きだが, 歴史は好きではない

جَفَّ (i) ❖ 乾く, 乾燥する;干上がる

جَفَّتِ الْمَلَابِسُ　服が乾いた

جَفَّتِ الْبُحَيْرَةُ　湖が干上がった

جَفَافٌ < جف ❖ 乾燥;干ばつ

مَعَ الْجَفَافِ يَنْحَطُّ مُسْتَوَى الْإِنْتَاجِ الزِّرَاعِيِّ　干ばつで農業生産が衰退している

جَفَّفَ < جف II 名 تَجْفِيف ❖ 乾かす, 干す, 乾燥させる 名乾燥

حَرَارَةُ الشَّمْسِ تُجَفِّفُ التِّينَ وَالْعِنَبَ　太陽の熱がイチジクとブドウを乾かす

جَفَّلَ < جفل II ❖ (動物を)追う,追い立てる,追い払う;怯えさせる

جَفَّلَ الْحِمَارَ　ロバを追い立てた

جَفْن 複 أَجْفَان / جُفُون ❖ まぶた

يَغْمُضُ لِي جَفْنٌ　私のまぶたが重い/私は眠い

جَلَّ (i) 名 جَلَال ❖ 偉大である;超えている 名偉大さ,気高さ;名誉

اَللّٰهُ عَزَّ وَجَلَّ　神は力強く,偉大である

ذُو الْجَلَالِ　高貴なるお方/神

جَلَا، يَجْلُو < جلو 名 جَلَاءٌ ❖ 撤退する,避難する(〜عَنْ:〜から);きれいにする;はっきりさせる;追い出す
名撤退(〜عَنْ:〜からの);はっきりする事,明白さ

بَدَأَ جَيْشُ الِاحْتِلَالِ يَجْلُو عَنِ الْبَلَدِ　占領軍はその国から撤退し始めた

هٰذَا الْغُمُوضُ فِي الْمَعْنَى بِحَاجَةٍ إِلَى مَا يَجْلُوهُ　この曖昧な意味をはっきりさせる必要がある

بِجَلَاءٍ　はっきりと/明白に

جَلَّابِيَّة < جلب 複 ـات ❖ ガッラベーヤ ※ゆたっりとしたアラビアの外衣

جَلَّادٌ < جلد 複 ـون ❖ 毛皮商人;刑の執行人

كُلِّفَ الْجَلَّادُ بِتَنْفِيذِ حُكْمِ الْإِعْدَامِ　執行人は死刑の実行(執行)を命じられた

جَلَالٌ < جل ❖ ⇒ جَلَّ 名

جَلَالَة < جل ❖ 高貴な事 ※王の別称

صَاحِبُ الْجَلَالَةِ　国王陛下/陛下

جَلَبَ (u, i) ❖ 引き付ける;呼ぶ;得る,稼ぐ;輸入する;(物を)持って来る,もたらす;(人を)連れて来る

جَلَبَ مَعَهُ هَدِيَّةً لَهَا　彼女に贈り物を持って来た

جَلَبَ السَّعَادَةَ لِـ　〜に幸せをもたらした

زِرَاعَةُ الْأَرْضِ تَجْلِبُ الْخَيْرَ وَالرَّخَاءَ　大地の耕作は富と繁栄をもたらす

جَلَبَ الْمُعَلِّمُ التِّلْمِيذَ　教師はその生徒を連れて来た

مَا تَجْلِبُهُ الرِّيحُ تَأْخُذُهُ الزَّوَابِعُ　風が運んだ物は嵐が持ち去る/簡単に手に入る物は直ぐに出ていく[格言]

جَلَبَة ❖ 騒音;叫び

تُسَيْطِرُ عَلَى سُوقِ السَّمَكِ جَلَبَةٌ　騒音が魚市場(魚河岸)を圧倒している

جَلَدَ (i) ❖ むち(鞭)で打つ

جَلَدَ بِالسَّوْطِ　むち(鞭)で打った

جَلَدَ (a) ❖ 凍る

يَشْتَدُّ الصَّقِيعُ لَيْلًا فَتَجْلُدُ الْبِرْكَةُ　夜に寒気が強まって,池が凍る

جَلَّدَ <جلد II 名 تَجْلِيد ❖ 製本する;本の表紙を付ける;凍らせる 名製本;凍

يُجَلِّدُ كُتُبَهُ بِنَفْسِهِ　自分で本を製本する

جِلْد 複 أَجْلَاد / جُلُود ❖ 皮,革

جِلْدُ الْجِسْمِ　皮膚

جَلَسَ (i) 名 جُلُوس ❖ 座る;敷く(〜عَلَى:〜に) 名座る事,着席

اِجْلِسْ عَلَى الْوِسَادَةِ　座布団を敷きなさい(敷いて下さい)

جَلَسَ التَّلَامِيذُ بِهُدُوءٍ عَلَى الْكَرَاسِيِّ　生徒達は静かに椅子に座った

جَلْسَة 複 جَلَسَات ❖ 集会,会議;座席

عَقَدَ جَلْسَةً　会議を開いた

رَئِيسُ الْجَلْسَةِ　議長

مَحْضَرُ الْجَلَسَاتِ　議事録

اِسْتَغْرَقَتِ الْجَلْسَةُ وَقْتًا طَوِيلًا　その集会は長時間に渡った

جَلِيّ <جلو ❖ 明白な,はっきりした

جَلِيًّا　明確に/はっきりと

حَقِيقَةٌ جَلِيَّةٌ　明白な事実

جَلِيد <جلد 関 جَلِيدِيّ ❖ 氷 関氷の;雪で覆われた

جَبَلُ جَلِيدٍ　氷山

جَلِيد جَافّ　ドライアイス

اَلْعَصْر الْجَلِيدِيّ　氷河期

جَلِيس ＜جلس 複 جُلَسَاءُ ❖ (座っている人の)付き添い, コンパニオン;参加者

جَلِيس الْأَطْفَال　子守

جَلِيل ＜جل 複 أَجِلَّاء ❖ 形偉大な;高貴な;立派な 名偉人;高貴な人

إِنْسَان جَلِيل　高貴な人/貴族

جَمّ ❖ 形多くの, 豊富な 名群衆, 人だかり

أُحِبُّ عَمِّي حُبًّا جَمًّا　私は伯父(叔父)がとても好きです

جَمُّ النَّشَاط　活発な/元気な

فَوَائِد جَمَّة　多くの利点

اَلْجَمّ الْغَفِير　大群衆

جَمَاد ＜جمد 複 -ات ❖ 無機物, 鉱物;不活性な物質, 無生物

اَلصَّخْرُ جَمَادٌ　岩石は無機物である

جُمَادَى 複 جُمَادَيَات ❖ ジョマーダー ※イスラム暦の五番目と六番目の月

جُمَادَى الْأُولَى　ジョマーダー・ル=ウーラー ※イスラム暦の五月

جُمَادَى الْآخِرَة　ジョマーダー・ル=アーヒラ ※イスラム暦の六月

جَمَاعَة ＜جمع 複 -ات ❖ (人や動物の)一団, 集団, グループ;群衆;複数

جَمَاعَة مِنَ الطُّلَّاب　学生の一団(集団)

جَمَاعَة وَطَنِيَّة　ナショナリストのグループ/愛国主義者の集団

جَمَاعَة الذُّكُور (الْإِنَاث)　男性形(女性形)複数

جَمَاعَاتٍ　集団的に/集団で

جَمَال ＜جمل ❖ 美しさ, 美

عِلْم الْجَمَال　美学

فِي الطَّبِيعَةِ جَمَالٌ　自然には美しさがある

جِمَال ＜جمل ❖ جَمَل :ラクダの複

جُمَان ※ جُمَانَة ❖ 真珠 ※1個の真珠

عِقْد مِنْ جُمَانٍ　真珠の首飾り

جَمَاهِير <جمهر ❖ 人民,民衆;群衆　※ جُمْهُور の複

جَمْبَرِي ❖ エビ/海老 ※[gambarii] エジプト方言

جُمْجُمَة 複 جَمَاجِم ❖ 頭蓋骨

يُمَثَّلُ خَطَرُ الْمَوْتِ بِجُمْجُمَةٍ　死に至るような危険は頭蓋骨で表される

جَمَحَ (a) ❖ (馬が)暴れる,駆け出す;(妻が夫を)見捨てる

جَمَحَ الْحِصَانُ فَجْأَةً　馬が急に暴れた

جَمَحَتِ الْمَرْأَةُ زَوْجَهَا　妻は夫の家を出て,実家に帰った

جَمَدَ (u) ❖ 凍る;固体になる,固まる

لَنْ تَمْضِيَ سَاعَةٌ حَتَّى يَجْمُدَ الْمَاءُ　水が凍る迄に1時間は掛からないだろう

جَمَدَ الدَّمُ　血が固まった

جَمَّدَ <جمد II ❖ 凍結する,凍らせる

جَمَّدَ أَمْوَالَهُ　彼の資産を凍結した

جَمْرَة 複 -ات ❖ (1個の)燃えている炭;(イスラム教の石投げ儀式の)小石

تَنَاوَلَ الْجَمْرَةَ بِالْمِلْقَطِ　火箸で燃えている炭を扱った

جُمْرُك 複 جَمَارِك 関 جُمْرُكِيّ ❖ 税関 関税関の;税関吏,税関の職員

وَقَفَتِ الشَّاحِنَةُ عِنْدَ الْجُمْرُكِ　トラックが税関の所で止まった

هُوَ مُوَظَّفٌ جُمْرُكِيٌّ　彼は税関の係員(職員)です

رُسُوم جُمْرُكِيَّة　関税

التَّعْرِيفَة الْجُمْرُكِيَّة　関税/関税表/タリフ

حَوَاجِز جُمْرُكِيَّة　関税障壁

جَمَعَ (a) 名 جَمْع 複 جُمُوع ❖ 集める;結ぶ(~ بَيْنَ:~の間を);複数形にする
名集める事;合計,和;群衆;複数形

受 جُمِعَ ، يُجْمَعُ　集められる;複数形にされる

أ ب ت ث ج ح خ د ذ ر ز س ش ص ض ط ظ ع غ ف ق ك ل م ن هـ و ي

اِجْمَعْ مَعْلُومَاتٍ　情報を集めなさい

جَمَعَ الْأَعْدَادَ　数を加えた

يُجْمَعُ بَيْتٌ عَلَى بُيُوتٍ　بَيْتٌ の複数形は بُيُوتٌ です

جَمَعَ بَيْنَ مُتَشَابِهَيْنِ　似ているものどうし(二つ)を結びつけた

أَلَمْ تُخْطِئْ فِي جَمْعِ هٰذِهِ الْأَعْدَادِ ؟　この合計は間違っていませんか

هَاتِ جَمْعَ كُلِّ كَلِمَةٍ كَمَا فِي الْمِثَالِ　例にならって,全ての単語を複数形にしなさい

جَمْعُ التَّكْسِيرِ　不規則複数形

جَمْعُ السَّالِمِ　規則複数形

اِسْمُ الْجَمْعِ　集合名詞

جُمْعٌ (الْكَفِّ / الْيَدِ) ❖ 拳

جَمَّعَ ＜جمع II 名 تَجْمِيع ❖ 加える,集める;まとめる 名蓄積;集合;収集

يُجَمِّعُ الطَّوَابِعَ الْبَرِيدِيَّةَ　郵便切手を集めている

(الْ)جُمُعَة (ُ) 複 -ات /جُمَع ❖ 金曜日

يَوْمُ الْجُمُعَةِ　金曜日

أُقِيمَتْ صَلَاةُ الْجُمُعَةِ فِي الْمَسْجِدِ　モスクで金曜日の礼拝が行われた

جَمْعِيَّة ＜جمع 複 -ات ❖ 協会,団体

جَمْعِيَّة تَعَاوُنِيَّة　協同消費組合/生協

جَمْعِيَّة خَيْرِيَّة　慈善団体

جَمُلَ (u) ❖ (姿や形が)美しい,美しくある,美人である

جَمُلَ وَجْهُ الْفَتَاةِ　娘の顔は美しかった

جَمَّلَ ＜جمل II 名 تَجْمِيل ❖ 化粧する,美しくする 名化粧

تَعْرِفُ الْحَسْنَاءُ أَنْ تُجَمِّلَ وَجْهَهَا　美人は化粧する事を知っている

جَمَلٌ 複 جِمَال / أَجْمَال ❖ 駱駝,ラクダ

اَلْجَمَلُ سَفِينَةُ الصَّحْرَاءِ　駱駝は砂漠の船です

جُمْلَة 複 جُمَل ❖ 節;文,文章;全体;合計;卸売り;庶民;集団

أ ب ت ث ج ح خ د ذ ر ز س ش ص ض ط ظ ع غ ف ق ك ل م ن هـ و ي

جُمْلَة اسْمِيَّة (فِعْلِيَّة)	名詞(動詞)文
جُمْلَة شَرْطِيَّة	条件節
جُمْلَة مِثَالِيَّة	例文
عَلَى الْجُمْلَةِ	要するに/一言で言えば
وَجُمْلَةُ الْقَوْلِ أَنَّ ~	要するに～である
تَاجِر (بَائِع) الْجُمْلَةِ	卸売り/卸問屋
رَكِّبْ جُمَلَكَ تَرْكِيبًا صَحِيحًا	あなたの文章を正しく構成しなさい

جُمْهُور <جمهر 複 جَمَاهِير 関 جُمْهُورِيّ ❖ 人々,大衆,民衆,群衆 関共和制の;民衆の

سَارَ الْجُمْهُورُ فِي مُظَاهَرَةٍ سِلْمِيَّةٍ	人々は平和的なデモ行進をした
هَجَمَتِ الْحُكُومَةُ عَلَى الْجَمَاهِيرِ	政府は群衆を攻撃した
اَلْحِزْب الْجُمْهُورِيّ	共和党

جُمْهُورِيَّة <جمهر 複 ـات ❖ 共和国

جُمْهُورِيَّة شَعْبِيَّة	人民共和国
هَلِ الْيَابَانُ جُمْهُورِيَّةٌ ؟	日本は共和国ですか

جُمُود <جمد ❖ 凍結,固まった状態;行き詰まり

وَصَلَتِ الْمُفَاوَضَاتُ إِلَى نُقْطَةِ الْجُمُودِ	その交渉は行き詰まった

جَمِيع <جمع ❖ すべて,皆 ※後には限定された属格名詞が来る

جَمِيعُ النَّاسِ	すべての人/皆
جَمِيعًا	一緒に/みんなで
هَيَّا نَذْهَبُ جَمِيعًا	さあ,みんなで行きましょう

جَمِيل <جمل 比 أَجْمَلُ ❖ 形美しい;天気の良い 名好意,親切;恩;美人

إِنَّهُ نَهَارٌ جَمِيلٌ الْيَوْمَ	今日は本当に良い天気です
أَشْكُرُكَ لِجَمِيلِكَ	ご好意に感謝致します
سَأَرُدُّ لَكَ الْجَمِيلَ	あなたに恩返しを致します
اَلْحِصَانُ أَجْمَلُ مِنَ الْحِمَارِ	馬はロバより美しい

جَنَّ (u) ✽ 防ぐ;隠す;降りた;(夜が)来る

جَنَّ اللَّيْلُ　　夜のとばりが降りた

جُنَّ ، يُجَنُّ (u) ✽ 気がふれる,気が狂う ※جَنَّ の受

كِدْتُ أُجَنُّ　　私は気が狂いそうだった

جُنَّ جُنُونُهُ　　気がふれた/気が狂った

جِنٌّ / جِنِّيٌّ 女 جِنِّيَّة ✽ ジン,妖精 ※ジンは目には見えないが,人を助けたり,悪い事をしたりする精霊で,人は土から,ジンは火から作られたとされている

جَنَى ، يَجْنِي 名 جَنْي ✽ (罪を)犯す; 収穫する,集める;(利益を)得る
名 収穫,取り入れ

جَنَيْتُ ذَنْبًا　　私は罪を犯しました

نَجْنِي الْقُطْنَ قَرِيبًا　　私達は間もなく綿花を収穫します

لَمْ يَجْنِ مِنْ عَمَلِهِ إِلَّا رِبْحًا طَفِيفًا　　彼は仕事で,わずかな利益しか得なかった

جَنَاح <جنح 複 أَجْنِحَة ✽ 翼;側面

فَتَحَ الطَّائِرُ جَنَاحَيْهِ　　鳥は翼を広げた

أَنَا فِي جَنَاحِهِ　　私は彼の保護のもとにある

جَنَازَة (ـِ) <جنز 複 -ات / جَنَائِز ✽ 葬式

شُيِّعَتِ الْجَنَازَةُ (ـِ)　　葬式が行われた

جِنَايَة <جنى 複 -ات ✽ 犯罪,罪

مَحْكَمَةُ الْجِنَايَاتِ　　刑事裁判所

جَنَّبَ <جنب II ✽ 遠ざける;避ける,よける

مُلَاحَظَتُكَ جَنَّبَتْنِي الْوُقُوعَ فِي الْخَطَ　　あなたの意見が私を誤りから救った

جَنْبٌ 複 أَجْنَاب / جُنُوب ✽ 側,横

بِجَنْبِهِ　　側に/近くに

جَنْبَ ~　　前(〜の)側に

جَنْبًا لِجَنْبٍ (إِلَى جَنْبٍ)　　並んで

جنة ~ جنس

بَيْنَ جَنْبَيْهِ　内側に/中に

جَنَّة 複 ـات ❖ 天国,楽園

اَلْجَنَّةُ لِمَنْ آمَنَ وَفَعَلَ الْخَيْرَ　天国は神を信じ,善行を行う者のものである

جَنَحَ (a) ❖ 傾く;(船が)座礁する

جَنَحَتِ السُّفُنُ فِي الْعَاصِفَةِ　船は嵐の中で座礁した

جَنَّدَ <جند II 名 تَجْنِيد ❖ 徴兵する 名 徴兵,兵役

جَنَّدَ الْجَيْشُ شَبَابًا　軍は若者を徴兵した

تَجْنِيد إِجْبَارِيّ　徴兵/兵役

جُنْد 複 جُنُود / أَجْنَاد 関 جُنْدِيّ ❖ 軍隊 ※男女 関兵士の;兵隊,兵士(複 جُنُود)

جُنْد مُشَاة　歩兵

جُنْدِيّ مَجْهُول　無名兵士

جُنْدُب 複 جَنَادِب ❖ バッタ;草食の昆虫

كُنَّا نُلَاحِقُ الْجُنْدُبَ فِي مَزْرَعَةِ الرُّزِّ　私達は田圃でバッタを追ったものだ

جُنْدِيَّة ❖ 兵役;軍隊,軍

لَا أُحِبُّ الْجُنْدِيَّةَ　私は兵役を好まない

جَنَّزَ <جنز II ❖ 葬式を行う;弔う

اِجْتَمَعَ الْقَوْمُ لِيُجَنِّزُوا الْمَيْتَ　死者を弔うために人々が集まった

جِنْزِير 複 جَنَازِير ❖ (金属製の)鎖,チェーン

شَدَّ السَّيَّارَةَ جِنْزِيرٌ غَلِيظٌ　太い鎖が車を引っ張った

جَنَّسَ <جنس II 名 تَجْنِيس ❖ 同じようにする;分類する;帰化させる,市民権を与える 名帰化

اَلْيَابَانُ لَا تُجَنِّسُ الْغُرَبَاءَ بِسُهُولَةٍ　日本は外国人を容易に帰化させない

جِنْس 複 أَجْنَاس 関 جِنْسِيّ ❖ 種類;種,人種,国籍;性 関性的な

اَلْجِنْسُ الْبَشَرِيّ　人類

سُكَّانُ الْيَابَانِ مِنَ الْجِنْسِ الْأَصْفَرِ　日本の住民は黄色人種である

جَاذِبِيَّة جِنْسِيَّة　性的な魅力

جِنْسِيَّة <جنس 複 ـات ❖ 国籍;性

مَا جِنْسِيَّتُكَ؟ あなたの国籍はどちらですか

اَلْجِنْسِيَّة الْمِثْلِيَّة 同性愛

جَنَّنَ <جن II ❖ 発狂させる;逆上させる

اَلتَّهْدِيدُ الْمُتَوَاصِلُ جَنَّنَ الرَّجُلَ 連続した恐怖が男を発狂させた

جَنُوب <جنب 関 جَنُوبِيّ ❖ 南 関 南の;南の国の人

جَنُوبًا 南に/南へ

جَنُوب إِفْرِيقِيَا 南アフリカ

اَلْقُطْب الْجَنُوبِيّ 南極

جُنُون <جن 関 جُنُونِيّ ❖ 狂気,愚かさ 関 狂った;愚かな

أُصِيبَ الْفَنَّانُ بِالْجُنُونِ 芸術家は狂気に襲われた

جِنِّيّ <جن 女 جِنِّيَّة ❖ 形 ジンの,妖精の 名 ジン,妖精

سُمِّيَتِ الْجِنِّيَّةُ الصَّغِيرَةُ 彼女は小さな妖精と呼ばれた

جَنْي <جني ❖ ⇒ جَنًى 名

جَنِين <جن 複 أَجْنُن / أَجِنَّة ❖ 胎児

أَسْقَطَتِ الْمَرْأَةُ الْجَنِينَ その婦人は流産した

تَحَرَّكَ الْجَنِينُ فِي بَطْنِ أُمِّهِ 胎児が母親の腹の中で動いた

جُنَيْنَة <جن 複 جَنَائِن ❖ 庭,小さい庭

نَظِّفْ جُنَيْنَةَ الْبَيْتِ 家の庭を掃除しなさい

جُنَيْه / جنيه 複 ـات ❖ ギニー,ポンド

جنيه اِنْجِلِيزِيّ イギリスポンド

جِهَاد <جهد ❖ 努力;聖戦 ※イスラムの宗教的防衛の戦い

أَقْبَلَ الْمُؤْمِنُونَ عَلَى الْجِهَادِ 信者達は聖戦に身を捧げた

جِهَاز <جهز 複 ـات/ أَجْهِزَة ❖ 装置;器官;道具

جِهَاز الْإِسْتِقْبَال (الْإِرْسَال) 受信(送信)機

أ ب ت ث **ج** ح خ د ذ ر ز س ش ص ض ط ظ ع غ ف ق ك ل م ن هـ و ي

جِهَاز الْبَصَرِ (التَّنَفُّسِ / الْهَضْمِ)　視覚(呼吸/消化)器官

جِهَاز الرَّادِيُو　ラジオ

جِهَة < وجه 複 ـات ❖ 方面,方向;地区;側面

مِنْ جِهَةِ ~　~の方から/~の方面から

مِنْ جِهَةِ الشَّمَالِ　北の方から

إِلَى جِهَةِ ~　~の方へ/~の方面へ

مِنْ هٰذِهِ الْجِهَةِ　この見地から

جَهْد (ُ) 複 جُهُود ❖ 努力,苦労;電圧

أَفْرَغَ (جَهَدَ / حَاوَلَ / عَمِلَ / بَذَلَ) جَهْدَهُ لِـ ~　彼は~に努力した(最善を尽くした)

بَذَلْنَا جَهْدَنَا　私達は努力した(最善を尽くした)

بَعْدَ مَشَقَّةٍ وَجَهْدٍ / بَعْدَ جَهْدٍ وَمَشَقَّةٍ　苦労の末に

جَهْد كَهْرَبَائِيّ　電圧

جَهَرَ (a) ❖ 現れる;告げる,明言する;(声を)大きくする

اِجْهَرْ صَوْتَكَ حَتَّى نَسْمَعَكَ　私たちに聞こえるように,声を大きくしなさい

جَهَّزَ < جهز II 名 تَجْهِيز 複 ـات ❖ 装備する;準備する(~بِـ:~を) 名装置,器具;設

جَهَّزَ السَّيَّارَةَ بِتِلِيفُون　自動車に電話を装備した

قَرِيبًا تُجَهِّزُ الشَّرِكَةُ إِنْشَاءَاتِهَا　会社は近く,その装置を設置する

جَهِلَ (a) 名 جَهْل ❖ 無知である,知らない 名無知

جَهِلَ التَّفَاصِيلَ　詳しい事は知らなかった

يَعِيشُونَ فِي الْجَهْلِ وَالظَّلَامِ　彼らは無知と暗黒の世界に住んでいる

جَهَنَّمُ ❖ 地獄 ※女

اَلْأَشْرَارُ تَنْتَظِرُهُمْ نَارُ جَهَنَّمَ　悪人には地獄の炎が待っている

جَهْوَرِيّ < جهر ❖ (声が)大きい

يُلْقِي الشَّيْخُ خُطْبَتَهُ بِصَوْتٍ جَهْوَرِيٍّ　長老は大きい声で説教する

جَوّ 複 أَجْوَاء / جِوَاء 関 جَوِّيّ ❖ 空;天気,気候;雰囲気;周囲 関空の;気象の;空

الْجَوُّ جَمِيلٌ　　良い天気です

هَلْ تُحِبُّ الْجَوَّ الْعَرَبِيَّ؟　　アラブの雰囲気は好きですか

يَعْتَدِلُ الْجَوُّ فِي الْيَابَانِ　　日本の気候は温暖です

تَقْرِير الْحَالَةِ الْجَوِّيَّةِ　　天気予報

حَجَرٌ جَوِّيٌّ　　流れ星/流星/隕石

قُوَّات جَوِّيَّة　　空軍

خَطّ جَوِّيّ　　航空路

بَرِيد جَوِّيّ　　航空便

جَوَاب <جوب 複 أَجْوِبَة ❖ 返事;答

تَلَقَّى مِنْ ~ جَوَابًا　　～から返事を受け取った

جَوَابُكَ الْخَاطِئُ دَلِيلٌ حَمَاقَةٍ　　あなたの間違った答えは愚かな証だ

جَوَادٌ <جود 複名 جِيَاد / أَجْيَاد / أَجَاوِيد ❖ 形男女 気前の良い,寛大な 名 駿馬,競走馬

複形 جُود / أَجَاوِدُ / أَجَاوِيد

زَوْجُهُ إِمْرَأَةٌ جَوَادٌ　　彼の妻は寛大です

لِكُلِّ جَوَادٍ كَبْوَةٌ، وَلِكُلِّ عَالِمٍ هَفْوَةٌ　　どんな駿馬も転び,どんな学者も誤る/弘法も筆の誤り[格言]

الْجَوَادُ يَمْتَازُ بِالْجَمَالِ وَالسُّرْعَةِ　　その競走馬は美しさと速さで際立っている

جِوَار <جور ❖ 隣;近所,側

بِجِوَارِ ~　　～の近所に/～の側に

فِي جِوَارِ بَيْتِ الْفَلَّاحِ الْفَقِيرِ　　その貧しい農夫の隣に

جَوَازٌ <جوز 複 -ات ❖ 許可,認可;許可証

جَوَازُ سَفَرٍ　　パスポート

جَوَازُ مُرُورٍ　　通行許可証

جَوَّال <جول ❖ 形 回っている,巡回の 名 旅行者;放浪者

بَائِع جَوَّال　　行商人

هَاتِف جَوَّال　　携帯電話

جُوخ 複 أَجْواخ ❖ 毛織物

فُسْتاني مِنْ جُوخٍ ناعِمٍ — 私のドレスは柔らかい毛織物で,できています

جُودَة ❖ 質のよい事, 良質

عالي الْجُودَةِ — 高品質の

هٰذِهِ السَّجائِرُ مَعْرُوفَةٌ بِجُودَتِها — これらの葉巻は良質な事で知られている

جَوْرَب 複 جَوارِب ❖ 靴下

لا تَلْبَسْ جَوْرَبًا أَحْمَرَ — 赤い靴下を(は)履くな

جَوْز 複 ات ※ جَوْزَة ❖ クルミ/胡桃,木の実 ※1個のクルミ

جَوْز الطِّيبِ — ナツメグ

جَوْز الْهِنْدِ — ココナッツ

جَوَّعَ ＜جوع II ❖ 空腹にする,飢えさせる

اَلسَّيْرُ الطَّوِيلُ أَتْعَبَنِي وَجَوَّعَنِي — 長い行路は私を疲れさせ,空腹にした

جُوع ❖ 空腹,飢え,飢餓

ماتَ جُوعًا — 餓死した/飢え死にした

شَعَرَ بِالْجُوعِ — 空腹を感じた

جَوْعان ＜جوع 女 جَوْعَى 複 جِياع ❖ 空腹の,おなかの空いた

أَنا جَوْعانٌ! — (私は)おなかが空いた!

جَوَّفَ＜جوف II 名 تَجْوِيف 複 تَجاوِيف ❖ 空洞にする,くり抜く 名 中空;空洞

جَوَّفَ الْباذِنْجانَ قَبْلَ حَشْوِهِ — 茄子に詰め物をする前に,中をくりぬいた

جَوْف 複 أَجْواف ❖ 内部;凹み;空洞

تُسْتَخْرَجُ الْمَعادِنُ مِنْ جَوْفِ الْأَرْضِ — 地中から鉱物が採掘される

جَوْفُ اللَّيْلِ — 真夜中

جَوْقَة 複 ـات ❖ 楽団,音楽団;集団

جَوْقَة مُوسِيقِيَّة — 音楽団

جَوْلَة 複 ـات ❖ 一周;周遊;散歩

جَوْلَةَ حَوْلَ الْعَالَمِ　世界一周

جُون 複 أَجْوَان ❖ 入り江,湾

تَقَعُ مَدِينَتِي عَلَى شَاطِئِ جُونٍ جَمِيلٍ　私達の街は美しい入り江にあります

جَوْهَرٌ 複 جَوَاهِر ※ جَوْهَرَة 関 جَوْهَرِيّ ❖ 本質;宝石 ※1個の宝石 関本質的な;宝石屋

لَمْ أَفْهَمْ جَوْهَرَ الْمَوْضُوعِ　その事柄の本質が分かりませんでした

جَوْهَرِيًّا　本質的に

مُشْكِلَة جَوْهَرِيَّة　本質的問題

جَيْب 複 جُيُوب ❖ ポケット

مَا كَانَ يُوجَدُ أَيْ شَيْءٍ فِي جُيُوبِ الرِّدَاءِ　コートのポケットには何も無かった

ضَعْ مِفْتَاحَكَ فِي جَيْبِكَ　鍵はポケットに入れなさい

جِيبُوتِي ❖ ジブチ

جُمْهُورِيَّة جِيبُوتِي　ジブチ共和国

جَيِّد <جود 複 جِيَاد 比 أَجْوَد ❖ 良い,優れた

جَيِّدًا　良く/上手に

عَمَلُكَ جَيِّدٌ جِدًّا　あなたの仕事は大変良い

جِير ❖ 石灰

حَجَرُ الْجِيرِ　石灰岩

جَيَّشَ <جيش II ❖ 軍に動員する;軍を召集する

جَيَّشَتِ الدَّوْلَةُ الْفِتْيَانَ عَلَى حَمْلِ السِّلَ　国は武器の運搬に若者を動員した

جَيْش 複 جُيُوش ❖ 軍隊,軍;夕暮れ

جُيُوش الِاحْتِلَال　占領軍

جَيْش الْمَسَاءِ　夕暮れ

جِيفَة 複 أَجْيَاف/جِيَف ❖ 死体,死骸

فِي الطَّرِيقِ جِيفَةُ كَلْبٍ قَتَلَتْهُ سَيَّارَ　車によって,ひき殺された犬の死体が道路にある

جِيل 複 أَجْيَال ❖ 種族,部族;世代;時代

اَلْجِيل الصَّاعِد	(これから世に出て活躍する)青年層
اَلأَجْيَال الْجَدِيدَة	新しい時代
وَصَّلَ التَّقَالِيدَ لِلأَجْيَالِ الْقَادِمَةِ	伝統を後世に伝えた

جِيلاَتِي ❖ アイスクリーム

جِيُوغْرَافِيَا ❖ 地理, 地理学 ※女

اَلْجِيُوغْرَافِيَا الْبَشَرِيَّة	人文地理学

جِيُولُوجِيّ ❖ 地質学の;地質学者

جِيُولُوجِيَا ❖ 地質学

فى خطّ الرُّقعة

١- الحروفُ التى تنزلُ عن السّطر تجمعها كلمة „ جمعه “

ج.ح.خ.ع.غ.م

٢- أمّا باقى الحروف فتُكتَبُ على السّطر مثل :

“حُبُّ الوطنِ مِنَ الإيمانِ”

【アラビア文字の書体　ルクア体】

حَرْفُ الحَاءِ

ح

حَائِر <حير ❖ 形 当惑した;迷っている;驚いている

حَائِر فِي أَمْرِهِ　当惑した/途方に暮れて

حَائِرًا　当惑して/驚いて

حَائِط <حوط 複 حِيطَان ❖ 壁;囲み

لِلْحَائِطِ آذَانٌ　壁に耳あり[格言]

طَيَّنَ الْحَائِطَ　壁に泥を塗った

ضَرَبَ (أَلْقَى) بِهِ عُرْضَ الْحَائِطِ　~を(価値のないものとして)打ち捨てた

حَائِك <حوك 複 حَاكَة /حَوَكَة ❖ 織り手,織工

女 حَائِك /حَائِكَة 複 -ات/حَوَائِك

يُهَلْهِلُ الْحَائِكُ النَّسِيجَ　その織り手は薄く織る

حَاجّ <حج 複 حَجِيج /حُجَّاج 女 حَاجَّة 複 حَوَاجُّ ❖ 巡礼者 ※聖地メッカへ巡礼した人

مَقْصِدُ الْحُجَّاجِ مَكَّةُ الْمُكَرَّمَةُ　巡礼者の行き先はメッカです

حَاجِب <حجب ❖ 眉(複 حَوَاجِبُ);門番,守衛(複 حُجَّابٌ/حَجَبَة)

بَدَأَتْ تَنْتِفُ شَعْرَ حَاجِبَيْهَا　彼女は眉毛を抜き始めた

حَاجِب الْفُنْدُقِ　ホテルの門番

حَاجَة <حوج 複 -ات/ حَوَائِج ❖ 必要;必需品;貧困;望み

فِي حَاجَةٍ إِلَى (لِـ)~　~を必要とする

لَا حَاجَةَ بِـ... إِلَى~　‥は~を必要としない

هَلْ أَنْتَ فِي حَاجَةٍ إِلَى مَالٍ؟　あなたはお金が必要なのですか

اِجْمَعْ حَوَائِجَ السَّفَرِ فِي الْحَقِيبَةِ　旅行に必要な物をカバンに詰めなさい

حَاجِز <حجز 複 حَوَاجِزُ ❖ 壁;障害物,ブロック,バリケード;分割

حَاجِز الْأَمْوَاجِ　防波堤

أَقَامَ الشَّبَابُ الْحَوَاجِزَ عَلَى الطُّرُقَاتِ　若者達は通りにバリケードを作った

اَلْحَوَاجِز الْجُمْرُكِيَّة　関税障壁

حَاخَام ❖ ラビ ※ユダヤ教の司祭

اَلْحَاخَام الْأَكْبَر　ユダヤ教の司祭長

حَادَ ، يَحِيدُ <حيد ❖ 離れる,それる(～عَنْ:～から);顔をそむける

حَادَ بِهِ عَنْ ～　～を思いとどまらせた

حِدْ بِدَرَّاجَتِكَ عَنْ طَرِيقِ السَّيَّارَاتِ　自転車は車道から離れなさい

حَادٌّ <حد ❖ 鋭い;鋭角の;急激な;怒りやすい

اَلزَّاوِيَة الْحَادَّة　鋭角

سَيْف حَادّ　鋭い刀(剣)

حَادُّ الْمِزَاجِ (الطَّبْعِ)　短気な/怒りっぽい

حَادُّ الذِّهْنِ　機知に富んだ/勘の良い

حَادَثَ <حدث III 名 مُحَادَثَة ❖ 話す,会話する(～فِي/عَنْ:～について) 名会話;討論
会談

حَادَثَتْ صَدِيقَتِي عَنْ عَمَلِهَا　私の友人の女性は自分の仕事について話をした

أَجْرَى (قَامَ) مُحَادَثَاتٍ مَعْ ～　～と会談をした

حَادِث / حَادِثَة <حدث 複 حَوَادِث ❖ 出来事;事故;事件;災い

حَادِثَة الْمُرُور　交通事故

男 حَادِي عَشَرَ 女 حَادِيَة عَشْرَة ❖ 第十一(の),十一番目(の)

يَصِلُ الطَّرْدُ الْحَادِي عَشَرَ مِنْ رَمَضَان　小包はラマダーン月の11日に着きます

حَاذِق <حذق 複 حُذَّاق ❖ 腕の良い,熟練した;賢い

أَنْتَ سَائِقٌ حَاذِقٌ　あなたは腕の良い運転手だ

حَارَ ، يَحَارُ <حير 名 حَيْرَة ❖ 戸惑う,当惑する;ためらう;迷う(～بَيْنَ:～に)
名戸惑い,当惑;迷い

أ ب ت ث ج ح خ د ذ ر ز س ش ص ض ط ظ ع غ ف ق ك ل م ن هـ و ي

حَتَّى مَتَى تَحَارُ بَيْنَ الدَّرْسِ وَالْقِرَاءَةِ ؟　いつまで,勉強か読書か迷っているのですか

فِي حَيْرَةٍ　戸惑って/当惑して

حَارٌّ <حر ❖ 暑い,熱い;辛い

اَلْجَوُّ حَارٌّ جِدًّا　(天候が)とても暑い

اَلشَّايُ حَارٌّ ، اِنْتَظِرْ أَنْ يَبْرُدَ　お茶は熱いから,冷めるまで待ちなさい

اَلْفُلْفُلُ الْأَحْمَرُ حَارٌّ　唐辛子は辛い

حَارَة <حور 複 -ات ❖ 地区,街区

لَيْسَ فِي حَارَتِنَا مَدْرَسَةٌ لَائِقَةٌ　私たちの地区には,ふさわしい学校が無い

حَارَبَ <حرب III 名 مُحَارَبَة ❖ 戦う,戦争する 名 戦い,戦闘,戦争

حَارَبَ الْمَرَضَ　病気と戦った

حَارِس <حرس 複 حُرَّاس ❖ 形 守っている 名 番人,警備員,ガードマン

اَلْقُبْحُ حَارِسُ الْمَرْأَةِ　醜さは女の番人

عِنْدَ مَدْخَلِ الثُّكْنَةِ حَارِسٌ مُسَلَّحٌ　兵舎の入り口には,武装した警備員がいる

حَارِسُ الْمَرْعَى　(球技の)ゴールキーパー

حَازَ ، يَحُوزُ <حوز ❖ 得る,所有する;独占する

حَازَ وَظِيفَةً حَسَنَةً فِي الْمَكْتَبِ　彼は事務所で,良い地位を得た

حَازِم <حزم 複 حَزَمَة ❖ 確固とした,断固とした;意志の固い

حَاسَبَ <حسب III 名 مُحَاسَبَة ❖ 清算する;責任を取らせる;用心する 名 清算

حَاسَبَ الْحِسَابَ　勘定を清算した

يُحَاسِبُ أَبِي الْخَبَّازَ كُلَّ شَهْرٍ　父はパン屋と(パン代を)毎月,清算する

حَاسَبَ عَلَى نَفْسِهِ مِنْ ~　~に気を付けた

حَاسِبٌ <حسب ❖ 会計士;出納係;計算機

اَلْبَائِعُ لَا يَحْتَاجُ إِلَى حَاسِبٍ　商人には会計士は必要ありません

حَاسِبَة <حسب 複 -ات ❖ 計算機

آلَة حَاسِبَة إِلِكْتْرُونِيَّة　電子計算機/コンピューター

حَاسَّة <حس 複 حَوَاسُّ ❖ 感覚

اَلْحَوَاسّ الْخَمْس　五感 ※ اَلسَّمْع: 聴覚, اَلْبَصَر: 視覚, اَلشَّمّ: 嗅覚, اَلذَّوْق: 味覚, اَللَّمْس: 触覚

اَلْحَاسَّة السَّادِسَة　第六感

خِداع الْحَوَاسِ　幻覚/幻影

حَاسَّة الشَّمّ (عِنْدَ الْكَلْبِ)　(犬の)嗅覚

حَاسَنَ <حسن III 名 مُحَاسَنَة ❖ 優しくする, 親切にする 名優しさ, 親切さ

حَاسِنْ رُفَقَاءَكَ، تَكْتَسِبْ صَداقَتَهُمْ　友達に優しくしなさい, そうすれば友情を得るでしょう

حَاشَ / حَاشَا / حَاشَىٰ <حشو ❖ (～を)除いて ※名詞の対属または属 +لِـ

حَاشَا مُحَمَّدًا (مُحَمَّدٍ / لِمُحَمَّدٍ)　ムハンマドを除いて

مَا حَاشَا اللّٰهَ / حَاشَا لِلّٰهِ　嫌なことだ!/とんでもない!

حَاشِيَة <حشو 複 حَوَاشٍ ❖ 端, 余白, マージン, 縁; 裾; 脚注; 随行員, 取り巻き

اِرْفَعْ حَاشِيَةَ بَنْطَلُونِكَ　(貴女の)パンタロン(ズボン)の裾を上げなさい

حَاشِيَة الْمَلِك　王の随行員

حَاصَرَ <حصر III 名 مُحَاصَرَة ❖ 取り囲む, 包囲する; 封鎖する 名包囲, 封鎖

حَاصَرَ الْجُنُودُ الْمَدِينَةَ　軍が街を封鎖した

حَاصِل <حصل 複 حَوَاصِل ❖ 得た人, 獲得者; 倉庫; 収穫物, 生産物(複 ـات); (計算の)結果

حَاصِل عَلَى جَائِزَةِ نُوبِلْ　ノーベル賞受賞者

حَاصِلُ الضَّرْبِ فِي عَمَلِيَّتِكَ غَيْرُ صَحِيحٍ　あなたが行った(した)掛け算の結果は正しくない

حَاضَرَ <حضر III 名 مُحَاضَرَة ❖ (～の, についての)講義をする(～فِي) 名講義

حَاضَرَ فِي الْآدَابِ الْعَرَبِيَّةِ　彼はアラブ文学についての講義をした

حَاضِر <حضر 複 حُضُور / حُضَّر ❖ 形出席の; 用意(準備)が出来て; 現在の 名現在

هَلِ الْغَدَاءُ حَاضِرٌ؟　昼食の準備は出来てますか

كَانَ الطُّلَّابُ حَاضِرِينَ فِي الْحِصَّةِ　学生達は授業に出席していた

اَلْحَالَةُ الِاقْتِصَادِيَّةُ الْحَاضِرَةُ　現在の経済情勢

حَاضِرُ الْفِكْرِ　利発な/頭の回転が速い

اَلْحَاضِرُ　現在

حَاضِرَةٌ < حضر 複 حَوَاضِرُ ❖ 大都市, 大都会; 首都, 首府

"طُوكِيُو" حَاضِرَةٌ مِنْ حَوَاضِرِ الْيَابَانِ　東京は日本の都会中の都会だ

حَاضِنَةٌ < حضن 複 حَوَاضِنُ ❖ 子守(女);(女性の)幼児指導員

وَضَعَتِ الْأُمُّ طِفْلَهَا عِنْدَ الْحَاضِنَةِ　母親は子供を子守に預けた

حَافٍ ❖ 素足の, 裸足の　※定 اَلْحَافِي

يَمْشِي عَلَى الرَّمْلِ حَافِيًا　素足(裸足)で砂の上を歩く

حَافَّةٌ < حف 複 -ات/حِيَفٌ ❖ 端, 縁, ふち; 横側; 土手

حَافَّتَا الْوَادِي　涸れ谷の両側

عَلَى حَافَّةِ الطَّرِيقِ حَافِلَةٌ مُعَطَّلَةٌ　道の端に故障したバスがある

حَافَةٌ < حوف 複 -ات ❖ 端, 縁, ふち; 土手

حَافَةُ النَّهْرِ　川岸

حَافَةُ الْمَوْتِ　死の瀬戸際

حَافِرٌ < حفر 複 حَوَافِرُ ❖ 蹄

ضَرَبَ الْحِصَانُ الْأَرْضَ بِحَافِرِهِ　馬が蹄で地面をけった

عَلَى الْحَافِرِ　同時に/ただちに

حَافَظَ < حفظ III 名 مُحَافَظَة ❖ 保持する, 保つ, 守る(~عَلَى:~を)　名保護; 県; 地域

حَافَظَ عَلَى الصِّحَّةِ　健康を保った(維持した)

حَافَظَ عَلَى السِّرِّ　秘密を守った

حَافِظٌ < حفظ 複 حُفَّاظٌ ❖ 形保っている　名保っている人, 記憶している人

اَلْمَوَادُّ الْحَافِظَةُ　保存剤

حَافِظُ الْقُرْآنِ　ハーフェズ　※コーランを暗記している人

حَافِظَةٌ < حفظ ❖ 記憶(複 -ات); 財布(複 حَوَافِظُ); 水筒

لَا تَعْتَمِدْ فِي الدَّرْسِ عَلَى حَافِظَتِكَ　学習では記憶に頼ってはいけない

حَافِلَة <حفل 複 ‐ات/ حَوَافِل ❖ バス;電車,客車

تَتَأَلَّفُ الْقِطَارُ مِنْ قَاطِرَةٍ وَعَشَرِ حَافِلَاتٍ　列車は1両の機関車と10両の客車で構成さ

حَاكَ ، يَحُوكُ <حوك 名 حِيَاكَة ❖ 編む,織る;(髪を)結う 名編み物;針仕事

حَاكَتْ خَطِيبَتِي لِي كَنْزَةً　婚約者が私にセーターを編んでくれた

حَاكَمَ <حكم III 名 مُحَاكَمَة 複 ‐ات ❖ 起訴する,訴える;裁く 名起訴,訴え;裁判

مَتَى يُحَاكِمُ الْقَاضِي الْمُتَّهَمَ؟　裁判官はいつ被告を裁くのですか

إِعَادَة الْمُحَاكَمَةِ　再審

حَاكِم <حكم 複 ‐ون / حُكَّام ❖ 形支配の,統治の 名支配者,統治者;判事;審判

يُرِيدُ الْحَاكِمُ أَنْ يُثَبِّتَ الْأَمْنَ أَوَّلًا　国の統治者は先ず第一に,治安の安定を望む

حَاكِم النَّاحِيَةِ　地方判事

حَاكِم الْمُبَارَاةِ　(競技の)審判/レフリー

حَالَ ، يَحُولُ <حول 名 حُؤُول ❖ 妨げる,邪魔をする(～ دُونَ:～を);変わる
名妨げ,妨害

حَالَ بَيْنَ ～وَبَيْنَ ..　～が‥するのを妨げた

هُجِرَ الْبَيْتُ وَحَالَ مَنْظَرُهُ　放棄された家は外観が変わった

حَالٌ <حول 複 أَحْوَال 関 حَالِيّ ❖ 男女場合;状態,状況 関現在の

كَيْفَ حَالُكَ؟ بِخَيْرٍ ، شُكْرًا　お元気ですか?ええ元気です,有り難う

فِي الْحَالِ / حَالًا　直ぐに/直ちに

حَالَمَا ～　～すると直ぐに/～するや否や

تَعَالَ هُنَا فِي الْحَالِ !　ここに直ぐ来なさい

فِي هٰذِهِ الْحَالِ　この場合

عَلَى كُلِّ (أَيِّ) حَالٍ　どんな場合でも/とにかく

عَلَى أَيِّ حَالٍ أُرِيدُ أَنْ أَذْهَبَ إِلَى غَزَّةَ　とにかく私はガザに行きたいのです

فِي حَالٍ مِنَ الْأَحْوَالِ　場合によっては

ظُرُوف الْحَالِيَّة	現在の状況/現況
حَالِيًّا / فِي الْوَقْتِ الْحَالِيِّ	目下/現在のところ
حَالَة <حول 複 -ات	❖状態,状況;場合;地位
حَالَة صِحِّيَّة	健康状態
حَالَةُ الْمَرِيضِ حَسَنَةٌ	病人の状態は良い
حَالَفَ <حلف III 名 مُحَالَفَة	❖同盟者になる,同盟を結ぶ;団結する 名同盟;連合
حَالَفَهُ الْحَظُّ	幸運だった
حَالِك <حلك	❖真っ黒の,暗黒の,漆黒の
حَلَّ عَلَى الْغَابَةِ لَيْلٌ حَالِكٌ	森に漆黒の夜が訪れた
حَامَ ، يَحُومُ <حوم	❖旋回する,回る(～ عَلَى/حَوْلَ:～の回りを);つきまとう
حَامَ النَّحْلُ عَلَى الزَّهْرِ	蜜蜂が花の回りを旋回した
حَامٍ <حمى 複 حُمَاة	❖形保護の;防衛の 名保護者,守護者 ※定 الْحَامِي
الدَّوْلَة الْحَامِيَة	(保護を行う)保護国
حَامَى ، يُحَامِي <حمى III 名 مُحَامَاة	❖守る,かばう;(弁護士が)弁護する(～ عَنْ/مِنْ:～を) 名司法に係わる職業;弁護
إِذَا أَخْطَأَ ، حَامَتْ عَنْهُ جَدَّتُهُ	彼が間違った事をしても,祖母がかばうだろう
مَكْتَب الْمُحَامَاةِ	弁護士事務所
حَامِض 複 حَوَامِض	❖形酸っぱい 名酸 複柑橘類
حَامِض الْفَحْم	炭酸
حَامِض كِبْرِيتِيّ	硫酸
حَامِض اللَّيْمُون	クエン酸
الْحَامِض النَّوَوِيّ	核酸
لَا بُدَّ أَنَّ ذٰلِكَ الْعِنَبَ حَامِضٌ	あの葡萄は酸っぱいに違いない
حَامِل <حمل 複 حَوَامِل	❖形妊娠している;運んでいる 名運び人(複 حَمَلَة)
النِّسَاء الْحَوَامِل	妊婦達
حَامِل الْبَرِيد	郵便配達人

حَامِلَة <حمل 複 -ات ❖ 運搬する物;航空母艦

تُرَافِقُ حَامِلَةَ الطَّائِرَاتِ غَوَّاصَةً　航空母艦は潜水艦を伴う

حَامِيَة <حمى 複 -ات ❖ 守備隊

اِسْتَبْسَلَتِ الْحَامِيَةُ فِي الدِّفَاعِ عَنِ الْمَدِينَةِ　守備隊は街の防衛に類い希な勇気を示した

حَانَ، يَحِينُ <حين ❖ (時間に)なる,(時間が)来る

حَانَ وَقْتُ النَّوْمِ　もう寝る時間だ

حَانَ الْوَقْتُ (لِـ~)　今が(~する)その時だ

حَانَة / حَانٌ <حين 複 -ات ❖ 飲み屋;酒場

دَاهَمَ رِجَالُ الشُّرْطَةِ الْحَانَ　警官達がその飲み屋を不意に襲った

حَانُوت 複 حَوَانِيت ❖ 店;酒屋

حَانُوت لِلْبِقَالَةِ　食料品店/雑貨屋

حَاوَرَ، يُحَاوِرُ <حور III 名 مُحَاوَرَة ❖ 話し合う,討論する 名会話;討論,話し合い

لَيْتَكَ تُحَاوِرُ مَنْ يُعَارِضُكَ　あなたは対立する人と話し合ったらいいのに

حَاوَلَ، يُحَاوِلُ <حول III 名 مُحَاوَلَة ❖ 試みる,(~して)みる,(~)しようとする 名試み

مَهْمَا حَاوَلَ　何をやっても

حَاوَلْتُ أَنْ آكُلَ "كَاكِي"　私は柿を食べてみました

حَاوَلَ اغْتِيَالَ الرَّئِيسِ　大統領の暗殺を図った

حُبّ ❖ 愛,愛情;恋,恋愛

حُبُّ الْوَطَنِ　愛国心/祖国愛

بَاحَ لَهَا بِحُبِّهِ　彼女に愛を打ち明けた

وَقَعَ فِي حُبِّهَا　彼女と恋に落ちた

زَوَاجُ الْحُبِّ (الْمَصْلَحَةِ)　恋愛(見合い)結婚

قِصَّةُ الْحُبِّ　愛の物語/ロマンス

حَبّ 複 حُبُوب ※ حَبَّة ❖ 種,実;穀物;錠剤 ※1粒の種;錠剤

حَبُّ الْهَالِ	カルダモン[香料]
أَهَمُّ الْحُبُوبِ	主要な穀物
حَبُّ الشَّبَابِ	ニキビ
حُبَاحِب ✽	ホタル/蛍
كَانَ بَصِيصُ الْحُبَاحِبِ يُؤْنِسُنَا لَيْلاً	私達は夜に蛍の光を楽しんだ
II حب＜حَبَّبَ ✽	愛するようにさせる,好きにさせる(～إِلَى:～に);(植物が)実をつける
أُسْتَاذِي الَّذِي حَبَّبَ الشِّعْرَ إِلَيَّ	私が詩を好きになるようにしてくれた教授
حب＜حَبَّذَا ✽	なんて素晴らしいのでしょう(=يا حَبَّذا)
يَا حَبَّذَا الْحَالُ	それは素晴らしい
(يَا) حَبَّذَا لَوْ ～	～だったら,なんて素晴らしいのでしょう
حِبْر 複 أَحْبَار/حُبُور ✽	インク;学者,知識のある人
قَلَمُ الْحِبْرِ	ペン/万年筆
قَلَمُ الْحِبْرِ الْجَافِّ	ボールペン
أُمُّ الْحِبْرِ	いか/烏賊
حَبْر 複 أَحْبَار/حُبُور ✽	司教,僧正;ラビ[ユダヤ教]
اَلْحَبْرُ الأَعْظَم	ローマ法王
حَبَسَ (i) 名 حَبْس 複 حُبُوس ✽	投獄する,閉じこめる;遮る,禁ずる 名投獄,拘留;刑務所,監獄,牢屋
حَبَسَتِ الْحُكُومَةُ مَجْمُوعَةً بَرِيئَةً	政府は無実のグループを投獄した
حَبَسَ يَدَهُ عَنْ ～	～から手を引かせた
حَبْس إِنْفِرَادِيّ	独房
حَبَق ✽	バジル,バジリコ,メボウキ[植物]
اَلْحَبَقُ طَيِّبُ الرَّائِحَةِ	バジルは匂いが良い
حَبِلَ (a) 名 حَبَل ✽	妊娠する 名妊娠
حَبِلَتِ الْمَرْأَةُ	その婦人は妊娠した

حَبْل 複 حِبال ❖ 綱, ロープ, 紐, 糸; 弦, ※綱＞紐＞糸

قَطَعَ الْحَبْلَ　紐を切った

حَبْل مَعْدِنِيّ　ワイヤーロープ

حُبْلَى＜حبل 複 حَبالَى ❖ 形妊娠している 名妊婦

تَحْتاجُ الْمَرْأَةُ الْحُبْلَى إِلَى عَطْفٍ وَرِعايَةٍ　妊娠している婦人には, 労りと保護が必要です

حُبُور＜حبر ❖ 喜び, 幸せ

بِحُبُورٍ　喜んで

حَبِيب＜حب ❖ 形いとしい, 愛すべき, 愛らしい 名愛する人, 恋人 複 أَحِبَّاء / أَحْباب 女 حَبِيبَة

مَا أَحَبَّ الطِّفْلَ إِذْ يَنامُ !　寝ている子の何と愛らしいこと

مَا أَصْعَبَ فِراقَ الْأَحْبابِ !　愛する者との別れが何と辛いことか

حَبِيس＜حبس ❖ 形投獄された, 閉じこめられた; 遮られた
名隠遁者, 世捨て人(複 حُبَساءُ)

قَضَى الْمُتَعَبِّدُ حَياتَهُ حَبِيسًا فِي مَنْسَكِهِ　宗教に帰依する者は隠遁者として, 修道院で一生を過ごした

حَتَّى ❖ 前〜まで; (接続詞)〜でさえ, 〜すら;
(未接続形を伴って)〜するために

أَكَلْتُ التُّفَّاحَةَ حَتَّى بِزْرِها　私はリンゴを種の所までで食べました

أَكَلْتُ التُّفَّاحَةَ حَتَّى بِزْرَها　私はリンゴの種でさえ食べました

حَتَّى صَدِيقِي يَخُونُنِي　友人ですら私を裏切る

اُدْرُسْ حَتَّى تَنْجَحَ　合格するために勉強しなさい

شُدَّ عُقْدَةَ الْحَبْلِ حَتَّى لَا تَنْحَلَّ　ロープが解けない様に, きつく結びなさい

مَا...، حَتَّى〜　‥すると直ぐに〜/‥するや否や〜

مَا أَصابَتِ الْكُرَةُ الْمَرْمَى، حَتَّى عَلَا التَّصْفِيقُ　ボールがゴールに入るや否や, 拍手が起こった

حَتْف 複 حُتُوف ❖ 死

لَقِيَ حَتْفَهُ　死んだ

مَاتَ حَتْفَ أَنْفِهِ　自然死した/老衰で死んだ

حَتَمَ 名 حَتْم 複 حُتُوم (i) ✽ 義務とする;(〜を)命ずる,課す(〜عَلَى);定める
(〜を)決心する(〜بِـ) 名義務;命令,決定

عَمَلُ الْحَارِسِ اللَّيْلِيِّ يَحْتِمُ عَلَيْهِ السَّ　夜警の仕事は徹夜が課せられる

حَتْمًا　確かに/必然的に/決定的に

رَأَيْتُهُ حَتْمًا　私は確かに彼(それ)を見ました

حَثَّ ، يَحُثُّ ✽ (〜するように)急き立てる,追い立てる(〜عَلَى);促す

حَثَّنَا الْمُدَرِّبُ عَلَى الْإِسْرَاعِ　コーチが私達を急ぐように急き立てた

حَثَّ الْخُطَى　足を速めた

حَجَّ 名 حَجّ / حِجَّة 複 ـات / حِجَج (u) ✽ 巡礼に行く,巡礼する 名巡礼

يَحُجُّ إِلَى مَكَّةَ الْمُكَرَّمَةِ فِي كُلِّ عَامٍ　毎年メッカに巡礼に行く

ذُو الْحِجَّةِ　ズー・ル=ヘッジャ/巡礼月 ※イスラム暦最後の月

حِجَاب <حجب 複 أَحْجِبَة / حُجُب ✽ ヒジャーブ*,ベール;覆い,カバー *ムスリム女性が髪を覆うのに使う

حَجَبَتْ وَجْهَهَا بِالْحِجَابِ　(彼女は)ヒジャーブで顔を覆った

حَجَبَ (u) ✽ (〜から)見えなくする(〜عَنْ),遮る,おおい隠す

غُيُومٌ كَثِيفَةٌ سَوْدَاءُ تَحْجُبُ الشَّمْ　厚くて黒い雲が太陽を遮る

حُجَّة 複 حُجَج ✽ 証拠;証明;言い訳;権威;書類

حُجَّةُ غِيَابٍ　アリバイ/不在証明

هٰذِهِ حُجَّةٌ مُقْنِعَةٌ　それは良い言い訳だ

هُوَ حُجَّةٌ فِي عِلْمِ الصَّوْتِيَّاتِ　彼は音響学の権威だ

حَجَرٌ 複 حِجَارَة / أَحْجَار ✽ 石

حَجَرٌ كَرِيمٌ (ثَمِينٌ)　宝石

أَلْقَمَهُ حَجَرًا　(驚かせて)物を言わなくさせた

اَلْحَجَرُ الْأَسْوَد　(カーバ神殿の)黒い石

حَجَرُ الْجِيرِ　石灰石

طَبْعٌ عَلَى الْحَجَرِ / طِبَاعَةُ الْحَجَرِ　石版画/リトグラフ

حُجْرَة 複 حُجَر / حُجُرَات ❖ 部屋(へや); 集会場(しゅうかいじょう)

حُجْرَة الإِنْتِظَارِ 待合い室(まちあいしつ)

حُجْرَة النَّوْم 寝室(しんしつ)

لَيْسَ فِي الْبَيْتِ حُجْرَةٌ فَارِغَةٌ 家(いえ)に空(あ)き部屋(へや)はありません

حَجَزَ (i,u) 名 حَجْز ❖ 予約(よやく)する; 止(と)めておく; 防(ふせ)ぐ; 制限(せいげん)する, 禁(きん)ずる; 没収(ぼっしゅう)する 名 予約(よやく); 制止(せいし); 没収(ぼっしゅう)

أَوَدُّ أَنْ أَحْجِزَ مَكَانًا فِي الدَّرَجَةِ الْأُولَى 一等席(いっとうせき)を予約(よやく)したいのですが

السَّدُّ يَحْجُزُ مَاءَ النَّهْرِ ダムは川(かわ)の水(みず)を堰(せ)き止(と)める

حَجَزَ الدَّائِنُ عَلَى الْمَدِينِ أَمْوَالَهُ 債権者(さいけんしゃ)が債務者(さいむしゃ)の財産(ざいさん)を没収(ぼっしゅう)した

حَجْم 複 أَحْجَام / حُجُوم ❖ 規模(きぼ); 大(おお)きさ, 寸法(すんぽう)

كَبِيرُ الْحَجْمِ 大規模(だいきぼ)な

التَّدْرُجُ طَيْرٌ بَرِّيٌّ بِحَجْمِ الدَّجَاجَةِ キジ(雉(きじ))は鶏(にわとり)ほどの大(おお)きさの野生(やせい)の鳥(とり)です

حَدَّ ، يَحُدُّ (ُ) 名 حَدّ 複 حُدُود ❖ 境(さかい)を接(せっ)する; 制限(せいげん)する; 鋭(するど)くする; 喪服(もふく)を着(き)る 名 境界(きょうかい)(線(せん)), 隣接(りんせつ), 端(はし); 国境(こっきょう); 範囲(はんい), 段階(だんかい); 罰(ばつ); 刃(は)

حَدَّ مِنَ الْحُرِّيَّةِ 自由(じゆう)を制限(せいげん)した

حَدَّ السِّكِّينَ ナイフを研(と)いだ

تَحُدُّ حُزْنًا عَلَى جَدَّتِهَا 彼女(かのじょ)は祖母(そぼ)の喪(も)に服(ふく)しています

حَدٌّ أَعْلَى (أَقْصَى) 最高(さいこう)(の)/最大限(さいだいげん)(の)

حَدٌّ أَدْنَى 最低(さいてい)(の)/最低限(さいていげん)(の)

إِلَى حَدِّ ~ 〜まで

وَضَعَ حَدًّا لِـ~ 〜を終(お)わりにした

ذُو حَدَّيْنِ 二枚刃(にまいば)の

إِلَى غَيْرِ حَدٍّ / بِلَا حَدٍّ 限(かぎ)りの無(な)い/際限(さいげん)の無(な)い

إِلَى حَدٍّ مَا ある程度(ていど)/少(すこ)し

لَيْسَ ~ إِلَى حَدٍّ مَا それ程(ほど)〜でない

عَلَى حَدِّ ~ 〜によると

عَلَى حَدِّ قَوْلِهِ 彼(かれ)の話(はなし)(意見(いけん))によると

حَدَا ، يَحْدُو <حدو ❖ 促す, せかす;誘う

حَدَا عَلَى~/ حَدَا بِهِ إِلَى~　　~に誘った

حَدَا بِهِمْ الْحَدِيثُ إِلَى~　　彼らの会話は~に至った

حِدَاد <حد ❖ 嘆き悲しむ事;喪

ثَوْب (لِبَاس) الْحِدَادِ　　喪服

إِعْلَان الْحِدَادِ　　死者への哀悼の意を表する事

حَدَّاد <حد 複 ون ❖ 鍛冶屋

كَانَ حَدَّادُ الْقَرْيَةِ مَاهِرًا　　村の鍛冶屋は腕が良かった

حِدَة <وحد ❖ 単独;個別, 個々;孤独

عَلَى حِدَةٍ　　個別に/個々に

أُجْرِيَ التَّفْتِيشُ عَلَى حِدَةٍ　　個別に審査が行われた

حَدَثَ (u) 名 حَدَث 複 أَحْدَاث ❖ 起こる, 起きる, 生じる 名出来事;若者

حَدَثَ الانْفِجَارُ لَيْلًا　　夜に爆発が起きた

مَاذَا حَدَثَ؟　　どうしたのですか？

ثَقُلَ عَلَيْهِ الْحَدَثُ　　その出来事が彼に重くのしかかった

حَدَّثَ <II ❖ 話す, 語る(~بِ:~を)

حَدِّثْنَا بِمَا جَرَى لَكَ　　あなたに起きた出来事を話しなさい

حَدَّدَ <حد II 名 تَحْدِيد ❖ 研ぐ;定義する;境界を定める;決定する;制限する 名決定;制限

حَدَّدَ السَّيْفَ　　刀を研いだ

كَيْفَ تُحَدِّدُ الْجَمَالَ؟　　美をどのように定義しますか

حَدَّدَ الْمُهَنْدِسُ الْأَرْضَ　　技師が土地の境界を定めた

تَحْدِيد الْأَسْعَارِ　　価格決定

تَحْدِيد النَّسْلِ　　産児制限

حَدَقَ (i) ❖ 囲む(~بِ:~を);見つめる

حَدَقَ بِعَيْنَيْهِ ~　　~を見つめた

حَدَّقَ ❖ 見つめる(～:بِـ/إِلَى/فِي ～を)　حدق < حدق II 名 تَحْدِيق

名見つめる事, にらみつける事, 凝視

حَدَّقَ الطُّلَّابُ إِلَى الْمُعَلِّمِ　生徒達は先生を見つめた

حَدَقَة ❖ 瞳孔, 瞳 複視線　複 -ات

حَدَقَةُ الْعَيْنِ　瞳

حَدَقَةُ عَيْنِكَ تَضِيقُ فِي النُّورِ　(あなたの)瞳孔は明かりで小さくなる

حُدُود < حد ❖ 国境 ※ حَدّ の複

عَبَرَ الْحُدُودَ　国境を越えた

مِنْطَقَةُ الْحُدُودِ　国境地帯(地域)

فِي حُدُودِ ～　～の範囲で/～の内部で

حَدِيث < حدث 複 حِدَاث ❖ 形近代の, 新しい 名話し, 会話; 噂 (複 أَحَادِيثُ

ハディース ※預言者ムハンマドの言行録

اَلنَّحْتُ الْحَدِيثُ　近代彫刻

تَبَادَلَ الْأَصْدِقَاءُ الْأَحَادِيثَ الْفُكَاهِيَّةَ　愉快な話を友達同士で交換し合った

لُغَةُ الْحَدِيثِ　話し言葉

حَدِيثُ عَمِّي مُمْتِعٌ مُفِيدٌ　叔父(伯父)さんの談話は面白く, 為になる

حَدِيد < حد ❖ 鉄

اِضْرِبْ حَدِيدًا حَامِيًا　鉄は熱いうちに打て[格言]

سِكَّةُ الْحَدِيدِ　鉄道

حَدِيقَة < حدق 複 حَدَائِق ❖ 庭, 庭園

حَدِيقَةُ الْحَيَوَانَاتِ　動物園

حَدِيقَةٌ عَامَّةٌ　公園

حَدِيقَةُ الزُّهُورِ　花壇

حِذَاءٌ < حذو 複 أَحْذِيَة ❖ 靴

صَانِعُ أَحْذِيَةٍ　靴屋 ※= حَذَّاء

جَلَسْتُ بِحِذَائِهِ　彼と向かい合って, 私は座りました

حَذَارِ <حذر ❖ 注意しなさい, 気を付けなさい(~أَنْ/مِنْ:~に)

حَذَارِ مِنَ الزُّكَام　風邪に注意しなさい(気を付けなさい)

حَذِرَ (a) 名 حَذَرٌ / حِذْر ❖ 気をつける, 注意する(~مِنْ:~に);慎重である
名 注意, 警戒

اِحْذَرْ أَنْ ~　~しないように気を付けなさい

اِحْذَرْ الدِّهَانَ　ペンキ塗りたて注意

حَذِرٌ ❖ 慎重な, 注意深い

كُنْ حَذِرًا فِي اخْتِيَارِ أَصْدِقَائِكَ　友達選びは慎重にしなさい

حَذَّرَ <حذر II 名 تَحْذِير ❖ 警告する, 注意する(~مِنْ:~を) 名 警告, 注意

كَمْ مَرَّةٍ حَذَّرْتُكَ مِنَ التَّدْخِينِ　何度, 私はあなたの喫煙を注意した事か

حَذَفَ (i) ❖ 削除する; 省略する, 省く; 刈る

اِحْذِفْ مِنْ جُمْلَتِكَ كُلَّ كَلِمَةٍ زَائِدَ　(あなたの)文章から余分な言葉を全て省きなさい

حَذِقَ (a) / حَذَقَ (i) 名 حِذْق ❖ (~に)上達する, (~が)うまくなる(~فِي)
名 上達; 熟練; 賢さ

مُمَارَسَةُ الْعَمَلِ تُكْسِبُ دُرْبَةً وَحِذْقً　仕事の経験が技術の上達をもたらす

حَذَقَ (u) ❖ 酸っぱくなる

حَرٌّ ❖ 暑さ, 熱

حَرُّ الصَّيْفِ شَدِيدٌ فِي الصَّحْرَاءِ　砂漠では夏の暑さがひどい

حُرٌّ 複 أَحْرَار ❖ 形 自由な, 解放された; 無料の 名 自由民

دُخُول حُرّ　入場無料

وَعْدُ الْحُرِّ دَيْنٌ عَلَيْهِ　自由民の約束は負債と同じである

حِرَاثَة <حرث ❖ 耕作

تَأَخَّرَتِ الْحِرَاثَةُ لِأَنَّ الْجَرَّارَ تَعَطَّلَ　トラクターが故障したので, 耕作が遅れた

حَرَارَة <حر ❖ 暑さ, 熱; 温度

مِيزَان (مِقْيَاس) الْحَرَارَةِ　温度計

مِقْيَاس الْحَرَارَةِ الطِّبِّيّ　体温計

دَرَجَة الْحَرَارَةِ　温度/気温/体温

عِنْدِي حَرَارَةٌ　私は熱があります

شَكَرَهُ بِحَرَارَةٍ　彼に厚く感謝した

حِرَاسَة <حرس ❖ 警備;見張り,監視;管理

اَلنَّاطُورُ مُكَلَّفٌ بِحِرَاسَةِ الْمَصْنَعِ　警備員は工場の警備に責任がある

حَرَامٌ <حرم ❖ 形神聖な;禁じられた 名神聖;タブー,禁忌

اَلْبَيْتُ الْحَرَامُ　(メッカの)カーバ神殿

حَرَامٌ عَلَيْكَ　それをしては(言っては)いけない

اَلسَّرِقَةُ حَرَامٌ　盗みは禁じられている

حَرَامِيّ <حرم 複 حَرَمِيَّة ❖ 泥棒,盗賊;禁じられた事をする者

عَلِيّ بَابَا وَالأَرْبَعُونَ حَرَامِيًّا　アリババと４０人の盗賊

حَرْب 複 حُرُوب ❖ 戦争

حَرْب أَهْلِيَّة (دَاخِلِيَّة)　内戦

لَا لِلْحَرْبِ !　戦争反対！

اَلْحَرْبُ الْعَالَمِيَّةُ الأُولَى (الثَّانِيَة)　第１次(２次)世界大戦

حِرْبَاء 複 حَرَابِيّ ❖ 女カメレオン

تَتَلَوَّنُ الْحِرْبَاءُ فِي الشَّمْسِ أَلْوَانًا　カメレオンは太陽のもとで色を変える

حَرَثَ (u, i) ❖ 耕す,鋤く,耕作する

حَرَثَ الأَرْضَ الْفَلَّاحُ بِالْمِعْزَقَةِ　農民が大地を鍬で耕した

حَرَّجَ <حرج II 名 تَحْرِيج ❖ 困らせる;厳しくする;困難にする;固執する;せばめる,狭くする 名困難

حَرِجٌ ❖ きつい,せまい,窮屈な;危機の,困難な

فَتْرَة حَرِجَة　危機の時代/緊急の時

مَوْقِف (مَرْكَز) حَرِج　危機的な状況/困難な立場

حَرِدَ (a) ❖ 怒る,臍をまげる

عِنْدَمَا لَا أُشْرِكُ "شِيرُو" بِاللَّعِبِ يَحْرَدُ　"シロー"は私が遊び相手にならないと怒る

"جِيرُو" حَرِدٌ لِأَنَّنَا أَهْمَلْنَاهُ　"ジロー"は私達が無視したので怒っている

❖ حِرْذَوْن 複 حَرَاذِين　トカゲ

زَحَفَ الْحِرْذَوْنُ مِنْ جُحْرِهِ إِلَى الْحَائِطِ　トカゲが巣穴から壁まで,這って行った

❖ حَرَّرَ < حر II 名 تَحْرِير　編集する;解放する,自由にする
名書類;編集;解放,自由

حَرَّرَ الْمَجَلَّةَ　その雑誌を編集した

حَرَّرَ الشَّعْبَ　国民を解放した

تَحْرِيرُ الْعَبِيدِ　奴隷解放

إِدَارَةُ تَحْرِيرٍ　編集スタッフ

رَئِيسُ تَحْرِيرٍ　編集長

❖ حِرْز 複 أَحْرَاز　守りの堅い場所,保管場所;避難所;お守り

لَا تَخَفْ عَلَى مَالِكَ، إِنَّهُ فِي حِرْزٍ أَمِينٍ　あなたのお金は心配しないで,安全な所にあります

فِي عُنُقِ الطِّفْلِ حِرْزٌ يَحْمِيهِ مِنَ الْأَذَى وَالشَّرِّ　子供の首には,厄よけのお守りがある

❖ حَرَسَ (u) 名 حِرَاسَة　護衛する,守る;警備する,見張る 名監視,見張り;警備

يَحْرُسُهُ حَارِسٌ مُسَلَّحٌ　武装した護衛が彼を警備している

تَحْتَ حِرَاسَةِ ~　～の警備の下に

فِي حِرَاسَةِ ~　～の監視下に

اَلنَّاطُورُ مُكَلَّفٌ بِحِرَاسَةِ الْمَصْنَعِ　警備員は工場の警備に責任がある

❖ حَرَس 複 أَحْرَاس　護衛官,警備員,ガードマン,ボディガード

حَرَسُ الْحُدُودِ　国境警備隊

❖ حَرِصَ (i) / حَرَصَ (a) 名 حِرْص　貪欲に欲する,求める,熱心に行う(～عَلَى أَنْ:～を)
名貪欲,けち

يَحْرِصُ الْبَخِيلُ عَلَى مَالِهِ　けちは貪欲にお金を欲する

اِحْرِصْ عَلَى أَنْ تَحْظَى بِرِضَى وَالِدَيْكَ　両親の満足を得るように,熱心に行いなさい

❖ حَرَّضَ < حرض II 名 تَحْرِيض　唆す,扇動する;せかす,突き動かす
名教唆;扇動;挑発

مُجْرِمٌ مَنْ يُحَرِّضُ غَيْرَهُ عَلَى الْقَتْلِ　他人に殺人を唆した者は犯罪者である

يُحَرِّضُ الْعُمَّالَ عَلَى الْإِضْرَابِ　労働者にストライキを煽る(扇動する)

حَرَّفَ＜حرف II 名 تَحْرِيف ❖ 傾ける;変える;歪める,歪曲する 名歪曲

إِنْ نَقَلْتَ كَلَامَ غَيْرِكَ فَلَا تُحَرِّفْهُ　他人の言葉を引用する時は,歪曲してはいけません

حَرْف 複 حُرُوف 関 حَرْفِيّ ❖ 縁,端;側(複 حِرَف);文字(複 أَحْرُف/حُرُوف)

関文字の

حَرْف النَّهْرِ　川縁

اَلْحُرُوف الشَّمْسِيَّة　太陽文字

اَلْحُرُوف الْقَمَرِيَّة　月文字

حُرُوف سَاكِنَة (مُتَحَرِّكَة)　子音(母音)

اَلْحُرُوف الرُّومَانِيَّة　ローマ字

حَرْف عَطْفٍ　接続詞 ※فَ,وَ など

حَرْف جَرّ　前置詞

حَرْف تَعْرِيفٍ　冠詞

حَرْفِيًّا　文字通り

حِرْفَة 複 حِرَف ❖ 職業,仕事,商売

أُحِبُّ حِرْفَتِي　私は自分の職業が好きです

حِرْفَة يَدَوِيَّة　手工芸

حَرَقَ (i) 名 حَرْق 複 حُرُوق ❖ 火傷する;焼く,燃やす 名火傷

حَرَقَ وَجْهَهُ　顔を火傷した

حَرَقَ قَلْبَهُ　怒らせた

حَرَّكَ＜حرك II 名 تَحْرِيك ❖ 動かす,移す;始める;母音にする

名動かす事,移動;稼働;推進

حَرَّكْتُ الْحَجَرَ مِنْ مَكَانِهِ　私はその石を動かした

حَرَّكَ الْعَوَاطِفَ　感動させた

حَرَكَة 複 ـات ❖ 運動,動き,動作;母音記号

كُلُّ حَرَكَةٍ مِنْهُ تُضْحِكُنَا　彼のすべての動作が私達を笑わせる

حَرَكَة سِيَاسِيَّة　政治運動

حَرَكَة الْمُقَاوَمَةِ الْإِسْلَامِيَّةِ فِي فِلَسْطِ　パレスチナのイスラム抵抗運動/ハマス

حَرَمَ (i) ❖ 剥奪する,奪う;禁じる;破門する

حَرَمَهُ مِنْ حَقِّهِ　彼の権利を奪った

تَحْرِيم 名 II حرم < حَرَّمَ ❖ 禁じる;(イスラム歴の)ハラーム月に入る 名禁止

حَرَّمَ اللّٰهُ الْقَتْلَ　神は殺人を禁じられた

تَحْرِيم الْخَمْرِ　飲酒の禁止

أَحْرَام 複 حَرَمٌ ❖ 形禁じられた,禁止された
名聖域;構内,キャンパス;妻,夫人;禁忌,タブー

حَرَمُ الْجَامِعَةِ　大学構内(のキャンパス)

اَلْحَرَمَانِ　聖地メッカとメディナ

ـات 複 حُرْمَة ❖ 神聖さ;崇拝;宗教上の禁止,タブー;妻(複 حُرَمٌ)

اِنْتَهَكَ الْأَجْنَبِيُّ حُرْمَةَ الْمَعْبَدِ　一人の外国人が神社を冒涜した

ـات 複 حر < حُرِّيَّة ❖ 自由;解放;釈放

حُرِّيَّة الْفِكْرِ (النَّشْرِ / الْكَلَامِ)　思想(出版/言論)の自由

حَرَائِر / حَرَايِر 複 حر < حَرِير ❖ 絹;絹織物

مَنْدِيل حَرِيرٍ　絹のハンカチ

فُسْتَان مِنْ حَرِيرٍ　絹のドレス

حَرِير صَخْرِيّ　石綿/石綿/アスベスト

حِرَاص / حُرَصَاءُ 複 حرص < حَرِيص ❖ 大切な,大事な;熱心な;貪欲な(〜عَلَى:〜に)

حَرِيص عَلَى مَالِهِ　お金を大切にする(倹約する)

حَرَائِق 複 حرق < حَرِيق ❖ 火事,火災

أَطْفَأَ الْحَرِيقَ　火事を消した

حُرُم 複 حرم < حَرِيم ❖ 形神聖な 名家族の中の女性;妻;聖域

الرَّجُلُ الشَّرِيفُ الأَبِيُّ يُدَافِعُ عَنْ حَرِيمِهِ حَتَّى المَوْتِ　誇り高き父親たる男は家族(身内)の女性を命懸けで守る

حَزَّ (u) ❖ 刻み目を付ける

حَزَّ فِي نَفْسِهِ (صَدْرِهِ /قَلْبِهِ)　苦しめた/悲しませた

حِزَام < حزم 複 ـات / أَحْزِمَة ❖ ベルト, 帯, バンド

شُدَّ حِزَامَ المَقْعَدِ　シートベルトを締めなさい

حِزَام مُتَحَرِّك　ベルトコンベアー

حِزْب 複 أَحْزَاب ❖ 党, 政党; 集団

نَظَّمَ حِزْبًا　党を結成した

حِزْبُ اللّٰهِ　ヒズボラ/神の党 ※レバノンの政党

حِزْبٌ حَاكِم (مُعَارَضَة)　与党(野党)

حَزَرَ (i,u) 名 حَزْر ❖ 推測する, 予測する 名推測, 予測

أَتَحْزُرُ مَا سَيَكُونُ مَوْضُوعُ الامْتِحَانِ؟　あなたは試験問題が何かを予測すると言うのです

حَزَمَ (i) 名 حَزْم ❖ 束ねる, くくる; 梱包する 名梱包; 断固とした態度

حَزَمَ الكُتُبَ　本を束ねた

حَزُمَ (u) ❖ 断固とした態度を取る, 決然とする

يَلِيقُ بِالحَاكِمِ أَنْ يَحْزُمَ حَتَّى يُهَابَ　審判は恐れられる程, 決然とするのがふさわしい

حُزْمَة 複 حُزَم ❖ 束

رَجَعَ الحَطَّابُ بِحُزْمَةٍ مِنَ الأَغْصَانِ　木こりは木の枝の束を持って, 戻った

حَزِنَ (a) 名 حُزْن 複 أَحْزَان ❖ (〜を)悲しむ, 嘆く(〜 عَلَى) 名悲しみ

لَا تَحْزَنِي يَا سَنْدْرِيلَّا　シンデレラよ, 悲しまないで

حَزِنَ عَلَى وَفَاةِ المَلِكَةِ　王妃の死を嘆いた

نَظَرَ بِحُزْنٍ　悲しそうに見た

حَزَّنَ < حزن II ❖ 悲しませる, 悲しみをもたらす

حَالَةُ هٰذِهِ العَائِلَةِ الفَقِيرَةِ تُحَزِّنُ　この貧しい家族の状況は悲しみを誘う

حَزِيرَانُ ❖ ハジーラーン ※シリア暦の六月

حَزِيرَانُ يُبَشِّرُ بِاقْتِرَابِ الْعُطْلَةِ الصَّيْفِيَّةِ　ハジーラーンになれば夏休みが近い

حُزَنَاءُ/حِزَان 複 حزن＜ حَزِين ❖ 悲しい;嘆いている

لَقَدْ شَاهَدْتُهُ وَهُوَ حَزِينٌ　私は悲しそうな彼を見た

حَزِينًا　悲しそうに

حَسَّ (i) ❖ 感じる(~بِـ:~を);同情する ※أَنَا حَسَسْتُ

بِمَ تَحِسُّ؟　何を感じますか/どんな感じですか

حِسٌّ ❖ 感覚;感情;声,音

مُرْهَفُ الْحِسِّ　感覚が鈍い(弱い)

رَقِيقُ الْحِسِّ　感覚が鋭い/繊細な/敏感な

حِسٌّ مُشْتَرَكٌ　共通の感情/共感

أَحْسَاءٌ / أَحْسِيَة 複 حسو＜ حَسَاءٌ ❖ スープ

حَسَاءٌ سَاخِنٌ　温かいスープ

ـات 複 حسب＜ حِسَاب ❖ 口座;勘定,計算

الْحِسَابُ غَيْرُ مَضْبُوطٍ　この勘定(の計算)は間違っています

عَمِلَ حِسَابًا لِـ~　~を勘定に入れた/~を当てにした

حِسَاب عَامّ　一般会計

حِسَاب (مَصْرَفِيّ)　預金口座/銀行口座

مِنْ غَيْرِ حِسَابٍ　むやみに

بِغَيْرِ حِسَابٍ　無限に

يَوْم الْحِسَابِ　最後の審判の日

حس＜ حَسَّاس ❖ 敏感な;微妙な

الْوَرَقُ الْفُوتُوغْرَافِيُّ حَسَّاسٌ لِلضَّوْءِ　印画紙は光に敏感です

مَرْحَلَة حَسَّاسَة　微妙な段階

حس＜ حَسَّاسِيَّة ❖ 感受性;アレルギー

شَدِيدُ الْحَسَّاسِيَّةِ　感受性の強い

الْحَسَّاسِيَّةُ تُزْعِجُنِي　私はアレルギーに悩んでいます

حَسَبَ (u) 名 حَسْب ❖ 計算する, 数える 名計算

حَسَبَ النُّقُودَ　お金を<u>計算した</u>(勘定した)

حَسَبَ حِسَابَهُ　考慮した

～ فَحَسْبُ ، ‥　～ばかりでなく‥

وَاضِعُ الْكِتَابِ لَيْسَ عَالِمًا فَحَسْبُ ، بَلْ عَلَّامَةٌ　その本の著者は学者ばかりでなく, 博学の人だ

حَسِبَ (a, i) / حَسُبَ (u) ❖ (～と)思う, (～と)見なす

حَسِبْتُ الْأُمْثُولَةَ الْعَرَبِيَّةَ صَعْبَةً　私はアラブの<u>格言</u>(諺)は難しいと思いました

كُنْتُ أَحْسَبُ الْقِرَاءَةَ الْعَرَبِيَّةَ صَعْبَةً　私はアラビア語の読み方は難しいと思っていた

حَسُبَ (u) 名 حَسَبٌ 複 أَحْسَاب ❖ 高貴な出である 名名家, 格式のある家柄

افْخَرْ بِنَفْسِكَ قَبْلَ فَخْرِكَ بِحَسَبِكَ　家柄を自慢する前に, 自分を誇れるようにしなさい

حَسَبَ ～ ❖ 前～によれば, ～によると; ～に応じて, ～によって

حَسَبَ التَّقْرِيرِ　その報告書によれば

عَلَى حَسَبِ ～/بِحَسَبِ ～/حَسَبَمَا ～　～によれば/～によると

حَسَبَمَا نَشَرَتْهُ الصَّحِيفَةُ　新聞の報道によると

حَسَبَ قُدْرَتِهِ　能力に応じて

حَسَدَ (u, i) 名 حَسَدٌ ❖ (～に)嫉妬する, (～を)妬む(ـهُ/～عَلَى)
名嫉妬, 妬み

حَسَدَ مُحَمَّدٌ أَحْمَدًا <u>نَجَاحَهُ</u> (عَلَى نَجَاحِهِ)　ムハンマドはアフマドの成功に嫉妬した

حَسَرَ (u, i) ❖ 明らかにする; 見つける(～عَنْ:～を); 取り去られる; ぼやける, (目が)かすむ

حَسَرَ الْمُقَنَّعُ عَنْ وَجْهِهِ　マスクが顔から取られた

يَحْسُرُ الْبَصَرُ مَعَ التَّقَدُّمِ فِي السِّنِّ　年を取るにつれて, 目がかすむ

حَسِرَ (a) ❖ 嘆く; 後悔する(～عَلَى:～を)

تَحْسَرُ الْأُمُّ إِذَا فَارَقَهَا ابْنُهَا　母親は息子が離れていく時に, 嘆きます

حَسَكَة ※ حَسَكٌ ❖ (魚の)骨,小骨;(植物)のとげ ※1本の骨

اِنْزِعِ الْحَسَكَ قَبْلَ أَنْ تَأْكُلَ السَّمَكَ　魚は食べる前に,骨を取りなさい

حَسْم 名 حَسَمَ (i) ❖ 切る,切断する;終わらせる;減ずる,減らす
名 終結;停止;割引

حَسَمَ الْخِلَافَ بَيْنَهُمَا　二人の仲違いを終わらせた

حُسْن 名 حَسُنَ (u) ❖ 美しくなる;良くなる;立派である;ふさわしい
名 良さ,善さ;美しさ;素晴らしさ;完璧

اَلْقِرْدُ يَحْسُنُ فِي عَيْنِ أُمِّهِ　猿でさえ母親の目には立派に見える[格言]

حُسْنُ التَّعْبِيرِ　婉曲法/婉曲的表現

حُسْنُ الْحَظِّ　幸運/運の良さ

لِحُسْنِ الْحَظِّ / مِنْ حُسْنِ الْحَظِّ　幸運にも/運良く

حُسْنُ النِّيَّةِ　善意/真心

كَانَتْ مَشْهُورَةً بِحُسْنِهَا　かつて,彼女はその美しさで有名だった

تَحْسِين 名 II حسن > حَسَّنَ ❖ 改善する,改革する;美しくする,美化する
名 改善,改良

حَسَّنَ دَرَجَاتِهِ　成績を良くした

سَوْفَ يُحَسِّنُ هٰذَا الْمَشْرُوعُ الْحَيَاةَ　この計画は生活を改善するだろう

اَلتَّحْسِينُ الْمُسْتَمِرُّ ضَرُورَةٌ فِي الْحَيَا　絶えざる改善が人生には必要である

حِسَان 複 حَسَنٌ ❖ 良い,美しい ※比 أَحْسَنُ:より良い

مُعَامَلَةٌ حَسَنَةٌ　良い待遇

حَسَنًا !　よろしい/OK/素晴らしい!

أَحَاسِن 複 حسن > حُسْنَى ❖ 親切;良い結果 ※ أَحْسَنُ の女

مُعَلِّمَتُنَا الْجَدِيدَةُ تُعَامِلُنَا بِحُسْنَى　新しい私達の女の先生は私達に親切です

حِسَان 複 حسن > حَسْنَاءُ ❖ 形 美しい 名(女性の)美人,美女

فَتَاةٌ حَسْنَاءُ　美女

تَعْرِفُ الْحَسْنَاءُ أَنْ تُجَمِّلَ وَجْهَهَا　美人は化粧する事を知っている

ـات 複 حَسَنَة ❖ 善行;慈善,施し 複 利点;美徳

أَحْسَنْتَ إِلَيَّ، وَأَنَا أَشْكُرُ لَكَ حَسَنَتَكَ　あなたは私に良くしてくれました，私はあなた
善意に感謝しています

حَسُود <حسد 複 حُسُد ❖ 男女形しっと深い 名しっと深い人

اَلْحَسُودُ لَا يَسُودُ　しっと深い者はトップ(長)になれない

حَشَا ، يَحْشُو 名 حَشْو ❖ 詰める；満たす 名詰める事

حَشَا الْفِرَاشَ قُطْنًا　布団に綿を詰めた

جَوَّفَ الْبَاذِنْجَانَ قَبْلَ حَشْوِهِ　詰め物をする前に，茄子の中をくり抜いた

حَشًا / حَشًى 複 أَحْشَاء ❖ 内蔵；体内 ※定 اَلْحَشَا

فِي أَحْشَاءِ ～　～の中に

اِرْتَعَشَ الْجَنِينُ فِي حَشَاءِ أُمِّهِ　胎児が母親の体内(胎内)で動いた

حَشَّاش <حش 複 ون / حَشَّاشَة ❖ 大麻(マリファナ)を吸う人

حَشَدَ (u, i) 名 حَشْد 複 حُشُود ❖ 集める；集結させる 名集める事，集結，動員

حَشَدَ الْقَائِدُ الْجُنُودَ الْمَعْرَكَةَ　指揮官が戦闘員を集結させた

فِي السَّاحَةِ حَشْدٌ مِنَ النَّاسِ　広場に群衆がいる

حَشَرَ (i, u) 名 حَشْر ❖ 集める；一緒にする；(死後に)復活させる 名復活

يَحْشُرُ اللّٰهُ النَّاسَ　神が人々を復活させる

(´)
يَوْمُ الْحَشْرِ　復活の日

حَشَرَة 複 ـات ❖ 昆虫，虫

عِلْم حَشَرَاتٍ　昆虫学

مُبِيد حَشَرَاتٍ　殺虫剤

حَشَرَات ضَارَّة　害虫

حِشْمَة ❖ 恥ずかしさ；身だしなみ

زِينَةُ الْفَتَاةِ حِشْمَتُهَا　若い娘の化粧は身だしなみである

حَشْو ❖ ⇒ حَشَا 名

حَشِيش <حش 複 حَشَائِش ❖ 草；大麻，マリファナ，ハシーシ

حَشَائِش طِبِّيَّة　薬草

زِرَاعَةُ الْحَشِيشَةِ مَمْنُوعَةٌ　大麻の栽培は禁じられている

حَصًى<حصو 複 حَصَيَات ※ حَصَاة ❖ 小石, 砂利 ※1個の小石 ※定 اَلْحَصَى

أُصِيبَ بِحَصَاةٍ جَرَحَتْهُ　彼に小石が当たり, 怪我をした

إِذَا جُبِلَ الْإِسْمَنْتُ مَعَ الْحَصَى وَالرَّمْلِ وَالْمَاءِ، أَعْطَى الْبَاطُونَ　セメントを砂利と砂と水でこねたら, コンクリートになる

حَصَاد<حصد (َ) ❖ 実り; 収穫; 収穫期

كَيْفَ الْحَصَادُ فِي هٰذِهِ السَّنَةِ ؟　今年の収穫はどうですか

حِصَار<حصر ❖ 封鎖, 包囲

حِصَار اقْتِصَادِيّ　経済封鎖

حِصَان<حصن 複 أَحْصِنَة / حُصُن ❖ 馬, 雄馬

قُوَّة حِصَانٍ　馬力

حِصَان بُخَارِيّ　蒸気機関車

عَلَى ظَهْرِ حِصَانٍ　馬に乗って

حِصَّة 複 حِصَص ❖ 割り当て, 分け前; 授業

أَكَلْنَا حِصَّتَنَا مِنَ الْكَعْكَةِ　私達は自分達の分のケーキを食べました

لِمَاذَا تَغَيَّبْتَ عَنْ حِصَّةِ الْيَابَانِيَّةِ ؟　どうして日本語の授業を休んだのですか

حَصَدَ (u, i) 名 حَصْد / حِصَاد / حَصَاد ❖ 収穫する; 刈る 名 収穫

نَحْصُدُ رُزًّا فِي فَصْلِ الْخَرِيفِ　秋に米を収穫します

مَوْسِم الْحَصَاد　収穫の季節

حَصَرَ (i, u) 名 حَصْر ❖ 追いつめる; 取り囲む, 包囲する; 集中する 名 封鎖, 包囲

حَصَرَ الْهِرُّ الْفَأْرَةَ فِي الزَّاوِيَةِ　猫が鼠を角に追いつめた

حَصْر اقْتِصَادِيّ　経済封鎖

لَا حَصْرَ لَهُ　制限のない/無制限の

حِصْرِم ❖ 熟れていないブドウ, まだ青い実のブドウ

قُطِفَ الْحِصْرِمُ　まだ青いブドウの実が摘まれた

حَصَلَ (u) 名 حُصُول ❖ 得る, 得る(～عَلَى:～を);起こる(～لِـ:～に)
名得る事, 獲得, 修得(～عَلَى:～の, を);発生

حَصَلَ عَلَى الرُّخْصَةِ　免許を取得した

حَصَلَ الْوَلَدُ عَلَى نُقُودٍ مِنَ الْعَمَلِ　その子は働いてお金を得た

كَيْفَ حَصَلَتِ الْجَرِيمَةُ ؟　どの様に, その犯罪は起きたのですか

لَمْ يَسْتَطِعْ الْحُصُولَ عَلَى شَرَابٍ　飲み物を手に入れる事が出来なかった

حَصَّلَ > حصل II 名 تَحْصِيل ❖ 得る, 獲得する;集める;要約する 名獲得;学習;

أَتَيْتُمْ الْمَدْرَسَةَ لِتُحَصِّلُوا الْعِلْمَ وَالتَّرْبِيَّةَ　あなた達は知識と教育を得る為に, 学校に来ました

حَصَّنَ > حصن II 名 تَحْصِين ❖ 要塞化する; 強固にする;免疫をつける
名要塞化; 強化

حَصَّنَ الْأَمِيرُ الْقَلْعَةَ　王子は城を強固にした

حِصْن 複 حُصُون / أَحْصَان/حِصَنَة ❖ 要塞, 砦

لَمْ يَتَمَكَّنِ الْجُنُودُ مِنْ احْتِلَالِ الْحِصْنِ　兵士達は要塞を占領できなかった

حَصِير 複 حُصُر ※ حَصِيرَة ❖ ござ, マット ※1枚のござ

جَلَسَ الْأَطْفَالُ عَلَى الْحَصِيرَةِ يَلْعَبُونَ　子供達は1枚のござの上に座って, 遊んだ

حَصِيلَة > حصل 複 حَصَائِل ❖ 残り;集められた物;利益; 収入, 稼ぎ;結果

كَانَتْ حَصِيلَةُ الْبَيْعِ قَلِيلَةً　販売利益は少なかった

حَصِين > حصن ❖ 近づきにくい;堅い, 堅固な, 難攻不落の

لَجَأَ اللُّصُوصُ إِلَى مَوْضِعٍ جَبَلِيٍّ حَصِينٍ　盗賊達は近づきにくい山岳地帯に逃げた

حَضَّ (u) 名 حَضّ ❖ 駆り立てる;扇動する;勧める, 奨励する(～عَلَى:～
名扇動; 奨励, 促進

حَضَّ عَلَى التِّجَارَةِ　商業を奨励した

حَضَارَة > حضر 複 ـات ❖ 文明, 文化;定住生活

حَضَارَة عَظِيمَة　偉大な文明

حَمَلَ الْعَرَبُ حَضَارَتَهُمْ إِلَى～　アラブ人は自分たちの文明を～に伝えた

حَضَانَة <حضن (َ) 複 -ات ❖ 保育, 子育て

دَارُ الْحَضَانَةِ　保育園/託児所

أَوْدَعَ طِفْلَهُ فِي دَارِ الْحَضَانَةِ　子供を託児所に預けた

حَضَرَ (u) 名 حُضُور ❖ 現れる; 出席する; 参加する; やって来る; 定住する
名 出席; 出席者; 存在

كَمْ طَالِبًا يَحْضُرُ الدَّرْسَ؟　何人の生徒が授業に出席しますか

حَضَرَ الْبَدَوِيُّ　ベドウィンが定住した

حَضَرَهُ الْمَوْتُ　彼に死が訪れた

قَائِمَةُ الْحُضُورِ　出席簿

حَضَّرَ <حضر II 名 تَحْضِير 複 -ات ❖ 用意する, 準備する; 予習する; 作る; 文明化する
名 用意, 準備, 支度

حَضَّرَ الْوَجْبَةَ　食事を用意しました

حَضَّرْتُ الشَّايَ　私はお茶を入れました

تَحْضِيرُ الِامْتِحَانِ　試験準備

حَضَرٌ ❖ (人が定住している)町や村; 定住生活; 定住民

سُكَّانُ الْجَزِيرَةِ بَدْوٌ رُحَّلٌ وَحَضَرٌ　島の住民は移動するベドウィンと定住民である

حَضْرَة ❖ 出席; 存在; ~様

حَضْرَةُ السَّيِّدِ ~　~様 ※手紙などの宛名に

مَنْ حَضْرَتُكَ؟　どちら様ですか(でいらっしゃいますか)

حَضَنَ (u) 名 حِضَانَة ❖ 抱く, (卵を)かえす, 育てる 名 保育, 養育

حَضَنَ الطَّائِرُ الْبَيْضَ　その鳥は卵をかえした

تَدَرَّبَتْ أُمُّهُ عَلَى حِضَانَةِ الْأَطْفَالِ　彼の母親は保育の訓練を受けた

حَقُّ الْحِضَانَةِ　養育権/親権

حِضْن 複 أَحْضَان ❖ 胸; 中央

أَخَذَتْهُ بَيْنَ أَحْضَانِهَا　彼女は彼を抱きかかえた(それを胸に抱いた)

فِي أَحْضَانِ الصَّحْرَاءِ　砂漠の真ん中で

حضر<حُضُور ❖ ⇒ حَضَرَ 名

حُضُض/أَحِضَّة 複 حض<حَضِيض ❖ 低地,底;山の麓,山麓

أُصِيبَ الطَّائِرُ، فَسَقَطَ إِلَى الْحَضِيضِ　鳥は打たれて,低地に落ちた

حُطِّي 女 حُطَّ 命 حَطَّ (u) ❖ 置く,下ろす;降りる,着陸する 命置きなさい

حُطَّ الْكِتَابَ عَلَى الْمَكْتَبِ　本を机の上に置きなさい

حَطَّتِ الْحَمَامَةُ عَلَى يَدِي　鳩が私の手に降りて来た

حطب<حَطَّابٌ ❖ 薪を取る人;薪売り

حطم<حُطَامٌ ❖ 破片;がれき;残がい,廃墟

اِنْكَسَرَ الْإِبْرِيقُ وَتَنَاثَرَ حُطَامُهُ　急須が壊れて,その破片が散らばった

أَحْطَاب 複 حَطَبٌ ❖ 薪,薪

اَلْحَطَبُ الْيَابِسُ يَحْتَرِقُ بِسُهُولَةٍ　乾いた薪はよく燃える

حَطْم 名 حَطَمَ (i) ❖ 割る,壊す,砕く 名破壊

حَطَمَتِ الْحَصَاةُ الزُّجَاجَ　小石がガラスを割った

تَحْطِيم 名 II حطم<حَطَّمَ ❖ (粉々に)砕く,壊す,破る 名破壊,粉砕

حَطَّمَ صَخْرًا　岩を砕いた

حَطَّمَتِ الْكُرَةُ زُجَاجَ النَّافِذَةِ　ボールが窓ガラスを粉々に割った

حَطَّمَ الرَّقْمَ الْقِيَاسِيَّ　記録を破った

حُظُوظ 複 حَظٌّ ❖ 分け前;運

مِنْ حُسْنِ الْحَظِّ / لِحُسْنِ الْحَظِّ　幸運にも

سُوءُ الْحَظِّ　不運

لِسُوءِ الْحَظِّ　不運にも/運の悪い事に

أَتَمَنَّى لَكَ حَظًّا سَعِيدًا　ご幸運をお祈りしています

حَظْر 名 حَظَرَ (u) ❖ 禁止する;囲う 名禁止

حَظَرَ الصَّيْدَ　狩猟を禁止した

نَاشَدَ حَظْرَ الْأَسْلِحَةِ النَّوَوِيَّةِ　核兵器の禁止を訴えた

حَظِيَ ، يَحْظَى ، حُظِيَ 受 حُظِيَ ، يُحْظَى ❖ 恩恵を受ける;得る(~بِـ:~を) 受恵まれる

حَظِيَ بِالاحْتِرامِ　尊敬を得た

حُظِيتُ بِالصِّحَّةِ الْجَيِّدَةِ　私は健康に恵まれた

حَظِيرَة < حظر 複 حَظائِر / حِظار ❖ 囲い,垣;囲い地;家畜小屋,納屋;格納場所

يَأْوِي الْقَطِيعُ إِلَى الْحَظِيرَةِ عِنْدَ الْمَساءِ　(家畜の)群は夕方,小屋に戻って寝る

حَفَاوَة < حفو ❖ 歓迎,歓待

اِسْتَقْبَلْنَا الضَّيْفَ بِحَفَاوَةٍ بَالِغَةٍ　私達はお客さんを大いに歓迎した

حَفَرَ (i) 名 حَفْر ❖ 掘る,掘削する;掘り起こす;彫る 名掘る事,掘削

حَفَرَ حُفْرَةً　穴を掘った

حَفَرَ كِتَابَةً عَلَى الْمَكْتَبِ　机に文字を彫った

مَتَى بَدَأَ حَفْرُ قَنَاةِ السُّوَيْسِ؟　スエズ運河の掘削はいつ始まりましたか

حُفْرَة 複 حُفَر ❖ 穴;墓

وَقَعَ فِي الْحُفْرَةِ　穴に落ちた

حَفِظَ (a) ❖ 保存する;保つ,守る;暗記する,覚える

حَفِظَ الطَّعَامَ　食物を保存した

حَفِظَ الْجُمْلَةَ عَنْ ظَهْرِ قَلْبٍ　文章を暗記した(覚えた)

اِحْفَظْ هٰذِهِ الشَّنْطَةَ عِنْدَكَ　この鞄を預かって下さい

حَفْلَة 複 ـات ❖ パーティ,宴会;集まり

حَفْلَةُ الْعُرْسِ　結婚式/ウェディングパーティ

حَفْلَة مُوسِيقِيَّة　音楽会/演奏会/コンサート

حَفْنَة ❖ (手の)一すくい,一握り

حَفْنَةٌ مِنَ الرَّمْلِ　一すくいの砂/一握りの砂

بِحَفْنَةٍ مِنَ الدَّرَاهِمِ وَالدَّنَانِيرِ　二束三文で

حَفِيد 複 حُفَدَاء / أَحْفَاد 女 حَفِيدَة ❖ 孫

سُرَّتْ جَدَّتِي بِأَنَّ لَهَا حَفِيدًا ذَكِيًّا　私の祖母は孫が賢いので喜んだ

حَقَّ ، يَحِقُّ / يَحُقُّ ❖ 真理である;正しい,正しくある

حُقَّ ، يُحَقُّ 受　必要である/義務である/ふさわしい(・:〜に)

يَحِقُّ لِـ.. أَنْ ~ (ُ)　‥には〜する権利がある

يَحِقُّ عَلَى.. أَنْ ~ (ُ)　‥は〜しなければならない

يَحِقُّ لِلْإِنْسَانِ أَنْ يَكُونَ حُرًّا، وَيَحِقُّ عَلَيْهِ أَنْ يَحْتَرِمَ حُرِّيَّةَ الْآخَرِينَ　人には自由である権利(自由権)がある,そして他人の自由も尊重しなければならない

حَقٌّ 複 حُقُوق ❖ 形 本当の,真の,正しい 名 真実,正しさ;権利;法

اَلْحَقُّ　真実/正義

حَقًّا / بِالْحَقِّ / حُقُوقًا　本当に

أَحَقًّا ذٰلِكَ؟　それは本当ですか

اَلْحَقُّ مَعَكَ　あなたは正しい

اَلْحَقُّ عَلَيْكَ　あなたは間違っている

حَقٌّ شَرْعِيٌّ　正当な権利/合法的権利

اَلْحُقُوق　法/法律/法学

حُقُوق الْإِنْسَانِ الْأَسَاسِيَّة　基本的人権

حِقْبَة 複 حِقَب ❖ 長期間;時代

حِقْبَة مِنَ الزَّمَنِ　しばらく

حِقْبَة جَدِيدَة　新時代

اِغْتَرَبَ حِقْبَةً　長期間古里を離れていた(異郷で暮らした)

حَقَدَ (i) ❖ 憎悪を抱く,憎む(〜عَلَى:〜を) 名 حِقْد 複 أَحْقَاد 恨み,憎悪,憎し

أَخَافُ أَنْ تَحْقِدَ عَلَيَّ　あなたが私を憎まないか心配です

حَقَرَ (i) ❖ (〜を)軽蔑する,見下げる,見下す;軽視する

إِنْ تَحْقِرْ كَنَّاسَ الطُّرُقَاتِ، فَأَنْتَ مُخْطِئٌ　あなたが街路の掃除夫を見下げるならば,それは間違っています

حَقُرَ (u) ❖ 軽蔑される, 卑しい

حَقُرَ عَمَلُ التَّاجِرِ　その商人の行為は卑しかった

حَقَّقَ <حق II 名 تَحْقِيق ❖ 調査する, 調べる;実現する 名 調査;実現;立証

حَقَّقَ فِي الْقَضِيَّةِ　事件を<u>調査した</u>(調べた)

حَقِّقْ حُلْمَكَ　自分の夢を実現しなさい

أَتَمَنَّى لَكَ تَحْقِيقَ أُمْنِيَّتِكَ　(私は)あなたの願いが実現する事を望んでいます

تَحْقِيق <u>الشَّخْصِيَّة</u> (الذَّاتِيَّة)　身元の証明

حَقْل 複 حُقُول ❖ 畑;野原

حَقْل قَمْحٍ　小麦畑

عَمِلَ فِي الْحَقْلِ　畑で働いた

حَقَنَ (i, u) ❖ 貯める;保留する;節約する;注射する, 注入する

اَلسَّدُّ يَحْقُنُ مِيَاهَ الْأَمْطَارِ　ダムは雨水を貯める

اِتِّفَاقُ الصُّلْحِ حَقَنَ دِمَاءً كَثِيرَةً　和平の合意は多くの流血を防いだ

حَقَنَتْ الْمُمَرِّضَةُ الْمَرِيضَ　看護師が病人に注射をした

حُقْنَة 複 حُقَن ❖ 注射;注射液

أَعْطَى حُقْنَةً　注射をした

حُقْنَة شَرَجِيَّة　浣腸

حَقُود <حقد ❖ 悪意に満ちた;憎悪の

حَقُود عَلَى الْإِسْلَامِ　イスラムに対し悪意に満ちている

(اَلْ)حُقُوق ❖ 法律 ※ حَقّ の複

دَرَسَ الْحُقُوقَ ثُمَّ مَارَسَ الْمُحَامَاةَ　法律を勉強して弁護士の職に就いた

حَقِيبَة <حقب 複 حَقَائِب ❖ 鞄, カバン, トランク;(大臣の)ポスト

حَقِيبَة ظَهْرٍ　リュックサック/背のう

حَقِيبَة الْيَدِ　ハンドバッグ

حَقِير <حقر 複 حُقَرَاء ❖ 卑怯な;卑しい, 恥ずべき;低い

اَلْكَاذِبُ الْوَاشِي إِنْسَانٌ حَقِيرٌ　人を裏切る嘘つきは卑怯な人間だ

حَقِيقَة <حق 複 حَقَائِق ❖ 名本当の事, 真実, 事実; 真理

حَقِيقَةً / فِي الْحَقِيقَةِ　本当に/実際に

قَالَ لِـ~ الْحَقِيقَةَ　~に本当の事(事実)を話した

حَقِيقِيّ <حق ❖ 本当の, 真の, 真実の; 現実の

اِسْم حَقِيقِيّ　本名/実名

هٰذِهِ قِصَّة حَقِيقِيَّة　これは本当の話(実話)です

حَكَّ (u) ❖ 擦る, 擦る; 引っ掻く

عِنْدَ النُّعَاسِ يَحُكُّ عَيْنَيْهِ　眠い時は目を擦る

حَكَّ كِبْرِيتًا　マッチを擦った

حَكَى ، يَحْكِي ❖ 語る, 話す(~لِ: ~に); 似ている

受 حُكِيَ ، يُحْكَى　言い伝えられる

男命 اُحْكِ 女 اُحْكِي　話しなさい

سَأَحْكِي لَكَ حِكَايَةً عَرَبِيَّةً قَدِيمَةً　あなたにアラビアの昔話をしましょう

وَجْهُهَا يَحْكِي الْقَمَرَ　彼女の顔は月に似ている(月のように美しい)

حِكَايَة <حكى 複 ـات ❖ 物語, 話

حَكَى حِكَايَةً　物語を語った

حِكَايَة شَعْبِيَّة　民話

حِكَايَة الْجِنِّ (الْجَانِّ)　おとぎ話

حَكَمَ (u) 名 حُكْم 複 أَحْكَام ❖ 宣告する, 判決を下す, 裁く; 判断する; 支配する, 統治する 名判決, 判断; 支配, 統治; 権力 複規定

حُكِمَ عَلَيْهِ بِالْإِعْدَامِ　彼に死刑が宣告された *受

* حَكَمَ الْجَيْشُ الْمِنْطَقَةَ　軍がその地方を支配した(統治した)

حُكْم الْإِعْدَامِ　死刑(の)判決

أَحْكَام الْقَانُون　法律の規定

الْحُكْم الذَّاتِي　自治

حُكْم الْمَلِك　王制

اَلْأَحْكَام الْعُرْفِيَّة	戒厳令
اِسْتَوْلَى عَلَى الْحُكْمِ	権力を握った(奪取した)
أَصْدَرَ الْقَاضِي الْحُكْمَ فِي الدَّعْوَى	裁判官がその訴訟の判決を下した
حَكَّمَ <حكم ‖ 名 تَحْكِيم ❖	(仲裁者,統治者に)任命する 名仲裁;任命
حَكَّمَ "عُثْمَانُ" "مُعَاوِيَةَ" عَلَى الشَّ	オスマーンはシャーム地方の統治者にムアーウィアを任命した
حِكْمَة 複 حِكَم ❖	知恵;哲学
بَيْت الْحِكْمَةِ	(昔しバグダッドにあった)知恵(哲学)の館
هٰذِهِ حِكْمَةٌ بَلِيغَةٌ	これは大いなる知恵だ
لِحِكْمَةِ ~	～のために/～の理由で
حُكُومَة <حكم 複 ـات ❖	政府
شَكَّلَ الْحُكُومَةَ	政府を樹立した
قُوَّات الْحُكُومَةِ	政府軍
حُكُومِيّ <حكم ❖	政府の;国立の,国営の,国の
جَامِعَة حُكُومِيَّة	国立大学
مُنَظَّمَة غَيْر حُكُومِيَّةٍ	非政府組織/NGO
حَكِيم <حكم 複 حُكَمَاءُ ❖	形賢い,賢明な 名賢い人,賢人,賢者
"مَحْمُودٌ" شَاعِرٌ حَكِيمٌ	マフムードは賢い詩人です
حَلَّ ، يَحِلُّ (و) 名 حَلّ 複 حُلُول ❖	解く;自由にする;解決する,解く;来る,到来する;滞在する(~فِي/بِـ;~に,~عَلَى;家に) 名解決;解放
حَلَّ الْمُشْكِلَةَ	その問題を解決した(解決するに至った)
حَلَّ اللُّغْزَ	その謎を解いた
حَلَّ مَوْسِمُ الْمَطَرِ	雨期に入った
حَلَّ عَلَيَّ ضَيْفًا	私の所にお客さんが来た
يَحِلُّ فَصْلُ الرَّبِيعِ بَعْدَ قَلِيلٍ	間もなく春が来る
حَلَّ مَحَلَّ ~	～の代わりをする/後任になる
تَوَصَّلَ إِلَى حَلٍّ	解決した/解決するに至った

لَمْ يَصِلْ إِلَى حَلٍّ　解決するに至らなかった

وَجَدَ الْحَلَّ　解決策を見出した

حَلَّ ، يَحِلُّ ❖ 許される,差し支えない

يَحِلُّ لِلْمَرِيضِ أَلَّا يَصُومُ　病人が断食しない事は許される

حَلَا ، يَحْلُو ❖ 甘い,甘くなる:楽しむ,快適である

يَحْلُو الشَّايُ بِالسُّكَّرِ　お茶は砂糖で甘くなる

حَلَا لَهُ أَنْ ~　～を楽しんだ

حَلَّى<حلو II 名 تَحْلِيَة ❖ 甘くする;飾る(~بِ:～で) 名飾り,装飾

لِمَاذَا لَمْ تُحَلِّي كَعْكَةَ الْعِيدِ ؟　なぜクリスマスのケーキを飾らなかったのですか

حَلَّاق<حلق 複 ون ❖ 床屋,理髪師

اِذْهَبْ إِلَى الْحَلَّاقِ الْمَاهِرِ　腕の良い床屋へ行きなさい

حِلَاقَة <حلق ❖ 床屋の仕事;剃る事

تَعَلَّمَ الْحِلَاقَةَ مِنْ أَبِيهِ　床屋の仕事は父親から学んだ

حَلَالٌ <حل ❖ 合法の,適法の;許される

أَأَكْلُ لَحْمِ الْخِنْزِيرِ حَلَالٌ فِي الْإِسْلَامِ ؟　イスラム教では豚肉を食べる事は許されますか

حَلَاوَة <حلو ❖ 甘い食べ物,キャンディー;甘み;美人

لَا يَشْبَعُ مِنْ أَكْلِ الْحَلَاوَةِ　甘い物に目がない

حَلَبَ (i,u) 名 حَلْب ❖ (乳を)搾る 名乳を搾る事,搾乳

حَلَبَ الْفَلَّاحُ بَقَرَاتِهِ　農民は牛の乳を搾った

حَلَبُ 関 حَلَبِيّ ❖ アレッポ* 関アレッポの　*シリア北部の古都

فُسْتُق حَلَبِيّ　ピスタチオ

حَلْبَة 複 حَلَبَات/حَلَائِب ❖ 競技場,(ボクシングなどの)リング;乳を搾る女性

حَلْبَة سِبَاق خَيْلٍ　競馬場

حَلْبَة السُّومُو　土俵

فَارِس حَلْبَةٍ بِـ~　～が得意な

حَلَجَ (i,u) ❖綿くりをする ※綿の種を取るために

آلاتٌ تَحْلُجُ الْقُطْنَ فِي الْمَصْنَعِ (َ)　工場では機械が綿くりをしている

حَلَزُون ※ حَلَزُونَة ❖巻き貝/カタツムリ ※1匹のカタツムリ

أَقْرَفُ مِنْ رُؤْيَةِ الْحَلَزُونِ　私はカタツムリを見るのが大嫌いです

حَلَفَ (i) حَلْف 名 حَلِف (ِ) ❖誓う(بِاللّٰهِ :神に) 名誓い;同盟(複 أَحْلَاف)

أَنَا أُصَدِّقُكَ دُونَ أَنْ تَحْلِفَ بِاللّٰهِ　私はあなたが神に誓うと言わなくても信じます

أَقَامَتِ الدُّوَلُ الصَّدِيقَةُ حِلْفًا　友好国が同盟した(を結んだ)

حِلْفُ الْأَطْلَسِيِّ　北大西洋条約機構/NATO

حَلَقَ (i) ❖剃る

حَلَقْتُ ذَقْنِي　私はあご髭を剃った

حَلْق 複 حُلُوق / أَحْلَاق ❖喉;口蓋

جَفَّ حَلْقُهُ　喉が渇いた

حَلَّقَ < حلق II 名 تَحْلِيق ❖旋回する,空に舞う;飛ぶ 名旋回

حَلَّقَتِ الطَّائِرَةُ عَالِيًا فَوْقَنَا　飛行機が私達の上を高く旋回した

حَلْقَة (َ) 複 -ات ❖輪,管,リング;セミナー,ゼミ;十年

حَلْقَةُ الذَّهَبِ　金の輪(リング)

حَلْقَةُ الْأَصْدِقَاءِ　友人の輪

حَلْقَةُ دِرَاسِيَّة　セミナー/ゼミ

فِي حَلْقَةِ الثَّالِثَةِ مِنْ عُمْرِهِ　30歳代の

حَلَّلَ < حل II 名 تَحْلِيل ❖分析する;分解する;合法と認める,無罪にする
名分析,分解;合法とする事

حَلَّلَ الطَّبِيبُ دَمَ الْمَرِيضِ　医者は患者の血を分析した

حَلِّلِ الْكَلِمَةَ　その言葉を分解しなさい

الدِّفَاعُ عَنِ النَّفْسِ يُحَلِّلُ الْقَتْلَ　自己防衛の殺人は合法とされる

تَحْلِيل نَفْسِيّ　精神分析

حَلَمَ (u) ❖ 夢を見る, 夢見る(~فِي/أَنْ/عَنْ/بِـ:~を) 名夢　حُلْم 名　複 أَحْلَام

تَحْلُمُ أَحْلَامًا مُفْزِعَةً　彼女は怖い夢を見る

حَقَّقَ حُلْمَهُ　夢を実現した

حَلَمَة <حلم 複 حِلَام ❖ (一つの)乳首

يَبْحَثُ الطِّفْلُ عَنْ حَلَمَةِ الرِّضَاعِ　子供が(吸う)乳首を探している

حَلُوَ ، يَحْلُو ❖ = حَلَا

حُلْو <حلو ❖ 形甘い;甘美な;美しい,きれいな ※比 أَحْلَى
名甘さ,甘味

" فِلَسْطِين " أَحْلَى الْكَلِمَاتِ فِي اللُّغَةِ　「パレスチナ」は最も甘美な言葉です

أُحِبُّ الشَّايَ حُلْوًا　私は甘くしたお茶が好きです

حَلْوَى <حلو 複 حَلَاوَى ❖ 甘い物,ケーキ;菓子,キャンディー

آخُذُ الْحَلْوَى بَعْدَ الطَّعَامِ　私は食後に甘い物を食べます

حَلْي / حِلْيَة 複 حُلِيّ/حِلًى ❖ 装身具,アクセサリー

عِقْدُكِ حِلْيَةٌ رَائِعَةٌ　あなたの首飾りは素晴らしい装身具です

حَلِيب ❖ ミルク

حَلِيب مُجَفَّف　ドライミルク/粉ミルク

حَلِيف <حلف 複 حُلَفَاءُ ❖ 形同盟した;支持する 名同盟;同盟国;支持者

الْحُلَفَاء　連合国/同盟国

دَوْلَة حَلِيفَة　同盟国

حَمَى ، يَحْمِي 名 حِمَايَة ❖ 守る,保護する(~مِنْ :~から),食事制限をする
名守る事,保護;防衛

يَحْمِي الْبِيئَةَ　環境を守る(保護する)

الْمِظَلَّةُ تَحْمِيكَ مِنَ الشَّمْسِ　日傘は太陽からあなたを守る

حَمَى الطَّبِيبُ الْمَرِيضَ الْحَلْوَيَاتِ　医者は患者に甘い物を禁じた

حِمَايَةُ الْبِيئَةِ　環境保護(保全)

حِمَايَةٌ لِلنَّفْسِ　自己防衛/自衛

حِمَايَة الدُّسْتُورِ　憲法の擁護/護憲

حُمَّى ＜حم 複 حُمَّيَات ❖ 熱;発熱

يُسْتَعْمَلُ الْأَسْبِيرِينُ ضِدَّ الْآلَامِ وَالْحُمَّيَاتِ　アスピリンは痛みや発熱に対して用いられる

حَمَاة ＜حمو 複 حَمَوَات ❖ 姑 ,義理の母；継母

قَسَتْ الْحَمَاةُ عَلَى كَنَّتِهَا　姑 が嫁を虐めた

حِمَار ＜حمر 複 حُمُر / حَمِير ❖ ロバ

اَلْحِمَارُ حَيَوَانٌ شَغِّيلٌ　ロバは良く働く動物です

حَمَاس ＜حمس 関 حَمَاسِيّ ❖ 情熱,熱狂 関 情熱的な,熱狂的な

بِحَمَاسٍ / فِي حَمَاسٍ　熱狂的に/熱烈に

اِشْتَعَلَ حَمَاسًا لِـ~　~に情熱を燃やした

رَقْصَة حَمَاسِيَّة　情熱的な踊り

حَمَاسَة ＜حمس ❖ 情熱;興奮,熱狂

اِنْتَقَلَتْ حَمَاسَةُ اللَّاعِبِينَ إِلَى الْمُشَاهِدِينَ　選手達の興奮が観客に移った

حُمَّاض ＜حمض ❖ カタバミ[植物]

حَمَاقَة ＜حمق ❖ 愚かさ,馬鹿;怒り

جَوَابُكَ الطَّائِشُ دَلِيلٌ حَمَاقَةٌ　あなたの浅はかな答えは愚かさの証だ

حَمَّال ＜حمل 複 ـون ❖ ポーター,荷物運び人,運び人

قَوَّسَ الْحَمَّالُ ظَهْرَهُ لِيَنْهَضَ بِالسَّلِّ　ポーターは篭を持って,立ち上がろうと屈んだ

حَمَام ＜حم 複 ـات/حَمَائِم ※ حَمَامَة ❖ 鳩 ※1羽の鳩

حَمَام الزَّاجِلِ　伝書鳩

حِمَام ＜حم ❖ 死

وَافَاهُ الْحِمَامُ　彼に死が訪れた

حَمَّام ＜حم 複 ـات ❖ 入浴,風呂;風呂場,浴室,浴場

حماية ~ حمضية

حَمَّام شَمْسِيّ　日光浴/日向ぼっこ

حَمَّام عُمُومِيّ　公衆浴場

اِغْتَسَلَ فِي الْحَمَّامِ كُلَّ يَوْمٍ　彼は毎日風呂に入った

حِمَايَة <حمى 複 -ات ❖ ⇒ 名 حَمًى

حَمِدَ (a) 名 حَمْد ❖ 称賛する,褒め称える;感謝する 名賛美, 称賛

نَحْمَدُ اللّٰهَ تَعَالَى لِمَا أَعْطَانَا مِنْ نِعَمٍ　私達に恵みを与えられる至高なる神を称えます

اَلْحَمْدُ لِلّٰهِ تَعَالَى　賛美は至高なる神にある ※「ごちそうさま/おかげさまで」などの意にも用いる

حَمَّرَ <حمر II ❖ (紅を)差す,塗る;赤くする,赤く染める

تُحَمِّرُ خَدَّيْهَا　彼女は頬に紅を差す

حُمْرَة ❖ 赤,赤色,赤 色,紅;口紅;丹毒

حُمْرَة الْوَجْهِ (لِلتَّجْمِيلِ)　頬紅

حُمْرَة الدَّمِ　血の赤

حَمَّسَ <حمس II 名 تَحْمِيس ❖ 奮起させる,奮い立たせる;興奮させる;刺激する 名奮起させる事;興奮;刺激

خَطَبَ الْقَائِدُ فِي جُنُودِهِ لِيُحَمِّسَهُمْ　指揮官は兵士達を奮い立たせるために,演説をした

حَمَّصَ <حمص II 名 تَحْمِيص ❖ 煎る,炒る,焼く,ローストする(~بِـ:~を) 名焙煎

حَمَّصَ بِزْرَ السِّمْسِمِ　胡麻を煎った

حَمُضَ (u) ❖ 酸っぱい;酸っぱくなる

حَمُضَ اللَّبَنُ خَارِجَ الْبَرَّادِ　ミルクが冷蔵庫の外で酸っぱくなった

حَمَّضَ <حمض II 名 تَحْمِيض ❖ 酸っぱくする;現像する 名酸っぱくする事;現像

يَجِبُ عَلَيْكِ أَنْ تُحَمِّضِي الرُّزَّ　(貴女は)ごはんを酸っぱくしなければならない

تَحْمِيض الْأَفْلَام　フイルムの現像

حَمْضِيّ <حمض ❖ 酸性の

مَطَر حَمْضِيّ　酸性雨

حَمْضِيَّة <حمض 複 -ات ❖ 柑橘類の果物 複柑橘類

فِي الْحَمْضِيَّاتِ حُمُوضَةٌ　柑橘類には酸味があります

حَمُقَ (u) / حَمِقَ (a) حَمَق 名 حُمْق　✽愚かである,馬鹿げている,下らない 名愚か者,馬鹿

لَا تَأْخُذْ بِرَأْيِهِ إِذَا حَمُقَ　もし彼の意見が馬鹿げていたら,採用しないようにしなさい

حَمَلَ (i) 名 حَمْل 複 حِمَال / أَحْمَال　✽運ぶ,身に付けている;妊娠する;(学位を)得る 名運搬,携行;妊娠

يَحْمِلُ السَّيْفَ　太刀を帯びる(身に付ける)

حَمَلَ حَقِيبَتَهُ عَلَى ظَهْرِهِ (كَتِفِهِ)　鞄を背負った(肩に掛けた)

حَمَلَ فِي نَفْسِهِ　気分がいらいらした

حَمَلَهُ عَلَى مَحْمَلِ ~　それを～という意味に取った

حَمَلَهُ مَحْمَلَ الْجِدِّ　それを真面目(真剣)に考えた

حَمَلَهُ عَلَى غَيْرِ مَحْمَلِهِ　それを誤って解釈した

عَدَمُ الْحَمْلِ　不妊/不妊症

حَمَّلَ <حمل II 名 تَحْمِيل　✽持たせる,荷を負わせる 名荷を積む事;負担

أَتُحَمِّلُنِي هٰذِهِ الشَّنْطَةَ الثَّقِيلَةَ ؟　この重いカバンを私に持たせるのですか

حَمَلٌ 複 حُمْلَان / أَحْمَال　✽子羊

الْحَمَل　牡羊座[天文]

يَرْعَى الْحَمَلُ الْأَعْشَاب　子羊が草を食んでいる

حَمْلَة 複 حَمَلَات　✽キャンペーン,運動;軍事遠征;攻撃

حَمْلَة انْتِخَابِيَّة　選挙運動

شَنَّ الْعَدُوُّ حَمْلَةً عَنِيفَةً　敵が猛攻撃を始めた

حَمَّمَ <حم II　✽熱くする,温める;洗う;風呂に入れる

حَمَّمَ الْمُهَنْدِسُ الْمَاءَ　技師は水を熱くした

شَلِّحِي أَخَاكِ الصَّغِيرَ وَحَمِّمِيهِ !　(貴女は)弟の服を脱がして,風呂に入れなさい

حُمُوضَة　✽酸っぱさ,酸味;酸性

حُمُوضَة اللَّيْمُونِ　レモンの酸味

أ ب ت ث ج ح خ د ذ ر ز س ش ص ض ط ظ ع غ ف ق ك ل م ن هـ و ي

حُمُولَة <حمل 複 -ات ❖ 積み荷;積載容量

حُمُولَةُ الْبَاخِرَةِ　汽船の積み荷/船の積載量

حَمِيَ ، يَحْمَى ❖ 熱くなる,暑くなる;激怒する(〜عَلَى:〜に);(戦火が)燃え上がる

مَا حَمِيَتِ الشَّمْسُ حَتَّى تَلَاشَى الضَّبَابُ　太陽が熱くなると,直ぐに霧は消えた

حَمِيَ الْوَطِيسُ　激しい戦闘が起こった

حَمِيد <حمد ❖ 称賛の,称賛に値する

عَمَلٌ حَمِيدٌ　称賛すべき(称賛に値する)仕事

الْحَمِيدُ　称賛に値する者/神

حَمِيم <حم 複 أَحِمَّاء ❖ 親しい;熱い

أَصْبَحْنَا أَصْدِقَاءَ أَحِمَّاءَ　私達は親しい友人になった

مَاءٌ حَمِيمٌ　熱湯

حَنَّ (i) ❖ 慈しむ,慕う(〜عَلَى:〜を);恋しく思う,懐かしむ(〜إِلَى:〜を)

حَنَّ عَلَى أَوْلَادِهِ　彼は子供達を慈しんだ

أَحِنُّ إِلَى حَيَاةِ الْقَرْيَةِ　私は村での生活が懐かしい

حَنَا ، يَحْنُو <حنو ❖ 好む;愛情を感じる

أَيُّ أُمٍّ تَحْنُو عَلَى طِفْلِهَا　どのような母親も,子供には愛情を感じる

حَنَى ، يَحْنِي ❖ 曲げる;傾く(〜عَلَى/إِلَى:〜に)

حَنَى رَأْسَهُ　頭を下げた

حِنَّاء 複 حُنْآن ❖ ヘンナ

خَضَّبَتْ شَعْرَهَا بِالْحِنَّاءِ　彼女は髪をヘンナで染めた

حَنَان <حن ❖ 愛情;同情,哀れみ

كَمْ أَنَا سَعِيدٌ بِحَنَانِكِ ، يَا أُمِّي !　母よ,あなたの愛情で私はどれ程,幸せなこと

حَنْجَرَة 複 حَنَاجِر/حُنْجُور ❖ 喉

الْتَهَبَتْ حَنْجَرَةُ أُمِّي ، وَبُحَّ صَوْتُهَا　私の母は喉に炎症を起こし,声がかれた

حَنْجُور 複 حَنَاجِير ＊薬瓶
اَلدَّوَاءُ فِي حُنْجُورٍ أَخْضَرَ　薬は緑の瓶に入っています

حَنَّطَ <حنط II 名 تَحْنِيط ＊(死体に)防腐処置をする 名防腐処置;ミイラ化
كَانَ الْمِصْرِيُّونَ يُحَنِّطُونَ مَوْتَاهُمْ　かつてエジプト人は死体に防腐処置をしていた

حِنْطَة 複 حِنَط ＊小麦
جُمِعَتِ الْحِنْطَةُ عَلَى الْبَيَادِرِ تِلَالًا　小麦が脱穀場に山と集められた

حَنَفِيَّة <حنف 複 -ات ＊(水道の)蛇口,栓
شَدَّ الْحَنَفِيَّةَ　水道の蛇口を閉めた
هُوَ يُصْلِحُ الْحَنَفِيَّاتِ　彼は水道の蛇口を修理する

حَنِقَ (a) ＊怒る,怒る,激怒する(～عَلَى:～に)
لَا تُضَايِقْ "مُحَمَّدًا" فَيَحْنَقَ عَلَيْكَ　モハンマドをいじめるな,君に怒ってくるよ

حَنَّكَ <حنك II ＊(歳月などが)教える;鍛える,利口にする
حَنَّكَهُ الدَّهْرُ　歳月が彼を賢くした

حَنَك 複 أَحْنَاك ＊口蓋 ※口の内側の上の部分
عَلِقَتْ فِي حَنَكِي حَسَكَةٌ　私の口の内側の上の部分に,魚の骨が刺さった

حَنْكَلِيس ＊ウナギ/鰻
اَلْيَهُودُ لَا يَأْكُلُونَ الْحَنْكَلِيسَ　ユダヤ教徒はウナギを食べない

حَنُوط <حنط ＊(死体に施す)防腐剤
لَمْ يُكْتَشَفْ سِرُّ الْحَنُوطِ الْمِصْرِيِّ بَعْ　エジプトの防腐剤の秘密はまだ分かっていない

حَنُون <حن ＊愛情のある;優しい
يَا أُمِّي الْحَنُونُ!　心優しいお母さん!

حَنِين <حن ＊あこがれ/憧れ;懐かしさ,郷愁(～إِلَى:～への)
اَلْحَنِينُ إِلَى الْوَطَنِ يُعَذِّبُ الْإِنْسَانَ الْمَنْفِ　祖国への郷愁が流刑者を悩ます

حَوَى، يَحْوِي <حوي ＊持つ,所有する;含む
ظَنَنْتُ الصُّنْدُوقَ يَحْوِي كَنْزًا　私はその箱に宝物が入っていると思った

يَحْوِي بَيْتِي أَرْبَعَ غُرَفٍ　私の家は4部屋あります

حِوَار ＜حور ✽ 会話, 話し合い; せりふ; 台本, シナリオ

حِوَار مَسْرَحِيّ　演劇のせりふ

دَارَ بَيْنَ الرَّجُلَيْنِ حِوَارٌ طَوِيلٌ　二人の男の間で, 長い話し合いがなされた

حَوَالَيْ ＜حول ✽ 前約〜, およそ〜; 〜頃; 〜回り/周り ※＝ حَوْلَ

تُغَطِّي مَسَاحَةُ الْبِحَارِ وَالْمُحِيطَاتِ حَوَالَيْ ثَلَاثَةِ أَرْبَاعِ سَطْحِ الْأَرْضِ　海洋は地球の表面のおよそ4分の3を覆ってい

غَرَسْنَا حَوَالَيْ الْمَدْرَسَةِ أَشْجَارًا　私達は学校の周りに, 木を植えた

حَوَالَة ＜حول 複 ـات ✽ 為替, 小切手

حَوَالَة بَرِيدِيَّة　郵便為替

حَوَالَة السَّفَرِ　トラベラーズチェック

حُوت 複 حِيتَان/ أَحْوَات ✽ 鯨

قَدْ أَكَلْنَا لَحْمَ الْحُوتِ كَثِيرًا　かつて私達は鯨の肉をよく食べていた

حُوذِيّ ＜حوذ ✽ (馬車の)御者

الْحُوذِيُّ سَائِقُ عَرَبَةٍ تَجُرُّهَا الْخُيُولُ　御者は馬に引かせた車の運転手である

حُورِيَّة ＜حور 複 ـات ✽ 妖精, 聖霊

قِيلَ إِنَّ حُورِيَّةً كَانَتْ تَحْرُسُ الْيَنْبُوعَ　その泉は妖精に守られていると言われていた

حَوْش 複 أَحْوَاش ✽ 中庭; 囲い地

فِي حَوْشِ بَيْتِنَا بِرْكَةٌ جَمِيلَةٌ　私達の家の中庭に美しい池があります

حَوْض 複 أَحْوَاض ✽ 水槽; 溜め池; 花壇

حَوْض السِّبَاحِ　プール/スイミングプール

صَبَّ الْمَاءَ فِي الْحَوْضِ　水槽に水を注いだ

حَوْض الْوَرْدِ　バラ園

حَوَّلَ ＜حول II 名 تَحْوِيل ✽ 変える, 変更する; 変換する; (視線を)向ける; 送る
名 変換, 転換; 変化

حَوَّلَ سُرْعَةَ السَّيَّارَةِ　自動車の速度を変えた

حَوَّلَ بَصَرَهُ عَنْ ~　　~から視線をそらした

تَحْوِيل عُمْلَةٍ (مَالِيَّة)　　両替

حَوْلَ ~ ❖ 前~の回り;~に関して

تَلَفَّتَ حَوْلَهُ　　回りを見回した

تَدُورُ الأَرْضُ حَوْلَ الشَّمْسِ　　地球は太陽の回りを回る

دَارَ الحَدِيثُ حَوْلَ المُشْكِلَةِ　　その問題に関して,話し合いが行われた

حَوَّمَ <حوم II ❖ (鳥が)旋回する,回る;(本を)拾い読みする

حَوَّمَ الطَّائِرُ حَوْلَ عُشِّهِ　　一羽の鳥が巣の周りを旋回した

حَيٌّ 複 أَحْيَاء ❖ 形生きている 名生物;区域,地区

حَيَّ عَلَى الصَّلَاةِ　　祈りに来たれ ※アザーンの一章句

كَائِنَات حَيَّة　　生き物/生物

رَصَاص حَيّ　　実弾

حَيّ تِجَارِيّ　　商業地区

حَيّ آهِل (مُزْدَحِم)　　住宅(繁華)街

سَنَرْجِعُ يَوْمًا إِلَى حَيِّنَا　　いつか古里へ帰ろう

عِلْم الأَحْيَاءِ　　生物学

حَيَّا <حي II 名 تَحِيَّة ❖ 長生きさせる;挨拶する 名挨拶

حَيَّاكَ اللّٰهُ !　　長生きして下さい

تَوَقَّفْتُ قَلِيلًا أُحَيِّي مُعَلِّمِي　　私は先生に挨拶しようと,少し立ち止まりました

حَيَاء <حي ❖ 謙遜,おとなしさ;上品;恥

قَلِيل الحَيَاءِ　　恥知らずな/厚かましい

حَيَاة 複 حَيَوَات ❖ 生活;人生;生命,命;生物

مُسْتَوَى الحَيَاة　　生活水準

الحَيَاة العَائِلِيَّة　　家庭生活

نَجَا بِحَيَاتِهِ　　彼の命を救った

عِلْم الحَيَاةِ　　生物学

حِيَاد <حيد ❖ 中立, 中性

مِنْطَقَة الْحِيَاد 中立地帯

وَقَفْنَا مِنَ النِّزَاعِ عَلَى الْحِيَادِ その論争で私たちは中立の立場を取った

حَيَّة <حي 複 -ات ❖ 蛇

اِخْتَفَتِ الْحَيَّةُ بَيْنَ الْأَعْشَابِ 蛇は草むらに隠れた

حَيْثُ ❖ そこで, ~する所で;~なので, ~するほど

وَقَفْتُ حَيْثُ وَقَفَ صَاحِبِي 友人が止まった所に, 私も止まった

حَيْثُ أَنَّ ~ ~なので

بِحَيْثُ ~/ بِحَيْثُ أَنَّ ~ ~するために/~するほど

أَكَلْتُ كَثِيراً بِحَيْثُ آلَمَتْنِي الْمَعِدَةُ お腹が痛くなるほど, 沢山食べました

مِنْ حَيْثُ ~ ~のところから/~の面から ※~:主語

اَلْمَقَالَةُ مُثِيرَةٌ لِلِاهْتِمَامِ مِنْ حَيْثُ الْمَوْضُوعُ この記事はテーマの面から面白い

مِنْ حَيْثُ لَا~ ~する事なしに

مِنْ حَيْثُ يَدْرِي وَلَا يَدْرِي 知っていようと, なかろうと

حَيْثُمَا ~ ❖ どこでも

حَيْثُمَا تَذْهَبْ أَذْهَبْ あなたが行く所はどこでも, 私は行きます

حَيَّرَ <حير II ❖ 当惑する, 戸惑う;混乱する

أَيَّ كَعْكَةٍ تُرِيدِينَ ؟ لَقَدْ حَيَّرْتِنِي (貴女は)どのケーキが欲しいのですか, 私を困らないで下さい

حَيْرَة ❖ 当惑, 困惑;ジレンマ

فِي حَيْرَةٍ 途方にくれて/当惑して

أَوْقَعَهُ فِي حَيْرَةٍ 彼を当惑(困惑)させた

حَيِّز <حوز 複 أَحْيَاز ❖ 空間, 範囲;分野

يَنَامُ الرَّجُلُ فِي حَيِّزٍ ضَيِّقٍ その男は狭い所で寝ている

حَيْف 複 حُيُوف ❖ 形悪い, 不正の;害のある(~بِ:~に) 名不正;害

حَيْف عَلَيْهِ	それはひどい
حِيلَة <حول 複 حِيَل / أَحَايِيلُ	❖ 計略, 策, 工夫, トリック
فَكَّرَ فِي حِيلَةٍ	計略を考えた
بِحِيلَةٍ	策を用いて
اِنْتَزَعَ الثَّعْلَبُ قِطْعَةَ الْجُبْنِ مِنَ الْغُرَابِ بِحِيلَةٍ	狐は策を用いて, カラスからチーズを奪い取った
لَا حِيلَةَ لِي	私はそれが出来る立場ではない
أَعْيَتْهُ الْحِيلَةُ	困り果てた
حِين 複 أَحْيَان / أَحَايِين	❖ 時, 良い機会
حِينًا	しばらくの間/ある日
أَحْيَانًا	時々
حِينًا ~ وَحِينًا ..	~であり, また時には‥である
تُرْسِلُ شَعْرَهَا عَلَى ظَهْرِهَا حِينًا ، وَحِينًا تَضْفِرُهُ	彼女は髪を背中に垂らしたり, (時には)編んだりします
فِي أَغْلَبِ الْأَحْيَانِ	たいてい
حِينَئِذٍ / حِينَذَاكَ <حين	❖ その時
يَصْفِرُ الْحَكَمُ حِينَئِذٍ تَبْدَأُ الْمُبَارَاةُ	審判が笛を吹いた時に, 試合は始まる
حِينَمَا ~	❖ ~する時
حِينَمَا دَعَوْتُهُ لِلْحَفْلَةِ ، لَبَّى الدَّعْوَ	私が彼をパーティに招待したら, 彼は応じた
حَيَوَانٌ <حيو / حي 複 ـات	❖ 動物
عِلْم الْحَيَوَان	動物学
حَيَوَانَات ثَدْيِيَّة	哺乳類
الْإِنْسَانُ حَيَوَانٌ نَاطِقٌ	人間は言葉を話す動物です
حَيَوِيّ <حي	❖ 生き生きした; 命に係わる, 大事な
تَنَافُس حَيَوِيّ	生存競争
مُضَادَّات حَيَوِيَّة	抗生物質

حيوية ~ حي

اَلرُّزُّ غِذَاءٌ حَيَوِيٌّ　お米は大事な食料です

حَيَوِيَّة <حي ※ 活力，エネルギー

بِحَيَوِيَّةٍ　元気に/活発に

اَلرُّزُّ يُكْسِبُ الْجِسْمَ قُوَّةً وَحَيَوِيَّةً　お米は体に力とエネルギーを与える

حَيِيَ ، يَحْيَا ※ 生きる;暮らす,生活する;恥じる,恥ずかしがる

نَحْيَا وَنَمُوتُ فِي حَيَاتِنَا الدُّنْيَا　私達はこの世に生きて,死ぬ

لِيَحْيَ الْمَلِكُ (الرَّئِيسُ)!　国王陛下(大統領閣下)万歳！

ابْتَسَمْتُ لَهَا فَحَيِيَتْ، وَاحْمَرَّ وَجْهُهَا　私が彼女に微笑むと,彼女は恥ずかしがって,顔を赤くした(赤らめた)

اَلْجِهَاز التَّنَفُّسِي : 呼吸器官

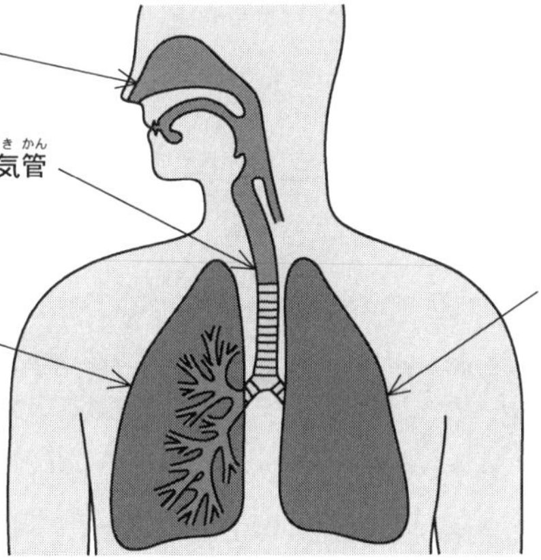

خ حَرْفُ الخاء

خَائِف <خوف 複 خُوَّف	❖ 臆病な,怖がりの;恐ろしい,怖い;恐れて
خَائِفٌ عَلَى~	~を心配して
مِمَّنْ أَنْتَ خَائِفٌ؟	あなたは誰が怖いのですか
أَنَا خَائِفٌ مِنَ الْكَلْبِ	私は犬が怖いです
خَائِن <خون 複 خَوَنَة / خُوَّان	❖ 形不誠実な 名裏切り者
اَلْخَائِنُ عِقَابُهُ الْمَوْتُ	裏切り者の罰は死である
خَابَ ، يَخِيبُ <خيب 名 خَيْبَة	❖ 失望する;失敗する 名失望;失敗
خَابَ أَمَلُهُ	がっかりした/落胆した
مَنْ هَابَ خَابَ	恐れる者は失敗する/虎穴に入らずんば虎児を得ず[格言]
خَيْبَةُ الْأَمَلِ	失望
شَعَرَ بِخَيْبَةِ أَمَلٍ	失望した
خَابَرَ <خبر III 名 مُخَابَرَة 複 -ات	❖ 連絡する,通信する;電話する;交渉する 名連絡,通信;覚え書き;会話 複諜報機関,秘密警察
لَا تَنْسَ أَنْ تُخَابِرَنَا بِمَا يَجِدُّ مَعَكَ	身の回りの出来事を私達に連絡するのを忘れるな
مُخَابَرَة تَلِيفُونِيَّة	電話連絡
وَكَالَة الْمُخَابَرَات الْمَرْكَزِيَّة	(アメリカ)中央情報局/CIA
خَاتَم (خَاتِم) <ختم 複 خَوَاتِم / خُتُم	❖ 指輪;印鑑,判子;封,封印
طَبَعَ جَوَازَ السَّفَرِ بِخَاتِمِهِ	パスポートに判子を押した
خَاتَمُ النَّبِيِّينَ	預言者の封印/(最後の預言者)ムハンマド
خَاتَمُ الْبَرِيدِ	(郵便の)消印

خَاتِمَة ＜ختم 複 خَوَاتِيم / خَوَاتِم	❖ 終わり, 結末
كَانَتْ هٰذِهِ خَاتِمَةَ قِصَّةِ جَدَّتِي	これで, おばあさんのお話は終わりです
أَقَرَأْتَ خَاتِمَةَ الْكِتَابِ؟	その本の結末を読みましたか
اَلْأُمُورُ بِخَوَاتِمِهَا	終わり良ければ, 全てよし[格言]
خَادَعَ ＜خدع III	❖ 騙す;裏切る
مُحَمَّدٌ فَتًى أَبِيٌّ لَا يُخَادِعُ	ムハンマドは裏切る事を知らない, 誇り高い若者た
خَادِم ＜خدم 複 خَدَمٌ / خُدَّام 女 خَادِم / خَادِمَة	❖ 召使い, (ホテル, などの)ボーイ 女女中, メイド
حَضَرَ أَحَدُ الْخَدَمِ	召使いの一人が現れた
لَيْسَتْ فِي الْبَيْتِ خَادِمَةٌ	家に女中さんはいません
خَارَ ، يَخُورُ ＜خور	❖ (牛が)もうと鳴く;衰弱する, 弱る;壊れる
خَارَ الثَّوْرُ	牛がもうと鳴いた
خَارِج ＜خرج 関 خَارِجِيّ	❖ 形外の 名外, 外部;外国, 海外 関外の;外国の, 海外
رِحْلَة إِلَى الْخَارِجِ	海外旅行
فِي الْخَارِجِ	外に(で)/外国に(で)
دَاخِلُ الْبَيْتِ أَجْمَلُ مِنْ خَارِجِهِ	その家の内部は外部より美しい
أَخْبَار خَارِجِيَّة	海外ニュース
خَارِجَ ＜خرج	❖ 前外に, 外で
خَارِجَ الْبَيْتِ	家の外で/屋外で
خَارِجًا	外に(で)/外国に(で)
خَارِطَة ＜خرط 複 ـات	❖ 地図;海図
نَدْرُسُ الْجُغْرَافِيَةَ عَلَى الْخَارِطَةِ	私達は地図で地理を学びます
خَاصّ ＜خص	❖ 特別な, 固有の;私有の, 個人の;私立の
اَلْخَاصّ وَالْعَامّ	公と私/特殊と一般/高と低/すべての人々
عَدَدٌ خَاصٌّ عَنْ ～	(雑誌などの～についての)特別版/特集号
عَادَة خَاصَّة (بِـ～)	(～の)固有な(独特な)習慣
أَرْض خَاصَّة	私有地/個人の土地

مَدْرَسَة خَاصَّة　私立学校

خَاصَّة <خص 複 خَوَاصّ ❖ 私有,私有財産;特殊;特徴,特質;本質;親友

اَلْخَاصَّة　指導者層/上流階級/エリート

هٰذَا الْمَطْعَمُ الْأَنِيقُ، لَا يَدْخُلُهُ إِلَّا الْخَاصَّةَ　ここは格式の高い料理店で,上流階級の人しか入らない

خَاصِرَة <خصر 複 خَوَاصِر ❖ 腰;脇腹

آلَمَتْهُ خَاصِرَتُهُ مِنْ كَثْرَةِ الضَّحِكِ　笑い過ぎて,脇腹が痛くなった

خَاضَ، يَخُوضُ ❖ 臨む;入る;(テーマとして)取り扱う;歩いて渡る

يَخُوضُ جَيْشُنَا الْمَعْرَكَةَ　我が軍は戦闘に突入する

خَاضَ الْمُبَارَاةَ　試合に臨んだ

خَاطَ، يَخِيطُ <خيط 名 خَيْط 複 خِيطَان ❖ 縫う,裁縫をする 名糸

خَاطَتْ الْقَمِيصَ بِالْإِبْرَةِ وَالْخِيطَانِ　彼女は針と糸でシャツを縫った

خَيْطُ الْخِيَاطَةِ　裁縫用の糸

خَيْطُ أَمَلٍ　希望の光り

خَاطِئ <خطأ ❖ 間違った,誤った

فِكْرَة خَاطِئَة　間違った考え

مَعْلُومَات خَاطِئَة　誤った情報

خَاطَبَ <خطب III 名 مُخَاطَبَة 複 ـات ❖ 話し掛ける;演説する 名会話;演説,スピーチ

خَاطَبَنِي بِلَهْجَةٍ قَاسِيَةٍ　厳しい口調で,私に話し掛けて来た

خَاطَرَ <خطر III 名 مُخَاطَرَة 複 ـات ❖ (危険を)冒す(~بِـ:~の);賭ける(~عَنْ:~を) 名冒険

خَاطَرَ بِنَفْسِهِ لِيُخَلِّصَ الْفَرِيقَ　部隊を救援するのに危険を冒した

خَافَ، يَخَافُ <خوف ※ هِيَ خَافَتْ/ أَنَا خِفْتُ ❖ (~を)恐れる(~مِنْ),怖がる,心配する

خَافَ مِنَ الْمَوْتِ　死を恐れた

ضَعْ هٰذِهِ الْجَزْمَةَ وَلَا تَخَفْ مَطَرًا　この長靴を履きなさい,雨でも心配ないよ

اَلْمَلْدُوغُ يَخَافُ مِنْ جَرَّةِ الْحَبْلِ　噛まれた者は紐の動きにも恐れる/あつものに懲りて,なますを吹く[格言]

أ ب ت ث ج ح خ د ذ ر ز س ش ص ض ط ظ ع غ ف ق ك ل م ن هـ و ي

خَافِت <خفت ❖ 低い;弱まっている;消えゆく,かすかな;地味な

صَوْت ارْتِطَامٍ خَافِت　(物がぶつかる)かすかな音

ضَوْء خَافِت　かすかな 光

خَافِق <خفق 複 خَوَافِقُ ❖ 鼓動

اَلْخَافِقَانِ　東西,東と西,東洋と西洋

خَالَ ، يَخَالُ <خيل ❖ 思う,想像する;～とみなす

خِلْتُ قِطْعَةَ الْحَبْلِ ثُعْبَانًا　紐の切れ端を蛇だと私は思いました

خَالٍ <خلو ❖ 空の,空いている ※定 اَلْخَالِي

اَلْمَقْعَد الْخَالِي　空席

خَالِي الْبَالِ　悩み事のない/気楽な

كَانَتِ الْجَرَّةُ خَالِيَةً　その壷は空でした

هٰذَا بَيْتٌ خَالٍ مِنَ السُّكَّانِ　これは空き家です

خَالٌ <خول 複 أَخْوَال ❖ (母方の)おじ※母より年上＝伯父,年下＝叔父

أُحِبُّ خَالِي أَكْثَرَ مِنْ عَمِّي　父方のおじより母方のおじが私は好きです

ابْن خَالِهِ　(彼の)従兄弟

ابْنَة خَالِهِ　(彼の)従姉妹

خَالَة <خول 複 -ات ❖ (母方の)おば※母より年上＝伯母,年下＝叔母

ابْن خَالَتِهِ　(彼の)従兄弟

ابْنَة خَالَتِهِ　(彼の)従姉妹

خَالِد <خلد ❖ 不滅の,永遠の

ذِكْر خَالِد　永遠の思い出

تَرَكَ الْفَنَّانُ رَوَائِعَ خَالِدَةً　その芸術家は不滅の傑作を残した

خَالِص <خلص 複 خُلَّص ❖ 純粋な;澄んだ

أَبْيَض خَالِص　純白の

ذَهَبٌ خَالِصٌ　純金

مَعَ خَالِصِ شُكْرِي　(私は)心から感謝して

خَالَطَ < خلط III 名 مُخَالَطَة ❖ 結びつく;混ぜる;交際する;感染する 名交際

يُخَالِطُ النُّحَاسُ الذَّهَبَ　銅は金と混ざっている

خَالَفَ < خلف III 名 مُخَالَفَة ❖ 違反する;逆らう;矛盾する 名違反,反則;対立,矛盾

خَالَفَ تَصَرُّفَاتُهُ آدابَ السُّلُوكِ　彼の振る舞い(行動)はエチケットに反した

أُخَالِفُكَ الرَّأْيَ　私はあなたと意見が異なります

خَامٌ 複 ـات ❖ 形原料の;生の 名原料

زَيْت خَام　原油

خَامُ النُّحَاسِ　銅の原料

خَامِس < خمس 女 خَامِسَة ❖ 第五(の),五番目(の)

男 خَامِسَ عَشَرَ 女 خَامِسَةَ عَشْرَةَ　第十五(の)/十五番目(の)

اَلْآنَ ، وَقَدْ أَنْهَيْنَا الدَّرْسَ الرَّابِعَ ، نَنْتَقِلُ إِلَى الْخَامِسِ　さて,第四課は終わりましたので,第五課に移りましょう

خَامِل < خمل 複 خُمَّلٌ ❖ 低い;弱い;卑しい;愚かな

هُوَ خَامِلُ الذِّهْنِ　彼は知性がない

خَانَ ، يَخُونُ < خون 名 خِيَانَة ❖ 裏切る;だます/騙す 名裏切り;不忠実

خَانَ الْوَطَنَ　祖国を裏切った

خَانَهُ التَّوْفِيقُ　運に見放された

خَانٌ ❖ キャラバンサライ,隊商宿,旅館

اَلْخَان الْخَلِيلِيّ　ハーンハリーリー ※カイロの巨大市場

خَان يُونُس　ハニューニス ※ガザ地区南部の町

خَبَأَ ، يَخْبَأُ ❖ 隠す

أَيْنَ تَخْبَأُ أُمِّي قِطَعَ الْكَعْكِ ؟　お母さんはどこにケーキを隠したのだろう

خَبَّأَ < خبأ II 名 تَخْبِئَة ❖ 隠す 名隠す事,隠蔽

خَبَّأَ النُّقُودَ فِي الْوِسَادَةِ　お金を枕の中に隠した

خَبَّاز < خبز 複 ون ❖ パン屋,パン職人

اَلْخَبَّازُ صَانِعُ الْخُبْزِ　パン屋さんはパンを作る人です

خبث ～ خبيث

خَبُثَ (u) ❖ 悪くなる;悪意のある;堕落する

كَانَ الْغُلَامُ صَرِيحًا مُخْلِصًا، لِمَاذَا خَبُثَ؟　その少年は純粋で正直な子だったのに,どうして堕落したのだろう

خَبَرَ (u) ❖ 試す,試験する;経験して知る;良く知る

أَلَا تَخْبُرُ السَّيَّارَةَ قَبْلَ شِرَائِهَا؟　車を買う前に,試さないのですか

خَبَّرَ <خبر II ❖ 知らせる,教える;伝える,報告する(～بِ:～を)

خَبِّرْنَا عَنْ أَحْوَالِكَ　あなたの状況を知らせなさい

خَبَرٌ 複 أَخْبَار ❖ 知らせ,ニュース;噂;述語

نَشْرَةُ الْأَخْبَارِ　ニュース番組

هَلْ سَمِعْتَ الْخَبَرَ أَمْسِ؟　昨日のニュースを聞きましたか

اَلْخَبَرُ اسْمٌ نُخْبِرُ بِهِ عَنِ الْمُبْتَدَإِ　述語は主語について叙述する名詞である

خِبْرَة ❖ 経験;知識

ذُو خِبْرَةٍ　経験のある

اَلْخِبْرَةُ تَنْقُصُهُ　経験が不足している

خَبَزَ (i) ❖ パンを焼く

أُمِّي تَخْبِزُ فِي الصَّبَاحِ　母は朝にパンを焼く

خُبْزٌ 複 أَخْبَاز ❖ パン

أَسَاسُ الْمَادِّ الْغِذَائِيَّةِ الْخُبْزُ　主食はパンです

خَبَطَ (i) 名 خَبْط ❖ 激しく叩く(打つ),ひっぱたく 名叩く事

خَبَطَ الْعَامِلُ السَّجَّادَ قَبْلَ لَفِّهِ　職人はカーペットを包む前に激しく叩いた

خَبَطَ خَبْطَ عَشْوَاءَ　無計画(行き当たりばったり)に行った

خَبِيث <خبث 複 أَخْبَاث/خُبَثَاء 女 خَبِيثَة ❖ 悪い,邪悪な;腐った ※比 أَخْبَث:より悪い

複女 خَبَائِث/خَبِيثَات

رَائِحَة خَبِيثَة　悪臭

فِكْرَة خَبِيثَة　邪悪な考え

لَا تَأْكُلْ خَبِيثَ الزَّادِ　腐った食べ物は食べるな

خَبِيرٌ <خبر 複 خُبَرَاءُ	❖形専門の；熟練の 名専門家，熟練者(～فِي：～の)
هُوَ خَبِيرٌ فِي تَصْلِيحِ الْمُحَرِّكَاتِ	彼はエンジン修理の専門家です
قَدَّمَ الْخَبِيرُ تَقْرِيرَهُ إِلَى الْمَحْكَمَةِ	専門家が報告書を裁判所に提出した
خِتَامٌ <ختم 複 خُتُمٌ	❖終わり
فِي الْخِتَامِ / خِتَامًا	終わりに/結論として
خَتَمَ (i)	❖終わらせる；判子(印鑑)を押す；封をする
خَتَمَ لِي الْمُخْتَارُ الشَّهَادَةَ	村長はその証明書に判子を押してくれた
خَتَنَ (i,u)	❖清める；割礼をする
مَتَى يَخْتِنُ الْمُطَهِّرُ الصَّبِيَّ؟	割礼師はいつ少年に割礼を施すのですか
خَجِلَ (a) 名 خَجَلٌ (ـَ)	❖取り乱す；恥じる(～مِنْ：～を)；恥ずかしがる 名恥，屈辱
لَا تَخْجَلْ مِنَ الْعَطَاءِ الْقَلِيلِ	献金の少なさを恥じる事はない
بِلَا خَجَلٍ	恥ずかしげもなく
خَجَّلَ <خجل II	❖辱める，恥をかかせる；恥ずかしがらせる
لَقَدْ خَجَّلْتَنَا بِسُوءِ سُلُوكِكَ	かつて，あなたは不品行な行いで，私たちに恥をかかせた
خَجِلٌ / خَجْلَانُ / خَجُولٌ	❖内気な，恥ずかしがりの；恥じている
لَا يَجْرُؤُ عَلَى مُقَابَلَةِ الْفَتَاةِ إِنَّهُ خَجِ	彼は内気なので，その娘に会う勇気がない
هُوَ رَجُلٌ خَجُولٌ	彼は恥ずかしがり屋だ
خَدٌّ 複 خُدُودٌ	❖頬；側面
خَدَّانِ(يْنِ)	両頬 ※( )内は属対
نَظَرْتُ إِلَيْهَا فَاحْمَرَّ خَدُّهَا خَجَلًا	私が彼女を見ると(彼女の)頬が赤くなった
خِدَاعٌ <خدع	❖ごまかし，欺瞞；トリック
اِبْنِي فَتًى صَادِقٌ لَا يَعْرِفُ الْخِدَاعَ	私の息子はごまかしを知らない誠実な若者です
خَدَّاعٌ <خدع	❖形嘘つきの 名詐欺師，ペテン師(複 ـُونَ)
لَا أَحَدَ يَثِقُ بِالتَّاجِرِ الْكَاذِبِ الْخَدَّاعِ	大嘘つきで，ごまかす商人を誰も信じない

خدر ~ خذل

خَدِرَ (a) 名 خَدَرٌ ❖ 痺れる;うずく 名痺れ

فِي سَاقِي خَدَرَةٌ تَمْنَعُنِي مِنَ الْوُقُوفِ — (私は)足が痺れて,立てません

خَدَّرَ < خدر II 名 تَخْدِيرٌ ❖ 麻痺させる;麻酔をかける 名麻痺;麻酔

خَدَّرَ الطَّبِيبُ الْمَرِيضَ قَبْلَ الْعَمَلِيَّةِ — 医師は手術の前に患者に麻酔をかけた

خِدْرٌ 複 أَخْدَارٌ/خُدُورٌ ❖ (家の中のカーテンで仕切られた)女性のための区
カーテン

لَازَمَتْ خِدْرَهَا — 彼女は自分の部屋に閉じこもった

خَدَشَ (i) ❖ 引っ掻く;(皮などを)むく,剥ぐ;(名誉を)傷つけ

خَدَشَ الْهِرُّ يَدَهُ — 猫が彼の手を引っ掻いた

خَدَعَ (a) 受 خُدِعَ ❖ 騙す,ごまかす,欺く 受騙される/ごまかされる

اِحْذَرْ أَنْ يَخْدَعَكَ الْبَائِعُ — 売り子にごまかされないようにしなさい

خَدَعَ الْعَدُوَّ — 敵を欺いた

خُدْعَةٌ 複 خُدَعٌ ❖ 騙し,ごまかし;欺瞞

وَقَعَ الْغُرَابُ السَّاذَجُ فِي الْخُدْعَةِ — お人好しの烏は騙されました

خَدَمَ (i,u) 名 خِدْمَةٌ 複 ـات/خِدَمٌ ❖ 仕える,尽くす;働く,奉仕する;役立てる
名サービス,奉仕

خَدَمَ الْمَلِكَ — 王様に仕えた

تُحِبُّ زَوْجَتُهُ أَنْ تَخْدُمَ (ـِ) أُمَّهُ الْعَجُوزَ — 妻は喜んで,夫の年老いた母親に尽くしてい

فِي خِدْمَتِكُمْ — あなたのご自由に/何でも,お申し付け下さい

الْخِدْمَةُ الذَّاتِيَّةُ — セルフサービス

أَيُّ خِدْمَةٍ؟ — 何か,ご用はありますか/いらっしゃいませ

خَدِيعَةٌ < خدع 複 خَدَائِعُ ❖ 騙し,ごまかし,欺瞞

يُحَاوِلُ الثَّعْلَبُ أَنْ يُوقِعَكَ فِي خَدِيعَةٍ — 狐はあなたを騙そうとします

خَذَلَ (u) ❖ 見捨てる;裏切る;失望させる

受 خُذِلَ/يُخْذَلُ — 見捨てられる;裏切られる;失望する;失敗する

سَيَخْذُلُهُ أَصْدِقَاؤُهُ — 友人達は彼を見捨てるでしょう

خَرَّ (u, i) ✽ 落ちる;身を投げる,ひれ伏す;いびきをかく;(水が)さらさら音を立てて流れる

خَرَّ عَلَى الْأَرْضِ　転んだ

اَلْمَاءُ يَخُرُّ فِي السَّاقِيَةِ　水が用水路をさらさら音を立てて,流れている

خَرَّ وَالِدِي مُتْعَبًا　私の父は疲れて,いびきをかいた

خُرَافَة <خرف 複 -ات ✽ 迷信;寓話,作り話;昔話

قِصَّةُ الذِّئْبِ وَالثَّعْلَبِ خُرَافَةٌ　狼と狐の話は寓話です

كَانَتْ خُرَافَاتٌ كَثِيرَةٌ فِي الْجَاهِلِيَّةِ　ジャーヒリーヤ時代には沢山の迷信が有りました

خَرِبَ (a) ✽ 荒れる,荒廃する;滅亡する

اَلْبَيْتُ الْمَهْجُورُ مَعَ الْأَيَّامِ يَخْرَبُ　使われない家は時が経つにつれて,荒れる

خَرَّبَ <خرب II 名 تَخْرِيب ✽ 破壊する,壊す;荒廃させる 名破壊;サボタージュ

خَرَّبَ الْبَيْتَ　家を壊した

خَرْبَشَ ، يُخَرْبِشُ 名 خَرْبَشَة 複 -ات ✽ 落書きする;引っかく 名落書き

خَرْبَشَ عَلَى الْجِدَارِ　壁に落書き(を)した

خَرْبَشَات جِدَارِيَّة　壁の落書き

خَرَجَ (u) ✽ 出る;出す(~بِـ:~を);外れる;反抗する;攻める

خَرَجَ الْأَوْلَادُ يَلْعَبُونَ　子供達は遊びに外へ出て行った

خَرَجَ عَنِ الْمَوْضُوعِ　テーマから外れた

خَرَّجَ <خرج II 名 تَخْرِيج ✽ 追い出す,外に出す;卒業させる;訓練する;(正しさを)説明する 名追放;訓練,教育;説明

تُخَرِّجُ الْجَامِعَةُ مِئَاتِ الطُّلَّابِ كُلَّ سَنَة　その大学は毎年,何百人もの学生を卒業させている

كَيْفَ تُخَرِّجُ هٰذَا الْحَلَّ؟　どのように解決策を説明するのですか

خُرْدُق ✽ 散弾

لَوْ أَصَابَ الْخُرْدُقُ عَيْنَيْهِ ، لَعَمِيَ　もし散弾が彼の目に当たっていたら,失明していただろう

خَرْدَل ✽ からし,からし菜

يُسْتَعْمَلُ الْخَرْدَلُ فِي التَّوَابِلِ وَفِي ال　からしはスパイスや薬として用いられる

خَرَزَ (i,u) ❖ 穴を開ける

خَرَزَ جِلْدَ الْكُرَةِ　　ボールの皮に穴を空けた

خَرَزٌ ※ خَرَزَةٌ ❖ 数珠玉, ビーズ, ガラス玉; 真珠 ※1個の数珠玉

زَيَّنَتْ حَوَاشِيَ مَنْدِيلِهَا بِالْخَرَزِ　　彼女はハンカチの端をガラス玉で飾った

خَرِسَ (a) ❖ 言葉がしゃべれない; 沈黙する, 黙る

خُرْطُوم 複 خَرَاطِيم ❖ ホース; 象の鼻

خُرْطُوم مِيَاه　　ホース

يَتَنَاوَلُ الْفِيلُ الْأَشْيَاءَ بِخُرْطُومِهِ　　象は鼻を使って物を食べる

اَلْخَرْطُوم *　　ハルツーム ※スーダン国の首都 *ー に注意

خَرِفَ (a) 名 خَرَفٌ ❖ 惚ける, もうろくする; 老いぼれる 名 惚け, もうろく

مَتَى طَعَنَ الْإِنْسَانُ فِي السِّنِّ يَخْرَفُ　　人は老いると, 惚けるものだ

خَرِفٌ ❖ 形 惚けた, もうろくした 名 老人, 老いぼれ

كَلَامُكَ غَيْرُ مَعْقُولٍ ! أَخَرِفٌ أَنْتَ؟　　あなたの言う事はおかしい！惚けたのか？

خَرَقَ (i,u) 名 خَرْقٌ ❖ 破る; 貫く, 裂く; 普通でない, 極端である
名 破る事, 貫通, 裂く事; 穴(複 خُرُوق)

خَرَقَتِ النَّفَّاثَةُ جِدَارَ الصَّوْتِ　　ジェット機が音速の壁を破った

خَرَقَ الثَّوْبَ　　服を裂いた

خِرْقَة 複 خِرَق ❖ 布切れ, ぼろ

لَمِّعْ حِذَاءَكَ بِخِرْقَةٍ مِنْ صُوفٍ　　靴はウールの布切れで磨きなさい

خَرْنُوب ❖ いなご[昆虫] いなご豆[植物] ※＝ خَرُّوب

خِرْوَع ❖ トウゴマ[植物] ※種子からヒマシ油が取れる

خَرُوف <خرف 複 خِرَاف/خِرْفَان/أَخْرِفَة ❖ 羊, 雄羊, 子羊

خَرُوف مَشْوِيّ　　焼いた羊の肉

لَحْم الْخَرُوفِ　　羊の肉/マトン

خِرِّيج <خرج 複 ون ❖ 卒業者, 卒業生

فَخْرٌ لَهُ أَنْ يَكُونَ خِرِّيجَ الْجَامِعَةِ　　大学の卒業生(大卒)である事が彼の誇りです

خَرِير <خرّ 複 أَخِرَّة ❖ (流れる)水の音, せせらぎ; いびきの音

يُشْبِهُ خَرِيرُهُ خَرِيرَ الْمَاءِ فِي حَنَفِيَّةٍ مَضْغُوطَةٍ　彼のいびきは詰まった水道の音に似ている

خَرِيطَة <خرط 複 خَرَائِط ❖ 地図

خَرِيطَة سِيَاحِيَّة حَدِيثَة　新しい観光地図

خَرِيطَة الطَّرِيق　(パレスチナ問題解決の)ロードマップ

خَرِيف <خرف ❖ 秋

خَرِيفُ بِلَادِي فَصْلُ الْعِنَبِ وَالْكَاكِي　私の国の秋はブドウと柿の季節です

خَزّ 複 خُزُوز ❖ 絹, 絹織物; 毛織物; テン[動物]

هٰذَا النَّسِيجُ النَّاعِمُ خَزٌّ　この滑らかな織物(の素材)は絹です

(اَلْ)خُزَامَى ❖ ラベンダー; チューリップ (=اَلتُّولِيب)

بَاقَة مِنَ الْخُزَامَى　ラベンダーの花束

خَزَّان <خزن 複 -ات/ خَزَازِين ❖ ダム, 堰; 溜め池; タンク

يَتَسَرَّبُ الْمَاءُ مِنْ شَقٍّ فِي جِدَارِ الْخَزَّانِ　ダムの壁のひびから水が漏れている

خَزَّان الْوَقُودِ　燃料タンク

خِزَانَة <خزن 複 -ات/ خَزَائِن ❖ クローゼット, タンス; 金庫; 貯蔵室; 図書館

رَتِّبْ ثِيَابَكَ فِي الْخِزَانَةِ　自分の服はタンスに仕舞いなさい

خِزَانَة الدَّوْلَةِ　国庫

خِزَانَة الْكُتُبِ　図書館/本棚

لِصُّ خَزَائِنٍ　金庫破り

خَزَف 関 خَزَفِيّ ❖ 瀬戸物, 陶磁器; 粘土 関 瀬戸物の, 陶磁器の; 粘土の

صِنَاعَة الْخَزَفِ　窯業

يَبْرُدُ الْمَاءُ فِي جِرَارِ الْخَزَفِ　水は素焼きの壺の中で冷たくなる

آنِيَة خَزَفِيَّة　瀬戸物/陶磁器

طِين خَزَفِيّ　粘土/陶土

خَزَنَ (u) 名 خَزْن ❖ 貯える/蓄える 名 貯え, 貯蔵

لِمَاذَا لَمْ تَخْزُنْ طَعَامَكَ فِي الصَّيْفِ؟ なぜ君は夏に食べ物を貯えなかったのか

خَزِيَ ، يَخْزَى ❖ 恥じる;卑屈になる;卑劣である

يَشِذُّ الْأَبْنَاءُ، وَالْأَهْلُ يَخْزَوْنَ 息子たちの仲が悪く,家族は恥じている

خَزِينَة <خزن 複 خَزَائِن ❖ 宝物庫, 金庫;保管室

خَزِينَةُ الدَّوْلَةِ تَشْكُو عَجْزًا 国庫は赤字で苦しんでいる

خَسّ ❖ レタス

نَأْكُلُ الْخَسَّ النِّيَّ 私たちはレタスを生で食べる

خَسَارَة <خسر 複 خَسَائِر ❖ 損害, 損失

يَا خَسَارَةُ なんて事だ/何という事だ/何という損

تَكَبَّدَ خَسَائِرَ 損害を被った

يَا خَسَارَةُ، لَقَدْ تَحَطَّمَتْ عَرَبَتُنَا! なんてこった！私達の車がバラバラに壊れてしまった

خَسِرَ (a) 名 خُسْر ❖ 損をする,損を出す;負ける;失う 名 損,損害,損失

لَا أُرِيدُ أَنْ أَخْسَرَ مَالِي فِي الصَّفْقَةِ その取引で損をしたくない(出したくない)

خَسِرَ الْمُبَارَاةَ 試合に負けた

خَسَفَ (i) 名 خَسْف ❖ 沈む,陥没する;消える;月食になる 名 恥,不名誉

خَسَفَتِ الْأَرْضُ بِسَبَبِ الزِّلْزَالِ 地面が地震のために陥没した

اَلْقَمَرُ يَخْسِفُ بَعْدَ أُسْبُوعٍ 1週間後に月食になる

خُسُوف <خسف ❖ 月食, 食 ※ある天体の全部,あるいは一部を他の天体が覆い隠す現象

خُسُوفُ الْقَمَرِ 月食

خَسِيس <خس 複 أَخِسَّاء/خِسَاس ❖ 浅ましい,卑しい,下品な;劣った

دَافِعُهُ خَسِيسٌ 彼の動機は浅ましい(卑しい)

خَشَب 複 أَخْشَاب 関 خَشَبِيّ ❖ 木,木の板,材木 関 木の,材木の

صُنْدُوق مِنْ خَشَبٍ 木の(木製の)箱

بَرْمِيل خَشَبِيّ　木の(木製の)樽

بَيْتُ الْخَشَبِ أَجْمَلُ مِنْ بَيْتِ الْبَاطُو　木の家はコンクリートの家より美しい

خَشْخَاش 複 خَشَاخِيش ❖ ケシ,芥子[植物]

يُسْتَخْرَجُ مِنْ ثِمَارِ الْخَشْخَاشِ الْأُفْيُو　阿片は芥子の種子から取れる

خَشَعَ (a) 名 خُشُوع ❖ 謙虚である,控えめである;従順である
名謙虚;従順

اَلتَّلَامِيذُ يَقِفُونَ وَيَخْشَعُونَ بِأَبْصَارِهِمْ　生徒達は視線を落として,立っている

خَشُنَ (u) ❖ 粗野である;固くなる;粗くなる;ざらざらしている

خَشُنَ الْعَيْشُ　パンが固くなった

خَشِن 複 خِشَان ❖ 粗野な,荒々しい;ざらざらした,ごわごわした

طَبْعٌ خَشِنٌ　粗野な性格

مَلَابِس خَشِنَة　粗末な服

بَاتَ حَجَرُ الرُّخَامِ خَشِنًا كَالْمِبْرَدِ　大理石がヤスリのように,ざらざらになった

نُمَيِّزُ النَّاعِمَ مِنَ الْخَشِنِ بِاللَّمْسِ　私達は触って,柔らかい物とごわごわした物を識別する

خَشِيَ، يَخْشَى 名 خَشْيَة ❖ 恐れる,怖がる;心配する 名恐れ,恐怖;心配

خَشِيَ اللّٰهَ　神を恐れた

أَخْشَى أَنْ يَسِمَكَ هٰذَا الْجُرْحُ فِي خَدِّكِ　私はこの傷が貴女の頬に残らないか心配だ

خَصَّ (u) ❖ 特殊化する;選び出す;(特別に栄誉などを)与える

خَصَّ بِهِ / خَصَّهُ لِنَفْسِهِ　所有した

خَصَّهُ بِعِنَايَتِهِ　彼に目をかけた

خَصَّهُ بِالذِّكْرِ ~　特別に~を述べた

هٰذَا لَا يَخُصُّنِي　私はそれに関心がありません

خِصَام <خصم ❖ 仲違い,けんか;議論

اِتَّفَقَ الْأَخَوَانِ، وَوَضَعَا حَدًّا لِخِصَامِهِمَا　兄弟は仲直りして,けんかを終えた

خَصُبَ (a) / خَصِبَ (i) خَصَب 名 خِصْب ❖ 肥沃である 名肥沃さ,豊穣

أ ب ت ث ج ح خ د ذ ر ز س ش ص ض ط ظ ع غ ف ق ك ل م ن هـ و ي

الْأَسْمِدَةُ تَكْسِبُ التُّرْبَةَ خِصْبًا	肥料は土地を肥沃にする
خَصِبٌ / خَصْبٌ ❖	肥沃な
سَهْل وَاسِع خَصِب	肥沃で広大な平野
خَصْر 複 خُصُور ❖	腰
وَصَلَ طُولُ الْكَلْبِ إِلَى خَصْرِي	その犬は私の腰ぐらいの大きさだった
خَصَّصَ <خص II 名 تَخْصِيص ❖	特殊化する;選び出す;割り当てる;時間を割く 名特殊化;割り当て;設定;限定
خَصَّصُوا مُعْظَمَ أَوْقَاتِهِمْ لِلتَّدْرِيبِ	彼らは殆どの時間を訓練に割り当てた(割いた)
خَصْلَة 複 خِصَال ❖	気質,性格;特性
ذُو الْخِصَالِ الطَّيِّبَةِ	良い性格を持った/善良な性格をした
خُصْلَة 複 -ات/خُصَل ❖	房;束
خُصْلَةُ عِنَبٍ	ブドウの房
خَصْم 複 أَخْصَام / خُصُوم ❖	敵,喧嘩の相手,ライバル;安売り,値引き
يَسْتَوْثِقُ مِنْ قُدْرَةِ الْخَصْمِ	敵の力を推し量る
يُحَاوِلُ الْمُصْلِحُ أَنْ يُوَفِّقَ بَيْنَ الْخَصْمَيْنِ	仲介者が仲違いしている二人を和解させようとしている
خَصِيب <خصب ❖	(土地が)豊かな;(人が)寛大である,気前の良い
خَصِيب مِنَ الرِّجَالِ	気前の良い人
خُصُوص <خص ❖	特性,独自性;特別
فِي (بِـ/مِنْ) خُصُوصِ~	~に関して
مِنْ هٰذَا الْخُصُوصِ/بِهٰذَا الْخُصُوصِ	この点に関して
خُصُوصًا	特に
خِضَاب <خضب ❖	染料
يُتَّخَذُ مِنَ الْحِنَّاءِ الْخِضَابُ الْأَحْمَرُ	ヘンナから赤い染料が取れる
خَضَّارٌ <خضر ❖	八百屋,青果商
وَصَلَتْ دُكَّانَ الْخَضَّارِ خُضْرَةٌ طَازَجَةٌ	八百屋に新鮮な野菜が届いた

خَضَبَ (i) ❖ 染める, 着色する

خَضَبَ شَعْرَ رَأْسِهِ　髪の毛を染めた

خَضَّبَ <خضب II ❖ 染める

خَضَّبَتْ شَعْرَهَا بِالْحِنَّاءِ　彼女は髪をヘンナで染めた

خَضْرَاوَات <خضر ❖ 野菜

دُكَّان (بَائِع) الْخَضْرَاوَات　八百屋

خُضْرَة 複 خُضَر ❖ 緑, 緑色 複野菜;牧草地

كَانَتْ خُضْرَةُ الْجَبَلِ جَمِيلَةً　山の緑がきれいでした

خَضَعَ (a) 名 خُضُوع ❖ (〜に)従う,服従する(〜لِـ);(〜の)支配下にある(〜لِـ/〜إِلَى);受ける 名服従

يَخْضَعُ لِزَعَامَةِ الْيَعْسُوبِ　女王蜂に仕える

خَضَعَ لِلْأَوَامِرِ (لِلْقَانُونِ)　命令(法律)に従った

خَضَعَتْ غَزَّةُ لِسَيْطَرَةِ حَرَكَةِ حَمَاسِ　ガザはハマスの支配下にあった

خِضَمّ <خضم ❖ 形広い 名大海, 大洋, 大海原

كَادَ الْخِضَمُّ يَبْتَلِعُ السَّفِينَةَ　大海原は船を飲み込みそうだった

خَطَّ (u) ❖ 線を引く;デザインする;描く, スケッチする

خُطَّ تَحْتَ الْفِعْلِ الْمُضَارِعِ خَطًّا　未完了形動詞に線を引きなさい

لَمْ يَخُطَّ الرِّسَالَةَ بَعْدُ　彼は未だ手紙を書いていない

خَطَّهُ الشَّيْبُ　(彼の頭は)白髪になった

خَطّ 複 خُطُوط ❖ 線;フォント;(文章の)1行;書き方;書道

عَلَى الْخَطِّ　電話を切らずにお待下さい

اَلْخَطُّ الْمُسْتَقِيمُ (الْمُنْحَنِي)　直線(曲線)

خَطٌّ عَمُودِيٌّ　垂線

خَطٌّ طُولِيٌّ (عَرْضِيٌّ)　経線(緯線)

خَطُّ الِاسْتِوَاءِ　赤道

إِذَا كَتَبْتَ، فَاعْتَنِ بِخَطِّكَ　書く時は書き方に留意しなさい

أ ب ت ث ج ح **خ** د ذ ر ز س ش ص ض ط ظ ع غ ف ق ك ل م ن هـ و ي

خُطُوط جَوِّيَّة (بَرِّيَّة / بَحْرِيَّة)	空路(陸路/海路)
خُطُوط عَرَبِيَّة	アラビア語フォント
اَلْخَطّ الْعَرَبِيّ	アラビア書道
فَنَّان فِي الْخَطّ	書道家
❖ خَطِئَ، يَخْطَأُ 名 خَطَأ 複 أَخْطَاء	誤る,間違える;罪を犯す 名 誤り,間違い;罪
خَطِئْتُ، يَا اللّٰهُ	間違えました
خَطَأً / بِالْخَطَأِ	誤って
مَعْصُوم عَنِ الْخَطَأِ	誤りの無い
❖ خَطَا ، يَخْطُو <خطو 名 خَطْو	歩を進める,歩く 名歩み,足取り,ステップ
خَطَا خُطْوَةً	歩みを進めた/進んだ
❖ خَطَّأَ <خطئ II	(誤りを)非難する,咎める;有罪を宣告する
نُخَطِّئُ طَيْشَكَ	私達はあなたの軽率さを非難します
❖ خِطَاب <خطب 複 ـات	手紙;演説,スピーチ
خِطَاب الافْتِتَاح	開会の演説
أَلْقَى خِطَابًا	演説をした
❖ خَطَّاط <خط 複 ـون	書家,書道家
دَفْتَرُ الْخَطِّ مِنْ وَضْعِ الْخَطَّاطِ الْمَاهِرِ	能筆の書道家による書道の冊子です
❖ خَطَبَ (u) 名 خُطْبَة /خَطَابَة	演説をする;説教をする 名説教,金曜日の説教
يَخْطُبُ الشَّيْخُ خُطْبَةَ الْجُمْعَةِ	長老が金曜日の説教をする
يُلْقِي الشَّيْخُ خُطْبَتَهُ بِصَوْتٍ جَهْوَرِيٍّ	長老は力強い声で説教をする
❖ خَطَبَ (u) 名 خِطْبَة	(女性に)求婚する;婚約させる 名婚約
قَرِيبًا يَخْطُبُ مُحَمَّدٌ الْفَتَاةَ	まもなく,ムハンマドはその娘に求婚するだろう
خَاتِم الْخِطْبَةِ	婚約指輪
❖ خُطَّة 複 خُطَط (ُ)	計画,予定
تَسِيرُ أَعْمَالُ الْبِنَاءِ، طِبْقًا لِخُطَّةٍ مَرْسُومَةٍ	建築作業は計画に従って進んでいる

خَطَرَ (i, u) ◈ (心に)浮かぶ，ひらめく

أَمْرٌ لَمْ يَخْطِرْ بِبَالٍ (عَلَى بَالِهِ /في بال — 思いがけない出来事

خَطَرَ ~ عَلَى (في) بَالِهِ — ～が心に浮かんだ

خَطَرَتْ فِكْرَةٌ عَلَى بَالِي — 私にある考えが浮かんだ

خَطَرَ (i) ◈ 誇らしげに歩く，気取って歩く；振る，揺する

اَلسَّيِّدَةُ تَخْطِرُ فِي مِشْيَتِهَا — そのご婦人は気取って歩く

خَطَرَتِ الرَّاقِصَةُ فِي ثَوْبٍ هَفْهَافٍ — 薄い服を着た踊り子が体を揺すっていた

خَطُرَ (u) 名 خُطُورَة ◈ 重要である，重要になる；重大である；危険である
名 重要さ；重さ

مَرْحَلَةُ الْخُطُورَةِ — 重要な過程

خَطَرٌ 複 -ات/ أَخْطَار ◈ 重要さ，重大さ；危険；掛け金(複 خِطَار)

لَا تُعَرِّضْ حَيَاتَكَ لِلْخَطَرِ — 命を危険に晒してはいけないよ

خَطِرٌ ◈ = خَطِير

خَطَّطَ <خط II 名 تَخْطِيط 複 -ات ◈ 企画する，計画する；線を引く 名 企画，計画

يُخَطِّطُ لَنَا حَفْلَةً — 彼は私達のためにパーティを企画している

خَطَّطَ الْوَرَقَةَ الْبَيْضَاءَ — 白い紙に線を引いた

أُشْرِفُ عَلَى أَعْمَالِ التَّخْطِيطِ — 私は企画の仕事を監督しています

خَطِفَ (i) ◈ (さっと)奪う；掠う，誘拐する

خَطِفَ الْبَرْقُ الْبَصَرَ — 稲妻に目がくらんだ

خَطِفَ قَلْبَهُ — 彼の心をつかんだ(とらえた)

يَخْطِفُ الثَّعْلَبُ الدَّجَاجَ — 狐は鶏を掠う

خَطِفَ الْوَلَدَ — 子供を掠った(誘拐した)

خُطُوبَة <خطب ◈ 婚約(= عَقْد زَوَاج)；求婚，プロポーズ

خَطْوَة 複 خِطَاء/خَطَوَات ◈ = خُطْوَة ⇓

خُطْوَة 複 خُطًى/خُطُوَات ◈ 一歩，歩み；足取り

خُطْوَةً فَخُطْوَةً — 一歩一歩/一歩ずつ/少しずつ

تَقَدَّمَ خُطْوَةً فَخُطْوَةً　一歩ずつ前進した

خَطِيئَة < خطئ 複 -ات/ خَطَايَا ❖ 誤り;罪;違反

لَيْسَتْ كِذْبَةُ أَوَّلِ نَيْسَانَ خَطِيئَةً　4月1日(エイプリル・フール)の嘘は罪ではない

اِرْتَكَبَ خَطِيئَةً　罪を犯した

خَطِيب < خطب 複 خُطَبَاءُ 女 خَطِيبَة ❖ 婚約者,フィアンセ;演説者

خَطِيبُ ابْنَتِي شَابٌّ وَسِيمٌ　私の娘の婚約者はハンサムな若者だ

خَطِيبٌ فَصِيحٌ　能弁な演説者

خَطِير < خطر 複 خُطْر ❖ 危険な;重い,深刻な;重要な;重大な

مَرَضُهُ خَطِيرٌ　彼の病気は重い

غَلْطَةٌ خَطِيرَةٌ　重大な誤り

خَفَّ (i) ❖ 軽い,軽くなる;減る;(~へ)急いで行く(~إِلَى)

خَفَّ جِسْمُهُ　彼の体重は軽かった

اَلْجِسْمُ يَخِفُّ فِي الْمَاءِ　体は水の中(水中)では軽くなる

خَفَّ مَاءُ التُّرْعَةِ　小川の水が減った

نَادَانِي الْمُعَلِّمُ فَخَفَفْتُ إِلَيْهِ　先生に呼ばれたので,私は急いで行きました

خُفٌّ 複 أَخْفَاف/ خِفَاف ❖ スリッパ,サンダル

ضَعْ خُفَّيْكَ تَحْتَ سَرِيرِكَ　スリッパはベッドの下に置きなさい

خَفَى، يَخْفِي ❖ 隠す;秘密にする

تَخْفِي الْهِرَّةُ صِغَارَهَا فِي زَاوِيَةِ الْغُرْفَةِ　猫は子猫を部屋の隅に隠す

لَا يَخْفَى أَنْ ~　~は良く知られている

لَا يَخْفَى عَلَيْكَ　あなたは良く知っていますね

خَفَاءٌ ❖ ⇒ خَفِيَ 名

خُفَّاش 複 خَفَافِيش ❖ コウモリ/蝙蝠

لَا يَظْهَرُ الْخُفَّاشُ إِلَّا فِي اللَّيْلِ　コウモリは夜以外には現れない

خَفَتَ (u) ❖ 声を落とす;黙る,静かになる

أَخْفِتْ بِصَوْتِكَ لِكَيْ لَا تُوقِظَ أَخَاكَ　弟が目を覚まさないように,声を落としなさい

خِفَّة ❖	軽さ,機敏さ;軽率
خِفَّةُ الدَّمِ	温和な事
خِفَّةُ الرَّأْسِ (الْعَقْلِ)	愚かな事
"هاناكو" تَقْفِزُ فَوْقَ الْحَبْلِ بِخِفَّةٍ	"ハナコ"は軽々と(機敏に)ロープの上を跳ぶ
خَفَرَ (i,u) ❖	守る,見守る;監視する,警備する
يَخْفُرُ أَمِينُ الصُّورَةِ الدَّرَكِيُّ	警官がその絵を警備している
خَفَرٌ 名 خَفِرَ (a) ❖	恥ずかしがる;内気である,気が弱い 名内気
مَا كُنْتُ أَعْتَقِدُ أَنَّهَا تَخْفَرُ إِلَى هٰذَا الْحَدِّ	私は彼女がそこまで内気であるとは思っていませんでした
خَفَضَ (i) ❖	下げる,低くする;減らす;属格にする[文法]
يَخْفِضُ التَّاجِرُ الْأَسْعَارَ	商人は値段を下げる
اِخْفِضْ صَوْتَ التِّلِفِزْيُونِ	テレビの音を下げなさい
حَرْفُ الْجَرِّ يَخْفِضُ الاسْمَ الْوَاقِعَ بَعْدَهُ	前置詞は後にある名詞を属格にする
تَخْفِيض 名 II خفض<خَفَّضَ ❖	抑える,減らす;引き下げる;削減する 名減少;値下げ;削減
خَفَّضَ النَّفَقَاتِ	出費を抑えた(減らした)
اَلْحُكُومَةُ خَفَّضَتْ أَسْعَارَ الْأَدْوِيَةِ	政府は薬の価格(薬価)を引き下げた
تَخْفِيض ضَرَائِبِ الدَّخْلِ	所得減税
تَخْفِيف 名 II خف<خَفَّفَ ❖	減らす;薄くする;下げる;(文字を)シャッダなしで発音する[文法] 名減少;軽減,緩和
خَفَّفَ أَلَمَهُ	痛みを軽くした(和らげた)
خَفِّفْ عَنْكَ!	気楽にやりなさい!/頑張ってね!
يُخَفِّفُ عَرَقًا بِالْمَاءِ	アラク酒を水で薄める
هٰذَا يُخَفِّفُ مِنْ حَرَارَةِ الْمُحَرِّكِ	これはエンジンの熱を下げる
خَفِّفْ مِنْ سُرْعَتِكَ	速度を緩めなさい(落としなさい)
خَفَّفَ الْحَرْفَ	文字をシャッダ無しで発音した

تَخْفِيف التَّنْظِيم　規制緩和

تَخْفِيف الْعُقُوبَة　罪の軽減/減刑

خَفَقَ (i, u) ✿ 打つ;鼓動する;(旗が)はためく

يَخْفِقُ قَلْبُهُ مُعَدَّلَ تِسْعِينَ نَبْضَةً فِي الدَّقِيقَةِ　心臓は平均で,毎分 9 0 の脈拍を打っている

خَفِيَ ، يَخْفَى 名 خَفَاءٌ ✿ 隠れている;知られていない;見えなくなる,隠れる 名秘密,内緒

لَا يَخْفَى عَلَيْكَ　あなたはそれをよく知っている

فَعَلَ ذٰلِكَ فِي الْخَفَاءِ　秘密裏に(内緒で)それをした

خَفِيٌّ ✿ 内緒の,秘密の;隠された;ひそかな;不思議な

سَمِعْتُ صَوْتًا خَفِيًّا فِي الزَّاوِيَةِ　私は隅の方で,ひそひそ内緒話をする声を聞いた

خَفِيُّ الاسْمِ　匿名の/匿名

رِسَالَةٌ كَاتِبُهَا خَفِيُّ الاسْمِ　匿名の手紙

شَرِكَةٌ خَفِيَّةُ الاسْمِ　株式会社

الْمَرَضُ الْخَفِيُّ فَتَكَ الدَّجَاجَ　不思議な病気で鶏が死んだ

خَفِير <خفر 複 خُفَرَاءُ ✿ 警備員,監視人

اشْتَبَهَ الْخَفِيرُ بِالرَّجُلِ الْغَرِيبِ　警備員は見知らぬ男を疑った

خَفِيف <خف 複 أَخِفَّاءُ/ خِفَاف 比 أَخَفُّ ✿ 軽い;軽快な;浅い;薄い

الْجُرْحُ خَفِيفٌ　傷は浅い(軽い)

حَرَكَة خَفِيفَة　軽快な(機敏な)動き

خَفِيفُ الظِّلِّ (الدَّمِ / الرُّوحِ)　好感の持てる/好ましい

خَفِيفُ الْعَقْلِ　頭の弱い/愚かな

قَهْوَة خَفِيفَة　薄いコーヒー

خَلٌّ 複 أَخُلٌّ/خِلَال ✿ 酢

ضَعْ فِيهِ قَلِيلًا مِنَ الْخَلِّ　酢を少し入れなさい

خِلٌّ 複 أَخْلَال ✿ 男女友達,友人

بَحَثْتُ عَنِ الْخِلِّ الْوَفِيِّ، فَلَمْ أَجِدْهُ　私は真の友を捜したけれど,見つかりませんでした

خَلَا ، يَخْلُو <خلو [名] خُلُوّ /خَلَاء ❖ 空である,無い;自由である(〜عَنْ/مِنْ:〜から);身を引く;一人である;時が過ぎる
[名]空虚,空;空き地;屋外,野外

خَلَا الْإِبْرِيقُ　ポットは空だった

خَلَا إِلَى نَفْسِهِ (بِنَفْسِهِ)　孤独だった

أَيَّامُ الطُّفُولَةِ خَلَتْ　幼年期は過ぎた

فِي الْخَلَاءِ　屋外で/野外で

نَصَبْنَا خِيَامَنَا فِي الْخَلَاءِ　私たちは空き地にテントを立てた

خَلَّى ، يُخَلِّي <خلو II [名] تَخْلِيَة ❖ 空にする;自由にする;そのままにする;慎む

خَلَّى سَبِيلَهُ　自由にした/解放した

خَلِّ الصُّورَةَ فِي مَكَانِهَا　写真はそのままにしておきなさい

خَلَاءٌ <خلو ❖ ⇒ خَلَا [名]

خَلَّابٌ <خلب ❖ 魅惑的な,うっとりさせる;興味を引く

مَنْظَر خَلَّاب　うっとりするような景色

خُلَاصَة <خلص [複] -ات ❖ 抽出物;成分;本質,エッセンス:概要,レジュメ

هٰذِهِ مَصْنُوعَةٌ مِنْ خُلَاصَةِ الْبُنِّ　これはコーヒー豆の抽出物からできた製品です

وَالْخُلَاصَة　要約すると/即ち

خِلَافٌ <خلف [複] -ات ❖ 相違,違い;口論;反目,不和,対立,争い;矛盾

بِخِلَافِ〜/ عَلَى خِلَافِ〜/ خِلَافًا لِـ〜　〜に反して/〜とは逆に

خِلَافًا لِلتَّوَقُّعَاتِ　期待に反して

خِلَاف عَائِلِيّ　家庭内不和

وَخِلَافُهُ　などなど/等々

بَيْنَ الْجَارَيْنِ خِلَافٌ عَلَى الْحُدُودِ　二人の隣人の間で,境界についての争いがある

خِلَافَةٌ <خلف ❖ ⇒ خَلَفَ [名]

خِلَالَ <خل ❖ [前](〜の)間

خِلَالَ هٰذَا الْأُسْبُوعِ　今週中に

مِنْ خِلَالِ ~　～を通して/～から

دَخَلْنَا مِنْ خِلَالِ نَافِذَةِ الْغُرْفَةِ　私達は部屋の窓から入った

خَلَدَ (u) 名 خُلُود ❖ 止まる;不滅である 名不滅;永遠

يَخْلُدُ الْمُؤْمِنُ فِي الْجَنَّةِ إِلَى الْأَبَدِ　信仰者は天国に永遠に止まる

خَلَّدَ <خلد II 名 تَخْلِيد ❖ 永遠にする;長寿を楽しむ 名永遠化

خَلَّدَ الْفَنَّانُ اسْمَهُ　その芸術家は名前を永遠に残した

خُلْد ❖ 永遠;モグラ/土竜「動物」

نَقَبْنَا الْحَدِيقَةَ كُلَّهَا ، وَلَمْ نَعْثُرْ عَلَى الْخُلْدِ　私達は庭中を探したけれども，モグラは見つか
なかった

خَلَصَ (u) 名 خَلَاص ❖ 自由になる;救われる;純粋になる;着く
名解放;救い，救済;脱出(～مِنْ:～からの);支払
※خَلَاصْ:終わり，おしまい[口語]

خَلَصَ النُّحَاسُ　銅が純粋になった

خَلَاصُ النَّفْسِ　魂の救い(救済)

انْدَفَعَ النَّاسُ نَحْوَ الْبَابِ يَطْلُبُونَ الْخَلَاصَ　人々は脱出しようと，ドアに殺到した

خَلَّصَ <خلص II 名 تَخْلِيص ❖ 救出する，救助する;税関を通す;終える;
純粋にする 名救出;通関

خَاطَرَ بِنَفْسِهِ لِيُخَلِّصَ الْفَرِيقَ　部隊を救出するのに危険を冒した

هَلْ خَلَّصْتَ شُغْلَكَ؟　もう仕事は終えましたか

خَلَطَ (i) ❖ 混ぜる(～بِ:～で);(二つの物を)取り違える(～بَيْنَ

خَلَطَ اللَّبَنَ بِالْمَاءِ　ミルクに水を混ぜた

خَلَطَ الْعَامِلُ بَيْنَ كِيرُوسِين وَبَنْزِين　作業員が灯油とガソリンを間違えた

خَلَعَ (a) 名 خَلْع ❖ 脱ぐ;抜く;退かせる;(褒美を)与える(～عَلَى:～
名脱ぐ事;免職;褒美，報償

جَعَلَهُ يَخْلَعُ الْمِعْطَفَ　コートを脱がせた

خَلَعَ الْمَلِكُ الرَّئِيسَ بِلَا سَبَبٍ　国王は理由無く，大臣を辞めさせた

خَلَعَ الْخَلِيفَةُ عَلَى الشَّاعِرِ عَبَاءَتَهُ　カリフは詩人に彼のマントを与えた

تَخْلِيع 名 II خلع > خَلَّعَ ❖ 分解する；緩める 名分解

خَلَّعْتَ الْكُرْسِيَّ بِتَأَرْجُحِكَ عَلَيْهِ　あなたが椅子を揺すって，バラバラにした

خِلَافَة 名 خَلَفَ (u) ❖ (後を)継ぐ；もたらす 名継承；代理；カリフ

خَلَفَ أَبَاهُ فِي الْمَتْجَرِ　彼は父の店を継いだ

بَايَعَ الصَّحَابَةُ ″أَبَا بَكْرٍ″ بِالْخِلَافَةِ　教友達はアブー・バクルをカリフと認めた

II خلف > خَلَّفَ ❖ (後継者に)指名する；(後に)残す

خَلَّفَ رَوَائِعَ　傑作を残した

أَخْلَاف 複 خَلَفٌ ❖ 継承者；子孫

أَحْمَدُ خَيْرُ خَلَفٍ لِخَيْرِ سَلَفٍ　アフマドは良い跡継ぎだ

خَلْف ❖ 後，後，後方

جَرَى خَلْفَ الْكَلْبِ　彼は犬の後を追いかけた

مِنَ الْخَلْفِ وَالْأَمَامِ　前から後から/前後から

إِلَى خَلْفِ ～　～に続いて

خَلْفَ ❖ 前 後に，後に

الْمَدْرَسَةُ خَلْفَ هٰذَا الْمَبْنَى　学校はこの建物の後に(裏に)有ります

خَلْق 名 خَلَقَ (u) ❖ 作る，創造する 名創造；創造物；人間，人々

مَا خَلَقَهُ اللّٰهُ لَنَا مِنْ نِعَمِهِ　神が私達に恵み作られたもの

خَلْقُ السَّمَاوَاتِ وَالْأَرْضِ　天地創造

أَخْلَاق 複 خُلُق(ْ) ❖ 性格，気性，性質 複性格，個性；道徳，モラル，倫理

فِي أَخْلَاقِهِ كَرَمٌ　彼は寛大な性格だ/彼の性格は寛大だ

طَيِّبُ الْخُلْقِ　性格の良い

سُوءُ (سَيِّءُ) الْخُلْقِ　性格の悪い

ضَيِّقُ الْخُلْقِ　気の短い/短気な

خِلْقَة 複 خِلَق ❖ 創造;自然;容姿;天性,持って生まれたもの

خِلْقَةً　生まれつき

خَلَل <خل 複 خِلَال ❖ 欠陥,欠点;ひび

خَلَلٌ فِي الْبِنْيَةِ　構造上の欠陥

خَلْوَة <خلو 複 خَلَوَات ❖ 隔離;人里離れた場所;孤立;隠遁

عَلَى خَلْوَةٍ　孤独で/隠遁して

إِذَا أَرَدْتُ التَّأَمُّلَ، لَجَأْتُ إِلَى خَلْوَةٍ　私は瞑想したい時,人里離れた場所へ逃れます

خَلِيَّة <خلو 複 خَلَايَا ❖ 細胞,蜂の巣

خَلِيَّة عَصَبِيَّة　神経細胞

خَلِيَّةُ النَّحْلِ　蜜蜂の巣

مِنْ خَلَايَا~　～の内側から

تَتَكَوَّنُ أَنْسِجَةُ الْجِسْمِ مِنْ خَلَايَا　体の組織は細胞からなっている

خَلِيج <خلج 複 خُلُج / خُلْجَان ❖ 湾

اَلْخَلِيجُ الْعَرَبِيّ　アラビア湾

حَرْبُ الْخَلِيجِ　湾岸戦争

خَلِيط <خلط ❖ 形 混ざった;様々な 名 混合;友人,仲間(複 خُلَطَاء

فِي السَّلَّةِ خَلِيطُ مَوْزٍ وَتُفَّاحٍ وَبُرْتُقَالٍ　篭にはバナナやリンゴやオレンジが混ざってい

خَلِيع <خلع 複 خُلَعَاء ❖ 免職された;勝手気ままな,放縦な;不品行な

كَانَ عُمَرُ الْخَيَّامِ شَاعِرًا خَلِيعًا　オマル·ハイヤームは放縦な詩人だった

خَلِيفَة <خلف 複 خَلَائِف/ خُلَفَاء ❖ 後継者;カリフ;最高位のイマーム

خَلِيفَةُ رَئِيسِ الشَّرِكَةِ　社長の後継者

اَلْخُلَفَاءُ الرَّاشِدُونَ　正統カリフ

خَلِيق <خلق 複 خُلَقَاء ❖ ふさわしい,値する(～بِـ:～に);当然である

هُوَ خَلِيقٌ بِالْمَجْدِ　彼は栄光に値する

هُوَ خَلِيقٌ أَنْ ~　彼が～するのは当然である

خَلِيقَة ＜خلق 複 خَلَائِق ❖ 創造, 創造物; 人間, 人

اَلْخَلِيقَةُ كُلُّهَا تَشْهَدُ بِحِكْمَةِ الْخالِ　　創造物はすべて, その創造主の賢明さを 証 明する

خَلِيل ＜خل 複 أَخِلَّاءُ/خُلَّان ❖ 信頼できる友, 親友

女 خَلِيلَة 複 خَلَائِلُ/ -ات　　女 友達/ガールフレンド

خَلِيلُ اللّٰه　　(神の友)予言者イブラヒーム(アブラハム)

أَثِقُ بِكَ لِأَنَّكَ خَلِيلِي　　あなたは親友だから, 私 は信頼しています

اَلْخَلِيل　　ヘブロン ※パレスチナ南部の都市

خَمَّارَة ＜خمر ❖ 飲み屋, 酒場, バー

اَلْخَمَّارَةُ تَبِيعُ الْخَمْرَ　　飲み屋はアルコールを売ります

خَمَدَ (u) 名 خُمُود ❖ (火が)消える; 収まる 名鎮火

كُلَّمَا خَمَدَتِ النَّارُ ، جَدَّدَ الْوَقْدَةَ　　火が消える度に, 薪をくべた

خَمَدَتْ نَارُ الْحَرْبِ　　戦火が収まった

خَمَّرَ ＜خمر II ❖ (酒を)造る; 発酵させる

خَمَّرَ الْخَمْرَ　　酒を造った

خَمَّرَ الْعَجِينَ　　(パン)生地を発酵させた

خَمْر 複 خُمُور ❖ 酒, アルコール

لِمَاذَا لَا يَشْرَبُ الْمُسْلِمُونَ الْخَمْرَ؟　　なぜイスラム 教 徒は酒を飲まないのですか

خُمْس 複 أَخْمَاس ❖ 5分の1

أَكَلْتُ خُمْسَ الْكَعْكَةِ　　私 はケーキの5分の1を食べました

ضَرَبَ أَخْمَاسَهُ فِي أَسْدَاسِهِ　　苦心した/計 略 を 考 えた/空想した

خَمْسَة 女 خَمْس ❖ 五/5, 五つ ※被 修 飾 語は複数形で属格に

خَمْسَةُ كُتُبٍ　　五冊の本

خَمْسُ مُدُنٍ　　五つの都市

خَمْسُونَ 対属 خَمْسِينَ ❖ 五 十/50 ※被 修 飾 語は単数形で対格に

خَمْسُونَ كِتَابًا　　五 十 冊の本は(が)

خَمَشَ (i,u) 名 خَمْش 複 خُمُوش ❖ (爪で)引っかく 名引っかく事; 引っかき傷

أ ب ت ث ج ح **خ** د ذ ر ز س ش ص ض ط ظ ع غ ف ق ك ل م ن هـ و ي

اَلْهِرُّ خَمَشَنِي　猫が私を引っかいた

خَمَّنَ ＜خمن II ❖ 推測する, 思う; 査定する

خَمَّنَ الْخَبِيرُ أَضْرَارَ الْحَادِثِ　専門家が事故の損害を査定した

خَمِير ＜خمر ❖ 形発酵した 名パン種, パン生地

اَلْخُبْزُ عِنْدَنَا خَمِيرٌ　私達のパンは発酵させたものです

خَمِيرَة ＜خمر 複 خَمَائِر ❖ 発酵; パン種, 酵母菌, イースト

خَمِيس 複 أَخْمِسَة ❖ 木曜日（اَلْخَمِيس）; 5分の1（複 أَخْمَاس）

يَوْمُ الْخَمِيسِ　木曜日

خَنْدَق 複 خَنَادِق ❖ 壕, 堀; 塹壕

خَنْدَق مَائِيّ حَوْلَ قَلْعَةٍ　城の堀

اَلْخَنْدَق　ハンダクの戦い ※イスラム教徒のメディナ防衛の戦い(西暦627年)

خِنْزِير 複 خَنَازِير ❖ 豚

أَكْلُ لَحْمِ الْخِنْزِيرِ حَرَامٌ　豚肉を食べる事は禁じられています

لَا تَطْرَحْ جَوَاهِرَكَ أَمَامَ الْخَنَازِيرِ　豚に真珠[格言]

خِنْصَر (ـَ) 複 خَنَاصِر ❖ 小指

لَا تُنَظِّفْ أُذُنَكَ بِخِنْصَرِكَ　小指で耳の掃除をするな

خُنْفُسَاء / خُنْفُسَة ❖ 黄金虫, フンコロガシ, スカラベ

خَافَ الْكَلْبُ الْخُنْفُسَةَ　犬は黄金虫を怖がった

خَنَقَ (u) ❖ 絞める; 絞め殺す; 圧迫する; 窒息させる

خَنَقَ الْعَلَمَ　半旗を掲げた

فَكَّرَ أَنْ يَخْنُقَ نَفْسَهُ بِحَبْلٍ يَرْبِطُهُ فِي عُنُقِهِ　彼はロープで自分の首を絞めようと思った

خُوَان (ـِ) 複 أَخْوِنَة / خُوُن ❖ 食卓, テーブル

جَلَسْنَا حَوْلَ الْخُوَانِ لِنَأْكُلَ　食事をするために, 私たちは食卓を囲んだ

خَوْخَة ※ خَوْخ ❖ 桃 ※1個の桃

ذُقْ هٰذِهِ الْخَوْخَةَ　　この桃を味わいなさい(食べなさい)

خُوذَة 複 -ات/ خُوَذ ❖ ヘルメット

رَاكِبُ الدَّرَّاجَةِ النَّارِيَّةِ بِحَاجَةٍ إِلَى خُو　　オートバイのライダーはヘルメットが必要です

خَوِرَ ، يَخْوَرُ ❖ 弱る, 衰弱する;壊れる

تُلَازِمُهَا الْحَرَارَةُ أَيَّامًا فَتَخْوَرُ قُوَّتُ　　彼女は連日の熱で衰弱している

خُوصٌ ❖ ヤシ(椰子)の葉

نَصْنَعُ الْمَقَاطِفَ مِنَ الْخُوصِ　　私達はバスケット(篭)を椰子の葉で作ります

خَوَّفَ<خوف II ❖ 恐れさせる, 怖がらせる

أَلَا تُخَوِّفُكَ هٰذِهِ الْأَمْوَاجُ الْعَالِيَةُ ؟　　あなたはこの高い波が怖くないのですか

خَوْف<خاف (خوف) ❖ 恐れ, 怖さ(~مِنْ:~の);心配(~عَلَى:~の)

خَوْفًا مِنْ ~　　~を恐れて

خَوْفًا عَلَى~　　~を心配して

اِرْتَجَفَتْ مِنَ الْخَوْفِ　　彼女は怖くて震えた

خَوَّلَ<خول II ❖ (行使する)権利を与える, 権限を与える

خَوَّلَ تَمْثِيلَ بِلَادِهِ　　国を代表する権限を与えた

خَوَّنَ<خون II ❖ 誠実ではないと見なす;裏切り者と思う;信用しない

صَاحِبُ الْعَمَلِ خَوَّنَ وَكِيلَهُ　　事業主は代理店が不誠実だと思った

خِيَارَة ※ خِيَار ❖ 胡瓜 ※1本の胡瓜

نَأْكُلُ خِيَارًا نِيئًا　　私達は生で胡瓜を食べます

خِيَار<خير ❖ 選択, 選択肢;選りすぐり, エリート

وَقَعَ الْخِيَارُ عَلَيْكَ　　あなたが選ばれました

لَا خِيَارَ أَمَامَ ~ سِوَى فِي ‥　　~の前には‥以外の選択の余地はない

خَيَّاط<خيط 複 ون ❖ 仕立屋, テーラー, 縫子

يَعْمَلُ تَحْتَ خَيَّاطٍ شَهِيرٍ　　彼は有名な仕立屋で働いている

خياطة ~ خيط

خِيَاطَة <خيط ❖ 裁縫;縫い目

عُدَّة خِيَاطَة 裁縫道具

فَتَّقَ خِيَاطَةَ الْقَمِيصِ シャツの縫い目を解いた

خَيَالٌ <خيل 複 أَخْيِلَة 関 خَيَالِيّ ❖ 想像,空想;幻影,幻;幽霊;案山子
関想像上の,空想上の,空想の

خَيَالُ الظِّلِّ 影絵芝居

فِي سَهَرِي خَيَالُكَ يُسَامِرُنِي 私が徹夜をしていると,あなたの幻が話しかける

هٰذِهِ حِكَايَةٌ خَيَالِيَّةٌ これは作り話です

خَيَالُ الصَّحْرَاءِ 案山子

خِيَانَة <خون ❖ 不誠実;裏切り,背信;詐欺,ペテン

خِيَانَةُ الْأَمَانَةِ 信頼への裏切り

خَيَّبَ <خيب II ❖ 失望させる;失敗させる;妨げる

خَيَّبَ الْفَشَلُ أَمَلِي その失敗に私は失望した

خَيْبَة ❖ ⇒ خَابَ 名

خَيْر 複 خِيَار / أَخْيَار / خُيُور 関 خَيْرِيّ ❖ 形優れている,良い 名善,良い事;恵み
関慈善の,チャリティーの

هُوَ خَيْرٌ مِنْكَ 彼はあなたより優れている

اَلصَّلَاةُ خَيْرٌ مِنَ النَّوْمِ 祈りは眠りより良い

هَلْ أَنْتَ بِخَيْرٍ؟ 大丈夫ですか

صَنَعَ خَيْرًا 良い事をした(行った)

حَفْلَةُ مُوسِيقِيَّةٌ خَيْرِيَّةٌ チャリティーコンサート

خَيْزُرَان 複 خَيَازِر ❖ 竹;アシ/葦

قَضِيبُ الْخَيْزُرَانِ 竹の棒

خَيَّطَ <خيط II ❖ 縫う

مَنْ خَيَّطَ فُسْتَانَكِ؟ 誰が貴女のドレスを縫いましたか

خَيْط 複 خِيطَان / أَخْيَاط / خُيُوط ❖ 糸;光り

خَيْط وَإِبْرَة	針と糸
خَيْط أَمَلٍ	希望の光り
يُخَيَّلُ ، خُيِّلَ 受 تَخْيِيل 名 II خيل > خَيَّلَ ❖	(馬を)駈けさせる;信じさせる 名演劇 受思われる,想像される,(〜ように)見える
عَلَى مَا خَيَّلَتْ	思うがままに
يُخَيَّلُ إِلَيَّ أَنَّكَ لَمْ تَفْهَمْ دَرْسَكَ	あなたは授業が分からなかったようですね *受
خُيُول 複 خَيْل ❖	馬
سِبَاق الْخَيْلِ	競馬
هُوَ مُغْرَمٌ بِرُكُوبِ الْخَيْلِ	彼は乗馬に夢中である
II خيم > خَيَّمَ ❖	キャンプをする,野営する;テントを立てる,張る
خَيَّمَ الْأَوْلَادُ قُرْبَ النَّهْرِ	子供達は川の近くでキャンプをした
خِيَام 複 خَيْمَة ❖	テント
نُصِبَتِ الْخِيَامُ فِي فَضَاءٍ	空き地にテントが<u>立てられた</u>(張られた)

خَضَار : ハーブ

نَعْنَع : ミント, ハッカ

بَقْدُونِس : パセリ

حَبَق : バジリコ

خُزَامَى : ラベンダー

زَعْتَر : タイム

بَابُونَج : カモミール

حَرْفُ الدَّال

د

دَاءٌ ＜دوء ❖ 病，病気，疾病

دَاءٌ عُضَالٌ　　不治の病

مَتَى يَكْتَشِفُ الطِّبُّ عِلَاجًا لِدَاءِ السَّرَطَانِ ؟　　医学はいつ癌の治療法を見つけるのでしょう？

دَائِب ＜دأب ❖ 粘り強い；熱心な

حَقَّقَ الْخَيْرَ بِالسَّعْيِ الدَّائِبِ عَلَى الزِّرَاعَةِ　　農作業への粘り強い努力によって，実りをもたらした

دَائِرَة ＜دور 複 دَوَائِر ❖ 輪，円，円形；（行政の）部，局；分野

اُرْسُمْ الدَّائِرَةَ　　円を書きなさい(描きなさい)

دَائِرَة السَّيْرِ　　交通局

دَائِرَة سِيَاسِيَّة　　政界

دَائِم ＜دوم ❖ 連続的な，続く；永遠の

لَا دَائِمَ إِلَّا اللّٰه　　神以外に永遠なものはない

دَائِمًا　　いつも

دَائِن ＜دين ❖ 債権者；貸し手，貸し主

جَعَلَ الْمَدِينُ بَيْتَهُ رَهْنًا لِلدَّائِنِ　　債務者は家を債権者への担保にした

دَأَبَ ، يَدْأَبُ ❖ 専念する，精を出す；辛抱する（～فِي：～に）

لَنْ تُنْجِزَ عَمَلَكَ إِنْ لَمْ تَدْأَبْ فِيهِ　　専念しないと事は成し遂げられませんよ

دَأَبَ فِي الْعَمَلِ　　仕事に精を出した

دَاجِن ＜دجن 複 دَوَاجِن 女 دَاجِن / دَاجِنَة ❖ 暗い，薄暗い；飼い慣らされた

اَلدِّيكُ طَيْرٌ دَاجِنٌ　　鶏は飼い慣らされた鳥です

دَاخِلٌ < دخل 関 دَاخِلِيّ ❖ 内部;入る人 複 ‐ون 関内部の,中の

دَاخِلُ الْبَيْتِ أَجْمَلُ مِنْ خَارِجِهِ　その家の内部は外部より美しい

سُرَّ الدَّاخِلُ إِلَى الْغُرْفَةِ سُرُورًا　その部屋の入室者は喜んだ

تِلْمِيذ دَاخِلِيّ　寮生

مَلَابِس دَاخِلِيَّة　下着

دَارَ ، يَدُورُ ❖ 回転する,回る;回す;討論される

اَلْأَرْضُ تَدُورُ حَوْلَ نَفْسِهَا　地球は自転している

إِلَى الْيَسَارِ دُرْ　左側に回りなさい

دَارَ بَيْنَ الرَّجُلَيْنِ حِوَارٌ طَوِيلٌ　二人の男の間で,長い話し合いがなされた

دَارَتْ رَحَى الْحَرْبِ　戦争が起きた

دَارٌ < دور 複 دِيَار / دُور ❖ 女 館,家,住まい,住居;世界

دَارُ سِينَمَا　映画館

أَيْنَ تَقَعُ دَارُكُمْ ؟　皆様のお住まいはどちらですか

دَارُ الْمَجْلِسِ　国会議事堂

دَارُ السَّلَامِ　イスラム世界/天国/バグダード

دَارَى ، يُدَارِي < د ر ى III 命 دَارِ 女 دَارِي ❖ お世辞を言う,おだてる;かわいがる 命おだてなさい

دَارِهِمْ مَا دُمْتَ فِي دَارِهِمْ　彼らの家にいたら,彼らにへつらえ/郷に入っては郷に従え[格言]

أَحْبِبْ أَخَاكَ وَدَارِهِ　兄弟を愛せよ,そしてかわいがりなさい

دَارِج < د ر ج ❖ 広がっている,普及している;人気のある;口語の

لُغَة دَارِجَة　口語

يَتَخَاطَبُ النَّاسُ بِاللَّهْجَةِ الدَّارِجَةِ　人々は口語を話す

دَارِعَة < د ر ع 複 دَوَارِع ❖ 巡洋艦

رَسَتْ فِي الْمَرْفَإِ دَارِعَةٌ ضَخْمَةٌ　巨大な巡洋艦が桟橋に停泊している

دَاسَ ، يَدُوسُ 名 دَوْس ❖ 踏む,踏みつける;脱穀する 名踏む事

لَنْ يَدُوسَ الْخَائِنُ أَرْضَ بِلَادِي　裏切り者は祖国の土地を踏めないでしょう

دَاعٍ < دعو 複 دَوَاعٍ ✽ 理由，動機（～إِلَى/لِـ：～の） ※定 اَلدَّاعِي
伝道師（複 دُعَاة）

بِلَا دَاعٍ　理由もなく

لَا دَاعِيَ لِـ～　～の必要はない

لَا دَاعِيَ لِلْقَلَقِ　心配する必要はありません

دَاعَبَ < دعب III 名 مُدَاعَبَة ✽ 遊ぶ；冗談を言う，からかう；演奏する 名遊び；

لَا تَغْضَبْ، فَأَنَا أُدَاعِبُكَ　怒らないで下さい，冗談ですから

دَافَعَ < دفع III 名 مُدَافَعَة ✽ 抵抗する；守る，弁護する（～عَنْ：～を） 名防御，

دَافَعَ الْمُحَامِي عَنْهُ فِي الْمَحْكَمَةِ　弁護士が法廷で彼を弁護した

دَافِعٌ < دفع 複 دَوَافِع ✽ 形推し進める 名動機，理由；推進；支払う人；防

قُوَّة دَافِعَة　推進力

دَافِع الضَّرَائِبِ　納税者

دَافِئ/ دَافِي < دفئ ✽ 暖かい，熱い

اَلْجَوُّ الدَّافِئُ　暖かい天気

مَاءٌ دَافِئٌ　湯/お湯

دَالِيَة < دلو 複 دَوَالٍ ✽ 水車；ブドウのつる（蔓）；つた/蔦；静脈瘤［医

تَدَلَّتِ الْعَنَاقِيدُ مِنَ الدَّالِيَةِ كَالثُّرَيَّاتِ　蔓から葡萄の房がシャンデリアのように垂れてい

دَامَ، يَدُومُ < دوم ✽ 続く，続ける；我慢する，耐える

دَامَ الْمَطَرُ ثَلَاثَةَ أَيَّامٍ　雨は三日降り続いた

اَلْمَالُ الْحَرَامُ لَا يَدُومُ　悪銭身に付かず［格言］

مَا دَامَ ～　～する限り ※～：未，名詞・形容詞の対

لَنْ تَنْجَحَ مَا دُمْتَ كَسُولًا　あなたは怠けている限り，成功はしないだろう

دَامِس < دمس ✽ とても暗い，真っ暗な，漆黒の

كَانَ اللَّيْلُ دَامِسًا مُخِيفًا　（昔は）夜がとても暗くて，怖かった

دَانَ، يَدِينُ ✽ 入信する（～بِـ：～に）；従う；借金を抱える；恩
（～لِـ：～に/～بِـ：～を）

يَدِينُ بِالْإِسْلَامِ　イスラムに入信する
دَانَ الْفَلَّاحُ الْمُحْتَاجُ　貧しい農夫は借金を抱えていた
اَلدَّانِي ※定 ❖ 近い دَانٍ < دنو 複 دُنَاة 女 دَانِيَة
هٰذِهِ الْفَضِيحَةُ ، سَمِعَ بِهَا الْقَاصِي وَالدَّانِي　このスキャンダルの噂は，あちこちで聞かれた
دَانَى ، يُدَانِي < دنو III ❖ 近づける，和解させる
لَا يُدَانَى*　並ぶもののない/比類のない/無敵の *受未
دَانَى بَيْنَ ~　(二つの~を)近づけた/和解させた
دَاهَمَ < دهم III 名 مُدَاهَمَة ❖ 突然に来る，急襲する；驚かす 名急襲
دَاهَمَ رِجَالُ الشُّرْطَةِ الْحَانَ　警官達がその飲み屋(バー)を急襲した
دَاهِيَة < دهي ❖ 賢い人；災害，災い
سَتَجُرُّنَا الْفَوْضَى إِلَى دَاهِيَةٍ　混乱は私達に災いをもたらすだろう
دَاوَى ، يُدَاوِي < دوي III 名 مُدَاوَاة ❖ 治療する，手当をする 名治療
كَانَ الْبَدْوُ يُدَاوُونَ الْجَرَبَ بِالْقَطْرَانِ　かつてベドウィンは疥癬をタールで治療していた
دَاوَمَ ، يُدَاوِمُ < دوم III 名 مُدَاوَمَة ❖ (我慢して)続ける；固執する(~عَلَى:~を) 名忍耐，継続
دَاوَمَتْ عَلَى الْخِيَاطَةِ　彼女は裁縫を続けた
دَاوَمَ عَلَى الْعَمَلِ　仕事に打ち込んだ
دَبَّ ، يَدِبُّ ❖ 這う，四つん這いで歩く，はいはいする；満ちる
أَخَذَ الطِّفْلُ يَدِبُّ　赤ん坊が這い(はいはいし)始めた
دَبَّتِ الْحَيَاةُ　生気が満ちた
دُبّ 複 أَدْبَاب 女 دُبَّة ❖ 熊 女雌の熊
رَقَصَ الدُّبُّ الضَّخْمُ فِي "السِّيرْك"　サーカスでは大きな熊が踊った
دَبَّابَة < دب 複 ـات ❖ 戦車
دَبَّابَة ثَقِيلَة　重戦車
دَبَّاغ < دبغ ❖ 皮なめし職人

يَصْبَغُ الدَّبَّاغُ الْجُلُودَ　皮なめし職人が皮を染める

دَبَّرَ < دبر II 名 تَدْبِير ❖ (陰謀を)企む;企画する;手配する,整える;監督する 名措置,段取り;監督;企画;手段

نَحْنُ فِي التَّفْكِيرِ وَاللّٰهُ التَّدْبِيرِ　人は考え,神は取り計らう

أُمِّي هِيَ الَّتِي تُدَبِّرُ شُؤُونَ الْبَيْتِ　家事の段取りをするのは私の母です

تَدْبِيرُ الْمَنْزِلِ　家事

دِبْس ❖ 糖蜜,シロップ ※特に葡萄やイナゴ豆のもの

يَنْعَقِدُ الدِّبْسُ عَلَى النَّارِ　糖蜜は加熱せられて,ねばねばになる

دَبَغَ (a, i, u) ❖ なめす

اَلْجُلُودُ الَّتِي أَدْبَغُهَا مِنْ صِنْفٍ مُمْتَازٍ　私がなめす皮は上等だ

دَبْكَة 複 دَبَكَات ❖ ダブカ ※アラブの伝統的な民族踊り

اَلدَّبْكَةُ رَقْصَةٌ شَعْبِيَّةٌ مَعْرُوفَةٌ فِي بَعْضِ الْبُلْدَانِ الْعَرَبِيَّةِ　ダブカは幾つかのアラブの国で,良く知られた民族踊りです

دَبُّور 複 دَبَابِير ❖ 蜂,スズメバチ

كَادَ الدَّبُّورُ يَلْسَعُ فِي وَجْهِهَا　蜂が彼女の顔を刺すところだった

دَبُّوس 複 دَبَابِيس ❖ ピン

دَبُّوس الأَمَانِ (اِنْكِلِيزِيّ)　安全ピン

دَبُّوس شَعْرٍ　ヘアピン

دَجَاج < دجّ ※دَجَاجَة ❖ 鶏,雌の鶏,雌鶏 ※1羽の雌鶏

لَحْم الدَّجَاجِ　鶏肉/鶏肉/鶏の肉/チキン

بَيْضَةُ الْيَوْمِ خَيْرٌ مِنْ دَجَاجَةِ الْغَدِ　今日の卵は明日の鶏より良い[格言]

دَجَاج مَقْلِيّ　チキンの唐揚げ/フライドチキン

دَجَّال < دجل 複 ون / دَجَاجِلَة ❖ ペテン師,詐欺師

طَبِيب دَجَّالٍ　偽医者

دَجَّجَ < دجّ II ❖ 完全武装させる

دَجَّجَهُ بِالسِّلَاحِ　完全武装させた

دَجَّلَ < دجل II 名 تَدْجِيل ❖ 嘘をつく;騙す(~عَلَى:~を) 名嘘;騙し,詐欺

دَجَّلَ عَلَى النَّاسِ　人々を騙した

دَحَرَ (a) ❖ 追放する,追い出す;破る,打ち負かす

دَحَرَ الْمُهَاجِرِينَ　移民を追放した

دَحْرَجَ ، يُدَحْرِجُ ❖ 転がす

لَا نَسْتَطِيعُ حَمْلَ الْحَجَرِ ، دَعَا نُدَحْرِجُهُ　その石は運ぶ事が出来ないから,転がそう

دُخَّان / دُخَان 複 أَدْخِنَة ❖ 煙;タバコ/煙草

تَصَاعَدَ الدُّخَانُ مِنَ الْمَوْقِدِ　暖炉から煙が立ち上った

لَا دُخَانَ بِدُونِ نَارٍ　火のない所に煙は立たない[格言]

دَخَلَ (u) 名 دُخُول ❖ 入る,進入する;加入する;やって来る;寝る(~の)部屋に入る,入室する(~عَلَى);入信する(~فِي:~に) 名入る事;入る許可;始まり

دَخَلَ الْمَدْرَسَةَ　学校に入った/入学した

دَخَلَ الْكَلْبُ عَلَيَّ فَجْأَةً فَارْتَعَبْتُ　犬が急に私の所にやって来て,私は怖かった

دَخَلَ فِي الْإِسْلَامِ　イスラムに入信した

هَلْ تَسْمَحُ لِي بِالدُّخُولِ؟　入っても良いですか

تَفَضَّلْ بِالدُّخُولِ　どうぞ,お入り下さい

مَمْنُوعُ الدُّخُولِ　進入禁止

دَخْل ❖ 収入,所得;干渉

تَخْفِيضُ ضَرَائِبِ الدَّخْلِ　所得減税

الدَّخْلُ الْإِجْمَالِيّ　総所得

زَادَ دَخْلُ الْأُسْرَةِ ، وَتَحَسَّنَتْ أَحْوَالُهَا　家庭の収入が増えて,状況が良くなった

لَا دَخْلَ لَهُ فِي~　彼は~には関係ない事だ

دَخَّنَ < دخن II 名 تَدْخِين ❖ 喫煙する,タバコを吸う;薫製にする 名喫煙

أ ب ت ث ج ح خ د ذ ر ز س ش ص ض ط ظ ع غ ف ق ك ل م ن هـ و ي

دَخَّنَ اللَّحْمَ　肉を薫製にした

مَمْنُوع التَّدْخِين　禁煙/喫煙禁止

دَرَىٰ ، يَدْرِي ❖ 知る，理解する；気づく

مَا كُنْتُ أَدْرِي أَنَّ التَّدْخِينَ مُضِرٌّ　私は喫煙に害がある事を知りませんでした

لَا أَدْرِي مَاذَا أَفْعَلُ　私は何をしたらよいか分からない

دَرَابُكَّة 複 -ات ❖ ダラボッカ ※アラブの太鼓，手の平や指を使って叩

إِيقَاع الدَّرَابُكَّةِ　ダラボッカのリズム

دَرَّاجَة < درج 複 -ات ❖ 自転車

جَاءَ بِالدَّرَّاجَةِ　彼は自転車で来た

دَرَّاجَة نَارِيَّة　オートバイ

دِرَاسَة < درس 複 -ات ❖ 研究，勉強，学問，教育

الدِّرَاسَة الابْتِدَائِيَّة (الثَّانَوِيَّة)　初等(中等)教育

بَدَأَ الأَسَاتِذَةُ دِرَاسَتَهُمْ الْعِلْمِيَّةَ　教授達は科学的研究を始めた

دِرَاسِيّ < درس ❖ 学校の；教育の，学問の

عَام دِرَاسِيّ　学年

مَصَارِيف دِرَاسِيَّة　授業料

دُرَّاق (دِ) ※ دُرَّاقَة (دِ) ❖ 桃 ※1個の桃

شَجَرَة الدُّرَّاق　桃の木

دَرَّبَ < درب II 名 تَدْرِيب ❖ 訓練する，練習させる，稽古させる；慣れさせる
名 訓練，練習，トレーニング

دَرَّبَ الْجُنْدِيَّ عَلَى الْقِتَال　兵士に戦闘の訓練をした

دَرَّبَ عَلَى اسْتِعْمَال الآلَةِ　機械の使い方に慣れさせた

دَرَّبَنَا الْمُمَثِّلُ عَلَى التَّمْثِيلِ　俳優が私達に演劇の稽古をつけた

دَرْب ❖ 門(複 دِرَاب)；山道，道，小道(複 دُرُوب)

دَرْب التَّبَّانَةِ　銀河/天の川

سَلَكْنَا فِي سَفْحِ الْجَبَلِ دَرْبًا وَعْرًا　私達は山の麓の凸凹の道を進んだ

كُلُّ مَنْ سَارَ عَلَى الدَّرْبِ وَصَلَ　狭き道を行けば(成功に)たどり着く[格言]

دَرَجَ (i,u) ❖ 歩く;ゆっくり進む;出発する

أَنْهَى الْوَلَدُ سَنَتَهُ الْأُولَى، فَآنَ لَهُ أَنْ يَدْرُجَ　あの子は1歳が過ぎたから,もう歩く時期だ

دَرَّجَ <درج II 名 تَدْرِيج ❖ 次第に近づく,徐々に行う;卒業する
名漸進;卒業;分類

سَنُدَرِّجُ التَّمَارِينَ مِنَ الْأَسْهَلِ إِلَى الْأَصْعَ　私達の練習は易しいものから難しいものへ,徐々に行います

عَلَى(مَعَ) التَّدْرِيجِ / بِالتَّدْرِيجِ　次第に/徐々に

دَرَجٌ 複 أَدْرَاج / دِرَاج ❖ 進路;階段

صَعِدَ عَلَى الدَّرَجِ　階段を上った

رَجَعَ (عَادَ) أَدْرَاجَهُ　戻った/引き返した

ذَهَبَ أَدْرَاجَ الرِّيَاحِ　無駄になった

دُرْجٌ 複 أَدْرَاج ❖ 引き出し

ضَعْ كُتُبَكَ فِي دُرْجِ مَكْتَبِكَ　本は机の引き出しに入れなさい

دَرَجَة 複 ـات ❖ 段,段階;等級;度数;点,評価点

اَلدَّرَجَةُ الْأُولَى　一等/一等級

دَرَجَةُ الْحَرَارَةِ　温度/気温

اَلْآنَ دَرَجَةُ الْحَرَارَةِ ٢٠ دَرَجَةً مِئَوِيَّة　今の温度はセ氏20度です

دَرَجَةُ النَّجَاحِ　合格点

لِدَرَجَةِ أَنْ ~　(~な)ほど/~するくらい

لِدَرَجَةِ أَنَّكَ لَمْ تَشْعُرْ بِوُجُودِي　あなたは私の存在を感じないほどに

تَصْعَدُ جَدَّتِي السُّلَّمَ، مُتَوَقِّفَةً عِنْدَ كُلِّ الدَّرَجَةِ　祖母はすべての段で立ち止まって,階段を上る

دَرَزَ (u) ❖ 縫う

بَدَأَتِ الْخَيَّاطَةُ تَدْرُزُ الْقَمِيصَ　縫子はシャツを縫い始めた

دَرَسَ (u) 名 دَرْس 複 دُرُوس ❖ 学ぶ,研究する;消す;着古す;(服が)すり切れる;(穀物を)脱穀する 名勉強,授業;教訓

دَرَسْتُ اللُّغَةَ الْعَرَبِيَّةَ مُنْذُ زَمَنٍ طَوِيلٍ　私はずっと前に,アラビア語を学びました

دَرَسَ الْعِلْمَ عَلَى~　~先生(教授)のもとで研究した(学んだ)

مِنْ دُرُوسِ التَّارِيخِ أَنَّ الْمُتَكَبِّرَ لَا يَسْتَمِرُّ طَوِيلًا　おごれる者久しからずは歴史の教訓です

دَرَّسَ<درس II 名 تَدْرِيس ❖ 教える,教授する 名教育;教授;教職

هُوَ يُدَرِّسُ اللُّغَةَ الْعَرَبِيَّةَ　彼はアラビア語を教えています

عَاشَ مِنَ التَّدْرِيسِ　教職で身を立てた

دَرَّعَ<درع II ❖ 武装させる

مَنْ يُدَرِّعُ الْفَارِسَ؟　誰が騎士を武装させるのですか

دِرْع 複 دُرُوع / أَدْرُع / أَدْرَاع /دِرَاع ❖ 男女 鎧;鎖かたびら

كَانَ الْمُحَارِبُ الْقَدِيمُ يَحْمِي جِسْمَهُ بِدِرْعٍ ثَقِيلَةٍ　昔の武士(兵士)は重い鎧で,体を守っていた

دَرَك 複 أَدْرَاك 関 دَرَكِيّ ❖ 達成;底;警察 関警察官,憲兵

بَلَغَ الْغَوَّاصُ دَرَكَ الْبُحَيْرَةِ　潜水夫は湖の底に達した

مَكْتَب الدَّرَك　警察署

دِرْهَم 複 دَرَاهِمُ ❖ デルハム ※銀貨 複現金,キャッシュ

اشْتَرَيْتُ الْهَدِيَّةَ بِدِرْهَمٍ　私はその贈り物を1デルハムで買いました

الدِّرْهَمُ لَا يَشْتَرِي شَيْئًا　1デルハムでは何も買えません

دُرُوز 単 دُرْزِيّ ❖ ドルーズ教徒 ※レバノンを中心とした山岳地帯に住むイスラム教徒の宗派,الدَّرَزِي が広めた

دَرْوِيش 複 دَرَاوِيش ❖ 形禁欲的な;貧しい 名修道僧

"عِزُّ الدِّينِ" رَجُلٌ دَرْوِيشٌ　エッザ・ディーンは禁欲的な人です

دَسَّ (u) ❖ 突っ込む,入れる,押し込む;企てる,たくらむ

دَسَّتْ النُّقُودَ فِي جَيْبِهِ　私は彼のポケットにお金を突っ込んだ

دَسَّ السُّمَّ　毒を盛った

دُسْتُور 複 دَسَاتِير ✤ 憲法, 基本法; 規則

لِكُلِّ دَوْلَةٍ دُسْتُورٌ　すべての国家に憲法がある

دَسِمٌ ✤ 脂の, 脂を使った; 脂ぎった

وَجْبَة دَسِمَة　脂っ濃い食事(料理)

دَشَّنَ < دشن II 名 تَدْشِين ✤ (新しい服に)初めて手を通す; 開店する; 始める
捧げる 名 開業; 献納

سَأُدَشِّنُ بَدْلَتِي يَوْمَ الْعِيدِ　祭りの日に, 新しいスーツを着よう

دَشَّنَ عَمَلِيَّةً عَسْكَرِيَّةً جَدِيدَةً　新しい軍事作戦を開始した

دَعْ < ودع 命 ✤ ～させて下さい, ～しましょう ※～: 1人称未, 短形

دَعْنَا نَتَحَاوَرْ بَدَلَ أَنْ نَتَخَاصَمَ　敵対する代わりに, 対話をしましょう

دَعْنِي وَشَأْنِي　ほっといて下さい/私に構わないで下さい

دَعْنَا نَذْهَبْ (نَذْهَبُ)　さぁ, 行きましょう

دَعَا، يَدْعُو < دعو 名 دُعَاءٌ 複 أَدْعِيَة ✤ 招待する(～إِلَى:～へ), 誘う, 呼びかける; 祝福する;
※ هِيَ دَعَتْ / أَنَا دَعَوْتُ　願う; のろう(～عَلَى:～を) 名 呼びかけ; 祈り, 祈願;
のろい

受 دُعِيَ، يُدْعَى　招待される, 呼ばれる; 呼び出される, 召喚される

دَعَا اللّٰهَ　神に祈った

دَعَا جِيرَانَهُ إِلَى الْوَلِيمَةِ　近所の人たちを宴会に招待した

دَعَوْتُهَا لِلسِّينِمَا　私は彼女を映画に誘った

تَلَا دُعَاءً　祈りを捧げた

دُعَابَة < دعب 複 -ات ✤ 冗談, ひやかし

لِمَ غَضِبْتِ، هٰذِهِ دُعَابَةٌ　貴女はどうして怒ったのですか, これは冗談ですよ

دِعَامَة < دعم 複 -ات ✤ 支え, 支柱

تَكَادُ الْعَرِيشَةُ تَسْقُطُ، أُسْنُدْهَا بِدِعَامَةٍ مَتِينَةٍ　小屋が倒れそうなので, 丈夫な支えをしなさい

دِعَاوَة / دِعَايَة <دعو 複 -ات ❖ 宣伝,プロパガンダ

اَلدِّعَايَةُ تُرَوِّجُ الْبِضَاعَةَ　　宣伝が商品を売り込む

دَعَسَ (a) ❖ 踏む,踏みつける;(車で)ひく

دَعَسْتَ رِجْلِي　　あなたは私の足を踏みました

دَعَسَ الْفَرَامِلَ　　ブレーキを踏んだ

دَعَكَ (a) ❖ 擦る;揉む

دَعَكَ الْوَرَقَةَ　　紙を揉んだ

دَعَمَ (a) ❖ 支える,助ける;補強する

دَعَمَتِ الْعَصَا الْحَائِطَ　　棒が壁を支えた

دَعْوَى <دعو 複 دَعَاوَى/ دَعَاوٍ ❖ 訴訟;言い分,主張

رَفَعَ دَعْوَى قَضَائِيَّةً　　訴訟を起こした

دَعْوَة <دعو 複 دَعَوَات ❖ 招待,誘い,呼びかけ;訴え;布教

دَعْوَة إِلَى الْحَفْلَةِ　　パーティーへの招待

نَشْر الدَّعْوَةِ　　布教/布教活動

دَغْدَغَ ، يُدَغْدِغُ ❖ くすぐる;撫でる

كُنْتُ أُدَغْدِغُ أَخِي الصَّغِيرَ ، فَيُغْرِبُ فِي الضَّحِكِ　　私が弟をくすぐると,弟は大声を上げて笑ったものだった

دَغَلٌ 複 أَدْغَال / دِغَال ❖ 森,ジャングル

يَعِيشُ النَّمِرُ فِي دَغَلٍ كَثِيفٍ　　虎は深い森に住んでいる

دَفّ (دُفّ) 複 دُفُوف ❖ タンバリン

دَقَّ الدَّفَّ　　タンバリンを叩いた

يَرْقُصُ الْفَلَّاحُونَ عَلَى نَقْرِ الدُّفِّ　　農民達はタンバリン(の弾かれる音)に合わせて踊

دَفِئَ ، يَدْفَأُ ❖ 暖かい;暖かく感じる

لَبِسَ ثَوْبًا مِنْ صُوفٍ يَدْفَأُ　　暖かいウールの服を着た

دَفَّأَ <دفوء II 名 تَدْفِئَة ❖ 暖める;暖かくする 名 暖める事,暖房

دَفَّأَتْ نَارُ الْمَوْقِدِ جِسْمَهُ

ストーブの火が彼の<ruby>体<rt>からだ</rt></ruby>を<ruby>暖<rt>あたた</rt></ruby>めた

دِفْء >دَفِئَ

❖<ruby>暖<rt>あたた</rt></ruby>かさ;<ruby>熱<rt>ねつ</rt></ruby>

نَارُ الْمَوْقِدِ تَبُثُّ فِي الْغُرْفَةِ دِفْئًا

ストーブの<ruby>火<rt>ひ</rt></ruby>が<ruby>部屋<rt>へや</rt></ruby>に<ruby>暖<rt>あたた</rt></ruby>かさを<ruby>広<rt>ひろ</rt></ruby>める

دِفَاع >دَفَعَ

❖<ruby>防衛<rt>ぼうえい</rt></ruby>,<ruby>防御<rt>ぼうぎょ</rt></ruby>(〜عَنْ:〜の);<ruby>擁護<rt>ようご</rt></ruby>,<ruby>庇護<rt>ひご</rt></ruby>

دِفَاع عَنِ النَّفْسِ

<ruby>自己防衛<rt>じこぼうえい</rt></ruby>/<ruby>自衛<rt>じえい</rt></ruby>

دِفَاع شَرْعِيّ

<ruby>正当防衛<rt>せいとうぼうえい</rt></ruby>

وِزَارَةُ الدِّفَاعِ

<ruby>国防省<rt>こくぼうしょう</rt></ruby>

الْهُجُومُ أَفْضَلُ وَسِيلَةٍ لِلدِّفَاعِ

<ruby>攻撃<rt>こうげき</rt></ruby>は<ruby>最大<rt>さいだい</rt></ruby>の<ruby>防御<rt>ぼうぎょ</rt></ruby>なり[<ruby>格言<rt>かくげん</rt></ruby>]

دِفَاع عَنْ حُقُوقِ الْإِنْسَانِ

<ruby>人権<rt>じんけん</rt></ruby>の<ruby>擁護<rt>ようご</rt></ruby>

دَفْتَر 複 دَفَاتِر

❖ノート,<ruby>帳面<rt>ちょうめん</rt></ruby>;<ruby>冊子<rt>さっし</rt></ruby>

دَفْتَر عَنَاوِين

<ruby>住所録<rt>じゅうしょろく</rt></ruby>

أُكْتُبِ الْوَظِيفَةَ عَلَى الدَّفْتَرِ

<ruby>宿題<rt>しゅくだい</rt></ruby>をノートに<ruby>書<rt>か</rt></ruby>きなさい

دَفَعَ 名 دَفْع (a)

❖<ruby>払<rt>はら</rt></ruby>う;<ruby>支払<rt>しはら</rt></ruby>う;<ruby>押<rt>お</rt></ruby>す,<ruby>追<rt>お</rt></ruby>い<ruby>払<rt>はら</rt></ruby>う;〜に<ruby>仕向<rt>しむ</rt></ruby>ける

名<ruby>払<rt>はら</rt></ruby>い,<ruby>支払<rt>しはら</rt></ruby>い

اللَّوْنَانِ الْأَحْمَرُ وَالْأَبْيَضُ يَدْفَعَانِ الـ

<ruby>赤<rt>あか</rt></ruby>と<ruby>白<rt>しろ</rt></ruby>の<ruby>色<rt>いろ</rt></ruby>は<ruby>災難<rt>さいなん</rt></ruby>を<ruby>払<rt>はら</rt></ruby>う(<ruby>取<rt>と</rt></ruby>り<ruby>除<rt>のぞ</rt></ruby>く)

لَا أَسْتَطِيعُ دَفْعَ الْمَبْلَغِ كُلَّهُ

<ruby>全額<rt>ぜんがく</rt></ruby>を<ruby>支払<rt>しはら</rt></ruby>う<ruby>事<rt>こと</rt></ruby>は<ruby>出来<rt>でき</rt></ruby>ません

دَفَعَهُ جَانِبًا

<ruby>横<rt>よこ</rt></ruby>に<ruby>押<rt>お</rt></ruby>しやった/<ruby>押<rt>お</rt></ruby>しのけた

دَفْعَة 複 دُفَع(و,ز)/دُفْعَات

❖<ruby>一回<rt>いっかい</rt></ruby>;(<ruby>液体<rt>えきたい</rt></ruby>の)<ruby>噴出<rt>ふんしゅつ</rt></ruby>;<ruby>土砂降<rt>どしゃぶ</rt></ruby>り

هَذِهِ الدُّفْعَةُ

<ruby>今回<rt>こんかい</rt></ruby>/<ruby>今度<rt>こんど</rt></ruby>

خَمْسُ دُفَعَاتٍ(و,ز)

<ruby>五回<rt>ごかい</rt></ruby>/<ruby>五度<rt>ごど</rt></ruby>

دَفْعَةً وَاحِدَةً

<ruby>突然<rt>とつぜん</rt></ruby>に/<ruby>一気<rt>いっき</rt></ruby>に

دَفَقَ 名 دَفْق (u)

❖<ruby>流<rt>なが</rt></ruby>れる;ほとばしる;あふれる;<ruby>勢<rt>いきお</rt></ruby>い<ruby>良<rt>よ</rt></ruby>く<ruby>注<rt>そそ</rt></ruby>ぐ

名<ruby>流出<rt>りゅうしゅつ</rt></ruby>,<ruby>放出<rt>ほうしゅつ</rt></ruby>

صُبَّ الشَّايَ بِهُدُوءٍ، بَدَلَ أَنْ تَدْفُقَهُ دَفـ

お<ruby>茶<rt>ちゃ</rt></ruby>は<ruby>勢<rt>いきお</rt></ruby>い<ruby>良<rt>よ</rt></ruby>く<ruby>注<rt>そそ</rt></ruby>ぐのではなく、<ruby>静<rt>しず</rt></ruby>かに<ruby>入<rt>い</rt></ruby>れなさい

دَفَنَ 名 دَفْن (a)

❖<ruby>埋<rt>う</rt></ruby>める;<ruby>埋葬<rt>まいそう</rt></ruby>する,<ruby>葬<rt>ほうむ</rt></ruby>る 名<ruby>埋<rt>う</rt></ruby>める<ruby>事<rt>こと</rt></ruby>;<ruby>埋葬<rt>まいそう</rt></ruby>

دَفَنَ الْمَيِّتَ

<ruby>死者<rt>ししゃ</rt></ruby>を<ruby>埋<rt>う</rt></ruby>めた(<ruby>埋葬<rt>まいそう</rt></ruby>した/<ruby>葬<rt>ほうむ</rt></ruby>った)

دَفِين < دفن 複 دُفَنَاءُ ❖ 埋められた,埋葬された;隠された

سِرٌّ دَفِينٌ　隠された秘密

دَقَّ (u) 名 دَقٌّ 命 دُقَّ 女 دُقِّي ❖ 打つ,叩く;鳴らす;音がする,鳴る;粉にする,つぶす
名粉砕;つぶす事

دَقَّ الْمَسَامِيرَ　釘を打った

دَقَّتِ السَّاعَةُ الرَّابِعَةَ　時計が4時を打った

دَقَّ الْبَابَ　ドアを叩いた

دَقَّ الْجَرَسَ　ベルを鳴らした

دَقَّ جَرَسُ الْبَابِ　ドアのベルが鳴った

دُقِّي قَلِيلًا مِنَ الْجَوْزِ فِي الْهَاوَنِ (وِ)　(貴女は)すり鉢で木の実を少しつぶしなさい

دَقَّ (i) 名 دِقَّة ❖ 細かくある,微細である;重要でない
名微細,繊細;正確

أَبْرِي الْقَلَمَ لِيَدِقَّ رَأْسُهُ　私は鉛筆の先を細くする為に削ります

هٰذِهِ السَّاعَةُ مَعْرُوفَةٌ بِدِقَّتِهَا　この時計は正確な事で知られています

بِدِقَّةٍ　細かく/入念に

دَقَّقَ < دق II 名 تَدْقِيق ❖ 念入りに調べる;注意深く調査する;凝視する
名綿密な調査,精査

دَقَّقَ جَوَازَ السَّفَرِ　パスポートを入念に調べた

بِتَدْقِيقٍ　入念に/正確に

دَقِيق < دق 複 أَدِقَّة / أَدِقَّاءُ / دِقَاق ❖ 正確な;厳密な,細かい;精巧な,精密な;微妙な

الْمَعْنَى الدَّقِيقُ　厳密な意味

دَقِيقُ الشُّعُورِ　神経の細かい(鋭敏な)/繊細な

دَقِيقُ الصُّنْعِ　仕事(技術)の細かい/精巧な

آلَة (سَاعَة) دَقِيقَة　精密な機械(時計)

غَيْرُ دَقِيقٍ　雑な/手を抜いた

دَقِيقَة < دق 複 دَقَائِقُ ❖ 1分;わずかな時間;粒子

٥ دَقَائِق　5分

دَقِيقَة (وَاحِدَة)　ちょっと待って

دَقَائِق ذَرِّيَّة　素粒子

دَكَّ (u) 名 دَكّ ❖ 壊す;平らにする 名破壊

يَدُكُّ الْعُمَّالُ الْمَدْرَسَةَ الْقَدِيمَةَ　作業員が古い校舎を壊している

تَدُكُّ الْمِحْدَلَةُ الطَّرِيقَ　ローラーが道路を平らにする

دُكَّان 複 دَكَاكِين ❖ 店

صَاحِب الدُّكَّانِ　店の主人/店主

دُكْتُور 複 دَكَاتِرَة ❖ 博士,博士;医師

دُكْتُور فِي ～　～博士

دُكْتُورَاة　博士号

دَلَّ (u) 名 دَلَالَة 複 -ات ❖ 案内する(～عَلَى/إِلَى :～へ);示す 名案内;印,サイン

يَدُلُّ السَّهْمُ عَلَى الطَّرِيقِ　矢印が道を案内している

دَلَّى ، يُدَلِّي <دلو II ❖ 垂らす,吊す

دَلَّى رَأْسَهُ فَوْقَ صَدْرِهِ　うなだれた

دَلَّى دَلْوَهُ فِي الْبِئْرِ　井戸にバケツを垂らした

دَلَالٌ <دل ❖ 甘やかし;いちゃつく事

نَشَأَتْ فِي نِعْمَةٍ وَدَلَالٍ　彼女は甘やかされ,贅沢に育った

دَلَقَ (u) ❖ こぼす

دَلَقَ الشَّايَ　お茶をこぼした

دَلَكَ (u) ❖ (日が)沈む;こする,揉む,こねる

تَدْلُكُ أُمِّي وَجْهَهَا بِالطِّيبِ　母は香水で顔をマッサージする

دَلَكَ الْعَجِينَ　パン生地をこねた

دَلَّكَ <دلك II 名 تَدْلِيك ❖ こする;練る;揉む,マッサージする 名マッサージ

دَلَّكَ الْمَفْصِلَ　関節を揉んだ

مَتَى تَشَنَّجَتْ عَضَلَاتُكَ ، عَلَيْكَ بِتَدْلِيكِهَا　筋肉が引きつった時は，マッサージが必要です

دَلْو 複 أَدْلٍ ❖ 女バケツ

وَضَعَ مَاءً فِي الدَّلْوِ　バケツに水を入れた

دَلِيل < دل 複 أَدِلَّة / دَلَائِل ❖ 証拠，証（複 أَدِلَّة）；ガイド，案内（複 أَدِلَّاء）

دَلِيل عَلَى بَرَاءَتِهِ　彼が無罪である証拠

دَلِيل الْهَاتِف　電話帳

دَلِيل الْحُبِّ　愛の証

دَلِيل سِيَاحِيّ　観光の手引き/観光案内/観光ガイド

خُسُوفُ الْقَمَرِ دَلِيلٌ عَلَى أَنَّ الْأَرْضَ كُرَوِيَّةٌ　月食は地球が丸い証拠（証）である

مَشَى الدَّلِيلُ وَتَبِعَهُ الزُّوَّارُ　ガイドが歩き，その後ろを見学者がついて行った

دَمٌ 複 دِمَاءٌ ❖ 血，血液

ثَقِيلُ الدَّمِ　虫の好かない/嫌な/不愉快な

بِدِمَائِنَا قَاوَمْنَا الِاحْتِلَالَ　私達は血をもって，占領に抵抗した

اَلدَّمُ لَا يَصِيرُ مَاءً　血は水にならない/血は水よりも濃い［格言］

دَمَّى ، يُدَمِّي < دمى II ❖ 血を流す，血を出す；出血させる

حَكَكْتَ الْجُرْحَ ، فَدَمَّيْتَهُ　あなたが傷を引っかいたから，血が出たんです

دِمَاغ < دمغ 複 أَدْمِغَة ❖ 脳，頭脳

جِرَاحَةُ الدِّمَاغِ عَمَلِيَّةٌ صَعْبَةٌ　脳の手術は難しい

اَلدِّمَاغُ الْإِلِكْتُرُونِيّ　コンピューター

دَمِثٌ ❖ 仕付けの良い；穏やかな，優しい；親切な

دَمِثُ الْأَخْلَاقِ　性格が優しい（温和な）

دَمَجَ (u) ❖ 入れる；結合する；アマルガムになる

دَمَجَ الشَّرِكَتَيْنِ　二つの会社を合併した

دَمَّرَ <دمر II 名 تَدْمِير ❖ 破壊する 名破壊;絶滅

دَمَّرَتِ الْقَنَابِلُ الْمَدِينَةَ　爆弾がその街を破壊した

تَدْمِيرُ الْغَابَاتِ　森林破壊

دِمَشْقُ ❖ ダマスカス ※シリアの首都

أَشِرْ إِلَى دِمَشْقَ عَلَى الْمُصَوَّرِ　地図の上にダマスカスを示しなさい

دَمَعَ (a) 名 دَمْع 複 دُمُوع ※ دَمْعَة 関 دَمْعـ ❖ 涙を流す 名涙 ※1滴の涙 関涙の

تَدَفَّقَتِ الدُّمُوعُ　涙が出た

غَازٌ مُسِيلٌ لِلدَّمْعِ　催涙ガス

دُمَّلٌ 複 دَمَامِل / دَمَامِيل ※ دُمَّلَة ❖ 腫れ物,おでき,腫瘍 ※1個の腫れ物

بَضَعَ الطَّبِيبُ الدُّمَّلَ وَطَهَّرَهُ　医者は腫れ物を切り取り,消毒した

دُمَّلُ الدِّمَاغِ　脳腫瘍

دَمَوِيّ <دم ❖ 血の,血液の

اَلرِّيَاضَةُ تُنَشِّطُ حَرَكَةَ الدَّوْرَةِ الدَّمَوِيَّـ　運動は血液の循環を活発にする

دَمِيَ ، يَدْمَى ❖ 血が出る,血が流れる

دَمِيَ الْجُرْحُ　傷口から<u>血が流れた</u>(出血した)

دُمْيَة <دمو 複 دُمًى ❖ 人形,マネキン

"رِيمَا" لَا تُفَارِقُ دُمْيَتَهَا حَتَّى إِذَا نَامَـ　リーマは眠るときでも人形を離さない

دَمِيم <دم 複 دِمَام 女 دَمِيمَة 複 دَمَائِم ❖ 醜い,醜悪な

شَاخَتِ الْهِرَّةُ وَهَزَلَتْ ، فَصَارَتْ دَمِيمَةً　その猫は老いて痩せ,醜くなった

دَنَا ، يَدْنُو <دنو ❖ 近づく(~مِنْ/إِلَى/لِـ:~に,へ);近くにある;近い

اَلطَّائِرَةُ تَدْنُو مِنَ الْمَطَارِ　飛行機が飛行場に近づく

يَدْنُو فَصْلُ الرَّبِيعِ　春が近い

دَنِسَ (a) 名 دَنَس 複 أَدْنَاس ❖ (服が)汚れる,汚くなる;(名誉が)汚れる
名汚れ,汚点

دَنِسَ ثَوْبُهُ　服が汚れた

دَنَّسَ < دنس II ❖ 汚す;汚す,汚染する

دَنَّسَ الشَّرَفَ　名誉を汚した

دَنَّسَ الثَّوْبَ　服を汚した

دُنْيَا < دنو 複 دُنًى ❖ 女世界;世間,この世,現世;社会

فِي الدُّنْيَا　この世界で/この世で

اِعْمَلْ لِدُنْيَاكَ　社会の為に働きなさい

دِهَان < دهن 複 ـات ❖ ペンキ;クリーム;オイル

دِهَان لِلْأَحْذِيَةِ　靴クリーム

دَهْر 複 أَدْهُر / دُهُور ❖ 長い時間,長期間;時代;人生;運命

أَكَلَ عَلَيْهِ الدَّهْرُ وَشَرِبَ　古ぼけた/時代遅れになった

((لَا تَسُبُّوا الدَّهْرَ))　運命を呪うな

دَهِشَ (a) 受 دُهِشَ 名 دَهَش ❖ 驚く,呆れる(〜لِـ/مِنْ :〜に) ※受動態も同じ意味
名驚き

عِنْدَمَا قَرَأْتُ رِسَالَتَهُ دَهِشْتُ　私は彼の手紙を読んで驚いた

دَهْشَة ❖ 驚き;感嘆

كَانَتْ دَهْشَتُهُ عَظِيمَةً　彼の驚きは大きかった/彼は大いに驚いた

بِدَهْشَةٍ / فِي دَهْشَةٍ　驚いて

دِهْلِيز 複 دَهَالِيز ❖ (門から玄関に至る)通路;長い狭い道

رَافَقَهَا حَتَّى آخِرِ الدِّهْلِيزِ　家の入り口まで,彼女に付き添った

دَهَنَ (u) 名 دَهْن ❖ 塗る(〜بِـ:〜で);油を塗る,油を差す
名塗る事,塗布;塗装

دَهَنَ الْبَابَ بِالدِّهَانِ　ドアをペンキで塗った

دُهْن 複 أَدْهَان/دِهَان ❖ (動物や植物から取れた)油,脂

دُهْن نَبَاتِيّ　植物油

لَا أَحَدَ مِنَّا يُحِبُّ الدُّهْنَ فِي الطَّعَامِ　私達に脂っこい料理が好きな者は一人もいない

دَوَى، يَدْوِي 名 دَوِيّ ❖ 鳴る,音がする,響く 名雑音,騒音;大きな音;音

دَوَى صَوْتُ الرَّعْدِ عَالِيًا مُخِيفًا	ものすごい雷の音が鳴りました(しました)
دَوِيّ انْفِجَارٍ	爆発音
دَوِيّ الرَّعْدِ	雷の音/雷鳴

دَوَّى، يُدَوِّي<دوى II ❖ 鳴る;鳴り響く,轟く

كَانَ الرَّعْدُ يُدَوِّي	雷が轟いていた
دَوَّى صَوْتُ الْبُوقِ	トランペットの音が鳴り響いた

دَوَاءٌ<دوي 複 أَدْوِيَة ❖ 薬

دَوَاء لِلْمَعِدَةِ (لِلْبَرْدِ)	胃(風邪)薬
أَخَذَ الدَّوَاءَ	薬を飲んだ(服用した)
مَا كَانَ يَبْدُو أَنَّ الدَّوَاءَ يَجْعَلُهَا أَطْيَ	その薬は彼女には効いていないようだった
تُحَاوِلُ الْحُكُومَةُ أَنْ تُخَفِّضَ أَسْعَارَ الْأَدْوِيَةِ	政府は薬価を引き下げようとしている

دَوَّاسَة<دوس 複 -ات ❖ ペダル

لِلدَّرَّاجَةِ دَوَّاسَتَانِ	自転車にはペダルが2個ある
دَوَّاسَةُ الْوَقُودِ	アクセルペダル

دَوَّامَة ❖ こま/独楽;メリーゴーランド

دَوَّامَتِي دَارَتْ أَكْثَرَ مِنْ دَوَّامَتِكَ	僕の独楽は君の独楽より良く回る

دَوْحَة 複 دَوْح ❖ 大木

فِي وَسْطِ السَّاحَةِ دَوْحَةٌ نَلْعَبُ فِي ظِلِّهَ	広場の中央に大木があり,その陰で私達は遊ぶ

دَوَّخَ<دوخ II 名 تَدْوِيخ ❖ 征服する;支配する;目まいを起こす 名征服

دَوَّخَ الْبِلَادَ	国を支配した
دَوَّخَ الْأَلَمُ رَأْسَهُ (دِمَاغَهُ)	痛みが目まいを引き起こした

دَوْخَة ❖ 目まい;吐き気

أُصِيبَ رَأْسِي بِالدَّوْخَةِ	私は吐き気がしました(目まいがしました)

دَوَّدَ < دود II ❖ 虫を生じる;虫に食われる

دَوَّدَ الطَّعَامُ　食べ物に虫が生じた

دُودَة 複 دُود / دِيدَان ❖ (ミミズ,毛虫などの1匹の)虫

تَوَلَّدَتِ الدِّيدَانُ　虫が湧いた

دُودَةُ الْقَزِّ (الْحَرِيرِ)　(1匹の)蚕

دُودَةُ الشَّرِيطِ　サナダムシ

دَوَّرَ < دور II ❖ 回す,回転させる

تُدَوِّرُ الْكَهْرَبَاءُ الْمُوتُورَ　電気がモーターを回す

دَوَّرَ رَأْسَهُ　目まいを起こさせた/説得した

دَوْر 複 أَدْوَار 関 دَوْرِيّ ❖ 番,順番;役割;(建物の)階 関 定期的な;周期的

اَلْآنَ جَاءَ دَوْرِي　さあ私の番がやって来た

جَدْوَل (قَانُون) دَوْرِيّ　周期表/周期律[物理・化学]

دَوْر أَرْضِيّ　1階

اَلدَّوْرُ الْأَوَّلُ　主役

قَامَ بِالدَّوْرِ　役割を果たした

دَوَرَان < دور ❖ 回転,旋回

عَقْرَبُ السَّاعَةِ لَا يَتَوَقَّفُ عَنِ الدَّوَرَانِ　時計の針は回転するのを止めない

دَوْرَة 複 ـات ❖ 回転;サイクル,循環;会期;コース;巡回

دَوْرَة دَمَوِيَّة　血液の循環

تَدُورُ الْأَرْضُ حَوْلَ الشَّمْسِ دَوْرَةً وَاحِدَةً كُلَّ عَامٍ　地球は一年に一回,太陽の周りを回転する(回る

اَلدَّوْرَة الِابْتِدَائِيَّة　初級コース

دَوْرِيَّة < دور ❖ 巡回,パトロール

قَامَ رِجَالُ الشُّرْطَةِ بِالدَّوْرِيَّةِ وَعَادُوا　警官達はパトロールをして,帰っていった

دَوْزَنَ ، يُدَوْزِنُ ❖ 調整する;(楽器を)調律する

دَوْزَنَ آلَةَ الطَّرَبِ الْوَتَرِيَّةَ　弦楽器を調律(チューニング)した

دُوش 複 ـات ❖ シャワー　※douche [仏語]

أَخَذَ الدُّوشَ　シャワーを浴びた

دُولَاب 複 دَوَالِيب ❖ 車輪, タイヤ; たんす/箪笥, 押し入れ

يَدُورُ الدُّولَابُ عَلَى مِحْوَرٍ　車輪は軸を中心に回る

دُولَابُ السَّيَّارَةِ　自動車の車輪

دُولَابٌ لِلْمَلَابِسِ　衣装箪笥

دُولَار 複 ـات ❖ ドル

دُولَار أَمِيرِكِيّ　米ドル/アメリカドル

دَوْلَة 複 دُوَل/دِوَل ❖ 王朝; 国家

اَلدَّوْلَةُ الْقَدِيمَةُ　古代王朝

دَوْلَةُ الرَّفَاهَةِ　福祉国家

اَلدُّوَلُ النَّامِيَةُ　発展途上国

اَلدُّوَلُ الْكُبْرَى　大国/列強

دُوَلِيّ < دول ❖ 国際的(な)

مَطَار دُوَلِيّ　国際空港

دُوَلِيًّا　国際的に

دَوَّنَ < دون II 名 تَدْوِين ❖ 記録する, 書き留める, 記入する; (詩を)集める

名 記録, 記入

دَوَّنَ الْمُعَلِّمُ أَسْمَاءَ الْغَائِبِينَ　教師は欠席者の名前を記入した

دَوِّنْ مَوْعِدَ الزِّيَارَةِ فِي الْمُذَكِّرَةِ　訪問する期日をメモ帳に書き留めなさい

دُونٌ ❖ みすぼらしい; 重要でない; 劣った

لَا يَبْقَى عِنْدَ الْبَقَّالِ مَسَاءً إِلَّا الدُّونُ　夕方の八百屋には, くずしか残っていない

دُونَ ❖ 前 ～下に; ～の上に; ～の後ろに; ～の前に; ～なしで

دُونَ الْمَقْعَدِ الْهِرُّ　椅子の下に猫がいる

اَلسَّمَاءُ دُونَكَ　あなたの上に空がある

رَأَى الطَّرِيقَ دُونَهُ　前方の道を見た

اِمْشِ دُونِي　私の前から消えなさい/あっちへ行け

دَرَسْنَا سَاعَتَيْنِ دُونَ أَنْ نَتَوَقَّفَ　私達は休まずに, 2時間勉強した

بِدُونِ ~　~なしで

أَشْرَبُ الْقَهْوَةَ بِدُونِ السُّكَّرِ　私は砂糖なしでコヒーを飲む

دوى＜دَوِيّ ❖ ⇒دَوًى 名

ات- 複 دين＜دِيَانَة ❖ 宗教, 信仰

اَلدِّيَانَاتُ الْوَثَنِيَّةُ مَلْأَى بِالْأَسَاطِيرِ　偶像崇拝の宗教は神話に満ちている

أَدْيِرَة / أَدْيَار / دُيُورَة 複 دور＜دَيْر ❖ 修道場 ; 修道院, 僧院

دَيْرُ الرَّاهِبَاتِ　(女子の) 修道院/尼寺

دِيسَمْبِر ❖ 十二月 ※西暦の十二月

دُيُوك/دِيَكَة 複 دِيك ❖ 雄鶏

دِيك رُومِيّ (الْحَبَش)　七面鳥

يَصِيحُ الدِّيكُ مَعَ الْفَجْرِ　雄鶏は夜明けと共に鳴く

II دين＜دَيَّنَ ❖ 金を貸す

يُدَيِّنُ الْمَصْرِفُ الْمَالَ لِقَاءَ فَائِدَةٍ　銀行は利子(利息)のために金を貸す

دُيُون 複 دَيْن ❖ 借金, 債権, 借り入れ金

أَبْرَأْتُكَ مِنْ دَيْنِكَ　私はあなたの借金を消した(無くした)

سَدَّدَ الدَّيْنَ لِـ~　~に借金を返した

صَاحِبُ (رَبُّ) الدَّيْنِ　債権者

أَدْيَان 複 دِين ❖ 宗教

عَالِمُ الدِّينِ　宗教学者

يَوْمُ الدِّينِ　最後の審判の日

دَنَانِيرُ 複 دِينَار ❖ ディナール ※金貨 複 現金, お金

اِشْتَرَيْتُ الْعَلَمَ بِدِينَارٍ　私は1ディナールで旗を買った

دِينَامِيت ✽ ダイナマイト

اِنْفَجَرَ الدِّينَامِيتُ فِي الْمَقْلَعِ　石切場(いしきりば)でダイナマイトが爆発(ばくはつ)した

دَوَاوِين 複 دون > دِيوَان ✽ ディーワーン(イスラム帝国(ていこく)の行政機関(ぎょうせいきかん)),軍人(ぐんじん)の名前(なまえ)や俸給(ほうきゅう)などを記録(きろく)した帳簿(ちょうぼ);詩集(ししゅう)

وَجَدْتُ دِيوَانَ الشَّاعِرِ　私(わたし)はその詩人(しじん)の詩集(ししゅう)を見(み)つけました

مَوَاشٍ:家畜(かちく)

بَقَرَة : 乳牛(にゅうぎゅう)

جَمَل : ラクダ

ثَوْر : 雄牛(おうし)

غَنَم : 羊(ひつじ)

حِمَار : ロバ

مَعْز : 山羊(やぎ)

حَرْفُ الذَّال

ذَا 男 / ذِي 女 ❖ これ, この

لِذَا　　　それ故(ゆえ)

كَذَا　　　などなど

مَاذَا ~?　　何(なに)を~しますか

لِمَاذَا ~?　　どうして~ですか

هُوَذَا / هِيَ ذِي　　ほら, ごらん

ذَائِب >ذَوب ❖ 溶(と)けた, 融けた

السُّكَّرُ ذَائِبٌ فِي الْمَاءِ　　砂糖(さとう)が水(みず)に溶(と)けている

ذَابَ، يَذُوبُ >ذَوب 名 ❖ 溶ける, 融ける;(体(からだ)が)弱(よわ)くなる, やつれる
名 溶(と)ける事(こと), 溶解(ようかい), 融解(ゆうかい)

يَذُوبُ الدَّوَاءُ فِي الْمَاءِ　　その薬(くすり)は水(みず)に溶(と)けます

ذَابَ الْجِسْمُ　　体(からだ)が痩(や)せた

ذِئْب >ذَأب / 複 ذِئَاب/ذُؤْبَان / أَذْؤُب ❖ 狼(おおかみ)

انْقَرَضَت الذِّئَابُ الْيَابَانِيَّةُ مُنْذُ　　日本狼(にほんおおかみ)は百年前(ひゃくねんまえ)に滅(ほろ)んだ
١٠٠ عَام

ذَات >ذو 主双 ذَوَاتَان، 属対 ذَوَاتَيْن 複 ذَوَات ❖ (~を)を持(も)った;同(おな)じ~;ある~;自身(じしん), 自己(じこ), 存在
所有物(しょゆうぶつ) ※ ذو の女

حُبُّ الذَّاتِ　　自己愛(じこあい)/ナルシズム

ذَاتُ الشَّيْءِ　　同(おな)じ物(もの)/同(おな)じ事(こと)

لِذَاتِهِ　　自分自身(じぶんじしん)で/一人(ひとり)で

ذَات الْجَنْبِ (الرِّئَةِ)　　肋膜炎(ろくまくえん)(肺炎(はいえん))

ذَات الصَّدْرِ　　胸(むね)の病気(びょうき)

ذَات الصُّدُورِ　　(胸(むね)に)秘(ひ)めた思(おも)い

ذَاتُ الْيَدِ　富/財産

ذَاتُ الْأَيْدِي　所有物

اَلثِّقَةُ بِالذَّاتِ　自信

ذَاتَ (فِي ذَاتِ) يَوْمٍ　ある日

ذَاتَ (فِي ذَاتِ) غَدٍ　(未来の)ある時

ذَاتَ مَرَّةٍ　ある時/(未来の)ある時/ある日/

ذَاتُ الْبَيْنِ　不一致/不仲/敵意/友 情

ذَاتُ الْيَمِينِ وَذَاتُ الشِّمَالِ　右や左に/左右に

اِبْنُ ذَوَاتٍ　良家の出/高貴の出

كَلِمَةٌ ذَاتُ أَصْلٍ عَرَبِيٍّ　アラビア語に由来する言葉

ذَاتِيٌّ<ذو ❖ 自動の;自身の

اَلْحُكْمُ الذَّاتِيُّ　自治/自治政府

قُوَّاتُ الدِّفَاعِ الذَّاتِيِّ　自衛隊/防衛軍

خِدْمَةٌ ذَاتِيَّةٌ　セルフサービス

ذَاعَ ، يَذِيعُ 名 ذُيُوعٌ ❖ 広まる 名流布;拡散

سُرْعَانَ مَا ذَاعَتِ الْأَخْبَارُ　そのニュースは直ぐに広まった

ذَاقَ ، يَذُوقُ ❖ 味わう，賞味する;味を見る;テストする

لَمْ أَذُقْ مِثْلَهَا فِي حَيَاتِي　私は今迄に，このようなものを味わった事がない

ذَاقَ الْمَوْتَ　死亡した

ذَاكَرَ<ذكر III 名 مُذَاكَرَةٌ ❖ 話し合う，交渉する;勉強する，復習する
名交渉;勉強

لِمَ لَا نُذَاكِرُ الدَّرْسَ مَعًا　(私達は)一緒に勉強しましょう

ذَاكِرَةٌ<ذكر ❖ 記憶，記憶力;メモリー

فَقْدُ (فِقْدَانُ) الذَّاكِرَةِ　記憶喪失/健忘症

بِطَاقَةُ الذَّاكِرَةِ　メモリーカード

ذُبَابٌ<ذب 複 أَذِبَّةٌ /ذِبَّانٌ ※ذُبَابَةٌ ❖ 蝿 ※1匹の蝿

لَيْتَ الذُّبَابَ يَبِيدُ　蠅なんか，いなくなってしまえばいいのに

ذَبَحَ (a) 名 ذَبْح　❖屠殺する；(頸動脈を切って)殺す，生け贄にする 名屠殺，ザバハ*；殺害 *イスラム法に基づき家畜を殺す事

ذَبَحَ اللَّحَّامُ الْخَرُوفَ أَمَامَ دُكَّانِهِ　肉屋は店の前で羊を殺した

أَحَلَّ اللّٰهُ ذَبْحَ الْمَوَاشِي　神は家畜の屠殺を許された

ذَبْذَبَة 複 ـات　❖周波数，振動 ※ラジオなどの

عَدَدُ ذَبْذَبَاتٍ　周波数/振動数

ذَبَلَ (u) / ذَبُلَ (u) 名 ذُبُول　❖枯れる，萎れる，色あせる 名枯れる事；萎れる事

تَذْبُلُ الْأَزْهَارُ عِنْدَمَا تَعْطَشُ　花は水が切れると，萎む

ذَبِيح < ذبح 複 ذَبْحَى/ذَبَاحَى　❖生けにえ

女 ذَبِيحَة 複 ذَبَائِح

لَا أَسْتَطِيعُ أَنْ أَرَى الْعِجْلَ ذَبِيحًا　私は生けにえにされる子牛を見る事ができない

ذَخِيرَة < ذخر 複 ذَخَائِر　❖弾薬；備蓄品；食糧；宝物

اَلتَّرْسَانَةُ تَغُصُّ بِالسِّلَاحِ وَالذَّخِيرَةِ　兵器庫は武器と弾薬がぎっしり詰まっている

ذَرَّى < ذرى II　❖(風が)吹き飛ばす；(風で穀物を)吹き分ける

ذَرَّتِ الرِّيحُ أَوْرَاقَ الْأَشْجَارِ　風が木の葉を吹き飛ばした

ذِرَاع < ذرع 複 أَذْرُع /ذُرْعَان　❖女腕；長さの単位(50～70cm)

ذِرَاعَانِ(يْنِ)　両腕 ※( )内は属対

مَدَّ ذِرَاعَيْهِ　両腕を伸ばした

ذَرَّة < ذر 複 ـات　❖原子，分子，粒子

عِلْمُ الذَّرَّةِ　原子物理学

ذَرَّةُ الرَّمْلِ　砂の粒子/砂粒

ذُرَة < ذرو　❖トウモロコシ，コーン

حَقْلُ ذُرَةٍ　トウモロコシ畑

ذَرَفَ (i)　❖(涙が)流れる，(目が涙を)流す

ذَرَفَتْ مُقْلَتُهَا دَمْعَةً سَاخِنَةً　彼女の目から熱い涙が流れた

ذُرْوَة (ـَ) 複 ذُرًى ＊峠;ピーク,頂上

بَلَغَتْ حَرَكَةُ الْمُرُورِ ذُرْوَتَهَا　交通量はピークに達した

ذُرْوَة الْجَبَلِ　山の頂上(頂)/山頂

مُؤْتَمَر الذُّرْوَةِ　首脳会議/サミット

ذَرِّيّ＜ذر ＊原子の

قُنْبُلَة ذَرِّيَّة　原子爆弾

اَلطَّاقَة الذَّرِّيَّة　原子力

اَلْفُرْن الذَّرِّي　原子炉

ذَعَرَ (a) 名 ذُعْر ＊恐れさせる,怖がらせる 名パニック,恐怖

受 ذُعِرَ ، يُذْعَرُ　びっくりする,怖がる;ぎょっとする

ذُعِرَ أَخِي الصَّغِيرُ عِنْدَمَا رَأَى التِّمْـ　私の弟はその像を見た時,ぎょっとした

هَجَمَ الْكَلْبُ فَاسْتَوْلَى عَلَى الطِّفْلِ ذُعْرٌ شَدِيدٌ　犬が子供を襲い,パニックに陥れた

ذَقْن / ذَقَن (ـَ) 複 ذُقُون / أَذْقَان ＊女あご;あご髭

حَلَقْتُ ذَقْنِي　私はあご髭を剃った

فِي ذَقْنِهِ　面と向かって

ضَحِكَ عَلَى ذَقْنِهِ　馬鹿にした/嘲笑した

ذَكَاء＜ذكو ＊賢さ,聡明;知能,頭脳

ذَكَاؤُهُ طَبِيعِيٌّ　彼の賢さは天性のものだ

اِخْتِبَار الذَّكَاءِ　知能検査

ذَكَرَ (u) 名 ذِكْر 複 أَذْكَار ＊覚えている,記憶する;回想する;述べる,話す,語る
唱える;報道する
名記憶;神の名を唱える事,ズィクル

هَلْ ذَكَرْتَ الْقَصِيدَةَ ؟　(あなたは)カシーダ詩を覚えましたか

لَا يُذْكَرُ　言うほどの事もない/取るに足らない

تَقَدُّم يُذْكَرُ　めざましい進歩

هَلْ تَذْكُرُنِي؟　私の事を覚えていますか

ذكر ~ ذلك

ذَكَرَ رَأْيَهُ　彼の意見を述べた
يَذْكُرُ اللّٰهَ　神の名を唱える
ذِكْرُ اللّٰهِ　神の名を唱える事
عَلَى ذِكْرِ ~　~について
عَلَى ذِكْرِ ذٰلِكَ　ところで/ついでながら
اَلذِّكْرُ الْحَكِيمُ　聖典コーラン
سَالِفُ الذِّكْرِ　前述の/上記の

ذَكَّرَ < ذكر II 名 تَذْكِير ❖ 思い出させる(~بِ:~を),記憶する;男性形にする
هٰذِهِ الصُّوَرُ تُذَكِّرُنِي بِكُمْ　これらの写真が,あなた達を思い出させます
كَيْفَ تُذَكِّرُ كَلِمَةَ "بَيْضَاء"؟　どのように"بَيْضَاء"を男性形にするのですか

ذَكَرٌ 複 ذُكُور / ذُكُورَة ❖ 形 男性の,男の 名 男性,男,雄
اَلدِّيكُ ذَكَرُ الدَّجَاجَةِ　雄鶏は雄の鶏です
ذَكَرُ النَّحْلِ　ミツバチの雄

ذِكْرَى 複 ذِكْرَيَات ❖ 思い出,記憶;記念日
ذِكْرَيَات جَمِيلَة　美しい思い出
صُورَة لِلذِّكْرَى　記念写真
ذِكْرَى الاسْتِقْلَالِ　独立記念日

ذَكِيّ 複 أَذْكِيَاء ❖ 賢い,頭の良い;匂いの良い,香しい;味の良い
رَائِحَة ذَكِيَّة　香しい匂い/良い匂い

ذُلّ ❖ 恥,不名誉;軽蔑;卑しさ
لَنْ نَقْبَلَ الذُّلَّ وَالْعُدْوَانَ　我々は恥と敵意は許容しないだろう

ذٰلِكَ < ذا 女 تِلْكَ 複 أُولَائِكَ / أُولَالِكَ ❖ あれは,あの ※複は人のみ,物の複は تِلْكَ
ذٰلِكَ الْقَلَمُ طَوِيلٌ　あの鉛筆は長い
تِلْكَ طَائِرَةٌ　あれは飛行機です
بِذٰلِكَ / بِذَاكَ　それによって/そのために
لِذٰلِكَ　それ故に

بَعْدَ ذٰلِكَ　その後

وَذٰلِكَ أَنَّ ~　すなわち～である

وَذٰلِكَ لِأَنَّ ~　そして，それは～だからである

ذٰلِكَ بِأَنَّ ~　それは～という事実に基づく

مَعَ ذٰلِكَ　それにも係わらず

بِمَا فِي ذٰلِكَ　などなど/等々

ذَلَّلَ < ذل II 名 تَذْلِيل ❖ 恥をかかす，辱める，見下す；征服する；克服する
名屈辱；克服

أَقْبَلُ أَنْ تَلُومَنِي عَلَى ذَنْبِي، لَا أَقْبَلُ أَنْ تُذَلِّلَنِي　私の犯した過ちを，あなたが非難するのは受け入れるけれど，見下されるのは許せない

إِنْ قَامَتْ فِي وَجْهِكَ صُعُوبَةٌ ، فَذَلِّلْهَا　もし困難に直面したら，克服しなさい

ذَلِيلٌ < ذل 複 أَذِلَّاءُ / أَذِلَّةٌ ❖ 卑怯な；卑しい；低い；萎縮した，縮こまった

وَقَفَ التِّلْمِيذُ ذَلِيلًا أَمَامَ الْمُعَلِّمِ　生徒は先生の前に小さくなって，立った

ذَمَّ (u) ❖ 非難する；批判する

لِمَاذَا يَذُمُّكَ رِفَاقُكَ؟　どうして友人達はあなたを非難するのですか

ذِمَّة 複 ذِمَم ❖ 保護，庇護；防護；補償；義務；良心

قَلِيل (عَدِيم) الذِّمَّةِ　不誠実な

أَهْل الذِّمَّةِ　ジンミー ※イスラム国家での自由な非モスレム臣民

ذَنْب 複 ذُنُوب ❖ 罪，犯罪

اِرْتَكَبَ ذَنْبًا　罪を犯した

لَيْسَ عِنْدِي شُعُورٌ بِالذَّنْبِ　私に罪の意識(やましいところ)はありません

ذَنَبٌ 複 أَذْنَاب ❖ (動物の)尾，尻尾 複家来；取り巻き

أَذْنَاب النَّاسِ　従者/腰巾着

ذَهَبَ (a) 名 ذَهَاب ❖ 行く(～إِلَى：～へ)；意見(学説)を持つ
名行く事；出発

سَأَذْهَبُ إِلَى الْمَدْرَسَةِ غَدًا　私は明日，学校に行きます

تَذْكَرَة (ـِ) ذَهَابٍ وَإِيَابٍ　往復切符

أ ب ت ث ج ح خ د ذ ر ز س ش ص ض ط ظ ع غ ف ق ك ل م ن هـ و ي

ذَهَّبَ<ذهب II ❖ 金メッキする;金を塗る

ذَهَّبَ الصَّائِغُ لَوْحَةَ النُّحَاسِ　金細工職人が銅板を金メッキした

ذَهَبٌ 関 ذَهَبِيّ ❖ 金 関金の,金色の

خَاتَم الذَّهَبِ　金の指輪

نَقْد ذَهَب　金貨

اَلسُّكُوتُ مِنْ ذَهَبٍ　沈黙は金なり[格言]

لَوْن ذَهَبِيّ　金色

سَمَك ذَهَبِيّ　金魚

ذَهِلَ (a) ❖ 呆然とする; 驚く;狼狽する

قَدْ يُفَاجِئُهَا خَبَرُ الْفَاجِعَةِ ، فَتَذْهَلُ　その惨事の急報が来たら,彼女は驚くだろう

ذِهْن 複 أَذْهَان ❖ 知性; 心,精神

هُوَ خَامِلُ الذِّهْنِ　彼は知性がない

ذُو 複 ذَوُو / أُولُو 女 ذَات 複 ذَوَات / أُولَاتُ ❖ ～を持っている人(物) ※～:名詞の属格

主 ذُو 対 ذَا 属 ذِي ※文中では格変化をする

ذُو مَالٍ　金持ちの人/裕福な人

ذُو الْعِلْمِ　知識のある人/学者

ذُو الْقُرْبَى　親戚/親類

ذُو الْقَرْنَيْنِ　(角が二つあったという)アレクサンダー大王

ذَوُو الْمَوَدَّةِ وَالْمَعْرِفَةِ　複友人や知人

ذَوُو الشَّأْنِ　複影響力のある人/実力者

ذَوُو الشُّبُهَاتِ　複いかがわしい人物/悪党

ذُو الْحِجَّةِ　ズール・ル=ヘッジャ ※イスラム暦の十二月, 巡礼月

ذُو الْقَعْدَةِ　ズール・ル=カァダ ※イスラム暦の十一月

أُسْتَاذُنَا ذُو ثَقَافَةٍ عَالِيَةٍ　高い教養のある私達の教授

حَيَوَان ذُو أَرْبَعِ أَرْجُلٍ　単4本足の(ある)動物

حَيَوَانَات ذَات رِجْلَيْنِ　複2本足の(ある)動物

ذَوَى، يَذْوِي ⬥ 萎む, 萎<ruby>れ<rt>しぼ</rt></ruby>る;<ruby>枯<rt>か</rt></ruby>れる;<ruby>干上<rt>ひあ</rt></ruby>がる

ذَوَتِ الْأَزْهَارُ <ruby>花<rt>はな</rt></ruby>が<ruby>萎<rt>しぼ</rt></ruby>んだ

ذَوَّبَ >ذوب< II ⬥ <ruby>溶<rt>と</rt></ruby>かす

ذَوِّبِي السُّكَّرَ فِي الْمَاءِ (<ruby>貴女<rt>あなた</rt></ruby>は)<ruby>砂糖<rt>さとう</rt></ruby>を<ruby>水<rt>みず</rt></ruby>に<ruby>溶<rt>と</rt></ruby>かしなさい

ذَوْق 複 أَذْوَاق ⬥ センス;<ruby>趣味<rt>しゅみ</rt></ruby>, <ruby>味覚<rt>みかく</rt></ruby>

ذَوْقُهُ سَلِيمٌ <ruby>彼<rt>かれ</rt></ruby>のセンスは<ruby>良<rt>よ</rt></ruby>い

اَلذَّوْقُ السَّلِيمُ <ruby>良<rt>よ</rt></ruby>いセンス

ذِي ⬥ د ا⇒ 女

ذَيْل 複 ذُيُول / أَذْيَال ⬥ <ruby>尾<rt>お</rt></ruby>, <ruby>尻尾<rt>しっぽ</rt></ruby>

ذَيْلُ الدُّبِّ <ruby>熊<rt>くま</rt></ruby>の<ruby>尾<rt>お</rt></ruby>

مَشَى يَسْحَبُ ذَيْلَهُ <ruby>自慢<rt>じまん</rt></ruby>げに<ruby>気取<rt>きど</rt></ruby>って, <ruby>歩<rt>ある</rt></ruby>いた

فِي ذَيْلِهِ その<ruby>後直<rt>ごただ</rt></ruby>ちに

طَاهِرُ الذَّيْلِ <ruby>素直<rt>すなお</rt></ruby>な/<ruby>誠実<rt>せいじつ</rt></ruby>な

لَاذَ بِأَذْيَالِهِ <ruby>訴<rt>うった</rt></ruby>えた/すがった

تَمَسَّكَ بِأَذْيَالِهِ しがみついた/すがりついた

لَعِبَ بِذَيْلِهِ <ruby>陰<rt>かげ</rt></ruby>で, こそこそした

أَذْيَالُ النَّاسِ <ruby>大衆<rt>たいしゅう</rt></ruby>

<ruby>飲<rt>の</rt></ruby>み<ruby>物<rt>もの</rt></ruby>: مَشْرُوبَات

عَصِير : ジュース　　شَاي : お<ruby>茶<rt>ちゃ</rt></ruby>　　لَبَن : <ruby>牛乳<rt>ぎゅうにゅう</rt></ruby>/ミルク

مِيَاه مَعْدِنِيَّة : <ruby>水<rt>みず</rt></ruby>/ミネラルウォーター

حَرْفُ الرَّاء

ر

رَأَى، يَرَى 名 رُؤْيَة 受 رُئِيَ/رُؤِيَ، يُرَى ❖ 見る;会う;思う(~أَنْ:~と) 名見る事 受見られる
※ هِيَ رَأَتْ / أَنَا رَأَيْتُ

يَا تَرَى(تُرَى)؟ / يَا هَلْ تَرَى(تُرَى)؟ 　～かしら

أَلَا تَرَى(تُرَى)؟ 　～ではないかしら

أَلَا تَرَى(تُرَى) أَبَاكَ يَعْمَلُ وَيَكُدُّ؟ 　あなたのお父さんは仕事をして,疲れてるのではないかしら

رَأَيْتُكَ تَلْعَبُ بِالسِّكِّينِ 　私はあなたがナイフで遊んでいるのを見ました

أَرَى أَنْ أُنَبِّهَكَ إِلَى خَطَرِ هٰذَا اللَّعِبِ 　(私は)その遊びは危険だと,あなたに注意しようと思った

أَلَمْ تَرَ؟ 　見よ/君は見たか　*未短形2人称男性

رَائِج <ر و ج ❖ 売れる,景気の良い;(ニュースや噂が)広がっている

هٰذِهِ السَّيَّارَاتُ رَائِجَةٌ 　この車は良く売れています(売れ行きがよい)

اَلسُّوقُ رَائِجَةٌ 　市場は景気が良い

رَائِحَة <ر و ح 複 رَوَائِح ❖ 匂い,臭い,香り

رَائِحَة ذَكِيَّة 　芳しい香り

رَائِحَة كَرِيهَة 　嫌な臭い

رَائِد <ر و د 複 ون/رُوَّاد/رَادَة ❖ 訪問客;偵察;リーダー,長;探検家

يَضِيقُ الْمَسْبَحُ بِرُوَّادٍ 　プールは客で窮屈だ

رِيَاسَة = ❖ رِئَاسَة / رِآسَة <رأس

رَائِع <ر و ع ❖ すばらしい,偉大な;美しい;印象的な;明かな

كَلَام رَائِع 　印象的な言葉

لَوْحَة رَائِعَة 　美しい絵

اَلْحَقِيقَةُ الرَّائِعَةُ　明らかな(明白な)事実

رَائِعَة < روع 複 رَوَائِع / رُوَّع ❖ すばらしい物;傑作

تَرَكَ الْفَنَّانُ رَوَائِعَ الْفَنِّ　その芸術家は傑作(名作)を残した

رَابِح < ربح ❖ 形儲かる,利益のある 名受益者

تِجَارَة رَابِحَة　儲かる商売

رَابَطَ < ربط III 名 مُرَابَطَة ❖ 整列する;戦闘配置につく 名駐屯,駐留

رَابَطَ الْجَيْشُ عَلَى الْحُدُودِ　軍が国境に配置された

رَابِط < ربط ❖ 繋がっている

رَابِطُ الْجَأْشِ　冷静な/勇敢な

هُوَ جُنْدِيٌّ رَابِطُ الْجَأْشِ　彼は勇敢な兵士だ

رَابِطَة < ربط 複 رَوَابِط ❖ 結びつき,絆;組合;同盟

رَوَابِطُ الصَّدَاقَةِ　友情の絆

اَلرَّابِطَةُ الْإِسْلَامِيَّةُ　モスレム同盟

رَابِع < ربع 女 رَابِعَة ❖ 第四(の),四番目(の)

男 رَابِعَ عَشَرَ 女 رَابِعَةَ عَشْرَةَ　第十四(の)/十四番目(の)

نَدْرُسُ الدَّرْسَ الرَّابِعَ الْيَوْمَ　今日は第四(4)課を勉強します

رَابِيَة < ربو 複 رَوَابٍ ❖ 高地,高原;丘

تُطِلُّ الرَّابِيَةُ الْخَضْرَاءُ عَلَى الْبَحْرِ　海上に緑の高地が見える

رِئَة 複 رِئَات 主双 رِئَتَانِ 属対 رِئَتَيْنِ ❖ 肺 双 両肺

اَلْتِهَاب الرِّئَةِ　肺炎

اِنْتِفَاخ الرِّئَةِ　肺気腫

رَاتِب < رتب ❖ 給料,サラリー,月給

رَاتِب شَهْرِيّ　月給

بَدَأَ عَمَلَهُ بِرَاتِبٍ زَهِيدٍ　安い給料で働き始めた

رَاجَ ، يَرُوجُ 名 رَوَاج ❖ 流行る,流行する,広まる;よく売れる 名流通;人気

رَاجَ الصُّوفُ فِي فَصْلِ الشِّتَاءِ　冬にはウール物が流行った(流行した)

رَاجَعَ ＜رجع III 名 مُرَاجَعَة ❖ 見直す, チェックする;(辞書を)引く, 調べる;戻る
名 参照;確かめ, 見直し, チェック;繰り返し

يُرَاجَعُ ~　~を参照の事

رَاجَعَ دُرُوسَهُ　復習した

رَاجَعَ نَفْسَهُ　反省した

رَاجَعَ النَّصَّ　原稿をチェックした

أُرَاجِعُ الْقَامُوسَ عِنْدَمَا أَجْهَلُ مَعْنَى كَلِمَةٍ　言葉の意味が分からない時, 私は辞書を引きます

رَاحَ ، يَرُوحُ ※ هِيَ رَاحَتْ/ أَنَا رُحْتُ ❖ 行く, 去る;(~し)始める(~: 末)

命 رُحْ 女 رُوحِي　行きなさい/行け

هَمَزَ الْفَارِسُ جَوَادَهُ ، فَرَاحَ يَرْكُضُ　騎手が馬に拍車を当てたら, 馬は走り始めた

رَاحَة ＜روح ❖ 安らぎ, 休息;(手の)平, (足の)裏(複 -ات)

بِالرَّاحَةِ / بِكُلِّ رَاحَةٍ　のんびりと/ゆっくりと

رَاحَة الْكَفِّ　手の平

أَخَذَ رَاحَةً　休息を取った

فَرَضَ الطَّبِيبُ عَلَى الْمَرِيضِ الرَّاحَةَ　医者は患者に休養を命じた

رَاحِل ＜رحل 複 رُحَّل/رُحَّال ❖ 故, 故人の;遊牧の, 放浪の

السَّيِّد الرَّاحِل "يامادا"　故山田氏

رَأَسَ (a) ❖ 率いる, 指導する;先導する;統轄する;運営する

يَرْأَسُ وَالِدِي النَّادِي السَّنَةَ　今年は私の父がクラブを指導する

رَأَّسَ ＜رأس II ❖ 長(トップ)に任命する

رَأَّسْتُمُوهُ　あなた達が彼をトップに任命した

رَأْس 複 رُؤُوس ❖ 頭;先頭, 頂点;岬

رَأْس الْجَبَلِ　頂上

رَأْس السَّنَةِ　年頭/元旦

رَأْسُ الْمَالِ 複 رُؤُوسُ الْأَمْوَالِ　資本(金)

رَأْسُ مَالِ الشَّرِكَةِ خَمْسَةُ مَلَايِينِ يِنٍّ　会社の資本金は五百万円です

مِنَ الرَّأْسِ إِلَى الْقَدَمِ　頭のてっぺんからつま先まで/全身

رَأْسًا عَلَى عَقِبٍ (عَقْبٍ)　逆様(に)

قَلَبَهُ رَأْسًا عَلَى عَقِبٍ (عَقْبٍ)　それを逆様にした

مَسْقَطُ الرَّأْسِ　出生地/出生地

رَاسِبٌ < رسب 複 رَوَاسِبُ ❖ 形沈んでいる,落下している 名澱,沈殿物

هُوَ رَاسِبٌ فِي الِامْتِحَانِ　彼は試験に落ちた(落第した)

رَوَاسِبُ نَفْسِيَّةٌ　わだかまり

رَاسَلَ < رسل III 名 مُرَاسَلَةٌ 複 -ات ❖ 通信する;連絡を取る;手紙をやり取りする,文通する 名通信;文通;手紙;伝言,メッセージ 複郵便物

لِي صَدِيقٌ يُرَاسِلُنِي بِاسْتِمْرَارٍ　私には絶えず,手紙をやり取りする友人がいます

يُتَابِعُ دِرَاسَةَ الرَّسْمِ بِالْمُرَاسَلَةِ　通信で美術の勉強を続けている

رَأْسَمَالٌ 関 رَأْسَمَالِيٌّ ❖ 資本(金) 関資本の;資本家,資産家;資本主義者

إِنْ تَشَارَكْنَا فِي التِّجَارَةِ ، زَادَ رَأْسُمَالُنَا　私達が一緒に商売やれば,資本金が増えます

رَأْسَمَالِيَّةٌ (رَأْسُمَالِيَّةٌ) ❖ 資本主義

الرَّأْسَمَالِيَّةُ (الرَّأْسُمَالِيَّةُ) الِاحْتِكَارِيَّةُ　独占資本主義

رَاضَى < رضي III 名 مُرَاضَاةٌ ❖ 喜ばそうとする;なだめる 名満足;慰撫

هِيَ غَاضِبَةٌ ، وَأُرِيدُ أَنْ أُرَاضِيَهَا　彼女は怒っています,私がなだめましょう

بِالْمُرَاضَاةِ　友好的に

رَاضٍ < رضي 複 رَاضُونَ / رُضَاةٌ 女 رَاضِيَةٌ ❖ 満足した,満足している(~عَنْ/بِـ:~に)※定 الرَّاضِي

أَنَا رَاضٍ بِشُغْلِي الْحَالِيِّ　私は現在の仕事に満足しています

رَاعٍ < رعى 複 رُعَاءٌ / رُعْيَانٌ / رُعَاةٌ ❖ 羊飼い;保護者,パトロン,飼い主 ※定 الرَّاعِي

تَعْرِفُ الْخِرَافُ رَاعِيَهَا (رَاعِيَهَا)　羊たちは自分たちの羊飼いを知っている

رَاعَى < رعى III 名 مُرَاعَاةٌ ❖ 守る,遵守する,配慮する 名考慮,配慮,思いやり

رَاعَى الْمَبْدَأَ　原則を守った

وَاجِبُكَ أَنْ تُرَاعِيَ الْأَطْفَالَ　子供の世話はあなたの義務です

مُرَاعَاةُ الْخَوَاطِرِ　気持ちを(感情に)配慮して

رَأَفَ ، يَرْأَفُ 名 رَأْفَة ❖(～を)哀れむ;同情する,情けをかける(～بِـ:～に)
名同情,情け,慈悲

اِرْأَفْ بِنَا　私達にお情けを下さい

رَافِد < رفد 複 رَوَافِد ❖(川の)支流;流れ

اَلرَّافِدَانِ　チグリス・ユーフラテス川/メソポタミア/イラク

رَافِعَة < رفع 複 رَوَافِع ❖クレーン;昇降機,エレベーター

رَافِعَةُ الْأَلْغَامِ　掃海艇

رَافَقَ < رفق III 名 مُرَافَقَة ❖(～を)伴う,付き添う;引率する 名同行,同伴;引

رَافَقَهُ فِي الزِّيَارَةِ　彼を伴って訪問した

يُرَافِقُ الْأَمِيرَ وَصِيفُهُ　一人の召使いが王子に同伴している

رَاقٍ < رقي ❖上級の,上流の;洗練された;高度な ※定

اَلطَّبَقَةُ الرَّاقِيَةُ　上流階級

نُرِيدُ أَنْ نَبْنِيَ مُجْتَمَعًا رَاقِيًا　私達は高度な社会を築きたい

رَاقَبَ < رقب III 名 مُرَاقَبَة ❖監視する,見張る;見守る;検閲する;監督する;
観察する 名監視;検閲;監督

رَاقَبَ السُّجَنَاءَ　囚人を監視した

رَاقَبَ الْمَرِيضَ　病人を見守った

رَاقَبَ الْحَشَرَاتِ　昆虫を観察した

بُرْجُ الْمُرَاقَبَةِ　監視塔/管制塔

رَاقِص 男 رَاقِصَة 女 ❖形踊りの,ダンスの 名踊り子,ダンサー

مُوسِيقَى رَاقِصَة　ダンス音楽 *女

أَصْبَحَ أَخِي رَاقِصًا　私の兄はダンサーになった

أَشْهَرُ رَاقِصَةٍ عَرَبِيَّةٍ　アラビアで最も有名な踊り子

رَاكِب < ركب 複 رُكَّاب ❖ 形乗っている 名乗り手, ライダー

رَاكِبُ الدَّرَّاجَةِ النَّارِيَّةِ بِحَاجَةٍ إِلَى خَوْ　オートバイのライダーはヘルメットが必要です

رَاكِب حِصَانٍ(خَيْلٍ)　騎手

رَاكِد < ركد ❖ 停滞した; 淀んだ; 止まっている

السُّوقُ رَاكِدَةٌ　市場は停滞している

مِيَاه رَاكِدَة　淀んだ水

رَاكِض < ركض ❖ 形走っている 名走者, ランナー

رَاكِض سَرِيع　足の速い走者

رَامَ ، يَرُومُ 名 رَوْم ❖ 望む, 求める 名望み, 欲望

عَلَى مَا يُرَامُ　望み通りに/良い状態に　*受

كُلُّنَا نَرُومُ السَّعَادَةَ ..وَلَكِنْ مَنْ يُدْرِكُهَا　私達は皆幸福を求める, しかしながら誰がそれを手にするのだろうか

رَاهِب < رهب 複 رُهْبَان 女 رَاهِبَة 複 -ات ❖ 修道士, 僧 女修道女, 尼, 尼僧

يَعِيشُ الرَّاهِبُ حَيَاةَ عِبَادَةٍ وَتَقَشُّفٍ　修道士は祈りと禁欲の一生を送る

دَيْر الرَّاهِبَاتِ　尼寺/修道院

رَاهَقَ < رهق III 名 مُرَاهَقَة ❖ 思春期になる, 成人になりかかる 名思春期

بَلَغَ سِنَّ الْمُرَاهَقَةِ　思春期になった

رَاهَنَ < رهن III 名 مُرَاهَنَة ❖ 賭ける(〜عَلَى:〜に) 名賭

عَلَى أَيِّ حِصَانٍ رَاهَنْتَ؟　あなたはどの馬に賭けたのですか

رَاوٍ < روي 複 رُوَاة /رَاوُونَ ❖ 伝達者; 語り部, 語り手 ※定 اَلرَّاوِي

رَاوِيَة < روي 複 رَوَايَا ❖ 語り部

كَانَ الرَّاوِيَةُ يَحْفَظُ عَشَرَاتِ الْقِصَصِ　その語り部は数十もの物語をそらんじていた

رَأْي < رأى 複 آرَاء ❖ 意見; 考え

اَلرَّأْي الْعَامّ　世論

مَا رَأْيُكَ (فِي〜)؟　(〜について)あなたの意見はどうですか/(〜は)どう思いますか

رَايَة ❖ 旗 ＜رأى 複 -ات

رَايَة الدَّوْلَةِ　国旗

رُؤْيَا ❖ 夢 ＜رأى 複 رُؤًى

رَأَى رُؤْيَا　夢を見た

رُؤْيَة ❖ 見る事;点検 ＜رأى 複 رُؤًى

أَنَا مَسْرُورٌ بِرُؤْيَتِكَ سَالِمًا　(あなたが)お元気そうなので嬉しいです

رَئِيس ❖ 首長，長，頭;一番,トップ ＜رأس 複 رُؤَسَاءُ

رَئِيس الْجُمْهُورِيَّةِ (الدَّوْلَةِ)　大統領

رَئِيس الشَّرِكَةِ　社長

رَئِيس الْوُزَرَاءِ　内閣総理大臣

رَئِيس التَّحْرِيرِ　編集長

رَبٌّ ❖ 主,主人;持ち主 複 أَرْبَاب

الرَّبّ　神

رَبّ عَمَلِيّ (عَمَلٍ)　雇い主/雇用主

رَبّ الْبَيْتِ (الدَّارِ)　主人/家長

هُوَ رَبُّ الدَّارِ　彼はその邸宅の持ち主だ(主人だ)

أَرْبَاب السُّلْطَانِ (الدَّوْلَةِ)　支配者達

أَرْبَاب الْمَالِ　資本家達

أَرْبَاب السَّوَابِقِ　前科者達

رُبٌّ ❖ (野菜や果物の果汁を)濃縮したもの;ピューレ 複 رِبَاب / رُبُوب

أَضِفْ إِلَى الطَّعَامِ قَلِيلًا مِنْ رُبِّ الطَّمَاطِمِ　料理にトマトピューレを少し加えなさい

رُبَّ ❖ 前 多くの ※単数名詞属格を従える

رُبَّ رَجُلٍ عَظِيمٍ كَانَ فِي أَصْلِهِ وَضِيعًا　偉人の多くは身分の低い出自であった

رَبَا ، يَرْبُو ❖ 増える;(数が)～を超える(～عَلَى/عَنْ) ＜ربو

رَبَا الْمَالُ　お金が増えた

غَصَّتِ الْقَاعَةُ بِمَا يَرْبُو عَلَى أَلْفِ مُشَاهِدٍ　ホールは千人を超える観客で混雑した

رَبَّى ، يُرَبِّي < ربى II 名 تَرْبِيَة ＊ 育てる,(人を)養育する,教育する,(動物を)飼育する,飼う 名養育,教育;飼育

رَبَّى الْكَلْبَ　犬を飼った

رِبَاط < ربط 複 -ات/ رُبُط ＊ 紐,包帯,ネクタイ,リボン

رَبَطَ (فَكَّ) رِبَاطَهُ　ネクタイを締めた(解いた/はずした)

رِبَاطُ الْجَزْمَةِ　靴紐

اَلرِّبَاطُ/ رِبَاطُ الْفَتْحِ　ラバト ※モロッコの首都

رِبَاطَة < ربط ＊ 結ぶ事

بِرِبَاطَةِ الْجَأْشِ　冷静に

وَاجَهَ مَوْتَهُ بِرِبَاطَةِ الْجَأْشِ　彼の死を冷静に受け止めた

رُبَاعِيّ < ربع ＊ 4つの文字からなる動詞,4語動詞;4行詩;4角形

"دَرَّسَ" فِعْلٌ رُبَاعِيٌّ　"دَرَّسَ"は4語動詞です

رُبَّان (رِ) < رب 複 رَبَابِنَة / رُبَّانِيَّة ＊ 船長

يُنَفِّذُ الْبَحَّارَةُ أَوَامِرَ الرُّبَّانِ　船員は船長の命令を実行する

رَبَّتَ < ربت II ＊ 撫でる,さする(~عَلَى:~を)

غَنَّتِ الْأُمُّ لِطِفْلِهَا وَرَبَّتَتْ عَلَى ظَهْ　母親は子供の背を撫でながら,歌った

رَبَّتَ نَفْسَهُ　自己満足した

رَبِحَ (a) 名 رِبْح 複 أَرْبَاح ＊ 儲ける;儲かる 名儲け,利益

مِنْ حَقِّ التَّاجِرِ أَنْ يَرْبَحَ رِبْحًا مَعْقُ　商人には適度に儲ける権利がある

لَمْ يَجْنِ مِنْ عَمَلِهِ إِلَّا رِبْحًا طَفِيفًا　彼は仕事でささやかな利益しか得なかった

رَبَضَ (u, i) ＊ 伏せる;(動物が)休む,横たわる

رَبَضَتِ الْهِرَّةُ تَتَرَبَّصُ بِالْفَأْرَةِ　猫は身を伏せて,ネズミを待ち伏せした

رَبَطَ (u, i) ＊ 締める;結ぶ,繋ぐ;束ねる

رَبَطَ الْكَلْبَ بِالْحَبْلِ　ロープで犬を繋いだ

رَبَطَ لِسَانَهُ　彼を黙らせた

رَبَطَ الطَّرِيقَ　追いはぎをした

رَبَطَ جُرْحًا　傷に包帯を巻いた

رَبْطَة 複 رِبَاط ✽ リボン;ネクタイ;締める物

رَبْطَة السَّاق　ガーター/靴下留め

رَبَّعَ ＜ربع II 名 تَرْبِيع ✽ 4倍する;2 乗(平方)する
名4倍;四角形(複 تَرَابِيعُ)

رَبِّعْ الدَّائِرَةَ　その円形を4倍しなさい

رَبْع ✽ (人々の) 集団;家,邸宅;街区(複 رِبَاعٌ/ رُبُوعٌ)

كَيْفَ حَالُ الرَّبْعِ ؟　お家の皆さんはお元気ですか

رُبْع 複 أَرْبَاع ✽ 4分の1

ثَلَاثَة أَرْبَاعٍ　4分の3

اَلسَّاعَةُ الْآنَ السَّادِسَةُ إِلَّا رُبْعًا　今,6時15分前です

بَقِيَ مِنَ الْوَقْتِ رُبْعُ سَاعَةٍ　まだ15分残っていた

رُبَّمَا ～＜رب ✽ 多分～,恐らく～ ※～:完,未

رُبَّمَا تُمْطِرُ غَدًا　多分,明日,雨が降るでしょう

رُبَّمَا لَمْ يَكْفِ　恐らく,十分ではないでしょう

رَبْو 複 أَرْبَاء ✽ 喘息

اَلرَّبْوُ لَا يَسْمَحُ لَهُ بِمُمَارَسَةِ الرِّيَاضَةِ　彼は喘息で運動が出来ない

رَبْوَة(رُ) 複 رُبًى/رُبِيّ ✽ 丘

بُنِيَتِ الْقَلْعَةُ عَلَى رَبْوَةٍ خَضْرَاءَ　宮殿は緑の丘の上に建てられた

رَبِيَ ، يَرْبَى ✽ 育つ;大きくなる

رَبِيَ بَيْنَ حَنَانِ أُمِّهِ وَحَزْمِ أَبِيهِ　彼は母親の愛情と父親の厳格さの中で育った

رَبِيع ＜ربع 複 أَرْبِعَةٌ / أَرْبِعَاءُ ✽ 春

حَلَّ فَصْلُ الرَّبِيعِ　春が来た

رَبِيعُ الْأَوَّلُ (الثَّانِي)　ラビーウ・ル=アッワル(=ッサーニー)
※イスラム暦での三月(四月)

رُبْيَان ✽ エビ/海老　※湾岸諸国地方で使われる

رَتَّبَ < رتب II 名 تَرْتِيب 複 -ات ❖ 組織する;整理する,整頓する,整える
名組織;整理,整頓;順番,配列;準備

رَتِّبْ كُتُبَكَ　本を整理しなさい

رَتَّبَ الْفِرَاشَ　布団を敷いた

بِالتَّرْتِيبِ　一つずつ

التَّرْتِيبُ الْأَبْجَدِيُّ　アルファベット順配列

رُتْبَة 複 رُتَب ❖ 地位;序列,階級

بَلَغَ الضَّابِطُ رُتْبَةً عَالِيَةً　その将校は高位の地位に就いた

رَتَّلَ < رتل II 名 تَرْتِيل 複 تَرَاتِيل ❖ 唱える,讃える;歌う 名賛美歌;コーランの読誦;歌

رَتَّلَ آيَاتٍ مِنَ الْقُرْآنِ الْكَرِيمِ　聖典コーランの節を唱えた

رَتِيب < رتب ❖ 単調な;安定した 名(高位の)将校(複 رُتَبَاءُ)

مَلِلْتُ لَحْنَ الْأُغْنِيَةِ الرَّتِيبِ　私はその歌の単調なメロディーに,うんざりした

رَثَّ (i) 名 رَثَاثَة / رُثُوثَة ❖ みすぼらしい,(服が)くたびれている,使い古している
名みすぼらしさ;ぼろ

رَثَّتْ هَيْئَتُهُ　彼の姿はみすぼらしかった

بَدِّلْ ثَوْبَكَ قَبْلَ أَنْ يَرِثَّ　服がくたびれる前に,着替えなさい

رَثٌّ 複 رِثَاث ❖ 粗末な,ぼろぼろの,みすぼらしい

لَبِسَ الْوَلَدُ ثَوْبًا رَثًّا　その少年は粗末な服を着ていた

رَثَى، يَرْثِي / رَثَا، يَرْثُو ❖ 弔う,悼む;嘆き悲しむ

قُتِلَ "بَسَّام"، فَرَثَتْهُ أُخْتُهُ　バッサームが殺された,それで妹が弔った

رَجَا، يَرْجُو < رجو 名 رَجَاء 複 أَرْجَاء ❖ 望む,願う 名望み,願い

أَرْجُوكَ! (ِ)　お願いします/お願いだから(女)

أَرْجُو الْفَوْزَ فِي الْمُسَابَقَةِ　どうか,試合に勝てますように

أَرْجُو مِنْكَ أَنْ تَسْأَلَ الْمُعَلِّمَ رَأْيَهُ　どうか,先生の意見を尋ねて下さいませんか

أَرْجُو لَكَ التَّوْفِيقَ　私はあなたのご成功を望んでます

رَجَائِهِ أَنْ ～ / عَلَى رَجَاءِ ～　～の希望を持っている(抱いている)

رَجَبٌ ❖ ラジャブ ※イスラム暦の七月

رَجَحَ (a, i, u) ❖ (秤の天秤が)傾く;重くする;(意見が)優位である

رَجَحَهُ بِيَدِهِ　その重さを手で量った

رَجَحَتْ كَفَّةُ الْمِيزَانِ　秤の天秤が傾いた

رَجَحَ رَأْيُهُ فِي نِهَايَةِ الْجَدَلِ　討論の最後には彼の意見が優勢であった

رَجَّحَ < رجح II ❖ 重くする(~عَلَى:~より);優先する;好む

حَبَّةُ قَمْحٍ وَاحِدَةٌ تُرَجِّحُ الْمِيزَانَ　一粒の小麦が秤を傾ける[格言]

رِجْسٌ 複 أَرْجَاسٌ ❖ 不正な行為;犯罪

أَلَيْسَتِ السَّرِقَةُ رِجْسًا ؟　盗みは犯罪ではないのですか

رَجَعَ (i) 名 رُجُوعٌ ❖ 帰る,戻る;再び始める(~إِلَى:~を);引き起こす(~بِـ:~を);こらえる,慎む(~عَنْ:~を)
名帰る事,帰還

سَنَرْجِعُ ، هَيَّا بِنَا !　さあ!帰りましょう

رَجَعَ الْجَيْشُ بِالنِّهَابِ　軍は略奪を引き起こした

رَجَّعَ < رجع II ❖ 返す,戻す;声を震わす;こだまする

يَنْطَلِقُ الْأَذَانُ فِي سُكُونِ اللَّيْلِ ،　夜のしじまに,祈りへの呼びかけが放たれると,
فَيُرَجِّعُ الْوَادِي صَدَاهُ　涸れ谷がそのこだまを返す

رَجْفَةٌ ❖ 震え;身震い

اِنْتَابَتْهُ الرَّجْفَةُ　震えが来た

رَجُلٌ 複 رِجَالٌ ❖ 男,男性 ※⇔ إِمْرَأَةٌ

رَجُلُ أَعْمَالٍ　ビジネスマン

رَجُلُ دَوْلَةٍ (سِيَاسِيٌّ)　政治家

وَرَاءَ كُلِّ رَجُلٍ عَظِيمٍ إِمْرَأَةٌ　偉大な男の陰に女性あり[格言]

رِجْلٌ 複 أَرْجُلٌ 主双 رِجْلَانِ 属対 رِجْلَيْنِ ❖ 女足,脚 双 両足

حَيَوَانٌ ذُو رِجْلَيْنِ　二本足の動物

قِفْ عَلَى رِجْلَيْكَ وَامْشِ　自分の足で立ち,歩きなさい

رَجَمَ(u) 名 رَجْم ❖ 石を投げる,投石する;殺す;けなす 名投石

يَرْجُمُ الْأَوْلَادُ الْأَشْقِيَاءُ الْكَلْبَ　わんぱくどもが犬に石を投げている

رَجَمَ بِالْغَيْبِ　推測した/憶測した/占った

رَجْمٌ بِالْغَيْبِ　推測/憶測/占い

رُجُولَة < رجل ❖ 壮年;男らしさ

يُمَثِّلُ الْوَلَدُ دَوْرَ الرُّجُولَةِ　少年が壮年を演じる

رَجِيم < رجم ❖ 呪われた;邪悪な;投石された

((أَعُوذُ بِاللّٰهِ مِنَ الشَّيْطَانِ الرَّجِيمِ !))　私は邪悪な悪魔から逃れ,神に保護を求める

رَحًى 複 أَرْحَاءٌ / أَرْحِيَة ❖ 女石臼 ※定 اَلرَّحَى

دَارَتْ رَحَى الْحَرْبِ　戦争が始まった

تَطْحَنُ الرَّحَى حُبُوبَ الْقَمْحِ　臼は麦を粉にする

رَحَّال < رحل 複 رُحَّل ❖ 遊牧している;放浪している 名探検家;遊牧民

اَلْبَدَوِيُّ رَحَّالٌ لَا يَسْتَقِرُّ فِي مَكَانٍ　ベドウィンは定住の場所を持たない遊牧民だ

رَحَّالَة < رحل ❖ 大旅行家;ジプシー

رَحَّالَةُ "اِبْن بَطُّوطَة" زَارَ بُلْدَانًا كَثِير　大旅行家のイブン・バットゥータは沢山の国を訪ねた

رَحُبَ(u) / رَحِبَ(a) ❖ 広い;広大である;広くなる

رَحَّبَ < رحب II 名 تَرْحِيب ❖ 歓迎する(~بِ:~を);広くする 名歓迎

نُرَحِّبُ بِكُمْ (فِي~)　(~に)ようこそ

أَهْلُ الْعَرُوسَيْنِ يُرَحِّبُونَ بِالْمَدْعُوِّي　新郎新婦の家族が招待客を歓迎する

رَحْب ❖ 広い;寛大な

رَحْبُ الصَّدْرِ　心が広い/寛大である/我慢強い

صَدْرٌ رَحْبٌ　広い心

مَكَان رَحْب　広い場所

رُحْب ❖ 広い事,広大さ

عَلَى الرُّحْبِ وَالسَّعَةِ　ようこそ/ようこそ,いらっしゃい/歓迎

رَحَلَ(a) ✽ (～から/を)立ち去る, (～を) 出発する(～عَنْ)

رَحَلَ عَنِ الْوَاحَةِ الْقَوْمُ　その部族はオアシスから立ち去った

اِرْحَلِي عَنَّا　私達のもとから立ち去れ ※女性に向かって

رِحْلَة 複 ـات ✽ 旅行, 旅

ذَهَبَ فِي رِحْلَةٍ إِلَى～　彼は～へ旅行に行った

رَحِمَ(a) 名 رَحْمَة ✽ 慈悲深くある;同情する,哀れむ 名慈悲;恵み

رَحِمَهُ اللّٰهُ　ご冥福を祈ります

لَا يَرْحَمُ　彼は無慈悲(冷酷)である

تَحْتَ رَحْمَتِهِ　彼の慈悲で

بِلَا رَحْمَةٍ　容赦なく/無慈悲に

غَمَرَ اللّٰهُ الْأَنَامَ بِرَحْمَتِهِ　神は人類を恵みで満たした

رَحْمَةُ اللّٰهِ وَبَرَكَاتُهُ　神の慈悲と祝福がありますように

رَحْمٰن < رحم ✽ 慈悲深い

اَلرَّحْمٰنُ　慈悲深き者/神

((بِاسْمِ اللّٰهِ الرَّحْمٰنِ الرَّحِيمِ))　慈悲深き,慈愛遍く神の御名において

رَحُوم < رحم ✽ 慈悲深い;とても優しい

أَبِي رَحُومٌ　私の父はとても優しいです

رَحِيق < رحق ✽ おいしい飲み物;蜜;良いぶどう酒

رَحِيقُ الْأَزْهَارِ　花の蜜

رَحِيل < رحل ✽ 旅立ち;出発;撤退

يَسْتَعِدُّ لِلرَّحِيلِ عَنِ الْقَرْيَةِ　村からの出発を準備する

رَحِيم < رحم 複 رُحَمَاء ✽ 慈悲深い

اَلرَّحِيم　慈悲深き者/神

رَخَاء < رخو ✽ 繁栄;安楽;贅沢

يَعِيشُ فِي رَخَاءٍ　安楽に暮らす/安楽な生活を送る

رُخَام < رخم ❖ 大理石

نُحِتَ التِّمْثَالُ فِي الرُّخَامِ　その像は大理石に彫られた

رَخُصَ (u) ❖ 安い，安価である；安くなる；柔らかい

رَخُصَتِ الْبَنْدُورَةُ وَطَابَتْ　トマトは安価で，美味しかった

يَرْخُصُ الْخُضَارُ آخِرَ النَّهَارِ　野菜はその日の終わりには安くなる

رَخَّصَ < رخص II 名 تَرْخِيص 複 -ات/تَرَاخِيص ❖ 認可する，許す；値段を下げる 名認可，許可；値下げ

رَخَّصَتْ وِزَارَةُ الاقْتِصَادِ اسْتِيرَادَ الأَرُزِّ　経済省は米の輸入を認可した

تُرِيدُ الْحُكُومَةُ أَنْ تُرَخِّصَ سِعْرَ الأَرُزِّ　政府は米の値段(米価)を下げたがっている

تَرْخِيص بِالْبَيْعِ　販売許可

بِدُونِ تَرْخِيصٍ/بِدُونِ تَرَاخِيصَ　無許可で

رُخْصَة 複 رُخَص ❖ 免許証；免許，許可，許し

رُخْصَةُ قِيَادَةِ السَّيَّارَاتِ　自動車運転免許証

حَصَلَ عَلَى الرُّخْصَةِ　免許を取った(取得した)

جَدَّدَ رُخْصَةَ الْقِيَادَةِ　運転免許証を更新した

رِخْوٌ (ـَ) ❖ ゆるい；柔らかい；軟弱な

مَا يَزَالُ الْعَجِينُ رِخْوًا (ـَ)　まだ(パン)生地は柔らかい

رَخِيص < رخص ❖ 安い，安価な；柔らかい，柔軟な 比 أَرْخَصُ

اَلدَّرَّاجَةُ لَيْسَتْ رَخِيصَةً　自転車は安くない

اِخْتَرْتُ بَاقَةَ سَبَانِخٍ رَخِيصٍ　私は柔らかいホウレン草の束を選びました

رَخِيم < رخم ❖ (声が)柔らかい，優しい

أَطْرَبَتْنَا التِّلْمِيذَةُ بِصَوْتِهَا الرَّخِيمِ　女生徒は優しい声で，私達のために歌った

رَدَّ (u) 名 رَدّ ❖ 答える(〜عَلَى：〜に)；報いる；返す(〜إِلَى：〜に)
反対する 名返す事，返却；返答，返事

رَدَّ الْبَابَ　戸を閉めた

أَرُدُّ لَكَ هٰذَا الْجَمِيلَ　私はあなたのご好意に報います

لَمْ يَرُدَّ لِي كِتَابِي بَعْدُ　彼はまだ私の本を返し(返却し)ていない

رَدَّهُ عَلَى عَقِبَيْهِ　追い返した

رَدَّ التَّحِيَّةَ عَلَيْهِ　彼に挨拶を返した

لَا يُرَدُّ　反論(反駁)できない/拒めない

لَا يَرُدُّ الْبُكَاءُ الْمَيْتَ　泣いても死者は返らない/覆水盆に返らず[格言]

رَدُؤَ ، يَرْدُؤُ ❖ 悪い;悪くなる

غَالِبًا مَا يَرْدُؤُ الطَّقْسُ يَوْمَ الْعُطْلَةِ　休日の天気はたいてい悪くないです

رَدًى <ردي ❖ 滅亡,絶滅;死 ※定 اَلرَّدَى

أُصِيبَ الْوَلَدُ بِنَزْفٍ، وَسُرْعَانَ مَا طَوَاهُ الرَّدَى　子供は出血すると,直ぐに死んだ

رِدَاءٌ <ردي 複 أَرْدِيَة ❖ 外套,コート,外衣,マント

خَلَعْتُ عَنِّي الرِّدَاءَ　私は外套を脱いだ

رَدَاءَة <ردؤ ❖ 悪,不正,悪い事,悪事

تَأَجَّلَتِ الْمُبَارَاةُ بِسَبَبِ رَدَاءَةِ الطَّقْسِ　試合は悪天候のため延期された

رَدَحٌ ❖ 長い間,長期間,

دَامَ الِانْحِطَاطُ رَدَحًا　不況は長期間続いた

رَدَحًا مِنَ الدَّهْرِ (الزَّمَنِ)　長い間/長期間

رَدَّدَ <ردّ II 名 تَرْدِيد ❖ 繰り返す;防ぐ 名繰り返し

رَدَّدَ النَّظَرَ (فِي～)　(～を)繰り返し見た

رَدَعَ (a) ❖ 防ぐ,妨げる;止めさせる,引き止める

ضَمِيرُكَ هُوَ الَّذِي يَرْدَعُكَ عَنِ الشَّرِّ　良心こそが,あなたの悪事を引き止める

رِدْفٌ 複 أَرْدَاف ❖ (あとに続いてくる)物,人;尻,けつ

اَلرِّدْفَانِ(يْنِ)　昼と夜 ※( )内は属対

اِمْتَطَى رِدْفَ الْحِمَارِ　ロバの尻に乗った

رَدَمَ (i) ❖ (土で)埋める;一杯にする

أَخَذَ الْعُمَّالُ يَرْدِمُونَ الْحُفْرَةَ　労働者達が穴を埋め始めた

رَدْهَة 複 رَدْه / رِدَاه ❖ (家の中の)広い場所；広間，ホール

أُقِيمَتْ حَفْلَةُ الِاسْتِقْبَالِ فِي رَدْهَةِ الْبَلَدِيَّةِ　歓迎会が市役所のホールで行われた

رَدِيء <ردؤ ❖ 悪い，悪くなった

الْجَوُّ رَدِيءٌ　天気は悪い

رَدِيف <ردف 複 رِدَافٌ / رُدَفَاءُ ❖ 形 予備の 名 後ろの人；控え；予備役[軍]

هٰذَا الْحِمَارُ الصَّغِيرُ لَا يَحْمِلُ رَدِيفًا　この小さいロバは後ろに人を乗せられない

أُصِيبَ اللَّاعِبُ فِي سَاقِهِ ، فَحَلَّ مَحَلَّهُ اللَّاعِبُ الرَّدِيفُ　選手が足を負傷したので，控えの選手が代わりをした

رَذَلَ(u) ❖ 拒絶する；軽蔑する；軽蔑してはねつける

إِنْ تَفْسُدْ أَخْلَاقُكَ يَرْذُلْكَ أَصْدِقَاؤُكَ　あなたの性格が悪ければ，友人達は軽蔑する

رَذُلَ(u) / رَذِلَ(a) ❖ 卑しい；卑劣である

مَا الَّذِي يَجْعَلُكَ تَرْذُلُ ؟　どうして，あなたはそんなに卑劣なのですか

رَذِيل <رذل 複 رُذَلَاءُ / رِذَالٌ ❖ 卑しい；卑劣な；悪い

لَا تُعَاشِرِ الْوَلَدَ الرَّذِيلَ　不良少年とつき合うな

رُزٌّ ❖ 米，稲 ※=أَرُزّ

مَحْصُولُ الرُّزِّ فِي هٰذِهِ السَّنَةِ جَيِّدٌ جِ　今年の米は良く出来た

رَزَانَة <رزن ❖ 冷静さ，平静；威厳

يَسِيرُ الْأُسْتَاذُ وَيَتَكَلَّمُ بِرَزَانَةٍ　教授は威厳を持って歩き，そして話す

رَزَحَ(a) ❖ 倒れる；つぶれる；降りる；弱る；(重さで)沈む

رَزَحَتْ دَرَّاجَتِي تَحْتَ الثِّقْلِ　私の自転車は重荷でつぶれた

رَزَقَ(u) 受 رُزِقَ ، يُرْزَقُ ❖ 与える，授ける 受 子供を授かる

رُزِقَ بِالْبَنِينَ　子宝に恵まれた

رُزِقْتُ بِثَلَاثِ بَنَاتٍ　私は3人の娘を授かった

رِزْق 複 أَرْزَاق ❖ 生計，生活の糧；食糧；授かりもの；(神の)祝福

كَسَبَ رِزْقَهُ　生計を立てた

بَحَثَ عَنْ رِزْقِهِ　働き口を探した

رَزَمَ(u) ❖ 束ねる, 束にする;包装する

رَزَمَ كُتُبَهُ وَدَفَاتِرَهُ　本とノートを束ねた(束にした)

رِزْمَة 複 رِزَم ❖ 束, 包み

رِزْمَةُ الْكُتُبِ　本の束

رَزُنَ(u) ❖ 冷静である, 落ち着いている;真面目である

رَزُنَ بَعْدَ طَيْشِ الصِّبَا　わんぱく坊主が落ち着いた

رَزِين <رزن 複 رِزَان ❖ 冷静な, 沈着な;真面目な

هُوَ فَتًى مُهَذَّبٌ رَزِينٌ　彼は真面目で, 礼儀正しい青年だ

رَسَا ، يَرْسُو <رسو 名 رَسْو ❖ (船が)停泊する, 碇を降ろす;落ち着く, 安定する;上陸する 名停泊;上陸

رَسَتْ فِي الْمَرْفَاءِ السَّفِينَةُ الْبَيْضَاءُ　白い船が桟橋に停泊している

رِسَالَة <رسل 複 رَسَائِل ❖ 手紙, メール;メッセージ, 伝言;論文;使命(複 ات-)

رِسَالَة بَرْقِيَّة　電報

رِسَالَة الْإِلِكْتْرُونِيَّة　電子メール/Eメール

رِسَالَة الدُّكْتُورَا (الْمَاجِسْتِير)　博士(修士)論文

رِسَالَة الْإِنْسَانِ　人間の使命

رَسَّام <رسم 複 ون ❖ 画家, 絵描き;彫刻家

"رِينُوَار" رَسَّامٌ فَرَنْسِيٌّ　ルノワールはフランスの画家です

رَسَبَ(u) 名 رُسُوب ❖ 沈む, 落ちる;失敗する 名失敗, 落第

رَسَبَ فِي الامْتِحَانِ　試験に落ちた(落第した)

يَرْسُبُ الرَّمْلُ فِي قَاعِ الْحَوْضِ　砂が水槽の底に沈む

رَسَخَ(a) 名 رُسُوخ ❖ しっかりする;定着する, 根付く 名安定

يَرْسَخُ الْبَيْتُ عَلَى أَسَاسٍ مَتِينٍ　しっかりした土台の上の家は安定している

رُسْغ 複 أَرْسَاغ ❖ 手首

يُحْصِي دَقَّاتِ قَلْبِهِ بِمَسْكِ رُسْغِهِ　手首で脈拍を調べる

رَسَمَ (u) 名 رَسْم 複 رُسُوم/ـات 関 رَسْمِيّ ❖ 描く,絵を描く;(計画を)作る,作成する,立てる 名絵画,絵,図;税金;料金 関公式の,正式の,公の

رَسَمَ الْخُطَّةَ　計画を立てた

رَسْم زَيْتِيّ　油絵

رُسُوم مُتَحَرِّكَة　動画/アニメ/アニメーション

اَلرَّسْم الْمُعَاصِر (الْحَدِيث)　現代(近代)絵画

رُسُوم جُمْرُكِيَّة　関税

رُسُوم التَّأْمِين　保険料金

رُسُوم دِرَاسِيَّة　学費

يَحْمِلُ شَهَادَةً رَسْمِيَّةً　公式の証明書を持っている

رَسْمِيًّا　公式に/正式に/公に

غَيْر رَسْمِيّ　非公式の

رَسُول < رسل 複 رُسُل ❖ 使徒,預言者;使者,メッセンジャー;郵便配達人

مُحَمَّدٌ رَسُولُ اللّٰهِ　ムハンマドは神の使徒です

رَشَّ (u) 名 رَشّ ❖ 水をかける,撒く,散布する 名散水;灌水

رُشَّ (رُشِّي) الْمَاءَ　水をかけなさい(撒きなさい) ※(女)

رَشَّ أَدْوِيَةً تَقْتُلُ الْحَشَرَاتِ　害虫を殺す薬剤を撒いた

رَشَا ، يَرْشُو < رشو 名 رَشْو ❖ 買収する,賄賂を使う 名贈収賄,賄賂

رَشَا مُوَظَّفًا عُمُومِيًّا　公務員を買収した

رَشَّاش < رش 複 ـات ❖ 機関銃,自動小銃,マシンガン

عَلَى الْمُصَفَّحَةِ رَشَّاشٌ ثَقِيلٌ　装甲車の上に重機関銃がある

رَشَاقَة < رشق ❖ 優雅;軽さ,敏捷性

حَافِظْ عَلَى رَشَاقَةِ بَدَنِكَ　(貴女は)体をスリムに保ちなさい

رَشَّحَ < رشح II 名 تَرْشِيح ❖ (子供を)育てる;訓練する;推薦する(~لِـ:~に);
立候補する 名訓練;立候補,指名

رَشَّحَنِي الْمُدَرِّبُ لِرِيَاسَةِ الْفَرِيقِ　コーチは私をチームの主将に推薦した

رَشَّحَ نَفْسَهُ لِلِانْتِخَابِ　(選挙に)立候補した

رُشْد ❖ 良識,分別,分別ある行動;成年

بَلَغَ سِنَّ الرُّشْدِ　成人になった

ضَاعَ رُشْدُهُ　分別をなくした

رَشَفَ(i,u) ❖(液体を)すする,飲む;飲み干す

جَلَسْنَا نَرْشُفُ الْقَهْوَةَ (ـَ)　私達はコヒーを飲むために座った

رَشَقَ(u) ❖ 投げる(～بِـ:～を);差し込む(～فِي:～に)

رَشَقَ الْكَلْبَ بِالْحَصَى　犬に小石を投げた

رَشَقَهُ بِلِسَانِهِ　悪口を言った/中傷した

رَشُقَ(u) ❖ (体が)優雅である,スリムである;軽快である

كَيْفَ أَرْشُقُ؟　どうやって痩せようか

رِشْوَة(رُ) < رشو 複 رِشًا(و) / رُشًى ❖ 賄賂

أَعْطَاهُ رِشْوَةً(رُ)　賄賂を与えた/贈賄した

أَخَذَ (قَبِلَ) رِشْوَةً(رُ)　賄賂をもらった/収賄した

رَشِيد < رشد 複 رُشَدَاءُ ❖ 形分別のある;理にかなった 名成人,大人

رَجُلٌ رَشِيدٌ　分別のある人/大人

رَشِيق < رشق 複 رِشَاق ❖ (体の)ほっそりした,スリムな;軽快な,手早い

يَا لَلْيَدِ الرَّشِيقَةِ!　何と仕事が手早いのでしょう

حَرَكَاتٌ رَشِيقَةٌ　機敏な動き

رَصَّ(u) ❖ 押しつける,圧する;一列に並べる

رَصَّ الْحُرُوفَ　活字を組んだ

رَصَاص < رص ※ رَصَاصَة ❖ 鉛;弾丸,銃弾 ※1個の弾丸

اَلرَّصَاصُ أَثْقَلُ مِنَ الْحَدِيدِ　鉛は鉄より重い

قَلَمُ الرَّصَاصِ　鉛筆

وَابِلٌ مِنَ الرَّصَاصِ　銃弾の雨

رَصَدَ(u) ❖ 見つめる;観察する;待つ

نَرْصُدُ النُّجُومَ لَيْلاً　私達は夜に星を観察します

رَصَّصَ<رص II ❖ 圧する,圧縮する;鉛で覆う

رَصَّصَتِ الْمِحْدَلَةُ تُرَابَ الْمَلْعَبِ　ローラーでグランドの土を圧した

رَصَّعَ<رصع II ❖ はめ込む,象眼する;飾る

رَصَّعَ الْخَاتَمَ بِالْمَاسِ　指輪にダイヤをはめ込んだ

رَصَفَ(u) 名 رَصْف ❖ 舗装する;敷き詰める 名舗装

رَصَفَ الشَّارِعَ بِالْأَسْفَلْتِ　通りをアスファルトで舗装した

رَصَفَ الْحِجَارَةَ رَصْفًا　石を敷き詰めた

رَصُنَ(u) ❖ しっかりする,落ち着いている;強くなる

سَوْفَ يَرْصُنُ بَعْدَ طَيْشِهِ　(彼は)ぐれた後には,しっかりするでしょう

رَصِيد<رصد 複 أَرْصِدَة ❖ (差引)残高;蓄え;資本

رَصِيدُهُ فِي الْمَصْرِفِ　銀行の残高

رَصِيف<رصف 複 أَرْصِفَة ❖ 桟橋;歩道,舗道;プラットホーム

رَصِيفُ الْمِينَاءِ　港の桟橋

رَصِيفُ الْمَحَطَّةِ　(駅の)プラットホーム

اِزْدَحَمَ النَّاسُ عَلَى الْأَرْصِفَةِ　歩道は人で込み合っていた

رَصِين<رصن ❖ (性格が)しっかりした;強い;冷静な

"حَكِيم" شَابٌّ رَصِينٌ حَكِيمٌ　ハキームは知的で,しっかりした青年です

رِضًى/ رِضًا ❖ ⇒ رَضِيَ 名

رَضَخَ(a) 名 رَضْخ ❖ 砕く,粉々に割る;ささやかな贈り物をする(名 رَضْخ: ささやかな贈り物);服従する,屈する(名 رُضُوخ: 服従)

رَضَخَ لَهُ رَضْخَةً　ささやかな贈り物をした

رَضَخَ لِلْقُوَّةِ (لِلطَّلَبِ)　力(要求)に屈した

رَضْرَضَ، يُرَضْرِضُ ❖ (果物などに)傷をつける;すりつぶす,砕く

أ ب ت ث ج ح خ د ذ ر ز س ش ص ض ط ظ ع غ ف ق ك ل م ن هـ و ي

يُلَفُّ التُّفَّاحُ بِالْوَرَقِ كَيْ لَا يُرَضْرِضَهُ النَّقْلُ　運搬時に傷をつけないように,リンゴは紙で巻きます

رَضَاعَة (ٌ) 名 رَضَعَ (i,u) / رَضِعَ(a) ❖乳を吸う 名乳を吸う事

رَضَعَ الطِّفْلُ وَنَامَ　その子は乳を吸って,眠った

فَتْرَةُ الرِّضَاعَةِ　授乳期

رِضَاء / رِضًى 名 رَضِيَ ، يَرْضَىٰ ❖満足する,気に入る,同意する 名満足,同意 ※定 اَلرِّضَا / اَلرِّضَىٰ

رَضِيتُ النَّتِيجَةَ (بِالنَّتِيجَةِ)　私はその結果に満足しています

رَضِيَ اللّٰهُ عَنْهُ　神が彼をお気に召しますように/神が彼を嘉せらますように

إِذَا أَرَدْتَ أَنْ تُرْضِيَ كُلَّ النَّاسِ.. فَلَنْ يَرْضَىٰ عَنْكَ أَحَدٌ　もし君が皆を満足させようとしたら,誰も君に満足しないだろう

عَنْ رِضًى　喜んで/快く

اَلسُّكُوتُ عَلَامَةُ الرِّضَا　沈黙は同意の印［格言］

غَابَ عَنِ الْمَدْرَسَةِ بِرِضَا وَالِدِهِ　父親の承諾で学校を休んだ

رُضَّعٌ / رُضَعَاءُ 複 رَضِيعٌ ＜رضع ❖形乳を飲んでいる 名乳飲み子,乳児;乳兄弟

لَا يَزَالُ أَخُوهُ طِفْلًا رَضِيعًا　彼の弟は未だ乳飲み子だ

رُطُوبَة 名 رَطَبَ(u) / رَطِبَ(a) ❖湿る,湿気る,濡れる;湿っている 名湿気

رَطِبَ الْغَسِيلُ الْجَافُّ مَعَ هُبُوطِ الضَّبَابِ　乾いた洗濯物は降りてきた霧で湿った

رُطُوبَةُ الطَّرِيقِ عِنْدَ الْمُنْعَطَفِ هَوَّرَتِ السَّيَّارَةَ　カーブの湿った地面が自動車事故を引き起こした

دَرَجَةُ الرُّطُوبَةِ　湿度

رَطَّبَ ＜رطب II ❖濡らす;湿らす;滑らかにする;さわやかにする

رَطَّبَتِ الْقُمْصَانَ قَبْلَ كَيِّهَا　彼女はアイロン掛けする前に,シャツを湿らした

رَطْب ❖湿った,じめじめした,湿気の多い;涼しい;新鮮な

مَا زَالَ الْغَسِيلُ رَطْبًا　未だ洗濯物は湿っている

أَرْطَال 複 رَطْل ✽ラトル,ポンド ※重さの単位≒450ｇ(エジプト)≒3.2kg(シリア)

زِنْ لِي رَطْلاً مِنَ الْبَطَاطَا، مِنْ فَضْلِكَ　ジャガイモを1ラトル量って下さい

رطب > رُطُوبَة ✽⇒رَطْب 名

رطب > رَطِيب ✽＝رَطْب

رِعَايَة 名 رَعَى، يَرْعَى ✽放牧する;草を食む;保護する,守る,世話をする 名草を食む事;保護,加護;福祉;主催

يَرْعَى الْبَدَوِيُّ الْمَاشِيَةَ　ベドウィンは家畜を(放牧して)育てる

تَرْعَى الْبَقَرَةُ الْأَعْشَابَ　雌牛が草を食む

رَاعَى النِّظَامَ　規律を守った

رِعَايَة اجْتِمَاعِيَّة　社会福祉

رِعَايَة اللهِ　神の加護

تَحْتَ رِعَايَةِ ～　～の主催で/～の保護の下に

رُعْب 名 رَعَبَ(a) ✽恐れる,怖がる;恐れさす,怖がらせる 名恐れ,恐怖

لِمَاذَا رَعَبْتَ؟　どうして怖かったのですか

اَلرُّعْبُ يَمْلَأُ قَلْبَهُ　彼の心は恐怖心で一杯です

رعب > رَعَّبَ II ✽恐れさす,怖がらせる

لَيْسَ فِي هٰذَا الثَّوْرِ مَا يُرَعِّبُ　この牛は怖くはありませんよ

رُعُود 複 رَعْد ✽雷,雷鳴

دَوَى صَوْتُ الرَّعْدِ عَالِيًا مُخِيفًا　ものすごい雷の音がしました

رِعْدَة (ـَ) ✽震え,身震い

اِرْتَفَعَتْ حَرَارَتُهُ، وَأَصَابَتْهُ رِعْدَةٌ عَنِيفَةٌ　彼の熱が上がって,ひどい震えがきた

رَعَايَا 複 رعى > رَعِيَّة ✽(家畜の)群;人々,市民;教区民[キリスト教]

يَقُودُ الرَّاعِي رَعِيَّتَهُ إِلَى الْمُرُوجِ　牧童が家畜の群を牧草地に導く

رَغَا، يَرْغُو ✽泡が立つ

يَرْغُو هٰذَا الصَّابُونُ بِسُهُولَةٍ　この石鹸は良く泡が立ちます

رَغِبَ (a) رَغْبَة 名 ❖ 望む, 欲する(〜فِي:〜を/〜أَنْ:〜する事を) 避ける, 遠ざける, 嫌う(〜عَنْ:〜を) 名欲求, 願望

هَلْ تَرْغَبُ فِي التَّنَزُّهِ ؟ 散歩しませんか

رَغِبَ أَنْ يَكُونَ كَاتِبًا 作家になる事を望んだ

لَا يُرْغَبُ فِيهِ 好ましくない

رَغِبَ عَنْ زِيَارَةِ عَمِّهِ 叔父さんの家に行くのを嫌った

شَعَرَ بِالرَّغْبَةِ أَنْ ~ 〜したいと思った(願望がわいた)

رَغَّبَ < رغب II 名 تَرْغِيب ❖ 気にさせる(〜فِي:〜する); 興味を持たせる; 嫌いにさせる(〜عَنْ:〜を) 名引き付ける事, 誘惑 (欲望の)目覚め(〜فِي:〜に対する)

هٰذَا الْكِتَابُ يُرَغِّبُنِي فِي الْمُطَالَعَةِ この本は私を読む気にさせます

رَغَدَ (a) / رَغُدَ (u) 名 رَغَد(ٌ) / رَغَادَة ❖ (人生が)楽しい;快適である 名快適さ

يَسُرُّنِي أَنْ يَرْغَدَ عَيْشُكَ ! あなたは生活が楽そうなので, 私は嬉しい!

رَغْم ❖ (〜だ)けれども

بِالرَّغْمِ مِنْ ~/ عَلَى الرَّغْمِ مِنْ ~ (〜だ)けれども/(〜にも)かかわらず

سَأَذْهَبُ عَلَى الرَّغْمِ مِنْ ذٰلِكَ それにもかかわらず, 私は行きます

فَعَلَ عَلَى الرَّغْمِ مِنْهُ 嫌々行った

رَغْمَ أَنْفِ ~ 〜の意志に逆らって

رَغْوَة (رُ) 複 رَغَاوٍ/رُغًى ❖ 泡

جُهُودُهُ ضَاعَتْ كَالرَّغَاوِي 彼の努力は泡となった

رَغِيد < رغد ❖ 楽しい, 快適な, 安楽な

رَغِيدٌ مِنَ الْعَيْشِ 楽しい生活

رَغِيف 複 أَرْغِفَة / رُغْفَان/ رُغُف ❖ (一塊りの)パン

مَا أَشْهَى الرَّغِيفَ الطَّازَجَ 焼きたてのパンは何て美味しいのだろう

رَفَّ (i) ❖ 輝く, 光る

رَفَّ الْبَرْقُ 稲妻が光った

رَفَّ (u) ❖ 瞬きする;(鳥が)羽ばたく

رَفَّتِ الْعَيْنُ　瞬きした

سَقَطَ الطَّائِرُ، وَمَا زَالَ يَرُفُّ　落ちた鳥は未だ羽ばたいていた

رَفٌّ 複 رُفُوف ❖ 棚;群,集団

رُفُوف لِلْكُتُبِ　本棚

أَحْضِرْ لِي الْكِتَابَ مِنْ عَلَى الرَّفِّ　その本を棚から取って下さい

حَطَّ رَفُّ الْحَمَامِ عَلَى سَطْحِ الْمَزْرَعَةِ　畑に鳩の群が下りた

رُفَات <رفت ❖ 遺体,亡骸

نُقِلَ رُفَاتُهُ إِلَى بِلَادِهِ　彼の亡骸は祖国に運ばれた

رَفَاهَة / رَفَاهِيَة <رفه ❖ 福祉;ぜいたく

دَوْلَة الرَّفَاهَةِ　福祉国家

رَفْرَفَ، يُرَفْرِفُ 名 رَفْرَفٌ ❖ (鳥が)羽ばたく;(旗が)翻る,はためく;(風が)吹く
名クッション;(帽子の)つば;(車の)フェンダー

رَفْرَفَ الْفَرْخُ، وَلَمْ يَطِرْ　雛鳥は羽ばたくが,飛べなかった

تُرَفْرِفُ أَعْلَامُ الْعِيدِ　祭りの幟がはためいている

رَفْرَفٌ قَارِيٌّ　大陸棚

رَفَسَ (u, i) ❖ (乗っている動物の)腹をける,胸をける

رَفَسْتُ الْحِمَارَ　私は乗っているロバの腹をけりました

رَفْسَة ❖ 一けり

أَلْقَتْهُ رَفْسَتِي عَلَى الْأَرْضِ　私は一けりで彼を倒した

رَفَضَ (u, i) 名 رَفْض ❖ 断る,拒否する,拒絶する 名拒否,拒絶

نَرْفُضُ الْعَيْشَ تَحْتَ وَطْأَةِ الِاحْتِلَالِ　私達は占領下の生活を拒否する

حَقُّ الرَّفْضِ　拒否権

رَفَعَ (a) 名 رَفْع ❖ 持ち上げる,上げる;取り除く;救う;告訴する,
起訴する;主格にする(文)
名上げる事;主格化(文)

أ ب ت ث ج ح خ د ذ ر ز س ش ص ض ط ظ ع غ ف ق ك ل م ن هـ و ي

رَفَعَ الطِّفْلَ بَيْنَ يَدَيْهِ　子供を両手で持ち上げた

رَفَعَتِ الشَّرِكَةُ الْأَسْعَارَ فِي الشَّهْرِ الْمَاضِي　先月,会社は値上げをした

اِرْفَعِي الْقُمَامَةَ بِالْمِجْرُودِ　(貴女は)ちり取りでゴミを取りなさい

رَفَعَ رَأْسَهُ بِـ~　~を自慢した/誇った

رَفَعَ عَقِيرَتَهُ بِالْغِنَاءِ　歌い始めた

لِمَاذَا تَرْفَعُ الْمَفْعُولَ فِي جُمْلَتِكَ؟　なぜあなたは文の目的語を主格にするのですか

رَفْعُ أَسْعَارِ الْكَهْرَبَاءِ　電気料金の値上げ

رِفْعَة ❖ 高い所;高い地位

صَاحِبُ الرِّفْعَةِ　首相様/首相閣下

رَفَّعَ < رفع II 名 تَرْفِيع ❖ 引き上げる,昇進させる 名賃上げ;昇進

رَفَّعَ الْمُدِيرُ الْمُوَظَّفَ الْمُخْلِصَ　マネージャーは真面目な社員を昇進させた

رَفَقَ(u)/رَفِقَ(a) 名 رِفْق ❖ 優しく取り扱う,親切にする(عَلَى/لِـ/بِـ:~に)
名親切,優しい事

تَرْفُقُ مُعَلِّمَتُنَا بِالتَّلَامِيذِ الضُّعَفَاءِ　私達の女先生は弱い生徒に優しい

تُهَزْهِزُ الْأُمُّ سَرِيرَ طِفْلِهَا بِرِفْقٍ　母親は子供のベッドを優しく揺する

نَقَفَ الْعَازِفُ الْوَتَرَ بِرِفْقٍ　演奏者は優しく弦を弾いた

رَفُقَ(u) ❖ 友人になる,仲間になる

اَلْفَتَى اللَّطِيفُ يَرْفُقُ بِسُهُولَةٍ　優しい青年には,直ぐ友人が出来ます

رُفْقَة(َ) 複 رِفَاق(ُ)/رِفَقٌ ❖ 集団;仲間

كُلَّمَا اجْتَمَعَ الرِّفَاقُ، رَاحُوا يُهَرِّجُونَ　仲間は集まると,いつもふざけ始めた

رَفُهَ(u) 名 رَفَاهَة ❖ 楽しい;快適である;(暮し向きが)良い
名ぜいたくな暮し

رَفُهَ الْعَرُوسَانِ　その新郎新婦はぜいたくに暮した

رَفَّهَ < رفه II 名 تَرْفِيه ❖ ぜいたくな暮しをさせる;くつろがせる
名ぜいたく;休息,レクリエーション

قَدْ يُرَفِّهُكَ الْمَالُ، دُونَ أَنْ يُسْعِدَكَ　金銭はあなたに幸せではないが,ぜい沢な暮しさせるだろう

رَفَّهَ عَنْ (عَلَى) نَفْسِهِ　くつろいだ/リラックスした

رَفِيع < رفع ❖ 上等の，洗練された；高い，高度な

ذَوْق رَفِيع　洗練されたセンス

اَلْفُنُون الرَّفِيعَة　美術

اَلرَّفِيع وَالْوَضِيع　(身分の)高き者も低き者も，皆こぞって

قَالَ بِصَوْتِهِ الرَّفِيع　彼は大きな声で言った

رَفِيق < رفق 複 رِفَاق / رُفَقَاء ❖ 形親切な，優しい 名友人，仲間

كُنْ رَفِيقًا بِمَنْ هُوَ أَضْعَفُ مِنْكَ　自分より弱い人に親切にしなさい

" أَحْمَدُ " رَفِيقِي الْمُفَضَّل　アフマドは私の大好きな友人です

رَقَّ (i) 名 رِقَّة ❖ 薄くなる；同情する，哀れむ；悪くなる 名薄さ，繊細さ

رَقَّ نَعْلُ حِذَائِي　私の靴底が薄くなった

رَقَّ لَهَا قَلْبُهُ　彼は彼女に同情した

خَسِرَ مَالَهُ ، وَرَقَّتْ حَالُهُ　財産を失って，暮らし向きが悪くなった

رِقَّة الشُّعُور　繊細な(細やかな)感情

رِقّ 複 رُقُوق ❖ 奴隷

فَرَضَ الْأَقْدَمُونَ الرِّقَّ عَلَى الْأَسْرَى　古代人は捕虜を奴隷にした

رَقَّى < رقى II 名 تَرْقِيَة 複 -ات ❖ 上昇させる，向上させる；進める 名上昇；昇進

هُوَ يَجِبُ أَنْ يُرَقِّيَ أُمَّتَهُ　彼は国民の生活を向上させなければならない

رَقَّاصَة < رقص ❖ (女性)ダンサー，踊り子

رَقَّاصَة أَنِيقَة　優雅な踊り子

رَقَبَ (u) 名 رُقُوب ❖ 待つ；見る，観察する；守る；注意を払う，心に留める
名期待；予感，予想

كَانَ فِي أَرَقِهِ يَرْقُبُ النُّجُوم　眠れない時は星を見た

رَقَبَة 複 -ات/ رِقَاب ❖ 首；奴隷

صُلْبُ (غَلِيظُ) الرَّقَبَة　頑固な/強情な

غَطَّى شَعْرُ رَأْسِهِ رَقَبَتَهُ　髪の毛が首まで掛かっている

رِقَّة ❖ ⇒ رَقّ 名

رَقَدَ (u) ❖ 寝る,眠る;(卵を)温める,かえす

يَرْقُدُ الطِّفْلُ فِي سَرِيرِهِ　子供がベッドに寝ている

رَقَدَتِ الدَّجَاجَةُ عَلَى الْبَيْضِ　鶏は卵を温めた

رَقْصَة / رَقْص 名 رَقْص رَقَصَ (u) ❖ 踊る,ダンスをする 名踊り,ダンス

رَقَصَ رَقْصَةً　踊りを踊った

رَقْص شَرْقِيّ　オリエンタルダンス

رَقْص شَعْبِيّ　民族舞踊/フォークダンス

رَقَّصَ＜رقص II ❖ 踊らせる

هٰذَا النَّغَمُ يُرَقِّصُ مَنْ لَا يَرْقُصُ　この曲は踊らない者も踊らせる

رَقَعَ (a) ❖ 継ぎ当てをする

أَتَرْقَعِينَ لِي ثِيَابِي ؟　私の服に継ぎ当てをしてくれませんか

رَقَّعَ＜رقع II ❖ = رَقَعَ

رُقَع / رِقَاع 複 رُقْعَة ❖ 継ぎ当て布,継ぎ当て皮;(その上に字を書く)紙,ルクア体 ※アラビア文字の書体

كُتِبَتِ الْقَصِيدَةُ عَلَى رُقْعَةٍ مِنْ جِلْدٍ　そのカシーダ詩は皮の上に書かれた

رَقَّقَ＜رق II ❖ 薄くする;柔らかくする;叩いて薄くする

رَقَّقَ السَّائِلَ　液体を薄めた

رَقَّقَ الْمَعْدِنَ　金属を薄く叩き出した

رَقَّقَ قَلْبَهُ　彼をなだめた

تَرْقِيم 名 رَقَّمَ＜رقم II ❖ 番号を付ける;印を付ける;句読点を打つ 名番号を付ける事;句読点を打つ事

رَقَّمَ بِطَاقَاتٍ　カードに番号を付けた

عَلَامَاتُ التَّرْقِيمِ　句読点

أَرْقَام 複 رَقْم ❖ 番号,数字,ナンバー

أَعْطِنِي رَقْمَ الْهَاتِفِ　電話番号を教えて下さい

رَقْم قِيَاسِيّ　記録(※スポーツの)

حَطَّمَ الرَّقْمَ الْقِيَاسِيَّ　記録を破った

الْأَرْقَام الْهِنْدِيَّة　インド数字 ※アラビア数字のこと

لَوْحَة الْأَرْقَامِ　ナンバープレート

رَقِيَ ، يَرْقَىٰ ❖ 上る,昇る,登る,上がる;進む;昇進する;遡る

رَقِيَ الْجَبَلَ　山に登った

رَقِيَ الْخَطِيبُ الْمِنْبَرَ　説教師がミンバル(モスクの演壇)に上がった

لِلْقِبْطِ تَارِيخٌ يَرْقَىٰ إِلَى عَهْدِ الْفَرَاعِنَ　コプト人の歴史はファラオの時代に遡る

رُقْيَة <رقي 複 رُقًى ❖ まじない,厄払い

رُقْيَةُ الْأُمِّ أَفْضَلُ مِنْ وَصْفَةِ الطَّبِيبِ　母親のまじないは医者の処方箋より良い

رَقِيب <رقب 複 رُقَبَاءُ ❖ 形警備の 名警備員;監視者;監督;軍曹

رُقِّيَ إِلَى رُتْبَةِ رَقِيبٍ　軍曹に昇進した

رَقِيق <رق 複 أَرِقَّاء 女 رَقِيقَة 複 رِقَاق ❖ 形細い;薄い;敏感な,優しい 名奴隷

رَقِيق الشُّعُورِ　敏感な/感覚の繊細な

وَرَقَة رَقِيقَة　1枚の薄い紙

تجارة الرَّقِيق　奴隷貿易

تُظْهِرُ الْقَصِيدَةُ عاطفةً رَقِيقَةً صَادِقَ　この詩には誠実さと繊細な情感が溢れている

رُكَامٌ <ركم ❖ 堆積物;積み重なり

رُكَامٌ مِنَ الرَّمْلِ وَالتُّرَابِ　砂や土の堆積物

رَكَبَ(a) 名 رُكُوب ❖ 乗る

ارْكَبْ سَيَّارَتِي　私の車に乗りなさい

رَكَبَ رَأْسَهُ　頑固になった/無謀になった

رُكُوب الدَّرَّاجَةِ　サイクリング

رَكَّبَ <ركب II 名 تَرْكِيب ❖ 組み立てる,据え付ける,乗せる;準備する;文章を組み立てる,構成する 名組み立て,構成

رَكَّبَ الْآلَةَ　機械を組み立てた

رَكَّبَ أَجْهِزَةَ التَّبْرِيدِ فِي الْمَحَلِّ　店に冷却装置を据え付けた

رَكَّبَ الْمُحَرِّكَ عَلَى جِسْمِ السَّيَّارَةِ　車体にエンジンを取り付けた

رَكِّبْ جُمْلَةً مِثَالِيَّةً　例文を上げなさい

رَكِّبْ جُمْلَكَ تَرْكِيبًا صَحِيحًا　あなたの文章を正しく構成しなさい

تَرْكِيبُ الْجُمْلَةِ　文の構成

رُكْبَة 複 رُكَب / ـات ❖膝

سَقَطَتِ الْجَدَّةُ فَجَرَحَتْ رُكْبَتَهَا　おばあさんは転んで,膝をけがした

رَكَدَ(u) 名 رُكُود ❖動きが止まる;停滞する;不景気になる 名静止;停滞

رَكَدَتِ الرِّيحُ　風が止まった

رَكَدَتِ السُّوقُ　市場が停滞した

رُكُود اقْتِصَادِيّ　不況/不景気

رَكَزَ(u) ❖地面に突き刺す,打ち込む;立てる;固定する

رَكَزَ الرُّمْحَ فِي الْأَرْضِ　地面に槍を突き刺した

رَكَّزَ < ركز II 名 تَرْكِيز ❖地面に突き刺す;集中する;固定する,据える 名集中;固定

رَكَّزَ السَّائِسُ السَّرْجَ عَلَى ظَهْرِ الْفَرَسِ　調教師が鞍を馬の背中に固定した

رَكَّزَ اهْتِمَامَهُ عَلَى~　~に興味を集中した

رَكَضَ(u) 名 رَكْض ❖走る,駆ける;競争する 名走る事

هَمَزَ الْفَارِسُ جَوَادَهُ، فَرَاحَ يَرْكُضُ　騎手が拍車を当てたので,馬は走り始めた

أَجْبَرَنَا الْمُدَرِّبُ عَلَى الرَّكْضِ　コーチは私達に走る事を強制した

رَكَعَ(a) 名 رَكْع / رُكُوع ❖跪く,(膝をついて)祈る 名膝をついて祈る事

يَرْكَعُ الْمُصَلِّي عَلَى بِسَاطٍ صَغِيرٍ　礼拝者は小さな敷物の上に跪く

رَكْعَة 複 رَكَعَات ❖跪く事;ラクア* *礼拝の単位[イスラム教]

رَكَلَ(u) 名 رَكْل ※رَكْلَة ❖蹴る,け飛ばす 名蹴る事 ※一けり

رَكَلَ ~ بِقَدَمِهِ　~を足で蹴った

رُكْن 複 أَرْكَان / أَرْكُن ❖支え,支柱;隅;(新聞の)欄;基礎,礎;(軍の)参謀

رُكْن الْغُرْفَةِ　部屋の隅

رُكْن الرِّيَاضَةِ　(新聞の)スポーツ欄

اِجْتِمَاع الْأَرْكَانِ　参謀会議

رُكُوب < ركب ❖ 名 ⇒ رَكِبَ

رُكُود < ركد ❖ 名 ⇒ رَكَدَ

رَكِيزَة < ركز 複 رَكَائِز ❖ 支え，支柱，柱

رَكِيزَة ثُلَاثِيَّة　三脚

اَلرَّكِيزَةُ الضَّعِيفَةُ لَا تَحْمِلُ السَّقْفَ　弱い支柱は屋根を支えられない

رَكَائِزُ الِاقْتِصَادِ الْأَسَاسِيَّةُ : زِرَاعَةٌ وَصِنَاعَةٌ وَتِجَارَةٌ　経済の基本的柱は農業，工業，商業です

رَكِيك < رك 複 رِكَاك ❖ 弱い；貧弱な；(服が)薄い，軽い

ثَوْب رَكِيك النَّسْجِ　軽い服

رَمَى ، يَرْمِي ※ هِيَ رَمَتْ / أنا رَمَيْتُ ❖ 投げる(ه/～بـ：～を)；(銃で)撃つ；目的とする；非難する ※人称代名詞がつくとى はا になる

رَمَاهَا　彼はそれを投げた

رَمَى بِالْحَجَرَةِ مِنْ يَدِهِ　手で石を投げた

رَمَى عَدُوَّهُ بِسَهْمٍ　敵に矢を放った

رَمَيْتُ الْعُصْفُورَ ، وَلٰكِنِّي لَمْ أُصِبْهُ　私は小鳥を銃で撃ったが，当たらなかった

لَا تَرْمِ أَحَدًا بِـ～　(～の事で)誰も非難してはいけない

رَمَاد < رمد 複 أَرْمِدَة 関 رَمَادِيّ ❖ 灰 関灰の，灰色の

يَأْخُذُونَهُ مِنَ الْفَحْمِ وَالرَّمَادِ　彼らは炭と灰の中からそれを取り出す

لَا أَلْبَسُ الْكَنْزَةَ الرَّمَادِيَّةَ　私は灰色のセーターは着ません

رُمَّان ※ رُمَّانَة ❖ ザクロ ※1個のザクロ

اَلرُّمَّانُ الْحُلْوُ نَأْكُلُهُ وَنَصْنَعُ مِنْهُ شَرَ　甘いザクロを私達は食べたり，飲み物にしたりする

رُمْح 複 أَرْمَاح / رِمَاح ❖ 槍；ポール

رَمْي الرُّمْحِ　槍投げ[競技]

صِلَاحُ الْبَدَوِيِّ سَيْفٌ وَرُمْحٌ　ベドウィンの武器は刀と槍です

رَمِدَ (a) 名 رَمَدٌ ❖(目が)炎症をおこす 名目の炎症

رَمِدَتِ الْعَيْنُ　目が炎症をおこした

رَمَدٌ حُبَيْبِيٌّ　トラコーマ[医学]

رَمَزَ (u) 名 رَمْزٌ 複 رُمُوزٌ ❖象徴する(～إِلَى:～を) 名象徴, シンボル 複

يَرْمُزُ الْحَمَامُ إِلَى السَّلَامِ　鳩は平和を象徴する

رَمْزُ السَّلَامِ حَمَامَةٌ تَحْمِلُ غُصْنَ زَيْتُونٍ　平和の象徴はオリーブの枝を運ぶ鳩です

رَمْسٌ 複 رُمُوسٌ / أَرْمَاسٌ ❖墓, 墓地

لَيْسَ لِلْمَيِّتِ مِنَ الْأَرْضِ غَيْرُ مِسَاحَةِ الرَّمْسِ　死者には墓場以外に土地はない

رِمْشٌ (ـَ) 複 رُمُوشٌ ❖まつ毛

عَلَى رِمْشِ عَيْنِكَ غُبَارٌ　まつ毛にゴミがあるよ

رَمَضَانُ < رمض 複 ـات / رَمَاضِينُ ❖ラマダーン, 断食月 ※イスラム暦の九月

رَمَضَانُ شَهْرُ الصَّوْمِ　ラマダーンは断食の月です

رَمَقَ (u) 名 رَمْقٌ ❖見つめる, 凝視する 名凝視

لِمَاذَا تَرْمُقُنِي هٰكَذَا؟　どうして, そのように私を見つめるのですか

رَمَقٌ 複 أَرْمَاقٌ ❖死に際, 臨終

الرَّمَقُ الْأَخِيرُ　死に際/いまわの際

سَدَّ رَمَقَهُ　かろうじて生計を維持した

رَمْلٌ 複 رِمَالٌ 関 رَمْلِيٌّ ❖砂 関砂の

غَطَّى الرَّمْلُ سَقْفَ الْكُوخِ　砂が小屋の屋根を覆った

سَاعَةٌ رَمْلِيَّةٌ　砂時計

رَنَّ (i) ❖鳴る;(音が)響く;悲鳴を上げる

رَنَّ جَرَسُ الْهَاتِفِ　電話のベルが鳴った

رَنَّحَ < رنح II ❖揺れ動かす, 揺する;揺さぶる

رَنَّحَ الطَّرَبُ السَّامِعِينَ　音楽が聴衆を揺さぶった(興奮させた)

رَنَّحَ رَأْسَهُ　頭を振った

رَهِبَ(a) رَهَب 名 رَهَبٌ/ رَهْبَةٌ ❖恐れる，怖がる 名恐れ，恐怖

لا أَرْهَبُ غَيْرَ اللّٰهِ وَضَمِيرِي　私は神様と私の良心以外は恐れません

رَهْبَانِيَّةٌ /رَهْبَنَةٌ ❖禁欲生活

مَالَ إِلَى حَيَاةِ الرَّهْبَنَةِ　禁欲生活に傾倒した

رَهْطٌ(ـَ) 複 أَرْهُطٌ/ أَرْهَاطٌ ❖(3人から10人の)集団，グループ

زَارَ السُّيَّاحُ الْمَتْحَفَ رَهْطًا بَعْدَ رَهْطٍ　観光客の集団が次から次と，博物館を訪れた

رَهَنَ(a) رَهْن 名 رَهْنٌ 複 رُهُونٌ / رِهَان ❖抵当に入れる，担保にする 名抵当，担保

جَعَلَ الْمَدِينُ بَيْتَهُ رَهْنًا لِلدَّائِنِ　債務者は家を債権者への担保にした

رَهْنَ ❖前〜の間に；〜に応じて；未決の，係争中の

أُودِعَ السِّجْنَ رَهْنَ التَّحْقِيقِ　取調中に投獄された

اِعْتِقَال رَهْنَ التَّحْقِيقِ　未決拘留

رَهِيب <رهب ❖恐ろしい

مَشْهَدُ الْحَرِيقِ رَهِيبٌ　火事場の光景は恐ろしい

رَهِينَة <رهن 複 رَهَائِن ❖人質；抵当

اِحْتَجَزَتِ الْعِصَابَةُ الطَّيَّارَ رَهِينَةً　一味はパイロットを人質に取った

رَوَى، يَرْوِي 受 رُوِيَ، يُرْوَى ❖潤す；水をやる，灌漑する；話す，語る 受潤される

※ هِيَ رَوَتْ / أَنَا رَوَيْتُ

يَهْطِلُ الْمَطَرُ فَيَرْوِي الْأَرْضَ　雨が降って，大地を潤す

رَوَى النَّبَاتَ　植物に水をやった

رَوَى نُكْتَةً أَثَارَتِ الضَّحِكَ　面白い冗談を語った

رُوَاق(ـَ) <روق 複 أَرْوِقَة ❖ベランダ；アーケード

سَهَرَاتُ الصَّيْفِ تُعْقَدُ فِي رُوَاقِ الْبَيْتِ　夏の夜更かしは家のベランダでする

أَرْوِقَةُ التَّسَوُّقِ　商店街のアーケード

رِوَايَة < روي 複 -ات ❖ 話，語り；小説；劇

رِوَايَة مُضْحِكَة (هَزْلِيَّة)　喜劇/コメディー

رِوَايَة غِنَائِيَّة　歌劇/オペラ

رِوَايَة عَاطِفِيَّة　恋愛小説

رِوَايَة قِصَصِيَّة　小説

رَوَّبَ < روب II ❖ (家畜の乳を)固まらせる

رَوَّبَ اللَّبَنَ　ミルクを固まらせた

رَوَّجَ < روج II ❖ 広める；進める；売り込む

رَوِّجْ بِدَرْسِكَ قَبْلَ أَنْ تَنْعَسَ　眠くなる前に，勉強を進めなさい

اَلدِّعَايَةُ تُرَوِّجُ الْبِضَاعَةَ　宣伝が商品を売り込む

رَوَّحَ < روح II 名 تَرْوِيح ❖ 楽にする，リラックスさせる，休息する；扇ぐ；換気する 名くつろぎ，リラックス；換気

رَوَّحَ عَنْ نَفْسِهِ　リラックスした/疲れを取った

رَوَّحَ بِمِرْوَحَةٍ　扇子で扇いだ

تَرْوِيح عَنِ النَّفْسِ　娯楽/レクリエーション

رُوح 複 أَرْوَاح 関 رُوحِيّ ❖ 精神，魂，心；霊 関精神の；霊的な；聖なる

اَلرُّوح / اَلرُّوح الْأَمِين　天使ガブリエル

رُوح الْقُدُسِ / اَلرُّوح الْقُدُس　(キリスト教の)聖霊

ثَقِيل (خَفِيف/ طَوِيل) الرُّوحِ　陰気な(陽気な/忍耐強い)

هِيَ خَفِيفَةُ الرُّوحِ　彼女は明るい

اَلْجَسَد وَالرُّوح　肉体と精神

زَعِيم رُوحِيّ　精神的指導者

مَشْرُوبَات رُوحِيَّة　アルコール飲料

رُوسِيَا 関 رُوسِيّ ❖ ロシア 関ロシアの；ロシア人

رُوسِيَا الْبَيْضَاء　白ロシア

اَلثَّوْرَة الرُّوسِيَّة　ロシア革命

رُوزْنَامَة ❖ 暦,カレンダー

قَرَأ~ فِي الرُّوزْنَامَةِ　~を暦で見た

رَوَّضَ<روض II ❖ 飼い慣らす;訓練する;治水する

بَدَأ يُرَوِّضُ كَلْبَهُ　犬を訓練し始めた

رُوضَة 複 رِيَاض/رَوْض ❖ 庭,庭園

رُوضَةُ الْأَطْفَالِ　幼稚園

رَوَّعَ<روع II ❖ 怖がらせる;怯えさせる

رَأْسُ الْغُولِ الَّذِي لَبِسْتَهُ رَوَّعَ الْأَطْفَالَ　あなたが被った鬼の面が,子供達を怖がらせた

رَوْعٌ ❖ 恐怖,怖さ

سَكِّنْ (هَدِّئْ) رَوْعَكَ!　落ち着いて!/怖がらないで!

رَوْعَة ❖ 恐怖,怖さ;美,美しさ

زَالَتْ رَوْعَةُ الْأَطْفَالِ　子供達から恐怖が無くなった

هَلْ أَحْسَسْتَ بِرَوْعَةِ هٰذِهِ الصُّورَةِ؟　この写真に美しさを感じますか

رَوَّقَ<روق II ❖ 浄化する;取り除く;ろ過する,漉す

رَوِّقِي الشَّرَابَ قَلِيلًا　飲み物は少し漉しなさい ※女性に向かって

رَوَّقَ دَمَهُ　落ち着かせた

(اَلـ)رُّوم 関 رُومِيّ ❖ ビザンチン,ビザンチン帝国;ギリシャ正教会
ローマ人 関ビザンチンの,ローマの;ローマ人

دِيك رُومِيّ　七面鳥

رُومَا / رُومَة ❖ ローマ ※イタリアの首都

لَمْ تُبْنَ رُومَا فِي يَوْمٍ وَاحِدٍ　ローマは一日にしてならず[格言]

(اَلـ)رُّومَاتِيزْم ❖ リュウマチ ※rheumatism [英語]

لَا يَزَالُ الرُّومَاتِيزْمُ دَاءً عُضَالًا　リュウマチはまだ難病です

رَوْنَق<رنق ❖ 華麗;輝き;美しさ

رَوْنَقُ الصُّبْحِ　朝の輝き

رَوِيَ، يَرْوَى ※ هِيَ رَوِيَتْ / أَنَا رَوِيتُ ❖ 喉の渇きをいやす;灌漑される

كَيْفَ تُرْوَىٰ أَرْضُ الْحَدِيقَةِ ؟	庭はどのように灌漑されているのですか
رَوِيَّة <روي ❖	熟慮;考察
عَنْ رَوِيَّةٍ	わざと/故意に
عَنْ غَيْرِ رَوِيَّةٍ	不用意に
بِالرَّوِيَّةِ تُحَلُّ الْمُشْكِلَةُ ، لَا بِالتَّسَرُّعِ	熟慮して問題を解きなさい，急いではだめです。
رُوَيْدًا <رود ❖	ゆっくり
رُوَيْدًا رُوَيْدًا	ゆっくり(と)/次第に/徐々に/少しずつ
يُلَقِّنُنَا الْمُعَلِّمُ الدَّرْسَ رُوَيْدًا رُوَيْدًا	先生は私達に，ゆっくり勉強を教えてくれます
رُوَيْدَكَ	気楽にやりなさい
رَيّ <روى ❖ (ِ)	灌漑
لِرَيِّ أَرْضِ الْقَرْيَةِ	村の土地を灌漑するために
رِيَاسَة / رِئَاسَة / رِآسَة <رأس ❖	指導者;指導者の地位
رَشَّحَنِي الْمُدَرِّبُ لِرِيَاسَةِ الْفَرِيقِ	コーチは私をチームの主将に推薦した
رِئَاسَةُ الشَّرِكَةِ	社長職
رِيَاضَة <روض 複 -ات ❖	運動，スポーツ;数学
الرِّيَاضَةُ تُقَوِّي الْعَضَلَاتِ	スポーツ(運動)は筋肉を鍛える
رِيَاضِيّ <روض ❖	形運動の，スポーツの;数学の 名スポーツマン
مُدَرِّبُنَا فِي الْمَدْرَسَةِ رِيَاضِيٌّ	私達の学校のコーチはスポーツマンです
أَخْبَار رِيَاضِيَّة	スポーツニュース
رِيَاضِيَّات <روض ❖	数学
رِيَاضِيَّات تَطْبِيقِيَّة	応用数学
صِيغَة رِيَاضِيَّات	数学の公式
هُوَ لَيْسَ عَالِمًا فِي الرِّيَاضِيَّاتِ	彼は数学の学者ではない
رِيَال 複 -ات ❖	リヤール
الرِّيَالُ عُمْلَةٌ عَرَبِيَّةٌ	リヤールはアラブの通貨です

رِيحٌ < روح 複 رِيَاح ❖ 女風;匂い,香り

رِيح شَمَالِيَّة　北風

ذَهَبَ مَعَ الرِّيحِ　風と共に去った/いなくなった

بِسَاطُ الرِّيحِ　空飛ぶ絨毯

دَوَّارَةُ الرِّيَاحِ　風見鶏

هَبَّتْ رِيحُهُ　運が向いた

رَيْحَان < رو 複 رِيَاحِين ❖ 香草 ※良い香りのする植物

فِي الْحَوْضِ وَرْدٌ وَرَيْحَانٌ　花壇にはバラと香草があります

رِيشٌ 複 أَرْيَاش/ رِيَاش ※ رِيشَة ❖ 羽,羽毛;ペン,筆 ※1枚の羽

رِيشُ الْغُرَابِ أَسْوَدُ　カラスの羽(の色)は黒です

رَيْع 複 رُيُوع ❖ 収入,収益,収穫;盛り;最良の部分

رَيْعُ الشَّبَابِ　青春

رِيفٌ 複 أَرْيَاف/رُيُوف ❖ 田舎,田園;地方

أَبْنَاءُ الْمَدِينَةِ يَحْلُمُونَ بِسَكِينَةِ الْأَرْيَافِ　都会の子は田舎の静けさを羨む

رِيقٌ 複 أَرْيَاق/ رِيَاق ❖ 唾,唾液,涎

سَالَ رِيقُهُ　涎を流した

إِنِّي عَلَى الرِّيقِ　本当に私は飲み食いをしていない/私は空腹です

رِيمٌ ❖ レイヨウ[動物]

اَلْعُمْلَتَانِ الْمَعْدِنِيَّتَانِ : 2枚の硬貨

أ ب ت ث ج ح خ د ذ ر **ز** س ش ص ض ط ظ ع غ ف ق ك ل م ن هـ و ي

ز

حَرْفُ الزَّاي

زَائِدَة <زيد 複 زَوَائِد ❖	こぶ;いぼ;突起物
الزَّائِدَة الدُّودِيَّة	虫垂
زَائِر <زور 複 ـون / زُوَّار ❖	形訪問している 名観光客;見学者,訪問客
أُسْتَاذ زَائِر	客員教授
زَائِف <زيف 複 زُيَّف ❖	偽の,まがいの;模造の,偽造の
نَقْد زَائِف	偽金
زِئْبَق ❖	水銀
سَالَ الزِّئْبَقُ كُرَاتٍ صَغِيرَةً	水銀が小さな玉となって,流れ出た
زَاحَ ، يَزِيحُ <زيح ❖	去る,引き上げる
زِحْ سِتَارَ الْمَسْرَحِ	舞台の幕を上げなさい
زَاحَمَ <زحم III ❖	押す;押しかける;競う,争う(～عَلَى:～を)
زَاحَمَ عَلَى الْمَرْتَبَةِ الْأُولَى	首席を争った
زَادَ ، يَزِيدُ <زيد 名 زِيَادَة ❖	増える,(～を)超える(～مِنْ,عَلَى);増やす 名増加
命 زِدْ 女 زِيدِي	増やしなさい
زَادَتْ عَلَيْهِ الْأَمْرَاضُ (الْآلَامُ)	病気が重くなった(痛みが増した)
زَادَ عَلَى ثَلَاثَةِ أَمْتَارٍ	3メートルを越えた
أَنَا أَزِيدُكُمْ عِلْمًا	私があなた達の知識を増やします
زَادٌ <زود 複 أَزْوِدَة / أَزْوَاد ❖	食料;旅行食,弁当;蓄え
حَمَلَ الْمُسَافِرُ زَادَهُ فِي الْجِرَابِ	旅行者はカバンに食料を持っていた
لَا تَخْرُجْ مِنَ الْبَيْتِ قَبْلَ أَنْ أُعْطِيَكَ الزَّادَ	私が弁当を渡すまで,家を出ないでね

زَأَرَ الأَسَدُ　ライオンが吠えた

تَخَافُ الوُحُوشُ زَئِيرَ الأَسَدِ　野生の動物はライオンの吠える声に怯える

زَارَ ، يَزُورُ <زور 名 زِيَارَة ❖訪問する, 訪れる 名訪問

زُرْنِي　会いに来なさい

زُرْتُ هٰذِهِ المَدِينَةَ لِأَوَّلِ مَرَّةٍ　私はこの町を初めて, 訪れました

مَا سَبَبُ الزِّيَارَةِ ؟　訪問の目的は何ですか

زَالَ ، يَزُولُ <زول ※ هِيَ زَالَتْ/ أَنَا زُ ❖消える,立ち去る,無くなる,落ちる

زَالَ الطِّلَاءُ عَنِ الوِعَاءِ وَظَهَرَ النُّحَا　容器の塗料が落ちると,銅が表れた

قَرِيبًا يَزُولُ الوَرَمُ　まもなく腫れは無くなる(引く)でしょう

بَعْدَ أَنْ زَالَ الخَطَرُ　その危険が無くなってから

اَلْبُقْعَةُ الَّتِي كَانَتْ فِي الثَّوْبِ زَالَتْ　服にあった汚れ(シミ)が落ちた

زَالَ ، يَزَالُ <زيل ❖止める ※否定形のみで用いられ,未完了形を伴う

※ هِيَ زَالَتْ/ أَنَا زِلْتُ　※ كَانَ 系動詞で, 述部の名詞,形容詞は対格になる

لَا يَزَالُ ~/ لَمْ يَزَلْ ~/ مَا زَالَ ~　(今でも)まだ～である

مَا زِلْتُ أَفْعَلُهُ　私は未だそれをしています(止めてはいません)

مَا يَزَالُ الطَّقْسُ حَارًّا　天気は未だ暑い

زَانَ ، يَزِينُ <زين ❖飾る,魅力的にする

تَزِينُ خَدَّهَا شَامَةٌ لَطِيفَةٌ سَوْدَاءُ　かわいい黒い黒子が彼女の頬を魅力的にする

زَاهٍ <زهو ❖美しい;輝いている ※定 اَلزَّاهِي

وَجْهُهَا كَالْفُلِّ الزَّاهِي　彼女の顔は美しいジャスミンのようです

زَاهِي الأَلْوَان　色が派手な/派手な色の

أَعْلَام زَاهِيَة　複派手な旗

زَاهِد <زهد 複 زُهَّاد ❖形禁欲の;世を捨てた 名苦行者;禁欲主義者

عَاشَ فِي دُنْيَاهُ عَيْشَ الزَّاهِدِ　世を捨てた(出家)生活をした

زَاهِر <زهر ❖輝いている;色の良い

لَوْنُ الوَرْدَةِ الزَّاهِرِ جَمِيلٌ　輝くバラの色は美しい

زَاوَجَ ، يُزَاوِجُ <ز و ج III 名 مُزَاوَجَة ❖ (二つを)結びつける,一緒にする;カップルにする
名結合;二つを一つにする事;ペアリング

يُزَاوِجُ الرَّسَّامُ بَيْنَ الأَخْضَرِ وَالأَصْفَرِ　画家は緑と黄色を混ぜた

زَاوِيَة <ز و ى 複 زَوَايَا ❖ 角,隅;角度;視点

زَاوِيَتَانِ مُتَبَادِلَتَانِ　錯角

زَاوِيَة حَادَّة (قَائِمَة / مُنْفَرِجَة)　鋭角(直角/鈍角)[数学]

مِنْ زَوَايَا مُخْتَلِفَة　いろいろな(様々な)視点から

اِنْتَظِرْ ثَمَّ فِي زَاوِيَةِ الْقَاعَةِ　ホールの隅の所で待ちなさい

زَئِير ❖ ⇒ زَأَرَ 名

زَبَد 複 أَزْبَاد ❖ (水やミルクなどの)泡

غَرِقَتِ الصُّخُورُ فِي زَبَدِ الأَمْوَاجِ　岩々が波の泡立ちの中に沈んだ

زُبْد 複 زُبَد ❖ バター;クリーム 複精鋭,エリート;本質

تَطْبُخُ بِالزُّبْدِ الْبَقَرِيِّ　彼女は牛のバターで料理する

زُبْدَة 複 زُبَد ❖ バターの塊,バター;クリーム

اَلزُّبْدَةُ طَيِّبَةٌ مَعَ الْمُرَبَّى　クリームはジャムに合う

زَبُون 複 زُبُن / زَبَائِن ❖ 顧客,得意客

زَبُون دَائِم　常連客/お得意様

كَيْفَ تُعَامِلُ الشَّرِكَةُ زَبَائِنَهَا؟　会社は顧客をどの様に取り扱っているのですか

زَبِيب ❖ 干しブドウ,レーズン

مَا أَلَذَّ طَعْمَ الزَّبِيبِ　干しブドウ(の味)は何と美味しいのでしょう

زَجَّ (u) 受 زُجَّ ❖ 投げる,放る;押し込む(ه/～بِ:～を,～فِي:～に)
受押し込まれる

سَيَزُجُّ الْقَاضِي بِاللِّصِّ فِي السِّجْنِ　裁判官は強盗を刑務所に放り込むだろう

زُجَاج <زج ※ زُجَاجَة ❖ ガラス ※ガラス瓶

تَحَطَّمَ الزُّجَاجُ وَتَطَايَرَتْ شَظَايَاهُ　ガラスが砕けて,その破片が飛び散った

زَجَرَ (u) ❖ (動物を)抑える,追い立てる;叱責する

دَخَلَتْ بَيْتَنَا هِرَّةٌ فَزَجَرْتُهَا　猫が私達の家に入り込んだので，私は追い立てた

زَجَلٌ 複 أَزْجَال ❖ ザジャル詩 ※アラブの詩

زُحَار < زحر ❖ 赤痢[医学]

يُسَبِّبُ الزُّحَارُ إِسْهَالًا شَدِيدًا　赤痢は激しい下痢を引き起こす

زِحَام < زحم ❖ 混雑; 渋滞

اِشْتَدَّ الزِّحَامُ أَمَامَ شُبَّاكِ التَّذَاكِرِ　切符売り場前の混雑がひどくなった

زِحَام حَرَكَةِ الْمُرُورِ　交通渋滞

زَحْزَحَ ، يُزَحْزِحُ ❖ 動かす(〜عَنْ:〜から); 引き裂く

زَحْزِحْ هٰذِهِ الطَّاوِلَةَ إِنْ كُنْتَ قَوِيًّا　力が有るのなら，このテーブルを動かしなさい

زَحَفَ (a) ❖ 這う，腹這いになって進む

تَزْحَفُ الْحِرْبَاءُ عَلَى الْأَرْضِ　カメレオンが地面を這っている

زَحَلَ (a) ❖ 動く; 撤退する; 滑る

زَحَلَتِ الصَّخْرَةُ عَنْ مَكَانِهَا　岩が動いた

زَحَمَ (a) ❖ 混雑する，込み合う; 押す

أَخَذَ يَزْحَمُ النَّاسَ أَمَامَ شُبَّاكِ التَّذَاكِرِ　切符売り場の前が人々で混雑し始めた

زَخَرَ (a) ❖ 満ちている; 一杯である(〜بِـ:〜で)

يَزْخَرُ الْبَحْرُ بِالْأَسْمَاكِ　海は魚で満ちている

زَخْرَفَ ، يُزَخْرِفُ 名 زُخْرُف 複 زَخَارِف ❖ 飾る; うそをつく 名飾り，装飾

زَخْرَفَ سَيَّارَتَهُ بِالْأَزْهَارِ　自分の車を花で飾った

زَخَارِفُ الْكَلَامِ　美辞麗句

زِرٌّ 複 أَزْرَار/زُرُور ❖ ボタン

فَكَّ أَزْرَارَ السُّتْرَةِ　上着のボタンをはずした

زِرَاعَة < زرع ❖ 農業; 耕作，栽培; 移植

وِزَارَةُ الزِّرَاعَةِ　農業省

زِرَاعَةُ الْبَسَاتِينِ　園芸

أ ب ت ث ج ح خ د ذ ر ز س ش ص ض ط ظ ع غ ف ق ك ل م ن هـ و ي

زرافة ~ زركش

زِرَاعَةُ الْحَشِيشَةِ مَمْنُوعَةٌ　大麻の栽培は禁じられている

زِرَاعَةُ الْقُلُوبِ　心臓移植[医学]

زَرَافَة (زُ) 複 زَرَافَى ❖ キリン

مَاذَا تَأْكُلُ الزَّرَافَةُ ؟　キリンは何を食べますか

زَرَافَة 複 -ات ❖ (10人から20人の)集団

جَاءَ الْقَوْمُ زَرَافَاتٍ وَوُحْدَانًا　人々は集団で,あるいは単独でやって来た

زَرَبَ (u) ❖ (家畜を)囲いに入れる

يَزْرُبُ الرَّاعِي الْقَطِيعَ عِنْدَ الْمَسَاءِ　羊飼いは夕方に群を囲いに入れる

زَرَد 複 زُرُود ❖ 鎖

كَانَ الْمُحَارِبُ الْقَدِيمُ يَلْبَسُ دِرْعًا مِنْ زَرَدٍ　昔の戦士は鎖かたびらを着ていた

زَرَدِيَّة ❖ プライヤー,ペンチ

زَرَّرَ <زر II ❖ ボタンを掛ける(はめる)

زَرَّرَتِ الْفُسْتَانَ　彼女はドレスのボタンを掛けた

زَرَعَ (a) 名 زَرْع 複 زُرُوع ❖ 耕す;種をまく;(臓器を)移植する
名耕作;種をまく事;種,苗(複 زُرُوع)

زَرَعَ الْأَرْضَ　地面を耕した

زَرَعَ الْقَلْبَ　心臓を移植した

بَدَأَ الزَّرْعُ يَذْبُلُ　苗は枯れ始めた

مَا تَزْرَعْ تَحْصُدْ　蒔かぬ種は生えぬ[格言]

زَرْقَاءُ <زرق ❖ 青い ※أَزْرَق の女

اَلسَّمَاءُ الزَّرْقَاءُ　青空

زُرْقَة ❖ 青(さ),青色

زُرْقَةُ الْبَحْرِ　海の青さ

زَرْكَشَ ، يُزَرْكِشُ ❖ 錦を織る,絹を銀糸などで織る;飾る

زَرْكَشَتْ شَالَهَا بِخُيُوطٍ فِضِّيَّةٍ　彼女は自分のショールを銀糸で織った

زَرِيبَة < زرب 複 زَرَائِب ❋ (家畜を入れる)囲い,柵,おり/檻

يَنَامُ الْمَاعِزُ فِي الزَّرِيبَةِ　山羊は囲いの中で眠る

زَعَامَة < زعم ❋ 指導,指揮;リーダーシップ

زَعَامَةُ الْيَعْسُوبِ　女王蜂

زَعْزَعَ ، يُزَعْزِعُ ❋ (激しく)揺さぶる,震動させる

زَعْزَعَتِ الرِّيحُ الشَّجَرَ　風が木を激しく揺さぶった

زَعْفَرَان 複 زَعَافِر ❋ サフラン[植物]

صُفْرَةُ الزَّعْفَرَانِ　サフランの黄色

زَعَقَ(a) 名 زَعْق ❋ 悲鳴を上げる,叫ぶ 名悲鳴,叫び

مَا وَقَعَ نَظَرُهَا عَلَى اللِّصِّ حَتَّى زَعَقَتْ　盗賊が目に入るや否や,彼女は悲鳴を上げた

زَعْقَة 複 زَعَقَات ❋ 悲鳴,叫び声;金切り声

لَقَدْ مَزَقَتْ زَعْقَتُهَا أُذُنِي　彼女の金切り声が私の耳を引き裂いた

زَعْلَان < زعل 複 ون ❋ 立腹した,怒った;憤慨した(~مِنْ:~を,に)

أَنَا زَعْلَانٌ مِنْهُ　私は彼に憤慨しています

زَعِلَ(a) ❋ 怒る,怒る,立腹する(~مِنْ:~を,に);飽きる

لَا تَزْعَلْ مِنَّا　私達を怒らないで下さい

زَعَمَ(u) ❋ 言明する,はっきり言う;信じる;思う

يَزْعُمُ أَنَّهُ رَأَى مُجْرِمًا　彼は犯人を見たと言明している

زَعَمَ أَنَّهُ كَاذِبٌ　彼を嘘つきと思った

زِعْنِفَة 複 زَعَانِف ❋ (魚,鯨,いるかなどの)ひれ

كَمْ زِعْنِفَةً فِي جِسْمِ السَّمَكَةِ ؟　魚(の体)にいくつひれが有りますか

زَعِيم < زعم 複 زُعَمَاء ❋ 指導者,頭,長,リーダー,ボス

زَعِيمُ الْحِزْبِ　党首

زَعِيمُ الثَّوْرَةِ الرُّوسِيَّةِ　ロシア革命の指導者

أ ب ت ث ج ح خ د ذ ر ز س ش ص ض ط ظ ع غ ف ق ك ل م ن هـ و ي

تَمَرَّدَ رِجَالُ الْعِصَابَةِ عَلَى زَعِيمِهِمْ　盗賊の男達は首領に反乱を起こした

زَغْرَدَ ، يُزَغْرِدُ 名 زَغْرَدَة 複 -ات/زَغَارِيد ❖ (女性が喜びの叫び声を)発する
名ザグラダ ※祝いの時などに婦人が発する甲高い

أَطْلَقَتْ إِحْدَى النِّسَاءِ زَغْرَدَةً　一人の女性がザグラダを発した

زُغْلُول＜زغلل 複 زَغَالِيل ❖ ひな, ひよこ

تُطْعِمُ الْحَمَامَةُ الزُّغْلُولَ　鳩がひなに餌を与えている

زِفَاف＜زف ❖ (結婚の)披露宴, 婚礼

أَقَامَ حَفْلَةَ الزِّفَافِ　結婚披露宴を行った

زَفَّتَ＜زفت II 名 تَزْفِيت ❖ アスファルト舗装をする 名アスファルト舗装

اَلْعُمَّالُ يُزَفِّتُونَ الطَّرِيقَ　労働者達が道路をアスファルトで舗装する

زِفْت ❖ コールタール, アスファルト

يُسْتَخْرَجُ الزِّفْتُ مِنَ النَّفْطِ　コールタールはナフサから作られる

زَفَّة ❖ 行列; 一度, 一回

سَارَ شَبَابُ الْقَرْيَةِ أَمَامَ زَفَّةِ الْعَرُوسَيْنِ　村の若者達が結婚披露の行列の前に進んだ

زَفَرَ (i) ❖ 息を吐く; 深くため息をつく; うめく; (火が)ぱちぱ
音を立てる

اِزْفِرْ بِقُوَّةٍ　強く息を吐きなさい

زَفِير＜زفر ❖ 息を吐く事, 呼気

فِي التَّنَفُّسِ حَرَكَتَانِ : شَهِيقٌ وَزَفِيرٌ　呼吸には二つの運動があります, 吸気と呼気で

زُقَاق＜زق 複 أَزِقَّة / زُقَّان ❖ 路地, 狭い道

لَا تَدْخُلُ السَّيَّارَةُ فِي هٰذَا الزُّقَاقِ　この路地に車は入れません

زَقْزَقَ ، يُزَقْزِقُ ❖ (鳥が)さえずる; (ひなに)餌を与える; (子を)あや

تُزَقْزِقُ الْعَصَافِيرُ صَبَاحًا　朝に小鳥がさえずる

زَكَاة＜زكو 複 زَكَوَات/زَكًا ❖ 喜捨, お布施, ザカート ※イスラム法シャリーア
定められたイスラム教徒の五つの義務の一つ

يُؤَدِّي الْمُسْلِمُ الزَّكَاةَ　イスラム教徒は喜捨をする

❖ زُكَام ＞زكم　風邪(かぜ)

عِنْدِي زُكَام　私(わたし)は風邪(かぜ)をひいてます

❖(i) زَلَّ ※ أَنَا زَلَلْتُ　滑(すべ)る

زَلَّتْ بِهِ الْقَدَمُ　足(あし)が滑(すべ)った

❖(a) زَلَّ ※ أَنَا زَلِلْتُ　滑(すべ)る; 誤(あやま)る; 罪(つみ)を犯(おか)す

زَلَّتْ قَدَمُهُ عَلَى قِشْرَةِ الْمَوْزِ　バナナの皮(かわ)で足(あし)が滑(すべ)った

❖ زِلْزَال ＞زلزل زَلَازِل 複(　)　地震(じしん)

ضَرَبَ الزِّلْزَالُ الْكَبِيرُ مَدِينَةَ "كُوبِه" فِي الْعَامِ ١٩٩٥ م　西暦(せいれき)1995年(ねん)に神戸(こうべ)で大(おお)きな地震(じしん)があった

❖ زَلْزَلَ، يُزَلْزِلُ، زِلْزَال 受 زُلْزِلَ، يُزَلْزَلُ　揺(ゆ)する, 揺(ゆ)らす 受揺(ゆ)すられる, 揺(ゆ)れる

يَكَادُ قَصْفُ الرَّعْدِ يُزَلْزِلُ الْبُيُوتَ　雷鳴(らいめい)が家々(いえいえ)を揺(ゆ)らすようだ

❖ زِلْعَة 複 زِلَع　水瓶(みずがめ), 壺(つぼ)

وَضَعَ جُنُودَهُ فِي الزِّلَعِ　彼(かれ)は兵(へい)を水瓶(みずがめ)の中(なか)に入(い)れた

❖ زَلَقَ(u) / زَلِقَ(a)　滑(すべ)る, スリップする; 転(ころ)ぶ

زَلِقَ قَدَمُهُ عَلَى الْأَرْضِ الرَّطْبَةِ　ぬかるみで足(あし)が滑(すべ)った

زَلِقَتِ السَّيَّارَةُ عِنْدَ الْمُنْعَطَفِ　自動車(じどうしゃ)がカーブの所(ところ)でスリップした

❖ زَمَّ، يَزُمُّ　すぼめる, きつくする; 結(むす)ぶ

التَّنُّورَةُ وَاسِعَةٌ، زُمِّي خَصْرَهَا قَلِي　貴女(あなた)のスカートが大(おお)きすぎます, 腰(こし)を少(すこ)しすぼめなさい

❖ زِمَام ＞زم أَزِمَّة 複　手綱(たづな)

إِذَا أَرْخَيْتَ لِلْحِصَانِ زِمَامَهُ أَسْرَعَ　手綱(たづな)を緩(ゆる)めれば, 馬(うま)は速(はや)く走(はし)る

بِزِمَامِ ～　～の監督(かんとく)のもとに

زِمَامُ الْأَمْرِ　権力(けんりょく)

تَوَلَّى زِمَامَ الْحُكْمِ　政権(せいけん)を<u>取(と)った</u>(掌握(しょうあく)した)

❖ زَمَان ＞زمن أَزْمِنَة 複 / أَزْمُن　時代(じだい); 時(とき), 時間(じかん); 人生(じんせい), 一生(いっしょう)

حِكَايَاتُ زَمَانٍ　昔話(むかしばなし)

في سَالِفِ الزَّمَانِ	昔
في قَدِيمِ الزَّمَانِ	昔々/大昔
زَمَانًا / مِنْ زَمَانٍ	しばらくの間
عَلَى الزَّمَانِ	いつも
زَمْجَرَ ، يُزَمْجِرُ ❖	叱る,怒る;がみがみ言う;(ライオンが)吠える
زَمْجَرَ الْأَسَدُ	ライオンが吠えた
زَمَرَ(u, i) 名 زَمْر 複 زُمُور ❖	吹く;(管楽器を)演奏する 名演奏;音;管楽器
يَحْمَرُّ وَجْهُهُ ، عِنْدَمَا يَزْمُرُ	彼は演奏すると,顔が赤くなる
زَمَّرَ < زمر II ❖	吹く;(管楽器を)演奏する
زَمَّرَ بِالْمِزْمَارِ	笛を吹いた
زُمْرَة 複 زُمَر ❖	(人の)集団,集まり,グループ;型
زُمْرَة دَمَوِيَّة	血液型
زُمُرُّد ※ زُمُرُّدَة ❖	エメラルド ※1個のエメラルド
تُزَيِّنُ الْعِقْدَ حَبَّةٌ مِنْ زُمُرُّدٍ ثَمِينٍ	椅子を高価なエメラルドが飾っている
زَمَن 複 أَزْمَان/ أَزْمُن ❖	時代;時,時間;期間
زَمَنًا	しばらく
لَمْ أَرَهُ مُنْذُ زَمَنٍ	私はしばらく彼を見てない
مَرَّ عَلَى غِيَابِهِ زَمَنٌ طَوِيلٌ	彼が留守をして,長い時間が過ぎた
زَمْهَرِير < زمهر ❖	厳しい寒さ,厳寒,
ارْتَجَفَتْ عِظَامُنَا مِنَ الزَّمْهَرِيرِ	厳しい寒さで私達は震え上がった
زَمِيل < زمل 複 زُمَلَاء ❖	同僚,同級生,仲間;旅行の同伴者
هُوَ مُتَفَوِّقٌ عَلَى زُمَلَائِهِ	彼は同級生(クラスメート)より優れている
هُوَ زَمِيلِي فِي الْعَمَلِ	彼は私の(仕事の)同僚です
زَنَى ، يَزْنِي 名 زِنًى ❖	姦通する,不倫をする 名姦通,不倫
آثِمٌ كُلُّ مَنْ يَزْنِي	姦通(不倫)をする者はすべて罪深い

اَلزِّنَا حَرَامٌ　　姦通(不倫)は罪だ

زِنَاد < زند 複 أَزْنِدَة ❖ (銃の)撃鉄;引き金

حَجَرُ الزِّنَادِ　　火打ち石

زِنَاد بُنْدُقِيَّة　　銃の引き金

زُنَّار 複 زَنَانِير ❖ ベルト,バンド

بَنْطَلُونُكَ يَكَادُ يَسْقُطُ، شُدَّ زُنَّارَهُ　　ズボンが落ちそうですよ,ベルトを締めなさい

زُنْبُرُك 複 زَنَابِك ❖ ゼンマイ,バネ

زُنْبُرُك السَّاعَةِ　　時計のゼンマイ

زَنْبَق 複 زَنَابِق ❖ 百合[植物]

زَهْرُ الزَّنْبَقِ الْأَبْيَضِ جَمِيلٌ　　白百合の花は美しい

زَنْج (ِ) 複 زُنُوج ❖ 黒人;黒人奴隷 ※集合名詞

يُحِبُّ الزَّنْجُ الرَّقْصَ وَالْمُوسِيقَى　　黒人はダンスと音楽が好きだ

فِي الْفِرْقَةِ الْمُوسِيقِيَّةِ ثَلَاثَةُ زُنُوجٍ　　その楽団には3人の黒人がいる

زَنْجَبِيل ❖ 生姜

مِيَاه غَازِيَّة بِطَعْمِ الزَّنْجَبِيلِ　　ジンジャーエール

زَنَخَ (a) ❖ すえる,腐って嫌な臭いを出す

زَنِخَ الرُّزُّ　　ご飯がすえた

زَنِخٌ ❖ すえた,腐った

لَا آكُلُ رُزًّا زَنِخًا　　私はすえたご飯は食べません

زَنْدٌ (َ) 複 زُنُود ❖ 尺骨 ※前腕の2本の骨のうち小指側の骨

زَنَّرَ < زنر II ❖ ベルトを付ける

هَلْ زَنَّرْتَ أَخَاكَ الصَّغِيرَ؟　　君は弟にベルトを付けてやりましたか

(الـ)زِّنِّيَّة ※ فِرْقَة بُوذِيَّة تَهْتَمُّ بِالتَّأَمُّلِ ❖ 禅,禅宗 ※瞑想を重んじる仏教の一派

زَهَا ، يَزْهُو < زهو 名 زَهْو / زُهُوّ ❖ (花が)咲く;繁栄する;自慢する,誇る(～بِـ:～を)

※ هِيَ زَهَتْ/ أَنَا زَهَوْتُ　　名開花;自慢

يَزْهُو الْجُنْدِيّ بِبُنْدُقِيَّتِهِ　兵士は自分の銃を自慢する

زُهَاءٌ <زهو ✽ 数；量；おおよそ，約（زُهَاءَ の形で）

عُمْرُهُ زُهَاءَ عِشْرِينَ عَامًا　彼の年齢はおおよそ二十歳です

زُهْد 名 زَهَدَ (a) ✽ (世を)捨てる，禁欲する 名禁欲

زَهَدَ الْمُتَصَوِّفُ فِي الدُّنْيَا　スーフィ(神秘主義者)は禁欲的だった

اَلزُّهْدُ فِي الدُّنْيَا　世を捨てる事/禁欲(出家)生活

زَهَّدَ <زهد II ✽ (世を)捨てさせる，禁欲させる

مَا الَّذِي يُزَهِّدُ الْبَعْضَ فِي مَبَاهِجِ الْحَيَاةِ؟　何が人生の楽しみを捨てさせるのですか

زَهْر 複 أَزْهَار/زُهُور ※ زَهْرَة ✽ 花；サイコロ ※1輪の花

حَامَ النَّحْلُ عَلَى الزَّهْرِ　蜜蜂が花の回りを旋回した

(اَلـ)زُّهَرَة ✽ 金星[天体]

رَأَى الْأَقْدَمُونَ فِي الزُّهَرَةِ إِلٰهَةَ الْجَمَالِ　古代の人々は金星に美の女神を見た

زَهْرِيَّة 複 ـات ✽ 花瓶

رَتَّبَ الْأَزْهَارَ فِي الزَّهْرِيَّةِ　花瓶に花を生けた

زَهِيد <زهد 複 زُهْدَان 女 زَهِيدَة 複 زَهَائِدُ ✽ 安い，安価な；低い

بَدَأَ عَمَلَهُ بِرَاتِبٍ زَهِيدٍ　安い給料で働き始めた

زَهِيد مِنْ ～　少量の～

زَوَاجٌ <زوج ✽ 結婚

وَحْدَةُ الزَّوَاجِ　一夫一婦制

عَقْدُ الزَّوَاجِ　結婚証明書/結婚契約書

زَوَاحِفُ <زحف ✽ 爬虫類 ※زَاحِف の複

اَلسِّحْلِيَّةُ نَوْعٌ مِنَ الزَّوَاحِفِ　トカゲは爬虫類の一種です

زَوْبَعَة <زبع 複 زَوَابِع ✽ ハリケーン，竜巻；嵐

حَمَلَتِ الزَّوْبَعَةُ عَمُودًا مِنَ التُّرَابِ　竜巻は土柱を伴った

زَوَّجَ <زوج II 名 تَزْوِيج ✽ 結婚させる(هُ/～بِ：～と) 名結婚させる事

سَنُزَوِّجُ ابْنَنَا بِنْتَ الْجِيرَانِ　我らが息子を近所の娘と結婚させよう

زَوْج 複 أَزْوَاج 女 زَوْجَة 関 زَوْجِيّ ❖ 夫;妻;連れあい 女妻 関夫婦の

اَلزَّوْجَانِ　夫婦/つがい

زَوْجَان مِنَ الْحَمَامِ　一つがいの鳩

اَلزَّوْجَةُ الصَّالِحَةُ كَنْزٌ لَا يُثَمَّنُ　貞淑な妻は量る事のできない宝だ[格言]

أَسَاسُ نَجَاحِ الْحَيَاةِ الزَّوْجِيَّةِ الْمَوَدَّةُ وَالرَّحْمَةُ　夫婦生活の成功の基本は愛情と労りである

زَوَّدَ < زود II 名 تَزْوِيد ❖ (食料を)供給する,支給する(~بِـ:~を);与える
名供給,支給(~بِـ:~の)

اِزْدَهَرَ الْعَمَلُ، وَزَوَّدَ بِعِلَاوَةِ الْمُرـ　仕事が繁盛したので,ボーナスを支給した

تَزْوِيد الْبُيُوتِ بِالْغَازِ　家々(各家庭)へのガスの供給

زَوَّرَ < زور II 名 تَزْوِير ❖ 嘘をつく;偽造する;偽証する 名嘘;偽造

زَوَّرَ الشَّاهِدُ الْكَلَامَ　証人は嘘をついた

زَوَّرَ أَوْرَاقَ النَّقْدِ　紙幣を偽造した

زُور ❖ 嘘;強制

شَهَادَةُ زُورٍ　偽証

بِالزُّورِ　強制的に/無理矢理に

زَوْرَق 複 زَوَارِق ❖ 小船,舟,ボート

زَوْرَق نَجَاةٍ　救命ボート

زِيّ < زي 複 أَزْيَاء ❖ 服装,衣装;ファッション;流行

تَبِعَ الزِّيَّ　流行を追った

مَجَلَّةُ الْأَزْيَاءِ رَائِجَةٌ　ファッション雑誌は売れ行きがよい

زِيَادَة < زيد 複 ـات ❖ 増加,拡大;超過

زِيَادَةً　加えて

زِيَادَةً عَنْ ~　~を超過して/超えて

زِيَارَة < زور 複 ـات ❖ 訪問

ذَهَبَ لِزِيَارَةِ جَدِّهِ　お祖父さんに会いに行きました

قَامَ بِزِيَارَةِ ～　～を訪問した

زَيْت 複 زُيُوت ❖ 油，オイル

زَيْت نَبَاتِيّ　植物油

زَيْت الْمُحَرِّك　エンジンオイル

زَيْتُون < زيت ❖ オリーブ

زَيْت الزَّيْتُون　オリーブオイル/オリーブ油

يَنْمُو شَجَرُ الزَّيْتُونِ فِي بُلْدَانِ الْبَحْرِ الْمُتَوَسِّطِ　オリーブの樹は地中海沿岸の国々で育つ

زَيَّفَ < زيف II ❖ 偽金を作る，偽造する

زَيَّفَ النُّقُودَ　偽金を作った/通貨を偽造した

زَيَّنَ < زين II ❖ 飾る，美しくする，化粧する

زَيَّنَ الْغُرْفَةَ بِأَزْهَارٍ　部屋を花で飾った

يُزَيِّنُ عَيْنَ الْفَتَاةِ هُدْبٌ طَوِيلٌ　長いまつ毛が娘の目を美しくする

زِينَة 複 ـات ❖ 飾り，装飾

زِينَةُ الْوَجْهِ　化粧

بَيْت الزِّينَةِ　美容院

غُرْفَة الزِّينَةِ　化粧室 ※トイレではない

شَجَرَةُ الزَّيْتُونِ : オリーブの木

حَرْفُ السِّين

س

سَـ ~ ❖ ～でしょう ※未完了形動詞に接続し,未来形を作る

((سَيَقُولُ السُّفَهَاءُ مِنَ النَّاسِ ~)) 人々の中の愚か者は～と言うであろう

سَاءَ ، يَسُوءُ > سوء ❖ 悪くなる;悪いと思う;悲しませる;害をなす

سَاءَتْ حَالَتُهُ 彼の状態は悪くなった(悪化した)

سَاءَتْ حَالَةُ الْجَوِّ 天候が悪くなった(悪化した)

يَسُوؤُنِي أَنْ أَرَاكَ طَائِشًا 分別の無い君を見るのが悲しい

سَائِح > سيح 複 سُيَّاح ❖ 観光客,旅行者

أَنَا لَسْتُ سَائِحًا 私は観光客ではありません

سَائِد > سود ❖ 広く行き渡っている;支配的な

لَيْتَ الْأَمْنَ سَائِدٌ فِي كُلِّ مَكَانٍ ! 安全がどこにでも広く行き渡っていれば良いのに

رَأْي سَائِد 支配的な意見

سَائِس > سوس 複 سَاسَة / سُوَّس ❖ 馬丁;調教師

سَائِسُ الْخَيْلِ 馬丁

سَائِق > سوق 複 ون / سَاقَة ❖ 形運転している 名運転手,ドライバー

أُحِبُّ أَنْ أَجْلِسَ قُرْبَ السَّائِقِ 私は運転手の近くに座るのが好きだ

سَائِل > سأل 複 ون / سُؤَّال / سَائِلَة ❖ 形物を乞う 名乞食,物貰い;質問者,質問する人

أَتَنْهَرُ الْفَقِيرَ السَّائِلَ ، بَدَلَ أَنْ تُحْسِنَ إِلَيْهِ ؟ あなたは物を乞う貧しい人に施しをしないで,追い立てるのですか

سَأَلَ سَائِلٌ 質問者が質問した

سَائِل > سيل 複 سَوَائِل ❖ 形液体の;流れている 名液,液体

مَصَّ السَّائِلَ الْأَبْيَضَ 彼はその白い液体を飲んだ(すすった)

اَلْمَاءُ سَائِلٌ شَفَّافٌ　水は透明な液体です

سُؤَال < سائل ❖ ⇒ سَائِل 名

سَابَ ، يَسِيبُ < سيب ❖ (水が)流れる;急ぐ

سَابَ الْمَاءُ　水が流れた

سَابِع < سبع 女 سَابِعَة ❖ 第七(の),七番目(の)

سَابِعَ عَشَرَ 女 سَابِعَةَ عَشْرَةَ　第十七(の)/十七番目(の)

سَنَرْجِعُ فِي الْيَوْمِ السَّابِعِ مِنْ هٰذَا الشَّهْرِ　今月の七日に帰りましょう

سَابَقَ < سبق III 名 سِبَاق ❖ 競う,競争する 名 競争,コンテスト

سَابَقْتُهُ فِي السِّبَاقِ　私はその競技で彼と競った

سَابَقَ الرِّيحَ　大いに急いだ ※風と競うようにして

سَابِق < سبق ❖ 前の,先の,先行の;前述の

سَابِقًا / فِي السَّابِقِ　前に/以前に/前もって

كَالسَّابِقِ　以前と同じように

اَلدَّرْسُ السَّابِقُ　前回の授業

سَابِقَة < سبق 複 سَوَابِق ❖ 上位,優先;前科;先例,前例

مِنْ أَصْحَابِ السَّوَابِقِ　前科持ちの/前科のある

شَكَّلَ سَابِقَةً　前例となった

سَاحَ ، يَسِيحُ < سيح ❖ (水が)流れる;溶ける;旅行する,放浪する

أَشْتَغِلُ أَحَدَ عَشَرَ شَهْرًا، وَأَسِيحُ شَهْرًا　十一ヶ月働いて,一ヶ月旅行します

سَاحَ فِي الْعَالَمِ　世界を放浪した

سَاحَة < سوح 複 سُوحٌ/سَاحٌ ❖ 広場;庭

سَاحَةُ الْمَدْرَسَةِ　校庭

سَاحَةُ الْقِتَالِ　戦場

سَاحَةُ الْقَضَاءِ　法廷

سَاحَةُ الْأَلْعَابِ　運動場

يَلْعَبُ الْأَوْلَادُ فِي السَّاحَةِ　子供達は広場で遊ぶ

سُحَّار / سَحَرَة 複 سحر < سَاحِرٌ ❖ 形魅惑的な 名魔法使い;手品師

سَوَاحِر 複 سَاحِرَة 女 　女魔法使い,魔女

لَا أَظُنُّهُ سَاحِرًا 　私は彼が魔法使いとは思わない

سحق < سَاحِق ❖ 圧倒的な

اَلْأَكْثَرِيَّة السَّاحِقَة 　圧倒的(な)多数

سَاحِلِيّ 関 سَوَاحِل 複 سحل < سَاحِل ❖ 海岸,海辺;沿岸 関海岸の,海辺の

مُنَاخُ السَّاحِلِ أَفْضَلُ مِنْ مُنَاخِ الْجَبَلِ 　海辺の気候は山の気候より良い

نَجِدُ صَيَّادَ السَّمَكِ فِي الْبِيئَةِ السَّاحِلِيَّةِ 　沿岸地方には漁師がいるのが分かります

سخن < سَاخِن ❖ 熱い,温かい

مَاء سَاخِن 　お湯/熱湯

اَلْمَاءُ سَاخِنٌ 　その水は熱い

سِيَادَة 名 سود < سَادَ ، يَسُودُ ❖ 長(トップ)になる,支配する,治める;包まれる
名支配;主権

سَادَتِ الْاِجْتِمَاعَ عَلَاقَةُ وِدٍّ (وُ) 　会議は友好と親善の雰囲気に包まれた

اَلْحَسُودُ لَا يَسُودُ 　しっと深い者はトップ(長)になれない

فَرِّقْ تَسُدْ 　分断して支配せよ[格言]

سود < سَادَة ❖ 砂糖なしの;単純な

قَهْوَة سَادَة 　ブラックコーヒー

سود < سُؤْدُد (وُ) ❖ 支配力,支配,統治;力

اَلْكُلُّ يَعْتَرِفُ لَهُ بِالسُّؤْدُدِ 　彼に力があるのは皆が知っている

سَادِسَة 女 سدس < سَادِس ❖ 第六(の),六番目(の)

سَادِسَ عَشَرَ 男 سَادِسَةَ عَشْرَةَ 女 　第十六(の)/十六番目(の)

مَقَاعِدُنَا فِي الصَّفِّ السَّادِسِ 　私達の席は六番目の列にあります

سُذَّجٌ 複 سذج < سَاذَج (ـَ) ❖ 人の好い,お人好しの;単純な;(服が)質素な
複素朴な人々

فَتًى سَاذَج 　人の好い若者

سَارَ ، يَسِيرُ < سير 名 سَيْر 命 سِرْ 女 سِيرِي ❖ 行く,進む;走る 名進行 命行きなさい
※هِيَ سَارَتْ/ أنا سِرْتُ

سَارَ فِي الطَّرِيقِ　　道を進んだ

اَلْقِطَارُ سَارَ بِسُرْعَةِ ٥٠ كِيلُومِتْر فِي السَّاعَةِ　　列車は時速５０キロメートルで走った

سَارٌّ < سر ❖ 嬉しい,喜ばしい

نَجَاحُكَ فِي الامْتِحَانِ خَبَرٌ سَارٌّ　　あなたの試験の合格は嬉しい知らせです

سَارَعَ < سرع III ❖ 急ぐ,急いで行く

نَادَانِي جَدِّي ، فَسَارَعْتُ إِلَيْهِ　　祖父が呼んだので,私は急いで行きました

سَارِق < سرق 複 ـون / سَرَقَة ❖ 盗人,泥棒

اِعْتَرَفَ السَّارِقُ بِالسَّرِقَةِ　　盗人が盗みを白状した

سَاسَ ، يَسُوسُ < سوس ❖ 統治する,支配する;指示する,指揮する;運営す

عَرَفَ الْمَلِكُ كَيْفَ يَسُوسُ الْبِلَادَ　　王は国を統治する方法を知っていた

سَاطُور 複 سَوَاطِير ❖ (肉厚の肉を切る)包丁,牛刀,出刃包丁

يَكْسِرُ اللَّحَّامُ الْعَظْمَ بِالسَّاطُورِ　　肉屋は牛刀で骨を砕いた

سَاعٍ < سعى 複 ـون / سُعَاة ❖ 配達員,配達人 ※定 اَلسَّاعِي

أَتَانَا السَّاعِي بِالرِّسَالَةِ الَّتِي نَنْتَظِرُهَا　　私達が待っていた手紙を持って,配達人が来た

سَاعَة < سوع 複 ـات ❖ 時,時間,時刻;1時間;時計;今,現在(ـسَّاعَةَ

اَلسَّاعَةُ كَمْ ؟ / كَمِ السَّاعَةُ ؟　　今,何時ですか

كَمْ سَاعَةً ؟　　どのくらい時間は掛かりますか

سَاعَة كَبِيرَة　　置き時計/柱時計

سَاعَة يَد　　腕時計

حَتَّى السَّاعَةِ　　今まで/現在まで

سَاعَدَ < سعد III 名 مُسَاعَدَة 複 ـات ❖ 助ける,手伝う(~عَلَى/فِي:~を),援助する
名助け,援助,支援

أَمُمْكِن تُسَاعِدُنِي؟　　手伝ってくれませんか[口語]

مُساعَدات اقْتِصادِيَّة	経済援助
ساعِدٌ ＜سعد 複 سَواعِد	❖ 前腕,腕;川の支流が本流に合流する所
اِشْتَدَّ ساعِدُهُ	力強くなった/腕力がついた
فَتَّ فِي ساعِدِهِ	無力にした/弱くした
ساغَ ، يَسُوغُ	❖ 食べやすい,飲みやすい;美味しい;許されている
فِي النُّزْهَةِ يَسُوغُ الطَّعامُ وَالشَّرابُ	ピクニックでは食べ物や飲み物が美味しい
سافَرَ ＜سفر III 名 مُسافَرَة	❖ 旅行する,旅をする(～إِلَى:～を,へ) 名旅行,旅
سافَرْتُ إِلَى سُورِيَّا	私はシリアを旅行した(旅した)
سافِرٌ ＜سفر 女 سافِرَة 女男複 سَوافِر	❖ 形明らかな 名(女性の顔を)露出する事
جُرْم سافِر	明らかな犯罪
سافِلٌ ＜سفل 複 سَفَلَة	❖ 卑しい,恥ずべき,下劣な
هٰذا الْغُلامُ سافِلٌ ، فَتَجَنَّبْهُ	この若者は下劣だから,避けなさい
ساقَ ، يَسُوقُ ＜سوق 受 سِيقَ ، يُساقُ	❖ (自動車などを)運転する;追い込む;送る;徴兵する 受追い込まれる;送られる
ساقَ الرّاعِي الْقَطِيعَ إِلَى الْمَرْعَى	羊飼いは羊の群を牧草地に追い込んだ
ساقَ السَّيّارَةَ	自動車を運転した
سِيقَ اللِّصُّ إِلَى السِّجْنِ *	その盗人は刑務所に送られた *受
ساقٌ ＜سوق 複 سِيقان/سُوق	❖ 女脚 ※膝下から足首までの部分 ※男幹;茎
ساقانِ(يْنِ)	両足/両脚 ※( )内は対属
ساقُ الشَّجَرَةِ	木の幹
ساقُ الشَّجَرَةِ يَغْلُظُ * وَيَصْلُبُ * مَعَ السِّنِ	木の幹が年々厚みを増し,堅くなった *男性形
ساقُ النَّباتِ	植物の茎
ساقِطٌ ＜سقط 複 سُقّاط	❖ (身分が)卑しい,恥ずべき;落下した
ما لَكَ وَهٰذا الْفَتَى السّاقِطُ؟	この不良(青年)が君に何をしたのですか
ساقِيَة ＜سقى	❖ ホステス(複 سُقاة);用水路(複 سَواقٍ)

تَقُومُ بِخِدْمَةِ الْمَدْعُوِّينَ سَاقِيَةٌ حَسْنَاءُ　美しいホステスが招待客を接待する

جَرَى الْمَاءُ نَظِيفًا فِي السَّاقِيَةِ　きれいな水が用水路に流れていた

سَاكِت < سكت ❖ 沈黙の，黙っている

سَاكِتًا　沈黙して/黙って

جَلَسَ سَاكِتًا　彼は黙って座った

سَاكَنَ < سكن III ❖ (～と)一緒に住む；(部屋を)共有して住む

يُسَاكِنُنِي الْغُرْفَةَ　彼は私と部屋を共有して住んでいます

سَاكِن < سكن 複 سُكَّان / -ون ❖ 形住んでいる；静かな，動きのない
名住民，住人；静けさ

أَنَا سَاكِنٌ فِي هٰذِهِ الْقَرْيَةِ　私はこの村の住民(住人)です

كَمْ عَدَدُ سُكَّانِ هٰذِهِ الْقَرْيَةِ ؟　この村の人口はどのくらいですか

كَانَتِ الرِّيحُ سَاكِنَةً　風は止んでいた

صَوْتٌ سَاكِنٌ　子音/子音

سَأَلَ ، يَسْأَلُ 名 سُؤَال 複 أَسْئِلَة ❖ 尋ねる，質問する；頼む，要望する 名質問

سَأَلْتُ شُرْطِيًّا عَنِ الطَّرِيقِ　私は警察官に道を尋ねた

سَأَلَنِي الشَّحَّاذُ مَالًا　物貰いは私に施しを求めた

أَجِبْ عَنْ كُلِّ سُؤَالٍ مِنَ الْأَسْئِلَةِ التَّالِيَةِ　次の問題の各問に答えなさい

أَجَابَ عَلَى السُّؤَالِ　質問に答えた

أَسْئِلَةٌ وَإِجَابَاتٌ　質疑応答

تَلَقَّى سُؤَالًا　質問を受けた

سَالَ ، يَسِيلُ < سيل ❖ 流れる

سَالَ الدَّمُ　血が流れた

يَسِيلُ الْمَاءُ فِي الْمَجْرَى　小川に水が流れている

سَالِف < سلف 複 سَوَالِف ❖ 形以前の，前の 名昔，昔話；もみ上げ

فِي سَالِفِ الزَّمَانِ　昔々

سَالِفُكَ الْأَيْمَنُ أَقْصَرُ مِنَ الْأَيْسَرِ　あなたの右のもみ上げは左のより短い

سَالَمَ < سلم III 名 مُسَالَمَة ❖ 仲良くする,仲直りする;平和を保持する 名和解

أُرِيدُ أَنْ أُسَالِمَكَ　私はあなたと仲直りしたい

سَالِمٌ < سلم 複 ون ❖ 無事な;健康な;安全な

اَلْفِعْلُ (الْجَمْعُ) السَّالِم　規則動詞(複数形)

سَالِمًا　無事に/安全に

هَبَطَ إِلَى الْأَرْضِ سَالِمًا　無事に,地面に降りた

سَئِمَ ، يَسْأَمُ 名 سَأَم (ـَ) ❖ 飽きる,嫌になる,うんざりする(~مِنْ:~に)
名退屈;嫌気;嫌悪

هَلْ تَسْأَمُ مِنَ الْقِيَامِ بِنَفْسِ الْعَمَلِ ؟　同じ仕事をしていて,嫌になりませんか

شَعَرَ بِالسَّأَمِ　退屈した

سَامٌّ < سم ❖ 毒の,毒性のある,有毒な

غَازَات سَامَّة　毒ガス

اَلْعَقْرَبُ سَامٌّ　サソリには毒がある

سَامٍ < سمو 複 سُمَاة ❖ 高い,高められた;高等な ※定 اَلسَّامِي

مَقَامٌ سَامٍ　高い地位

اَلْمَنْدُوب السَّامِي　高等弁務官

سَامَحَ < سمح III 名 مُسَامَحَة ❖ 許す 名許し(複 ـات:休暇)

كَمْ مَرَّةٍ أَذْنَبْتَ وَسَامَحْتُكَ !　あなたの過ちを私は何度許したことか

سَامَرَ < سمر III 名 مُسَامَرَة ❖ 夜に談笑する 名夜話;談笑,おしゃべり

فِي سَهَرِي خَيَالُكَ يُسَامِرُنِي　私が徹夜をしていると,あなたの幻が話しかける

سَانَدَ < سند III 名 مُسَانَدَة ❖ 助ける,支援する,援助する 名支援,援助,サポート

أَنْتَ تُهَاجِمُ الْهَدَفَ، وَنَحْنُ نُسَانِدُكَ　君はゴールを狙え,私達が君をサポートするから

سَاهَرَ < سهر III ❖ (~と)徹夜する

يُرِيدُ أَنْ يُسَاهِرَنَا　彼は私達と夜を過ごしたがっている

سَاهَمَ < سهم III 名 مُسَاهَمَة ❖ 貢献する;参加する,協力する;くじを引く;
分担する(~فِي:~を) 名貢献;参加

سَاهَمَ فِي تَحْقِيقِ السَّلَامِ فِي الْعَالَمِ　世界平和の実現に貢献した

شَرِكَة مُسَاهَمَةٍ　株式会社/共同出資会社

سَاوَى، يُسَاوِي＜سوي III 名 مُسَاوَاة ❖ 同じである;等しくする 名等しい事,同等;平等

٢ وَ ٣ تُسَاوِي ٥　2＋3＝5

هٰذَا الْكِتَابُ يُسَاوِي وَزْنَهُ ذَهَبًا　この本は金と同じ価値がある

عَلَى قَدَمِ الْمُسَاوَاةِ　平等に

مُسَاوَاة الرِّجَالِ بِالنِّسَاءِ　男女平等

عَدَمُ الْمُسَاوَاةِ　不平等

سَاوَمَ، يُسَاوِمُ ＜سوم 名 مُسَاوَمَة ❖ 値切る 名値切る事;バーゲン

اَلنِّسَاءُ يُسَاوِمْنَ الْبَاعَةَ أَكْثَرَ مِنَ الرِّجَالِ　ご婦人方は殿方よりも,良く値切る

سَايَرَ، يُسَايِرُ ＜سير III 名 مُسَايَرَة ❖ 並んで歩く,同行する;仲良くする,うまくやる 名友情;適応,調整

أَتُسَايِرُ رَفِيقَكَ؟　友達と仲良くしていますか

سَبَّ (u) سَبٌّ 名 سُبٌّ ❖ 貶す,侮辱する;呪う 名ののしり,罵倒;侮辱

عَلِّمْ وَلَدَكَ أَلَّا يَسُبَّ أَحَدًا　子供に人を貶さないように教えなさい

((لَا تَسُبُّوا الدَّهْرَ))　運命を呪うな

سَبَّابَة ＜سب ❖ 人差し指

قَرَأَ مُشِيرًا إِلَى الْكَلِمَاتِ بِسَبَّابَتِهِ　人差し指で言葉を示しながら読んだ

سُبَات＜سبت 関 سُبَاتِيّ ❖ 眠気;眠り,まどろみ 関眠い;眠りの

غَرِقَ فِي سُبَاتٍ عَمِيقٍ　深い眠りに落ちた

سِبَاحَة ＜سبح ❖ ⇒ سَبَحَ 名

سُبَاعِيّ＜سبع ❖ 七つからなる;妊娠七ヶ月で生まれた

اِسْتِفْهَام : لَفْظٌ سُبَاعِيّ　اِسْتِفْهَام は7文字からなる語です

سِبَاق＜سبق 複 -ات ❖ 競走,レース

سِبَاق ١٠٠ مِتْرٍ　100メートル競走

فَازَ عَلَى أَقْرَانِهِ فِي السِّبَاقِ　友人達に競走で勝った

سِبَاق الْخَيْلِ　競馬

سَبَّبَ < سب II 名 تَسْبِيب ❖ 引き起こす；もたらす，与える；原因となる 名原因

سَبَّبَ ضَرَرًا لِـ～　～に害を及ぼした

الزُّحَارُ يُسَبِّبُ إِسْهَالًا شَدِيدًا　赤痢は激しい下痢を引き起こす

سَبَبٌ < سب 複 أَسْبَاب ❖ 理由，原因；目的 ※複手段，方法

لِهٰذَا السَّبَبِ　この理由で

بِسَبَبِ ذٰلِكَ　その為に

بِدُونِ (مِنْ غَيْرِ) سَبَبٍ　理由もなく

مَا سَبَبُ الزِّيَارَةِ ؟　訪問の目的は何ですか

أَسْبَاب الْعَيْشِ　生活手段

أَسْبَاب الرَّاحَةِ　贅沢品

(الـ)سَّبْت < سبت ❖ 土曜日

يَوْم السَّبْتِ　土曜日

سِبْتَمْبِرُ (ـرٌ) ❖ 九月　※西暦の九月

يَنْتَهِي الصَّيْفُ فِي شَهْرِ سِبْتَمْبِرَ　夏は九月に終わる

سَبَحَ (a) 名 سِبَاحَة ❖ 泳ぐ，浮かぶ 名水泳，泳ぎ

نَسْبَحُ فِي النَّهْرِ　私達は川で泳ぎます

هُوَ يُحْسِنُ السِّبَاحَةَ　彼は泳ぎが上手い

تَعَلَّمْتُ السِّبَاحَةَ وَأَنَا طِفْلٌ　私は小さい時に泳ぎを覚えました

سَبَّحَ < سبح II 名 تَسْبِيح ❖ (神を)讃える，賛美する 名神への賛美

سَبَّحَ اللهَ　神を讃えた(賛美した)

سُبْحَانَ ❖ 神に讃えあれ

سُبْحَانَ اللهِ　神に讃えあれ

سُبْحَة 複 سُبُحَات/سُبَح ❖ 数珠

يَحْمِلُ السُّبْحَةَ لِلتَّسْبِيحِ　神を讃えるために数珠を持っている

(ـُ) سَبُع 複 أَسْبُع / سِبَاع / سُبُوع ❖ 肉食動物

اَلنَّمِرُ سَبُعٌ مُخِيفٌ كَالْأَسَدِ　虎はライオンのように恐ろしい肉食動物です

سُبْع 複 أَسْبَاع ❖ 7分の1

أَرْبَعَة أَسْبَاعٍ　7分の4

سَبْعَة 男 سَبْع 女 ❖ 七/7,七/7,七つ/7つ

سَبْعَةَ عَشَرَ 女 سَبْعَ عَشْرَة　十七/17/十七/17

سَبْعُ مِئَةٍ　七百/700

سَبْعَة آلَافٍ　七千/7,000

فِي الْأُسْبُوعِ سَبْعَةُ أَيَّامٍ　一週間は7日(7日)あります

سَبْعُونَ < سبع 属対 سَبْعِينَ ❖ 七十/70

سَبْعِينِيَّات < سبع ❖ 70台 ※70から7　9までの数

اَلسَّبْعِينِيَّات　70年代

سَبَغَ (a,u) ❖ 長い;豊かである

سَبَغَ الثَّوْبُ　服は長かった

سَبَقَ (i,u) ❖ 先行する,先んずる;勝る

اَلْجُمْلَةُ الَّتِي سَبَقَ ذِكْرُهَا　前述の文章

سَبَقَ لَهُ أَنْ ~　彼はすでに〜をしていた

سَبَقَ لَنَا الْقَوْلُ　それはすでに私達が言っていた

لَا يَسْبِقُ لَهُمْ أَنْ شَاهَدُوا مَوْزًا　彼らはまだバナナを見た事がない

سَبَكَ (i,u) ❖ 鋳造する;上品にする

يَسْبُكُ الصَّائِغُ الْفِضَّةَ　貴金属商が銀を鋳造する

(ـَ)

سَبُّورَة < سبر ❖ 黒板

كَتَبَ التِّلْمِيذُ الْإِجَابَةَ عَلَى السَّبُّورَةِ　生徒は黒板に答を書いた

سَبِيكَة < سبك 複 سَبَائِك ❖ インゴット,鋳塊

سَبِيكَة الذَّهَب　金塊/金の延べ棒

سَبِيل ＜ سبل 複 سُبُل سُبُل / أَسْبِل ❖男女道;方法,手段

سَوَاء السَّبِيل　真っ直ぐな正しい道/正道

فِي سَبِيل ~　～のために

اُبْذُلْ فِي سَبِيلِ النَّجَاحِ قُصَارَى جَهْدِ　成功するために最善を尽くしなさい

عَلَى سَبِيل ~　～として

سُبُل الْمُوَاصَلَات　交通手段

سِتَار ＜ ستر 複 سُتُر ❖幕,カーテン

أُسْدِلَ السِّتَار　幕が下りた

أَزَاحَ السِّتَار عَنْ ~　～のベールを剥いだ/～の秘密を明らかにした

السِّتَار الْفِضِّيّ　映画のスクリーン(銀幕/映写幕)

سِتَارَة ＜ ستر 複 سَتَائِر ❖カーテン,ブラインド

جُهِّزَتْ كُلُّ نَافِذَةٍ بِسِتَارَةٍ مَعْدِنِيَّةٍ　すべての窓に金属製のブラインドが付いていた

سِتَّة 男 سِتّ 女 ❖六/6,六つ/6つ

سِتَّةَ عَشَرَ 男 سِتَّ عَشْرَةَ 女　十六/16

سِتّ مِئَةٍ　六百/600

سَتَرَ (u, i) ❖覆う;隠す;守る;許す(～عَلَى:～を)

سَتَرَ وَجْهَهُ بِيَدِهِ　手で顔を覆った

حَارَ الْمُتَفَرِّجُونَ كَيْفَ يَسْتُرُونَ
رُؤُوسَهُمْ مِنْ أَشِعَّةِ الشَّمْسِ　見物人は陽光から頭を守る方法に困った

سَتَّرَ ＜ ستر II ❖覆う;隠す

كَيْفَ نُصْلِحُ عُيُوبَ وَلَدِنَا ،
وَأَنْتِ تُسَتِّرِينَهَا ؟　どうやってわしらの子供の短所を直そうか,
お前,(その短所を)隠せるか

سُتْرَة 複 سُتَر ❖上着,ジャケット,ジャンパー

لَسْتُ بِحَاجَةٍ إِلَى سُتْرَةٍ　私にはジャンパーの必要はありません

سِتُّونَ 属対 سِتِّينَ ❖ 男女 六十/６０

أَقَمْتُ فِي غَزَّةَ سِتِّينَ يَوْمًا　私はガザに６０日間滞在した

سَجَّادَة < سجد 複 سَجَاجِيد ❖ じゅうたん，敷物　※お祈りする時に使われる

اِشْتَرَى عَمِّي سَجَّادَةً عَجَمِيَّةً　おじさんはペルシャじゅうたんを買いました

سِجَارَة 複 ‐ات/سَجَائِر ❖ (紙巻き)煙草

دُخَانُ السِّجَارَةِ أَفْسَدَ هَوَاءَ الْغُرْفَةِ　煙草の煙が部屋の空気をだめにした

سَجَّان < سجن ❖ 看守

يُقَيِّدُ السَّجَّانُ حُرِّيَّةَ الْأَسِيرِ　看守が捕虜の自由を束縛する

سَجَدَ (u) ❖ 礼拝する ※跪いたり，体を地面に傾けて行う

يَسْجُدُ الْمُصَلُّونَ مَعًا أَمَامَ الْمَعْبَدِ　礼拝者は神殿の前で，一緒に礼拝する

سُجُق ※ سُجُقَة ❖ ソーセージ ※１本のソーセージ

سَجَّلَ < سجل II 名 تَسْجِيل ❖ 登録する；記録する，書き留める，録音する
名記録，録音

سَجَّلَ الِاسْمَ وَالْعُنْوَانَ فِي الْمَكْتَبِ　事務所で名前と住所を登録した

سَجَّلَ رَقْمَ الْقِيَاسِ الْعَالَمِيِّ　世界新を記録した

سَجَّلَ الرَّقْمَ فِي الدَّفْتَرِ　手帳に番号を書き留めた

يُسَجَّلُ فِي التَّارِيخِ　歴史に残る

سَجَّلَ الْأُغْنِيَّةَ عَلَى شَرِيطٍ(أُسْطُوَانَةٍ)　歌をテープ(ＣＤ)に録音した(吹き込んだ)

آلَةُ التَّسْجِيلِ　テープレコーダー

أَيْنَ يَكُونُ تَسْجِيلُ الْأَسْمَاءِ؟　名前の記録(名簿)はどこにありますか

عِنْدَمَا يُسَجِّلُ الْهَدَفَ، يُصَفِّقُ الْمُشَاهِدُونَ وَيَهْتِفُونَ　ゴールが決まると観客は拍手をし，声援を送る

سِجِلّ 複 ‐ات ❖ 名簿；記録簿，帳簿，(公式な)登録簿，台帳

سِجِلٌّ عَقَارِيّ　土地台帳

سِجِلُّ الْمُحَاسَبَةِ　会計帳簿/会計簿

سَجَنَ (u) 受 سُجِنَ ❖ 投獄する，刑務所に入れる 受投獄される

تَسْجُنُ السُّلْطَةُ الْمُجْرِمِينَ لِتُعَاقِبَهُمْ　政府は犯罪者を罰するために，刑務所に入れる

سِجْن 複 سُجُون ❖ 刑務所，監獄，牢屋

رَسَائِلُ السِّجْنِ　監獄からの手紙

غَادَرَ السِّجْنَ　出所した

سِيقَ الشَّبَابُ الْمِصْرِيُّونَ إِلَى السُّجُونِ　エジプトの若者達は刑務所に送られた

سَجِين <سجن 複 سُجَنَاء ❖ 形囚われた 名囚人，捕虜

رَاقَبَ السُّجَنَاءَ　囚人を監視した

أَضْرَبَ السَّجِينُ عَنِ الطَّعَامِ　囚人はハンガーストライキをした

سَحَاب 複 سُحُب ※ سَحَابَة ❖ 雲 ※1片の雲

طِرْنَا فَوْقَ السَّحَابِ　私達は雲の上を飛んだ

سَحَبَ (a) ❖ 引っ張る，引く，引き出す；適用する；奪う

مَشَى يَسْحَبُ ذَيْلَهُ　気取って，自慢げに歩いた

سَحَبَ رَأْيَهُ　彼は<u>意見を引っ込めた</u>(撤回した)

سَحَبَ مَالَهُ مِنَ الْبَنْكِ　銀行から，お金を引き出した

سَحَرَ (a) 名 سِحْر ❖ 魔法をかける；魅惑する，魅了する 名魅了

سَحَرَتِ الْعَجُوزُ الْقَرْعَةَ ، فَصَارَتْ عَلَبَةً جَمِيلَةً　おばあさんがカボチャに魔法をかけると，美しい馬車になりました

سَحَر 複 أَسْحَار ❖ 夜明け前

آكُلُ الطَّعَامَ فِي السَّحَرِ　私は夜明け前に食事を取る

سَحَقَ (a) ❖ 砕く，潰す；撃破する，一掃する

سَحَقَ الصَّرْصُورَ بِقَدَمِهِ　ゴキブリを<u>足で潰した</u>(踏み潰した)

سَحَقَ جَيْشَ الْأَعْدَاءِ　敵軍を一掃した

سِحْلِيَّة <سحل 複 سَحَالٍ ❖ トカゲ

زَحَفَتِ السِّحْلِيَّةُ مِنْ جُحْرِهَا إِلَى الْحَائِطِ　トカゲが巣穴から壁まで這って行った

سَحِيق <سحق ❖ 深い;遠い

وَادٍ سَحِيقٌ　深い谷

تَعُودُ هٰذِهِ الْآثَارُ إِلَى مَاضٍ سَحِيقٍ　この遺跡は遠い時代に遡る

سَخَا ، يَسْخُو <سخو 名 سَخَاء ❖ 寛大である,物惜しみしない(~بِ:~を)

نَحْنُ نَعْرِفُكَ كَرِيمًا تَسْخُو بِالْمَالِ　私達はあなたが寛大にも,お金を惜しみなく与えている事を知っています

سَخَافَة <سخف ❖ 愚かな事;つまらない物(複 -ات)

خَوْفُكَ مِنَ الرَّقْمِ ١٣ دَلِيلُ سَخَافَةٍ　あなたが数字の 1 3を恐れるのは,愚かさの証

سَخِرَ (a) 名 سَخَر (سُخْر) ❖ (馬鹿にして)笑う,からかう(~مِنْ:~を)
名嘲り,侮辱

اَلْوَلَدُ غَاضِبٌ لِأَنَّ زَمِيلَهُ يَسْخَرُ مِنْهُ　友達にからかわれて,少年が怒っています

سَخَّرَ <سخر II 名 تَسْخِير ❖ 支配する;搾取する;利用する;従わせる
名搾取;利用

لَا تَدَعِ الْعَامِلَ يَشْعُرُ أَنَّكَ تُسَخِّرُهُ　労働者にあなたが搾取していると感じさせてはいけません

سُخْرَة ❖ 強制労働,労役;笑いもの

اَلسُّخْرَةُ مَظْهَرٌ مِنْ مَظَاهِرِ الْاِسْتِعْبَادِ　強制労働は奴隷制の一側面である

سُخْرِيَّة <سخر ❖ 嘲り,嘲笑

أَقْبَلُ اللَّوْمَ ، وَلَا أَقْبَلُ السُّخْرِيَّةَ　批判は受け入れるが,嘲り(嘲笑)は許せない

سَخِطَ (a) 名 سُخْط (سُخُط) / سَخَطٌ ❖ 怒る,怒る,憤る 名怒り,不満

كَيْفَ لَا يَسْخَطُ الْمَظْلُومَ ؟　彼はなぜその不正に怒らないのですか

يُعْرِبُ الْعُمَّالُ عَنْ سُخْطِهِمْ بِالْإِضْرَابِ　労働者はストライキで不満を表す

سَخُفَ (u) 名 سُخْف ❖ 頭が弱い;愚かである 名愚かな言動,愚かさ

يَسْخُفُ مَنْ يَعْتَقِدُ أَنَّ الشَّرَّ زَائِلٌ　悪人が減りつつあると思うのは愚かな事である

سَخُنَ (u) (سَخِنَ) / سَخَنَ (a) ❖ 熱くなる

بَدَأَ مَاءُ الْحَمَّامِ يَسْخُنُ　風呂の水が熱くなり始めた

سَخَّنَ <سخن II ❖ 沸かす,熱くする,温める

سَخَّنَ مَاءَ الْحَمَّامِ　風呂(の水)を沸かした

سُخْن ❖ 熱い; 温かい

اَلْحَسَاءُ سُخْنٌ يَلْذَعُ اللِّسَانَ　スープは舌を火傷させるほど熱い

سَخِيّ ❖ 寛大な, 気前の良い; 豊富な, 十分な; 多大な

نَشْكُرُ لَكَ عَطَاءَكَ السَّخِيَّ　(私達は)あなた様の多大な寄付に感謝しています

سَخِيف <سخف 複 سِخَاف ❖ 下らない, 馬鹿げた, 愚かな

رَأْيُهُ رَأْيٌ سَخِيفٌ　彼の意見は下らない意見だ

سَخِيفُ الْعَقْلِ　愚かな

سَدَّ ، يَسُدُّ ❖ 塞ぐ, せき止める

سَدَّ الْجَيْشُ الطَّرِيقَ　軍隊が通りを塞いだ

سَدَّ أُذْنَهُ بِأَصَابِعِهِ　耳を指で塞いだ

يُسَدُّ مَجْرَى النَّهْرِ　川の流れがせき止められる

سَدٌّ 複 سُدُود / أَسْدَاد ❖ ダム; 障害物; 区切り

يَتَدَفَّقُ الْمَاءُ مِنَ السَّدِّ بِقُوَّةٍ　ダムから水が勢い良く出ている

سُدًى <سدو ❖ 無駄に, 無益に

ذَهَبَ سُدًى　無駄に終わった/徒労に帰した

ذَهَبَ كَلَامُهُ سُدًى　彼の言葉は無駄だった

سُدَاس <سدس 関 سُدَاسِيّ ❖ 男女 六ずつ 関 六からなる; 六角形の; 六倍の

جَاءَ التَّلَامِيذُ سُدَاسَ　生徒達は六人ずつ, やって来た

مُجَسَّم سُدَاسِيّ　六面体

فِعْل سُدَاسِيّ　六文字からなる動詞/6語動詞

سَدَّدَ <سد II 名 تَسْدِيد ❖ ねらいを付ける; 返済する, 返す; 閉ざす, 塞ぐ
名 返済, 支払い

سَدَّدَ خُطَاهُ　(正しい道へ) 導いた

سَدَّدَ دَيْنَهُ　借金(負債)を返済した

تَحْتَ التَّسْدِيدِ　返済されていない

سُدْس 複 أَسْدَاس ❖ 6分の1

سُدْسُ السِّتَّةِ وَاحِدٌ　6の6分の1は1です

سَدَلَ (i, u) ❖ (髪を)お下げにする；下げる；低くする

سَدَلَتْ شَعْرَهَا　彼女は髪をお下げにしていた

سَذَاجَة ＜ سذج ❖ 無邪気な事，純真さ

فِي سَذَاجَةٍ　無邪気に

سَذَاجَةُ الْأَطْفَالِ　子供の純真さ

سَرَّ (u) 受 سُرَّ ، يُسَرُّ 名 سُرُور ❖ 喜ばす 受喜ぶ 名喜び

سُرَّ الْأَوْلَادُ بِالنُّزْهَةِ عَلَى الشَّاطِئِ　子供たちは海辺への行楽に喜んだ

يَسُرُّنِي أَنْ أَرَاكَ تَنْشَطُ فِي عَمَلِكَ　あなたが張り切って仕事をしているのを見ると，私は嬉しくなります

حَضَرَ الْحَفْلَةَ بِكُلِّ سُرُورٍ　喜んでパーティに出席した

سِرٌّ ＜ 複 أَسْرَار 関 سِرِّيّ ❖ 秘密；(秘された)本質 関秘密の，内緒の

سِرًّا　内緒で/秘密裏に/密かに/個人的に

اِكْشِفْ سِرَّهُ　彼の秘密を探りなさい

كَلِمَةُ السِّرِّ / سِرُّ اللَّيْلِ　パスワード/合い言葉

كَاتِبُ السِّرِّ　私設秘書

أَتْعَبَ سِرَّهُ　悩ました

سَرَى ، يَسْرِي ❖ 夜に旅をする；効果的である，効用がある

اَلْقَافِلَةُ تَسْرِي فِي بُرُودَةِ اللَّيْلِ　キャラバンは夜の寒さの中を旅する

سَرَّاءُ ＜ سر ❖ 幸せ，幸福；繁栄

فِي السَّرَّاءِ وَالضَّرَّاءِ　幸せな時も辛い時も/良い時も悪い時も

سَرَابٌ ＜ سرب ❖ しんきろう/蜃気楼，幻影

فَرِحَ الْمُسَافِرُونَ فِي الصَّحْرَاءِ بِرُؤْيَةِ الْمَاءِ ، فَإِذَا الْمَاءُ سَرَابٌ　旅行者は砂漠で水を見て喜んだ，すると水は蜃気楼だった

سِرَاجٌ ＜ سرج 複 سُرُجٌ ❖ ランプ；灯火

سَهِرْنَا فِي الْمُخَيَّمِ عَلَى نُورِ سِرَاجٍ　私達は明かりを付けたテントの中で夜を過ごした

سَرَاحٌ < سرح ❖ 解放；釈放；(離婚して婦人を)自由にする事

أَطْلَقَ سَرَاحَهُ　(彼を)解放した/自由にした

سِرَاطٌ < سرط ❖ はっきりした道(＝ صِراطٌ)

رَبَّنَا ، اهْدِنَا السِّرَاطَ الْمُسْتَقِيمَ　神よ，私達を正しい道にお導き下さい

سَرَايَة / سَرَايَا 複 ـات ❖ 王宮，宮殿；政府庁舎

سِرْب 複 أَسْرَاب ❖ (動物の)群；(女性の)集団；(飛行機の)編隊

حَطَّ سِرْبُ الْحَمَامِ عَلَى سَطْحِ الْمَعْبَدِ　鳩の群が神社の屋根に降りた

تَطِيرُ أَسْرَابُ الطُّيُورِ فِي السَّمَاءِ　鳥の群が空を飛んでいる

سُرَّة 複 ـات/ سُرَرٌ ❖ へそ，へその緒；真ん中

غَطِّ سُرَّتَكَ　へそを隠しなさい

سَرْج 複 سُرُوج ❖ 鞍

وَضَعَ السَّائِسُ السَّرْجَ عَلَى ظَهْرِ الْفَرَسِ　調教師が鞍を馬の背中に乗せた

سَرَحَ (a) ❖ 朝早く出掛ける；出歩く，うろつく；自由に草を食む

يَسْرَحُ الْبَزَّاقُ بَعْدَ هُطُولِ الْمَطَرِ　大雨の後にカタツムリが出てくる

سَرَّحَ < سرح II 名 تَسْرِيح ❖ 髪を梳く；(家畜を)追う；放つ，解き放つ
名解放；髪を梳く事

تُسَرِّحُ شَعْرَهَا أَمَامَ الْمِرْآةِ　彼女は鏡の前で髪を梳く

سَرَّحَ الْمُوَظَّفَ مِنَ الْخِدْمَةِ　事務員を解雇した

سَرَّحَ زَوْجَتَهُ　妻を離婚した

سَرَدَ (i,u) ❖ 続ける；話す；引用する；突き通す，穴を穿つ

سَرَدَ تَجْرِبَتَهُ　彼は自分の体験を語った

سَرَدَ الْقُرْآنَ الْكَرِيمَ　聖典コーランを素早く読んだ

سِرْدَاب 複 سَرَادِب/سَرَادِيب ❖ (夏を涼しく過ごすための)地下室；トンネル

يَقُودُ إِلَى الْمَغَارَةِ سِرْدَابٌ ضَيِّقٌ مُظْلِمٌ　狭くて暗いトンネルが洞窟へ導く

سَرْدِين ※ سَرْدِينَة	❖イワシ/鰯 ※1匹のイワシ
اِفْتَحْ عُلْبَةَ السَّرْدِينِ	イワシの缶詰を開けなさい
سَرَطَان < سرط 複 ـات	❖かに/蟹;がん/癌[医学]
خَافَتْ عِنْدَمَا رَأَتْ مِلْقَطَيْ السَّرَطَانِ	彼女は蟹の鋏を見ると,怖がりました
أُصِيبَ بِمَرَضِ السَّرَطَانِ	癌になった
سَرَطَان الرِّئَةِ (الثَّدْيِ)	肺(乳)癌
لَا يَزَالُ السَّرَطَانُ دَاءً عُضَالًا	癌は未だ不治の病です
سَرْعَانَ(ـِ)(مَا~) < سرع	❖直ぐに,直ちに~;なんと早く~することか
تَغْضَبُ أُمِّي، وَلٰكِنَّهَا سُرْعَانَ مَا تَوْدُعُ	母は怒るけど,直ぐに穏やかになる
وَسُرْعَانَ مَا تَغَيَّرَ الْجَوُّ	何と天気の早く変わることか
سَرْعَانَ(ـِ) مَا ~ فَ..	~すると直ぐに‥/~するや否や‥
سُرْعَة 複 ـات	❖速度,速さ;急行
بِسُرْعَةٍ	急いで
اِذْهَبْ بِسُرْعَةٍ	急いで行きなさい
سُرْعَة السَّيَّارَةِ	自動車の速度(スピード)
اَلسُّرْعَة الْمُتَوَسِّطَة	平均の速度
سُرْعَة فِي السَّاعَةِ	時速
سَرَقَ (i) 受 سُرِقَ 名 سَرِقَة	❖盗む,盗る(ه/مِنْ:~から) 受盗まれる,盗難にあう 名盗み,窃盗,盗難
سَرَقَ مَالًا مِنِّي	私はお金を盗まれた
مَاذَا سُرِقْتَ؟ *	何を盗まれましたか(取られましたか) *受
جُنُون السَّرِقَة	窃盗癖
سَرْمَدِيّ < سرمد	❖永遠の,不滅の;始まりも終わりもない
وُجُودُ اللهِ سَرْمَدِيٌّ	神は永遠(不滅)の存在である
سَرْمَدِيَّة < سرمد	❖永遠,不滅
سِرْوَال 複 سَرَاوِيل	❖男女シルワール ※ズボンの原型

أ ب ت ث ج ح خ د ذ ر ز **س** ش ص ض ط ظ ع غ ف ق ك ل م ن هـ و ي

صَارَ السِّرْوَالُ بَنْطَلُونًا　シルワールがズボン(の原型)になった

سُرُور < سرّ ❖ ⇒ سَرَّ 名

سَرِيَّة < سرى 複 سَرَايَا ❖ 兵士の集団, 部隊

طَلَبَ مُقَابَلَةَ قَائِدِ السَّرِيَّةِ　部隊長に面会を求めた

سَرِير < سر 複 أَسِرَّة / سُرُر ❖ ベッド;王座

سَرِير لِشَخْصٍ وَاحِدٍ (لِشَخْصَيْنِ)　シングル(ダブル)ベッド

سَرِيع < سرع 複 سِرَاع / سُرْعَان ❖ 速い 比 أَسْرَع :より速い

سَرِيعًا　速く

رَاكِض سَرِيع　足の速い走者(ランナー)

سَطَا ، يَسْطُو < سطو ❖ 襲いかかる, 攻撃する;暴力的に奪う, 略奪する

كَادَ قَاطِعُ الطَّرِيقِ يَسْطُو عَلَى مَالِهِ　追い剥ぎが彼のお金を奪うところであった

سَطَحَ (a) 名 سَطْح 複 سُطُوح ❖ 平らにする, 水平にする;広げる 名 表面;屋根;甲板

سَطَحَ الْبَنَّاءُ الْبَيْتَ بِالْبَاطُونِ　建築家は家の屋根をコンクリートで平らにした

اَلْغَسِيلُ مَنْشُورٌ عَلَى السَّطْحِ　洗濯物が屋根に広げられている

سَطْحُ الْبَحْرِ (الْأَرْضِ / الْمَاءِ)　海面(地面/水面)

سَطَرَ (u) 名 سَطْر 複 سُطُور ❖ 書く;(定規で紙に)線を引く 名 行;列

سَطَرَ الْكِتَابَ　本を書いた

يَقْرَأُ بَيْنَ السُّطُورِ　行間を読む

كَمْ سَطْرًا قَرَأْتَ؟　あなたは何行読みましたか

سَطَّرَ < سطر II 名 تَسْطِير ❖ 書き留める;(定規で紙に)線を引く, 罫線を引く
名記録;記入;線引き

عَلَّمْتُ أُخْتِي كَيْفَ تُسَطِّرُ الْوَرَقَةَ　私は紙に線を引く方法を妹に教えた

سَطَعَ (a) 名 سَطْع ❖ 上る;放つ;輝く;はっきりする;(ほこりが)広がる
名 輝き, きらめき

تَسْطَعُ الشَّمْسُ فِي كَبِدِ السَّمَاءِ　太陽が中空で輝いている

سَطَعَتِ الرَّائِحَةُ　匂いが充満した

سَطَعَ الْغُبَارُ　　ほこりが舞い上がった

سَطْل 複 سُطُول / أَسْطَال ❖ バケツ, 桶

انْقُلِ الْمَاءَ بِالسَّطْلِ　　バケツで水を運びなさい

سَعَى، يَسْعَى ※ هِيَ سَعَتْ / أَنَا سَعَيْتُ ❖ すばやく動く;向かう(~إِلَى:~に);努力する;追求する(~إِلَى/وَرَاءَ/لِـ:~を);働く;悪く言う(~بِـ:~を, ~إِلَى/عِنْدَ~:~に)

سَعَيْتُ وَرَاءَ السَّعَادَةِ　　私は幸福を追求した

أَصَحِيحٌ أَنَّكَ سَعَيْتَ بِي عِنْدَ أَصْدِقَائِي؟　　あなたが私の友人達に, 私の悪口を言ったのは本当ですか

سَعَادَة < سعد ❖ 幸せ, 幸福

شَعَرَ بِالسَّعَادَةِ　　幸せに感じた

سَعَادَتِي أَنْ أَقْرَأَ كُتُبًا　　私の幸せは本を読む事です

سُعَال < سعل ❖ 咳

عِنْدِي سُعَالٌ　　私は咳が出ます

سَعَة < وسع ❖ 広さ、範囲;容積;能力, 力;豊かさ

ذُو سَعَةٍ　　豊かな

عَنْ سَعَةٍ / بِسَعَةٍ　　豊富に/十分に

سَعَةُ الصَّدْرِ　　忍耐/忍耐力

سَعَةُ الذَّبْذَبَةِ　　振動数/周波数

سَعِدَ (a) ❖ 幸せである, 嬉しい;幸運である

نَحْنُ نَسْعَدُ بِاسْتِقْبَالِ الضُّيُوفِ　　私達はお客様をお迎えして幸せです

سَعَّرَ < سعر II 名 تَسْعِير / تَسْعِيرَة ❖ (商品の)値段を付ける, 値踏みする;火を起こす
名値段付け, 値踏み

سَعَّرَ الْبَائِعُ الْبِضَائِعَ　　売り手が値段を付けた

سَعَّرَ الْكَشَّافَةُ النَّارَ　　探検家達は火を起こした

سِعْر 複 أَسْعَار ❖ 値段, 価格, 料金 複物価

مَا السِّعْرُ؟　　(お)いくらですか

سِعْرُ الصَّرْفِ　両替のレート

أَسْعَارُ السِّلَعِ　物価

-ات 複 سَعَفٌ ❖ シュロ(棕櫚)の葉

نَصْنَعُ الْمَقَاطِفَ مِنَ السَّعَفِ　私達はバスケット(篭)をシュロの葉で作ります

سَعَلَ (u) ❖ 咳をする,咳き込む

سَعَلَتِ الْعَجُوزُ بِاسْتِمْرَارٍ　そのお年寄りは絶えず咳き込んだ

سَعُودِيٌّ ❖ サウジ家の

اَلْمَمْلَكَةُ الْعَرَبِيَّةُ السَّعُودِيَّةُ　サウジアラビア王国

سعى < سَعْيٌ ❖ 努力;追求;走り

مَنْ وَاصَلَ السَّعْيَ، بَلَغَ الْهَدَفَ　努力を続けた者が目標に達する[格言]

سعد < سَعِيدٌ 複 سُعَدَاءُ ❖ 幸せな,幸福な 比 أَسْعَدُ :より幸せな

حَيَاةٌ سَعِيدَةٌ　幸せな人生

فُرْصَةٌ سَعِيدَةٌ　お会いしてうれしいです/はじめまして

سفح < سَفَّاحٌ 複 ون ❖ 血を流す人;肉屋;殺人者,殺人鬼

لِمَاذَا لُقِّبَ "أَبُو زَيْدٍ" بِالسَّفَّاحِ ؟　なぜ アブーザイドは血を流す人と呼ばれたのですか

سفر < سِفَارَةٌ 複 -ات ❖ 大使館

مُوَظَّفُ السِّفَارَةِ　大使館職員/大使館員

أُرِيدُ أَنْ أَذْهَبَ إِلَى سِفَارَةِ الْيَابَانِ　私は日本大使館へ行きたいのです

سفك < سَفَّاكٌ ❖ 血を流す人,殺人鬼;流血

هُوَ سَفَّاكُ دِمَاءٍ　彼は殺人鬼だ

سَفَحَ (a) 名 سَفْحٌ ❖ (血などを)流す 名 流血;麓(複 سُفُوحٌ)

سَلَكْنَا فِي سَفْحِ الْجَبَلِ دَرْبًا وَعْرًا　私達は山の麓の凸凹の道を進んだ(辿った)

سَفَرَ (i) ❖ 覆いを取る,暴く;輝く,光を放つ

قَدْ سَفَرَ الصُّبْحُ　すでに朝日が輝いていた

II سفر < سَفَّرَ ❖ 覆いを取る;旅に出す

سَفَّرَ التَّاجِرُ ابْنَهُ لِلتَّخَصُّصِ　商人は独り立ちさせるために,息子を旅に出し

سَفَرٌ 複 أَسْفَار ❖ 出発;旅行,旅(複 أَسْفَار)

شَنْطَةُ السَّفَرِ　旅行カバン

عَلَى سَفَرٍ　旅行中

سِفْرٌ 複 أَسْفَار ❖ 本,書物

سِفْرُ الْحِكْمَةِ حَافِلٌ بِالْمَوَاعِظِ　知恵の書は教訓で満ちている

أَسْفَارُ مُوسَى الْخَمْسَةِ　モーセ(モーゼ)の五書

سُفْرَةٌ 複 سُفَرٌ ❖ 食卓,テーブル

غُرْفَةُ السُّفْرَةِ　食堂

مِفْرَشُ السُّفْرَةِ　テーブルクロス

جَلَسْنَا حَوْلَ السُّفْرَةِ ، لِنَتَنَاوَلَ الطَّعَامَ　私達は食卓を囲んで食事をした

سَفَرْجَلٌ 複 سَفَارِج ❖ マルメロ,西洋カリン

تُصْنَعُ مِنَ السَّفَرْجَلِ الْمُرَبَّيَاتُ　マルメロからジャムが作られる

سَفَكَ (i,u) ❖ (血や涙を)流す

اَلْحَاكِمُ الْعَادِلُ لَا يَسْفِكُ دَمًا بَرِيئًا　正しい統治者(支配者)は無益な血を流さない

سُفْلِيٌّ < سفل ❖ 下の,低い;底の

شَبَّ الْحَرِيقُ فِي الطَّابِقِ السُّفْلِيِّ مِنَ الْبِنَاءِ　ビルの下の階で火事が起きた

سَفِهَ (a) / سَفُهَ (u) 名 سَفَاهَة / سَفَهٌ ❖ 愚かである 名愚かさ,無知

قَدْ يَسْفَهُ الشَّبَابُ ، ثُمَّ يَكْبُرُ فَيَتَعَقَّلُ　愚かな青年も大きくなれば,賢くなる

تُرِيدُ التَّرْبِيَةُ أَنْ تَضَعَ حَدًّا لِلسَّفَهِ　教育は無知を無くそうとする

سَفِيرٌ < سفر 複 سُفَرَاءُ ❖ 大使;仲介者

سَفِيرٌ ~ لَدَى الْيَابَانِ　駐日~大使

سَفِينٌ 複 سُفُن / سَفَائِن ※ سَفِينَة ❖ 船 ※1艘の船

سَفِينَةُ رُكَّابٍ (بَضَائِعَ)　客(貨物)船

مُرْشِدُ السَّفِينَةِ　水先案内人

أ ب ت ث ج ح خ د ذ ر ز س ش ص ض ط ظ ع غ ف ق ك ل م ن هـ و ي

سَفِيهٌ < سفه ❖ 愚かな，無知な 複 سِفَاهٌ / سُفَهَاءُ 女 سَفِيهَةٌ 複 سِفَاهٌ / سُفَّهٌ

اِحْذَرْ مُعَاشَرَةَ الْوَلَدِ السَّفِيهِ ! 愚かな子とのつき合いに気を付けなさい

سَقَى ، يَسْقِي 受 سُقِيَ ، يُسْقَى ❖ (水を)撒く，灌漑する；水を与える；飲ませる 受飲まされる

سَقَى بِالْمَاءِ 水を撒いた

سَقَى الْأَزْهَارَ 花に水をやった

((وَسُقُوا مَاءً حَمِيمًا)) 彼らは煮え湯を飲まされた

سَقَّاطَةٌ < سقط ❖ (ドアの鍵をする)フック，かんぬき

سَقَّاطَةُ الْبَابِ ドアのフック

سَقَطَ (u) 名 سُقُوطٌ ❖ 落ちる；倒れる；滅びる；脱落する；流産する 名落下；崩壊；滅亡；失敗

سَقَطَ الْمَطَرُ 雨が落ちてきた(降った)

سَقَطَتِ الْحُكُومَةُ 政府が倒れた

سَقَطَ فِي الِامْتِحَانِ 試験に落ちた

سَقْطٌ 複 أَسْقَاطٌ ❖ 拒否；打倒

اَلشَّعْبُ يُرِيدُ أَسْقَاطَ النِّظَامِ 民衆は体制打倒を望む

سَقَفَ (u) ❖ 屋根を付ける

سَقَفَ الْبَيْتَ 家に屋根を付けた

سَقْفٌ 複 سُقُوفٌ / أَسْقُفٌ ❖ 屋根；天井

دُمِّرَ السَّقْفُ بِشِدَّةٍ 屋根が大きな被害を受けた

سَقْفُ الْكَهْفِ 洞窟の天井

سَقُمَ (u) / سَقِمَ (a) 名 سَقَمٌ / سُقْمٌ 複 أَسْقَامٌ ❖ 病気になる；痩せる；貧しくなる 名病気；痩せ

قِلَّةُ الطَّعَامِ سَتُضْعِفُ جِسْمَكِ فَتَسْقَمِينَ 食事不足が貴女の体を弱らせて，病気にします

لَقَدْ هَزَلَ السُّقْمُ جِسْمَ الْمَرِيضِ 病人は病気で，すでにやせ細っていた

سَقِيمٌ < سقم 複 سُقَمَاءُ ❖ 病気の；痩せた；貧しい

كُنْتُ سَقِيمًا لَا أَقْوَى عَلَى الْعَمَلِ　私は病気をして,仕事が出来るほど強くない

سَكَّ (u) ❖ 鍵を掛ける,閉める;(貨幣を)鋳造する;
耳が聞こえなくなる

مِنْ حَقِّ الدَّوْلَةِ وَحْدَهَا أَنْ تَسُكَّ النُّقُودَ　国家は独自に貨幣を鋳造する権利を持つ

سِكَافَة < سكف ❖ 靴作り;靴修理

تَرَكَ الْغُلَامُ الْخِيَاطَةَ ، وَتَعَلَّمَ السِّكَافَةَ　若者は服の仕立屋を諦めて,靴作りを学んだ

سَكَبَ (u) ❖ 注ぐ,注ぐ

سَكَبَ الدُّمُوعَ　涙を流した

غَرَفَ الْحِسَاءَ وَسَكَبَهُ فِي الصُّحُونِ　スープをすくって,お皿に注いだ

سَكَتَ (u) 名 سُكُوت ❖ 黙る,静かにする,静かになる 名沈黙,無言;静寂

اُسْكُتْ ، "يَا عَلِيُّ" !　アリや,静かにしなさい!

اَلسُّكُوتُ عَلَامَةُ الرِّضَا　沈黙は同意の印[格言]

سِكَّة 複 سِكَك ❖ 道路;硬貨,コイン;すき/鋤,くわ/鍬

سِكَّةُ الْحَدِيدِ　鉄道

سَكْتَة ❖ 沈黙;静寂

سَكْتَة قَلْبِيَّة　心臓マヒ/心不全

سَكِرَ (a) 名 سُكْر ❖ 酔う,酩酊する 名酔い,酩酊

يُخْطِئُ مَنْ يَشْرَبُ الْخَمْرَةَ حَتَّى يَسْكَرُ　酔うほど酒を飲む人は間違っている

اِسْتَفَاقَ مِنْ سُكْرِهِ　酔いが醒めた

سَكَّرَ < سكر II ❖ 酔わせる;閉める;砂糖付けにする

اِبْتَعِدْ عَنْ كُلِّ شَرَابٍ يُسَكِّرُ　酔わせる飲み物から遠ざかりなさい

سَكِّرِ الْبَابَ خَلْفَكَ　あなたの後ろの戸を閉めなさい

سُكَّر 複 سَكَاكِر ❖ 砂糖

قَصَبُ السُّكَّرِ　サトウキビ

مَرَضُ (دَاءُ) السُّكَّرِ　糖尿病

سَكْرَان < سكر 複 سَكْرَى / سُكَارَى (سَكَارَى) 女 سَكْرَى ❖ 形酔っぱらった,酔った 名酔っぱらい

سَكَنَ (u) ❖ 住む(〜فِي:〜に);落ち着く;静まる;母音が無い 名 سُكُون
名居住;落ち着き,沈静;スクーン※母音の無い記号

يَسْكُنُ فِي ”طُوكِيُو“　彼は東京に住んでいる

سَكَنَتِ الرِّيحُ　風が収まった

كَانَ الرَّعْدُ يَدْوِي فِي سُكُونِ اللَّيْلِ　雷の音が夜のしじまに響いていた

سَكَنٌ ❖ 住む事,居住;家,すみか

لَمْ يَعُدِ الْبَيْتُ صَالِحًا لِلسَّكَنِ　家は元のように,住むのに適しなくなった

سَكَّنَ < سكن II 名 تَسْكِين ❖ 軽減する;落ち着かせる,静かにさせる;母音を無くす
名軽減;落ち着かせる事

مَغْلِيُّ النَّعْنَاعِ يُسَكِّنُ الْمَغَصَ　ミントを煎じたものは腹痛を軽減する

سُكُوت < سكت ❖ ⇒ سَكَتَ 名

سُكُون < سكن ❖ ⇒ سَكَنَ 名

سِكِّين < سكن 複 سَكَاكِين ❖ ナイフ,包丁 ※男女

لَعِبَ بِالسِّكِّينِ فَجَرَحَ أُصْبَعَهُ　ナイフで遊んで,指をけがした

سَكِينَة < سكن 複 سَكَائِن ❖ 神の存在;平穏,平安,静けさ

أَبْنَاءُ الْمَدِينَةِ يَحْلُمُونَ بِسَكِينَةِ الْأَرْيَافِ　都会の子は田舎の静けさをうらやむ

سَلَّ (u) ❖ (刀を)抜く

سَلَّ السَّيْفَ مِنْ غِمْدِهِ　刀を鞘から抜いた

سَلَّ الضَّابِطُ سَيْفَهُ تَحِيَّةً لِلْقَائِدِ　兵士は剣を抜いて,指揮官に敬礼をした

سُلٌّ (َ) ❖ 結核

اَلسُّلُّ الرِّئَوِيُّ　肺結核

ضَحَايَا السُّلِّ بَاتُوا قَلِيلِينَ　結核の犠牲者は少なくなった

سَلٌّ ❖ 籠

ضَعْ ثِيَابَكَ الْوَسِخَةَ فِي السَّلِّ　汚れた服は籠に入れなさい

سَلَا، يَسْلُو < سلو 名 سُلْوَان ❖ 忘れる 名忘れる事,忘却

أَتَنْسَوْنِي ؟	私を忘れたのですか
❖ سَلَّى ، يُسَلِّي < سلى II 名 تَسْلِيَة	忘れさせる；慰める，元気づける（〜عَنْ：〜を） 名娯楽，気晴らし
حَدِيثُكَ سَلَّانِي عَنْ أَلَمِي	あなたのお話は私の痛みを忘れさせてくれた
كَانَتِ السِّينِمَا مَلِكَةَ التَّسْلِيَةِ	かつて映画は娯楽の王様だった
❖ سِلَاح < سلح 複 أَسْلِحَة	男女兵器，武器；軍
سِلَاح الطَّيَرَانِ (الْبَحْرِيَّةِ)	空軍(海軍)
سِلَاح ذَرِّي	原子爆弾/原爆
أَسْلِحَة نَوَوِيَّة	核兵器
❖ سَلَاطَة = سَلَطَة	
❖ سُلَالَة < سل 複 -ات	子；孫；子孫；家族，一族
يَنْتَقِلُ الْحُكْمُ مِنَ الْمَلِكِ إِلَى سُلَالَتِهِ	権力は王から子へ移る
❖ سَلَام < سلم 複 -ات	平和，平安；安全；挨拶；歌
اَلسَّلَامُ عَلَيْكُمْ ⇔ وَعَلَيْكُمُ السَّلَامُ	こんにちは ※「あなた達に平安あれ」の意 ⇔(その返事)こんにちは
يَا سَلَامُ	何たる事だ/何と言う事だ
مُؤْتَمَر السَّلَامِ	平和会議
دَارُ السَّلَامِ	バグダード/(タンザニアの首都)ダール・ッ=サラーム
اَلسَّلَام الْوَطَنِيّ	国歌
❖ سَلَامَة < سلم	安全，無事
سَلَامَة الدَّوْلَةِ	国家の安全
مَعَ السَّلَامَةِ	さようなら/ご無事で行ってらっしゃい
سَلَامَتُكَ !	お大事に
عَادَ الْمُسَافِرُ بِالسَّلَامَةِ	旅行者は無事に帰った
❖ سَلَبَ (u) 名 سَلْب 関 سَلْبِي	奪う；盗む；否定する 名略奪(品)；否定；負 関消極的な，受け身の；否定的な
إِذَا هُزِمْنَا ، سَيَسْلُبُنَا الْأَعْدَاءُ أَمْوَالَنَا	私達が破れたら，敵は私達の財産を奪うだろう

عَلامَة السَّلْب　負の記号/マイナス記号

أَجِبْ، إمَّا سَلْباً، وإمَّا إيجَاباً　イエスかノーか,答えなさい

شَخْصِيَّة سَلْبِيَّة　消極的な性格

سَلَّة 複 سِلال ❖ 籠

كُرَة السَّلَّة　バスケットボール

سَلَّة الْمُهْمَلات　くず籠/ゴミ箱

سَلَّحَ < سلح II 名 تَسْلِيح ❖ 武装させる,武器を配布する 名武装

تُسَلِّحُ الدَّوْلَةُ الْجَيْشَ　国家は軍を武装させる

اَلتَّسْلِيح النَّوَوِيّ　核武装

سُلَحْفَاة 複 سَلاحِف ❖ 亀

سَبَقَتِ السُّلَحْفَاةُ الْبَطِيئَةُ الْأَرْنَبَ　足の遅い亀が兎と競争した

سَلَخَ (a, u) ❖ 剥ぐ,むく;脱皮する;分離する;時間を過ごす

سَلَخَ الْجِلْدَ　皮を剥いだ

اَلْحَيَّةُ تَسْلَخُ جِلْدَهَا مَرَّةً كُلَّ سَنَةٍ　蛇は毎年脱皮する

سَلَسَ (u) / سَلِسَ (a) ❖ 扱い易い;柔らかい;柔順である

سَلِسَ الْخَشَبَةُ　その板は扱い易かった

سَلِسٌ ❖ 柔らかい,易しい;柔順な

شَرَابٌ سَلِسٌ　喉ごしの良い飲み物

طَبْعٌ سَلِسٌ　柔順な性格

سَلْسَبِيل < سلس 複 سَلاسِب/سَلاسِيب ❖ 泉,井戸;天国の泉

سَلْسَلَ، يُسَلْسِلُ 命 سَلْسِلْ ❖ つなぐ;(水を)注ぐ 命つなげ/つなぎなさい

سِلْسِلَة 複 سَلاسِل ❖ 鎖,シリーズ

سِلْسِلَة غِذَائِيَّة　食物連鎖

سِلْسِلَة جَبَلِيَّة　山脈

سِلْسِلَة جِبَالِ هِمَلايَا　ヒマラヤ山脈

كَمْ فِقْرَةً فِي سِلْسِلَةِ الظَّهْرِ ؟ 背骨にいくつ脊椎がありますか

سَلَّطَ < سلط II ❖ 権力を与える(～عَلَى:～の);(罰則を)課す

سَلَّطَ الْخَلِيفَةُ "زَيْدًا" عَلَى الْبَصْرَةِ カリフはザイドにバスラの支配権を与えた

سَلَّطَ الْعُقُوبَةَ 罰則を課した/罰した

سُلْطَان < سلطن 複 سَلَاطِين ❖ 男女権力;支配;スルタン

شَكَا النَّاسُ ظُلْمَ السُّلْطَانِ 民衆はスルタンの不正に文句(不平)をいった

سَلَاطَة / سَلَطَة ❖ サラダ

سَلَطَة خُضَارٍ 野菜サラダ

سُلْطَة 複 ـات ❖ 権力, 力

سُلْطَةَ الدَّوْلَةِ 国家権力

اَلصِّرَاعُ عَلَى السُّلْطَةِ 権力争い

اَلسُّلْطَةُ التَّشْرِيعِيَّةُ 立法府

اَلسُّلْطَةُ الْإِجْرَائِيَّةُ (التَّنْفِيذِيَّةُ) 行政府

اَلسُّلْطَةُ الْقَضَائِيَّةُ 司法府

اَلسُّلْطَةُ الْوَطَنِيَّةُ الْفِلَسْطِينِيَّةُ パレスチナ自治政府

اَلسُّلْطَةُ الرُّوحِيَّةُ 精神力

سِلْعَة 複 سِلَع ❖ 商品;製品;品物

مُقَاطَعَةُ السِّلَعِ 商品のボイコット

فَيَضَانُ الْأَسْوَاقِ الْوَطَنِيَّةِ بِالسِّلَعِ الْأَجْنَبِيَّةِ 外国商品の国内市場における氾濫

سَلَفَ (u) ❖ 終わる;過ぎる

سَلَفَتْ أَيَّامٌ ، وَسَوْفَ تَسْلُفُ أُخْرَى 日々が過ぎ,また新たな日々が過ぎて行くだろう

سَلَّفَ < سلف II 名 تَسْلِيف ❖ (お金を)貸す,前貸しする 名クレジット;前貸し

يَبْحَثُ التَّاجِرُ عَنْ مَصْرِفٍ يُسَلِّفُهُ مَالًا 商人はお金を貸してくれる銀行を探している

سَلَف 複 أَسْلاف/سُلَّاف 関 سَلَفِيّ ❖ 先祖, 祖先 関サラフ主義の ※イスラム原理主義

سِيرُوا عَلَى خُطَى السَّلَفِ الصَّالِحِ　高潔な祖先の道を進め

يَعْبُدُ الْأَسْلَافَ　祖先を敬う

سِلْف 複 أَسْلاف 女 سِلْفَة ❖ 男義理の兄弟 女義理の姉妹

زَوْجُهَا وَسِلْفُهَا يَعْمَلَانِ مَعًا　彼女の夫と兄弟は一緒に仕事をしている

سُلْفَة 複 سُلَف ❖ 貸付金; 融資

أَعْطَى الْمَصْرِفُ التَّاجِرَ سُلْفَةً　銀行は商人に融資をした

سَلَقَ (u) ❖ 炊く, 煮る, ゆでる/茹でる

سَأَسْلُقُ أَرُزًّا لِلْعَشَاءِ　夕食にご飯を炊こう

سَلَقَ الْبَقْلَ (اللَّحْمَ / الْبَيْضَ)　野菜(肉/卵)をゆでた

سَلَكَ (u) 名 سُلُوك / سَلْك ❖ 進む, たどる; 入る; (〜に行動を)起こす(〜 نَحْوَ); (糸を)通す 名行為, 行い

سَلَكْنَا طَرِيقًا ضَيِّقًا　私達は狭い道を進んだ

لَا تَزَالُ جَدَّتِي تَسْلُكُ الْخَيْطَ فِي الْإِبْرَ　祖母は未だ針に糸を通します

سِلْك 複 أَسْلَاك 関 سِلْكِيّ ❖ 線, (楽器の)弦, ロープ; 団体 関線の, 有線の

لَا تَمَسَّ السِّلْكَ الْكَهْرَبَائِيَّ　電線に触れないようにしなさい

لَاسِلْكِيّ　無線の/ワイヤレスの

أَسْلَاك مَعْدِنِيَّة　鉄条網

سَلِمَ (a) ❖ 安全である; 健全である; 欠点がない; 自由である(〜مِنْ:〜から); 逃れる(〜مِنْ:〜から)

سَلِمَ مِنَ الْخَطَرِ　危険から逃れた

سَلَّمَ < سلم II 名 تَسْلِيم ❖ 守る(〜مِنْ:〜から); 挨拶する(〜عَلَى:〜に); 降伏する; 引き渡す, 委ねる(〜لِـ/إِلَى:〜に); 認める 名挨拶; 渡す事

سَلِّمْ عَلَى الضَّيْفِ　お客様に挨拶をしなさい

سَلِّمْ لِي عَلَى〜　〜さんに宜しくお伝え下さい

سَلِّمْ هٰذَا الْمَالَ إِلَيْهِ　彼にこのお金を手渡して下さい

سَلَّمَ نَفْسَهُ إِلَى الشُّرْطَةِ　警察に自首した

صَلَّى اللّٰهُ عَلَيْهِ وَسَلَّمَ　神が彼を祝福し,保護されますように
※預言者ムハンマドへの賛辞

سُلَّمٌ < سلم 複 سَلَالِم ❖ 男女階段,梯子

سُلَّم مُتَحَرِّك　エスカレーター

وَضَعَ السُّلَّمَ عَلَى~　梯子を～に掛けた

صَعِدَ السُّلَّمَ　はしごを上った

نَزَلَ سُلَّمَ الطَّائِرَةِ　タラップを降りた

سِلْم < سلم 関 سِلْمِيّ ❖ 和解,仲直り;平和 関平和的な

أُرِيدُ أَنْ أُنْهِيَ الْخُصُومَةَ بِسِلْمٍ　私は仲直りして,喧嘩を終えたい

سِلْم عَالَمِيّ　世界平和

سَارَ الْجُمْهُورُ فِي مُظَاهَرَةٍ سِلْمِيَّةٍ　人々は平和的なデモ行進をした

اَلتَّعَايُش السِّلْمِيّ　平和共存

سَلْوَى < سلو ❖ 娯楽;うずら/鶉(複 سَلَاوَى)[鳥類]

اَلْمُطَالَعَةُ سَلْوَى مُفِيدَةٌ　読書は有益な娯楽です

سُلُوك < سلك ❖ 行為,行い;態度,マナー

حُسْن السُّلُوك　良い行い/善行

آدَاب (قَوَاعِد) السُّلُوك　エチケット/礼儀作法

هٰذِهِ السَّيِّدَةُ عِنْدَهَا آدَابُ السُّلُوكِ　このご婦人は礼儀をわきまえている

سَلِيل < سل ❖ 子孫,末裔

هُوَ سَلِيلُ أُسْرَةٍ شَرِيفَةٍ　彼は高貴な家の子孫だ(出だ)

سَلِيم < سلم 複 سُلَمَاءُ ❖ 健全な;安全な;完全な

سَلِيم (صَحِيح) الْبِنْيَةِ　体格の良い/健康な

اَلْعَقْل السَّلِيم　健全な精神

سُمّ (سِمّ) 複 سُمُوم / سِمَام ❖ 毒;穴,針の穴

تَجَرَّعَ سُمًّا　毒を飲んだ

سَمَّا جَرَّع	<ruby>毒<rt>どく</rt></ruby>を<ruby>飲<rt>の</rt></ruby>ませた
السُّمُومُ البَيْضَاء	<ruby>麻酔薬<rt>ますいやく</rt></ruby>
يَلِجُ الجَمَلُ فِي سَمِّ الخِيَاطِ	ラクダが<ruby>針<rt>はり</rt></ruby>の<ruby>穴<rt>あな</rt></ruby>を<ruby>通<rt>とお</rt></ruby>る(よりも<ruby>難<rt>むずか</rt></ruby>しい)[<ruby>格言<rt>かくげん</rt></ruby>]

✿ سَمَا ، يَسْمُو >سمو <ruby>高<rt>たか</rt></ruby>く<ruby>上<rt>あ</rt></ruby>る;<ruby>立<rt>た</rt></ruby>ち<ruby>上<rt>のぼ</rt></ruby>る;そびえる;<ruby>元気<rt>げんき</rt></ruby>づける(~بِ:~を)

| العِلْمُ يَسْمُو بِصَاحِبِه | <ruby>知識<rt>ちしき</rt></ruby>はその<ruby>持<rt>も</rt></ruby>ち<ruby>主<rt>ぬし</rt></ruby>を<ruby>元気<rt>げんき</rt></ruby>づける |

✿ سَمَّى ، يُسَمِّي >سمي II 名 تَسْمِيَة <ruby>呼<rt>よ</rt></ruby>ぶ,<ruby>名付<rt>なづ</rt></ruby>ける; بِسْمِ اللّٰه と<ruby>唱<rt>とな</rt></ruby>える

| ※هِيَ سَمَّتْ/ أَنَا سَمَّيْتُ | 名<ruby>名付<rt>なづ</rt></ruby>け,<ruby>名称<rt>めいしょう</rt></ruby>; بِسْمِ اللّٰه と<ruby>唱<rt>とな</rt></ruby>える<ruby>事<rt>こと</rt></ruby> |
| لِذَا سَمُّوهَا ذَاتَ الرِّدَاءِ الأَحْمَر | それで<ruby>彼女<rt>かのじょ</rt></ruby>を<ruby>赤頭巾<rt>あかずきん</rt></ruby>ちゃんと<ruby>呼<rt>よ</rt></ruby>びました |

✿ سَمَاء >سمو 男女 سَمَاوَات/سَمَوَات 複 <ruby>空<rt>そら</rt></ruby>;<ruby>天国<rt>てんごく</rt></ruby>

| السَّمَاوَات (السَّمَوَات) وَالأَرْض | <ruby>天<rt>てん</rt></ruby>と<ruby>地<rt>ち</rt></ruby> |

✿ سَمَاح >سمح <ruby>許<rt>ゆる</rt></ruby>し;<ruby>気前<rt>きまえ</rt></ruby>の<ruby>良<rt>よ</rt></ruby>さ,<ruby>寛大<rt>かんだい</rt></ruby>さ

| جِئْتُ أَطْلُبُ مِنْكَ السَّمَاح | <ruby>私<rt>わたし</rt></ruby>はあなたの<ruby>許<rt>ゆる</rt></ruby>しを<ruby>請<rt>こ</rt></ruby>いに<ruby>来<rt>き</rt></ruby>ました |

✿ سَمَاحَة >سمح <ruby>寛容<rt>かんよう</rt></ruby>;<ruby>親切心<rt>しんせつしん</rt></ruby>;ムフティーの<ruby>尊称<rt>そんしょう</rt></ruby>

| نَحْنُ أَهْلُ السَّمَاحَةِ وَالإِبَاء | <ruby>私達<rt>わたしたち</rt></ruby>は<ruby>寛容<rt>かんよう</rt></ruby>と<ruby>誇<rt>ほこ</rt></ruby>りの<ruby>民族<rt>みんぞく</rt></ruby>である |

✿ سَمَاد >سمد أَسْمِدَة 複 <ruby>肥料<rt>ひりょう</rt></ruby>

| سَمَاد طَبِيعِيّ (صِنَاعِيّ) | <ruby>有機<rt>ゆうき</rt></ruby>(<ruby>化学<rt>かがく</rt></ruby>)<ruby>肥料<rt>ひりょう</rt></ruby> |
| الأَسْمِدَةُ تُكْسِبُ التُّرْبَةَ خِصْبًا | <ruby>肥料<rt>ひりょう</rt></ruby>は<ruby>土地<rt>とち</rt></ruby>を<ruby>肥沃<rt>ひよく</rt></ruby>にする |

✿ سَمَّاعَة >سمع <ruby>聴診器<rt>ちょうしんき</rt></ruby>,イヤホーン,<ruby>受話器<rt>じゅわき</rt></ruby>

| حَمَلَ الطَّبِيبُ السَّمَّاعَةَ لِيَفْحَصَ المَرِ... | <ruby>医者<rt>いしゃ</rt></ruby>は<ruby>病人<rt>びょうにん</rt></ruby>を<ruby>診<rt>み</rt></ruby>るのに<ruby>聴診器<rt>ちょうしんき</rt></ruby>を<ruby>持<rt>も</rt></ruby>っていた |

✿ سَمَّاك >سمك <ruby>魚屋<rt>さかなや</rt></ruby>;<ruby>漁師<rt>りょうし</rt></ruby>,<ruby>漁夫<rt>ぎょふ</rt></ruby>

| يَأْتِينَا السَّمَّاكُ بِالسَّمَكِ الطَّازِج ( ) | <ruby>魚屋<rt>さかなや</rt></ruby>さんが<ruby>新鮮<rt>しんせん</rt></ruby>な<ruby>魚<rt>さかな</rt></ruby>を<ruby>持<rt>も</rt></ruby>って<ruby>来<rt>く</rt></ruby>る |

✿ سِمَة >وسم -ات 複 <ruby>印<rt>しるし</rt></ruby>,マーク;<ruby>印象<rt>いんしょう</rt></ruby>;<ruby>性格<rt>せいかく</rt></ruby>

| تَلْمَعُ فِي عَيْنَيْهِ سِمَةُ الذَّكَاء | <ruby>瞳<rt>ひとみ</rt></ruby>に<ruby>賢<rt>かしこ</rt></ruby>い<ruby>性格<rt>せいかく</rt></ruby>を<ruby>光<rt>ひか</rt></ruby>らせている |

✿ سَمِج / سَمْج <ruby>醜<rt>みにく</rt></ruby>い;<ruby>嫌<rt>いや</rt></ruby>な;<ruby>退屈<rt>たいくつ</rt></ruby>な

| الرَّجُلُ خَفِيفُ الظِّلِّ، أَمَّا أَخُوهُ فَسَ... | あの<ruby>男<rt>おとこ</rt></ruby>には<ruby>好感<rt>こうかん</rt></ruby>が<ruby>持<rt>も</rt></ruby>てるが,<ruby>弟<rt>おとうと</rt></ruby>は<ruby>嫌<rt>きら</rt></ruby>いだね |

سَمَحَ (a) 名 سَمَاحٌ ❖ 許す, 認める(～ لِـ … بِـ : …に～を) 名許し, 許可

لَوْ سَمَحْتَ ～ もしお許し下されば, ～/ちょっと失礼

اِسْمَحْ لِي، أَيْنَ مَيْدَانُ التَّحْرِيرِ؟ すみませんが, タハリール広場はどこですか

سَمَحَتْ أُمِّي لِي بِأَنْ أَشْتَرِيَ حَقِيبَةً 母は私がカバンを買うのを許してくれた

سَمَحَ الْأَبُ لِابْنَتِهِ بِالزَّوَاجِ 父親は娘の結婚を認めた

سَمُحَ (u) 名 سَمَاحٌ ❖ 寛大である, 寛大になる, 心が広い 名寛大

سَمَّدَ < سمد II 名 تَسْمِيد ❖ 肥料をやる 名(土地に)肥料をやる事, 施肥

سَمَّدَ الْفَلَّاحُ حَقْلَهُ لِيُضَاعِفَ انْتَاجَهُ 農民は収穫を増やそうと, 畑に肥料をやった

سَمَّرَ < سمر II 名 تَسْمِير ❖ 釘を打ち付ける;日焼けさせる 名釘付け;日焼け

سَمَّرَ الْبَابَ 戸に釘を打ち付けた

شَمْسُ الْبَحْرِ يُسَمِّرُ الْأَجْسَامَ 海辺の太陽は体を日焼けさせる

سُمْرَة ❖ 茶色, 肌色, 褐色

مَسَحَتِ الشَّمْسُ جِسْمَ الْفَتَى بِسُمْرَةٍ 太陽が若者の体を褐色にした

أَلَوْنُ الشَّايِ أَسْمَرُ؟ お茶の色は茶色ですか

سِمْسَار < سمسر 複 سَمَاسِر / سَمَاسِرَة ❖ ブロカー, 仲介屋;仲買人

سِمْسَار مَنَازِل 不動産屋

سِمْسِم ❖ ごま

زَيْت السِّمْسِم ごま油

سَمِعَ (a) 名 سَمَاعٌ / سَمْعٌ ❖ 聞く, 聴く, 噂に聞く;聞こえる 名聞く事; 聴覚

اِسْمَعْ كَلَامِي! 私の言う事を聞きなさい

سَمِعْتُ صَوْتًا يُنَادِينِي 私を呼ぶ声が聞こえた

هٰذِهِ الْفَضِيحَةُ، سَمِعَ بِهَا الْقَاصِي وَالدَّانِي このスキャンダルの噂は, あちこちで聞かれた

سَمْعُ الْكَلْبِ حَادٌّ 犬の聴力は鋭い

سُمْعَة ❖ 評判, 噂

حَمِيدُ (حَسَنُ) السُّمْعَةِ　評判の良い

رَدِيءُ (سَيِّءُ) السُّمْعَةِ　評判の悪い

يَتَمَتَّعُ مُخْتَارُ الْقَرْيَةِ بِسُمْعَةٍ حَسَـ　村長は良い評判を得ている

سَمَك 複 أَسْمَاك / سِمَاك ※ سَمَكَة ❖ 魚 ※1匹の魚

سَمَك نِيء　生魚/刺身

يَأْكُلُ الْيَابَانِيُّونَ السَّمَكَ النِّيءَ　日本人は生魚を食べる

صَيْد السَّمَك　魚釣り/漁/フィッシング

هِوَايَتِي صَيْدُ السَّمَكِ　私の趣味は(魚)釣りです

سَمَلَ (u) ❖ (目を)えぐり出す;(服が)ぼろぼろになる

سَمَلَ الْعَيْنَ　目をえぐり出した

سَمَّمَ < سم II ❖ 毒を盛る,毒を入れる

سَمَّمَ الطَّعَامَ　食べ物に毒を盛った

سَمِنَ (a) 名 سَمْن ❖ 太る,太っている,肥満である 名脂肪,脂,油

كَانَ جَدِّي يَعْلِفُ الْخَرُوفَ حَتَّى يَسْمَـ　祖父は羊が太るように,餌を与えていた

سَمَّنَ < سمن II ❖ 太らせる

يُطْعَمُ الدَّجَاجُ عَلَفًا يُسَمِّنُهُ بِسُرْعَـ　早く太らせるために,鶏は飼料を与えられる

اَلسَّمْنُ النَّبَاتِيُّ أَخَفُّ عَلَى الْمَعِدَةِ مِنَ السَّمْنِ الْحَيَوَانِيِّ　植物性脂肪は動物性脂肪より胃に軽い

سِمْنَة ❖ 太っている事,肥満

مَا الْأَفْضَلُ : سِمْنَةُ الْجِسْمِ أَمْ هُزَالُهُ　肥満と痩せているのとでは,どちらが良いですか

سُمُوّ ❖ 殿下*;高さ *王子に対する尊称

سُمُوُّ الْأَمِيرِ　王子殿下

سَمِير < سمر 複 سُمَرَاءُ ❖ (夜の遊び)相手,話し相手;芸能人

قَضَيْتُ لَيْلِي وَحِيدًا ، لَيْسَ لِي سَمِيرٌ　夜は一人で過ごした,私に遊び相手はいない

سَمِيك < سمك ❖ 厚い,ぶ厚い

وَرَقَة سَمِيكَة　厚紙

قَامُوس سَمِيك　ぶ厚い辞書

سَمِين < سمن 複 سِمَان ❖ 太った, 肥満の

أُنْظُرْ الْبَطَّةَ السَّمِينَةَ　その太ったアヒルを見なさい

سَنَّ (u) ❖ 研ぐ;(法律を)制定する

أَمْسَكَ الْحَلَّاقُ الْمُوسَى، وَبَدَأَ يَسُنُّهَا　床屋さんは剃刀を持って,研ぎ始めた

اَلسُّلْطَةُ التَّشْرِيعِيَّةُ تَسُنُّ الْقَوَانِينَ　立法府が法律を制定する

سِنّ ❖ 女歯(複 أَسْنَان);歳,年齢(複 أَسْنُن / أَسِنَّة)

بَلَغْتُ سِنَّ السَّادِسَةِ　私は6歳になりました

صَغِير (كَبِير) السِّنِّ　若い(老いている/高齢の)

اِنْقَلَعَتِ السِّنُّ　歯が抜かれた

فُرْشَاةُ الْأَسْنَانِ　歯ブラシ

سَنًا / سَنًى < سنو ❖ 光;明るい光, 輝き, フラッシュ

سَنَام < سنم 複 أَسْنِمَة ❖ こぶ/瘤

جَمَلٌ ذُو سَنَامٍ (سَنَامَيْنِ)　一こぶ(二こぶ)らくだ

سُنْبُل ❖ 複 ـات/سَنَابِل ※ سُنْبُلَة　穂 ※一つの穂

اِنْحَنَى سُنْبُلُ الْقَمْحِ مُثْقَلًا بِالْحَبِّ　麦の穂が実って,重そうに垂れていた/麦の穂がたわわに実っていた

سَنَة ❖ 複(主) سَنُونَ 対属 سِنِينَ / سَنَوَات　年,年;歳/才

سَنَة هِجْرِيَّة (مِيلَادِيَّة)　イスラム(西)暦の1年

اَلسَّنَةُ الْحَالِيَّةُ (الْقَادِمَةُ)　今年(来年)

عُمْرِي خَمْسٌ وَعِشْرُونَ سَنَةً　私は25歳です

بَلَغَ وَالِدِي تِسْعِينَ سَنَةً　私の父は90歳になった

مُنْذُ سِنِينَ عَدِيدَةٍ　何年も前から

سُنَّة 複 سُنَن ❖ 慣行,習い;スンナ ※預言者ムハンマドの言行に範例,慣行

أَهْلُ السُّنَّةِ　スンニー派

سُنَّةُ النَّبِيِّ　スンナ/(預言者ムハンマドの)言行録

اَلْقَوِيُّ يَبْقَى، اَلضَّعِيفُ يَزُولُ، هِيَ سُنَّةُ الْحَيَاةِ　強き者は残り，弱き者は去る，それがこの世の習い

سِنْجَاب ❖ リス　複 -ات

يَقْفِزُ السِّنْجَابُ بِخِفَّةٍ عَلَى الشَّجَرَةِ　リスが木の上を軽々と跳んでいる

سَنَحَ (a) ❖ (機会が)訪れる，生じる

يَسْتَفِيدُ مِنْ كُلِّ فُرْصَةٍ تَسْنَحُ　訪れる好機は全てものにする

كُلَّمَا سَنَحَتْ لَهُ فُرْصَةٌ　機会がある度に

سَنَدَ (u) ❖ 支える;寄り掛かる

يَسْنُدُ الْعَصَا عَلَى الْحَائِطِ　(つっかい)棒が塀を支えている

سَنَدٌ ❖ 支え，支柱；証券，手形　複 -ات/ أَسْنَاد

سَنَدُ الْحَائِطِ　塀のつっかい棒

لَا تَسْتَقِيمُ نَصْبَةُ الشَّجَرِ بِدُونِ سَنَ　苗木は支柱なしでは，真っ直ぐに伸びない

سَنَدَاتٌ مَالِيَّةٌ　有価証券

سَنَدٌ إِذْنِيٌّ　約束手形

سِنْدَانٌ ❖ 鉄床　سند < سِنْدَان　複 سَنَادِين

عُدَّةُ الْحَدَّادِ مِطْرَقَةٌ وَسِنْدَانٌ　鍛冶屋の道具はハンマーと鉄床です

سِنْدِيَان ❖ かし/樫

خَشَبُ السِّنْدِيَانِ مَتِينٌ جَمِيلٌ　樫の木は堅くて美しい

سُنُون ❖ ⇒ سَنَة　複主

سُنُونُو ❖ 燕　※ سُنُونُوَة ※1羽の燕

يُبَشِّرُ السُّنُونُو بِقُدُومِ الصَّيْفِ　燕は夏の到来を告げる

سَنَوِيّ ❖ 1年の;毎年の　سن < سَنَوِيّ

إِيجَارُ بَيْتِنَا سَنَوِيٌّ　私達の住まいは1年毎の賃貸です

سُنِّيّ ❖ 形スンニー派の　名スンニー派　سن < سُنِّيّ

اَلْمَذْهَبُ السُّنِّيُّ　スンニー派

اَلسُّنِّيُّ وَالشِّيعِيُّ فِي عُرْفِنَا أَخَوَانِ　　私達はスンニー派とシーア派は兄弟とみなす

سِنِين ❖ ⇒ سنة 複属対

سَهَا ، يَسْهُو <سهو 名 سَهْو ❖ 怠慢である;ぼんやりする,忘れる(〜عَنْ:〜を)
名怠慢;不注意;忘却

أَخَافُ أَنْ تَسْهُو عَنْ طَلَبِي　　あなたが私の頼みを忘れないかと心配です

سَهْوًا　　うっかり/不注意で

سُهَادٌ <سهد ❖ 不眠,不眠症

غَفَوْتُ بَعْدَ طُولِ سُهَادٍ　　長い不眠の後に,まどろんだ

سَهِدَ (a) ❖ 眠れない

لِمَاذَا تَسْهَدُ هٰكَذَا؟　　どうして,そんなに眠れないのですか

سَهَّدَ <سهد II ❖ 眠れなくする,眠らせない

يُسَهِّدُنِي انْشِغَالُ بَالِي عَلَيْكَ　　あなたの事が心配で,眠れません

سَهِرَ (a) 名 سَهَرٌ ❖ 徹夜をする(〜عَلَى:〜のために);注目する 名徹夜

سَهِرَ عَلَى الْمَرِيضِ　　病人の看護で徹夜をした

سَهَرٌ عَلَى الْمَيِّتِ　　通夜

سَهْرَة 複 ـات ❖ 夕べ,夕方;夜の集い,夜会,イブニングショー

سَهْرَة رَاقِصَة　　ダンスの夕べ

سَهُلَ (u) 名 سُهُولَة ❖ 易しくなる,易しい;平らである;便利である
名簡単,容易;便利

يَسْهُلُ الْقَوْلُ وَيَصْعُبُ الْعَمَلُ　　言う事は易しいが,する事は難しい/言うは易く,行うは難し[格言]

بِسُهُولَةٍ　　簡単に/容易く/容易に

يَكْتُبُ حُرُوفًا عَرَبِيَّةً بِسُهُولَةٍ　　彼は簡単にアラビア文字を書く

سَهَّلَ <سهل II 名 تَسْهِيل 複 ـات ❖ 容易にする;平らにする
名容易にする事;(複設備,施設)

تَفْسِيرُ الْمُفْرَدَاتِ الْغَرْبِيَّةِ يُسَهِّلُ فَهْمَ النَّصِّ　　分からない単語の説明は,文章の理解を容易にする

اَلتَّسْهِيلَات الْعَسْكَرِيَّة　　軍事施設

سَهْل ❖ 形易しい，簡単な；平らな 名平野(複 سُهُول)

أَهْلًا وَسَهْلًا　ようこそ，いらっしゃい

سَهْلُ الاسْتِعْمَالِ　使いやすい

أَكْبَرُ السُّهُولِ فِي الْيَابَانِ "كَانْتُو"　日本で一番大きい平野は関東平野です

سَهْم ❖ 矢；分け前，配当；株 複 أَسْهُم / سِهَام

رَمَى سَهْمًا مِنَ الْقَوْسِ　弓から矢が放たれた

أَسْعَارُ الْأَسْهُمِ　株価

حَمَلَةُ الْأَسْهُمِ　株主

نَفَذَ السَّهْمُ　サイは投げられた

سَهْوٌ ❖ ⇒ سَهَا 名

سُهُولَة ❖ ⇒ سَهُلَ 名 < سهل

سَوَّى، يُسَوِّي ❖ 平らにする；等しくする；調停する，和解させる < سوي II 名 تَسْوِيَة
名平らにする事；調停，和解

تُسَوِّي الْجَرَّافَةُ الطَّرِيقَ　ブルドーザーが道を平らにする

سَوَّى الْمُشْكِلَةَ　問題を解決した

سِوًى(و) ❖ (〜を)除いて，(〜)以外の 名他人 ※定 اَلسِّوَى ＜ سوي

لَا تَهْتَمَّ بِمَا يَقُولُهُ السِّوَى　他人の言う事を気にかけるな(するな)

فَضَّلَهُ عَلَى سِوَاهُ　他の誰よりも彼が好きだった

سِوَى أَنَّ ~　〜という事を除いて

لَمْ تَسْتَطِعْ أَنْ تَقُولَ سِوَى جُمْلَةٍ وَاحِدَةٍ　彼女は一つの文章以外言えなかった

سُوءٌ ❖ 悪い事，悪さ

سُوءُ الْحَظِّ (الْبَخْتِ)　不運

لِسُوءِ الْحَظِّ　不運にも/運悪く

لِسُوءِ حَظِّي، لَمْ أَجِدْكَ　運悪く，私はあなたに会えませんでした

سُوءُ الْفَهْمِ　誤解

سَوَاءٌ < سوي ✻ 等しい事; 平等

بِسَوَاءٍ /سَوَاءً　等しく/一緒に

سَوَاءٌ ~ أَمْ (أَوْ) ‥　～であろうと，また‥であろうと

سَوَاءُ السَّبِيلِ　真っ直ぐな(正しい)道

عَلَى السَّوَاءِ　平等に/公平に

سَوَادٌ < سود ✻ 黒，黒さ；耕地

أَكْثَرُ سَوَادًا مِنْ ~　～よりも黒い

سَوَادُ النَّاسِ　大衆/人民

سَوَادُ الْعَيْنِ　瞳

سِوَارٌ < سور 複 أَسْوِرَة / أَسَاوِر ✻ 腕輪，ブレスレット

سِوَارٌ مِنَ الذَّهَبِ　金の腕輪

سَوَّدَ < سود II ✻ 黒くする，黒く塗る；下書きをする

سَوَّدَ وَجْهَهُ　名誉を無くした/面目を失った

دُخَانُ النَّارِ يُسَوِّدُ الْقِدْرَ　煙が鍋を黒くする

(اَلْ)سُّودَان < سود 関 سُودَانِيّ ✻ スーダン 関スーダンの；スーダン人

اَلْجُمْهُورِيَّةُ السُّودَانِيَّةُ الدِّيمُوقْرَاطِيَّةُ　スーダン民主共和国

فُولٌ سُودَانِيٌّ　ピーナッツ/落花生

سُورٌ 複 أَسْوَارٌ ✻ 塀，壁；囲い，柵，フェンス

حَطَّ التُّرَابُ، وَانْهَارَ سُورُ الْبُسْتَانِ　土が落ちて，庭の塀が崩壊した

سُورُ الصِّينِ الْعَظِيمُ　万里の長城

سُورَةٌ 複 سُوَرٌ ✻ (コーランの)章

تَلَا آيَاتٍ مِنْ سُورَةِ مَرْيَمَ　マリヤム(マリヤ)の章の節を唱えた

سُورِيٌّ ✻ 形シリアの 名シリア人(複 ـون)

اَلْجُمْهُورِيَّةُ الْعَرَبِيَّةُ السُّورِيَّةُ　シリア・アラブ共和国

سُورِيَّا /سُورِيَّة ✻ シリア

سُورِيَّةُ الْجَنُوبِيَّةُ (الصُّغْرَى)　パレスチナ

أ ب ت ث ج ح خ د ذ ر ز س ش ص ض ط ظ ع غ ف ق ك ل م ن هـ و ي

سَوَّسَ < سوس II ❖ (穀物,羊毛,木などが)虫食いになる;虫歯になる

إِنْ لَمْ تُحَافِظْ عَلَى نَظَافَةِ أَسْنَانِكَ سَـ　歯をきれいにしないと,虫歯になるよ

سُوس ❖ (穀物,羊毛,木などを食う)虫;カンゾウ/甘草[植物]

عِرْقُ السُّوسِ　(カンゾウの根から作る甘い飲み物)アルクッ=スース

سَوْط 複 أَسْوَاط/سِيَاط ❖ むち/鞭;(罪人などを縛る)紐状のもの

اَلْأَسَدُ الْمُرَوَّضُ يَخَافُ ضَرْبَ السَّوْطِ　調教されたライオンは,むちを恐れる

سَوْفَ～ ❖ ～するでしょう ※動詞未完了形について未来を表す

سَوْفَ أَزُورُ غَزَّةَ فِي الصَّيْفِ الْقَادِمِ　今度の夏に私はガザを訪問します

سُوق 複 أَسْوَاق ❖ 男女市場,市場;市

اَلسُّوقُ الْمَرْكَزِيَّة　スパーマーケット

سُوقُ الْبَرَاغِيثِ　蚤の市

اَلسُّوقُ السَّوْدَاء　闇市場/ブラックマーケット

كَسَدَتِ السُّوقُ　市場は不況だった

سَوِيّ 複 أَسْوِيَاءُ ❖ 真っ直ぐな,正しい;調和のとれた

سَوِيًّا　一緒に

اِنْحَرَفَتْ بِهِ شَهْوَتُهُ عَنِ الطَّرِيقِ السَّوِيِّ　彼は強い欲望から,正しい道を踏み外した

سَيِّء / سَيِّئ < سوء 複 سَيِّئُونَ ❖ 悪い,酷い

سَيِّئُ الْحَظِّ　不運な/不運な人

عَادَة سَيِّئَة　悪い習慣

يُعَامَلُهُ مُعَامَلَةً سَيِّئَةً　彼は悪い(酷い)待遇を受けている

سِيَاج < سيج 複 -ات/ أَسْيَاج / أَسْوِجَة ❖ 垣根,柵

سِيَاجُ الْبُسْتَانِ أَشْجَارٌ شَائِكَةٌ　庭の垣根は棘のある樹です

سَيَّاح < سيح 複 ون ❖ 観光客

أَنَا لَسْتُ سَيَّاحًا　私は観光客と違います

سِيَاحَة > سيح 複 -ات ❖ 観光
جَمَالُ الْبَلَدِ يُغْرِي بِالسِّيَاحَةِ 国の美しさが観光へと誘う

سِيَاحِيّ > سيح ❖ 観光の
دَرَجَة سِيَاحِيَّة (旅客機の)エコノミークラス
حَافِلَة سِيَاحِيَّة 観光バス
جَوْلَة سِيَاحِيَّة 観光ツアー

سِيَادَة > سود ❖ 主権;支配;閣下
دَوْلَة ذَات سِيَادَةٍ 主権国家
وَطَنِي حَرِيصٌ عَلَى سِيَادَتِهِ 我が祖国は主権(独立)を切望している
سِيَادَة ~ ~さん/~氏
سِيَادَتُكُمْ 皆さん/皆様
سِيَادَة الرَّئِيسِ 大統領閣下

سَيَّارَة > سير 複 -ات ❖ 車/自動車
قَادَ سَيَّارَةً 車(自動車)を運転した
سَيَّارَة رِيَاضِيَّة スポーツカー

سِيَاسَة > سوس 複 -ات ❖ 政治;政策
اَلسِّيَاسَة الدُّوَلِيَّة 外交/外交政策
سِيَاسَة التَّوَسُّعِ / اَلسِّيَاسَة التَّوَسُّعِيَّة 拡張政策
رَجُل سِيَاسَةٍ 政治家

سِيَاسِيّ > سوس 複 -ون / سَاسَة ❖ 形 政治の,外交の 名 政治
عُلُوم سِيَاسِيَّة 政治学

سِيجَارَة ❖ = سِجَارَة

سَيَّجَ > سيج II ❖ 柵をめぐらす,囲いをする
لِمَاذَا لَا نُسَيِّجُ الْبُسْتَانَ ؟ 庭に囲いをしたらどうですか

سِيخ 複 أَسْيَاخ ❖ 串;包丁

شَوَتْ أُمِّي اللَّحْمَ عَلَى السِّيخِ　私の母は肉を串焼きにした

سَيِّد ＜سود 複 سَادَة / أَسْيَاد / سَادَات ✽紳士;主人;主,支配者;～氏(～ اَلسَّيِّد)

سَيِّدَاتي وَسَادَاتي　紳士淑女の皆さん

اَلسَّيِّد فُلَانٌ　だれそれさん/何とかさん/某氏

كَانَ الْكَنْعَانِيُّونَ يُسَمُّونَ السَّيِّدَ أَوْ الإِلٰهَ بَعْلًا　カナーン人は主や神をバールと呼んでいた

سَيِّدَة ＜سود 複 -ات ✽淑女;～さん(～ اَلسَّيِّدَة)

سَيِّدَتي　奥さん/奥様

اَلسَّيِّدَة فُلَانَةٌ　だれそれさん/何とかさん/某夫人

سَيَّرَ ＜سير II ✽動かす;走らせる;派遣する

يُوَلِّدُ الْبُخَارُ الْمَضْغُوطُ قُوَّةً تُسَيِّرُ السُّفُنَ وَالْقَاطِرَاتِ　蒸気圧は船や機関車を動かす力を生じる

سَيْرٌ ✽運行;旅,歩き;出発;行い;(皮の)ベルト,(コンベヤーの)ベルト(複 سُيُور)

اَلسَّيْرُ مُرْهِقٌ فِي الْهَاجِرَةِ　暑い盛りの出歩きは疲れる

دَائِرَة السَّيْرِ　交通局

خَطُّ السَّيْرِ　路線

سَيْر مُتَحَرِّك　ベルトコンベヤー/組み立てライン

سِيرَة 複 سِيَر ✽伝記;歩き方;デモ;評判,名声

أَعْجَبَتْني سِيرَتُهُ　彼の伝記に感動しました

لَمْ يَكْتُبْ الْكَاتِبُ سِيرَةً ذَاتِيَّةً　その作家は自叙伝を書かなかった

هُوَ ذُو سِيرَةٍ صَالِحَةٍ　彼は高潔であるという評判だ

سَيْطَرَ ، يُسَيْطِرُ ✽支配する(～عَلَى:～を);抑制する

سَيْطَرَ عَلَى النَّاسِ وُجُومٌ　沈黙が人々を支配した/人々は沈黙した

سَيْف 複 أَسْيَاف/ سُيُوف ✽刀,剣

ضَرَبَهُ بِالسَّيْفِ　彼を刀で切った

سيكار ~ سينمائي

سِيكَار ❖ 葉巻

سِيكَارَة ❖ (紙巻き)タバコ/煙草

أَقْلَعَ عَنْ تَدْخِينِ السِّيكَارَةِ　タバコを吸うのを止めた

سَيْل 複 سُيُول ❖ 急流,激流;洪水

سَيْل مِنْ ~　沢山の~

وَعَّرَ السَّيْلُ الدَّرْبَ الْجَبَلِيَّ　激流が山道を荒らした

سَيْل عُرَام　大洪水

سِيَّمَا <سوى ❖ 特に,とりわけ ※لا を伴い

لَا سَيَّمَا / لَاسِيَّمَا　特に

آكُلُ سَمَكًا ، لَاسِيَّمَا السَّرْدِينَ　私は魚を食べます,特にイワシを食べます

سِينَمَا (ـَ) ❖ 映画 ※cinema [仏語]

دَارُ السِّينَمَا　映画館

سِينَمَائِيّ ❖ 映画の

أَلَيْسَ التَّمْثِيلُ السِّينَمَائِيُّ أَسْهَلَ مِنَ التَّمْثِيلِ الْمَسْرَحِيِّ؟　映画の演技は劇場のより易しくありませんか

أَسْمَاك : 魚

سَمَك مُوسَى : カレイ

تُونَة : 鮪

سَمَك ذَهَبِي : 金魚

قِرْش : 鮫

سَرْدِين : 鰯

حَرْفُ الشِّين

ش

شَاءَ ، يَشَاءُ < شيأ ❖ 望む, 欲する 名意志;欲望, 望み 名 مَشِيئَة

※ هِيَ شَاءَتْ / أَنَا شِئْتُ

كُلْ مِنْهَا مَا تَشَاءُ　それらの中から, 望む物を食べなさい

إِنْ شَاءَ اللّٰهُ　(神が望みたもうなら) 必ず

مَا شَاءَ اللّٰهُ　素晴らしい！※神が望まれたもの

إِلَى مَا شَاءَ اللّٰهُ　永遠に

شَاءَ أَمْ أَبَى　好むと好まないとにかかわらず

بِمَشِيئَةِ اللّٰهِ　神の思し召しにより

شَائِب < شيب ❖ 形白髪の, 白髪頭の 名老人, 年寄り 複 شُيَّب

سَأَلَ وَالِدِي عَنِ الرَّجُلِ الشَّائِبِ　私の父は白髪頭の男について尋ねました

شَائِع < شيع ❖ 広く知られる, 広く普及した

شُرْبُ الْقَهْوَةِ شَائِعٌ فِي الْعَالَمِ　コーヒーを飲む事は, 広く世界に普及している

شَائِعَة < شيع ❖ うわさ/噂 複 شَوَائِع

اِخْتِفَاءُ السُّكَّرِ مِنَ الْأَسْوَاقِ شَائِعَةٌ لَا نُصَدِّقُهَا　市場に砂糖がないという噂は信頼出来ない

شَائِك < شوك ❖ 刺のある;困難な, 難しい

أَسْلَاك شَائِكَة　有刺鉄線/鉄条網

جَمْعُ الْإِنْسَانِ أَمْرٌ شَائِكٌ　人を集める事は難しい

شَائِن < شين ❖ 恥ずかしい, 恥ずべき;不名誉な

لِبَاس شَائِن　恥ずかしい服装

شَابَ ، يَشِيبُ < شيب ❖ 白髪になる;老いる

أ ب ت ث ج ح خ د ذ ر ز س ش ص ض ط ظ ع غ ف ق ك ل م ن هـ و ي

لِمَاذَا يَشِيبُ شَعْرُ الرَّأْسِ؟　どうして髪の毛は白くなるのですか

شَابٌّ < شب 複 شُبَّان / شَبَاب 女 شَابَّة 複 ـات ❖ 形若い 名若者，青年

إِمْرَأَة شَابَّة　若い女性

الشَّبَاب　若者/青年

أَيُّهَا الشَّابُّ　若者よ/青年よ

شَابَهَ < شبه III 名 مُشَابَهَة ❖ 似る，似ている 名似る事，類似

يُشَابِهُ الْوَلَدُ أَبَاهُ فِي كُلِّ شَيْءٍ　その少年は全てが父親に似ている

وَمَا شَابَهَ ذٰلِكَ　その他に

شَاجَرَ < شجر III 名 شِجَار / مُشَاجَرَة ❖ 喧嘩する，言い争う(〜مَعَ/ ه:〜と) 名喧嘩，口論

شَاجَرْتُ أُخْتِي دَائِمًا　私はいつも姉と喧嘩していた

شَاحِب < شحب 複 شَوَاحِب ❖ 青白い，青ざめた；色あせた

هُوَ مَا يَزَالُ شَاحِبَ اللَّوْنِ　彼はまだ青白い顔をしている

أَصْبَحَ وَجْهُهُ شَاحِبًا مِنَ الْخَوْفِ　彼の顔は恐怖で青くなった

شَاحِنَة < شحن 複 ـات ❖ トラック，貨物自動車；貨物列車，貨車

نَقَلَتِ الشَّاحِنَةُ الرَّمْلَ　トラックが砂を運んだ

تَجُرُّ الْقَاطِرَةُ عِشْرِينَ شَاحِنَةً　機関車が２０両の貨車を引っ張っている

شَاخَ ، يَشِيخُ < شيخ ❖ 歳を取る，老ける

شَاخَ الْجَدُّ وَأَخَذَتْ تَحْنِي ظَهْرَهُ الْأَيَّامُ　祖父は歳を取り，歳月が彼の背中を曲げ始めた

شَادَ ، يَشِيدُ < شيد ❖ 立てる，建てる

تَشِيدُ الشَّرِكَةُ الْبِنَاءَ الْكَبِيرَ　その会社は大きなビルを建てる

شَاذٌّ < شذ 複 شَوَاذُّ / شُذَّاذ ❖ 異常な，変な；不規則な；例外の

شُذَّاذ الْأَخْلَاقِ　性格の異常な

شُذَّاذ الْآفَاقِ　複外国人/異邦人/旅行者

يُسْمَعُ فِي الْجَوْقَةِ صَوْتٌ شَاذٌّ　オーケストラから変な音が聞こえる

شَارِب < شرب 複 شَوَارِب ❖ 口髭*；飲む人　*しばしば双数形で用いられる

رَجُل ذُو شَارِبَيْنِ　髭のある人

شَارِد ＜ شرد 複 شُرَّد / شُرُد / شَوَارِد ❖ 形道に迷った；野良の 名逃亡者；逸脱；例外

شَوَارِد اللُّغَةِ　言語的な例外

شَارِع ＜ شرع 複 شَوَارِع ❖ 通り，街路；街頭

شَارِع الْبَحْرِ　海岸通り

أَطْفَال الشَّوَارِع　ストリートチルドレン

شَارَكَ ＜ شرك III 名 مُشَارَكَة ❖ 参加する；共同で行う（～فِي：～を），共にする（～فِي：～を） 名参加；共同

شَارَكَ فِي الامْتِحَانِ　試験を受けた

شَارَكَهُ طَعَامَهُ (فِي طَعَامِهِ)　食事を共にした

شَارَكَهُ رَأْيَهُ (الرَّأْيَ)　意見を共有した

شَاش ＜ شوش ※ شَاشَة ❖ 白布，モスリン；ガーゼ，包帯；スクリーン；モニター　※1枚の白布

وَضَعَ شَاشًا عَلَى الْجُرْحِ　傷口にガーゼを当てた

الشَّاشَة الْبَيْضَاء　（映画の）スクリーン／映写幕／銀幕

طَهَّرَتِ الْمُمَرِّضَةُ الْجُرْحَ ، ثُمَّ ضَمَّدَتْ بِالشَّاشِ　女性看護師が傷を消毒し，包帯を巻いた

شَاطِئ ＜ شطئ 複 شَوَاطِئ / شُطْآن ❖（川や海の）岸，浜，浜辺

شَاطِئ الْبَحْرِ (النَّهْرِ)　海岸（河岸／川岸）

شَاطَرَ ＜ شطر III 名 مُشَاطَرَة ❖ 等しく分け合う；半分ずつにする；共有する 名共有

شَاطِرْ أَخَاكَ هٰذِهِ الْكَعْكَةَ　このケーキを弟と半分ずつに，分けなさい

شَاطِر ＜ شطر 複 شُطَّار ❖ 悪賢い，ずる賢い，狡猾な；賢い，利口な

رَفِيقُكَ شَابٌّ شَاطِرٌ　あなたの友人はずる賢い青年だ

وَلَدٌ شَاطِرٌ　利口な子

شَاعَ ، يَشِيعُ ＜ شيع ❖ 伝わる，広まる，普及する

لَا تُصَدِّقْ كُلَّ خَبَرٍ يَشِيعُ　伝わる噂を全て信じてはいけない

شاعِر < شعر 複 شُعَراءُ، 女 شاعِرَة 複 شَواعِر ❖ 詩人

هَلْ "ناجي الْعَلي" شاعِرٌ ؟ — ナージ・ル=アリは詩人ですか

شاغَبَ < شغب III 名 مُشاغَبَة ❖ 混乱させる;かき乱す 名混乱,秩序の乱れ

نُريدُ أَنْ نَلْعَبَ بِهُدوءٍ، لا تُشاغِبْنا — 私達は静かに遊びたいので,邪魔をしないで下さ

شاغِر < شغر 複 شَواغِر ❖ 空の,空いている 複空き地;空き部屋

مَقْعَد شاغِر — 空席

شاقّ < شق ❖ きつい,疲れる,骨の折れる;辛い

عَمَل شاقٌّ — 疲れる仕事

دَرْس شاقّ — 辛い勉強

شاكِر < شكر ❖ 感謝の,有り難い

أَنا شاكِرٌ لَكُمْ جِدًّا — 私はあなた達にとても感謝しています

شالَ، يَشولُ < شول ❖ 上がる;上げる;運ぶ

شالَ الْحِمارُ بِذَنَبِهِ — ロバが尻尾を上げた

شالَتْ كَفَّةُ الْميزانِ — 天秤の皿が上がった

شالَ، يَشيلُ < شيل ❖ 上げる;運ぶ

أَتَقْدِرُ أَنْ تَشيلَ الصَّخْرَةَ وَحْدَكَ ؟ — あなた一人で,その岩を持ち上げられますか

شالٌ 複 شيلال /شالات ❖ ショール

يَكادُ شالُكِ أَنْ يَنْغَمِسَ في الْماءِ — 貴女のショールが水に濡れそうですよ

شامَة < شيم 複 ـات ❖ 黒子,あざ

تَزينُ خَدَّها شامَةٌ سَوْداءُ — 黒子が彼女の頬を魅力的にする

شُؤْم < شأم ❖ 悪い事,不運,災い;不吉な前兆

نَعيبُ الْغُرابِ نَذيرُ شُؤْمٍ — 烏の鳴き声は不吉な前兆である

شامِخ < شمخ 複 شُمَّخ / شَوامِخ 女 شامِخَة 複 ـات ❖ 高い;(地位などが)高い;高慢な

جَبَل شامِخٌ — 高い山

شامِخ الْأَنْفِ — 高慢な/横柄な

شَامِل < شمل ❖ 広範囲の;包括的な,全面的な

حَرْب شَامِلَة　全面戦争

شَأْن 複 شُؤُون ❖ 事柄;状態;関係,立場

فِي شَأْنِ~/بِشَأْنِ~　~に関して/~ついて

الشُّؤُون الْخَارِجِيَّة　外務/外交問題

شُؤُون الْحَيَاةِ　世事/人生の様々な出来事

ذُو شَأْنٍ　重要な/影響力のある

أَنْتَ وَشَأْنَكَ/شَأْنَك وَمَا تُرِيدُ　お好きなように

تَرَكَهُ وَشَأْنَهُ　好きにさせた

مَا شَأْنُكَ؟　どうかしましたか/何がお望みですか

دَعْنِي وَشَأْنِي　ほっといて下さい/私に構わないで下さい

لَيْسَ لِي شَأْنٌ فِي ذٰلِك　それは私に関係のない事です

شَاهَدَ < شهد III 名 مُشَاهَدَة ❖ 見る,見物する 名見物

أَمِنَ الْمُمْكِنِ أَنْ أُشَاهِدَ الْعَرُوسَ؟　花嫁さんを見る事が出来ますか

شَاهِد < شهد 複 شُهُود/أَشْهَاد/شُهَّد ❖ 証人,目撃者;証拠(複 شَوَاهِد)

شَاهِد حَيّ　生き証人

شَاهِد الْعَيْنِ/شَاهِد عِيَانٍ　目撃者

طَلَبَ الْقَاضِي سَمَاعَ إِفَادَةِ الشَّاهِدِ　裁判官は目撃者の証言を聞くように求めた

حَضَرَ كَشَاهِدٍ　証人に立った

شَاهِق < شهق 複 شَوَاهِق ❖ 高い,そびえる 複高原,高地

تَرْتَفِعُ حَوْلَ السَّاحَةِ أَبْنِيَةٌ شَاهِقَةٌ　広場の周りに高い建物がそびえている

شَاوَرَ، يُشَاوِرُ < شور III 名 مُشَاوَرَة ❖ 相談する,意見を求める 名相談

شَاوَرَ وَالِدُهُ الْمُحَامِي فِي الْقَضِيَّةِ　父親は訴訟について弁護士に相談した

شُؤُون ❖ ⇒ شَأْن 複

شَاي ❖ 茶

صَبَّ لِي شَايًا　彼は私にお茶を入れてくれた

شَبَّ (i) ❖ 育つ,大人になる;(馬が)跳ねる;(戦争,火事が)起こ

شَبَّ الْوَلَدُ　子供は青年になった

شَبَّتِ الْحَرْبُ　戦争が起きた

شَبَّ الْحَرِيقُ الصَّغِيرُ لَيْلَةَ أَمْسِ　昨晩ぼやがあった

شَبَابٌ < شب ❖ 青春,青春時代;若者達(単 شابّ:若者,若人)

اَلشَّبَابُ أَجْمَلُ مَرَاحِلِ الْحَيَاةِ　青春は人生の最も美しい過程である

شُبَاطُ ❖ シュバート　※シリア暦の二月

شُبَاطُ أَقْصَرُ أَشْهُرِ السَّنَةِ　シュバートは1年で一番短い月です

شُبَّاك < شبك 複 شَبَابِيك ❖ 窓,窓口;網状の物

شُبَّاكُ الْعَرْضِ　ショーウィンドウ

فَتَحَ (أَغْلَقَ) الشُّبَّاكَ　窓を開けた(閉めた)

شَبَح (ـَ) 複 أَشْبَاح / شُبُوح ❖ 幽霊,亡霊,お化け; 幻

شَبَحٌ يَظْهَرُ فِي الْقَصْرِ لَيْلًا ؟!　夜になると,お城に幽霊が出るんだって!?

شِبْر 複 أَشْبَار ❖ スパン　※広げた小指から親指までの長さ=5寸

شِبْرًا فَشِبْرًا　じわじわと/少しずつ

شِبْشِب 複 شَبَاشِب ❖ スリッパ

شَبِعَ (a) 名 شِبَعٌ (ـَ) ❖ 満腹になる;満たされる;飽きる 名満腹,飽食

كُلْ حَتَّى تَشْبَعَ　お腹が一杯になるまで,食べなさい

شَبِعْتُ وَالْحَمْدُ لِلّٰهِ　ご馳走様でした

شَبْعَان < شبع 複 شِبَاع / شَبَاعَى ❖ 満腹の,お腹一杯の;金持ちの

女 شَبْعَى / شَبْعَانَة 複 شِبَاع / شَبَاعَى

يَأْكُلُ الْحَيَوَانُ فَقَطْ حِينَ يَجُوعُ وَالْإِنْسَانُ يَأْكُلُ هُوَ شَبْعَانٌ　動物は空腹時にだけ食べるが,人間は満腹でも食べる

شَبَكَ (i) ❖ 編む;絡ませる,絡ます

كَيْفَ يَشْبِكُ الْعَنْكَبُوتُ خُيُوطَهُ ؟　蜘蛛はどのように糸を絡ませるのでしょうか

شَبَكَة 複 شِبَاك / شَبَكٌ / شُبُكَات ❖ 網, ネット;～網

شَبَكَة طُرُق　道路網

شَبَكَة الْإِنْتَرْنِت　インターネット網

يَسْتَعْمِلُ الصَّيَّادُ شِبَاكًا　漁師は網を使う

شَبَّهَ < شبه II 名 تَشْبِيه ❖ (～に)例える;(～と)比べる(～بِ) 名比喩;比較

受 شُبِّهَ (عَلَيْهِ الْأَمْرُ)　(その事は) 疑わしい/比べられる(～بِ:～と)

يُشَبِّهُ الْكَاتِبُ الْجَمَلَ بِالسَّفِينَةِ　作家は駱駝を船に例える

شِبْه 複 أَشْبَاه ❖ 半～, 亜～, 副～, 準～;似ている

شِبْه جَزِيرَةٍ　半島

شِبْه مُوَصِّل　半導体

شِبْه جُمْلَةٍ　句/語句

شِبْه اسْتِوَائِي　亜熱帯

أَشْبَاه الْإِنْسَانِ　類人猿

شَبِيبَة < شب ❖ 若さ;若者, 青年

شَبِيبَة الْوَطَن　国の若さ

تَحْتَفِلُ الْبِلَادُ بِعِيدِ الشَّبِيبَةِ　国は青年の祭りを祝う

شَبِيهٌ < شبه 複 شِبَاه ❖ 似ている, 同じ様な 比 أَشْبَهُ :もっと似ている

شَبِيه بِالرَّسْمِيِّ　半官半民の

شَبِيه بِالْمُنْحَرِفِ　台形[数学]

شَتَّى ، يُشَتِّي < شتو II ❖ 冬を過ごす(～بِ:～で);雨が降る

أُحِبُّ أَنْ أُشَتِّيَ بِالْأَرْيَافِ　私は田舎で冬を過ごすのが好きです

شَتَّى < شت ❖ 様々な, 色々な(شَتِيت の複)

تَبَاحَثَ الْمُجْتَمِعُونَ فِي أُمُورٍ شَتَّى　参加者は様々な事柄を討論した

شَتَّى بَيْنَهُمَا ! / شَتَّان بَيْنَهُمَا !　それら二つ(彼ら二人)の何と異なる事でしょう

شِتَاءٌ < شتو 複 أَشْتِيَة / شُتِيٌّ 関 شِتَائِيٌّ ❖ 冬;雨 関冬の

فَصْل الشِّتَاء　冬

حَلَّ فَصْلُ الشِّتَاءِ　冬が<u>来た</u>(到来した)

شَتَّتَ < شت II ❖ 蹴散らす;散らす,ばらまく;分散する;散漫にする

تُشَتِّتُ الرِّيحُ أَوْرَاقَ الأَشْجَارِ　風が木の葉を散らす

شَتَّتَ انْتِبَاهَهُ　注意力を散漫にさせた

شَتَلَ (i) ❖ (種を)植える;移植する

شَتَلَ الأَرُزَّ فِي الحَقْلِ　田植えをした

شَتْلَة 複 شَتْل ❖ (1本の)苗,苗木

يَتْرُكُ بَيْنَ الشَّتْلَةِ وَجَارَتِهَا مَسَافَةَ شِبْرٍ　苗と苗の間は1スパン空けます

شَتَمَ (i,u) 名 شَتْم ❖ 罵る,誹る,悪口を言う;侮辱する 名悪態;侮辱

لَا تَشْتُمْنِي!　私を侮辱するな

شَتَمَ خَصْمَهُ بِشِدَّةٍ　ライバルを激しく罵った

شَتَوِيّ < شتو ❖ 冬の

رِيَاضَة شَتَوِيَّة　ウィンタースポーツ

شَتِيمَة < شتم 複 شَتَائِم ❖ 悪口,罵り

لَا تَرُدَّ عَلَى الشَّتِيمَةِ بِمِثْلِهَا　そのような悪口を繰り返してはならない

شَجَّ (i,u) ❖ (頭や顔の皮膚を)裂く,(頭の骨を)割る

أَصَابَهُ الْحَجَرُ وَكَادَ يَشُجُّ رَأْسَهُ (´)　頭に石が当たって,彼は頭が割れそうだった

شِجَار < شجر ❖ 喧嘩,争い;口論

نَشِبَ بَيْنَهُمَا شِجَارٌ　二人の間に喧嘩が生じた

شُجَاع < شجع 複 شُجْعَان ❖ 勇気のある,勇敢な

اَلْجُنْدِيُّ الشُّجَاعُ لَا يَوْجَلُ　勇敢な兵士は恐れない

شَجَاعَة < شجع ❖ 勇気,勇敢さ

بِشَجَاعَةٍ　勇敢にも/勇気を持って

قَاتَلَ بِشَجَاعَةٍ　勇敢に戦った

أَظْهَرَ شَجَاعَتَهُ　勇気を出した

شَجَّرَ < شجر II 名 تَشْجِير ❖ 木を植える, 植林する 名植林

يَنْبَغِي أَنْ نُشَجِّرَ الْمَنَاطِقَ الْجَبَلِـ　私達は山岳地帯に植林すべきである

شَجَرٌ 複 أَشْجَار ※ شَجَرَة ❖ 木, 樹, 樹木 ※1本の木

شَجَرَةُ نَسَبِ الْعَائِلَةِ　家系図

شَجُعَ (u) ❖ 勇気がある, 勇敢である

أُرِيدُ أَنْ يَشْجُعَ ابْنِي　息子は勇敢であって欲しい

شَجَّعَ < شجع II 名 تَشْجِيع 関 تَشْجِيعِيّ ❖ 勇気づける, 元気づける, 鼓舞する, 励ます; 勧める(〜عَلَى:〜を) 名勇気づけ, 鼓舞; 奨励 関励ます, 鼓舞する; 奨励する

شَجَّعَنِي الْمُدَرِّسُ عَلَى مُوَاصَلَةِ دِرَاسَةِ　先生は勉強を続けるように, 私を励ましてくれました

مَبْلَغٌ تَشْجِيعِيٌّ　奨励金

شَجِيٌّ ❖ 憂うつな; (声が)心を動かす; (歌が)哀調を帯びた

أَذَّنَ الشَّيْخُ بِصَوْتٍ قَوِيٍّ شَجِيٍّ　老人は力強く, 心揺さ振る声で, 祈りへ呼びかけた

اَلْغِنَاءُ شَجِيٌّ جَمِيلٌ　その歌は哀調を帯びて, 美しかった

شُحٌّ ❖ 貪欲, 強欲, けち; 不足

شُحُّ الْمِيَاهِ　水不足

شُحُّ الْمَوَادِّ الْغِذَائِيَّةِ　食糧不足

شَحَّاذٌ < شحذ 複 ون ❖ 乞食, 物貰い

شَحَّاذُ الْعَيْنِ　ものもらい ※目の病気

شَحَبَ (u)/ شَحُبَ (u, a) ❖ (顔色が)変わる, (体が)やつれる

لِمَاذَا شَحَبَ لَوْنُ وَجْهِهَا ؟　どうして彼女の顔色が変わったのですか

شَحَذَ (a) ❖ 研ぐ

شَحَذَ السِّكِّينَ بِالْمِسَنِّ　ナイフを砥石で研いだ

شَحَّمَ < شحم II 名 تَشْحِيم ❖ 油をさす 名注油

شَحَّمَ الْآلَةَ　機械に油を差した

زَيْتُ التَّشْحِيمِ　潤滑油

❖ شَحْم 複 شُحُوم　脂肪，脂，ラード；グリース，潤滑油

يُغَطِّي الشَّحْمُ الْكَرِشَ　脂肪が胃を包んでいる

❖ شَحَنَ (a) 名 شَحْن　荷を積む，積み込む；満たす，一杯にする(～بِ：～で)
名積み荷

يَشْحَنُ الْعُمَّالُ الشَّاحِنَةَ خَشَبًا　労働者達が材木をトラックに積み込んでいる

❖ شَحِيح < شح 複 أَشِحَّة / شِحَاح / أَشِحَّاءُ　けちな；欲深い；少ない

مَاءُ الْعَيْنِ بَاتَ فِي الْخَرِيفِ شَحِيحًا　泉の水は秋に少なくなる

❖ شَخَرَ (i) 名 شَخِير　いびきをかく；(馬やロバが)いななく
名いびき；いななき

شَخِيرُ أَخِي يُقْلِقُنِي　兄のいびきが私を悩ます

❖ شَخَّصَ < شخص II 名 تَشْخِيص　具現化する；演じる；診断する　名具現化；診断

شَخَّصَ الطَّبِيبُ الْمَرَضَ وَبَدَأَ يُعَالِجُهُ　医師は病気を診断して，手術を始めた

❖ شَخْص 複 شُخُوص / أَشْخَاص 関 شَخْصِيّ　人，人物，個人　関個人の，個人的な

شَخْص طَيِّب　良い人/好人物

صُنْدُوق بَرِيد شَخْصِيّ　(郵便の)私書箱

تَارِيخ شَخْصِيّ　履歴/経歴

شَخْصِيًّا　個人的に

❖ شَخْصِيَّة < شخص 複 ـات　個性，人格；人物；身元

بِطَاقَة شَخْصِيَّةٍ　身分証明書/ＩＤカード

شَخْصِيَّة مُزْدَوِجَة　二重人格

نُرِيدُ تَرْبِيَةً تُنَمِّي شَخْصِيَّةَ الطَّالِبِ　私たちは生徒の個性を育てる教育を望む

❖ شَخِير ⇒ 名 شَخَرَ

❖ شَدَّ ، يَشُدُّ (ُ) 名 شَدّ / شَدَّة　引く，引っ張る；締める；堅くする，強くする
名引く事，締める事；強化

شَدَّ الْحِزَامَ　ベルトを締めた/倹約した

شَدَّ وِثَاقَهُ　縛り上げた

شَدَّ الرِّحَالَ　出発した/旅立った

شَدَّ عَلَى يَدِهِ　助けた

شُدَّ حَيْلَكَ !　元気出して！/頑張れ！　*命

*شَدَّ مَا ~　どんなに～/どれ程～

شَدَّ مَا أَبْغَضُ الْكَذِبَ وَالْخِدَاعَ　私は嘘と欺瞞がどんなに嫌いな事か

شَدُّ الْحَبْلِ　綱引き

شَدَا، يَشْدُو 命 اُشْدُ 女 اُشْدِي ✿ (歌を)歌う；(詩を)吟ずる，朗読する 命歌え

كَانَ الْبُلْبُلُ يَشْدُو بِصَوْتِهِ فِي اللَّيْلِ　ナイチンゲール鳥が夜に鳴いていた

شَدَا الشِّعْرَ　詩を吟じた

شَدَّة ✿ 引く事，アクセント；強調；トランプ；(発音記号の)シャッダ(ّ)

مِنْ شَدَّةِ ~　～のあまり

بَكَى مِنْ شَدَّةِ الْفَرَحِ　嬉しさのあまりに，泣き出した

شِدَّة 複 شِدَد ✿ 強さ，激しさ；堅さ；困難；暴力；苦しみ

أَخَذَهُ بِالشِّدَّةِ　彼を手ひどく扱った

اَلشِّدَّةُ لَا يَغْلِبُهَا إِلَّا الصَّبْرُ　困難は忍耐以外では克服できない

شَدَّدَ > شد II 名 تَشْدِيد ✿ 強くする；強める；子音を二重化する[文法]
名強化；子音を二重化する事

إِذَا شَدَّدْتَ السِّينَ فِي "كَسَرَ"، حَصَلْتَ عَلَى فِعْلٍ جَدِيدٍ هُوَ "كَسَّرَ"　"كَسَرَ"の س (シーン)を二重子音化すれば新しい動詞"كَسَّرَ"が出来る

شِدْق 複 أَشْدَاق ✿ 口元

ضَحِكَ بِمِلْءِ (مِلْءَ) شِدْقَيْهِ　満面に笑みをたたえた/にっこり笑った

شَدِيد > شد 複 أَشِدَّاء / شِدَاد ✿ 強い，激しい；厳しい；固い；勇敢な ※比 أَشَدّ

أَرْض شَدِيدَة　固い地面

شَدِيدُ الْبَأْسِ　勇敢な/勇気のある

أ ب ت ث ج ح خ د ذ ر ز س **ش** ص ض ط ظ ع غ ف ق ك ل م ن هـ و ي

شَذَّ (u, i) ❖ 分かれている；孤立している；不規則である；例外である；逸脱している

يُجَرُّ الاسْمُ بِالْكَسْرَةِ ، يَشُذُّ الاسْمُ غَيْرُ الْمُنْصَرِفِ ، فَيُجَرُّ بِالْفَتْحَةِ　名詞はカスラ(ِ)で属格になるが，三段格変化しない名詞は例外で，ファトハ(َ)で属格にな

شَذًا ❖ よい匂い，よい香り，香気 ※定 اَلشَّذَا

عَبِقَتِ الْحَدِيقَةُ بِشَذَا الْوَرْدِ　庭はバラの香気で満たされていた

شَذَّبَ < شذب II ❖ 刈り込む ※木の枝等を

أُرِيدُ أَنْ أُشَذِّبَ شَارِبِي　私は髭を刈り込みたい

شَرٌّ 複 شُرُور ❖ 形悪い，邪悪な；害のある 名悪，邪悪；害；悪者，悪

عَمِلَ شَرًّا　悪い事をした/悪事を働いた

سَنُقَاتِلُ الشَّرَّ بِلَا هَوَادَةٍ　さあ，悪者と容赦なく戦おう

شَرَى ، يَشْرِي 名 شِرَاء ❖ 買う，購入する

أَلَا تَذْهَبُ إِلَى الْفُرْنِ وَتَشْرِي لَنَا خُبْزًا؟　パン屋さんに行って，パンを買って来てくれませんか

اَلتِّجَارَةُ شِرَاءٌ وَبَيْعٌ　商売とは売り買いである

شَرَابٌ < شرب 複 أَشْرِبَة ❖ 飲み物，ジュース，アルコール

شَرَاب سَاخِن (بَارِد)　温かい(冷たい)飲み物

قَدَّمُوا لَنَا قَبْلَ الطَّعَامِ شَرَابًا　彼らは食事の前に，私達に飲み物を勧めた

شَرَار < شر ※ شَرَارَة ❖ 火花 ※1個の火花

شَمْعَةُ الشَّرَارَةِ　スパークプラグ

شِرَاع < شرع 複 أَشْرِعَة / شُرُع ❖ 帆

تَنْفُخُ الرِّيحُ شِرَاعَ السَّفِينَةِ　船の帆が風をはらんでいる

شَرَاهَة < شره ❖ 食い意地(の張った人)；大食漢，食いしん坊

يَأْكُلُ حَبَّاتِ الْمُلَبَّسِ دَفْعَةً وَاحِدَةً ، يَا لَلشَّرَاهَةِ !　一時にキャンディーをみんな食べるなんて，彼は何と食いしん坊なんだろう

شَرِبَ (a) 名 شُرْب ❖ 飲む；タバコを吸う；する 名飲む事

اِشْرَبْ مَاءً　水を飲みなさい

هَلْ تَشْرَبُ دُخَّانًا؟　あなたはタバコを飲みますか(吸いますか)

شَرِبَ حَسَاءً　スープをすすった

شَرَّبَ < شرب II ❖ 飲ませる;染み込ませる

شَرَّبَتِ الطِّفْلَ مِنْ ثَدْيِهَا　彼女は子供に母乳を飲ませた

شَرْبَة ❖ 飲み物,飲料,スープ

تَنَاوَلَ شُرْبَةً مِنْ عَصِيرِ التُّفَّاحِ　リンゴジュースを飲んだ

شَرَحَ (a) 名 شَرْح ❖ 説明する(~لِـ:~に);喜ばせる;薄く切る
名説明,解釈;コメント

اِشْرَحْ لِي السَّبَبَ　私にその理由を説明しなさい

شَرَحَ خَاطِرَهُ　喜ばせた/嬉しくさせた

يَشْرَحُ وَالِدِي السَّمَكَ　父は魚を薄く切る(スライスする)

نَقْص فِي الشَّرْحِ　説明不足

شَرَّحَ < شرح II 名 تَشْرِيح ❖ 薄く切る,薄切りする;解剖する 名解剖

يُشَرِّحُ وَالِدِي السَّمَكَ وَيُطَرِّقُهُ　父は魚を薄く切り,それを叩く

طَلَبَ الْمُحَقِّقُ تَشْرِيحَ الْجُثَّةِ　取調官は死体の解剖を要求した

شَرْخ 複 شُرُوخ ❖ 青春;(人生で)一番良い時,全盛期

عِشْرُونَ سَنَةً ! أَنْتَ الْآنَ فِي شَرْخِ الشَّ　20歳! 今あなたは人生で一番良い時ですね

شَرَدَ (u) ❖ はぐれる;うろつく,さ迷う

شَرَدَتِ الْعَنْزَةُ عَنِ الْقَطِيعِ　1頭の山羊が群からはぐれた

شَرَرٌ < شر 複 شَرَار ❖ 火花

تَطَايَرَ الشَّرَرُ مِنْ نَارِ الْمَوْقِدِ　暖炉から火花が飛び散った

شَرِس ❖ どう猛な,残忍な;悪意のある

كَلْبُنَا لَيْسَ شَرِسًا　うちの犬はどう猛ではない

شَرَطَ (u, i) 名 شَرْط 複 شُرُوط 関 شَرْطِيّ ❖ 裂く,引き裂く,傷付ける;条件を付ける(~عَلَى:~に)
名条件;(契約の)条項 関条件の

شَرَطَ خَدَّهُ بِالشَّفْرَةِ　剃刀の刃で頬を傷付けた

بِشَرْطِ (عَلَى شَرْطِ) أَنْ ~　～であるという条件で

بِلَا (بِدُونِ) شَرْطٍ　無条件で

شُرُوطُ الْعَقْدِ　契約の条項

اَلاجْتِهَادُ شَرْطٌ لِلنَّجَاحِ　努力は成功の(必要)条件です

جُمْلَةٌ شَرْطِيَّةٌ　条件節[文法]

جَوَابُ الشَّرْطِ　(条件文の)応答節

شُرْطَة 複 شُرَط　✽警察 複警官隊

شُرْطَةُ الْمُرُورِ　交通警察

مَرْكَزُ الشُّرْطَةِ　警察署

شُرْطِيّ < شرط 複 ون　✽警察官, 警官

لَا يَحْتَرِمُونَ أَوَامِرَ الشُّرْطِيِّ　彼らは警官の命令を気に掛けない

شَرَعَ (a) 名 شَرْع　✽(～を)始める, (～に)取り掛かる(～فِي/未);
銃を向ける(～عَلَى:～に);法律を作る;通りに面す
名シャリーア ※神が定めた法律

شَرَعَ يَسْتَعِدُّ لِلامْتِحَانِ　試験準備に取り掛かった

شَرَعَ فِي الْعَمَلِ　仕事に取り掛かった/仕事を始めた

شَرَّعَ < شرع II 名 تَشْرِيع 複 تَشَارِيع　✽法を作る(定める);武器を取り出す;武器を向ける

تَشْرِيعِيّ 関　名立法 ※法律を作る事 関立法の

شَرَّعَ الْمَجْلِسُ الْقَانُونَ　議会は法律を作った

سُلْطَةُ التَّشْرِيعِ　立法権

اَلسُّلْطَةُ التَّشْرِيعِيَّةُ تَسُنُّ الْقَوَانِينَ　立法府が法律を制定する

شِرْعَة < شرع 名 شِرَاع / شُرُع　✽弦, ロープ, 綱;基本法

نَشَرَ الْمَلَّاحُ الشِّرَاعَ　乗組員がロープを切った

اَلشِّرْعَةُ　シャリーア ※ = اَلشَّرِيعَة :イスラム法

تُنَظِّمُ الشِّرْعَةُ الْحُقُوقَ وَالْوَاجِبَاتِ　シャリーアは権利と義務を体系化する

شَرْعِيّ < شرع　✽正当な, 合法的な;法の, イスラム法の

حَقٌّ شَرْعِيٌّ　正当な権利/合法的権利

شَرْعِيًّا　合法的に

شَرُفَ (u) 名 شَرَفٌ 複 أَشْرَاف　❖(場所が)高い,(地位,身分が)高い 名高貴;名誉

اِتَّسَعَ بِنَاءُ الْمَحَطَّةِ وَشَرُفَ　駅ビルが広く,高くなった

عَلَى شَرَفِ ~　~の名誉の為に

بِشَرَفِي　私の名誉に掛けて

شَرَّفَ < شرف II 名 تَشْرِيف　❖名誉を与える(授ける);光栄にする 名名誉;光栄

شَرَّفَنَا الْمُعَلِّمُ بِزِيَارَةٍ　先生の訪問は私達には光栄だった

شُرْفَة 複 شُرُفَات(شُرَفَات)/ شُرَف　❖ベランダ,バルコニー;劇場のボックス席

شَرِبْنَا الْقَهْوَةَ عَلَى الشُّرْفَةِ　私たちはベランダでコーヒーを飲みました

شَرَقَ (u)　❖(日が)昇る;輝く;すする

شَرَقَتِ الشَّمْسُ　日が昇った

شَرِقَ (a)　❖こらえる(~بِـ:~を);息が詰まる

شَرِقَ بِدُمُوعِهِ　涙をこらえた

شَرَّقَ < شرق II 名 تَشْرِيق　❖東へ向かう,東へ進む;干し肉にする 名東洋化

اَلْقَافِلَةُ تُشَرِّقُ　キャラバンは東に向かう

شَرْق 関 شَرْقِيّ　❖東,東洋 関東の,東洋の,東洋的な;東洋人
(複 ـون)　※⇔ غَرْبِيّ:西の,西洋の

اَلشَّرْق الأَوْسَط　中東

اَلشَّرْق الأَقْصَى　極東

شَرْقًا　東に/東へ

شَرِكَة < شرك 複 ـات　❖会社

شَرِكَة رَئِيسِيَّة　本社

شَرِكَة مَحْدُودَة (الْمَسْئُولِيَّة)　株式会社

شَرِكَة تَوْصِيَة　有限会社

مُوَظَّف الشَّرِكَةِ　会社員

أ ب ت ث ج ح خ د ذ ر ز س **ش** ص ض ط ظ ع غ ف ق ك ل م ن هـ و ي

شَرْنَقَة 複 شَرَانِق ❖ まゆ/繭;さなぎ

تُشْبِهُ الشَّرْنَقَةُ حَبَّةَ الْفُسْتُقِ　まゆはピスタチオに似ている

شَرِهَ (a) ❖ (食べ物に)貪欲である,がつがつしている

تَشْرَهُ دُودَةُ الْقَزِّ إِلَى الطَّعَامِ　蚕はよく食べる

شَرِهٌ ❖ (食べ物に)貪欲な,大食の

تَأْكُلُ الدُّودَةُ الشَّرِهَةُ وَرَقَ التُّوتِ　大食の蚕は桑の葉を食べる

شِرْيَان＜شرى 複 شَرَايِينُ ❖ 動脈

اَلْجُرْحُ أَصَابَ شِرْيَانًا　動脈が傷付いた

تَصَلُّبُ الشَّرَايِينِ　動脈硬化

شَرِيحَة＜شرح 複 شَرَائِح ❖ 薄くスライスした肉片,一切れ,スライス

شَرِيحَة خُبْزٍ　一切れのパン

شَرِيد＜شرد ❖ 形 追放された,追われた;流浪の,放浪の 名 浮浪者

عَاشَ الْغُلَامُ شَرِيدًا بَعِيدًا عَنْ أَهْلِهِ　青年は遠くに追放され,家族と離れて暮らした

شِرِّير＜شر 複 أَشْرَار ❖ 形 邪な,邪悪な,悪い;悪戯な 名 悪人,邪な人

هُوَ كَانَ شِرِّيرًا وَطَمَّاعًا　彼は邪で貪欲だった

شِرِّير＜شر 複 ون ❖ とても悪い ※人の性格について

وَلَدٌ شِرِّيرٌ　悪戯っ子

اَلشِّرِّير　悪魔/サタン

شَرِيط＜شرط 複 شُرُطٌ ❖ テープ,リボン;フィルム;線

شَرِيط الْكَهْرَبَاءِ　電線

شَرِيط الْقِيَاسِ　巻き尺

شَرِيطَة＜شرط 複 شَرَائِط ❖ テープ,リボン;布きれ;条件

تَعْقِدُ شَعْرَهَا بِشَرِيطَةٍ　彼女はリボンで髪を結ぶ

عَلَى شَرِيطَةِ ～　～の条件で

شَرِيعَة＜شرع 複 شَرَائِع ❖ シャリーア,イスラム法(اَلشَّرِيعَة)

...الْمُتَدَيِّنُ الْحَقُّ لَا يُخَالِفُ شَرِيعَةَ الـ　真の宗教者は神の法(シャリーア)を犯さない

شَرِيف < شرف 複 أَشْرَاف/شُرَفَاء 女 شَرِيفَة 複 شَرَائِف ✽ 形 上品な,高貴な 名 シャリフ ※預言者ムハンマドの子孫の尊称

هُوَ سَلِيلُ أُسْرَةٍ شَرِيفَةٍ　彼は高貴な家の子孫だ(出だ)

شَرِيك < شرك 複 شُرَكَاءُ / أَشْرَاك 女 شَرِيكَة 複 شَرَائِك ✽ 出資者;仲間,パートナー

شَرِيكٌ فِي الْجُرْمِ (ـِ)　共犯者

أَخَذَ كُلٌّ مِنَ الشُّرَكَاءِ نَصِيبَهُ مِنَ الْأَرْ...　全ての出資者が利益の分け前を貰った

شَطٌّ 複 شُطُوط ✽ (川や海の)岸,(川の)土手,海岸

يَقْتَرِبُ الزَّوْرَقُ مِنَ الشَّطِّ　一艘のボートが岸に近づいて来る

شَطُّ الْعَرَبِ　シャット・ル=アラブ川/アラブの海岸

شَطَبَ (u) ✽ (薄く)切る;消す,削除する

شَطَبْتُ إِصْبَعِي بِالشَّفْرَةِ　私は包丁で指を切りました

اُشْطُبْ كُلَّ كَلِمَةٍ زَائِدَةٍ　余分な言葉を削除しなさい

شَطَرَ (u) ✽ 二等分する,二分する;切り分ける

اُشْطُرِ الْكَعْكَةَ بَيْنَكَ وَبَيْنَ أَخِيكَ　あなたは弟とケーキを切り分けなさい

شَطْرَ ~ ✽ 前 ~に向かって,(~の方向)へ

يَمَّمْنَا شَطْرَ الْمَنْزِلِ　私達は回り道をして,家に向かった

شِطْرَنْج (ـَ) 複 -ات ✽ チェス

لَعِبَ الشِّطْرَنْجَ　チェスをした

شَطِيرَة < شطر 複 شَطَائِر ✽ サンドイッチ ※=اَلسَّنْدَوِيتْش

زَادُهُ إِلَى الْمَدْرَسَةِ شَطِيرَةٌ　彼が学校へ持っていく弁当はサンドイッチです

شَظِيَّة < شظو 複 شَظَايَا/ شَظِيّ ✽ 破片,かけら;脛の骨,腓骨

تَحَطَّمَ الزُّجَاجُ وَتَطَايَرَتْ شَظَايَاهُ　ガラス瓶はぶつかって,その破片が飛び散った

شِعَار < شعر 複 أَشْعِرَة / شُعُر ✽ スローガン,モットー,標語;紋章,マーク

طَرَحَ شِعَارًا　スローガンを掲げた

شِعَار تِجَارِيّ　商標/トレードマーク

شِعَار الْمَمْلَكَةِ　王国の紋章

شُعَاع < شع 複 أَشِعَّة ❖ 放射線,光線;陽光;半径

أَشِعَّة الشَّمْسِ　太陽光線

تَعَرَّضَ لِلْأَشِعَّةِ　放射線に曝された

اُرْسُمْ دَائِرَةً يَكُونُ شُعَاعُهَا ٤ سم　半径4cmの円を描きなさい

شَعْب ❖ شُعُوب 複 شَعْبِيّ 関 ❖ 庶民,人々,人民,大衆;国民,民族,部族
関人々の,人民の;国民の,民族の;人気のある

مُطْرِب مَحْبُوب مِنَ الشَّعْبِ　庶民(国民)に愛されている歌手

حُكُومَة (جَبْهَة) شَعْبِيَّة　人民政府(戦線)

اَلْقَائِدُ شَعْبِيٌّ بَيْنَ الشَّعْبِ　指導者は国民に人気がある

مُوسِيقَى شَعْبِيَّة　民族音楽

رَقْص (لِبَاس) شَعْبِيّ　民族舞踊(衣装)

دِيمُوقْرَاطِيَّة شَعْبِيَّة　人民民主主義

شَعْبَانُ < شعب 複 شَعَابِين / -ات ❖ シャアバーン ※イスラム暦の八月

شَعْبِيَّة < شعب ❖ 人気;大衆性

يَتَمَتَّعُ بِشَعْبِيَّةٍ كَبِيرَةٍ　大変な人気を博している

شَعَرَ (u) 名 شُعُور ❖ (〜を)感じる(〜بِ) 名感情,感性
詩を作る(名 شِعْر :知識;詩 複 أَشْعَار)

أَشْعُرُ بِالْبَرْدِ　(私は)寒気がします

شَعَرَ بِالسُّرُورِ　喜びを感じた

شَعَرَ بِرَغْبَةٍ فِي ~　〜する気になった

دُونَ أَنْ يَشْعُرَ　思わず/知らないうちに

مَتَى هَبَطَ عَلَيْهِ الْإِلْهَامُ يَشْعُرُ؟　いつ彼に詩を作るインスピレーションが沸いたのですか

مَا تَحْتَ الشُّعُورِ　潜在意識

شَعْر أَشْعَار / شُعُور ※ شَعْرَة ❖ 髪の毛, 髪 ※1本の髪の毛

شَعْر أَسْوَد (أَشْقَر) 黒髪(金髪/ブロンド)

شَعْر الرَّأْسِ 頭髪

شَعْر مُسْتَعَار かつら

شِعْر 複 أَشْعَار ❖ 詩

بَيْت شِعْرٍ 詩の一行* *バイトという

نَظَمَ شِعْرًا 詩を作った/作詩した

أَنْشَدَ شِعْرًا 詩を読んだ(朗読した)

شِعْر مَلْحَمِيّ (غِنَائِيّ) 叙事(叙情)詩

شُعْلَة 複 شُعَل ❖ 火, 灯火, たいまつ, トーチ; 炎

هَلْ لَدَيْكَ شُعْلَةٌ ؟ (タバコの)火を貸して下さい

وَصَلَ الْعَدَّاءُ إِلَى الْمَلْعَبِ حَامِلاً شُعْلَةً トーチを持ったランナーが競技場に着いた

شَعْوَاءُ ❖ ひどい; 広範囲の, 大規模な

سَنَّ الْجَيْشُ عَلَى الْعَدُوِّ غَارَةً شَعْوَاءَ 軍は敵を広範囲に, 激しく攻撃した

حَرْب شَعْوَاء 大規模な戦争

شَعْوَذَة 複 ـات ❖ 手品, マジック

أُنْظُرْ، لَقَدْ أَخْرَجَ حَمَامَةً مِنْ قُبَّعَتِهِ يَا لَهَا مِنْ شَعْوَذَةٍ 見て, 帽子から鳩が出てきたよ! 何という, 素晴らしい手品(マジック)でしょう

شُعُور < شعر ❖ ⇒ شَعَرَ 名

شَعِير < شعر ※ شَعِيرَة ❖ 大麦 ※1粒の大麦

يُفَضِّلُ الْبَقَرُ التِّبْنَ عَلَى الشَّعِيرِ 牛は大麦より藁を好む

شَغْب (شَغَب) ❖ 暴動, 騒乱

يُخْشَى أَنْ تُثِيرَ الْحَرَكَةُ شَغْبًا 運動が暴動を引き起こさないかと, 心配されている

شَغَرَ (u) ❖ (国が)無防備である; (地位や職が)空席である

شَغَرَ الْمَنْصِبُ その職は空いている

أ ب ت ث ج ح خ د ذ ر ز س **ش** ص ض ط ظ ع غ ف ق ك ل م ن هـ و ي

شَغَفَ (a) 受 شُغِفَ 名 شَغَفٌ ❖ 夢中にする 受:(～に)夢中になる,(～が)大好き(～
名 情熱,愛;夢中

لاَ عَجَبَ أنْ يُشْغَفَ بِهَا　彼が彼女に夢中なのも無理はない

شَغَلَ (a) 受 شُغِلَ 名 شُغْلٌ 複 أشْغَال ❖ 占める;住む;(～で)忙しくさせる(～بِـ)
受そらす(～عَنْ:～から) 名仕事,業務;事業

شَغَلَ بَالَهُ ～　～を心配した/～が気がかりだった

لاَ تَشْغَلْ بَالَكَ بِـ～　～の事は心配しないで下さい

تَشْغَلُ الْغَابَاتُ ثَلاثَةَ أرْبَاعِ أرَاضِي دَوْلَتِنَا　森林が我が国土の4分の3を占めます

شُغْلٌ سَهْلٌ (صَعْبٌ)　易しい(難しい)仕事

شُغْلٌ شَاغِلٌ　最大の関心事

أشْغَالٌ شَاقَّةٌ　きつい仕事/重労働

أشْغَالٌ عَامَّةٌ　公共事業

شَغَّلَ > شغل II 名 تَشْغِيل ❖ 忙しくする;動かす,作動させる;雇う,雇用する
名作動;操作;雇用;投資

شَغَّلَ الْمَاكِينَةَ　その機械を動かした(作動させた)

أُرِيدُ أنْ تُشَغِّلَهُ　(あなたに)彼を雇って欲しい

شَغَّلَ شَرِيطَ الْكَاسِيتِ　カセットテープを再生した

إعَادَةُ التَّشْغِيلِ　再起動/再稼働

تَشْغِيلُ الْمُوَظَّفِينَ　社員の雇用

شَفَى، يَشْفِي 受 شُفِيَ 名 شِفَاء 複 أشْفِيَة ❖ 治す 受治る,快復する 名快復,治癒;医薬品

سَيَشْفِيكَ هٰذَا الدَّوَاءُ　この薬があなたを治してくれます

شُفِيَ الْمَرِيضُ　病人は治った(快復した)

شُفِيَ مِنَ الْمَرَضِ　病気は治った

اللّٰهُ يَشْفِيكَ !　神様が治してくれます/お大事に

أتَمَنَّى لَكَ الشِّفَاءَ　ご病気の快復を願っています/お大事に

شَفَّافٌ > شف ❖ 透明な,透明の,透けて見える;薄い

زُجاج شَفّاف　透明(とうめい)ガラス

اَلْماءُ سائِلٌ شَفّافٌ　水(みず)は透明(とうめい)な液体(えきたい)です

❖ شَفَة <شفه (ـَ) 複 شِفاه / شَفَوات　唇(くちびる);端(はし)

اَلشَّفَةُ الْعُلْيا (السُّفْلَى)　上(うわ)(下(した))唇(くちびる)

بِنْتُ الشَّفَةِ　言葉(ことば)

أَدْرَكَ خَطَأَهُ، فَعَضَّ عَلَى شَفَتِهِ　間違(まちが)いに気(き)づいて, 唇(くちびる)を噛(か)んだ

❖ شَفْرَة 複 شَفَرات/شِفار　大(おお)きなナイフ,包丁(ほうちょう);刀(かたな)の刃(は);剃刀(かみそり)の刃(は)

شَرَطَ خَدَّهُ بِالشَّفْرَةِ　剃刀(かみそり)の刃(は)で頬(ほお)を傷(きず)つけた

❖ شَفِقَ (a)　(～に)する;(～を)哀(あわ)れむ;(～を)恐(おそ)れる(～عَلَى)

أَنْتَ صَبِيٌّ فَوْضَوِيٌّ، وَأَنَا أَشْفَقُ عَلَيْ　君(きみ)は無鉄砲(むてっぽう)な青年(せいねん)だから, 私(わたし)は怖(こわ)い

❖ شَفَق　たそがれ/黄昏(たそがれ)

غابَتِ الشَّمْسُ فِي الشَّفَقِ　たそがれの中(なか)を太陽(たいよう)が沈(しず)んでいった

اَلشَّفَقُ الْقُطْبِيّ　オーロラ

❖ شَفَقَة　哀(あわ)れみ, 情(なさ)け, 同情(どうじょう)

لَا يَعْرِفُ قَلْبُهُ الشَّفَقَةَ　彼(かれ)は哀(あわ)れみというものを知(し)らない

عَديمُ الشَّفَقَةِ　情(なさ)け容赦(ようしゃ)のない/無慈悲(むじひ)な

❖ شَفَهِيّ <شفه　口頭(こうとう)の; 唇(くちびる)の

فَحْص (امْتِحان) شَفَهِيّ　口頭試験(こうとうしけん)(試問(しもん))

بِشَكْلٍ شَفَهِيٍّ　口頭(こうとう)で

❖ شَفُوق / شَفِيق <شفق　心優(こころやさ)しい, 思(おも)いやりのある;同情心(どうじょうしん)のある

قَلَّما يَجِدُ الْفَقيرُ مُحْسِنًا شَفيقًا　貧(まず)しい者(もの)が思(おも)いやりのある, 心優(こころやさ)しい人(ひと)に会(あ)うのは希(まれ)である

❖ شُفِيَ ⇒ شَفَى 受

❖ شَقَّ (u) 名 شَقّ 複 شُقُوق　裂(さ)く,割(わ)る;掘(ほ)る,耕(たがや)す;(夜(よ)が)明(あ)ける;(歯(は)が)生(は)える,(植物(しょくぶつ)が)芽生(めば)える;困難(こんなん)である 名ひび,裂(さ)け目(め);分裂(ぶんれつ)

شَقَّ قَميصَهُ　シャツを裂(さ)いた

شَقَّ الْبِطِّيخَةَ　西瓜を割った

شَقَّ سَبِيلًا　道を切り拓いた

شَقَّ طَرِيقَهُ　道を押し分けて,進んだ

شَقَّ طَرِيقًا جَدِيدًا　新しい道に進んだ[比喩]

شَقَّ عَصَا الطَّاعَةِ　反乱を起こした

لَا يُشَقُّ غُبَارُهُ / لَا يُشَقُّ لَهُ غُبَارٌ　彼は無敵である/彼に並ぶ者はいない *受

شُقَّ الْأَرْضَ بِمِحْرَاثِكَ　あなたの鍬で大地を耕しなさい

شَقَّتِ النَّابُ　糸切り歯(犬歯)が生えた

يَشُقُّ عَلَيَّ أَنْ أَرَاكِ كَئِيبَةً　悲しそうな貴女を見るのは耐えられない

شِقٌّ ❖ 半分,半身;困難

شِقُّ الصُّورَةِ الْأَيْمَنُ　写真の右半分

بِشِقِّ النَّفْسِ　大いに努力してのみ/かろうじて

شَقًا / شَقَاءٌ<شقو ❖ 不幸,不運;惨めさ

قِسْمٌ كَبِيرٌ مِنَ النَّاسِ يَعِيشُ فِي شَقَاءٍ　人々の多くは不幸の中で暮らしている

شَقَاوَة<شقو ❖ 不幸,不運;惨めさ;いたずら

شَقَّة 複 شُقَق ❖ (アパート,マンションの)一室

أَجَّرَ الشَّقَّةَ　アパートの部屋を借りた

شَقْرَاءُ ❖ ⇒ أَشْقَر 女

شُقْرَة ❖ ブロンド ※金と赤の間の色

لَيْسَتْ شُقْرَةُ شَعْرِهَا طَبِيعِيَّةً　彼女のブロンドの髪は生まれつきではない

شَقِيَ ، يَشْقَى<شقو ❖ 不幸である;問題を抱えている(~بِـ:~の),苦しむ

شَقِيَ فِي تَكْسِيرِ الصَّخْرَةِ　岩を砕くのに苦労した

شَقِيّ<شقو 複 أَشْقِيَاء ❖ 形かわいそうな,哀れな;不幸な;悪党の;いたずらわんぱくな 名悪党,無法者;わんぱく

عَاشَ عُمْرَهُ شَقِيًّا　哀れな人生を送った

سِيقَ الشَّقِيُّ إِلَى الْمَخْفَرِ　無法者が警察署に連れて行かれた

يَرْجُمُ الأَوْلادُ الأَشْقِياءُ الكَلْبَ　わんぱくどもが犬に石を投げている

شَقِيق <شق ❖ 形(父母が同一の)兄弟の 女姉妹の 名兄弟,姉妹;半分,二分の一 女姉妹 — 複 أَشِقَّاء / أَشِقَّة 女 شَقِيقَة

الأَخ غَيْر الشَّقِيق　腹違いの弟(兄)

البَلَد الشَّقِيق　兄弟国

المَدِينَة الشَّقِيقَة　姉妹都市

هُوَ لَيْسَ شَقِيقَ مُحَمَّدٍ ، بَلْ هُوَ ابْنُ عَمِّهِ　彼はムハンマドの兄弟ではなく,従兄弟です

شَكَّ (u) ❖ 疑う(〜فِي:〜を);刺す;刺さる;縫う 名疑い 命疑え,疑いなさい — 名 شَكّ 複 شُكُوك 命 شُكَّ 女 شُكِّي

شَكَكْتُ فِي صِحَّةِ الْحِسابِ　私はその計算を疑った

شَكَّ فِي ما قُلْتُ　彼は私の言った事を疑った

شَكَّتِ الشَّوْكَةُ رِجْلَهُ　フォークが彼の足に刺さった

شُكِّي الْخَرَزَ فِي السِّلْكِ　真珠に糸を通しなさい ※女性に向かって

بِلا (بِدُونِ) شَكٍّ　疑いなく

لا شَكَّ فِي〜　〜という事は疑いない(間違いない)

شَكا ، يَشْكُو <شكو ❖ 不平を言う,文句を言う,(痛み,苦悩を)訴える,苦しむ;ぼやく 名不平,不満,訴え;ぼやき — 名 شِكايَة / شَكْوَى

جاءَتْ أُخْتِي تَشْكُو إِلَيَّ هَمَّها　姉が自分の気苦労をぼやきに,私の所に来た

إِذا ظَلَلْتَ تُزْعِجُنِي، شَكَوْتُكَ إِلَى الْمُعَلِّـ　あなたが私に意地悪を続けるのなら,私は先生に言い付けます

شَكَرَ (u) ❖ 感謝する(〜عَلَى/لِـ:〜に) 受感謝される 名感謝 — 受 شُكِرَ 名 شُكْر

أَشْكُرُكَ عَلَى نَصائِحِكَ　ご忠告に感謝します

شُكِرَ عَلَيْهِ　彼は称賛に値した

أَشْكُرُ لَكَ هَدِيَّتَكَ !　お土産を有り難う

أَشْكُرُكَ جِدًّا　有り難うございます

شُكْرًا جِدًّا (جَزِيلًا)　どうも有り難う

أ ب ت ث ج ح خ د ذ ر ز س **ش** ص ض ط ظ ع غ ف ق ك ل م ن هـ و ي

شَكَّكَ <شك II 名 تَشْكِيك ❖ 疑わせる;疑惑を持たせる(～فِي:～について)
名 疑い,疑惑

شَكَّكَ رَأْيُكَ النَّاسَ　あなたの意見が人々に疑惑を持たせた

شَكَلَ (u) 名 شَكْل 複 أَشْكَال ❖ (動物の足を)縛る;不明瞭である;熟れ始める;発音符号をつける 名 形,姿;種類;発音記号

اُشْكُلِ الْفِقْرَةَ الْأُولَى مِنَ النَّصِّ　最初の文節に発音記号を付けなさい

اَلْعِنَبُ يَشْكُلُ فِي أَوَائِلِ آب　ブドウは8月の上旬に熟れ始める

شَكْلُهُ لَا يُشْبِهُ بَاقِيَ الْبَطِّ　彼の姿は他のあひる達に似ていない

هُمْ وَأَشْكَالُهُمْ　彼らと彼ら同様の者達

إِنَّ الطُّيُورَ عَلَى أَشْكَالِهَا تَقَعُ　同じ形の鳥は集まる/類は友を呼ぶ[格言]

شَكَّلَ <شكل II 名 تَشْكِيل 関 تَشْكِيلِيّ ❖ 生み出す,作る,形成する;発音符号を付ける
名 形成;発音符号を付ける事 関 形の;造形の

يُشَكِّلُ الْإِشْعَاعُ الذَّرِّيُّ خَطَرًا كَبِيرًا　放射能は多大な危険を生み出す

أَرَادَ الرَّئِيسُ أَنْ يُشَكِّلَ وِزَارَةً جَدِيدَةً　大統領は新しい省庁を作りたがっていた

شَكَّلَ النَّصَّ　文章に発音符号を付けた

تَشْكِيلُ الْحُكُومَةِ　組閣

فَنٌّ تَشْكِيلِيٌّ　造形美術

شَكْلِيّ <شكل ❖ 形式的な

اَلْمَذْهَبُ الشَّكْلِيّ　形式主義

شَكْوَى <شكو 複 شَكَاوَى ❖ 不平,不満,苦情;告訴

عَرَضَ فِي شَكْوَاهُ　不満を訴えた

رَفَعَ شَكْوَى إِلَى الْمَحْكَمَةِ　裁判に訴えた/告訴した

شَكُور 複 شُكُرٌ ❖ 深い感謝;大感謝

سَأَبْقَى لِفَضْلِ مُدَرِّسِي شَكُورًا　私は先生のご恩に,深く感謝し続けるだろう

شَلَّ (u) ❖ 麻痺させる

حَادِثُ الاِصْطِدَامِ يَشُلُّ حَرَكَةَ السَّيْرِ　事故が交通を麻痺させる

شَلَّ (a) 名 شَلَلٌ ❖ 麻痺する,しびれる 名 麻痺

شَلَّ قَدَمُهُ　足がしびれた

شَلَلُ الْأَطْفَالِ (حَرَكَةِ الْمُرُورِ)　小児(交通)麻痺

شَلَّالٌ < شل 複 -ات ❖ 滝

كَانَ مَاءُ الشَّلَّالِ بَارِدًا جِدًّا　滝の水はとても冷たかった

شِلَّةٌ 複 شِلَل ❖ 束,房;コイル;集団,群

اِسْحَبِي خَيْطًا مِنَ الشِّلَّةِ الْبَيْضَاءِ　(貴女は)白い糸巻きから糸を取りなさい

اَلشِّلَّةُ مِنَ النَّاسِ　人々の集団

شَلَّحَ < شلح II ❖ 服を脱がす

شَلِّحِي أَخَاكَ الصَّغِيرَ وَحَمِّمِيهِ !　(貴女は)弟の服を脱がして,風呂に入れなさい

شَلَلٌ ❖ ⇒ شَلَّ 名

شِلْوٌ 複 أَشْلَاءٌ ❖ (人体の)肉片;手足;死体

اِنْفَجَرَ فِيهِ اللُّغْمُ فَطَارَ كُلُّ شِلْوٍ مِنْهُ　地雷が爆発して,体の肉片が全部飛び散った

شَمَّ ، يَشُمُّ 名 شَمٌّ ※ أَنَا شَمَمْتُ/ شَمِمْتُ ❖ 匂いを嗅ぐ 名匂いを嗅ぐ事

شَمَّ الْهَوَاءَ　散歩した

شَمَمْتُ رَائِحَةَ الْوَرْدِ فِي الْحَدِيقَةِ　私は庭のバラの花の匂いを嗅いだ

حَاسَّةُ الشَّمِّ　嗅覚

شَمَّ ، يَشُمُّ ※ أَنَا شَمِمْتُ ❖ 自慢する;高慢である

كُلَّمَا مَدَحْتَهُ شَمَّ أَنْفَهُ　あなたが褒めるたびに,彼は得意げだった

شَمَالٌ (ِ) ❖ 北;北風

كَوْكَبُ الشَّمَالِ　北極星

هَبَّتْ رِيحُ الشَّمَالِ　北風が吹いた

شِمَالٌ 複 أَشْمُلٌ/شُمُلٌ/شَمَائِلُ ❖ 形 左の 名 左(= يَسَارٌ);左手,左側

اَلْيَدُ الشِّمَالُ　左手

اَلشِّمَالُ　左翼[政治]

شَمَّامٌ < شم ※ شَمَّامَةٌ ❖ メロン ※1個のメロン

أُفَضِّلُ الشَّمَّامَ عَلَى الْبِطِّيخِ الأَحْمَرِ　私は西瓜よりメロンが好きです

شَمَخَ (a) ❖ 尊大である，お高くとまる；高い，そびえる

شَمَخَ بِأَنْفِهِ　尊大であった/高慢であった/見下した

شَمَّرَ < شمر II ❖ 腕まくりする；準備する

شَمِّرِي عَنْ سَاعِدَيْكَ　(貴女は)腕まくりしなさい

شَمَّسَ < شمس II ❖ 太陽に晒す，天日で干す

شَرَّحْنَا التِّينَ وَشَمَّسْنَاهُ لِيَجِفَّ　私達はイチジクを薄く切り，天日で干した

شَمْس 関 شَمْسِيّ ❖ 女 太陽，日；陽光，日の光り 関 太陽の

اِفْتَحِ النَّافِذَةَ لِتَدْخُلَ إِلَيْنَا الشَّمْسُ　日(の光り)が入るように，窓を開けなさい

الْحُرُوف الشَّمْسِيَّة　太陽文字

تَقْوِيم شَمْسِيّ　太陽暦

شَمْسِيَّة < شمس 複 -ات ❖ 傘，日傘，パラソル

لَا تَخْرُجِي بِلَا الشَّمْسِيَّةِ　傘を持たずに，出かけないで下さい※女性に対し

شَمْع 複 -ات ※ شَمْعَة ❖ ろう；ロウソク ※1本のロウソク；(電気の)1ワ

حَرَارَةٌ قَلِيلَةٌ تُذِيبُ الشَّمْعَ　わずかな熱で，ろうは溶ける

مِصْبَاح بِقُوَّةِ مِئَةِ شَمْعَةٍ　100ワットの電球

شَمْعَة الْإِشْعَال (فِي الْمُحَرِّك)　(エンジンの)点火プラグ

شَمِلَ (a) / شَمَلَ (u) ❖ 含む；包む，抱擁する；広がる

يَشْمَلُ تَأْمِينُ سَيَّارَتِنَا حَتَّى السَّرِقَةَ　私たちの車の保険は盗難まで含みます

شَمِلَتْهُمُ الْبَرَكَةُ　彼らは祝福に包まれた

شَمْل ❖ 団結，結合；結成

تَفَرَّقَ شَمْلُهُمْ　彼らの団結は壊れた

جَمَعَ شَمْلَهُمْ　彼らは再結成した

اِجْتِمَاع الشَّمْل　団結/統合

شَمْلَة 複 شَمَلَات ❖ 外套，マント

كَانَ الْبَرْدُ قَارِسًا، فَالْتَفَفْتُ بِشَمْلَ　寒さが厳しくて，私は外套に身を包みました

شَمَنْدَر ❖ ビート[植物]

يُسْتَخْرَجُ السُّكَّرُ مِنَ الْقَصَبِ السُّكَّرِيِّ وَالشَّمَنْدَرِ　砂糖は砂糖黍とビートから作られる

شَنَّ، يَشُنُّ ❖ (攻撃を)開始する，始める；攻撃する

شَنَّ غَارَةً عَلَى～　～へ攻撃を仕掛けた

شَنَّ الْعَدُوُّ حَمْلَةً عَنِيفَةً　敵が猛攻撃を始めた

شَنَاعَة <شنع ❖ 醜さ；不快

بِقَدْرِ مَا أُحِبُّ الْجَمَالَ، أَكْرَهُ الشَّنَاع　私は可能な限り美を好み，醜さを嫌う

اَلشِّنْتُوِيَّة ❖ 神道

اَلشِّنْتُوِيَّةُ دِيَانَةٌ يَابَانِيَّةٌ　神道は日本の宗教です

شَنْطَة 複 شُنَط ❖ カバン/鞄，バッグ

شَنْطَةُ السَّفَرِ　旅行カバン

شَنُعَ (u) ❖ 醜い，醜悪である；酷い；恐ろしい；不快である

يَشْنُعُ الْمِزَاحُ فِي أَوْقَاتِ الْجِدِّ　真面目な時に冗談は酷い

شَنَّعَ <شنع II ❖ 悪く言う；中傷する；ののしる/罵る

مَنْ لَا يُشَنِّعُ الْكَذِبَ وَالْغِشَّ!　誰が嘘やだまし(騙し)をののしらないだろうか!

شَنَّفَ <شنف II ❖ (歌や言葉を聞かせて)楽しませる，心地よくする

شَنَّفْتَ آذَانَنَا بِغِنَائِكَ　あなたは歌で私達の耳を楽しませてくれた

شَنَقَ (u, i) ❖ 首を括る，首を吊る

لَمَّا اسْتَبَدَّ بِهِ الْيَأْسُ، فَكَّرَ فِي أَنْ يَشْنُقَ نَفْسَهُ　彼は絶望に陥った時，首を吊ろうと思った

شَنِيع <شنع ❖ 残酷な，恐ろしい；酷い；不快な

اِرْتَكَبَ مَذْبَحَةً شَنِيعَةً فِي الْقَرْيَةِ　村で残酷な虐殺を行った

شَهَّى، يُشَهِّي <شهو II ❖ 美味しそうである，食欲をそそる

شهاب ~ شهري

رَائِحَةُ الدَّجَاجَةِ الْمَشْوِيَّةِ تُشَهِّي　焼き鳥の匂いは食欲をそそる

شِهَابٌ 複 شُهُب/شُهْبَان ♦ 炎;星,流れ星

لَمَعَ بَيْنَ النُّجُومِ شِهَابٌ كَبِيرٌ　星々の中で大きな星が輝いた

شَهَادَة < شهد 複 -ات ♦ 証明書;証言;信仰告白;殉教

شَهَادَة دِرَاسِيَّة　卒業証書

شَهَادَة زُورٍ　偽証

مَاتَ، وَلٰكِنَّهُ فَازَ بِشَرَفِ الشَّهَادَةِ　彼は死にはしたが,殉教者の栄誉を得た

شَهِدَ (a) 名 شُهُود ♦ 目撃する;証言する;証明する 名目撃;出席

شَهِدَ الْحَادِثَ　事件を目撃した

أَشْهَدُ أَنْ لَا إِلٰهَ إِلَّا اللّٰهُ　私は神以外に神がいない事を証言し,また

وَأَشْهَدُ أَنَّ مُحَمَّدًا رَسُولُ اللّٰهِ　ムハンマドが神の使者である事を証言する

شُهُود الْحَفْلِ　パーティへの出席

شَهْدٌ 複 شِهَاد ♦ (巣の中の)蜂蜜;蜜蜂の巣

يَحُومُ النَّحْلُ حَوْلَ أَقْرَاصِ الشَّهْدِ　蜜蜂が巣の周りを飛んでいる

شَهَرَ (a) 名 شَهْرٌ 複 شُهُور / أَشْهُر ♦ 知らせる;有名にする;刀を抜く,宣戦布告する
名月[暦];新月

شَهَرَ السَّيْفَ　刀を抜いて構えた

هَاجَمَنَا الْعَدُوُّ، وَلَمْ يَشْهَرْ حَرْبًا　敵は宣戦布告しないで,私達を攻撃した

نِهَايَة الشَّهْرِ　月の終わり/月末

شَهْر الْعَسَلِ　蜜月/ハネムーン

شُهْرَة ♦ 名字,姓;評判,名声

اِسْمُكِ "مَهَا"، فَمَا هِيَ شُهْرَتُكِ؟　貴女のお名前はマハですが,名字(姓)は何ですか

شُهْرَة عَالَمِيَّة　世界的名声

شَهْرِيّ < شهر ♦ 月の,月々の

رَاتِب شَهْرِيّ　月給

شَهْرِيًّا　月ごとに

شَهِقَ (a) / شَهَقَ (a, i) 名 شَهْق شَهِيق ❖ ため息をつく;息を吸う;泣き声を上げる
名息を吸う事;吸気

شَهَقَتِ الصَّدِيقَةُ وَقَالَتْ　(女性の)友達はため息をついて言った

عَبَسْتُ فِي وَجْهِ الطِّفْلِ فَأَخَذَ يَشْهَقُ　私が子供をにらみつけると,その子は泣き始めた

فِي التَّنَفُّسِ حَرَكَتَانِ: شَهِيقٌ وَزَفِيرٌ　呼吸には二つの運動があります,吸気と呼気です

شَهْوَة 複 شَهَوَات ❖ 強い欲望;食欲;情熱

يَسُرُّنِي أَنْ تَأْكُلُوا الطَّعَامَ بِشَهْوَةٍ　あなた達が美味しそうに食べて,私は嬉しいです

شَهِيّ < شهو ❖ 食欲をそそる,美味しそうな

طَعَامُكِ شَهِيٌّ، يَا "ماما"!　ママ!料理が美味しそうだね

شَهِيَّة < شهو ❖ 食欲

سَاءَتْ صِحَّةُ الْمَرِيضِ وَتَضَاءَلَتْ شَهِيَّتُ　患者の健康状態が悪くなって,食欲が減退した

شَهِيد < شهد 複 شُهَدَاءُ ❖ 殉教者;目撃者

تَقَدَّسَتْ تُرْبَةُ الْوَطَنِ بِدِمَاءِ الشُّهَدَا　祖国の土は殉教者の血で清められた

شَهِير < شهر ❖ 有名な,良く知られた

صَارَ طَبِيبًا شَهِيرًا　有名な医者になった

شَهِيق < شهق ❖ ⇒ شَهَق 名

شَوَى، يَشْوِي ❖ (料理で)焼く

شَوَى سَمَكًا　魚を焼いた

شِوَاء < شوى ❖ 焼いた肉,焼き肉

مَا أَلَذَّ هٰذَا الشِّوَاءَ!　この焼き肉はなんと美味しいのでしょう

شَوَّال < شول 複 -ات/شَوَاوِيل ❖ シャッワール ※イスラム暦の十月

يَلِي شَوَّالُ شَهْرَ رَمَضَانَ　シャッワール月はラマダーン月に続く

شُورَى < شور ❖ 評議会;合議;シューラー ※部族の長老会議

كَانَ الْحُكْمُ شُورَى فِي الْعَصْرِ الرَّاشِدِيِّ　正統カリフ時代の支配形態は合議制であった

شُورَبَا / شُورَبَة ❖ = شُرْبَة

شَوَّشَ < شوش II 名 تَشْوِيش ❖ 困惑させる;複雑にする,順序を乱す 名混乱;混

شَوَّشَ الْكَلَامَ　話を乱して分からなくした(ごちゃごちゃにした)

شَوْط 複 أَشْوَاط ❖ ゴール,目的地;距離

اَلشَّوْطُ فِي سِبَاقِ الْخَيْلِ　競馬のゴール

قَطَعَ شَوْطًا　進歩した

شَوْق 複 أَشْوَاق ❖ 熱望,情熱;あこがれ(~إِلَى:~への)

فِي شَوْقٍ إِلَى~　~したい

بِشَوْقٍ عَبِيرٍ أُقَبِّلُ وَجْنَتَكَ، يَا بُنَيَّ　我が子よいと熱き愛で,おまえの頬に口付けをしよう

شَوْك 複 أَشْوَاك ※ شَوْكَة ❖ 棘,いばら;サソリの針;フォーク ※1本の棘

مَنْ طَلَبَ قَطْفَ الْوَرْدِ تَحَمَّلَ وَخْزَ الشَّوْكِ　バラを摘もうとする者は棘に刺される

شَوَّهَ < شوه II 名 تَشْوِيه ❖ 歪曲する,歪める;辱める,傷つける;妨害する 名変形,歪み

شَوَّهَ وَجْهَ الْحَقِيقَةِ (الْحَقِيقَةَ)　真実を歪曲した(歪めた)

شَوَّهَ وَجْهَ وَظِيفَتِهِ　仕事の評判を落とした

شَيْء < شيأ 複 أَشْيَاء ❖ 物,事,何か;(否定形を伴って)何も

هَلْ وَجَدْتَ فِي الشَّنْطَةِ شَيْئًا ؟　カバンに何かありましたか

لَمْ آكُلْ شَيْئًا　私は何も食べませんでした

لَا شَيْءَ فِي الدُّرْجِ　引き出しには何もない

لَيْسَ بِشَيْءٍ　大したことではない

لَا شَيْءَ مُسْتَحِيلٌ فِي الْحَيَاةِ　この世に不可能なことはない

شَيْئًا فَشَيْئًا / شَيْئًا بَعْدَ شَيْءٍ　少しずつ

فَوْقَ كُلِّ شَيْءٍ　何よりも

شَيَّبَ < شيب II ❖ 頭髪を白髪に変える;白髪を生じさせる

أَخْطَاؤُكُمْ تُشَيِّبُ شَعْرَ رَأْسِي　あなた達の過ちが,私の髪を白髪にする

شَيْب ❖ 白髪;老年

خَضَبَ الشَّيْبُ رَأْسَهُ فِي سِنٍّ مُبَكِّرَةٍ　若い時から白髪があった

شَيْخ 複 شُيُوخ / أَشْيَاخ ❖ 長老,族長;老人;シャイフ ※長老への尊称

شَيْخ الْبَلَد　村長

مَجْلِس الشُّيُوخ　参議院/上院/元老院

اِجْتَمَعَ الأَوْلَادُ عِنْدَ شَيْخِ الْقَبِيلَةِ　男の子達が族長のもとに集まった

شَيْخُوخَة <شيخ ❖ 老後,晩年;老齢

أَمْضَى جَدِّي شَيْخُوخَةً هَنِيئَةً صَالِحَةً　祖父は快適で健康な老後を過ごした

شَيَّدَ <شيد II 名 تَشْيِيد ❖ 立てる,建てる,建設する 名工事;建設

شَيَّدَ الرُّومَانُ هَيَاكِلَ بَعْلَبَكَّ　ローマ人がバールバック神殿を建てた

شِيشٌ ❖ 刃のない刀(剣);串

يَتَدَرَّبُ عَلَى لُعْبَةِ الشِّيشِ　フェンシングの練習をしている

شَيْطَان <شيطن 複 شَيَاطِين ❖ 悪魔,悪霊,サタン

يُغْرِي الشَّيْطَانُ النَّاسَ بِالشَّرِّ　悪魔が人を悪事に誘う

((أَعُوذُ بِاللّٰهِ مِنَ الشَّيْطَانِ الرَّجِيمِ))　私は邪悪なサタンから逃れ,神の加護を求める

شِيعَة <شيع 複 أَشْيَاع ❖ 分派

شِيعَة عَلِيٍّ / الشِّيعَة　分派のアリー派/シーア派

شِيعِيّ ❖ 形シーア派の 名(一人の)シーア派の人(複 ـون)

شِيمَة <شيم 複 شِيَمٌ ❖ 自然;習慣;性格

إِكْرَامُ الضَّيْفِ شِيمَةٌ فِينَا　客を歓待するのは私達の習慣です

شِيكٌ ❖ 小切手,チェック*　*アラビ語起源

شِيك السِّيَاحَة　旅行用小切手/トラベラーズチェック

شُيُوعِيّ <شيع ❖ 形共産主義の 名共産主義者(複 ـون)

مُنْتَسِب إِلَى الْحِزْبِ الشُّيُوعِيِّ　共産党員

شُيُوعِيَّة <شيع ❖ 共産主義,コミュニズム

حَرْفُ الصَّاد

ص

صَائِغ <صوغ 複 صُيَّغ /صَاغَة /صُوَّاغ ✽ 宝石屋;貴金属細工職人

يَعْرِضُ الصَّائِغُ الْمُجَوْهَرَاتِ　宝石屋が宝石を展示している

صَائِم <صوم 複 صَائِمُون /صُيَّم / صُوَّام / صِيَام ✽ 形断食している;断食の 名断食している人

آجَرَكَ اللّٰهُ ، أَيُّهَا الصَّائِمُ　断食している者よ,神が報いて下さる

صَابُون <صبن ※ صَابُونَة ✽ 石けん/石鹸 ※1個の石けん

نَظَّفَ يَدَيْهِ بِالصَّابُونِ　石けんで手をきれいにした

صَاتَ ، يَصُوتُ <صوت 名 صَوْت ✽ (音や声を)出す,音を立てる,叫ぶ 名音,声;投票

صَاتَ فَأْرٌ فِي زَاوِيَةِ الْكُوخِ　小屋の隅で,ネズミが音を立てた

أَعْطَى صَوْتَهُ لِلْمُرَشَّحِ　その候補者に投票した

بِصَوْتٍ عَالٍ　大声で

صَاج ✽ (パンを焼く)薄い鉄板;トタン板

خُبْزُ الصَّاجِ رَقِيقٌ مُقَمَّرٌ شَهِيٌّ　鉄板で焼かれたパンは薄く,こんがりして美味しそう

صَاحَ ، يَصِيحُ <صيح 名 صِيَاح ✽ (〜に)叫ぶ(بِـ〜),(〜を)怒鳴りつける(عَلَى〜)
(雄鶏が)鳴く 名叫び,叫び声

صَاحَ الرَّجُلُ بِكَلْبِهِ　男は犬に向かって,叫んだ

ضَرَبَ الْكَلْبَ وَصَاحَ عَلَيْهِ　犬を殴って,怒鳴った

صَوْت صِيَاح　叫び声

صَاحَبَ <صحب III 名 مُصَاحَبَة ✽ (友人として)つき合う,友人である;(人,物を)伴う
名つき合い;同行,同伴;伴奏[音楽]

مَنْ مِنَ الْأَوْلَادِ تُصَاحِبُ هٰذِهِ الْأَيَّامَ ؟　最近,あなたは子供達の誰とつき合っていますか

صَاحِب <صحب 複 أَصْحَاب /صَحْب /صَحَابَة ✽ 友人,友達,仲間;所有者,持ち主

لِي أَكْثَرُ مِنْ صَاحِبٍ　私には沢山の友人がいます

مَنْ صَاحِبُ هٰذِهِ السَّيَّارَةِ ؟　この車の所有者(持ち主)は誰ですか

صَاخِب＜صخب ❖ うるさい, 騒がしい

كَانَ الاجْتِمَاعُ مُضْطَرِبًا صَاخِبًا　集会は無秩序で騒がしかった

صَادَ ، يَصِيدُ＜صيد 名 صَيْد ❖ 漁をする, 猟をする, 獲る, 捕る 名漁, 狩猟

أَلْقَى الشَّبَكَةَ فِي الْبَحْرِ ، فَصَادَ سَمَكَ　海に網を投げて, 魚を獲った

صَيْدُ السَّمَكِ　漁/漁業/魚釣り

صَادَرَ＜صدر III 名 مُصَادَرَة ❖ 押収する, 差し押さえる, 没収する 名押収, 没収

صَادَرَتِ الْحُكُومَةُ أَمْوَالَ الشَّرِكَةِ　政府は会社の資産を差し押さえた

مُصَادَرَةُ الْأَسْلِحَةِ　武器の押収

صَادِر＜صدر 複 ـات ❖ 先月発行の, 出ている; 発せられた 複輸出品

الْمَجَلَّةُ الصَّادِرَةُ فِي الشَّهْرِ الْمَاضِي　先月発行された雑誌

الصَّادِرَات وَالْوَارِدَات　輸出入品

صَادَفَ＜صدف III 名 مُصَادَفَة ❖ 遭遇する, (ばったり)会う; 出会う 名遭遇; 出会い

صَادَفَتْ مُقَدَّمَةُ الْجَيْشِ مُقَاوَمَةً عَنِيفَ　軍の先頭は激しい抵抗に遭遇した

صَادَفْتُ مُعَلِّمِي فِي الْمَمْشَى　私は先生とばったり通路で会いました

مُصَادَفَةً　偶然に

صَادَقَ＜صدق III 名 مُصَادَقَة ❖ 友達になる; 証明する(～عَلَى:～を); 承認する(～عَلَى:～を) 名証明; 承認

عَاشَرْتُ "مُحَمَّدًا" مُدَّةً ، ثُمَّ صَادَقْتُهُ　私はムハンマドとしばらくつき合い, 友達になった

صَارَ ، يَصِيرُ＜صير ❖ (～に)なる(～:対); (～が)起こる; (～に)終わる; 達する; (～し)始める(～:未)
※ هِيَ صَارَتْ / أَنَا صِرْتُ

أُرِيدُ أَنْ أَصِيرَ صَيْدَلِيًّا　私は薬剤師になりたい

صَارَ الْعِنَبُ زَبِيبًا　ブドウが干しブドウになった

صَارَ يَقْرَأُ الْمَجَلَّةَ　雑誌を読み始めた

صَارٍ＜صري 複 صَوَارٍ ❖ 帆柱, マスト ※定 الصَّارِي

يَحْمِلُ الصَّارِي شِرَاعَيْنِ أَوْ ثَلَاثَةً　1本のマストに帆が二つか三つある

صَارَحَ <صرح III ❖ 率直に言う(述べる)

سَأُصَارِحُكَ بِرَأْيِي عَلَى انْفِرَادٍ　個人的に, 私の意見をあなたに率直に述べます

صَارَعَ <صرع III [名] مُصَارَعَة ❖ 格闘する;レスリングをする [名]格闘;レスリング

صَارَعَ عَدُوَّهُ بِشَجَاعَةٍ　敵と勇敢に格闘した

مُصَارَعَة "السُّومُو"　相撲 ※ اَلْمُصَارَعَة اَلْيَابَانِيَّة

صَارِم <صرم [複] صَوَارِم ❖ (刃物が)鋭い;厳しい,厳格な

نِظَام صَارِم　厳しい規則

صَارُوخ <صرخ [複] صَوَارِيخ ❖ ロケット,ミサイル

صَارُوخ عَابِر الْقَارَّاتِ　大陸間弾道弾/ＩＣＢＭ

صَارُوخ فَضَائِيّ　宇宙ロケット

صَاعِد <صعد ❖ 上がっている,昇っている

طَرِيق صَاعِد　上り坂

مِنَ الْآنَ فَصَاعِدًا　これから/今後/将来

أَعِدُكَ بِالاجْتِهَادِ ، مِنَ الْآنَ فَصَاعِدًا　私はこれから,努力する事を貴男に約束します

صَاعِقَة <صعق [複] صَوَاعِق ❖ 雷,落雷

نَزَلَتِ الصَّاعِقَةُ عَلَى الْبَيْتِ　雷が家に落ちた

صَاغَ ، يَصُوغُ <صوغ ❖ (物を)形作る;作る;(言葉を)作り出す

كَيْفَ تَصُوغُ اسْمَ الْفَاعِلِ مِنَ الْفِعْلِ الرُّبَاعِيِّ　4文字動詞からどのように現在分詞(能動分詞)ますか

صَافٍ <صفو ❖ 澄んだ,清らかな;晴れた ※[定] اَلصَّافِي

شَرِبْتُ الْمَاءَ صَافِيًا　私は澄んだ水を飲んだ

سَمَاء صَافِيَة　晴れた空/晴天

صَافَحَ <صفح III [名] مُصَافَحَة ❖ 握手する;歓迎する [名]握手

صَافَحَ الْمُدَرِّسُ تَلَامِيذَهُ　先生は生徒達と握手した

صَالَة < صالة 複 -ات ♦ ホール,大広間;客間;ロビー

غَصَّتْ صَالَةُ السِّينَمَا بِالْمُشَاهِدِينَ　映画館は観客で一杯だった

صَالَةُ الْمُغَادَرَةِ (الْوُصُولِ)　出発(到着)ロビー

صَالَحَ < صلح III 名 مُصَالَحَة ♦ 和解する,仲直りする;妥協する 名和解

بَعْدَ نِزَاعٍ سَخِيفٍ، صَالَحَ أَخَاهُ　彼は兄と,たわいも無い喧嘩をした後,和解した

الْمُصَالَحَة الْوَطَنِيَّة　国民的和解

صَالِح < صلح 複 -ون / صَوَالِح ♦ 形適する,ふさわしい;有効な;高潔な;正しい,良い

複 صَوَالِح :利益

لَمْ يَعُدِ الْبَيْتُ صَالِحًا لِلسَّكَنِ　家は元のように,住むのに適しなくなった

انْتَهَتْ صَلَاحِيَّةُ جَوَازِ السَّفَرِ هٰذَا وَلَمْ يَعُدْ صَالِحًا　この旅券は期限が切れていて,有効ではありません

صَالِح لِمُدَّةِ سَنَةٍ　1年間有効である

صَوَالِح شَخْصِيَّة　個人的利益

صَامَ، يَصُومُ < صوم 名 صَوْم / صِيَام ♦ 断食する;慎む,控える 名断食;節制

※هِيَ صَامَتْ / أَنَا صُمْتُ

لَا أَصُومُ شَهْرَ رَمَضَانَ　私はラマダーン月に断食はしません

الصَّوْم فِي رَمَضَانَ　ラマダーン月の断食

صَامِت < صمت ♦ 沈黙の,無言の;音の無い

حَرْف صَامِت　子音/子音

سَمِعَ السُّؤَالَ، وَلٰكِنَّهُ ظَلَّ صَامِتًا　彼は質問を聞いたけれど,黙ったままだった

صَانَ، يَصُونُ < صون 名 صِيَانَة ♦ 整備する;守る,保つ 名整備,保全;保存

عَلَيْكَ أَنْ تَصُونَ دَرَّاجَتَكَ حَتَّى تَخْدُمَكَ طَوِيلًا　自転車を長く使うには,整備しなければならない

أَصُونُ الْأَسْرَارَ　私は秘密を守ります(口が堅いです)

صِيَانَة السَّيَّارَة　自動車の整備(メンテナンス)

الطُّرُقَاتُ بِحَاجَةٍ إِلَى صِيَانَةٍ دَائِمَةٍ　道路は常時,保全を必要とする

حَالَة الصِّيَانَة　保存状態

صُنَّاع 複 صنع> صَانِع ❖ 制作者, メーカー;手工業者, 職人

هٰذَا الْخَيَّاطُ صَانِعٌ مَاهِرٌ　こちらのテーラーは腕が良い職人さんです

صَبَّ (u) ❖ 注ぐ(~فِي :~に), 入れる, 満たす

اَلْعَامِلَانِ يَصُبَّانِ النُّحَاسَ الذَّائِبَ　二人の労働者が溶けた銅を注いでいる

صبو> صَبَا، يَصْبُو ❖ 子供じみている;熱望する;願う(~إِلَى:~を)

أَصْبُو إِلَى يَوْمِ اللِّقَاءِ　私は会える日を待ち焦がれています

صِبًا / صِبًى ❖ 時代, 幼年期;青春期;熱望, 欲望 ※定 اَلصِّبَا

كَانَ أَخِي فِي صِبَاهُ غُلَامًا كَثِيرَ الْمَشَاكِلِ　私の兄は青春期に,問題の多い少年だった

صبح> صَبَاحٌ ❖ 朝, 午前

صَبَاحُ الْخَيْرِ – صَبَاحُ النُّورِ　お早うございます–お早うございます[返礼]

صَبَاحُ الْيَوْمِ　今朝

صَبَاحًا　朝に/午前

اَلسَّاعَةَ السَّادِسَةَ صَبَاحًا　午前6時

صبغ> صَبَّاغٌ ❖ 染め物屋, 染め物師

أَنَا لَسْتُ صَبَّاغًا مَاهِرًا　私は腕の良い染め物屋ではありません

صبغ> صِبَاغٌ ❖ 染色;染料, 染め粉, 顔料;調味料, スパイス

إِنَّهُ لَا يُتْقِنُ تَرْكِيبَ الصِّبَاغِ　彼は染色の過程を本当に習熟していない

صبغ> صِبَاغَةٌ ❖ 染め物業, 染色業;染色術

هُوَ يَجْهَلُ أَسْرَارَ الصِّبَاغَةِ　彼は染色術の秘訣を知らない

صبح II> صَبَّحَ ❖ 朝にやって来る;朝の挨拶をする

مَرَّ بِي، وَلَمْ يُصَبِّحْنِي　彼は私の前を通り過ぎたが,朝の挨拶をしなかった

أَصْبَاح 複 صُبْحٌ ❖ 朝, 夜明け

أُحِبُّ أَنْ أَرَاكِ صُبْحًا وَمَسَاءً　(私は)朝に夕に貴女にお目にかかりたいです

صَبْر 名 صَبَرَ (i) ❖ (~を)我慢する, (~に)耐える(~عَلَى) 名我慢, 忍耐

إِذَا حَلَّ بِكَ مَكْرُوهٌ، فَلَيْسَ أَجْمَلَ مِنْ أَنْ تَصْبِرَ　不幸に遭遇したら,耐えるに越した事はない

بِصَبْرٍ　根気よく/忍耐強く

لَا صَبْرَ لِي　私には我慢できない

اَلصَّبْرُ مِفْتَاحُ الْفَرَجِ　忍耐は幸福の鍵である[格言]

صَبَغَ (u, i) 名 صَبْغ / صِبَاغ　❖染める,色を塗る 名色を染める事,染色

صَبَغَ الشَّعْرَ　髪を染めた

صَبَغَهُ صِبْغَةً أُخْرَى　変形した/変えた

صِبْغ 複 أَصْبَاغ　❖染料;ペンキ

اَلْحِنَّاءُ، فِي نَظَرِهَا أَفْضَلُ صِبْغٍ　ヘンナは見目の良い染料です

صِبْغَة 複 صِبَغ　❖染料;チンキ剤;外見;性格

صِبْغَةُ الْيُودِ　ヨードチンキ

صَبُور <صبر 複 صُبُر　❖形我慢強い,忍耐強い 名我慢強い人,忍耐強い人

عَلَى الْمُرَبِّي أَنْ يَكُونَ صَبُورًا　教育者は我慢(忍耐)強くなければならない

صَبِيّ 複 صِبْيَة /صِبْيَان 女 صَبِيَّة 複 صَبَايَا　❖若者 男少年 女少女,娘

فِي الصَّفِّ ثَلَاثُونَ صَبِيًّا　1列に30人の若者がいる

صَارَتْ صَبِيَّةً جَمِيلَةً　彼女は美しい娘になった

صَبِيح <صبح 複 صِبَاح　❖美しい;優雅な;輝くような

سَلَّمَ عَلَيَّ فَتًى صَبِيحٌ　美しい若者が私に挨拶をした

صَحَّ، يَصِحُّ 名 صِحَّة　❖正しくある;正す;治る:健康である,健全である
名真実,正しさ;本物;健康,衛生

سَوْفَ يَصِحُّ الْمَرِيضُ غَدًا　その患者は明日には治るでしょう

اَلصِّحَّةُ الْعَامَّةُ　公衆衛生

وِزَارَةُ الصِّحَّةِ　厚生省

هُوَ فِي صِحَّةٍ جَيِّدَةٍ　彼は元気です

اَلتَّدْخِينُ ضَارٌّ جِدًّا لِصِحَّتِكَ　喫煙はあなたの健康にとても有害です

صَحَا، يَصْحُو <صحو 名 صَحْو /صُحُوّ　❖目覚める,覚める;気がつく;(天気が)晴れる
名目覚め,覚醒;晴天

أ ب ت ث ج ح خ د ذ ر ز س ش ص ض ط ظ ع غ ف ق ك ل م ن هـ و ي

أ ب ت ث ج ح خ د ذ ر ز س ش **ص** ض ط ظ ع غ ف ق ك ل م ن هـ و ي

صَحَا مِنَ النَّوْمِ　眠りから覚めた

صَحَتِ السَّمَاءُ　空が晴れた

صَحَا مِنْ ثَمَلِهِ　酔いを覚ました

صَحَابَة < صحب 単 صَاحِب ❖ サハーバ ※預言者ムハンマドの教友達

بَايَعَ الصَّحَابَةُ "أَبَا بَكْرٍ" بِالْخِلَافَةِ　サハーバ(教友達)はアブー・バクルをカリフと認めた

صَحَافَة < صحف ❖ 報道, ジャーナリズム

حُرِّيَّة الصَّحَافَةِ (ُ)　報道の自由

صَحِبَ (a) ❖ 仲間である; 伴う, 同伴する, 連れて行く; つき合う

لَيْتَهَا تَصْحَبُنِي إِلَى السُّوقِ　彼女が私を市場に連れて行ってくれたら良いのに

صِحَّة < صح ❖ ⇒ صَحّ 名

صَحَّحَ < صح II 名 تَصْحِيح ❖ 直す, 訂正する, 正す; 校正する 名直す事, 訂正

صَحَّحَ النَّصَّ　文章を直した

كَتَبْتُ بِالْحِبْرِ الصِّينِيِّ وَصَحَّحَ مُدَرِّسِي بِالْأَحْمَرِ　私が墨で書きますと, 先生が朱で直し(訂正し)まし

تَصْحِيح أَخْطَاءٍ　誤りの訂正

صَحْرَاءُ 複 صَحَارٍ / صَحَارَى/صَحْرَاوَات ❖ 女砂漠

双 صَحْرَاوَانِ (يْنِ)　二つの砂漠 ※( )内は属対

الصَّحْرَاء الْكُبْرَى　サハラ砂漠

كَانَ بَعْضُ النَّاسِ يَعِيشُونَ فِي الصَّحْرَاءِ　砂漠には幾人かの人々が住んでいました

صُحُفِيّ < صحف 複 -ون ❖ 形新聞の; 報道の 名新聞記者, ジャーナリスト

مُؤْتَمَر صُحُفِيّ　記者会見

مُصَوِّر صُحُفِيّ　報道カメラマン

صَحْن 複 صُحُون ❖ 皿, 鉢; 料理

غَسْل صُحُونٍ　皿洗い

صَحْو ❖ 形晴れの 名晴れ; 意識

سَيَكُونُ الطَّقْسُ صَحْوًا غَدًا　明日の天気は晴れでしょう

صِحِّيّ＜صح ✿ 健康な;衛生の

اَلْمَحْجَرُ الصِّحِّيّ　隔離所/隔離病舎/検疫所

صَحِيحٌ ＜صح 複 أَصِحَّاءُ / صِحَاح /صَحَائِح ✿ 正しい,本当の;適切な;健康な;規則的な;信頼できる

比 أَصَحُّ　より正しい

جَمْعُ صَحِيحٍ　規則複数形[文法]

"كَتَبَ"، فِعْلٌ ثُلَاثِيٌّ صَحِيحٌ　"كَتَبَ"は3文字の規則動詞です

عَدَدٌ صَحِيحٌ　整数

اَلْحِسَابُ صَحِيحٌ　計算は正しい(合っている)

صَحِيحًا　正しく

اِقْرَأْ صَحِيحًا　正しく読みなさい

عِبَارَة صَحِيحَة　正しい(適切な)表現

اَلطَّرِيقَةُ الصَّحِيحَةُ　適切な方法

صَحِيفَةٌ ＜صحف 複 صُحُف/صَحَائِف ✿ 本;新聞;紙に書かれた物

اَلصَّحِيفَةُ الْبَيْضَاء　名誉ある名前/名誉

اِشْتَرَكْتُ فِي الصَّحِيفَةِ الْعَرَبِيَّةِ　アラビア語の新聞を購読しました

لَمْ تَتَجَاوَزِ الرِّسَالَةُ صَحِيفَةً　書かれた物より勝る伝言はなかった

صَخَبَ (a) 名 صَخَبٌ ✿ 叫ぶ,わめく,怒鳴る;騒がしい 名叫び;喧噪,騒ぎ

يَصْخَبُ الْمُتَظَاهِرُونَ فِي السَّاحَةِ　デモ隊が広場で叫んでいる

صَخَبَ الْبَحْرُ　海の波が騒ぎ立った

لَمْ يَسْتَطِعِ الْخَطِيبُ أَنْ يُهَدِّئَ صَخَبَهُ　演説者は彼らの騒ぎを治める事が出来なかった

صَخْرٌ 複 صُخُور ※ صَخْرَة ✿ 岩石,岩　※1個の岩

قُبَّةُ الصَّخْرَةِ　岩のドーム

يُسْتَعْمَلُ الْبَارُودُ فِي تَفْجِيرِ الصُّخُ　岩石の爆破に火薬が使われる

صَدَّ (u) 名 صَدٌّ ✿ 退ける,遠ざける;阻止する,妨げる;跳ね返す
名遠ざける事;撃退;抑制;妨げ

صَدَّ الْجَيْشُ الْمُهَاجِمِينَ عَنِ الْمَدِينَةِ　軍は街への攻撃を退けた

اِسْتَطَاعَ الدِّفَاعُ أَنْ يَصُدَّ الْكُرَةَ عَنِ الْمَرْمَى　キーパーはボールをゴールから遠ざける事がで

صَدِئَ ، يَصْدَأُ 名 صَدَأٌ ❖ 錆びる;酸化する 名錆び

يَصْدَأُ الْحَدِيدُ ، إِنْ لَمْ يُدْهَنْ　鉄はペンキを塗らないと錆びる

عَلَا الْحَدِيدَ الصَّدَأُ　鉄が錆で被われた(錆びた)

أَكَلَ ～ الصَّدَأُ　～が錆びた

صَدًى / صَدًا 複 أَصْدَاءٌ ❖ 木霊,反響;ひどい喉の渇き ※定 اَلصَّدَى

سَمِعْنَا الصَّدَى　私たちは木霊を聞いた

صَدَارَة ＜صدر ❖ 先行;優先;名誉ある地位:トップ,先頭

مَكَان الصَّدَارَةِ　首位/一位/トップ

اِحْتَلَّ الصَّدَارَةَ في～　～のトップの座を占めた

لِاسْمِ الِاسْتِفْهَامِ حَقُّ الصَّدَارَةِ في الْجُمْلَةِ　疑問詞は文章の先頭に来る

صُدَاعٌ ＜صدع ❖ 頭痛

أَصَابَهُ صُدَاعٌ شَدِيدٌ　(彼は)ひどい頭痛がした/ひどく頭が痛かった

عِنْدِي صُدَاعٌ　私は頭痛がします

صَدَاقَة ＜صدق ❖ 友情,友好

تَوَثَّقَتْ عُرَى الصَّدَاقَةِ بَيْنَهُمَا　彼ら二人の友情の絆は強くなった

صَدَحَ (a) ❖ 歌う

تَصْدَحُ الطُّيُورُ فَجْرًا عَلَى الْأَغْصَانِ　明け方に,木の枝で鳥が歌う(さえずる)

صَدَدٌ ＜صد ❖ 目的,意図;関係

بِصَدَدِ ～/في صَدَدِ ～/عَلَى صَدَدِ ～　～に関して/～について

في هٰذَا الصَّدَدِ　この点に関して

صَدَرَ (u, i) 名 صُدُور ❖ 出る(～عَنْ/مِنْ:～から);現れる;発行される,出版される;発布される 名出る事,発行

صَدَرَتْ أَوَّلُ طَبْعَةٍ مِنَ الْقَامُوسِ　その辞書の初版が出版された

تَصْدُرُ هٰذِهِ الْمَجَلَّةُ الْأُسْبُوعِيَّةُ فِي كُلِّ سَبْتٍ　　この週刊誌は毎週土曜日に出ます

صَدَرَ الْقَانُونُ الْجَدِيدُ　　新しい法律(新法)が発布された

صَدَّرَ <صدر II 名 تَصْدِير ❖ 送る;輸出する;出版する;序文を書く
名送る事,送付;輸出;出版,発行;序文

صَدَّرَ الْكَاتِبُ الْقِصَّةَ بِتَمْهِيدٍ　　作家はその物語に序文をつけた

تُصَدِّرُ فِلَسْطِينُ الصَّابُونَ إِلَى الْخَارِجِ　　パレスチナは石鹸を海外に輸出している

صَدْر 複 صُدُور 関 صَدْرِيّ ❖ 心,胸;初期,出だし;先頭の部分 関胸の

وَاسِعُ الصَّدْرِ　　心が広い/忍耐強い

ضَيِّقُ الصَّدْرِ　　怒っている/不機嫌な

صَدْرُ النَّهَارِ　　夜明け

اِنْشَرَحَ (اِنْقَبَضَ) صَدْرُهُ　　喜んだ(気が滅入った)

يَشُقُّ الْمَرْكَبُ الْمَاءَ بِصَدْرِهِ　　ボートがへさきで水を切って行く

نَزْلَةٌ صَدْرِيَّةٌ　　気管支炎

صُدْرَة 複 صُدَر ❖ チョッキ,ベスト

اِرْتَدَى الصُّدْرَةَ بَيْنَ الْقَمِيصِ وَالسُّتْرِ　　シャツと上着の間にベストを着た

صَدَّعَ <صدع II ❖ 頭痛をもたらす;砕く;ひびを入れる

受 صُدِّعَ　　頭痛がする;ひびが入る

لَقَدْ هَدَمَ الزِّلْزَالُ أَبْنِيَةً وَصَدَّعَ أُخْرَى　　地震が建物を崩壊させたり,ひびを入れたりした

صُدْغ 複 أَصْدَاغ ❖ こめかみ

أَوَّلُ مَا يَشِيبُ فِي الرَّأْسِ الصُّدْغَانِ　　最初に頭で白くなるのはこめかみの所です

صَدَفٌ 複 أَصْدَاف ※ صَدَفَة ❖ 貝,貝殻 ※1個の貝

هِوَايَتِي جَمْعُ الْأَصْدَافِ الْبَحْرِيَّةِ　　私の趣味は海の貝殻を集める事です

صُدْفَة ❖ 偶然

(ً)
بِالصُّدْفَةِ / صُدْفَةً　　偶然に/偶然にも/たまたま

اِلْتَقَيْتُهُ صُدْفَةً فِي الشَّارِعِ　　私は通りで,偶然に彼と会いました

صَدَقَ (u) 名 صِدْق ✻ 本当の事を言う，真実を語る，(真実と)証明する
名真実;誠実，率直;正しさ

صَدِيقُكَ مَنْ صَدَقَكَ　本当の事を言うのが友達だ

صَدَقَ وَعْدَهُ (فِي وَعْدِهِ)　約束を守った

صَدَقَهُ الْحُبَّ　彼を本当に愛した

صِدْقًا　本当に

صَدَّقَ > صدق II 名 تَصْدِيق ✻ 信用する(ـهُ/بِـ;～を)，(真実と)認める(عَلَى～:～を)
名信用，信じる事;信頼

صَدَّقَ كَلَامَهُ　彼の言葉を信じた

لَا يُصَدَّقُ　信じられない

تَصْدِيق قَوْلِهِ　彼の言葉を信じる事

صَدَقَة 複 ـات ✻ 寄付，施し，喜捨，サダカ* *自由意志による喜捨

شَكَرَ لِي الْفَقِيرُ صَدَقَتِي　その貧しい人は私の施しに感謝した

صَدَمَ (i) 名 صَدْمَة ✻ 衝突する;(車が)轢く，はねる;(不意に)襲う
名衝撃，衝突

كَادَتِ السَّيَّارَةُ تَصْدِمُهُ　車が彼を轢きそう(はねそう)になった

صَوْت الصَّدْمَةِ　衝撃音

صَدِيق > صدق 複 أَصْدِقَاء ✻ 友達，友

صَدِيق حَمِيم (عَزِيز)　親友

دَوْلَة صَدِيقَة　友好国

صَرَّ ، يَصِرُّ ✻ キーキー音を立てる;(コオロギなどの虫が)鳴く

صَرَّ الْبَابُ　戸がキーキー音を立てた(軋んだ)

صَرَّ ، يَصُرُّ ✻ (財布に)仕舞う;くくる，縛る

صَرَّ الدَّرَاهِمَ فِي الصُّرَّةِ　(お金の)ディルハムを財布に仕舞った

صَرَاحَة > صرح ✻ はっきりしている事;率直

دَعْنَا نَتَكَلَّمْ بِصَرَاحَةٍ　率直に話し合いましょう

صِرَاطٌ > صرط 複 صُرُطٌ ✻ (宗教的な)道

رَبَّنَا ، اِهْدِنَا الصِّرَاطَ الْمُسْتَقِيمَ ! 神よ,私達を正しい道に導き給え

صِرَاع < صرع ❖ 紛争,争い;取っ組み合い

اِشْتَدَّ الصِّرَاعُ عَلَى الْحُكْمِ بَيْنَ الْأَحْزَا 政権をめぐる紛争が政党間で激しくなった

صِرَاعُ الْبَقَاءِ 生存競争

صَرَّاف < صرف 複 صَيَارِفَة ❖ 両替商

يُتَابِعُ الصَّرَّافُ أَسْعَارَ الْعُمْلَاتِ 両替商は通貨の値段に従う

صُرَّة 複 صُرَر ❖ 財布

لَمَّا فَتَحَ النَّشَّالُ الصُّرَّةَ ، لَمْ يَجِدْ فِيهَا نُقُودًا すりが財布を開けたら,中にお金は無かった

صَرَّحَ < صرح II 名 تَصْرِيح 複 ـات/ تَصَارِيـ ❖ 明らかにする;(〜を)宣言する(〜بِ);(〜を)許す(〜بِ)(〜の)許可を与える(〜بِ) 名宣言,声明;認可;申告

صَرَّحَ بِحُبِّهِ لِحَبِيبَتِهِ 恋人に愛を告白した

صَرَّحَتْ وِزَارَةُ الِاقْتِصَادِ بِاسْتِيرَادِ السُّ 財務省は砂糖の輸入を認可した

تَصْرِيح جُمْرُكِيّ 税関での申告/税関申告

صَرْح 複 صُرُوح ❖ 城;高い建物;建造物

بُنِيَ الصَّرْحُ عَلَى تَلَّةٍ تُشْرِفُ عَلَى الْبَ 海を見下ろす丘の上に,城が建てられた

صَرَخَ (u) 名 صُرَاخ ❖ 叫ぶ,悲鳴を上げる 名叫び,叫び声,悲鳴

صَرَخَ صَرْخَتَهُ الْخَافِتَةَ かすかな叫び声を上げた

صَرَخَ صُرَاخًا عَالِيًا 甲高い悲鳴を上げた

صَرْخَة 複 ـات ❖ 叫び声,悲鳴

سَمِعَتِ الْأُمُّ صَرْخَةَ طِفْلِهَا 母親は自分の子供の叫び声を聞いた

صَرْصُور 複 صَرَاصِير ❖ ゴキブリ;コオロギ

تَخَافُ أُخْتِي مِنَ الصَّرْصُورِ 私の妹はゴキブリを怖がる

صَرَعَ (a) 名 صَرْع ❖ 投げ倒す,倒す;殺す

بَارَزَ "عَنْتَرَةُ" خَصْمَهُ ، وَسُرْعَانَ مَا صَرَعَهُ アンタール*は敵と闘うと,直ぐにその敵を投げ倒した *アラブの英雄

صُرِعَ الشَّجَرُ * — 木が伐採された *受

صَرَفَ (i) 名 صَرْف 複 صُرُوف ❖ 顔をそむける;(お金を)両替する;費やす;首にする;軋む,音を立てる;語形変化させる
名 両替;消費;軋み;語形変化

صَرَفَ النَّظَرَ عَنْ ~ — ~を無視した

اِصْرِفْ لِي عَشَرَةَ آلَافِ يِنٍّ — 一万円両替して下さい

كَيْفَ صَرَفْتَ مَالَكَ وَوَقْتَكَ؟ — どのようにお金と時間を費やしたのですか

مَا هُوَ سِعْرُ صَرْفِ الدُّولَارِ؟ — ドルの交換レートはいくらですか

صَرَفَ صَاحِبُ الْفُنْدُقِ الْخَادِمَةَ الْبَلِيدَةَ — 旅館の主人は愚かな女中を首にした(解雇した)

مَتَى نَصْرِفُ الْكَلِمَةَ الْمَمْنُوعَةَ مِنَ الصَّرْفِ؟ — 格変化しない語はいつ変化させるのですか

اَلْبَابُ يَصْرِفُ، زَيِّتْهُ — 戸が軋んでいます,油を差しなさい

صَرَّفَ > صرف II 名 تَصْرِيف ❖ (水を)流す,排水する;(憂うつな気分を)発散させる;(お金を)両替する,交換する;(商品を)売る;運営する;(語形を)変化させる
名 排水;発散;両替;運営;語形変化

صَرَّفَ الْمَاءَ — 排水した

صَرَّفَ شُعُورًا مَكْبُوتًا — 憂うつな気分を発散させた

صَرَّفَ التَّاجِرُ الْبِضَاعَةَ — 商人はその商品を売った

صَرَّفَ السَّائِحُ نُقُودَهُ — 旅行者はお金を両替した

صَرِيح > صرح 複 صَرَائِح / صُرَحَاء ❖ 潔い,はっきりした,率直な;純粋な

تَكَلَّمْ صَرِيحًا — 潔く(率直に)話しなさい

نِقَاش (رَأْي) صَرِيح — 率直な議論(意見)

صَرِير > صر ❖ カリカリ(鉛筆の音),キーキー

أُحِبُّ أَنْ أَسْمَعَ صَرِيرَ الْقَلَمِ عَلَى الدَّفْتَرِ — 私はノートに鉛筆で書く時の音が好きです

صَرِيع > صرع 複 صَرْعَى ❖ 倒された,殺された;気の狂った

سَقَطَ صَرِيعًا — (闘いで)死んだ/殺された

إِنِّي صَرِيعُ الْحُزْنِ　私は悲しみで気が狂いそうだ

صَعُبَ (u) ✽困難である;困る 名困難,難しさ;苦労　صَعُبَ 名 صُعُوبَة 複 -ات

يَسْهُلُ الْقَوْلُ وَيَصْعُبُ الْعَمَلُ　言う事は易しいが,する事は難しい/言うは易く,行うは難し[格言]

وَجَدَ صُعُوبَةً فِي~　~に苦労した

وَاجَهَ صُعُوبَةً　苦労(困難)に直面した

يُفَكِّرُ النَّاسُ فِي الصُّعُوبَةِ أَكْثَرَ مِنَ اللَّازِمِ　人々は必要以上に,その困難さを考えすぎる

صُعُوبَةُ الْمِرَاسِ　頑固

صَعَّبَ <صعب II ✽難しくする

الْوَاقِعُ أَنِّي لَمْ أُصَعِّبِ الْأَسْئِلَةَ　実のところ,私は問題を難しくしませんでした

صَعْب ✽困難な,難しい 複困難,苦境　صَعْب 複 صِعَاب

جَابَهَ الصِّعَابَ　困難に立ち向かった

أَيَكُونُ الِامْتِحَانُ صَعْبًا ؟　その試験は難しいですか

صَعْتَرٌ ✽タイム[植物]　※= زَعْتَر

مَا أَشْهَى الْكَعْكَ بِالصَّعْتَرِ　タイム入りのクッキーは何と美味しいのでしょう

صَعِدَ (a) ✽上る,登る,昇る,上昇する(~عَلَى/فِي/إِلَى:~に);(乗り物に)乗り込む(~إِلَى) 名上る事,上昇　صَعِدَ 名 صُعُود

صَعِدَ بِهِ إِلَى~　彼を~に上らせた

صَعِدَ عَلَى الشَّجَرَةِ　木に登った

صَعِدَ إِلَى السَّيَّارَةِ　車に乗り込んだ

صَعَقَ (a) ✽(雷が)落ちる;(雷が落ちて)気絶させる 名雷　صَعَقَ 名 صَاعِقَة

受 صُعِقَ　(雷に)打たれる;感電死する

صَعَقَتْهُ السَّمَاءُ　彼に雷が落ちた

صُعْلُوك <صعلك 複 صَعَالِيك/صَعَالِك ✽形貧しい;弱い 名物貰い;卑しい人;浮浪者;義賊

لَجَأَ إِلَى حَيِّنَا مُتَشَرِّدٌ صُعْلُوكٌ　私達の地区に貧しい浮浪者が避難して来た

صُعُوبَة <صعب ✽ ⇒ صَعُبَ 名

صَعِيد <صعد 複 صُعُد 関 صَعِيدِيّ ✽ 高地,高原;基本,基盤 関上エジプトの;上エジプト人 ※頑固で有名

عَلَى صَعِيد ~ ― ~の面で/~の点で

يَنْحَدِرُ النَّهْرُ مِنَ الصَّعِيدِ إِلَى الْبَحْرِ ― 川は高地から海に傾斜している

صِغَار <صغر ✽ 形若い,幼い 名子供達,幼子達 ※ صَغِير の

لَعِبَ الصِّغَارُ فِي ظِلِّ الشَّجَرَةِ وَانْبَسَطُوا ― 幼い子達が木の陰で遊んで,楽しそう

صِغَار الْمُوَظَّفِينَ ― 下っ端役人

صَغَرَ (u) ✽ 年下である;若い

أَصْغَرُ "مُحَمَّدًا" بِسَنَتَيْنِ ― 私はムハンマドより2歳年下だ(若い)

صَغُرَ (u) ✽ 小さくなる,小さい

صَغُرَ حَجْمُ الْمَشْرُوعِ ― プロジェクトの規模が小さくなった

صَغَّرَ <صغر II 名 تَصْغِير ✽ 小さくする,縮小する 名縮小

صَغِّرْ الصُّورَةَ إِلَى النِّصْفِ ― 写真を半分に縮小しなさい

صِغَر ✽ 子供時代,幼年期

الْعِلْمُ فِي الصِّغَرِ كَالنَّقْشِ فِي الْحَجَرِ ― 幼年期の知識は石に刻むようなものだ/三つ子の魂百まで[格言]

صُغْرَى <صغر ✽ より小さい,より幼い ※ أَصْغَر の女

آسِيَا الصُّغْرَى ― 小アジア

صَغِير <صغر 複 صُغَرَاء / صِغَار ✽ 小さい,幼い ※比 أَصْغَرُ:より小さい

صَغِيرُ السِّنِّ ― 若い/幼い

أَخ صَغِير ― 弟

أُخْت صَغِيرَة ― 妹

الْكُتَّابُ أَصْغَرُ مِنَ الْمَدْرَسَةِ ― コッターブ*は学校より小さい *寺子屋に類似

صَفَّ (u) 名 صَفّ 複 صُفُوف ✽ 列を作る,一列にする,並べる;整える;分類する 駐車する 名整列;列;クラス,学年 複隊列

صَفَّ الْكُتُبَ عَلَى الرَّفِّ ― 本を棚に並べた

تَشَوَّشَ جَوُّ الصَّفِّ　クラスの雰囲気が乱れた

فَرَّقَ الصَّفَّ　列を乱した

تَسِيرُ الأَفْيَالُ فِي صَفٍّ وَاحِدٍ　象は一列になって進みます

صَفَا ، يَصْفُو <صفو 名 صَفْو /صَفَاء ❖ 晴れる;澄む;純粋である;没頭する,熱中する 名晴れ;清浄;純粋;没頭,熱中;幸福,幸せ

سَيَصْفُو الْجَوُّ غَدًا　明日,天気は晴れるでしょう

أَرْجُو أَنْ يَنْعَمَ الْعَرُوسَانِ بِصَفْوِ الْعَيْـ　新郎新婦が幸せなお暮しをなされますように

سَرِيعُ الصَّفَاءِ　性格がさっぱりしている

صَفَّى <صفو II 名 تَصْفِيَة 複 -ات ❖ 清める,浄化する;清算する,払う;残り物を売る;(問題を)解決する 名浄化,濾過;精算;バーゲン

هٰذَا الْجِهَازُ يُصَفِّي مَاءَ الشُّرْبِ　この装置が飲み水を浄化します

مَتَى تُصَفِّي الْحِسَابَ بَيْنَنَا؟　いつ私達の貸し借りを精算するのですか

بَدَأَ الْمَتْجَرُ مَوْسِمَ التَّصْفِيَةِ الشَّتَوِيَّ　商店が冬物バーゲンセールを始めた

مُبَارَيَات التَّصْفِيَةِ　(試合の)トーナメント

صَفَّارَة <صفر 複 -ات ❖ 笛,サイレン

صَفَّارَةُ الإِنْذَارِ　警報のサイレン/警笛

صِفَة <وصف 複 -ات ❖ 性質,特質;個性;方法;形容詞(文)

صِفَات ذَاتِيَّة　本質的な特性

بِصِفَتِهِ وَزِيرًا　大臣としての肩書きで

بِصِفَةٍ خَاصَّةٍ　特に

بِصِفَةٍ رَسْمِيَّةٍ　公式に

بِصِفَةٍ غَيْرِ رَسْمِيَّةٍ　非公式に

بِصِفَةٍ نِهَائِيَّةٍ　最終的に

اَلصِّفَةُ تَتْبَعُ الْمَوْصُوفَ　形容詞は(被修飾の)名詞に従う(続く)

صَفَحَ (a) 名 صَفْح ❖ 平たくする;許す 名許し,寛容;面,側面(複 صِفَاحٌ)

أَرْجُو أَنْ تَصْفَحَ إِسَاءَتِي　私の過失をお許し下さい

ضَرَبَ (أَضْرَبَ) عَنْهُ صَفْحًا	(それを)避けた/敬遠した
طَلَبَ مِنْهُ الصَّفْحَ	許しを求めた
صَفْحَة 複 صَفَحَات ❖	表面,外面;面;ページ/頁,シート
الصَّفْحَةُ الأُولَى	第一面
فِي الصَّفْحَةِ الْعَاشِرَةِ	10ページに
عَدَدُ صَفَحَاتِ الْقَامُوسِ ٩٥٠ صَفْحَةً	その辞書は九百五十ページある
صَفَرَ (i) ❖	笛を吹く,(非難,警告の音シーッを)口から出す
قِفْ، أَلَا تَسْمَعُ الشُّرْطِيَّ يَصْفِرُ	止まりなさい,警官の笛が聞こえませんか
صِفْر ❖	零,ゼロ*/零　*アラビア語起源
انْطَلَقَ مِنَ الصِّفْرِ	ゼロから出発した
عَشْرُ دَرَجَاتٍ تَحْتَ الصِّفْرِ	氷点下(零下/マイナス)10度
رَجَعَ صِفْرَ الْيَدَيْنِ	何の収穫もなく,手ぶらで帰った
صَفَرٌ 複 أَصْفَار ❖	サファル月 ※イスラム暦の二月
صَفَرٌ تِسْعٌ وَعِشْرُونَ يَوْمًا	サファル月は29日あります
صُفْرٌ ❖	真ちゅう※銅と亜鉛の合金
صِينِيَّة مِنَ الصُّفْرِ الْمَنْقُوشِ	彫り物をされた真ちゅうのお盆
صَفْرَاءُ <صفر ❖	形黄色の* 名胆汁 *أَصْفَرُ の女
بِطَاقَة صَفْرَاء	イエローカード[サッカーなどの競技]
يُفْرِزُ الْكَبِدُ سَائِلًا هَاضِمًا اسْمُهُ الصَّفْرَاءُ	肝臓は胆汁という消化酵素を分泌する
صُفْرَة ❖	黄,黄色,黄色
عَلَتْ وَجْهَ الْمَرِيضِ صُفْرَةٌ شَاحِبَةٌ	病人の顔には黄色く青白い色が出ていた
صَفْرَة ❖	笛の音
أَعْلَنَ الْحَكَمُ بَدْءَ الْمُبَارَاةِ بِصَفْرَةٍ	笛の音で,審判は試合開始を告げた
صَفْصَاف ※ صَفْصَافَة ❖	柳[植物] ※1本の柳
غَرَسَ الصَّفْصَافَ بِقُرْبِ النَّهْرِ	川の近くに柳を植えた

صَفَعَ (a) ❖ 平手で打つ, 叩く

كَادَتِ الْمُعَلِّمُ يَصْفَعُ وَجْهَ التِّلْمِي　教師は生徒の顔を叩かんばかりだった

صَفَّفَ <صف II 名 تَصْفِيف ❖ 整列させる; 整える, (髪を)セットする

كَيْفَ تُرِيدِينَ أَنْ أُصَفِّفَ لَكِ شَعْرَ　髪はどのようにセットしましょうか

تَصْفِيفُ الشَّعْرِ　髪のセット

صَفَّقَ <صفق II 名 تَصْفِيق ❖ 拍手をする; 羽ばたかせる(~بِـ:～を) 名拍手

صَفَّقَ لَهُ الْجَمِيعُ　皆が彼に拍手をした

طَارَتِ الْيَمَامَةُ تُصَفِّقُ بِجَنَاحَيْهَا　山鳩が翼を羽ばたいて, 飛んで行った

عَلَا التَّصْفِيقُ　拍手が起こった

صَفْقَة 複 صَفَقَات ❖ 商取引, 商談; 手を打つ事, 商談成立

صَفْقَة سِيَاسِيَّة　政治的取引

لَا أُرِيدُ أَنْ أَخْسَرَ مَالِي فِي الصَّفْقَةِ　その取引で損をしたくない(出したくない)

صَفْو ❖ ⇒ صَفَا 名

صَفِيحَة <صفح 複 صَفَائِح ❖ (木, 石, 鉄の)薄い板; 薄いパン生地

كَمْ صَفِيحَةً مِنَ الْحَدِيدِ طَلَبْتَ؟　鉄板は何枚注文されましたか

صَفِير <صفر ❖ (口から出る)音, 口笛

صَفَرَ صَفِيرًا　口笛を吹いた

صَقْر 複 صُقُور/صِقَار ❖ 鷹

اِنْقَضَّ الصَّقْرُ عَلَى الْعُصْفُورِ　鷹が小鳥の上に舞い降りた

اَلصَّيْدُ بِالصَّقْرِ　鷹狩り

صَقَلَ (u) ❖ 磨く, 滑らかにする; (言葉やスタイルを)上品にする

يَصْقُلُ النَّجَّارُ قِطَعَ الْخَشَبِ　大工さんは木を(削って)滑らかにする

صَقَلَ ذَوْقَهُ　センスを磨いた

صَقِيع <صقع ❖ 霜; 寒気

أَتْلَفَ الصَّقِيعُ الْمَحَاصِيلَ الزِّرَاعِيَّةَ　霜が農作物に損害を与えた

يَشْتَدُّ الصَّقِيعُ لَيْلاً فَتَجْلُدُ الْبِرْكَةُ　夜に寒気が強まり,池が凍る

صَكٌّ 複 صُكُوك ❖ 文書;契約書;契約

دَفَعَ ثَمَنَ الْأَرْضِ، وَاسْتَلَمَ بِذٰلِكَ صَكًّا　土地の代金を払って,権利書を手に入れた

صَلَّى، يُصَلِّي<صلو II ❖ 祈る,礼拝する[仏教],礼拝する[キリスト教他

لَا تَنْسَ أَنْ تُصَلِّيَ قَبْلَ النَّوْمِ　寝る前に,祈る事を忘れないようにしなさい

صَلَّى اللّٰهُ عَلَيْهِ وَسَلَّمَ　神が彼を祝福し,保護されますように
※預言者ムハンマドへの賛辞

صَلَاة<صلو 複 صَلَوَات ❖ 祈り,礼拝*/礼拝　*仏教での

اَلصَّلَاةُ خَيْرٌ مِنَ النَّوْمِ　祈りは眠りより良い

أَقَامَ الصَّلَاةَ　礼拝を行った

صَلَاح<صلح ❖ 良さ,善良さ;適切な事

تَشَابَهَتِ الْأُخْتَانِ فِي الصَّلَاحِ　姉妹は善良さでは,互いに似ていた

صَلَبَ (i,u) ❖ はりつけにする;たっ刑(磔刑)に処す

كَانُوا فِي السَّابِقِ يَصْلِبُونَ الْمُجْرِمَ الْكَبِيرَ　かつては重罪人をはりつけにする事もあった

صَلُبَ (u) ❖ 堅い;堅くなる

سَاقُ الشَّجَرَةِ يَغْلُظُ وَيَصْلُبُ مَعَ السِّنِينَ　木の幹が年々厚みを増し,堅くなった

صَلَّبَ<صلب II 受 صُلِّبَ ❖ はりつけにする;(クリスチャンが)十字を切る;堅くする 受はりつけにされる

صَلَّبَ عَلَى وَجْهِهِ　目の前で十字を切った

اَلْمَاءُ يُصَلِّبُ الْأَسْمَنْتَ وَالْبَاطُونَ　水がセメントやコンクリートを堅くする

صُلْب ❖ 形堅い 名鋼,鋼鉄;背骨(複 أَصْلَاب / أَصْلُب);本文,テキスト

وَقُودٌ صُلْبٌ　固体燃料

تَمَطَّى الْهِرُّ بِصُلْبِهِ　猫が背骨を伸ばした

صِلَة<وصل 複 -ات ❖ 関連,関係;結合

ذُو صِلَةٍ بِـ~　~と関連がある

اَلصِّلَاتُ الاِقْتِصَادِيَّة　経済関係

صَلُحَ (u) / صَلَحَ (a, u) ❖ ふさわしい,合う(~لِـ:~に);良くなる;正しい

هٰذَا الْقَمِيصُ لَا يَصْلُحُ لِي　このシャツは私には似合わない

لَقَدْ صَلَحَ الصَّبِيُّ الشِّرِّيرُ　不良青年が更生した

اَلرِّيَاضَةُ تَصْلُحُ لِلصِّحَّةِ　運動は健康に良い

اَلْجَنَّةُ لِمَنْ صَلَحَ وَفَعَلَ الْخَيْرَ　天国は心正しく,善き行いをする者のものである

صَلَّحَ ＜صلح II 名 تَصْلِيح ❖ 直す,修理する;快復させる 名修理

هَلْ صَلَّحْتَ السَّيَّارَةَ ؟　車を直しましたか(修理しましたか)

صُلْح ❖ 講和,和平;和解

مُعَاهَدَةُ صُلْحٍ　講和(和平)条約

لَيْتَ الصُّلْحُ يَحِلُّ مَحَلَّ الْعَدَاءِ　和解が憎しみを解決できたら良いのに

صَلَعٌ ❖ 禿;禿頭

دَوَاءٌ لِلصَّلَعِ　禿薬

صَلْعَة (ـُـ) ❖ (頭の)禿げている所,禿

صَلْعَتُكَ عَرِيضَةٌ　あなたの頭の禿は大きいよ

صَلِيب ＜صلب 複 صُلْبَان ❖ 十字架,クロス

اَلصَّلِيبُ الْأَحْمَرُ　赤十字

رُفِعَ الصَّلِيبُ عَلَى سَفْحِ جَبَلِ الْجُلْجُلْ　ゴルゴタ山の麓に十字架が立てられた

صِمَامٌ ＜صم 複 ـات ❖ 止水栓,栓;コルク;バルブ;真空管

لَمْ أَسْتَطِعْ أَنْ أَنْزَعَ صِمَامَ الْقِنِّينَةِ　(私は)瓶の栓を取る事が出来なかった

صَمَتَ (u) 名 صَمْت/صُمُوت ❖ 黙る,沈黙する 名沈黙

ثَرْثَرَتُكِ أَتْعَبَتْنَا، لَيْتَكِ تَصْمُتِين　貴女のお喋りにうんざりです,黙ってくれませんか

خَرَجَ مِنْ (عَنْ) صَمْتِهِ　沈黙を破った

فِي صَمْتٍ　無言で/沈黙して

صَمَدَ (u) ❖ 行く,赴く;立ち上がる;耐える,とどまる,抵抗する

أ ب ت ث ج ح خ د ذ ر ز س ش ص ض ط ظ ع غ ف ق ك ل م ن هـ و ي

صَمَدَ فِي وَجْهِهِ　立ち向かった/抵抗した

صَمَدَ الْجَيْشُ أَمَامَ هَجَمَاتِ الْأَعْدَاءِ　軍は敵の攻撃に耐えた

صَمْغٌ 複 صُمُوغٌ ❖ 糊,(樹液からの)ゴム

صَمْغٌ عَرَبِيٌّ　アラビア糊

صَمَّمَ < صم II 名 تَصْمِيم ❖ (～を)決心する(～عَلَى);聞こえなくする;設計する

名決心(～عَلَى:～の);設計,デザイン

أَخِيرًا صَمَّمَ عَلَى الْعَمَلِ بِاجْتِهَادٍ　ついに,彼は仕事に精を出す事を決心した

تَصْمِيمِي عَلَى الذَّهَابِ إِلَى غَزَّةَ　ガザへ行こうという私の決心

مَكْتَبُ التَّصْمِيمِ　設計事務所

صَمَمٌ < صم ❖ 耳の聞こえない事

مَا بِكَ لَا تُجِيبُ؟ هَلْ أُصِبْتَ بِالصَّمَمِ؟　返事がないけど,どうしたの,耳が聞こえないのですか

صَمِيم < صم ❖ 一番奥の部分;心;本質;核,中心 形本当の,真の

مِنْ صَمِيمِ الْقَلْبِ　心の底から/心底から/真心をこめて

صَمِيمُ الْمَوْضُوعِ　テーマの本質

فِي صَمِيمِ ～　～の中に

هُوَ وَطَنِيٌّ صَمِيمٌ　彼は真の愛国者です

صِنَّارَة 複 صَنَانِير ❖ 釣り針;編み棒

عَلِقَتْ بِالصِّنَّارَةِ سَمَكَةٌ كَبِيرَةٌ　釣り針に大きな魚が掛かった

تَعَلَّمَتْ شُغْلَ الصُّوفِ بِالصِّنَّارَةِ　彼女は毛糸を編み棒で編む仕事を習った

صِنَاعَة < صنع 複 ـات/ صَنَائِع ❖ 技術;職業;工芸;工業,産業

أَرْبَابُ الصِّنَاعَاتِ　職人

صِنَاعَةُ التَّعْلِيمِ　教職

الصِّنَاعَةُ الثَّقِيلَةُ　重工業

صِنَاعَةُ السَّيَّارَاتِ　自動車産業

صِنَاعِيّ < صنع ❖ 工業の,産業の;人工の

تُعْتَبَرُ الْيَابَانُ دَوْلَةً صِنَاعِيَّةً　日本は工業国と見なされている

الاِنْقِلاَب الصِّنَاعِيّ　産業革命

قَلْب صِنَاعِيّ　人工心臓

صَنْجٌ 複 صُنُوج ❖ シンバル[楽器]

اَلصَّنْجُ كَالطَّبْلِ آلَةُ إِيقَاعٍ　シンバルは太鼓の様に，拍子を取る楽器です

صُنْدُوق 複 صَنَادِيق ❖ 箱，ボックス；基金；(車の)トランク

صُنْدُوق أَسْوَد　ブラックボックス

صُنْدُوق الْبَرِيد　私書箱

صُنْدُوق النَّقْد الدُّوَلِيّ　国際通貨基金/IMF

صُنْدُوق السَّيَّارَةِ　車のトランク

صَنَعَ (a) 受 صُنِعَ 名 صُنْع (صِ) ❖ 作る，生産する；行う 受作られる 名制作，製造

صَنَعَ خَيْرًا　善行を行った(施した)

تُصْنَعُ الْمَلاَبِسُ مِنَ الصُّوفِ　衣服は羊毛から作られる

صُنِعَ فِي الْيَابَانِ　日本で作られた/日本製の

صُنْع الْيَد　手作り/ハンドメード

صُنْع مِنْ ～　～製の/～で作られた

صَنَّفَ<صنف II 名 تَصْنِيف 複 -ات ❖ 著す；選別する，分類する 名編纂；分類 複著作物

يَجْنِي الْفِتْيَانُ التُّفَّاحَ ، وَتُصَنِّفُهُ الْفَتَيَاتُ　男の青年たちがリンゴを摘み，娘たちがそれを選別する

صِنْف 複 أَصْنَاف/صُنُوف ❖ 種類；等級，クラス；商品

مِنْ أَجْوَدِ صِنْفٍ　高級な/ハイクラスの

صُنُوف مِنْ ～　色々な種類の～

فِي الْمَتْجَرِ أَقْمِشَةٌ مِنْ كُلِّ صِنْفٍ　店にはあらゆる種類の布地があります

أَصْنَاف مِنَ الطَّعَام　食べ物の種類

صَنَمٌ 複 أَصْنَام ❖ 偶像

كَانَتْ كُلُّ قَبِيلَةٍ تَعْبُدُ صَنَمًا　すべての部族が偶像を崇拝していた

صَنْعَة ❖ 職業；技術

أ ب ت ث ج ح خ د ذ ر ز س ش **ص** ض ط ظ ع غ ف ق ك ل م ن هـ و ي

صَاحِب الصَّنْعَةِ　(腕の良い)職人

صَنَوْبَر ❖ 松;松の実

كَسَا الصَّنَوْبَرُ جِبَالًا كَثِيرَةً بِخُضْرَتِهِ　松が多くの山々を緑で覆っていた

صَنِيع <صنع ❖ 生産;行い;好意

صَنِيع قَبِيح　悪事/悪行

صَهَرَ (a) ❖ 溶かす

صَهَرَ الصَّائِغُ الذَّهَبَ عَلَى النَّارِ　貴金属細工職人が金を火にかけて溶かした

صِهْر 複 أَصْهَار ❖ (義理の)兄,弟 ※配偶者の兄弟

صِهْرِيج 複 صَهَارِيج ❖ 貯水槽,タンク;タンクローリー

صِهْرِيج ضَخْم لِلْبَنْزِين　巨大な石油タンク

صَهَلَ (a, i) ❖ (馬が)いななく

يَصْهَلُ الْحِصَانُ مَتَى تَأَخَّرَ عَلَيْهِ الْعَلَفُ　餌が遅れると,馬がいななく

صَهِيل <صهل ❖ (馬の)いななき

أَتَسْمَعُ صَهِيلَ الْفَرَسِ فِي الْإِصْطَبْلِ؟　馬のいななきが馬小屋でしませんか

(اَلـ)صِّهْيَوْنِيَّة * ❖ シオニズム

* حَرَكَة الْمُطَالِبِينَ بِوَطَن قَوْمِيٍّ لِلْيَهُودِ فِي فِلَسْطِين　パレスチナの地にユダヤ人の国を求める運動

صَوَاب <صوب ❖ 形 正しい,ふさわしい 名 正しさ,理性

غَابَ عَنْ صَوَابِهِ / طَارَ صَوَابُهُ / فَقَدَ (أَضَاعَ) صَوَابَهُ　理性を失った

رَجَعَ إِلَى صَوَابِهِ　理性を取り戻した/我に返った

هُوَ عَلَى صَوَاب　彼は正しい

صَوَابًا　正しく

صِوَان(و) <صون ❖ タンス/箪笥

صِوَان(و) الثِّيَاب　洋服ダンス

صَوَّان <صون ❖ 火打ち石

صَوَّبَ < صوب II 名 تَصْوِيب ❖ 狙う, 向ける; 同意する, 承諾する
名狙いを定める事; 訂正, 修正(複 -ات)

صَوَّبَ الْبُنْدُقِيَّةَ إِلَى الْعَدُوِّ　銃で敵を狙った

صَوْب ❖ 方向, 方角; 正しさ

مِنْ كُلِّ صَوْبٍ (فَجٍّ وَصَوْبٍ/ حَدْبٍ وَصَوْ　あらゆる方向(方面)から

فِي كُلِّ صَوْبٍ وَحَدْبٍ　あらゆる所で/あちこちで

جَاءَتِ الْوُفُودُ مِنْ كُلِّ صَوْبٍ　あらゆる方面から, 代表団が来た

صَوَّتَ < صوت II 名 تَصْوِيت ❖ 音(声)を出す; 投票する 名音(声)を出す事; 投票

لِمَاذَا يُصَوِّتُ الْهِرُّ هٰذَا التَّصْوِيتَ؟　猫はどうして, こんな声を出しているのですか

صَوَّتَ عَلَى～　～に投票した

لَيْسَ لِلنِّسَاءِ حَقُّ التَّصْوِيتِ　婦人(女性)に投票権はない

صَوْت 複 أَصْوَات ❖ 音, 声; 票

سُرْعَةُ الصَّوْتِ　音の速さ/音速

بِصَوْتٍ عَالٍ　大声で

صَاحَ فِي صَوْتٍ وَاحِدٍ　異口同音に叫んだ

نَالَ الِاقْتِرَاحُ عِشْرِينَ صَوْتًا مِنْ ثَلَاثِينَ　その提案は30票中20票を得た

صُودِيُوم ❖ ナトリウム

كُلُورِيد الصُّودِيُومِ　塩化ナトリウム

صَوَّرَ < صور II 名 تَصْوِير ❖ 撮影する, 写真を撮る; 描写する, 描く; 思い浮かべる
名撮影; 描写

صَوَّرَ الْمَنْظَرَ الْجَمِيلَ　その美しい景色を撮影した

مَمْنُوع التَّصْوِيرِ　撮影禁止

آلَة التَّصْوِيرِ　写真機/カメラ

صُورَة 複 صُوَر ❖ 絵, 写真; 形, 姿; 謄本 ※本物をコピーしたもの

صُورَة مُلَوَّنَة (تَذْكَارِيَّة)　カラー(記念)写真

أَخَذَ صُورَةً لِـ～　～の写真(コピー)をとった

أ ب ت ث ج ح خ د ذ ر ز س ش ص ض ط ظ ع غ ف ق ك ل م ن هـ و ي

رَسَمَ هٰذِهِ الصُّورَةَ　彼がこの絵を描きました

صُورَة زَيْتِيَّة　油絵

صُورَة الْإِنْسَان　人間の姿

صُورَة طِبْقَ الْأَصْلِ　謄本/原本

بِصُورَةٍ خَاصَّةٍ　特に

بِصُورَةٍ عَامَّةٍ　一般的に/概して

بِصُورَةٍ إِيجَابِيَّةٍ (سَلْبِيَّةٍ)　積極的に(消極的に)

صُوفِيّ 関 أَصْوَاف 複 صُوف ❖ 羊毛, 毛 関羊毛の; スーフィー ※イスラム神秘主義者

كَانَتْ جَدَّتِي تَغْزِلُ الصُّوفَ بِيَدِهَا　祖母は手で羊毛を紡いでいた

جَزَّ الرَّاعِي صُوفَ الْخِرَافِ　羊飼いが羊の毛を刈った

سُوِيتَر صُوفِيّ/ سُتْرَة صُوفِيَّة　毛糸のセーター(上着)

صَوَّلَ > صول II ❖ (穀物からゴミを)洗い流す

نُصَوِّلُ الرُّزَّ بِمَاءِ الْبِئْرِ　私達はお米を井戸水で洗う

صَوْلَجَان 複 صَوَالِج /صَوَالِجَة ❖ (王の持つ)杖, しゃく;棍棒

صَوْلَجَانُ الْمَلِكِ ، رَمْزُ سُلْطَتِهِ عَلَى الرَّعِيَّةِ　王の杖は臣民に対する権力の象徴である

صَوْم ❖ 断食;禁欲

اَلصَّوْمُ هُوَ أَحَدُ الْأَرْكَانِ الْخَمْسَةِ (الْأَسَاسِيَّةِ) فِي الْإِسْلَامِ　断食はイスラム教の五行(原則)の一つです

صَوْمَعَة > صمع 複 صَوَامِع ❖ 修道院, 隠遁所; 庵

زُرْنَا النَّاسِكَ فِي صَوْمَعَتِهِ　私達は修道院にいる修道士を訪問した

صَيَّاد > صيد 複 ون ❖ 猟師, ハンター; 漁師

صَيَّادُ السَّمَكِ　漁師

صِيَانَة > صون ❖ 保全, 保存;保護;保守, メンテナンス

صِيَانَةُ السَّيَّارَاتِ　車(自動車)のメンテナンス

اَلطُّرُقَاتُ بِحَاجَةٍ إِلَى صِيَانَةٍ دَائِمَةٍ　道路は常時保全を必要とする

صِيت <صوت ❖ 名声, 評判;良い記憶, 思い出
ذَائِع الصِّيتِ　有名な/高名な
حَافِظْ عَلَى صِيتِ وَالِدَيْكَ الْكَرِيمَيْنِ　立派だった御両親の名声を保持しなさい

صَيْد ❖ 狩り, 猟, 漁;獲物
اَلصَّيْدُ مَمْنُوعٌ هُنَا　ここでは猟(漁)は禁止されています
لَمْ نَجِدْ صَيْدًا　(私達に)獲物は見つからなかった

صَيْدَلَانِيّ <صيدلة 女 صَيْدَلَانِيَّة ❖ = صَيْدَلِيّ

صَيْدَلَة ❖ 薬学
كُلِّيَّة الصَّيْدَلَةِ　薬学部
يَمِيلُ إِلَى دِرَاسَةِ الصَّيْدَلَةِ　彼は薬学の勉強が好きです(に没頭している)

صَيْدَلِيّ <صيدلة 複 صَيَادِلَة ❖ 薬剤師
أُرِيدُ أَنْ أَصِيرَ صَيْدَلِيًّا　私は薬剤師になりたい

صَيْدَلِيَّة <صيدلة 複 -ات ❖ 薬局, 薬屋 複 薬, 薬品
فِي زَاوِيَةِ الشَّارِعِ صَيْدَلِيَّةٌ　通りの角に薬局があります

صَيَّرَ <صير II ❖ (〜に)変える, (〜に)する(ه/〜إِلَى)
تُصَيِّرُ النَّارُ الطِّينَ قِرْمِيدًا　火は土を煉瓦に変える

صَيْرَفِيّ <صرف 複 صَيَارِفَة ❖ 両替商
يَعْرِضُ الصَّيْرَفِيُّ نَمَاذِجَ مِنَ النُّقُودِ　両替商がお金の見本を飾っている

صِيغَة <صوغ 複 صِيَغ ❖ 形, 形式;語形(文);公式, 式;宝石
صِيغَة رِيَاضِيَّاتٍ　数学の公式
صِيغَة كِيمَاوِيَّة　化学式
صِيغَة الْأَمْرِ　命令形
صِيغَة الْجَمْعِ　複数形
صِيغَة التَّفْضِيلِ (التَّفْضِيلِ الْعُلْيَا)　比較級(最上級)
صِيغَة الْفَاعِلِ　能動態
صِيغَة الْمَجْهُولِ　受動態/受け身形

صِيغَةُ اسْمِ الْمَكَانِ مِنَ الْفِعْلِ الثُّلَاثِيِّ　3文字動詞の場所を表す名詞の形は
هِيَ "مَفْعَل"　"مَفْعَل"です

صَيَّفَ < صيف II ◆ 夏を過ごす
أَيْنَ تُصَيِّفُ هٰذِهِ السَّنَةَ ؟　今年の夏はどこで過ごしますか

صَيْف 複 أَصْيَاف ◆ 夏
اَلصَّيْفُ فَصْلُ الْحَرِّ وَالْعُطْلَةِ الْكُبْرَى　夏は暑くて,一番長い休みのある季節です

(اَلـ)صِّينُ ◆ 中国; 中国人, 中華民族; 陶磁器
بِلَادُ الصِّينِ　中国

صِينِيَّة < صين 複 صَوَانٍ ◆ 盆; 中国語 (الصِّينِيَّة)
قَدَّمْنَا الْعَرُوسَيْنِ صِينِيَّةً فِضِّيَّةً　私たちは新郎新婦に銀のお盆を差し上げました

خَرِيطَةُ الْعَالَمِ : 世界地図

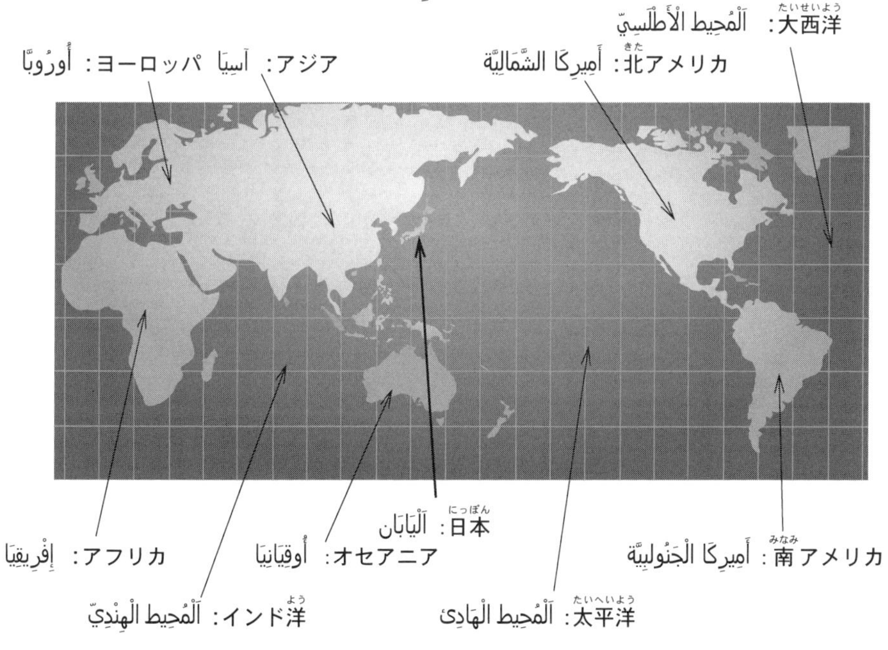

ض

حَرْفُ الضَّاد

ضَاءَ ، يَضُوءُ <ضوء ❖ 輝く,照る,光る

ضَاءَ الْقَمَرُ　月が輝いていた

ضَائِع <ضيع 複 ضُيَّع /ضِيَاع ❖ 失われた;浪費された

وَقْت ضَائِع　浪費された時間

ضَابِط <ضبط ❖ 管理,制御;将校,上官(複 ضُبَّاط);警察官

ضَابِط آمِر　上級将校

ضَابِط الْمُرُورِ　交通警官

ضَاحِيَة <ضحو 複 ضَوَاحٍ ❖ 周辺,辺り 複郊外

بَيْتِي فِي ضَوَاحِي الْمَدِينَة　私の家は街の郊外にあります

ضَادٌّ ❖ (アラビア文字の)"ض"

أَهْل الضَّادِ　アラブ人/アラビア語を話す人々

لُغَة الضَّادِ　アラビア語

ضَارٍ <ضرى 複 ضَوَارٍ ❖ 形貪欲な;凶暴な;激しい ※定 اَلضَّارِي
名猟犬;肉食動物

مَعْرَكَة ضَارِيَة　激しい戦闘/激戦

حَيَوَانٌ ضَارٍ　肉食動物

ضَارٌّ <ضر ❖ 有害な(~لِـ/بِـ:~に)

اَلتَّدْخِينُ ضَارٌّ بِصِحَّتِك　喫煙はあなたの健康に有害です

ضَاعَ ، يَضِيعُ <ضيع 名 ضَيْع ❖ 失われる,無くなる;無駄になる 名消失;浪費

ضَاعَ فِي الْجَبَلِ　山中で迷った

مَاذَا ضَاعَ مِنْك ؟　何を無くしましたか/何が無くなりましたか

كَيْفَ يَضِيعُ وَقْتُك ؟　どうやって時間をつぶすのですか

ضَاعَفَ ＜ضعف III 名 مُضَاعَفَة ❖ 倍にする, 2倍にする 名倍;倍増,倍加

ضَاعَفَ رَاتِبَهُ　彼の給料を2倍にした

مُضَاعَفَةُ عَدَدِ الْعُمَّالِ　労働者数の倍増

ضَاقَ ، يَضِيقُ ＜ضيق ❖ 狭くなる;窮屈である,狭い(～بِ:～で);悩む

غُرْفَتِي الصَّغِيرَةُ تَضِيقُ بِالزَّائِرِينَ　小さな私の部屋は訪問客には狭い

ضَاقَتْ بِهِ الْأَرْضُ (السُّبُلُ)　途方に暮れた

ضَاقَتْ بِهِ الْحَيَاةُ　意気消沈した/逆境に陥った

ضَاقَ ذَرْعًا بِ～　～にうんざりした

ضَاقَ صَدْرُهُ　いらいらした

ضَاقَتْ يَدُهُ عَنْ ～　(貧しくて)～することが出来なかった

ضَالٌّ ＜ضل 複 -ون / ضُوَّال ❖ 迷子の;さまよっている,野良の

بَحَثَ الْجِيرَانُ عَنِ الطِّفْلِ الضَّالِّ　近所の人達が迷子を捜した

كَلْب ضَالّ　野良犬/野犬

ضَالَّة ＜ضل 複 ضَوَالّ ❖ 目標,ゴール

اَلْمَجْدُ هُوَ ضَالَّتُهُ الْمَنْشُودَةُ　栄光こそ彼の求めている目標だ

ضَأْن 関 ضَأْنِيّ ❖ 羊 関羊の;羊の肉,マトン

ضَأْن ضَالّ　迷子の羊/迷える羊

إِنِّي أُفَضِّلُ اللَّحْمَ الضَّأْنِيَّ　私はマトンが好きです

ضَاهَى ＜ضهى III 名 مُضَاهَاة ❖ 匹敵する,似ている;比べる 名類似;比較

هِيَ جَمِيلَةٌ ، وَأُخْتُهَا تُضَاهِيهَا جَمَالًا　彼女は美しい,また彼女の妹も美しさにおい
彼女に匹敵する

ضَايَقَ ＜ضيق III 名 مُضَايَقَة 複 -ات ❖ 苦しめる,悩ます,いじめる,迷惑をかける
名いじめ;迷惑;苦痛,苦悩

لَا تُضَايِقْنِي　私を困らせないで下さい

سَبَّبَ لَهُ مُضَايَقَةً　迷惑をかけた

شَعَرَ بِمُضَايَقَةٍ كَبِيرَةٍ　とても不便に感じた

ضُؤَلَاءُ/ضِئَالٌ 複 ضؤل > ضَئِيل ❖ 小さい;かすかな;わずかの

نُفُوذ ضَئِيل　小さな影響

يَدْخُلُ نُورٌ ضَئِيلٌ مِنَ النَّافِذَةِ　窓から,かすかな光が入って来る

بَدَأَ عَمَلَهُ بِمُرَتَّبٍ ضَئِيلٍ　わずかな賃金で働き始めた

ضب > ضَبَابٌ ❖ 霧,もや

ضَبَاب دُخَانِيّ　スモッグ

اِنْقَشَعَ الضَّبَابُ　霧が晴れた

حَجَبَ الضَّبَابُ مَعَالِمَ الطَّرِيقِ　もやが道路(の)標識を隠した

ضَبْط 名 ضَبَطَ (i,u) ❖ 逮捕する,捕まえる;取り締まる;正す;保つ;
発音符号を付ける 名逮捕;正す事;発音符号付け

ضُبِطَ 受　逮捕される

ضُبِطَ الشَّابُّ وَهُوَ يُهَرِّبُ الْمُخَدِّرَاتِ　麻薬を密輸していた若者が逮捕された *受

*ضَبَطَ السَّاعَةَ　時計の時間を直した(合わせた)

ضَبَطَ النَّصَّ بِالشَّكْلِ وَالْحَرَكَاتِ　文章に発音符号を付けた

بِالضَّبْطِ　ちょうど/正確に

لَا أَعْرِفُ بِالضَّبْطِ　はっきりとは知りません

ضِبَاع 複 ضَبُع(ْ) ❖ ハイエナ

اَلضَّبُعُ حَيَوَانٌ ضَارٍ　ハイエナは凶暴な動物です

ضَجَّ ، يَضِجُّ ❖ 騒ぐ;騒がしい

لَا يَجُوزُ أَنْ تَضِجُّوا فِي قَاعَةِ الدَّرْسِ　教室で騒ぐ事は許されません

ضَجَّة / ضَجِيج ❖ 騒ぎ;叫び;騒音,雑音

أَحْدَثَ ضَجَّةً　騒ぎを起こした/騒いだ

هَدَأَتِ الضَّجَّةُ　騒ぎは治まった

ضَجَرٌ 名 ضَجِرَ (a) ❖ 悩む,いら立つ;失望する;飽きる(~بِـ/مِنْ:~に)
名いらだち,不安;退屈

بَدَأَ قِرَاءَةَ الْقِصَّةِ ، لٰكِنْ سُرْعَانَ مَا ضَجِرَ وَتَرَكَهَا　物語を読み始めたが,直ぐに飽きて,止めてしまった

ضَجِرٌ ❖ いら立った，いらいらしている；退屈な，飽きた

ضَجِر بِطَبْعِهِ　飽きやすい性格

ضَجِيج ❖ = ضَجَّة

ضَحَّى <ضحى II 名 تَضْحِيَة 複 -ات ❖ (～を)犠牲にする，生けにえにする(～بِـ) 名犠牲

ضَحَّى الْحُجَّاجُ بِالْخِرَافِ　巡礼者達は羊を生けにえにした

تَضْحِيَة بِالنَّفْسِ (بِالذَّاتِ)　自己犠牲

بِالتَّضْحِيَةِ بِـ～　～を犠牲にして

ضَحِكَ (a) 名 ضَحْك / ضَحِك ❖ 笑う 名笑い

اِضْحَكِ الْآنَ وَلٰكِنَّ الْمُهِمَّ مَنْ يَضْحَكُ أَخِيرًا　今は笑うがいい，しかし大事なのは最後に笑うのは誰かという事だ

رَوَى "عَلِيٌّ" نُكْتَةً أَثَارَتِ الضَّحِكَ　アリーは面白い冗談を言った

ضَحُوك <ضحك ❖ 笑いの多い，良く笑う；陽気な

ضَحْل ❖ 浅い；表面的な，上っ面の

نَهْر ضَحْل　浅い川

ضَحِيَّة <ضحي 複 ضَحَايَا ❖ 犠牲，犠牲者

ضَحَايَا الْحَرْبِ　戦争の犠牲者/戦没者

وَقَعَ (ذَهَبَ) ضَحِيَّتَهُ　犠牲になった

ضَخَّ (u) ❖ (ポンプで)送る，汲み上げる；吹き上げる

اَلْقَلْبُ يَضُخُّ الدَّمَ فِي الشَّرَايِينِ　心臓は動脈に血液を送る

ضَخُمَ (u) ❖ 大きい，巨大である；大きくなる，巨大になる

جِسْمُكَ يَضْخُمُ لِكَثْرَةِ الْأَكْلِ وَقِلَّةِ الْحَرَكَةِ　食べ過ぎと少ない運動が，あなたの体をでぶにす

ضَخَّمَ <ضخم II 名 تَضْخِيم ❖ 大きくする，誇張する；膨らませる 名誇張

لَا تُضَخِّمِي الْمَصَاعِبَ، هَوِّنِيهَا كَيْ تَهُونَ　貴女は困難を誇張しないようにしなさい，小さく思えば気が楽になります

ضَخْم 複 ضِخَام ❖ 巨大な，大きな；莫大な

اَلسَّفِينَةُ الضَّخْمَةُ　巨大な船/巨大船

مَبْلَغ ضَخْم مِنَ الْمَالِ　巨額のお金

ضِدّ 複 أَضْدَاد ❖ 逆, 反対; 防～, 反～

ضِدّ الْحَرِيقِ (النَّارِ)　耐火

ضِدّ الْمَاءِ (الرَّصَاصِ)　防水(防弾)

" نَعَم " ضِدُّهَا " لَا "　"نَعَم"(はい)の反対は"لَا"(いいえ)です

اَلشَّمَالُ ضِدُّهُ الْجَنُوبُ　北の反対(逆)は南です

ضِدَّ ～ ❖ 前(～)に反対して, (～)と対立して; 反～

صَوَّتَ ضِدَّهُ　反対票を投じた

حَرَكَات ضِدَّ الْحُكُومَةِ　反政府運動

ضِدَّ الْمَاءِ　防水の

فَرِيقُ الْيَابَانِ يَلْعَبُ ضِدَّ فَرِيقِ الصِّين　日本チーム対中国チームの試合が行われる

ضَرَّ ، يَضُرُّ ❖ 損なう, 傷付ける, 害する(ـهُ/بِـ~:～を)

حَاذِرِ الْبَرْدَ ، لِأَنَّهُ يَضُرُّ الصِّحَّةَ　風邪に気をつけなさい, 体を損ないますよ

ضَرَّهُ الْكَلَامُ　その言葉が彼を傷つけた

ضَرَّاءُ <ضر ❖ 苦労, 難儀

فِي السَّرَّاءِ وَالضَّرَّاءِ　幸せな時も辛い時も

ضَرَبَ (i) 名 ضَرْب ❖ 叩く, 殴る, 打つ; (針で)刺す; (ベルを)鳴らす; 分ける; 演奏する; 掛ける, 掛け算する; 約束する
名叩く事, 掛け算; 種類(複 ضُرُوب)

ضَرَبَ التِّلْمِيذَ الْكَسْلَانَ بِالْعَصَا　怠け者の生徒を棒で叩いた

ضَرَبَ لَهُ أَجَلًا　会う約束をした/日取りを決めた

ضَرَبَ خَيْمَةً　テントを張った

ضَرَبَ أَطْنَابَهُ　定着した/根付いた

ضَرَبَ السَّلَامَ　敬礼をした

ضَرَبَ ضَرِيبَةً عَلَى~　～に課税した

ضَرَبَ مَثَلًا　諺を引用した

ضَرَبَ نُقُودًا　お金を鋳造した

ضَرَبَ الرَّقَمَ الْقِيَاسِيَّ　新記録を打ち立てた

ضَرَبَ بِهِ الأَرْضَ　(〜を)地面に投げた

ضَرَبَ مَوْعِدًا　約束をした

اِضْرِبْ ١٩٥٠ بِـ٤　1950に4を掛けなさい

نَاتِج الضَّرْبِ　積 ※掛け算の結果

ضَرَّجَ > ضرج II ❖ 染みを付ける;鼻血を出させる

ضَرَبَ الْمُلَاكِمُ خَصْمَهُ عَلَى أَنْفِهِ فَضَرَّجَهُ　ボクサーは相手の鼻を殴って,鼻血を出させた

ضَرَرٌ > ضر 複 أَضْرَار ❖ 被害,損害,損失;害

أَضْرَار مَادِّيَّة (بَشَرِيَّة)　物的(人的)損害

هُوَ أَسِفَ وَدَفَعَ بِكُلِّ ضَرَرٍ　彼は謝罪して,損害をすべて弁償した

أُصِيبَ بِأَضْرَارٍ　損害を被った

ضِرْس 複 أَضْرَاس / ضُرُوس ❖ 臼歯,奥歯

ضِرْس الْعَقْلِ　親知らず/第三大臼歯

وَجَعُ الأَضْرَاسِ لَا يُطَاقُ　臼歯(奥歯)の痛みは我慢できない

ضَرُورَة > ضر 複 ـات ❖ 必要,不可欠,必要性

ضَرُورَات الْعَيْشِ　生活必需品

بِالضَّرُورَةِ　必ず/どうしても

عِنْدَ الضَّرُورَةِ　必要な時に/必要な際に

ضَرُورِيّ > ضر 複 ضَرُورِيَّات ❖ 必要な,不可欠な 複 必需品,必要品

الشُّرُوط الضَّرُورِيَّة　必要条件

النَّوْمُ كَالْعَمَلِ ضَرُورِيٌّ　眠りも仕事と同じで,不可欠である

غَازُ الأُكْسِجِين ضَرُورِيٌّ لِلتَّنَفُّسِ　酸素は呼吸に必要です

ضَرِيبَة > ضرب 複 ضَرَائِب ❖ 税金,税

ضَرِيبَة مُبَاشِرَة　直接税

ضَرِيبَة غَيْر مُبَاشِرَةٍ　間接税

تَخْفيضُ ضَرائِبِ الدَّخْلِ

<ruby>所得減税<rt>しょとくげんぜい</rt></ruby>

دَفَعَ الضَّريبَةَ

<ruby>税金<rt>ぜいきん</rt></ruby>を<ruby>払<rt>はら</rt></ruby>った

ضَرير <ضر>

✦<ruby>目<rt>め</rt></ruby>の<ruby>見<rt>み</rt></ruby>えない,<ruby>盲目<rt>もうもく</rt></ruby>の

سَاعَدَ الرَّجُلَ الضَّريرَ عَلَى اجْتِيازِ الشَّارِ عِ (؟)

<ruby>目<rt>め</rt></ruby>の<ruby>見<rt>み</rt></ruby>えない<ruby>人<rt>ひと</rt></ruby>の<ruby>道路<rt>どうろ</rt></ruby>の<ruby>横断<rt>おうだん</rt></ruby>を<ruby>助<rt>たす</rt></ruby>けた

ضَعُفَ ضَعْف (u)

名✦<ruby>衰<rt>おとろ</rt></ruby>える,<ruby>衰弱<rt>すいじゃく</rt></ruby>する,<ruby>弱<rt>よわ</rt></ruby>くなる;<ruby>弱<rt>よわ</rt></ruby>い 名<ruby>衰<rt>おとろ</rt></ruby>え,<ruby>衰弱<rt>すいじゃく</rt></ruby>

ضَعُفَ الْبَصَرُ

<ruby>視力<rt>しりょく</rt></ruby>が<ruby>衰<rt>おとろ</rt></ruby>えた

الضَّعْفُ ظَاهِرٌ في مِشْيَتِهِ

<ruby>衰<rt>おとろ</rt></ruby>えは<ruby>歩行<rt>ほこう</rt></ruby>に<ruby>表<rt>あらわ</rt></ruby>れる

لَمَسَ نُقْطَةَ ضُعْفِهِ

<ruby>急所<rt>きゅうしょ</rt></ruby>をついた

الضَّعْفُ بادٍ في تَفْكيرِهِ وَكَلامِهِ

<ruby>彼<rt>かれ</rt></ruby>の<ruby>思想<rt>しそう</rt></ruby>と<ruby>話<rt>はな</rt></ruby>しに<ruby>弱<rt>よわ</rt></ruby>さがるのは<ruby>明白<rt>めいはく</rt></ruby>である

ضَعَّفَ <ضعف> II

✦<ruby>衰<rt>おとろ</rt></ruby>えさせる,<ruby>衰弱<rt>すいじゃく</rt></ruby>させる,<ruby>弱<rt>よわ</rt></ruby>くさせる;<ruby>倍<rt>ばい</rt></ruby>にする;<ruby>増<rt>ふ</rt></ruby>やす

لَقَدْ أَنْهَكَهُ الْمَرَضُ وَضَعَّفَهُ

<ruby>彼<rt>かれ</rt></ruby>は<ruby>病気<rt>びょうき</rt></ruby>になり,<ruby>衰弱<rt>すいじゃく</rt></ruby>した

ضَعَّفَ الْأُجْرَةَ لِلْكِبارِ

<ruby>大人<rt>おとな</rt></ruby>の<ruby>料金<rt>りょうきん</rt></ruby>を<ruby>倍<rt>ばい</rt></ruby>にした

ضِعْف 複 أَضْعَاف

✦<ruby>倍<rt>ばい</rt></ruby>,2<ruby>倍<rt>ばい</rt></ruby>

ضِعْفُ الْخَمْسَةِ عَشَرَةٌ

5の<ruby>倍<rt>ばい</rt></ruby>は10です

ضَعيف <ضعف> 複 ضُعَفَاءُ/ضِعَاف

形✦<ruby>弱<rt>よわ</rt></ruby>い;<ruby>苦手<rt>にがて</rt></ruby>の;<ruby>文章力<rt>ぶんしょうりょく</rt></ruby>のない;かすかな

女 ضَعيفَة 複 ضَعائِفُ 比 أَضْعَفُ

名<ruby>弱<rt>よわ</rt></ruby>い<ruby>人<rt>ひと</rt></ruby>,<ruby>弱者<rt>じゃくしゃ</rt></ruby> 比より<ruby>弱<rt>よわ</rt></ruby>い

ضَعيفُ الْجِسْمِ (الْإِرَادَةِ)

<ruby>体<rt>からだ</rt></ruby>(<ruby>意志<rt>いし</rt></ruby>)の<ruby>弱<rt>よわ</rt></ruby>い

ضَوْءٌ ضَعيفٌ

かすかな<ruby>光<rt>ひか</rt></ruby>り

هُوَ ضَعيفٌ في الرِّياضيّاتِ

<ruby>彼<rt>かれ</rt></ruby>は<ruby>数学<rt>すうがく</rt></ruby>が<ruby>苦手<rt>にがて</rt></ruby>だ

كُنْ رَفيقًا بِمَنْ هُوَ أَضْعَفُ مِنْكَ

<ruby>自分<rt>じぶん</rt></ruby>より<ruby>弱<rt>よわ</rt></ruby>い<ruby>友人<rt>ゆうじん</rt></ruby>には<ruby>親切<rt>しんせつ</rt></ruby>にしなさい

ضَغَطَ 名 ضَغْط 複 ضُغوط (a)

✦<ruby>圧力<rt>あつりょく</rt></ruby>をかける,<ruby>突<rt>つ</rt></ruby>き<ruby>上<rt>あ</rt></ruby>げる;<ruby>押<rt>お</rt></ruby>す(~عَ:~を)
名<ruby>圧力<rt>あつりょく</rt></ruby>,<ruby>圧<rt>あつ</rt></ruby>;ストレス

ضَغَطَ عَلَى ~ بِأَنْ ..

~に‥するよう<ruby>圧力<rt>あつりょく</rt></ruby>をかけた(<ruby>突<rt>つ</rt></ruby>き<ruby>上<rt>あ</rt></ruby>げた)

ضَغَطَ عَلَى الزِّرِّ

ボタンを<ruby>押<rt>お</rt></ruby>した

ضَغْطُ الْعَمَلِ

<ruby>仕事<rt>しごと</rt></ruby>のストレス

مارس ضغطا على~　~に圧力をかけた

ضغط جوي (الدم)　大気圧(血圧)

ضغينة <ضغن 複 ضغائن ❖ 憎しみ,恨み,憎悪

الصفح أفضل من الضغينة　寛容は憎しみより良い

ضفة 複 ضفاف/ ضفف ❖ 岸,川岸,土手

(´) الضفة الغربية لنهر الأردن　ヨルダン川西岸

ضفدع / ضفدع 複 ضفادع ※ ضفدعة ❖ 男女 蛙 ※1匹の蛙

الضفدع حيوان برمائي ذو نقيق　蛙はゲコゲコ鳴く両生類の動物です

ضفر (i) ❖ (髪を)結う,編む;(糸などを)撚る

ترسل شعرها على ظهرها حينا ، وحينا تضفره　彼女は髪を背中に垂らしたり,(時には)編んだりします

ضفيرة <ضفر 名 ضفائر ❖ 結った髪,編んだ髪;撚った綱

ترسل الضفيرة على ظهرها　彼女は編んだ髪を背中に垂らしている

ضل ، يضل 名 ضلال/ضلالة ❖ 道に迷う,見失う;誤る 名 誤り,過ち

ضلت القافلة الطريق　キャラバン隊は道を見失った(道に迷った)

اللهم ، أنقذنا من الضلال　ああ,神様,私達を過ちからお救い下さい

ضلع 複 أضلع / ضلوع / أضلاع ❖ 肋骨,あばら骨;(図形の)辺 複(事件への)関与

الأضلاع　胸

هزل حتى برز كل ضلع في صدره　胸の肋骨が全て浮き出るほど,痩せていた

له ضلع في الأمر　彼はその事に関与している(係わっている)

ضلل <ضل II 名 تضليل ❖ 道に迷わせる;誤らせる;たぶらかす,だます
名 道に迷わせる事;ペテン

ضلل نفسه　思い違いをした

عاطفتك تعميك عن الحق وتضللك　感情があなたに真実を見えなくさせ,道に迷わせる

ضليع <ضلع 複 أضالع ❖ 強い;堪能である,上手な;知的な

مُدَرِّسُنَا ضَلِيعٌ فِي عِلْمِ اللُّغَةِ　私達の先生は語学に堪能である

ضَمَّ (u) ✽ 含む;加える;合わせる;抱擁する;ダンマを付ける
受 ضُمَّ 命 ضُمَّ 女 ضُمِّي 名 ضَمٌّ　受含まれる 命加えよ 名付加;集合;併合;抱擁

ضُمَّ ٥ إِلَى ٢١　21に5を加えなさい

ضُمَّتْ كُورِيَا إِلَى الْيَابَانِ*　韓国は日本に併合された *受

ضَمَّ يَدَيْهِ　手を合わせた

ضَمَّتِ الْأُمُّ ابْنَهَا، وَقَبَّلَتْ خَدَّيْهِ　母親は子供を抱き抱え,両頬に接吻した

لِمَاذَا ضَمَمْتَ الْمِيمَ فِي " يَا سَلَامُ "　なぜ " يا سلام "の م にダンマを付けたのですか

ضِمَاد ✽ 包帯 < ضمد 複 أَضْمِدَة / ضُمُد

إِنْ نَزَعْتَ الضِّمَادَ عَنْ جُرْحِكَ، فَقَدْ يَدْمَى　もしあなたが包帯を取れば,傷口から血が流れるでしょう

ضَمَان ✽ ⇒ 名 ضَمِنَ < ضمن 複 -ات

ضَمَّة ✽ ダンマ ※アラビア語の短母音を示す記号(ـُ) 複 -ات

اَلْفِعْلُ الْمُضَارِعُ يُرْفَعُ بِالضَّمَّةِ　未完了形動詞はダンマを付ける

ضَمَّدَ ✽ (包帯を)巻く < ضمد II

طَهَّرَتِ الْمُمَرِّضَةُ الْجُرْحَ، ثُمَّ ضَمَّدَتْهُ بِالشَّاشِ　(女性)看護師は傷を消毒し,包帯を巻いた

ضَمِنَ (a) ✽ 保証する;保険をかける 名 ضَمَان 複 -ات　名保証;保険;責任

اِجْتَهِدْ، وَأَنَا أَضْمَنُ لَكَ النَّجَاحَ　努力しなさい,君の成功は私が保証します

لَمْ يَقْبَلْ وَالِدِي شِرَاءَ الْبَرَّادِ بِلَا ضَمَـ　父は保証なしでは,冷蔵庫を買わなかった

شَرِكَةُ الضَّمَانِ　保険会社

ضَمَانٌ جَمَاعِيٌّ (مُشْتَرَك)　集団的安全保障

ضِمْنَ ✽ 中,内側,内部

ضِمْنَ الْعُلْبَةِ　箱の中

ضِمْنًا　暗黙のうちに/間接的に

ضَمِير ✽ 心,良心;代名詞(文) < ضمر 複 ضَمَائِر

ضَمِير نَقِيّ　清い(純粋な)心

افْعَلْ مَا يُوحِي بِهِ ضَمِيرُكَ　良心に従って,行動しなさい

كُلٌّ مِنْ هٰذِهِ الْكَلِمَاتِ ”أَنَا، أَنْتَ، هُوَ، هِيَ“ ضَمِيرٌ　”هِيَ, هُوَ , أَنْتَ , أَنَا“ は全て代名詞です

ضَوْء ✻ 輝き,光り　複 أَضْوَاء

ضَوْء الشَّمْسِ　太陽の輝き/陽光/日光

ضَوْء كَاشِف　探照灯/サーチライト

عَلَى ضَوْءِ ~　~によれば

الضَّوْءُ فِي الْغُرْفَةِ ضَعِيفٌ لَا يَسْمَحُ بِالْقِرَاءَةِ　部屋の灯りが弱くて,読書が出来ない

ضَوْضَاء ✻ 騒音,雑音　ضَوْضَى /

انْزَعَجَ مِنْ ضَوْضَاءِ الْمَصْنَعِ　工場の騒音に悩まされた

ضِيَاء ✻ ضَوْء = 　ضوء>

ضِيَافَة ✻ もて成し,接客,接待　ضيف>

ضِيَافَة الْعَرَب(عَرَبِيَّة)　アラブ式のもて成し

غُرْفَة الضِّيَافَةِ　応接室/客間

أَضَافَ ~ أَحْسَنَ ضِيَافَةٍ　~を丁重にもて成した

ضَيَّعَ ✻ 失う,無くす;(お金を)無駄使いする,(時間を)無駄に過ごす 名 浪費;失う事,喪失　ضيع> II 名 تَضْيِيع

ضَيَّعَ فُرْصَةً لـ~　~する機会を失った

ضَيَّعَ الْوَقْتَ فِي اللَّعْبِ　遊んで時間を無駄に過ごした(浪費した)

ضَيَّعَ مِحْفَظَتَهُ فِي الْمَطَارِ　飛行場で財布を失った

ضَيْعَة ✻ 農地;(小さな)村;ダイア(私領地)　複 ـات/ضِيَعٌ/ضِيَاعٌ

لَمْ يَبْقَ مِنَ السُّكَّانِ فِي الضَّيْعَةِ إِلَّا الْقَلِيلُ　村には,わずかな住人以外,残らなかった

ضَيَّفَ ✻ もてなす;歓迎する　ضيف> II

كُلَّمَا زُرْتُهُ ضَيَّفَنِي　私が訪問するたびに,もて成してくれた

客 ❖ ضَيْف 複 ضُيُوف

私に,お客さんがあります　عِنْدِي ضُيُوفٌ

狭くする,狭める,封鎖する;抑制する;虐待する ❖ ضَيَّقَ<ضيق II 名 تَضْيِيق

名狭くする事;強化;抑制

軍隊が街の包囲を強めた　ضَيَّقَ الْجَيْشُ الْحِصَارَ عَلَى الْمَدِينَةِ

~を抑圧した　ضَيَّقَ الْخِنَاقَ عَلَى~

抑圧　تَضْيِيقُ الْخِنَاقِ

狭い,窮屈な,きつい ❖ ضَيِّق<ضيق

狭い道　طَرِيقٌ ضَيِّقٌ

狭い道を通る者は皆,(目的地に)着く/狭き門より入れ[格言]　كُلُّ مَنْ سَارَ عَلَى الطَّرِيقِ الضَّيِّقِ وَصَلَ

きつい(窮屈な)服　ثَوْبٌ ضَيِّقٌ

狭さ;きつさ;貧しさ,困窮;不足;迫害;憤怒,怒り ❖ ضِيقٌ

貧しさ/貧乏　ضِيقُ الْيَدِ (ذَاتِ الْيَدِ)

生活難/生活苦　ضِيقٌ مِنَ الْعَيْشِ

狭い/視野の狭い　ضِيقُ النِّطَاقِ

困った時の友は真の友[格言]　اَلصَّدِيقُ عِنْدَ الضِّيقِ

ピンチ,危機;困窮 ❖ ضَيْقَة / ضِيقَة

仕事は少なく,生活費は高いので,人々は死ぬ程困窮しています　اَلْعَمَلُ قَلِيلٌ، اَلْمَعِيشَةُ غَالِيَةٌ، اَلنَّاسُ فِي ضِيقَةٍ خَانِقَةٍ

اَلْوَرَقَةُ:(一枚の)葉

اَلْوَرَقَتَانِ:(二枚の)葉

اَلْأَوْرَاقُ:葉

حرف الطاء

ط

طَائِر <طير ❖ [形]飛んでいる;浮いている
[名]鳥([複]طَيْر / -ات);パイロット([複]-ون)

حَطَّ عَلَى الصَّفْصَافَةِ طَائِرٌ غَرِيبٌ　変わった鳥が柳に降り立った

طَائِرَة <طير [複]-ات ❖ 飛行機

كُرَة الطَّائِرَةِ　バレーボール

عَلَى مَتْنِ الطَّائِرَةِ　飛行機で/飛行機に乗って

طَائِرَة نَفَّاثَة　ジェット機

طَائِرَة رُكَّابٍ　旅客機

رُكَّاب الطَّائِرَةِ　[複]飛行機の乗客

طَائِش <طيش ❖ [形]軽薄な,おろかな,迂闊な;未熟な;気まぐれな
[名]軽薄,気まぐれ;未熟,未熟者

إِنَّكَ رَجُلٌ طَائِشٌ　本当にお前は軽薄な男(おっちょこちょい)だ

طَائِفَة <طوف [複]طَوَائِفُ ❖ 集団,グループ;派閥,セクト;部分

مُلُوك الطَّوَائِفِ　小君主達

سَهِرْنَا طَائِفَةً مِنَ اللَّيْلِ ثُمَّ نِمْنَا　私達は集団で夜を過ごし,それから寝た

طَائِفِيّ <طوف ❖ 集団の;派閥の

سِيَاسَة طَائِفِيَّة　派閥政治

طَائِل <طول ❖ [形]長い;莫大な,巨額の;役に立つ [名]力;利点

طَائِل الصَّوْلَةِ　力強い/強力な

يُودِعُ الْغَنِيُّ أَمْوَالًا طَائِلَةً فِي الْبَنْكِ　その金持ちは銀行に巨額のお金を預けている

لَا طَائِلَ فِيهِ (تَحْتَهُ) /دُونَ طَائِلٍ　それは役に立たない/無駄である/無益である

لَا تُضِعْ وَقْتَكَ فِي حَدِيثٍ لَا طَائِلَ فِيهِ　おしゃべりに時間を割くな, それは無益である

مَا فَازَ بِطَائِلٍ　失敗した

طَابَ ، يَطِيبُ < طيب 名 طِيبٌ ❖ 良い, 良くなる; 喜ぶ; 美味しい, 美味しくなる, 熟する; 肥沃である
名良さ, 良い事; 香水 (複 طُيُوب)

طَابَ الطَّعَامُ　料理が美味しくなった

يَطِيبُ الْعِنَبُ فِي أَيْلُولَ　ブドウは9月に熟する

طَابَتْ نَفْسُهُ　喜んだ/好んだ(〜・:〜を)

طَابَ نَفْسًا عَنْ ~　喜んで〜を放棄した(譲った)

طِيبُ الْعِرْقِ　高貴な出/良家の出身

جَوْزُ الطِّيبِ　ナツメグ[植物]

طَابَع < طبع 複 طَوَابِع ❖ 切手, シール; 印, 封印; 性格

طَابَعٌ بَرِيدِيٌّ (تِذْكَارِيٌّ)　郵便(記念)切手

طَابَعُ الْأَصَابِعِ　指紋

طَابِعَة < طبع ❖ プリンター

أَيُّ طَابِعَةٍ عِنْدَكَ ؟　どんなプリンターがありますか

طَابَقَ < طبق III 名 مُطَابَقَة ❖ 合う, 一致させる(〜عَلَى:〜と) 名適合, 一致

اَلْحِذَاءُ يُطَابِقُ قَدَمَهَا تَمَامًا　その靴は彼女の足にぴったり合う

طَابَق < طبق 複 طَوَابِقُ ❖ 階

اَلطَّابَقُ الْأَرْضِيُّ　1階/地上階

بِنَايَةٌ مِنْ خَمْسَةِ طَوَابِقَ　5階建てのビル(建物)

طَاجِن / طَاجِين 複 طَوَاجِن ❖ タジン ※浅い土鍋

هَلْ عِنْدَكُمْ طَاجِينٌ ؟　タジン鍋はありますか

طَاحُون / طَاحُونَة 複 طَوَاحِين ❖ 粉ひき屋; 臼

مَاءُ النَّهْرِ يُدِيرُ الطَّاحُونَ　川の水が臼を回している

طَارَ ، يَطِيرُ < طير ❖ 飛ぶ, 飛び立つ; 広がる; 喜ぶ; 運び去る(〜بِـ:〜を)

طَارَتْ قُبَّعَتِي　私の帽子が吹き飛んだ

طَارَ صِيتُ الْكَاتِبِ فِي النَّاسِ　その作家の名声は広まった(は有名になった)

طَارِئ <طرأ ❖ 形変わった;緊急の;突然の,不意の 名突然の訪問

حَالَة طَارِئَة　非常事態

خَرَجَ الرِّجَالُ مِنَ الْبُيُوتِ تَلْبِيَةً لِطَلَبٍ طَارِئٍ　緊急の要請に応じて,男達が家々から出て来た

طَارِئَة <طرأ 複 طَوَارِئُ ❖ 予期せぬ出来事,緊急事態

كُنْ مُسْتَعِدًّا لِمُوَاجَهَةِ كُلِّ طَارِئَةٍ　あらゆる予期せぬ出来事に備えよ

طَارَدَ <طرد III 名 مُطَارَدَة ❖ 追う,追いかける,追跡する 名追跡

يَجْبُنُ الْحَارِسُ فَلَا يُطَارِدُ اللِّصَّ　警備員は臆病なので,泥棒を追いかけない

طَازَج (ـٌ) ❖ 新鮮な,新しい,出来たての,取れたての;熟れた

وَصَلَتْ دُكَّانَ الْخَضْرَاوَاتِ خُضْرَةٌ طَازَجَةٌ　八百屋に新鮮な野菜が届いた

خُبْز طَازَج مِنَ الْفُرْنِ　焼き立てのパン

طَاشَ ، يَطِيشُ <طيش 名 طَيْش/طَيَشَان ❖ 愚かである,未熟である;(的から)はずれる
名未熟,軽率

طَاشَ السَّهْمُ　的を外した/失敗した

طَاشَ صَوَابُهُ　慌てた/泡を食った

طَأْطَأَ ، يُطَأْطِئُ ❖ うつむく;頭を下げる

طَأْطَأَتْ رَأْسَهَا خَجَلًا　彼女は恥ずかしくて,うつむいた

طَاعَة <طوع 複 ـات ❖ 服従;従順

طَاعَة لِلْخَلِيفَةِ　カリフへの服従

سَمْعًا وَطَاعَةً / اَلسَّمْعُ وَالطَّاعَةُ　あなたの言う通りにします/承知しました

طَاعُون <طعن 複 طَوَاعِين ❖ ペスト;疫病,伝染病

تَفَشَّى الطَّاعُونُ بَيْنَ السُّكَّانِ　ペストが住民の間に広まった

طَاغٍ <طغى 複 ـون/طُغَاة ❖ 形抑圧的な;不正な 名暴君 ※定 اَلطَّاغِي

عَيَّنَ السُّلْطَانُ عَلَى الْبِلَادِ وَالِيًا طَاغِيًا　スルタンはその州に邪悪な知事を任命した

طَاغِيَة <طغى 複 طَوَاغٍ	❖ 専制君主, 独裁者, 暴君
طَاغِيَة رَهِيب	恐ろしい独裁者
طَافَ، يَطُوفُ <طوف 名 طَوْف	❖ 巡る, (歩き)回る, 巡回する(～فِي:～を);放浪する
※ هِيَ طافَتْ / أنا طُفْتُ	名回る事, 巡回
يَطُوفُ الْحُجَّاجُ مَرَّاتٍ حَوْلَ الْكَعْبَةِ	巡礼者は何度もカァバ神殿の回りを回る
طَافَ الشَّارِعَ	通りをぶらついた
طَافَ فِي الْبِلَادِ	国中を巡った
طَاقَة <طوق 複 -ات	❖ 能力;エネルギー;小窓;穴
فِي طَاقَتِهِ أَنْ ～	彼には～する能力がある
فِي الطَّاقَةِ ～	～する事が可能である/～できる
اَلطَّاقَة الذَّرِّيَّة (النَّوَوِيَّة)	原子力(核)エネルギー
طَاقَة الْإِنْتَاجِ	生産力
اَلطَّاقَة الْكَهْرَبَائِيَّة	電力
قَدْرَ الطَّاقَةِ	できる限り
عَلَى قَدْرِ طَاقَتِهِ	能力に応じて
طَالَ، يَطُولُ <طول	❖ 長い, 長くなる, 長引く;伸びる
طَالَ الزَّمَانُ أَوْ قَصُرَ	遅かれ早かれ
طَالَ الزَّمَانُ حَتَّى～	～するのに手間取った
طَالَ بِهِ الْمَرَضُ	病気が長引いた
يَطُولُ النَّهَارُ فِي فَصْلِ الصَّيْفِ	夏の日は長い
طَالَبَ <طلب III 名 مُطَالَبَة	❖ 要求する, 求める(٥:～に, بِـ:～を) 名要求
طَالَبَ إِسْرَائِيلَ بِانْسِحَابِ قُوَّاتِهَا	イスラエルに軍の撤退を要求した
طَالَبَ الشَّرِكَةَ بِزِيَادَةِ الْأُجُورِ	会社に賃上げを要求した
يُطَالِبُكَ بِالدَّيْنِ	彼はあなたに借金を求めている
طَالِب <طلب 複 طُلَّاب / طَلَبَة	❖ 形求めている 名学生, 生徒;求める者
طَالِبُ عِلْمٍ	学生/学者/知を求める者

أ ب ت ث ج ح خ د ذ ر ز س ش ص ض **ط** ظ ع غ ف ق ك ل م ن هـ و ي

طَالِب فِي الْجَامِعَة　大学生

هُوَ طَالِبٌ فِي كُلِّيَّةِ الْهَنْدَسَةِ　彼は工学部の学生です

طَالِب الزَّوَاج　結婚を望んでいる人

جِئْتُ طَالِباً الْحِمَايَةَ　私は保護を求めて，やって来ました

طَالَعَ <طلع III 名 مُطَالَعَة ❖ 読む；勉強する；説明する；輝く，照らす；出現する
名読書；勉強，研究

أُطَالِعُ الْكُتُبَ وَالْمَجَلَّاتِ　私は本や雑誌を読みます

قَاعَة الْمُطَالَعَة　読書室

طَالَمَا~ <طول ❖ ~する限り；なんとしばしば

لَنْ تَنْجَحَ طَالَمَا كُنْتَ كَسُولاً　あなたは怠けている限り，成功はしないだろう

طَاهٍ <طهو 複 طُهَاة 女 طَاهِيَة 複 طَوَاهٍ ❖ 料理人，コック ※定 الطَّاهِي

طَاهِي الْفُنْدُقِ يَحْمِلُ شَهَادَاتِ تَخَصُّصٍ　ホテルの料理人は特別な免許を持っている

طَاهِر <طهر 複 أَطْهَار ❖ 形清らかな；清潔な 名清潔な人

طَاهِر الذِّمَّة　真っ直ぐな/高潔な

طَاهِر الذَّيْل　高潔な/純真な

أُقَبِّلُ يَدَكِ الطَّاهِرَةَ　清らかな貴女の手にキスをしよう

طَاوَعَ <طوع ❖ 応じる，従う（~في：~に）

طَاوِعْ مُعَلِّمَكَ فِي تَعْلِيمَاتِهِ، وَأَنْتَ الرَّابِحُ　先生の指示に従いなさい，それがあなたの為です

طَاوِلَة 複 ـات ❖ テーブル，食卓；台

طَاوِلَة الْأَكْل　テーブル/食卓

تَنِس الطَّاوِلَة　卓球/ピンポン

طَاوِلَة الْكَيِّ　アイロン台

طَاوُوس 複 طَوَاوِيس / أَطْوَاس ❖ 孔雀

يَمْشِي الطَّاوُوسُ مَزْهُوًّا بِذَنَبِهِ　孔雀がその尾を自慢そうにして，歩く

طِبّ ✽ 医学;治療,医療

كُلِّيَّة الطِّبّ　医学部

طِبّ الأَشِعَّة :放射線科　طِبّ الْجِرَاحَة :外科　طِبّ بَاطِنِيّ (دَاخِلِيّ) :内科
طِبّ النِّسَاءِ وَالتَّوْلِيد :産婦人科　طِبّ الأَطْفَال :小児科　طِبّ الأَمْرَاض الْجِلْدِيَّة :皮膚科
طِبّ الْمَسَالِك الْبَوْلِيَّة :泌尿器科　طِبّ النَّفْس :精神科　طِبّ جِرَاحَة الْمُخّ :脳外科
طِبّ الأُذُن وَالأَنْف وَالْحَنْجَرَة :耳鼻咽喉科　طِبّ الْعُيُون :眼科　طِبّ الأَسْنَان :歯科

طَبَّاخ <طبخ 複 ون ✽ 料理人,コック

صَانِعُ هٰذِهِ الأَطْعِمَةِ اللَّذِيذَةِ طَبَّاخٌ مَا　このおいしい食事を作った人は腕の良い料理人だ

كَثْرَةُ الطَّبَّاخِينَ تُتْلِفُ الطَّبْخَةَ　料理人が多いと料理をだめにする/船頭多くして,船山に上る[格言]

طِبَاخَة <طبخ ✽ 炊事,料理

أَبِي يُمَارِسُ الطِّبَاخَةَ فِي الْمَطْعَمِ　私の父はレストランで炊事の仕事をしている

طِبَاعَة <طبع ✽ 印刷,印刷術;版画

سَاعَدَتْ الطِّبَاعَةُ عَلَى نَشْرِ الْمَعْرِفَةِ　印刷は知識を広めるのに役立った

آلَة الطِّبَاعَة　印刷機

طِبَاعَة بِوَاسِطَةِ الْخَشَبِ (النُّحَاسِ)　木(銅)版画

طَبَخَ (u) 名 طَبْخ ✽ 炊事する,料理する;(肉を)焼く 名料理

أَطْبُخُ لَكُمْ فُولًا يَوْمَ السَّبْتِ　土曜日に,あなた達のために豆料理をします

تَعَلَّمَ فَنَّ الطَّبْخِ　料理学を学んだ

طَبْشُورَة 複 طَبَاشِير ✽ チョーク,白墨

يَكْتُبُ الْمُعَلِّمُ عَلَى اللَّوْحَةِ بِالطَّبْشُورِ　先生はチョークで黒板に書きます

طَبَعَ (a) 名 طَبْع 複 طِبَاع ✽ 印刷する;印象づける;判子(印鑑/スタンプ)を押す;(硬貨を)鋳造する 名印刷;印象;性格 複習慣

طَبَعَ جَوَازَ السَّفَرِ بِخَاتَمِهِ　パスポートに判子を押した

طُبِعَ هٰذَا الْكِتَابُ فِي لُبْنَانَ *　この本はレバノンで印刷されました *受

طَبْع لَيِّن (شَدِيد) — 優しい(荒い/激しい)性格

سَيِّئ الطَّبْع — 性格の悪い

طَبْعًا / بالطَّبْع — 勿論/当然

تَحْتَ الطَّبْع — 印刷中

طَبْع الْحَجَر — リトグラフ

طَبَّعَ <طبع II ❖ 飼い慣らす;(人を)柔順にする;慣れさせる

الْحَيَاةُ الْمَدْرَسِيَّةُ تُطَبِّعُنَا عَلَى الاجْتِهَادِ وَالانْتِظَامِ — 学校での生活は私達を努力する事や規律に慣れさせる

طَبْعَة <طبع ❖ 印刷;版

طَبْعَة مُنَقَّحَة — 改訂版

تَجَدَّدَتْ طَبْعَةُ كِتَابِ التَّارِيخ — 歴史の教科書が改訂された

طَبَّقَ <طبق II 名 تَطْبِيق 関 تَطْبِيقِيّ ❖ 覆う;応用する,適用する;説得する 名応用,適用 関応用の

طَبَّقَتِ الْغُيُومُ الْجَوَّ — 雲が空を覆った

طَبَّقَ فِكْرَتَهُ عَلَى هٰذِهِ الْآلَةِ — 彼の考えをこの機械に応用した

مَجَالُ تَطْبِيقٍ — 適用範囲

رِيَاضِيَّات تَطْبِيقِيَّة — 応用数学

طِبْق ❖ 適合の;一致の

طِبْقًا لِـ~ — ~によれば/~に従えば

طِبْقًا لِخُطَّةٍ مَرْسُومَةٍ — 計画に従って

طَبَقٌ 複 أَطْبَاق ❖ 皿,盆;料理

وَضَعَ التُّفَّاحَ عَلَى الطَّبَقِ — お盆の上にリンゴを置いた

عَرَضَ الْأَطْبَاق — 料理を並べた

طَبَقَة 複 ـات ❖ 層;(建物の)階;階層,階級 複伝記集

طَبَقَة أَرْضٍ 複 طَبَقَات أَرْضِيَّة — 地層

عِلْم طَبَقَاتِ الْأَرْض	地質学/地学
طَبَقَة الْعُمَّال (الْكَادِحَةِ / الشَّغِّيلَةِ)	労働者階級/プロレタリアート
اَلطَّبَقَة الْمُتَوَسِّطَة	中産階級
حَرْب الطَّبَقَات	階級闘争
اَلطَّبَقَة الْعَاشِرَة مِنَ الْبِنَايَةِ	ビルの１０階
طَبْلٌ 複 أَطْبَال/طُبُول ❖	太鼓, タブラ*　*インド, アラブの打楽器
ضَرَبَ الطَّبْلَ بِعُودَيْن	二本の棒(ばち)で太鼓を叩いた
إِنَّهُ كَالطَّبْلِ ضَخْمٌ فَارِغ	彼は本当に空っぽの大太鼓みたいだ
طَبِيب <طب 複 أَطِبَّاء/ أَطِبَّة ❖	医者, 医師
اِسْتَدْعَتْ أُمِّي الطَّبِيبَ	私の母は医者を呼んだ
طَبِيب الْأَسْنَان	歯医者/歯科医
طَبِيخ <طبخ 複 أَطْبِخَة ❖	料理, 調理; 調理された物
لَا نَأْكُلُ الطَّبِيخَ صَبَاحًا	朝は調理された物を私達は食べない
طَبِيعَة <طبع 複 طَبَائِع ❖	自然, 天然; 天性; 本性
عِلْم الطَّبِيعَةِ	物理学/自然科学
فَوْقَ الطَّبِيعَةِ	超自然
اَلْعَادَةُ تُصْبِحُ طَبِيعَةً ثَانِيَةً	習慣は第二の天性になる
طَبِيعِيّ <طبع ❖	自然の, 天然の; 当たり前の, 当然の 名物理学者, 自然科学者; 自然主義者
مِنَ الطَّبِيعِيِّ أَنْ ~	～は自然です/～は当然です/～は当たり前です
مِنَ الطَّبِيعِيِّ أَنْ يَتَغَيَّرَ لَوْنُهُ تَحْتَ الشَّمْسِ	太陽の下で色が変わるのは当たり前(当然)です
ذَكَاؤُهُ طَبِيعِيٌّ	彼の賢さは天性のものです
غَاز طَبِيعِيّ	天然ガス
ظَوَاهِر طَبِيعِيَّة	自然現象
اَلطَّبِيعِيَّات	物理学/自然科学/理科

طِحَال >طِحِل 複 طُحُل / طِحَالَات ❖ 脾臓(ひぞう)

أَصَحِيحٌ أَنَّ كَثْرَةَ الضَّحِكِ تُتْعِبُ الطِّحَالَ؟
笑(わら)いすぎると,脾臓(ひぞう)が悪(わる)くなるのは本当(ほんとう)ですか

طَحَّان >طحن ❖ 粉(こな)挽(ひ)き屋(や),製粉(せいふん)業者(ぎょうしゃ);小麦粉(こむぎこ)売(う)り

شَعْرُ الطَّحَّانِ أَبْيَضُ كَثِيَابِهِ
粉(こな)挽(ひ)き屋(や)の髪(かみ)の毛(け)は彼(かれ)の服(ふく)のように白(しろ)い

طَحَن (a) ❖ 臼(うす)で碾(ひ)く;粉(こな)にする,製粉(せいふん)する

تَطْحَنُ الرَّحَى حُبُوبَ الْقَمْحِ
臼(うす)が小麦(こむぎ)を碾(ひ)く

طَحِين >طحن ❖ 小麦粉(こむぎこ)

هَذَا الطَّعَامُ يُصْنَعُ مِنَ الطَّحِينِ
この食(た)べ物(もの)は小麦粉(こむぎこ)から作(つく)られています

طَرَأ・يَطْرَأُ ❖ 起(お)こる,生(しょう)じる(～عَلَى:～に);急(きゅう)に起(お)こる

طَرَأَ عَطَلٌ عَلَى مُحَرِّكِ السَّيَّارَةِ
自動車(じどうしゃ)のエンジンに故障(こしょう)が起(お)きた

مَاذَا طَرَأَ عَلَيْهِ؟
彼(かれ)の身(み)に一体(いったい)何(なに)が起(お)きたのですか

طَرَّى >طرو II ❖ 柔(やわ)らかくする;湿(しめ)らせる

إِذَا اشْتَدَّ الطِّينُ، فَهُوَ يُطَرِّيهِ بِالْمَاءِ
土(つち)が堅(かた)いならば,水(みず)で柔(やわ)らかくします

طَرَّاد >طرد ❖ 巡洋艦(じゅんようかん),駆逐艦(くちくかん)*,巡視船(じゅんしせん) *小型(こがた)で高速(こうそく)の軍艦(ぐんかん)

يَقُومُ الطَّرَّادُ بِدَوْرِيَّاتٍ عَلَى مَقْرَبَةٍ مِنَ الشَّاطِئِ
巡視船(じゅんしせん)が岸(きし)の近(ちか)くを巡回(じゅんかい)する

طِرَاز >طرز 複 أَطْرِزَة / طُرُز ❖ ファッション;型(かた),モデル,形式(けいしき);等級(とうきゅう),クラス

أَحْدَثُ طِرَازٍ
最新(さいしん)のファッション(型(かた))

(مِنَ) الطِّرَازِ الْقَدِيمِ
旧式(きゅうしき)(の)

مِنَ الطِّرَازِ الْأَوَّلِ
高級(こうきゅう)な/一流(いちりゅう)の

حَمَّامٌ عَلَى الطِّرَازِ الْيَابَانِيِّ
和式(わしき)トイレ

طَرِب (a) 名 複 أَطْرَاب ❖ 嬉(うれ)しくなる,楽(たの)しくなる;感動(かんどう)する 名 喜(よろこ)び;娯楽(ごらく);音(おん)

سَمِعْتُ الْبُلْبُلَ يُغَرِّدُ فَطَرِبْتُ
ナイチンゲール鳥(どり)の声(ごえ)を聞(き)いて,私(わたし)は嬉(うれ)しくなった

طَرِبْنَا لِأُغْنِيَتِهَا الْأَخِيرَةِ
私達(わたしたち)は彼女(かのじょ)の最後(さいご)の歌(うた)に感動(かんどう)した

آلَةُ الطَّرَبِ
楽器(がっき)

ا
ب
ت
ث
ج
ح
خ
د
ذ
ر
ز
س
ش
ص
ض
ط
ظ
ع
غ
ف
ق
ك
ل
م
ن
هـ
و
ي

طَرَابِيش 複 طَرْبُوش ❖ タルブーシュ, トルコ帽 ※羊毛で編んだ円筒形の帽子

طَرْح 名 طَرَحَ (a) ❖ 投げる;投げ捨てる;引く, 減じる; 流産する
名投げる事;引き算, 減法; 流産

لَا تَطْرَحْ جَوَاهِرَكَ أَمَامَ الْخَنَازِيرِ　豚に真珠を投げてはならない/豚に真珠[格言]

طَرَحْتُ عَلَيْهَا السُّؤَالَ　私は彼女に問いを投げ掛けた

اِطْرَحْ ٤ مِنْ ٩　9 から 4 を引きなさい

نَاتِج الطَّرْحِ　差 ※引き算の結果

طُرُود 複 طَرْد 名 طُرِدَ 受 طَرَدَ (u) ❖ 追い払う, 追放する(～مِنْ:～から);撃退する
受追われる 名駆逐, 追放;小包

طَلَبَتْ مِنِّي أَنْ أَطْرُدَ الْكَلْبَ　彼女は私に犬を追い払うように頼んだ

طُرِدَ مِنْ مَنْصِبِهِ　役職から追われた *受

أَرْسَلَ الطَّرْدَ　小包を送った

تَطْرِيز 名 II طرز < طَرَّزَ ❖ 刺繍をする 名刺繍

طَرَّزَتْ أُخْتِي شَرْشَفًا لِلْمَائِدَةِ　私の姉(妹)はテーブルクロスに刺繍をした

أُخْتِي خَفِيفَةُ الْيَدِ فِي التَّطْرِيزِ　私の姉(妹)は刺繍がうまい(上手だ)

طَرَش 名 طَرِشَ (a) ❖ 耳の悪い;耳が聞こえない 名耳が聞こえない事

يَكَادُ جَدِّي يَطْرَشُ　祖父はほとんど耳が聞こえない

طَرْش 名 طَرَشَ (a) ❖ (石灰などで家を)白く塗る

طَرَشَ الْبَيْتَ بِالْكِلْسِ　石灰で家を白く塗った

أَطْرَاف 複 طَرْف 名 طَرَفَ (i) ❖ 瞬きする;(目に何かが入り)涙を流す
名目; 瞬き

طَرَفَ عَيْنَهُ　瞬きした

طَرَفَتِ الْعَيْنُ　瞬きした/(目に何かが入り)涙を流した

مَا أَشَارَ بِطَرْفٍ　彼は瞬き一つしなかった

نَظَرَتْ إِلَيَّ "مَهَا" بِطَرْفٍ خَفِيٍّ　マハーは私にひそかにウインクした

كَارْتِدَادِ الطَّرْفِ　瞬く間に/瞬時に

أَطْرَاف 複 طَرَف ❖ 境;端, 先端;当事者

طَرَفُ الطَّاوِلَةِ 複 أَطْرَاف الطَّاوِلَةِ　テーブルの端

أَطْرَاف الأَصَابِعِ (الْقَدَمَيْنِ)　(足の)指先/つま先

اَلأَطْرَاف الْمَعْنِيَّة　当事者

تجاهَلَهُمَا الطَّرَفَانِ　双方が互いに知らない振りをした

تجاذَبُوا أَطْرَافَ الْحَدِيثِ　彼らは話し込んだ

فِي طَرَفِ ~　～のはずれに

مِنْ طَرَفٍ إِلَى طَرَفٍ　端から端まで

جَمَعَ أَطْرَافَ الشَّيْءِ　要約した/かいつまんで話した

طُرْفَة 複 طُرَف ❖ ギャグ, 冗談;傑作;珍しさ;新しい事;新語

يُورِدُ الطُّرْفَةَ إِثْرَ الطُّرْفَةِ　新しい言葉を次々に言う

طَرَقَ (u) ❖ 金槌で打つ;(ドアを)ノックする, 叩く;(夜に)来る, 訪れる;(道を)進む

طَرَقَ الْمَسَامِيرَ بِالْمِطْرَقَةِ　金槌で釘を打った

أُطْرُقِ الْحَدِيدَ ، وَهُوَ حَامٍ　鉄は熱い内に打て[格言]

طَرَقَ الْبَابَ　ドアをノックした

طَرَقَ أُذُنَهُ (سَمْعَهُ / مَسَامِعَهُ)　耳に届いた/聞こえた

طَرَقَ بِبَالِهِ (فِي ذِهْنِهِ)　(心に)浮かんだ

طَرَقَ مَوْضُوعًا　議論した/議題に触れた

طَرَقَ طَرِيقًا　歩いて行った/道に沿って進んだ

طَرُوب <طرب ❖ 楽しそうな, 陽気な

رَقَصْنَا عَلَى أَنْغَامِ لَحْنٍ طَرُوبٍ　私達は陽気なメロディーに合わせて踊った

طَرِيّ / طَرِيء <طرو ❖ 新鮮な;柔らかい;みずみずしい

غُصْنُ الصَّفْصَافِ طَرِيٌّ　柳の枝は柔らかい

طَرِيح <طرح 複 طَرْحَى ❖ 打ち捨てられた;放棄された

طَرِيحُ الْفِرَاشِ　よぼよぼの/寝たっきりの

طَرِيد <طرد ❖ 形追放された, 追われた 名追放者;ヤクザ

هُوَ طَرِيدُ الْعَدَالَةِ　彼は無法者だ

طَرِيدَة <طرد 複 طَرَائِد ❖ 獲物

لَاحَقَ الصَّيَّادُ الطَّرِيدَةَ ، فَلَمْ يُصِبْهَا　猟師は獲物を撃たずに，追った

طَرِيف <طرف 複 طِرَاف ❖ 珍しい；奇妙な，不思議な；新しく得た

أَنْ يَرْقُصَ النَّاسُ فِي الطُّرُقَاتِ أَمْرٌ طَرِيفٌ　人々が通りで踊る事は珍しい事です

طَرِيق <طرق 複 طُرُقَات/ طُرُق ❖ 道，道路；方法，手段 ※男女

ضَلَّ الطَّرِيقَ　道に迷った

فَتَحَ طَرِيقًا　道を(切り)拓いた

قَطَعَ الطَّرِيقَ　追い剥ぎを働いた

طَرِيق سَرِيع　高速道路

طَرِيق رَئِيسِيّ　主要道

طَرِيق مَسْدُود　行き止まり

عَنْ طَرِيقِ ~　~経由で/~を通して

بِطَرِيقِ ~　~の手段で

تَبَوَّأَ الْحِزْبُ الْحُكْمَ عَنْ طَرِيقِ الاِنْتِخَابَاتِ　その政党が選挙で権力の座についた

طَرِيقَة <طرق 複 طَرَائِق/ طُرُق ❖ 方法，やり方；(宗教の)同胞愛；道

طَرِيقَة الدَّفْعِ　支払い方法

اِطَّلَعَ عَلَى طَرِيقَةِ الاِسْتِعْمَالِ　使用説明書を読んだ

طَسْت 複 طُسُوت ❖ 男女 たらい，ボール
(ُ)

هَاتِ الْإِبْرِيقَ وَالطَّسْتَ ، يَا غُلَامُ　ボーイさん，ボールと水差しを下さい

طَعَام <طعم 複 أَطْعِمَة ❖ 食べ物，食物，食料；餌

قَبْلَ (بَعْدَ) الطَّعَامِ　食前(食後)

أَعْطِنِي شَيْئًا مِنَ الطَّعَامِ　何か食べ物を下さい

طَعَّمَ <طعم II ❖ 接ぎ木する，予防接種をする；はめ込む(~بِـ：~を)

طَعَّمَ غُصْنَ اللَّوْزَةِ لِتُعْطِيَ دُرَّاقًا　アーモンドの木の枝に桃が生るように接ぎ木した

طَعِّمُوا أَوْلَادَكُمْ ضِدَّ الشَّلَلِ　子供達に小児マヒの予防接種をしなさい

طَعَّمَ الْفَنَّانُ الْخَشَبَ بِالصَّدَفِ　芸術家(工芸家)は木に貝をはめ込んだ

طَعْم 複 طُعُوم ❖ 味,風味

طَعْمُ الْمَأْكُولَاتِ　料理の味

طُعْم 複 طُعُوم ❖ 接ぎ木;餌;ワクチン

أَكَلَتِ السَّمَكَةُ الطُّعْمَ　魚が餌を食べた

طَعَنَ (u, a) 名 طَعْن ❖ 刺す(～بِـ:～で);非難する,攻撃する(～فِي:～を);歳をとる 名刺す事;非難

طَعَنَ ～ بِالسَّيْفِ　～を剣で刺した

لَا يَلِيقُ أَنْ يَطْعَنَ فِي شَخْصٍ غَائِبٍ　いない人を非難するのは適切ではない

طَعَنَ فِي السِّنِّ　(人が)とても歳をとった

طَغَا، يَطْغُو /طَغَى، يَطْغَى/طَغِيَ، يَطْغَى ❖ 限度を超す;(川が)氾濫する,(海が)荒れ狂う;圧制を行う

※ هِيَ طَغَتْ/ أَنَا طَغَوْتُ

طَغَتْ مِيَاهُ النَّهْرِ　川の水が氾濫した

نُرِيدُكَ حَاكِمًا عَادِلًا، لَا تَطْغَ　私達はあなたに抑圧者ではなく,正しい支配者になって欲しい

طَفَا، يَطْفُو <طفو 名 طَفْو /طُفُوّ ❖ 浮かぶ,浮き上がる 名浮かぶ事

الْوَرَقَةُ تَطْفُو عَلَى مَاءِ النَّهْرِ　その紙は川面に浮かんでいる

طَفَحَ (a) ❖ 溢れる,こぼれる;こぼす

لِمَاذَا طَفَحْتَ الْكَأْسَ هٰكَذَا؟　どうして,こんなに溢れるくらい,カップに入れたのですか

طِفْل 複 أَطْفَال ❖ 男女子供,幼児,児童

رَوْضَةُ الْأَطْفَالِ　幼稚園

أَدَبُ الْأَطْفَالِ　児童文学

طُفُولَة <طفل ❖ 幼年期,幼児期

أَيَّامُ الطُّفُولَةِ خَلَتْ　幼年期は過ぎた

طَفِيف <طف ❖ 少ない;低い;軽い;卑しい

أَضْرَار مَادِّيَّة طَفِيفَة　軽微な物的被害

لَمْ أَجْنِ مِنَ الْعَمَلِ إِلَّا رِبْحًا طَفِيفًا　私はその仕事から，わずかな利益しか得なかった

طُفَيْلِيّ<طفل ❖ 形寄生の 名居候；招かれざる客

حَشَرَة طُفَيْلِيَّة　寄生虫

طَقْس 複 طُقُوس ❖ 天候，気候；(キリスト教の宗教的)儀式

تَأَجَّلَتِ السَّفَرُ بِسَبَبِ رَدَاءَةِ الطَّقْسِ　旅行は悪天候のために延期された

جَرَى الِاحْتِفَالُ وَفْقَ طَقْسٍ مَعْهُودٍ　式は良く知られた儀式通りに，行われた

طَقْطَقَ ، يُطَقْطِقُ ❖ (カタカタと)音を立てる

مَشَىٰ بِقَبْقَابِهِ الْيَابَانِيِّ يُطَقْطِقُ　カタカタと音を立てながら，下駄を履いて歩いた

طَقْم 複 أَطْقُمَة / طُقُوم / طُقُومَة ❖ スーツ；一式；入れ歯

اشْتَرَىٰ طَقْمًا جَاهِزًا　既成のスーツを買った

طَقْم عُدَّةٍ　道具箱

طَقْم أَسْنَانٍ　義歯/入れ歯

طَلَىٰ ، يَطْلِي <طلي 受 طُلِيَ ، يُطْلَىٰ ❖ 塗る 受塗られる

طَلَيْتُ بَابَ الْبَيْتِ بِاللَّوْنِ الْأَبْيَضِ　私は家の戸を白い色(白色)に塗った

طِلَاء <طلو ❖ ペンキ，塗料；メッキ

قَامَ بِطِلَاءٍ　ペンキを塗った

طِلَاء بِالْكَهْرَبَاءِ　電気メッキ

طَلَّاسَة <طلس 複 -ات ❖ 黒板消し

أُمْحُ الْكِتَابَةَ عَنِ اللَّوْحِ بِالطَّلَّاسَةِ　黒板は黒板消しで消しなさい

طَلَاق<طلق ❖ 離婚 ※夫側の宣言による離婚[イスラム法]

ضَحَايَا الطَّلَاقِ إِجْمَالًا هُمُ الْأَوْلَادُ　離婚の犠牲者は概して子供である

وَرَقَة الطَّلَاقِ　離婚届け用紙(書類)

طَلَاقَة <طلق ❖ 解放；晴れ晴れ；安らぎ；流ちょう

طَلَاقَة الْوَجْهِ　(顔が)上機嫌な様子/陽気な事

يَتَكَلَّمُ اللُّغَةَ الْعَرَبِيَّةَ بِطَلَاقَةٍ　彼はアラビア語を流ちょうに話す

طَلَبَ (u) ✽ 求める, 頼む; 請求する; 命じる(～مِنْ/إِلَى:～に) 名 طَلَب 名求め, 要求; 依頼; 需要

طَلَبَ الطَّبِيبَ (الشُّرْطَةَ) 医者(警察)を呼んだ

طَلَبَتْ مِنْهُ وَعْدًا بِالزَّوَاجِ 彼女は彼に結婚の約束を求めた

طَلَبَ يَدَ ～ ～に求婚した/プロポーズした

اَلْعَرْض وَالطَّلَب 需要と供給

طَلَبَة ✽ ⇐ طَالِب 複

طَلَبِيَّة ✽ < طلب 複 ـات 注文 ※商売上での

رَفَعَ رَقْمَ الطَّلَبِيَّةِ 注文の数を増やした

طَلَعَ (u) ✽ 上がる, 登る, 昇る; 現れる; (植物が)芽を出す 名 طُلُوع 名上昇; 登場, 出現

سَنَطْلُعُ الْجَبَلَ سَيْرًا عَلَى الْأَقْدَامِ 歩いて山を登ろう

يَطْلُعُ الْقَمَرُ مُتَأَخِّرًا هٰذِهِ اللَّيْلَةَ 今夜は月が遅く現れる

طَلَعَ النَّبَاتُ 植物が芽を出した

طُلُوع الشَّمْسِ 日の出

طَلَقَ (u) ✽ 離婚する ※妻の方から離婚する場合

هِيَ طَلَقَتْ 彼女は離婚した

طَلَّقَ ✽ < طلق II 名 تَطْلِيق 自由にする; 離婚する ※妻を離婚する場合 名離婚

طَلَّقَ زَوْجَتَهُ 妻に離婚を言い渡した

طَلَّقَتْ نَفْسَهَا 彼女は離婚された

طَلْقَة ✽ 複 ـات 銃弾, 弾丸; 発砲

رَمَى الصَّيَّادُ الطَّائِرَ بِطَلْقَةٍ 猟師が鳥に銃弾を放った(発砲した)

طَلِيعَة ✽ < طلع 複 طَلَائِع 前線, 前衛; 偵察隊 複予兆, 前兆

فِي طَلِيعَةِ الْجَيْشِ (軍の)前線で

طَلِيق ✽ < طلق 複 طُلَقَاء 自由な, 解放された; うれしい

خَرَجَ مِنَ السِّجْنِ حُرًّا طَلِيقًا 刑務所から出て, すっかり自由になった

أ ب ت ث ج ح خ د ذ ر ز س ش ص ض ط ظ ع غ ف ق ك ل م ن هـ و ي

هُوَ طَلِيقُ الْوَجْهِ (الْمُحَيَّا)　彼は嬉しそうである

طَمَّ ، يَطُمُّ ❖ (水が)溢れる,水浸しにする;埋める

يَطُمُّ الْعُمَّالُ حُفَرَ الطَّرِيقِ بِالْحَصَى وَالزِّفْتِ　労働者が砂利とアスファルトで道路の穴を埋める

طَمَا ، يَطْمُو <طمو ❖ 溢れる;満ちる

طَمَا الْمَاءُ　水が溢れた

طَمَا الْبَحْرُ　海が満ちた

طَمَاطِم ❖ トマト

يُسَمِّي الْمِصْرِيُّونَ الْبَنَادُورَةَ طَمَاطِمَ　エジプト人はトマトを طَمَاطِم と言う

طَمَّاعٌ <طمع 複 ون ❖ 貪欲な,欲張りな

أَنْتَ طَمَّاعٌ وَغَبِيٌّ　君は欲張りで,馬鹿だ

طَمْأَنَ ، يُطَمْئِنُ ❖ 安心させる(〜عَلَى:〜を),慰める

يُرِيدُ أَنْ يُطَمْئِنَ عَلَيْكَ　彼はあなたを安心させたいのです

طُمَأْنِينَة <طمأن ❖ 平安,安らぎ

أَوَدُّ أَنْ تَعُودَ الطُّمَأْنِينَةُ إِلَى نَفْسِ　貴女に安らぎが戻る事を願ってます

طَمَحَ (a) 名 طُمُوح ❖ (〜に視線が)向く(〜إِلَى);取り去る;熱望する(〜إِلَى:〜を) 名熱望;野望,野心

طَمَحَ بَصَرُهُ إِلَيْهِ　彼に視線を向けた

طَمَرَ (i) ❖ 埋める,土に埋める

بَنَاتُنَا يَطْمُرْنَ الْبَطَاطَا فِي الْأَثْلَامِ　私達の娘がジャガ芋を穴に埋めている

طَمَسَ (i) ❖ 削除する,消す;壊す

اَلرِّمَالُ تَطْمُسُ مَعَالِمَ الشَّوَارِعِ　砂が通りの標識を消している

طَمِعَ (a) 名 طَمَعٌ 複 أَطْمَاع ❖ 切望する,望む;期待する(〜فِي/بِـ:〜を) 名貪欲さ,欲望,野心(〜فِي:〜に対する)

لِمَاذَا تَطْمَعُ بِحِصَّةِ أَخِيكَ ؟　どうして,あなたは弟の分まで欲しがるのですか

طَمَعٌ فِي الْمَنَاصِبِ　昇進への野心/出世欲

طَمُوح <طمح ❖ 野心のある,意欲のある;大志のある

حَسَنٌ أَنْ يَكُونَ الْإِنْسَانُ طَمُوحًا　人が大志を抱くのは良い事である

طَنَّ ، يَطِنُّ ❖ (ハエが)音を立てる;鳴る

طَنَّ الذُّبَابُ　ハエが(ぶーんと)音を立てた

طُنّ 複 أَطْنَان ❖ トン[重さの単位]

اِشْتَرَى التَّاجِرُ طُنًّا مِنَ السُّكَّرِ　商人は砂糖を1トン購入した

طَنْجَرَة 複 طَنَاجِر ❖ 釜,鍋

أَطْفَأْتُ النَّارَ تَحْتَ الطَّنْجَرَةِ　私はお釜の火を消しました

طَنْطَنَ ، يُطَنْطِنُ ❖ = طَنَّ

طَهَا ، يَطْهُو <طهو 名 طَهْوٌ / طَهْيٌ ❖ 料理する,料理を作る 名料理

طَهَتْ أُمِّي الطَّعَامَ بِذَوْقٍ وَشَغَفٍ　母は味覚と愛情で料理を作った

طَهَّرَ <طهر II 名 تَطْهِير ❖ 清める,清潔にする,浄化する;消毒する;割礼をする 名清め,消毒;清潔;割礼

طَهَّرَ جِسْمَهُ　身を清めた

طَهَّرَتِ الْمُمَرِّضَةُ الْجُرْحَ　(女性)看護師が傷を消毒した

مَتَى يُطَهِّرُ الْمُطَهِّرُ الصَّبِيَّ؟　割礼師はいつ少年に割礼を施すのですか

أُجْرِيَتْ لِلطِّفْلِ عَمَلِيَّةُ التَّطْهِيرِ　子供に割礼が施された

طُهْرٌ 複 أَطْهَار ❖ 清い事;清潔さ;純潔

رَبَّنَا ، اِمْنَحْ قُلُوبَنَا طُهْرَ الْأَطْفَالِ　神よ,私達に子供のような清い心をお与え下さい

طَوَى ، يَطْوِي 名 طَيّ ❖ 巻く,折りたたむ;(時間を)過ごす;横断する;(本を)閉じる;秘密にする 名同封;巻く事

طَوَيْتُ الرِّسَالَةَ وَوَضَعْتُهَا فِي الظَّرْفِ　私は手紙を折り畳んで,封筒に入れました

أَرْفَقَ صُورَةً طَيَّ رِسَالَةٍ　手紙に写真を同封した

فِي طَيِّهِ　同封の

طَوَاف <طوف ❖ 巡回;タワーフ ※カァバ神殿を巡回する儀式

بَدَأَ الْحُجَّاجُ الطَّوَافَ　巡礼者達がタワーフを始めた

طُوبَى<طوب ❖ 幸せ,幸福

طُوبَى لِـ~ ~に幸せあれ

طَوْدٌ 複 أَطْوَاد ❖ 高くて大きい山

”فُوجِي سَان“ ! يَا لَهُ مِنْ طَوْدٍ ! 富士山! 何と高くそびえる山よ!

طَوَّرَ<طور II 名 تَطْوِير ❖ 発展させる,進化させる 名発展,進化;推進

طَوَّرَ النَّفْطُ صِنَاعَةَ السَّيَّارَاتِ 石油が自動車産業を発展させた

طَوْرٌ 複 أَطْوَار ❖ 状態;段階;時代

فِي طَوْرِ ~ ~の段階にある/~の過程である

طَوْرًا ~ طَوْرًا.. ある時は~またある時は../~したり..したり

أَزُورُهُ طَوْرًا، وَطَوْرًا يَزُورُنِي 私が彼を訪問したり,彼が私を訪問したりします

طَوْع 関 طَوْعِيّ ❖ 形柔順な 名服従,柔順;快く行う事
関自発的な,自主的な,ボランティアの

أَنَا طَوْعُ بَنَانِكَ 私はあなたの言う通りにします

هُوَ طَوْعُ يَدِهَا 彼は彼女の言いなりです

طَوْعُ الْعِنَانِ 柔順な

فَعَلَ ذٰلِكَ طَوْعًا 彼は快くそれを行った

طَوْعًا أَوْ كَرْهًا 否応なしに/好むと好まざるとに係わらず

نَظَّمَ نَشَاطَاتٍ طَوْعِيَّةٍ ボランティア活動を組織した

طَوْعِيًّا 自発的に/自主的に

طَوَّفَ<طوف II ❖ 巡る;歩き回る;旅行する;カァバ神殿の周りを回る

يُطَوِّفُ الْحُجَّاجُ حَوْلَ الْبَيْتِ الْحَرَامِ 巡礼者はカァバ神殿の周りを回る

طُوفَان<طوف ❖ 大洪水

لَمْ يَنْجُ مِنَ الطُّوفَانِ غَيْرُ ”نُوحٍ“ وَمَا حَوَتْهُ سَفِينَتُهُ ノアと彼の船に乗ったもの以外は,その大洪水から逃れられなかった

طَوَّقَ<طوق II 名 تَطْوِيق 複 ـات ❖ 包囲する,囲い込む;(首の周りを)飾る 名包囲

طَوَّقَ الْجَيْشُ الْعَدُوَّ 軍は敵を包囲した

طَوَّقَتْ عُنُقَهَا بِأَزْهَارِ الْيَاسَمِينِ　彼女は首の周りをジャスミンの花で飾った

طَوْق 名 أَطْوَاق ❖ 能力；忍耐；力；ネックレス，首輪(複 أَطْوَاق)

يَزِينُ عُنُقَ الْعَرُوسِ طَوْقٌ مِنْ ذَهَبٍ　金の首飾りが花嫁の首を飾っている

طَوْق النَّجَاةِ　救命用浮き輪

طُول 複 أَطْوَال ❖ (背の)高さ，身長；長さ；2点間の距離

بِالطُّولِ / طُولاً　縦に

طُول الْأَنَاةِ　忍耐/我慢

طُول الْقَامَةِ　背丈

طُولِي ١.٧ م　私は背の高さが1.7メートルあります

عَلَى طُولِ الطَّرِيقِ　道路に沿って真っ直ぐ

طُولَ ~ ❖ 前～の間中

طُولَ الْوَقْتِ　ずっと

طُولَ النَّهَارِ　1日中

مِصْعَدُ الْبِنَايَةِ يَصْعَدُ وَيَنْزِلُ طُولَ النَّهَارِ　ビルのエレベーターは1日中上がったり，下がったりしている

طُولَ الْبِلَادِ وَعَرْضِهَا　国中で

طَوِيل <طول 複 طِوَال ❖ (背が)高い，(距離や時間が)長い

لِمُدَّةٍ طَوِيلَةٍ　長い間/長期間/久し振り

طَوِيل الْأَنَاةِ　忍耐(我慢)強い

طَوِيلاً　長い間

طَوِيل الْأَجَلِ　長期間の/長期の

دُيُون طَوِيلَة الْأَجَلِ　長期のローン

طَوِيل الْبَاعِ　力のある/影響力のある/寛容な

طَوِيل اللِّسَانِ　横柄な/生意気な

طَيّ <طوي ❖ ⇒ طَوَى 名

طَيَّار <طير 複 ون ❖ パイロット，(飛行機の)操縦士，飛行士

طَائِرَة بِدُونِ طَيَّارٍ　無人飛行機

طَيَّارَة < طير 複 -ات ❖ 凧;女性パイロット

سَأُطَيِّرُ لَكُمْ طَيَّارَةً وَرَقِيَّةً　あなた達のために凧を揚げましょう

طَيَّبَ < طيب II ❖ (料理を)美味しくする;良くする;香水をつける

قَلِيلٌ مِنَ الْمِلْحِ يُطَيِّبُ الطَّعَامَ　少量の塩が料理を美味しくする

طَيِّب < طيب ❖ 良い;美味しい;元気な,健康な;立派な

طَعَام طَيِّب　美味しい料理

رَائِحَة طَيِّبَة　美味しそうな匂い/香しい匂い

طَيِّبُ النَّفْسِ　陽気な/親切な

لَا أَخْشَى نَقْمَتَهُ إِنَّ لَهُ قَلْبًا طَيِّبًا　彼は優しいから,仕返しは心配していません

طِيب ❖ 良さ;匂い;香水(複 أَطْيَاب/طُيُوب)

طِيبُ الْعِرْقِ　名家の出/良い家柄の出身

تَدْلُكُ أُمِّي وَجْهَهَا بِالطِّيبِ　母は香水で顔をマッサージする

طَيَّرَ < طير II ❖ 飛ばす,(凧を)揚げる;発する;首をはねる

سَأُطَيِّرُ لَكُمْ رِسَالَةً بَرْقِيَّةً　私はあなた達に電報を打つつもりです

طَيْرٌ ❖ (集団の)鳥,鳥類 ※単数としても使われる

حَطَّ الطَّيْرُ عَلَى شَجَرَةِ التِّينِ　鳥がイチジクの木に降りた

طَيَرَان < طير ❖ 飛行

سِلَاح الطَّيَرَانِ　空軍

لَا يَسْتَطِيعُ الْبِطْرِيقُ الطَّيَرَانَ　ペンギンは飛行できない

طَيْش ❖ 愚かさ;軽率な事;移り気,気まぐれ

طَيْشُكَ قَدْ يُوَرِّطُكَ　あなたの軽率さが苦境を招くだろう

طَيْف 複 أَطْيَاف/طُيُوف ❖ 幻,幻影,(睡眠中に見る)夢;空想

رَأَيْتُ طَيْفَكَ فِي مَنَامِي　夢(の中)であなたを見ました

طَيَّنَ < طين II ❖ 泥や粘土を塗る

طين

壁に泥を塗った　طَيَّنَ الْحَائِطَ

土,泥;粘土 ※ طِين 複 أَطْيَان

石を粘土で固めた　جَمَّدَ الْحِجَارَةَ بِالطِّينِ

果物(1) : فَوَاكِه （ ١ ）

りんご : تُفَّاح

イチゴ : فَرَاوْلَة

キウイ : اَلْكِيوِي

梨 : إِجَّاص

みかん/オレンジ : بُرْتُقَال

サクランボ : كَرَز

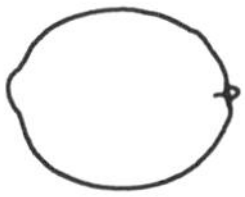

レモン : لَيْمُون

パイナップル : أَنَانَاس

桃 : دُرَّاق

アボカド : أَفُوكَاتَة

石榴 : رُمَّان

حرف الظاء

ظ

ظافِر <ظفر ❖ 形勝った, 勝利した 名勝利者, 征服者

عادَ الْقائِدُ مِنَ الْمَعْرَكَةِ ظافِرًا　将軍は勝利者として戦から戻った

ظالِم <ظلم 複 ون /ظُلّام ❖ 横暴な, 専制的な;悪い, 不正義な, 不正な

مَلِك ظالِم　専制的な王/暴君

ظاهِر <ظهر ❖ 形見える;外面の;明らかな, 目立つ 名外観

اَلظّاهِرُ أَنَّ ~　～のようだ/～に見える

اَلظّاهِرُ أَنَّ الْفَتَى يُحِبُّ الْبِنْتَ　青年はその娘が好きなようだ(に見える)

مَكان ظاهِر　目立つ場所

ظاهِرة <ظهر 複 ظَواهِر ❖ 現象;前兆, 予兆

ظاهِرة طَبِيعِيَّة　自然現象

ظَبْي 複 ظِباء 女 ظَبْيَة ❖ ガゼル[動物] ※鹿の類

طارَدَ الْأَسَدُ الظَّبْيَ　ライオンはガゼルを追った

أَبُو ظَبْيٍ　アブダビ ※アラブ首長国連邦の一つ

ظَرْف 複 ظُرُوف ❖ 上品, 優雅;封筒, 入れ物;副詞 複 状況, 都合

اَلظَّرْفُ مُقْفَلٌ، لا أَعْرِفُ مُحْتَواهُ　封筒は封がしてあり, 中身は分からないです

ظَرْف الزَّمانِ (الْمَكانِ)　時間(場所)を表す副詞

اَلظُّرُوفُ مُتاحَةٌ (سَيِّئَةٌ)　都合が良い(悪い)

حَسَبَ (بِحَسَبِ) الظُّرُوفِ　状況によって

ظُرُوف مُخَفِّفَة　情状酌量の事由

ظَرِيف <ظرف 複 ظُرَفاءُ/ ظِراف ❖ 気の利いた, ユーモアのある; 上品な

女 ظَرِيفَة 複 ظَرائِف

هٰذِهِ حِكَايَةٌ ظَرِيفَةٌ　これは気の利いた話(とんち話)です

أَنْتِ فَتَاةٌ ظَرِيفَةٌ لَطِيفَةٌ　あなたは上品で親切な娘さんだ

ظَفِرَ (a) 名 ظَفَرٌ ❖ (〜を)得る;(〜を)征服する;打ち負かす,勝つ,勝利する(〜:عَلَى/بِـ:〜に) 名獲得;勝利

ظَفِرَتْ بِالْجَائِزَةِ الْأُولَى فِي الْمُسَابَقَةِ　彼女は競技で一等賞を得た

ظُفُرٌ / ظُفْرٌ 複 أَظْفَارٌ / أَظَافِرُ / أَظَافِيرُ ❖ 爪

جَرَحَتِ الْبِنْتُ وَجْهَهُ بِظُفْرِهَا (ُ)　娘は彼の顔を爪で傷つけた

مِنْ (مُنْذُ) نُعُومَةِ أَظْفَارِهِ　幼い頃から

ظَلَّ (a) ※ هِيَ ظَلَّتْ / أَنَا ظَلِلْتُ ❖ (〜し)続ける(〜:未,形対)

سَمِعَ السُّؤَالَ، وَلٰكِنَّهُ ظَلَّ صَامِتًا　彼は質問を聞いたが,黙ったままだった

ظِلٌّ 複 ظِلَالٌ / أَظْلَالٌ ❖ 陰,影,日陰;保護

اِسْتَرَاحَ فِي ظِلِّ الشَّجَرَةِ　木陰で休んだ

وِزَارَةُ (حُكُومَةُ) الظِّلِّ　影の内閣

فِي (تَحْتَ) ظِلِّ ~　〜の下で/〜の庇護の下に

خَفِيفُ الظِّلِّ　好感の持てる/好ましい

ثَقِيلُ الظِّلِّ　我慢できない/嫌な

ظَلَامٌ < ظلم ❖ 暗闇,闇;夜の始まり

اِرْجِعْ قَبْلَ أَنْ يَحِلَّ الظَّلَامُ　暗くなる前に,帰りなさい

ظَلَمَ (i) 名 ظُلْمٌ / ظُلُمٌ ❖ いじめる;虐げる,抑圧する;悪い事をする 名不正,悪事;迫害,弾圧

ظَلَمَ صَاحِبُ الْأَرْضِ الْفَلَّاحِينَ　地主が農民を虐げた

ظُلْمًا　不正に

شَنَّ كِفَاحًا ضِدَّ الظُّلْمِ　不正に対して闘った

ظَلْمَاءُ < ظلم ❖ 女名闇 形闇の;真っ暗な

لَيْلَةٌ ظَلْمَاءُ　真っ暗な夜/闇夜/暗夜

ظُلْمَةٌ < ظلم 複 ـات / ظُلُمَات (ظُلْمَات) / ظُلَم ❖ 暗闇,闇

يَغِيبُ الْقَمَرُ فَتَشْتَدُّ ظُلْمَةُ اللَّيْلِ	月が消えると,夜の闇が増す
ظَمِئَ ، يَظْمَأُ 名 ظَمَأٌ ❖	喉が渇く 名(喉の)渇き
إِنْ تَظْمَأْ ، أَسْقِكَ شَرَابًا بَارِدًا	喉が渇いたら,冷たい飲み物で喉を潤しなさい
أَحْتَمِلُ الْجُوعَ ، وَلَا أَحْتَمِلُ الظَّمَأَ	私は空腹に耐えられるが,喉の渇きには耐えられない
ظَمْآن <ظمئ 女 ظَمْأَى ❖	喉の渇いた
أَنَا ظَمْآنٌ جِدًّا	私はとても喉が渇いてます
ظَنَّ ، يَظُنُّ 名 ظَنٌّ ❖	思う,考える;疑う(～بِـ:～を) 名考え,思考
لَا أَظُنُّ ذٰلِكَ	いいえ,私はそう思いません
ظَهَرَ (a) 名 ظُهُور ❖	現る,出る,出現する;明らかになる;発芽する 名出現;発売
يَظْهَرُ عَلَى الْمَسْرَحِ	舞台に出る(現る)
يَظْهَرُ أَنَّ ～	～のように見える/～のようだ
ظُهْر 複 أَظْهَار ❖	正午
قَبْلَ (بَعْدَ) الظُّهْرِ	午前(午後)
عِنْدَ الظُّهْرِ	正午に
ظَهْر 複 أَظْهُر / ظُهُور ❖	背中;裏面,背面
عَلَى الظَّهْرِ	背中に乗って/仰向けに
نَامَ عَلَى ظَهْرِهِ	仰向けに寝た
قَلَبَ ～ ظَهْرًا لِبَطْنٍ	～を裏返した
اِرْتَدَى مَلَابِسَهُ ظَهْرًا لِبَطْنٍ	彼は服を後ろ前に着た
عَنْ ظَهْرِ قَلْبٍ	暗記して
سِلْسِلَةُ الظَّهْرِ	背骨/脊柱
ظَهِيرَة <ظهر 複 ظَهَائِرُ ❖	正午,昼
يَشْتَدُّ حَرُّ الشَّمْسِ عِنْدَ الظَّهِيرَةِ	正午に太陽の熱が強まる

حرف العين

ع

عَائِق / عَائِقَة <عوق 複 عَوَائِق ❖ 障害(～لِـ:～に対する), 障害物;ハンディキャップ

عَائِقَة لِلتِّجَارَةِ　貿易障害(障壁)

عَائِلَة <عول 複 ـات/ عَوَائِل ❖ 家族;一族

اِسْمُ الْعَائِلَةِ　(家族の)姓

أَفْرَادُ الْعَائِلَةِ　家族の構成員(成員)

سِجِلٌّ لِلْعَائِلَةِ　戸籍

عَائِم <عوم ❖ 形浮いている;泳いでいる

تُشْبِهُ الْبَارِجَةُ قَلْعَةً عَائِمَةً عَلَى الْمَاءِ　戦艦は水に浮く城の様なものだ

عَابَ ، يَعِيبُ <عيب 名 عَيْب 複 عُيُوب ❖ 欠点がある;傷つける,駄目にする;名誉を汚す,辱める;非難する 名欠点;恥

مِثْلُ هٰذَا الْكَلَامِ السَّافِلِ يَعِيبُ　このような卑しい言葉は恥である

عَابَ فِي حَقِّهِ　彼を中傷した

عَيْبٌ عَلَيْكَ !　恥を知れ!

عَاتَبَ <عتب III 名 مُعَاتَبَة ❖ 非難する,叱る 名非難;叱責

تَأَخَّرَ عَنِ الْمَوْعِدِ ، فَعَاتَبَهُ الْمُدِيرُ　彼が約束に遅れたので,マネージャーが叱責した

عَاتِقٌ <عتق 複 عَوَاتِق/عُتَّق ❖ 肩;責任

أَخَذَ ~ عَلَى عَاتِقِهِ　～の責任を取った/～を引き継いだ

أَلْقَى الْمَسْؤُولِيَّةَ عَلَى عَاتِقِهِ　(彼に)責任を取らせた(転嫁した)

عَلَى عَاتِقِ الْفَتَاةِ جَرَّةٌ　その娘の肩に水瓶が乗っている

عَاجٌ <عوج ※ عَاجَة 関 عَاجِيّ ❖ 象牙 ※1本の象牙

سَاحِلُ الْعَاجِ　象牙海岸

بُرْج عَاجِيّ　象牙の塔 ※実社会から離れた学問や芸術の世界

عَاجِز <عجز 複 عَوَاجِز ❖ 形 体が不自由な,不具の;弱った,衰弱した;不能な
名 不具者,障害者;老人,衰弱した人(複 عَجَزَة)

دَخَلَتْ جَدَّتِي الْعَاجِزَةُ الْمَأْوَى　体が不自由になった祖母は施設に入った

عَاجَلَ <عجل III ❖ 追い越す;先んじる;急ぐ

رَأَيْتُهُ هَاجِمًا عَلَيَّ، فَعَاجَلْتُهُ بِضَرْبَةٍ عَلَى بَطْنِهِ　彼が襲ってくるのを見て,私は先に腹へ一撃を加えた

عَاجِل <عجل ❖ 急ぎの,急な;この世の

عَاجِلًا　急いで/急に/直ちに

عَاجِلًا أَوْ آجِلًا　遅かれ早かれ/いずれ

فِي الْقَرِيبِ الْعَاجِلِ　近い将来に/近い内に

الْعَاجِلَة　現世/この世での生活

عَادَ، يَعُودُ <عود 名 عَوْدَة ❖ 戻る,帰る,(~إِلَى:~へ);再び行う;往診する;
※ هِيَ عَادَتْ / أَنَا عُدْتُ　あきらめる(~عَنْ:~を);(~に)なる,生じる,
もたらす:要求する(~بِ…عَلَى:…に~を)
名 帰る事,戻る事,帰還

命 عُدْ 女 عُودِي　帰りなさい/帰れ

عَادَ إِلَى وَطَنِهِ　祖国へ帰った

عَادَ إِلَى وَعْيِهِ (نَفْسِهِ)　正気に戻った/意識を取り戻した

يَعُودُ الطَّبِيبُ الْمَرِيضَ كُلَّ يَوْمٍ　医者は毎日,患者を診る

عَادَتِ السَّمَاءُ زَرْقَاءَ　青空になった

عَادَتِ الْمِيَاهُ إِلَى مَجَارِيهَا　状態が元に戻った

لَمْ يَعُدْ ~ / مَا عَادَ ~　もはや~しない/もはや~でない※~:未,形名の対

لَمْ أَعُدْ أَسْتَطِيعُ صَبْرًا　私はもはや我慢する事が出来なかった

عَوْدَة إِلَى وَطَنِهِ　帰国

عَادَى، يُعَادِي <عدو III 名 مُعَادٍ ❖ 敵対する,敵意を示す 名 敵;敵意

نُعَادِي مَنْ يُعَادِينَا　我々は我々に敵対する者に敵対する

عَادَة <عود 複 ـات/ عَوَائِد ❖ 習慣,癖;慣習法[イスラム法] 複 税金;料金

أ ب ت ث ج ح خ د ذ ر ز س ش ص ض ط ظ ع غ ف ق ك ل م ن هـ و ي

عَادَةً　ふつう/概して/一般的に

كَالْعَادَةِ /عَلَى عَادَتِهِ　いつものように

عَلَى غَيْرِ عَادَتِهِ　いつもと違って

اَلْعَادَةُ تُصْبِحُ طَبِيعَةً ثَانِيَةً　習慣は第二の天性である

جَرَتِ الْعَادَةُ بِـ~　~が癖になった

عَوَائِدُ الْمُؤَلِّفِ　印税

❖ عَادَلَ <عدل III 名 مُعَادَلَة　等しい, 相当する;等しくする 名 平等;等式

اَلدُّولَارُ الْوَاحِدُ يُعَادِلُ ~ يِنًّا الْآنَ　現在1ドルは~円に相当します(です)

❖ عَادِل <عدل 複 عُدُول　公平な, 公正な; 中道の

كُنْ عَادِلًا　公正でありなさい

❖ عَادِيّ <عود 複 ون /عَادِيَّات　普通の, 人並みの, 平凡な;いつもの;古い

شَخْص عَادِيّ　平凡な人/普通の人/一般人

طَعَام عَادِيّ　日常(普段)の食事

أُرِيدُ أَنْ أَعِيشَ حَيَاةً عَادِيَّةً　私は人並みの生活がしたい

مَا زَالَ الْعُمَّالُ يُمَارِسُونَ عَمَلَهُمُ الْعَادِيَّ　労働者はまだいつもの(通常の)勤務をしている

❖ عَاذَ ، يَعُوذُ <عوذ　保護を求める(~بِـ:~に);逃れる(~مِنْ:~から)

((أَعُوذُ بِاللّٰهِ مِنَ الشَّيْطَانِ الرَّجِيمِ !))　私は邪悪な悪魔から逃れ, 神に保護を求める

❖ عَاذِل <عذل 複 عُذَّال 女 عَاذِلَة 複 عَوَاذِل　形 非難の, 中傷する 名 非難者, 中傷者

يَا عَاذِلِي، بِلَوْمِكَ ظَلَمْتَنِي　中傷する人よ, あなたの非難に私は苦しんだ

❖ عَارٌ <عري 複 أَعْيَار　恥, 不名誉

عَارٌ عَلَيْهِ أَنْ يَخُونَ صَدِيقَهُ　彼にとって, 友人を騙す事は恥である

❖ عَارٍ <عري 複 عُرَاة　裸の;(~の)ない(~مِنْ) ※定 اَلْعَارِي

صُورَة عَارِيَة　裸の(ヌード)写真

لَا تَتْرُكِي الطِّفْلَ عَارِيًا بَعْدَ الْحَمَّامِ　(貴方は)子供を風呂に入れた後, 裸のままにしてはいけない

اَلْأَشْجَار الْعَارِيَة الْأَوْرَاقِ　葉のない木/裸の木

عَارَضَ < عرض III 名 مُعَارَضَة ❖ 反対する,抗議する;逆らう;避ける;比べる
名反対,抗議

نُعَارِضُ الْأَسْلِحَةَ النَّوَوِيَّةَ　私達は核兵器に反対です

حِزْبُ الْمُعَارَضَةِ　野党/反対の党

عَارِضٌ < عرض ❖ 展示者(複 ـون);障害;頬(複 عَوَارِض)

الْعَارِضَانِ (ـيْنِ)　両頬 ※( )内は属対

عَارِضَة < عرض 複 ـات ❖ 女性モデル;女性展示者

عَارِضَةُ الْأَزْيَاءِ　マネキン人形/ファッションモデル

عَارَكَ < عرك III 名 مُعَارَكَة ❖ 闘う/戦う,闘争する 名戦闘,闘争;口論

اَلنَّصْرُ لِمَنْ يُعَارِكُ بِإِيمَانٍ　勝利は信念を持って闘う者にある

عَارِم < عرم ❖ 巨大な;激しい;(寒さが)厳しい

يَوْمٌ عَارِمٌ　寒さの厳しい日

عَازِف < عزف 複 ـون ❖ 演奏者;音楽家

أَطْرَبَنَا عَازِفُ الْعُودِ بِتَقْسِيمِهِ　ウード演奏者は演奏で私達を楽しませてくれた

عَاشَ ، يَعِيشُ < عيش 名 عَيْش / عِيشَة ❖ 生きる,暮らす,生活する 名生活,生きる事

※ هِيَ عَاشَتْ / أَنَا عِشْتُ

命 عِشْ 女 عِيشِي　生きよ/生きなさい

يَعِيشُ مِمَّا يَكْسِبُهُ　彼は自分の稼ぎで暮らしている

يَعِيشُ السَّمَكُ فِي الْمَاءِ　魚は水中で生きる

عَاشَ حَيَاةً سَعِيدَةً　幸せな人生を送った

فَلْيَعِشْ ~ ! / لِيَعِشْ ~ ! / عَاشَ ~ !　(~)万歳!

عَاشَرَ < عشر III 名 مُعَاشَرَة ❖ 交際する,親しく付き合う 名交際,付き合い

قُلْ لِي مَنْ تُعَاشِرُ　誰と交際しているのか言いなさい

عَاشِر < عشر 女 عَاشِرَة ❖ 第十の,十番目の

اِنْزِلْ فِي الْمَحَطَّةِ الْعَاشِرَةِ　十番目の駅で降りなさい

عَاشِق < عشق 複 ـون / عُشَّاق ❖ 形愛している 名愛好家,愛好者,ファン;恋人

女 عَاشِقَة 複 عَوَاشِق

عَاشِق الْمُوسِيقَى　音楽愛好家

عَاشُور / عَاشُورَاء <عشر ❖ ムハッラム月１０日[イスラム暦]
※モスレムの自発的断食日[スンニー派]
※預言者ムハンマドの孫フサインの追悼祭[シーア

عَاصٍ <عصى 複 عُصَاة ❖ 形不服従の 名不服従者，反抗者 ※定 اَلْعَاصِي

وَيْلٌ لِمَنْ يَحْمِي عَاصِيًا!　不服従なる者に災いあれ！

عَاصَرَ <عصر III ❖ 同じ時代に生きる，同時代である

عَاصَرَ "الْمَنْصُورَ"　彼はマンスールと同じ時代に生きた

عَاصِفَة <عصف 複 عَوَاصِف ❖ 嵐，暴風雨

هَبَّتْ عَاصِفَةٌ شَدِيدَةٌ　強い嵐が吹き荒れた

عَاصِمَة <عصم 複 عَوَاصِم ❖ 首都;都市

اَلْمَنَامَةُ عَاصِمَةُ الْبَحْرَيْنِ　マナーマはバハレーン国の首都である

عَاطِفَة <عطف 複 عَوَاطِف ❖ 情感，感情，情緒;愛情;同情;親切

غَنَّى بِكَثِيرٍ مِنَ الْعَاطِفَةِ　情感(感情)を込めて歌った

عَاطِلٌ <عطل ❖ (～を)欠く(～عَنْ);(～が)無い，不足している

كَمْ مِنْ شَابٍّ عَاطِلٍ عَنِ الْعَمَلِ!　どれだけ無職の(失業している)若者がいること

عَافَ، يَعَافُ/ يَعِيفُ <عيف 名 عَيْف/عَيَفَان ❖ ひどく嫌う，嫌悪感を持つ 名嫌悪

عَافَ الطَّعَامَ　その食事をひどく嫌った

عَافَى، يُعَافِي <عفو III 名 مُعَافَاة ❖ (病気を)治す;救う，守る 名免除，控除

※ هِيَ عَافَتْ/ أَنَا عَافَيْتُ

عَافَاكَ!　良くやった/万歳！

عَافِيَة <عفو ❖ 健康，元気;幸福，幸せ

أَتَمَنَّى لَكَ الصِّحَّةَ وَالْعَافِيَةَ　あなた様のご健康とお幸せを祈っています

عَاقَ، يَعُوقُ <عوق 名 عَوْق ❖ 邪魔をする，妨害する，妨げる;遅らす 名妨害

مَرَضٌ يَعُوقُنِي عَنِ الْعَمَلِ　病気で私の仕事は遅れています

عَاقَبَ <عقب III 名 مُعَاقَبَة / عِقَاب ❖ 交互にする;罰する(～بـ/عَلَى:～で) 名罰，懲罰

سَأُعَاقِبُكَ عَلَى فِعْلَتِكَ　あなたの行いに対して罰を与えよう

اَلثَّوَاب وَالْعِقَاب　報酬と懲罰

عَاقِبَة <عقب 複 عَوَاقِب ❖ 終わり，結末;結果

اَلْكَذِبُ عَاقِبَتُهُ سَيِّئَةٌ　嘘の結果は悪事である/嘘は泥棒の始まり[格言]

سَلِيم عَاقِبَة　(病気が)良性の/後遺症のない

عَاقِرٌ <عقر 複 عَوَاقِر ❖ 女子供のない;不妊の，不妊症の

تَكْرَهُ الْأَوْلَادَ لِأَنَّهَا عَاقِرٌ　彼女は自分が不妊症なので，子供が嫌いです

عَاقِلٌ <عقل 複 ون /عُقَلَاءُ/عُقَّال ❖ 合理的な，理性のある;知的な，賢い

女 عَاقِلٌ/عَاقِلَة 複 عَوَاقِل

هُوَ شَابٌّ رَصِينٌ عَاقِلٌ　彼は知的で，しっかりした青年です

عَاكَسَ <عكس III 名 مُعَاكَسَة ❖ 反対する;困らせる;逆の事をする 名妨害;争い

كُلَّمَا هَمَمْتُ بِعَمَلٍ ، عَاكَسَنِي أَخِي　私が仕事をしようとするたびに，兄が反対した

عَالَ ، يَعُولُ <عول ❖ 扶養する，養う

لَيْسَ لَهُ مَنْ يَعُولُهُ　彼には扶養してくれる人がいない

عَالٍ <علو 女 عَالِيَة 比 أَعْلَى ❖ 高い，高等な;(声が)大きい ※定 اَلْعَالِي 比より高い

اَلتَّعْلِيم الْعَالِي　高等教育

هُوَ عَالِي الْكَعْبِ　彼は気高い(高貴な出である)

بِصَوْتٍ عَالٍ　大声で

عَالِيَهُ　前述の

شَهَادَة عَالِيَة　上級の学位証明書

دَارُ الْقَضَاءِ الْعَالِي　上級(高等)裁判所

عَالَة <عول ❖ 重荷;寄生

لَا يَقْبَلُ الرَّجُلُ الْعَزِيزُ النَّفْسِ أَنْ يَكُونَ عَالَةً عَلَى أَحَدٍ　自尊心の高い男は，誰の重荷になる事も容認できない

عالج ~ عام

عَالَجَ <علج III 名 مُعَالَجَة ❖ 治療する,処置する;育成する;(～に)係わる;及
名治療,処置

عَالَجَ الْمَرِيضَ　患者を治療した

عَالَجَ الرَّمَقَ الأَخِيرَ　死の瀬戸際にいた

عَالَجَ بِطَعْنَةٍ　刺した

اَلْمُعَالَجَة الرَّادِيُوم　放射線治療

عَالَم <علم 複 ون / عَوَالِم 関 عَالَمِيّ ❖ 世界;宇宙 関世界の,世界的な;宇宙の

خَلَقَ اللّٰهُ الْعَالَمَ　神が宇宙を作られた

عَالَم الْحَيَوَانِ (النَّبَاتِ)　動物(植物)界

اَلْحَرْب الْعَالَمِيَّة الأُولَى　第一次世界大戦

عَالِمٌ <علم 複 عُلَمَاء ❖ 形博識の,知識のある;知っている 名学者;知識人

أُسْتَاذُ الْكِيمِيَاءِ عَالِمٌ كَبِيرٌ　化学の教授は大学者です

عَالِم بِالْغَيْب　(人の未来など)見えない物が見える人

عَامَ، يَعُومُ <عوم 名 عَوْم ❖ 浮く,浮かぶ;泳ぐ 名浮く事;水泳

تَعُومُ الْكُرَةُ عَلَى الْمَاءِ　ボールが水面に浮かんでいる

عَامٌ <عوم 複 أَعْوَام ❖ 一年,年

عَامَئِذٍ　その年に

كُلَّ عَامٍ وَ أَنْتُمْ بِخَيْرٍ　毎年あなた方が健やかでありますように/
“おめでとうございます” ※祝祭日の挨拶

عَامٌّ <عم ❖ 公共の,公の

عَامًّا　一般的に/概して

اَلأَمْن الْعَامّ　公共の安全/治安

اَلرَّأْي الْعَامّ　世論/世論

اَلْخِدْمَات الْعَامَّة　公共のサービス

مَصْلَحَة عَامَّة　公共の福利/公益

اَلْمَصْلَحَةُ الْعَامَّةُ تُقَدَّمُ عَلَى الْمَصْلَحَةِ الْخَاصَّةِ　公益は私益に優先される

عَامَّة ＜عم 複 عَوَامّ ❖ 全般,一般性;大衆

عَامَّةً　全般に/一緒に

اَلْخَاصَّةُ وَالْعَامَّةُ　皆

عَامَلَ ＜عمل III 名 مُعَامَلَة ❖ 取り扱う,接する 名待遇;取り扱い,処理

عَامَلَ الْجِهَازَ بِعِنَايَةٍ　その装置を注意深く,取り扱った

عُومِلَ كَغَرِيبٍ　よそ者として扱われた *受

*سُوء الْمُعَامَلَةِ　不当な待遇/虐待

اَلْآلَةُ صَعْبَةُ الْمُعَامَلَةِ　その機械は取り扱い(操作)が難しい

عَامِل ＜عمل 複 عُمَّال /عَمَلَة ❖ 形働いている,労働の 名労働者;要素;元素;動機(複 عَوَامِل)

طَبَقَة الْعُمَّالِ　労働者階級/プロレタリアート

رَئِيس الْعُمَّالِ　親方

عَامِل كِيمِيَائِيّ　化学元素

عَامِّيّ ＜عم ❖ 形普通の;大衆の 名一般人,大衆

اَلْعَامِّي/اَللُّغَة (اَللَّهْجَة) الْعَامِّيَّة　口語/話し言葉

(اَلْ)عَامِّيَّة ＜عم ❖ 口語,話し言葉;方言

يَتَخَاطَبُ النَّاسُ بِالْعَامِّيَّةِ　人々は口語を話す

عَانَى ＜عنى III 名 مُعَانَاة ❖ 苦労する;苦しむ;悩む;患う 名苦労,苦難;悩み

أَظُنُّ أَنَّكَ عَانَيْتَ　私はあなたが苦労したと思う

مُعَانَاة الشَّعْبِ الْعَرَبِيِّ　アラブの民衆の苦難

عَانَدَ ＜عند III 名 عِنَاد/مُعَانَدَة ❖ 口答えする;反対する,抵抗する 名抗議,反対

اِسْمَعْ كَلَامَ أُمِّكَ، حَرَامٌ أَنْ تُعَانِدَهَا　お母さんの言う事を聞きなさい,口答えは許されません

عَانِس ＜عنس 複 عَوَانِس/عُنَّس ❖ 年のいった未婚の女性(男性)

آخِرَة الْعَانِسِ صَعْبَة　未婚の人の老後は大変だ

عَانَقَ ＜عنق III 名 عِنَاق/مُعَانَقَة ❖ 抱擁する,抱く 名抱擁

عَانَقَ الْوَالِدُ وَلَدَهُ وَقَبَّلَهُ　父親は息子を抱いてキスをした

عَاهَة <عوه 複 -ات ❖ 病気,疾病;身体的障害

الْعَرَجُ عَاهَةٌ ، وَلٰكِنَّهَا لَنْ تَقِفَ فِي سَبِيلِ تَقَدُّمِكَ　足の悪いのは障害ですが,あなたの進歩を止める事はありません

عَاهَدَ <عهد III 名 مُعَاهَدَة ❖ 契約する,約束する(~عَلَى:~を);協定を結ぶ
名契約,協定;条約

لَقَدْ عَاهَدَنِي عَلَى الطَّاعَةِ وَالاجْتِهَادِ　彼は私に服従と努力する事を約束した

مُعَاهَدَة عَدَمِ الاعْتِدَاءِ　不可侵条約

عَاوَدَ <عود III 名 مُعَاوَدَة ❖ 戻る,取り戻す,蘇る;繰り返す;再開する
名戻る事,繰り返し;再開;習慣

عَاوَدَتْهُ ذِكْرَيَاتُهُ　記憶が蘇った

عَاوَدَهُ الْمَرَضُ بَعْدَ شِفَاءٍ　病気が快復後に,ぶり返した(再発した)

عَاوَنَ <عون III 名 مُعَاوَنَة ❖ 援助する,支援する,助ける 名援助,支援

الْيَابَانُ تُعَاوِنُ كَثِيرًا مِنَ الْبُلْدَانِ فِي الْعَالَمِ الثَّالِثِ　日本は第三世界の国々の多くを援助している

عَايَدَ <عيد III 名 مُعَايَدَة ❖ 祝日の挨拶を交わす 名祝日の挨拶

جَمِيلٌ أَنْ يُعَايِدَ النَّاسُ بَعْضُهُمْ بَعْضًا　人々が互いに,祝日の挨拶を交わすのは美しい

عَايَشَ <عيش III 名 مُعَايَشَة ❖ 共存する,共生する;同居する 名共存,共生;同居

يُعَايِشُ صَاحِبُ الأَرْضِ الْفَلَّاحِينَ　土地の所有者は農民と共に生きる

مُعَايَشَة سِلْمِيَّة　平和(的)共存

عَايَنَ <عين III 名 مُعَايَنَة ❖ 見る;診察する,調べる 名見る事;診察;調査

عَايَنْتُ حَادِثَ الاصْطِدَامِ　私は衝突事故を見ました

عَايَنَ الطَّبِيبُ الْمَرِيضَ وَطَمْأَنَهُ　医者は患者を診察して,安心させた

عِبْءٌ <عبأ 複 أَعْبَاءٌ ❖ 荷;負担

هٰذَا الْعِبْءُ ثَقِيلٌ　この荷は重い

عَبَأَ (a) ❖ 詰める;準備する;構わない,気にしない(~بِـ:~を)*
*否定形で

عَبَّأْنَا الْبِضَاعَةَ فِي الصَّنَادِيقِ　私達は商品を箱に詰めた

لَا تَعْبَأْ بِأَقْوَالِ النَّاسِ　人の言う事に構うな(を気にするな)

عَبَّأَ، يُعَبِّئُ <عبأ II 名 تَعْبِئَة　❖用意する;(軍を)機械化する;詰める;満たす
名瓶詰め;梱包

سَنُعَبِّئُ طَاقَاتِنَا كُلَّهَا لِإِنْجَاحِ الِاجْتِمَاعِ　集会の成功のために,全力を集中しよう

اَلْآلَةُ تُعَبِّئُ الْقَنَانِي شَرَابًا　機械がジュースを瓶に詰める

عَبَاءَة <عبء 複 -ات　❖アバーヤ ※服の上に着る外衣

عُبَابٌ <عب　❖女高波,大波

تَشُقُّ السَّفِينَةُ عُبَابَ الْبَحْرِ　海の大波を切って船が進む

عَبَّاد (الشَّمْس)　❖ヒマワリ/向日葵;太陽崇拝者

وَرَقُ عَبَّادِ الشَّمْسِ　リトマス試験紙

عِبَادَة <عبد 複 -ات　❖崇拝;祈り;信仰

اَللّٰهُ وَحْدَهُ يَسْتَحِقُّ الْعِبَادَةَ　神だけが崇拝に値する

حُرِّيَّةُ الْعِبَادَةِ　信教(宗教)の自由

عِبَارَة <عبر 複 -ات　❖表現;説明;句

عِبَارَة صَحِيحَة　正しい(適切な)表現

عِبَارَتُكَ لَيْسَتْ وَاضِحَةً　あなたの説明は明確ではない

بِعِبَارَةٍ أُخْرَى　言い換えると

عَبَثَ (a)　❖遊ぶ,ふざける;冗談を言う

يُمْضِي وَقْتَهُ يَلْهُو وَيَعْبَثُ　彼は娯楽や遊びで,無為に時間を過ごす

عَبَدَ (u)　❖(神を)崇拝する,崇める;(神に)仕える

إِيَّاكَ نَعْبُدُ　私達は(神様)あなただけを崇めます

عَبَدَ اللّٰهَ　神を崇拝した

عَبَّدَ <عبد II 名 تَعْبِيد　❖奴隷にする;道路を作る,舗装する
名奴隷にする事;道路を作る事,舗装

تُعَبِّدُ الْمِحْدَلَةُ طَرِيقَ الْقَرْيَةِ　ローラーで村の道を舗装する

عَبْد 複 عُبْدان / عَبِيد / عِباد 女 عَبْدَة ❖ 奴隷，僕；神の僕，人 女 女奴隷(複 ـات)

عَبْدُ اللّٰهِ　神の僕

عَبَرَ (u) 名 عُبُور / عَبْر ❖ 横切る，横断する，渡る；通る 名 横断

لَا تَعْبُرِ الشَّارِعَ　通りを渡ってはいけない(渡るな)

عُبُورُ النَّهْرِ　渡河

عَبَّرَ < عبر II 名 تَعْبِير ❖ 表す，表現する；説明する(〜عَنْ：〜を)；表明する
名 表現；説明；表明

عَبِّرْ عَنْ رَأْيِكَ بِكَلَامٍ وَاضِحٍ　明確な言葉で自分の意見を表明しなさい

تَعْبِير اِصْطِلَاحِيّ　熟語

هٰذَا التَّعْبِيرُ صَعْبٌ لِلْأَطْفَالِ　この表現は子供には難しすぎる

عَبْرَة 複 عَبَرَات ❖ 涙

سَالَتْ عَبَرَاتُهَا عَلَى وَجْنَتَيْهَا　彼女の両頬に涙が流れ落ちた

عِبْرَة 複 عِبَر ❖ 戒め，教訓；警告，勧告

مَوْطِنُ الْعِبْرَةِ　重要な時期/決定的な瞬間

لَا عِبْرَةَ بِهِ　重要でない

اَلْعِبْرَةُ بِـ~ (فِي~)　重要なのは〜である

لَمْ أَفْهَمِ الْعِبْرَةَ　私はその戒めが分からなかった

عِبْرِيّ < عبر ❖ 形 ヘブライの 名 ヘブライ人，ヘブライ語

هُوَ لَيْسَ يَهُودِيًّا وَلٰكِنَّهُ يَفْهَمُ الْعِبْرِيَّةَ　彼はユダヤ人ではないけれど，ヘブライ語が分かります

عَبَسَ (i) ❖ 眉をひそめる，しかめっ面をする；
(〜を)にらみつける(〜 فِي وَجْهِهِ)

عَبَسَتْ فِي وَجْهِي　彼女は私をにらみつけた

عَبِقَ (a) ❖ (良い香りで)満たされている，香る

يَعْبَقُ الْبَيْتُ بِأَرِيجِ الْيَاسَمِينَةِ　家はジャスミンの良い香りで満たされている

عَبْقَرِيّ 複 عَبَاقِرَة ❖ 形 天才の，天才的な 名 天才(〜فِي：〜の)

لَيْسَ كُلُّ أُسْتَاذٍ عَبْقَرِيًّا　すべての教授が天才ではない

عُبُودِيَّة <عبد ❖ (神への)崇拝;奴隷の状態;奴隷制

وُلِدَ الْمَلِكُ فِي الْعُبُودِيَّةِ　王は奴隷の身分として生まれた

عُبُور <عبر ❖ 横切る事,横断

مَمَرُّ عُبُورِ الْمُشَاةِ　横断舗道

عَبِير <عبر ❖ 匂い,香り,芳香

شَمَمْنَا عَبِيرَ الْأَزْهَارِ فِي الْحَدِيقَةِ　私達は庭園で花の香りを嗅いだ

عَتَادٌ <عتد ❖ 備品;用具;武器,兵器

عَتَاد عَسْكَرِيّ　軍備

عَتَّال <عتل 複 ون / عَتَّالَة ❖ 運び人,ポーター

ثَقَّلَ التَّاجِرُ حِمْلَ الْعَتَّالِ　商人は運び人の荷を重くした

عَتَبَ (i,u) 名 عَتْب ❖ 非難する,責める(～عَلَى:～を) 名非難

أَعْتُبُ عَلَيْكَ، لِأَنَّكَ وَعَدْتَنِي بِزِيَارَةٍ لَمْ تَفْعَلْ　私はあなたが来ると約束しながら,会いに来ないので非難します

عَتَبَة 複 -ات/ عَتَبٌ ❖ 戸口の上り段,敷居;階段

عَتَبَةُ الْبَيْتِ　戸口への道(階段)

عَتِيق <عتق ❖ 古い,アンティークの,(ワインが)年代物の

عَتِيق الطِّرَاز　時代遅れの/オールドファッションの

فِي الدَّنِّ نَبِيذٌ عَتِيقٌ　瓶に年代物のワインが入っている

عَتَّمَ <عتم II 名 تَعْتِيم ❖ 暗くする 名闇

لَا يُعَتِّمُ أَنْ ～/ مَا عَتَّمَ أَنْ ～　やがて～/間も無く～

غَابَتِ الشَّمْسُ وَعَتَّمَتِ الدُّنْيَا　日が沈むと,地上は暗くなった

عَتَمَة 複 -ات ❖ 闇;夜を三等分した最初の部分

يَأْوِي الْبَطُّ إِلَى الْخُمِّ مَعَ هُبُوطِ الْعَتَمَةِ　夜のとばりが降りると共に,アヒルは囲いに入る

عُثٌّ 複 عُثَث ※ عُثَّة ❖ が/蛾;服の虫食い ※1匹の蛾

بِفَضْلِ النَّفْتَالِين ، لَنْ تَجِدِي فِي مَلَابِسِكِ عُثَّةً وَاحِدَةً　ナフタリンのおかげで(貴女の)服は虫食いの一つもありません

عَثَرَ (u, i) عُثِرَ 受 عَثَر 名 عُثُور ❖ 発見する,見つける(～عَلَى:～を);つまずく(～بِـ:～に)
受発見される 名発見

عَثَرَ عَلَى بَعْضِ الْعُمْلَاتِ الذَّهَبِيَّةِ　数枚の金貨を見つけた

حَذَارِ أَنْ تَعْثُرَ !　つまずかないように,気をつけなさい

عُثْمَانِيّ 複 ون ❖ 形オスマントルコの 名オスマントルコ人

عَجَاج <عج ❖ ほこり,ちり

هَبَّتِ الرِّيحُ ، فَمُلِئَتِ الْجَوُّ عجاجا　風が吹いて,空はほこりに満ちた

عَجِبَ (a) 名 عَجَب 複 أَعْجَاب ❖ 驚く,驚嘆する;感心する;感動する(～مِنْ/لِـ:～に)
名驚き;感心

عَجِبَ مِنَ الْآثَارِ　その遺跡に驚いた

لَا عَجَبَ (أَنَّ / أَنْ ~)　(～の事は)不思議ではない/無理はない

لَا عَجَبَ أَنْ يُشْغَفَ بِهَا　彼が彼女に夢中なのも無理はない

عَجَبًا/ يَا لِلْعَجَبِ　なんと素晴らしい/なんと不思議な事か

عُجَّة ❖ オムレツ

لَا تُقْلَى الْعُجَّةُ إِلَّا بَعْدَ كَسْرِ الْبَيْضِ　オムレツは卵をといてから,炒めて下さい

عَجْرَفَة ❖ 傲慢,高慢

لِمَاذَا يُكَلِّمُ رَفِيقَهُ بِهٰذِهِ الْعَجْرَفَةِ　どうして,彼はそのような傲慢さで,友人に話すのですか

عَجَزَ (i) / عَجِزَ (a) 名 عَجْز 複 أَعْجَاز ❖ 弱い;不可能である,できない(～عَنْ:～が)
名不能,不具;欠陥;赤字(=عَجْز مَالِيّ)

أَعْجِزُ عَنْ قِرَاءَةِ الْيَابَانِيَّةِ　私は日本語が読めません

الْعَجْزُ فِي مِيزَانِ التِّجَارِيِّ　貿易赤字

عَجَزَ(ـُ) (u) ❖ 老いる,歳を取る

الْأَيَّامُ تَمُرُّ ، وَأُمُّكَ تَضْعُفُ وَتَعْجُزُ　月日が経てば,あなたの母も弱くなり,老いる

عَجِلَ (a) 名 عَجَل ❖ 慌てる;急ぐ(～إِلَى:～に) 名慌てる事;急ぎ

عَلَى عَجَلٍ　慌てて/急いで

تَعْجِيل 名 II عجل < عَجَّلَ ❖ 急がせる, 加速する; 前払いする 名加速; 急速

عَجِّلْ لِنَقْطَعَ الطَّرِيقَ، قَبْلَ وُصُولِ السَّيَّارَةِ　車が来る前に, 急いで通りを渡ろう

عَجَّلَ أَعْمَالَهُ　仕事を急がせた

عَجَّلَ لَهُ مِنَ الثَّمَنِ الْعِجْلِ　子牛の代金を彼に前払いした

عُجُول 複 عِجْل ❖ 子牛

الْعِجْلُ يُرَافِقُ الْبَقَرَةَ　子牛が母牛により添っている

ـات 複 عَجَلَة ❖ 急ぐ事, 急ぎ; 車輪, 輪

في الْعَجَلَةِ النَّدَامَةُ　急げば後悔/急がば回れ[格言]

لِلدَّرَّاجَةِ عَجَلَتَانِ　自転車には車輪が二つある

عجم < عَجَمِيّ ❖ 外国の, 非アラブの; ペルシャの

اِشْتَرَى عَمِّي سَجَّادَةً عَجَمِيَّةً　叔父(伯父)さんはペルシャじゅうたんを買いました

عَجَنَ (i, u) ❖ 練る, こねる; パン生地を作る

يَعْجُنُ الْفَرَّانُ كِيسًا مِنَ الطَّحِينِ　パン屋さんは一袋の粉を練る

عَجَائِز / عُجُز 複 عجز < عَجُوز ❖ 形年老いた, 老人の 名老婦人, お婆さん; 老人

مَشَتِ الْعَجُوزُ مُسْتَعِينَةً بِعَصَاهَا　お婆さんは杖を頼りに歩いた

شَجَرَةُ الزَّيْتُونِ الْعَجُوزُ　オリーブの古木

عجب < عَجِيب ❖ 不思議な; 驚くべき

لِمَسْحُوقِ الْغَسِيلِ هٰذَا مَفْعُولٌ عَجِيبٌ　この洗剤は驚くべき効果があります

الْعَجِيبُ أَنَّهُ فَشَلَ فِي الامْتِحَانِ　彼が試験に落ちるなんて不思議だ

عَجَائِب 複 عجب < عَجِيبَة ❖ 不思議, 驚異; 奇跡

عَجَائِبُ الدُّنْيَا السَّبْعُ　世界の七不思議

عَجِيبَةُ الطَّبِيعَةِ　自然の驚異

عُجُن 複 عجن < عَجِين ❖ パン生地

قَرَّصَ الْخَبَّازُ الْعَجِينَ　パン屋はパン生地をこねた

❖ عَدَّ ، يَعُدُّ ، عُدَّ 受 يُعَدُّ ، عَدّ 名 عَدٌّ　数える;みなす 受数えられる 名数える事;みなす
※ هِيَ عَدَّتْ/ أَنَا عَدَدْتُ

عَدَّ أَيَّامًا بِدَقَائِقِهَا　(待ち遠しくて)日々を指折り数えた

عَدَّهُ بَطَلًا　彼を英雄と見なした

❖ عَدَا ، يَعْدُو <عدو 名 عَدْو　走る;追い越す,上回る;免除する(~بِـ:~を);
感染する(~إِلَى:~に);防ぐ(~عَنْ:~から)
名走り,ランニング

انْطَلَقْنَا نَعْدُو　私達は走り始めた

عَدَا طَوْرَهُ　彼の力の限界を超えた

❖ عَدَا ، يَعْدُو <عدو　敵対行為をする(~عَلَى:~に);不当に取り扱う(~を);襲う,侵略する(~عَلَى:~を)

عَدَا عَلَى ضَعِيفٍ بَرِيءٍ　罪もない弱者を不当に取り扱った

❖ عَدَا ~<عدو　(~を)除いて ※~:名詞の対属

فِيمَا عَدَا ~/ مَا عَدَا ~　(~を)除いて

فِيمَا عَدَا ذٰلِكَ　その他に/それ以外に

لَعِبَ الطُّلَّابُ كُلُّهُمْ عَدَا مُحَمَّدًا (مُحَمَّدٍ)　ムハンマドを除いて,学生は皆遊んだ

❖ عَدَّاء <عدو 複 عَدَّاؤُونَ　走者,ランナー

عَدَّاء أُولُمْبِيّ　オリンピック走者

وَصَلَ الْعَدَّاءُ إِلَى الْمَلْعَبِ حَامِلًا شُعْلَةً　トーチを持ったランナーが競技場に着いた

❖ عَدَّاد 複 -ات　計器,メーター

يُسِيرُ الْعَدَّادُ إِلَى الْمَسَافَةِ الَّتِي قَطَعْنَاهَا　メーターは私達が進んだ距離を示している

❖ عَدَالَة <عدل　正義;正直,誠実;公正;公平

لَا نُرِيدُ فِي الْحُكْمِ مُسَايَرَةً ، بَلْ عَدَالَةً　私達が判決に欲しいのは調停ではなく,公正なのだ

❖ عَدَاوَة <عدو 複 -ات　敵意;憎しみ,恨み

لَمْ يَتْرُكْ بَيْنَنَا هٰذَا الْخِلَافُ عَدَاوَةً　この争いで,私達に憎しみは残らなかった

عِدَّة 複 عِدَد ✽ 名数 形幾つかの~,多くの~ ※~:非限定複名

أَيَّام عِدَّة　数日

رِجَال عِدَّة　数人の男達

عِدَّة أَقْلَامٍ　数本の鉛筆

عِدَّة أَصْحَابٍ　数人の友人

عَلَى رَفِّ الْمَكْتَبَةِ عِدَّةُ كُتُبٍ　図書室の棚には多くの本がある

عُدَّة 複 عُدَد ✽ 道具,用具;準備,用意

أَخَذَ عُدَّتَهُ لِـ~　~の準備をした

عُدَّة خِيَاطَة　裁縫道具

عُدَّة النَّجَّارِ　大工道具

عَدَّدَ <عد II 名 تَعْدِيد ✽ 数え上げる;(死者を)称える;泣く
名(死者を)称える事,お悔やみ;表にする事

عَدَّدَ الصِّفَاتِ　(死者の)思い出を語り,称えた

عَدَدٌ <عد 複 أَعْدَاد ✽ 数,数字;番号

عَدَدٌ أَصْلِيٌّ 複 أَعْدَاد أَصْلِيَّة　自然数/基数

عَدَدٌ صَحِيحٌ　整数

عَدَدٌ تَرْتِيبِيٌّ　序数

عَدَدٌ شَفْعٌ (شَفْعِيٌّ/ زَوْجِيٌّ)　偶数

عَدَدٌ وَتْرِيٌّ (مُفْرَدٌ/فَرْدِيٌّ) (ـِ)　奇数

عَدَدٌ ذَرِّيٌّ　原子番号

عَدَدٌ مِنْ ~　多くの~

عَدَس ※ عَدَسَة ✽ レンズ豆;レンズ ※1粒のレンズ豆;1枚のレンズ

فِيهِ الْعَدَسَةُ السَّوْدَاءُ وَالْعَدَسَةُ الْحَمْرَاءُ　黒いレンズ豆と赤いレンズ豆があります

قِيمَةُ آلَةِ التَّصْوِيرِ فِي عَدَسَتِهَا　カメラの価値はレンズにあります

عَدَلَ (i) 名 عَدْل ✽ 公正にする,差別しない 名公正,公平;正義

وَاجِبُ الْقَاضِي أَنْ يَعْدِلَ　裁判官は公正でなければならない

عَدْلاً / بِعَدْلٍ　公正に/平等に

وَزِير الْعَدْلِ　法務大臣/司法大臣

اَلْعَدْلُ أَسَاسُ الْمُلْكِ　公正は統治の基本である

عَدَلَ (i) 名 عُدُول ✽ (～を)諦める，退ける；(～から)それる(～عَنْ)
名断念，放棄；遠慮

عَدَلَ عَنِ السَّفَرِ　旅行を諦めた

عَدَلَ عَنِ الرَّأْيِ　その意見を退けた

اَلْعُدُول عَنِ الْخِطْبَةِ　婚約の破棄

عَدُلَ (u) 名 عَدَالَة ✽ 公平である，公正である 名公正，公平，平等；正義

عَدَالَة اجْتِمَاعِيَّة　社会的平等

عَدَّلَ < عدل II 名 تَعْدِيل 複 -ات ✽ 直す，正す，修正する；改良する，改善する；改正する
名修正；真っ直ぐな事

عَدَّلَ خَرِيطَةَ الْبِنَاءِ　設計図を手直しした

أَدْخَلَ تَعْدِيلاَتٍ عَلَى~　～に修正を加えた

تَعْدِيل دُسْتُورِيّ　憲法改正

عَدْلِيَّة < عدل ✽ 法務省；司法

وَزِير الْعَدْلِيَّةِ　法務大臣/司法大臣

عَدَمٌ / عُدْمٌ ✽ 無；無一文；不～，無～，非～　※～：動名詞属格

خَلَقَ اللّٰهُ الْكَوْنَ مِنَ الْعَدَمِ　神は無から宇宙を作られた

عَدَمُ التَّدَخُّلِ　不干渉

عَدَمُ الاهْتِمَامِ　無関心

عَدَمُ الْوُجُودِ　非存在/不在

عَدَّنَ < عدن II 名 تَعْدِين ✽ 鉱物を取り出す，採鉱する 名採鉱；鉱山業

مَتَى عَدَّنَ الْإِنْسَانُ الْمَعَادِنَ ؟　いつ人類は金属を取り出すようになりましたか

عَدُوّ < عدو 複 أَعْدَاء / عِدًى / عُدَاة ✽ 敵

يَغْلِبُ الْعَدُوَّ　敵を打ち破る(打ち負かす)

عَدْوَى < عدو ❖ 伝染,感染

اَللِّقَاحُ يَمْنَعُ الْعَدْوَى　ワクチンが感染を防ぐ

عُدْوَان < عدو 関 عُدْوَانِيّ ❖ 敵意;侵害 関敵意のある,反感を持つ;攻撃的な

لَنْ نَقْبَلَ الذُّلَّ وَالْعُدْوَانَ　我々は軽蔑と敵意は許容出来ないだろう

عَدِيد < عد 複 عَدَائِد ❖ 多くの;等しい

عَدَدٌ عَدِيدٌ　大勢の人/多くの量

سَمِعَ الْعَدِيدُ مِنَ النَّاسِ الْمُحَاضَرَةَ　多くの人がその講演を聞いた

هٰذَا عَدِيدُ ذَاكَ　これはそれに等しい

عَدِيل < عدل 複 عُدَلَاءُ ❖ 等しい;義理の兄弟 ※妻の姉妹の夫

اِجْتَمَعَ الْعُدَلَاءُ ، فَسُرَّتِ الْأَخَوَاتُ　姉妹の夫達が集まり,姉妹は喜んだ

عَدِيم < عدم 複 عُدَمَاءُ ❖ ～の無い;非～,不～,無～ ※～:名属

عَدِيمُ الْحَيَاةِ　元気のない

عَدِيمُ الْفَائِدَةِ　(薬などの)効用がない/役に立たない

هُوَ عَدِيمُ التَّرْبِيَةِ　彼は教養が無い

عَذَابٌ < عذب 複 ـات/ أَعْذِبَة ❖ 苦しみ,苦痛,苦悩;拷問

تَحَمَّلَ عَذَابَاتٍ　苦痛に耐えた

عَذُبَ (u) 名 عُذُوبَة ❖ 甘い,美味しい;愉快である 名甘い事;新鮮

كَمْ يَعْذُبُ مَاءُ الْعَيْنِ　泉の水のなんと甘いことか

عَذَّبَ < عذب II 名 تَعْذِيب ❖ 悩ます,苦しめる;拷問する 名悩ます事;拷問

لَا تُعَذِّبْ نَفْسَكَ　自分を責めてはいけない

عَذَّبَ الْأَسِيرَ　捕虜を拷問した

تَعَرَّضَ لِلتَّعْذِيبِ　拷問を受けた

عَذْب 複 عِذَاب 比 أَعْذَب ❖ 心地よい,甘美な;真水の;新鮮な 比より甘美な

صَوْتٌ عَذْبٌ　甘い声

لَا يَرْوِي الْعَطَشَ إِلَّا الْمَاءُ الْعَذْبُ　真水以外で喉を潤さない

عَذَرَ (i) 名 عُذْر 複 أَعْذَار ❖ 言い訳をする, 弁解する; 許す 名 言い訳, 口実, 弁解

تَأَخَّرْتُ عَلَيْكَ ، فَاعْذِرْنِي　遅くなりました, 許して下さい

عُذْرِي أَنَّ سَيَّارَتِي عَطِلَتْ　私の言い訳は車が壊れた事です

عَذْرَاءُ <عذر 複 عَذَارٍ /عَذَارَى ❖ 処女; 聖母マリア (اَلْعَذْرَاءُ); 乙女座[天体]

يُكَرِّمُ النَّصَارَى الْعَذْرَاءَ　キリスト教徒は聖母マリアを敬う

عَذَلَ (u) 名 عَذْل ❖ 非難する, 責める 名 非難

هَلْ تَعْذُلِينَ صَدِيقَتَكِ لِأَنَّهَا لَمْ تَدْعُكِ إِلَى عِيدِ مِيلَادِهَا ؟　貴女は友人が誕生日に招かなかった事を非難しているのですか

عَرَّى <عري II ❖ 脱がせる, 裸にする; 奪う(～مِنْ:～を)

رِيحُ الْخَرِيفِ تُعَرِّي الْأَشْجَارَ مِنْ أَوْرَاقِهَا　秋風が木々を裸にする

عُرًى ❖ ⇒ عُرْوَة 複

عَرَاءٌ <عري ❖ 野外, 戸外, 屋外; 裸

نَامَ فِي الْعَرَاءِ　屋外で寝た

عَرَّابٌ <عرب ❖ 後見人; 教父[キリスト教]

عَرَّافٌ <عرف ❖ 占い師, 易者

كَانَ لِلْعَرَّافِ نُفُوذٌ وَمَهَابَةٌ　占い師は影響力を持ち, 畏怖の対象であった

(اَلْ)عِرَاقُ <عرق 関 عِرَاقِيّ ❖ イラク 関 イラクの, イラク人の; イラク人

اَلْجُمْهُورِيَّةُ الْعِرَاقِيَّةُ　イラク共和国

عَرَّبَ <عرب II 名 تَعْرِيب ❖ アラブ化する; アラビア語に訳する; 表明する
名 アラブ化; アラビア語訳

عَرَّبَ النَّاسُ كَلِمَاتٍ أَعْجَمِيَّةً كَثِيرَةً　人々は沢山の外来語をアラビア語に直した

تَعْرِيبُ الْكَلِمَةِ الْأَعْجَمِيَّةِ　非アラビア語のアラビア語化

عَرَبٌ 複 أَعْرَاب 関 عَرَبِيّ ❖ アラブ人, アラブ 関 アラブの, アラビアの,
アラブ人の; アラブ人

مَوْطِنُ الْعَرَبِ الْأَصْلِيُّ هُوَ الْجَزِيرَةُ الْعَرَبِيَّةُ　アラブ人の起源はアラビア半島です

اَلْعَرَبِيَّةُ / اَللُّغَةُ الْعَرَبِيَّةُ　アラビア語

عَرَبَة 複 ـات ❖ 車,車両;馬車

عَرَبَة الأَكْلِ　食堂車

عَرَبَة خَيْلٍ　馬車

عَرَبَة الشَّحْنِ　トラック

جَرَّ الْعَرَبَةَ　馬車(車両)を引いた

عَرْبَدَ ، يُعَرْبِدُ ❖ 行いが悪い;けんか好きである;酒癖が悪い

عَرْبَدَ السَّكْرَانُ　酔っぱらいが騒いだ

عُرْبُون / عَرَبُون <عربن 複 عَرَابِين ❖ 頭金,手付け金;担保

أَوْصَى عَلَى السَّيَّارَةِ وَدَفَعَ عُرْبُونَهَا　車を注文して,その頭金を払った

عِرْبِيد <عربد ❖ 酒癖の悪い;けんか好きな

الشَّابُّ سِكِّيرٌ عِرْبِيدٌ　その若者は大酒飲みで,酒癖が悪い

عَرَجَ (u) ❖ 登る(～:عَلَى/فِي～を)

هَلْ عَرَجْتَ جَبَلَ "فُوجِي"؟　富士山に登りましたか

عَرِجَ (a) 名 عَرَجٌ ❖ 足が不自由である 名足の不自由さ

أَعْرَجُ لِأَنَّ عَضَلَاتِ سَاقِي تَشَنَّجَتْ　足の筋肉がつって,私は足が不自由です

عِرْزَال 複 عَرَازِيل ❖ 丸太小屋;木の上の番小屋

يَنَامُ نَاطُورُ الْبِطِّيخِ فِي الْعِرْزَالِ　西瓜畑の番人は番小屋で眠る

عُرْس (عُرُس) 複 أَعْرَاس/عُرُسَات ❖ 結婚,結婚式

سَنَحْضُرُ عُرْسَهُ　彼の結婚式に出よう(出席しよう)

عَرْش 複 عُرُوش ❖ 王位,玉座,王座

تَنَازَلَ الْمَلِكُ عَنِ الْعَرْشِ　国王は王位を放棄した(退位した)

جَلَسَ الْمَلِكُ عَلَى الْعَرْشِ　国王は王位に就いた

تَبَوَّأَ الْعَرْشَ　王座に就いた

عَرَضَ (i) 名 عَرْض 複 عُرُوض ❖ 示す,提示する;見せる,陳列する,展示する;生じる;申し出る(～:عَلَى～に) 名提示;展示,陳列;パレード;申し出;横,幅

عرض ~ عرف

عُرِضَ 受　気が狂う, 発狂する

عَرَضَ عَلَيَّ مُسَاعَدَتَهُ　彼は私に援助を申し出てくれた

عَرَضَ عَلَيْهَا أَنْ يَتَزَوَّجَهَا　彼は彼女に結婚を申し込んだ(プロポーズした)

يَعْرِضُ التَّاجِرُ مَلَابِسَ الْمَوْسِمِ　商人は季節の服を陳列する

غُرْفَةُ الْعَرْضِ　展示室

عَرْض الصَّوْتِ وَالضَّوْءِ　音と光のショー

عَرْض وَطُول　縦と横

خَطُّ (دَرَجَةُ) الْعَرْضِ　緯線(緯度)

عَرُضَ (u) ❖ 広くする;横に広い

اَلْمَمَرُّ ضَيِّقٌ، يَنْبَغِي أَنْ يَعْرُضَ　通路が狭いです, 広くしなければなりません

عَرَّضَ<عرض II 名 تَعْرِيض ❖ 広げる;晒す 名拡張;晒す事

لَا تُعَرِّضْ حَيَاتَكَ لِلْخَطَرِ　命を危険に晒してはいけません

تَعْرِيض لِأَشِعَّةِ الشَّمْسِ　日光浴/日向ぼっこ

عَرَض 複 أَعْرَاض ❖ 症状;偶然

اِرْتِفَاعُ حَرَارَةِ الْجِسْمِ عَرَضٌ مِنْ أَعْرَاضِ الْمَرَضِ　体温の上昇は病気の症状の一つです

بِالْعَرَضِ/ عَرَضًا　偶然に

عِرْض 複 أَعْرَاض ❖ 名声, 名誉

أَنَا فِي عِرْضِكَ　私にお慈悲を下さい

ضَحِّ بِمَالِكَ، لَا تُضَحِّ بِعِرْضِكَ　お金を犠牲にせよ, 名誉を犠牲にしてはいけない

عَرَفَ (i) 名 مَعْرِفَة 複 مَعَارِف ❖ 知る;識別する(・・مِنْ~:~を・・と)
名知る事;知識 複知り合い, 知人;文化, 教育

عُرِفَ، يُعْرَفُ (بـ~) 受　~で知られる

هَلْ تَعْرِفُ الطَّرِيقَ إِلَى~؟　あなたは~への道を知っていますか

اِعْرِفِ الصَّوَابَ مِنَ الْخَطَإِ　正しい事と間違っている事を識別しなさい

مَعَ الْمَعْرِفَةِ　わざと/故意に

هُوَ مِنْ مَعَارِفِي　彼は私の知人です

عَرَّفَ＜عرف II 名 تَعْرِيف 複 تَعَارِيف ❖知らせる,教える;紹介する;定義する
名知らせる事,通知;定義

عَرِّفْهُمْ بِنَفْسِكَ　彼らに自己紹介しなさい

عَرَّفَ مَعْنَى الْكَلِمَةِ　その語の意味を定義した

حَرْف (أَدَاة) التَّعْرِيفِ　定冠詞

عُرْف ❖習慣;とさか/鶏冠(複 أَعْرَاف);(馬の)たてがみ

عُرْفُ الدِّيكِ تَاجٌ يُزَيِّنُ رَأْسَهُ　雄鶏のとさかは頭を飾る冠です

عِرْفَان＜عرف ❖恩;感謝,謝意

عِرْفَان الْجَمِيل (الْفَضْل)　感謝の気持ち/謝意

سَاعَدْتَنِي كَثِيرًا! أَنَا لَنْ أَنْسَى عِرْفَانَ　私はあなたから多大な援助を頂きました,
あなたへの感謝を忘れません

عَرِقَ (a) 名 عَرَق ❖汗をかく 名汗,発汗;アラク酒 ※蒸留酒の一種

لَا يَعْرَقُ الْكَلْبُ　犬は汗をかかない

عَمِلَ بِعَرَقِ جَبِينِهِ　額に汗して働いた

يَتَصَبَّبُ الْعَرَقُ مِنْ جَبِينِهِ　汗が額から吹き出ている

عِرْق 複 عُرُوق ❖根,幹,枝;血管

جَمَّدَ الصَّقِيعُ الْمَاءَ فِي عُرُوقِ الْأَشْجَارِ　霜が木の根の水分を凍らせた

عِرْق السُّوسِ　アルクッ=スース ※甘草の根から作った飲み物

عَرْقَلَ، يُعَرْقِلُ ❖妨げる,妨害する

تُعَرْقِلُ عَرَبَاتُ الْبَاعَةِ السَّيْرَ فِي الشَّارِ　屋台が通りの交通を妨げている

عَرَكَ (u) ❖こねる,練る;こする

يَعْرُكُ الْعَجَّانُ الْعَجِينَ لِيَلِينَ　パン屋さんは生地をこねて,柔らかくする

عَرَمْرَم ❖膨大な数の,多数の,大勢の;強力な

هَاجَمَ الْمَدِينَةَ جَيْشٌ عَرَمْرَمٌ　膨大な数の軍隊(大軍)がその都市を襲った

عِرْنِين＜عرن 複 عَرَانِين ❖鼻柱,鼻筋;高貴な人;最初の部分

عِرْنِين السَّحَابِ　雨の降り始め

عُرُوبَة / عُرُوبِيَّة ❖ アラブ主義;アラブの特質,アラブらしさ

نَفْهَمُ الْعُرُوبِيَّةَ حَضَارَةً　　私達はアラブの文化的特質を理解しています

عُرْوَة <عرو 複 عُرًى ❖ 絆,結び付き;握り;ボタン穴

وَطَّدَ عُرَى الصَّدَاقَةِ　　友情の絆を強くした

أَمْسِكِ الْإِبْرِيقَ بِالْعُرْوَةِ　　水差しは握りを持ちなさい

شَدَّ أَزْرَارَ الثَّوْبِ وَأَدْخَلَهَا فِي الْعُرَى　　服のボタンを引っ張って,ボタン穴に留めた

عَرُوس / عَرُوسَة <عرس 複 عَرَائِس ❖ 花嫁;人形

مَسْرَحُ الْعَرَائِسِ　　人形劇

عَرُوس / عَرِيس <عرس 複 عُرُس ❖ 花婿,新郎

عَرُوسَانِ　　新郎新婦

قَطَعَ الْعَرُوسَانِ كَعْكَةَ الْحَلْوَى　　新郎新婦はケーキを切った

عَرِيَ ، يَعْرَى ❖ 裸である;脱ぐ(〜عَنْ:〜を);欠く(〜عَنْ:〜を)

عَرِيَ عَنْ ثِيَابِهِ　　服を脱いだ

عُرْيَان <عري 複 عَرَايَا ❖ 裸の

عُرْيَان مَلْط　　丸裸の

اَلْإِسْكَافُ حَافٍ وَالْحَائِكُ عُرْيَانٌ　　靴屋は裸足で,機屋は裸/紺屋の白袴[格言]

عَرِيش <عرش 複 عُرُش / عَرَائِش ❖ 小屋,板葺き小屋

اَلْعَرِيشَةُ يَكَادُ تَسْقُطُ، أَسْنِدْهَا بِدِعَامَةٍ مَتِينَةٍ　　小屋が倒れそうです,丈夫な支えをしなさい

عَرِيض <عرض 複 عِرَاض ❖ 形 幅の広い

شَارِع عَرِيض　　道幅の広い通り

عَرِيضُ الْجَاهِ　　有名な/著名な

عَرِيق <عرق ❖ 由緒正しい,血統の良い;根付いている

عَائِلَة عَرِيقَة　　由緒正しい家柄/旧家

يَنْتَسِبُ إِلَى أُسْرَةٍ عَرِيقَةٍ　　彼は由緒正しい家柄に属する(の出である)

عَرِين <عرن 複 عُرُن ❖ (ライオン,ハイエナなど肉食動物の)巣,巣穴

عَرِين الْأَسَد　ライオンの巣

عَزَّ ، يَعِزُّ 名 عِزّ ❖ 力強い,力がある;貴重である;困難である;辛い
名力;名声,名誉

اَلْفَرَاوْلَة يَعِزُّ فِي فَصْلِ الشِّتَاءِ　苺は冬には貴重である

يَعِزُّ عَلَيَّ أَنْ أَهْجُرَ وَطَنِي　私は国を出るのが辛い

فِي عِزِّ ~　~の盛りに

فِي عِزِّ شَبَابِهِ　若い盛りに

عَزَّى ، يُعَزِّي <عزو II 名 تَعْزِيَة 複 تَعَازٍ ❖ 哀悼する,お悔やみを述べる 名哀悼,お悔やみ

نُعَزِّيك عَنْ وَفَاةِ أَبِيك　貴女のお父様のご逝去をお悔やみ申し上げます

عَزَب 複 أَعْزَاب/عُزَّاب ❖ 独身の,未婚の

عَمِّي لَا يَزَالُ عَزَبًا　私の伯父(叔父)はまだ独身です

عِزَّة ❖ 力,権力;名声;誇り,プライド

عِزَّةُ النَّفْسِ　自尊心/プライド

عِزَّةُ الْوَطَنِ ، نَحْمِيهَا بِدِمَائِنَا　祖国の威信,私達はそれを血をもって守る

عَزَّزَ <عز II 名 تَعْزِيز 複 -ات ❖ 強固にする,強化する;敬愛する 名強化 複援軍

عَزَّزَ اللّٰهُ مُلْكَ الْخَلِيفَةِ　神はカリフの統治を強固にし給うた

تَعْزِيزُ الْعَلَاقَاتِ بَيْنَ الْبَلَدَيْنِ　両国関係の強化

عَزَفَ (i) 名 عَزْف ❖ 演奏する(~عَلَى:~で,を) 名演奏

عَزَفَ عَلَى آلَةٍ مُوسِيقِيَّةٍ　彼は楽器を演奏した

عَزْفُ الْعُودِ يُطْرِبُنَا　ウードの演奏が私達を楽しませる

عَزَقَ (i) 名 عَزْق ❖ 耕す,耕作する 名耕作

يَعْزِقُ الْأَرْضَ　土を耕す

عَزَلَ (i) 名 عَزْل ❖ 隔離する,分離する;解雇する,辞めさせる
名隔離;解雇,罷免

عَزَلَ الْمُدِيرُ الْمُوَظَّفَ عَنْ مَنْصِبِهِ　マネージャーはその職員を役職から外した

اَلْعَزْلُ مِنَ الْوَظِيفَةِ　罷免/解雇

عُزْلَة ❖ 引退;隠遁;分離, 孤立

عَاشَ الْمُتَصَوِّفُ فِي عُزْلَةٍ　スーフィー(イスラム神秘主義者)は隠遁して暮らした

عَزَمَ (i) 名 عَزْم ❖ 決意する, 決心する(〜عَلَى:〜を) 名決意, 決心, 意

عَزَمَ عَزْمًا أَكِيدًا　固く決心した

عَزَمَ عَلَى أَنْ يَعُودَ　帰ろうと決心した

عَقَدَ الْعَزْمَ عَلَى〜　〜しようと決意した(決心した)

عَزِيز <عز 複 أَعِزَّاءُ / أَعِزَّة ❖ 親愛なる, 大切な; 力強い; 高貴な

يَا عَزِيزِي〜　親愛なる〜さん ※手紙の冒頭などで

أَنْتَ صَدِيقِي الْعَزِيزُ　あなたは私の大切な友人です

عَزِيمَة <عزم 複 عَزَائِم ❖ 決心, 決意 複呪文

أَنْجِزْ عَمَلَكَ قَبْلَ أَنْ تَهِيَ عَزِيمَتُكَ　決心がぐらつく前に, 事を成し遂げなさい

عَسَى (أَنْ 〜) ❖ 多分〜でしょう;〜でありますように
(一体)〜なのだろうか, 〜すべきなのか ※強い疑
※人称, 時制によって変化しない, كان の類

عَسَى أَنْ تَتَوَفَّقَ فِي عَمَلِكَ !　あなたの仕事が繁栄しますように

مَاذَا عَسَى أَنْ أَفْعَلَ؟　私は一体何をしたらよいのでしょうか

مَاذَا عَسَاهُ يَقُولُ؟　一体彼に何が言えるだろうか

عَسْجَد 関 عَسْجَدِيّ ❖ 金, 黄金/黄金 関金の, 黄金の

اَلشَّمْسُ تَصْبُغُ الْأُفُقَ بِلَوْنِ الْعَسْجَدِ　太陽が地平線を黄金色に染めた

عَسُرَ (u) 名 عُسْر ❖ 困難である, 難しい;苦しい 名困難;困窮

يَعْسُرُ عَلَيَّ أَنْ أُصْلِحَ عُطْلَ السَّيَّارَةِ　私が車の修理をするのは難しいです

فِي الْعُسْرِ وَالْيُسْرِ　苦しい時も楽しい時も

إِنَّ مَعَ الْعُسْرِ يُسْرًا　苦あれば楽あり[格言]

عَسْكَرَ ، يُعَسْكِرُ ❖ (兵士が)集結する;野営する

عَسْكَرَ الْجُنُودُ فِي السَّاحَةِ　兵士が広場に集結した

عَسْكَرٌ 複 عَسَاكِر 関 عَسْكَرِيّ ❖ 軍,軍隊;兵士達 関軍の,軍事の;軍人(複 عَسَاكِر)

اَلْعَسْكَرُ يَحْمِي حُدُودَ الْوَطَنِ　軍隊が国境を守る

أُعْلِنَتِ الْأَحْكَامُ الْعَسْكَرِيَّةُ　戒厳令が敷かれた

خِدْمَة عَسْكَرِيَّة　兵役/徴兵

عَسَلٌ ❖ 男女蜂蜜

قُرْص الْعَسَلِ　蜜蜂の巣

شَهْر الْعَسَلِ　ハネムーン/蜜月

عَسِير <عسر ❖ 困難な,難しい

أَمْر عَسِير　難しい事

عُشٌّ 複 أَعْشَاش/ عِشَاش/ عِشَشَة ❖ (鳥の)巣

بَنَتِ السُّنُونُوَةُ عُشَّهَا فِي بَيْتِي　一羽の燕が私の家に巣を作った

عَشَّىٰ <عشو II ❖ 夕食を与える;目をくらませる

مَتَىٰ تُعَشِّينَنَا؟　晩ご飯はいつですか

نُورُ السَّيَّارَةِ الْمُقَابِلَةِ يُعَشِّي بَصَر　前方の車のライトがまぶしい

عَشَاء <عشو 複 أَعْشِيَة ❖ 夕食,晩餐

تَنَاوَلْتُ الْعَشَاءَ　夕食は<u>済みました</u>(食べました)

اَلْعَشَاء الْأَخِير　最後の晩餐[キリスト教]

عِشَاء <عشو ❖ 夕方,宵

صَلَاة الْعِشَاءِ　イシャー ※モスレムの夕方の礼拝

عَشَبَ (a) / عَشُبَ (u) ❖ 草が茂る,草が生える

تُمْطِرُ السَّمَاءُ فَتُعْشِبُ الْأَرْضُ　天が雨を降らせば,大地が芽吹く

عَشَّبَ <عشب II ❖ 草が茂る,草が生える

مَتَىٰ أُهْمِلَتِ الْمَزْرَعَةُ عَشَّبَتْ أَرْضُهَا　畑の手入れを怠ると,草が茂った

عُشْب 複 أَعْشَاب ❖ 草;ハーブ,薬草

أَعْشَاب طِبِّيَّة　薬草

عُشْر 複 عُشُور ❖ １０分の１；ウシュル*[イスラム法] *十分の一税

عُشْرُ الثَّلَاثِينَ ثَلَاثَةٌ　３０の１０分の１は３です

عَشُورَىٰ/ عَشْرَاءُ ❖ = عاشُور

عَشَرَة 女 عَشْر ❖ 十/十/拾/１０ ※名詞は十まで複属になる
※女は女性名詞に付く場合

عَشَرَةُ أَيَّامٍ　十日

عَشْرُ بَنَاتٍ　十人の娘達

男 أَحَدَ عَشَرَ 女 إِحْدَىٰ عَشْرَةَ　十一/１１

男 اِثْنَا (اِثْنَيْ) عَشَرَ　十二/１２ ※( )内は属対

女 اِثْنَتَا (اِثْنَتَيْ) عَشْرَةَ

男 ثَلَاثَةَ عَشَرَ 女 ثَلَاثَ عَشْرَةَ　十三/１３

男 أَرْبَعَةَ عَشَرَ 女 أَرْبَعَ عَشْرَةَ　十四/１４ ※"じゅうよん"とも

男 خَمْسَةَ عَشَرَ 女 خَمْسَ عَشْرَةَ　十五/１５

男 سِتَّةَ عَشَرَ 女 سِتَّ عَشْرَةَ　十六/１６

男 سَبْعَةَ عَشَرَ 女 سَبْعَ عَشْرَةَ　十七/１７ ※"じゅうなな"とも

男 ثَمَانِيَةَ عَشَرَ 女 ثَمَانِيَ عَشْرَةَ　十八/１８

男 تِسْعَةَ عَشَرَ 女 تِسْعَ عَشْرَةَ　十九/１９ ※"じゅうきゅう"とも

عِشْرُونَ <عشر 対属 عِشْرِينَ ❖ 二十/２０

قَرَأْتُ مِنَ الْكِتَابِ عِشْرِينَ صَفْحَةً　私はその本を２０ページ読みました

عَشَّشَ <عش II ❖ 巣を作る

تُعَشِّشُ السُّنُونُوَةُ فِي جِدَارِ بَيْتِي　燕が私の家の壁に巣を作る

عَشِقَ (a) 名 عِشْق ❖ 熱愛する,大好きである 名熱愛,大好き

اَلْفَنَّانُ يَعْشَقُ الْجَمَالَ وَيُبْدِعُهُ　芸術家は美を熱愛し,その創造をする

عَشِيَّة <عشو 複 -ات/ عَشَايَا ❖ 夕刻,夕方,イブニング,イブ

عَشِيَّةُ عِيدِ الْمِيلَادِ　クリスマスイブ

عَشِيَّةُ أَمْسِ　昨晩/昨夜

عَشِيرٌ<عشر 複 عُشَرَاءُ ❖ 友人, 親友; 親族

”عِصَام“ عَشِيرِي مُنْذُ سَنَوَاتٍ　イサムは何年も前からの友人です

عَشِيرَةٌ<عشر 複 عَشَائِرُ ❖ 氏族, 部族

اَلْعَشَائِرُ　ベドウィン/砂漠の民

عَشِيقٌ<عشق ❖ 愛する人, 恋人

رَاقَصَ كُلُّ عَشِيقٍ عَشِيقَتَهُ　全員が恋人と踊った

عَصًا<عصو 複 عُصِيٌّ (عِصِيٌّ) ❖ 女棒; 杖 ※格変化しない ※定 اَلْعَصَا

اَلْقَفْزُ بِالْعَصَا　棒高跳び

اَلْعَصَا وَالْجَزَرَةُ　棒と人参/飴とムチ[格言]

عَصَى ، يَعْصِي<عصي 名 عَصْيٌ ❖ (～に)反抗する, 反乱を起こす; 逆らう, 背く
名反乱; 不服従

يَعْصِي وَالِدَيْهِ　両親に反抗する

عِصَابَةٌ<عصب 複 ـات ❖ 集団; ゲリラ; 盗賊; 包帯; スカーフ(複 عَصَائِبُ)

اِحْتَجَزَتِ الْعِصَابَةُ الطَّيَّارَ رَهِينَةً　一味はパイロットを人質に取った

حَرْبُ عِصَابَاتٍ　ゲリラ戦

عِصَابَةُ مُجْرِمِينَ　暴力団

رَبَطَ عِصَابَةَ الْجُرْحِ　傷に包帯を巻いた

عَصَّارَةٌ<عصر 複 ـات ❖ 絞り器, ジューサー

نَعْصُرُ الْبُرْتُقَالَ بِعَصَّارَةٍ كَهْرَبَائِيَّةٍ　私達は電気ジューサーでオレンジを絞ります

عُصَارَةٌ<عصر 複 ـات ❖ ジュース, (果物などの)汁

فِي الْكَأْسِ عُصَارَةُ بُرْتُقَالٍ　コップにオレンジジュースが入っています

عِصَامِيٌّ<عصم ❖ 形自力で出世した; 誇りのある
名自力で出世した人(複 ـون)

هُوَ مِثَالُ الرَّجُلِ الْعِصَامِيِّ　彼は自力で出世した人の見本だ

عَصَبٌ 複 أَعْصَابٌ 関 عَصَبِيٌّ ❖ 神経 関神経の; 神経質な

غَازُ أَعْصَابٍ　神経ガス

أَثَارَ أَعْصَابَهُ　神経を尖らせた/いらだった

أَلَمٌ عَصَبِيٌّ　神経痛

اِحْذَرْ صَاحِبَ الْمِزَاجِ الْعَصَبِيِّ　神経質な人には気をつけなさい

عُصْبَة <عصب 複 عُصَب ❖ 集団；連盟；協会

عُصْبَةُ الْأُمَمِ　国際連盟 ※1920年～1946年 国際連合の前身

عَصَبِيَّة <عصب ❖ 神経質；集団的心情，部族主義；党派心，連

اَلْعَصَبِيَّةُ الْقَبَلِيَّةُ　部族主義

عَصَرَ (i) عَصْر 名 ❖ 絞る 名絞る事

عَصَرَ الْقَصَبَ　砂糖キビを絞った

عَصْر 複 عُصُور 関 عَصْرِيّ ❖ 時代，年代；アスル ※午後三時半から日没まで
関近代的な，現代の；現代風の人

عَصْر الْجَاهِلِيّ　ジャーヒリィー時代 ※イスラムが起こる以前の時代

عَصْر الْحَاضِر (الْحَدِيث)　現代(近代)

اَلْعَصْر الْحَجَرِيّ　石器時代

عَصْر الْحَدِيد　鉄器時代

صَلَاة الْعَصْر　アスル ※イスラムの午後三時頃の祈り

مَشَاكِل عَصْرِيَّة　現代の諸問題

عَصَفَ (i) عَصْف 名 ❖ 嵐になる；(風が)ひどく吹く 名嵐，暴風

تَعْصِفُ الرِّيحُ شَدِيدَةً مِنْ جِهَةِ الْبَحْرِ　海の方から，風がひどく吹いて来る

عُصْفُور 複 عَصَافِير ❖ 小鳥 ※雀程度の小鳥

عُصْفُور صَغِير　若い(幼い)小鳥

لَا تَصْطَدِ الْعَصَافِيرَ الصَّغِيرَةَ　小鳥を捕獲するな

عِصْيَان <عصي ❖ 不服従；反抗，反乱

عِصْيَان الْأَوَامِر يُعَرِّضُ الْجُنْدِيَّ لِلْعُقُوبَةِ　命令不服従の兵士は処罰の対象になる

عَصِيب <عصب 複 عُصُب / أَعْصِبَة ❖ 危機的な；重大な，ひどい；困難な

يَوْم عَصِيب　暑さが厳しい

عَصِير / عَصِيرَة <عصر ❖ ジュース

عَصِيرُ التُّفَّاحِ　リンゴジュース

أَنَا عَضِضْتُ / هِيَ عَضَّتْ ※ عَضّ 名 عَضَّ (a) ❖ (～に)噛みつく,(～を)噛む(～ِبـ/عَلَى/ ه) 名噛む事

عَضَّتِ الْقِطَّةُ عَلَى الْفَأْرَةِ　猫が鼠に噛みついた

يَعَضُّ الْبُرْغُوثُ الْكَلْبَ　蚤は犬の血を吸う

أَدْرَكَ خَطَأَهُ، فَعَضَّ عَلَى شَفَتِهِ　彼は間違いに気づいて,唇を噛んだ

عُضَال <عضل ❖ 不治の;慢性の

مَرَضٌ عُضَالٌ　不治の病

أَعْضُد / أَعْضَاد 複 عَضُدٌ (ُ) ❖ 上腕;力 ※男女

شَدَّ عَضُدَهُ　手を貸した/助けた

عَضَلٌ /ـات 複 عَضَلَة ❖ 筋肉

اَلرِّيَاضَةُ تُقَوِّي الْعَضَلَاتِ　スポーツ(運動)は筋肉を鍛える

أَعْضَاء 複 عُضْو ❖ 会員,メンバー;家族;器官 ※体の

عُضْوُ النَّادِي　クラブの会員(メンバー)

عُضْوُ الْحِسِّ　感覚器官

أَعْطِيَة 複 عَطَا / عَطَاءٌ <عطو ❖ 献金,寄付;贈り物,プレゼント

لَا تَخْجَلْ مِنَ الْعَطَاءِ الْقَلِيلِ　献金の少なさを恥じる事はない

عُطَارِدُ ❖ 水星

عُطَارِدُ أَقْرَبُ نَجْمٍ مِنَ الشَّمْسِ　水星は太陽に一番近い惑星です

عَطَبٌ 名 عَطِبَ (a) ❖ 壊れる;滅びる 名破損;滅亡

كَثِيرًا مَا عَطِبَتِ الْآلَةُ　その機械はたびたび壊れた(故障した)

II عطر> عَطَّرَ ❖ (香りで)満たす;香水をつける

كَانَ شَذَا الْبَرْقُوقِ يُعَطِّرُ الْجَوَّ　梅の香りが漂っていた

عَطِرٌ ❖ 香しい,香りの良い

هَبَّ النَّسِيمُ بَلِيلًا عَطِرًا　香しい湿った,そよ風が吹いた

عِطْر 複 عُطُور / عُطُورَات ❖ 香水,香油

عِطْر الْوَرْد　バラの香水(香油)

عَطَسَ (i,u) 名 عَطْس / عُطَاس ※ عَطْسَة ❖ くしゃみをする 名くしゃみ ※ひとつのくしゃみ

قَالَ مُحَمَّدٌ "يَرْحَمُكُمُ اللّٰهُ" عِنْدَمَا عَطَسْتُ　私がくしゃみをした時,ムハンマドは「神の慈悲がありますように」と言った

عَطِشَ (a) 名 عَطَشٌ ❖ (喉が)渇く;切望する 名(喉の)渇き

عَطِشَ فِي هٰذَا الْحَرِّ　彼はこの暑さで,喉が渇いた

كَسَرَ الْعَطَشَ　彼は喉の渇きを癒した

عَطْشَان < عطش 複 عِطَاشٌ 女 عَطْشَانَة / عَطْشَىٰ ❖ 喉の渇いた;切望している

عَطَفَ (i) 名 عَطْف ❖ 同情する(〜عَلَى:〜に);愛情を抱く;曲がる;曲
(〜に)傾く(〜إِلَى);〜しがちである(〜إِلَى)

عَطَفَ عَلَيْهَا　彼女に同情した

عَطَفْتُ الْغُصْنَ ، وَقَطَفْتُ كَاكِي　私は枝を曲げ,柿の実を取った

عَطَّلَ II < عطل 名 تَعْطِيل ❖ 故障させる,壊す;一時的に中止する;休暇を取
迷惑を掛ける 名故障;破壊;中止

عَطَّلَ الْآلَةَ　機械を止めた

لَا أُرِيدُ أَنْ أُعَطِّلَكَ أَكْثَرَ مِنْ هٰذَا　これ以上,あなたに迷惑を掛けたくない

عُطْلَة 複 —ات / عُطَل ❖ 休暇,休日;失業

عُطْلَة مَدْرَسِيَّة　学校の休み

عُطْلَة رَسْمِيَّة　公休日

عُطْلَة الْأُسْبُوعِ　週末

عُطْلَة عَنِ الشُّغْلِ　失業

عَطُوف < عطف 複 عُطُفٌ ❖ 哀れみ深い,思いやり深い

اَللّٰهُ عَطُوفٌ غَفُورٌ　神は哀れみ深く,寛大である

عِظَة < وعظ 複 -ات ❖ 説教,警告

أَلْقَى الْقَسِّيسُ عِظَةً بَعْدَ الصَّلَاةِ　牧師は祈りの後,説教をした

عَظُمَ (u) ❁偉大である；大きくなる；困難になる，手に負えない

عَظُمَ الْقَلَقُ　不安が増大した

خَطَرُ الْحَرْبِ عَظُمَ يَوْمًا بَعْدَ يَوْمٍ　戦争への危機が，日に日に大きくなった

عَظَّمَ < عظم II ❁(力を)高める，大きくする；称える，賛美する

إِيَاك نُعَظِّمُ يَا خَالِقَ الْكَائِنَاتِ　創造主よ！私達はあなたを称えます

عَظْم 複 عِظَام ※ عَظْمَة 関 عَظْمِيّ ❁骨 ※1片の骨 関骨の

عَظْم الْكَتِف　肩甲骨

هَيْكَل عَظْمِيّ　骸骨

عَظَمَة < عظم ❁威厳，尊厳；陛下，殿下

صَاحِب الْعَظَمَةِ　陛下/殿下

عَظِيم < عظم 複 عِظَام / عُظَمَاءُ / عَظَائِم ❁偉大な，素晴らしい；力強い；壮大な 複重大事

男比 أَعْظَمُ 女比 عُظْمَى 女男複比 أَعَاظِمُ　比より偉大な；より素晴らしい；より力強い

عَظِيمٌ فِي الرِّجَالِ هُوَ　偉大な男の中の男は彼です

بِنَاء عَظِيم　壮大な建物

فُرْصَة عَظِيمَة　絶好の機会

عَظَائِم الْأُمُورِ　重大な出来事/重大事

فِي فَرَحٍ عَظِيمٍ　大いに喜んで

عَفَّ (i) ❁避ける，慎む(～عَنْ：～を)；徳のある

أَنْ تَعِفَّ عَنِ الْكَلَامِ الْبَذِيءِ حَسَنٌ ، وَأَحْسَ
مِنْهُ أَنْ تَعِفَّ عَنِ الْعَمَلِ الشَّنِيعِ　下品な言葉を慎むのは良い事です，また下劣な行いを慎むのは，もっと良い事です

عَفَا ، يَعْفُو 名 عَفْوٌ ❁許す(～عَنْ：～を)；取り払う，取り去る 名許し；消去

يَعْفُو اللّٰهُ عَنْ ذَنْبِكَ　神はあなたの罪を許します

جِئْتُكَ أَلْتَمِسُ الْعَفْوَ　私はあなたの許しを乞いに来ました

إِنْ أَسَأْتُ إِلَيْكَ ، فَأَنَا أَرْجُو الْعَفْ　もし私があなたに悪い事しているのでしたら，お許し下さい

عَفْوًا　どういたしまして("شُكْرًا：有り難う"への返礼)

أ ب ت ث ج ح خ د ذ ر ز س ش ص ض ط ظ ع غ ف ق ك ل م ن هـ و ي

عَفَافٌ <عف ❖ 美徳; 上品な事; 身だしなみ

زِينَةُ الْفَتَاةِ عَفَافُهَا　　若い娘の化粧は身だしなみである

عِفَّةٌ ❖ = عَفَافٌ ⇑

عَفَّرَ <عفر II ❖ 土を掛ける

أَلْقَى خَصْمَهُ عَلَى الأَرْضِ، وَعَفَّرَهُ بِالتُّرَابِ　　相手を地面に投げ倒し, 土を掛けた

عِفْرِيتٌ 複 عَفَارِيتُ ❖ お化け; 鬼, 悪魔

وَادِي عَبْقَرٍ مَشْهُورٌ بِأَنَّهُ مَكَانٌ لِلْعَفَارِيتِ　　アブカル谷はお化けのいる所で有名です

عَفِنَ (a) 名 عَفَنٌ ❖ 腐る, 腐敗する 名腐敗

يَعْفَنُ الْخُبْزُ إِنْ لَمْ يُجَفَّفْ　　パンは乾燥させないと腐る

عَفِنٌ ❖ 形腐った; 腐敗臭を放つ 名腐敗物

اَلْخُبْزُ الْعَفِنُ لاَ يُؤْكَلُ　　腐ったパンは食べられない

عَفْوٌ ❖ ⇒ عَفَا 名

عَفْوِيَّةٌ <عفو ❖ 自発性

قَوْلُهُ وَتَصَرُّفُهُ يَتَّصِفَانِ بِالْعَفْوِيَّةِ　　彼は言動において, 自発性が顕著である

عَفِيفٌ <عف 複 أَعِفَّاءُ / أَعِفَّةٌ 女 عَفِيفَةٌ ❖ 慎ましい; 貞節な, 道徳的な

شِعْرُ الْحُبِّ الْعَفِيفِ　　慎ましい愛の詩

عِقَابٌ <عقب ❖ 刑罰, 罰; 制裁

أَنَا أَعِدُكَ بِالْعِقَابِ، إِنْ لَمْ تُطِعْ　　もしあなたが従わなければ, 私は制裁を加えます

عُقَابٌ <عقب 複 أَعْقُبٌ /عِقْبَان ❖ 男女 ワシ/鷲

أَمْسَكَتِ الْعُقَابُ الضَّخْمَةُ الأَرْنَبَ　　巨大な鷲が兎を捕まえた

عَقَارٌ <عقر 複 -ات ❖ 不動産, 地所

يَمْلِكُ وَالِدِي عَقَارًا فِي الْقَرْيَةِ　　父は村に不動産を持っている

عَقْبٌ / عَقِبٌ 複 أَعْقَابٌ ❖ かかと; 最後の部分, 結末; 孫, 子孫

بِعَقِبِ ~/ عَلَى عَقِبِ ~　　~の直後に

جَاءَ عَقِبَهُ (في عَقِبِهِ / بِعَقِبِهِ)　その直ぐ後に，やって来た

رَجَعَ (عَادَ) عَلَى عَقِبَيْهِ　もと来た道を引き返した

رَدَّهُ عَلَى عَقِبَيْهِ　出発した所へ追いやった

ارْتَدَّ عَلَى عَقِبَيْهِ　退却した/後退した

رَأْسًا (ظَهْرًا) عَلَى عَقِبٍ　逆さまに/根本的に

لَدَغَتْهُ الْحَيَّةُ فِي عَقِبِهِ　蛇が彼のかかとを噛んだ

عَقِبُ السِّيجَارَةِ يُطْفَأُ فِي الْمِنْفَضَةِ　タバコの吸い殻は灰皿で消します

عُقْبَى < عقب ❖ 女 終わり，結末；結果

اجْتِهَادُكَ يَسْتَحِقُّ الْعُقْبَى الصَّالِحَةَ　努力が良い結果をもたらす

عَقَبَة 複 -ات/عِقَاب ❖ 険しい山道；障害，困難

يَسْتَرِيحُ اللَّاجِئُونَ بَعْدَ اجْتِيَازِ الْعَقَبَةِ　難民達は険しい山道を超えて，休憩している

الْعَقَبَة　アカバ　※ヨルダン国南部の都市

عَقَدَ (i) 名 عَقْد 複 عُقُود ❖ 結ぶ，(条約，契約などを)締結する；(会議などを)開く，開催する

名 結ぶ事，締結；契約；開催：１０年間

تَعْقِدُ شَعْرَهَا بِشَرِيطَةٍ　彼女はリボンで髪を結ぶ

عُقِدَ مُؤْتَمَرُ الصُّلْحِ　和平会議が開かれた ＊受

＊عَقَدَ اجْتِمَاعًا (جَلْسَةً)　会合を開いた

عَقَدَ لِسَانَهُ　黙らせた

عَقَدَ أَمَلًا عَلَى ~　～に希望を持った/～に期待をかけた

عَقَدَ جَبْهَتَهُ (نَاصِيَتَهُ)　眉をひそめた

عَقَدَ الْخِنْصَرَ عَلَى ~　～を優先した

عَقَدَ الْعَزْمَ (الْعَزِيمَةَ / النِّيَّةَ) عَلَى　～しようと決心した

عَقَدَ لِوَاءً ~　～を創設した/～を立ち上げた

عَقَدَ نِطَاقًا حَوْلَ ~　～を取り囲んだ/～を包囲した

عَقْد إِيجَارٍ　賃貸契約

عَقْد الاتِّفَاقِيَّةِ　協約(協定)の締結

فِي العَقْدِ الأَخِيرِ　ここ10年の間に

عَقَّدَ < عقد II ❖ 結ぶ;固まりにする,煮詰める;困難にする;複雑にする,もつれさせる

كَلَامُهُ لَا يُفْهَمُ لِأَنَّهُ يُعَقِّدُهُ　彼の話は複雑なので理解されない

عِقْد 複 عُقُود ❖ ネックレス,首飾り

وَضَعَتْ عِقْدَ اللُّؤْلُؤِ عَلَى رَقَبَتِهَا　彼女は真珠のネックレスを首にしていた

عُقْدَة 複 عُقَد ❖ 結び,結び目;ノット,カーリ,海里 ※＝1,852メート

شُدَّ عُقْدَةَ الْحَبْلِ حَتَّى لَا تَنْحَلَّ　綱が緩まないように,結び目をきつくしなさい

تَسِيرُ السَّفِينَةُ بِسُرْعَةِ خَمْسَ عَشْرَةَ عُقْدَةً فِي السَّاعَةِ　船は毎時15ノットで進んでいる

عَقْرَب 複 عَقَارِب ❖ 女サソリ;サソリ座 男(時計の)針

كَادَتِ الْعَقْرَبُ تَلْسَعُ فِي قَدَمِهِ　サソリが足を刺そうとするところだった

عَقْرَبُ السَّاعَةِ يُشِيرُ إِلَى التَّاسِعَةِ　時計の針は九時を指している

عَقَلَ (i) 名 عَقْل 複 عُقُول ❖ 理性を持つ;理解する;(紐で)ラクダに足かせをす
逮捕する,拘留する;償う;便秘になる
名賠償;意識,心;理解力,知性,

عَقَلَ الْقَتِيلَ (لِ~)　(~に)殺された人の償いをした

مُخْتَلُّ الْعَقْلِ　精神錯乱の/気の狂った

اَلْعَقْلُ مَزِيَّةُ الْإِنْسَانِ　知性とは人間の特性である

عَقْلِيَّة < عقل ❖ 心理,心;考え方

لَمْ أَفْهَمْ بَعْدُ عَقْلِيَّتَكَ　あなたの心が未だ分かりません

عَقَّمَ < عقم II 名 تَعْقِيم ❖ 不妊にする;殺菌する 名不妊;殺菌

يَسْتَطِيعُ الطِّبُّ أَنْ يُعَقِّمَ الْمَرْأَةَ وَحَتَّى الرَّجُلَ　医学は女性を不妊にする事が出来るし,また男性さえも出来ます

يُعَقَّمُ الْحَلِيبُ، ثُمَّ يُجَفَّفُ ويُعَلَّبُ　牛乳は殺菌され，それから乾燥されて缶詰になる

عُقْمٌ ※ 不妊，不妊症

عُقْمُ الْمَرْأَةِ لَيْسَ عَارًا، كَمَا يَظُنُّ الْبَعْ　女性の不妊は，ある人達が思うような恥ではない

عُقُوبَة <عقل 複 -ات ※ 制裁；罰，刑罰 複制裁

عُقُوبَة مَالِيَّة　罰金刑

قَانُون الْعُقُوبَاتِ　刑法

فَرَضَ عُقُوبَةً عَلَى~　~に制裁を加えた（課した）

مَنْ خَالَفَ الْقَانُونَ نَزَلَتْ بِهِ الْعُقُوبَة　法を犯した者には刑罰が与えられた

عَقِيدَة <عقد 複 عَقَائِد ※ 信念．信条；ドグマ，教義

لِكُلِّ إِنْسَانٍ عَقِيدَتُهُ　人それぞれに信念がある

فِي عَقِيدَتِي　私の信じるところでは

عَقِيلَة <عقل 複 عَقَائِل ※ 妻；最上のもの

عَقِيلَةُ الرَّجُلِ　男の妻（配偶者）

عَقِيم <عقم 複 عُقَمَاء ※ 形女不妊の；役に立たない，不毛な 名不妊症の人

امْرَأَة عَقِيم　不妊の女性

لَمْ يُرْزَقِ الزَّوْجَانِ وَلَدًا، وَلَمْ يَعْرِ　その夫婦は子供に恵まれず，二人のどちらが不妊症
أَيُّهُمَا هُوَ الْعَقِيمُ　なのかも分からなかった

عُكَّاز / عُكَّازَة 複 -ات/ عَكَاكِيز ※ 杖，ステッキ

عُكَّازُ جَدِّي عَصَا سِنْدِيَانٍ غَلِيظَةٍ　祖父の杖は堅い樫の木の棒だ

عَكَّرَ <عكر II 名 تَعْكِير ※ 濁す；乱す 名濁す事；かく乱

لَقَدْ عَكَّرْتَ مَائِي　あなたは私の水を濁しました

عَكَّرَ الصَّفْوَ　秩序をかき乱した（混乱させた）

عَكِرٌ ※ 濁った

الْمَاء الْعَكِر　濁った水

عَكَسَ (i) ※ 逆にする，ひっくり返す；反射する

عكس ~ على

الْمِرْآةُ تَعْكِسُ الصُّوَرَ　鏡は形を逆にする

عَكْس ❖ 逆，反対

بِالْعَكْسِ / عَلَى الْعَكْسِ　逆に/反対に

عَلَى عَكْسِ ذٰلِكَ / عَكْسَ ذٰلِكَ　それとは逆に/それとは反対に

عَلَى الْعَكْسِ مِنْ ~　～とは対照的に

طَرْدًا وَعَكْسًا　あらゆる面から

علو<يَعْلُو ، عَلَا ❖ 上がる，登る；乗る；勝つ；(顔に)出る

※ هِيَ عَلَتْ / أَنَا عَلَوْتُ

يَعْلُو الْمَوْجُ　波が高い

عَلَتِ الطَّائِرَةُ فِي الْجَوِّ　飛行機が空に舞い上がった

حَاوَلَ أَنْ يَعْلُوَ الْجَمَلَ　ラクダに乗ろうとした

فَسُدَ الْجُرْحُ فَعَلَاهُ الْقَيْحُ　傷が化膿し，膿が出て来た

عَلَتْ بِهِ السِّنُّ　とても年老いた

عَلَتْ وَجْهَ الْمَرِيضِ صُفْرَةٌ شَاحِبَةٌ　病人の顔に黄色く，青白い色が出ていた

تَعْلِيَة 名 II علي<عَلَّى ❖ 高くする 名高める事

بَنَى الْعُمَّالُ السُّورَ وَعَلَّوْهُ　作業員が塀を高く作った

علي<عَلَى ❖ 前～の上に；～に沿って；～の側に

عَلَيْهِ أَنْ ~ / يَجِبُ عَلَيْهِ أَنْ ~　彼は～しなければならない

عَلَيْكَ بِالصَّبْرِ　耐えなさい/我慢しなさい

لَا عَلَيْكَ　心配するな/心配なさるな

ضَعْ يَدَيْكَ عَلَى الْمَكْتَبِ　机の上に手を置きなさい

مَشَى عَلَى النَّهْرِ　川に沿って歩いた

أَخَذَ كِتَابًا مِنْ عَلَى الرَّفِّ　彼は棚から1冊の本を取った

عَلَى حَسَبِ ~　～によれば

عَلَى بَصِيرَةٍ مِنَ الْأَمْرِ　事の次第を知っていて

عَلَى حِينِ غَفْلَةٍ　急に/突然

عَلَى الْخُصُوصِ	特<ruby>に<rt>とく</rt></ruby>
عَلَى عَادَتِهِ	<ruby>習慣<rt>しゅうかん</rt></ruby>で/いつものように
عَلَى التَّقْرِيبِ (وَجْهِ التَّقْرِيبِ)	およそ/<ruby>約<rt>やく</rt></ruby>
عَلَى مَا يُقَالُ	<ruby>噂<rt>うわさ</rt></ruby>では
هُوَ عَلَى حَقٍّ (الْحَقِّ)	<ruby>彼<rt>かれ</rt></ruby>は<ruby>正<rt>ただ</rt></ruby>しい
هُوَ عَلَى عِلْمٍ بِ~	<ruby>彼<rt>かれ</rt></ruby>は~に<ruby>通<rt>つう</rt></ruby>じている(~を<ruby>良<rt>よ</rt></ruby>く<ruby>知<rt>し</rt></ruby>っている)
هُوَ عَلَى انْتِظَارِ ~	<ruby>彼<rt>かれ</rt></ruby>は~を<ruby>待<rt>ま</rt></ruby>っている
اَلْحَقُّ عَلَيْكَ	あなたは<ruby>間違<rt>まちが</rt></ruby>っている
عَلَى أَيِّ حَالٍ / عَلَى كُلِّ حَالٍ	<ruby>何<rt>なん</rt></ruby>としても/とにかく
عَلَى أَيِّ حَالٍ سَأَتَخَرَّجُ مِنَ الْجَامِعَةِ	<ruby>何<rt>なん</rt></ruby>としても，<ruby>私<rt>わたし</rt></ruby>は<ruby>大学<rt>だいがく</rt></ruby>を<ruby>卒業<rt>そつぎょう</rt></ruby>します
عُلًى >علو	<ruby>高<rt>たか</rt></ruby>い<ruby>所<rt>ところ</rt></ruby>，<ruby>高所<rt>こうしょ</rt></ruby>；<ruby>高位<rt>こうい</rt></ruby>(の<ruby>人<rt>ひと</rt></ruby>) ※定 اَلْعُلَى
تَسْطَعُ النُّجُومُ فِي الْعُلَى	<ruby>星<rt>ほし</rt></ruby>が<ruby>高<rt>たか</rt></ruby>い<ruby>所<rt>ところ</rt></ruby>で<ruby>輝<rt>かがや</rt></ruby>いている
عِلاج >علج	<ruby>治療<rt>ちりょう</rt></ruby>
مَتَى يَكْتَشِفُ الطِّبُّ عِلَاجًا لِدَاءِ السَّرَطَانِ	<ruby>医学<rt>いがく</rt></ruby>はいつ<ruby>癌<rt>がん</rt></ruby>の<ruby>治療法<rt>ちりょうほう</rt></ruby>を<ruby>見<rt>み</rt></ruby>つけるのでしょうか
تَلَقَّى الْعِلَاجَ	<ruby>治療<rt>ちりょう</rt></ruby>を<ruby>受<rt>う</rt></ruby>けた
عَلَاقَة >علق 複 -ات	<ruby>関係<rt>かんけい</rt></ruby>
قَطْعُ الْعَلَاقَةِ	<ruby>関係<rt>かんけい</rt></ruby>の<ruby>断絶<rt>だんぜつ</rt></ruby>
عَلَاقَات دُوَلِيَّة	<ruby>国際関係<rt>こくさいかんけい</rt></ruby>
اَلْعَلَاقَاتُ الْعَامَّةُ	<ruby>広報<rt>こうほう</rt></ruby>
ذُو عَلَاقَةٍ بِ~	~と<ruby>関係<rt>かんけい</rt></ruby>のある
اَلسُّلُطَاتُ ذَاتُ الْعَلَاقَةِ	<ruby>管轄権<rt>かんかつけん</rt></ruby>を<ruby>持<rt>も</rt></ruby>つ<ruby>官庁<rt>かんちょう</rt></ruby>/<ruby>管轄官庁<rt>かんかつかんちょう</rt></ruby>
عَلَامَة >علم 複 -ات/عَلَائِم	<ruby>印<rt>しるし</rt></ruby>，<ruby>跡<rt>あと</rt></ruby>；(<ruby>成績<rt>せいせき</rt></ruby>などの)<ruby>評点<rt>ひょうてん</rt></ruby>，<ruby>評価<rt>ひょうか</rt></ruby>
عَلَامَة الْمُرُورِ	<ruby>交通標識<rt>こうつうひょうしき</rt></ruby>
عَلَامَة تِجَارِيَّة	<ruby>商標<rt>しょうひょう</rt></ruby>/トレードマーク
عَلَامَة اسْتِفْهَام	<ruby>疑問符<rt>ぎもんふ</rt></ruby>/クエスチョンマーク
عَلَامَات التَّرْقِيمِ	<ruby>句読点<rt>くとうてん</rt></ruby>

عَلَامَة الْوَقْف　読点/ピリオド

أَيَّ عَلَامَةٍ نَزَلْتَ فِي امْتِحَانِ الْحِسَابِ؟　算数のテストで何点下がったのですか

عَلَّامَة <علم ❖ 男形 博学の, 碩学の 名 博学の人, 碩学の人

وَاضِعُ الْكِتَابِ لَيْسَ عَالِمًا فَحَسْبُ، بَلْ عَلَّامَةً　その本の著者は科学者であるばかりか, 博学の人でもあります

عَلَانِيَة <علن ❖ 公開, 公然

نُنَادِي بِالْحَقِّ فِي السِّرِّ وَالْعَلَانِيَةِ　私達は公開, 非公開で真実を訴える

عِلَاوَة <علو 複 عِلَاوَات ❖ 追加, 奨励金, ボーナス

عِلَاوَة مُرَتَّبٍ　ボーナス/賞与

عِلَاوَةً عَلَى～　～に加えて

عَلَّبَ <علب II ❖ 缶詰にする

يَصْنَعُ الْمَعْمَلُ الْمُرَبَّيَاتِ وَيُعَلِّبُهَا　工場でジャムを作り, 缶詰にします

عُلْبَة 複 عُلَب ❖ 缶詰; ケース, 箱

عُلْبَة سَمَكِ التُّونِ　ツナの缶詰/ツナ缶

عُلْبَة كِبْرِيتٍ　マッチ箱

أَيَّةَ عُلْبَةٍ تُرِيدُ، الْحَمْرَاءَ أَمْ السَّوْدَاءَ؟　どの箱が欲しいのですか, 赤いのですか, それとも黒いのですか

عِلَّة <علّ 複 -ات/عِلَل ❖ 病気; 弱さ; 原因, 理由

اكْتَشَفَ الطَّبِيبُ الْعِلَّةَ　医者は病気を見つけた

حُرُوفُ الْعِلَّةِ ثَلَاثَةٌ: الْأَلِفُ وَالْوَاوُ وَالْيَاءُ　病気文字は3つあります: それはアリフ(ا), ワーゥ(و), ヤーッ(ي)です

عَلَفَ (i) ❖ (家畜に)餌をやる 名 عَلَفٌ 複 أَعْلَاف/ عِلَاف 名 飼料, 餌, かいば

كَانَ جَدِّي يَعْلِفُ الْخَرُوفَ حَتَّى يَسْمَنَ　祖父は羊が太るように餌を与えていた

مَا يُهَزِّلُ الْمَاشِيَةَ هُوَ قِلَّةُ الْعَلَفِ　家畜をやせ衰えさせるのは飼料不足です

عَلِقَ (a) ❖ 引っ掛かる, ぶら下がる(～بِـ :～に); 妊娠する; 熱愛する(～بِـ /ه:～を)

عَلِقَ يَفْعَلُ ~ (～し)始めた

عَلِقَ الشَّوْكُ بِالثِّيَابِ いばらが服を引っ掛けた

عَلِقَ بَصَرُهُ بِـ~ ～に視線が止まった

لَقَدْ عَلِقَ الشَّابُّ الْفَتَاةَ 青年は少女を熱愛した

عَلَّقَ <علق II 名 تَعْلِيق 複 -ات ❖吊す,掛ける(~عَلَى/بِـ:～に);解説する(～عَلَى;～を)保留する,未決のままにする 名吊す事;解説

عَلَّقَ مِصْبَاحًا بِالسَّقْفِ 天井からランプを吊した

عَلَّقَ الْخَرِيطَةَ عَلَى الْحَائِطِ 壁に地図を掛けた

عَلَّقَ الْآمَالَ عَلَى~ ～に希望をかけた

عَلَّقَ عَلَى الْأَخْبَارِ ニュースを解説した

تَعْلِيق عَلَى الْأَخْبَارِ ニュース解説

رَفَضَ التَّعْلِيقَ コメントを拒否した

بِدُونِ تَعْلِيقٍ ノーコメント

عَلَق ※ عَلَقَة ❖ヒル/蛭;固まった血,凝血 ※1匹のヒル

اَلْعَلَقُ تَمْتَصُّ الدَّمَ ヒルは血を吸う

((خَلَقَ الْإِنْسَانَ مِنْ عَلَقٍ)) (神は)一滴の凝血から,人間を創られた

عَلَكَ (i, u) ❖噛む;噛んで食べる

مَاذَا تَعْلُكِينَ ؟ 貴女は何を噛んでいるのですか

عِلْك 複 عُلُوك / أَعْلَاك ❖ガム;口の中で噛まれる物

لَيْسَ مَا فِي فَمِي عِلْكًا 私の口の中にガムはありません

عَلَّلَ <عل II ❖正当化する;説明する;(希望を)抱く,持つ

عَلِّلْ رَفْعَ الْأَسْمَاءِ الْوَارِدَةِ فِي النَّصِّ テキストで述べられている名詞の格を説明せよ

عَلَّلَ النَّفْسَ بِالْآمَالِ 希望を抱いた

عَلِمَ (a) 名 عِلْم 複 عُلُوم 関 عِلْمِيّ ❖知る(~بِـ/أَنْ/بِـ:～を) 名学問;知識 複科学 関科学的な,学問的な

((وَاللّٰهُ يَعْلَمُ الْمُفْسِدَ مِنَ الْمُصْلِحِ)) 実に,神は善意の者と悪事をなす者を知っておられる

أَنَا أَعْلَمُ مَتَى يَصِلُ الْقِطَارُ　私は列車がいつ着くか知っています

اَلْعِلْمُ الْقَلِيلُ خَطِرٌ　少しの知識は危険である/生兵法は大怪我の基[格言]

天文学: عِلْم الْفَلَكِ	医学: عِلْم الطِّبِّ	教育学: عِلْم التَّرْبِيَةِ
生物学: عِلْم الْأَحْيَاءِ	化学: عِلْم الْكِيمِيَاءِ	物理学: عِلْم الْفِيزِيَاءِ
経済学: عِلْم الِاقْتِصَادِ	神学: عِلْم اللَّاهُوتِ	社会学: عِلْم الْإِجْتِمَاعِ
幾何学: عِلْم الْهَنْدَسَةِ	代数学: عِلْم الْجَبْرِ	人類学: عِلْم الْإِنْسَانِ
薬学: عِلْم الْعَقَاقِيرِ	哲学: عِلْم الْفَلْسَفَةِ	植物学: عِلْم النَّبَاتِ
林学: عِلْم الْحِرَاجَةِ	動物学: عِلْم الْحَيَوَانِ	衛生学: عِلْم الصِّحَّةِ
言語学: عِلْم اللُّغَةِ	考古学: عِلْم الْآثَارِ	解剖学: عِلْم التَّشْرِيحِ

عَلَّمَ <علم ❖ 教える,知らせる 名 تَعْلِيم 教育;指示;情報 複 ـات/تَعَالِيم 指示,指導

عَلَّمَنَا الْأُسْتَاذُ الرِّيَاضِيَّاتِ　教授は私達に数学を教えた

تَعْلِيم مُخْتَلَط　男女共学

فَنّ التَّعْلِيم　教育学

نَفَّذَ رِجَالُ الْأَمْنِ تَعْلِيمَاتِ الْمُفَوَّضِ　治安警官達は長官の指示を実行した

عَلَمٌ 複 أَعْلَام ❖ 旗;印,記号

مِنْ كَمْ لَوْنًا يَتَكَوَّنُ عَلَمُ الْيَابَانِ ؟　日本の国旗は何色からなりますか

نَصَبَ الْعَلَمَ　旗を掲げた(立てた)

أَشْهَرُ مِنْ نَارٍ عَلَى عَلَمٍ　とても有名な

اِسْم عَلَمٍ　固有名詞

عَلْمَانِيّ <علم ❖ 形 世俗の 名 俗人,世俗の人

ظَنَنْتُ الرَّجُلَ عَلْمَانِيًّا　私はその男を世俗の人と思いました

عَلَنٌ 関 عَلَنِيّ ❖ 公然,公開 関 公然の,公開の,オープンな

فِي الْعَلَنِ　公然と/公に

حَرَكَة سِرِّيّ وَعَلَنِيّ　公然と非公然の活動(運動)

عُلُوّ < علو ❖ 高さ;(身分,地位が)高い事

جَبَل "فُوجِي"، ما عُلُوُّه ؟　富士山の高さはどれくらいですか

عُلُوُّ الصَّوت　音量/ボリューム

عُلُوُّ الكَعْب　高位(の人)/影響力(のある人)

عَلِيّ < علو 複 عِلْيَة ❖ 高い,高められた;高位の,高貴な 名アリー ※人名

العَلِيّ　至高/至上/神

عِلْيَة النَّاس (القَوْم)　上流階級/貴族階級/エリート

عَلِيل < عل 複 أَعِلَّاء ❖ 病気の,病の;爽やかな

نَصَحَ الطَّبِيبُ الفَتَى العَلِيل　医者は病気の青年に忠告した

هَواء عَلِيل　爽やかな風

عَلِيم < علم 複 عُلَماء ❖ 知っている;博学の

العَلِيم　全知/神

اللّٰه عَلِيمٌ بِأَسْرارِ القُلُوبِ　神は心の中の秘密を全て知っておられる

عَمَّ (u) ❖ 一般的になる;普及する;広まる,広がる

عَمَّ السُّرُورُ النَّاسَ　喜びが人々(の間)に広がった

عَمّ 複 أَعْمام/عُمُومَة/عُمُوم ❖ おじ ※父の兄弟　伯父:父の兄, 叔父:父の弟

ابن العَمّ　(父方の)従兄弟

ابْنَة العَمّ　(父方の)従姉妹

عَمًى < عمي ❖ 盲目,目の見えない事 ※定 العَمَى

الطَّرَشُ أَهْوَنُ مِنَ العَمَى، أَلَيْسَ ذٰلِك　目が見えない事より,音の聞こえない方が楽じゃないですか

عِماد < عمد 複 عُمُد ❖ 柱;支え;軍の指揮官

العَرِيشَةُ بِحاجَةٍ إِلَى عِمادٍ يَسْنُدُها　小屋は支える柱(つっかい棒)が必要です

الضُّبَّاطُ يُطِيعُونَ أَوامِرَ العِمادِ　兵士は指揮官の命令に服従する

عِمَاد / عِمَادَة <عمد ❖ 洗礼

جَرَىٰ عِمَادُ الطِّفْلِ بِخُشُوعٍ　その子の洗礼が敬虔に行われた

عِمَارَة <عمر 複 -ات/عَمَائِر ❖ 建物;アパート;不動産

نَزَلْنَا إِلَىٰ أَسْفَلِ الْعِمَارَةِ　私達は建物の下の方へ降りた

بَدَأَ يَدْرُسُ فَنَّ الْعِمَارَةِ　建築学を学び始めた

عِمَامَة <عم 複 عَمَائِم ❖ ターバン

لَفَّ الشَّيْخُ رَأْسَهُ بِعِمَامَةٍ　長老は頭にターバンを巻いた

عَمَّانُ ❖ アンマン ※ヨルダン・ハシミテ王国の首都

انْتَقَلَ مَعَ أُسْرَتِهِ إِلَىٰ عَمَّانَ　彼は家族と一緒にアンマンに移った

عَمَدَ (i) عَمْد 名 ❖ 支える;意図する;(キリスト教の)洗礼を施す
名意図,意志;故意

عَمَدَتِ الْأَعْمِدَةُ السَّقْفَ　柱が天井を支えた

مَنْ سَيَعْمِدُ الطِّفْلَ؟　誰がその子の洗礼をする事になっていますか

عَمْدًا / عَنْ عَمْدٍ　わざと/故意に

لَمْ أَكْسِرِ الزُّجَاجَ عَمْدًا　私はわざとガラスを割ったのではありません

عَمَّدَ <عمد II 名 تَعْمِيد ❖ (キリスト教の)洗礼を施す;支柱を立てる
名洗礼,バプティズム,バプティスマ

نُعَمِّدُ الْخَيْمَةَ ثُمَّ نَشُدُّهَا بِالْحِبَالِ　テントは支柱で立ててから,紐で引っ張ります

عُمْدَة 複 عُمَد ❖ 村長;責任者

اجْتَمَعَ الْقَرَوِيُّونَ أَمَامَ بَيْتِ الْعُمْدَةِ　村人は村長の家の前に集まった

عَمَّرَ <عمر II 名 تَعْمِير ❖ 建てる;建て直す;長く生かす;住む 名建築

عَمَّرْنَا الْمَدْرَسَةَ　私達は学校を建てた

عَمْر 複 أَعْمَار ❖ 命 ※誓いの時にのみ使用される

لَعَمْرِي / لَعَمْرُكَ　(私の/あなたの)命にかけて

لَعَمْرُ اللّٰهِ　神に誓って

عُمْر 複 أَعْمَار ❖ 年齢,歳;寿命;人生

كَمْ عُمْرُكَ ؟　あなたは何歳ですか(おいくつですか)

عُمْرِي ثَلَاثُونَ سَنَةً　私は３０歳です

عُمَرُ ❖ ウマル/オマル[人名]

تَلَقَّيْتُ هَاتِفًا مِنْ عُمَرَ　私はウマルから電話をもらった

عُمْرَان ＜عمر ❖ 文明,文化;繁栄;建築物;建築

نَشِطَتْ حَرَكَةُ الْعُمْرَانِ فِي الْمَدِينَةِ　都市では文化活動が活発であった

عُمْق 名 عَمُقَ (u) ❖ 深い;深くなる 名深さ

عِنْدَمَا تَعْمُقُ الْبِئْرُ ، يَظْهَرُ الْمَاءُ　井戸は深いと水が出てくる

مَا عُمْقُ هٰذِهِ الْبِرْكَةِ ؟　この池の深さはどれくらいですか

II عمق＜عَمَّقَ ❖ 深くする,深める

سَنُعَمِّقُ الْبِئْرَ لِنَحْصُلَ عَلَى كَمِّيَّةٍ كَبِيرَةٍ مِنَ الْمَاءِ　沢山の水を得るために井戸を深くしよう

عَمَّقَ الْعَلَاقَةَ بَيْنَهُمَا　二人は関係を深めた

عَمَلِيّ 関 أَعْمَال 複 عَمَلٌ 名 عَمِلَ (a) ❖ 働く,仕事をする;する,行う;動く;(薬が)効く
名仕事,労働,作業;働き,作用;行為,行動
関仕事の;実用的な;現実的な

مَاذَا تَعْمَلُ ؟　どのような仕事をしていますか

عَمِلْتُ فِي التِّجَارَةِ　私は商売をしました

يُعْمَلُ بِهِ　それは有効です *受

أَيَّ عَمَلٍ يَتَعَاطَى وَالِدُكَ ؟ *　お父様はどの様なお仕事に従事されていますか

اَلْأَعْمَالُ خَيْرٌ مِنَ الْأَقْوَالِ　言葉より実行

بَدْلَةُ عَمَلٍ　作業服

اَلْمَذْهَبُ الْعَمَلِيُّ　実利主義/プラグマチズム

بَعْدَ تَفْسِيرِ الْقَاعِدَةِ ، نَنْتَقِلُ إِلَى تَطْبِيقٍ عَمَلِيٍّ　基本の説明後は実用的な応用へ移ります

ـات 複 عُمْلَة (ـَ) ❖ 通貨;賃金

عملية ~ عميق

عُمْلَة مَعْدِنِيَّة　硬貨/コイン

عُمْلَة وَرَقِيَّة　紙幣

مَغْسَلَة بِالْعُمْلَة　コインランドリー

عَمَلِيَّة <عمل 複 -ات ❖ 作戦;手術;作業,仕事;手順,過程

عَمَلِيَّة عَسْكَرِيَّة　軍事作戦

عَمَلِيَّة جِرَاحِيَّة　外科手術

عَمَّمَ <عم II 名 تَعْمِيم ❖ 一般化させる,普及させる,広く広める;ターバンを巻いて盛装させる 名一般化,普及

وَاجِبُ وِزَارَةِ التَّرْبِيَةِ أَنْ تُعَمِّمَ التَّعْلِيمَ　教育省は教育を普及させなければならない

عَمُود <عمد 複 أَعْمِدَة / عُمُد 関 عَمُودِيّ ❖ 柱,支柱;(新聞記事の)コラム 関垂直の,縦の

عَمُود كَهْرَبَائِيّ　電柱

خَطّ عَمُودِيّ　垂線

عُمُوم <عم ❖ 一般;全体;普遍

الْعُمُوم　大衆/民衆/公衆 (=عُمُومِيّ)

عُمُومًا / عَلَى الْعُمُومِ / بِوَجْهِ الْعُمُومِ　概して/一般に

غُرْفَةُ الْهَاتِفِ لِعُمُومِ النَّاسِ　電話ボックスはみんなのものです

عَمِيَ ، يَعْمَى ❖ 見えなくする,盲目にする;理解できない

عَاطِفَتُكَ تُعْمِيكَ عَنِ الْحَقِّ وَتُضَلِّلُكَ　感情があなたに真実を見えなくさせ,道に迷わ

عَمِيد <عمد 複 عُمَدَاء ❖ 支えるもの;学部長;長官;軍司令官

قَابَلَ الطُّلَّابُ عَمِيدَ كُلِّيَّةِ الْهَنْدَسَةِ　学生達は工学部長に会った

عَمِيق <عمق 複 عِمَق / عُمُق / عِمَاق ❖ 深い

女 عَمِيقَة 複 عَمَائِق

نَوْم (حُزْن) عَمِيق　深い眠り(悲しみ)

بِئْر عَمِيقَة　深い井戸

مَعْرِفَة عَمِيقَة　深い知識

عَمِيل > عمل 複 عُمَلَاءُ ❖ 代理店;代表

اتَّصَلَتْ شَرِكَةُ الشَّحْنِ بِعَمِيلِهَا فِي الْمَطـ　貨物会社は空港の代理店に連絡した

عَمِيم > عم 複 عُمُمٌ ❖ 広範囲な;大量の,多くの;一般的な,普遍的な

عَسَى السَّنَةُ الْجَدِيدَةُ أَنْ تَحْمِلَ الْخَيْرَ الْعَمِيمَ !　新年が多くの幸をもたらしますように

عَنَّ (u) ❖ 表れる(~لِـ:~に);生じる(~لِـ:~に)

عَنَّ لَهُ أَنَّ ~　~という考えが浮かんだ

عَنْ ~ ❖ 前~から(離れて);~について

ابْعُدْ عَنِ النَّارِ !　火から離れなさい

أَخْبِرْنِي عَنْ أَخِيكَ　お兄さんの事について,お知らせ下さい

مَاتَ عَنْ سِتِّينَ سَنَةً　彼は６０歳で死んだ

يَوْمًا عَنْ يَوْمٍ　来る日も来る日も/毎日

قُتِلُوا عَنْ آخِرِهِمْ　彼らは最後の一人まで殺された

عَنْ يَمِينِهِ (يَسَارِهِ)　(彼の/それの)右側に(左側に)

عَنْ رِضًى (سُرُورٍ)　喜んで/進んで

عَنْ قَلِيلٍ (قَرِيبٍ)　直ぐに

عَنْ قَلِيلٍ نَرَى　直ぐに会いましょう

عَنَى، يَعْنِي 受 عُنِيَ (بِـ~) ❖ 意味する;関心を持たせる 受(~に)関心を持つ,興味を持つ;(~に)悩む;(~の)世話をする

مَاذَا تَعْنِي بِكَلَامِكَ ؟　あなたの言葉はどういう意味ですか

عَنَاهُ الْأَمْرُ　(ある事が)彼を夢中にさせた

تُعْنَى أُمِّي كَثِيرًا بِتَرْتِيبِ الْبَيْتِ　私の母は家事に,とても注意を払っている

يَعْنِي / أَعْنِي　あのね/つまり/えーっと ※口語にて良く使われる

عَنَاء > عنو ❖ 疲労,疲れ;つらい労働;苦労

دَعْ أُمَّكَ تَسْتَرِيحُ مِنْ عَنَاءِ النَّهَارِ　お母さんは昼間の仕事で疲れているから,休ませて上げなさい

بَعْدَ عَنَاءٍ طَوِيلٍ　長く苦労して

أ ب ت ث ج ح خ د ذ ر ز س ش ص ض ط ظ ع غ ف ق ك ل م ن هـ و ي

عُنَّابٌ < عنب ※ عُنَّابَة ❖ ナツメ[植物] ※1個のナツメ

مَا أَطْيَبَ حَبَّ الْعُنَّابِ إِذَا نَضِجَ وَذَبُلَ! — 乾燥させた完熟ナツメは何て美味しいのでしょう

عِنَايَة < عني ❖ 注意;世話;関心

اَلْعِنَايَةُ الْإِلٰهِيَّةُ — 神の摂理/神の計画

بِعِنَايَةٍ — 注意して/丁寧に

اِعْمَلْ عَمَلَكَ بِعِنَايَةٍ — 仕事は注意してしなさい

عِنَب 複 أَعْنَاب ❖ ブドウ/葡萄

سُكَّرُ الْعِنَبِ — ブドウ糖

عِنَب مُجَفَّف — 干しブドウ/レーズン

عِنْدَ ~ ❖ 前~の時に;~の元に,~の側に;~を持っている

عِنْدَ ذٰلِكَ / عِنْدَئِذٍ — その時

عِنْدَمَا ~ — ~の時/~の時はいつも/~すると直ぐに

عِنْدَمَا سُجِّلَ الْهَدَفُ، عَلَا التَّصْفِيقُ — ゴールが決まると拍手が起こった

جَلَسَ عِنْدَ الشَّجَرَةِ — 木の側に(元に)座った

بَكَى الطِّفْلُ وَذَهَبَ عِنْدَ أُمِّهِ — 子供は泣いて母親の所に行った

هَلْ عِنْدَكُمْ غُرْفَةٌ ؟ — (泊まれる)部屋がありますか

سَأَلْقَاكَ عِنْدَ الظُّهْرِ — 午後に会いましょう

عَنْدَلِيب 複 عَنَادِل ❖ ナイチンゲール[鳥]

أَطْرَبَنِي تَغْرِيدُ الْعَنْدَلِيبِ — ナイチンゲールのさえずりに,私は嬉しくなった

عَنْز 複 أَعْنُز /عُنُوز /عِنَاز ❖ 雌山羊 ※ تَيْس :雄山羊

شَرَدَتِ الْعَنْزَةُ عَنِ الْقَطِيعِ — 1頭の雌山羊が群からはぐれた

عُنْصُر < عصر 複 عَنَاصِر 関 عُنْصُرِيّ ❖ 元素,分子;要素;血統,家柄;人種 複国民,民族 関元素の;要素の;人種の

اَلْمَاءُ مُرَكَّبٌ مِنْ عُنْصُرَيْنِ — 水は二つの(二種類の)分子からなる

اَلتَّمْيِيزُ الْعُنْصُرِيُّ / اَلتَّفْرِقَةُ الْعُنْصُرِيَّةُ — 人種差別

عُنْصُرِيَّة <عنصر ❖ 人種主義;人種;民族

الْعُنْصُرِيَّةُ مَذْهَبُ الْمُتَعَصِّبِينَ لِعُنْصُرِهِمْ أَوْ لِمَبْدَإِ التَّمْيِيزِ الْعُنْصُرِيِّ　人種主義は熱狂的な民族主義や人種による差別のイデオロギーである

عَنُفَ (u) ❖ (～に)厳しくする;(～を)いじめる(～بِـ/عَلَى)

إِذَا أَسَأْتَ التَّصَرُّفَ فَسَيَعْنُفُ بِكَ وَالِدُ　あなたが悪い事をすれば,お父さんが許しませんよ

عَنَّفَ<عنف II 名 تَعْنِيف ❖ 叱る;乱暴に扱う 名叱責,非難;虐待

عَنَّفَهُ الْمُدَرِّسُ لِأَنَّهُ كَسُولٌ طَائِشٌ　先生は彼を,どうしようもない怠け者と叱った

عُنْف (و) ❖ 厳しさ;粗暴な事;暴力

لَجَأَ إِلَى الْعُنْفِ　暴力に訴えた

بِعُنْفٍ　暴力的に

أَعْمَال الْعُنْفِ　暴力行為

عُنْفُوَان <عنف ❖ 盛り,全盛期

عُنْفُوَان الشَّبَابِ　青春期/青春/若い盛り

عُنُق (و) 複 أَعْنَاق ❖ 首;(木の)幹;集団

جَمِيلٌ عِقْدُ اللُّؤْلُؤِ فِي عُنُقِكِ الْأَبْيَض　何と汝の白き首にかかる真珠飾りの美しきこと!

عُنْقُود 複 عَنَاقِيد ❖ 房,葡萄の房

عَنَاقِيد الْكَرْمَةِ　複葡萄の房

عَنْكَبُوت 複 عَنَاكِب ❖ 男女蜘蛛

بَيْتُ (نَسِيجُ) عَنْكَبُوتٍ　蜘蛛の巣

كَيْفَ تَشْبِكُ الْعَنْكَبُوتُ خُيُوطَهَا ؟　蜘蛛はどのように糸を絡ませるのでしょうか

عُنْوَان <عنون 複 عَنَاوِين ❖ 住所,宛名;タイトル,表題;サイン

دَفْتَر عَنَاوِين　住所録

مَا هُوَ عُنْوَانُ الْكِتَابِ الَّذِي تُرِيدُهُ　あなたが欲しい本のタイトルは何ですか

عَادَتِ الرِّسَالَةُ لِأَنَّهَا تَحْمِلُ عُنْوَانًا خَاطِئًا　手紙は宛名が間違っていたので,返って来ました

كِتَاب بِعُنْوَان ～　～という題名(タイトル)の本

عنون ~ عود

عَنْوَنَ ، يُعَنْوِنُ ❖ 宛名を書く;(本の)題名(タイトル)を付ける

عَنْوَنَ الرِّسَالَةَ　手紙に宛名を書いた

عَنْوَنَ الْكِتَابَ　本に題名(タイトル)を付けた

عُنِيَ ، يُعْنَى ❖ ⇒ عَنَى 受

عَنِيد < عند 複 عُنُد ❖ 強情な,頑なな,頑固な

إِنَّهُ حَقًّا عَنِيدٌ !　本当に彼は強情だ(頑なだ)!

عَنِيف < عنف 複 عُنُف ❖ 激しい;厳しい;暴力的な,荒々しい

عَاصِفَةٌ عَنِيفَةٌ　激しい嵐

حَصَلَ تَشَاجُرٌ عَنِيفٌ بَعْدَ الْمُبَارَاتِ　試合の後に,激しい喧嘩が起きた

عَهْد ❖ 知識;出会い;時代;約束,契約;合意(複 عُهُود)

عَهْدُهُ بِهٰذِهِ الْمَسْأَلَةِ　この問題に関する彼の知識

حَدِيثُ (قَرِيبُ) الْعَهْدِ　最近の/新しい/〜したばかりの(〜بِـ)

مِنْ عَهْدٍ قَرِيبٍ　最近

مُنْذُ عَهْدٍ بَعِيدٍ　大昔/大昔から

مَا زَالَ عَلَى عَهْدِهِ / ظَلَّ كَعَهْدِهِ　彼は昔と変わらない

لَا عَهْدَ لَهُ بِـ〜　彼は〜した経験がない(〜した事がない)

وَلِيُّ الْعَهْدِ　皇太子

أَذْكُرُ عَهْدَ الطُّفُولَةِ بِحَنَانٍ　私は子供の時代を懐かしく思い出す

اَلْعَهْدُ الْجَدِيدُ (الْقَدِيمُ)　新約(旧約)聖書

عَوَى ، يَعْوِي ❖ (犬,狼が)遠吠えをする

سَمِعْتُ الذِّئْبَ يَعْوِي لَيْلًا فَخِفْتُ　私は夜に狼の遠吠えを聞いて,怖くなった

عَوَّدَ < عود II ❖ 慣らす,慣らさせる

عَوَّدَتْنِي وَالِدَتِي النُّهُوضَ بَاكِرًا　母は私を早起きに慣れさした

عُود 複 عِيدَان / أَعْوَاد ❖ 棒,枝,茎;木材;ウード[楽器]

عُودُ الثِّقَابِ (الْكِبْرِيتِ)　マッチ棒

عُود تَقْسِيمٍ　ウードソロ[音楽]

عَوْدَة ※帰る事, 戻る事, 帰還; 復帰, 再開

اَلْعَوْدَة إِلَى الْبِلَادِ　帰国

طَرِيق الْعَوْدَةِ　帰り道/帰路

عَوَّضَ <عوض II 名 تَعْوِيض ※補う; 償う, 補償する, 賠償する
名賠償, 補償, 償い

عَوَّض النَّقْصَ　不足を補った

عَوَّض عَن الْخَسَارَةِ　損害を賠償した

لَا يُعَوَّضُ*　取り返しのつかない/掛け替えのない *未受

تَعْوِيض عَنِ الْأَذَى　損害賠償

عِوَض 複 أَعْوَاض ※代用, 代わり; 償い

عِوَضًا عَنْ (مِنْ) أَنْ ~　~する代わりに

لَا تُضِيعُ الْمِفْتَاحَ، فَلَيْسَ لِي عَنْهُ عِوَ　鍵は無くさないように, 代わりは無いのだから

عَوَّمَ <عوم II ※浮かべる; (船を)進める

غَرِقَتِ السَّفِينَةُ ، وَتُحَاوِلُ فِرْقَةُ الْإِنْقَاذِ أَنْ تُعَوِّمَهَا　沈んだ船を救急隊が浮かべようとしている

عَوْن ※援助, 支援; 救助; 手伝い, 助手; 助ける人, 救助者
(複 أَعْوَان)

عَوْن مَالِيّ　財政(資金)援助

اَلسَّفِينَةُ الْغَارِقَةُ تَطْلُبُ الْعَوْنَ　沈みつつある船が救助を求めている

عَوِيص <عوص ※難しい, 難解な

مُشْكِلَة عَوِيصَة　非常に複雑な問題

اَلشِّعْرُ الْقَدِيمُ عَوِيصُ الْكَلَامِ　古い詩は言葉が難解である

عَوِيل <عول ※泣き声, 嘆き; 依存, 寄生; 居候

اِسْتَيْقَظْنَا لَيْلًا عَلَى عَوِيلِ الْجَارَةِ　私達は夜に, 隣人の女性の泣き声で, 目が覚めました

عَيَاء <عي ※不可能; 無力; 弱さ; 疲労

دَاءٌ عَيَاءٌ　不治の病／重病

عِيَادَة <عود 複 -ات ❖ 診察;診察室;診療所,クリニック

عِيَادَة خَارِجِيَّة　外来科

لِطَبِيبِ الْأَسْنَانِ عِيَادَةٌ خَاصَّةٌ　歯科医には特別な診察室があります

عِيَار <عير ❖ 基準,標準;単位;分量;発砲(複 -ات)

أَطْلَقَ الشُّرْطِيُّ عِيَارًا نَارِيًّا عَلَى الْقَاتِلِ　警官(警察官)は殺人犯に向かって,発砲した

عَيْب 複 عُيُوب ❖ 欠点,欠如;恥

عَيْبٌ عَلَيْكَ　恥を知れ

اَلْفَقْرُ لَيْسَ عَيْبًا، بَلِ الْكَسَلُ هُوَ الْعَيْبُ　貧乏は恥ではない,怠惰な事が恥である

عَيَّدَ <عيد II ❖ 祭りを見る;祭りを祝う

مَتَى نُعَيِّدُ الْأَضْحَى؟　犠牲祭(イードゥ・ル=アドゥハー)を祝うのはいつです

عِيد 複 أَعْيَاد ❖ 祭日,記念日;祭り

أَحْيَيْنَا لَيْلَةَ الْعِيدِ رَقْصًا وَغِنَاءً　私達は歌ったり,踊ったりして祭りの夜を過ごした

عِيدُ الْمِيلَادِ　クリスマス

عِيدُ الثَّوْرَةِ　革命記念日

عَيَّرَ <عير II ❖ 非難する,咎める;ののしる;分析する

قَدْ عَيَّرْنَا رَئِيسَ بَلَدِيَّتِنَا　かつて私達は市長を非難した

عَيَّشَ <عيش II ❖ 養う

أَبْسَطُ وَاجِبَاتِ الْأَبِ أَنْ يُعَيِّشَ زَوْجَهُ وَأَوْلَادَهُ　父親の義務で最も分かりやすいのは妻や子供を養う事です

عَيْش ❖ 生活,暮らし,生計;パン

تَعَوَّدْنَا الْعَيْشَ تَحْتَ سَقْفٍ وَاحِدٍ　私達は一つ屋根の下の生活に慣れました

عِيشَة ❖ 生活,暮らし

يَنْعَمُ أَهْلُ الْقُرَى بِعِيشَةٍ هَادِئَةٍ　村人は穏やかな暮らしを楽しんでいる

تَعْيِين 名 II عين< عَيَّنَ ❖	指定する;指名(任命)する 名指定;指名,任命;決定
受 عُيِّنَ ، يُعَيَّن	指定される;指名(任命)される
تَشَاوَرُوا ثُمَّ عَيَّنُوا الْمَوْعِدَ	彼らは相談して,期日を指定した
رَئِيسُ الْوُزَرَاءِ قَرَّرَ تَعْيِينَهُ فِي مَنْصِبِ الْوَزِيرِ	総理大臣は彼を大臣に指名する事を決定した
عَيْن 複 عُيُون ❖	目,瞳;眼差し;泉
اَلْعَيْنُ عُضْوُ الْبَصَرِ	目は視覚器官です
شَاهِدُ عَيْنٍ	目撃者
بِعَيْنِهِ	まぎれもなく/正に/実在の
لِسَبَبِ عَيْنِهِ	同じ理由で
بِعَيْنَيْ رَأْسِهِ / بِأُمِّ عَيْنِهِ	自分の目で
رَأَى رَأْيَ الْعَيْنِ	自分の目で見た/自分で確かめた
سَوَادُ الْعَيْنِ	瞳/瞳孔
لِسَوَادِ عَيْنِهِ	彼の為に
عَلَى الْعَيْنِ وَالرَّأْسِ	とても喜んで
لِلْإِنْسَانِ عَيْنَانِ	人には目が二つあります
اَلْعَيْنُ بِالْعَيْنِ	目には目を
اَلْحُبُّ لَا عُيُونَ لَهُ	恋は盲目である
أَعَادَهُ أَثَرًا بَعْدَ عَيْنٍ	完膚無きまでに粉砕した
مَدَى الْعَيْنِ	目の届く範囲/視界の限り
تَغَرْغَرَتْ عَيْنَاهَا بِدُمُوعِ الْفَرَحِ	彼女の目は嬉し涙で一杯だった
كَانَ الْمَاءُ يَنْبُعُ مِنَ الْعَيْنِ	かつては泉から水があふれ出ていた
ات- 複 عين< عَيِّنَة ❖	標本,サンプル,見本
عَيِّنَةٌ عَشْوَائِيَّةٌ	無作為標本(サンプル)
أَتُعْجِبُكَ هٰذِهِ الْعَيِّنَةُ مِنَ الْبِضَاعَةِ ؟	この商品の見本が気に入りましたか

غ

حَرْفُ الْغَيْن

غَائِب < غيب 複 -ون ❖ 形 欠席して;留守の,不在の 名 欠席者;不在の人

اَلْغَائِب　3人称(文)

اَلطُّلَّابُ حَاضِرُونَ ، أَمَّا " نَبِيل " فَغَائِبٌ　学生達は出席してますが,ナビールは欠席です

غَائِر < غور ❖ 凹んだ;低地の

نُفَرِّقُ بَيْنَ الْبَارِزِ وَالْغَائِرِ بِاللَّمْسِ　私達は触って,出ている所と凹んでいる所を見分けます

غَابَ ، يَغِيبُ < غيب ※ هِيَ غَابَتْ / أَنَا غِبْتُ ❖ 欠席する,欠勤する;不在にする;隠れる;(日や星が)沈む

غَيْبَة 名　名 不在;目に見えない事

لِمَاذَا غِبْتَ عَنِ الْمَدْرَسَةِ دُونَ مُبَرِّرٍ　どうして学校を無断で欠席したのですか

غَابَ عَنِ الشَّرِكَةِ　会社を欠勤した

غَابَ عَنْ صَوَابِهِ (الْوُجُودِ)　意識を失った

غَابَ الْقَمَرُ ، فَأَظْلَمَ اللَّيْلُ　月が陰ると夜は暗くなった

غَابَة < غيب 複 -ات ❖ 森,森林

فِي الْغَابَةِ حَيَوَانَاتٌ بَرِّيَّةٌ كَثِيرَةٌ　森には野生の動物が沢山いる

غَابِر < غبر 複 غُبَّر ❖ 形 過去の,過ぎ去った 名 過去

فِي الزَّمَانِ الْغَابِرِ ، حَكَمَ مُلُوكُ الْبِلَادَ　古代では王達が国を統治した

غَادَة < غيد 複 -ات ❖ 娘,乙女;若くて美しい女性,美人

أَحَبَّ غَادَةً حَسْنَاءَ　彼は美しい娘が好きだった

غَادَرَ < غدر III 名 مُغَادَرَة ❖ (～から)出発する(～إِلَى:～へ),出る;発車する 名 出発;発車

يُغَادِرُ الْقِطَارُ الْمَحَطَّةَ فِي تَمَامِ الْخَامِسَةِ　列車は5時きっかりに駅を発車します

غَادَرَ الْمُسْتَشْفَى　退院した

أ ب ت ث ج ح خ د ذ ر ز س ش ص ض ط ظ ع غ ف ق ك ل م ن هـ و ي

مُغَادَرَةُ الْفُنْدُقِ
ホテルからの<ruby>出発<rt>しゅっぱつ</rt></ruby>

♦ غَارَ・يَغُورُ >غور< ※ اَنَا غِرْتُ
<ruby>沈<rt>しず</rt></ruby>む;(<ruby>水<rt>みず</rt></ruby>が)なくなる,<ruby>浸透<rt>しんとう</rt></ruby>する;(<ruby>目<rt>め</rt></ruby>が)<ruby>凹<rt>くぼ</rt></ruby>む

غَارَتْ عَيْنَاهُ
<ruby>目<rt>め</rt></ruby>が<ruby>落<rt>お</rt></ruby>ち<ruby>凹<rt>くぼ</rt></ruby>んだ

يَغُورُ الْمَاءُ بِسُرْعَةٍ فِي الْأَرْضِ الرَّمْلِيَّةِ
<ruby>水<rt>みず</rt></ruby>は<ruby>砂地<rt>すなじ</rt></ruby>に<ruby>直<rt>す</rt></ruby>ぐ<ruby>浸透<rt>しんとう</rt></ruby>する

♦ غَارَ・يَغَارُ >غير< ※ اَنَا غِرْتُ
(～に)<ruby>嫉妬<rt>しっと</rt></ruby>する,(～を)<ruby>妬<rt>ねた</rt></ruby>む(～مِنْ;عَلَى)

تَغَارُ الْمَرْأَةُ عَلَى زَوْجِهَا
<ruby>妻<rt>つま</rt></ruby>は<ruby>夫<rt>おっと</rt></ruby>に<ruby>嫉妬<rt>しっと</rt></ruby>する

♦ غَارٌ >غور< 複 أَغْوَارٌ / غِيرَانٌ
<ruby>洞穴<rt>ほらあな</rt></ruby>,<ruby>洞窟<rt>どうくつ</rt></ruby>;<ruby>月桂樹<rt>げっけいじゅ</rt></ruby>,ローレル

إِكْلِيلٌ مِنْ غَارٍ
<ruby>月桂樹<rt>げっけいじゅ</rt></ruby>の<ruby>冠<rt>かんむり</rt></ruby>

♦ غَارَةٌ >غور<
<ruby>攻撃<rt>こうげき</rt></ruby>,<ruby>侵略<rt>しんりゃく</rt></ruby>;<ruby>1本<rt>いっぽん</rt></ruby>の<ruby>月桂樹<rt>げっけいじゅ</rt></ruby>

غَارَةٌ جَوِّيَّةٌ
<ruby>空爆<rt>くうばく</rt></ruby>/<ruby>空襲<rt>くうしゅう</rt></ruby>/<ruby>爆撃<rt>ばくげき</rt></ruby>

شَنَّ غَارَةً عَلَى～
～へ<ruby>攻撃<rt>こうげき</rt></ruby>を<ruby>仕掛<rt>しか</rt></ruby>けた

تَعَرَّضَتِ الْقَلْعَةُ لِغَارَةٍ
<ruby>城<rt>しろ</rt></ruby>は<ruby>攻撃<rt>こうげき</rt></ruby>に<ruby>晒<rt>さら</rt></ruby>された

♦ غَازٌ >غاز< 複 ـاتٌ 関 غَازِيٌّ
ガス,<ruby>気体<rt>きたい</rt></ruby> 関ガスの,<ruby>気体<rt>きたい</rt></ruby>の

غَازٌ طَبِيعِيٌّ
<ruby>天然<rt>てんねん</rt></ruby>ガス

غَازُ أَعْصَابٍ
<ruby>神経<rt>しんけい</rt></ruby>ガス

اَلْغِلَافُ الْجَوِّيُّ غَازَاتٌ تُحِيطُ بِالْأَرْضِ
<ruby>大気圏<rt>たいきけん</rt></ruby>は<ruby>地球<rt>ちきゅう</rt></ruby>を<ruby>取<rt>と</rt></ruby>り<ruby>巻<rt>ま</rt></ruby>く<ruby>気体<rt>きたい</rt></ruby>です

♦ غَازٍ >غزو< 複 غُزَاةٌ
<ruby>侵入者<rt>しんにゅうしゃ</rt></ruby>,<ruby>侵略者<rt>しんりゃくしゃ</rt></ruby>:<ruby>司令官<rt>しれいかん</rt></ruby>,<ruby>将軍<rt>しょうぐん</rt></ruby> ※定 اَلْغَازِي

لَمْ يَسْتَطِعِ الْغُزَاةُ احْتِلَالَ الْقَلْعَةِ
<ruby>侵入者<rt>しんにゅうしゃ</rt></ruby><ruby>達<rt>たち</rt></ruby>はその<ruby>砦<rt>とりで</rt></ruby>を<ruby>占領<rt>せんりょう</rt></ruby><ruby>出来<rt>でき</rt></ruby>なかった

♦ غَازَلَ >غزل< III
(<ruby>女性<rt>じょせい</rt></ruby>を)<ruby>口説<rt>くど</rt></ruby>く,(<ruby>女性<rt>じょせい</rt></ruby>に)<ruby>言<rt>い</rt></ruby>い<ruby>寄<rt>よ</rt></ruby>る,<ruby>求愛<rt>きゅうあい</rt></ruby>する

أَحَبَّ الْبِنْتَ فَرَاحَ يُغَازِلُهَا
その<ruby>娘<rt>むすめ</rt></ruby>が<ruby>好<rt>す</rt></ruby>きになったので,<ruby>口説<rt>くど</rt></ruby>き<ruby>始<rt>はじ</rt></ruby>めた

♦ غَاصَ・يَغُوصُ >غوص< 名 غَوْصٌ
<ruby>潜<rt>もぐ</rt></ruby>る,<ruby>潜水<rt>せんすい</rt></ruby>する;<ruby>没頭<rt>ぼっとう</rt></ruby>する 名<ruby>潜水<rt>せんすい</rt></ruby>

تَغُوصُ الْغَوَّاصَةُ فِي الْبَحْرِ
<ruby>潜水艦<rt>せんすいかん</rt></ruby>は<ruby>海<rt>うみ</rt></ruby>に<ruby>潜<rt>もぐ</rt></ruby>る

♦ غَافِلٌ >غفل< 複 ـونٌ /غُفَّلٌ /غُفُولٌ
<ruby>不注意<rt>ふちゅうい</rt></ruby>な,おっちょこちょいの

يَا لَكَ مِنْ غَافِلٍ!
やぁ,おっちょこちょい!

♦ غَالٌ >غول< 複 ـاتٌ
<ruby>南京錠<rt>なんきんじょう</rt></ruby>,<ruby>錠<rt>じょう</rt></ruby>

لَا تَنْسَ أَنْ تُقْفِلَ الْبَابَ بِالْغَالِ　戸に鍵をするのを忘れないようにね

غَالٍ ❖ 形高価な，(値段が)高い；貴重な，尊い(複 غَوَالٍ)；過激な 名過激論者；狂者(複 غُلَاة) ※定 الْغَالِي　غالٍ＜غلو 複 غُلَاة 比 أَغْلَى

يُبَاعُ الْحَرِيرُ بِسِعْرٍ غَالٍ　絹は高い値段で売られる

اَلْحَيَاةُ غَالِيَةٌ　生命は尊い

غَالِبٌ ❖ 形支配的な；圧倒的な 名勝利者，勝者　غالب＜غلب

فِي الْغَالِبِ / غَالِبًا　大てい/だいたい/大概

غَامَ ، يَغِيمُ ❖ 曇る　غام＜غيم

تَغِيمُ السَّمَاءُ أَحْيَانًا وَلَا تُمْطِرُ　空が時々曇るが，雨は降らない

غَامَرَ ❖ むやみに突っ込む；危険を冒す，冒険する 名冒険　غامر＜غمر 名 مُغَامَرَة 複 -ات

يُغَامِرُ رَجُلُ الْإِطْفَاءِ بِنَفْسِهِ　消防士は身の危険を冒す

غَامِض ❖ 隠された；不明瞭な，曖昧な，はっきりしない　غامض＜غمض 複 غَوَامِض

شَخْص غَامِض　不可解な人物

اَلْمَعْنَى غَامِضٌ　意味がはっきりしない(不明瞭だ)

غَامِق ❖ (色が)暗い；濃い　غامق＜غمق

لَوْن غَامِق　暗い色

غَايَة ❖ 極限，究極；目標，目的　غاية＜غي 複 -ات

لِلْغَايَةِ　極端に/とても

كَانَتْ نُزْهَتُنَا مُمْتِعَةً لِلْغَايَةِ　ピクニックはとても楽しかった

كَانَ غَايَةً فِي الْجَمَالِ　究極の美だった

بَلَغَ الْمُسَافِرُ الْغَايَةَ　旅行者は目的地に着いた

اَلْغَايَةُ تُبَرِّرُ الْوَسِيلَةَ (الْوَاسِطَةَ)　目的が手段を正当化する

غُبَار ❖ ほこり/埃，ちり　غبار＜غبر

ثَارَ الْغُبَارُ　ほこりが舞い上がった

نَفَضَ الْغُبَارَ　ほこりを払った

لَا غُبَارَ عَلَيْهِ　非の打ち所が無い/非難の余地が無い

غَبَّرَ<غبر II ❖ほこりを立てる

تَكْنِيسُكِ الْعَنِيفُ يُغَبِّرُ　貴女のひどい掃き方はほこりを立てます

غِبْطَة ❖幸福, 幸せ; 喜び

كَانَ مَحَلَّ غِبْطَةٍ　人もうらやむ地位にいた(境遇だった)

شَعَرَ بِالْغِبْطَةِ　幸せを感じた

غَبِيّ<غبو 複 أَغْبِيَاء ❖形愚かな, 馬鹿な 名愚か者, 愚かな人

فَكِّرْ قَبْلَ أَنْ تَتَكَلَّمَ ، أَيُّهَا الْغَبِيُّ　愚か者よ, しゃべる前に考えなさい

غَدٌ<غدو ❖名明日, 明日; 翌日, 次の日; 未来, 将来

صَبَاحَ الْغَدِ　明日の朝

غَدًا / فِي الْغَدِ　明日に/将来に

بَعْدَ غَدٍ　明後日/あさって

غَدَا ، يَغْدُو<غدو ❖(朝早く)出かける; 来る; する; 走る

غَدَا وَرَاحَ　行ったり来たりした

يَغْدُو الْفَلَّاحُ إِلَى الْعَمَلِ مَعَ الْفَجْرِ　お百姓さんは日の出と共に仕事に出かける

غَدَّى<غدو II ❖昼ご飯(昼食)を出す; 朝ご飯(朝食)を出す

جُعْنَا ، فَمَتَى تُغَدِّينَا ، يَا أُمِّي؟　お母さん, お腹が空きました, お昼はいつですか

غَدَاءٌ<غدو 複 أَغْدِيَة ❖昼食, お昼ご飯; 朝食, 朝ご飯

اِسْمَحْ لَنَا بِتَنَاوُلِ الْغَدَاءِ فِي الْمَكْتَبِ　私達が事務所で昼食を食べるのを許して下さい

غَدَاة<غدو 複 غَدَوَات ❖早朝, 朝; 次の日, 翌日

اَلْغَدَاةَ　今朝

تَسْتَيْقِظُ الْعَصَافِيرُ مُغَرِّدَةً فِي الْغَدَاةِ　早朝に小鳥たちは目を覚まして, さえずる

غَدَّار<غدر ❖裏切りの, 背信の; 油断できない

رَجُلٌ غَدَّارٌ 女 اِمْرَأَةٌ غَدَّارٌ (غَدَّارَةٌ)　裏切り者

غُدَّة<غد 複 غُدَد / غَدَائِد ❖腺 ※特定の物質を生成・貯留・分泌する体組織

غُدَّة دَرَقِيَّة　甲状腺

غُدَّة دَمْعِيَّة　涙腺(るいせん)

غُدَّة لِنْفَاوِيَّة　リンパ腺(せん)

غُدَّة بُرُوسْتَات　前立腺(ぜんりつせん)

غَدَرَ غَدْر (i,u)　❖裏切(うらぎ)る,だます 名裏切(うらぎ)り;背信(はいしん)

صَدِيقِي مُخْلِص، فَكَيْفَ يَغْدُرُنِي؟　私(わたし)の友(とも)は誠実(せいじつ)で,どうして私(わたし)を裏切(うらぎ)りましょうか

غَدِير >غُدُر غُدْرَان/غُدُر 複　❖小川(おがわ), クリーク;水(みず)の流(なが)れ

يَشْرَبُ الْقَطِيعُ مِنَ الْغَدِير　家畜(かちく)の群(むれ)は小川(おがわ)の水(みず)を飲(の)む

غَذَّى >غَذُو II 名 تَغْذِيَة　❖栄養(えいよう)を与(あた)える;供給(きょうきゅう)する(~بِ:~を) 名栄養(えいよう)

الطَّعَامُ يُغَذِّي جِسْمَك　食物(しょくもつ)があなたの体(からだ)に栄養(えいよう)を与(あた)える

سُوء التَّغْذِيَة　栄養失調(えいようしっちょう)

غِذَاء >غَذُو أَغْذِيَة 複 関 غِذَائِيّ　❖栄養(えいよう);食物(しょくもつ),食料(しょくりょう) 関栄養(えいよう)のある;食物(しょくもつ)の

الرُّزُّ غِذَاءٌ حَيَوِيّ　お米(こめ)は大事(だいじ)な食料(しょくりょう)です

سِلْسِلَة غِذَائِيَّة　食物連鎖(しょくもつれんさ)

الْأَمْن الْغِذَائِيّ　食(しょく)の安全(あんぜん)

غَرَّ (u)　❖ごまかす,だます;目(め)をくらませる

غَرَّتْنِي الْفَتَاةُ بِجَمَالِهَا　その娘(むすめ)の美(うつく)しさに,私(わたし)は目(め)がくらんだ

غُرَاب >غرب غِرْبَان/أَغْرِبَة 複　❖カラス/烏(からす)

يَتَشَاءَمُ بَعْضُ النَّاسِ مِنْ رُؤْيَةِ الْغُرَاب　ある人達(ひとたち)はカラスを見(み)ると不吉(ふきつ)に思(おも)う

غَرَام >غرم　❖心酔(しんすい),夢中(むちゅう);熱愛(ねつあい),恋(こい)

جَمَعَ بَيْنَ الْحَبِيبَيْنِ غَرَامٌ شَدِيد　激(はげ)しい愛(あい)が二人(ふたり)を結(むす)びつけた

غَرَامَة >غرم -ات 複　❖罰金(ばっきん)

يَجِبُ أَنْ تَدْفَعَ الْغَرَامَة　君(きみ)は罰金(ばっきん)を払(はら)わなくてはならない

غَرَبَ غَرْب 名 (u) 関 غَرْبِيّ　❖立ち去(たちさ)る(~عَنْ:~から);(太陽(たいよう),星(ほし)が西(にし)へ)沈(しず)む
名西(にし);激(はげ)しさ 関西(にし)の,西洋(せいよう)の,西洋的(せいようてき)な;西洋人(せいようじん)

غَرَبَتِ الشَّمْسُ وَرَاءَ الْبَحْر　太陽(たいよう)が海(うみ)の向(む)こうに沈(しず)んだ

لَا أُرِيدُ أَنْ أَرَاك، فَاغْرُبْ عَنِّي　君(きみ)の顔(かお)は見(み)たくない,あっちに行(ゆ)け

يَمَّمَتِ السَّفِينَةُ شَطْرَ الْغَرْبِ　船は西へ向かった

غَرْبًا / إِلَى الْغَرْبِ　西に

كَرِهُوا الثَّقَافَةَ الْغَرْبِيَّةَ　彼らは西洋の文化を嫌った

غَرُبَ (u) 名 غَرَابَة ❖ 奇妙である, 特異である; 不思議である
名奇妙な事, 特異; 不思議

لَا غَرَابَةَ　不思議な事ではない

غِرْبَال <غربل 複 غَرَابِيل ❖ ふるい/篩い[農具]

يُهَزُّ الْأَرُزُّ فِي الْغِرْبَالِ　お米はふるいに掛けられる

غُرْبَة ❖ 異; 異国に住む事 ; 亡命

لَبِثَ فِي الْغُرْبَةِ سَنَوَاتٍ　異国に何年もとどまった

غَرْبَلَ ، يُغَرْبِلُ ❖ ふるいに掛ける, より分ける

غَرْبَلَ الْقَمْحَ　小麦をふるいに掛けた

غَرَّدَ <غرد II 名 تَغْرِيد ❖ 鳴く, (鳥が)歌う, さえずる 名(鳥の)さえずり

سَمِعْتُ الْبُلْبُلَ يُغَرِّدُ فَطَرِبْتُ　ナイチンゲール鳥のさえずりを聞いて,
私は嬉しくなった

تَغْرِيد الطُّيُورِ　鳥のさえずり

غَرَزَ (i) 名 غَرْز ❖ (差し込んで)立てる, 差し入れる 名立てる事

نَغْرِزُ الشُّمُوعَ فِي كَعْكَةِ الْعِيدِ　私達は誕生日のケーキに蝋燭を立てる

غَرَسَ (i) 名 غَرْس 複 غِرَاس / أَغْرَاس ❖ (木や苗を)植える, (種を)蒔く; 立てる; 差し込む
名植える事; 苗

غَرَسَ الْفَلَّاحُ الْحَبَّ　農民は種を蒔いた

لَمْ يَغْرِسِ الْوَتَدَ فِي الْأَرْضِ بِسُهُولَةٍ　杭を地面に容易に打ち込めなかった

يَنْمُو الْغَرْسُ فِي تُرْبَةٍ خَصْبَةٍ دَافِئَةٍ　暖かい肥えた土の上で, 苗は育つ

غَرَض 複 أَغْرَاض ❖ 目的, 目標 ; 物

مَا هُوَ الْغَرَضُ؟　目的は何ですか

بِغَرَضِ الْحُصُولِ عَلَى ~　~を得る目的で

غَرْغَرَ ، يُغَرْغِرُ ❖ うがいをする

أُغَرْغِرُ بِهٰذَا الدَّوَاءِ　私はこの薬でうがいする

غَرَفَ (i) ※すくう，汲む

غَرَفَ الْحِسَاءَ وَسَكَبَهُ فِي الصُّحُونِ　スープをすくって，お皿に注いだ

غُرْفَة 複 **غُرَف** ※部屋

غُرْفَة الِانْتِظَارِ　待合室

غُرْفَة الصَّفِّ　教室

غَرِقَ (a) ※溺れる，沈む；(船が)沈没する

غَرِقَ فِي الْبَحْرِ　海で溺れた

يَغْرَقُ الْحَجَرُ فِي الْمَاءِ　石は水に沈む

غُرُوب <غرب ※沈む事

غُرُوب الشَّمْسِ　日没

غُرُور <غر ※ごまかし；うぬぼれ；欺瞞

الْغُرُور بِنَفْسِهِ　自己欺瞞/虚栄心/うぬぼれ

حَذَارِ أَنْ تَتَحَوَّلَ ثِقَتُكَ بِنَفْسِكَ إِلَى غُرُورٍ !　自信がうぬぼれにならぬよう，気を付けなさい！

غَرِيب <غرب 複 **غُرَبَاء** ※形 祖国から離れて；変わった，変な，奇妙な；不思議な 名 見知らぬ人

وَجْه غَرِيب　見知らぬ顔

حَدِيث غَرِيب　<u>おかしな</u>(不思議な)事件

غَرِيب الْأَطْوَارِ　気まぐれな/風変わりな

طُيُور غَرِيبَة　複 奇妙な鳥

غَرِير <غر 複 **أَغِرَّة** ※未熟な，経験不足の；思い上がった；騙されやすい

أَنْتَ وَلَدٌ غَرِيرٌ لَا تَقْبَلُ نَصِيحَةً　君は忠告を受け入れない未熟な子供だ

غَرِيزَة <غرز 複 **غَرَائِز** ※本能；(持って生まれた)性格

بِالْغَرِيزَةِ　本能的に

غَرِيزَة الْأُمُومَةِ　母性本能

اَلْعَقْلُ لِلْإِنْسَانِ، وَلِلْحَيَوَانِ غَرِيزَةٌ　人には理性があり,動物には本能がある

غَرِيقٌ <غرق 複 غَرْقَى ❖ 形溺れている;沈んだ 名溺れた人

قَذَفَ الْبَحْرُ جُثَّةَ الْغَرِيقِ إِلَى الشَّاطِئِ　海岸に溺死体が打ち上げられた

غَزَا، يَغْزُو <غزو 名 غَزْوٌ ❖ 侵略する,略奪する;攻撃する 名侵略,略奪;攻撃

※ هِيَ غَزَتْ/ أَنَا غَزَوْتُ

غَزَتْ أَمْرِيكَا الْعِرَاقَ　アメリカがイラクを侵略した

غَزْو الْعِرَاقِ لِلْكُوَيْتِ　イラクのクウェート侵攻

حَيَاةُ الْبَدْوِ كَانَتْ لَهْوًا وَغَزْوًا　ベドウィンには人生は遊びであり,侵略であった

غَزَّارٌ <غزر ❖ 葦

صُنِعَ مِنَ الْغَزَّارِ أَقْلَامٌ لِلْكِتَابَةِ　筆記用のペンは葦から作られた

غَزَارَة <غزر ❖ 大量,多量;豊富

هَطَلَ الْمَطَرُ بِغَزَارَةٍ　雨が大量に降った/大雨が降った

غَزَالٌ <غزل 複 غِزْلَان ❖ 鹿,カモシカ,ガゼル

اَلْغَزَالُ خَفِيفُ الْحَرَكَةِ　鹿は動きが軽快だ

غَزَّةُ 対属 غَزَّةَ ❖ ガザ

كَمْ يَوْمًا سَتَمْكُثُ فِي غَزَّةَ ؟　何日ガザに滞在するつもりですか

غَزُرَ (u) ❖ 豊富にある,たくさんある;豊かである

مَاءُ الْيَنْبُوعِ يَغْزُرُ فِي فَصْلِ الرَّبِيعِ　春には井戸の水は豊富にあります

غَزَلَ (i) 名 غَزْل ❖ (糸を)紡ぐ 名糸紡ぎ,スピンドル

كَانَتْ جَدَّتِي تَغْزِلُ الصُّوفَ بِيَدِهَا　祖母は手で羊毛を紡いでいた

غَزَلٌ <غزل ❖ 恋愛,(女性にささやかれる)愛の言葉;恋愛の詩

كَانَ يُحِبُّ النِّسَاءَ وَيَمِيلُ إِلَى الْغَزَلِ　女性を愛し,恋愛に夢中であった

غَزْوٌ ❖ ⇒ غزا 名

غَزِيرٌ <غزر 複 غِزَار ❖ 沢山の,豊富な

غَزِيرُ الْمَادَّةِ　博学の/博識の

سَرَّ الْفَلَّاحُ بِالْمَطَرِ الْغَزِيرِ　沢山の雨に百姓(農民)は喜んだ

سَالَ الدَّمْعُ غَزِيرًا عَلَى خَدِّهَا　彼女の頬に沢山の涙が流れた

❖ غَسَّالَةٌ <غسل 複 ـات　洗濯機;洗濯婦;クリーニング屋

غَسَّالَةٌ آلِيَّةٌ　洗濯機

❖ غَسَلَ (i) 名 غَسْل　洗う,洗濯する 名洗濯

غَسَلَ مَلَابِسًا　服を洗った(洗濯した)

غَسَلَ الْأَسْنَانَ　歯を磨いた

❖ غَسِيلٌ <غ س ل　洗濯

حَتَّى تَنْتَهِي مِنْ غَسِيلِهَا　彼女の洗濯が終わるまで

❖ غَشَّ (u) 名 غِشّ (غُشّ)　騙す,欺く 名騙し,欺瞞;詐欺,ペテン

غَشَّ فِي الامْتِحَانِ　(試験で)カンニングした

غَشَّ التَّاجِرَ الْغَنِيَّ　裕福な商人を騙した

❖ غِشَاءٌ <غشو 複 أَغْشِيَة　膜;覆い,カバー

غِشَاءُ الطَّبْلِ　鼓膜

يُشَكِّلُ الْغُبَارُ غِشَاءً عَلَى الزُّجَاجِ　埃がガラスに膜を作る

❖ غَشِيَ، يَغْشَى <غشو　来る,訪れる;寝る;性交する;被う,包む;暗くなる

※ هِيَ غَشِيَتْ/ أَنَا غَشِيتُ

受 غُشِيَ (عَلَيْهِ)　意識を失う/失神する

مَتَى يَغْشَى الْمُفَتِّشُ قَاعَةَ الامْتِحَانِ؟　いつ試験官は試験場に来るのですか

اِصْفَرَّ وَجْهُهَا، وَكَادَ يُغْشَى عَلَيْهَا *　彼女は顔色が青くなり,殆ど失神しそうだった *受

❖ غَصَّ (a) ※ أَنَا غَصِصْتُ　(喉に)詰まる,窒息する;混雑している(～بِ:～で)

غَصَّ الْمَخْزَنُ بِالْبَضَائِعِ　倉庫は商品で一杯だった

❖ غَصَبَ (i) 名 غَصْب　力ずくで奪う,強奪する,ゆすり取る;強姦する 名強奪,ゆすり;強制

حَاوَلَ اللِّصُّ أَنْ يَغْصِبَ الْمُسَافِرَ مَالَهُ　盗賊は旅人からお金を奪い取ろうとした

غَصْبًا عَنْهُ　嫌々ながら/しぶしぶ

ذَهَبْتُ إِلَى الْعَمَلِ غَصْبًا عَنِّي　私は嫌々ながら,仕事に行った

غُصَّة 複 غُصَص ❖ 喉のつかえ;苦痛

اَلْغُصَّةُ هِيَ تَوَقُّفُ اللُّقْمَةِ فِي الْبُلْعُومِ　喉のつかえは飲み込んだ物が,食道に止まっているという事です

غُصْن 複 أَغْصَان/ غُصُون ❖ (木の)枝

غُصْنُ شَجَرَةِ التُّوتِ وَرِقٌ　そのイチジクの木の枝は葉が繁っている

غَضِبَ (a) غَضَب 名 غَضَب ❖ 怒る,怒る,腹を立てる(～عَلَى:に)名怒り,腹立ち

غَضِبْتُ عَلَى أَخِي الصَّغِيرِ　私は弟に腹を立てた

بَلَغَ الْغَضَبُ مِنْهُ حَدَّهُ　彼の怒りは限界に達した

سَرِيعُ الْغَضَبِ　気が短い/怒りっぽい

غَضْبَان＜غضب 複 غِضَاب /غَضَابَى(غُ) ❖ 形怒っている,腹を立てている(～عَلَى:～に),立腹している 名怒っている人

女 غَضْبَانَة / غَضْبَى

غَضْبَى الْمَرْأَةُ عَلَى زَوْجِهَا　その女性は夫に腹を立てている

غَضَن (ـْ) ❖ 骨折り,苦難;しわ(複 غُضُون)

أَزَالَتِ الْمِكْوَاةُ غُضُونَ الثَّوْبِ　アイロンが服のしわを取った

فِي غُضُونِ ～　～以内に/～の間に

أَرْجِعِ الْكِتَابَ فِي غُضُونِ أُسْبُوعٍ　1週間以内に本を返しなさい

غَطَّ (u) ❖ 浸す(～فِي:～に)

غَطَّ يَدَهُ فِي الْمَاءِ　手を水に浸した

غَطَّتِ الدُّمُوعُ عَيْنَيْهِ　涙ぐんだ

غَطَّ (i) ❖ いびきをかく

كَيْفَ أَغْفُو وَأَخِي نَائِمٌ يَغِطُّ؟　兄がいびきをかいて寝ているのに,どうして私が眠れますか

غَطَّى＜غطو II 名 تَغْطِيَة ❖ 被う,覆う;包む;(費用を)カバーする 名覆い,カバー

اَلثَّلْجُ يُغَطِّي الْأَرْضَ　雪が地面を被う

غِطَاء＜غطو 複 أَغْطِيَة ❖ 被い,カバー;ふた

غِطَاءُ السَّرِيرِ　ベッドカバー

غَطَّاسٌ < غطس ❖ 潜水夫,ダイバー

مُرَاقِبُ الْمَسْبَحِ غَطَّاسٌ جَرِيءٌ　海水浴場の監視人は勇敢なダイバーです

غَطْرَسَة ❖ 高慢,尊大,思い上がり

غَطَسَ (i) 名 غَطْس ❖ 飛び込む;潜る,潜水する 名潜水

يَغْطِسُ فِي الْمَاءِ بِرَشَاقَةٍ　水中へ機敏に飛び込む

غَطَسَ عَمِيقًا فِي الْبَحْرِ　海中深く潜った

غَفَا ، يَغْفُو < غفو ※ أَنَا غَفَوْتُ ❖ 居眠りをする,まどろむ;眠る

تَغْفُو الْهِرَّةُ قُرْبَ الْمَوْقِدِ　猫はストーブの近くで,居眠りをする

غَفَرَ (i) ❖ 許す

لَا يُغْتَفَرُ　許しがたい *受

أَرْجُوكَ أَنْ تَغْفِرَ لِي　どうか私を許して下さい

غُفْرَان < غفر ❖ 許し;しょく罪/贖罪

عِيدُ الْغُفْرَانِ　贖罪の日/ヨーム・キップール ※ユダヤ教の祭日

غَفَلَ (u) 名 غَفَلٌ ❖ 見過ごす;無視する(～عَنْ:～を) 名不注意,怠慢

غَفَلَ عَنِ الْخَطَإِ　誤りを見過ごした

غَفَلَتْ عَيْنُهُ　うたた寝をした/眠り込んだ

غَفْلَة ❖ 不注意

عَلَى غَفْلَةٍ (حِينَ غَفْلَةٍ)　急に/突然

مَوْتُ الْغَفْلَةِ　不慮の死

كَمْ مِنْ حَادِثٍ سَبَّبَتْهُ غَفْلَةٌ !　不注意が原因で,何度事故が起きたことか

غَفِير < غفر ❖ 形多くの 名見張り,番人(複 غُفَرَاءُ)

اَلْجَمُّ الْغَفِيرُ　大群衆

غُلٌّ 複 أَغْلَال ❖ 手錠;首かせ;焼け付くような喉の渇き

اَلْغُلُّ فِي يَدَيْهِ　両手に手錠がある

غَلَا ، يَغْلُو < غلو 名 غَلَاء ❖ (物価が)高い;高くなる,上がる 名物価高

※هِيَ غَلَتْ / أَنَا غَلَوْتُ

فَاكِهَةُ الصَّيْفِ تَغْلُو فِي فَصْلِ الشِّتَاءِ　夏の果物(の値段)は冬に高くなる

يَشْكُو النَّاسُ غَلَاءَ الْمَعِيشَةِ　人々は生活費の高さ(物価高)に不平を言っている

غَلَىٰ ، يَغْلِي <غلي ※هِيَ غَلَتْ/ أَنَا غَلَيْ ❖ 沸く,沸騰する;煎じる

受 غُلِيَ ، يُغْلَىٰ　沸騰される,煮られる

اَلْمَاءُ يَغْلِي فِي إِبْرِيقِ الشَّايِ　薬缶の水が沸いている

غَلَاءٌ <غلو ❖ 名 غَلَا ⇐

غِلَاف <غلف 複 غُلُف/ أَغْلِفَة ❖ 包み;(本の)カバー,表紙;外箱,ケース

غِلَاف الْجَوِّيّ　大気圏

اَلْغِلَافُ يَقِي الْكِتَابَ مِنَ الْأَذَىٰ　カバーは本を破損から守ってくれる

غُلَام <غلم 複 غِلْمَان/ غِلْمَة ❖ 若者,少年;召使い;奴隷

أَيْأَسُ مِنْ إِصْلَاحِ هٰذَا الْغُلَامِ　私はこの若者の更生に絶望しています

غَلَّايَة <غلى 複 ـات ❖ 薬缶;ボイラー

غَلَّايَة شَايٍ　薬缶

غَلَّايَة بُخَارِيّ　スチーム・ボイラー

ضَعْ الْغَلَّايَةَ عَلَى النَّارِ　薬缶を火に掛けなさい

غَلَبَ (i) 名 غَلْب ❖ 捕える;勝つ,うち負かす;征服する 名 勝利;征服

غَلَبَهَا النَّوْمُ وَالتَّعَبُ　彼女は眠気と疲れに捕われた(襲われた)

غَلَبْنَا خَصْمَنَا فِي الْمُبَارَاةِ　私たちは試合で相手に勝った

غَلَبَة <غلب ❖ 勝利

لِمَنْ كَانَتْ الْغَلَبَةُ فِي السِّبَاقِ؟　試合の勝利は誰のものでしたか/試合は誰が勝ちましたか

غَلَّة <غل 複 ـات/غِلَال ❖ 収穫物,農産物,作物;穀物;収入,稼ぎ

حَصَدَ الْغِلَالَ　作物を収穫した

جَلَسَ بَائِعُ الْبَطِّيخِ يَحْسُبُ غَلَّةَ نَهَارِهِ　スイカ売りは座って,その日の稼ぎを数えた

غَلِطَ (a) 名 غَلَطٌ 複 أَغْلَاط ❖ 間違う,誤る 名 間違い,誤り;失敗

لِمَاذَا تَغْلَطُ فِي قِرَاءَةِ هٰذِهِ الْكَلِمَةِ؟　どうして,この語の読みを間違えるのですか

غَلَطُ الْإِمْلَاءِ　聞き間違い

أ ب ت ث ج ح خ د ذ ر ز س ش ص ض ط ظ ع غ ف ق ك ل م ن هـ و ي

غَلْطَة 複 ـات ❖ 間違い, ミス

اَلْغَلْطَةُ غَلْطَتِي　　それは私の間違いです

غَلْطَة مَطْبَعِيَّة　　印刷ミス

غَلُظَ (u) / غَلَظَ (i) ❖ 太くなる;厚くなる;乱暴に扱う

يَغْلُظُ جِذْعُ الشَّجَرَةِ سَنَةً بَعْدَ سَنَةٍ　　木の幹が年々太くなる

غَلَّفَ <غلف II ❖ 包む;包装する;カバーを付ける

لِمَاذَا لَا تُغَلِّفُ الْبِضَاعَةَ ؟　　どうして商品を包まないのですか

غَلَّفَ الْكِتَابَ الْجَدِيدَ　　新しい本にカバーを付けた

غَلَّقَ <غلق II ❖ (鍵を)掛ける, 閉める

غَلِّقْ الْبَابَ بِهُدُوءٍ　　戸は静かに閉めなさい

غَلَيَان <غلى ❖ 沸騰

دَرَجَة غَلَيَانٍ　　沸点/沸騰点

غَلِيظ <غلظ 複 غِلَاظ ❖ 太い, 厚い;荒い, 粗野な

لِلشَّجَرَةِ الْكَبِيرَةِ جِذْعٌ غَلِيظٌ　　その大きい木には太い幹がある

شَفَتَانِ غَلِيظَتَانِ　　厚い唇

أَلْفَاظ غَلِيظَة　　粗野な言葉

غَمٌّ 複 غُمُوم ❖ 嘆き, 悲しみ;苦悩

غَمَامَة <غم 複 غَمَائِم / غَمَام ❖ 雲

اِخْتَفَتِ الشَّمْسُ وَرَاءَ غَمَامَةٍ بَيْضَاءَ　　太陽が白い雲の陰に隠れた

غِمْد 複 أَغْمَاد/غُمُود ❖ さや/鞘

اِسْتَلَّ السَّيْفَ مِنْ غِمْدِهِ　　刀をさやから抜いた

غَمُرَ (u) ❖ (水が)豊富である;溢れている

غَمَرَ (u) 名 غَمْر 複 غُمُور/غِمَار ❖ 溢れる, 満たす;洪水になる 名溢れる事;洪水

غَمَرَ اللّٰهُ الْأَنَامَ بِرَحْمَتِهِ　　神は人類を慈悲で満たされた

غَمَزَ (u) ❖ 合図を送る, ウインクする

سَأَغْمُزُكَ بِعَيْنِي عِنْدَمَا يَأْتِي　　彼が来たら, 目であなたに合図をします

غَمَسَ (i) ❖ 浸す，漬ける(〜فِي:〜に)

نَغْمِسُ الْخُبْزَ فِي الدِّبْسِ وَنَأْكُلُهُ　私達はパンを蜜に浸して食べる

غَمُضَ (u) / غَمَضَ (u) ❖ 隠されている；(目が)閉じる；あいまいである

لَمْ يَغْمُضْ لِي جَفْنٌ　私はまぶたを閉じなかった(眠くなかった)

يَغْمُضُ كَلَامُ الْكَاتِبِ أَحْيَانًا　その作家の言葉は時々あいまいである

غَمَّضَ<غمض II ❖ 目を閉じる，目ぶたを閉じる；あいまいにする

غَمِّضْ عَيْنَيْكَ حَتَّى نَخْتَبِئَ　私達が隠れるまで，目を閉じていなさい

غُمُوض<غمض ❖ あいまいさ；謎

غُمُوضُ الذِّكْرَيَاتِ　記憶のあいまいさ

غَنَّى ، يُغَنِّي<غني II ❖ 歌う

غَنَّى أُغْنِيَّةً　歌を歌った

غَنَاءٌ / غِنًى*<غني ❖ 富，豊かさ；利点，有効 *定 اَلْغِنَى

لَا يُوجَدُ مَجْدٌ وَغِنًى وَتَقَدُّمٌ مِنْ غَيْرِ عَمَلٍ وَتَعَبٍ　勤労と苦労なくして，栄光も富も進歩もない

اَلسَّعَادَةُ لَيْسَتْ فِي الْغِنَى　幸せは富の中にあるのではない

لَا غِنَى عَنْ ~　〜は不可欠である/〜を欠く事ができない

فِي الْكِتَابَةِ ، لَا غِنَى عَنِ الْقَلَمِ　記述するにはペンが不可欠です

غِنَاءٌ<غنى 複 أَغَانٍ 関 غِنَائِيّ ❖ 歌 関歌の

كُنْتُ مَشْغُولًا بِالْغِنَاءِ　私は歌う事で忙しかった

تُمَثِّلُ الْفِرْقَةُ التَّمْثِيلِيَّةَ الْغِنَائِيَّةَ　そのグループはオペラを上演する

غَنَمٌ 複 أَغْنَام ❖ 羊

هَاجَمَ الذِّئْبُ قَطِيعَ الْغَنَمِ　狼は羊の群を襲った

غَنِيَ ، يَغْنَى ❖ 動金持ちである，裕福である；豊かである

لَيْسَ كُلُّ مَنْ يُتَاجِرُ يَغْنَى　商売をしている者が全て裕福なわけではない

غَنِيّ 複 أَغْنِيَاءُ ❖ 形金持ちの，裕福な；豊かな，豊富な 名金持ち

عَائِلَةٌ غَنِيَّةٌ　裕福な家庭

أ ب ت ث ج ح خ د ذ ر ز س ش ص ض ط ظ ع غ ف ق ك ل م ن هـ و ي

اَلْعِرَاقُ غَنِيَّةٌ بِالنَّفْطِ　イラクは石油が豊富です

غَنِيُّ الْحَرْبِ　戦争成金

غَوَّاصٌ＜غوص 複 ـون ❖ 潜水夫,ダイバー;真珠取り

بَلَغَ الْغَوَّاصُ دَرَكَ الْبِرْكَةِ　潜水夫は池の底に達した

غَوَّاصَة＜غوص 複 ـات ❖ 潜水艦

غَوَّاصَة نَوَوِيَّة　原子力潜水艦/原潜

غَوْرٌ 複 أَغْوَار ❖ 低地,底;谷

اَلْبَحْرُ الْمَيِّتُ يَقَعُ فِي غَوْرٍ عَمِيقٍ　死海はとても深い低地に位置する

غُوطَة ❖ 豊富な水と森のある所

تُحِيطُ بِالْمَدِينَةِ غُوطَةٌ غَنَّاءٌ　豊富な水と森がその都市を囲んでいる

غَوْغَاء＜غاغة ❖ 騒音;下層民;群衆

فِي السُّوقِ غَوْغَاءُ لَا تَهْدَأُ　市場は騒音が激しく,静かではない

غُول 複 أَغْوَال / غِيلَان ❖ グール*,鬼　*アラビアの食人鬼

حِكَايَةُ الذِّئْبِ وَالْغُولِ　狼と鬼の話

غِيَابٌ＜غيب ❖ 不在,留守;欠席;日没

مَاذَا حَدَثَ فِي غِيَابِي؟　私の留守中に,何が起きたのですか

دَوَى مِدْفَعُ الْغِيَابِ، وَأَفْطَرَ الصَّائِمُونَ　日没を知らせる大砲が鳴り響き,断食している人は食事をした

غَيَّبَ＜غيب II ❖ 連れ去る;取り去る;見えなくする,隠す;忘れさせ

غَيَّبَ الْبَحْرُ الْغَرِيقَ　海で溺れて,行方不明になった

غَيْبٌ ❖ 不在;見えない物,見えない世界;隠された秘密;

عَالِم بِالْغَيْبِ　(人の未来など)見えない物が見える人

عَالَم الْغَيْبِ　見えない世界

غَيْبُوبَة＜غيب ❖ 昏睡状態;失神,気絶,意識不明;トランス状態

دَاخَ وَوَقَعَ فِي شِبْهِ غَيْبُوبَةٍ　気分が悪くなって,半ば意識を失った

غَيْث 複 أَغْيَاث/غُيُوث ❖ (豊富な恵みの)雨,雲;(雨後に生えた)草

سَقَطَ الْغَيْثُ ، وَرَوَى الْأَرْضَ الْعَطْشَى	雨が降って,乾いた大地をうるおした
❖ غَيَّرَ < غير II 名 تَغْيِير	換える,替える,変える,変更する 名変更;変革
أُرِيدُ أَنْ أُغَيِّرَ الْقِطَارَ	汽車を乗り換えたいのですが
أُغَيِّرُ ثِيَابِي كُلَّ يَوْمٍ	私は毎日,服を着替えます
غَيَّرَ فِكْرَتَهُ	考えを変えた/気が変わった
❖ غَيْرَ ~	~無しで;~を除いて 名他人
مِنْ غَيْرِ ~/ عَلَى غَيْرِ ~/ بِغَيْرِ ~	~無しで/~無しに
مِنْ غَيْرِ مَا ~	~する事無しに
أَحْبِبْ لِغَيْرِكَ مَا تُحِبُّ لِنَفْسِكَ	自分を愛するのではなく,自分以外の人を愛せよ
اَلْبِضَاعَةُ غَيْرُ مَوْجُودَةٍ	その品はありません(品切れです)
لَا غَيْرُ / لَيْسَ غَيْرُ	それが全てである/それ以外何も無い
غَيْرَ أَنَّ ~	~ではあるが
غَيْرَ مَرَّةٍ	一度ならずも/しばしば
❖ غَيْرَان < غير 複 غَيَارَى (غِ) 女 غَيْرَى	嫉妬深い,嫉妬を感じる(~عَلَى:~に対し);熱望の
❖ غَيْرَة	妬み,嫉妬
غَيْرَة مِنْ رَفِيقِهِ	クラスメートの妬み(嫉妬)
❖ غَيْظ	怒り,腹立ち
أَنَا سَأَمُوتُ مِنَ الْغَيْظِ	私は怒りで(悔しくて)死にそうだ
❖ غَيَّمَ < غيم II	雲が出る;曇る,かすむ
غَيَّمَتِ السَّمَاءُ	空が曇った
❖ غَيْم 複 غِيَام / غُيُوم	雲,霞,霧
حَجَبَ الْغَيْمُ الشَّمْسَ	雲が太陽を隠した
طَبَّقَ الْغُيُومُ الْجَوَّ	霧が空を覆った
❖ غَيُور < غير 複 غُيُر	嫉妬深い;執着する;熱心な(~عَلَى:~に)
"عُمَرُ" غَيُورٌ عَلَى سَعَادَةِ بَيْتِهِ	ウマルは家族の幸福に執着する

حَرْفُ الْفَاء

ف

ـفَ~ ❖ それで~, そして~, それから~, すると~
※次の語に接続する

يَوْمًا فَيَوْمًا　日に日に/一日ごとに

شَيْئًا فَشَيْئًا　少しずつ

أَمَّا ~ فَـ ..　~について言えば(~と言えば)‥である

خُذْ هٰذَيْنِ الْقَلَمَيْنِ : أَمَّا الْأَسْوَدُ فَلِلْكِتَابَةِ ، وَأَمَّا الْأَحْمَرُ فَلِلتَّصْحِيحِ　鉛筆を2本取りなさい, 黒いのは書くために, 赤いのは訂正する為ですよ

سَمِعَ الصَّوْتَ فَخَرَجَ مِنْ بَيْتِهِ　彼はその音を聞くと, 家から出て来た

سَأَلْتُهُ ، فَقَالَ لِي "حَسَنًا"　私が彼に尋ねると, 彼は「よろしい」と言った

فُؤَادٌ ❖ 心, 精神

نَقِّلْ فُؤَادَكَ حَيْثُ شِئْتَ مِنَ الْهَوَىٰ　好きなものに心を傾けなさい

فَائِدَة < فيد 複 فَوَائِد ❖ 有益;利益;利子, 利息, 金利

فَائِدَةُ الْقِرَاءَةِ　読書の有益さ

فَائِدَة عَلَى الْمَالِ　金利

فَائِدَة بَسِيطَة　(利息の)単利

فَائِدَة مُرَكَّبَة　(利息の)複利

يُدَيِّنُ الْمَصْرِفُ الْمَالَ لِقَاءَ فَائِدَةٍ　銀行は利子(利息)のためにお金を貸す

فَائِق < فوق ❖ 優れた, 優越した;際立った

ذَكَاءٌ فَائِقٌ　優れた知能

فَاتَ، يَفُوتُ < فوت ❖ 過ぎる, 終わる;諦める

فَاتَ الْوَقْتُ بِسُرْعَةٍ　時は素早く過ぎた

لَا تَتَحَسَّرْ عَلَى مَا فَاتَ!　過ぎた事を嘆くな(悔やむな)

فَاتَتْ الْفُرْصَةُ لِـ~　～する機会を失った(逃した)

فَاتَهُ آخِرُ قِطَارٍ　最終列車に乗り遅れた

فِئَة 複 -ات　❖グループ, 集団, 群;階層

فِئَةٌ مِنَ الْعُمَّالِ　労働者の一団

سَنَزُورُ الْمَتْحَفَ فِئَةً بَعْدَ فِئَةٍ　私達はグループごとに博物館を訪れる予定です

فَاتَحَ > فتح III 名 مُفَاتَحَة　❖明らかにする, 打ち明ける(~بِـ:～を)
名(話の)切り出し;暴露

جِئْتُ أُفَاتِحُكَ بِمَوْضُوعٍ هَامٍّ　私は大事な話をあなたに打ち明けに来ました

فَاتِحٌ > فتح 複 ون　❖形明るい 名創始者;征服者 ※複 ات-:前菜

فَاتِح الْبَخْتِ　占い師/易者

لَبِسَتِ الْفَتَاةُ فُسْتَانًا أَزْرَقَ فَاتِحًا　娘は明るい青い色のドレスを着た

فَاتِحَات الشَّهِيَّة　前菜/オードブル

فَاتِحَة > فتح 複 فَوَاتِح　❖始まり;序文

الْفَاتِحَة /فَاتِحَة الْكِتَابِ　アル=ファーティハ ※聖典コーランの最初の章

فَاتِر > فتر　❖活気のない, ぼんやりした;(水が)生温い

مَاءُ الْمَسْبَحِ فَاتِرٌ　プールの水は生温い

فَاتُورَة 複 فَوَاتِير　❖送り状, インボイス; 商品の価格リスト

أَسْعَارُ الْبَضَائِعِ عَلَى الْفَاتُورَةِ　商品の価格は送り状にあります

فَاجَأَ > فجأ III 名 مُفَاجَأَة 複 مُفَاجَآت　❖突然に来る, 不意に来る; 驚かす;攻撃する 名驚き

受 فُوجِئَ ، يُفَاجَأُ　驚く;遭遇する, 出くわす

فَاجَأْتَنَا بِرُجُوعِكَ الْيَوْمَ　本日のあなたの不意の帰還に, 私達は驚きました

فَاجِر > فجر 複 فَجَرَة / فُجَّار　❖形放蕩の, 道楽の 名道楽者

أَخَافُ عَلَيْكَ مِنْ عِشْرَةِ هٰذَا الشَّابِّ الْفَاجِ　あなたがこの道楽者の若者と付合わないか心配です

فَاجِعَة > فجع 複 فَوَاجِع　❖災難, 不幸;災害

لَمْ تَسْتَطِعْ أُمُّهُ احْتِمَالَ الْفَاجِعَةِ　彼の母はその不幸に耐えられなかった

فَاحَ ، يَفُوحُ > فوح　❖(香りが)漂う, 広がる, 匂う

فَاحَتْ رَائِحَةُ زَهْرِ الْيَاسَمِين　ジャスミンの花の香りが<ruby>漂<rt>ただよ</rt></ruby>って(<ruby>匂<rt>にお</rt></ruby>って)いた

يَفُوحُ الْعِطْر　<ruby>香水<rt>こうすい</rt></ruby>が<ruby>香<rt>かお</rt></ruby>る

فَاحِش > فحش　❖ひどい, <ruby>度<rt>ど</rt></ruby>を<ruby>越<rt>こ</rt></ruby>した; <ruby>汚<rt>きたな</rt></ruby>い, <ruby>醜悪<rt>しゅうあく</rt></ruby>な; <ruby>残虐<rt>ざんぎゃく</rt></ruby>な

يَشْكُو النَّاس غَلَاءَ الْمَعِيشَةِ الْفَاحِش　ひどい<ruby>物価高<rt>ぶっかだか</rt></ruby>に<ruby>人々<rt>ひとびと</rt></ruby>は<ruby>不平<rt>ふへい</rt></ruby>を<ruby>言<rt>い</rt></ruby>っている

فَاخِر > فخر　❖<ruby>立派<rt>りっぱ</rt></ruby>な, <ruby>豪華<rt>ごうか</rt></ruby>な; <ruby>誇<rt>ほこ</rt></ruby>り<ruby>高<rt>たか</rt></ruby>い

عَرَبَة فَاخِرَة　<ruby>豪華<rt>ごうか</rt></ruby>な<ruby>車<rt>くるま</rt></ruby>

اَلدَّار الْبَيْضَاء الْفَاخِرَة　<ruby>立派<rt>りっぱ</rt></ruby>な<ruby>白<rt>しろ</rt></ruby>い<ruby>家<rt>いえ</rt></ruby>

طَعَام فَاخِر　<ruby>ご馳走<rt>ちそう</rt></ruby>

فَادِح > فدح　❖ひどい, <ruby>重大<rt>じゅうだい</rt></ruby>な; <ruby>耐<rt>た</rt></ruby>え<ruby>難<rt>がた</rt></ruby>い

تَلَفَ الزَّرْع، أُصِيبَ الْفَلَّاح بِخَسَارَةٍ فَادِحَة　<ruby>作物<rt>さくもつ</rt></ruby>が<ruby>育<rt>そだ</rt></ruby>たずに, <ruby>農民<rt>のうみん</rt></ruby>はひどい<ruby>損害<rt>そんがい</rt></ruby>を<ruby>被<rt>こうむ</rt></ruby>った

فَارَ ・ يَفُورُ فَوْر　❖<ruby>沸騰<rt>ふっとう</rt></ruby>する; <ruby>吹<rt>ふ</rt></ruby>きこぼれる; <ruby>噴出<rt>ふんしゅつ</rt></ruby>する　名<ruby>沸騰<rt>ふっとう</rt></ruby>; <ruby>噴出<rt>ふんしゅつ</rt></ruby>

اَلْقَهْوَة عَلَى النَّار تَكَاد تَفُور　<ruby>火<rt>ひ</rt></ruby>に<ruby>掛<rt>か</rt></ruby>かっているコーヒーが<ruby>吹<rt>ふ</rt></ruby>きこぼれそうです

فَوْرًا / عَلَى الْفَوْر / مِن الْفَوْر　<ruby>直<rt>す</rt></ruby>ぐに / <ruby>直<rt>ただ</rt></ruby>ちに

فَأْر / فَار 複 فِئْرَان ※ فَأْرَة　男女ネズミ / <ruby>鼠<rt>ねずみ</rt></ruby>　※<ruby>1匹<rt>いっぴき</rt></ruby>のネズミ

اَلْهِرّ عَدُوّ الْفَأْر　<ruby>猫<rt>ねこ</rt></ruby>はネズミの<ruby>敵<rt>てき</rt></ruby>です

فَارِس > فرس 複 فُرْسَان / فَوَارِس　❖<ruby>騎手<rt>きしゅ</rt></ruby>; <ruby>騎馬武者<rt>きばむしゃ</rt></ruby>, <ruby>騎士<rt>きし</rt></ruby>

هَمَزَ الْفَارِس جَوَادَه، فَرَاحَ يَرْكُض　<ruby>騎手<rt>きしゅ</rt></ruby>が<ruby>馬<rt>うま</rt></ruby>に<ruby>拍車<rt>はくしゃ</rt></ruby>を<ruby>当<rt>あ</rt></ruby>て, <ruby>走<rt>はし</rt></ruby>り<ruby>始<rt>はじ</rt></ruby>めた

فَارِس > فرس 関 فَارِسِيّ　❖ペルシャ　関ペルシャの; <ruby>ペルシャ人<rt>じん</rt></ruby>

بِلَاد فَارِس　ペルシャ

فَارِغ > فرغ 複 فُرَّغ　❖<ruby>空<rt>から</rt></ruby>の, <ruby>空<rt>あ</rt></ruby>いている; <ruby>忙<rt>いそが</rt></ruby>しくない, <ruby>暇<rt>ひま</rt></ruby>な; <ruby>役<rt>やく</rt></ruby>に<ruby>立<rt>た</rt></ruby>たない

عُلْبَة فَارِغَة / صُنْدُوق فَارِغ　<ruby>空<rt>から</rt></ruby>の<ruby>箱<rt>はこ</rt></ruby> / <ruby>空箱<rt>からばこ</rt></ruby> / <ruby>空<rt>あ</rt></ruby>き<ruby>箱<rt>ばこ</rt></ruby>

بِفَارِغ الصَّبْر　<ruby>我慢<rt>がまん</rt></ruby>できずに / しびれを<ruby>切<rt>き</rt></ruby>らして

مَلَأْتُ الْإِبْرِيق الْفَارِغ مَاءً　<ruby>私<rt>わたし</rt></ruby>は<ruby>空<rt>から</rt></ruby>の<ruby>薬缶<rt>やかん</rt></ruby>に<ruby>水<rt>みず</rt></ruby>を<ruby>満<rt>み</rt></ruby>たした

فَارَقَ > فرق III مُفَارَقَة　❖<ruby>別<rt>わか</rt></ruby>れる; <ruby>去<rt>さ</rt></ruby>る　名<ruby>分離<rt>ぶんり</rt></ruby>; <ruby>別離<rt>べつり</rt></ruby>, <ruby>別<rt>わか</rt></ruby>れ; <ruby>相違<rt>そうい</rt></ruby>

أ
ب
ت
ث
ج
ح
خ
د
ذ
ر
ز
س
ش
ص
ض
ط
ظ
ع
غ
ف
ق
ك
ل
م
ن
ه
و
ي

فَارَقَ الْحَيَاةَ　この世を去った/他界した

أَتُفَارِقُنَا بِلَا وَدَاعٍ ؟　あなたは私達に"さよなら"も言わないで別れるのですか

فَارِق < فرق 複 فَوَارِق ❖ 形 特徴のある;区別できる;異なる 名 違い,相違

بَيْنَ حَرَارَةِ النَّهَارِ وَبَرْدِ اللَّيْلِ فَارِقٌ كَبِيرٌ　日中の暑さと夜の寒さは,とても異なる

فَازَ ، يَفُوزُ < فوز ❖ 勝つ(~عَلَى:~に);成功する(~بِـ:~で);得る,獲得する;当てる(~بِـ:~を)

قَدْ تَفُوزُ بِجَائِزَةٍ فِي الْمُسَابَقَةِ　あなたはその試合に勝つかもしれない

فَازَ بِجَائِزَةِ الرَّسْمِ ، فَابْتَهَجَ　彼は絵の賞を得て嬉しかった

فَازَ بِأَغْلَبِيَّةِ الْأَصْوَاتِ　投票の最大票を獲得した

فَأْس / فَاسٌ 複 فُؤُوس ❖ 女 斧

نَحْنُ نَحْتَاجُ الْفُؤُوسَ لِنَقْطَعَ الْأَشْجَارَ　私達は木を切るのに斧が必要です

فَاسِد < فسد 複 فَسْدَى ❖ 悪い;腐った,腐敗した;堕落した

سِنٌّ فَاسِدَةٌ　虫歯

التُّفَّاحُ الْفَاسِدُ يُفْسِدُ الصَّحِيحَ　腐ったリンゴは良いリンゴを腐らす[格言]

فَاشِل < فشل ❖ 失敗の,失敗している

مَشْرُوع فَاشِل　失敗した計画

فَاصِل < فصل ❖ 区切りの,区切っている;分離の

بِلَا فَاصِلٍ　間断なく/連続して

بَيْنَ حَقْلَيْنِ حَدٌّ فَاصِلٌ　二つの畑には区切りの境界がある

فَاصِلَة < فصل 複 فَوَاصِل ❖ コンマ,区切り,読点

تَوَقَّفْ لَحْظَةً عِنْدَ الْفَاصِلَةِ فِي الْقِرَاءَةِ　本を読む時には,読点で間を置きなさい

فَاصُولِيَا / فَاصُولِيَة ❖ 豆,インゲン豆

نَأْكُلُ قُرُونَ الْفَاصُولِيَا وَحُبُوبَهُ　私達はインゲン豆のさやと実を食べる

فَاضَ ، يَفِيضُ < فيض ❖ 溢れる,満ちる;洪水になる,氾濫する;死ぬ

فَاضَ نَهْرُ النِّيلِ مَرَّةً كُلَّ سَنَةٍ　ナイル川は1年に1回氾濫した

فَاضَتْ رُوحُهُ　死んだ

فَاضٍ < فضو ❖ 空いている, 空の, 暇な ※定 اَلْفَاضِي

كُرْسِيٌّ (بَيْتٌ) فَاضٍ　空いている椅子(家)

فَاضِل < فضل 複 ون / فُضَلَاءُ ❖ 形優れている, 優秀な; 学識のある, 知的な; 残り
名残り物, 余り(複 فَوَاضِل)

نَحْتَرِمُ الرَّجُلَ الْكَرِيمَ الْفَاضِلَ　私達は気前が良く, 知的な男を尊敬する

اِجْمَعِ الْخُبْزَ الْفَاضِلَ وَاحْفَظْهُ　パンの残りを集めて, 保存しておきなさい

فَاعِل < فعل 複 ون / فَعَلَة ❖ 形行っている; 働いている; 効果的な, 有効な
名行為者; 労働者, 労務者; 主語, 動作主(文)

اِسْمُ الْفَاعِلِ　現在分詞/能動分詞(文)

كَمْ فَاعِلًا فِي وَرْشَةِ الْبِنَاءِ ؟　建設現場では何人働いていますか

فَاقَ ، يَفُوقُ ❖ 勝る, 上を行く, 越える

فَاقَ مِنَ النَّوْمِ　目覚めた

وَلَدُكَ يَفُوقُ أَتْرَابَهُ فِي الذَّكَاءِ وَالنَّشَاطِ　お子さんは級友より知能と活力で勝っています

فَاقَة < فوق ❖ 貧しさ, 貧乏, 貧困

إِلَى جَانِبِ الْأَغْنِيَاءِ نَاسٌ يَعِيشُونَ فِي فَاقَةٍ　金持ちの横で, 人々は貧しく暮らしている

فَاقِعٌ < فقع ❖ (色が)純粋な; 明るい, 鮮やかな

اَللَّوْنُ الْأَصْفَرُ الْفَاقِعُ　明るい黄色

فَاكِهَة < فكه 複 فَوَاكِه ❖ 果物, フルーツ

مَحَلُّ فَاكِهَةٍ　果物屋/フルーツ・ショップ

مَا هٰذِهِ الْفَاكِهَةُ اللَّذِيذَةُ ؟　この美味しい果物は何ですか

فَالِج < فلج ❖ 半身不随

أُصِيبَ بِالْفَالِجِ فِي أَوَاخِرِ أَيَّامِهِ　人生の終わり頃(晩年)に半身不随になった

فَانٍ < فنى ❖ はかない, むなしい; 一時的な; 滅びる

اَلْجَسَدُ فَانٍ ، أَمَّا النَّفْسُ فَخَالِدَةٌ　肉体は滅びるが, 精神は不滅である

فَانُوس 複 فَوَانِيس ❖ ちょうちん,ランタン,ランプ

عَلَاءُ الدِّينِ وَالْفَانُوسُ السِّحْرِيُّ　アラジンと魔法のランプ

سِرْنَا لَيْلًا عَلَى ضَوْءِ فَانُوسٍ　私達はちょうちんの明かりの下を歩いた

فَاوَضَ < فوض III 名 مُفَاوَضَة ❖ 交渉する(〜فِي:〜を, مَعَ/ه:〜と) 名交渉

جَاءَ الْوَفْدُ يُفَاوِضُنَا فِي الصُّلْحِ　私達と和平を交渉する代表団がやって来た

فِبْرَايِرُ ❖ 二月　※西暦の二月

فِبْرَايِرُ هُوَ الشَّهْرُ الثَّانِي مِنَ السَّنَةِ الشَّمْسِيَّةِ　二月は太陽暦の2番目の月です

فَتَّ، يَفُتُّ ❖ 千切る

فَتَّ الْخُبْزَ　パンを千切った

فَتًى < فتو 複 فِتْيَان/فِتْيَة ❖ 若者,青年　※ فَتَيَانِ :二人の若者

فَتًى سَاذَج　人の好い若者

إِنَّهُ فَتًى جَاهِلٌ　本当に,彼は無知な若者だ

فُتَاتٌ < فت ❖ パンくず;千切られたもの

فُتَاتُ الْخُبْزِ　パンくず/千切られたパン

فَتَاة < فتو 複 فَتَيَات ❖ 少女,娘,乙女

كَانَتْ "ساداكو" فَتَاةً ذَكِيَّةً لَطِيفَةً　サダコは賢くて,やさしい少女だった

فَتَّان < فتن 比 أَفْتَنُ ❖ 魅力的な,魅力ある 比より魅力的な

اَلْجَمَالُ الْفَتَّانُ يَأْسِرُ الْقُلُوبَ　魅力ある美は心を虜にする

فَتَّتَ < فت II ❖ 細かくする;千切る;砕く

فَتَّتَ الصُّخُورَ　岩を砕いた

فَتَّتَ الْقَلْبَ　心が張り裂ける思いだった

فَتَحَ (a) 名 فَتْح ❖ 開ける,開く;征服する 名開ける事;征服

فُتِحَ، يُفْتَحُ 受　開けられる/開く

اِفْتَحْ ! يَا سِمْسِمُ　開け,ゴマ!

فَتَحَ النَّارَ　発砲した

يُفْتَحُ الْمَسْرَحُ فِي السَّاعَةِ السَّادِسَةِ　劇場は6時に開きます

فَتَحَ الْعَرَبُ بُلْدَانًا كَثِيرَةً　アラブは多くの国を征服した

فَتْحَة ❖ ファトハ ※アラビア語の短母音を示す記号(ـَ)

فُتْحَة 複 -ات/ فُتَح ❖ 穴,裂け目;開口部

كَانَتْ فِي الْجِدَارِ فُتْحَةٌ ، فَسَدَدْتُهَا　壁に穴があったので,私が塞ぎました

فَتَرَ (u) ❖ (水が)温くなる,冷める;弱まる

سَكَبْتُ الْحَسَاءَ فِي الصَّحْنِ وَتَرَكْتُهُ يَفْتُرُ　スープをお皿に入れて,そのまま冷めるようにしました

فَتَّرَ < فتر II ❖ 冷ます;和らげる

فَوِّرِي الْحَلِيبَ ثُمَّ فَتِّرِيهِ　(貴女は)ミルクを沸騰させてから,冷ましなさい

فَتْرَة 複 فَتَرَات ❖ 弱さ;ちょっとの間;期間;学期;

بَيْنَ فَتْرَةٍ وَأُخْرَى/ فِي (بَعْد) الْفَتْرَةِ　時々/時折

هٰذَا الْيَوْمُ هُوَ بِدَايَةُ الْفَتْرَةِ الَّتِي ~　今日は~の期間の始まりの日です

فَتَّشَ < فتش II 名 تَفْتِيش ❖ 検査する,探す 名検査,調査,審査;捜査

فَتَّشَ الْمُرَاقِبُ حَقَائِبَ الطُّلَّابِ　検査官が学生のカバンを検査した

أَخَذَ يُفَتِّشُ فِي الدَّارِ عَنْ طَعَامٍ　家の中の食べ物を探し始めた

أُجْرِيَ التَّفْتِيشُ عَلَى حِدَةٍ　個別に審査が行われた

تَفْتِيشُ الْمَنَازِلِ　家宅捜査

فَتَنَ (i) ❖ 魅惑する,魅了する,夢中にする,引きつける

مَنْظَرُ الْجِبَالِ الْخَضْرَاءِ يَفْتِنُ النَّاظِرَ　緑の山々の景色が見る人を魅了する

فَتَّقَ < فتق II ❖ (縫い目を)解く;引き裂く

فَتَّقَ خِيَاطَةَ الْقَمِيصِ　シャツの縫い目を解いた

فَتَكَ (u, i) ❖ (~を)殺す(~بِـ);(~を)破壊する(~بِـ)

الْمَرَضُ الْخَفِيُّ فَتَكَ الدَّجَاجَ　不思議な病気で鶏が死んだ

فَتَلَ (i) ❖ 編む;捻る;よる/撚る

الْبَدَوِيُّ يَفْتِلُ حَبْلًا مِنْ شَعْرٍ　ベドウィンが髪の毛を編んでいる

فِتْنَة ❖ 魅力.魅惑;誘惑;迫害;騒乱

لَا تُوقِظِ الْفِتْنَةَ　誘惑を起こすな/寝た子を起こすな[格言]

حَسَمَ الْفِتْنَةَ　騒乱を静めた

فَتْوَىٰ < فتو 複 فَتَاوٍ / فَتَاوَى ❖ ファトワー ※イスラム法学者の出す公的見解

فَتِيّ < فتو ❖ 若い, 若々しい

مَا يَزَالُ مُدَرِّبُنَا فَتِيًّا نَشِيطًا　私達のコーチはまだ若くて, 元気が良い

فَتِيل < فتل ❖ 形 捻られた, 編まれた 名 芯(複 فَتَائِل / -ات)

نَظِّفِي فَتِيلَةَ الْقِنْدِيلِ　(貴女は)ランプの芯を掃除しなさい

فَجَّ ، يَفُجُّ ❖ 耕す

يَفُجُّ الْمِحْرَاثُ الْأَرْضَ　鍬が大地を耕す

فَجْأَةً / فُجَاءَةً ❖ 突然に, 急に

أَتَاهُ فَجْأَةً　突然に彼の所へやって来た

فَجَّرَ < فجر II ❖ 爆破する, 爆発させる ;(水を)流れさす

فَجَّرَ الْمَبْنَى الْقَدِيمَ　古い建物を爆破した

فَجْر ❖ 夜明け, 日の出, 暁 ;始まり

يَغْدُو الْفَلَّاحُ إِلَى الْعَمَلِ مَعَ الْفَجْرِ　お百姓さんは日の出と共に, 仕事に出掛ける

فَجَعَ (a) ❖ (愛する者を失って)嘆かせる, 悲しませる

فُجِعَ بِوَلَدِهِ *　子供を失って, 悲嘆にくれた *受

فُجْل 複 فُجُول ❖ 大根, かぶ

زَرَعَ الْفَلَّاحُ إِلَى جَانِبِ الْجَزَرِ فُجْلًا　お百姓さんは人参の隣りに大根を植えた

فَجْوَة 複 فَجَوَات / فِجَاء ❖ すき間 ;裂け目

اِخْتَبَأَ فِي فَجْوَةٍ بَيْنَ الْبَيْتَيْنِ　二軒の家の間のすき間に隠れた

فُجُور < فجر ❖ 罪を犯す事, 犯罪 ;不道徳

مَتَى فَسَدَتِ الْأَخْلَاقُ شَاعَ الْفُجُورُ　道徳が乱れて, 犯罪が広がった

فَجِيعَة < فجع 複 فَجَائِع ❖ 災難, 災害 ;不幸

فُحْش ❖ 醜い言動 ;卑わいな行為, わいせつな行為

اَلْفُحْشُ لَا يَقْبَلُهُ دِينٌ وَلَا أَخْلَاقٌ　卑わいな行為は宗教でも道徳的にも許されない

فَحَصَ (a) فَحْص 名 فَحْص ❖ 調べる, 検査する；診察する 名試験, 検査；診察

فَحَصَ الطَّبِيبُ عَنِ الْمَرَضِ　医者は病気を調べた

فَحَصَ الْمَرِيضَ　病人を調べた(診察した)

اِسْتَعِدْ لِلْفَحْصِ الْقَرِيبِ　近づく試験の準備をしなさい

فَحْل 複 أَفْحُل / فُحُول ❖ 雄；際立っている人物, 大家

فَحْلُ الْغَنَمِ قَوِيٌّ　羊の雄は強い

فَحَّمَ < فحم II ❖ (炭のように)黒くする；炭にする；炭になる

فَحَّمَ الْحَطَبُ*　木が炭になった *主格

فَحَّمَ الْحَطَبَ*　木を炭にした *対格

فَحْم 複 فُحُومَات ❖ 炭

فَحْم حَجَرِيّ (حَطَبٍ)　石炭(木炭)

أَمْسَكَ بِفَحْمٍ مُحْتَرِيقٍ　彼は燃えている炭を掴んだ

فَحْوَى ❖ 意味；意義；内容

لَا أَفْهَمُ فَحْوَى الْكَلَامِ　私はその言葉の意味が分かりません

فَخّ 複 فُخُوخ / فِخَاخ ❖ 罠

وَقَعَ الْفَأْرَةُ فِي الْفَخِّ　鼠が罠にかかった

نَصَبَ فَخًّا　罠を仕掛けた

فَخَّار < فخر 複 فَخَّارِيَّات ※ فَخَّارَة ❖ 焼き物 ※1個の焼き物

شَوَى الْفَخَّارَ　焼き物を焼いた

آنِيَة الْفَخَّارِ　素焼きの壺

فَخَتَ (a) ❖ 穴を開ける, 突き通す, 破る

ضَرَبَاتُكَ الْقَوِيَّةُ قَدْ تَفْخَتُ الطَّبْلَةَ　あなたの強い叩き方はタブラ(太鼓)を破りますよ

فَخِذ / فَخْذ 複 أَفْخَاذ ❖ 太もも

فَخِذُ الْخَرُوفِ　羊の太もも(の肉)

فَخَرَ (a) فَخْر 名 فَخَر 関 فَخْرِي ❖ 誇りに思う, 誇る, 自慢する(~بِ:～を)
名誇り, 自慢 関名誉の, 名誉な

يَفْخَرُ بِلِبَاسِهِ الْقَرَوِيِّ　自分の村の服装を誇りに思っている(自慢する)

فَخْرٌ لِي أَنْ أَكُونَ خَرِّيجَ الْجَامِعَةِ　大学の卒業生である事が私の誇りです

أُسْتَاذ فَخْرِيّ　名誉教授

فَخْم ❖ 豪華な, デラックスな

دَاخِلُ الْبِنَاءِ أَفْخَمُ مِنْ خَارِجِهِ　そのビルの内部は外部より豪華だ

فَدَى، يَفْدِي < فدي 名 فَدًى (ِ) ❖ 身代金を払う;買い戻す;犠牲になる 名身代金;犠牲

اَلْأَسِيرُ يَنْتَظِرُ مَنْ يَفْدِيهِ　人質は身代金を払ってくれる人を待っている

فِدَى ~　～の犠牲になって/～のために

مَاتَ فِدَى الْوَطَنِ　祖国の為に死んだ

فِدَائِيّ < فدي 複 ـون ❖ 愛国者, 祖国に身を捧げる人, 祖国防衛の戦士

كُلُّ جُنْدِيٍّ مُخْلِصٍ فِدَائِيٌّ　忠実な兵士の全てが愛国者である

فَدَغَ (a) ❖ (骨を)折る, 割る, 砕く;けがをする

إِنْ يُصِبْكَ الْحَجَرُ فِي رَأْسِكَ، يَفْدَغْكَ　もし石が頭に当たったら, けがしますよ

فِدْيَة < فدى 複 فِدَيَات / فِدًى ❖ 身代金

دُفِعَتِ الْفِدْيَةُ　身代金が支払われた

فَرَّ (i) ❖ 逃げる, 逃れる, 逃亡する(～مِنْ:～から)

لَا يَقْتَرِبُ الصَّيَّادُ حَتَّى يَفِرُّ الطَّيْرُ　猟師が近づくと, 鳥は直ぐに逃げる

(اَلْ)فُرَات / نَهْرُ الْفُرَاتِ ❖ ユーフラテス川

دِجْلَة وَالْفُرَات / اَلْفُرَاتَانِ　チグリス・ユーフラテス川

فَرَاش < فرش ※ فَرَاشَة 複 ـات ❖ 蝶, 蛾 ※1匹の蝶

اَلْفَرَاشَةُ زَهْرَةٌ طَائِرَةٌ　蝶は空を飛ぶ花である

فِرَاش < فرش 複 أَفْرِشَة / فُرُش ❖ 布団, ベッド

رَتَّبَ الْفِرَاشَ　布団を敷いた

حَشَا الْفِرَاشَ قُطْنًا　布団に木綿を詰めた

فَرَاغ < فرغ ❖ 空白, 空欄;真空;暇

اِمْلَإِ الْفَرَاغَ بِالْكَلِمَةِ الْمُنَاسِبَةِ　空欄を適当(適切)な言葉で埋めなさい

فَتْرَةُ الْفَرَاغِ　空白の期間

كَيْفَ يَقْضِي الْفَلَّاحُونَ أَوْقَاتَ الْفَرَاغِ ؟　暇な時，お百姓さんはどのように過ごしているのですか

فِرَاق < فرق ❖ 別れ，別離

مَا أَصْعَبَ فِرَاقَ الْأَحْبَابِ !　愛する者との別れが何と辛いことか

فَرَج ❖ 幸福，安心，安寧；救い

اَلصَّبْرُ مِفْتَاحُ الْفَرَجِ　忍耐は幸福の鍵である[格言]

فُرْجَة 複 فُرَج ❖ 喜び，楽しみ；割れ目，すき間，穴

فُرْجَة بَيْنَ الثُّلُوجِ　氷の割れ目/クレバス

فَرِحَ (a) 名 فَرَح 複 أَفْرَاح ❖ 喜ぶ(～بِ：～を) 名 喜び，幸せ；結婚式

فَرِحْتُ بِحُضُورِ أَخِي　私は兄が現れて，嬉しかった

طَارَ فَرَحًا　飛び上がって喜んだ

هُوَ كَانَ يُغَنِّي فَرَحًا　彼は陽気に歌っていた

أُشَارِكُ زُمَلَائِي فِي الْأَفْرَاحِ وَالْأَحْزَانِ　私は喜びも悲しみも友人達と分かち合います

فَرِح ❖ 陽気な，楽しい

يُسْعِدُنِي أَنْ أَرَاكَ فَرِحًا　陽気なあなたを見ると，私は嬉しくなります

فَرْحَان < فرح 複 فَرَاحَى 女 فَرْحَى / فَرْحَانَة ❖ = فَرِحٌ

فَرْحَة ❖ = فَرَحٌ

فَرَّخَ < فرخ II 名 تَفْرِيخ ❖ (鳥が)雛になる，ふ化する，(植物が)芽吹く；ふ化させる 名 ふ化；(植物の)芽吹き

فِي الرَّبِيعِ تُفَرِّخُ الطُّيُورُ وَالنَّبَاتَاتُ　春に鳥が生まれ，植物が芽吹く

فَرْخ 複 أَفْرَاخ / فِرَاخ ❖ 雛，若鳥；(植物の)芽；(動物の)幼い子

فَرْخُ دَجَاجٍ　ひよこ

هَيْمَنَ الطَّائِرُ عَلَى الْفِرَاخِ　鳥は雛を見守っていた

خَرَجَتِ الْفِرَاخُ مِنَ الْبَيْضِ　雛が卵からかえった(ふ化した)

ظَهَرَتْ أَفْرَاخُ النَّبَاتِ　植物の芽が出た

فَرَدَ (i) ❖広げる, 伸ばす

فَرَدَ جَنَاحَيْهِ　翼を広げた

فَرْد 複 أَفْرَاد 関 فَرْدِيّ ❖個人;一人,一個,一つ;単数 関個人の,一人の;奇数の

مَرَرْنَا عَلَى الْقَبَّانِ فَرْدًا فَرْدًا　私達は一人ひとり秤台の上に進んだ

لَاعِب فَرْدٍ　シングルスの選手

غُرْفَة فَرْدِيَّة　シングルの部屋/シングルルーム

عَدَد فَرْدِيّ　奇数

فِرْدَوْس 複 فَرَادِيس 関 فِرْدَوْسِيّ ❖庭園,緑の園;天国,楽園,エデンの園 関天国の

كَانَ آدَمُ سَعِيدًا فِي الْفِرْدَوْسِ　アダムはエデンの園で幸せであった

فِرْدَوْس النَّعِيمِ　エデンの園

فَرَس 複 أَفْرَاس ❖男女馬,雌馬;ナイト ※チェスの駒

يَتَدَرَّبُ عَلَى رُكُوبِ الْفَرَسِ　乗馬の練習をする

رَفَعَتِ الْفَرَسُ قَائِمَةً　馬が足を上げた

فَرَس الْبَحْرِ　カバ/河馬

فَرَشَ (u) 名 فَرْش 名 فُرُوش ❖敷く,広げる;(家具を)備える 名家具

كَانَتْ جَدَّتِي تَفْرُشُ تَحْتَ السَّجَّادَةِ بِسَاطً　祖母はじゅうたんの下に敷物を敷いた

فَرَشَ الْغُرْفَةَ　部屋に家具を備えた

فُرْشَة 複 فُرَش ❖刷毛,ブラシ

فُرْشَة أَسْنَانٍ　歯ブラシ

فُرْشَاة / فِرْشَايَة 複 فُرْشَايَات ❖刷毛,ブラシ

نَظِّفْ مَلَابِسَكَ بِالْفِرْشَايَةِ　服をブラシできれいにしなさい

فُرْصَة 複 فُرَص ❖機会,好機,チャンス

فُرْصَة طَيِّبَة　良い機会 /(人と会った時の挨拶)初めまして

فُرْصَة سَعِيدَة　初めまして[挨拶]

أَتَاحَ لِـ.. الْفُرْصَةَ لِـ~　‥に~する機会を与えた

أُتِيحَ لـ.. الْفُرْصَةُ لـ～　　　‥に～する機会(きかい)が与(あた)えられた

فَاتَتِ الْفُرْصَةُ لـ～　　　～する機会(きかい)を失(うしな)った(逃(のが)した)

اِنْتَهَزَ الْفُرْصَةَ　　　機会(きかい)を得(え)た/チャンスをつかんだ

فَرَضَ 名 فَرْضٌ (i) ✲切(き)り込(こ)む；押(お)しつける；(義務(ぎむ)などを)課(か)す；命(めい)ずる；推測(すいそく)する；仮定(かてい)する 名切(き)り込(こ)み，刻(きざ)み目(め)；義務(ぎむ)，宿題(しゅくだい)；命令(めいれい)

يَفْرِضُ النَّجَّارُ الْخَشَبَةَ　　　大工(だいく)は木(き)に切(き)り込(こ)みを入(い)れた

فَرَضَ إِرَادَتَهُ عَلَيْهِ　　　自分(じぶん)の意志(いし)を彼(かれ)に押(お)しつけた

اِفْرِضْ إِنَّكَ تَائِهٌ فِي صَحْرَاءَ　　　砂漠(さばく)で迷(まよ)っていると，仮定(かてい)しなさい

عَلَى فَرْضِ～　　　～と仮定(かてい)すると

كَتَبَ الْفَرْضَ الْمَدْرَسِيَّ　　　学校(がっこう)の宿題(しゅくだい)を書(か)いた

فَرَّطَ > فَرَّطَ II 名 تَفْرِيطٌ ✲捨(す)てる；放棄(ほうき)する；拒否(きょひ)する(～فِي：～を)；分(わ)ける(عَنْ/مِنْ：～から)；行(ゆ)き過(す)ぎる；浪費(ろうひ)する 名やり過(す)ぎ；誇張(こちょう)；怠慢(たいまん)

لَا تُفَرِّطْ فِي وَاجِبِكَ إِنْ كُنْتَ مَسْؤُولًا　　　もし，あなたに責任(せきにん)があるのなら，義務(ぎむ)を放棄(ほうき)してはならない

فَرْعٌ 複 فُرُوعٌ ✲枝(えだ)；支部(しぶ)

هَزَّ فُرُوعَ الشَّجَرَةِ　　　木(き)の枝(えだ)を揺(ゆ)すった

فِرْعَوْنُ 複 فَرَاعِنَةٌ ✲ファラオ

حُورُسُ هُوَ الْجَدُّ الَّذِي نَسَبَ الْفَرَاعِنَةُ أَنْفُسَهُمْ إِلَيْهِ　　　ファラオ達(たち)は自分(じぶん)達(たち)の先祖(せんぞ)をホルスとした

فَرَغَ (a) / فَرُغَ (u) ✲空(す)く，空(あ)く，空(から)になる；終(お)える(～مِنْ：～を)

مَتَى تَفْرُغِينَ مِنَ التَّنْظِيفِ؟　　　掃除(そうじ)から，いつ手(て)が空(あ)くのですか

فَرَغَ مِنْ عَمَلِهِ　　　仕事(しごと)を終(お)えた

فَرَغَ إِلَى نَفْسِهِ　　　考(かんが)えをまとめた

فَرَّغَ > فَرَّغَ II 名 تَفْرِيغٌ ✲空(から)にする；荷(に)を下(お)ろす；注(そそ)ぐ 名荷下(にお)ろし

تَزَاحَمَ الْحَمَّالُونَ عَلَى تَفْرِيغِ الشَّاحِنَةِ　　　運(はこ)び人達(にんたち)がトラックの荷下(にお)ろしで，押(お)し合(あ)った

ا
ب
ت
ث
ج
ح
خ
د
ذ
ر
ز
س
ش
ص
ض
ط
ظ
ع
غ
ف
ق
ك
ل
م
ن
ه
و
ي

فَرَّغَ الْمَاءَ　水を注いだ

فَرَقَ (u) 名 فَرْق 複 فُرُوق ❖ 分ける;区別する(～ بَيْنَ:～と) 名分離;相違,違い

فَرَقَ الشَّعْرَ بِالْمُشْطِ　髪を櫛で分けた

مَا الْفَرْقُ بَيْنَ الشِّرْيَانِ وَالْوَرِيدِ؟　動脈と静脈の違いは何ですか

فَرَّقَ < فرق II 名 تَفْرِيق ❖ 分断する,分ける,隔てる;差を付ける
名分離,分断;差

فَرِّقْ تَسُدْ　分断して,支配せよ[格言]

فَرَّقَ رِجَالُ الشُّرْطَةِ الْمُتَظَاهِرِينَ　警察官達がデモ隊を分断した

فَرَّقَ الرَّجُلُ الْغَنِيُّ مَالَهُ عَلَى الْفُقَرَا　裕福な男が貧しい人に,お金を分け与えた

فِرْقَة 複 فِرَق ❖ チーム,部隊;グループ,集団

فِرْقَة الْمُوسِيقِيَّة　楽団/音楽グループ/オーケストラ

فَرَكَ (u) ❖ 擦る,揉む

فَرَكَ يَدَيْهِ　手を擦った(揉んだ)

فَرَمَ (i) 名 فَرْم ❖ 切り刻む 名刻み

فَرَمَتْ أُمِّي اللَّحْمَ بِالسِّيخِ　母は包丁で肉を刻んだ

فَرْمَلَة 複 فَرَامِل ❖ ブレーキ

فَرْمَلَةُ هٰذِهِ السَّيَّارَةِ جَيِّدَةٌ (سَيِّئَةٌ)　この自動車のブレーキは良く効く(効かない)

فُرْن 複 أَفْرَان ❖ オーブン,炉;パン焼き屋

خَبَزَ الْعَجِينَ فِي الْفُرْنِ　オーブンでパンを焼いた

فَرَنْسَا 関 فَرَنْسِيّ / فَرَنْسَاوِيّ ❖ フランス/仏蘭西 関フランスの;フランス人

الثَّوْرَة الْفَرَنْسِيَّة　フランス革命

فَرْو 複 فِرَاء ※ فَرْوَة ❖ 毛皮,皮膚 ※1枚の毛皮,皮膚

تَحْلُمُ بِمِعْطَفٍ مِنْ فَرْوٍ　彼女は毛皮のコート(を得るの)を夢見みている

فَرْوَة الرَّأْسِ　頭皮

فَرُّوج < فرج 複 فَرَارِيج ❖ 若鶏,ひな

فَرُّوجٌ وَاحِدٌ لَا يُشْبِعُهُمْ　若鶏一羽では,彼らのお腹は満足しない

فُرُوسِيَّة < فرس ❖ 乗馬;馬術;騎士道

أَتْقَنَ فُنُونَ الْفُرُوسِيَّةِ　馬術に長けていた

فَرِيد < فرد ❖ 孤独な;類い希な,比類のない;独特の

فَرِيد في نَوْعِهِ (بَابِهِ)　類い希な/比類のない

حَقَّقَ الْجَيْشُ نَصْراً فَرِيداً　軍は類い希な勝利を実現した

فَرِيسَة < فرس 複 فَرَائِس ❖ 獲物,えじき

وَثَبَ الْأَسَدُ عَلَى فَرِيسَتِهِ وَقَتَلَهَا　ライオンは獲物に飛びかかり,そして殺した

فَرِيضَة < فرض 複 فَرَائِض ❖ (宗教的)義務

عِلْم الْفَرَائِض　遺産分配法(相続法)

فَرِيق < فرق 複 أَفْرِقَة ❖ チーム;部隊(複 فُرُق, فُرَقَاء)
※"فِرْقَة:集団"より大きい

فَرِيق كُرَةِ قَدَمٍ　サッカーチーム

فَزِعَ (a) 名 فَزَع 複 أَفْزَاع ❖ 恐れる,怖がる(~مِنْ/لِـ:~を) 名恐れ,恐怖

تَفْزَعُ مِنَ الصُّرْصُورِ　彼女はゴキブリを怖がる

لَا يَعُوقُكَ عَنْ تَعَلُّمِ السِّبَاحَةِ إِلَّا الْفَزَعُ　怖がっていては,泳ぎを覚える事はできません

فَسَا، يَفْسُو < فسو 名 فُسَاء ❖ 屁をこく,屁をひる 名屁,おなら

عَيْبٌ أَنْ يَفْسُوَ أَحَدٌ بَيْنَ النَّاسِ　人々の中で屁をこく(おならをする)のは恥です

فَسَادٌ < فسد ❖ ⇒ فَسَدَ 名

فُسْتَان 複 فَسَاتِين ❖ = فُسْطَان

فُسْتُق ※ فُسْتُقَة ❖ ピスタチオ ※1個のピスタチオ

فُسْتُق حَلَبِيّ　ピスタチオ

فُسْتُق عَبِيد　ピーナッツ

فَسَحَ (a) 名 فُسْحَة 複 -ات/ فُسَح ❖ 空ける,間隔を空ける 名間,空間

أَلَا تَفْسَحُ لِرَفِيقِكَ فِي مَجْلِسِكَ؟　あなたの席を友達の為に空けませんか

ضَعْ فُسْحَةً بَيْنَ الْمَقَاعِدِ　座席の間に空間を置きなさい

فَسَخَ (a) 名 فَسْخ ✤ 取り消す,キャンセルする;移動する;分ける
名取り消し,キャンセル,破棄

فَسَخَ الْعَقْدَ — 契約を取り消した(破棄した)

فَسَدَ (u)/ فَسُدَ (u, i) 名 فَسَاد ✤ 傷む,腐る,腐敗する 名腐敗,不正;堕落,不品行

فَسَدَ الطَّعَامُ — 食べ物が傷んだ

فَسَدَ الْجُرْحُ فَعَلَاهُ الْقَيْحُ — 傷が腐り(化膿し),膿が出て来た

وَاللّٰهُ لَا يُحِبُّ الْفَسَادَ — 神は不正を決して好まれない

اَلْأَدْيَانُ وَالْأَخْلَاقُ حَرْبٌ عَلَى الْفَسَادِ — 宗教と道徳は堕落に対する闘いです

فَسَّرَ <فسر II 名 تَفْسِير ✤ 説明する,解説する 名説明;解説,解釈,注釈

قَامَ الْمُعَلِّمُ يُفَسِّرُ الدَّرْسَ — 先生は授業を説明し始めた

بَانَ مَعْنَى الْكَلَامِ بَعْدَ تَفْسِيرِهِ — 説明の後,その言葉の意味がはっきりした

تَفْسِيرُكَ لِلْحَادِثِ مَعْقُولٌ — その事件に対する,あなたの解説はもっともだ

فُسْطَان 複 فَسَاطِين ✤ (女性用)ドレス,正装

كَمْ أَنْتِ أَنِيقَةٌ فِي فُسْطَانِكِ الْأَزْرَقِ! — 青いドレスを着た君は何と優雅なことか!

فَسِيح <فسح ✤ 広い,広々とした

إِلَى جَانِبِ الْمَدْرَسَةِ مَلْعَبٌ فَسِيحٌ — 学校の横に広々とした運動場があります

فُسَيْفِسَاءُ 関 فُسَيْفِسَائِيّ ✤ モザイク 関モザイクの,モザイク模様の

رَسْمٌ مِنَ الْفُسَيْفِسَاءِ — モザイク絵

فَشِلَ (a) 名 فَشَل ✤ 失敗する(~فِي:~に) 名失敗,挫折

قَدْ نَفْشَلُ وَنُهْزَمُ ، وَلٰكِنَّنَا لَا نَهُونُ — 我らは失敗して負けるであろうが,卑怯ではない

فَشِلَ فِي الِامْتِحَانِ — 試験に失敗した(滑った)

مَغَبَّةُ الْكَسَلِ فَشَلٌ — 怠惰の結末は失敗である[格言]

فَصَاحَة <فصح ✤ 話が上手な事,能弁,雄弁

أَعْجَبَتْنِي فَصَاحَةُ الْخَطِيبِ — 私達は演説者の話が上手なことに驚きました

فَصُحَ (u) 名 فَصَاحَة ✤ 話が上手である,能弁である 名⇑

عَلَى الْخَطِيبِ أَنْ يَفْصُحَ فِي كَلَامِهِ — 演説者は話が上手でなければならない

فِصْحٌ ❖ 復活祭[キリスト教];過ぎ越しの祭り[ユダヤ教]

فِصْحُ النَّصَارَىٰ يَلِي فِصْحَ الْيَهُودِ　キリスト教の復活祭はユダヤ教の過ぎ越しの祭りに続く

(اَلْ) فُصْحَىٰ < فصح ❖ 正則アラビア語, フスハー ※ أَفْصَحُ の女

لَا أَفْهَمُ اللُّغَةَ الْفُصْحَىٰ　私は正則アラビア語(フスハー)が分かりません

فَصَلَ (i) 名 فَصْل ❖ 分離する, 分ける;切断する;解雇する, 止めさせる;決める 名分離, 切断;解雇;季節;学年, 学期;組;決定;(本の)第～章,(劇の)第～幕

فَصَلَ الْوَلَدَ عَنِ الرِّضَاعِ　子供を離乳させた

فُصِلَ مِنَ الْمَدْرَسَةِ*　退学させられた　*受

اَلْفَصْلُ الْأَوَّلُ لِلْكِتَابِ　本の第1章

فَصْلُ الرَّبِيعِ　春

فَصَّلَ < فصل II 名 تَفْصِيل 複 تَفَاصِيل ❖ 裁断する;分ける, 分割する, 分類する;明らかにする 名裁断;詳細, 詳しい事 複細部, 詳細

فَصَّلَ الْخَيَّاطُ الْقَمِيصَ　仕立屋はシャツを裁断した

تَعَلَّمَ التَّفْصِيلَ وَأَشْغَالَ الْإِبْرَةِ　裁断と裁縫を学んだ

اَلتَّفَاصِيلُ ص ٩　詳細(詳しく)は9ページに

بِالتَّفْصِيلِ　詳しく/詳細に

فَصِيح < فصح 複 فُصَحَاء/فِصَاح/فُصُح ❖ たん能な, 能弁な;正則アラビア語(フスハー)の

女 فَصِيحَة 複 -ات/فِصَاح/فَصَائِح

خَطِيب فَصِيح　能弁な演説者

فَضَّ، يَفُضُّ ※ هِيَ فَضَّتْ/أَنَا فَضَضْتُ ❖ (手紙や本の)封を切る;穴を空ける;解散させる;(問題を)解決する

هَلْ أَفُضُّ لَكَ الرِّسَالَةَ، يَا عَمِّي؟　伯父(叔父)さん, 封筒を開けて上げましょうか

فَضَاءٌ < فضو 複 أَفْضِيَة 関 فَضَائِيّ ❖ 空き地, 空間;宇宙 関宇宙の;宇宙飛行士

نُصِبَتِ الْخِيَامُ فِي فَضَاءٍ　空き地にテントが立てられた

سَفِينَة (مَرْكَبَة) فَضَائِيَّة　宇宙船

فِضَّة ❖ 銀

銀貨 — قِطْعَة مِنَ الْفِضَّةِ

銀のカップ(トロフィー) — كَأْس مِنَ الْفِضَّةِ

فَضَحَ (a) ❖ 暴露する；辱める；(女性に)暴行する

友人を辱めるのは君らしくない — لَا يَلِيقُ بِكَ أَنْ تَفْضَحَ صَدِيقَكَ

فَضَّضَ < فض II ❖ 銀メッキする

容器は銅で作られて，それから銀メッキされる — تُصْنَعُ الْأَوَانِي مِنْ نُحَاسٍ ثُمَّ تُفَضَّضُ

فَضَلَ (a) / فَضَلَ (u) 名 فَضْل 複 فُضُول ❖ 余っている，残っている 名残り物，残存物

私達は食事の残り物を猫に与える — نُطْعِمُ الْهِرَّةَ مَا يَفْضُلُ مِنْ طَعَامٍ

فَضَلَ (u) 名 فَضْل 複 أَفْضَال ❖ 勝る，優れている 名優越，卓越；好意；利点

人類はその道徳や労働において優れている — يَفْضُلُ الْإِنْسَانُ بِأَخْلَاقِهِ وَأَعْمَالِهِ

その上に/しかも — فَضْلًا عَنْ ذٰلِكَ

リンゴは体に良くて，しかもおいしい — اَلتُّفَّاحُ لَذِيذٌ فَضْلًا عَنْ أَنَّهُ نَافِعٌ

～のおかげで — بِفَضْلِ ~

皆様のご協力のおかげで仕事をやり遂げる事が出来ました — أَنْجَزْتُ الْعَمَلَ بِفَضْلِ تَعَاوُنِكُمْ

どうぞ(どうか)，お金を下さい — مِنْ فَضْلِكَ ، أَعْطِنِي نُقُودًا

فَضَّلَ < فضل II 名 تَفْضِيل ❖ 好む，好き；ひいきにする 名好み；評価；優先

私は肉よりも魚を好みます(が好きです) — أُفَضِّلُ السَّمَكَ عَلَى اللَّحْمِ

比較級 — صِيغَةُ التَّفْضِيلِ

最上級 — صِيغَةُ التَّفْضِيلِ الْعُلْيَا

فُضُولِيّ < فضل ❖ 好奇心の強い；知識欲のある

彼は全ての事を知りたがる，実に好奇心が強い — يُحِبُّ أَنْ يَعْرِفَ كُلَّ شَيْءٍ ، إِنَّهُ فُضُولِيٌّ

فَضِيحَة < فضح 複 فَضَائِح ❖ 醜聞，スキャンダル；恥

この醜聞はあちこちで聞かれた — هٰذِهِ الْفَضِيحَةُ ، سَمِعَ بِهَا الْقَاصِي وَالدَّانِي

فَضِيحَة مَالِيَّة (سِيَاسِيَّة) 金銭的(政治的)スキャンダル

فَضِيلَة > فضل 複 فَضَائِل ❖ 美徳;長所;高品位

فَضِيلَة الشَّيْخ / صَاحِب الْفَضِيلَةِ 尊師 ※宗教的指導者に対する尊称

اَلرُّجُوعُ عَنِ الْخَطَإِ فَضِيلَةٌ 過ちを修正するのは美徳である

فِطَامٌ > فطم ❖ 離乳;離乳期

فِطَامُ الطِّفْلِ لَيْسَ سَهْلاً 子供の離乳は簡単ではない

فَطَرَ (i, u) ❖ 断食明けの食事をする;作る,創造する

فَطَرَ الصَّائِمُ 断食者が断食明けの食事をした

فِطْر ❖ 断食明け

عِيدُ الْفِطْرِ 断食明けの祭り/イード・ル=フィトル

فُطْر ❖ キノコ/茸

يُؤْكَلُ هٰذَا الْفُطْرُ このキノコは食べられています

فِطْرَة ❖ 創造;天性,生まれつきの性質(複 فِطَر)

اَلْفَنُّ أَصْلُهُ فِطْرَةٌ 芸術の源は創造である

فِطْرَةً 生まれつき/元々

فَطَمَ (i) ❖ (子供を)離乳させる

مَتَى تَفْطِمُ الْأُمُّ الْمُرْضِعُ طِفْلَهَا ؟ 子供に母乳を与えているお母さんは,いつ離乳をさせますか

فَطِنَ (a) 名 فِطْنَة 複 فِطَن ❖ 聡明である,賢い;理解する,知る(~لِـ/~بِـ/إِلَىٰ:~を)
名知恵,聡明さ

اَلْبِطْنَةُ تُضْعِفُ الْفِطْنَةَ 大食は頭を鈍くする

فَطِنٌ 複 فُطُن(فُطْن) ❖ 聡明な,賢い

اَلطَّالِبَةُ الْفَطِنَةُ تَعَلَّمَتْ بِسُرْعَةٍ 聡明なその女学生は学習するのが早かった

فُطُور(فَطُور) > فطر ❖ 朝食

مَا تَنَاوَلَ الْفُطُورَ 彼は朝食を取らなかった

فَطِيرَة > فطر 複 فَطَائِر ❖ ファティーラ ※上に様々な具を乗せる薄いパン

أ ب ت ث ج ح خ د ذ ر ز س ش ص ض ط ظ ع غ ف ق ك ل م ن هـ و ي

أَكَلْتُ فَطِيرَةً وَاحِدَةً　私はファティーラを一枚食べました

فَظٌّ 複 أَفْظَاظٌ ❖ 無礼な, 不作法な; 性格の悪い

شَتَمَنِي الْغُلَامُ ، وَقَالَ لِي كَلَامًا فَظًّا　若者は私を無礼な言葉で, ののしった

فَظَاظَة < فظ ❖ 無礼, 不作法

تَعَوَّدْتُ فَظَاظَتَهُ　私は彼の無礼さに慣れました

يَا لَفَظَاظَةِ بَعْضِ النَّاسِ !　無礼者！

فَظِيع < فظع ❖ ひどい; 恐ろしい, おぞましい

مَنْظَرٌ فَظِيعٌ　ひどい光景

اَلْقَتْلُ إِثْمٌ فَظِيعٌ　殺人は恐ろしい罪悪です

فَعَّالٌ < فعل ❖ 効果的な, 有効な

طَرِيقَة فَعَّالَة　効果的な方法

فَعَلَ (a) 名 فِعْل 複 أَفْعَال ❖ する, 行う; 影響を与える 名活動, 行為; 影響; 動詞

مَاذَا تَفْعَلُ ، يَا عَزِيزِي؟　ねぇ君, 何をしてるんだい

فِعْل لَازِم (مُتَعَدٍّ)　自動詞(他動詞)

بِالْفِعْلِ / فِعْلًا　実際に/本当に/しみじみ

هَلْ تَعْتَقِدُ ذٰلِكَ فِعْلًا؟　あなたは本当にそう思うのですか

بِفِعْلِ ～　～によって/～の作用で

فَقَأَ ، يَفْقَأُ ❖ (腫れ物を)切開して膿を出す; (目玉を)えぐり出す

فَقَأَ الدُّمَّلَ　腫れ物を切開して, 膿を出した

إِنْ يُصِبِ السَّهْمُ الْعَيْنَ يَفْقَأْهَا　矢が目に当たったら, 目玉はえぐり取られるだろう

فَقَدَ (i) ❖ (物を)無くす, (人を)亡くす, 失う

فَقَدَ صَوَابَهُ　気が変になった/発狂した

يُشَاعُ أَنَّ السُّكَّرَ سَيُفْقَدُ مِنَ السُّوقِ　砂糖が市場から無くなるという噂だ

فَقَدَ الرَّجُلُ ابْنَهُ فِي الْحَرْبِ　男は戦争で息子を亡くした

فَقْر ❖ 貧困, 貧乏, 貧しさ; 欠乏

((اَلشَّيْطَانُ يَعِدُكُمُ الْفَقْرَ)) 悪魔は貧困であなた達を脅す

عَاشَ فِي الْفَقْرِ 貧しく暮らした

يَذْهَبُ الْفَقْرُ وَيَأْتِي الْمَالُ 貧しさは去り,豊かさがやって来る

فَقْرُ الدَّمِ 貧血

فِقْرَة 複 -ات/فِقَرٌ ❖ 脊椎;段落;文章

كَمْ فِقْرَةً فِي سِلْسِلَةِ الظَّهْرِ؟ 背骨にいくつ脊椎がありますか

اِسْتَخْرِجْ مِنْ فِقْرَةِ السَّابِقَةِ كُلَّ كَلِمَةٍ بِمَا سَدَّةٌ 前文からシャッダのある語を取り出しなさい

فَقَسَ (i) ❖ 卵をかえす,孵化する;卵を割る

فَقَسَ الطَّائِرُ بَيْضَتَهُ 鳥が卵をかえした

يَفْقِسُ الْبَيْضُ وَخَرَجَ الْكَتَاكِيتُ 卵が孵化して,ひよこが出てくる

اِفْقِسْ الْبَيْضَةَ بِضَرْبَةٍ خَفِيفَةٍ 卵は軽く叩いて割りなさい

فَقَطْ ※ فَ + قَطْ ❖ 〜しか/〜だけ/たった(の)〜しか

سِعْرُ الْبَيْضَةِ عِشْرُونَ يِنًّا فَقَطْ 卵１個の値段はたったの２０円です

لَيْسَ (لَا) ~ فَقَطْ، بَلْ .. أَيْضًا 〜ばかりでなく‥も

لَيْسَتْ شَاعِرَةً فَقَطْ، بَلْ مُغَنِّيَةٌ أَيْضًا 彼女は詩人ばかりでなく,歌手でもあります

فِقْهٌ 関 فِقْهِيّ ❖ イスラム法学(اَلْفِقْهُ),フィクフ;知識;理解
関イスラム法の;フィクフの

أُصُولُ الْفِقْهِ 法学の源/法源

فَقِيد <فقد ❖ 形 失われた 名 故人,死者

شَيَّعَ الأَهْلُ الْقَرْيَةِ الْفَقِيدَ حَتَّى الْمَثْوَاهُ الأَخِيرِ 村人は故人を終の棲家まで見送った

فَقِير <فقر 複 فُقَرَاءُ 女 فَقِيرَة 複 -ات/فَقَائِر ❖ 形 貧しい,貧乏な 名 貧しい人,貧乏人

سَاعِدْ الْفُقَرَاءَ 貧しい人達を助けなさい

فَقِيه <فقه 複 فُقَهَاءُ ❖ 学者;イスラム法学者,ファキーフ

لَجَأْنَا إِلَى شَيْخٍ فَقِيهٍ نَسْتَرْشِدُهُ　私達はイスラム法学者の長老に指導を求めた

فَكَّ (u) ❖ 解く, はずす; 分解する; 解放する　[名] فَكٌّ ※هِيَ فَكَّتْ / أَنَا فَكَكْتُ
[名]分解, 分離; 解放; あご, あごの骨([複] فُكُوك)

لَا أَعْرِفُ كَيْفَ أَفُكُّ هٰذِهِ الْعُقْدَةَ　私はこの結び目をどうやって解くか知らない

اَلْأَسْنَانُ مَغْرُوزَةٌ فِي الْفَكِّ　歯はあごに生えている

فُكَاهَة <فكه ❖ 冗談; ユーモア

تَبَادَلَ الْإِخْوَةُ أَحَادِيثَ الْفُكَاهَةِ　兄弟は冗談を言い合った

فُكَاهِيّ <فكه ❖ 愉快な, ユーモアのある

قِصَّةٌ فُكَاهِيَّةٌ　笑い話

فَكَرَ (u, i) ❖ 考える, 熟考する(～في:～を)　[名] فِكْر　[複] أَفْكَار　[関] فِكْرِيّ　[名]意見; 考え, 思想
[関]知的な; 観念的な

اِنْسَجَمَتْ بَلَاغَةُ الْجُمَلِ مَعَ عُمْقِ الْأَفْ　文章の言葉と深い思想が調和していた

حُرِّيَّةُ الْفِكْرِ　思想の自由

شَارِدُ الْفِكْرِ　ぼんやりした

مُشَوَّشُ الْفِكْرِ　動転した/混乱した

تَسَلْسُلُ أَفْكَارٍ　一連の考え

فَكَّرَ <فكر II ❖ 考える(～في/بِـ:～を)　[名] تَفْكِير　[名]考え, 思考, 思想

دَعْنِي أُفَكِّرُ لَحْظَةً !　ちょっと考えさせてよ!

فَكَّرَ فِي أَنْ ～　～しようとした

فَكَّرَ فِي أَنْ يَشْنُقَ نَفْسَهُ　首吊り自殺をしようとした

فِيمَ تُفَكِّرُ ؟　何を考えているのですか

نَحْنُ فِي التَّفْكِيرِ وَاللّٰهُ التَّدْبِيرِ　私達(人間)は考え, 神が取り計らう

فِكْرَة ❖ 考え, アイデア; 思考, 思想　[複] فِكَرٌ

هٰذِهِ فِكْرَةٌ جَيِّدَةٌ (طَيِّبَةٌ)　それは良い考えだ

عَلَى فِكْرَةٍ　ところで

غَرَسَ فِكْرَةً ثَوْرِيَّةً فِي～　～に革命思想を植えた

فُلَّة ※ فُلّ ❖ アラビアジャスミン ※1本のアラビアジャスミン

مَا أَطْيَبَ رَائِحَةَ الْفُلِّ ! ジャスミンのなんと香しいことか

فَلَّى ، تُفَلِّي <فلي II ❖ 虱を捕る(駆除する);調べる

كَانَتْ تُفَلِّي الْقِرْدَةُ طِفْلَهَا 猿は自分の子の虱を捕っていた

فَلَاح <فلح ❖ 繁栄,成功;救済,救い

صَوْتُ الْأَذَانِ يَنْطَلِقُ دَاعِيًا إِلَى الصَّلَاةِ وَالْفَلَاحِ ! アザーンの声が祈りと繁栄への呼びかけをしてい

فَلَّاح <فلح 複 ون ❖ 農夫,農民,百姓

يَسْقِي الْفَلَّاحُ الْأَرْضَ بِعَرَقِ جَبِينِهِ 農夫が額に汗を流して,大地に水を撒いている

فِلَاحَة <فلح ❖ 耕作,農耕

الْفِلَاحَةُ عَمَلٌ صَعْبٌ مُتْعِبٌ، وَلٰكِنَّهُ شَرِيفٌ نَبِيلٌ 農耕は難しくて,疲れる仕事ですが,気高くて,誇りある仕事です

فُلَان 女 فُلَانَة ❖ 某,誰か;ある

男 السَّيِّد فُلَان 女 السَّيِّدَة فُلَانَة 何とかさん

فَلَحَ (a) ❖ 耕す,耕作する;実る

يَفْلَحُ الْقَرَوِيُّ حَقْلَهُ بِمِحْرَاثٍ بَسِيطٍ 村人は簡単な鋤で畑を耕している

فَلَحَ فِي مَسْعَاهُ 彼の努力が実った

فَلَّسَ <فلس II ❖ 破産を宣告する

فَلَّسَ الْقَاضِي التَّاجِرَ 裁判官は商人の破産を宣告した

فَلْس 複 فُلُوس ❖ ファルス,硬貨 ※貨幣の単位 複お金

(ُ) فُلُوس السَّمَك (魚の)うろこ

فِلَسْطِين 関 فِلَسْطِينِيّ 複 ون ❖ パレスチナ 関パレスチナの;パレスチナ人

مُنَظَّمَة التَّحْرِير الْفِلَسْطِينِيَّة パレスチナ解放機構/PLO

قَضِيَّة فِلَسْطِينِيَّة パレスチナ問題

طُرِدَ الْفِلَسْطِينِيُّونَ إِلَى لُبْنَانَ فِي الْعَامِ ١٩٤٨ م パレスチナ人達は1948年にレバノンへ追い出された

فَلْسَفَة 複 فَلَاسِفَة ❖ 哲学

اَلْفَلْسَفَةُ الدِّيَالِكْتِيكِيَّة　弁証法哲学

اَلْفَلْسَفَةُ تُحَاوِلُ مَعْرِفَةَ هُوِيَّةِ الْأَشْيَ　哲学は物事の本質を明らかにしようとする

فَلَعَ (a) ❖ 割る;裂く

كَادَ الْحَجَرَةُ يَفْلَعُ الْبِطِّيخَةَ　1個の石が西瓜を割るところだった

فُلْفُل / فِلْفِل ❖ こしょう/胡椒

فِلْفِل أَخْضَر　ピーマン

يَنْبُتُ الْفُلْفُلُ فِي الْبِلَادِ الْحَارَّةِ　胡椒は暑い国(南国)で育ちます

فَلَقَ (i) ❖ 割る;切り離す

اِفْشِرِي التُّفَّاحَةَ وَافْلِقِيهَا نِصْفَيْنِ　(貴女は)リンゴの皮を剥いて,二つに割りなさい

فَلَكٌ 複 أَفْلَاك / فُلْك(ٌ) 関 فَلَكِيّ ❖ 軌道;天体,天空;星 関天文の;天文学者

تَدُورُ الْأَرْضُ فِي فَلَكِ الشَّمْسِ　地球は太陽の回りの軌道を動く

عِلْمُ الْفَلَكِ　天文学/占星術

فُلَيْفِلَة <فلفل ❖ 唐辛子

اَلْفُلَيْفِلَةُ تُعْطِي ثَمَرًا أَخْضَرَ وَأَحْمَر　唐辛子は緑や赤の実が生る

فِلْم / فِيلْم 複 أَفْلَام ❖ フイルム;映画

فِلْم مُلَوَّن　カラーフイルム

لَيْسَ فِلْمٌ فِي الْكَامِيرَا　カメラにフイルムがない

فَلِّين ❖ コルク;コルク栓

اَلْفَلِّينُ خَفِيفٌ　コルクは軽い

فَمٌ <فوه 複 أَفْوَاه ❖ 口 ※主 فُو 対 فَا 属 فِي

اِفْتَحْ فَمَكَ، وَأَرِنِي أَسْنَانَكَ　口を開けて,歯を見せて下さい

فَمُ الْقِنِّينَةِ　瓶の口

فَنٌّ 複 أَفْنَان / فُنُون ❖ 多様性;種類(複 أَفَانِين);芸術;科学;技術(複 فُنُون)

أَفَانِينُ مِنَ ～　あらゆる種類の～

فَنّ الْعِمَارَةِ　建築学

اَلْفُنُون الْجَمِيلَة　美術

يُعَلِّمُ الأَسَدُ الشِّبْلَ فُنُونَ الْمُطَارَدَةِ　ライオンは子に狩りの仕方を教える

فَنَاءٌ<فني ❖ 滅び, 破滅;死

كُلُّ شَيْءٍ صَائِرٌ إِلَى فَنَاءٍ　全ての物が滅びへの道にある

فِنَاءٌ<فني 複 أَفْنِيَة ❖ 中庭

نَلْعَبُ فِي فِنَاءِ الدَّارِ　私達は家の中庭で遊びます

فَنَّان<فن 複 ون ❖ 芸術家

اَلْفَنَّانُ يَعْشَقُ الْجَمَالَ وَيُبْدِعُهُ　芸術家は美を熱愛し, その創造をする

فِنْجَان 複 فَنَاجِين ❖ カップ

فِنْجَان مِنْ ~　カップ1杯の~　※~:飲み物

فُنْدُق 複 فَنَادِق ❖ ホテル, 旅館, 宿

لَيْسَ فِي الْفُنْدُقِ الْغُرْفَةُ الْخَالِيَّةُ　ホテルに空き部屋はありません

فَنِيَ ، يَفْنَى ❖ 尽きる;滅びる;没頭する(~فِي:~に)

لَا يَفْنَى　尽きる事のない/不滅の

اَلْقَنَاعَةُ كَنْزٌ لَا يَفْنَى　満足は尽きる事のない宝物である

فَنِّيّ<فن ❖ 形芸術の;美術の 名芸術家;専門家

مَتْحَف فَنِّيّ　美術館

فَهْد 複 فُهُود ❖ 豹, ジャガー

أَخَافُ الْفَهْدَ أَكْثَرَ مِمَّا أَخَافُ الذِّئْبَ　私は狼より豹が怖い

فِهْرِس / فِهْرِسْت 複 فَهَارِس ❖ 索引

فِهْرِس الْمَوْضُوع　目次

(a) فَهِمَ 名 فَهْم 複 أَفْهَام ❖ 理解する, 分かる;通じる 名理解;知性

يُفْهَمُ أَنْ ~　~と言われている　*受

*لَا أَفْهَمُكَ　あなたの言っている事が分かりません

سَرِيعُ الْفَهْمِ　　理解の早い

فَهَّمَ < فهم II 名 تَفْهِيم ❖ 理解させる, 分からせる; 教授する 名 教示; 教授

فَهَّمَنَا الْأُسْتَاذُ الدَّرْسَ الصَّعْبَ　　教授は私達に難しい授業を理解させてくれた

فَهِيمٌ < فهم 複 فُهَمَاءُ ❖ 頭の良い, 聡明な

"تارو" وَلَدٌ ذَكِيٌّ فَهِيمٌ　　太郎は聡明な賢い子です

فُو ❖ ⇒ "فَم" 主

فَوْجٌ 複 أَفْوَاج ❖ 集団; 群衆; 部隊

فَوْج سِيَاحِيّ　　観光客の一団

يَنْتَمِي الْجُنْدِيُّ إِلَى فَوْجِ الْمُدَرَّعَـ　　その兵士は機動部隊に属する

فُوجِئَ، يُفَاجَأُ < فجأ III ❖ (〜に)出くわす(بِـ〜) ※ فَاجَأَ の受

※ هِيَ فُوجِئَتْ / أَنَا فُوجِئْتُ

فُوجِئَ الثَّعْلَبُ بِالذِّئْبِ　　狐は狼に出くわした

فَوْر ❖ 沸騰; 興奮

فَوْر ❖ 前直ちに, 即座に

عَلَى (مِنَ) الْفَوْرِ / فَوْرًا　　直ちに/直ぐに

اِتَّجَهَتْ سَيَّارَةُ الْإِسْعَافِ إِلَى الْمَكَانِ فَـ　　救急車が直ちに, その場所に向かった

فَوْز ❖ 勝利

فَرِحْنَا لِفَوْزِكَ فِي الْمُبَارَاةِ　　あなたの試合の勝利に私達は喜んだ

فَوَّضَ < فوض II ❖ 委任する, 委ねる(〜إِلَى/لِـ〜:〜に); 権威を与える(〜إِلَى/لِـ〜:〜に): 派遣する(〜إِلَى/لِـ〜:〜に)

فَوَّضَ الْخَلِيفَةُ حُكْمَ الْبَصْرَةِ إِلَى "زِيـ　　カリフはバスラの統治をジヤードに委ねた

فَوْضَى < فوض ❖ 無政府; 無秩序, 混乱, カオス

رَأَى النَّاظِرُ حَالَةَ الْفَوْضَى فَثَارَتْ ثَائِرَتُهُ　　無秩序な状況を見た校長先生は激怒した

فَوْضَوِيّ < فوض ❖ 形無秩序な 名無政府主義者, アナーキスト

فَوْضَوِيَّة < فوض ❖ 無政府主義, アナーキズム

فُوطَة ❖ タオル,ハンカチ

اِسْتَخْرَجَ مَاءَهُ مِنَ الْفُوطَةِ　タオルを絞った

～ فَوْقَ ❖ 前～の上に;～を超えて,以上に

فَوْقَ ذٰلِكَ　その上に/それに加えて

أُنْظُرْ فَوْقَ السَّحَابِ　雲の上を見なさい

مَوْجَات فَوْقَ الصَّوْتِيَّةِ　超音波

أَقَمْتُ فِي غَزَّةَ فَوْقَ أُسْبُوعٍ　私は1週間以上ガザに滞在した

فُول 複 -ات ※ فُولَة ❖ 豆;空豆 ※一粒の豆

فُول سُودَانِيّ　ピーナッツ

فُول الصُّويَا　大豆

فُولَاذ ❖ 鋼鉄,鋼

اَلْفُولَاذُ أَصْلَبُ مِنَ الْحَدِيدِ　鋼鉄は鉄より固い

فُوهَة / فَوَّهَة <فاه 複 -ات ❖ 口;開口部

فُوهَة الْبُرْكَانِ　火口/噴火口

～ فِي ❖ ～の中に,～で;～の理由で;～を掛けて

إِثْنَانِ فِي أَرْبَعَةٍ يُسَاوِي ثَمَانِيَةً　2 × 4 = 8

فِيمَا بَيْنَ ～　～の中に/～中に

فِيمَا بَيْنَ الْأَيَّامِ　数日中に

فِيمَا بَيْنَهُمْ　彼らの間に

فِيمَا مَضَى (مِنَ الزَّمَانِ)　過去に/かつて

فِيمَا يَلِي / فِيمَا بَعْدُ　以下のように

فِيمَا أَعْتَقِدُ　私の信じるところでは

يَضْرِبُ (a) فِي (b)　数(a)に数(b)を掛ける

فَيَّاض <فيض ❖ 水が豊富な;寛大な

فَيَّاض الْخَاطِرِ　才気溢れた

يَسْقِي الْبَسَاتِينَ نَهْرٌ فَيَّاضٌ　豊富な川の水が果樹園を灌漑する

فِيتَامِين 複 -ات ❖ ビタミン

يَحْتَوِي التُّفَّاحَةُ عَلَى كَثِيرٍ مِنْ فِيتَامِين C　リンゴは沢山のビタミンCを含む

فَيْرُوز / فَيْرُوزَج ❖ トルコ石

يُزَيِّنُ الْخَاتَمَ حَجَرٌ كَبِيرٌ مِنْ فَيْرُوزٍ　大きなトルコ石が指輪を飾っている

فِيزِيَاء ❖ 女物理学

عِلْمُ الْفِيزِيَاءِ　物理学

فَيَضَان < فيض 複 -ات ❖ 洪水, 氾濫

فَيَضَانُ النِّيلِ　ナイル川の洪水(氾濫)

كَثِيرًا مَا كَانَ الْفَيَضَانُ يَأْتِي عَالِيًا　大きな洪水が何度も来ました

فِيل 複 أَفْيَال / فِيلَة ❖ 象

لِلْفِيلِ خُرْطُومٌ طَوِيلٌ　象には長い鼻がある/象の鼻は長い

فَيْلَسُوف < فلسف 複 فَلَاسِفَة ❖ 哲学者

لَيْسَ كُلُّ مَنْ قَالَ حِكْمَةً فَيْلَسُوفًا　知恵を語る者が全て哲学者ではない

فَيْلَقٌ 複 فَيَالِق ❖ 軍団 ※大規模な兵士の 集 団

يُحَاصِرُ الْمَدِينَةَ الْفَيْلَقُ　軍団が都市を包囲している

فَوَاكِه（٢）: 果物（2）

مِشْمِش : 杏子

تِين : 無花果

كَاكِي : 柿

حَرْفُ الْقَاف

ق

قَاءَ ، يَقِيءُ < قيء 名 قَيْء ❖ 吐く 名吐く事, 嘔吐

قَاءَ مَا أَكَلَهُ قَيْئًا　食べた物を吐いた

قَائِد < قود 複 قَادَة / قُوَّاد ❖ 形指導的な 名指導者, 指揮者, 隊長, リーダー

قَادَ الْقَائِدُ جَيْشَهُ إِلَى النَّصْرِ　隊長は軍を勝利に導いた

لِكُلِّ مَجْمُوعَةٍ قَائِدٌ يُرْشِدُهَا　どのような集団にも, 集団を率いる指導者がいる

قَائِمَة < قوم 複 قَوَائِم ❖ (動物の)足;(ベッド, テーブルの)足; 表;カタログ, リスト;スケジュール

رَفَعَتِ الْفَرَسُ قَائِمَةً　馬が足を上げた

قَائِمَةُ الطَّعَامِ　メニュー

قَائِمَةُ الْكُتُبِ　本のカタログ/本のリスト

قَائِمَةُ أَسْمَاءٍ　名簿

قَابَلَ < قبل III 名 مُقَابَلَة ❖ 会う, 面会する;返す;比べる 名会談;面会;比較

مَنْ قَابَلْتَ مَسَاءَ أَمْسِ؟　あなたは昨日の夕方, 誰に会いましたか

قَابِل < قبل ❖ (~が)可能な, できる(~ لِـ)

قَابِلٌ لِلشِّفَاءِ　治療可能な

قَابِلٌ لِلتَّحَقُّقِ　実現可能な

قَابِلَة < قبل ❖ 助産師, 助産婦(※助産師の旧称), 産婆*
*助産婦の旧称

لَمْ نَجِدْ فِي قَرْيَتِنَا طَبِيبًا مُوَلِّدًا، فَاسْتَدْعَيْنَا قَابِلَةً　私達の村には産科の医師がいなかったので, 産婆さんを呼びにやった

قَاتَلَ < قتل III 名 مُقَاتَلَة ❖ 戦う 名戦闘, 戦い

قَاتَلْنَا حَتَّى نُحَرِّرَ أَرْضَ الْوَطَنِ　我々は祖国の地を解放する為に戦った

قَاتِل < قتل 複 قَتَلَة / قُتَّال ❖ 形死の,致命的な 名殺人者,殺人犯

جُرْح قَاتِل　致命的な傷/致命傷

أَلَا يَخَافُ الْقَاتِلُ الْمَشْنَقَةَ (ـِ) ؟　殺人犯は絞首台が怖くないのでしょうか

قَاتِم < قتم 複 قَوَاتِم ❖ 暗い;黒い

أَسْوَد قَاتِم　真っ黒な/漆黒の

قَاحَ ، يَقُوحُ < قوح ❖ 化膿する,膿む

قَاحَ الْجُرْحُ　傷が化膿した

قَاحِل < قحل ❖ 乾燥した;不毛の

الْأَرْض الْقَاحِلَةُ ، لَا خَيْرَ فِيهَا　不毛の地,そこに有用な物はない

قَادَ ، يَقُودُ < قود ❖ 進む;運転する,操縦する;導く,指揮する

قَادَ الْقَائِدُ الْجَيْشَ　指揮官が軍を指揮した

قَادَ الطَّائِرَةَ　飛行機を操縦した

يَقُودُ الرَّاعِي أَغْنَامَهُ إِلَى الْمُرُوجِ　牧童が羊を牧草地に導く

قَادِر < قدر 複 ون ❖ ～が可能な,～が出来る(～عَلَى)

قَادِر عَلَى الْجِمَاعِ　性交可能な/性交が出来る

اَلْقَادِر　全能なる者/神

قَادِم < قدم 複 ون ❖ 形次の,来る;やって来る;来～ 名やって来た人,新参者(複 قُدُوم)

فِي الصَّيْفِ الْقَادِمِ　今度の夏に

اَلطَّالِب الْقَادِم مِنْ مِصْرَ　エジプトからやって来た学生

الْأُسْبُوع (الشَّهْر / الْعَام) الْقَادِم　来週(来月/来年)

قَاذِفَة < قذف 複 ـات/قَوَاذِف ❖ 爆撃機(= قَنَابِلِ قَاذِفَة)

اِشْتَرَتِ الْحُكُومَةُ الْجَدِيدَةُ عِشْرِينَ قَاذِفَةً　新政府は爆撃機を２０機買った

قَار < قور ❖ ピッチ,タール,アスファルト

اَلْقَارُ مَادَّةٌ سَوْدَاءُ　タールは黒い物質です

قُرَّاء 複 قرأ < قَارِئ ❖ 読者

قُرَّاءُ الْمَجَلَّةِ　　複雑誌の読者

قرب III < قَارَبَ ❖ 近くにある, 近づく; (〜)しそうである(〜أَنْ)

اَلْقَارِبُ يُقَارِبُ الشَّاطِئَ　　ボートが岸に近づく

قَوَارِب 複 قرب < قَارِب ❖ ボート, (小型の)船

قَارِب نَارِيّ　　モーターボート

عَادَ قَارِبُ الصَّيْدِ مُثْقَلًا بِالسَّمَكِ　　漁船が魚を積んで, 重そうに帰って来た

ات 複 قر < قَارَّة ❖ 大陸

قَارَّة آسِيَا　　アジア大陸

قرس < قَارِس ❖ (寒さが)厳しい

بَرْدُ الشِّتَاءِ قَارِسٌ　　冬の寒さは厳しい

مُقَارَنَة 名 III قرن < قَارَنَ ❖ 比べる, 比較する 名比較

قَارَنَ بَيْنَ .. بَيْنَ 〜　　‥と〜を比べた

قَارِنْ هٰذَا الرَّسْمَ بِذٰلِكَ　　この絵とあの絵を比較しなさい

قَوَارِير 複 قَارُورَة ❖ (ガラスや金属の)容器

ضَعْ قَارُورَةَ الْغَازِ فِي الْمَطْبَخِ　　ガスボンベは台所に置きなさい

قيس < قَاسَ ، يَقِيسُ ❖ (重さや長さを)計る, 測る, 量る; 比べる

قَاسَ الْمَسَافَةَ　　距離を測った

قُسَاة 複 قسو < قَاسٍ ❖ 意地の悪い, 厳しい; 固い ※定اَلْقَاسِي

اَلسَّيِّدَة الْقَاسِيَة　　意地の悪い婦人

مُدَرِّس قَاسٍ　　厳しい先生

حَبُّ الْبُنْدُقِ قَاسٍ　　どんぐりの実は固い

مُقَاسَاة 名 III قسو < قَاسَى ، يُقَاسِي ❖ 苦しむ; 耐える 名苦しみ, 苦痛; 忍耐

يُقَاسِي الْجَرِيحُ أَلَمًا شَدِيدًا　　負傷者は激しい痛みに苦しんでいる

مُقَاسَمَة 名 III قسم < قَاسَمَ ❖ 分ける; 共有する 名共有; 協調

بِأَيِّ حَقٍّ تُقَاسِمُنِي أَرْبَاحِي؟　どんな権利で，あなたは私の儲けを分けよと言うのか

قَاصٍ＜قصو 複 أَقْصَاء/ قَاصُون ❖ 遠い ※定 اَلْقَاصِي

اَلْقَاصِي وَالدَّانِي　皆/全員

سَمِعَ بِهٰذِهِ الْفَضِيحَةِ الْقَاصِي وَالدَّانِي　このスキャンダルは皆が聞いた

قَاصِر＜قصر 複 ون / قُصَّر ❖ 形不可能な，できない；未成年の 名未成年，未成年者

قَاصِر الْيَدِ　手に負えない/無力の

كَيْفَ تُحَاكِمُ الْغُلَامَ ، وَهُوَ قَاصِرٌ؟　その若者をどう裁くのだ，未成年者ではないか

قَاضٍ＜قضى ❖ 形決定的な；致命的な 名裁判官（複 قُضَاة）
主属 قَاضٍ 対 قَاضِيًا ※定 اَلْقَاضِي

ضَرْبَة قَاضِيَة　ノックアウト/致命傷

أَصْدَرَ الْقَاضِي الْحُكْمَ فِي الدَّعْوَى　裁判官がその訴訟の判決を下した

قَاضَى＜قضى III 名 مُقَاضَاة ❖（裁判に）呼び出す，召喚する；裁判に訴える
名裁判；審問，審議

إِنْ لَمْ تَرُدَّ لَهُ مَالَهُ قَاضَاكَ إِلَى الْحَاكِمِ　もしあなたが彼にお金を返さなかったら，彼は裁判に訴えるだろう

قَاطِبَةً＜قطب ❖ 一緒に，全員で；例外なく

جَاءَ النَّاسُ قَاطِبَةً　人々は一緒に，やって来た

قَاطِرَة＜قطر ❖ 機関車

قَاطِرَة بُخَارِيَّة　蒸気機関車/SL

تَجُرُّ الْقَاطِرَةُ عِشْرِينَ شَاحِنَةً　機関車が２０両の貨車を引っ張っている

قَاطَعَ＜قطع III 名 مُقَاطَعَة ❖ 分離する；不仲になる，無視する；ボイコットする
名分離；不仲；ボイコット；地区，地方（複 ـات）

قَاطَعَ رَئِيسُ الشَّرِكَةِ الْعُمَّالَ　社長は労働者達を無視した

مُقَاطَعَة الْمُنْتَجَات الْإِسْرَائِيلِيَّة　イスラエル製品のボイコット

قَاطِع＜قطع 複 قَوَاطِعُ ❖ 良く切れる；決定的な；切れた 名切る物，刃物

قَاطِع وَرَقٍ آلِيّ　紙切断機/紙裁断機

بِصِفَةٍ قَاطِعَةٍ　明確に/まぎれもなく

قَاطِع طَرِيقٍ 複 قُطَّاع طُرُقٍ　追い剥ぎ

قَاعٌ < قوع 複 قِيعَان ❖ 底;低地

يَرْسُبُ الرَّمْلُ في قاعِ الْحَوْضِ　砂が水槽の底に沈む

قَاعَة < قوع 複 -ات ❖ ホール;広間

قَاعَة رَقْصٍ　ダンスホール

غَصَّتِ الْقَاعَةُ بِالْحَاضِرِينَ　ホールは出席者で混雑していた

قَاعِدَة < قعد 複 قَوَاعِد ❖ 基地;基礎,土台;基本;規則(※複:文法)

قَاعِدَة من الْبِلاد　最大の都市/首都

قَاعِدَة عَسْكَرِيَّة　軍事基地

بَعْدَ تَفْسِيرِ الْقَاعِدَةِ، نَنْتَقِلُ إِلَى تَطْبِيقٍ عَمَلِيٍّ　基本の説明後は実用的な応用へ移ります

قَافِلَة < قفل 複 قَوَافِل ❖ キャラバン,隊商;輸送団

قَوَافِل التُّجَّارِ　隊商

قَوَافِل الْحُجَّاجِ　巡礼のキャラバン

هَامَتِ الْقَافِلَةُ في الصَّحْرَاءِ　キャラバンは砂漠をさまよった

قَافِيَة < قفو 複 قَوَافٍ ❖ 韻,韻を踏む事

تَرَدَّدَتِ الْقَافِيَةُ مَرَّاتٍ في الْقَصِيدَةِ　そのカシーダ詩には何度も韻が踏まれていた

قَالَ، يَقُولُ < قول 受 قِيلَ، يُقَالُ ❖ 言う(~لِ:~に);唱える;思う 受言われる;呼ばれる

قُلْ 男命 قُولِي 女　言いなさい/唱えなさい

أَنَا لَا أَفْهَمُ مَا تَقُولُ　私はあなたの言う事が分かりません

وَلَا يُقَالُ أَنَّ ~　~とは言えません

أَوْ قُلْ　あるいは/むしろ

وَكَذٰلِكَ قُلْ فِي~/ قُلْ مِثْلَهُ فِي~　~にも同じ事が言えます

كَمَا يَقُولُ الْمَثَلُ الْيَابَانِيُّ، ~　日本の諺にもあるように,~

قِيلَ فِي الْمَثَلِ *　諺に曰く/諺にあるように *受

قِيلَ إِنَّ الْقَمَرُ يَخْسِفُ بَعْدَ أُسْبُوعٍ	一週間後に月食になると言われた
قَالَ ، يَقِيلُ < قيل ❖	短い睡眠をとる;午睡をとる,昼寝をする
اِعْتادَ وَالِدِي أَنْ يَقِيلَ بَعْدَ الْغَداءِ	私の父は昼食後の昼寝が習慣だった
قالَبٌ < قلب (َ) 複 قَوالِب ❖	型,鋳型;固まり/塊
صَبَّ عَجِينَ الْكَعْكَةِ فِي قالَبٍ مُسْتَدِيرٍ	ケーキの生地を丸い型に流し込んだ
قالَب جُبْنٍ	チーズの塊
قامَ ، يَقُومُ < قوم 名 قِيام ❖	行う;立ち上がる;(〜し)始める(〜:未)
※ هِيَ قامَتْ / أَنا قُمْتُ	名実行,遂行:立ち上がる事
受 قِيمَ ، يُقامُ	行われる
命 قُمْ 女 قُومِي	立て/立ちなさい/立ち上がれ/立ち上がりなさい
أَيْنَ تُقامُ الْحَفْلَةُ ؟	そのパーティはどこで行われますか
قامَ بِمُهِمَّتِهِ	任務を遂行した
يَدْخُلُ الْمُعَلِّمُ ، فَيَقُومُ التَّلامِيذُ	先生が入って来ると,生徒達は立ち上がります
قامَ الْمُعَلِّمُ يُفَسِّرُ الدَّرْسَ	先生は授業の説明をし始めた
قامَة < قوم 複 -ات ❖	像;体格;身長;尋 ※広げた両手の指先間の距離
يَمْتازُ بِطُولِ قامَتِهِ	彼は背の高さに特徴がある
قامَرَ < قمر III ❖	ギャンブルをする,賭をする
إِيَّاكَ أَنْ تُقامِرَ أَحَدًا !	賭け事は一切するな！
قامُوس < قمس 複 قَوامِيس ❖	辞書
قامُوس جَيْبٍ	ポケット版辞書
اِبْحَثْ عَنْ مَعْنَى الْكَلِمَةِ فِي الْقامُوسِ	辞書でその言葉の意味を調べなさい
قانُون < قن 複 قَوانِين ❖	法律,規則,ルール;カーヌーン[楽器]
اَلْقانُون الدُّوَلِيّ	国際法
اَلْقانُون الْأَساسِيّ	基本法
قانُون لُعْبَةِ كُرَةِ الْقَدَمِ	サッカーのルール
واجِبُ الْمُواطِنِ احْتِرامُ الْقانُونِ	法律を尊ぶのは国民の義務である

اِسْتَمَعْنَا إِلَى عَزْفٍ مُنْفَرِدٍ عَلَى الْقَانُونِ　私達はカーヌーンの独奏(ソロ)に耳を傾けた

قَاهِرَة <قهر ❖ 形 強制的な;避けられない,止むを得ない;緊急の
名 征服者,勝利者

أَرْجَأَ سَفَرَهُ لِأَسْبَابٍ قَاهِرَةٍ　止むを得ない理由で,旅行を延期した

اَلْقَاهِرَة　カイロ ※エジプトの首都

قَاوَمَ <قوم III 名 مُقَاوَمَة ❖ 抵抗する;反対する;闘う 名 抵抗;反対;闘争

قَاوَمْنَا الِاحْتِلَالَ الْأَجْنَبِيَّ سَنَوَاتٍ　私たちは何年も外国の占領に抵抗した

قُبَّة 複 قِبَاب/قُبَب ❖ ドーム;円屋根;聖堂

قُبَّةُ الصَّخْرَةِ　岩のドーム ※エルサレムにある

قَبُحَ (u) 名 قُبْح ❖ 醜くある;恥である 名 醜さ;恥

أَنْ يَقْبُحَ وَجْهُكَ خَيْرٌ مِنْ أَنْ يَقْبُحَ عَمَلُكَ　顔の醜い方が,行いの醜い事より良い

اَلْقُبْحُ حَارِسُ الْمَرْأَةِ　醜さは女性を守る番人

قَبَرَ (u, i) 名 قَبْر 複 قُبُور ❖ 埋葬する 名 墓

بَكَيْتُ كَثِيرًا عِنْدَمَا قَبَرُوا جَدِّي　祖父が埋葬された時,私は大いに泣きました

وَضَعْنَا الزُّهُورَ عَلَى قَبْرِهِ　私達は彼の墓に花を供えた

قُبَّرٌ ※ قُبَّرَة ❖ ヒバリ/雲雀 ※1羽のヒバリ

طَارَتْ مِنْ أَمَامِ الصَّيَّادِ قُبَّرَةٌ　1羽のヒバリが猟師の前から飛び立った

قَبَضَ (i) 名 قَبْض ❖ 捕まえる;掴む(~عَلَى:~を);受け取る;便秘になる
名 握る事;逮捕;受け取り,領収書;便秘

قَبَضَ الشُّرْطِيُّ عَلَى النَّشَّالِ　警官は引ったくりを捕まえた(逮捕した)

قَبَضَ النَّجَّارُ الْمِطْرَقَةَ بِيَدِهِ　大工さんは手に金槌を持った

قَبْضَة <قبض 複 قَبَضَات ❖ 握り,握る事;拳;所有

قَبْضَةُ الْيَدِ　拳

(اَلْ)قِبْط 複 الْأَقْبَاط 関 قِبْطِيّ (´) ❖ コプト人 関 コプト人の;コプト人,コプト教徒

لِلْقِبْطِ تَارِيخٌ يَرْقَى إِلَى عَهْدِ الْفَرَاعِنَةِ　コプト人の歴史はファラオの時代に遡る

أَيَكُونُ الْقُبْطِيُّ سَلِيلَ الْفِرْعَوْنِيِّ؟ コプト人はファラオの子孫なのですか

قَبَعَ (a) ❖ しゃがむ；閉じこもる

تَغْضَبُ بِنْتِي فَتَقْبَعُ فِي غُرْفَتِهَا 私の娘は怒ると，部屋に閉じこもる

-ات 複 قُبَّعَة ❖ 帽子

اَلْقُبَّعَةُ تَحْمِي رَأْسَكَ مِنْ أَشِعَّةِ الشَّمْسِ 帽子は陽光から，あなたの頭を守る

قَبُول (ُ) 名 قَبِلَ (a) ❖ 受け入れる，受理する；承諾する；受け取る
名受け入れ，受諾；承諾，承認

قُبِلَ 受 受け入れられる，許される

قَبِلْتُ الْهَدِيَّةَ 私は贈り物を受け取りました

قَبِلَ الاقْتِرَاحَ その提案を承諾した(受け入れた)

لَا يُقْبَلُ التَّأْجِيلُ 遅刻は許されない

لَقِيَ قُبُولًا مِنْ ~ ～から承諾(承認)を得た

تَقْبِيل 名 II قبل < قَبَّلَ ❖ 接吻(キス)をする 名接吻，キス

ضَمَّتِ الْأُمُّ ابْنَهَا ، وَقَبَّلَتْ خَدَّيْهِ 母親は子供を抱きかかえ，両頬に接吻をした

قَبْلَ ~ ❖ 前～前，～の前に，～より先に

قَبْلَ الظُّهْرِ 午前

قَبْلَ أَنْ ~ ～する前に/～するより先に

اِغْسِلْ يَدَيْكَ قَبْلَ أَنْ تَأْكُلَ 食べる前に手を洗いなさい

يَقَعُ بَيْتِي قَبْلَ بَيْتِ صَدِيقِي 私の家は友人の家の前にあります

قُبَل / قُبُلَات (ْ)(َ) 複 قُبْلَة ❖ 接吻，キス

قُبُلَات (ْ)(َ) حَارَّة 情熱的なキス

قِبْلَة ❖ 南；キブラ ※モスレムが祈る方向

أُولَى الْقِبْلَتَيْنِ エルサレム

قِبْلَةُ الْأَنْظَارِ (الاهْتِمَامِ) 注目の的

يَقِفُ الْمُصَلِّي وَوَجْهُهُ إِلَى الْقِبْلَةِ 礼拝者はキブラに向かって立つ

قِبَاء / أَقْبَاء 複 قَبْو ❖ アーチ型建築物，アーチ型地下貯蔵庫

تُحْفَظُ الْمُؤَنُ فِي الْقَبْوِ　食糧は地下貯蔵庫に保存されます

قَبُول(ِ) < قبل ❖ ⇒ قَبِلَ 名

قَبِيح < قبح 複 قِبَاح 女 قَبِيحَة 複 قَبَائِح ❖ 醜い, 醜悪な;恥ずべき

مَنْظَرُ الْأَقْذَارِ قَبِيحٌ　ゴミのある光景は醜い

قُبَيْلَ < قبل ❖ 寸前に, 直前に, ちょっと前に

وَصَلَ الْقِطَارُ قُبَيْلَ الظُّهْرِ　列車は正午寸前に着いた

قَبِيلَة < قبل 複 قَبَائِل ❖ 部族, 氏族

لِكُلِّ قَبِيلَةٍ وَثَنٌ تَعْبُدُهُ　すべての部族に崇拝する偶像がある

قِتَال < قتل ❖ 戦闘

سَاحَةُ الْقِتَالِ　戦場

ذَهَبَ إِلَى الْقِتَالِ　戦場に赴いた

قَتَّرَ < قتر II ❖ けちである(〜عَلَى:〜に)

قَتَّرَ الرَّجُلُ عَلَيْنَا　男は私達にけちであった

قَتَلَ (u) 名 قَتْل ❖ 殺す;和らげる;(技術を)極める 名殺人, 殺害

受 قُتِلَ ، يُقْتَلُ　殺される

قَتَلَتْهُ الصَّدْمَةُ　彼は事故で死んだ

قَتَلَ الْجُوعَ　餓えを和らげた

قُتِلَ فِي الْحَرْبِ　戦死した *受

*قَتَلَ نَفْسَهُ　自殺

قَتَّلَ < قتل II ❖ 殺りくする, 虐殺する

دَخَلَ الْغُزَاةُ الْمَدِينَةَ فَنَهَبُوا وَقَتَّلُوا　強盗団が街に入り, 略奪と殺りくを行った

قَتِيل < قتل 複 قَتْلَى ❖ 形殺された 名殺された人

قَتْلَى فِي الْحَرْبِ　戦死者(複)

قِثَّاء ❖ クッサー[野菜] ※胡瓜に似ているが, もっと大き

اَلْقِثَّاءُ أَرْخَصُ مِنَ الْخِيَارِ　クッサーは胡瓜より安い

قَدٌّ 複 قُدُود ❖ 姿, 体格;サイズ, 寸法

عَلَى قَدِّهِ	同じサイズの
هِيَ فَتَاةٌ جَمِيلَةٌ مَمْشُوقَةُ الْقَدِّ	彼女はスリムな体格の美しい少女です
قَدْ ～ ❖	すでに(～した),もう(～した) ※ 完＋قَدْ たぶん～だろう;時には～ ※ 未＋قَدْ
قَدْ قَامَ مُحَمَّدٌ	ムハンマドは既に起きていた
قَدْ يَصْدُقُ الْكَذُوبُ	時には嘘つきも,本当の事を言う[格言]
قَدْ يُسَافِرُ غَدًا	明日に出発するだろう
قَدَّاحَةٌ < قدح 複 ـات ❖	ライター ※火をつける道具
أُشْعِلُ النَّارَ بِالْقَدَّاحَةِ	私はライターで火を付けます
قُدَّاسٌ < قدس 複 قَدَادِيس ❖	ミサ ※聖体(パンとぶどう酒)に祈るキリスト教の儀式
حَضَرَ الْقُدَّاسَ جَمْعٌ غَفِيرٌ	ミサに大勢が集まった
قَدَاسَةٌ < قدس ❖	聖なる事,清い事
عَاشَ الْمُتَصَوِّفُ حَيَاةَ تَعَبُّدٍ وَقَدَاسَةٍ	神秘主義者は神への隷属と清い生活を送った
قُدَّامٌ < قدم ❖	前,前方;先頭
قُدَّامَ ～	前～の前に,～の前方に
يَمْشِي الرَّاعِي قُدَّامَ الْقَطِيعِ	羊飼いが群の前方を歩いている
قَدَحٌ 複 أَقْدَاح ❖	グラス,コップ
كُلٌّ يَشْرَبُ بِقَدَحِهِ	皆はグラスで飲みます
قَدَرَ (i) / قَدِرَ (a) ❖	～する事が出来る,～する力がある(～ عَلَى/أَنْ)
هٰذَا الْعَمَلُ صَعْبٌ، وَلٰكِنِّي أَقْدِرُ عَلَيْهِ	この仕事は難しいが,私は出来ます
قَدَّرَ < قدر II تَقْدِير 名 複 ـات/تَقَادِير ❖	見積もる,推し量る;認める,評価する;尊敬する;感謝する 名見積もり;評価;感謝
قَدَّرَ قُدْرَتَهُ عَلَى～	彼の～への能力を買った(評価した)
قَدَّرَ الْبَيْتَ وَالْأَرْضَ	土地と家を評価した
أُقَدِّرُ فِي صَدِيقِي إِخْلَاصَهُ	友人の誠意に感謝しています
لَا يُقَدَّرُ *	計り知れない/無限の *受

لَا قَدَّرَ اللّٰهُ　とんでもない

تَقْدِيرُهُ جَيِّدٌ　彼の評価は良い

عَلَى أَقَلِّ تَقْدِيرٍ　少なくとも

عَلَى أَكْثَرِ تَقْدِيرٍ　多くて/せいぜい

قَدَرٌ 複 أَقْدَار ❖ 運命, 宿命

مَذْهَب الْقَدَرِ　運命論/宿命論

قَضَاءً وَقَدْرًا　神意により

اَلْقَضَاء وَالْقَدْر　運命

قَدْرٌ 複 أَقْدَار ❖ 量;額;限度;価値

قَدْرَ ～/ بِقَدْرِ ～/ عَلَى قَدْرِ ～　～に応じて/～に従って

بِقَدْرِ مَا～/ قَدْرَ مَا～　出来る限り～/出来るだけ～/～の限り

قَدْرَ (بِقَدْرِ / عَلَى قَدْرِ) الْمُسْتَطَاع (الْإِمْكَان)　出来る限り/出来るだけ

بِقَدْرِ مَا أُحِبُّ الْجَمَالَ، أَكْرَهُ الشَّنَاعَةَ　私は出来る限り美を好み, 醜さを嫌う

بِقَدْرِ مَا أَعْرِفُ　私の知っている限りでは

عَلَى قَدْرِ بِسَاطِكَ مُدَّ رِجْلَيْكَ　あなたの敷物に応じて, 足を伸ばしなさい/分相応にしなさい[格言]

عَلَى قَدْرِ مَا～　～の限りで

عَلَى قَدْرِ مَا تُحِبُّ　あなたの好きなだけ

ذُو قَدْرٍ　重要である(人)

لَيْلَةُ الْقَدْرِ　ライラ・アル=カドル ※ラマダーン月の聖夜

قِدْرٌ 複 قُدُور ❖ 鍋, 薬缶

يَغْلِي الْفُولُ فِي قِدْرٍ مُقْفَلَةٍ　豆は蓋をした鍋で煮る

قُدْرَة 複 -ات ❖ 能力, 力(～عَلَى:～をする);(神の)全能さ

قُدْرَات الْبِلَادِ　国力

قُدْس (قُدُس) ❖ 聖なる事, 神聖さ;聖地, 聖域(複 أَقْدَاس)

اَلْقُدْس　エルサレム

اَلرُّوح الْقُدْس　聖霊

قَدِمَ (a)/ قَدَمَ (u) 名 قُدُوم ❖ 前進する;先んずる;到着する,来る;図々しく~する
名来る事,到来,到着;訪問

يَقْدَمُ السُّيَّاحُ بِلَادَنَا فِي كُلِّ الْفَصْلِ　旅行者達がどの季節にも,我が国にやって来る

اَلسُّنُونُو يُبَشِّرُ بِقُدُومِ الصَّيْفِ　燕は夏の到来を告げる

قَدُمَ (u) ❖ 古くなる

تَقْدُمُ الْخَمْرَةُ فَتَطِيبُ　お酒は古くなると,美味しくなる

قَدَّمَ < قدم II 名 تَقْدِيم ❖ 先行させる;申し出る;提供する,さし上げる;
紹介する;受ける 名申し出,提供;提出

قَدَّمَ يَدَ الْمُسَاعَدَةِ　援助を申し出た

قَدَّمَ .. إِلَى~　~に‥を紹介した

قَدَّمَ نَفْسَهُ　自己紹介をした

قَدَّمَ امْتِحَانًا　試験を受けた

قَدَّمْنَا مَوْعِدَ الِاجْتِمَاعِ سَاعَةً　私達は会議の日時を1時間早めた

إِلَى مَتَى يُمْكِن تَقْدِيمُ التَّقْرِيرِ؟　レポートの提出はいつまで出来ますか

قَدَمٌ 複 أَقْدَام ❖ 女足 ※かかとから足の指先まで

قَدَمَانِ(يْنِ)　両足 ※( )内は属対

عَلَى قَدَمَيْهِ (الْأَقْدَامِ)　歩いて/徒歩で

قِدَمٌ ❖ 古いこと;大昔,太古の昔

مُنْذُ الْقِدَمِ　太古の昔から

قُدْوَة (ِ) < قدو ❖ 手本,模範;例

هٰذَا الْعَمَلُ الْحَسَنُ هُوَ قُدْوَةُ النَّاسِ　この良い仕事は人々の手本です

قُدُّوس (ِ) ❖ 最も聖なる物

اَلْقُدُّوس (ِ)　最も聖なるお方/神

قُدُوم < قدم ❖ ⇒ قَدَمَ 名

قَدُوم / قَدُّوم < قدم 複 قُدُمٌ / قَدَائِم ❖ 女ちょうな[大工道具]

اَلْقَدُومُ آلَةٌ لِنَجْرِ الْخَشَبِ　ちょうなは木を削る道具です

قَدِيدٌ < قد ❖ 乾燥させた肉, ジャーキー

حُفِظَ الْقَدِيدُ مَؤُونَةً لِلشِّتَاءِ　乾燥させた肉は冬の食糧として保存された

قَدِير < قدر ❖ 有能な, できる(～عَلَى:～に, が)

اَللّٰهُ هُوَ الْعَزِيزُ الْقَدِيرُ　神は高貴で全能である

((إِنَّ اللّٰهَ عَلَى كُلِّ شَيْءٍ قَدِيرٌ))　実に(げに)神は全能である

قِدِّيس ج ـون 複 ـون ❖ 形聖者の 名聖者, 聖人

كَمْ مِنْ مُؤْمِنٍ مُتَعَبِّدٍ صَارَ قِدِّيسًا !　信心深い信者の何人が聖者になったであろうか!

قَدِيم < قدم 複 قُدَمَاءُ / قُدَامَى 比 أَقْدَم ❖ 古い; 昔の, 古代の 比より古い

女 قَدِيمَة 複 ـات / قَدَائِم

قَدِيمًا / فِي قَدِيمِ الزَّمَانِ　昔/かつて

مُنْذُ الْقَدِيمِ / مِنْ قَدِيمٍ　古くから/昔から

عَلَى الْجَبَلِ قَصْرٌ قَدِيمٌ　山に古い城がある

قَذًى 複 قُذِيٌّ / أَقْذَاءٌ ※ قَذَاة ❖ ほこり, (目の)ごみ ※1個のほこり 定 اَلْقَذَى

قَذًى فِي عَيْنِهِ　目障りなもの

عَيْنُكَ تَدْمَعُ ؟ قَدْ يَكُونُ فِيهَا قَذَاةٌ　涙が出ているのですかーきっと目にごみが入っているんでしょう

قَذَرٌ 複 أَقْذَار ❖ 汚物; ごみ

كَرِيهٌ مَنْظَرُ الْأَقْذَارِ فِي الشَّارِعِ　通りにごみのある光景は不愉快(不快)だ

قَذِرٌ(ـَ) ❖ 汚らわしい, 汚い

مَالٌ قَذِرٌ　汚らわしい(汚い)金

كَلَامٌ (مَكَانٌ) قَذِرٌ　汚い言葉(場所)

قَذَفَ (i) ❖ 投げる; 発射する; (爆弾を)投下する

قَذَفَ～بِالْقُنْبُلَةِ الْيَدَوِيَّةِ　～に手榴弾を投げた

قَذِيفَة < قذف 複 قَذَائِف ❖ 砲弾, 弾丸, 発射物; 爆弾

سَقَطَتْ فِي الشَّارِعِ قَذِيفَةُ هَاوُنٍ　1発の迫撃砲の砲弾が通りに落ちた

قَذِيفَة صَارُوخِيَّة　ミサイル

قُرٌّ ❖ 寒さ,冷たさ;涼しさ

قُرَّة الْعَيْنِ　楽しみ/目の保養

وَلَدِي قُرَّةُ عَيْنِي　子は私の喜びです

قِرَاءَة 名 قَرَأَ / يَقْرَأُ ❖ 読む,声を上げて読む;学ぶ 名読む事,読書

قَرَأَ عَلَى~　～のもとで学んだ/～に教えを受けた

قِرَاءَة وَكِتَابَة　読み書き

قِرَاءَة الْكَفِّ　手相占い

قَرَابَة < قرب ❖ 親類関係,親戚

قَرَابَة الدَّمِ (الْعَصَبِ)　血縁関係

قَرَابَة زَوَاجٍ　結婚による姻戚関係

قَرَار < قر ❖ 決定,決議(複 ـات);安住の地;安定;底

مَشْرُوع قَرَارٍ　議案/決議案

دَارُ الْقَرَارِ　来世/あの世

قَرَارَة < قر ❖ 底;窪み

قَرَارَة النَّفْسِ　本心

فِي قَرَارَةِ نَفْسِي حَزِينٌ　私の本心は悲しいのです

(اَلْ)قُرْآن < قرأ ❖ コーラン

اَلْقُرْآن الْكَرِيم　聖典コーラン

طَلَبَ الْأَبُ مِنْ ابْنِهِ أَنْ يَقْرَأَ الْقُرْآنَ الْكَرِيمَ　父親は息子に聖典コーランを読むように頼んだ

قِرَان < قرن ❖ 近い関係,親密;結婚

مَتَى يُعْقَدُ قِرَانُ الْعَرُوسَيْنِ ؟　二人の結婚はいつなのですか

قُرْب 名 قَرُبَ (u) ❖ 近くなる,近づく(~مِنْ /إِلَى:~に) 名近い事;接近

مَوْعِدُ الامْتِحَانِ يَقْرُبُ ، فَاسْتَعِدُّوا　試験の期日が近づいています,準備をしなさい

قَرُبَتِ السَّفِينَةُ مِنَ الْمَرْفَاءِ	船が桟橋に近づいた
مَا يَقْرُبُ مِنْ ~	およそ~/約~
بِالْقُرْبِ مِنْ ~/ بِقُرْبٍ مِنْ ~/ قُرْبَ ~	~の近くに
قُرْبَ الظُّهْرِ	お昼近くに/正午頃に
خَيَّمَ الْأَوْلَادُ قُرْبَ النَّهْرِ	子供達は川の近くでキャンプをした
يَقَعُ الْمَسْجِدُ بِالْقُرْبِ مِنَ الْمَدْرَسَةِ	モスクは学校の近くにある
قَرَّبَ < قرب II 名 تَقْرِيب	❖ 近づける,接近させる;召し抱える 名近づける事,接近;近似
قَرَّبَ بَيْنَهُمْ	彼らを仲良くさせた
قَرِّبِ الْمَقْعَدَ مِنَ (إِلَى) الطَّاوِلَةِ	席をテーブルに近づけなさい
قَرَّبَ الْمَلِكُ الشَّاعِرَ	王はその詩人を召し抱えた
تَقْرِيبًا / عَلَى التَّقْرِيبِ / بِالتَّقْرِيبِ / بِوَجْهِ التَّقْرِيبِ	大凡/凡そ/殆ど/ほぼ/約
كُلَّ يَوْمٍ تَقْرِيبًا	ほぼ毎日/殆ど毎日
قُرْبَى < قرب	❖ 親類関係,親戚 ※= قَرَابَة
ذُو الْقُرْبَى	親戚/親類
قُرْبَان < قرب 複 قَرَابِين	❖ 犠牲,生け贄;ミサ,聖餐の儀式[キリスト教];聖体
تَنَاوَلَ الْقُرْبَانَ	聖餐の儀式に参加した
قِرْبَة 複 -ات/ قِرَب	❖ (水筒用の)皮袋
مِزْمَار الْقِرْبَةِ	バグパイプ
قَرْحَة 複 قَرْح / قُرُوح	❖ 潰瘍,腫れ物
قَرْحَة فِي الْمَعِدَةِ	胃潰瘍
لِلْقَرْحَةِ الْيَوْمَ عِلَاجٌ يُغْنِي عَنِ الْعَمَلِيَّةِ	今日,潰瘍は手術をしないで,治療する
قِرْد 複 قُرُود / قِرَدَة / أَقْرَاد	❖ 猿
يُقَلِّدُ الْقِرْدُ الْإِنْسَانَ فَيُضْحِكُ	猿は人の真似をして,笑わせる

قَرَّرَ < قر II 名 تَقْرِير 複 تَقَارِير　❖定住させる;,決める,決定する;報告する
名決定;報告書,レポート

هَلْ قَرَّرْتَ رَأْيَكَ؟　意見を決めましたか

تَقْرِير الْحَالَةِ الْجَوِّيَّةِ　天気予報

آخر مَوْعِد لِتَقْدِيمِ التَّقْرِيرِ　レポート提出期日

قِرْش 複 قُرُوش　❖ケルシュ*;鮫　*お金の単位

اَللِّيرَةُ اللُّبْنَانِيَّةُ مِئَةُ قِرْشٍ　1レバノンリラは100ケルシュです

يُعْرَفُ الْقِرْشُ بِـ"كَلْبِ الْبَحْرِ"　鮫は"海の犬"として知られている

قَرَصَ (u)　❖挟む,つねる,(言葉で)傷つける;噛む;刺す

قُرِصَ إِصْبَعُهُ بِالْبَابِ　指がドアに挟まれた *受

قَرَصَهُ بِلِسَانِهِ　言葉で彼を傷つけた

قَرَصَهُ الْبَرْغُوثُ　蚤に食われた

قَرَصَتْهُ الْحَيَّةُ　蛇が噛んだ

أُقْرُصِي كَنْزَتَكِ بِالْمَاءِ الْفَاتِرِ　セーターはぬるま湯で,つまみ洗いをしなさい

قُرْص 複 أَقْرَاص　❖パンやケーキの 塊;円盤,ディスク;錠剤

قُرْص مِنَ الْخُبْزِ　パンの塊

قُرْص الْعَسَلِ　蜂の巣

قُرْص صُلْب　ハードディスク

رَمْي الْقُرْصِ　円盤投げ

قُرْصَان < قرصن 複 قَرَاصِنَة　❖海賊

هَاجَمَ الْقَرَاصِنَةُ السَّفِينَةَ　海賊が船を襲った

قَرَضَ (i) 名 قَرْض　❖噛む,かじる;切る,切断する;(詩を)書く
名貸付金,融資,ローン

أَخَذَ يَقْرِضُ الشَّبَكَةَ　網をかじり始めた

لَا يَقْرِضُ هٰذَا الْمِقَصُّ الْقُمَاشَ بِسُهُولَةٍ　このはさみは布が良く切れない

أَقْرِضُ الشِّعْرَ أَحْيَانًا　私は時々詩を書きます

قَرْض مَالِيّ　ローン

قَرْض قَصِير (طَوِيل) الأَجَل　短期(長期)ローン

أَصْلَحَ الْفَلَّاحُ أَرْضَهُ بِقَرْضٍ مِنَ الْمَصْرِفِ الزِّرَاعِيِّ　農民は農業銀行の融資で農地を改良した

قِرْطَاس (قُ) 複 قَرَاطِيسُ　✽(書くための)紙, 羊皮紙

سِلَاحُ الْكَاتِبِ قِرْطَاسٌ وَقَلَمٌ　作家の武器は紙とペンです

قَرَعَ (a) قَرْع 名 قَرْع　✽叩く, 打つ, (鐘を)鳴らす 名叩く事, ノック

يُقْرَعُ الْجَرَسُ فَنَدْخُلُ قَاعَةَ الدَّرْسِ*　ベルが鳴らされると, 私達は教室に入ります *受

قُرِعَ الْبَابُ قَرْعًا عَالِيًا*　ドアが強く叩かれた *受

قَرِعَ (a) قَرَع 名 قَرَع　✽頭の毛(髪)が落ちる;禿ている 名抜け毛;禿

مَا بَالُكَ تَقْرَعُ بَاكِرًا؟　そんなに頭の毛が早く落ちて, どうしたのですか

الْقَرَعُ طَرِيقُ الصَّلَعِ　抜け毛は禿頭への道です

قَرْع ※ قَرْعَة　✽カボチャ ※1個のカボチャ

قَرْع كُوسَى ※ قَرْعَة كُوسَى　ズッキーニー ※1個のズッキーニー

وَرَقُ الْقَرْعِ أَكْبَرُ مِنْ وَرَقِ الْخِيَارِ　カボチャの葉は胡瓜の葉より大きい

قُرْعَة 複 قُرَع　✽くじ, くじ引き

الْجَائِزَةُ لِمَنْ تَقَعُ عَلَيْهِ الْقُرْعَةُ　賞金はくじに当たった人のものです

قَرِفَ (a) قَرَف 名 قَرَف　✽ひどく嫌う;むかつく 名大嫌いな物;嫌悪

أَقْرَفُ مِنْ رُؤْيَةِ الْحَلَزُونِ　私は蝸牛(でんでんむし)を見るのが大嫌いです

قَرْفَصَ، يُقَرْفِصُ　✽(足を折って)座る, しゃがむ

قَرْفَصَ أَمَامَ جِهَازِ التِّلِفِزْيُونِ　テレビの前に座り込んだ

قُرْفُصَاءُ　✽(足を折り, 太ももを腹に付けて)座る事, 体操座り

جِلْسَةُ الْقُرْفُصَاءِ تُرِيحُ　体操座りは楽です

قِرْمِيد ＜ قرمد 複 قَرَامِيد ※ قِرْمِيدَة　✽れんが/煉瓦;タイル ※1個の煉瓦

تُصَيِّرُ النَّارُ الطِّينَ قِرْمِيدًا　火は土を煉瓦に変える

قَرَنَ (u, i) قَرْن 名 قَرْن 複 قُرُون　✽結びつける(～بِـ/إِلَى:～に);一緒にする;加える
名角;世紀;(豆の)さや

خَشَبَةُ النِّيرِ تَقْرِنُ الثَّوْرَيْنِ　1本のくびきが2頭の牛をつないでいる

اَلْقَرْنُ الثَّالِث قَبْلَ الْمِيلَادِ　紀元前3世紀

أُمُّ (وَحِيدُ) الْقَرْنِ　サイ

ذُو الْقَرْنَيْنِ　アレキサンダー大王 ※二つの角を持つ者

نَأْكُلُ قُرُونَ الْفُولِ وَحُبُوبَهُ　私達は豆のさやと実を食べる

قَرْنَبِيط ❖ カリフラワー

قَرَنْفُل ※ قَرَنْفُلَة ❖ カーネーション ※1本のカーネーション

أَزْهَرَ الْقَرَنْفُلُ أَشْكَالًا وَأَلْوَانًا　様々な形と色のカーネーションの花が咲いた

قَرَوِيّ < قرى 複 ون ❖ 形村の 名村人(複 ون)

اِجْتَمَعَ الْقَرَوِيُّونَ أَمَامَ بَيْتِ الْعُمْدَةِ　村人は村長の家の前に集まった

قَرِيب < قرب 複 أَقْرِبَاءُ 比 أَقْرَبُ ❖ 形近い(～مِنْ:～から) 名親戚,親類 比より近い

قَرِيب مِنْ هُنَا　ここから近い

لَا بُدَّ أَنَّهُ مِنَ الْأَقْرِبَاءِ　彼はきっと親戚にちがいない

قَرِيب الْعَهْد　最近の

قَرِيب الْعَهْد بِـ~　最近得た～/～に未熟な

قَرِيب التَّنَاوُل　分かりやすい

قَرِيبًا　間も無く/近々/いづれ

قَرْيَة (ِ) < قري 複 قُرَايَا/قُرًى (ِ) ❖ 村

اَلْقَرْيَتَانِ　メッカとタイフ/メッカとメジナ

قَرْيَةُ نَمْلٍ　蟻塚

أَحِنُّ إِلَى حَيَاةِ الْقَرْيَةِ　私は村での生活が懐かしい

قَرِيحَة < قرح 複 قَرَائِح ❖ 才能;生まれ持った気質

حَرَّكَ الشَّوْقُ قَرِيحَةَ الشَّاعِرِ فَنَظَمَ الْقَصِيدَةَ　詩人は熱望に才能を刺激されて,その詩を作った

قُرَيْدِس ※ قُرَيْدِسَة ❖ えび/海老 ※1匹のえび

نَأْكُلُ مَعَ السَّمَكِ قُرَيْدِسًا　私達は魚と一緒に海老を食べます

قَرِيـن > قُرَنَاء 複 ✧ 形 繋(つな)がりのある 名 連(つ)れ合(あ)い;連(つ)れ, 仲間(なかま)

قَرِينَة 女 複 -ات/ قَرَائِن 妻(つま)/嫁(よめ)

نِعْمَ الْقَرِيْنُ ～! ～さんは実(じつ)に良(よ)い連(つ)れ合(あ)いだ

السَّيِّدَة قَرِينَتُهُ 彼(かれ)の奥様(おくさま)

قَزّ 複 قُزُوز ✧ 絹(きぬ)

دُودُ الْقَزِّ ※ دُودَة الْقَزِّ 蚕(かいこ) ※1匹(いっぴき)の蚕(かいこ)

قَزَم 複 أَقْزَام ✧ こびと, 一寸法師(いっすんぼうし)

قَسّ 複 قُسُوس ✧ 神父(しんぷ), 牧師(ぼくし)

تَرَأَّسَ الْقَسُّ الصَّلَاةَ 神父(しんぷ)がその祈(いの)りを先導(せんどう)した

قَسَا ・ يَقْسُو >قَسْو 名 ✧ 固(かた)くなる;虐(しいた)める, 辛(つら)く当(あ)たる;厳(きび)しい(～على:～に)
※هِيَ قَسَتْ/ أَنَا قَسَوْتُ 名 冷酷(れいこく), 残酷(ざんこく)

أُحِبُّ اللَّوْزَ الْأَخْضَرَ قَبْلَ أَنْ يَقْسُو 私(わたし)は固(かた)くなる前(まえ)の青(あお)いアーモンドが好(す)きです

قَسَتِ الْحَمَاةُ عَلَى كَنَّتِهَا 姑(しゅうとめ)が嫁(よめ)を虐(いじ)めた

قَسَّى >قَسْو II ✧ 固(かた)くする;頑固(がんこ)にする;冷酷(れいこく)にする

تُقَسِّي النَّارُ الْخَزَفَ 火(ひ)が粘土(ねんど)を固(かた)くする

قَسَّط >قَسْط II تَقْسِيط 名 ✧ 分配(ぶんぱい)する;分割払(ぶんかつばら)いで払(はら)う

قَسَّطَ الْمَصْرِفُ الدَّيْنَ 銀行(ぎんこう)は借入(かりい)れ金(きん)を分割払(ぶんかつばら)いにした

بِالتَّقْسِيط 分割払(ぶんかつばら)いで/ローンで

قِسْط 複 أَقْسَاط ✧ 正義(せいぎ), 公正(こうせい);部分(ぶぶん);分割払(ぶんかつばら)い, ローン(複 أَقْسَاط)

قِسْطُ التَّأْمِين 保険(ほけん)の掛(か)け金(きん)/保険料(ほけんりょう)

عَلَى أَقْسَاطٍ / بِالْأَقْسَاط 分割払(ぶんかつばら)いで/ローンで

نَالَ قِسْطًا مِنَ الرَّاحَةِ 休養(きゅうよう)した

قَسَمَ >قَسْم 名 (i) ✧ 分(わ)ける, 分割(ぶんかつ)する;分配(ぶんぱい)する;割(わ)り算(ざん)する 名 分割(ぶんかつ)

سَأَقْسِمُ اللَّاعِبِينَ فَرِيقَيْن 私(わたし)が選手達(せんしゅたち)を二(ふた)つのチームに分(わ)けます

طَرَحْتُ بَدَلَ أَنْ أَقْسِمَ 私(わたし)は割(わ)る代(か)わりに, 引(ひ)きました[算数(さんすう)]

قَسَمَ (u) ✧ 分(わ)けている

يَقْسِمُ خَطُّ الِاسْتِوَاءِ الْأَرْضَ إِلَى نِصْفَيْنِ
شَمَالِيٍّ وَجَنُوبِيٍّ

<ruby>赤道<rt>せきどう</rt></ruby>は<ruby>地球<rt>ちきゅう</rt></ruby>を<ruby>北半球<rt>きたはんきゅう</rt></ruby>と<ruby>南半球<rt>みなみはんきゅう</rt></ruby>に<ruby>分<rt>わ</rt></ruby>けている

قَسَمَ >قِسْم< II 名 تَقْسِيم 複 -ات/ تَقَاسِيمُ ✸ <ruby>分割<rt>ぶんかつ</rt></ruby>する，<ruby>分<rt>わ</rt></ruby>ける 名<ruby>分割<rt>ぶんかつ</rt></ruby>，<ruby>配分<rt>はいぶん</rt></ruby>；ソロ（<ruby>音楽<rt>おんがく</rt></ruby>）

تَقْسِمُ الشَّرِكَةُ الْأَرْبَاحَ مَرَّةً فِي السَّنَةِ

その<ruby>会社<rt>かいしゃ</rt></ruby>は<ruby>利益<rt>りえき</rt></ruby>を<ruby>年<rt>ねん</rt></ruby>に<ruby>1回<rt>いっかい</rt></ruby>，<ruby>分配<rt>ぶんぱい</rt></ruby>する

عُودُ تَقْسِيمٍ

ウードソロ[<ruby>音楽<rt>おんがく</rt></ruby>]

قِسْم 複 أَقْسَام ✸ <ruby>部門<rt>ぶもん</rt></ruby>，部，科

احْتَلَّ الْأَعْدَاءُ قِسْمًا مِنَ الْوَطَنِ

<ruby>敵<rt>てき</rt></ruby>は<ruby>国<rt>くに</rt></ruby>の<ruby>一部<rt>いちぶ</rt></ruby>を<ruby>占領<rt>せんりょう</rt></ruby>した

الْقِسْمُ الْأَوَّلُ مِنَ الدَّرْسِ

（<ruby>教科書<rt>きょうかしょ</rt></ruby>の）<ruby>第1課<rt>だいいっか</rt></ruby>

قِسْمُ الْمَبِيعَاتِ

<ruby>営業部門<rt>えいぎょうぶもん</rt></ruby>/<ruby>営業部<rt>えいぎょうぶ</rt></ruby>

فِي هٰذِهِ الْجَامِعَاتِ أَقْسَامُ اللُّغَةِ الْيَابَانِيَّةِ

これらの<ruby>大学<rt>だいがく</rt></ruby>には<ruby>日本語学科<rt>にほんごがっか</rt></ruby>がある

قَسَم 複 أَقْسَام ✸ <ruby>誓<rt>ちか</rt></ruby>い，<ruby>誓<rt>ちか</rt></ruby>いの<ruby>言葉<rt>ことば</rt></ruby>

لَيْسَ الصَّادِقُ فِي حَاجَةٍ إِلَى الْقَسَمِ

<ruby>誠実<rt>せいじつ</rt></ruby>な<ruby>人<rt>ひと</rt></ruby>に<ruby>誓<rt>ちか</rt></ruby>いの<ruby>言葉<rt>ことば</rt></ruby>は<ruby>要<rt>い</rt></ruby>らない

قَسَمًا بِـ

～に<ruby>誓<rt>ちか</rt></ruby>って

قِسْمَة ✸ <ruby>割<rt>わ</rt></ruby>り<ruby>算<rt>ざん</rt></ruby>；<ruby>分割<rt>ぶんかつ</rt></ruby>

نَاتِجُ الْقِسْمَةِ

<ruby>商<rt>しょう</rt></ruby> ※<ruby>割<rt>わ</rt></ruby>り<ruby>算<rt>ざん</rt></ruby>の<ruby>結果<rt>けっか</rt></ruby>

قِسَاوَة ✸ قَسَاوَة ⇒ 名

قِسِّيس >قِسِّيس< 複 -ون / قَسَاوِسَة / قُسَّان ✸ <ruby>牧師<rt>ぼくし</rt></ruby>，<ruby>神父<rt>しんぷ</rt></ruby>

أَلْقَى الْقِسِّيسُ عِظَةً بَعْدَ الصَّلَاةِ

<ruby>牧師<rt>ぼくし</rt></ruby>は<ruby>祈<rt>いの</rt></ruby>りの<ruby>後<rt>あと</rt></ruby>，<ruby>説教<rt>せっきょう</rt></ruby>をした

قَشّ ※ قَشَّة ✸ わら/<ruby>藁<rt>わら</rt></ruby> ※<ruby>1本<rt>いっぽん</rt></ruby>のわら

قُبَّعَةٌ مِنَ الْقَشِّ

<ruby>麦<rt>むぎ</rt></ruby>わら<ruby>帽子<rt>ぼうし</rt></ruby>

نَخْلِطُ بَعْضَ الطِّينِ وَالْقَشِّ

<ruby>私達<rt>わたしたち</rt></ruby>は<ruby>泥<rt>どろ</rt></ruby>とわらを<ruby>混<rt>ま</rt></ruby>ぜる

قَشَرَ (i, u) ✸ （<ruby>果物<rt>くだもの</rt></ruby>，<ruby>野菜<rt>やさい</rt></ruby>の）<ruby>皮<rt>かわ</rt></ruby>をむく

لِمَاذَا تَقْشِرُ الْخِيَارَةَ ؟

どうして<ruby>胡瓜<rt>きゅうり</rt></ruby>の<ruby>皮<rt>かわ</rt></ruby>をむくのですか

قِشْر 複 قُشُور ✸ <ruby>殻<rt>から</rt></ruby>；<ruby>皮<rt>かわ</rt></ruby>；（<ruby>魚<rt>さかな</rt></ruby>の）うろこ 複ごみ

قِشْرَةُ الْبَيْضَةِ

<ruby>卵<rt>たまご</rt></ruby>の（<ruby>一<rt>ひと</rt></ruby>つの）<ruby>殻<rt>から</rt></ruby>

أ
ب
ت
ث
ج
ح
خ
د
ذ
ر
ز
س
ش
ص
ض
ط
ظ
ع
غ
ف
ق
ك
ل
م
ن
هـ
و
ي

قِشْرُ الْبُرْتُقَالِ	オレンジの皮
قَصَّ (u) 命 قُصَّ 女 قُصِّي ❖	(鋏で)切る;語る,話をする
قُصَّ شَعْرِي	私の髪を切って下さい
تَقُصُّ جَدَّتِي عَلَيْنَا حِكَايَةً	祖母が私達に物語を語る
قُصَارَى＜قصر ❖	極限,最大限
أُبْذُلْ فِي سَبِيلِ النَّجَاحِ قُصَارَى جَهْدِكَ	成功する為に,最善を尽くしなさい
قَصَّاصٌ＜قص ❖	話し家,物語をする人;物語作家;刈る人
رَوَى لَنَا الْقَصَّاصُ السِّيرَةَ	講談師は預言者ムハンマドの物語を語った
قِصَاصٌ＜قص ❖	仕返し,報復;罰
((كُتِبَ عَلَيْكُمُ الْقِصَاصُ فِي الْقَتْلَى))	あなた達に殺害に対する報復が定められた
قَصَبٌ 複 -ات ※ قَصَبَةٌ ❖	砂糖黍,葦,竹 ※1本の砂糖黍,葦
قَصَبُ السُّكَّرِ	砂糖黍
صَنَعَ الْوَلَدُ مِنَ الْقَصَبَةِ نَايًا	少年は1本の葦からナーイ笛を作った
قِصَّةٌ 複 قِصَصٌ ❖	物語,小説;話;出来事
قَرَأْتُ قِصَّةً مُمْتِعَةً	私は面白い小説を読んだ
لَمْ يُطْلِعْنَا عَلَى قِصَّتِهِ	彼はその出来事を私達に報告しなかった
قَصَدَ (i) 名 قَصْدٌ ❖	行く,赴く,目指す;意味する,意図する;節約する 名意図,目的,ゴール;故意
قَصَدْتُكَ، وَلِسُوءِ حَظِّي، لَمْ أَجِدْكَ	私はあなたに会いに行きましたが,運悪く,あなた いませんでした
مَاذَا تَقْصِدُ مِنْ هٰذَا الْكَلَامِ؟	その言葉はどういう意味ですか
قَصْدًا/عَنْ قَصْدٍ	意図的に/故意に/わざと
لَمْ يُحَطِّمِ الزُّجَاجَ قَصْدًا	彼は故意にガラスを割ったのではない
حُسْنُ (سُوءُ) الْقَصْدِ	善意(悪意)
عَلَيْكَ أَنْ تَقْصِدَ فِي النَّفَقَةِ	あなたは出費を節約しなければなりません
قَصْدِيرٌ ❖	ハンダ;すず/錫
يُلْحَمُ النُّحَاسُ بِالْقَصْدِيرِ	銅をハンダで接合する

قَصُرَ (u) ※ 短い, 短くなる, 縮む

أَخْشَى أَنْ يَقْصُرَ الثَّوْبُ بَعْدَ الْغَسْلِ　洗濯して服が縮まないか, 私は心配です

قُصُور 名 قَصَرَ (u) ※ 失敗する, しくじる; 不足する, 足りない; 不可能である
名不能; 不十分; 欠陥

قَصَرْتُ عَمَلِي عَلَى رَيِّ الْأَزْهَارِ　私は花への水やりが足りなかった

تَقْصِير 名 II قصر > قَصَّرَ ※ 短くする, 縮める; 減らす; 怠る; 不可能である
名短縮; 怠慢; 不能

قَصَّرَ الثَّوْبَ　服を縮めた

مَالَ إِلَى اللَّهْوِ فَقَصَّرَ فِي دُرُوسِهِ　遊びに夢中で, 勉学を怠った(疎かにした)

قُصُور 複 قَصْر ※ 宮殿, 城; 大邸宅

يَسْكُنُ الْمَلِكُ قَصْرًا فَخْمًا　王は豪華な宮殿に住んでいる

قِصَاع / قَصْع 複 قَصْعَة ※ (木製の)皿; 大皿, ボウル

قُدِّمَ الطَّعَامُ فِي قَصْعَةٍ　食事は大皿に乗せて, 出された

قَصْف 名 قَصَفَ (i) ※ 轟く; 爆撃する, 砲撃する; 壊す; (木の枝を)折る
名轟き; 雷; 爆撃, 砲撃; 小さな木の枝

أَرَادَ أَنْ يَقْطِفَ التُّفَّاحَةَ ، فَقَصَفَ الْغُصْ　リンゴを採ろうと, 枝を折った

الْقَصْفُ الْجَوِّيُّ　空爆

يَكَادُ قَصْفُ الرَّعْدِ يُزَلْزِلُ الْبُيُوتَ　雷鳴が家々を揺らすようだ

قَصْفَةُ زَيْتُونٍ　オリーブの小枝

قَصْف 名 قَصَفَ (u) ※ 宴会をする; 大いに飲み食いする 名宴会

قَضَى لَيْلَهُ يَقْصُفُ مَعَ أَصْدِقَائِهِ　友人と宴会をして, 夜を過ごした

قصى > قُصْوَى ※ ⇒ أَقْصَى 女

قَصَائِد 複 قصد > قَصِيدَة / قَصِيد ※ カシーダ ※アラブ古詩, 普通7行から成る韻を踏む詩

بَيْتُ الْقَصِيدَةِ　カシーダ詩の一行(バイト)

أَنْشِدِينَا الْقَصِيدَةَ ، يَا "جَمِيلَةُ"　ジャミーラよ, カシーダ(詩)を朗読しなさい

أَلْقَى الشَّاعِرُ قَصِيدًا جَمِيلًا　詩人は美しい詩を朗唱した

قُصَرَاءُ / قِصَار 複 قصر > قَصِير ※ (時間, 距離が)短い; 背が低い; 少ない 比より短い

女 قَصِيرَة 複 -ات/قِصَار 比 أَقْصَرُ

هٰذَا الطَّرِيقُ أَقْصَرُ وَأَسْرَعُ　この道の方が近くて,早いです

وَقْت قَصِير　短い(少ない)時間

قَضَى، يَقْضِي 名 قَضَاء ❖ 成し遂げる;過ごす;殺す;(神が)命令する;判決を下す
名実行;過ごす事;殺す事;(神の)命令,決定;法;判決
行政区(複 أَقْضِيَة)

قَضَى أَجَلَهُ　彼の寿命が尽きた

قَضَى عَلَيْهِ النَّزْفُ الشَّدِيدُ　ひどい出血で彼は死んだ

قَضَى وَطَرَهُ (أَوْطَارَهُ)　目的を達した/欲求を満たした

إِنْ كَانَ الْقَاضِي نَزِيهًا، فَبِالْعَدْلِ يَقْضِي　裁判官が偏ってなければ,公正な判決を下すだろう

قَضَى فِي السِّجْنِ ١٨ سَنَةً　獄中で18年(を)過ごした

الْقَضَاء عَلَى الْحَشَرَاتِ الضَّارَّةِ　害虫駆除

قَضَاءُ اللّٰهِ　死

قَضَائِيّ<قضي ❖ 司法の

السُّلْطَة الْقَضَائِيَّة　司法権/司法当局

قَضِمَ (a) / قَضَمَ (i) قَضْم ❖ かじる;かじって食べる

قَضَمَ الْفَأْرُ الْكَعْكَةَ　ネズミがケーキをかじった

قَضِيب<قضب 複 قُضْبَان ❖ 枝,棒;レール;ペニス,男根

رَأَيْنَا الْقَضِيبَ فِي يَدِ الْمُعَلِّمِ　私たちは先生の手に棒があるのを見た

قَضِيب السِّكَّةِ الْحَدِيدِيَّةِ　鉄道のレール/線路

قَضِيَّة<قضي 複 قَضَايَا ❖ 事件,事故;問題;訴訟

قَضِيَّة قَتْل　殺人事件

أَوَدُّ أَنْ أَسْتَفْهِمَ عَنْ قَضِيَّةٍ غَامِضَةٍ　不明瞭な問題を尋ねたいのですが

قَضِيَّة فِلَسْطِينِيَّة　パレスチナ問題

قَطْ ❖ ～だけ,～しか

مَا عِنْدِي قَطْ إِلَّا هٰذَا　私はこれしか,持っていません

قِطٌّ 複 قِطَاطٌ/قِطَطَة ※ قِطَّة ❖ 猫 ※雌猫, 1匹の猫

هَلْ رَأَيْتَ قِطًّا يُلَاعِبُ كَلْبًا ؟ — 犬と遊ぶ猫を見た事がありますか

قَطُّ ❖ 決して(〜しない), 未だ(〜していない)

لَمْ أَكْذِبْ قَطُّ — 私は決して(絶対に)嘘をついていません

مَا قَرَأْتُ هٰذَا الْكِتَابَ قَطُّ — 私は未だこの本を読んでいない

قِطَار < قطر 複 -ات/قُطُرَات/قُطُر ❖ 列車, 汽車; ラクダの隊列

قِطَار سَرِيع (عَادِيّ/ الْبِضَاعَةِ) — 急行(普通/貨物)列車

قَطَّارَة < قطر 複 -ات ❖ 点眼器, スポイト

كَيْفَ أَقْطُرُ الدَّوَاءَ بِدُونِ قَطَّارَةٍ ؟ — どうやって, 点眼器無しで薬を垂らしましょうか

قِطَاع < قطع ❖ 地区; 部分, 断片; 回廊

قِطَاع غَزَّة — ガザ地区(回廊)

قِطَاف < قطف ❖ 収穫, 取り入れ, 摘み取り; 収穫期

بَاتَ الْعِنَبُ يَانِعًا يَنْتَظِرُ الْقِطَافَ — 葡萄が熟して, 取り入れを待っている

قَطَّبَ < قطب II ❖ 顔をしかめる, しかめっ面をする

إِنْ رَأَيْتَنِي أُقَطِّبُ، فَاعْلَمْ أَنَّنِي غَيْرُ رَاضٍ — もし私が顔をしかめていたら, それは私が満足していない, という事をあなたは知りなさい

قُطْب 複 أَقْطَاب/قُطُوب/قِطَبَة 関 قُطْبِيّ ❖ 極, 極地; 軸; 中心; 指導者, 名士 関 極の, 極地の

اَلْقُطْبُ الشَّمَالِيّ (الْجَنُوبِيّ) — 北極(南極)

فِي الْقُطْبِ طَبَقَةٌ مِنَ الْجَلِيدِ لَا تَذُوبُ — 極地では氷が溶けない層がある

عَقَدَ أَقْطَابُ الْعَرَبِ اجْتِمَاعًا — アラブの指導者達が会議を開いた

قَطَّرَ < قطر II 名 تَقْطِير ❖ (滴を)垂らす; 蒸留する, 精製する 名 蒸留

يُقَطِّرُ الْعَطَّارُ زَهْرَ اللَّيْمُونِ — 香水屋はレモンの花を蒸留する

قَطَر ❖ カタール国

اَلدَّوْحَةُ عَاصِمَةُ قَطَرَ — ドーハはカタール国の首都です

قُطْر 複 أَقْطَار 関 قُطْرِيّ ❖ 直径; 地域; 国 複 隅々 関 直径の; 地域の

أ ب ت ث ج ح خ د ذ ر ز س ش ص ض ط ظ ع غ ف **ق** ك ل م ن هـ و ي

نِصْف قُطْرِ (الدَّائِرَةِ)　半径

قُطْرُ الدَّائِرَةِ يُسَاوِي شُعَاعَهَا مَرَّتَيْنِ　円の直径は半径の2倍に等しい

قَطْرَة ※ قَطْر ❖ シロップ;雨粒 ※(雨や水の)一滴,一滴(複 ـات)

قَطْرَة مَطَرٍ (ماءٍ)　雨の(水の)一滴

لَمْ يَبْقَ فِي الْجَرَّةِ قَطْرَةُ مَاءٍ　瓶に水は一滴も残っていなかった

قَطَعَ (a) 名 قَطْع ❖ 切る,切断する,断つ;横断する,進む;妨害する,禁じる 名切断,分離;横断;控除;体の一部;お金

سَأَقْطَعُ الشَّجَرَةَ　私はその木を切ります

يَقْطَعُ الطَّرِيقَ عَلَى~　~に追い剥ぎを働く

قَطَعَ الْمُسَافِرُونَ مَرْحَلَةً صَعْبَةً　旅行者は困難な行程を進んだ

عَجِّلْ لِنَقْطَعَ الطَّرِيقَ، قَبْلَ وُصُولِ السَّيَّارَةِ　車が来る前に,通りを急いで渡ろう

هَمْزَة الْقَطْعِ　分離形のハムザ(ء)

قَطْعُ الرَّاتِبِ　所得控除

قَطَّعَ < قطع II 名 تَقْطِيع ❖ 切り刻む;細かく切る,ばらばらにする;朗唱する 名切り刻む事

قَطَّعَ اللَّحْمَ قِطَعًا رَقِيقَةً　肉を細かく切り刻んだ(細切れにした)

قَطَّعَ بَيْتَ الشِّعْرِ　詩の一行を朗唱した

قِطْعَة 複 قِطَع ❖ 一片,一部,切れ端,欠けら,断片;コイン,硬貨;部品

قِطْعَة لَحْمٍ　1切れの肉/肉の1切れ

قِطْعَة نُقُودٍ　コイン/硬貨

قِطْعَة التَّرْكِيبِ　(機械の)部品

قَطَفَ (i) ❖ (花,果実等を)摘む,摘み取る,もぎ取る

قَطَفَتِ الْبِنْتُ الْأَزْهَارَ　娘は花を摘んだ

قَطَنَ (u) ❖ 住む(~في/بِـ:~に),住民となる

أَقْطُنُ فِي غَزَّةَ مَعَ عَائِلَتِي　私は家族と一緒にガザに住んでいます

قُطْن / قُطُن 複 أَقْطَان ❖ 綿, 綿花, 木綿

قُطْن خَامّ　原綿

قُطْن طِبِّيّ　脱脂綿

قَمِيص قُطْنٍ　木綿のシャツ/綿シャツ

قَطِيع <قطع 複 قُطْعَان/ قِطَاع ❖ (羊, 牛などの)群

هَاجَمَ الذِّئْبُ قَطِيعَ الْغَنَمِ　狼は羊の群を襲った

قَطِيعَة <قطع 複 قَطَائِع ❖ 関係の断絶, 反目; 領地

قَطِيعَة دِبْلُومَاسِيَّة　外交関係の断絶

قَعَدَ (u) 名 قُعُود ❖ 座る, 席に着く; とどまる; 放棄する(～عَنْ:～を)
名 着席; 放棄, 断念

قَعَدَ بِهِ　(彼を)座らせた/身体障害者にした

قَامَ وَقَعَدَ　立ったり座ったりして, 取り乱した/あわてた

لَا تَقْعُدْ عَنْ طَلَبِ الْمَعْرِفَةِ　知識を求める事を放棄してはならない

قَعَدَة ❖ 座る事

ذُو الْقَعَدَةِ　ズー・ル=カアダ ※イスラム暦の十一月

قَعْر 複 قُعُور ❖ 底

قَعْر الْبِئْرِ　井戸の底

قُفَّاز <قفز 複 ـات/ قَفَافِيز ❖ 手袋

لَبِسَ النَّاسُ قُفَّازَاتٍ　人々は手袋をした

قَفْر 複 قِفَار ❖ 砂漠, 荒野 ※水も緑も無い所

يَسِيرُ الطَّرِيقُ فِي قَفْرٍ　道は荒野(の中)を通っている

قَفَزَ (i) 名 قَفْز ❖ 跳ぶ, ジャンプする 名 跳躍, ジャンプ

قَفَزَ مِنْ جَانِبِ التُّرْعَةِ إِلَى الْجَانِبِ الْآخَرِ　小川の向こう側へ跳んだ

قَفَزَ سَاقِطًا مِنَ الْقِطَارِ　列車から飛び降りた

قَفَزَ رَاكِبًا الْبَاصَ　バスに飛び乗った

قَفْز عَالٍ　走り高跳び/ハイジャンプ

قَفَصٌ 複 أَقْفَاص ❖ 鳥篭;おり/檻

تُغَرِّدُ الطُّيُورُ فِي الْقَفَصِ　鳥篭の中で鳥が鳴いている(さえずっている)

اَلْقَفَصُ لِلْعُصْفُورِ، كَالسِّجْنِ لِلْإِنْسَانِ　小鳥にとって,鳥篭は人にとっての牢屋みたいなものです

قَفَلَ (i) ❖ 閉める;鍵を掛ける

اِقْفِلِ الْبَابَ　戸(ドア)を閉めなさい

قَفَلَ (i,u) ❖ 家に帰る,戻る

قَفَلَ عَائِدًا إِلَى بَلَدِهِ　帰国の途に就いた

قُفْلٌ 複 أَقْفَال/قُفُول ❖ 錠

فَتَحَ الْقُفْلَ بِالْمِفْتَاحِ　錠を鍵で開けた

قَلَّ، يَقِلُّ 名 قِلَّة 複 قِلَل ❖ 少なくなる,下回る(～عَنْ:～を),不足する
名少数,少量;不足,欠如

يَقِلُّ عَدَدُ الطَّلَبَةِ عَنْ عِشْرِينَ طَالِبًا　生徒の数は２０人を下回っている

قِلَّةُ الْغِذَاءِ تُهْزِلُ الْجِسْمَ وَتُهِنُهُ　栄養の不足は体力を奪い,弱くする

مِنْ أَسْبَابِ الْغَلَاءِ قِلَّةُ الْإِنْتَاجِ　価格が高い理由の一つは,生産量が少ないことで

قِلَّةُ الْحَيَاءِ　恥知らず

قِلَّةٌ مِنْ ～　わずかな～

قِلَادَة <قلد 複 قَلَائِد ❖ ペンダント,胸飾り;ネックレス,首飾り

زَيَّنَتْ عُنُقَهَا بِقِلَادَةٍ　彼女は首をネックレスで飾った

قَلَبَ (i) 名 قَلْب 複 قُلُوب ❖ 裏返す,ひっくり返す,伏せる;回す
名反転,裏返し;転覆,クーデター;心;心臓,中心

لَا تَقْلِبِ السُّلَحْفَاةَ　亀を裏返したら駄目だよ

قَلَبَ "كَاسْتْرُو" حُكْمَ بَاتِيسْتَا　カストロはバチスタ政権を覆した

مِنْ كُلِّ قَلْبِهِ/مِنْ صَمِيمِ الْقَلْبِ　心から/心の底から

ضَعِيفُ الْقَلْبِ　臆病な

قَاسِي الْقَلْبِ　心が冷たい/無慈悲な

اِنْقِبَاضُ الْقَلْبِ　落胆/失望

عَنْ ظَهْرِ الْقَلْبِ　暗記して/空で

يَضُخُّ الْقَلْبُ الدَّمَ فِي الشَّرَايِينِ　心臓は動脈に血液を送る

قَلَّبَ < قلب II ✿ かき混ぜる，ひっくり返す；変える；回す

أَخَذَ يُقَلِّبُ هٰذِهِ الْأَشْيَاءَ بَيْنَ يَدَيْهِ　手の中で，それらをひっくり返し始めた

قَلَّبَ النَّظَرَ (الْبَصَرَ)　綿密に調べた

قَلَّبَ ظَهْرًا لِبَطْنٍ　裏返しにした/逆にした

قَلَّدَ < قلد II 名 تَقْلِيد 複 تَقَالِيد ✿ (ネックレスを)つける；帯びさせる；(権威を)与える；
関 تَقْلِيدِيّ　真似る 名真似，偽物；伝統 関伝統の，伝統的な

قَلَّدَهُ الْقِلَادَةَ　ネックレスを付けた

قَلَّدَهُ السَّيْفَ　剣を帯びさせた(身に付けさせた)

حَاوَلَ أَنْ يُقَلِّدَ صَوْتَ الْجَدَّةِ　おばあさんの声を真似た

يُحَافِظُ عَلَى التَّقْلِيدِ　伝統を守る

هَلْ هُوَ حَقِيقِيٌّ أَمْ تَقْلِيدٌ ؟　それは本物ですか，それとも偽物ですか

فَنٌّ تَقْلِيدِيٌّ 複 فُنُون تَقْلِيدِيَّة　伝統芸術(芸能)

قَلَعَ (a) ✿ 抜く，むしる；(服を)脱ぐ

قَلَعَ الْأَعْشَابَ (السِّنَّ الْفَاسِدَةَ)　草(虫歯)を(引き)抜いた

قِلْع 複 قُلُوع / قِلَاع ✿ 帆

قِلْعُ الْمَرْكَبِ　船の帆

قَلْعَة 複 قِلَاع /قُلُوع ✿ 砦，城，城塞

اِحْتِلَالُ الْقَلْعَةِ　城の占拠

قَلِقَ (a) 名 قَلَقٌ ✿ 気になる，気にする，悩む 名不安，悩み

لَا تَقْلَقْ　気にするな/心配するな

اَلْقَلَقُ يُسَبِّبُ الْأَرَقَ　不安が不眠の原因になる

قَلِقٌ ✿ 不安な，心配な

وَالِدِي قَلِقٌ عَلَى أَخِي　父は兄(弟)の事を心配している

قَلَّلَ < قل II 名 تَقْلِيل ✿ 少なくする，減らす 名減少させる事

قَلِّلِ الْكَلَامَ وَكَثِّرِ التَّفْكِيرَ　言葉を少なくし，思考を増やせ

قَلَمَ (i) ❖(鋏で)切る，切りそろえる；刈り取る

نَقْلِمُ كُرُومَ الْعِنَبِ فِي شَهْرِ شُبَاطَ　私達は2月にブドウの蔓を切ります(剪定します)

قَلَّمَ < قلم II 名 تَقْلِيم ❖切る，切りそろえる 名刈り取る事，トリミング

قَلَّمَ الْعُودَ　枝を切った

أُقَلِّمُ أَظَافِرِي بِمِقَصٍّ خَاصٍّ　私は特殊な鋏で爪を切る

قَلَمٌ 複 أَقْلَام ❖ペン，筆，筆記用具

قَلَمُ الرَّصَاصِ (حِبْرٍ / الْحِبْرِ الْجَافِّ)　鉛筆(ペン/ボールペン)

قَلَّمَا ※= قَلِيلًا مَا ❖たまにしか〜ない/まれにしか〜ない/ほとんど〜ない

قَلَّمَا آكُلُ اللَّحْمَ　私はたまにしか，肉を食べない

قِلْوٌ / قِلًى/ قِلْيٌ 関 قِلْوِيٌّ 複 -ات ❖アルカリ* 関アルカリの　*アラビア語起源

بَطَّارِيَّة قِلْوِيَّة　アルカリ電池

قَلِيل < قل 複 أَقِلَّاءُ / قَلَائِل /قِلَال 比 أَقَلُّ ❖少ない，少しの，わずかな 比より(もっと)少ない

الْمَبْلَغُ قَلِيلٌ　金額が少ない

قَلِيلًا　少し/殆ど/希に

قَلِيلًا قَلِيلًا　ゆっくり/少しずつ

قَلِيلًا مَا　たまにしか

بَعْدَ قَلِيلٍ　少ししてから/間もなく

قَلِيلُ الْأَدَبِ　不作法な/失礼な

قَلِيلُ الْحَيَاءِ　恥知らず/生意気な

قَلِيلُ الصَّبْرِ　我慢できない/耐えられない/短気な

بِالْأَقَلِّ / عَلَى الْأَقَلِّ / عَلَى أَقَلِّ تَقْدِيرٍ　少なくとも

قَلَى، يَقْلِي / قَلَا، يَقْلُو ❖炒める，揚げる

تَقْلِي أُمِّي الْخُضَرَ بِالزَّيْتِ　母は野菜を油で炒める

قِمَار < قمر ❖賭博，博打，賭事，ギャンブル

كَمْ مِنْ ثَرْوَةٍ ضَاعَتْ فِي الْقِمَارِ !　博打でどれだけの財産を失ったのだ！

قُمَاش <قمش ❖ ごみ, がらくた; 布, 布地(複 أَقْمِشَة)

اَلْغَسْلُ وَالْكَيُّ يُمَلِّسَانِ الْقُمَاشَ الْخَشِنَ　洗濯とアイロンで,布地のしわをきれいにする

قُمَامَة <قم 複 قَمَائِم ❖ ごみ

لَا تَرْمِ قُمَامَةً　ごみを放るな(捨てるな)

صُنْدُوق الْقُمَامَةِ　ごみ箱

قِمَّة 複 قِمَم ❖ 高さ; 頂上; 頂点; 絶頂, ピーク

قِمَّة الرَّأْسِ　頭頂/頭のてっぺん

بَلَغَ قِمَّتَهُ　絶頂に達した

تَرْتَفِعُ قِمَّةُ "فوجي سان" ٣,٧٧٦ مِتْرًا وَهِيَ أَطْوَلُ قِمَّةٍ فِي الْيَابَانِ　富士山の高さは3,776メートルであり,日本で一番高い

غَطَّى الثَّلْجُ قِمَّةَ الْجَبَلِ　雪が山の頂上(山頂)を覆っている

قَمْح ❖ 小麦

طَحِين قَمْحٍ　小麦粉

يُصْنَعُ الْخُبْزُ مِنْ طَحِينِ الْقَمْحِ　パンは小麦粉から作られる

قَمَرٌ 複 أَقْمَار 関 قَمَرِيّ ❖ 月*; 衛星 関月の *満月およびその前後の月

قَمَرٌ يَدُورُ حَوْلَ كَوْكَبٍ　衛星は惑星の周りを回る

قَمَرٌ صِنَاعِيّ تَابِع　人工衛星

تَقْوِيم قَمَرِيّ　太陰暦

قَمَعَ (a) 名 قَمْعٌ ❖ 弾圧する, 鎮圧する; 抑える, 抑圧する 名抑圧, 弾圧

لَمْ يَسْتَطِعْ رِجَالُ الْأَمْنِ أَنْ يَقْمَعُوا الْمُتَظَاهِرِينَ　治安部隊はデモ隊を鎮圧できなかった

قَمْع حُقُوق الْإِنْسَانِ　人権の抑圧(弾圧)

قَمْع / قِمَع 複 أَقْمَاع ❖ じょうご, 漏斗; 茎(複 قُمُوع)
(ُ)

صَبَّ الزَّيْتَ عَنْ طَرِيقِ أَقْمَاعٍ صَغِيرَةٍ　小さなじょうごで,油を注いだ

قُمْقُمٌ 複 قَمَاقِم ❖ 香水入れ ※銅,銀,水晶製で香水を振り掛ける容器

وَضَعَ الْعِطْرَ فِي الْقُمْقُمِ　香水を香水入れに入れた

قَمْل ※ قَمْلَة ❖ しらみ ※1匹のしらみ

يَعِيشُ الْقَمْلُ حَيْثُ يَكْثُرُ الْوَسَخُ　しらみは汚れが多い所で繁殖する

قَمِيص<قمص 複 أَقْمِصَة / قُمْصَان ❖ 男女シャツ

لَبِسْتُ قَمِيصًا جَدِيدًا (جَدِيدَةً)　私は新しいシャツを着ました

قَمِيص رِجَالِيّ 複 قُمْصَان رِجَالِيَّة　ワイシャツ

قَنَاة<قنو 複 أَقْنِيَة / قَنَوَات ❖ 運河;水路;管(複 قَنَايَات);槍

يَجْرِي الْمَاءُ فِي قَنَاةٍ ضَيِّقَةٍ　狭い水路に水が流れている

مَنْ حَفَرَ قَنَاةَ السُّوَيْسِ؟　誰がスエズ運河を掘りましたか

قِنَاع<قنع 複 أَقْنِعَة ❖ マスク,仮面;武器,武具(複 قُنُوع)

قِنَاعُ الْغَازِ　ガスマスク

الْأَقْنِعَةُ الْوَاقِيَةُ مِنَ الْغَازَاتِ السَّامَّةِ　(毒)ガスマスク

تَنَكَّرَ كُلٌّ مِنَ السَّاهِرِينَ بِقِنَاعٍ　夜会の出席者は皆,仮面を付けていた

قَنَاعَة<قنع ❖ ⇒ قَنِعَ 名

قُنَّب ❖ 麻
(ُ)

هٰذَا الثَّوْبُ مِنَ الْقُنَّبِ　この服は麻で出来ている

قُنْبُلَة 複 قَنَابِل ❖ 爆弾

قُنْبُلَة ذَرِّيَّة　原子爆弾/原爆

قُنْبُلَة هَيْدْرُوجِينِيَّة　水素爆弾/水爆

قُنْبُلَة يَدَوِيَّة (الْيَد)　手榴弾

تَطَايَرَتْ شَظَايَا الْقَنَابِلِ　爆弾の破片が飛び散った

قُنَّبِيط ❖ カリフラワー

قِنْدِيل 複 قَنَادِيل ❖ 石油ランプ,カンテラ,松明

أَضَاءَ الْقِنْدِيلَ　石油ランプを点けた

قَنَصَ (i) 名 قَنْص ❖ 狩りをする,獲る;利用する

لَمْ يَقْنِصْ عُصْفُورًا وَاحِدًا　小鳥の1羽も獲れなかった

قُنْصُل 複 قَنَاصِل ❖ 領事

نَائِب (وَكِيل) الْقُنْصُلِ　副領事

قُنْصُل عَامّ　総領事

قُنْصُلِيَّة 複 -ات ❖ 領事館

قُنْصُلِيَّة عَامَّة　総領事館

سَيَتَسَلَّمُ السَّيِّدُ "يامادا" الْقُنْصُلِيَّةَ　山田氏が領事職を引き継ぐだろう

قِنْطَار < قنطر 複 قَنَاطِير ❖ キンタール ※重さの単位＝100ラトル（رَطْل）
≒44.93kg(エジプト),256.4kg(シリア)

قَنْطَرَة 複 قَنَاطِر ❖ アーチ型の石橋,橋;アーチ;アーケード

نَبْنِي الْقَنْطَرَةَ الْجَدِيدَةَ عَلَى النَّهْرِ　私達は川に新しい橋を掛けます

قَنِعَ (a) 名 قَنَاعَة / قَنَع ❖ 満足する;納得する（~بِ:～に）名満足

قَنِعَ بِنَتِيجَةِ الامْتِحَانِ　試験の結果に満足した

الْقَنَاعَةُ كَنْزٌ لَا يَفْنَى　満足は尽きる事のない宝である

قَنُوع < قنع 複 قُنُع ❖ 満足した,満ち足りた

لَا سَعِيدَ إِلَّا الْإِنْسَانُ الْقَنُوعُ　人は満足であれば,幸せである

قِنِّينَة < قن 複 قَنَانِيّ/قَنَانٍ ❖ 瓶;フラスコ

لَمْ أَسْتَطِعْ أَنْ أَنْزِعَ صِمَامَ الْقِنِّينَةِ　瓶のコルク栓が取れません

قَهَرَ (a) 名 قَهْر ❖ 制圧する,鎮圧する;征服する;打ち負かす
名制圧;征服

قَهَرَ الْعَدُوَّ　敵を征服した

قَهْرًا　力ずくで/止むを得ず

قَهْقَهَ، يُقَهْقِهُ 名 قَهْقَهَة ❖ 大笑いする,高笑いする 名大笑い,高笑い

أَضْحَكَتْنَا النُّكْتَةُ فَرُحْنَا نُقَهْقِهُ　その小話は私達を楽しませ,大いに笑わせた

قَهْوَة 複 قَهَوَات ❖ コーヒー;喫茶店,コーヒーショップ

قَهْوَة سَادَة　砂糖を入れないコーヒー/ブラックコーヒー

قَوَّى، يُقَوِّي < قوي II 名 تَقْوِيَة ❖ 強化する,強くする,鍛える;促進する 名強化

قَوَّىٰ صِحَّتَهُ　健康を促進した

تُقَوِّي الرِّيَاضَةُ الْعَضَلَاتِ　スポーツ(運動)は筋肉を鍛える

هٰذَا الدَّوَاءُ يُقَوِّي الْعَضَلَاتِ　この薬は筋肉を強化する

تَقْوِيَة الْعَلَاقَاتِ　関係の強化(促進)

قَوَام < قوم ✽ 体,体格; 姿

قَوَام مَمْشُوق　すらりとした体格/良いスタイル

قُوَّة < قوي 複 -ات/قُوًى ✽ 強さ, 力 複軍隊

بِقُوَّةٍ　強く

بِكُلِّ الْقُوَّةِ　力一杯に/全力で

قُوَّة حَافِظَة　記憶力

اَلْقُوَّة الْعَسْكَرِيَّة　軍事力

قُوًى عَامِلَة / قُوَى الْعَمَلِ　労働力

قُوَّات الْأُمَمِ الْمُتَّحِدَةِ　国連軍

قُوَّات بَرِّيَّة (بَحْرِيَّة / جَوِّيَّة)　陸(海/空)軍

قُوتٌ 複 أَقْوَات ✽ 食物, 食糧

مَوَادُّ الْقُوتِ　食料品

اَلْخُبْزُ قُوتٌ كَامِلٌ　パンは申し分のない食物です

قَوْس < قوس 複 أَقْوَاس/قِسِيٌّ 双 قَوْسَان(يْنِ) ✽ 男女弧, 括弧; 弓 双( )/かっこ ※( )内は属対

رَسَمَ قَوْسًا　弧を描いた

بَيْنَ قَوْسَيْنِ　括弧内の(に)

تَخَيَّرِ الْإِجَابَةَ الصَّحِيحَةَ مِمَّا بَيْنَ الْقَوْسَيْنِ　括弧内から正しい答えを選びなさい

قَوْس قُزَحٍ　虹

أَطْلَقَتِ الْقَوْسُ السَّهْمَ　弓から矢が放たれた

قَوَّسَ < قوس II ✽ 曲げる; 湾曲させる

قَوَّسَ الْخَيْزُرَانَةَ بِالنَّارِ　火で竹を曲げた

قَوْل 複 أَقْوَال ❖ 発言,意見;言葉

قَوْلُكَ مُفِيدٌ　あなたの発言(意見)は有用です

لَا تُصَدِّقْ أَقْوَالَهُ ! إِنَّهُ دَجَّالٌ　彼の言葉を信じるな！彼は本当にペテン師なのだから

مَا قَوْلُكَ ؟　あなたはどう思いますか

قَوَّمَ < قوم II 名 تَقْوِيم 複 تَقَاوِيم ❖ 真っ直ぐに立てる;正す;見積もる,評価する 名 評価;改正;矯正;測量;暦,カレンダー;年表

قَوِّمْ وَضْعَ جِسْمِكَ　姿勢を正しなさい

طَبِيب اخْتِصَاصِيّ بِجِرَاحَةِ التَّقْوِيمِ　整形外科の専門医

اَلتَّقْوِيم الْهِجْرِيّ (الْمِيلَادِيّ)　イスラム暦(西暦)

اَلتَّقْوِيمُ إِمَّا شَمْسِيٌّ وَإِمَّا قَمَرِيٌّ　暦には太陽暦と太陰暦がある

قَوْم 複 أَقْوَام 関 قَوْمِيّ ❖ 親族;部族,民族;国家;人々 関 部族の,民族の;国の

عَادَ الرَّجُلُ إِلَى قَوْمِهِ　男は部族のもとに帰っていった

اَلْعَرَبِيَّةُ لُغَتُنَا الْقَوْمِيَّةُ　アラビア語は我が民族の言葉です

رُوح الْقَوْمِيَّة　民族の魂

قَوِيَ ، يَقْوَى ❖ 強い,強くなる;(～する)力がある(～عَلَى)

يَقْوَى الْجِسْمُ بِالرِّيَاضَةِ　運動で体が強くなる

مَنْ يَقْوَى عَلَى رَفْعِ هٰذَا الْحِمْلِ ؟　誰か,この荷を持ち上げられる人はいませんか

قَوِيّ 複 أَقْوِيَاء ❖ 強い,力のある;活発である;固い

قَوِيّ الْإِرَادَةِ　意志の強い

جَيْش قَوِيّ　強い軍隊

اَلْقَوِيّ　強力なもの/神

قَوِيم < قوم 複 قِيَام ❖ 真っ直ぐな;正しい,真の;しっかりした

اَلطَّرِيق الْقَوِيم　真っ直ぐな道

قَيْء < قاء/قيء ❖ おう吐,吐く事

يَقِيءُ قَيْئًا　吐く

قِيَادَة < قود ❖ 指導, リーダーシップ, 指揮; 運転

عَجَلَة قِيَادَةٍ　(自動車の)ハンドル

رُخْصَة قِيَادَةِ السَّيَّارَاتِ　自動車運転免許証

قِيَاس < قيس 複 أَقْيِسَة 関 قِيَاسِيّ ❖ 記録; 計測, 測定; 寸法, 長さ; キヤース*[イスラム法]*類推を意味し, コーラン, ハディース, イジュマーとイスラム4法源を構成する
関記録の, 計測した; 類推の, 比較の

قِيَاس عَالَمِيّ / اَلرَّقْم الْقِيَاسِيّ الْعَالَمِيّ　世界記録

مَا هُوَ قِيَاسُ الطَّاوِلَةِ ؟　テーブル(食卓)の寸法はいくつですか

عَلَى الْقِيَاسِ　類推して/類推により

قِيَاسًا بِـ~ / بِالْقِيَاسِ إِلَى~　~と比較して/~と比べて

سَجَّلَ رَقْمًا قِيَاسِيًّا　新記録を作った

حَطَّمَ الرَّقْمَ الْقِيَاسِيّ　記録を破った

قِيَام < قوم ❖ ⇒ 名 قَامَ

قِيَامَة < قوم ❖ 復活, 再生; 保護

يَوْم الْقِيَامَةِ　最後の審判の日 ※[宗教]

عِيد الْقِيَامَةِ　復活祭[キリスト教]

قِيتَار / قِيثَار 複 قَيَاتِير / قَيَاثِير ❖ ギター[楽器]

يُجِيدُ الْعَزْفَ عَلَى الْقِيثَارَةِ　彼はギターの演奏がうまい

قَيْح 複 قُيُوح ❖ 膿

عَصَرَ الْقَيْحَ　膿を絞り出した

فَسَدَ الْجُرْحُ فَعَلَاهُ الْقَيْحُ　傷が化膿し, 膿が出て来た

قَيَّدَ < قيد II 名 تَقْيِيد ❖ 束縛する, 縛る; 鎖でつなぐ; 書き留める
名束縛, 制限; 記録

يُقَيِّدُ السَّجَّانُ حُرِّيَّةَ الْأَسِيرِ　看守が捕虜の自由を束縛する

قَيِّدْ هٰذِهِ الدَّفْعَةَ عَلَى الْحِسَابِ　この出費は出納帳に書き留めなさい

قَيْد 複 أَقْيَاد/قُيُود ❖ 足かせ;手かせ,手錠;束縛;記録,登録;条件;距離

وَقَفَ الْمَرْكَبُ عَلَى قَيْدِ مَيْلٍ مِنَ الشَّاطِئِ　船は岸から1マイルの所で止まった

بِقَيْدِ (عَلَى قَيْدِ) الْحَيَاةِ　(今でも)生きて

مَا زَالَتْ جَدَّتِي عَلَى قَيْدِ الْحَيَاةِ　私の祖母は未だ生きています

قَيْظ 複 أَقْيَاظ/قُيُوظ ❖ 暑さ;酷暑,猛暑;盛夏

حَمِيَتْ شَمْسُ الصَّيْفِ وَاشْتَدَّ قَيْظُهَا　夏の太陽が暑くなって,猛暑になった

قِيلَ، يُقَالُ ❖ 受 ⇒ قَالَ

قَيْلُولَة <قيل ❖ 昼寝

يَرْتَاحُ جَدِّي فِي قَيْلُولَةٍ قَصِيرَةٍ　祖父は短い昼寝をして,休息する

قِيمَة 複 قِيَم ❖ 価値;価格,値段

مَا قِيمَةُ الذَّهَبِ الْيَوْمَ؟　今日の金の価格(値段)はいくらですか

فَلْسَفَةُ الْقِيَمِ　価値論

ذُو قِيمَةٍ　価値のある/貴重な

نَبَاتَات : 植物

زَعْفَرَان : サフラン

خَشْخَاش : 芥子

زَنْبَق : 百合

يَاسَمِين : ジャスミン

كَرَز : 桜

صَفْصَاف : 柳

حَرْفُ الْكَاف

ك

كَـ ~ ❖ 前~のように,ような;~として

أَلَيْسَ كَذٰلِكَ؟　そうではないですか

كَالْعَادَةِ　いつものように

كَمَا هِيَ (هُوَ)　そのまま

تَرَكْتُ الْحَقِيبَةَ كَمَا هِيَ　私は鞄をそのままにしておいた

جَاءَ مُبَكِّرًا كَالْعَادَةِ　彼はいつものように,早く来た

أَنْصَحُكَ كَصَدِيقٍ　友人として,君に忠告する

يَدُهَا نَاعِمَةٌ كَالْحَرِيرِ　彼女の手は絹のように柔らかい

...ـكَ (ـكِ) ❖ あなたを;あなたの ※( )内は女性形
※2人称男性および女性単数の代名詞接続形

سَأَضْرِبُكَ (ـكِ)*　あなたを殴りますよ *女

كِتَابُكَ فِي شَنْطَتِي (ـكِ)*　あなたの本は私のカバンの中にあります *女

كَائِنٌ < كون 複 ـات ❖ 形生きている;存在している 名生物;存在者

الْإِنْسَانُ كَائِنٌ اجْتِمَاعِيٌّ　人間は社会的な生き物(存在)である

الْكَائِنَاتُ　創造物/宇宙

كَئِبَ، يَكْأَبُ ❖ ゆううつになる,悲しくなる;がっかりする

حَدَّثَنِي بِأَحْزَانِهِ فَكَئِبْتُ　彼が自分の不幸話をしたので,私は悲しくなった

كَآبَةٌ < كئب ❖ ゆううつ,うつ;悲しみ;気落ち,落胆

أَوْرَثَنِي فِرَاقُكَ كَآبَةً　あなたと別れて,私は悲しくなりました

كَابُوسٌ < كبس 複 كَوَابِيسُ ❖ 悪夢;金縛り

رَأَى كَابُوسًا مُخِيفًا　恐ろしい夢を見た

كَاتَبَ<كتب III 名 مُكَاتَبَة ❖ (〜に)書く,(〜と)手紙のやり取をりする 名文通

أُكَاتِبُهُ دَائِمًا　いつも彼と手紙のやり取りをしています

كَاتِب<كتب 複 ون /كُتَّاب/كَتَبَة ❖ 形書いている 名作家,著者,作者;書記;秘書

كَاتِبَة　女流作家

كَاتِب قَصَصِيّ　小説家

كَاتِب السِّرِّ　私設秘書

آلَة كَاتِبَة　タイプライター

كَاثُولِيك 関 كَاثُولِيكِيّ ❖ カトリック 関カトリックの

الْكَاثُولِيك　カトリック教徒

كَادَ ، يَكَادُ<كود ※ هِيَ كَادَتْ / أَنَا كِدْتُ ❖ 〜しようとする,(まさに)〜するところである

كَادَ + يَفْعَلُ　殆ど〜しそうであった

كَادَ يَمُوتُ　彼は危うく死にそうだった

مَا كَادَ ~ حَتَّى...　〜すると直ぐに‥/〜するや否や‥

مَا كِدْتُ أَصِلُ إِلَى "طُوكِيُو" حَتَّى ذَهَبْتُ إِلَى "أَسَاكُوسَا"　東京に着くと,直ぐに浅草へ行きました

كَاذِب<كذب 複 ون ❖ 嘘の,偽りの,偽の,インチキな 名嘘つき

إِعْلَان كَاذِب　偽りの広告

لَمْ يَجِدْ الْكَاذِبُ صَدِيقًا　嘘つきに友達はいない

كَارِثَة<كرث 複 كَوَارِث ❖ 災害,惨事,災難

كَارِثَة طَبِيعِيَّة　自然災害/天災

كَارِثَة مَالِيَّة　金融恐慌

كَازٌ ❖ ガス,石油 ※= غَاز

زَيْتُ الْكَاز　灯油

كَأْس 複 كُؤُوس / كَأْسَات ❖ 女カップ,トロフィー;コップ

كَأْسُ الْعَالَمِ　ワールドカップ

كَأْسُ الْفَوْزِ　優勝トロフィー

كَاسِد < كسد ❖ 売れない，不景気の

رَمَى الْبَقَّالُ الْخِيَارَ الْكَاسِدَ　八百屋さんは売れなかった胡瓜を投げ捨てた

كَاشَفَ < كشف III ❖ 明らかにする(～/ بِـ ٥:・・に～を)；声明を出す

هَلْ كَاشَفْتَ مُعَلِّمَكَ بِالْحَقِيقَةِ ؟　先生に本当の事を打ち明けましたか

كَاشَفَهُ بِالْعَدَاوَةِ　敵意を明らかにした(示した)

كَافٍ < كفى 複 كُفَاة ❖ 十分な；適した ※定 اَلْكَافِي

كَمِّيَّة كَافِيَة مِنَ الْمَاءِ　十分な量の水

غَيْر كَافٍ　不十分な

كَافَأَ ، يُكَافِئُ < كفأ III 名 مُكَافَأَة ❖ 報いる；報酬を与える，褒美をやる 名報酬，褒美

يُكَافِئُ النَّاظِرُ التِّلْمِيذَ النَّاجِحَ　校長先生は合格した生徒に褒美を与えます

كَافَّة < كف ❖ 全部，全体；全て

اَلْكَافَّة　大衆/民衆

كَافَّةً　全て/全員/漏れ無く/一緒に

حَضَرَ الطُّلَّابُ كَافَّةً　学生達は全員，出席した

كَافَحَ < كفح III 名 مُكَافَحَة ❖ 戦う；立ち向かう 名戦い，闘争；反対

عَلَيْنَا أَنْ نُكَافِحَ الشَّرَّ　私達は悪と闘わなければならない

مُكَافَحَة الْحَرِيق　消火活動

كَافِر < كفر 複 ون/كَفَرَة/كُفَّار ❖ 形不信心な 名不信心者；無神論者

女 كَافِرَة/كَوَافِر

يَنْتَظِرُ الْكَافِرَ عِقَابٌ شَدِيدٌ　不信心者には厳しい罰が待っている

كَالَ ، يَكِيلُ < كيل ❖ 計る，計量する；分け与える

يَكِيلُ الْفَلَّاحُ الْحَبَّ بِالْمُدِّ　農家は穀物をモッド*で計る *計量の単位

كَالَ لَهُ الشَّتَائِمَ　ののしった/侮辱した

كَالَمَ < كلم III 名 مُكَالَمَة ❖ 話す(٥:～と) 名(電話での)会話，通話；討論

أُرِيدُ أَنْ أُكَالِمَكَ عَلَى انْفِرَادٍ　あなたと個別に話がしたいです

مُكالَمَة دَاخِلِيَّة (خَارِجِيَّة)　国内(国際)通話

كَامِل < كمل 複 كَمَلَة　✤完全な，全て備わっている；全ての

أَيْنَ تَجِدُ الْإِنْسَانَ الْكَامِلَ؟　どこに完全な人間がいますか

~ بِكَامِلِهِ　～のすべて/～の全部

اَللَّبَنُ غِذَاءٌ كَامِلٌ　ミルクは欠けるところのない栄養である

اَلطُّول الْكَامِل　全長

كَانَ ، يَكُونُ ※ هِيَ كَانَتْ/ أَنَا كُنْتُ　✤～です；(物が)～にある，(人が)～にいる

كَانَ أَبِي مُدَرِّسًا　私の父は教師でした

كَانَتْ زَوْجَتِي مُمَرِّضَةً　私の妻は看護師でした

كُنْتُ فِي الشَّرِكَةِ لَيْلَةَ أَمْسِ　私は昨夜，会社に居ました

كَانَ + يَفْعَلُ　(～)していた

كُنْتَ تَعْمَلُ فِي الْمَكْتَبَةِ　あなたは事務所で仕事をしていた

كَأَنَّ ~ ※ كَ + أَنَّ　✤まるで～のようである

كَأَنَّ الْأُمَّ شَمْسٌ　母親はまるで太陽のようだ

كَانُون < كن 複 كَوَانِين　✤ストーブ，かまど

نَجْتَمِعُ حَوْلَ الْكَانُونِ فِي الشِّتَاءِ　私達は冬にストーブの回りに集まる

كَانُون الْأَوَّل　カーヌーン・ル=アッワル ※シリア暦の十二月

تَنْتَهِي السَّنَةُ الشَّمْسِيَّةُ بِكَانُونَ الْأَوَّلِ　太陽暦の1年はカーヌーン・ル=アッワルで終わる

كَانُون الثَّانِي　カーヌーン・ッサーニー ※シリア暦の一月

تَبْدَأُ السَّنَةُ بِكَانُونَ الثَّانِي　1年はカーヌーン・ッサーニーから始まる

كَاهِنٌ < كهن 複 كَهَنَة /كُهَّان　✤占い師；牧師[キリスト教]，司祭，僧侶，聖職者

اَلْكَاهِنُ رَجُلٌ صَالِحٌ مُحْتَرَمٌ　聖職者は敬虔で，尊敬される人物です

كَئِيب < كئب　✤ゆううつな，悲しい

كَانَ كَئِيبًا يَوْمَ الِاثْنَيْنِ　月曜日はゆううつだった

كَبَّ (u)　✤ひっくり返す；投げ飛ばす

اِحْذَرْ أَنْ تَكُبَّ الْإِبْرِيقَ!　ポットをひっくり返さないように注意しなさい

كَبَابٌ<كبّ ❖ シシカバブ, ケバーブ

أُفَضِّلُ الْكَبَابَ عَلَى اللَّحْمِ الْمَطْبُوخِ　調理された肉より, シシカバブが好きです

كَبَّاسٌ<كبس ❖ ピストン;プレス機

كَبَّاسُ الْوَرَقِ　ホチキス/ホッチキス

كَبَتَ (i) ❖ 抑える, 抑制する

حَاوَلَ أَنْ يَكْبِتَ غَضَبَهُ　怒りを抑えようとした

كُبَّةٌ 複 كُبَبٌ ❖ クッバ [主に肉, 麦, 野菜を使ったアラブの料理]

كَبْدٌ / كَبِدٌ 複 كُبُودٌ / أَكْبَادٌ (ُ) ❖ 女肝臓, 中央, 真ん中

الْتِهَابُ الْكَبِدِ　肝炎

تَقَعُ الْكَبِدُ فِي الْجَانِبِ الْأَيْمَنِ مِنَ الصَّدْرِ　肝臓は胸の右側に位置する

تَسْطَعُ الشَّمْسُ فِي كَبِدِ السَّمَاءِ　太陽が中空で輝いている

كَبَرَ (u) ❖ 年上である

يَكْبُرُ "جُحَا" "مُحَمَّدًا" بِسَنَةٍ　ジョハーはムハンマドより1歳年上である

كَبُرَ (u) 名 كِبَرٌ ❖ 大きくなる, 大きい;育つ 名大きさ;老い

سَتَكْبُرُ هٰذِهِ الشَّجَرَةُ سَرِيعًا　この木は直ぐに大きくなります

كَبِرَ (a) ❖ 年をとる;老齢になる

يَكْبَرُ جَدِّي وَيَبْقَى وَاعِيًا　私の祖父は老齢であるが, しっかりしている

كَبَّرَ<كبر II 名 تَكْبِير ❖ 大きくする, 拡大する; ((اَللّٰهُ أَكْبَرُ)) と言う
名拡大, 増大

كَبَّرَ الصُّورَةَ　写真を拡大した

كُبْرَى<كبر ❖ より(もっと)大きい ※ أَكْبَرُ の女

مَدِينَةٌ كُبْرَى　大都会

اَلِابْنَةُ الْكُبْرَى　長女

كِبْرِيَاء<كبر ❖ 女偉大さ;誇り;高慢, 傲慢, 尊大

هُوَ يَحْتَقِرُ فِي كِبْرِيَائِهِ النَّاسَ　彼は尊大にも, 大衆を軽蔑している

جَرَحَ كِبْرِيَاءَهُ　彼の自尊心を傷つけた

كِبْرِيت<كبرت 関 كِبْرِيتِيّ ❖ マッチ；硫黄 関硫黄の

عُود كِبْرِيتٍ　マッチ棒

عُيُون كِبْرِيتِيَّة　硫黄質の温泉

كَبَسَ (i) ❖ 急に襲う；圧する，押す；絞る(～عَلَى：～を)

كَبَسَ رِجَالُ الْأَمْنِ بَيْتَ السِّيَاسِيِّ　治安警察官達がその政治家の家を急襲した

كَبَسَ السَّنَةَ بِيَوْمٍ　1年に1日を差し込んだ/閏年を作った

كَبْش 複 كِبَاش / أَكْبَاش / أَكْبُش ❖ 雄の羊，牡羊

ذَبَحَ الْجَزَّارُ كَبْشًا سَمِينًا　肉屋さんは太った雄の羊を屠殺した

كَبَّلَ<كبل II ❖ 縛る；足かせをする

ضَبَطَ رِجَالُ الْأَمْنِ النَّشَّالَ ، وَكَبَّلُوهُ　警官はスリを捕まえて，縛った

كَبِير<كبر 複 كُبَرَاءُ / كِبَار 比 أَكْبَرُ ❖ 形大きい；大した 名大人；長，トップ

كُبْرَى 女比 複 كُبْرَيَات　比より大きい

تِلْكَ لَيْسَتْ بِمُشْكِلَةٍ كَبِيرَةٍ　それは大した(大して)問題ではない

عَلَى الصَّغِيرِ أَنْ يَحْتَرِمَ الْكَبِيرَ　子どもは大人を尊敬しなければならない

كَبِيس<كبس ❖ 形保存された 名保存食；漬け物

تُمَوِّنُ أُمِّي مِنَ الْكَبِيسِ أَصْنَافًا　私の母は色々な漬け物を作ります

اَلسَّنَةُ الْكَبِيسَةُ　閏年

اَلسَّنَةُ الْكَبِيسَةُ تَعُودُ مَرَّةً كُلَّ أَرْبَعِ سَنَوَاتٍ　閏年は4年に1度，巡ってくる

كِتَاب<كتب 複 كُتُب ❖ 本，書物；文書；聖典(اَلْكِتَاب)

كِتَاب تَعْلِيمِيّ　教科書

مَاسِكَة كُتُبٍ　本立て/ブックエンド

أَهْل الْكِتَابِ　経典の民 ※神の啓示した経典に信仰を持つ民

كُتَّاب<كتب 複 كَتَاتِيب ❖ コッターブ ※小さな学校，寺子屋

تَعَلَّمَ الصَّبِيُّ فِي كُتَّابِ الْقَرْيَةِ　少年達は村のコッターブで学んだ

كتابة ~ كتم

كِتَابَة <كتب 複 ـات ❖ 書く事;文字

قِرَاءَة وَكِتَابَة　読み書き

بِالْكِتَابَةِ　文書で

اِسْم الْكِتَابَةِ　ペンネーム

بِدُون (بِلَا) كِتَابَةٍ　口頭で

كِتَابَات هِيرُوغْلِيفِيَّة (مِسْمَارِيَّة)　ヒエログリフ(楔形文字)

كَتَّان(ـِ) <كتن ❖ 亜麻, リンネル, リネン

يَلْزَمُنِي مِتْرٌ مِنَ الْكَتَّانِ الْعَرِيضِ　私は幅広のリンネルが1メートル必要です

كَتَبَ (u) 受 كُتِبَ ❖ 書く 受書かれる

أَنَا كَتَبْتُ الرِّسَالَةَ　私が手紙を書きました

كُتِبَ هٰذَا الْكِتَابُ بِلُغَةٍ بَسِيطَةٍ مَضْبُوطَةٍ*　この本は簡潔で,正確な言葉で書かれました *受

كَتَّبَ <كتب II ❖ 書かせる

كَتَّبَنَا الْمُعَلِّمُ خُلَاصَةَ الدَّرْسِ　先生は私達に授業のまとめを書かせました

كُتُبِيّ <كتب 複 كُتُبِيَّة ❖ 本屋, 書店

اُطْلُبْ الْكُتُبَ التَّعْلِيمِيَّةَ مِنَ الْكُتُبِيِّ　教科書は本屋で求めなさい

كَتِف(ـْ) / كِتْف 複 أَكْتَاف ❖ 女肩甲骨;肩

الْفَرَاشَةُ عَلَى كَتِفِي　蝶が私の肩に止まっている

كَتْكُوت 複 كَتَاكِيت ❖ ひよこ; 鶏

يَفْقِسُ الْبَيْضُ وَخَرَجَ الْكَتَاكِيتُ　卵が孵化して,ひよこが出て来る

كُتْلَة 複 كُتَل ❖ 塊/固まり;グループ,団体

كُتْلَة مِنَ الْحَدِيدِ　鉄の塊

شَكَّلَ الطُّلَّابُ كُتْلَةً مُتَلَاحِمَةً　学生達は固く団結したグループを形成した

كَتَمَ (u) ❖ (秘密などを)隠す,伏せる(~عَنْ:~から)

يَكْتُمُ الْوَاقِعَةَ　事実を隠す(伏せる)

كَتَمَهُ السِّرَّ　その秘密を内緒にした

كَتُوم < كتم 複 كُتُم ❖ 口の堅い;無口な

كَتُوم السِّرِّ　個人秘書

اَلرَّجُلُ مُخْلِصٌ كَتُومٌ　その男は誠実で口が堅い

كَتِيبَة < كتب 複 كَتَائِب ❖ 部隊

تَسْهَرُ الْكَتِيبَةُ عَلَى أَمْنِ الْمَطَارِ　部隊は徹夜で空港を警備する

كَتَائِب الْقَسَّام (الأَقْصَى)　カッサーム(アル=アクサ)部隊

كَثَافَة < كثف ❖ 密度,濃さ,濃度;硬さ;厚み

زَادَتْ كَثَافَةُ السُّكَّانِ فِي الْقَرْيَةِ　村の人口密度が増した

كَثَافَة السَّائِلِ　液体の濃度

كَثَبٌ ❖ 近辺,付近

مِنْ (عَنْ) كَثَبٍ　近くから/間近に

هَلْ رَاقَبْتَ عَمَلَ الصَّائِغِ عَنْ كَثَبٍ؟　あなたは金細工師の仕事を間近に見ましたか

كَثُرَ (u) 名 كَثْرَة ❖ 多くいる(ある);多くなる,増える,繁殖する
名大量,多数;増加

كَثُرَتْ أَخْطَاؤُكَ　あなたはミスが多かった

يَكْثُرُ الْبَرْغَشُ فِي الأَمَاكِنِ الْقَذِرَةِ　ハエや蚊(の類い)は汚い所で繁殖する

كَثْرَةُ أَخْطَائِكَ مِنْ قِلَّةِ انْتِبَاهِكَ　あなたは注意力不足からの間違いが多い

كَثَّرَ < كثر II 名 تَكْثِير ❖ 増やす,増加させる 名増加,増大

قِلَّةُ انْتِبَاهِكَ تُكَثِّرُ أَخْطَاءَكَ　あなたの注意力の欠如が,間違いを増加させる

كَثَّفَ < كثف II ❖ 濃くする;厚くする

كَثَّفَ مَلَابِسًا كَثِيرَةً　(服を重ねて)厚着をした

كَثَّفَ جُهُودَهُ　大いに努力した

كَثِير < كثر 複 ون ❖ 多い,多くの,沢山の

كَثِيرًا مَا　しばしば/度々/頻繁に

كَثِيرًا مَا زُرْتُكَ وَلَا تَزُورُنِي　私は度々あなたの所に行くけど,あなたは私の所に来ない

اَلْكَثِيرُ (اَلْكَثِيرُونَ) مِنَ ~ 　～の大多数/殆ど ※( )は人の場合

فِي هٰذِهِ الشَّرِكَةِ مُوَظَّفُونَ كَثِيرُونَ 　この会社には沢山の社員がいます

بِكَثِيرٍ 　ずっと/はるかに ※比較級の後に来る

أَرْخَصُ بِكَثِيرٍ 　ずっと(はるかに)安い

كَثِيف<كثف 複 كِثَاف ❖ 厚い,濃い

سَحَاب كَثِيف 　厚い雲

اَلْبُحَيْرَةُ مُغَطَّاةٌ بِجَلِيدٍ كَثِيفٍ 　湖は厚い氷で被われている

كَحَّ (u) ❖ 咳をする,咳き込む

أَصَابَهُ زُكَامٌ فَأَخَذَ يَكُحُّ 　彼は風邪になり,咳をし始めた

كَحَلَ (a) 名 كُحْل 複 أَكْحَال ❖ まぶたにコフルを塗る 名コフル;アンチモン

لَمْسَةٌ مِنَ الْكُحْلِ تُجَمِّلُ الْعَيْنَ 　コフルの塗布が目を美しくする

كُحُول<كحل ❖ アルコール*;酒 *アラビア語起源

كُلُّ مَشْرُوبٍ مُسْكِرٍ يَتَضَمَّنُ كُحُولاً 　酔わせる飲み物には全てアルコールが入っている

كَدَّ (u) ❖ 熱心に働く;疲れさせる

أَلَا تَرَى أَنَّ الْعَمَلَ الْمُتَوَاصِلَ يَكُدُّهُ ؟ 　連続した仕事は疲れるのではないですか

كَدَحَ (a) ❖ 熱心に働く,熱心に取り組む;尽力する

كَدَحَ فِي عَمَلِهِ 　熱心に仕事に取り組んだ/せっせと働いた

كَدَّرَ<كدر II ❖ 濁す;悩ます;乱す

كَدَّرَ السَّيْلُ مَاءَ النَّهْرِ 　激流が川の水を濁した

كَدَسَ (i) 名 كَدْس ❖ 積み重ねる,積み上げる 名積み重ね,積み上げ

كَدَسَ الْحَمَّالُ أَكْيَاسَ الْقَمْحِ عَلَى الشَّاحِنَةِ 　運び人がトラックに小麦の袋を積み上げた

كَدَّسَ<كدس II ❖ = كَدَسَ ⇑

كَذَا ※ كَ+ذَا ❖ これこれ,これこれしかじか

كَذَا وَكَذَا 　これこれ/これこれしかじか

قَالَ عَنْكَ كَذَا وَكَذَا 　彼はあなたについて,これこれしかじかの事を言った

كَذَّابٌ<كذب ❖ 嘘つき, ペテン師

إِنَّهُ كَذَّابٌ　本当に彼は嘘つきだ/彼は大嘘つきだ

كَذَبَ (i) ❖ 嘘をつく;だます 名 كَذْبَة /كَذِب/كِذْب 名嘘

لَا تَكْذِبْ　嘘をつくな

مَا سَمِعْتَهُ عَنِّي لَيْسَ صَحِيحًا، إِنَّهُ كَذِ　あなたが私について聞いた事は本当ではない, それは嘘です

كَذَّبَ<كذب II 名 تَكْذِيب ❖ 嘘を暴く;否定する 名否定

أَنَا عَلَى اسْتِعْدَادٍ لِأَنْ أُكَذِّبَ كَلَامَ الْوَاشِ　私は中傷者の嘘を暴く用意ができている

كَذَٰلِكَ ※ كَ + ذَٰلِكَ ❖ 同様に;そのように

~، أَلَيْسَ كَذَٰلِكَ؟　～ではないですか/～ではありませんか

كَذُوب<كذب ❖ 嘘の多い, 大嘘つきの

لَا تُصَدِّقْ كَلَامَ الْإِنْسَانِ الْكَذُوبِ　嘘の多い人の言葉を信じてはならない

كَرَّ (u) ❖ 戻る;攻撃する, 攻める(～عَلَى:～を)

كُرَّ عَلَى الْأَعْدَاءِ　敵を攻めよ(攻撃せよ)

كَرًى<كري 複 أَكْرَاءٌ ❖ 眠り, まどろみ ※定 الْكَرَى

اسْتَسْلَمَ لِلْكَرَى　眠りに落ちた

كُرَّاث<كرث ※ كُرَّاثَة ❖ ネギ/葱 ※1本のネギ

لَيْسَ هٰذَا ثُومًا ، إِنَّهُ كُرَّاثٌ　これはニンニクではありません, ネギです

كُرَّاس / كُرَّاسَة <كرس 複 -ات/كَرَارِيس ❖ ノート;スケッチブック;小冊子;分冊

يَتَضَمَّنُ الْكِتَابُ سِتَّةَ كَرَارِيسَ　その本は6分冊ある(から成る)

كَرَامَة<كرم ❖ 尊厳, 名誉;威信, 威厳;高貴;大儀

كَرَامَةُ الْإِنْسَانِ　人間の尊厳

كَرَامَةُ الْعَرَبِ　アラブの大儀

فَقَدَ كَرَامَتَهُ　威信を失った

حَافَظَ عَلَى كَرَامَتِهِ　威信(面子)を保った

鳥影社出版案内

2017

イラスト／奥村かよこ

choeisha
文藝・学術出版　（株）鳥影社
〒160-0023 東京都新宿区西新宿 3-5-12 トーカン新宿 7F
TEL 03-5948-6470　FAX 03-5948-6471（東京営業所）
〒392-0012 長野県諏訪市四賀 229-1（本社・編集室）
TEL 0266-53-2903　FAX 0266-58-6771 郵便振替 00190-6-88230
www.choeisha.com　　e-mail: order@choeisha.com

＊新刊・話題作

地蔵千年、花百年

柴田 翔（読売新聞・サンデー毎日他紹介）

芥川賞受賞『されど われらが日々―』から約半世紀。約30年ぶりの新作長編小説。戦後からの時空と永遠を描く。 1800円

老兵は死なず

マッカーサーの生涯

ジェフリー・ペレット／林 義勝他訳

かつて日本に君臨した唯一のアメリカ人、生まれから大統領選挑戦にいたる知られざる全貌の決定版・1200頁。 5800円

中上健次論（全三巻）

河中郁男（第一巻 死者の声から、声なき死者へ）（第二巻 父の名の否〈ノン〉、あるいは資本の到来）（第三巻 幻想の村から）

戦死者の声が支配する戦後民主主義を描く大江健三郎に対し声なき死者と格闘し自己の世界を確立していった初期作品を読む。 各3200円

スマホ汚染

新型複合汚染の真実

古庄弘枝

放射線（スマホの電波）、神経を狂わすネオニコチノイド系農薬、遺伝子組み換え食品等から身を守るために。 1600円

東西を繋ぐ白い道

森 和朗（元NHKチーフプロデューサー）

原始仏教からトランプ・カオスまで。宗教も政治も一筋の道に流れ込む壮大な歴史のドラマ。世界が直面する二河白道。 2200円

低線量放射線の脅威

J・グールド、B・ゴールドマン／今井清一・今井良一訳

低線量放射線と心疾患、ガン、感染症による死亡率がどのようにかかわるのかを膨大なデータをもとに明らかにする。 1900円

シングルトン

エリック・クライネンバーグ／白川貴子訳

一人で暮らす「シングルトン」が世界中で急上昇。このセンセーショナルな現実を検証する欧米有力誌で絶賛された衝撃の書。 1800円

歌のこころ

歌があなたに伝えたいこと

清水富美子

童謡から「君が代」に至る60曲の背景を綴る音楽随想集。よく知っている曲が秘めた意外な背景に歌のこころが紡がれる。 1700円

改訂版**文明のサスティナビリティ** 野田正治

枯渇する化石燃料に頼らず、社会を動かすエネルギーを生み出すことの出来る社会を考える。 1800円

自然と共同体に開かれた学び 荻原 彰

―もうひとつの教育・もうひとつの社会―

高度成長期と比べ大きく変容した社会、自我。自然と共同体の繋りを取り戻す教育が重要と説く。 1800円

インディアンにならなイカ!? 太田幸昌

先住民の島に住みついて、倒壊寸前のホステルで孤軍奮闘。自然と人間の仰天エピソード。 1300円

「ミニマイフレンド」
ローバーミニ物語　河村アキラ　1890円より

純文学宣言

季刊文科25～72

（61より各1500円）

〈編集委員〉青木健、伊藤氏貴、勝又浩、佐藤洋二郎
富岡幸一郎、中沢けい、松本徹、津村節子

【文学の本質を次世代に伝え、かつ純文学の孤塁を守りつつ、文学の復権を目指す文芸誌】

アルザスワイン街道
―お気に入りの蔵をめぐる旅―

森本育子（2刷）

アルザスを知らないなんて！　フランスの魅力はなんといっても豊かな地方のバリエーションにつきる。　1800円

ヨーロピアンアンティーク大百科

英国・リージェント美術アカデミー 編／白須賀元樹 訳

英国オークションハウスの老舗サザビーズのエキスパートたちがアンティークのノウハウをすべて公開。　5715円

環境教育論―現代社会と生活環境―

今井清一／今井良一

環境教育は消費者教育。日本の食品添加物1894種に対し英国は14種。原発輸出も事故負担は日本持ち。　2200円

心のエコロジー
交流分析・ストローク　エコノミー法則の打破

クロード・スタイナー（物語）／小林雅美 著／奥村かよこ 絵

世界中で人気の心理童話に、心理カウンセラーが解説を加え、今の社会に欠けている豊かな人間関係のあり方を伝授。　1200円

中世ラテン語動物叙事詩 イセングリムス
―狼と狐の物語―

丑田弘忍 訳

封建制とキリスト教との桎梏のもとで中世ヨーロッパ人を活写、聖職者をはじめ支配階級を鋭く諷刺。本邦初訳。　2800円

ディドロ 自然と藝術

冨田和男

ディドロの思想を自然哲学的分野と美学的分野に分けて考察を進め、二つの分野の複合性を明らかにしてその融合をめざす。　3800円

完訳マザーグース

W・S・ベアリンググールド（解説・注）／石川澄子 訳

歴史的、書誌学的な知識の宝庫。現存する最古から始まる全コレクション。詳細な注釈と貴重で楽しいイラスト満載の決定版。　4700円

フランス・イタリア紀行

トバイアス・スモレット／根岸彰 訳

十八世紀欧州社会と当時のグランドツアーの実態を描き、米国旅行誌が史上最良の旅行書の一冊に選定。発刊から250年、待望の完訳。　2800円

ヨーゼフ・ロート小説集

平田達治 佐藤康彦 訳

第一巻　優等生、バルバラ、立身出世
　サヴォイホテル、曇った鏡　他
第二巻　ヨブ・ある平凡な男のロマン
　タラバス・この世の客
第三巻　殺人者の告白、偽りの分銅・計量検査官の物語、美の勝利
第四巻　皇帝廟、千二夜物語、レヴィアタン（珊瑚商人譚）
別　巻　ラデツキー行進曲（2600円）

四六判・上製／平均480頁　3700円

ローベルト・ヴァルザー作品集

新本史斉／若林恵／F・ヒンターエーダー＝エムデ 訳

カフカ、ベンヤミン、ムージルから現代作家にいたるまで大きな影響をあたえる。

1 タンナー兄弟姉妹
2 助手
3 長編小説と散文集
4 散文小品集Ⅰ
5 盗賊／散文小品集Ⅱ

四六判、上製／各巻2600円

＊歴史

千少庵茶室大図解
長尾 晃（美術研究・建築家）

利休・織部・遠州好みの真相とは？ 国宝茶室「待庵」は、本当に千利休作なのか？ 不遇の天才茶人の実像に迫る。 2200円

飛鳥の暗号
野田正治（建築家）

三輪山などの神山・宮殿・仏教寺院・古墳をむすぶ軸線の物理的事実により明らかになる飛鳥時代の実像。 1800円

桃山の美濃古陶 古田織部の美
西村克也／久野 治

古田織部の指導で誕生した美濃古陶の未発表の伝世作品の逸品約90点をカラーで紹介。桃山茶陶歴史年表、茶人列伝も収録。 3600円

剣客斎藤弥九郎伝
木村紀八郎（二刷）

幕末激動の世を最後の剣客が奔る。その知られざる生涯を描く、はじめての本格評伝！ 1900円

和歌と王朝 勅撰集のドラマを追う
松林尚志（全国各紙書評で紹介）

「新古今和歌集」「風雅和歌集」など、南北朝前後に成立した勅撰集の背後に隠された波瀾の歴史を読む。 1800円

秀吉の忠臣 田中吉政とその時代
田中建彦・充恵

優れた行政官として秀吉を支え続けた田中吉政の生涯を掘りおこす。カバー肖像は著者の田中家に伝わる。 1600円

小西行長伝
木村紀八郎

文禄・慶長の役、明と秀吉を欺き、朝鮮に平和を求め苦闘した生涯を描く。 2400円

加治時次郎の生涯とその時代
大牟田太朗

明治大正期、セーフティーネットのない時代に、窮民済生に命をかけた医師の本格的人物伝！ 2800円

浦賀与力中島三郎助伝 木村紀八郎
幕末という岐路に先見と至誠をもって生き抜いた最後の武士の初の本格評伝。 2200円

軍艦奉行木村摂津守伝 木村紀八郎
若くして名利を求めず隠居、福沢諭吉が終生敬愛したというサムライの生涯。 2200円

南の悪魔フェリッペ二世 伊東 章
スペインの世紀といわれる百年が世界のすべてを変えた。黄金世紀の虚実1 1900円

不滅の帝王カルロス五世 伊東 章
世界のグローバル化に警鐘。平和を望んだ偉大な帝王が続けた戦争。黄金世紀の虚実2 1900円

フランク人の事蹟 第一回十字軍年代記
丑田弘忍訳 第一次十字軍に実際に参加した三人の年代記作家による異なる視点の記録。 2800円

大村益次郎伝 木村紀八郎
長州征討、戊辰戦争で長州軍を率いて幕府軍を撃破した天才軍略家の生涯を描く。 2200円

新版 日蓮の思想と生涯 須田晴夫
日蓮が生きた時代状況と、思想の展開を総合的に考察。日蓮仏法の案内書！ 3500円

古事記新解釈 南九州方言で読み解く神代
飯野武夫／飯野布志夫 編 『古事記』上巻は南九州の方言で読み解ける。 4800円

夏目漱石『猫』から『明暗』まで

平岡敏夫

漱石文学は時代とのたたかいの所産であるゆえに、作品には微かな〈哀傷〉が漂う。新たな漱石を描き出す論集。 2800円

赤彦とアララギ—中原静子と太田喜志子をめぐって

福田はるか（読売新聞書評）

悩み苦しみながら伴走した妻不二子、畏敬と思慕で生き通した中原静子、門に入らず自力で成長した太田喜志子。 2800円

ドストエフスキーの作家像

木下豊房（東京新聞で紹介）

二葉亭四迷から小林秀雄・椎名麟三、武田泰淳、埴谷雄高などにいたる正統的な受容を跡づけ、この古典作家の文学の本質に迫る。 3800円

ピエールとリュス

ロマン・ロラン／三木原浩史 訳

1918年パリ。ドイツ軍の空爆の下でめぐりあった二人。ロラン作品のなかでも、今なお、愛され続ける名作の新訳と解説。 1600円

山羊の角

クリストフ・メッケル／相田かずき 訳

「詩人であるメッケルは少年の直感によってつかんだ世界の実相を本作によりメルヘンの形で表現した」小松英樹氏 1800円

ダークサイド・オブ・ザ・ムーン

マルティン・ズーター／相田かずき 訳

世界を熱狂させたピンク・フロイドの魂がここに甦る。ドイツ人気No.1俳優M・ブライブトロイ主演映画原作小説。 1600円

釈尊の悟り—自己と世界の真実のすがた

吉野 博

最古の仏教聖典「スッタニパータ」の詩句、悟りを開いた日本・中国の禅師、インドの聖者の言葉を中心にすべての真相を明らかにする。 1500円

銀河のさざ波

三ツ野 豊

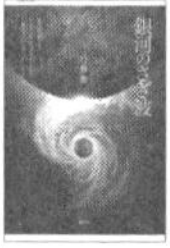

近未来に訪れる地球崩壊と、そこからの脱出に向けた新たな《ノアの箱船》ともいえるSF超大作。 2500円

「へうげもの」で話題の“古田織部三部作”

久野 治（NHK、BS11など歴史番組に出演）

新訂 古田織部の世界 2800円

千利休から古田織部へ 2200円

改訂 古田織部とその周辺 2800円

ドイツ詩を読む愉しみ

森泉朋子編訳

ゲーテからブレヒトまで 時代を経てなお輝き続ける珠玉の五〇編とエッセイ。 1600円

ドイツ文化を担った女性たち

その活躍の軌跡 ゲルマニスティネンの会編（光末紀子、奈倉洋子、宮本絢子） 2800円

芸術に関する幻想

W・H・ヴァッケンローダー 毛利真実 訳

デューラーに対する敬虔、ラファエロ、ミケランジェロ、そして音楽。 1500円

*ドイツ語圏関係他

ニーベルンゲンの歌
岡﨑忠弘 訳

『ファウスト』とともにドイツ文学の双璧をなす英雄叙事詩を綿密な翻訳により待望の完全新訳。詳細な訳註と解説付。 5800円

ペーター・フーヘルの世界 ——その人生と作品
斉藤寿雄

旧東ドイツの代表的詩人の困難に満ちたその生涯を紹介し、作品解釈をつけ、主要な詩の翻訳をまとめた画期的書。 2800円

エロスの系譜——古代の神話から魔女信仰まで
A・ライプブラント＝ヴェトライ　W・ライプブラント
鎌田道生 孟真理 訳

男と女、この二つの性の出会いと戦いの歴史。西洋の文化と精神における愛を多岐に亘る文献を駆使し文化史的に語る。 6500円

生きられた言葉 ——ラインホルト・シュナイダーの生涯と作品——
下村喜八

シュヴァイツァーと共に20世紀の良心と称えられた、その生涯と思想をはじめて本格的に紹介する。 2500円

ヘルダーのビルドゥング思想
濱田 真

ドイツ語のビルドゥングは「教養」「教育」という訳語を超えた奥行きを持つ。これを手がかりに思想の核心に迫る。 3600円

ゲーテ『悲劇ファウスト』を読みなおす
新妻 篤

ゲーテが約六〇年をかけて完成。すべて原文に即して内部から理解しようと研究してきた著者が明かすファウスト論。 2800円

黄金の星（ツァラトゥストラ）はこう語った
ニーチェ／小山修一 訳

邦訳から百年、分かりやすい日本語で真にニーチェをつたえ、その詩魂が味わえる新訳。 上下各1800円

『ドイツ伝説集』のコスモロジー
植 朗子

ドイツ民俗学の基底であり民間伝承蒐集の先がけとなったグリム兄弟『ドイツ伝説集』の内面的実像を明らかにする。 1800円

ハンブルク演劇論 G・E・レッシング 南大路振一 訳
アリストテレス以降の欧州演劇の本質を探る代表作。 6800円

ギュンター・グラスの世界 依岡隆児
つねに実験的方法に挑み、政治と社会から関心を失わなかったノーベル賞作家を正面から論ずる。 2800円

グリムにおける魔女とユダヤ人 奈倉洋子
グリムのメルヒェン集と ——メルヒェン・伝説・神話——
伝説集を中心にその変化の実態と意味を探る。1500円

フリードリヒ・シラー美学＝倫理学用語辞典 序説
ヴェルンリ／馬上徳 訳 難解なシラーの基本的用語を網羅し体系化をはかり明快な解釈をほどこし全思想を概観。 2400円

新ロビンソン物語 カンペ／田尻三千夫 訳
18世紀後半、教育の世紀に生まれた「ロビンソン・クルーソー」を上回るベストセラー。 2400円

東方ユダヤ人の歴史 ハウマン／平田達治 荒島浩雅 訳
その実態と成立の歴史的背景をこれほど見事に解き明かしている本はこれまでになかった。 2600円

ポーランド旅行 デーブリーン／岸本雅之 訳
長年にわたる他国の支配を脱し、独立国家の夢を果たしたポーランドのありのままの姿を探る。 2400円

東ドイツ文学小史 W・エメリヒ／津村正樹 監訳
神話化から歴史へ。一つの国家の終焉はその文学の終りを意味しない。 6900円

モリエール傑作戯曲選集1

柴田耕太郎訳

（女房学校、スカパンの悪だくみ、守銭奴、タルチュフ）

画期的新訳の完成。「読み物か台詞か。その一方だけでは駄目。文語の気品と口語の平易さのベストマッチ」岡田壮平氏　2800円

イタリア映画史入門　1950〜2003

J・P・ブルネッタ／川本英明訳　（読売新聞書評）

映画の誕生からヴィスコンティ、フェリーニ等の巨匠、それ以降の動向まで世界映画史をふまえた決定版。　5800円

フェデリコ・フェリーニ

川本英明

イタリア文学者がフェリーニの生い立ち、青春時代、監督デビューまでの足跡、各作品の思想的背景など、巨匠のすべてを追う。　1800円

ある投票立会人の一日

イタロ・カルヴィーノ／柘植由紀美訳

奇想天外な物語を魔法のごとく生み出した作家の、二十世紀イタリア戦後社会を背景にした知られざる先駆的小説。　1800円

魂の詩人 パゾリーニ

ニコ・ナルディーニ／川本英明訳　（朝日新聞書評）

常にセンセーショナルとゴシップを巻きおこした異端の天才の生涯と、詩人としての素顔に迫る決定版！　1900円

昭和戦時期の日本映画

杉林 隆

「映画法」下に製作された昭和戦時期の日本映画の「国策映画」度・「戦意高揚映画」度を検証！　1800円

つげ義春を読め

清水 正

つげマンガ完全読本！　五〇編の謎をコマごとに解き明かす鮮烈批評。読売新聞書評で紹介。　4700円

雪が降るまえに

A・タルコフスキー／坂庭淳史訳　（二刷出来）

詩人アルセニーの言葉の延長線上に拡がっていた世界こそ、息子アンドレイの映像作品の原風景そのものだった。　1900円

宮崎駿の時代 1941〜2008　久美 薫

宮崎アニメの物語構造と主題分析、マンガ史からアニメ技術史まで宮崎駿論一千枚。　1600円

ヴィスコンティ　若菜 薫

「郵便配達は二度ベルを鳴らす」から「イノセント」まで巨匠の映像美学に迫る。　2200円

ヴィスコンティⅡ　若菜 薫

高貴なる錯乱のイマージュ。「ベリッシマ」「白夜」「前金」「熊座の淡き星影」　2200円

アンゲロプロスの瞳　若菜 薫

『旅芸人の記録』の巨匠への壮麗なるオマージュ。（二刷出来）　2800円

ジャン・ルノワールの誘惑　若菜 薫

多彩多様な映像表現とその官能的で豊饒な映像世界を踏破する。　2200円

聖タルコフスキー　若菜 薫

「映像の詩人」アンドレイ・タルコフスキー。その全容に迫る。　2000円

銀座並木座 日本映画とともに歩んだ四十五歩

嵩元友子　ようこそ並木座へ、ちいさな映画館をめぐるとっておきの物語　1800円

フィルムノワールの時代　新井達夫

人の心の闇を描いた娯楽映画の数々暗い情熱に衝き動かされる人間のドラマ。　2200円

＊実用・ビジネス

AutoCAD LT 2018 標準教科書（フルカラー）
中森隆道

25年以上にわたるＡｕｔｏ ＣＡＤの企業講習と職業訓練校での教育実績に基づくＡｕｔｏ ＣＡＤ ＬＴ解説の決定版。予価 ３４００円

AutoLISP with Dialog（AutoCAD2013 対応版）
中森隆道

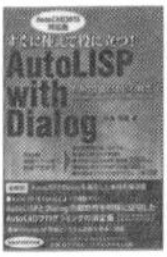

即効性を明快に証明したＡｕｔｏＣＡＤプログラミングの決定版。本格的解説書。３４００円

開運虎の巻 街頭易者の独り言
天童春樹（人相学などテレビ出演多数・増刷出来）

三十余年のべ六万人の鑑定実績。問答無用！黙って座ればあなたの身内の運命と開運法をお話しします。１５００円

腹話術入門
花丘奈果（4刷）

大好評！ 発声方法、台本づくり、手軽な人形作りまで、一人で楽しく習得出来る。台本も満載。１８００円

南京玉すだれ入門
花丘奈果（2刷）

いつでも、どこでも、誰にでも、見て楽しく演じて楽しい元祖・大道芸。伝統芸の良さと現代的アレンジが可能。１６００円

新訂版 **交流分析エゴグラムの読み方と行動処方**
植木清直／佐藤寛 編

精神分析の口語版として現在多くの企業の研修に使われている交流分析の読み方をやさしく解説。１５００円

現代アラビア語日本辞典
田中博一／スバイハット レイス 監修

見出し語はアルファベット順に配列し、約1万語収録。例文・熟語も多数、アラビア語新聞・雑誌などを理解するのに十分な語彙数。１００００円

現代日本語アラビア語辞典
田中博一／スバイハット レイス 監修

見出し語約1万語、例文1万2千以上収録。日本人のみならず、アラビア人の使用にも配慮し、初級者から上級者まで対応のB5判。８０００円

リーダーの人間行動学 佐藤直暁
人間分析の方法を身につけ、相手の性格を素早く的確につかむ訓練法を紹介。１５００円

成果主義人事制度をつくる 松本順一
３０日でつくれる人事制度だから、業績向上が実現できる。（第10刷出来） １６００円

管理職のための **『心理的ゲーム』入門** 佐藤 寛
こじれる対人関係を防ぐ職場づくりの達人となるために。１５００円

ロバスト 渡部慶二
ロバストとは障害にぶつかって壊れない、変動に強い社会へ七つのポイント。１５００円

A型とB型—二つの世界 前川輝光
「A型の宗教」仏教と「B型の宗教」キリスト教を比較するなど刺激的1冊。１５００円

決定版 **真・報連相読本** 糸藤正士
五段階のレベル表による新次元のビジネス展開情報によるマネジメント。（3刷） １５００円

楽しく子育て44の急所 川上由美
これだけは伝えておきたいこと、感じたこと、考えたこと。基本的なコツ！ １２００円

初心者のための蒸気タービン 山岡勝己
原理から応用、保守点検、今後へのヒントなどベテランにも役立つ。技術者必携。２８００円

كَرَاهَة / كَرَاهِيَة <كره ❖ 嫌いな事, 憎しみ, 嫌悪

لَيْتَ الْمَحَبَّةَ تَحِلُّ فِي قُلُوبِ النَّاسِ مَحَلَّ الْكَرَاهِيَةِ　人の心に憎しみの代わりに, 愛があれば良いのに

عَلَى كَرَاهِيَةٍ　嫌々ながら/しぶしぶ

كُرْبَاج 複 **كُرَابِيج** (ُ) ❖ ムチ

سِيَاسَةُ الْحَلْوَى وَالْكُرْبَاجِ　飴とムチの政策

كَرْبُون ❖ 炭素

أَوَّلُ (ثَانِى) أُكْسِيدِ الْكَرْبُونِ　一酸化(二酸化)炭素

كُرَة 複 ـات/ كُرًى ❖ ボール, 球, 球体

كُرَةُ الْقَدَمِ　サッカー/蹴球

كُرَةُ الطَّاوِلَةِ　ピンポン/卓球

كُرَةُ الْيَدِ　ハンドボール

كُرَةُ الْمِضْرَبِ　テニス/庭球

اَلْأَرْضُ كُرَةٌ ضَخْمَةٌ تَدُورُ حَوْلَ الشَّمْسِ　地球は太陽を回る巨大な球です

كَرْتُون 複 **كَرَاتِين** ❖ 段ボール, ボール紙

عُلْبَةُ كَرْتُونٍ　段ボール箱

(الْ)كُرْدُ 関 **كُرْدِيٌّ** 複 **أَكْرَاد** ❖ クルド人, クルド民族 関クルドの; クルド人

اَلِانْفِصَالِيِّينَ الْأَكْرَادِ　複属対クルド分離主義者

كُرْدِسْتَان ❖ クルディスターン ※トルコ, イラン, イラク, シリアにまたがるクルドの地

كَرَّرَ II كر> 名 **تَكْرِير** ❖ 繰り返す; 精製する 名繰り返し; 精製

لَنْ أُكَرِّرَهَا بَعْدَ الْآنِ　今後それを繰り返しません

مَعَامِلُ التَّكْرِيرِ تَسْتَخْلِصُ الْبَنْزِينَ مِنَ النِّفْطِ　精油所でナフサからガソリンを精製する

كَرَزٌ ※ **كَرَزَةٌ** ❖ 桜 ※1本の桜の木

يَحْمِلُ الْكَرَزُ ثَمَراً أَصْغَرَ مِنَ الْخَوْخِ　桜は桃より小さい実を付ける

كَرَّسَ<كرس II 名 تَكْرِيس ❖ 基礎を作る;捧げる;打ち込む 名奉納;献身

كَرِّسْ يَوْمَكَ لِلْعَمَلِ　日々仕事に打ち込みなさい

كُرْسِيّ<كرس 複 كَرَاسِيّ ❖ 椅子,腰掛け

جَلَسَ عَلَى الْكُرْسِيِّ طَوِيلًا　長いこと椅子に座っていた

كُرْسِيّ مُتَحَرِّك　車椅子

لِيَجْلِسْ كُلٌّ مِنْكُمْ عَلَى كُرْسِيِّهِ　皆さん,椅子にお座り下さい

كِرْش / كَرِش 複 أَكْرَاش/كُرُوش ❖ 女胃;腹

يُغَطِّي الشَّحْمُ الْكَرِشَ　脂肪が胃を包んでいる

كَرَعَ (a) ❖ (動物が首を伸ばして)水を飲む(فِي الْمَاءِ)

رَاحَ الثَّوْرُ يَكْرَعُ فِي الْمَاءِ　牛が首を伸ばして,水を飲み始めた

كَرُمَ (u) 名 كَرَم ❖ 寛大である,気前が良い;貴重である
名寛大さ;高貴な事

مَنْ عَاشَ بَخِيلًا لَا يَكْرُمُ　ケチな生活をしている者は気前が良くない

كَرَّمَ<كرم II 名 تَكْرِيم ❖(〜に)敬意を表する;(〜を)尊敬する,称える;
(〜に)栄誉を与える 名敬意,称賛

يُكَرِّمُ النَّاسُ الْبَطَلَ　人々は英雄に敬意を表する

تَكْرِيمًا لِـ〜　〜に敬意を表して/〜を称えて

أَقَامَ تِمْثَالَهُ تَكْرِيمًا لِإِنْجَازَاتِهِ　彼の業績を称えて,像を立てた

كَرْم 複 كُرُوم ※ كَرْمَة ❖ ぶどう/葡萄,葡萄の木,葡萄園 ※1本の葡萄の木

عُدْنَا مِنَ الْكَرْمِ بِسِلَالِ الْعِنَبِ　私達は葡萄の入った篭を持って,葡萄園から戻った

أَغْصَان الْكَرْمَةِ　葡萄の木の蔓

بِنْت الْكَرْمِ　葡萄酒/ワイン

كَرَنْب / كُرُنْب ※ كَرَنْبَة ❖ キャベツ ※1個のキャベツ

نَبَتَ الْكَرَنْبُ بَيْنَ الْفُولِ　そら豆の間にキャベツが育った

كَرِهَ (a) 名 كُرْه (كِرْه) ❖ 嫌う,憎む,忌み嫌う 名嫌悪,憎悪

أَكْرَهُ تَنَاوُلَ الدَّوَاءِ　私は薬を飲むのが嫌いです

كَرْهًا / عَلَى كَرْهٍ (مِنْهُ) 嫌々ながら/渋々

كَرِهَ (u) ❖ 不快である;いまわしい,不愉快である

يَكْرَهُ زَيْتَ الْخِرْوَعِ ヒマシ油はまずい

كَرَّهَ <كره II ❖ 嫌いにさせる;不快にさせる

مَا الَّذِي يُكَرِّهُكَ الدَّوَاءَ ؟ どうして薬が嫌いなのですか

كَرِهٌ ❖ 嫌な,不快な

زَيْتُ الْخِرْوَعِ دَوَاءٌ كَرِهُ الرَّائِحَةِ ヒマシ油は嫌な匂いの薬です

كُرَوِيٌّ <كرو ❖ 丸い,球状の

كُرْسِيٌّ كُرَوِيٌّ 丸椅子

كَرِيمٌ <كرم 複 كِرَام / كُرَمَاءُ ❖ 寛大な,気前の良い;高貴な;親切な

女 كَرِيمَةٌ 複 كِرَام /كَرَائِم

اَلرَّجُلُ الْكَرِيمُ لَا يَبْخُلُ بِمَالِهِ 気前の良い男は,お金をけちらない

كَرِيمَةُ الرَّجُلِ 娘

كَرِيهٌ <كره ❖ 嫌な,不愉快な,不快な;醜悪な

رَائِحَةٌ كَرِيهَةٌ 嫌な臭い

كُزْبَرَةٌ (ـبُـ) ❖ コリアンダー[植物]

دُقِّي مَعَ الثُّومِ شَيْئًا مِنَ الْكُزْبَرَةِ ニンニクと一緒に,コリアンダーを少し潰しなさい

كَسَا ، يَكْسُو <كسو 名 كَسْو ❖ 着せる;覆う,被う,かける 名覆う事

يَكْسُو جِسْمَ الْجَمَلِ وَبَرٌ قَصِيرٌ 短い毛がラクダの体を覆っている

كَسَا التِّمْثَالَ بِالْقُمَاشِ 像に布をかけた

كِسَاءٌ <كسو 複 أَكْسِيَةٌ ❖ 服,上着;衣装,ドレス

لَمْ يَكُنْ لِلْخَادِمَةِ كِسَاءٌ لَائِقٌ メイドには,ふさわしい上着が無かった

كَسَادٌ <كسد ❖ 不景気,不況

كَسَادُ الْبِضَاعَةِ خَسَارَةٌ 不景気は打撃だ

كَسَّارَةٌ <كسر ❖ 破砕機;クルミ割り

أ ب ت ث ج ح خ د ذ ر ز س ش ص ض ط ظ ع غ ف ق ك ل م ن هـ و ي

تُكْسَرُ الصُّخُورُ بِالْكَسَّارَةِ　岩は破砕機で砕かれる

كَسْب 名 **كَسَبَ** (i) ❖ 稼ぐ,儲ける,得る;勝つ 名稼ぎ,儲け;獲得

يَجِبُ أَنْ تَشْتَغِلَ وَتَكْسِبَ　あなたは働いて稼がなければならない

أَعْمَلُ كَثِيرًا .. أَكْسِبُ قَلِيلًا ..　私は沢山働くけど..稼ぎは少ない..

كَسَبَ السِّبَاقَ　試合に勝った

كَسَّبَ <كسب II ❖ 稼がせる;得させる;勝たせる

عَمَلُكَ الْمُتْقَنُ يُكَسِّبُكَ مَالًا وَحَمْدًا　あなたの素晴らしい仕事は金銭と称賛を得ます

كَسْتَنَة / كَسْتَنَاء ❖ 栗

حَبَّاتُ الْكَسْتَنَةِ تُؤْكَلُ مَشْوِيَّةً　栗の実は焼いて食べる

كَسَحَ (a) ❖ さぁーっと払う;一掃する;きれいにする,掃除する

كَسَحَتِ الرِّيحُ الْأَرْضَ　風がさぁーっと地面を払って行った

كَسِحَ (a) ❖ 足を引きずる;足を悪くする;足が麻痺する

قَدْ يَكْسَحُ الطِّفْلُ إِنْ طَالَتْ عَلَيْهِ الْحُمَّى　子どもの高熱が長引けば,足に障害が出るだろう

كَسَدَ (u) ❖ 売れない;不況である,景気が悪い

كَسَدَتِ السُّوقُ　市場は不況だった

كُسُور 複 **كَسْر** 名 **كَسَرَ** (i) ❖ 壊す,破壊する;割る,打ち砕く;(喉の渇きを)いやす 名壊す事,破壊;分数;(部屋の)隅

كَسَرَ الْعَطَشَ　喉の渇きをいやした

كَسَرَ خَاطِرَهُ　がっかりさせた/(感情を)傷つけた

كَسَرَ عَيْنَيْهِ　辱めた

كَسَرَ مِنْ حِدَّتِهِ　抑制した/(批判の)切っ先が鈍った

كَسْرٌ عُشْرِيٌّ　少数

الرُّبْعُ كَسْرٌ يُسَاوِي جُزْءًا مِنْ أَرْبَعَةِ أَجْزَاءٍ　4分の1は4つに分けたものの一つを表す分数です

أُتُّهِمَ بِكَسْرِ الْمَزْهَرِيَّةِ　彼は花瓶を壊した事を疑われた

كَسَّرَ <كسر II 名 تَكْسِير ❖ 粉々にする, 粉砕する; 割る 名粉砕; 破壊

كَسَّرَ الْأَخْشَابَ لِلْمَوْقِدِ　ストーブの薪を割った

جَمْعُ التَّكْسِيرِ　不規則複数形[文]

كَسْرَة 複 كَسَرَات ❖ 敗北; カスラ*

*アラビア語の短母音を示す記号(ـِ)

عَلَامَاتُ الْبِنَاءِ ضَمَّةٌ وَفَتْحَةٌ وَكَسْرَةٌ　母音の記号はダンマ, ファトハ, そしてカスラです

كَسَفَ (i) ❖ 暗くする; 日食になる; 見えなくする; 叱責する

نُورُ الشَّمْسِ يَكْسِفُ النُّجُومَ　太陽光が(他の)星を暗くする

تَكْسِفُ الشَّمْسُ أَحْيَانًا　太陽は時々欠ける(食になる)

كَسِلَ (a) 名 كَسَلٌ ❖ 怠ける, 怠惰である 名怠慢, 怠惰

إِنْ تَكْسَلْ تَنْدَمْ　怠ければ後悔するよ

تَغَلَّبْ عَلَى الْكَسَلِ　怠惰を克服しなさい

كَسْلَان <كسل 複 كَسَالَى(كُسَالَى) / كَسْلَى ❖ 形怠け者の, 怠惰な 名怠け者

女 كَسْلَانَة / كَسْلَى

ضَرَبَ الْمُدَرِّسُ وَرِكَ الْكَسْلَانِ بِالْعَصَا　先生は怠け者の尻を棒で叩いた

اَلْكَسْلَانُ لَا يَنْجَحُ　怠け者は成功しない

كُسُوف <كسف ❖ 日食, 食* *ある天体の全部または一部を他の天体が覆い隠す現象

اِصْفَرَّ نُورُ الشَّمْسِ سَاعَةَ الْكُسُوفِ　日食の時間に日光は黄色くなった

كَسُول <كسل ❖ 形怠け者の; 怠惰な 名怠け者

تَمَارَضَ الْكَسُولُ　怠け者が病気と偽った

كَسِيح <كسح ❖ 足の悪い, 足の麻痺した; 手足が不自由な

أُصِيبَ أَبِي بِفَالِجٍ تَرَكَهُ كَسِيحًا عَاجِزًا　私の父は半身不随になって, 歩行が不自由な障害が残った

كَشَّاف <كشف 複 كَشَّافَة ❖ 探検家; ボーイスカウト

شِعَارُ الْكَشَّافِ " دَائِمًا مُسْتَعِدٌّ "　ボーイスカウトのモットーは"いつでも準備"です

كُشْتُبَان 複 كَشَاتِبِين ❖ 指ぬき ※裁縫道具

أَدَوَاتُ الْخِيَاطَةِ إِبْرَةٌ وَخَيْطٌ وَكُشْتُبَ　裁縫の道具は針と糸と指ぬきです

كَشَّرَ < كشر II ✽ 歯をむく;白い歯を見せる

كَشَّرَ الْكَلْبُ عَنْ أَنْيَابِهِ　犬が牙をむいた

كَشَطَ (i) ✽ 擦りむく,(皮を)むく/剥く

كَشَطَ رُكْبَتَهُ　膝を擦りむいた

كَشَفَ (i) 名 كَشْف 複 كُشُوف ✽ 蓋を取る;暴露する;発表する;発見する;検査する
名点検,検査;暴露

اِكْشِفْ عَنِ الْقِدْرِ بَعْدَ سَاعَةٍ　1時間後に,鍋の蓋を取りなさい

حَاوَلَ أَنْ يَكْشِفَ سِرَّهُ　彼の秘密を暴露しようとした

كَشَفَتِ الْحَرْبُ عَنْ سَاقِهَا　戦争が勃発した

كَشْف عَلَى عَجَلَاتٍ　タイヤ(足回り)の点検

اِرْتَاحَ أَهْلُ الْمَرِيضِ لِنَتِيجَةِ الْكَشْفِ　検査の結果に,病人の家族はほっとした

كُشْك 名 أَكْشَاك ✽ キオスク,売店;小屋,キャビン;ボックス

كُشْك الْكَلْبِ　犬小屋

كُشْك الْهَاتِفِ　電話ボックス

كَعْب 複 أَكْعُب/كُعُوب/كِعَاب ✽ くるぶし,かかと,(靴の)ヒール;立方体;立方,3乗;
さいころ;(葦や砂糖黍などの)節

اَلْكَعْبَة　カーバ神殿

لِلْحِذَاءِ النِّسَائِي كَعْبٌ عَالٍ　女性の靴のかかとは高い

كَعْبُ ٣ يُسَاوِي ٢٧　3の3乗は27です

اِقْطَعِ الْقَصَبَةَ عِنْدَ الْكَعْبِ　砂糖きびは節の所で切りなさい

كَعْك ※ كَعْكَة ✽ クッキー,ケーキ ※1個のケーキ

أُحِبُّ الْكَعْكَ بِالسِّمْسِمِ　ゴマの入ったケーキが私は好きです

كَفَّ (u) 名 كَفّ 複 كُفُوف/أَكُفّ ✽ 諦める,止める;慎む,差し控える;目が見えない
名慎む事;女手の平,掌

كَفَفْتُ عَنْ دِرَاسَةِ الْمُوسِيقَى　私は音楽の勉強を諦めました

كُفَّ عَنِ الثَّرْثَرَةِ　おしゃべりを慎みなさい(止めなさい)

كُفَّ بَصَرُهُ / كَفَّ بَصَرُهُ　視力を失った/目が見えなくなった *受

*أَقْرَأُ فِي كَفِّكَ مُسْتَقْبَلَكَ　私はあなたの手の平から未来を読みます

فِي كَفِّي قَصْفَةُ زَيْتُونٍ وَعَلَى كَتِفِي نَعْشِي ، أَنَا أَمْشِي　手にオリーブの小枝を持ち,肩に自らの棺を担ぎ,私は歩く

كَفَى ، يَكْفِي <كفي 名 كِفَايَة ❖ 満たす;十分である,足りる;守る 名十分;能力

كَفَى الْحَاجَةَ　需要を満たした

وَكَفَى　それで充分です

كَفَاهُ عَدُوَّهُ (شَرَّ عَدُوِّهِ)　彼を敵から守った

بِالْكِفَايَةِ　十分に/たっぷりと

فِي هٰذَا كِفَايَةٌ　これで十分です

كُفُؤٌ / كُفْءٌ <كفأ 複 أَكْفَاء / كِفَاء ❖ 等しい;ふさわしい;有能な

أَنْتَ مُدَرِّبٌ كُفُؤٌ　あなたは有能なコーチだ

كَفَاءَة <كفأ 複 كَفَاءَات ❖ 能力,性能;等しい事,等価

أَظْهَرَتِ السَّيَّارَةُ كَفَاءَتَهَا　自動車は性能を発揮した

كِفَاحٌ <كفح ❖ 闘争,戦い/闘い;争い

لَقِيتُهُ كِفَاحًا　私は彼に面と向かい合った

شَنَّ كِفَاحًا ضِدَّ ~　~に反対して戦った

شَنَّ كِفَاحًا ضِدَّ الظُّلْمِ　不正に対して戦った

كَفَالَة ❖ ⇒ كَفِلَ 名

كِفَايَة ❖ ⇒ كَفَى 名

كَفَرَ (i) 名 كَفْرٌ 複 كُفُور ❖ 隠す;棄教する,無神論者になる 名小村;墓

كَفَرَ بِاللّٰهِ　無神論者になった/神を冒涜した

كَفَّرَ <كفر II 名 تَكْفِير ❖ 隠す;(~の罪を)あがなう(~عَنْ);許す;棄教させる 名罪滅ぼし,贖罪;棄教への唆し

كَادَتِ الْمُصِيبَةُ تُكَفِّرُهُ　不幸が彼を無神論者にするところであった

كَفَّرَ عَنْ ذَنْبِهِ　罪をあがなった

كُفْرٌ ❖ 不信心;冒涜

كُفْر بِاللّٰهِ　神の冒涜/無神論

كَفْكَفَ ، يُكَفْكِفُ ❖ (涙を)拭う,拭く

كَفْكِفْ دُمُوعَكَ　涙を拭いなさい(拭きなさい)

كَفَلَ (u) ❖ 養う,扶養する

كَفَلَ عائِلَةً　家族を養った

كَفَلَ (a) / كَفَلَ (u, i) / كَفُلَ (u) 名 كَفالَة ❖ 保証する,保証人になる 名保証,担保

مَنْ يَكْفُلُكَ ؟　誰があなたを保証しますか/あなたの保証人は誰ですか

كَفالَة مالِيَّة / كَفالَة بِالنَّفْسِ　保釈金

أُخْلِيَ سَبِيلُ الْمُتَّهَمِ بِكَفالَةٍ مالِيَّةٍ　容疑者が保釈金を積んで,釈放された

كَفَّنَ II < كفن ❖ (死に装束を)着せる

كَفَّنَ الرِّجالُ الْمَيِّتَ　男達は死に装束を死者に着せた

كَفَنٌ 複 أَكْفان ❖ 死に装束;埋葬する布

ثَوْبُ الْإِنْسانِ الْأَخِيرُ هُوَ الْكَفَنُ　人にとって,一番良い服は死に装束である

كَفِيفٌ < كف 複 أَكِفّاءُ ❖ 形目の見えない,盲目の 名盲目の人,盲人

ساعِدِ الرَّجُلَ الْكَفِيفَ عَلَى اجْتِيازِ الشّارِعِ　通りを渡る目の見えない人(盲人)を助けなさい

كَفِيفُ الْبَصَرِ　盲目の

كَفِيل < كفل 複 كُفَلاءُ ❖ 形責任のある 名保証人

كَفِيلُ الدَّيْنِ　債務(借金)の保証人

لاحَقَ الدّائِنُ الْكَفِيلَ　債権者が保証人を追いかけた

كُلّ ~ ❖ 全ての~,~の全部,毎~

كُلُّ رَجُلٍ　男達は皆(全て)

كُلُّ شَيْءٍ　物は全て/全ての物

كُلُّ مَنْ ~　~する者は皆

كُلُّ مَا ~　～する物は全て

كُلُّ مَنْ ~　一人ひとり/それぞれ ※～:限定複

كُلٌّ مِنَ التَّلَامِيذِ　生徒達一人ひとり(各々)

كُلٌّ مِنَّا　私達一人ひとり(各々)

كُلُّ الْجِسْمِ　体の全部

شَرِبْتُ الْعَصِيرَ كُلَّهُ　私はジュースを全部飲みました

كُلَّ أُسْبُوعٍ (شَهْرٍ / عَامٍ)　毎週(毎月/毎年)

كِلَا 男 **كِلْتَا** 女 ❖ 二つの, 両～

هَنَّأْنَا كِلَا الْفَائِزَيْنِ　両勝利者(勝利者の二人)を私達は祝福した

كِلْتَا يَدَيْهِ　両手

كِلَاهُمَا　いずれも/二つとも/二人とも

أُحِبُّ كِلَاهُمَا　私はいずれも好きです

قَرَأْتُ كِلَا الْكِتَابَيْنِ　その本は二つ(二冊)とも私は読みました

قَرَأْتُ كِلْتَا الرِّسَالَتَيْنِ　その手紙は二つ(二通)とも私は読みました

كَلَّا ❖ 決して(～ない); 全く(～ない);とんでもない

كَلَّا ثُمَّ كَلَّا　絶対に嫌です/全く違う

كُلَّاب <كلب　複 كَلَالِيب ❖ フック

عَلَّقَ اللَّحَّامُ فَخِذَ الْخَرُوفِ فِي الْكُلَّابِ　肉屋は羊の太ももをフックに掛けた

كْلَاسِيكِيّ ❖ 形 古典の, クラシックの 名 古典, クラシック

كَلَام <كلم ❖ 言論;言葉;話,会話

حُرِّيَّةُ الْكَلَامِ　言論の自由

أَنْزَلَ اللّٰهُ الْكَلَامَ عَلَى النَّبِيِّ　神は預言者に言葉を下された

لَمْ أَفْهَمْ كَلَامَكَ　私はあなたの言う事(話)が分かりません

كَلِبَ (a) 名 كَلَبٌ ❖ 狂犬病にかかる;気が狂う,発狂する 名 狂犬病

قَدْ يَكْلَبُ مَنْ عَضَّهُ حَيَوَانٌ كَلِبٌ　狂犬病に罹った動物に噛まれたら,狂犬病になる可能性がある

يُكَافِحُ الْكَلَبَ بِلِقَاحٍ خَاصٍّ　狂犬病と特殊なワクチンで闘う

كَلْب ❖ 犬　複 كِلَاب

كَلْبُ الْبَحْرِ　サメ/鮫

نَبَحَ الْكَلْبُ　犬が吠えた

اَلْكَلْبُ الْأَكْبَرُ (الْأَصْغَرُ)　大犬(子犬)座[星座]

كِلْتَا ❖ ⇒ كِلَا 女

كِلْس ❖ 石灰,生石灰,酸化カルシウム

حَجَرُ الْكِلْسِ　石灰岩/石灰石

طَرَشَ الْبَيْتَ بِالْكِلْسِ　石灰で家を白く塗った

كَلَّفَ <كلف II 名 تَكْلِيف ❖ 任せる,委ねる;(費用などを)負担させる(～بِـ:～を)
名委託;費用;税

كَلَّفَ الْمَلِكُ الْوَزِيرَ بِالْمُهِمَّةِ　国王はその任務を大臣に任せた

مَهْمَا كَلَّفَ الْأَمْرُ　どんなに犠牲を払っても

تَكَالِيفُ الْعِلَاجِ الطِّبِّيِّ　医療費

كَلَّلَ <كل II 名 تَكْلِيل ❖ 王冠を授ける;結婚式を行う[キリスト教];
鈍くなる 名戴冠式

كَلَّلَ الْكَاهِنُ الْعَرُوسَيْنِ فِي الْكَنِيسَةِ　司祭は教会で二人の結婚式を行った

كُلِّلَ بِالنَّجَاحِ　成功して報われた *受

كَلَّمَ <كلم II ❖ (～に)話す,演説をする;傷つける

أُرِيدُ أَنْ أُكَلِّمَكَ عَلَى انْفِرَادٍ　個人的にあなたと話がしたいです

كَلَّمَتِ الْأَشْوَاكُ يَدَيْهِ　とげが彼の手を傷つけた

كُلَّمَا (كُلّ + ما) ❖ (～する)度に,いつでも;～すればする程 ※～:未

شَكَرَنِي كُلَّمَا قَابَلَنِي　彼は会う度に,私にお礼を言った

كُلَّمَا ازْدَادَ الْعَالِمُ عِلْمًا، تَوَاضَعَ　有識者は知識が増せばます程,謙虚になる

كَلِمَة ❖ 単語,言葉:演説:スピーチ　複 ـات

كَلِمَةُ الْمُرُورِ (السِّرِّ)　パスワード

كَلِمَةً فَكَلِمَةً　一語ずつ

بِكَلِمَةٍ أُخْرَى　言い換えれば/別の言葉で言えば

أَلْقَى كَلِمَةً　演説をした

جَمَعُوا كَلِمَتَهُمْ عَلَى~　彼らは満場一致で~を決定した

اِجْتَمَعَتْ كَلِمَتُهُمْ　彼らは団結した

خُتِمَتِ الْحَفْلَةُ بِكَلِمَةِ تَقْدِيرٍ وَشُكْرٍ　パーティは感謝のスピーチで締めくくられた

كُلْيَة / كُلْوَة ❖ 腎臓

اِلْتِهَاب الْكُلْيَةِ　腎炎

كُلِّيَّة ＜كل 複 ـات ❖ 学部；全部，全て

كُلِّيَّة الطِّبِّ　医学部

طَالِب بِكُلِّيَّةِ ~　~学部の学生

بِالْكُلِّيَّةِ　全体として

كَمْ ~ ❖ (疑問詞)どのくらい，いくつ ※~:単数対
(感嘆詞)なんと，どんなに ※~:単数属

كَمْ سَاعَةً ؟　どのくらい(時間は)かかりますか

كَمِ السَّاعَةُ ؟　何時ですか

كَمْ عُمْرُكَ ؟　あなたは何歳ですか

كَمْ يَوْمًا فِي الْأُسْبُوعِ ؟　一週間は何日(幾日)ありますか

كَمْ بِنْتًا لَكَ ؟　娘さんは何人お有りですか

كَمْ مَرَّةً ؟　何回ですか

بِكَمْ ~؟　~はいくらですか

بِكَمِ الْكِيلُو ؟　1キロいくらですか

كَمْ دَفَعْتَ مِنَ الْمَالِ ؟　あなたはお金をいくら払いましたか

كَمْ كِتَابٍ قَدْ قَرَأْتَ !　どんなに(多くの)本をあなたは読んだことか

كَمّ ❖ 量

نَظَرِيَّةُ الْكَمِّ　量子論

كُمّ 複 أَكْمَام ❖ 袖

اِرْفَعْ كُمَّيْكَ　両袖をまくりなさい

...كُمْ ❖ あなたたちを(に);あなたたちの
※2人称男性複数の代名詞接続形

اَلسَّلَامُ عَلَيْكُمْ　あなた達の上に平安がありますように/今日は

مَنْ ضَرَبَكُمْ ؟　誰があなた達を殴ったのですか

كَمَا <ك ※=كَ+ما ❖ ～のように;同様に

اِفْعَلْ كَمَا تُرِيدُ　好きな様にしなさい

كَمَا هِيَ(هُوَ)　そのまま

تَرَكْتُ الْحَقِيبَةَ كَمَا هِيَ　私はカバンをそのままのしておいた

كِمَادَة <كمد ❖ 湿布

تُوضَعُ الْكِمَادَةُ عَلَى مَوْضِعِ الْأَلَمِ　湿布は痛い所に貼られる

كَمَّاشَة <كمش 複 -ات ❖ ペンチ,やっとこ

إِذَا الْتَوَى الْمِسْمَارُ، اِسْحَبْهُ بِكَمَّاشَةٍ　釘が曲がったら,ペンチで抜きなさい

كَمَالٌ <كمل 複 -ات ❖ 完全な事;完璧

بِكَمَالِهِ　完全に

اِسْعَ إِلَى الْكَمَالِ، لَعَلَّكَ تُدْرِكُ مِنْهُ شَيْئًا　完全さを求めよ,多分あなたは何かを悟るだろう

كَمَان ❖ バイオリン

عَازِفُ الْكَمَانِ　バイオリニスト/バイオリン演奏者

يُتْقِنُ الْعَزْفَ عَلَى الْكَمَانِ　バイオリンを上手に弾く

كَمَلَ (a)/ كَمُلَ (u) (ِ) ❖ (～が)完成する,完全になる

بَعْدَ يَوْمَيْنِ، يَكْمُلُ الْقَمَرُ　二日後に月は満ちる

كَمَّلَ <كمل II 名 تَكْمِيل 関 تَكْمِيلِيّ ❖ 完成させる,(～を)完成する,終える;満たす
名完成,完結 関完成の,完結の;補充の

كَمِّلْ عَمَلَكَ　仕事を完成しなさい

اِنْتِخَابَات تَكْمِيلِيّ　補欠選挙/補選

كَمَنْجَا / كَمَنْجَة 複 -ات ❖ バイオリン

عَازِفُ الْكَمَنْجَةِ / كَمَنْجَاتِيّ　バイオリニスト/バイオリン演奏者

كَمِّيَّة <كم 複 -ات ❖ 量,分量

زِنْ كَمِّيَّةَ الْأَرُزِّ　お米の分量を量りなさい

كَمِّيَّة كَبِيرَة مِنْ ~　大量の/多量の~

كَمِينٌ <كمن 複 كُمَنَاءُ ❖ 形隠れている;待ち伏せの 名奇襲

نَصَبَ لِـ~ كَمِينًا　~を待ち伏せした

ـكُنَّ ❖ あなた達(に);あなた達の
※2人称女性複数の代名詞接続形

هٰذِهِ مَدْرَسَتُكُنَّ　これはあなた達の学校です

كَنَّاس <كنس ❖ 清掃員,掃除人

مَاذَا يُنَظِّفُ الْكَنَّاسُ؟　清掃員は何を清掃しますか

كَنَّىٰ <كني II ❖ (アラブ式尊称で)~さんと呼ぶ

كَنَّاهُ أَبَا~ (بِـأَبِي~)　彼を~さんのお父さんと呼んだ

كَنَّة <كن 複 كَنَائِن ❖ 嫁,義理の娘;義理の妹(姉)

قَسَتِ الْحَمَاةُ عَلَى كَنَّتِهَا　姑が嫁を虐めた

كَنْز 複 كُنُوز ❖ 宝,宝物;資源

كُنُوزُ الْأَرْضِ　地下資源

كَنْزَة ❖ セーター,ジャンパー

حَاكَتْ خَطِيبَتِي لِي كَنْزَةً　婚約者が私にセーターを編んでくれた

كَنَسَ (u) ❖ 掃く,掃除する

تَكْنُسُ أُمِّي الْبَيْتَ كُلَّ صَبَاحٍ　母は毎朝,ほうきで家を掃く

كَنَّسَ <كنس II ❖ = كَنَسَ ⇑

كَنِيسٌ ❖ シナゴーグ ※ユダヤ教の会堂

يَجْتَمِعُ الْيَهُودُ لِلصَّلَاةِ فِي الْكَنِيسِ　ユダヤ教徒は祈るために,シナゴーグに集まる

كَنِيسَة <كنس 複 كَنَائِس ❖ (キリスト教の)教会

عَلَى الْمَسِيحِيِّ أَنْ يَذْهَبَ إِلَى الْكَنِيسَةِ فِي يَوْمِ الْأَحَدِ　クリスチャンは日曜日に教会に行かなければならない

كَهْرَبَ ، يُكَهْرِبُ ❖ 電気を通す;電離させる;感電させる

تُكَهْرِبُ السِّلْكَ بِهٰذَا الزِّرِّ ، وَتُضِيءُ الْمِصْبَاحَ　このスイッチで配線に電気を通し,電灯を点けます

كَهْرَبَا / كَهْرَبَاء 関 كَهْرَبَائِيّ ❖ 電気;こはく/琥珀 関電気の;電気屋

كَهْرَبَاء إِسْتَاتِيكِيَّة (سُكُونِيَّة /سَاكِنَة)　静電気

حَبَّاتُ هٰذِهِ الْمِسْبَحَةِ مِنَ الْكَهْرَبَا　このミスバハ(数珠)は琥珀で出来ています

كَهْف 複 كُهُوف ❖ 洞穴,洞窟

كَانُوا يَعِيشُونَ فِي الْكُهُوفِ　彼らは洞穴に住んでいた

كَهْل 複 كُهُول /كُهَّل 女 كَهْلَة 複 كَهَلَات ❖ 壮年,中年 ※３０～５０歳代の人

بَيْنَ الطُّلَّابِ الشَّبَابِ طَالِبٌ كَهْلٌ　若い学生の中に,中年の学生がいる

كُهُولَة <كهل ❖ 壮年期,中年期;成熟期,

اَلْكُهُولَةُ قَدْ تَكُونُ أَخْصَبَ مَرَاحِلِ الْعُمْرِ　中年期は成熟した年代であろう

كَوَى ، يَكْوِي 名 كَيّ ❖ アイロンを掛ける;焼く;焼き印を押す
名アイロン掛け;焼く事

أَنَا لَا أَقْدِرُ أَنْ أَكْوِيَ الْقَمِيصَ　私はシャツにアイロンを掛ける事が出来ません

رَطَّبَتْ أُمِّي الْقُمْصَانَ قَبْلَ كَيِّهَا　私の母はアイロン掛けする前にシャツを湿らした

كُوب 複 أَكْوَاب ❖ コップ

شَرِبَ كُوبَ الْمَاءِ كُلَّهُ　コップの水を飲み干した

كُوخ 複 أَكْوَاخ ❖ 小屋

كُوخُ النَّاطُورِ يُطِلُّ عَلَى الْكُرُومِ　見張り小屋から,ぶどう畑が見渡せる

كُورَس ❖ コーラス

كُورِيَا ❖ 韓国,朝鮮

كُورِيَا الشَّمَالِيَّة　北朝鮮

اَلتِّجَارَة بَيْنَ الْيَابَانِ وَكُورِيَا الشَّمَالِيَّةِ　日朝貿易

اَلْمُعَاهَدَة بَيْنَ الْيَابَانِ وَكُورِيَا　日韓条約

ضُمَّتْ كُورِيَا إِلَى الْيَابَانِ　韓国は日本に併合された

كُوز 複 أَكْوَاز / كِيزَان ❖ (素焼きの)カップ ※取っ手の付いた小型の物

يَبْرُدُ الْمَاءُ فِي الْكُوزِ　水はカップの中で冷たくなる

كُوسَا / كُوسَى ※ كُوسَاة ❖ ズッキーニー ※1個のズッキーニー

لَا نَزْرَعُ الْكُوسَا بِقُرْبِ الْقَرْعِ　私達はかぼちゃの近くにズッキーニーは植えない

كُوعٌ 複 أَكْوَاعٌ ❖ 肘

لَا يَعْرِفُ الْكُوعَ مِنَ الْبُوعِ　彼は何も分かっていない(愚かである)

كُوفِيَّة <كوفة * ❖ クーフェイヤ ※広い方形の布で頭に被る布

* اَلْكُوفَة :イラクの都市クーファ

يُلَفُّ الرَّأْسُ بِالْكُوفِيَّةِ　クーフェイヤは頭に巻かれる

كَوْكَب 複 كَوَاكِب ❖ 惑星, 星;(映画などの)スター

اَلزُّهَرَةُ كَوْكَبٌ مُتَوَهِّجٌ شَدِيدُ اللَّمَعَانِ　金星は明るく輝く惑星です

كَوْكَبَة ❖ 集団, 一団;軍隊;星

كَوْكَبَة مِنَ الْفُرْسَانِ　騎馬隊/騎馬軍団

كُولِيرَا ❖ コレラ

يَتَمَيَّزُ الْكُولِيرَا بِالتَّقَيُّؤِ وَالْمَغْصِ الْحَادِّ وَالْإِسْهَالِ　コレラは嘔吐や, 激しい胃腸の痛みや, 下痢が顕著である

كَوَّمَ <كوم II ❖ 積み上げる, 積み重ねる

كَوَّمَ الْعُمَّالُ الرِّمَالَ　労働者達が砂を積み上げた

كُومْبِيُوتَر ❖ コンピューター

كَوْمَة / كُومَة 複 ـات/كُوَمٌ ❖ 塚;積み重ね;堆積物

تَنْقُلُ الشَّاحِنَةُ الرَّمْلَ كَوْمَةً بَعْدَ كَوْمَةٍ　トラックが砂を山と積んで運ぶ

كَوَّنَ <كون II 名 تَكْوِين 複 تَكَاوِين ❖ 作る, 創造する;形成する 名創造;形成

اُنْظُرْ إِلَى الصُّوَرِ، وَكَوِّنْ قِصَّةً　絵を見て物語を作りなさい

يَتَّحِدُ الْهَيْدُرُوجِينُ مَعَ الْأُكْسِجِينِ لِيُكَوِّنَا الْمَاءَ　水素は酸素と結合し, 水を作る

كَوْن 複 أَكْوَان 関 كَوْنِيّ ❖ 存在;有る事, 実在;～という事実 ※～:名形対

関宇宙の, 世界の

اَلْكَوْن　宇宙/世界

كَوْنُهُ مَجْنُونًا　彼が狂人であるという事実

اَلنِّظَامُ الْكَوْنِيُّ　宇宙の秩序

(اَلْ)كُوَيْت 関 كُوَيْتِيّ ❖ クウェート 関クウェートの；クウェート人

دَوْلَةُ الْكُوَيْتِ　クウェート国

كَيْ～ ❖ ～の為に ※～：未接続形

أَذْهَبُ إِلَى الْمَدْرَسَةِ كَيْ أَتَعَلَّمَ　私は学ぶ為に学校へ行きます

كِيَان ＜كون ❖ 存在；本質；特性，個性

لِكُلِّ دَوْلَةٍ مُسْتَقِلَّةٍ كِيَانُهَا　あらゆる独立国に特性がある

كَيْد 複 كِيَاد ❖ 騙し，計略；邪悪，不徳な事

اِبْتَعِدْ عَنْ كُلِّ كَيْدٍ　邪悪なもの全てに，近づいてはならない

كِير 複 أَكْيَار / كِيرَان ❖ ふいご

يَنْفُخُ الْحَدَّادُ الْكِيرَ　鍛冶屋がふいごを吹く

كِيرُوسِين ❖ 灯油

خَلَطَ الْعَامِلُ بَيْنَ الْكِيرُوسِينِ وَالْبَنْزِينِ　作業員が灯油とガソリンを間違えた

كِيس 複 أَكْيَاس ❖ 男女 袋

كِيسُ وَرَقٍ　紙袋

كِيسُ شَايٍ　ティー・バッグ

كَيَّفَ＜كيف II تَكْيِيف ❖ 形作る；調整する，調節する 名 調整，調節

كَيَّفَ هَوَاءَ الْمَحَلِّ　店の空気を調節した

كَيْفَ～؟ ❖ どのように～

كَيْفَ حَالُكَ؟　ご機嫌いかがですか／お元気ですか

كَيْفَ أَصِلُ هُنَاكَ؟　そこへはどのように，行くのですか

كَيْف ❖ 状態；気分，機嫌；意志；愉快

عَلَى كَيْفِكَ　あなたのお好きな様に

تَرَكَ عَلَى كَيْفِهِ　好きにさせた

رَكَّبَ فِي الْمَحَلِّ جِهَازًا يُكَيِّفُ الْهَوَاءَ　店にエアコンを取り付けた

تَكْيِيفُ الْهَوَاءِ　空気(の) 調節

كَيْفَمَا ~ ※ どんな方法でも, ~がどうであれ

أُحِبُّ الْبَاذِنْجَانَ كَيْفَمَا طُبِخَ　茄子はどの様に料理されても, 好きです

كَيْفِيَّة <كيف ※ 方法, 仕方

كَيْفِيَّةُ الاسْتِعْمَالِ　使用説明書

كَيْفِيَّةُ الدَّفْعِ　支払い(の)方法

كَالَ <كيل II ※ 計る, 計量する

تَعَالَ نَكِيلُ الْحَبَّ　さぁ(穫れた)穀物を計ろう

كَيْلٌ 複 أَكْيَال ※ 穀物を計る容器; 俵

كَيْلٌ لَكَ وَكَيْلٌ لِي　一俵はあなたに, そしては一俵は私に

كَيْلَة 複 -ات ※ ※容積の単位 (ｴｼﾞﾌﾟﾄ) 1 カイラ＝16, 72リットル

تُسَاوِي كَيْلَةُ اللَّبَنِ لِتْرًا وَاحِدًا　ミルク1カイラは1リットルに等しい

كِيلُو ※ キロ

كِيلُوغْرَام　キログラム

كِيلُومِتْر　キロメートル

كِيمَاوِيّ 複 ون / -ات ※ 形化学の 名化学者

تَفَاعُل كِيمَاوِيّ　化学反応

كِيمَاوِيَّات　化学薬品

(الْ)كِيمِيَاء ※ 化学

شُغِفَ بِعِلْمِ الْكِيمِيَاءِ　化学が大好きだった

كِينَا / كِينِين ※ キニーネ, キナ

شَجَرَة الْكِينَا　キナの木

حَرْفُ اللاَّم

ل

لَـ~ ❋ 実に, 本当に, 誠に

يَا لَلْـ~　何と～であることか　※～:名属

يَا لَلْيَدِ الرَّشِيقَةِ !　なんと仕事が手早いのでしょう

إِنَّ .. لَـ~　‥は実に～である

إِنَّ اللّٰهَ لَكَبِيرٌ　神は実に偉大である

إِنَّ عَزْفَكَ لَرَائِعٌ !　あなたの演奏は実に素晴らしい

لَوْ ...، لَـ~　もし‥ならば～でしょう

لَوْ طَلَبْتَ مُسَاعَدَتِي، لَسَاعَدْتُكَ　もしあなたが私に助けを求めていたならば, 私はあなたを助けていたでしょう

لَوْ لاَ ...، لَـ~　もし‥がなければ～だろう

لَوْ لاَ مُسَاعَدَتُكَ ، لَفَشِلْتُ　もしあなたの助けがなかったら, 私は失敗していたでしょう

لِـ~ ❋ ～へ;～のために;～に属する;～のもの　※ لَهُ ، لَهَا ، لَكَ ، لِي　*女性形 (ِ)*
～のために　※～:未接続形;
～させなさい　※～:未短形

لِي كِتَابَانِ　私は二冊の本を持っています

هٰذِهِ الْكُرَةُ لَكَ　このボールはあなたのものです

ذَهَبَ إِلَى الْمَدِينَةِ لِيَبْحَثَ عَنْ عَمَلٍ　仕事を探すために町に行った

لِيَلْعَبْ كُلُّ وَاحِدٍ بِكُرَتِهِ　皆を自分のボールで遊ばせなさい

لِيَكْتُبْ رِسَالَةً إِلَى أَخِيهِ　彼に兄弟への手紙を書かせなさい

لِأَنَّ ~　※ لِـ+أَنَّ~　なぜなら～だから

لِمَاذَا تَدْرُسُ اللُّغَةَ الْعَرَبِيَّةَ ؟　どうしてあなたはアラビア語を勉強するのですか

— لِأَنَّنِي أُرِيدُ أَنْ أَقْرَأَ الشِّعْرَ الْعَرَبِيَّ　—なぜならアラブの詩を読みたいからです

لَا ❖ いいえ;～しない ※～:未
～してはいけない ※～: 2人称未短形

أَتُحِبُّ الرَّسْمَ ؟ لَا　絵が好きですかーいいえ

لَا يَعْمَلُ فِي يَوْمِ الْأَحَدِ　彼は日曜日は働きません

لَا تُبْغِضْ أَحَدًا　誰も憎んではいけません

لَا شَكَّ / بِلَا شَكٍّ　疑う余地のない/疑いのない

لَا إِلٰهَ إِلَّا اللّٰهُ　神以外に神はいない

لَائِحَة < لوح 複 -ات/لَوَائِح ❖ 表,リスト;計画;条例,法律

لَمْ يُسَجَّلْ اسْمُكَ فِي اللَّائِحَةِ　あなたの名前はリストに書かれていません

لَائِحَة الطَّعَامِ　メニュー

لَائِحَة سَوْدَاء　ブラックリスト

لَائِحَة الْقَانُونِ　法案

لَائِق < ليق ❖ ふさわしい,適切な;適した

مِنَ اللَّائِقِ أَنْ ～　～するのは適切である

لَيْسَ فِي حَارَتِنَا مَدْرَسَةٌ لَائِقَةٌ　私達の地区にはふさわしい学校がない

لَاءَمَ ، يُلَائِمُ < لأم III 名 مُلَاءَمَة ❖ よく合う;調和する;仲直りさせる,和解させる
名 調和;和解

لَاءَمَتِ الْفَتَاةُ بَيْنَ لَوْنِ الْفُسْتَانِ وَلَوْنِ الْحِذَاءِ　娘はドレスと靴の色を調和させた

لَاجِئٌ < لجأ 複 لَاجِئُونَ (لَاجِئِينَ) ❖ 難民,避難民 ※( )内は属対

لَاجِئَة مِنَ الْهُوتُو　フツ族難民の女性

لَاجِئٌ سِيَاسِيٌّ　政治的難民

مُعَسْكَر لَاجِئِينَ　難民キャンプ

لَاحَ ، يَلُوحُ 名 لَوْح ❖ 現れる,見える;輝く;日焼けする 名 板,黒板

يَلُوحُ لِي أَنْ ～　私には～のように見える

عَلَى مَا يَلُوحُ　明らかに

لَاحَتْ تَبَاشِيرُ الصَّبَاحِ　朝の兆しが表れた

لَوْحٌ أَسْوَدُ　黒板(こくばん)

لَاحَظَ > لحظ III 名 مُلَاحَظَة ⋄ 注視(ちゅうし)する；気(き)づく；注意(ちゅうい)する，留意(りゅうい)する
名 観察(かんさつ)，考察(こうさつ)；注意(ちゅうい)；備考(びこう)，コメント，留意(りゅうい)

مِمَّا يُلَاحَظُ أَنَّ~　言うまでもなく～である

وَقَفَتِ السَّيَّارَةُ تُلَاحِظُ التَّلَامِيذَ　車(くるま)は生徒達(せいとたち)に気付(きづ)いて，止(と)まった

أَجْرَى مُلَاحَظَةً عَلَى~　～を観察(かんさつ)した

لَاحَقَ > لحق III 名 مُلَاحَقَة ⋄ 追(お)いかける，追(お)う 名 追跡(ついせき)

لَاحَقَ الشُّرْطِيُّ اللِّصَّ　警官(けいかん)が泥棒(どろぼう)を追(お)いかけた

لَازَمَ > لزم III 名 مُلَازَمَة ⋄ 伴(ともな)う；離(はな)れない；固執(こしつ)する；続(つづ)ける；留(とど)まる
名 離(はな)れない事(こと)；固執(こしつ)；付着(ふちゃく)；忍耐強(にんたいづよ)さ；居住(きょじゅう)

يُلَازِمُ الْمَرِيضُ الْفِرَاشَ　病人(びょうにん)はベッドに伏(ふ)している

لَازَمَ الْغُرْفَةَ　部屋(へや)に閉(と)じこもった

لَازَمَ الصَّمْتَ　沈黙(ちんもく)を守(まも)った

لَازِمٌ > لزم ⋄ 義務(ぎむ)の；必要(ひつよう)な；自動詞(じどうし)の

أَكْثَرُ مِنَ اللَّازِمِ　必要以上(ひつよういじょう)に

النَّفَقَةُ اللَّازِمَةُ　必要経費(ひつようけいひ)

فِعْلٌ لَازِمٌ　自動詞(じどうし)(文)

مِنَ اللَّازِمِ أَنْ~　～しなければならない

مِنَ اللَّازِمِ أَنْ يَعْتَذِرَ لَهَا　彼(かれ)は彼女(かのじょ)に謝(あやま)らなければならない

لَازَوَرْد(ِيّ) ⋄ ラピス，ラピスラズリ

يُزَيِّنُ الْخَاتِمَ حَجَرٌ مِنْ لَازَوَرْدٍ　ラピスラズリは指輪(ゆびわ)の飾(かざ)りである

لَاسِلْكِيّ > سلك ※ لا+سِلْكِيّ ⋄ 無線(むせん)の，ワイヤレスの ※

يَتَكَلَّمُ الطَّيَّارُ بِوَاسِطَةِ اللَّاسِلْكِيِّ　パイロットは無線機(むせんき)で話(はな)す

لَاسِيَّمَا > سوي ※ لا+سِيّ+ما ⋄ 特(とく)に，とりわけ；主(おも)に

آكُلُ سَمَكًا، لَاسِيَّمَا السَّرْدِينَ　私(わたし)は魚(さかな)を食(た)べます，特(とく)にイワシを食(た)べます

لَاصَقَ > لصق III 名 مُلَاصَقَة ⋄ 連続(れんぞく)する，続(つづ)いている；接(せっ)する 名 連続(れんぞく)，連結(れんけつ)；隣接(りんせつ)

بَيْتُنَا يُلَاصِقُ بَيْتَ جَارِنَا　私達の家は隣人の家に接しています

لَاطَفَ < لطف III 名 مُلَاطَفَة ❖ 親切にする,思いやる 名好意;思いやり,親切

كُنْتُ غَاضِباً، فَأَخَذَتْ أُخْتِي تُلَاطِفُنِي　私が怒っていると,姉がなだめ始めました

لَاعَبَ < لعب III ❖ 遊ぶ

هَلْ رَأَيْتَ قِطًّا يُلَاعِبُ كَلْبًا؟　あなたは犬と遊ぶ猫を見た事がありますか

لَاعِب < لعب 複 ون ❖ 形遊んでいる;運動する 名遊んでいる人;選手

هِيَ لَاعِبَةُ كُرَةِ الْقَدَمِ　彼女はサッカーの選手です

لَاقَ، يَلِيقُ < ليق ❖ 益がある;ふさわしい,似合う(～بِـ:～に);適切である

لَا يَلِيقُ بِكَ أَنْ تَحْتَدَّ　あなたが怒るのは正当ではない

يَلِيقُ بِالْحَاكِمِ أَنْ يَحْزِمَ حَتَّى يُهَابَ　審判は恐れられるほど,決然とするのがふさわしい

اَلتَّنُّورَةُ الْحَمْرَاءُ تَلِيقُ بِكِ　赤いスカートが貴女に似合う

لَا يَلِيقُ أَنْ يَطْعَنَ فِي شَخْصٍ غَائِبٍ　いない人を非難するのは適切ではない

لَاقَى < لقي III 名 مُلَاقَاة ❖ 会う,出会う;受ける;(成功,人気などを)得る
名遭遇,出会い

لَاقَى مُعَامَلَةً لَطِيفَةً (قَاسِيَةً)　彼は親切な(ひどい)扱いを受けた

لَاكَ، يَلُوكُ ❖ 噛む;続けざまにしゃべる;(名誉を)汚す

أَلَا تَلُوكُ اللُّقْمَةَ قَبْلَ بَلْعِهَا؟　あなたは飲み込む前に,噛まないのですか

لَاكَ سُمْعَتَهُ　評判を落とした

مَا تَلُوكُهُ الْأَلْسِنَةُ　人々が言っている事/噂になっている事

لَاكَمَ < لكم III 名 مُلَاكَمَة ❖ 手で殴り合う;ボクシングをする
名殴り合い;ボクシング

رَفَضَ التِّلْمِيذُ أَنْ يُلَاكِمَ رَفِيقَهُ　生徒はクラスメートとの殴り合いを拒否した

لُؤْلُؤ < لألأ 複 لَآلِئ ※ لُؤْلُؤَة ❖ 真珠 ※1個の真珠

قِلَادَة لُؤْلُؤٍ　真珠の首飾り(ネックレス)

لَؤُمَ < لأم (u) 名 لُؤْم /لَآمَة ❖ 卑しい;不道徳である 名下劣,下品

مَنْ كَرُمَتْ نَفْسُهُ لَا يَلْؤُمُ　誇り高き者は卑しくはならない

لَامَ ، يَلُومُ < لوم 名 لَوْم ❖ 非難する,とがめる(～فِي/عَلَى:～を) 名非難

لِمَاذَا أُلَامُ؟ — どうして私は非難されるのか *受

لَامَ نَفْسَهُ — 自分を責めた

لَامَسَ < لمس III 名 مُلَامَسَة ❖ 触れる,接触する;性交する 名接触;性交

فُسْتَانُ الْعَرُوسِ يُلَامِسُ الْأَرْضَ — 花嫁のドレスが地面に触れている

لَامِع < لمع 複 لَوَامِع ❖ 輝いている,光っている;著名な

اَلنُّجُومُ لَامِعَةٌ فِي السَّمَاءِ — 星が空で輝いている

كَاتِب لَامِع — 著名な作家

(اَلـ)لَانِهَايَة (※ لا + نِهَايَة 関 لَانِهَائِيّ ❖ 無限 関無限の

اَلْقُوَّة اللَّانِهَائِيَّة — 無限の力

لَئِيم < لوم 複 لِئَام / لُؤَمَاء ❖ 下劣な,下品な,卑しい;不良の

لَايَنَ < لين III 名 مُلَايَنَة ❖ 優しい,親切にする,なだめる 名親切;慈悲

إِذَا غَضِبَ زَوْجُكِ لَايِنِيهِ — もし,あなたの夫が怒ったら,なだめなさい

لُبّ 複 لُبُوب ❖ (果物の)中身;核,種,芯;本質(複 لُبُوب);心,精神(複 أَلْبَاب)

نَزَعَ قِشْرَةَ الْبُرْتُقَالَةِ وَأَكَلَ اللُّبَّ — オレンジの皮をむいて,中身を食べた

قِيمَةُ الْإِنْسَانِ فِي لُبِّهِ ، لَا فِي مَظْهَرِهِ — 人の価値は中身にあり,外見ではない

لَبَّى < لبى II 名 تَلْبِيَة ❖ 応える,応諾する,応じる;従う 名従う事,服従;従順;応じる事

لَيْسَ فِي وُسْعِي أَنْ أُلَبِّيَ طَلَبَكَ — あなたの要求に応える事は出来ません

لَبَّى الدَّعْوَةَ — 招待に応じた

تَلْبِيَة الدَّعْوَةِ — 招待に応じる事

تَلْبِيَةً لِـ～ — ～に応じて/～に従って

لَبُؤَة 複 -ات / لَبُؤ ❖ 牝ライオン

لَيْتَ اللَّبُؤَةَ أَقَلُّ شَرًّا مِنَ الْأَسَدِ — ライオンの牝が牡より気性が激しくなければいいのに

لُبَّادَة < لبد 複 لَبَابِيد ❖ フェルト;フェルトの帽子;フェルトの外套

يُغَطِّي صَلْعَتَهُ بِلُبَّادَةٍ سَمْرَاءَ　禿げた頭に茶色のフェルトの帽子を被る

لِبَاسٌ < لبس 複 أَلْبِسَة ✽ 服,服装,コスチューム,衣装

لِبَاس رَسْمِيّ　制服/フォーマルな服

لِبَاس وَطَنِيّ　民族衣装

تُعْجِبُنِي الْفَتَاةُ بِأَنَاقَةِ لِبَاسِهَا　私は優雅な服装をした少女に惹かれた

لَبِثَ (a) 名 لَبْث ✽ 止まる,滞在する;ためらう;〜し続ける（〜:未）

名ためらい;遅れ

لَبِثَ فِي الْغُرْبَةِ سَنَوَاتٍ　異国に何年もとどまった

مَا لَبِثَ أَنْ ~　間もなく〜した/やがて〜した/直ぐに〜した

مَا لَبِثَ الْجَيْشَانِ أَنْ تَلَاحَمَا　二人の兵士は直ぐに闘い始めた

يَرْكُضُ قَلِيلًا فَمَا يَلْبَثُ أَنْ يَتْعَبَ　彼は少し走ると,直ぐに疲れる

لَبِسَ (a) 名 لُبْس ✽ (服を)着る,(帽子を)被る 名着る事,被る事

لَبِسَ الْقُبَّعَةَ　帽子を被った

لَبِسَ الْمَلَابِسَ　服を着た

تُصِرُّ عَلَى لُبْسِ التَّنُّورَةِ الْحَمْرَاءِ　彼女は赤いスカートをはくと主張している

لَبَنٌ 複 أَلْبَان ✽ ミルク,母乳（複）乳製品

لَبَن رَائِب (زَبَادِيّ)　ヨーグルト

أَشَايًا تَشْرَبُ أَمْ لَبَنًا؟　お茶を飲みますか,それともミルクを飲みますか

لُبْنَانُ 関 لُبْنَانِيّ ✽ レバノン 関レバノンの;レバノン人

اِشْتَرَيْتُ كُتُبًا جَمِيلَةً مِنْ لُبْنَان　私はレバノンで作られた美しい本を買いました

اَلْجُمْهُورِيَّة اللُّبْنَانِيَّة　レバノン共和国

لَبُون < لبن 複 لُبُن / لَبَائِن ✽ 乳の,乳を出す

بَقَرَة لَبُون　乳牛

حَيَوَان لَبُون　ほ乳類

لَتَّ (u) ✽ こねる,練る

أَبِالْمَاءِ أَلُتُّ الطَّحِينَ ، أَمْ بِالسَّمْنِ ؟　小麦粉は水でこねるのですか,それとも油ですか

لِتْر ❖ リットル

اللِّتْرُ يُساوِي ١٠٠٠ سم³　　1リットルは1000㎤(立法センチメートル)です

لِثام < لثم 複 لُثُم ❖ (鼻と口を覆う)ベール, マスク, 覆面

غَطَّى الرَّجُلُ وَجْهَهُ بِلِثامٍ　　男は覆面をした

لِثَة < لثي 複 -ات/لِثًى ❖ 歯茎

اِلْتِهاب اللِّثَةِ　　歯槽膿漏

صِحَّةُ الأَسْنانِ مِنْ صِحَّةِ اللِّثَةِ　　健康な歯は健康な歯茎から

لَثَمَ (i) ❖ 接吻する, キスをする

أَوَدُّ أَنْ أَلْثِمَ يَدَكِ وَخَدَّيْكِ ، يا أُمِّي　　お母さん, あなたの手と頬にキスをしたいです

لَجَّ (a, i) ❖ (〜に)頑固である, こだわる; (〜を)続ける(〜في); 困らせる(〜بِ: 〜を)　※ أَنا لَجَجْتُ / لَجِجْتُ

لَجَّ بِي الشَّوْقُ إِلَى وَطَنِي وَأَهْلِي　　私は祖国と家族への思いが強くなりました

لَجَأَ ، يَلْجَأُ 名 لُجُوء ❖ 避難する, 待避する; 頼る 名避難; 亡命

لَجَأَ أَطْفالُنا إِلَى الْمَدْرَسَةِ الْقَرِيبَةِ　　私達の子供達は近くの学校に避難した

لَجَأَ إِلَى الْعُنْفِ　　暴力に訴えた

لُجُوء سِياسِيّ　　政治亡命

لِجام < لجم 複 أَلْجِمَة / لُجُم ❖ 手綱

عِنْدَما أَرادَ إِيقافَ الْفَرَسِ ، شَدَّ لِجامَهُ　　馬を止めたい時は手綱を引いた

لُجُوء ❖ ⇒ لَجَأَ 名

لُجَّة 複 لُجَج / لُجّ ❖ 深淵, 水の深い所

غَرِقَ الزَّوْرَقُ وَغابَ فِي اللُّجَّةِ　　舟が沈んで, 水の深い所で見えなくなった

لَجْنَة 複 -ات/ لِجان/ لِجَن ❖ 委員会; 会議

لَجْنَة التَّحْقِيق　　調査委員会

لَجْنَة تَنْفِيذِيَّة　　実行委員会

لَجْنَة صُلْحِيَّة　　調停委員会

لَجْنَة فَرْعِيَّة　　分科会

لَجُوج < لج ❖ 強情な,頑固な;面倒な

كَيْفَ أَتَخَلَّصُ مِنْ طَلَبِهِ ؟ إِنَّهُ غُلَامٌ لَجُوجٌ　どうやって彼の要求から逃れようか,本当に彼は面倒な若者だ

لِحَاف < لحف 複 لُحُف / أَلْحِفَة ❖ 掛け布団;毛布

تَغَطَّيْتُ بِاللِّحَافِ　私は掛け布団を掛けました

لِحَام < لحم ❖ 溶接

لِحَام كَهْرَبَائِيّ　電気溶接/電溶

لَحَّام < لحم ❖ 肉屋;溶接工

يَكْسِرُ اللَّحَّامُ الْعَظْمَ بِالسَّاطُورِ　肉屋は包丁で骨を砕いた

لَحْدٌ 複 لُحُود / أَلْحَاد ❖ 墓,墓場

مِنَ الْمَهْدِ إِلَى اللَّحْدِ　揺りかごから墓場まで

أُطْلُبْ الْعِلْمَ مِنَ الْمَهْدِ إِلَى اللَّحْدِ　揺りかごから墓場まで知識を求めよ

لَحِسَ (a) ❖ なめる/舐める

يَلْحَسُ الْهِرُّ صَحْنَ اللَّبَنِ　猫がミルク皿をなめている

لَحَظَ (a) 名 لَحْظ ❖ 見る;観察する;(左右を)注意して見る
名 目(のくぼんでいる部分);見る事

كَانَ الْمُرَاقِبُ يَلْحَظُهُ　監督は彼を観察していた

لَحْظَة 複 لَحَظَات ❖ 一瞬,瞬間

لَحْظَةً　ちょっと/しばらく

مُنْذُ لَحْظَةٍ　ちょっと前に

فِي الْقِرَاءَةِ ، تَوَقَّفْ لَحْظَةً عِنْدَ الْفَاصِلَةِ　本を読む時には,コンマで少し間をおきなさい

بَدَأْنَا السِّبَاقَ مُنْذُ لَحْظَةٍ　私達はちょっと前に,競技(試合)を始めた

لَحِقَ (a) ❖ ついて行く,追いかける

أُرِيدُ أَنْ أَلْحَقَ بِكَ　私はあなたに,ついて行きたい

لَحَمَ (u) ❖ 溶接する;ハンダ付けする

أَيُلْحَمُ النُّحَاسُ بِالْقَصْدِيرِ ؟ *　銅はハンダで付きますか *受

لَحْم 複 لُحُوم ❁ 肉

قِطْعَة لَحْمٍ　一切れの肉/肉の一切れ

نَضِجَ اللَّحْمُ　肉が焼けた

لَحَّنَ < لحن II 名 تَلْحِين ❁ (詩や歌を)吟ずる, 歌う;演奏する;作曲する 名作曲, 編曲

لَحَّنَ النَّشِيدَ الْوَطَنِيَّ　国家を歌った

لَحْن 複 أَلْحَان / لُحُون ❁ 曲;メロディー

رَقَصْنَا طَوِيلاً عَلَى إِيقَاعِ أَلْحَانِكَ　私達はあなたの曲のリズムに乗って, 長いこと踊りました

لِحْيَة < لحو 複 لُحًى ❁ ひげ/髭 ※頬と顎のひげ

يُطِيلُ رَجُلُ الدِّينِ لِحْيَتَهُ عَادَةً　宗教的な人はたいてい髭を伸ばす(生やす)

لَخَّصَ < لخص II 名 تَلْخِيص ❁ 要約する, まとめる 名要約, まとめ, レジュメ

لَخَّصَ الْأُسْتَاذُ الدَّرْسَ　教授は授業を要約した

لَدَى ~ ❁ 前(~のもとに)ある, いる

لَدَيَّ / لَدَيْكَ / لَدَيْهِ / لَدَيْهَا (َ)　私に/あなたに(女)/彼に/彼女に/

كَانَ لَدَيَّ آلَةُ تَصْوِيرٍ　私はカメラを持っていた

لَدَى الْحَاجَةِ　必要な場合は

لَدَغَ (a) ❁ 咬む, 刺す

تَلْدَغُ الْحَيَّةُ لِتَنْفُثَ السَّمَّ　蛇は毒を噴出する為に咬む

لَدْغَة ❁ 一噛み, 一刺し

لَدْغَةُ بَعْضِ الْحَيَّاتِ مُمِيتَةٌ　ある種の蛇の一噛みは死に至る(致命傷になる)

لَذَّ (a) ※ أَنَا لَذِذْتُ ❁ 美味しい, 美味である, 旨い;味わう

عِنْدَ الْجُوعِ يَلَذُّ الطَّعَامُ　空腹だと食物が美味しい

لَذَّة 複 -ات ❁ 美味しさ;喜び, 楽しみ, 快楽

وَجَدَ لَذَّةً فِي~　~に楽しみを見出した

لَذَعَ (a) ❖ 焼く;傷を焼いて消毒する;(言葉で)傷つける

اَلْحَسَاءُ سُخْنٌ يَلْذَعُ اللِّسَانَ	スープは舌を火傷させるほど熱い
أَخْشَى أَنْ أَلْذَعَهُ بِكَلَامِي	私の言葉が彼を傷つけないかと,心配しています

لَذِيذ < لذ 複 لِذَاذ / لُذّ ❖ 美味しい,旨い;甘い;美しい ※比 أَلَذّ

أَكَلْتُ طَعَامًا لَذِيذًا	私は美味しい食べ物(ご馳走)を食べました
مَا أَلَذُّ طَبَقٍ تَذَوَّقْتَهُ فِي الْيَابَانِ ؟	日本で一番美味しい食べ物は何でしたか

لَزِجَ (a) ❖ 粘る

أُتْرُكِي الْقَطْرَ عَلَى النَّارِ حَتَّى يَلْزَجَ	シロップが粘るまで,火にかけなさい

لَزِجٌ ❖ 粘り気のある,粘性の

اَلنَّفْطُ مَادَّةٌ سَائِلَةٌ لَزِجَةٌ	原油は粘り気のある液体です

لَزِقَ (a) ❖ 付く,くっ付く,付着する(~بِ:~に)

يَلْزَقُ طَابِعُ الْبَرِيدِ مِنْ دُونِ صَمْغٍ	切手は糊無しで,くっ付きます

لَزَّقَ < لزق II ❖ 付ける,くっ付ける,貼る/張る

لَزَّقَ صُورَةَ السَّيَّارَةِ عَلَى جِدَارِ غُرْفَتِهِ	部屋の壁に車の写真を貼った

لَزْقَة 複 لَزَقَات ❖ 湿布

بِهٰذِهِ اللَّزْقَةِ يَزُولُ أَلَمُ ظَهْرِكَ	この湿布で背中の痛みが取れます

لَزِمَ (a) 名 لُزُوم ❖ 必要である;くっ付く;こもる;留まる 名必要

تَلْزَمُكَ الرَّاحَةُ	あなたには休息が必要です
لَزِمَ الْفِرَاشَ عِنْدَمَا أَصَابَهُ الزُّكَامُ	風邪を引いて寝込んだ
لَا لُزُومَ لِهٰذِهِ النُّقُودِ	このお金は必要ありません

لِسَان < لسن 複 أَلْسُن / لُسُن / أَلْسِنَة ❖ 男女 舌;言葉;スポークスマン

ذُو لِسَانَيْنِ	二枚舌の
عَلَى لِسَانِهِ	彼の口から
عَلَى لِسَانِ الصُّحُفِ	報道機関によると

لَسَعَ (a) ❖ 刺す

تَلْسَعُ النَّحْلَةُ الطِّفْلَ　蜂が子供を刺す

كَادَ الْعَقْرَبُ يَلْسَعُهُ فِي قَدَمِهِ　サソリが足を刺そうとするところだった

لِصٌّ 複 لُصُوص ❖ 泥棒, 盗賊, 盗人

دَخَلَ لِصٌّ بَيْتًا لِيَسْرِقَ　泥棒が家に盗みに入った

لَصِقَ (a) ❖ 付く, くっ付く, 付着する(~بِـ:～に)

لَمْ تَلْصَقِ الصُّورَةُ بِالْجِدَارِ　写真は壁にくっ付かなかった

لَصَّقَ < لصق II ❖ くっ付ける, 接着する, (糊で)貼る

لَصَّقَ لَوْحَتَيْنِ　2枚の板を接着した

لُصُوصِيَّة < لص ❖ 盗み, 窃盗

اِعْتَادَ السَّارِقُ اللُّصُوصِيَّةَ　盗人は盗みが習慣になった

لَطَخَ (a) ❖ 汚す

اِحْذَرْ أَنْ تَلْطَخَ يَدَيْكَ بِالزَّيْتِ　手を油で汚さないように, 気を付けなさい

لَطَّخَ < لطخ II ❖ = لَطَخَ ⇑

لَطَفَ (u) 名 لُطْف ❖ 親切である, 優しい(~لِـ/~بِـ:～に) 名 親切, 優しさ

لَطَفَ اللّٰهُ بِالْإِنْسَانِ　神は人間に親切であられる

بِلُطْفٍ　親切に/優しく

أَشْكُرُ لَكَ لُطْفَكَ　ご親切にして頂き, 有り難うございます

لَطُفَ (u) ❖ 小さい;優雅である, 優美である

لَطُفَتْ حَبَّاتُ الْمِسْبَحَةِ　数珠玉は小さかった

مَنْ رَقَّتْ أَخْلَاقُهُ يَلْطُفُ كَلَامُهُ　性格の優しい人は話し方も優しい

لَطَمَ (i) ❖ 打つ, 平手打ちする

تَلْطِمُ الْأَمْوَاجُ صُخُورَ الشَّاطِئِ　波が海岸の岩に打ち寄せている

لَطَمَ الْجُنْدِيُّ خَدَّهَا بِكَفِّهِ　兵士が彼女の頬を平手で打った

لَطْمَة 複 لَطَمَات ❖ (1回の)平手打ち, 一撃

لَطِيف < لطف 複 لُطَفَاء / لِطَاف ❖ 親切な, 優しい;素敵な, かわいい; 上品な

أ ب ت ث ج ح خ د ذ ر ز س ش ص ض ط ظ ع غ ف ق ك **ل** م ن هـ و ي

كُنْ لَطِيفًا لِلْفُقَرَاءِ　貧しい人に親切であれ(親切にしなさい)

عِقْدٌ مِنَ الْخَرَزِ اللَّطِيفِ　素敵な真珠の首飾り

لُعَابٌ < لعب ❖ 唾,唾液,涎

جَفَّ لُعَابِي فِي فَمِي لِشِدَّةِ الْخَوْفِ　私は強い恐怖で,唾が乾きました

سَالَ لُعَابُ الطِّفْلِ　赤ん坊の涎が流れた

لَعِبَ (a) 名 لَعِبٌ (ـَ) 複 أَلْعَاب ❖ する;遊ぶ;演じる 名遊び,遊技;競技,プレー

لَعِبَ كُرَةَ الْقَدَمِ فِي سَاحَةِ الْمَدْرَسَةِ　校庭でサッカーをした

سَتَلْعَبُ دَوْرَ الْأُمِّ فِي الْمَسْرَحِيَّةِ　彼女はその劇で母親の役を演じます

انْتَهَى وَقْتُ اللَّعِبِ　遊び時間は終わった

أَلْعَاب الْقُوَى　陸上競技

لَعَّبَ < لعب II ❖ 遊ばせる

هِيَ تُحِبُّ أَنْ تُلَعِّبَ الْأَوْلَادَ الصِّغَارَ　彼女は小さい子を遊ばせるのが好きです

لُعْبَةٌ 複 لُعَب ❖ おもちゃ,玩具;ゲーム

هَلِ اشْتَرَيْتَ لُعْبَةً لِطِفْلِكَ؟　お子さんにおもちゃを買いましたか

لُعْبَةُ شَدِّ الْحَبْلِ　綱引き

لَعِقَ (a) ❖ なめる/舐める

أُحِبُّ أَنْ أَلْعَقَ الْعَسَلَ　私は蜂蜜を舐めるのが好きです

لَعَلَّ < عل ❖ 恐らく,たいてい,多分 ※名対を従える

لَا تُزْعِجْ "مُحَمَّدًا"، لَعَلَّ "مُحَمَّدًا" مَشْغُولًا　ムハンマドの邪魔をしてはいけません,多分ムハンマドは忙しいだろうから

لَعْلَعَ، يُلَعْلِعُ ❖ 鳴り響く,うなりを上げる

نَشِبَتِ الْمَعْرَكَةُ، فَأَخَذَ الرَّصَاصُ يُلَعْلِعُ　戦闘が起こり,銃弾が鳴り響き始めた

لَعَنَ (a) ❖ 呪う 名呪い

لَا تَلْعَنْ أَيَّ شَخْصٍ　誰も呪ってはいけない

لَعْنَةٌ 複 لَعَنَات/ لِعَان ❖ 呪い

لَعْنَةُ الْفَرَاعِنَةِ　ファラオの呪い

لَعْنَةُ اللّٰهِ عَلَيْهِ　彼に神の呪いあれ/畜生め

لَعِينٌ < لعن　※呪われた

لُغَةٌ < لغو 複 ـات/ لُغًى　※言葉, 言語

اَللُّغَةُ الْيَابَانِيَّةُ (الْعَرَبِيَّةُ)　日本語(アラビア語)

لُغَةٌ عَامِّيَّةٌ　口語/方言

لُغَةٌ كَلَامِيَّةٌ　口語/話し言葉

عِلْمُ اللُّغَةِ　言語学

لُغَةٌ أَصْلِيَّةٌ　原語

اِقْرَإِ الْقُرْآنَ الْكَرِيمَ بِلُغَتِهِ الْأَصْلِيَّةِ　聖典コーランを原語で読みなさい

لُغْزٌ 複 أَلْغَاز　※なぞなぞ, クイズ

لَمْ أَفْهَمْ كَلَامَكَ، أَلُغْزٌ هُوَ ؟　あなたの言う事が分からなかったのですが, それはなぞなぞですか

لَغَمَ (a)　※爆薬を設置する;地雷を設置する, 地雷を埋める

يَلْغَمُ عُمَّالُ الْمَقْلَعِ الصُّخُورَ　石切場の労働者は岩に爆薬を設置した(仕掛けた)

لُغْمٌ / لَغَمٌ 複 أَلْغَام　※爆薬;地雷

أَزَالَ أَلْغَامًا　地雷を取り除いた(除去した)

زُرِعَتِ الْأَلْغَامُ فِي الْأَرْضِ　地雷が埋められた

لُغَوِيٌّ < لغو　※形言語の, 言葉の 名言語学者

فِي جُمْلَتِكَ خَطَاءٌ لُغَوِيٌّ　あなたの文章には言葉の誤りがあります

لَفَّ (u) 名 لَفٌّ　※たたむ;包む;巻く 名包む事, 包装;巻く事

لَفَّ الْهَدِيَّةَ بِوَرَقَةٍ جَمِيلَةٍ　きれいな紙で贈り物を包んだ

اَللَّفُّ وَالدَّوَرَانُ　言い逃れ

لِفَافَةٌ < لف 複 لَفَائِف　※包装;巻いた物;紙巻きタバコ

لِفَافَةٌ مِنَ التَّبْغِ　紙巻きタバコ

لَفَتَ (i) ❖ (注意を)向ける, 目を引く

لَفَتَ نَظَرَ ~ 　～の注意を引いた/～の目に留まった

اَلْوَاجِهَةُ الْجَمِيلَةُ تَلْفِتُ النَّظَرَ 　美しいショーウインドーが目を引く

لِفْت ❖ 蕪, 蕪[植物]

يُخْرَجُ اللِّفْتُ مِنَ الْأَرْضِ 　地面から蕪が引き抜かれる

لَفَظَ (i) 名 لَفْظٌ 複 أَلْفَاظ ❖ 発音する;言う;吐き出す;放つ(~بِ:～を)
名 表現;言葉;発音

لَفَظَ النَّفَسَ الْأَخِيرَ (أَنْفَاسَهُ الْأَخِيرَةَ) 　最後の息を引き取った

اِلْفِظْ كَلَامَكَ بِوُضُوحٍ 　はっきり言いなさい

لَفْظًا 　言葉で

لَفْظًا وَمَعْنًى 　言葉通りに

أَخْطَأَ اللَّفْظَ 　発音を間違えた

لَفْظَةٌ 複 لَفَظَات ❖ 単語, 語, 語彙

فِي الْجُمْلَةِ لَفْظَةٌ غَرِيبَةٌ 　文章中におかしな単語が一つあります

لِقَاء < لقي ❖ 会う事, 出会い;会見

إِلَى اللِّقَاءِ 　又お会いしましょう/さようなら

لِقَاءَ ❖ 前 ～と交換で, ～と引き換えに

لِقَاءَ كَفَالَةٍ 　(保釈金を積んでの)保釈で

لِقَاحٌ < لقح ❖ 精液;花粉

لِقَاحُ الذَّكَرِ يَخْصِبُ الْأُنْثَى 　雄の精液は雌を妊娠させる

لَقَاحٌ < لقح ❖ ワクチン

لَقَاحُ الْجُدَرِيِّ (الشَّلَلِ) 　天然痘(ポリオ)ワクチン

اَللَّقَاحُ يَمْنَعُ الْعَدْوَى 　ワクチンが伝染を防ぐ

لَقَّبَ < لقب II ❖ 呼ぶ:あだ名で呼ぶ

لِمَاذَا لُقِّبَ ((أَبُو زَيْدٍ)) بِالسَّفَّاحِ ؟ 　なぜアブーザイドは血を流す人と呼ばれたのですか

لَقَبٌ 名 أَلْقَاب ❖ あだ名, 呼び名;姓, 家族名

” هاماكو “ لَقَبٌ أُطْلِقَ عَلَيْهِ　彼にハマコーのあだ名が付いた

لَقَّحَ < لقح II 名 تَلْقِيح　❖妊娠させる;受粉する;予防接種する
名妊娠;受粉,受精;予防接種

لَقَّحَ الْفَلَّاحُ النَّخْلَةَ لِيَعْقِدَ ثَمَرُهَا　農夫は実を結ばせるために,椰子の木に受粉した

تَلْقِيح ضِدَّ شَلَلِ الأَطْفَالِ　小児マヒの予防接種

لَقَطَ (u)　❖拾う,ついばむ,拾い集める;繕う

لَقَطَتِ الدَّجَاجَةُ الْحَبَّ　一羽の鶏が穀物をついばんだ

لَقْطَة 複 لَقَطَات　❖(フィルムの)1カット,1コマ

يُصَوَّرُ الشَّرِيطُ السِّينَمَائِيُّ لَقْطَةً لَقْطَةً　映画のフィルムは1コマ1コマ撮られる

لَقَّمَ < لقم II　❖(食べ物を)少しずつ与える;補充する

تُلَقِّمُ الأُمُّ طِفْلَهَا طَعَامَهُ　母親が子供に一口,一口,食べ物を与えている

لُقْمَة 複 لُقَم　❖一口;咀しゃくした物,かんだ物

يَتَنَاوَلُ اللُّقْمَةَ وَيَمْضُغُهَا عَلَى مَهْلٍ　口に一口入れて,ゆっくり噛む

لَقَّنَ < لقن II 名 تَلْقِين　❖教える,理解させる,導く 名導き;助言

لَقَّنَتْ هٰذِهِ الْحَادِثَةُ دَرْسًا قَاسِيًا　この出来事が厳しい教訓を教えた

لَقِيَ ، يَلْقَى 名 لِقَاء 複 لِقَاءَات　❖会う,遭遇する;得る,受け取る 名会う事;会見

لَقِيَ مُشْكِلَةً　問題に突き当たった(直面した)

لَقِيتُ الْمُعَلِّمَ فِي الْمَكْتَبِ　図書館で先生に会いました

لَقِيَ حَتْفَهُ　死んだ

لَقِيَ قَبُولًا مِنْ ~　~から承諾(承認)を得た

أَجْرَى لِقَاءً صُحُفِيًّا مَعَ ~　~にインタビューした

لَقِيطٌ < لقط 複 لُقَطَاء　❖拾われた

أُوضِعُ الطِّفْلُ اللَّقِيطُ الْمَيْتَمَ　捨て子は孤児院に入れられる

لَكَمَ (u)　❖殴る

كَانَ الْبَطَلُ يَلْكُمُ خَصْمَهُ بِقُوَّةٍ　チャンピオンは力強く相手を殴っていた

لكمة ~ لماذا

لَكْمَة 複 لَكَمَات ❖ げんこつでの一殴り, パンチ

رَمَى الْبَطَلُ خَصْمَهُ بِلَكْمَةٍ مِنْ قَبْضَتِهِ الْيُسْرَى　チャンピオンは相手に左パンチを放った

لٰكِنْ ❖ しかし ※動詞を導く

اشْتَرَيْتُ الصَّحِيفَةَ ، لٰكِنْ لَمْ أَقْرَأْهَا بَعْدُ　私は新聞を買いました, しかし未だ読んでいません

لٰكِنَّ ❖ しかし ※名詞文を導き主語は対格にする

اَلشَّمْسُ مُشْرِقَةٌ ، وَلٰكِنَّ الْهَوَاءَ بَارِدٌ　日は昇った, しかし空気は冷たい

لُكْنَة ❖ 訛り

يَتَكَلَّمُ بِلُكْنَةٍ ~　~訛りで話す

لِكَيْ~ ※ لِـ+ كَيْ ❖ ~するために ※~:未接続形

لِكَيْ لَا ~　~しないために

لِكَيْ لَا تَمُوتَ السَّمَكَةُ　魚が死なない為に

لَمَّ (u) ❖ 集める, 収集する

لَمَّ الْوَلَدُ الْمُتَشَرِّدُ أَعْقَابَ السَّجَائِرِ　浮浪児が煙草の吸い殻を集めた

لَمْ ~ ❖ ~しなかった ※~:未短形

لَمْ أَذْهَبْ إِلَى الْمَدْرَسَةِ　私は学校に行かなかった

لَمْ يَكُنِ الِامْتِحَانُ صَعْبًا　試験は難しくなかった

مَا لَمْ ~　~しない限り

لَنْ تَنَالَ الشَّهَادَةَ ، مَا لَمْ تَنْجَحْ فِي الِامْتِحَانِ　あなたは試験に合格しない限り, 証明書は貰えませんよ

لَمَّا~ ❖ 未だ~ない(~:未短形);~した時(~:完)

قُرِعَ الْجَرَسُ ، وَلَمَّا يَتَوَقَّفِ الدَّرْسُ　ベルは鳴ったけど, 未だ授業は終わらない

لَمَّا قُرِعَ الْجَرَسُ تَوَقَّفَ الدَّرْسُ　ベルが鳴った時, 授業が終わった

لِمَاذَا ※ لِـ + مَاذَا ❖ どうして, 何故

لِمَاذَا تَأَخَّرْتَ ؟　どうして遅れたのですか

لَمَحَ (a) 名 لَمْح ❖ 見る, ちらりと見る;気づく;光る, ちらちら光る
名ちらりと見る事, 一瞥

لَمَحَنِي الْبَوَّابُ وَأَنَا أَخْرُجُ　私は外に出る時, 門番にちらりと見られた

لَمْحُ الْبَصَرِ　ちらりと見る事/一瞥

فِي (دُونَ) لَمْحِ الْبَصَرِ / كَلَمْحِ الْبَصَرِ　即座に/たちまち

لَمَّحَ < لمح II 名 تَلْمِيح ❖ 仄めかす 名仄めかし, ヒント

لَمَّحَ فِي كَلَامِهِ إِلَى حَاجَتِهِ　彼の言葉は欲しい物を仄めかした

أَعْطِنِي تَلْمِيحًا لِمَا تُرِيدُ　あなたが何を望んでいるのか, ヒントを下さい

لَمْحَة 複 لَمَحَات ❖ 瞬き, 一瞬;面影

يَكْفِينِي أَنْ أَرَاكَ لَمْحَةً!　一目, あなたにお会いするだけで充分です

فِيهِ لَمْحَةٌ مِنْ جَدِّهِ　彼には祖父の面影がある/彼は祖父に似ている

لَمَسَ (i, u) 名 لَمْس ❖ 触れる, 触る;接する 名接触

لَا تَلْمَسْ!　触れるな!/触るな!

اَلْأَعْمَى يَعْرِفُ الْأَشْيَاءَ بِاللَّمْسِ　目の見えない人は触る事で物を知る

لَمَعَ (a) ❖ 輝く, 光る;(手などを)振る

يَلْمَعُ مِثْلَ الْفِضَّةِ　銀みたいに輝いている

مَا كُلُّ مَا يَلْمَعُ ذَهَبًا　光るもの必ずしも金ならず[格言]

لَمَعَ بِيَدِهِ　手を振った

لَمَّعَ < لمع II ❖ 光らせる;磨く

مَاسِحُ الْأَحْذِيَةِ يُلَمِّعُ الْحِذَاءَ بِالْفُرْشَاةِ　靴磨き屋はブラシで靴を磨く

لَمَعَان < لمع ❖ 光り, 輝き, フラッシュ

لَمَعَانُ الْبَرْقِ يَبْهَرُ الْعَيْنَ　稲妻の光りが目をくらませる

لَمْلَمَ، يُلَمْلِمُ ❖ (一つずつ)集める

命 لَمْلِمْ 女 لَمْلِمِي　集めよ/集めなさい

لِمَنْ ※ لِ + مَنْ ❖ 誰の(疑問文で);〜する者に(肯定文で)

لِمَنْ هٰذَا؟　これは誰の(物)ですか

لَنْ ~ ❖ ～しないだろう ※～:未接続形

لَنْ يَعُودَ　彼は戻らないでしょう

لَنْ يَنْجَحَ الْكَسْلَانُ　怠け者は成功しないだろう

لَهَا ، يَلْهُو < لهو 名 لَهْو ❖ 楽しむ(～بِ:～を);(時間を)つぶす;ぶらぶらする
名娯楽,遊び,楽しみ

يَلْهُو الْأَطْفَالُ بِجَمْعِ الزُّهُورِ　子供達が花を集めて遊んでいる

أَمَرَضٌ يَعُوقُكَ عَنِ الْعَمَلِ ، أَمْ لَهْوٌ؟　あなたの仕事を妨げているのは病気ですか,それとも遊びですか

دُورٌ (أَمَاكِنُ) اللَّهْوِ　複娯楽場/ナイトクラブ/遊技場

لَهَّى < لهو II ❖ 楽しませる,夢中にさせる;注意を逸らす

يُلَهِّيكَ التِّلِفِزْيُونُ عَنْ دُرُوسِكَ　テレビがあなたの勉強への注意を逸らす

لَهَبٌ ❖ 炎

تَعَالَى مِنْ نَارِ الْحَطَبِ لَهَبٌ وَدُخَّانٌ　たき火から炎と煙が立ち上っていた

لَهَثَ (a) ❖ あえぐ,息を切らす

وَصَلَ رَاكِضًا يَلْهَثُ　彼はハァハァ息を切らして,走って着いた

لَهْجَة ❖ 話し,口調;方言;言葉,言語

لَهْجَة مَحَلِّيَّة　方言

بِلَهْجَةِ الْعِتَابِ　とがめる口調で/非難するような口調で

تَخْتَلِفُ اللَّهْجَةُ بَيْنَ حَيٍّ وَآخَرَ　言葉は地域によって異なる

لَهْفَة ❖ ため息,嘆き;恋しさ;我慢できない事

أَذْكُرُ بِلَهْفَةٍ عَهْدَ الصِّبَا　私は子供の頃を懐かしく思い出します

لَهْوٌ ❖ ⇒ لَها 名

لَهِيب < لهب ❖ 炎;熱

كَيْفَ يُطِيقُ الْعُمَّالُ لَهِيبَ النَّارِ؟　労働者はどうやって,炎の熱に耐えるのですか

لَوْ ~ ❖ もし～であったら;～であったら良いのに

لَوْ مِتُّ أَنَا مَا كُنْتَ تَفْعَلُ؟　もし私が死んだら,あなたはどうしますか

لَوْ يَذْكُرُ الزَّيْتُونُ غَارِسَهُ لَصَارَ الزَّيْتُ دَمْعًا　もしオリーブの樹が自分を植えた人を覚えているなら，その油は涙になるだろう

لَوَى، يَلْوِي　❖曲げる，折り曲げる；注意を払う

لَوَيْتُ الْغُصْنَ لِأَقْطِفَ الثَّمَرَةَ　木の実を取るために，私は枝を折り曲げた

لَا يَلْوِي عَلَى شَيْءٍ　何事も気にしない

لِوَاءٌ < لوي 複 أَلْوِيَة　❖旗，軍旗；旅団，軍団

ذَهَبَ اللِّوَاءُ الثَّالِثُ إِلَى الْحُدُودِ　第3軍団は国境に向かった

لُوبِيَاءُ / لُوبِيَا　❖女インゲン豆

تَسَلَّقَتِ اللُّوبِيَاءُ قُضْبَانَ الْقَصَبِ　豆が竹の棒を上った

لَوَّثَ < لوث II 名 تَلْوِيث　❖汚染する，汚す 名汚染

لَوَّثَ ثِيَابَهُ بِالطِّينِ　服を泥で汚した

تَلْوِيثُ الْهَوَاءِ (الْبِيئَةِ)　大気(環境)汚染

لَوَّحَ < لوح II 名 تَلْوِيح　❖振る，振り回す，合図する 名振る事；合図

لَوَّحَ بِيَدِهِ　手を振った(振り回した)

لَوْح 複 أَلْوَاح ※ لَوْحَة 複 -ات　❖板；スケッチ，絵画 ※1枚の板

أَلْوَاح خَشَبِيَّة　木の板

لَوْحَة زَيْتِيَّة　油絵

لَوْحَة التَّوْزِيعِ　配電盤

لَوْحَة الْحُرُوفِ　文字盤

مَنْ يَمْحُو الْكِتَابَةَ عَنِ اللَّوْحِ ؟　誰が黒板(の字)を消すのですか

طَالِبٌ يَرْسُمُ لَوْحَةً　一人の学生がスケッチをしている

لَوْز ※ لَوْزَة　❖アーモンド；扁桃腺 ※1個のアーモンド

لَوْزَةُ الْجَوْزِ　アーモンド

لَوْزَتَانِ(يْنِ)　扁桃腺 ※( )内は属対

لَوْعَة　❖情熱の愛；(激しい)痛み，苦しみ，悲しみ

تَرَكَ رَحِيلُكَ لَوْعَةً مُؤْلِمَةً فِي قَلْبِي　あなたの旅立ちは私の心に深い悲しみを残しました

لُوكِيمِيَا ❖ 白血病

لَوْلَا ~ (لَـ..) ❖ もし～でなければ(‥)

لَوْلَا الْمَطَرُ لَخَرَجْنَا نَلْعَبُ مَعًا　もし雨でなければ,外に出て一緒に遊べたのに

لَوْلَبٌ 複 لَوَالِبُ ❖ ら旋/螺旋;ねじ,ねじ釘,木ねじ

بَيْنَ طَبَقَتَيِ الْمَتْجَرِ سُلَّمٌ تَرْقَى دَرَجَاتُهُ بِشَكْلِ لَوْلَبٍ　商店の二つの階の間に,ら旋形をした階段がある

لَوْمٌ ❖ 非難,批判

وَلَا لَوْمَ عَلَيْكَ　あなたが非難される事はありません

لَوَّنَ < لون II ❖ 色を塗る

لَوَّنَ الْبَابَ بِاللَّوْنِ ~　ドアを～色に塗った

لَوْنٌ 複 أَلْوَان ❖ 色;種類 複いろいろな種類の,様々な

اَللَّوْنُ الْأَحْمَرُ فِي هٰذَا الْعَلَمِ يَرْمُزُ إِلَى الدَّمِ　この旗の赤色は血を意味する

عَلَى الْمَائِدَةِ أَلْوَانٌ مِنَ الطَّعَامِ الْفَاخِرِ　テーブルには様々なご馳走があります

لِيبِيَا 関 لِيبِيّ ❖ リビア 関リビアの;リビア人

اَلْجَمْهُورِيَّةُ الْعَرَبِيَّةُ اللِّيبِيَّةُ الشَّعْبِيَّةُ الْإِشْتِرَاكِيَّةُ　社会主義人民リビア・アラブ共和国

لَيْتَ / يَا لَيْتَ ~ ❖ ～ならば良かったのに ※主語は対格に

دَرْسُ التَّارِيخِ طَوِيلٌ ، لَيْتَ الْأُسْتَاذَ يُلَخِّصُهُ　歴史の授業は長いから,教授がまとめてくれたらいいのに

لَيْتَهُ كَانَ هُنَا　彼がここにいれば良いのに

يَا لَيْتَنِي فَكَّرْتُ　(私は)もっとよく考えれば良かった

لَيْثٌ 複 لُيُوث ❖ ライオン

وَاجَهَ خَصْمَهُ بِشَجَاعَةِ اللَّيْثِ　ライオンの勇気を持って,敵に臨んだ

لِيرَا / لِيرَة 複 ـات ❖ リラ ※アラブのお金の単位

لَيْسَ ~ ❖ ~ではない ※~の部分は対格になる; ~出来ない(~بِ:~が); ない, 存在しない, 不在である ※ هِيَ لَيْسَتْ / أَنَا لَسْتُ

لَسْتُ مَشْغُولاً الْآنَ　私は今, 忙しくありません

لَيْسَ عِنْدِي فُلُوسٌ　私はお金がありません

أَلَيْسَ ~؟　~ではないのですか

لَيْلٌ 複 لَيَالٍ ❖ 夜, 晩 ※男女 ※一晩, 一夜 لَيْلَة 複 ـات 関 لَيْلِيّ

فِي اللَّيْلِ / لَيْلاً　夜に

جَنَّ اللَّيْلُ　夜の帳が降りた

زِيَارَات لَيْلِيَّة　複夜の訪問

لَيْمُون ❖ レモン, ライム ※1個のレモン لَيْمُونَة 複 ـات

عَصِير لَيْمُونٍ　レモンジュース

لَيَّنَ II لين < ❖ 柔らかくする, 滑らかにする

الْعَجِينُ جَامِدٌ، يَنْبَغِي أَنْ تُلَيِّنِيهِ　こねた生地は固いです, 柔らかくしなさい

لَيِّن < لين 複 ـون / أَلْيِنَاء ❖ 柔らかい; 優しい

طِين لَيِّن　柔らかい土

طَبْع لَيِّن　優しい性格

الْأَجْهِزَة الْهَضْمِيَّة : 消化器官

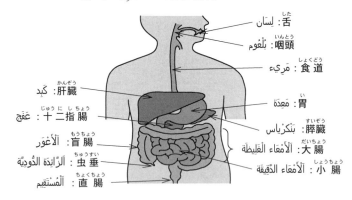

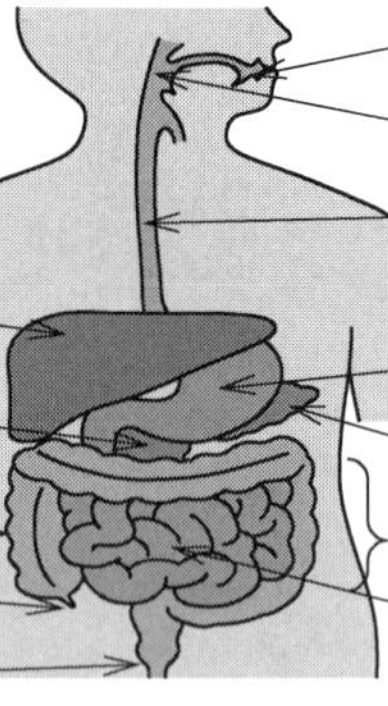

أ ب ت ث ج ح خ د ذ ر ز س ش ص ض ط ظ ع غ ف ق ك ل م ن هـ و ي

م

حَرْفُ المِيم

مَ ❖ 何,何ですか※疑問詞

إِلَى مَ ؟	どこへ
بِمَ ؟	何で ※方法などを尋ねる
لِمَ ؟	なぜ/何故/どうして/何で
لِمَ تَأَخَّرْتَ ؟	どうして,あなたは遅れたのですか
فِيمَ تُفَكِّرُ ؟	何を 考えているのですか

مَا ❖ 何,何ですか ※疑問詞　何と,何て ※感嘆詞
(～する)もの ※関係代名詞
(～する)場所,時 ※関係副詞
何らかの;～である限り;～するものは何でも

مَا هٰذَا؟	これは何ですか
مَالَكَ ؟	どうしたのですか/どうかしたのですか
مَالَكَ ～؟	なぜあなたは～するのですか
مَا اسْمُكَ ؟	あなたのお名前は何ですか
شَيْء مَا	何か ※物ついて
يَوْمًا مَا	いつか
كَثِيرًا مَا	しばしば
مَكَان مَا	どこか
أُرِيدُ أَنْ أَبْعُدَ عَنْ هُنَا إِلَى مَكَانٍ مَا	どこか遠くへ行きたい
مُطْرَح مَا لَقَيْتُهُ	私が彼と会った場所
مَا أَكْبَرَ هٰذِهِ الشَّجَرَةَ !	この木は何と大きいのでしょう
مَا أَجْمَلَهُ	彼は何てハンサムなのでしょう
أَرْجُو أَنْ تُعِيدَ مَا قُلْتَ	あなたが言ったことを繰り返してくれませんか

لِمَا ~؟	どうして～なのですか/何故～なのですか
لِأَمْرٍ مَا	何らかの理由で
مَا ❖	～しない, ～でない ※否定詞 ～;完未
مَا كَتَبَتْ إِلَيْهِ	彼女は彼に手紙を書かなかった
أَمَا رَأَيْتَ ابْنِي؟	私の息子を見なかったですか
مَا هُوَ شَاعِرٌ	彼は詩人ではない
مَا ... حَتَّىٰ ~ / مَا أَنْ ... حَتَّىٰ ~	‥すると直ぐに～/‥するや否や～
مَا أَنْ رَجَعَ إِلَى بَيْتِهِ حَتَّىٰ دَقَّ الْجَرَسُ	彼が帰宅するや否や, ベルが鳴った
مَا انْفَكَّ ~	～するのを止めなかった/～し続けた ※～:未
مَا دَامَ ~	～する限り
مَا دُمْتُ حَيًّا	私が生きてる限り
مَا لَمْ	～しない限り
لَنْ تَنَالَ الشَّهَادَةَ ، مَا لَمْ تَنْجَحْ فِي الامْتِحَانِ	試験に合格しない限り, 証明書はもらえません
مَاءَ ، يَمُوءُ <موء 名 مُوَاء ❖	(猫がにゃあと)鳴く 名(猫の鳴き声)にゃあ
مَاءَ الْهِرُّ	猫がにゃあと鳴いた
مَاءٌ 複 أَمْوَاهٌ / مِيَاهٌ 関 مَائِيّ ❖	水 関水の
مَاء مَعْدِنِيّ / مِيَاه مَعْدِنِيَّة	ミネラルウォーター
مَاء شُرْبٍ	飲料水
مَاء سَاخِن	お湯
مَاء عَذْبٍ	真水/淡水
مَاء عَيْنٍ	涙
مِيَاه غَازِيَّة	炭酸水/ソーダ
مِيَاه مُقَطَّر (مُسْتَقْطَر)	蒸留水
قُوَّة مَائِيَّة	海軍/水軍
مَوَارِد مَائِيَّة	水資源
أَحْيَاء مَائِيَّة	水に住む生き物/水生動物

مؤاخذة ~مئة

مُؤَاخَذَة < أخذ ❖ 非難,とがめる事

لَا مُؤَاخَذَةَ　　ご免なさい/失礼!

مَائِت < موت ❖ 死にゆく,滅びゆく;瀕死の

اَلْجَسَدُ مَائِتٌ فَانٍ　　肉体は儚く滅びる

مِئَة = ❖ مائة

مَائِدَة < ميد 複 -ات / مَوَائِد ❖ 食卓,テーブル;食堂;食事

كَانَتِ الْمَائِدَةُ شَهِيَّةً طَيِّبَةً　　その食事はとても美味しかった

مَائِع < ميع ❖ 融けている;液体の,液状の

اَلسَّمْنُ مَائِعٌ بِسَبَبِ الْحَرِّ　　脂は熱で融ける

مَائِل < ميل ❖ 傾いた,斜めの;~の傾向がある(~إِلَى)

اَلْخَطُّ الْمَائِلُ　　斜めの線/斜線

دَعَمْتُ النَّصْبَةَ الْمَائِلَةَ ، فَاسْتَقَامَتْ　　私が傾いた苗を支えたら,真っ直ぐになった

مُؤَامَرَة < أمر 複 -ات ❖ 会議;相談;陰謀

أَحْبَطَ مُؤَامَرَةً　　陰謀を阻止した

ذَهَبَ الرَّجُلُ ضَحِيَّةَ مُؤَامَرَةٍ　　その男は陰謀の犠牲になった

مَائِيّ ❖ ⇒ مَاءٌ 関

مَاتَ ، يَمُوتُ < موت 名 مَوْت ❖ 死ぬ 名 死

مَاتَ فِي الْحَالِ　　即死した

قَرِيبًا يَمُوتُ جُوعًا كَثِيرٌ مِنَ الْأَطْفَالِ　　まもなく,多くの子供達が餓死するであろう

مِئَة / مِائَة 複 مِئَات / مِئُون ❖ 百/100

مِائَتَانِ(يْنِ)　　二百/200 ※( )内は属対

主 ثَلَاثُمِائَةٍ 属 ثَلَاثِمِائَةٍ 対 ثَلَاثَمِائَةٍ　　三百/300 ※格変化に注意

四百/400: أَرْبَعُمِائَة (ـَ)　五百/500: خَمْسُمِائَة (ـَ)　六百/600: سِتُّمِائَة (ـَ)　七百/700: سَبْعُمِائَة (ـَ)

八百/800: 対属主 ثَمَانِمِائَة　九百/900: تِسْعُمِائَة (ـَ)　※( )内は属

~ في الْمِئَةِ / بِالْمِئَةِ　~パーセント/ %

٣٣ في الْمِئَةِ　33%/3割3分

مِئَة في الْمِئَةِ　100パーセント/確実な

مَأْتَم < أتم 複 مَآتِم ❖ 葬式, 葬儀

شَيَّعَ النَّاسُ الشَّهِيدَ فِي مَأْتَمٍ مَهِيبٍ　人々は葬式で殉教者に最後の別れを告げた

مُؤْتَمَرٌ < أمر 複 ـات ❖ 会議; 協議会

عَقَدَ مُؤْتَمَرًا　会議を開いた(開催した)

مُؤْتَمَر صُحُفِيّ　記者会見

مَاثَلَ < مثل III 名 مُمَاثَلَة ❖ 似ている 名類似

صَدِيقِي يُمَاثِلُكَ خُلُقًا　私の友人は性格があなたに似ている

مَاثِل < مثل ❖ 立っている, 建っている

مَاثِل فِي حَضْرَتِهِ　彼の面前で

مَاثِل لِلْعِيَانِ　見て分かる/明らかな

آثَارُ الْمَعْبَدِ الْقَدِيمِ مَا تَزَالُ مَاثِلَةً　その古い神殿の遺跡は今でも(未だ)立っている

مَأْثُور < أثر 複 ـات ❖ 伝承の, 言い伝えられている

كَلِمَة مَأْثُورَة / قَوْل مَأْثُور　ことわざ/ 諺

مَأْثُورَات شَعْبِيَّة　民間伝承

مَاجَ ، يَمُوجُ < موج 名 مَوْج 複 أَمْوَاج ❖ (海の)波が高くなる; (人が)興奮する

بَدَأَ الْبَحْرُ يَمُوجُ مُنْذِرًا بِالْعَاصِفَةِ　海の波が高くなり, 嵐を警告し始めた

مَاجِسْتِير ❖ 修士 ※大学院のコースを終了した者の称号

دَرَجَة الْمَاجِسْتِير　修士号

مَاجِن < مجن 複 مُجَّان ❖ 形恥知らずな, 厚かましい 名道化師

لَا تُعَاشِرِ الْفَتَى الْمَاجِنَ　恥知らずな若者と親しくなるな(つき合うな)

مُؤَجِّر < أجر 複 ـون ❖ (借地, 借家などを)貸す人, 賃貸人

※⇔ مُسْتَأْجِر :賃借人

مَاحِل < محل ❖ 痩せた, 不毛の

أَرْض مَاحِلَة　痩せた(不毛の)土地

مَأْخَذ < أخذ 複 مَآخِذ ❖ 源;方法,作法;欠点;非難 複文献

اَلْمَأْخَذ الأَقْرَب　一番簡単な(易しい)方法

أَخَذَ مَأْخَذَ ~　～の例に従った

لَيْسَ لِي عَلَى سُلُوكِهِ أَيُّ مَأْخَذٍ　彼の行いに,私が非難するところは何もない

مُؤَخَّر < أخر ❖ 後ろ,後部,船尾;(差し引き)残高

مُؤَخَّرًا　最近/この頃/近頃

اَلْأَمْتِعَةُ فِي مُؤَخَّرِ الْمَرْكَبِ　荷物は船尾にある

مُؤَخَّرَة < أخر ❖ 後ろ,後部

تَعَرَّضَتْ مُؤَخَّرَةُ الْجَيْشِ لِهُجُومٍ مُفَاجِئٍ　軍の後部が急襲に晒された

مَأْخُوذ < أخذ ❖ 取られた;驚いた,驚かされた;魅了された,魅惑された,引きつけられた(~بِـ:～に)

كُنْتُ مَأْخُوذًا بِجَمَالِ الْحِصَانِ　私はその馬の美しさに魅了されていた

مُؤَدَّب < أدب ❖ 礼儀正しい

اِبْنُهُ مُؤَدَّبٌ　彼の息子は礼儀正しい

مَأْدُبَة < أدب 複 مَآدِب ❖ (宴会の)ごちそう;晩餐,饗宴,パーティ

دُعِيَ الضُّيُوفُ إِلَى مَأْدُبَةٍ فَاخِرَةٍ　客は豪華な晩餐に招かれた

مَادَّة < مد 複 مَوَادّ / مَادَّات ❖ 物,物質;材料;題,項目;(法律などの)条文

مَوَادّ أَوَّلِيَّة (خام)　原材料/原料

اَلْمَادَّة الْبَيْضَاء (السَّمْرَاء)　白(灰白)質 ※脳の

مَادَّة النَّسِيج　織物の原料

مَادَّة مُلْتَهِبَة　燃料

مَادَّة التَّجْمِيل　化粧品

اَلْمَادَّة التَّاسِعَة مِنْ دُسْتُورِ الْيَابَانِ　日本国憲法第九条

حَلَّ النَّيْلُونُ مَحَلَّ مَوَادَّ كَثِيرَةٍ　ナイロンは沢山の物質に取って代わった

مَادِّيّ < مد ❖ 物質的な,物質の

دَلِيل مَادِّيّ　物的証拠

اَلْحَضَارَة الْمَادِّيَّة　物質文明

اَلْمَادِّيَّة　物質主義/唯物論

اَلْمَادِّيَّة الْجَدَلِيَّة　弁証法的唯物論

مَاذَا ❖ 何を, 何が

مَاذَا حَدَثَ؟　何が起きたのですか

مَاذَا تُرِيدُ؟　何が欲しいのですか

مَاذَا يَدْرُسُ؟　彼は何を勉強していますか

مَاذَا عَنْ ～؟　～はどう思いますか

مَاذَا عَنِ السِّيَاسَةِ الاقْتِصَادِيَّةِ ؟　経済政策については, どう思いますか

مُؤَذِّن < أذن 複 -ون ❖ ムアッゼン ※アザーン(礼拝への呼びかけ)をする人

صَوْتُ الْمُؤَذِّنِ نَبْرَةٌ مُؤَثِّرَةٌ　ムアッゼンの声は印象的な抑揚がある

مَأْذَنَة / مِئْذَنَة < أذن 複 مَآذِن ❖ ミナレット ※アザーンを行う場所

فِي زَاوِيَةِ الْمَسْجِدِ تَرْتَفِعُ مِئْذَنَةٌ　モスクの隅にミナレットがそびえている

مَأْذُون < أذن ❖ 形 許された, 認められた 名 許可証, ライセンス

مَأْذُون (شَرْعِيّ)　結婚局/結婚登記人 ※イスラム法による

مَارٌّ < مر 複 مَارَّة / -ون ❖ 形 通り過ぎた, 通過する 名 通行人, 歩行者

اَلْمَارُّ ذِكْرُهُ　前述の/先に述べた

مَجَازُ الْمَارَّةِ　歩道/横断歩道

جُنُودُ الْعَدُوِّ يُفَتِّشُونَ الْمَارَّةَ　敵兵が通行人を検査している

مَأْرَبٌ < أرب 複 مَآرِبُ ❖ 望み; 目的

عَسَى أَنْ تَنَالَ مَأْرَبَكَ !　あなたが目的を達せられます様に

مُؤَرِّخ < أرخ 複 ون ❖ 歴史家, 歴史学者

اَلْمُؤَرِّخُ يُفَسِّرُ الْحَوَادِثَ　歴史家は出来事を解釈する

مَارِد < مرد 複 ون / مَرَدَة / مُرَّاد ❖ 形 反乱の, 反抗的な 名 反乱; 鬼, 巨人

صَعِدَ مِنَ الْقُمْقُمِ دُخَانٌ تَحَوَّلَ مَارِدًا　煙がビンから立ち上り,巨人になった

❖ مَارَسَ < مرس III 名 مُمَارَسَة　練習する;実行する,行う,する;(〜に)従事する
名練習;実行;経験

مَارَسَ ضَغْطًا عَلَى〜　〜に圧力をかけた

أَبِي يُمَارِسُ الطِّبَاخَةَ فِي الْمَطْعَمِ　父はレストランで仕事をしている

مَارَسَ الْأَلْعَابَ الرِّيَاضِيَّةَ　スポーツ(運動)をした

❖ مَارِس(ٌ)/ شَهْر مَارِس　三月 ※西暦

اَلْمَوْعِدُ الْأَخِيرُ فِي ٣١ مَارِس　締め切り日は3月31日です

❖ مَأْزِقٌ < أزق 複 مَآزِق　隘路,狭い道;混乱;危機的状況,窮地

وَقَعَ فِي الْمَأْزِقِ　窮地に陥った

خَرَجَ مِنَ الْمَأْزِقِ　窮地を脱した

❖ مَاسَ، يَمِيسُ　気取って歩く

مَشَتْ عَارِضَةُ الْأَزْيَاءِ، وَهِيَ تَمِيسُ دَلَالًا　ファッションモデルは科を作って歩いた

❖ مَاسٌ ※ مَاسَة　ダイヤモンド　※1個のダイヤモンド

اَلْمَاسُ حَجَرٌ نَفِيسٌ　ダイヤモンドは高価な石です

❖ مَأْسَاة < أسو 複 مَآسٍ　悲劇,災難

تَلْعَبُ دَوْرَ الْأُمِّ فِي الْمَأْسَاةِ　彼女はその悲劇で母親の役を演じる

خِلَافُ الْجَارَيْنِ مَأْسَاةٌ لَا تُطَاقُ　隣人との反目は耐えられない悲劇だ

❖ مُؤَسِّسٌ < أس　設立者,創始者

مَنْ مُؤَسِّسُ الْمَيْتَمِ ؟　その孤児院の設立者は誰ですか

❖ مُؤَسَّسَة < أس 複 ‐ات　設立;研究所;会社;協会;組織

مُؤَسَّسَة خَيْرِيَّة　慈善団体

❖ مُؤْسِف < أسف　悲しい;残念な;不運な

مِنَ الْمُؤْسِفِ أَنَّ ～　～の事は残念である

مِنَ الْمُؤْسِفِ أَنَّهُ لَمْ يَنْجَحْ فِي الِامْتِحَانِ　彼が試験に受からなかった事は残念である

مَاسُورَة 複 مَوَاسِير ❖ 管, パイプ; 水道管, ホース

فَجَّرَ الصَّقِيعُ مَاسُورَةَ الْمَاءِ　霜が水道管を破裂させた

مَاشٍ<مشى 複 مُشَاة ❖ 形歩いている 名歩行者; 歩兵 ※定 اَلْمَاشِي

مَاشِيًا　歩いて/徒歩で

مَعْبَر لِلْمُشَاةِ　横断歩道

مَاشِيَة<مشى 複 مَوَاشٍ ❖ 家畜

أَحَلَّ اللّٰهُ قَتْلَ الْمَوَاشِي　神は家畜を殺す事を許された

مَاضٍ<مضى 複 مَوَاضٍ ❖ 形過去の, 過ぎ去った; 鋭い
名過去; 過去形, 完了形(文) ※定 اَلْمَاضِي

اَلشَّهْرُ الْمَاضِي　先月

لَا نَفْعَ فِي السَّيْفِ إِنْ لَمْ يَكُنْ مَاضِيًا　刀は鋭くなければ役に立たない

مَاطَلَ<مطل III 名 مُمَاطَلَة ❖ 手間取る; 延期する, 延ばす 名延期

مَاطَلَ الدَّيْنَ　借金の返済を延期した(延ばした)

مَاعِزٌ<معز 複 أَمْعُز / مَوَاعِز ❖ ヤギ/山羊

يُفَضِّلُ لَحْمَ الْخَرُوفِ عَلَى لَحْمِ الْمَاعِزِ　彼は山羊の肉より羊の肉を好む

مُؤَقَّتٌ<وقت ❖ 暫定の, 一時の; 暫くの

حُكُومَة مُؤَقَّتَة　暫定政府(政権)

مُوَظَّف مُؤَقَّت　臨時社員/パートタイマー

مُؤَكَّدٌ<أكد ❖ 確かな, はっきりしている; 確認された

مِنَ الْمُؤَكَّدِ　確かに/確実に

مِنَ الْمُؤَكَّدِ أَنَّ ~　～である事は確実である(はっきりしている)

هٰذَا أَمْرٌ مُؤَكَّدٌ　これは確かな(本当の)事です

مَاكِرٌ<مكر 複 مَكَرَة / ـون ❖ ずるい, ずる賢い, 狡猾な

إِنَّهُ رَجُلٌ مَاكِرٌ　彼は実にずる賢い男だ

مَأْكَلٌ<أكل 複 مَآكِل ❖ 食糧, 食べ物; 食材

نِصْفُ الْمَعَاشِ يُنْفَقُ عَلَى الْمَأْكَلِ　生活費の半分が食糧に費やされる

أ ب ت ث ج ح خ د ذ ر ز س ش ص ض ط ظ ع غ ف ق ك ل م ن هـ و ي

مَأْكُول < أكل 複 ـات/ مَآكِيل ❖ 食べ物, 食料 複 料理

مَأْكُولَات يَابَانِيَّة　日本料理/日本食

مَاكِينَة 複 ـات/ مَكَائِن ❖ 機械, 道具

صِنَاعَة الْمَاكِينَاتِ　機械工業

مَاكِينَة الْخِيَاطَةِ　ミシン

شَغَّلَ الْمَاكِينَةَ　その機械を動かした(作動させた)

مَالَ ، يَمِيلُ < ميل ❖ 傾く, 斜めになる; 屈む(〜إِلَى : 〜へ, に); (〜を)好む(〜إِلَى); (〜に)引かれる, 傾倒する(〜إِلَى); (〜に)反感を持つ, (〜を)嫌う; 避ける(〜عَنْ)

تَمِيلُ الشَّمْسُ إِلَى الْغَرْبِ　太陽が西に傾く

مَالَ الشَّابُّ إِلَى الْفَتَاةِ　若者はその娘に引かれた

لِمَاذَا يَمِيلُ عَنِّي؟　どうして彼は私が嫌いなのですか

مِلْ عَنِ الْحُفْرَةِ　穴を避けなさい

مَال < مول 複 أَمْوَال 関 مَالِيّ ❖ お金, 財産, 富; 資本, 資金 関 お金の, 金銭的な; 財政の

ذُو مَالٍ　金持ちの

أَمْوَال ثَابِتَة　不動産

رَأْس مَالٍ　資本

بَيْت الْمَالِ　国庫

سَوْفَ يَرِثُ الابْنُ مَالَ أَبِيهِ　息子が父親の財産を相続するだろう

اَلْمَالُ الْحَرَامُ لَا يَبْقَى　悪銭身に付かず[格言]

تَضَخُّم مَالِيّ　インフレーション/インフレ

مَالِح < ملح ❖ 塩辛い, しょっぱい

مَاءُ الْبَحْرِ مَالِحٌ　海の水は塩辛い

مُؤَلَّف < ألف 複 ـات ❖ 形(〜から)なる(〜مِنْ); 書かれた 名 著書, 本, 出版物

كَمْ مُؤَلَّفًا تَرَكَ الْكَاتِبُ؟　その作家は何冊の著書を残したのですか

مُؤَلِّف < ألف 複 ـون ❖ 著者, 作家, 作者; 編者

حُقُوق الْمُؤَلِّف(ْ)　著作権

مَالَقَ < ملق III ❖ へつらう,媚びる,ゴマをする

مَا أَكْثَرَ الَّذِينَ يُمَالِقُونَ الْحَاكِمَ !　支配者にへつらう輩の何と多いことか

مَالِكٌ < ملك 複 مُلَّاك / مُلَّك ❖ 形所有の;王家けの 名持ち主,所有者;支配者

مَالِك الْحَزِين　サギ/鷺[鳥類]

عَلَاقَة الْمُسْتَأْجِر بِالْمَالِك　持ち主と借り手の関係

الْأُسْرَة الْمَالِكَة　王族

مَأْلُوفٌ < ألف ❖ 形慣れた;普通の,通常の 名習慣

صَوْت مَأْلُوف　聞き慣れた声

مَالِيَّة < مول ❖ 財政,財務;金融;経済状態

وِزَارَة (وَزِير) الْمَالِيَّة　財務省(大臣)/大蔵省(大臣)

مَأْمَنٌ < أمن 複 مَآمِن ❖ 安全な場所,避難所

دَخَلَ الْهَارِبُ الْمَلْجَأَ، فَشَعَرَ أَنَّهُ فِي مَأْمَنٍ　避難所に入った難民は,安全な場所にいると感じた

مُؤْمِنٌ < أمن 複 ون ❖ 形信じている 名信じている人,信者

أَمِير الْمُؤْمِنِين　信者の長/カリフ

أَوَدُّ أَنْ أَمُوتَ مُؤْمِنًا　私は信者として死にたい

مَأْمُورٌ < أمر ❖ 形命じられた,指示された 名召使い,従業員;官吏

مَأْمُور تَسْجِيل (سجل)　記録係

مُؤْنَة / مُؤُونَة < مأن 複 مُؤَن ❖ 供給;物資

مُؤْنَة الطَّعَام　食糧

مُؤَن حَرْبِيَّة　武器弾薬

مُؤَنَّثٌ < أنث ❖ 女性の,女の ※⇔ مُذَكَّر

اسْم مُؤَنَّث　女性名詞

مَانْجَا / مَانْجُو ❖ マンゴー[果物]

يُفَضِّلُ الْقِرْدُ الْمَوْزَ عَلَى الْمَانْجَا　猿はマンゴーよりバナナを好む

مَانَعَ ＜منع III 名 مُمَانَعَة ❖ 反対する；妨害する；否定する 名 反対；抵抗

وَالِدِي يُمَانِعُنِي صَيْدَ السَّمَكِ　父親は私の魚釣りに反対する

مَانِع ＜منع 複 مَوَانِعُ ❖ 形 妨げる，防〜；禁止の
名 妨げ，妨害；異議，異存（〜مِنْ：〜に対する）

لَا مَانِعَ عِنْدِي / لَيْسَ لَدَيَّ مَوَانِعُ　私に異存はありません

مَا رَأَى مَانِعًا مِنْ ～　〜に反対はない/〜に異議なし

مَانِع الْعُفُونَة（التَّعَفُّنِ）　防腐剤

مَانِعَة الصَّوَاعِق　避雷針

مَاهِر ＜مهر 複 مَهَرَة ❖ 形（〜が）巧い，上手な，（〜に）熟練した（〜فِي）
名 巧い人，巧者；熟練した人，熟練工

مَاهِر فِي قِيَادَةِ السَّيَّارَةِ　自動車の運転が巧みである

مَأْهُول ＜أهل ❖ 人の住んでいる

غَيْر مَأْهُولٍ　無人の

مَنَاطِق مَأْهُولَة　居住区

مَاهِيَّة 複 ـات ❖ 本質，実体；給与，サラリー

أُحَاوِلُ أَنْ أَفْهَمَ مَاهِيَّةَ الْجَمَالِ　美の本質を極めてみよう

مُؤَهَّلَات ＜أهل ❖ 資格 ※ مُؤَهَّل の複

مُؤَهَّلَات لِدُخُولِ الْجَامِعَةِ　大学入学資格

مَأْوًى ＜أوى 複 مَآوٍ ❖ 保護施設，避難所，シェルター ※定 الْمَأْوَى

مَأْوَى الْأَيْتَام　孤児院

دَخَلَتْ جَدَّتِي الْعَاجِزَةُ الْمَأْوَى　体が不自由な祖母は施設に入った

طَلَبَ اللَّاجِئُ مَأْوًى　難民は避難所を求めた

مَؤُونَة ＜مون 複 ـات/مُؤَن ❖ 蓄えられた食糧；備蓄された物

مَؤُونَةُ الشِّتَاءِ تُهَيَّأُ فِي الصَّيْفِ　冬の食糧は夏に用意される

مِئَوِيّ / مِئِينِيّ ＜مائة ❖ 百の

أ ب ت ث ج ح خ د ذ ر ز س ش ص ض ط ظ ع غ ف ق ك ل م ن هـ و ي

نِسْبَة مِئَوِيَّة (مِئِينِيَّة)　百分率/パーセント

دَرَجَة مِئَوِيَّة　摂氏 / ℃

مَايُو ❖ 五月 ※西暦

مَايُو شَهْرُ الْأَزْهَارِ　五月は花の月です

مَايُوه ＜موه 複―ات ❖ 水着

مَبَاحِث ＜بحث ❖ 試験, 検査;秘密警察 ※ مَبْحَث の複

مُبَاحَثَة ＜بحث 複―ات ❖ 討論, 討議; 協議

مَبَادِئُ ❖ ⇒مَبْدَأ 複

مُبَارَاة ＜بري 複 مُبَارَيَات ❖ 試合, 競技, 競争, コンテスト, 競技会

مُبَارَاة فَرْدِيَّة　シングルス ※テニスなどの

مُبَارَاة نِهَائِيَّة　決勝戦

أُجْرِيَتْ مُبَارَاةٌ　試合が行われた

مُبَارَك ＜برك ❖ 祝福された;運の良い;おめでとう

عِيدٌ مُبَارَكٌ !　おめでとう ※ الْعِيد :祭日 の時に言う

إِنَّ فِلَسْطِينَ أَرْضٌ مُبَارَكَةٌ　実に, パレスチナは祝福された地である

مُبَاشِر ＜بشر ❖ 形 直接の, 直接的な;直ぐの 名 実行者;監督

غَيْر مُبَاشِرٍ　間接の

كَلَام غَيْر مُبَاشِرٍ　間接話法

اَلطَّيْش سَبَبُ فَشَلِهِ الْمُبَاشِرِ　思慮不足が, 彼の失敗の直接的な原因です

مُبَاشَرَة ＜بشر ❖ 始め;遂行

مُبَاشَرَةً　直接に/直ぐに/直ちに

أَتَّصِلُ بِكَ مُبَاشَرَةً　(私は) 直接, あなたに連絡します

مُبَالَغَة ＜بلغ 複―ات ❖ 誇張, 大げさ

مُبَالَغَة فِي الْقَوْلِ　言いすぎ

مُبْتَدَأٌ ＜بدأ ❖ 始まり;(名詞文の)主語(文)

أ ب ت ث ج ح خ د ذ ر ز س ش ص ض ط ظ ع غ ف ق ك ل م ن هـ و ي

يَكُونُ الْمُبْتَدَأُ مَرْفُوعًا　(名詞文の)主語は主格である

اَلْمُبْتَدَأُ اسْمٌ نَبْدَأُ بِهِ الْجُمْلَةَ　(名詞文の)主語は文章の始まりに来る名詞である

مُبْتَذَل <بذل ✽ ありふれた, 一般的な, 平凡な

فِكْرَة مُبْتَذَلَة　(陳腐な)決まり文句

مُبْتَسِم <بسم ✽ 微笑んだ

وَجْه مُبْتَسِم　笑顔/微笑み

مَبْحَث <بحث 複 مَبَاحِث ✽ テーマ, 主題;研究, リサーチ

رَجُل مَبَاحِث　試験官

مِبْخَرَة <بخر 複 مَبَاخِر ✽ 香炉;蒸し器

ضَعْ فِي الْمِبْخَرَةِ جَمْرًا　香炉に炭を入れなさい

مَبْدَأ <بدأ 複 مَبَادِئُ 関 مَبْدَئِيّ ✽ 始まり;基本, 基礎, 原則;主義, イデオロギー;建前
複基本, 初歩;信条 関基本的な, 原則的な

مَبْدَأ عَامّ　一般原則

مِنْ حَيْثُ الْمَبْدَأُ / مَبْدَئِيًّا　原則として/原則的に

تَعَلَّمَ مَبَادِئَ الْقِرَاءَةِ وَالْكِتَابَةِ　彼は読み書きの基本を習った

اَلْمَبْدَأ وَالنِّيَّة الْحَقِيقِيَّة　本音と建て前

رَاعَى الْمَبْدَأَ　原則を守った

مِبْرَاة <برى ✽ 小刀, ポケットナイフ

تُبْرَى أَقْلَامُ الرَّصَاصِ بِمِبْرَاةٍ　鉛筆はナイフで削る

مَبَرَّة <بر ✽ 善い行い, 善行, 慈善

تَشْكُرُ إِدَارَةُ الْمَيْتَمِ لِلْمُحْسِنِ مَبَرَّتَهُ　孤児院は慈善家の善行に感謝している

مِبْرَد <برد 複 مَبَارِد ✽ ヤスリ

بَرَدَ ~ بِالْمِبْرَدِ　~にヤスリをかけた

أَصْقُلْ زَاوِيَةَ اللَّوْحِ بِالْمِبْرَدِ　板の角はヤスリで削りなさい

مُبَرِّر <بر 複 ـات ✽ (正当な)理由, 弁明, 言い訳

دُونَ مُبَرِّرٍ　理由もなく

لاَ مُبَرِّرَ لَهُ　言い訳の出来ない/弁明の出来ない

مُبَرِّرُ الْوُجُودِ　存在理由

مُبْرَم < برم ❖ 確立された;締結された;確固とした

بِصُورَةٍ مُبْرَمَةٍ　取り消し不能の/変更出来ない

مَبْرُوك < برك ❖ 祝福された;運の良い

مَبْرُوكٌ ! / أَلْفُ مَبْرُوكٍ ! (ً)　おめでとう！

مَبْسُوط < بسط ❖ 広げられた;快適な,気持ち良い;健康な

كَيْفَ حَالُكَ؟ ـ أَنَا مَبْسُوطٌ جِدًّا　お元気ですかーええ,とても元気です

مُبَشِّر < بشر ❖ (福音を)知らせる人,(キリスト教の)宣教師

نَشَرَ الْمُبَشِّرُ دِينَهُ لِمُدَّةِ سَنَتَيْنِ　宣教師は2年間布教した

مِبْضَع < بضع 複 مَبَاضِع ❖ メス

مِبْضَعُ الْجَرَّاحِ　外科用メス

مَبْعُوث < بعث ❖ 形送られた 名使節

مَبْعُوثٌ مُطْلَقُ الصَّلَاحِيَّةِ / مَبْعُوثٌ مُفَوَّضٌ　全権大使

مُبَكِّر < بكر ❖ 早い;朝早い,早朝の

مُبَكِّرًا　早く/朝早く

وَصَلَ مُبَكِّرًا　朝早く(早朝に)着いた

مَبْلَغ < بلغ 複 مَبَالِغ ❖ 量;金額,額

مَبْلَغٌ تَشْجِيعِيٌّ　奨励金

مَا هُوَ مَبْلَغُ الدَّيْنِ الْمُسْتَحِقِّ؟　支払うべき負債金額はいくらですか

مُبَلَّل < بل ❖ 濡れた,湿った;ずぶ濡れの

دَخَلَتْ فَتَاةٌ مُبَلَّلَةٌ بِالْمَاءِ　ずぶ濡れの女の子が入ってきた

مَبْنًى < بنى 複 مَبَانٍ ❖ 建物,ビル,ビルディング ※定 اَلْمَبْنَى

اَلْمَبْنَى الْجَدِيدُ　新しい建物

مَبْنًى ذُو خَمْسَةِ طَوَابِقَ　5階建てのビル

حُرُوف الْمَبَانِي　アルファベット

مُبْهَم ＜بهم ✿ はっきりしない，ぼんやりした，曖昧な

اِسْم مُبْهَم　指示代名詞

كَانَ حَدِيثُ الْكِبَارِ مُبْهَمًا، فَلَمْ نَفْهَمْهُ　大人達の会話は曖昧で，私達は理解出来なかった

مُبِيد ＜بيد 複 ـات ✿ 破壊的な；致死の，死に至らせる 複撲滅する物

مُبِيد الْأَعْشَاب (النَّبَاتِ)　除草剤

مُبِيد الْحَشَرَاتِ　殺虫剤

مَبِيع ＜بيع 複 ـات ✿ 形売られた 名営業；販売

قِسْم الْمَبِيعَاتِ　営業課

مَتَى ✿ 疑いつ～ですか；接～する時は‥(‥：未短形)

مَتَى رَجَعْتَ؟　あなたはいつ帰って来たのですか

حَتَّى مَتَى؟ / إِلَى مَتَى؟　いつまで

مَتَى مَا ～　～する時はいつも

مَتَى تَزُرْنَا نُكْرِمْكَ　お出でになる時は，いつでも歓迎します

مُتَأَخِّر ＜أخر 複 ـون ✿ 形遅い，遅刻の；遅れた，未発達の
複名遅刻者，(近世の)文人

مُتَأَخِّرًا　遅く/遅れて

اَلْوَقْتُ مُتَأَخِّرٌ الْآنَ لِـ～　～するには，今はもう遅すぎる

أَفْكَار مُتَأَخِّرَة　遅れた考え

أَسْرِعُوا، أَيُّهَا الْمُتَأَخِّرُونَ!　遅刻者ども，急げ！

مُتَأَسِّف ＜أسف ✿ 残念な，遺憾な

أَنَا مُتَأَسِّف (مُتَأَسِّفَة)　すみません(囡)

مَتَاع ＜متع 複 أَمْتِعَة ✿ 喜び；所持物，荷物，装備；必需品；財産

مَتَاع فِي الزُّهُور　雌しべ

سَقَطُ الْمَتَاع　ゴミ/スクラップ/廃棄物

اَلْأَمْتِعَة الشَّخْصِيَّة　私物

أَمْتِعَة سَفَرٍ　旅行カバン/スーツケース

مَتَاع الْبَيْتِ　家財道具

مُتَأَكِّد < أكد 複 ون ❖ (～を)確信する(～مِنْ), 確かな

مُتَأَكِّدٌ مِنْ أَنَّ ～　～を確信している

أَنَا مُتَأَكِّدٌ مِنْ نَجَاحِكَ فِي عَمَلِكَ　私はあなたの仕事の成功を確信しています

مَتَانَة < متن ❖ 強さ, 強固さ;堅さ

يُعْرَفُ السِّنْدِيَانُ بِمَتَانَةِ خَشَبِهِ　カシ(樫)の木は木質の堅さで知られている

مُتَبَادَل < بدل ❖ 相互の, 互いの

صَدَاقَة مُتَبَادَلَة　互いの友情

عَاطِفَة مُتَبَادَلَة　相思相愛/互いの愛

مَتْجَر < تجر 複 مَتَاجِر ❖ 店, 商店

مَتْجَر كَبِير　百貨店/デパート/スーパーマーケット

مُتَجَمِّد < جمد ❖ 凍った;固まった, 凝固した;固い

كَانَ الْمَاءُ مُتَجَمِّداً مِنَ الْبَرْدِ　水は寒さで凍っていた。

مُتَحَابّ < حب ❖ 仲の良い;相思相愛の

"عَادِلٌ" وَأَصْدِقَاؤُهُ مُتَحَابُّونَ　アーデルと彼の友人達は仲が良いです

مُتَّحِد < وحد ❖ 結合した;統一した, 一つになった

اَلْوِلَايَات الْمُتَّحِدَة　(アメリカ)合衆国/USA

دَوْلَة الْإِمَارَاتِ الْعَرَبِيَّة الْمُتَّحِدَة　アラブ首長国連邦/UAE

اَلْأُمَم الْمُتَّحِدَة　国際連合/国連

مُتَحَدِّث < حدث 複 ون ❖ 話者, 話し手;講演者;スポークスマン

مُتَحَدِّث بِاسْمِ الْجَمْعِيَّةِ　協会のスポークスマン

مُتَحَرِّك < حرك ❖ 動いている, 動きのある

حَرْف مُتَحَرِّك　母音/母音

رُسُوم (صُوَر) مُتَحَرِّكَة　アニメ/アニメーション/動画

مَتْحَف (مُتْحَف) < تحف 複 مَتَاحِف ❖ 博物館

مَتْحَف فَنِّيّ　美術館

مَتْحَف قَوْمِيّ　民族博物館

مُتَخَاصِم < خصم ❖ 喧嘩している, 仲の悪い

فَصَلَ النَّاظِرُ بَيْنَ الْوَلَدَيْنِ الْمُتَخَاصِمَيْنِ　監督は喧嘩している二人の少年を引き離した

مُتَخَرِّج < خرج 複 ون ❖ 形卒業した(～مِنْ:～を) 名卒業生(～مِنْ:～の)

أَنَا لَسْتُ مُتَخَرِّجًا مِنَ الْجَامِعَةِ　私は大学を卒業していません

مُتَخَصِّص < خصص 複 ون ❖ 形(～を)専門とする(فِي/بـ) 名専門家, スペシャリスト

هُوَ مُتَخَصِّصٌ فِي الْإِلِكْتْرُونِيَّاتِ　彼は電子工学を専攻している

مِتْر 複 أَمْتَار 関 مِتْرِيّ ❖ メートル; 定規, 物差し 関メートルの

مِتْر مُرَبَّع　平方メートル

اَلنِّظَام الْمِتْرِيّ　メートル法

مِتْرَاس / مِتْرَس < ترس 複 مَتَارِيس ❖ バリケード, 防護壁; (ドアの内側からかける)ロッ

مِتْرَاس مِنْ أَكْيَاسِ الرَّمْلِ　砂袋の防護壁

مُتَرْجِم < ترجم 複 ون ❖ 翻訳家; 通訳者, 通訳

مُتَرْجِم حَيَاةِ إِنْسَانٍ　伝記作家

مُتَرَدِّد < رد ❖ ふらふらしている; 一定していない

تَيَّار مُتَرَدِّد　(電気の)交流

مُتْرَف < ترف ❖ ぜい沢な

اَلْوَلَدُ الْمُتْرَفُ لَا يَحْتَمِلُ خُشُونَةَ الْعَيْشِ　ぜい沢に育った子は厳しい生活に耐えられない

مُتَرَهِّل < رهل ❖ (肉が)たるんだ, ぶよぶよの

أَأَنْتَ سَمِينٌ مُتَرَهِّلٌ ؟　あなたはぶよぶよ太ってきたようですね

مِتْرُو (الْأَنْفَاقِ) ❖ 地下鉄, メトロ* *metro [仏語]

مُتَزَوِّج < زوج 複 ون ❖ 結婚している, 既婚の

مُتَزَوِّج حَدِيثًا　新婚の/結婚して間もない

أ ب ت ث ج ح خ د ذ ر ز س ش ص ض ط ظ ع غ ف ق ك ل م ن هـ و ي

مُتَسَاوٍ <سوي ❖ 等しい, 同じ ※定 اَلْمُتَسَاوِي

مُتَسَاوِي الْأَبْعَادِ (الْبُعْدِ)　等距離の

مُثَلَّث مُتَسَاوِي السَّاقَيْنِ　二等辺三角形

مُتَّسَع <وسع ❖ 空間, 広がり; 空き地; ゆとり, 余裕

مُتَّسَع مِنَ الْوَقْتِ　十分な時間

لَمْ يَكُنْ فِي الْوَقْتِ مُتَّسَعٌ لِـ~/　～する時間のゆとり(余裕)がなかった

لَمْ يَجِدْ مُتَّسَعًا مِنَ الْوَقْتِ لِـ~

مُتَسَلْسِل <سلسل ❖ 連続した, 続く

تَفَاعُل مُتَسَلْسِل　連鎖反応

رَقْم مُتَسَلْسِل　シリアルナンバー

مُتَسَلِّق <سلق ❖ つる性の

يَتَسَلَّقُ النَّبَاتُ الْمُتَسَلِّقُ عَلَى الْجِدَارِ　つる性の植物(つる)は壁を登る

مُتَشَائِم < شأم ❖ 形悲観的な 名悲観論者, 悲観的な人, ペシミスト

※⇔ مُتَفَائِل :楽観論者, オプチミスト

مُتَشَابِه <شبه ❖ (互いに)似ている

بَلَدَانِ مُتَشَابِهَانِ　よく似ている二つの国(主)

مُتَشَدِّد <شدد 複 ون ❖ 困難な, 厳しい; 固い; 融通の利かない

اَلْمُتَشَدِّدُونَ (ينَ)　強硬派 ※( )内は属対

مُتَشَرِّد <شرد ❖ 形家出した 名浮浪者, 放浪者, ホームレス

وَلَدٌ مُتَشَرِّدٌ　家出少年/浮浪児

مُتَّصِل <وصل ❖ 連結した, 結合した; 連続した

مُتَّصِل بِـ~　～に関係のある/～に関する

ضَمِير مُتَّصِل　非分離形代名詞[文] ※ ه, ها, ك, ي など

مُتَضَايِق <ضيق ❖ イライラした, 戸惑った; 怒った

مُتَضَايِقًا　イライラして/怒って

مُتَطَرِّف <طرف 複 ون ❖ 形 極端な,過激な;端の 名 急進派,急進主義者

عَنَاصِر مُتَطَرِّفَة　急進的グループ/過激なグループ

عِنْدَهُ آرَاءٌ مُتَطَرِّفَةٌ　彼は極端な意見を持つ

هَمْزَة مُتَطَرِّفَة　語尾のハムザ(ء)

مُتَطَوِّر <طور ❖ 進化した,発展した,発達した

بَلَدٌ مُتَطَوِّرٌ　(高度に)発達した国/先進国

مُتَطَوِّع <طوع 複 ون ❖ 形志願の,ボランティアの 名志願兵,ボランティア

جُنْدِيٌّ مُتَطَوِّع　志願兵

مُتَظَاهِر <ظهر 複 ون ❖ デモ参加者

مَا اسْتَطَاعَ رِجَالُ الأَمْنِ أَنْ يَقْمَعُوا الْمُتَظَاهِرِينَ　治安部隊はデモ参加者を弾圧出来なかった

مَتَّعَ <متع II ❖ 楽しませる,喜ばせる(~بِـ:~で);与える

مَتَّعَ الْبَصَرَ (الْعَيْنَيْنِ) بِـ~　(~を)見て楽しんだ

مَتَّعَ نَفْسَهُ　楽しんだ

مَتَّعَ الْمَرْأَةَ الْمُطَلَّقَةَ　(離婚した)女性に慰謝料を払った

مَتْعَبٌ <تعب 複 مَتَاعِب ❖ 疲労,苦労,骨折り,困難 複困難;苦痛;努力

أَخُوكَ مُتْعَبٌ يَهْجَعُ فِي سَرِيرِهِ　あなたの兄(弟)は疲れて,ベッドに寝ています

مُتْعِب <تعب ❖ 骨折りの;厄介な,面倒な;煩わしい

عَمَلٌ مُتْعِبٌ　面倒な仕事

اَلْحُرُوفُ الصِّينِيَّةُ مُتْعِبَةٌ　漢字は煩わしい

مُتَعَبِّد <عبد ❖ 形信心深い,敬虔な 名敬虔な信者

يَحْيَا الْمُؤْمِنُ الْمُتَعَبِّدُ حَيَاةَ صَلَاحٍ وَوَرَعٍ　信心深い信者は正しく敬虔に生きる

مُتْعَة <متع 複 مُتَع ❖ 楽しみ,娯楽,楽しませる物;(離婚の)慰謝料

نِكَاح (زَوَاج) مُتْعَةٍ　一時婚 ※契約による定められた期間の結婚

فِي الاِسْتِمَاعِ إِلَى الْمُوسِيقَى مُتْعَةٌ سَامِيَةٌ　音楽鑑賞には高尚な喜びがある

مُتَعَجْرِف <عجرف ❖ 高慢な,傲慢な

تِلْكَ الْفَتَاةُ مُتَعَجْرِفَةٌ　その娘は傲慢である

مُتَعَدٍّ <عدو ❖ 形優れた,超えている 名侵略者 ※定 الْمُتَعَدِّي

الْمُتَعَدِّي/الْفِعْل الْمُتَعَدِّي　他動詞(文)

يُؤْخَذُ اسْمُ الْمَفْعُولِ مِنَ الْفِعْلِ الْمُتَعَدِّي　受動分詞は他動詞から作られる

مُتَعَدِّد <عد ❖ 多種多様な,様々な ※限定名詞複数形を伴う

مُتَعَدِّدُ الْجِنْسِيَّاتِ　多国籍の

مُتَعَدِّدُ الزَّوْجَاتِ　一夫多妻の

مُتَعَلِّق <علق ❖ (〜に)関する,かかわる(بِـ〜);(〜が)好きな(بِـ〜)

دِرَاسَةٌ مُتَعَلِّقَةٌ بِاللُّغَاتِ　言語に関する研究

مُتَعَهِّد <عهد 複 ـون ❖ 形請け負った;委託された 名請負人;契約者

أَتَمَّ الْمُتَعَهِّدُ بِنَاءَ الْبُرْجِ　請負人は塔の建設を完成した

مُتَعَوِّد <عود ❖ 習慣の;慣れた

كَانَ مُتَعَوِّدًا أَنْ يَجْلِسَ كُلَّ يَوْمٍ صَبَاحًا فِي الْحَدِيقَةِ　彼は毎朝,庭に座るのが習慣だった

مُتَفَائِل <فأل ❖ 形楽観的な 名楽観主義者,楽観的な人,オプチミスト
※⇔ مُتَشَائِم :悲観論者,ペシミスト

مُتَفَائِلٌ بِالْحُصُولِ عَلَى〜　〜を得るのに楽観的である

مُتَفَتِّح <فتح ❖ 咲いている

فِي الْحَدِيقَةِ أَزْهَارٌ كَثِيرَةٌ مُتَفَتِّحَةٌ　庭には沢山の花が咲いています

مُتَفَجِّرَة <فجر 複 ـات ❖ 爆発物,爆薬;爆弾

مُتَفَرِّج <فرج 複 ـون ❖ 見物人,観客

وَجَدْنَا الصَّبِيَّ جَالِسًا وَسْطَ الْمُتَفَرِّجِينَ　私達は少年が見物人の中に座っているのを見つけた

مُتَفَوِّق <فوق ❖ (〜より)優れている,(〜を)超えている(〜عَلَى)

أ
ب
ت
ث
ج
ح
خ
د
ذ
ر
ز
س
ش
ص
ض
ط
ظ
ع
غ
ف
ق
ك
ل
م
ن
ه
و
ي

هُوَ كَانَ مُتَفَوِّقًا عَلَى زُمَلَائِهِ فِي الْجَيْشِ
彼は軍隊で同僚（どうりょう）より優（すぐ）れていた

مُتَقَارِب > قرب ✿ 類似（るいじ）した；接近（せっきん）した

اَلسِّينُ وَالصَّادُ مُتَقَارِبَانِ فِي النُّطْقِ
"س"と"ص"の発音（はつおん）は似（に）ている

مُتَقَطِّع > قطع ✿ 切（き）られた；途切（とぎ）れ途切（とぎ）れの

بِصَوْتٍ مُتَقَطِّعٍ
途切（とぎ）れ途切（とぎ）れの声（こえ）で

تَيَّار مُتَقَطِّع
（電気（でんき）の）交流（こうりゅう）

مُتَّكَأ > وكأ 複 ‐ات
ソファー, 長椅子（ながいす）；クッション

كَانَ فِي الْغُرْفَةِ مُتَّكَأ قَدِيم
部屋（へや）には古（ふる）いソファーがあった

مُتَكَبِّر > كبر 複 ‐ون
形 高慢（こうまん）な, 傲慢（ごうまん）な；誇（ほこ）り高（たか）い 名 高慢（こうまん）な人（ひと）, おごれる人

إِنَّ الْمُتَكَبِّرَ لَا يَسْتَمِرُّ طَوِيلًا
実（じつ）に, おごれる者（もの）は久（ひさ）しからず[格言（かくげん）]

مِتْلَاف > تلف ✿ 形 浪費（ろうひ）の；害（がい）のある 名 浪費者（ろうひしゃ）；廃棄物（はいきぶつ）

لَنْ يَجْمَعَ الْمِتْلَافُ مَالًا
浪費者（ろうひしゃ）にお金（かね）は集（あつ）まらない（貯（た）まらない）

مَتُنَ (u) مَتَانَة 名 ✿ 強（つよ）くなる, 丈夫（じょうぶ）になる；固（かた）くなる 名 強（つよ）さ, 強固（きょうこ）さ

يَمْتُنُ الْغُصْنُ مَعَ الْأَيَّامِ
枝（えだ）は日（ひ）に日（ひ）に（日毎（ひごと）に）強（つよ）くなります

مَتَّنَ > متن II تَمْتِين 名 ✿ 強（つよ）くする, 強固（きょうこ）にする 名 強（つよ）くする事（こと）, 強化（きょうか）

كَيْفَ نُمَتِّنُ الْحَائِطَ؟
どのようにして壁（かべ）を強（つよ）くしようか

مَتْن > مُتُون / مِتَان 複 名 背中（せなか）, 背（せ）；本文（ほんぶん）；（道路（どうろ）の）中央（ちゅうおう）；甲板（かんぱん） 形 強（つよ）い

هُوَ مَرَّ عَلَى مَتْنِ حِصَانٍ أَبْيَض
彼（かれ）は白馬（はくば）にまたがって, 通（とお）っていった

مَتْنُ الْكِتَابِ
本（ほん）（書物（しょもつ））の本文（ほんぶん）

عَلَى مَتْنِ
乗船（じょうせん）して/乗（の）って

مُتَنَاثِر > نثر ✿ 散乱（さんらん）した, 散（ち）らばった

اَلزُّجَاجُ الْمُتَنَاثِرُ فِي الشَّارِعِ
道路（どうろ）にガラスが散（ち）らばっている

مُتَنَاوَل > نول ✿ 形 取（と）られた；受（う）け取（と）られた；手（て）の届（とど）く 名 手（て）の届（とど）く所（とこ）

فِي (تَحْتَ) مُتَنَاوَلِ يَدِهِ
手（て）の届（とど）く（できる）範囲（はんい）で/ 入手（にゅうしゅ）可能（かのう）な

فِي مُتَنَاوَلِ الْجَمِيعِ
誰（だれ）もが手（て）の届（とど）く

مُتَنَزَّهٌ < نزه 複 -ات	❖ 散歩;散歩場,散歩する所
فِي الْحَدِيقَةِ مُتَنَزَّهٌ ظَلِيلٌ	公園には日陰の散歩場があります
مُتَنَوِّعٌ < نوع 複 -ات	❖ 様々な,多種多様の 複 雑多な物,寄せ集め
يُسْتَخْرَجُ مِنَ الْبِتْرُولِ مَحْرُوقَاتٌ وَزُيُوتٌ مُتَنَوِّعَةٌ	石油から様々な燃料と油が取れる
مُتَّهَمٌ < وهم	❖ 形 怪しい,疑わしい 名 被告,被告人;容疑者
مَثَلَ الْمُتَّهَمُ أَمَامَ الْقَاضِي	被告は裁判官の前に現れた
مُتَّهِمٌ < وهم	❖ 原告,告訴者;告発者;検事
مُتَوَازٍ < وزى	❖ 平行な ※定 الْمُتَوَازِي
مُتَوَازِي الْأَضْلَاعِ	平行四辺形
يَظْهَرُ وَادِيَانِ مُتَوَازِيَانِ بَيْنَ الْجِبَالِ	山の中に平行な二つの涸れ谷が現れる
مُتَوَاصِلٌ < وصل	❖ 続いた,連続した
أَلَا تَرَى أَنَّ الْعَمَلَ الْمُتَوَاصِلَ يَكُدُّهُ ؟	連続した仕事は疲れるのではないでしょうか
مُتَوَاضِعٌ < وضع	❖ おとなしい;慎み深い,謙虚な;上品な (謙遜して)粗末な,ささやかな
هِيَ طَالِبَةٌ مُتَوَاضِعَةٌ	彼女はおとなしい学生です
هٰذِهِ هَدِيَّةٌ مُتَوَاضِعَةٌ	これはささやかな贈り物ですが ※謙遜して
مُتَوَحِّدٌ < وحد	❖ 形 孤立した,孤独な;一人の 名 世捨て人
عَاشَ الْوَلَدُ مُتَوَحِّدًا فِي الْبَيْتِ	その子は一人で家に住んでいた
مُتَوَحِّشٌ < وحش	❖ 野生の;野蛮な
حَيَوَانَاتٌ مُتَوَحِّشَةٌ	複 野生の動物/野生動物
شَخْصٌ مُتَوَحِّشٌ	野蛮な人/野蛮人
مُتَوَسِّطٌ < وسط	❖ 形 中位の,中程度の;中庸の 名 平均;中庸
مُتَوَسِّطُ الْحَجْمِ	規模が中位の
الْمُتَوَسِّطُ/ الْبَحْرُ الْمُتَوَسِّطُ	地中海

مَوْجَة مُتَوَسِّطَة　(電波の)中波

مَدْرَسَة مُتَوَسِّطَة　中学校

اَلطَّبَقَة الْمُتَوَسِّطَة　中流階級

مُتَوَسِّط الْعُمْرِ (السِّنِّ)　中年の

مُتَوَسِّط دَرَجَاتِ الْحَرَارَةِ　平均気温

اَلسُّرْعَة الْمُتَوَسِّطَة　平均(の)速度

مُتَوَفًّى < وفى ❖ 形亡くなった, 故～ 名故人 ※定 اَلْمُتَوَفَّى

تَذَكَّرَ الْمُتَوَفَّى　故人を偲んだ

مُتَوَقَّع < وقع ❖ 予想の;期待した

اَلْفَشَلُ غَيْرُ مُتَوَقَّعٍ　失敗は予想していません

مَتِين < متن ❖ 固い, 堅い, 硬い;強い, 丈夫な; 強固な

خَشَبُ السِّنْدِيَانِ مَتِينٌ　樫の木は堅い(丈夫だ)

حَزَمْنَا الْأَمْتِعَةَ بِمَرَسَةٍ مَتِينَةٍ　私達は荷物を丈夫な紐で縛った

مَثَاب / مَثَابَة < ثوب ❖ 集会所;避難所;風習

بِمَثَابَةِ ～　～も同然/～に等しい

أَرْجُو اعْتِبَارَ كَلِمَتِي بِمَثَابَةِ دَعْوَةٍ رَسْمِيَّةٍ　私の言葉は公式な招待も同然と見なして欲しい

مُثَابِر < ثبر ❖ 辛抱強い;勤勉な

اَلْعَمَلُ الْمُثَابِرُ شَرْطٌ مِنْ شُرُوطِ النَّجَاحِ　勤勉な仕事が成功の条件だ

مِثَال < مثل 複 أَمْثِلَة / مُثُل ❖ 例, 見本, モデル; 量, 分量

مِثَال أَعْلَى　理想的なもの

عَلَى سَبِيلِ الْمِثَالِ　例えば

خُذْ مِنَ الْحَبَّاتِ مِثَالَ مَا أَخَذْتُ　私が取ったのと同じ分量の穀物を取りなさい

مِثَالِيّ < مثل ❖ 理想的な, 模範的な;完全な;典型的な

جَمَال الْمَرْأَةِ الْمِثَالِيّ　理想的な女性美

اَلْمَذْهَبُ الْمِثَالِيّ　理想主義

جُمْلَة مِثَالِيَّة　例文

مَثَانَة 複 ـات ❖ 膀胱

يَجْتَمِعُ الْبَوْلُ فِي الْمَثَانَةِ　尿は膀胱に集まる

مُثْبَت < ثبت ❖ 肯定された; 証明された; 書かれた

جُمْلَة مُثْبَتَة　肯定文

مِثْقَب < ثقب 複 مَثَاقِب ❖ ドリル, 錐

اِنْكَسَرَ حَدُّ الْمِثْقَبِ　ドリルの刃が折れた

مُثَقَّف < ثقف 複 ـون ❖ 教育のある, 教養のある; 文化的な
複 教養のある人; 学識者

تَجْمَعُ النَّدْوَةُ أُنَاسًا مُثَقَّفِينَ　その討論会は文化人を集めている

هُوَ ذَكِيٌّ وَمُثَقَّفٌ　彼は知性と教養がある

مَثَلَ (u) ❖ (〜に)似ている; (〜と)比べる(〜بِ); 現れる;
真似をする; 例を示す

مَثَلَ بَيْنَ يَدَيْهِ　面前に現れた

مَثَّلَ < مثل II 名 تَمْثِيل ❖ 例える; 演じる, 公演する; 代表する; 描写する;
罰する 名 例え, 例; 演じる事, 演技; 代表; 描写

مَثَّلَ الشَّاعِرُ الْأَرْضَ بِالْأُمِّ　詩人は大地を母に例えた

تُمَثِّلُ الْمُمَثِّلَةُ دَوْرَ "أُوشِين"　その女優が"おしん"の役を演じる

يُمَثِّلُ السَّفِيرُ بِلَادَهُ　大使は自分の国を代表する

تَمْثِيل تِجَارِيّ　代理店

دَارُ التَّمْثِيلِ　劇場/演劇場

فَنُّ التَّمْثِيلِ　演劇/彫刻

مَثَلٌ 複 أَمْثَال ❖ 例, 例え; 格言, ことわざ/諺; 規範, モデル

مَثَلًا　例えば

مَثَلٌ أَعْلَى (أَسْمَى)　理想的な

عَلَى رَأْيِ الْمَثَلِ　諺にもあるように/諺に曰く

ضَرَبَ (أَعْطَىٰ) مَثَلًا لِـ～　～の例を示した

مَثَلُهُ كَمَثَلِ ～　彼は～みたいだ

❖ مِثْل 複 أَمْثَال　(～のような)物(人);(～に似ている)物(人);類似

كَمِثْلِ ～　～と同じ様に/～と同様に

بِالْمِثْلِ　同じ様に/もまた

مِثْل هٰذَا　このような物

مُقَابَلَةَ الْمِثْلِ بِالْمِثْلِ　報復/仕返し

عَامَلَهُ بِالْمِثْلِ　彼を同じように取り扱った

لَمْ يَرَ مِثْلَهَا فِي حَيَاتِهِ　彼は今までに,そのような物を見た事が無かった

أَمْثَالُهُ　彼のような人々

هُمْ مِثْلُهُ　彼らは彼に似ている

مِثْلَمَا～　～と同じように

❖ مُثَلَّث <ثلث 複 ‐ات　形 三角形の;三つからなる 名 三角形

اَلْعَلَم الْمُثَلَّث　三色旗

مُثَلَّث الشَّكْلِ　三角形

مُثَلَّث مُتَسَاوِي السَّاقَيْنِ　二等辺三角形

مُثَلَّث قَائِم الزَّاوِيَةِ　直角三角形

كَيْفَ تَجِدُ مِسَاحَةَ الْمُثَلَّثِ ؟　三角形の面積はどのように見つけますか

❖ مُثَلَّج <ثلج　氷の;凍った,冷凍の

مُثَلَّجَات / مَأْكُولَات مُثَلَّجَة　冷凍食品

❖ مُثْمِر <ثمر　実りの多い,生産的な;利益のある

حِوَار مُثْمِر　実りの多い対話

❖ مُثَمَّن <ثمن 複 ‐ات　形 八角形の;八倍の 名 八角形

اُرْسُمْ فِي الدَّائِرَةِ مُثَمَّنًا　円の中に八角形を描きなさい

مَثْوًى < ثوى 複 مَثَاوٍ ❖ 住居,棲家;旅館 ※定 اَلْمَثْوَى

اَلْمَثْوَى الْأَخِيرُ　終の棲家/(お)墓

شَيَّعَ أَهْلُ الْقَرْيَةِ الْفَقِيدَ حَتَّى مَثْوَاهُ الْأَخِيرِ　村人は故人を(お)墓まで見送った

مُثِيرٌ < ثور 複 ـات ❖ 形 刺激的な,興奮させる 名 扇動者;刺激物,興奮剤

مُثِيرٌ لِلشَّهْوَةِ الْجِنْسِيَّةِ　性的に興奮させる/エロチックな

مُثِيرٌ لِلْعَاطِفَةِ　感動的な/心動かされる

مُثِيرٌ لِلِاهْتِمَامِ　興味を刺激する/興味深い

مَثِيلٌ < مثل 複 مُثُلٌ ❖ 形 似ている,類似する;等しい,匹敵する
名 似ている物,似ている者;類似する物

لَيْسَ (لَمْ يَسْبِقْ) لَهُ مَثِيلٌ / لَا مَثِيلَ لَهُ　比べられない/比類のない/優れている

هٰذَا حَرِيرٌ لَا مَثِيلَ لَهُ　これは比類のない絹です

مَجَّ (u) ❖ 吐き出す:吐く,嘔吐する;捨てる

مَجَّ الدَّوَاءَ　薬を吐き出した

مُجَادَلَةٌ < جدل 複 ـات ❖ 口論;討論,議論

طَالَتِ الْمُجَادَلَةُ بَيْنَهُمَا، وَلَمْ يَتَّفِقَا　二人の議論は長くなったが,合意しなかった

مَجَارِيرُ < جر ❖ 下水道 ※ مَجْرُورٌ の 複

مِيَاهُ الْمَجَارِيرِ تُلَوِّثُ الْبَحْرَ　下水道の水が海を汚している

مَجَازٌ < جوز ❖ 例え,比喩;通路;回廊

مَجَازًا / عَلَى سَبِيلِ الْمَجَازِ　例えて言えば/比喩的に言えば

لَا تَقْطَعِ الشَّارِعَ إِلَّا فِي مَجَازِ الْمَارَّةِ　横断歩道以外の通りを渡るな

مُجَازٌ < جوز ❖ 形 認可された 名 大学卒業の資格を持つ者,学士

مَجَاعَةٌ < جوع 複 ـات ❖ 飢餓,飢饉,飢え

تُوجَدُ مَجَاعَاتٌ فِي بَعْضِ الْبُلْدَانِ الْأَفْرِيقِيَّةِ　アフリカの幾つかの国では飢饉が有る

مَجَال < جول 複 -ات ❖ 範囲,分野;空間,スペース,余地

مَجَالُ الْعَمَلِ　活動範囲

فِي هٰذَا الْمَجَالِ　この点に関係して

مَا تَرَكَ مَجَالًا لِلشَّكِّ　疑問の余地は無かった

مَجَّان < مجن ❖ ずうずうしい,厚かましい;無料の,ただの

بِالْمَجَّانِ / مَجَّانًا　無料で/ただで

يُعَالِجُ الطَّبِيبُ الْمَرْضَى مَجَّانًا　その医者は無料で病人を治療する

مُجَاوِر < جور ❖ 隣接の,隣の;近くの

قَرْيَة مُجَاوِرَة　隣村

شَاهَدْتُ دُخَانًا فِي الشَّقَّةِ الْمُجَاوِرَةِ　隣のアパートに煙が見えました

مُجْتَمَع < جمع 複 -ات ❖ 社会;会合場所,会場

مُجْتَمَعُ الْإِقْطَاعِ　封建社会

نُرِيدُ أَنْ نَبْنِيَ مُجْتَمَعًا رَاقِيًا　私達は高度な社会を築きたい

مُجْتَهِد < جهد 複 ون ❖ 勤勉な,真面目な

عُمَّالٌ مُجْتَهِدُونَ　勤勉な労働者達

مَدَحَ الْمُعَلِّمُ الطَّالِبَ الْمُجْتَهِدَ　先生はその真面目な生徒をほめました

مَجُدَ (u) 名 مَجْد 複 أَمْجَاد ❖ 高貴である,気品のある,素晴らしい,輝かしい

يَمْجُدُ الْإِنْسَانُ بِأَخْلَاقِهِ وَأَعْمَالِهِ　人はその性質と労働において素晴らしい

نَالَ مَجْدًا　栄誉を得た

هُوَ خَلِيقٌ بِالْمَجْدِ　彼は栄光に値する

مَجَّدَ < مجد II 名 تَمْجِيد ❖ 称賛する,ほめ称える 名 称賛,ほめ称える事

إِيَّاكَ نُسَبِّحُ ، إِيَّاكَ نُمَجِّدُ يَا اللّٰهُ !　おお神よ,あなたの栄光をほめ称えます

مِجْدَاف < جدف 複 مَجَادِيف ❖ オール,かい/櫂

يُحَرِّكُ الصَّيَّادُ الزَّوْرَقَ بِالْمِجْدَافِ　漁師はオールで舟を動かす

مِجْذَاف < جذف 複 مَجَاذِيف ❖ ※＝مِجْدَاف ⇑

مَجْرًى<جرى 複 مَجَارٍ ❖ 流れる所;流れ ※定 المَجْرَى 複 下水溝,排水溝

مَجْرَى الْمَاءِ　溝/水の流れ

مَجْرَى الْبَوْلِ　尿道

لَا تَقِفْ فِي مَجْرَى هَوَاءٍ بَارِدٍ　冷たい空気の流れる所に立ってはいけない

مُجَرَّد<جرد ❖ 裸の,むき出しの;抽象的な;
単なる(ほんの)~に過ぎない ※~:名属
複 مُجَرَّدات:抽象的なもの

بِمُجَرَّدِ ~　~するや否や/~の直後に

بِمُجَرَّدِ أَنْ ~　単に~と言う理由で

بِالْعَيْنِ الْمُجَرَّدَةِ　肉眼で

اَلنَّخْلُ الْمُجَرَّدُ مِنَ الْوَرَقِ　(葉のない)裸の椰子の木

اِنْتَقَلَ الْوَاصِفُ مِنَ الْمَحْسُوسِ إِلَى الْمُجَرَّدِ　表現は具体的なもの(具象)から抽象的なものに移った

إِنَّهُ مُجَرَّدُ طِفْلٍ　彼はほんの子供だ

هٰذَا مُجَرَّدُ وَهْمٍ　それは単なる幻想に過ぎない

مِجْرَفَة<جرف 複 مَجَارِف ❖ スコップ,シャベル

اِنْكَسَرَتْ عَصَا الْمِجْرَفَةِ　スコップの柄が折れた

مُجْرِم<جرم 複 -ون ❖ 形 犯罪者の;有罪の;罪の 名 犯罪者,罪人

مُجْرِمٌ مَنْ يُحَرِّضُ غَيْرَهُ عَلَى الْقَتْلِ　他人に殺人を唆した者は有罪である

حُكِمَ عَلَى الْمُجْرِمِ بِالسِّجْنِ الْمُؤَبَّدِ　その犯罪者に終身刑が宣告された

مَجْرُوح<جرح 複 مَجَارِيح ❖ 形 負傷した,傷ついた 名 負傷者,けが人

كَانَ الْمَجَارِيحُ فِي مَيْدَانِ الْقِتَالِ　戦場に負傷者達がいた

مَجْزَرَة<جزر 複 مَجَازِر ❖ 殺戮,虐殺,(大虐殺のある)戦闘

ذَهَبَ ضَحِيَّةَ الْمَجْزَرَةِ عِشْرُونَ قَتِيلًا　その戦闘の犠牲者は20人に上った

مُجَلٍّ<جلو ❖ 勝利者;賞を得たもの ※定 اَلْمُجَلِّي

فَرَسٌ مُجَلٍّ　勝利した馬/優勝馬

أ ب ت ث ج ح خ د ذ ر ز س ش ص ض ط ظ ع غ ف ق ك ل م ن هـ و ي

مجلة ~ مجموعة

مَجَلَّة <جل 複 ـات/مَجَالّ ※ 雑誌

مَجَلَّة أُسْبُوعِيَّة　週刊誌

أُطَالِعُ الْكُتُبَ وَالْمَجَلَّاتِ　私は本や雑誌を読みます

مُجَلَّد <جلد 複 ـات ※ 形本になった 名巻,冊

فِي الْمَوْسُوعَةِ عِشْرُونَ مُجَلَّدًا　その百科事典は20巻あります

مَجْلِس <جلس 複 مَجَالِس ※ 座席;会議;会議場;議会,委員会

مَجْلِس عُرْفِيّ (عَسْكَرِيّ)　軍法会議

اِنْعَقَدَ الْمَجْلِسُ　議会が開かれた

اِجْتَمَعَ النُّوَّابُ فِي الْمَجْلِسِ　代表者は会議場に集まった

مِجْمَرَة <جمر ※ 香炉;火鉢

اَلْجَمْرُ مَعَ الْبَخُورِ فِي الْمِجْمَرَةِ　香炉には,お香と一緒に炭火が入っている

مَجْمَعٌ <جمع 複 مَجَامِع ※ 会議場;公的で特殊な教育機関,アカデミー;箱

بِمَجَامِعِ عَيْنَيْهِ　熱心に/一心不乱に

أَخَذَ بِمَجَامِعِ الْقُلُوبِ　魅了した

هُوَ عُيِّنَ عُضْوًا فِي الْمَجْمَعِ الْعِلْمِيِّ　彼は科学アカデミーのメンバーに指命された

فِي الْمَجْمَعِ ثِمَارٌ مُجَفَّفَةٌ　箱には乾燥した実が入っている

مُجْمَلٌ <جمل ※ 要約,レジュメ

مُجْمَلٌ مِنَ الْكَلَامِ　話の要約

مَجْمُوع <جمع ※ 形集められた 名合計,総額;全体

اَلْمَعْلُومَاتُ الْمَجْمُوعَةُ　集められた情報

بَلَغَ مَجْمُوعُ الْمُشْتَرَيَاتِ عَشَرَةَ آلَافِ يِنّ　買い物の合計は一万円に達した

مَجْمُوعَة <جمع 複 ـات ※ 集団;集合,集合体;収集物,コレクション

مَجْمُوعَة كَبِيرَة مِنَ الطُّلَّابِ　学生達の大きな集団

اَلْمَجْمُوعَةُ الشَّمْسِيَّةُ　太陽系

تَعِيشُ كَثِيرٌ مِنَ الْحَيَوَانَاتِ فِي مَجْمُوعَاتٍ　多くの動物が集団で住んでいる

مَجَنَ (u) ❖ 冗談を言う;恥ずかしい冗談を言う

يَمْزَحُ "أَبُو رَمَضَان" دُونَ أَنْ يَمْجُنَ　アブー・ラマダンは恥ずかしげもなく,冗談を言う

مَجْنُون <جن 複 مَجَانِين ❖ 形気の狂った 名気の狂った人,狂人

لَيْسَ كُلُّ مَجْنُونٍ شَرِسًا مُخِيفًا　全ての狂人が乱暴で,恐ろしいわけではない

مِجْهَر <جهر 複 مَجَاهِر ❖ 顕微鏡

تَبْدُو الْبَرْغَشَةُ جَرَادَةً تَحْتَ عَدَسَةِ الْمِجْهَرِ　顕微鏡のレンズのもとでは,蚊はバッタのように見える

مَجْهُود <جهد 複 -ات ❖ 努力

بَذَلَ مَجْهُودَهُ فِي تَحْصِيلِ الْمَعْرِفَةِ　知識を得る努力をした

مَجْهُول <جهل 複 مَجَاهِيل ❖ 形知られていない,未知の;不明の 名不明人

صِيغَةُ الْمَبْنِي الْمَجْهُول　受動態/受け身形

مَجْهُول الاسْمِ　匿名の

جُنْدِي مَجْهُول　無名兵士

مَا زَالَتْ التَّفَاصِيلُ مَجْهُولَةً　未だ詳細は分かっていない

يُحَاوِلُ الْعِلْمُ كَشْفَ أَسْرَارِ الْمَجْهُولِ　科学は未知の秘密を探ろうとする

مَجِيء <جاء ❖ 到来,到着

نَوَّرَتْ أَشْجَارُ الْكَرَزِ مُعْلِنَةً مَجِيءَ الرَّبِيعِ　春の到来を告げる桜の木が花を咲かせた

مَجِيد <مجد ❖ 輝かしい,栄えある,栄光の

أَنَا أَعْتَزُّ بِتَارِيخِ بِلَادِي الْمَجِيدِ　輝かしい我が国の歴史を私は誇りに思う

مَحَا، يَمْحُو <محو 名 مَحْو 受 مُحِيَ، يُمْحَى ❖ 消す;根絶する 名消す事 受消される

命 أُمْحُ 女 أُمْحِي　消せ/消しなさい

لَا يُمْحَى　消す事の出来ない/消されない

أُمْحُ الْكِتَابَةَ عَنِ اللَّوْحِ بِالْمِمْحَاةِ　黒板は黒板消しで消しなさい

⇑ مَحا = ✤ مَحَىٰ ، يَمْحِي

✤ مَحَّىٰ < محو II 消す;拭う

أَكْتُبُ الْكَلِمَةَ ثُمَّ أُمَحِّيهَا 私はその言葉を書いてから,消します

✤ مُحادَثَة < حدث 複 -ات 会話;話し合い,対話;対談,会談

اَلْمُحادَثَات الرَّسْمِيَّة 公式会談

أَجْرَىٰ (قامَ) مُحادَثَاتٍ مَعَ ~ ～と対談した

✤ مُحاذٍ < حذو 面した,向かいの;平行な

مُحاذِيًا 沿って

يَسِيرُ الطَّرِيقَ مُحاذِيًا لِشاطِئِ الْبَحْرِ 海岸に沿って進む

✤ مُحاسِب < حسب 複 ون 会計士

مُحاسِب رَسْمِيّ 公認会計士

نالَ شَهادَةَ الْمُحاسَبَةِ ، وَلٰكِنَّ الْخِبْرَةَ تَنْقُصُهُ 彼は会計士の免許を得たけれど,経験が不足している

✤ مُحاضِر < حضر 複 ون 講師

مُحاضِر جامِعَة 大学の講師

✤ مُحاضَرَة < حضر 複 -ات 講演,講義

أَلْقَىٰ مُحاضَرَةً عَنْ ~ ～についての講演をした

أَعْطَىٰ مُحاضَرَةً فِي الْجامِعَةِ 大学で講義をした

مَوْضُوعُ الْمُحاضَرَةِ شَيِّقٌ 講演のテーマは魅力的です

✤ مُحافِظ < حفظ 形保守的な;守る,遵守(順守)する 名市長,知事(昔の伝統や習慣の)保存者

اَلْمُحافِظُون (ين) 保守党/保守主義者 ※( )内は属対

قَدْ يُعَيَّنُ مُحافِظًا 彼は知事に任命されるだろう

اَلرَّجُلُ الْمُحافِظُ يَحْذَرُ الْجَدِيدَ 保守的な人は新しい物に慎重です

✤ مُحافَظَة < حفظ 複 -ات 保守;保持,維持;県

اَلْمُحافَظَة عَلَى النَّفْسِ 自己保存 ※自己の生命の保存と発展を計る事

اِنْعَقَدَ مَجْلِسُ الْمُحَافَظَةِ　県議会が開かれた

مُحَالٌ <حول ❖ 不可能な, 出来ない;あり得ない;馬鹿げた

أَنْ يَحْلُوَ مَاءُ الْبَحْرِ ، أَمْرٌ مُحَالٌ　海の水が甘くなる事は, あり得ない

مَحَالَة <حول 複 مَحَالٌ/مَحَاوِل ❖ プーリー, 滑車;力量, 能力

لَا مَحَالَةَ　疑いなく/間違いなく/確かに

لَا مَحَالَةَ (مَحَالَ) مِنْهُ　それは避けられない/それは不可避である

مُحَاكَمَة <حكم 複 ـات ❖ 裁判;起訴, 訴え

أُصُولُ الْمُحَاكَمَاتِ　法的手続き

مُحَامٍ <حمى 複 ـون ❖ 弁護士 ※定 المُحامِي

اِسْتَشَارَ الْمُحَامِيَ　弁護士に相談した

مُحَامَاة <حمى ❖ 弁護士の職

لَمْ يَتَمَرَّسْ بِالْمُحَامَاةِ بَعْدُ　まだ弁護士の職に就いた事がない

مُحَايِد <حيد ❖ 中立の;中間の

بَلَدٌ مُحَايِدٌ　中立国

لَوْنٌ مُحَايِدٌ　中間色

مُحِبٌّ <حب ❖ 形愛のある, 心優しい;愛する, 好きな(~لِـ:~を)
名愛する人;愛好者, マニア;友人

مُحِبٌّ لِوَطَنِهِ　愛国者

مُحِبٌّ لِذَاتِهِ　利己主義者/エゴイスト

مَحَبَّة <حب ❖ 愛情, 愛

بِمَحَبَّةٍ　愛情を持って

مَحَبَّةُ الْوَطَنِ　祖国愛/愛国心/郷土愛

مَحْبَرَة <حبر 複 مَحَابِر ❖ インク壺

مَلَأَ قَلَمَ الْحِبْرِ مِنَ الْمَحْبَرَةِ　インク壺のインクでペンを満たした

مَحْبَس <حبس 複 مَحَابِس ❖ (結婚または婚約の)指輪

اَلْمَحْبَسُ عَلَامَةُ ارْتِبَاطٍ بَيْنَ خَطِيبَيْنِ　指輪は婚約者の絆の象徴である

❖ مَحْبِس < حبس 複 مَحَابِس (ـِ)　監獄, 刑務所; 人里離れた所; 結婚(婚約)指輪

يَعِيشُ النَّاسِكُ فِي مَحْبِسٍ بَعِيدٍ عَنِ النَّاسِ　修行僧(修道士)は人里離れた所に住む

❖ مَحْبُوب < حب 複 مَحَابِيب　愛されている; 愛らしい; 人気のある

مُطْرِب مَحْبُوب مِنَ الشَّعْبِ　庶民(国民)に愛されている歌手

❖ مُحْتَال < حول　形 偽の, 嘘の; 不正な 名 詐欺師, いかさま師

لَيْسَ هٰذَا الرَّجُلُ فَقِيرًا، إِنَّهُ شَحَّاذٌ مُحْتَالٌ　この男は貧しくはない, 偽の物貰い(乞食)だ

❖ مُحْتَرِس < حرس　注意深い, 用心深い

غَيْر مُحْتَرِسٍ　不注意な/注意深くない

❖ مُحْتَرَف < حرف 複 -ات　仕事場; スタジオ

قَابَلْتُ الرَّسَّامَ فِي مُحْتَرَفِهِ　私はその画家と彼の仕事場で会いました

❖ مُحْتَرِف < حرف 複 مُحْتَرِفَة　形 プロの, 本職の 名 プロ, 本職, 専門家

"رَمْزِي" عَازِفُ كَمَانٍ مُحْتَرِفٍ　ラムズィーはプロのバイオリン奏者です

❖ مُحْتَرَم < حرم 複 ون　尊敬されている, 敬愛されている

إِلَى السَّيِّدِ "سوزوكي" الْمُحْتَرَمِ　尊敬する(敬愛する)鈴木さんへ

هُوَ مُحْتَرَمٌ عِنْدَ الْجَمِيعِ　彼は皆から敬愛されている

❖ مُحْتَمَل < حمل　あり得る; 耐えられる

هُطُولُ الْمَطَرِ مُحْتَمَلٌ　降雨もあり得る

❖ مُحْتَوًى < حوى 複 مُحْتَوَيَات　中身, 内容 ※定 اَلْمُحْتَوَى

اَلظَّرْفُ مُقْفَلٌ، لَا أَعْرِفُ مُحْتَوَاهُ　封筒は封がしてあって, 中身は分からないです

❖ مُحَدَّد < حد　決められた, 定められた

اَلسِّعْرُ مُحَدَّدٌ　値段は決められている

❖ مِحْدَلَة < حدل 複 مَحَادِل　ローラー

تُعَبِّدُ الْمِحْدَلَةُ طَرِيقَ الْقَرْيَةِ　ローラーが村の道を舗装する

مَحْدُود <حد　❖制限された;決められた;取り囲まれた

الْعَرْض مَحْدُودٌ　供給は制限されている

سِعْر مَحْدُود　定価

شَرِكَة مَحْدُودَة الْمَسْئُولِيَّةِ　有限会社

مِحْرَاب <حرب 複 مَحَارِيب　❖ミフラーブ ※モスク礼拝室内にあるメッカの方向を示すくぼみ

وَقَفَ الْإِمَامُ فِي الْمِحْرَابِ يَرْئِسُ الصَّلَاةَ　イマームはミフラーブに立ち,祈りを先導する

مِحْرَاث <حرث 複 مَحَارِيث　❖耕運機;すき/鋤,くわ/鍬

يَشُقُّ الْمِحْرَاثُ تُرَابَ الْحَقْلِ وَيَقْلِبُهُ　耕運機は畑の土を切り開き,ひっくり返す

مُحَرِّك <حرك 複 -ات　❖エンジン;原動機,機関

مُحَرِّك بُخَارِيّ　蒸気機関

مُحَرِّك دَاخِلِيّ (خَارِجِيّ) الِاحْتِرَاقِ　内燃(外燃)機関

مُحَرَّم <حرم　❖形禁じられた 名モハッラム※イスラム暦の一月

كَلِمَة مُحَرَّمَة　禁句

كَمْ يَوْمًا مُحَرَّمُ ؟　モハッラム月は何日ありますか

مُحْسِن <حسن 複 ـون　❖形慈善の,善行の 名慈善家,善行する人

لِلْمُحْسِنِ مُكَافَأَةٌ　慈善を行う者には報酬がある

مَحَشّ/ مِحَشَّة <حش 複 مَحَاشّ　❖鎌

قَطَعَ الْحَشِيشَ بِالْمِحَشَّةِ　鎌で草を刈った

مُحَصَّن <حصن　❖守りの堅い

مَدِينَة قَوِيَّة مُحَصَّنَة　守りの堅い都市

مَحْصُول <حصل 複 مَحَاصِيل　❖形得られた;収穫された 名農作物,収穫物;結果

مَحْصُول وَافِر　豊作

مَحْضَر <حضر　❖存在;到着;出席;集会;調書,記録(複 مَحَاضِر)

سَجَّلَ الشُّرْطِيُّ مَحْضَرًا بِالْمُخَالَفَةِ　警察官はその違反の調書を取った

مَحْضَر الْجَلَسَاتِ　議事録

مَحَطّ <حط　❖（止まる）所；（降りる）所；（物が置かれた）所

مَحَطُّ الْأَنْظَارِ　注目の的

مَحَطُّ الْآمَالِ　希望

تَوَقَّفْ قَلِيلًا عِنْدَ مَحَطِّ الْكَلَامِ　言葉が終わった所で，少し（読むのを）止めなさい

مَحَطَّة <حط 複 ـات/مَحَاطُّ　❖駅，停留所；局；事業所

مَحَطَّة تَحْوِيلِ التَّيَّارِ　乗換駅

مَحَطَّة بَنْزِينٍ　ガソリンスタンド

مَحَطَّة الْإِذَاعَة (تِلِفِزْيُون)　放送（テレビ）局

مَحْظُور <حظر　❖形禁止の；非合法の 名禁忌，タブー

مَحْظُور الْبَيْعِ　発売禁止の

جَمَاعَة مَحْظُورَة　非合法の集団/非合法団体

مَحْظُوظ <حظ　❖幸運な，運の良い

أَنْتَ لَاعِبٌ مَحْظُوظٌ　君は幸運な選手だ

مِحْفَظَة (ـَ) <حفظ 複 ـات　❖財布；かばん/鞄

لَا أَعْرِفُ أَيْنَ فَقَدْتُ مِحْفَظَتِي　私はどこで財布を無くしたか分かりません

مَحْفِل <حفل 複 مَحَافِل　❖会場；集まり，集会；（政治的，公的な）集団，団体

يُعْقَدُ الْإِجْتِمَاعُ فِي الْمَحْفِلِ　集会が会場で行われる

مَحْفُوظ <حفظ 複 مَحْفُوظَات　❖保存された；守られた；予約された 複保存食，缶詰

جَمِيعُ الْحُقُوقِ مَحْفُوظَةٌ　すべての権利が留保されている/無断転載を禁ず

مُحْكَم <حكم 複 ـات　❖完全な；強固な；定められた

تَتَأَلَّفُ سُوَرُ الْقُرْآنِ الْكَرِيمِ مِنْ آيَاتٍ مُحْكَمَاتٍ　聖典コーランの章は完全なる啓示からなる

مَحْكَمَة <حكم 複 مَحَاكِم　❖裁判所，法廷

مَحْكَمَة عُلْيَا　最高裁判所/最高裁

مَحْكَمَة ابْتِدَائِيَّة	<ruby>下<rt>か</rt></ruby><ruby>級<rt>きゅう</rt></ruby><ruby>裁判所<rt>さいばんしょ</rt></ruby>
مَحْكَمَة الثَّوْرَة	<ruby>革命<rt>かくめい</rt></ruby><ruby>法廷<rt>ほうてい</rt></ruby>
مَحْكَمَة عُرْفِيَّة	<ruby>軍法会議<rt>ぐんぽうかいぎ</rt></ruby>
أَحْضَرَهُ إِلَى الْمَحْكَمَة	彼を法廷に<ruby>召<rt>しょう</rt></ruby><ruby>喚<rt>かん</rt></ruby>した
مَحْكُوم ‹حكم	形支配された;<ruby>判決<rt>はんけつ</rt></ruby>が<ruby>出<rt>だ</rt></ruby>された 名<ruby>判決<rt>はんけつ</rt></ruby>
مَحْكُوم عَلَيْهِ الْإِعْدَام	<ruby>死刑判決<rt>しけいはんけつ</rt></ruby>
مَحْكُوم مُؤَبَّد	<ruby>無<rt>む</rt></ruby><ruby>期刑<rt>きけい</rt></ruby>/<ruby>終<rt>しゅう</rt></ruby><ruby>身刑<rt>しんけい</rt></ruby>
(a) مَحَل مَحِل 名 (ِ)	不毛である;実を結ばない,不作である 名<ruby>不毛<rt>ふもう</rt></ruby>;<ruby>不作<rt>ふさく</rt></ruby>;<ruby>干<rt>かん</rt></ruby>ばつ
تَكَادُ حُقُولُنَا تَمْحَل مِن قِلَّة الْمَطَر	<ruby>私<rt>わたし</rt></ruby><ruby>達<rt>たち</rt></ruby>の<ruby>畑<rt>はたけ</rt></ruby>は<ruby>雨<rt>あめ</rt></ruby>が<ruby>少<rt>すく</rt></ruby>ないので,ほとんど<ruby>不作<rt>ふさく</rt></ruby>である
مَحَلّ ‹حل –ات/ مَحَالّ 複 مَحَلِّي 関 مَحَلِّيَات 複	<ruby>店<rt>みせ</rt></ruby>;<ruby>場所<rt>ばしょ</rt></ruby>,<ruby>居場所<rt>いばしょ</rt></ruby> 関<ruby>地元<rt>じもと</rt></ruby>の,ローカルな;<ruby>地元<rt>じもと</rt></ruby><ruby>人<rt>ひと</rt></ruby>,<ruby>現地人<rt>げんちじん</rt></ruby> 複ローカルニュース
سَنَسْأَل عَن الْمَحَلّ حَتَّى نَهْتَدِي إِلَيْهِ	その店への<ruby>道<rt>みち</rt></ruby>を<ruby>尋<rt>たず</rt></ruby>ねましょう
حَلَّ مَحَلَّ ~	~の<ruby>代<rt>か</rt></ruby>わりになった
حَلَلْت مَحَلَّ الْمُدَرِّس	<ruby>私<rt>わたし</rt></ruby>は<ruby>先生<rt>せんせい</rt></ruby>の<ruby>代<rt>か</rt></ruby>わりをした
لُغَة مَحَلِّيَّة	<ruby>方言<rt>ほうげん</rt></ruby>
إِنْتَاج مَحَلِّيّ	<ruby>国産<rt>こくさん</rt></ruby>/<ruby>地元産<rt>じもとさん</rt></ruby>
مَحَلَّة ‹حل –ات 複	<ruby>街区<rt>がいく</rt></ruby>,<ruby>地区<rt>ちく</rt></ruby>,<ruby>地域<rt>ちいき</rt></ruby>;<ruby>部分<rt>ぶぶん</rt></ruby>;<ruby>野営地<rt>やえいち</rt></ruby>,キャンプ
نَسْكُن مَحَلَّة وَاحِدَة	<ruby>私<rt>わたし</rt></ruby><ruby>達<rt>たち</rt></ruby>は<ruby>同<rt>おな</rt></ruby>じ<ruby>地区<rt>ちく</rt></ruby>に<ruby>住<rt>す</rt></ruby>んでいます
مَحْمَصَة ‹حمص 複 مَحَامِص	<ruby>豆<rt>まめ</rt></ruby><ruby>煎<rt>い</rt></ruby>り<ruby>機<rt>き</rt></ruby>;<ruby>豆屋<rt>まめや</rt></ruby>
أَدِيرِي مَحْمَصَة الْبُنّ بِهُدُوءٍ	(<ruby>貴女<rt>あなた</rt></ruby>は)<ruby>静<rt>しず</rt></ruby>かにコーヒー<ruby>豆<rt>まめ</rt></ruby><ruby>煎<rt>い</rt></ruby>り<ruby>機<rt>き</rt></ruby>を<ruby>回<rt>まわ</rt></ruby>しなさい
مَحْمِل ‹حمل 複 مَحَامِل	ベアリング
مَحَامِل كُرَيَّات	ボールベアリング
مِحْنَة ‹محن 複 مِحَن	<ruby>厳<rt>きび</rt></ruby>しい<ruby>試練<rt>しれん</rt></ruby>;<ruby>苦難<rt>くなん</rt></ruby>
عَلَى الْجُنْدِيّ الشُّجَاع أَن يَكُون أَشَدّ مِن الْمِحْنَة	<ruby>勇気<rt>ゆうき</rt></ruby>ある<ruby>兵士<rt>へいし</rt></ruby>は<ruby>試練<rt>しれん</rt></ruby>に<ruby>耐<rt>た</rt></ruby>えなければならない

مُحَنَّكٌ <حنك ❖ ベテランの,熟練の,経験豊かな

رَئِيسِي مُدَرِّسٌ مُحَنَّكٌ　私の上司は,経験豊かな教師です

مِحْوَرٌ <حور 複 مَحَاوِرُ ❖ 軸

لِكُلِّ عَجَلَةٍ مِحْوَرٌ　全ての輪に軸がある

مِحْوَرُ الْأَرْضِ　地軸

مُحِيطٌ <حوط ❖ 形囲んでいる(~بِـ:～を);親しい 名大洋;環境;周囲

الطَّبِيعَةُ الْمُحِيطَةُ بِالْيَابَانِ　日本を取り巻く自然環境

الْمُحِيطُ الْهَادِئُ　太平洋

مُحِيطُ الدَّائِرَةِ　円周

مُخٌّ 複 مِخَخَة / مِخَاخ ❖ 脳,大脳;頭脳

يَحْمِي الْمُخَّ عَظْمٌ مَتِينٌ　硬い骨が脳を守っている

مُخَاطٌ <مخط 複 أَمْخِطَة ❖ 鼻水

مَعَ الزُّكَامِ يَزِيدُ الْمُخَاطُ　風邪を引くと鼻水が増す

مَخْبَأٌ <خبأ 複 مَخَابِئُ ❖ 隠れ場所,隠れ家;避難所

خَرَجَ الْفَأْرُ مِنْ مَخْبَئِهِ　鼠が隠れていた場所から出て来た

مُخْبِرٌ <خبر 複 ～ون ❖ 通信員;探偵;秘密警察;密告者

مُخْبِزٌ <خبز 複 مُخَابِز ❖ パン屋

مُخْتَارٌ <خير 複 ～ون / مَخَاتِيرُ ❖ 形選ばれた 名村長

خَتَمَ لِي الْمُخْتَارُ الشَّهَادَةَ　村長は証明書に判子(スタンプ)を押してくれた

مُخْتَبَرٌ <خبر 複 ～ات ❖ 実験室;研究室

جُهِّزَ الْمُخْتَبَرُ بِأَحْدَثِ الْمُعَدَّاتِ　実験室に最新の器具が装備された

مُخْتَرِعٌ <خرع 複 ～ون ❖ 発明家,発明者

"إِدِيسُونُ" مُخْتَرِعٌ شَهِيرٌ　エジソンは有名な発明家です

مُخْتَرَعٌ <خرع ❖ 形発明された 名発明品

اَلدِّمَاغُ الْإِلِكْتْرُونِيُّ مُخْتَرَعٌ مُذْهِلٌ　コンピューターは驚くべき発明品です

مُخْتَلِف <خلف ❖ 色々な, 異なる(～عَنْ:～と)

هُمَا اشْتَرَيَا أَشْيَاءَ مُخْتَلِفَةً　　二人は色々な物を買いました

رَأْيُنَا مُخْتَلِفٌ عَنْ رَأْيِكُمْ　　私達の意見はあなた達のとは異なる(違う)

مِخَدَّة (ـَ) <خد 複 مَخَادّ ❖ 枕, クッション

لَا أَحْتَاجُ فِي نَوْمِي إِلَى مِخَدَّةٍ　　私は寝るのに枕は要りません

مُخَدِّر <خدر 複 ـات ❖ 形 痛みを和らげる 名 麻酔 複 麻薬

مُدْمِنُ الْمُخَدِّرَاتِ　　麻薬中毒者

مِخْدَعٌ (ـُ) <خدع 複 مَخَادِع ❖ 邸宅の中の小さい家;特別室

حَلَّ الضَّيْفُ فِي مُخْدَعٍ أَنِيقٍ　　客は優雅な特別室に滞在した

مَخَرَ (a) ❖ (波を切って)進む

مَخَرَتِ السَّفِينَةُ عُبَابَ الْيَمِّ　　船が海の波を切って進んで行った

مَخْرَج <خرج 複 مَخَارِج ❖ 名 出口;発音;分母[数学]

مَخْرَجُ النَّجَاةِ　　非常口

مَخْرَجٌ مُشْتَرَك　　共通分母[数学]

مُخْرِج <خرج 複 ـون ❖ 監督, ディレクター, 演出家

تَدَرَّبَ الْمُمَثِّلُونَ بِإِشْرَافِ مُخْرِجٍ فَنَّانٍ　　出演者は芸術監督のもとで練習した

مِخْرَز <خرز 複 مَخَارِز ❖ 千枚通し, 錐

يَثْقُبُ الْإِسْكَافُ النَّعْلَ بِالْمِخْرَزِ　　靴屋さんは千枚通しで靴底に穴を空けます

مَخْرُوط <خرط ❖ 円錐(形)

اَلْمَخْرُوطُ هَرَمٌ مُسْتَدِيرُ الْقَاعِدَةِ　　円錐形は底面が円形のピラミッドの形です

مَخْزَن <خزن 複 مَخَازِن ❖ 倉庫;貯蔵庫;店, デパート

غَصَّ الْمَخْزَنُ بِالْبَضَائِعِ　　倉庫は商品で一杯だった

مَخْزُون <خزن 複 ـات ❖ 形 蓄えられた;保管された;在庫の 名 在庫

لَا يُوجَدُ مَخْزُونٌ مِنْ هٰذِهِ الْبِضَاعَةِ　　この商品の在庫はありません

مُخَضَّب <خضب ❖ 染められた, 染まった

شَعْر مُخَضَّب بِالْحِنَّاءِ　ヘンナで染められた髪

مَخَطَ (a, u) ❖ 鼻をかむ

هُوَ مَخَطَ أَنْفَهُ بِالْمَنْدِيلِ　彼はハンカチで鼻をかんだ

مَخَّطَ > مخط II ❖ 鼻をかむ;鼻をかませる

مَخَّطَ الْوَلَدَ　子供の鼻をかんだ

مُخَطَّط > خط 複 -ات ❖ 形縞模様の,ストライプの;印を付けられた
名地図;スケッチ,レイアウト,デッサン

مُخَطَّطُ الْمَدِينَةِ ، مِنْ فَضْلِكَ　街の地図を下さい

مَخْطُوطَة > خط 複 -ات ❖ 原稿,手書きの原稿;草稿

مَخْطُوطَات الْبَحْرِ الْمَيِّتِ　死海文書/死海写本

فِي الْمَكْتَبَةِ مَخْطُوطَةٌ قَدِيمَةٌ ثَمِينَةٌ　図書館には古い貴重な手書きの原稿がある

مَخْفَر > خفر 複 مَخَافِر ❖ 警察署,交番;監視所

سِيقَ الشَّقِيُّ إِلَى الْمَخْفَرِ　悪党が警察署に連れて行かれた

مُخْل 複 أَمْخَال / مُخُول ❖ てこ,レバー

يُسَاعِدُ الْمُخْلُ عَلَى زَحْزَحَةِ الصُّخُورِ　てこは岩を動かすのに役立つ

مِخْلَب > خلب 複 مَخَالِب ❖ (猛禽類などの)爪

أَمْسَكَتِ الْعُقَابُ الْأَرْنَبَ بِمَخَالِبِهَا　鷲が兎を爪で捕まえた

مُخْلِص > خلص 複 ون ❖ 忠実な,誠実な

كُنْ مُخْلِصًا لِوَطَنِكَ　祖国に忠実でありなさい

صَدِيق مُخْلِص　誠実な友人(友達)

مَخْلُوط > خلط 複 مَخَالِيط ❖ 混ざった,混じった,混合した

يَأْكُلُ الْحِمَارُ التِّبْنَ مَخْلُوطًا بِالشَّعِيرِ　ロバは大麦の混ざった藁を食べる

مَخْلُوق > خلق 複 -ات ❖ 形(神によって)創造された,作られた 名創造物

لَيْسَتِ الْمَخْلُوقَاتُ أَزَلِيَّةً　永遠なる創造物はない

مُخْمَلٌ > خمل ❖ ビロード,ベルベット

لَبِسَ سُتْرَةً مِنَ الْمُخْمَلِ الْكُحْلِيِّ	黒いベルベットの上着を着た
مُخَنَّث <خنث	✤ 女々しい, 意気地のない
لَا نُرِيدُكَ شَابًّا مُخَنَّثًا جَبَانًا	私達はあなたが意気地のない, 臆病な若者になる事を望まない
مُخَيَّلَة <خيل	✤ 想像力;空想, 夢想
تَسْتَطِيعُ بِمُخَيَّلَتِكَ أَنْ تَتَصَوَّرَ مَا تَشَاءُ	(あなたは)空想では望むものになる事が出来ます
مُخِيف <خوف	✤ 恐ろしい, 怖い
حِكَايَةٌ مُخِيفَةٌ	恐ろしい(怖い)話
كَانَ اللَّيْلُ دَامِسًا مُخِيفًا	昔は夜がとても暗くて, 怖かった
مُخَيَّم <خيم 複 ـات	✤ キャンプ場, 野営地
مُخَيَّمٌ لِلَاجِئِينَ	難民キャンプ
حَضَرْنَا سَهْرَةً مُمْتِعَةً فِي مُخَيَّمِ الْكَشَّافَة	私達はボーイスカウトのキャンプの楽しい夕べに参加した
مَدَّ (u) 名 مَدّ 複 مُدُود	✤ 伸ばす, 広げる; 供給する;助ける 名伸ばす事
مَدَّ الْمَوْعِدَ	期日を延ばした
مَدَّ يَدَهُ إِلَى～	～に手を差し出した(伸ばした)
مَدَّ ذِرَاعَيْهِ	両手を広げた
كَانَ صَدِيقِي بِحَاجَةٍ إِلَى مَالٍ، فَمَدَدْتُهُ	友人がお金に困っていたので, 私は彼を助けた
حُرُوف الْمَدِّ	(ا , و , ي の)長母音文字
تَنْبَسِطُ الْحُقُولُ عَلَى مَدِّ الْبَصَرِ	見渡す限り, 畑が広がっている
مَدًى <مدي 複 أَمْدَاءٌ	✤ 広がり, 範囲, 持続, 期間 ※定 الْمَدَى
مَدَى الْبَصَرِ	視界
إِلَى مَدًى بَعِيدٍ	遥か彼方に
عَلَى مَدَى～	～に渡って/～の所に
مَدَى الْأَيَّامِ	引き続き/数日に渡って
فِي الْمَدَى الْأَخِيرِ	結局

مَدَى الْحَيَاةِ (الْعُمْرِ)	一生/生涯に渡って
لَنْ أَنْسَى فَضْلَ مُعَلِّمِي مَدَى الْحَيَاةِ	私は先生の恩を一生(生涯)忘れないでしょう
مِدَادٌ < مد	❖ インク, 墨; 灯油; パターン, 模様
عَلَى مِدَادٍ وَاحِدٍ	同じパターン(模様)で
مُدَّةٌ 複 مُدَد	❖ 期間, 間
مُدَّةَ ～/ فِي مُدَّةِ ～ / لِمُدَّةِ ～	～の間に
مُدَّةَ أُسْبُوعٍ	一週間
مُدَّةُ الْعَقْدِ	契約期間
مُدَّةً طَوِيلَةً	長い間
أَبِي مَرِيضٌ مِنْ مُدَّةٍ	私の父はしばらく前から病気です
مَدَحَ (a) 名 مَدْح	❖ ほめる, 賞賛する 名 賞賛, 賛辞
مَدَحَ الرَّئِيسَ	大統領を賞賛した
مَدْخَلٌ < دخل 複 مَدَاخِل	❖ 入り口; 入門
وَقَفَتِ السَّيَّارَةُ عِنْدَ مَدْخَلِ الْبِنَايَةِ	ビルの入り口に車が止まった
مَدْخَل إِلَى اللُّغَةِ الْيَابَانِيَّةِ	日本語入門
مُدَخَّنٌ < دخن	❖ 薫製の
سَمَكٌ مُدَخَّنٌ	薫製の魚
مَدْخَنَةٌ < دخن 複 مَدَاخِن	❖ 煙突
أَتَعْرِفُ الْمَصْنَعَ مِنْ مَدْخَنَتِهِ الْعَالِيَةِ ؟	高い煙突のある工場を知っていますか
مَدَّدَ < مد II 名 تَمْدِيد	❖ 広げる; 延ばす, 延長する 名 延長
مَدَّدْتُ إِقَامَتِي فِي بَغْدَادَ	私はバグダードの滞在を延ばした(延長した)
مُدَرِّبٌ < درب 複 ون	❖ コーチ; 訓練士
أَجْبَرَنَا الْمُدَرِّبُ عَلَى الرَّكْضِ	コーチは私たちに走る事を強制した
مَدْرَجٌ < درج 複 مَدَارِج	❖ 滑走路; 道
اتَّجَهَتِ الطَّائِرَةُ الْمُسَافِرَةُ إِلَى الْمَدْرَجِ	旅客機は滑走路に向かった

مُدَرَّج < درج 複 -ات ❖ 形分類された;等級別の 名(階段式)観客席;階段

مُدَرَّج الْمَلْعَبِ　競技場の観客席

مُدَرِّس < درس 複 ون ❖ 先生, 教師, 教員; 教授

هُوَ مُدَرِّسُ اللُّغَةِ الْعَرَبِيَّةِ　彼はアラビア語の先生です

يَعْمَلُ مُدَرِّسًا　教師をする

مَدْرَسَة < درس 複 مَدَارِس ❖ 学校

مَدْرَسَة ابْتِدَائِيَّة　小学校

مَدْرَسَة إِعْدَادِيَّة　中学校

مَدْرَسَة ثَانَوِيَّة　高等学校/高校

مُعَلِّمُو الْمَدْرَسَةِ حَاضِرُونَ　学校の先生達は出席している

مُدَرَّع < درع ❖ 武装した

سَيَّارَة مُدَرَّعَة　装甲車

مُدَّعٍ < دعو 複 ون ❖ 原告;検察 ※定 اَلْمُدَّعِي

اَلْمُدَّعِي الْعَامّ (الْعُمُومِيّ)　検事

مَدْعُوّ < دعو 複 ون ❖ 形呼ばれた, 招待された 名招待客, ゲスト

مَدْعُوّ إِلَى الْحَفْلَةِ　パーティの招待客

اِجْتَمَعَ الْمَدْعُوُّونَ　招待客が集まった

مِدْفَأ (ة) < دفأ 複 مَدَافِئ ❖ ストーブ

مِدْفَأَة كَهْرَبَائِيَّة　電気ストーブ

مِدْفَع < دفع 複 مَدَافِع ❖ 銃, 大砲

مِدْفَع رَشَّاش　機関銃

لَيْتَ مِدْفَعَ الْحَرْبِ يَصْمُتُ إِلَى الْأَبَدِ !　大砲が永遠に沈黙すれば良いのに

مَدْفَن < دفن 複 مَدَافِن ❖ 墓地, 埋葬地
(ِ)

بَعْدَ الصَّلَاةِ ، نُقِلَتْ جُثَّةُ الْفَقِيدِ إِلَى الْمَدْفَنِ　祈りの後,遺体は埋葬地に運ばれた

مِدَقّ < دق 複 مَدَاقّ ※ مِدَقَّة ❖ すりこぎ, つぶし棒, 乳棒 ※1本のすりこぎ

هٰذَا هُوَ الْجُرْنُ ، وَلٰكِنْ أَيْنَ الْمِدَقَّةُ ؟ — これはすり鉢です, すりこぎはどこですか

مُدَلَّل < دل ❖ 甘やかされた;かわいがられた

اَلْوَلَدُ الْوَحِيدُ مُدَلَّلٌ — 一人っ子は甘やかされる

مُدْمِن < دمن ❖ 形 中毒になった 名 中毒;中毒者

مُدْمِن الْمُخَدِّرَات (الْخَمْرِ) — 麻薬(アルコール)中毒

مَدَنِيّ < مدن ❖ 都市の;民間の

اَلْهَنْدَسَة الْمَدَنِيَّة — 土木工学/都市工学

اَلطَّيَرَان الْمَدَنِيّ — 民間航空会社

حُقُوق مَدَنِيَّة — 市民の権利

قَانُون مَدَنِيّ — 民法

مُدْهِش < دهش ❖ 驚くべき, 驚異の

تَقَدُّم مُدْهِش — 驚異の進歩(発展)

مَدِيد < مد 複 مُدُد ❖ 伸ばされた;長い

اَلْمَدِيد — アル=マディード ※詩の韻律の一種

مَدِيد الْبَصَرِ — 先見の明のある

عِيدًا سَعِيدًا ! وَعُمْرًا مَدِيدًا ! — おめでとう!長生きされますように!

مُدِير < دور 複 ون / مُدَرَاء ❖ マネージャー, (各部所の)長;管理者

نَادَى مُدِيرَ الْمَطْعَمِ — レストランのマネージャー(支配人)を呼んだ

مُدِير الْقِسْمِ — 課長

مَدِين < دين ❖ 債務者, 借り手, 借り主

وَفَى الْمَدِينُ الْقَرْضَ — 借り手はローンを返済した

مَدِينَة < مدن 複 مُدُن ❖ 都市, 都会, 街, 町

اَلْمَدِينَة (الْمُنَوَّرَة) — (サウジアラビアの都市)メディナ

مَدِينَة السَّلَامِ — バグダード

اَلْمُدُنُ الْكُبْرَى　[複]大都会

اَلْبِنْتُ مُشْتَاقَةٌ إِلَى حَيَاةِ الْمَدِينَةِ　娘は都会の生活に憧れている

مَذَاقٌ < ذ و ق ❖ 味

لِلسُّكَّرِ مَذَاقٌ حُلْوٌ　砂糖は甘い味がする

مَذْبَح < ذبح [複] مَذَابِح ❖ 屠殺場,屠殺場;祭壇[キリスト教]

سَاقَ الْجَزَّارُ الشَّاةَ إِلَى الْمَذْبَحِ　肉屋は羊を屠殺場に追いやった

مَذْبَحَة < ذبح ❖ 虐殺,殺戮

اِرْتَكَبَ مَذْبَحَةً شَنِيعَةً فِي الْقَرْيَةِ　村で残酷な虐殺を行なった

مُذَكَّر < ذكر ❖ [形]男性の,男の,男性形の [名]男性形

اِسْم مُذَكَّر　男性名詞

مُذَكِّرَة < ذكر [複] -ات ❖ メモ帳,手帳;メモ;通知書

دَوِّنْ مَوْعِدَ الزِّيَارَةِ فِي الْمُذَكِّرَةِ　訪問する期日をメモ帳に書きなさい

مَذْهَب < ذهب [複] مَذَاهِب ❖ 行く事;主義,イデオロギー,考え

مَذْهَب فِي الْحَيَاةِ　人生哲学

مَذْهَب الْمِثَالِيَّةِ　理想主義

اَلْمَذَاهِب الْأَرْبَعَة　イスラム法学の4学派

بَشَّرَهُمْ بِالْمَذْهَبِ　彼らにそのイデオロギーを伝えた

مِذْيَاع < ذيع [複] مَذَايِيع ❖ おしゃべり;マイクロフォン,マイク;ラジオ;送信機

أَخْفِضْ صَوْتَ الْمِذْيَاعِ　マイクの音を下げなさい(絞りなさい)

مُذِيع < ذيع [複] ون [女] مُذِيعَة ❖ [形]放送の [名]アナウンサー;送信機

مُذِيعُ الْإِذَاعَةِ　ラジオのアナウンサー

مَرَّ ، يَمُرُّ [名] مَرٌّ ❖ 通る,通り過ぎる;(日時が)過ぎる;経験する;
立ち寄る(~بِـ/عَلَى:~に) [名]通過;横断;スコップ

مَرَّ ذِكْرُهُ　それは既に述べられた

كَمَا مَرَّ بِنَا　既に私達が述べたように

مَرَّ بِالامْتِحَانِ　試験に通った(受かった)

مَرَّ الْوَقْتُ بِسُرْعَةٍ　時が素早く過ぎた

مَرَّ بِتَجَارِبَ عَاطِفِيَّةٍ　恋愛を経験した

مَرَّ الْمُدِيرُ عَلَى الصُّفُوفِ يَتَفَقَّدُهَا　校長先生はクラスの視察に立ち寄った

عَلَى مَرِّ الزَّمَانِ　時の経過とともに

مُرٌّ 複 أَمْرَار ❖ 形苦い;痛い 名苦み;没薬

اَلدَّوَاءُ مُرٌّ وَلٰكِنَّهُ نَافِعٌ　良薬口に苦し[格言]

مَرْءٌ < مرأ 複 رِجَال 女 مَرْأَة 複 نِسَاء ❖ 人,人間 ※定 اَلْمَرْء

اَلْمَرْءُ بِأَصْغَرَيْهِ : قَلْبِهِ وَلِسَانِهِ　人間には最も小さいものが二つある,それは心と舌である

مَرْأًى < رأى ❖ 光景,景色;見る事 ※定 اَلْمَرْأَى

عَلَى مَرْأًى مِنَ ~　~の面前で/~の目の前で

لَا يُطْرَحُ الْبُصَاقُ عَلَى مَرْأًى مِنَ النَّاسِ　人の目の前で唾を吐くものではない

مَرْأَب (مِ) < رأب 複 مَرَائِب ❖ 修理工場;修理屋

تَرَكْتُ سَيَّارَتِي فِي الْمَرْأَبِ　私は車を修理工場に置いてきました

(اَلْ)مَرْأَة < مرأ 複 نِسَاء/ نِسْوَة ❖ (その)女性;婦人;妻 ※不定形は اِمْرَأَة

مَرْأَتِي　私の妻

تَحْرِير الْمَرْأَةِ　女性解放

مِرْآة < رأى 複 مَرَاءٍ / مَرَايَا ❖ 鏡

سَرَّحَتْ شَعْرَهَا أَمَامَ الْمِرْآةِ　彼女は鏡の前で髪をすいた

مُرَاجَعَة < رجع ❖ 繰り返し;チェック,確認;参照;見直し;監査

مُرَاجَعَة الْحِسَابِ　会計監査

لَا تَبُتُّ الشَّرِكَةُ أَمْرًا قَبْلَ مُرَاجَعَةِ الْوَكِيلِ　会社は代理人の確認がなければ決定できない

مُرَادِف < ردف 複 -ات ❖ 形同義の,類義の 名同義語,類義語

مُرَادِف لِلْكَلِمَةِ　その語の同義語

أ ب ت ث ج ح خ د ذ ر ز س ش ص ض ط ظ ع غ ف ق ك ل م ن هـ و ي

مَرَارَة < مر 複 مَرَائِر ❖ 胆のう;苦さ,苦難

اِلْتِهَاب الْمَرَارَةِ　胆のう炎

بِمَرَارَةٍ　苦々しげに

اَلْحَيَاةُ مَلِيئَةٌ بِالْمَرَارَةِ　人生は苦難に満ちている

مُرَاسِل < رسل 複 ـون ❖ 記者,通信員,特派員

مُرَاسِل حَرْبِيّ　従軍記者

مَنْ هُوَ مُرَاسِلُ الْجَرِيدَةِ لِلْقَاهِرَةِ ؟　その新聞のカイロ特派員は誰ですか

مُرَاسَلَة < رسل 複 ـات ❖ 通信;手紙;文通 複郵便物

أَجْرَى مُرَاسَلَاتٍ مَعَ ～　～と文通した

يُتَابِعُ دِرَاسَةَ الرَّسْمِ بِالْمُرَاسَلَةِ　通信で絵の勉強を続けている

مُرَاقِب < رقب ❖ 形観察の 形観察者;検査官,監視人

مُرَاقِب مَالِيّ　会計監査人

فَتَّشَ الْمُرَاقِبُ حَقَائِبَ الْمُسَافِرِينَ　検査官が旅行者達のカバンを検査した

مُرَاقَبَة < رقب ❖ (手紙,出版物などの)監視,検閲;監督

مُرَاقَبَة الْأَفْلَامِ　映画の検閲

بُرْجُ الْمُرَاقَبَةِ يُرْشِدُ الطَّائِرَاتِ　管制塔は飛行機を誘導する

مُرَاهِق < رهق ❖ 形青年の;思春期の,青年期の 名青年,若者

غُلَامٌ فِي الْخَامِسَةَ عَشْرَةَ لَا يَزَالُ مُرَاهِقًا　15歳の若者は未だ思春期だ

مُرَاهَقَة < رهق ❖ 思春期,青年期,青春

خُذِ الْفَتَى بِحُلْمِكَ ، فَهُوَ لَمْ يَتَجَاوَزْ بَعْدُ سِنَّ الْمُرَاهَقَةِ　若者よ,夢を持て,そして青春が過ぎても,その夢を諦めるな

مُرَبٍّ < ربو 複 مُرَبُّونَ ❖ 教育者 ※定 اَلْمُرَبِّي

عَلَى الْمُرَبِّي أَنْ يَكُونَ صَبُورًا　教育者は我慢(忍耐)強くなければならない

مُرَبًّى < ربو 複 مُرَبَّيَات ❖ 形育てられた;育ちの良い
名ジャム,(野菜,果物の)砂糖煮

مُرَبَّى الْفَاكِهَةِ　フルーツジャム

أ ب ت ث ج ح خ د ذ ر ز س ش ص ض ط ظ ع غ ف ق ك ل م ن هـ و ي

مُرَبَّعٌ < ربع ◈ 形四角の; 4倍の 名四角形(複-ات); カルテット[音楽]

مُرَبَّعُ الْأَضْلَاعِ　四角形/四辺形

مِتْرٌ مُرَبَّعٌ　平方メートル

مَرَّةٌ 複 -ات/ مِرَارٌ ◈ 回,回数,度

مَرَّتَانِ(يْنِ)　二回/二度 ※( )内は属対

ذَاتَ مَرَّةٍ　ある日/ある時

مَرَّةً أُخْرَى(ثَانِيَةً)　もう一回(一度)

مَرَّةً　ある時/一回

مِرَارًا وَتَكْرَارًا / مَرَّاتٍ　繰り返し/再三/何回も

لَقَدْ شَاهَدْتُ الْفِيلْمَ غَيْرَ مَرَّةٍ　私はその映画を一度ならず(何度も)見ました

غَنَّتِ الْمُطْرِبَةُ فَاسْتَعَادَهَا الْجُمْهُورُ مِرَارًا　女性歌手が歌い終わると,皆はアンコールを求めた

مُرْتَاحٌ < روح ◈ リラックスした,くつろいだ;満足した

مُرْتَاحُ الضَّمِيرِ (الْبَالِ)　心の穏やかな/心の落ち着く

مُرَتَّبٌ < رتب 複 -ات ◈ 形整った,整理された 名給料,賃金

اِجْعَلْ غُرْفَتَكَ مُرَتَّبَةً　部屋を整理整頓しなさい

بَدَأَ عَمَلَهُ بِمُرَتَّبٍ ضَئِيلٍ　わずかな賃金で働き始めた

صَرْفُ مُرَتَّبَاتٍ　給料日

مَرْتَبَةٌ < رتب 複 مَرَاتِبُ ◈ 段階;位置;順位,等級,グレード

بَلَغَ فِي تَقَدُّمِهِ مَرْتَبَةً عَالِيَةً　彼の進歩は高いレベルに達した

اَلْمَرْتَبَةُ الْأُولَى　一位/首席

مُرْتَزِقَةٌ < رزق ※مُرْتَزِق ◈ 名複外国人傭兵;金目当ての人 ※一人の外国人傭兵

دَخَلَ الْجَيْشَ مُرْتَزِقَةٌ كَثِيرُونَ　沢山の外国人傭兵が軍に入った

مُرْتَكِبٌ < ركب 複 ون ◈ 犯人,犯罪者

بَحَثَ عَنْ مُرْتَكِبِي حَادِثِ تَسَرُّبِ غَازِ الْأَعْصَابِ　神経ガスを撒いた犯人を探した

مَرْج 複 مُرُوج	❖ 牧場,牧草地;草原,原っぱ
اِخْضَرَّتِ الْمُرُوجُ	牧場が緑になった
مُرُوج خَضْرَاء	緑の原っぱ
مَرْجَان(ُ) 関 مَرْجَانِيّ	❖ サンゴ/珊瑚;小さい真珠 関珊瑚の
شِعَاب مَرْجَانِيَّة	珊瑚礁
مَرْجِع < رجع 複 مَرَاجِع	❖ 参考; 源 ;頼るもの,根拠
اَلْمَرْجِع السَّابِق	前項を参考の事
مَرْجِع النَّظَر	法的権限
اَلْمَرْجِع الدِّينِيّ	宗教的権威
اَلْمَرْجِع الشِّيعِيّ	シーア派の宗教的権威
اَلْمَرْجِع الْأَخِير	最後の頼みの綱
كِتَابُهُ مَرْجِعٌ هَامٌّ فِي دِرَاسَةِ التَّارِيخِ	彼の本は歴史の勉強に大変参考になる
مِرْجَل < رجل 複 مَرَاجِل	❖ 釜;薬缶
اَلْمَاءُ يَغْلِي فِي الْمِرْجَلِ	釜の水が沸騰している
مَرَحٌ	❖ 喜び,楽しさ;お祭り騒ぎ;陽気
مَرَحًا	陽気に/楽しく
سَادَ الْمَرَحُ السَّهْرَةَ	夕べの集まりは楽しかった
مَرِحٌ 複 مَرْحَى/ مَرَاحَى	❖ (性格が)明るい,陽気な,快活な,朗らかな
هُوَ مَرِحٌ بِطَبْعِهِ	彼は性格が明るい(陽気である)
مِرْحَاض < رحض 複 مَرَاحِيض	❖ 便所,トイレ
اَلْمِرْحَاضُ بِحَاجَةٍ إِلَى تَنْظِيفٍ وَتَطْهِيرٍ	便所は清潔にし,そして消毒する必要がある
مَرْحَب < رحب	❖ 歓迎,歓待
مَرْحَبًا	ようこそ/いらっしゃい
مَرْحَبًا بِكَ ، يَا~	~さん,ようこそいらっしゃいました
مَرْحَبًا ، أَيُّ خِدْمَةٍ ؟	いらっしゃいませ,何に致しましょう

مَرْحَلَة <رحل 複 مَرَاحِل ❖ 過程,行程;段階;工程

اَلشَّبَابُ أَجْمَلُ مَرَاحِلِ الْحَيَاةِ　青春とは何と甘美な人生の過程であることか

فِي مَرَاحِلِ التَّعْلِيمِ الأُولَى　初期(初等)教育の段階で

مَرْحُوم <رحم 女 مَرْحُومَة ❖ 亡くなった,故人の 名故人

اَلْمَرْحُوم ~ 女 اَلْمَرْحُومَة ~　故~さん

مَرْسًى <رسو 複 مَرَاسٍ ❖ 港,停泊所 ※定 اَلْمَرْسَى

تُفَرِّغُ السَّفِينَةُ حُمُولَتَهَا فِي الْمَرْسَى　船は港で積み荷を空にする

مِرْسَاة <رسو 複 مَرَاسٍ ❖ 碇,錨

أَلْقَى مَرَاسِيَهُ　碇を降ろした/停泊した

رَفَعَتِ الْبَاخِرَةُ الْمِرْسَاةَ لِتُبْحِرَ　船は航海するために,碇を上げた

مَرَسَة 複 مُرُسٌ / أَمْرَاس ❖ 紐,ロープ,綱

حَزَمْنَا الأَمْتِعَةَ بِمَرَسَةٍ مَتِينَةٍ　私達は荷物を丈夫な紐で縛った

مَرْسُوم <رسم 複 مَرَاسِيم ❖ 形描かれた;計画された;制定された,命じられた
名布告;法令,法律 複儀式,公式行事,セレモニー

مَرَاسِيم الافْتِتَاحِ　開会式/オープニングセレモニー

إِصْدَار الْمَرْسُوم　法令の公布(発布)

مِرَشَّة <رش 複 مَرَاشّ ❖ じょうろ/如雨露

رَوَيْتُ الأَزْهَارَ بِالْمِرَشَّةِ　私はじょうろで花に水をやった

مُرَشَّح <رشح 複 ون ❖ 候補,候補者;応募者

اقْتَصَرَ الْمُرَشَّحُونَ عَلَى خِرِّيجِ الْجَامِعَةِ　応募者は大卒に限られた

مُرَشِّح <رشح ❖ フィルター,ろ過装置

مُرَشِّح الزَّيْتِ　オイルフィルター

مُرْشِد <رشد 複 ون ❖ 案内人,ガイド,アドバイザー;指導者

مُرْشِد السَّفِينَةِ　水先案内人/パイロット

مُرْشِد سِيَاحِيّ　観光案内人(ガイド)

مَرْصَد < رصد 複 مَرَاصِد ❖ 天文台, 天文観測所

تَنَبَّأَ الْمَرْصَدُ بِكُسُوفِ الشَّمْسِ　天文台は日食を予報した

مُرَصَّع < رصع ❖ はめ込まれた, 象眼された

خَاتَم مُرَصَّع بِالْمَاس　ダイヤモンドのはめ込まれた指輪

(a) مَرِضَ 名 مَرَض 複 أَمْرَاض ❖ 病気になる, 病気である 名病気

مَرِضَ مَرَضًا شَدِيدًا　ひどい(重い)病気になった

لَا تُقَدَّرُ الصِّحَّةُ إِلَّا فِي الْمَرَضِ　病気の時以外, 健康は感謝されない[格言]

مَرَّضَ < مرض II 名 تَمْرِيض ❖ 看護する, 看病する; 病気を起こす, 病気にする
名看護, 看病

تُمَرِّضُ الْمُمَرِّضَةُ الْمَرِيضَ　(女性)看護師は病人を看護する

هِيَ تَتَعَاطَى التَّمْرِيضَ فِي الْمُسْتَشْفَى　彼女は病院で看護の仕事をしている

مَرْعًى < رعى 複 مَرَاعٍ ❖ 牧場 ※定 الْمَرْعَى

سَرَحَ الْغَنَمُ عَلَى هَوَاهُ فِي الْمَرْعَى　羊は牧場で勝手に草を食んでいた

مُرْعِب < رعب ❖ 恐ろしい

شَكْل مُرْعِب　恐ろしい形(形相)

مَرَّغَ < مرغ II ❖ 転がす; 擦る

يَطِيبُ لِلْجَحْشِ أَنْ يُمَرِّغَ جِسْمَهُ فِي التُّرَابِ　若いロバの体を土で擦る事は良い事です

مَرْغُوب < رغب ❖ 好ましい ※男性単数名詞を修飾するなら فِيهِ
女性形なら فِيهَا が後ろにつく

هٰذَا الرَّجُلُ غَيْرُ مَرْغُوبٍ فِيهِ　この男は好ましからざる人物だ

مُرْغَم < رغم ❖ 強制の, 強いられた

لَا يُهَاجِرُ الْإِنْسَانُ مِنْ بَلَدِهِ إِلَّا مُرْغَمًا　人は強制がなければ, 移住したりしない

مَرْفَأ < رفأ 複 مَرَافِئ ❖ 波止場, 埠頭

احْتَشَدَتِ الطَّيْرُ فِي الْمَرْفَأِ　波止場に鳥が集まった

مِرْفَق / مَرْفِق < رفق 複 مَرَافِق ❖ 肘; 備品 複施設; 文明の利器

اِرْفَعْ كُمَّ قَمِيصِكَ إِلَى الْمِرْفَقِ　シャツの袖を肘までまくりなさい

مَرَافِق عَامَّة　公共の施設

مَرْفُوع < رفع ❖ 持ち上げられた;主格の[文]

يَكُونُ الْمُبْتَدَأُ مَرْفُوعًا　(名詞文の)主語は主格である

مَرَقٌ/ مَرَقَة ❖ 肉汁;スープ

فِي الطَّعَامِ لَحْمٌ قَلِيلٌ، وَمَرَقَةٌ كَثِيرَةٌ　食事では肉が少なく,汁物が多い

مُسْتَرْخِصُ اللَّحْمِ يَنْدَمُ عِنْدَ الْمَرَقِهِ　安い肉を買った者はスープに泣く/安物買いの銭失い[格言]

مَرْقَد < رقد 複 مَرَاقِد ❖ 寝る場所;ベッド;休憩所;墓

مَرْكَب < ركب 複 مَرَاكِب ❖ 舟,船,ボート

مَرْكَب شِرَاعِيّ　帆掛け船/帆船

مَرْكَبَة < ركب 複 -ات ❖ 馬車,乗り物;車両

يَجُرُّ الْمَرْكَبَةَ جَوَادَانِ قَوِيَّانِ　元気の良い2頭の馬が馬車を引く

مَرْكَز < ركز 複 مَرَاكِز 関 مَرْكَزِيّ ❖ センター,中心,焦点;身分;順位 関中心の

مَرْكَز رَئِيسِيّ (لِلْإِدَارَةِ)　本店/本部

مَرْكَز الثَّقَافَةِ　文化センター

لَا مَرْكَزِيّ　反中央の

كُنْ فِي مَرْكَزِ عَمَلِكَ　仕事に集中しなさい

مَرْمًى < رمى 複 مَرَامٍ ❖ 目的,目標,ゴール ※定 الْمَرْمَى

مَا أَصَابَتِ الْكُرَةُ الْمَرْمَى، حَتَّى عَلَا التَّصْفِيقُ　ボールがゴールに入るや否や,拍手が起こった

مَرْمَرٌ 関 مَرْمَرِيّ ❖ 大理石 関大理石の

نُقِشَ التِّمْثَالُ فِي مَرْمَرٍ أَبْيَضَ　像は白い大理石に彫られた

مَرَّنَ < مرن II 名 تَمْرِين 複 تَمَارِين ❖ (～を)訓練する,練習させる;(体を)鍛える
慣れさせる(～عَلَى:～に) 名訓練,練習

اَلرِّيَاضَةُ الْبَدَنِيَّةُ تُمَرِّنُ الْأَجْسَامَ　運動は体を鍛える

تَحْتَ التَّمْرِينِ　練習中/訓練中

سَنُدَرِّجُ التَّمَارِينَ مِنَ الْأَسْهَلِ إِلَى الْأَصْعَبِ　練習は易しいものから難しいものへ,徐々に行いましょう

مَرِنٌ ❖ 柔軟な,柔らかい

سَيُكْسِبُكَ الرَّقْصُ جِسْمًا مَرِنًا　ダンスは貴女の体を柔軟にするだろう

أَخُوكَ مَرِنٌ يَتَكَيَّفُ مَعَ الظُّرُوفِ　あなたの兄は状況に適応する柔軟さがある

مُرْهَفٌ<رهف ❖ 細い,スマートな;(刃や感覚が)鋭い

هُوَ مُرْهَفُ الْجِسْمِ　彼は体の線が細い(スマート)だ

سَيْفٌ مُرْهَفٌ　刃の鋭い刀(ナイフ)

مُرْهَفُ الْحِسِّ　敏感な/繊細な

مُرْهِقٌ<رهق ❖ 疲れる;過重な

يَغْدُو الْعَتَّالُ إِلَى عَمَلِهِ نَشِيطًا فِي الصَّبَاحِ وَيَعُودُ مُرْهَقًا فِي الْمَسَاءِ　運搬人(ポーター)は朝早く元気に仕事に出かけ,夕方に疲れて戻る

اَلسَّيْرُ مُرْهِقًا فِي الْهَاجِرَةِ　暑い盛りの出歩きは疲れる

مُرُوءَة < مرأ ❖ 男らしさ;寛大さ;誇り,プライド

رَجُلٌ ذُو (ذِي) مُرُوءَةٍ　寛大なる男/男らしさを備えた人 ※( )内は属対

مِرْوَحَة < روح 複 مَرَاوِح ❖ うちわ/団扇,扇,扇風機

اِسْتَعْمِلْ هٰذِهِ الْمِرْوَحَةَ　この団扇(扇)をお使い下さい

مِرْوَحِيَّة < روح ❖ ヘリコプター

فِي الْمِرْوَحِيَّةِ فَرَاشٌ أُفُقِيٌّ　ヘリコプターには水平なプロペラがある

مُرُور <مر ❖ 通過,(時の)経過;交通,通行

مَمْنُوعُ الْمُرُورِ　通行禁止

إِشَارَاتُ الْمُرُورِ　交通信号(標識)

كَلِمَةُ الْمُرُورِ　パスワード/合い言葉

أَبْطَلَ مُرُورُ الزَّمَنِ مَفْعُولَ الدَّوَاءِ　時間の経過が薬を効かなくした

مُرُونَة < مرن ❖ 柔軟さ,柔軟性;機敏な事

فِي طَبْعِهِ مُرُونَةٌ　彼の性格には柔軟さがある

مَرِيء < مرأ ❖ 男らしい;健康な, 体に良い

هَنِيئًا مَرِيئًا　どうぞ,お召し上がり下さい

أَكَلْتُ الطَّعَامَ هَنِيئًا مَرِيئًا　ご馳走様でした

مَرِيء < مرأ 複 أَمْرِئَة / مُرُوء ❖ 食道

عَلِقَتِ اللُّقْمَةُ فِي الْمَرِيءِ　食べた物が食道(喉)に支えた

مُرِيب < ريب ❖ 不審な, 疑わしい

اَلسَّفِينَةُ الْمُرِيبَة　不審な船

مُرِيح < روح ❖ 気持ちの良い, 心地よい ※物に使われる

كُرْسِيّ مُرِيح　座り心地の良い椅子/安楽椅子

مِرِّيخ < مرخ ❖ 火星

لَمْ يَثْبُتْ أَنَّ عَلَى الْمِرِّيخِ حَيَاةً　火星に生命が有るかどうかは不確かだった

مَرِيض < مرض 複 مَرْضَى ❖ 形 病気の 名 患者, 病人

أَنَا مَرِيض　私は病気です

مَرِيض نَفْسِيّ　精神病患者

مَرْيَم 対属 مَرْيَمَ ❖ マリヤム ※女性の名 = マリア

عِيسَى ابْنُ مَرْيَمَ　イエスは(聖母)マリアの子です

أَزْمَعَتْ "مَرْيَمُ" عَلَى السَّفَرِ　マリヤムは旅行に行く事を決めた

مَرْيَمِيَّة ❖ セージ[植物]

غَلَى الْمَرْيَمِيَّةَ　セージを煎じた

مِزَاج < مزج 複 أَمْزِجَة ❖ 混合;気分,性質;味;趣味

مِزَاج سَوْدَاوِيّ　ゆううつな気分

مِزَاج لَطِيف　繊細な気質

اِحْذَرْ صَاحِبَ الْمِزَاجِ الْحَادّ　短気な人に気を付けなさい

هٰذَا لَا يُوَافِقُ مِزَاجِي　これは私の趣味(好み)ではない

مُزَاح < مزح (َ) ❖ 冗談;不真面目

فَاتَ وَقْتُ الْمُزَاحِ ، وَآنَ أَوَانُ الْجِدِّ	ふざける時は過ぎて，真面目になる時が来た
تَجَنَّبْ الْمِزَاحَ الْكَثِيرَ	悪ふざけはよしなさい
مَزَاد < زيد 複 -ات	❖ 競売，オークション
اَلْأَشْيَاءُ الْمُصَادَرَةُ تُبَاعُ بِالْمَزَادِ	没収された物は競売で売られます
مَزَارٌ < زور 複 -ات	❖（宗教的な）訪問場所
صَارَ الْمَكَانُ الْمُقَدَّسُ مَزَارًا	聖なる地は信者の訪問場所になった
مُزَارِع < زرع 複 ون	❖ 農民，百姓
سَيَسْتَصْلِحُ الْمُزَارِعُ أَرْضًا جَدِيدَةً	農民は新しい土地を改良するだろう
مَزَّة 複 -ات	❖ 前菜，つまみ
أَلَيْسَ عِنْدَكَ مَزَّةٌ ؟	前菜はありませんか
مَزَجَ (u) 名 مَزْج	❖ 混ぜる 名混合
اُمْزُجْ الطَّحِينَ بِالزُّبْدَةِ بِنِسْبَةِ ٢ إِلَى ١	パン粉と牛乳を2対1の割合で混ぜなさい
مَزَحَ (a) 名 مَزْح	❖ ふざける，冗談を言う；からかう 名冗談
لَا تَمْزَحْ !	ふざけないで
لَا تَغْضَبْ ، فَأَنَا أَمْزَحُ	怒らないで，冗談を言っているだけだから
مُزْدَحِم < زحم	❖ 混雑している，込んでいる，込み合っている
هُمْ سَارُوا عَلَى طُولِ الشَّارِعِ الْمُزْدَحِمِ	彼らは混雑する通りに沿って進んだ
اَلْقِطَارُ مُزْدَحِمٌ دَائِمًا	その列車はいつも込み合っている
مُزْدَوِج < زوج	❖ 二重の；倍の
سَرِير مُزْدَوِج	ダブルベッド
مِزْرَاب < زرب 複 مَزَارِيب	❖ 雨樋；排水管
غَصَّ الْمِزْرَابُ بِأَوْرَاقِ الشَّجَرِ	雨樋が木の葉で詰まった
مَزْرَعَة < زرع 複 مَزَارِعُ	❖ 農地，畑，農園，農場
تُنْتِجُ الْمَزْرَعَةُ خُضَارًا	農地は野菜を産する
مَزْرَعَةُ الْبُنِّ	コーヒー農園

مُزَرْكَش < زركش ❖ 飾りのついた;刺繍された

ثَوْب مُزَرْكَش هَفْهَاف　ひらひらの飾りのついた服

مُزْعِج < زعج ❖ 不快な,嫌な;煩わしい,うっとおしい;迷惑な

حِكَايَة مُزْعِجَة　迷惑な話/煩わしい話

مَزَقَ (i) 名 مَزْق ❖ 裂く,引き裂く 名裂く事;裂け目

لَقَدْ مَزَقَتْ زَعْقَتُهَا أُذْنِي　彼女の叫び声は私の心を引き裂いた

مَزَّقَ < مزق II 名 تَمْزِيق ❖ 裂く,引き裂く,切り裂く 名裂く事

مَزَّقَ قَمِيصَهُ　シャツを引き裂いた

مِزْلَج < زلج 複 مَزَالِج ❖ そり;スキー,スケート

الْمِزْلَجُ (ٌ) عَرَبَةُ الْمَنَاطِقِ الْقُطْبِيَّةِ　そりは極地の乗り物です

مِزْمَار 複 مَزَامِير ❖ 笛,ミズマール[楽器]

تَرْقُصُ الْفِرْقَةُ عَلَى أَنْغَامِ الْمِزْمَارِ　グループはミズマールの音に合わせて踊る

مَزْهَرِيَّة < زهر 複 ـات ❖ 花瓶;瓶

أُتُّهِمَ بِكَسْرِ الْمَزْهَرِيَّةِ　彼は花瓶を壊したと疑われた

مَزْهُوّ < زهو ❖ 自慢の,誇る;傲慢な,高慢な

يَمْشِي الطَّاوُوسُ مَزْهُواً بِذَنَبِهِ　孔雀がその尾を自慢そうにして歩く

مَزِيَّة 複 مَزَايَا / مَزِيَة 複 ـات ❖ 長所,メリット;美徳

لَهَا مَزِيَّةٌ كَبِيرَةٌ　それには大きな長所がある

عُرِفَ بِمَزِيَّةِ الْكَرَمِ　彼は寛大さという美徳で知られていた

مَزِيج < مزج ❖ 形混ぜ合わせた 名混合物

مَزِيج مِنْ مَعْدِنَيْنِ　(二つの金属の)合金

مَزِيد < زيد ❖ より一層の,より多くの～(～مِنْ);超過の

الْمَزِيد مِنَ الْجُهْدِ　より一層の努力

بِمَزِيدِ الشُّكْرِ　より多くの感謝を持って/最大の感謝で

بِمَزِيدِ الأَسَفِ　全くの遺憾で/誠に申し訳なく

بِمَزِيدِ الارْتِيَاحِ　大満足で

لَيْسَ لَهُ مِنْ مَزِيدٍ　それ以上のものはない

مُزَيِّن < زين ✽ 理髪師;美容師

جَعَّدَ الْمُزَيِّنُ شَعْرَ زَوْجَتِي　美容師が(私の)妻にパーマをかけた

مَسَّ (a, u) 名 مَسّ / مَسِيس ✽ 触れる,触る;感じる;(災難,危害が)降りかかる

※ هِيَ مَسَّتْ / أَنَا مَسَسْتُ　名接触;災難

مَسَّهُ بِأَذًى (بِسُوءٍ)　危害を加えた

مَسَّتِ الْحَاجَةُ إِلَى~　～が必要であった

اَلْقِدْرُ حَامِيَةٌ ، لَا تَمَسَّهَا!　鍋は熱いから,触れないで下さい

أَصَابَهُ مَسٌّ مِنَ الْجُنُونِ　狂気が彼を襲った/彼は狂気に襲われた

مَسَّى < مسو II ✽ 良い夕べを願う

مَسَّاكَ اللّٰهُ بِالْخَيْرِ!　今晩は!

مَسَاء < مسو 複 أَمْسِيَات / أَمْسَاء ✽ 午後;夕方,夕刻 ※正午から日没,あるいは深夜まで

مَسَاءُ الْخَيْرِ / مَسَاؤُكُمْ بِالْخَيْرِ　今晩は

مَسَاءَ أَمْسِ　昨晩/昨日の夕方

مُسَابَقَة < سبق 複 -ات ✽ 競争,コンクール

اِشْتَرَكَ فِي الْمُسَابَقَةِ　コンクールに出場した

مِسَاحَة < مسح 複 -ات ✽ 面積;測量

مِسَاحَةُ الْيَابَانِ ٣٧٧,٤٠٠ كم٢　日本の面積は37万7,400平方キロメートルです

مُسَاعِد < سعد ✽ 援助;援助する人;助手

أُسْتَاذ مُسَاعِد　准教授/助教授

مُسَاعَدَة < سعد ✽ 援助,支援

اَلْمُسَاعَدَةُ الْإِنْسَانِيَّةُ　人道支援

أَوَدُّ مُسَاعَدَتَكَ　あなたの援助をお願いしたい

مَدَّ لِـ~ يَدَ الْمُسَاعَدَةِ　～に援助の手を差しのべた

أ ب ت ث ج ح خ د ذ ر ز س ش ص ض ط ظ ع غ ف ق ك ل م ن هـ و ي

مَسَافَة <سوف 複 -ات ❖ 距離, 道のり;隔たり

مَسَافَة بَعِيدَة　遠い道のり

تَنْأَى الْمَسَافَةُ مَا بَيْنَنَا　私達の間の隔たりが無くなる

مُسَافِر <سفر 複 -ون ❖ 通行人;旅行者,旅人

مِنْ أَيْنَ الْمُسَافِرُونَ؟　どちらからの旅行者達ですか

مَسْأَلَة <سأل 複 مَسَائِل ❖ 問題;質問

مَسْأَلَة فِلَسْطِين　パレスチナ問題

حَلَّ الْمَسْأَلَةَ　その問題を解いた

مُسَاهَمَة <سهم ❖ 参加;貢献

مُسَاهَمَة فِي نَشَاطَاتٍ اجْتِمَاعِيَّةٍ　社会的活動への貢献

مُسَاوَاة <سوي ❖ 平等

مُسَاوَاة الرِّجَالِ بِالنِّسَاءِ　男女平等

عَلَى قَدَمِ الْمُسَاوَاةِ　平等に

عَدَمُ الْمُسَاوَاةِ　不平等

مَسْؤُول / مَسْئُول <سأل ❖ 責任のある

هَلْ صَاحِبُ السَّيَّارَةِ مَسْئُولٌ؟　車の持ち主に責任がありますか

مَسْؤُولِيَّة / مَسْئُولِيَّة <سأل 複 -ات ❖ 責任

تَحَمَّلَ الْمَسْؤُولِيَّةَ　彼はその責任を負った

مَسْبَح <سبح 複 مَسَابِح ❖ プール

أَيَّامَ الْحَرِّ ، أَعُومُ فِي الْمَسْبَحِ　暑い日はプールで泳ぎます

مِسْبَحَة <سبح 複 مَسَابِح ❖ 数珠;ミスバハ* *モスレムが神を讃えるために持つ

مِسْبَحَة لِلصَّلَاةِ　祈り用の数珠/念珠

مُسْتَأْنِس <أنس ❖ 飼い慣らされた

حَيَوَان (طَيْر) مُسْتَأْنِس　家畜

مُسْتَحِيل <حول ❖ 不可能な

هٰذَا مُسْتَحِيلٌ ! — それは不可能だ！/そんな事は出来ない！

مُسْتَخْدَم <خدم 複-ون ❖ 従業員, 使用人, 雇い人

مَا عَدَدُ مُسْتَخْدَمِي الْمَطْعَمِ ؟ — レストランの従業員は何人ですか

مُسْتَخْدِم <خدم 複 ون ❖ 雇用主, 雇い主

مَنْ مُسْتَخْدِمُكَ ؟ — あなたの雇い主は誰ですか

مُسْتَدِير <دور ❖ 丸い, 円形の

مَائِدَة مُسْتَدِيرَة — 円形のテーブル/円卓

مُسْتَدِيرَة <دور ❖ ロータリー ※通りが出会う円形の道

تَلْتَقِي الشَّوَارِعُ عِنْدَ الْمُسْتَدِيرَةِ — 通りはロータリーで交わっている

مُسْتَرِيح <روح ❖ 気持ちの良い, くつろいだ ※人に使われる

أَنَا مُسْتَرِيحٌ — (私は)気持ちが良いです

مُسْتَشَار <شور 複 ون ❖ 顧問;アドバイザー, コンサルタント

مُسْتَشَار الشَّرِكَةِ — 会社の顧問

مُسْتَشْفَى <شفى 複 مُسْتَشْفَيَات ❖ 病院 ※定 اَلْمُسْتَشْفَى

دَخَلَ الْمُسْتَشْفَى — 入院した

تَعَافَى الْمَرِيضُ، فَغَادَرَ الْمُسْتَشْفَى — 病人は治ったので, 退院した

مُسْتَطِيل <طول ❖ 形 長い 名 長方形(複 ـات) ※女性名詞

مُسْتَطِيلُ الشَّكْلِ — 長方形

مُسْتَعْجَل <عجل ❖ 急ぎの, 緊急の;速い

هٰذَا خِطَابٌ مُسْتَعْجَلٌ — これは急ぎの手紙(速達便)です

مُسْتَعِدّ <عد ❖ 準備ができて, 用意している

مُسْتَعِدٌّ أَنْ ～ — ～する準備ができている

مُسْتَعْمِرٌ <عمر ❖ 形 植民地の, 植民地主義の
名 植民者, 植民地主義者

حَكَمَ الْمُسْتَعْمِرُ الْبَلَدَ مُدَّةً طَوِيلَةً — 植民者が長い間国を統治した

مُسْتَعْمَرَة <عمر 複 -ات ❖ 植民地, 入植地

ثَارَتِ الْمُسْتَعْمَرَةُ وَاسْتَقَلَّتْ　植民地は立ち上がって, 独立した

مُسْتَعْمَل <عمل ❖ 中古の, 使われた;雇われた

سَيَّارَات مُسْتَعْمَلَة　中古車

مُسْتَقْبَل <قبل 関 مُسْتَقْبَلِيّ ❖ 形未来の, 将来の 名未来, 将来 関未来の, 将来の

صِيغَة الْمُسْتَقْبَل　未来形(文)

اَلْمُسْتَقْبَلُ فِي يَدِكَ　未来は君の手の中に有ります

خُطَّة مُسْتَقْبَلِيَّة　将来の計画

مُسْتَقِرّ <قر ❖ 安定した;落ち着いた

حَالَة مُسْتَقِرَّة　安定した状態

غَيْر مُسْتَقِرٍّ　不安定な

مُسْتَقِلّ <قل ❖ 独立した, 独立の;自立した

وَطَنِي بَلَدٌ مُسْتَقِلٌّ　我が国は独立国です

عَمَلٌ مُسْتَقِلٌّ　自由業

مُسْتَقِيم <قوم ❖ 形真っ直ぐな; 正直な;正しい 名直線

((اِهْدِنَا الصِّرَاطَ الْمُسْتَقِيمَ !))　私達を正しい道に導き給え

مُسْتَمِرّ <مر ❖ 恒久の, 永久の;連続した

اَلسَّلَام الْمُسْتَمِرّ　恒久(の)平和

تَيَّار مُسْتَمِرّ　直流

مُسْتَمِع <سمع 複 ـون ❖ 聞く人;(複)聴衆

أَيُّهَا الْمُسْتَمِعُونَ الْكِرَام　寛大なる聴衆の皆様

مُسْتَنِد <سند ❖ もたれている, 寄り掛かっている

وَضَعَ السُّلَّمَ مُسْتَنِدًا عَلَى حَائِطٍ عَالٍ　梯子を高い塀に持たせ掛けた

مُسْتَنَد <سند 複 -ات ❖ 書類, 文書; 証拠, 根拠 複公文書, データー

مُسْتَنَدَات هَامَّة　重要書類

مُسْتَنْقَع <نقع 複 -ات ❖ 沼,沼地,湿地

يَعِيشُ الْبَطُّ فِي الْمُسْتَنْقَعِ 沼にアヒルが住んでいる

مُسْتَهْلِك <هلك ❖ 形消費の 名消費者

حِمَايَةُ الْمُسْتَهْلِكِ 消費者保護

مُسْتَوٍ <سوي ❖ 平面の,平らな;直立した ※定اَلْمُسْتَوِي

هَنْدَسَة مُسْتَوِيَة 平面幾何学

اِلْعَبْ عَلَى الْأَرْضِ الْمُسْتَوِيَةِ 平らな地面で遊びなさい

مُسْتَوًى <سوي ❖ 水準;基準,レベル ※定اَلْمُسْتَوَى

مُسْتَوَى الْمَعِيشَةِ (الْحَيَاةِ) 生活水準

مُسْتَوَى الْإِشْعَاعِ 放射能レベル

مُسْتَوْدَع <ودع 複 -ات ❖ 形蓄えられた;預けられた 名倉庫,貯蔵庫

ضَاقَ الْمُسْتَوْدَعُ بِالْبَضَائِعِ 倉庫は商品で狭くなった

مُسْتَوْرَد <ورد 複 -ات ❖ 輸入した,輸入された 複輸入物,輸入品

سَيَّارَة مُسْتَوْرَدَة 輸入車/外車

مُسْتَوْصَف <وصف 複 -ات ❖ 診療所,クリニック

يُعَالِجُ الْمُسْتَوْصَفُ الْمَرْضَى مَجَّانًا その診療所は無料で病人を治療する

مُسْتَوْطِن <وطن ❖ 形土着の 名入植者

مَرَض مُسْتَوْطِن 風土病

قَطَعَ الْمُسْتَوْطِنُونَ أَشْجَارَ الزَّيْتُونِ 入植者達がオリーブの木を切った

مَسْجِد <سجد 複 مَسَاجِد ❖ モスク,礼拝所

اَلْمَسْجِد الْحَرَام ハラームモスク ※メッカのカーバ神殿を囲む聖所

مُسَجِّل <سجل ❖ 形録音の 名録音機(複 -ات);記録係(複 -ون)

شَرِيط مُسَجِّل テープレコーダー

مُسَجَّل <سجل ❖ 記録された;登録された;録音された

عَلَامَة تِجَارِيَّة مُسَجَّلَة 登録商標

مُوسِيقَى مُسَجَّلَة　録音された音楽

مُسَجِّلَة < سجل 複 -ات ❖ 録音機, テープレコーダー

لَمْ أَعْرِفْ صَوْتِي فِي الْمُسَجِّلَةِ　私は録音機の自分の声が分からなかった

مَسَحَ (a) ❖ 拭う, 拭く;消す*;測量する *消して, きれいにする

مَسَحَتِ الْحَلِيبَ الْمَسْفُوحَ　彼女はこぼれたミルクを拭いた

امْسَحِ الْحُرُوفَ عَنِ اللَّوْحَةِ　黒板の字を消しなさい

مَسَحَ الدُّمُوعَ مِنْ عَيْنَيِ الْوَلَدِ　その子の涙を拭った(拭いた)

مَسَحَ قِطْعَةَ الْأَرْضِ　土地を測量した

مَسْحُوق < سحق 複 مَسَاحِيق ❖ 形砕かれた;粉末の 名粉, 粉末

مَسْحُوق حَلِيب　粉ミルク

مَا هٰذَا الْمَسْحُوقُ الْأَبْيَضُ؟　この白い粉は何ですか

مَسَخَ (a) 名 مَسْخ ❖ 変える;変形する 名変化, 変形
(ـَ)

هَدَّدَ السَّاحِرُ بِأَنْ يَمْسَخَ الْغُلَامَ قِرْدًا　魔法使いは少年を猿に変えると脅した

مَسَّدَ < مسد II 名 تَمْسِيد ❖ 揉む, マッサージする 名マッサージ

مَسَّدْتُ عَضَلَاتِ سَاقِي فَاسْتَرَحْتُ　私は足の筋肉を揉んだら, 楽になりました

مُسَدَّس < سدس ❖ 形六角形の 名拳銃, ピストル(複 -ات)

أُرْسُمْ فِي الدَّائِرَةِ مُسَدَّسًا　円の中に六角形を描きなさい

سِلَاحُ الشُّرْطِيِّ عَصًا وَمُسَدَّسٌ　警官の武器は棒と拳銃です

مَسْدُود < سد ❖ 塞がった, 閉じられた

طَرِيق مَسْدُود　行き止まり

مَسَرَّة < سر 複 -ات ❖ 喜び, 幸せ

بُشْرَى شِفَائِكَ أَشَاعَتْ فِي قُلُوبِنَا غِبْطَةً وَمَسَرَّةً　あなたのご回復の吉報で, 私達の心に喜びと幸せが広がりました

مَسْرَح < سرح 複 مَسَارِح ❖ 舞台, 劇場

سُلِّطَتِ الْأَضْوَاءُ عَلَى الْمَسْرَحِ　舞台に明かりがついた

مَسْرَحِيَّة < سرح 複 -ات ❖ 演劇, 劇, ドラマ

مَسْرَحِيَّة شِكْسْبِير　シェイクスピア劇

مَسْرُور <سر ❖ 嬉しい, 幸せな

أَنَا مَسْرُورٌ جِدًّا بِلِقَائِكَ　あなたに会えて, とても嬉しいです

مِسْطَرَة <سطر 複 مَسَاطِر ❖ 定規

لَا تَسْتَقِيمُ الْخُطُوطُ إِلَّا بِالْمِسْطَرَةِ　定規がなければ, 線は真っ直ぐに引けません

مَسْقَط <سقط ❖ 落ちた所, 落下地点; マスカット ※オマーンの首都
(َ)

مَسْقَط الرَّأْس　出生地/出生地

مَسَكَ (u, i) 名 مَسْك ❖ (〜を)掴む, 握る(〜بِ / ه); (〜に)掴まる(〜بِ / ه)
名掴む事, 捕まえる事; 拘留

أَلَا تَمْسُكُ بِيَدِي؟　私の手に掴まりませんか
(ِ)

مَسَكَ الْحِسَابَاتِ　帳簿を付けた

مَسَكَ لِسَانَهُ　黙った/口を閉じた

مِسْك ❖ ジャコウ ※香料の一種

أَيِّلُ الْمِسْكِ　ジャコウジカ

مُسْكِر <سكر 複 -ات ❖ 酒, アルコール

مُسْكِر يَابَانِيّ　日本酒

مَسْكَن <سكن 複 مَسَاكِن ❖ 住みか, 住居, 家
(ِ)

فِي الْبِنَايَةِ عِشْرُونَ مَسْكَنًا　その建物には二十軒の住居がある

مُسَكِّن <سكن 複 -ات ❖ 鎮痛剤, 鎮静剤

تُسَكَّنُ الْآلَامُ بِالْمُسَكِّنِ　痛みは鎮痛剤で和らぐ

مِسْكِين <مسكن 複 ون / مَسَاكِين ❖ かわいそうな; 貧しい

فَتَاة مِسْكِينَة　かわいそうな娘

مُسَلٍّ <سلو ❖ 面白い, 楽しい ※定 الْمُسَلِّي

كَلَامُهُ مُسَلٍّ　彼の話は面白い

تَحْكِي جَدَّتِي لِي الْقِصَصَ مُسَلِّيَةً　祖母は私に面白い話をしてくれます

مِسَلَّة <سل 複 -ات/ مَسَالّ ❖ 大針;オベリスク

أَكْيَاسُ الْقِنَّبِ تُخَاطُ بِالْمِسَلَّةِ　麻の袋は大針で縫われる

تَحْمِلُ الْمَسَلَّةُ كِتَابَاتٍ هِيرُوغْلِيفِيَّةً　オベリスクにはヒエログリフが書かれている

مَسْلَخ <سلخ 複 مَسَالِخ ❖ 食肉解体場,屠殺場

مُسَلْسَل <سلسل ❖ 連続の,連続した;鎖につながれた

رِوَايَة مُسَلْسَلَة　連続ドラマ

تَفَاعُل مُسَلْسَل　連鎖反応

مَسْلَك <سلك 複 مَسَالِك ❖ 道,通路

سِرْنَا فِي مَسْلَكٍ ضَيِّقٍ وَعْرٍ　私達は凸凹の狭い道を進んだ

مُسْلِم <سلم 複 ون ❖ 形モスレムの,イスラム教徒の 名モスレム,イスラム教徒

عَلَى الْمُسْلِمِ أَنْ يُصَلِّيَ خَمْسَ مَرَّاتٍ فِي الْيَوْمِ　イスラム教徒は一日に五回,お祈りをしなければならない

مَسْلُوق <سلق ❖ ゆでた/茹でた

بَيْض مَسْلُوق　ゆで卵

مَسْلُول <سل ❖ 肺病の,肺結核の

أَخَذَ الرَّجُلُ الْمَسْلُولُ يَسْتَعِيدُ صِحَّتَهُ　肺病の男は健康を取り戻しつつあった

مِسْمَار <سمر 複 مَسَامِير ❖ 釘,ピン

يَنْغَرِزُ الْمِسْمَارُ بِسُهُولَةٍ فِي الْخَشَبِ　釘は木に容易に打ち込まれる

مَسْمُوح <سمح 複 -ات ❖ 許された,許可された 複特権,特典

مَسْمُوح بِهِ　(彼に)許された/許可された

مَسْمُوع <سمع ❖ 聞こえる,聞き取れる

صَوْت مَسْمُوع　聞き取れる声

تَكَلَّمَ بِصَوْتٍ مَسْمُوعٍ　聞き取れる声で話した

مِسَنّ <سن 複 -ات/ مَسَانّ ❖ 砥石

اَلسِّكِّينُ لَا تَقْطَعُ ، فَأَيْنَ الْمِسَنُّ ؟　包丁が切れない,砥石はどこだ

مِسْنَد <سند 複 مَسانِد ❖ 支え;クッション,枕

اِجْلِسْ، وَأَلْقِ ظُهْرَكَ إِلَى الْمِسْنَدِ　座って,クッションにもたれなさい

مُسَوَّدَة <سود ❖ 下絵,下書き,清書前の原稿

كَتَبْتُ مُسَوَّدَةَ الْمَوْضُوعِ　テーマの下書きを書きました

(الْ)مَسِيح <مسح 関 مَسِيحِيّ ❖ キリスト,メシア,救世主 関キリストの,キリスト教の;キリスト教徒,クリスチャン

عَلَى الْمَسِيحِيِّ أَنْ يَذْهَبَ إِلَى الْكَنِيسَةِ فِي يَوْمِ الْأَحَدِ　クリスチャンは日曜日に教会に行かなければならない

(الْ)مَسِيحِيَّة <مسح ❖ キリスト教

اِنْتَصَرَتِ الْمَسِيحِيَّةُ عَلَى وَثَنِيَّةِ الْعَالَمِ الْقَدِيمِ　キリスト教は古代世界の偶像崇拝の宗教に打ち勝った

مَسِيرَة <سير ❖ (歩いての)距離;出発;旅行,旅;行進

بَيْتُهُ عَلَى مَسِيرَةِ سَاعَةٍ مِنْ هُنَا　彼の家は,ここから歩いて1時間の距離です

مَشَى، يَمْشِي <مشو 名 مَشْي ❖ 歩く,進む,行進する 名歩き,歩み

命 اِمْشِ 女 اِمْشِي　行け/去れ

يَمْشِي عَلَى رِجْلَيْهِ (قَدَمَيْهِ)　歩く/徒歩で行く

مَشَّى، يُمَشِّي <مشو II ❖ 歩かせる;行かせる;合わせる

أَمْسَكَتِ الْبِنْتُ بِيَدِ جَدَّتِهَا، وَأَخَذَتْ تُمَشِّيهَا　その娘はお婆さんの手を取り,歩かせ始めた

مَشَاع <شيع ❖ 形普及した 名共同所有;共有地,公有地

سَتُبْنَى الْمَدْرَسَةُ فِي مَشَاعِ الْقَرْيَةِ　村有地に学校が建てられるだろう

مَشَاعِر <شعر ❖ 感情,気持ち,気分 ※ مَشْعَر の複

هِيَ تُغَنِّي بِكُلِّ مَشَاعِرِهَا　彼女はとても感情(情感)を込めて歌います

جَرَحَتِ الْكَلِمَةُ مَشَاعِرَهَا　その言葉が彼女の感情を傷つけた

مُشَاغِب <شغب 複 -ون ❖ 暴徒

اِحْتَلَّ الْمُشَاغِبُونَ الْمَيْدَانَ　暴徒が広場を占領した

مُشاهِد <شهد 複 ون ❖ 見物人,観客

غَصَّتْ صالَةُ السِّينَما بِالْمُشاهِدِين　映画館は観客で一杯だった

مُشاهَدة <شهد ❖ 見物;鑑賞

تَجَمْهَرَ النّاسُ لِمُشاهَدَةِ الْعَرْض　人々がショーの見物に集まった

مُشاهَدة الْفِيلْم　映画鑑賞

مَشْؤُوم <شأم 複 مَشائِم ❖ 不運な,不吉な

حَدَثَ الزِّلْزالُ فِي يَوْمٍ مَشْؤُومٍ　地震は不吉な日に起きた

مَشْتًى <شتو 複 مَشاتٍ ❖ 避寒地;避寒地の別荘 ※定 الْمَشْتَى

اَلْمَشْتَى مَدِينَةٌ دافِئَةٌ فِي الشِّتاءِ　避寒地とは冬に暖かい町のことです

مُشْتاق <شوق ❖ 憧れの,熱望する;恋いこがれる

اَلْبِنْتُ مُشْتاقَةٌ إِلَى حَياةِ الْمَدِينَةِ　娘は都会の生活に憧れている

مُشْتَرَك <شرك ❖ 共通の;協同の

عَمَلٌ مُشْتَرَكٌ　協同作業

بَيْنَهُما شَيٌّ مُشْتَرَكٌ وَهُوَ حُبُّ الْوَطَنِ　二人には共通点がある,それは祖国への愛です

مُشْتَعِل <شعل ❖ 燃えさかる,炎が出ている

يَتَطايَرُ مِنَ الْفَحْمِ الْمُشْتَعِلِ شَرارٌ　燃えさかる石炭から火花が飛ぶ

مَشْتَل <شتل 複 مَشاتِل ❖ 苗を育てる所,苗代

نَمَتْ غِراسُ الرُّزِّ فِي الْمَشْتَلِ　苗代で稲の苗が育った

مَشَدٌّ <شد 複 ـات ❖ コルセット ※女性の身を整える下着

صاحِبَةُ الْقَوامِ الرَّشِيقِ لا تَحْتاجُ إِلَى مَشَدٍّ　すらりとした体の女性にコルセットは必要ない

مُشْرِف <شرف 複 ون ❖ 形監督の;見渡せる,見晴らしの良い 名監督;監修者

مُشْرِف عَلَى~　~の監督

بُنِيَتِ الْقَلْعَةُ الْقَدِيمَةُ عَلَى هَضْبَةٍ مُشْرِفَةٍ　昔の城は見通しの良い高台に建てられた

مَشْرِق <شرق 複 مَشارِق ❖ 太陽が昇る所,東;日の出(時間);天体の昇る所

مِنَ الْمَشْرِقِ يَنْطَلِقُ النُّورُ　太陽が昇る所から光りが出て来る

مُشْرِق < شرق 複 مَشَارِق ❖ 太陽が昇っている，天体が昇っている；輝いている

اَلْقَمَرُ مُشْرِقٌ　月が昇っている

اَلشَّمْسُ مُشْرِقَةٌ　太陽が昇っている

مَشْرُوب < شرب 複 ـات ❖ 形飲まれる 名飲み物，飲料

أَيَّ مَشْرُوبٍ تُفَضِّلُ مَعَ الطَّعَامِ؟　食事にはどんな飲み物が良いですか

مَشْرُوبَات رُوحِيَّة　アルコール飲料

مَشْرُوع < شرع 複 مَشَارِيع ❖ 形合法的な；許される 名計画，プロジェクト

وَسِيلَة مَشْرُوعَة　合法的な手段

مَشْرُوع قَرَارٍ　議案

خَطَّطَ الْمَشْرُوعَ　プロジェクトを企画した

قَدَّمَ مَشْرُوعَ الْقَانُونِ فِي الْمَجْلِسِ　議会に法案を提出した

مَشَطَ (u, i) ❖ 髪をとかす，髪を梳く；髪を結う

هَلْ تُرِيدِينَ أَنْ تَمْشُطِي شَعْرَكِ؟　貴女は髪をとかしたいのですか

مَشَّطَ < مشط II ❖ 髪をとかす，髪を梳く；髪を結う

دَعْنِي أُمَشِّطْ شَعْرَكِ عَلَى ذَوْقِي　さぁ，貴女の髪を私のセンスで結いましょう

مُشْط 複 أَمْشَاط / مِشَاط ❖ 櫛
(ُ)

مَشَّطَ شَعْرَهُ بِالْمُشْطِ　櫛で髪を梳いた(といた)

مَشْعَل < شعل 複 مَشَاعِل ❖ 松明，カンテラ，灯り

طُفْنَا لَيْلَةَ الْعِيدِ، يَحْمِلُ كُلٌّ مِنَّا مَشْعَلًا　祭りの夜に，私達は皆，松明を持って，歩き回った

مَشْغَل < شغل 複 مَشَاغِل ❖ 仕事場 ※手作業あるいは簡単な手工業の場所

يَقْضِي الرَّسَّامُ مُعْظَمَ وَقْتِهِ فِي الْمَشْغَلِ　画家はほとんどの時間をアトリエで過ごす

مَشْغُول < شغل ❖ 忙しい(~بِـ:~で)，多忙な；使用中の 複 ـات：工芸品

كُنْتُ مَشْغُولًا بِعَمَلِي　私は仕事で忙しかった

مَشْغُولَات يَدَوِيَّة　手工芸品/手芸品

أ ب ت ث ج ح خ د ذ ر ز س ش ص ض ط ظ ع غ ف ق ك ل م ن هـ و ي

مَشَقَّة <شق 複 -ات/مَشَاقّ ❖ 困難, 難しさ;苦労

إِنْ صَادَفْتَ مَشَقَّةً فِي عَمَلِكَ ، لَا تَخَفْ　仕事で困難に遭っても, ひるまないようにしなさい

مُشْكِلَة <شكل 複 مَشَاكِل ❖ 困り事, 問題

عِنْدِي مُشْكِلَةٌ　私は悩み事があります

مَا الْمُشْكِلَةُ ؟　困り事(困っている事)は何ですか

لِكُلِّ مُشْكِلَةٍ حَلٌّ　答の無い問題は無い[格言]

لَا تَقْلَقْ ! اَلْمُشْكِلَةُ بَسِيطَةٌ　心配しないで！悩み事は簡単だよ

مُشْمِس <شمس ❖ 日当たりの良い, 太陽が一杯の;晴れた

كَانَ الْجَوُّ مُشْمِسًا دَافِئًا　暖かくて良い天気だった

مِشْمِش ※ مِشْمِشَة ❖ あんずの木;あんずの実 ❖ 1個のあんずの実

عَصِير مِشْمِشٍ　あんずのジュース

مُشَمَّع <شمع 複 -ات ❖ 形防水の, 耐水の 名レインコート

أَلْبَسُ مُشَمَّعًا كَيْ لَا يَبُلَّ الْمَطَرُ ثِيَابِي　服が雨に濡れないように, 私はレインコートを着ます

مِشْنَقَة (ـَ) <شنق 複 مَشَانِق ❖ 絞首台

أَلَا يَخَافُ الْقَاتِلُ الْمِشْنَقَةَ (ـَ) ؟　殺人犯は絞首台が怖くないのでしょうか

مَشْهَد <شهد 複 مَشَاهِد ❖ 光景;場面, シーン;観客;殉教地, 聖地

أُسْدِلَ السِّتَارُ عَلَى مَشْهَدٍ مُضْحِكٍ　笑いの場面で幕が降りた

مَشْهُور <شهر 複 مَشَاهِير ❖ 形有名な(〜ـبِ :〜で/〜أَنَّ :〜で) 名有名人

هِيَ مُغَنِّيَةٌ مَشْهُورَةٌ　彼女は有名な歌手です

مِشْوَاة <شوى 複 مَشَاوٍ ❖ 焼き網, グリル

تَوَهَّجَ الْجَمْرُ فِي الْمِشْوَاةِ　グリルに炭火が燃えていた

مُشَوِّق <شوق ❖ 興味を持たせる, 魅力的な, 面白い

اَلْقِصَّةُ مُشَوِّقَةٌ لَا تَشْعُرُ فِي مُتَابَعَتِهَا بِسَأَمٍ　その物語は面白くて, (読み)続けるのに嫌気がさしません

مَشْوِيّ＜شوى ❖ 焼いた, 焼かれた 複 ـات: 焼き肉
لَحْم مَشْوِيّ 焼き肉

مَشِيئَة＜شيأ ❖ 意志
لَنْ أُخَالِفَ مَشِيئَةَ اللّٰهِ 私は神の意志に逆らわない

مِشْيَة＜مشي ❖ 歩き方, 歩行; 歩調
يَوْقُرُ فِي مِشْيَتِهِ وَتَصَرُّفِهِ 彼は歩き方や行いに威厳がある

مُشِير＜شور ❖ 形 示す, 指示する(〜إِلَى: 〜を) 名 指示; 助言者
قَرَأَ مُشِيراً إِلَى الْكَلِمَاتِ بِسَبَّابَتِهِ 人差し指で言葉を示しながら, 読んだ

مَصَّ (u, a) ❖ 吸う, すする/啜る, 飲む; 吸収する ※ أَنَا مَصَصْتُ/مَصِصْتُ
سَأَمُصُّ هٰذَا الْعَصِيرَ このジュースを飲んでみよう

مُصَاب＜صوب 複 ون ❖ 形 (病気に)かかった/罹った; (事故に)会った; 負傷した 名 被災者; 負傷者
مُصَاب بِمَرَضٍ 病気に罹っている

مُصَادَر＜صدر ❖ 没収された, 押収された
أَمْوَال مُصَادَرَة 没収された財産

مُصَادَرَة＜صدر ❖ 没収(品), 押収(品); 調達
مُصَادَرَة سَفِينَةٍ 船舶の拿捕

مُصَارِع＜صرع 複 ون ❖ レスラー
مُصَارِع "سُومُو" 相撲力士

مُصَارَعَة＜صرع ❖ レスリング; 格闘, 闘争
"سُومُو" هِيَ مُصَارَعَةٌ يَابَانِيَّةٌ 相撲は日本のレスリングです

مَصَاغٌ＜صوغ ❖ 宝石; 金銀細工
تَتَبَاهَى الْعَرُوسُ بِمَصَاغِهَا الثَّمِينِ 花嫁は高価な宝石を自慢している

مَصَبٌّ＜صب 複 مَصَابّ ❖ 出口
مَصَبُّ النَّهْرِ 河口

مِصْباح >صبح 複 مَصَابِيح ❖ ランプ, 電球(でんきゅう)

مِصْباح سِحْرِيّ 魔法(まほう)のランプ

مِصْباح كَهْرَبَائِيّ 電灯(でんとう)

مَصَابِيح الشَّارِع 複 街灯(がいとう)

مَصْبَغَة >صبغ 複 مَصَابِغ ❖ 染(そ)め物屋(ものや);クリーニング店(てん)

عَادَ الثَّوْبُ مِنَ الْمَصْبَغَةِ نَظِيفًا مَكْوِيًّا 服(ふく)はアイロンが掛(か)けられ, きれいになって クリーニング店から戻(もど)った

مَصَحّ >صح 複 مَصَاحّ ❖ 療養所(りょうようじょ), サナトリウム ※特(とく)に結核(けっかく), 精神病(せいしんびょう) の

دَخَلَ الْمَرِيضُ الْمَصَحّ 病人(びょうにん)は療養所(りょうようじょ)に入院(にゅういん)した

مُصْحَف >صحف 複 مَصَاحِف ❖ 書物(しょもつ), 本(ほん);クルアーン

اَلْمُصْحَفُ الشَّرِيف 聖典(せいてん)クルアーン

كَانَ جَدِّي يَقْرَأُ فِي مُصْحَفٍ كَبِيرٍ 祖父(そふ)は大(おお)きな書物(しょもつ)を読(よ)んでいた

مَصْدَر >صدر 複 مَصَادِر ❖ 情報源(じょうほうげん), 源(みなもと);動名詞(どうめいし), マスダル(文) 複 資源(しげん)

مَصْدَر الدَّخْل 収入源(しゅうにゅうげん)

اَلْعِلْمُ هُوَ مَصْدَرُ الرُّقِيّ 知識(ちしき)は進歩(しんぽ)の源(みなもと)である

مَصَادِر طَبِيعِيَّة 天然資源(てんねんしげん)

مَصَادِر حُكُومِيَّة 政府筋(せいふすじ)

مَصْدُور >صدر ❖ 形 結核(けっかく)の, 肺病(はいびょう)の 名 患者(かんじゃ)

عُزِلَ الْمَصْدُورُ عَنِ الْمَرْضَى الْآخَرِينَ 結核病患者(けっかくびょうかんじゃ)は他(ほか)の患者(かんじゃ)から隔離(かくり)された

مِصْر ❖ エジプト(属 対 مِصْرَ);地域(ちいき), 地方(ちほう);都会(とかい) 複
(أَمْصَار / مُصُور) *格変化(かくへんか)に注意(ちゅうい)

جُمْهُورِيَّة مِصْر الْعَرَبِيَّة エジプトアラブ共和国(きょうわこく)

اِنْتَقَلَ الرَّحَّالَة مِنْ مِصْرٍ إِلَى مِصْرٍ ジプシーは地方(ちほう)から地方(ちほう)へと移動(いどう)した

مِصْرَاع >صرع 複 مَصَارِيع ❖ ドアの扉(とびら)

مَفْتُوح عَلَى مِصْرَاعَيْهِ (観音開(かんのんびら)きの)ドアが開(あ)いている

مَصْرَع >صرع 複 مَصَارِع ❖ 殺人(さつじん):死(し)

ا
ب
ت
ث
ج
ح
خ
د
ذ
ر
ز
س
ش
ص
ض
ط
ظ
ع
غ
ف
ق
ك
ل
م
ن
ه
و
ي

لَقِيَ مَصْرَعَهُ　死んだ

❖ مَصْرِف <صرف 複 مَصَارِف　銀行;排水口,排水溝

قَسَّطَ الْمَصْرِفُ الدَّيْنَ　銀行は借入れ金を分割払いにした

انْسَدَّ الْمَصْرِفُ　排水口が詰まった

❖ مَصْطَبَة (ـِ) 複 مَصَاطِب　ベンチ;台

يَجْلِسُ الْعُمَّالُ عَلَى الْمَصَاطِبِ　労働者達はベンチに座る

مَصْطَبَة عَلَفٍ　飼料置き場/飼い葉置き台

❖ مِصْعَد <صعد 複 مَصَاعِد　エレベーター

لا يَحْمِلُ الْمِصْعَدُ أَكْثَرَ مِنْ ٤ أَشْخَاصٍ　そのエレベーターは4人までしか乗れません

❖ مِصْفَاة <صفو 複 مَصَافٍ　笊;フィルター

هٰذِهِ الْمِصْفَاةُ مَصْنُوعَةٌ مِنَ الْخَيْزُرَانِ　この笊は竹で作られています(竹製です)

مِصْفَاة الزَّيْتِ　オイルフィルター

❖ مُصَفَّحَة <صفح 複 -ات　装甲車

عَلَى الْمُصَفَّحَةِ رَشَّاشٌ ثَقِيلٌ　装甲車の上に重機関銃がある

❖ مَصْل 複 مُصُول　乳漿*;血漿　*チーズを作る時に出る液体

مَصْلُ اللَّبَنِ يُرْمَى　乳漿は捨てられる

بَعْدَ الْعَمَلِيَّةِ يُغَذَّى الْمَرِيضُ بِالْمَصْلِ　手術後に血漿が患者に与えられる

❖ مُصَلٍّ <صلو 複 مُصَلُّونَ　礼拝者

رَكَعَ الْإِمَامُ فَرَكَعَ الْمُصَلُّونَ　イマームがひざまずくと,礼拝者もひざまずいた

❖ مُصَلًّى <صلو　礼拝所　※定 اَلْمُصَلَّى

لِيَكُنِ الْمُصَلَّى مَكَانًا نَظِيفًا هَادِئًا　礼拝所は清潔で静かな場所であるべきだ

❖ مَصْلَحَة <صلح 複 مَصَالِح　利益,益;局,当局,政府の機関

لا مَصْلَحَةَ لَكَ فِي عِدَاءِ جَارِكَ　隣人との反目に益はない

مَصْلَحَة عَامَّة　公益

مَصْلَحَة قَوْمِيَّة (وَطَنِيَّة)　国益

الْمَصْلَحَةُ الْعَامَّةُ تُقَدَّمُ عَلَى الْمَصْلَحَةِ الْخَاصَّةِ　公益は私益に優先する

مُصَمِّم <صمم ❖ 形 決められた,決定された 名 デザイナー(複 ـون)

تَتَبَدَّلُ أَشْكَالُ الْأَشْيَاءِ حَسَبَ مُصَمِّمِهَا　物の形はデザイナーによって変わる

مَصْنَع <صنع 複 مَصَانِع ❖ 工場,製作所

مَا هٰذَا الْمَصْنَعُ الْكَبِيرُ؟　この大きな工場は何ですか

مَصْنُوع <صنع ❖ 形 作られた;～製(※材料～مِنْ:～で,場所～فِي:～
名 製品,製造物

مَصْنُوع فِي الْيَابَانِ　日本で作られた/日本製の

مَصْنُوع مِنَ الْخَشَبِ　木で作られた/木製の

مُصَوَّر <صور ❖ 形 描かれた;色が塗られた 名 地図

أَشِرْ إِلَى دِمَشْقَ عَلَى الْمُصَوَّرِ　地図の上にダマスカスを示しなさい

مُصَوِّر <صور 複 ـون ❖ 絵描き,イラストレーター;写真家,カメラマン

مُصَوِّر هَاوٍ　アマチュアカメラマン

الْمُصَوِّر　創造主/神

مُصِيب <صوب ❖ 正しい;適切な,的を射た

رَأْيُكَ صَحِيحٌ مُصِيبٌ　あなたの意見は真実で,正しいです

مُصِيبَة <صوب 複 ـات/مَصَائِب ❖ 災害,災難;不幸

وَفَاةُ رَبِّ الْأُسْرَةِ مُصِيبَةٌ كَبِيرَةٌ　一家の主が亡くなったのは大きな不幸です

مَصْيَد / مَصْيَدَة / مَصِيدَة <صيد 複 مَصَائِد ❖ 罠,トラップ

عَلِقَ الْأَرْنَبُ الْبَرِّيُّ فِي الْمَصْيَدَةِ　野ウサギが罠に掛かった

مَصِير <مصر 複 مَصَايِر / مَصَائِر ❖ 行く末,将来;運命;腸;複 腸,内臓

خَافَ عَلَى مَصِيرِهَا　彼は彼女の行く末を案じた

يَنْتَقِلُ الطَّعَامُ مِنَ الْمَعِدَةِ إِلَى الْمَصِيرِ　食べ物は胃から腸へ移動する

مَصِيف <صيف 複 مَصَايِف ❖ 避暑地

سَنَقْضِي الْعُطْلَةَ فِي مَصِيفِنَا الْجَبَلِيِّ　山の避暑地で休日を過ごそう

مَضَىٰ، يَمْضِي ❖ (時が)経つ,過ぎる;続ける(~فِي:~を):(剣が)鋭い

مَضَىٰ عَلَىٰ ذٰلِكَ شُهُورٌ　それから数ヶ月が過ぎた

مَضَىٰ فِي كَلَامِهِ　話を続けた

لَا نَفْعَ فِي السَّيْفِ لَا يَمْضِي　鋭くない剣(刀)は役に立たない

مُضَارِع <ضرع ❖ 似ている;未完了の

خُطَّ تَحْتَ الْفِعْلِ الْمُضَارِعِ خَطًّا　未完了形動詞に線を引きなさい

مُضَاف<ضيف ❖ 付け加えられた,追加された

اَلْمُضَاف　被修飾語

اَلْمُضَاف إِلَيْهِ　修飾語 ※名詞を後ろから修飾する名詞

مُضَايَقَة <ضيق 複 -ات ❖ 迷惑;困難;圧迫

مَا عَرَفْتُ كَيْفَ تَخَلَّصْتُ مِنْ مُضَايَقَاتِي　私はその困難から,脱する方法が分からなかった

شَعَرْتُ بِمُضَايَقَةٍ كَبِيرَةٍ　私はとても不便に感じた

مَضْبُوط <ضبط ❖ 正しい;正確な

غَيْر مَضْبُوطٍ　正しくない/間違っている

اَلسَّاعَةُ مَضْبُوطَةٌ　時計の時刻は正しいです

كُتِبَ هٰذَا الْكِتَابُ بِلُغَةٍ بَسِيطَةٍ مَضْبُوطَةٍ　この本は簡単で正確な言葉で書かれています

مُضْحِك <ضحك ❖ 形 おかしい,笑える,面白い 名 ピエロ

قِصَّة مُضْحِكَة　笑い話

مِضَخَّة <ضخ 複 -ات ❖ ポンプ

مِضَخَّة الْحَرِيق (الْحَرَائِق)　消防自動車

مِضْرَب <ضرب 複 مَضَارِب ❖ 大型テント,パビリオン;ラケット

مِضْرَب التِّنِس　テニスのラケット

مَضَرَّة <ضر 複 مَضَار ❖ 害,損害;不利益

أَلْحَقَ الْبَرْدُ بِالثِّمَارِ مَضَرَّةً　寒さは果実に害をなした

مُضْطَرّ <ضر ❖ 強いられる;～せざるを得ない(～إِلَى أَنْ～/إِلَى～:～を

كُنْتُ مُضْطَرًّا إِلَى أَنْ أَقْبَلَ الشُّرُوطَ　私はその条件を受け入れざるを得なかった

مَضَغَ (a,u) 名 مَضْغ ❖ 噛む;そしゃく(咀嚼)する 名噛む事,そしゃく

أَلَا تَمْضَغُ اللُّقْمَةَ قَبْلَ بَلْعِهَا ؟　君は飲み込む前に噛まないのか

مُضْغَة 複 مُضَغ ❖ チュウインガム,噛む物

مِضْغَط <ضغط ❖ 気圧計

إِبْرَةُ الْمِضْغَطِ تُشِيرُ إِلَى مَطَرٍ قَرِيبٍ　気圧計の針は雨が近い事を示している

مُضَلَّع <ضلع 複 -ات ❖ 形多角形の 名多角形

اَلْمُرَبَّعُ مُضَلَّعٌ مُتَسَاوِي الْأَضْلَاعِ　正方形は辺が等しい多角形です

مَضْمَضَ ، يُمَضْمِضُ ❖ もぐもぐする;口をすすぐ

فِي الْمَاءِ دَوَاءٌ ، مَضْمِضْهُ فِي فَمِكَ ثُمَّ ابْصُقْهُ　水の中に薬が入っています,口の中でもぐもぐして,吐き出して下さい

مَضْمُون <ضمن 複 مَضَامِين ❖ 形保証された 名内容

طَرْد مَضْمُون　書留小包

قَرَأْتُ رِسَالَتَكَ ، وَفَهِمْتُ مَضْمُونَهَا　あなたの手紙を読んで,内容を理解しました

مِضْيَاف <ضيف ❖ 形客を良くもてなす 名客をもてなす人

كَانَ " بَسَّام " رَجُلًا مِضْيَافًا　バッサームは客を良くもてなす男だった

مُضِيف <ضيف 女 مُضِيفَة ❖ お客サービス係り,客室乗務員

تَسْهَرُ الْمُضِيفَةُ عَلَى رَاحَةِ الْمُسَافِرِينَ　女性客室乗務員は乗客のために徹夜をする

مَضِيق <ضيق 複 مَضَائِق / مَضَايِق ❖ 海峡

مَضِيقُ جَبَلِ طَارِقٍ　ジブラルタル海峡

مَطَّ ، يَمُطُّ 名 مَطّ ❖ 伸ばす 名伸ばす事,伸張

لَا تَمْطُطِ الْعِلْكَةَ بَيْنَ أَصَابِعِكَ　ガムを指で伸ばしてはいけません

مَطَار <طير 複 -ات ❖ 空港,飛行場

مَطَار دَوْلِيّ　国際空港

مَتَى تَصِلُ الطَّائِرَةُ إِلَى الْمَطَارِ؟　飛行機はいつ空港(飛行場)に着きますか

مَطَّاط > مطّ ❖ ゴム

حَلَقَة رَفِيعَة مِنَ الْمَطَّاطِ　ゴムバンド

إِطَارُ السَّيَّارَةِ مَصْنُوعٌ مِنْ مَطَّاطٍ　自動車のタイヤはゴムで作られている

مُطَالَعَة > طلع ❖ 読書;勉強 (複 -ات :発表)

أَتَيْتُ أُبْدِلُ كِتَابَ الْمُطَالَعَةِ　私は読書の本を交換に来ました

مَطْبَخ > طبخ 複 مَطَابِخ ❖ 台所;食堂;料理

السِّكِّين فِي الْمَطْبَخِ　ナイフは台所にあります

أَلَا تَتَذَوَّقُ الْمَطْبَخَ الْيَابَانِيَّ؟　日本料理(和食)を味わった事が無いのですか

مَطْبَعَة > طبع 複 مَطَابِع ❖ 印刷所;印刷機　※ مِطْبَعَة :印刷機

الْمَطَابِعُ الَّتِي تَطْبَعُ بِاللُّغَةِ الْعَرَبِيَّةِ فِي الْيَابَانِ قَلِيلَةٌ جِدًّا　日本でアラビア語を印刷する印刷所はとても少ない

مَطْبُوخ > طبخ ❖ 料理された,調理した

أَرُزّ مَطْبُوخ　ご飯

مَطْبُوع > طبع ❖ 形 印刷された;才能のある 名(複 -ات)印刷物

وَزَّعَ الْمَطْبُوعَاتِ　印刷物を配布した

شَاعِر مَطْبُوع　天賦の才能ある詩人

مَطْحَنَة > طحن 複 مَطَاحِن ❖ 製粉場,粉挽き場

فِي قَرْيَتِي مَطْحَنَةٌ مَائِيَّةٌ قَدِيمَةٌ　私の村には古い水車の粉挽き場が有ります

مِطْحَنَة > طحن 複 مَطَاحِن ❖ 製粉機,粉挽き器,ミル;ひき臼

تَعَطَّلَتْ مِطْحَنَةُ الْبُنِّ　コーヒーミルが壊れた

مَطَرَ (u) 名 مَطَرٌ 複 أَمْطَار ❖ 雨を降らせる 名 雨

لَيْتَ السَّمَاءَ تَمْطُرُ　雨が降ってくれればいいのに

رُفِعَ (هَطَلَ) الْمَطَرُ　雨が上がった(降った)

مُطْرَان 複 مَطَارِنَة / مَطَارِين ❖ 大司教[キリスト教]

يَسْهَرُ الْمُطْرَانُ عَلَى مَصَالِحِ الرَّعِيَّةِ　大司教は教区民のために徹夜をする

مُطْرِب <طرب 複 -ون ❖ 形 明るい;旋律(メロディ)の美しい 名 歌手

أَمْتَعَ الْمُطْرِبُ سَامِعَهُ بِحُسْنِ صَوْتِهِ　歌手は美声で聴衆を楽しませた

مُطَرِّز <طرز ❖ 刺繍屋,装飾家

وَشَّى الْمُطَرِّزُ فُسْتَانَ الزِّفَافِ　刺繍屋はウェディングドレスに刺繍をした

مِطْرَق / مِطْرَقَة <طرق 複 مَطَارِق ❖ ハンマー,金槌;(ドアの)ノッカー

طَرَقَ الْمَسَامِيرَ بِالْمِطْرَقَةِ　金槌で釘を打った

مَطْعَم <طعم 複 مَطَاعِم ❖ 食堂/レストラン

هَلْ يُوجَدُ مَطْعَمٌ قَرِيبٌ مِنْ هُنَا؟　この近くにレストランが有りますか

مِطْفَأَة <طفؤ 複 مَطَافِئ ❖ 消火器

كَمْ مِطْفَأَةً فِي بَيْتِكَ؟　(あなたの)家に消火器はいくつ有りますか

مَطْلَع <طلع ❖ 冒頭;序,始まり;前奏曲;階段;天体が昇る事

مَطْلَعِ الْقَصِيدَةِ　詩の最初の部分

مَطْلَعُ الْأُغْنِيَةِ، كَمَطْلَعِ الْقَصِيدَةِ جَمِيلٌ　その歌の前奏曲はカシーダ詩の序の様に美しい

مُطْلَق <طلق ❖ 絶対の;解放された,自由な

دَرَجَةَ الْحَرَارَةِ الْمُطْلَقَةِ　絶対温度[物理]

مُطْلَقًا　絶対に

مَطْلُوب <طلب 複 مَطَالِيب ❖ 形 求められている,要求される;募集中の
名 要求,願い;募集;借金

اَلْمَطْلُوب مُدَرِّس إِنْكِلِيزِيّ　英語教師募集中

مُطْمَئِنّ <طمأن ❖ 安心して,落ち着いて;確信している;低地の;平らな

أَنَا مُطْمَئِنُّ الْبَالِ　私は安心しています/私は落ち着いています

نُصِبَتِ الْخِيَامُ فِي مَكَانٍ مُطْمَئِنٍّ　テントは平らな低地に張られた

مَطْمَع <طمع 複 مَطَامِع ❖ 欲望;希望,期待 複 大望,野心

لَيْسَ لِي فِي مَالِكَ مَطْمَعٌ　私にはあなたの財産に対する欲望はありません

مُظَاهَرَة <ظهر 複 -ات ✽ デモ,示威運動

سَارَ الْجُمْهُورُ فِي مُظَاهَرَةٍ سِلْمِيَّةٍ　民衆は平和的なデモ行進をした

مِظَلَّة (مَـ) <ظل 複 -ات ✽ 日傘;パラシュート,落下傘

اَلْمِظَلَّةُ (مَـ) تَحْمِيكَ مِنَ الشَّمْسِ　日傘は太陽からあなたを守る

مُظْلِم <ظلم ✽ 暗い,暗黒の

لَيْلَة مُظْلِمَة　暗い夜

مَكَان مُظْلِم　暗がり

مَظْلُوم <ظلم ✽ 抑圧された,迫害された

اُنْصُرِ الضَّعِيفَ وَالْمَظْلُومَ　弱者や抑圧された人々を助けなさい

مِظَلِّيّ <ظل 複 ون ✽ パラシュート隊員,落下傘部隊員

قَفَزَ الْمِظَلِّيُّ مِنَ الطَّائِرَةِ ، وَهَبَطَ إِلَى الْأَرْضِ سَالِمًا　パラシュート隊員は飛行機から飛び出し,無事に地面に降りた

مَظْهَر <ظهر 複 مَظَاهِر ✽ 外見,外観,見た目

قِيمَةُ الْإِنْسَانِ فِي لُبِّهِ ، لَا فِي مَظْهَرِهِ　人の価値は中身にあり,外見ではない

مَعَ / مَعْ ~ ✽ (〜と)共に;(〜を)身につけて持っている

مَعَ السَّلَامَةِ　さようなら

مَعَكَ الْحَقُّ !　その通り/あなたは正しい ※⇔ عَلَيْكَ الْحَقُّ

مَعِي / مَعَكَ (ِ)　私は持っている/あなたは持っている(女)

هَلْ مَعَكَ جَوَازُ السَّفَرِ؟　パスポートを持ってますか

مَعًا　一緒に

هَلْ يَعِيشَانِ مَعًا ؟　彼ら二人は一緒に住んでいるのですか

عُدْتُ مَعْ أَخِي　私は兄(弟)と一緒に帰りました

مَعَ أَنَّ ~　〜にもかかわらず

أَرَادَتِ الشَّقِيقَتَانِ مُسَاعَدَةَ الرَّجُلِ ، مَعَ أَنَّهُ كَانَ فَظًّا جِدًّا مَعَهُمَا　その男がとても無礼なのにもかかわらず,姉妹は彼を助けたいと思った

مِعَاء / مَعْي / مِعًى 複 أَمْعَاء / أَمْعِيَة ❖ 男女腸 ※定 الْمِعَى
الْمِعَى الدَّقِيق (الْغَلِيظ) 小腸(大腸)

مُعَارَضَة <عرض ❖ 抵抗, 反対
حِزْب الْمُعَارَضَةِ / الْمُعَارَضَة 野党

مَعَاش <عيش 複 ـات ❖ 生活, 生計; 収入; 年金
مَعَاش الشَّيْخُوخَةِ 養老年金
مَعَاش التَّقَاعُدِ 年金
أَرْبَاب الْمَعَاشَات 年金受給者/年金生活者

مُعَاشَرَة <عشر ❖ 交際
مُعَاشَرَة بَيْنَ الرَّجُلِ وَالْمَرْأَةِ 男女の交際

مُعَاصِر <عصر ❖ 形 現代の; 同時代の 名 現代人; 同時代の人
قَامُوس الْعَرَبِيَّة الْمُعَاصِرَة 現代アラビア語辞典
النَّحْت الْمُعَاصِر 現代彫刻

مُعَافًى <عفو 女 مُعَافَاة ❖ 免税の; 健康な ※定 الْمُعَافَى
الْأَشْيَاء الْمُعَافَاة مِنَ الرُّسُومِ 免税品

مُعَاكِس <عكس ❖ 反対の, 反～
اِقْتِرَاح مُعَاكِس 反対提案
هُجُوم مُعَاكِس 反撃

مُعَالَجَة <علج ❖ 治療, 処置; 療法; 対処
مُعَالَجَة الْأَغْذِيَة لِمَنْعِهَا مِنَ التَّخَمُّرِ 食物の腐敗を防ぐ処置

مُعَامَلَة <عمل 複 ـات ❖ 取扱い
لَاقَى مُعَامَلَةً لَطِيفَةً (قَاسِيَةً) 彼は親切な(ひどい)扱いを受けた

مُعَاهَدَة <عهد 複 ـات ❖ 条約
مُعَاهَدَة صُلْحٍ (سَلَامٍ) 和平条約
مُعَاهَدَة الْأَمْنِ 安全保障条約

عَقَدَ الْمُعَاهَدَةَ مَعَ ~　～と条約を結んだ(締結した)

مَعْبَد <عبد 複 مَعَابِد　❖神殿,寺院

مَعْبَد الأُقْصُر　ルクソール神殿

مَعَابِد بُوذِيَّة فِي الْعَاصِمَةِ　首都の仏教寺院(複)

مُعْتَاد <عود　❖普通の;いつもの;慣れた(~عَلَى:~に)

مُجْرِم مُعْتَاد　常習犯

كَالْمُعْتَادِ　いつものように

مُعْتَدِل <عدل　❖穏健な,温和な;温暖な;柔らかい;均整の取れた

اَلْمِنْطَقَة الْمُعْتَدِلَة　温帯

اَلْجَوُّ فِي الْيَابَانِ مُعْتَدِلٌ　日本の気候は温暖です

مُعْتَقَل <عقل 複 -ات　❖留置場,拘置所;収容所;囚人

مُعْتَقَل الْمَوْقُوفِينَ　留置場

قَضَى الأَسِيرُ سَنَوَاتِ الْحَرْبِ فِي الْمُعْتَقَلِ　その捕虜は戦争中を収容所で過ごした

مَعْتُوه <عته 複 مَعَاتِيه　❖愚かな;知的障害のある;精神異常の

اَلْوَلَدُ الْمَعْتُوهُ لَا يَقْبَلُ الْعِلْمَ　知的障害のある子どもは知識を受け入れない

مُعْجَب <عجب　❖形崇拝する,敬愛する;気に入る(~بِـ:~を);驚いた
名ファン,ファン

مُعْجَب بِنَفْسِهِ　虚栄心のある/うぬぼれの強い/高慢な

مُعْجِزَة <عجز 複 -ات　❖奇跡

صَنَعَ مُعْجِزَةً　奇跡を行った(起こした)

بِمُعْجِزَةٍ　奇跡的に

مُعْجَم <عجم 複 مَعَاجِم　❖辞書,辞典

اَلْبَحْثُ عَنْ مَعَانِي الْكَلِمَاتِ سَهْلٌ فِي هٰذَا الْمُعْجَمِ　この辞書は言葉の意味を探すのが簡単だ

مِعْجَن <عجن 複 مُعَاجِن　❖(パン生地を)作る器具;パン生地こね鉢

اَلْفُرْنُ الْحَدِيثُ مُجَهَّزٌ بِمِعْجَنٍ آلِيٍّ　最新のオーブンは自動パン生地作成装置が付いている

أ ب ت ث ج ح خ د ذ ر ز س ش ص ض ط ظ ع غ ف ق ك ل م ن هـ و ي

مَعْجُون <عجن ♦ 形 練られた 名 ペースト, クリーム (複 مَعَاجِينُ)

مَعْجُون الْأَسْنَانِ　練り歯磨き粉

مُعْدٍ <عدو ♦ 伝染の ※定 الْمُعْدِي

أُصِبْتُ بِمَرَضٍ مُعْدٍ　私は伝染病に掛かった

مَعِدَة <معد 複 مِعَد ♦ 胃

لَا تُتْعِبْ مَعِدَتَكَ بِكَثْرَةِ الْأَكْلِ　食べ過ぎて, 胃を疲れさせないようにしなさい

مُعَدَّات <عد ♦ 器具, 装置

مُعَدَّات زِرَاعِيَّة　農機具

جُهِّزَ الْمُخْتَبَرُ بِأَحْدَثِ الْمُعَدَّاتِ　実験室は最新の器具が装備された

مُعَدَّل <عدل ♦ 平均; 割合

مُعَدَّل السُّرْعَةِ　平均速度

أَخَذَ الْمُعَدَّلَ　平均した(を取った)

مَعْدِن <عدن 複 مَعَادِن 関 مَعْدِنِيّ ♦ 金属; 鉱物, 鉱石 複 鉱物資源 関 鉱物の, 金属の

عِلْم الْمَعَادِن　鉱物学

مِيَاه مَعْدِنِيَّة　ミネラルウォーター

آنِيَة مَعْدِنِيَّة　金属容器

مَعْذِرَة <عذر 複 مَعَاذِر ♦ 詫び, 謝罪, 許し; 言い訳

مَعْذِرَةً / الْمَعْذِرَةُ　失礼します/ご免なさい/すみません/許して下さい

مِعْرَاج <عرج 複 مَعَارِيج ♦ 梯子, 階段

الْمِعْرَاج　アル=ミーラージュ ※預言者ムハンマドがラジャブ月27日にエルサレムから天空へ昇った夜の旅

مَعْرِض <عرض 複 مَعَارِض ♦ 博覧会, 見本市; 展示, 展覧会, ショー; 展示場

مَعْرِض صِنَاعِيّ　工業博覧会

مَعْرِض فَنِّيّ　芸術展

مَعْرِض دُوَلِيّ　国際見本市

سَأَذْهَبُ الْيَوْمَ مَعَ أَبِي إِلَى الْمَعْرِضِ　今日は父と一緒に展覧会に行きます

مَعْرِفَة <عرف 複 مَعَارِف ❖ 知る事，知識；知人，知り合い 複 文化；教育

هُوَ مِنْ مَعَارِفِي　彼は私の知人です

لَا تَكُفَّ عَنْ طَلَبِ الْمَعْرِفَةِ　知識の追求を諦めないようにしなさい

مَعَ الْمَعْرِفَةِ　わざと/故意に

مَعْرَكَة <عرك 複 مَعَارِك ❖ 戦闘，戦い

كَانَتِ الْمَعْرَكَةُ طَوِيلَةً　その戦い(戦闘)は長かった(長引いた)

شَنَّ مَعْرَكَةً مَعَ ~　~と戦った

مَعْرُوف <عرف ❖ 形 知られている，有名な；親切な 名 親切，好意；世話

بِمَعْرُوفٍ　公平に/丁寧に

هٰذِهِ السَّاعَةُ مَعْرُوفَةٌ بِدِقَّتِهَا　この時計は正確な事で知られています

مَعْز(ٌ) 複 أَمْعُز ※ مَعْزَة(ٌ) ❖ 山羊 ※1頭の山羊

يَنَامُ الْمَعْزُ فِي الزَّرِيبَةِ　山羊は囲いの中で眠る

مِعْزَى ※ مِعْزَاة ❖ 山羊 ※1頭の山羊

مَعْزُوفَة <عزف 複 -ات ❖ 演奏

أَطْرَبَتِ الْمَعْزُوفَةُ الْجَدِيدَةُ السَّامِعِينَ　新しい演奏は聴衆を喜ばせた

مَعْزُول <عزل ❖ 孤立した；遠く離れた，遠方の

مَنَاطِق مَعْزُولَة　僻地

أُغِيثَتِ الْقَرْيَةُ الْمَعْزُولَةُ بِوَاسِطَةِ الْهَلِيكُوبْتَرِ　孤立した村はヘリコプターで救われた

مُعَسْكَر <عسكر 複 -ات ❖ (軍隊の)キャンプ場，野営地

مُعَسْكَر الاعْتِقَال　収容所 ※政治犯や捕虜などを入れておく所

مُعَسْكَر الْجَيْشِ　軍の野営地

مَعْصَرَة <عصر ❖ (ぶどうやオリーブの実を)圧搾する所，圧搾所

نُقِلَ الزَّيْتُونُ إِلَى الْمَعْصَرَةِ　オリーブは圧搾所に運ばれた

مِعْصَم <عصم 複 مَعَاصِم ❖ 手首

معضلة ~ معلق

مَا أَجْمَلَ الْإِسْوَارَ فِي مِعْصَمِكِ ! 貴女の手首の腕輪は何と美しいのでしょう

مُعْضِلَة <عضل 複 -ات ❖ 難問, 解決のつかない問題

أَلَيْسَ لِهٰذِهِ الْمُعْضِلَةِ حَلٌّ؟ この難問は解決法が無いのではないですか

مِعْطَف <عطف 複 مَعَاطِف ❖ 外套, オーバー, コート

مِعْطَف مُشَمَّع (الْمَطَرِ) レインコート

مَعْطُوب <عطب ❖ 故障の, 壊れている

تِلْكَ الْآلَةُ مَعْطُوبَةٌ あの機械は故障しています

مُعْظَم <عظم ❖ 殆ど, 大部分

مُعْظَمُ النَّاسِ 殆どの人々/大部分の人々

مُعْظَمُ الْوَقْتِ 殆どの時間

قَرَأْتُ مُعْظَمَ الْكِتَابِ 私はその本の殆どを読みました

فِي مُعْظَمِهِ 大部分/殆ど

مُعَقَّد <عقد ❖ 複雑な; 難しい

اَلْحُرُوف الصِّينِيَّة الْمُعَقَّدَة 複雑な漢字

مُعَقَّم <عقم ❖ 殺菌された, 消毒された

يُبَاعُ الْحَلِيبُ فِي أَوْعِيَةٍ مُعَقَّمَةٍ 牛乳は殺菌した容器に入れて,売られている

مَعْقُوف <عقف ❖ 先の曲がった

اَلصَّلِيب الْمَعْقُوف まんじ/卍

جَذَبْتُ غُصْنَ الْكَاكِي بِقَضِيبٍ مَعْقُوفٍ 私は先の曲がった棒で,柿の枝を引き寄せた

مَعْقُول <عقل ❖ 理にかなった, 理屈に合う, 合理的な, 妥当な

حَدِيث غَيْر مَعْقُولٍ いい加減な話

ثَمَنٌ مَعْقُولٌ 適正な価格/手ごろな価格

مَعْكَرُونَة ❖ マカロニ

تُسْلَقُ الْمَعْكَرُونَةُ فِي الْمَاءِ السَّاخِنِ マカロニはお湯で茹でます

مُعَلَّق <علق ❖ 吊された; ぶら下げられた, 掛けられた

جِسْر مُعَلَّق　吊り橋

كَانَتْ قُمْصَانُهُ مُعَلَّقَةً　彼のシャツが吊されていた

صُورَةُ "فوجي سان" مُعَلَّقَةٌ عَلَى الْحَائِطِ　富士山の写真が壁に掛けられている

مُعَلِّم <علم 複 ون ❖ 教師,先生

مُعَلِّم اللُّغَةِ الْيَابَانِيَّةِ　日本語教師/日本語の先生

مَعْلُوم <علم 複 مَعْلُومَات ❖ 形 知られている;定まった 名 料金;税金;金額
複 資料;情報,データー

صِيغَة الْمَعْلُوم / اَلْمَعْلُوم　能動態 (⇔ صِيغَة الْمَبْنِي لِلْمَجْهُول: 受動態)

اِجْمَعْ مَعْلُومَاتٍ عَنْ ~　~に関する資料を集めなさい

مُعَمًّى <عمى 複 -ات ❖ パズル ※定 اَلْمُعَمَّى

لَا أَفْهَمُ هٰذَا الْكَلَامَ الْمُعَمَّى　パズルのこの言葉が分かりません

مَعْمَل <عمل 複 مَعَامِل ❖ プラント,工場;作業場

مَعَامِلُ التَّكْرِيرِ تَسْتَخْلِصُ الْبَنْزِينَ مِنَ النَّفْطِ　精油所でナフサからガソリンを取り出す

مَعْمُودِيَّة <عمد ❖ 洗礼 ※キリスト教の秘儀

بِالْمَعْمُودِيَّةِ يَصِيرُ الطِّفْلُ نَصْرَانِيًّا　洗礼で子供はキリスト教徒になる

مَعْمُور <عمر ❖ 人の住んでいる

اَلْمَعْمُور / اَلْمَعْمُورَة　世間/世界

يُطِلُّ الْجَبَلُ عَلَى وَادٍ مَعْمُورٍ　人の住んでいる谷の上に山がそびえている

مَعْنًى <عنى 複 مَعَانٍ ❖ 意味;意義;概念,抽象 ※定 اَلْمَعْنَى

اِسْم مَعْنًى　抽象名詞

عِلْم الْمَعْنَى　修辞学

ذُو مَعْنًى　意味のある/有意義な

بِكُلِّ مَعْنَى الْكَلِمَةِ　その言葉の完全なる意味において

وَمَا فِي مَعْنَاهُ　などなど/etc

لَمْ تَفْهَمْ مَعْنَى الْكَلَامِ	彼女はその言葉の意味が分からなかった
مَعْهَد <عهد 複 مَعَاهِد	❖ 研究所;学校,学院;場所
مَعْهَد مُوسِيقِيّ	音楽学校(学院)
مِعْوَل <عول 複 مَعَاوِلُ	❖ つるはし;(否定的)要因
حَفَرْتُ الْأَرْضَ بِالْمِعْوَلِ	私はつるはしで地面を掘った
مَعُونَة <عون 複 -ات	❖ 援助,支援;援助金
بُنِيَ الْمَيْتَمُ بِمَعُونَةِ الْمُحْسِنِينَ	孤児院は篤志家達の援助金で建てられた
مِعْيَار <عير 複 مَعَايِير	❖ 基準,水準
مِعْيَار الْعَيْشِ	生活水準
الْمَعَايِير الْمُزْدَوِجَة	ダブル・スタンダード/二重基準
لِكُلِّ مِقْيَاسٍ مِعْيَارٌ	すべての測定器に基準がある
مَعِيشَة <عيش 複 مَعَايِش	❖ 生計,生活,暮らし;生活費
مَعِيشَتُنَا صَعْبَةٌ	私達の生活は苦しい
يَشْكُو النَّاسُ غَلَاءَ الْمَعِيشَةِ	人々は生活費の高さに不平を言っている
مُعَيَّن <عين	❖ 定められた;指名された;菱形の
مَا مَعْنَى هٰذَا الشَّكْلِ الْمُعَيَّنِ ؟	この菱形の意味は何ですか
مُغَادَرَة <غدر	❖ 出発
مَتَى مُغَادَرَتُكَ إِلَى غَزَّةَ ؟	あなたのガザへの出発はいつですか
مَغَارٌ / مَغَارَة <غور 複 -ات/مَغَاوِر	❖ 洞窟,洞穴
كَانَتِ الْمَغَارَةُ مَلْجَأً لِلرُّعَاةِ	かつて洞窟は羊飼いの避難場所であった
مَنْ يَتَجَاسَرُ عَلَى دُخُولِ الْمَغَارَةِ ؟	誰か洞窟に入る勇気のある者はいないか
مُغَامَرَة <غمر 複 -ات	❖ 冒険
قَدِيمًا كَانَ السَّفَرُ مُغَامَرَةً	昔の旅は冒険だった
مَغَبَّة <غب 複 -ات	❖ 結末,結果
مَغَبَّةُ الْكَسَلِ فَشَلٌ	怠惰の結果は失敗である[格言]

مُغْتَرِب <غرب 複 ون ❖ 異邦人;出稼ぎで異郷に暮らしている人

اِنْتَظَرَ قُدُومَ الْمُغْتَرِبِ　異邦人の到着を待った

مَغْرِب <غرب 関 مَغْرِبِيّ 複 مَغَارِبَة ❖ 日の沈む所,西;日没時 関モロッコの;モロッコ人

قَرِيبًا تَبْلُغُ الشَّمْسُ الْمَغْرِبَ　まもなく太陽が西に達する

اَلْمَغْرِب　モロッコ

مَغْزًى <غزو 複 مَغَازٍ ❖ 意味,意義,教訓 定 اَلْمَغْزَى

مَغْزًى دَقِيق　微妙な意味

ذُو مَغْزًى　有意義な/意味有りげな

اِقْرَأْ مَثَلَ الْأَرْنَبِ وَالسُّلَحْفَاةِ، وَبَيِّنْ مَغْزَاهُ　兎と亀の寓話を読んで,その教訓を説明しなさい

مِغْزَل <غزل 複 مَغَازِل ❖ 紡錘,スピンドル

يَلْتَفُّ خَيْطُ الصُّوفِ حَوْلَ عُودِ الْمِغْزَلِ　紡錘に羊毛の糸が巻き付いている

مَغْسَل <غسل 複 مَغَاسِل ❖ 洗濯場,クリーニング部
(ِ)

مَغْسَلُ الْفُنْدُقِ بِحَاجَةٍ إِلَى عَامِلَاتٍ　ホテルの洗濯部門は女性労働者を必要としている
(ِ)

مَغْسَلَة <غسل 複 مَغَاسِل ❖ 洗濯する所;洗面所,洗面台

لَيْسَ عَلَى الْمَغْسَلَةِ صَابُونَةٌ　洗面所に石けんが無い

مِغْسَلَة <غسل 複 مَغَاسِل ❖ 洗濯機

تَخْرُجُ الثِّيَابُ مِنَ الْمِغْسَلَةِ نَظِيفَةً　服は洗濯機からきれいになって,出て来る

مَغَصَ (a) ❖ 腹痛で苦しむ,腹痛になる,胃が差し込む

يَتَعَرَّضُ لِلْبَرْدِ، فَيَمْغَصُ بَطْنُهُ　寒さに晒されると,お腹が痛くなる

مَغَصٌ/ مَغْصٌ/ مَغِيصٌ ❖ 腹痛

عِنْدِي مَغْصٌ حَادٌّ　(私は)激しい腹痛がします

مَغَطَ (a) ❖ 伸ばす,引っ張る

إِنْ تَمْغَطْ خَيْطَ الْمَطَّاطِ يَطُلْ　ゴム紐を引っ張れば長くなります

مَغْطِس <غطس ❖ 浴槽,バスタブ,風呂桶

يَلْهُو فِي مَغْطِسِ الْحَمَّامِ　浴槽に浸かって，くつろぐ

مَغْفِرَة <غفر ❖ 許し，容赦

أَسَأْتُ إِلَيْكَ ، فَجِئْتُ أَطْلُبُ الْمَغْفِرَةَ　私はあなたに悪い事をしましたので，許しを乞いに来ました

مُغَلَّف <غلف ❖ 形 包まれた 名 包み，カバー；(手紙の)封筒(複 ـات)

مُغَلَّفُ الرِّسَالَةِ يَحْمِلُ الطَّابَعَ الْجَمِيلَ　手紙の封筒には美しい切手が貼ってある

مُغْلَق <غلق ❖ 閉じられた，閉まっている

اَلْبَابُ مُغْلَقٌ　扉は閉まっている

مَغْلِيّ <غلى ❖ 形 煎じた，煮詰めた 名 煎じたもの，煮詰めたもの

مَغْلِيُّ النَّعْنَاعِ يُسَكِّنُ الْمَغْصَ　ミントを煎じたものは腹痛を軽減する

مَغْمَغَ ، يُمَغْمِغُ ❖ もぐもぐ(もごもご)と言う，(口を)もぐもぐする

سَأَلْتُهُ عَنْ سَبَبِ غِيَابِهِ ، فَمَغْمَغَ الْجَوَابَ　私が欠席の理由を尋ねると，彼はもごもごと答えた

مَغْمُور <غمر ❖ 知られていない，無名の；水浸しになった

فَازَ بِالْجَائِزَةِ رَسَّامٌ مَغْمُورٌ　無名の画家がその賞を得た

مُغَنٍّ <غني ❖ 歌手 ※定 اَلْمُغَنِّي

مُغَنِّيَة　女性歌手

أُمُّ كَلْثُوم مُغَنِّيَةٌ مَشْهُورَةٌ　オンム・カルスームは有名な女性歌手です

مَغْنًى <غني 複 مَغَانٍ ❖ 家；別荘 ※定 اَلْمَغْنَى

أَسْكُنُ الْمَغْنَى عَلَى الشَّاطِئِ فِي الصَّيْفِ　私は夏は海辺の別荘に住みます

مَغْنَطِيس / مَغْنَاطِيس <مغنط / مغطس ❖ 磁石
(َ)　(َ)

اَلْمَغْنَطِيسُ يَجْذِبُ بُرَادَةَ الْحَدِيدِ　磁石は鉄屑を引き付ける

مِغْوَار <غور 複 مَغَاوِير ❖ 英雄的な；勇敢な

اَلْجُنْدِيُّ الْمِغْوَارُ لَا يَعْرِفُ الْخَوْفَ　勇敢な兵士は恐れを知らない

مُفَاجَأَة <فجأ 複 مُفَاجَآت ❖ 予期せぬ事，思いがけない事，突発的な出来事

فَوْزُ ابْنِهِ لَمْ يَكُنْ مُفَاجَأَةً　彼の息子の勝利は予期せぬ事ではなかった

مُفَاعِل < فعل 複 -ات ❖ 反応炉, 反応器

حَرَكَة ضِدَّ بِنَاءِ الْمُفَاعِلَاتِ النَّوَوِيَّةِ　反原発運動

مُفَاوَضَة < فوض 複 -ات ❖ 交渉, 話し合い

وَصَلَتِ الْمُفَاوَضَةُ إِلَى نُقْطَةِ الْجُمُودِ　その交渉は行き詰まった

مُفْتٍ < فتو 複 ون ❖ ムフティー ※定 اَلْمُفْتِي
※イスラム法に関して意見を述べる資格のある
法学の権威者, ファトワという意見書を法廷に出す

اِسْتَأْنَسَ الشَّيْخُ بِرَأْيِ الْمُفْتِي　シャイフはムフティーの意見を聞いた

مِفْتَاح < فتح 複 مَفَاتِيح ❖ 鍵;スイッチ 複 鍵盤

مِفْتَاح كَهْرَبَائِيّ　電気のスイッチ

مَفَاتِيح الْبِيَانُو　複ピアノの鍵盤

مُفْتَرِس < فرس ❖ どう猛な

اَلذِّئْبُ حَيَوَانٌ مُفْتَرِسٌ　狼はどう猛な動物です

مُفَتِّش < فتش 複 ون ❖ 調査官;検査官

يَتَحَرَّى الْمُفَتِّشُ الْحَقِيقَةَ　調査官が真相を究明する(捜査する)

مَفْتُوح < فتح ❖ 開いている, 開けられている;営業中の

اَلشُّبَّاكُ مَفْتُوحٌ　窓は開いています

اَلْمَطْعَمُ مَفْتُوحٌ　そのレストランは営業中です

إِذَا تُرِكَتِ النَّوَافِذُ مَفْتُوحَةً دَخَلَ النُّورُ وَالْهَوَاءُ　窓を開けていれば, 光と風が入ります

مَفْخَرَة < فخر 複 مَخَافِر ❖ 栄誉;自慢の種

نَجَاحُ الطَّالِبِ مَفْخَرَةٌ لَهُ وَلِمُعَلِّمِيهِ　学生の成功は彼と彼の先生達にとって栄誉である

مَفَرّ < فر ❖ 逃げ道;逃亡

حَاوَلَ الْهَرَبَ، فَلَمْ يَجِدْ مَفَرًّا　逃亡を試みたが, 逃げ道は無かった

لَا مَفَرَّ مِنْهُ　不可避な/避けられない

لَا مَفَرَّ مِنَ الْمَوْتِ	死は不可避である
مُفْرَد < فرد 複 ـات	❖ 形 単独の；単数の，一つの 名 単語；単数［文］ 複 語彙
اَلْمُفْرَدَات الْعَرَبِيَّة	アラビア語の語彙(単語)
هَاتِ مُفْرَدَ كُلِّ كَلِمَةٍ مِمَّا يَأْتِي	次の言葉を全て単数形にしなさい
بِمُفْرَدِهِ	一人で
أَنَا أَعْمَلُ وَأَعِيشُ بِمُفْرَدِي	私は働いて，一人で生活している
مِفْرَش < فرش 複 مَفَارِش	❖ テーブルクロス，テーブル掛け
مِفْرَش السَّرِير	ベッドカバー/シーツ
مَفْرَق (ـِ) < فرق 複 مَفَارِق	❖ 形 分岐する，交差する 名 分岐点；交差点；(髪の)分かれ目
تَمَهَّلْ فِي سَيْرِكَ عِنْدَ الْمَفْرِقِ	交差点ではゆっくり進みなさい
مَفْصِل < فصل 複 مَفَاصِل	❖ 関節
أَشْعُرُ بِأَلَمٍ عِنْدَ مَفْصِلِ الْقَدَمِ	(私は)足の関節に痛みを感じます
مُفَضَّل < فضل	❖ 好きな，気に入った
مُلُوخِيَّةٌ بِالْأَرَانِب طَبَقٌ مُفَضَّلٌ	兎の肉入りモルヘイヤスープは好まれる料理です
مَفْعُول < فعل 複 مَفَاعِيل	❖ 働き，効果；目的語(= مَفْعُول بِهِ)
اِسْم الْمَفْعُول	受動分詞［文］
سَرَى مَفْعُولُهُ	効力を発した/有効であった
سَارِي الْمَفْعُول	有効な/効果的な
مَفْقُود < فقد	❖ 形 失われた，無くなった；行方不明の 名 行方不明者
شَيْء مَفْقُود	忘れ物
مُفَكِّر < فكر 複 ـون	❖ 形 思慮深い；考えている 名 思想家(複 ـون)
اَلْكَاتِبُ أَدِيبٌ وَمُفَكِّرٌ	その作家は上品で思慮深い
مِفَكّ (لِلْبَرَاغِي) < فك 複 ـات	❖ ネジ回し，ドライバー
مِفَكّ نَاقِص (رُبَاعِيّ)	マイナス(プラス)ドライバー

مُفْلِس < فلس 複 مَفَالِيسُ/-ون ❖ 破産した,倒産した

شَرِكَة مُفْلِسَة　破産した会社

مَفْهُوم < فهم ❖ 形 理解された;理解できる 名 概念(複 مَفَاهِيم)

بِالْمَفْهُوم　はっきりと/文字通りに

اَلْمَفْهُومُ أنْ ~　～と言われている

مُفَوَّض < فوض ❖ 形 権威を与えられた 名 長官

اَلْمُفَوَّض السَّامِي　高等弁務官

وَزِير مُفَوَّض　全権大使

نَفَّذَ رِجَالُ الْأَمْنِ تَعْلِيمَاتِ الْمُفَوَّضِ　治安警官達は長官の指示を実行した

مُفِيد < فيد ❖ 役に立つ,有用な (~لِـ:～に)

اَلْإِنْكْلِيزِيَّةُ مُفِيدَةٌ لِلسَّفَرِ　英語は旅行の役に立ちます

مُقَابِل < قبل ❖ 形 反対の 名 報酬,補償

اَلِاتِّجَاه الْمُقَابِل　反対方向

بِدُونِ (بِلَا/مِنْ غَيْرِ) مُقَابِلٍ　無料で/無報酬で

مُقَابِلَ < قبل ❖ 前 反～,～に対して

مُقَابِلَ ذٰلِكَ　その見返りに/その代わりに

ثَلَاثَة مُقَابِلَ وَاحِدٍ　3対1 ※スポーツなどのスコア

مُقَابَلَة < قبل 複 -ات ❖ 出会い;会見,インタビュー

مُقَابَلَة صُحُفِيَّة غَيْر رَسْمِيَّةٍ　非公式のインタビュー

مُقَارَنَة < قرن 複 -ات ❖ 比較;対照

مُقَارَنَة تَعْبِيرِ الْأَصْوَاتِ　音の表現の比較

قَامَ بِالْمُقَارَنَةِ　比較した

مَقَاس < قوس 複 -ات ❖ サイズ,寸法

أَعِنْدَكُمْ مَقَاسٌ أَكْبَرُ مِنْ هٰذَا؟　これより大きいサイズが有りますか

مُقَاطَعَة < قطع 複 -ات ❖ 県,地域;ボイコット,関係の断絶

مقال ~ مقبل

اَلْمُقَاطَعَةُ الشَّرْقِيَّةُ كَثِيرَةُ السُّكَّانِ　シャルケイヤ県は人口が多い

مُقَاطَعَةُ السِّلَعِ (الْبَضَائِعِ)　商品のボイコット/商品の不買運動

مَقَالٌ ＜ قول ✤ 話し,演説;教え;主張;記事

لِكُلِّ مَقَامٍ مَقَالٌ　どんな立場でも,言う事がある/泥棒にも三分の道理 / 盗人にも三分の理[格言]

مَقَالَة ＜ قول 複 -ات ✤ 記事;論文

لَمْ أَقْرَإِ الْمَقَالَةَ بَعْدُ　私は未だその記事を読んでいません

مَقَالَة افْتِتَاحِيَّة　(新聞の)社説

مَقَامٌ ＜ قوم 複 -ات ✤ 立場;地位,場所;分母[算数]

اَلْمَقَام الْحَدِيث　話題

مَقَام مُشْتَرَك　共通分母

مُقَامِر ＜ قمر ✤ 賭博師,ギャンブラー

اَلْعَدَمُ نِهَايَةُ كُلِّ مُقَامِرٍ　無一文が全てのギャンブラーの末路だ

مُقَاوَلَة ＜ قول ✤ 会話;契約,合意

بِالْمُقَاوَلَةِ　契約によって

مُقَاوَمَة ＜ قوم ✤ レジスタンス,抵抗;闘い

اَلْوَفَاءُ لِلْمُقَاوَمَةِ وَفَاءٌ لِلْوَطَنِ　レジスタンス(抵抗運動)への献身は祖国への献身

حَرَكَةُ الْمُقَاوَمَةِ الْإِسْلَامِيَّةِ　イスラム抵抗運動/ハマス

مُقَاوَمَة كَهْرَبَائِيَّة　電気抵抗

مَقْبَر ＜ قبر 複 مَقَابِر ※ مَقْبَرَة ✤ 墓場,墓地 ※1か所の墓場

كَانَتْ الْمَقْبَرَةُ خَارِجَ الْقَرْيَةِ　墓地は村の外に有った

مَقْبَض / مِقْبَض ＜ قبض 複 مَقَابِض ✤ 取っ手,握り

مَقْبَض الْبَاب　ドアの取っ手(ノブ)

مُقْبِل ＜ قبل ✤ 未来の,次の;近づいている

فِي يَوْمِ الْجُمْعَةِ الْمُقْبِلِ　今度の金曜日に

زَوْجَتُهُ الْمُقْبِلَةُ　彼の未来の花嫁(奥)さん

مَقْبُول < قبل ❖ 受け入れ可能な,容認できる;妥当な

غَيْر مَقْبُولٍ　容認できない

سِعْر مَقْبُول　妥当な値段(価格)

مَقَتَ (u) ❖ 憎む,憎悪する;嫌う

نُحِبُّ الْعَدْلَ ، نَمْقُتُ الظُّلْمَ　私達は正義を愛し,不正を憎む

مَقْتَل < قتل 複 مَقَاتِل ❖ 殺害;致命的な弱点,急所,アキレス腱

تُعْتَبَرُ الصُّدْغُ مَقْتَلاً　こめかみは致命的な弱点(急所)といわれる

مِقْدَار < قدر 名 مَقَادِير ❖ 量;大きさ;広がり

مِقْدَار أَدْنَى　最小量/最低量/最小値

مِقْدَار أَقْصَى　最大量/最大値

بِمِقْدَارِ مَا ~　~の範囲で

بِمِقْدَارِ مَا ~ ، ...　~と同じ様に…

بِمِقْدَارِ مَا يُسْعِدُنِي النَّجَاحُ ، يُحْزِنُنِي الْفَشَلُ　成功が私を嬉しくすると同じ様に,失敗は私を悲しくさせる

مَقْدِرَة (ُ) < قدر ❖ 力,能力

أَظْهَرَ مَقْدِرَةً كَبِيرَةً　大いに能力を発揮した

مُقَدَّس < قدس 複 ات- ❖ 聖なる,神聖な

اَلْأَرْض الْمُقَدَّسَة　聖地パレスチナ

اَلْكِتَاب الْمُقَدَّس　聖書

مُقَدَّم < قدم ❖ 形 事前の 名 前部,先端

مُقَدَّمًا　事前に/前もって/予め

اِشْتَرَى التَّذَاكِرَ مُقَدَّمًا　予めチケットを買っておいた

مُقَدِّمَة / مُقَدَّمَة < قدم 複 ات- ❖ 序文;先頭,トップ;前衛

مُقَدِّمَة الْكِتَاب　本の序文

دُونَ (بِلَا) مُقَدِّمَاتٍ　前触れも無く

صَادَفَتْ مُقَدِّمَةُ الْجَيْشِ مُقَاوَمَةً عَنِيفَةً　軍の先頭は激しい抵抗に遭遇した

أ ب ت ث ج ح خ د ذ ر ز س ش ص ض ط ظ ع غ ف ق ك ل م ن هـ و ي

سَارَ حَامِلُ الْعَلَمِ فِي مُقَدِّمَةِ الْمَوْكِبِ　旗手がパレードの先頭を進んだ

مَقَرٌّ < قر 複 مَقَارُّ ❖ 住居;席;本部;場所

أَتَعْرِفُ مَقَرَّ عَمَلِهِ ؟　彼の勤務地を知ってますか

مَقَرُّ الْقِيَادَةِ　本部/本署

مَقَرٌّ دَائِمٌ　定住地

مَقْرَ(ُ)بَة < قرب ❖ 近さ;近い所

عَلَى مَقْرَبَةٍ مِنْ ~　～の近くに

وَقَّفَ سَيَّارَتَهُ عَلَى مَقْرَبَةٍ مِنَ النَّهْرِ　川の近くに車を止めた(停めた)

مِقَصٌّ < قص 複 مَقَاصّ ❖ はさみ/鋏

قَصَّ ~ بِالْمِقَصِّ　～を鋏で切った

مَقْصِد < قصد 複 مَقَاصِد ❖ 目的地,行き先

مَقْصِدُ الْحُجَّاجِ مَكَّةُ الْمُكَرَّمَةُ　巡礼者の目的地はメッカです

مَقْصُود < قصد ❖ 形 意図的な;目的の 名 意図

مَا الْمَقْصُودُ مِنْ قَوْلِكَ ؟　あなたが言っている事の意図は何ですか

غَيْرَ مَقْصُودٍ　何気ない

مَقْصُور < قصر ❖ 制限された,限られた;短くされた

أَلِف مَقْصُورَة　アリフ・マクスーラ(=ى)

مَقْصُورَة < قصر 複 -ات/مَقَاصِير ❖ 小部屋

حَلَّتِ الْعَرُوسُ فِي مَقْصُورَةٍ جَمِيلَةٍ　花嫁は美しい小部屋にいた

مَقْطَع < قطع 複 مَقَاطِع ❖ 交点;踏み切り;音節

مَقْطَعُ الْكَلِمَةِ　音節

كَمْ مَقْطَعًا فِي الْكَلِمَةِ ؟　その語に,いくつ音節がありますか

مَقْعَد < قعد 複 مَقَاعِد ❖ 椅子;席,座席

مَقْعَدٌ مُرِيحٌ　安楽椅子

لِيَجْلِسْ كُلُّ طِفْلٍ فِي مَقْعَدِهِ　子ども達を全員,席に着かせなさい

مُقْعَد <قعد 複 ـون ❖ 足の悪い;歩行が困難な

قَضَى الشَّيْخُ آخِرَ أَيَّامِهِ مُقْعَدًا　老人は歩けずに,晩年を過ごした

مُقْفَل <قفل ❖ 封のある,閉じられた

اَلظَّرْفُ مُقْفَلٌ، لَا أَعْرِفُ مُحْتَوَاهُ　封筒は封がしてあって,中身は分からないです

مِقْلَاة <قلو 複 مَقَالٍ ❖ フライパン

اِنْطَفَأَتِ النَّارُ تَحْتَ الْمِقْلَاةِ　フライパンの火が消えた

مُقْلَة 複 مُقَل ❖ 目,眼球

مُقْلَةُ الْعَيْنِ　眼球

ذَرَفَتْ مُقْلَتُهَا دَمْعَةً سَاخِنَةً　彼女の目から一粒の熱い涙が流れた

مَقْلَع < قلع 複 مَقَالِع ❖ 石切場

اِنْفَجَرَ فِي الْمَقْلَعِ لُغْمٌ　石切場で爆薬が爆発した

مُقْلَمَة <قلم ❖ 筆箱,筆入れ

وَضَعَ الْمِبْرَاةَ فِي الْمُقْلَمَةِ　筆箱に小刀(鉛筆削り)を入れた

مَقْلُوب <قلب ❖ ひっくり返った,逆さまの

بِالْمَقْلُوبِ　逆さまに

قَمِيصُكَ مَقْلُوبٌ! مَنْ أَلْبَسَكَ إِيَّاهُ　シャツが裏返しだよ!いったい誰が着せたのですか

مَقْلِيّ <قلى ❖ 炒めた,揚げた

مَأْكُولَاتٌ مَقْلِيَّةٌ　炒め物/揚げ物

مَقْهًى <قهو 複 مَقَاهٍ ❖ 喫茶店 ※定 اَلْمَقْهَى 複 اَلْمَقَاهِي

يَلْتَقِي حَبِيبَتَهُ فِي الْمَقْهَى　彼は恋人と喫茶店で会います

مِقْوَد <قود 複 مَقَاوِد ❖ ハンドル

يُوَجِّهُ السَّائِقُ السَّيَّارَةَ بِالْمِقْوَدِ　ドライバーはハンドルで車の向きを変える

مِقْيَاس <قيس 複 مَقَايِيس ❖ 定規;秤,計測器

مِقْيَاسُ التَّيَّارِ　電流計

مِقْيَاسُ الْجَهْدِ　電圧計

مِقْيَاس حَرَارَةٍ　温度計

مِقْيَاس حَرَارَةٍ طِبِّيٍّ　体温計

مُكَارٍ <كري 複 ون ❖ (動物による)荷物運び人 ※ اَلْمُكَارِي

يَنْقُلُ الْمُكَارِي الْبَضَائِعَ مِنَ الْقَرْيَةِ إِلَى الْمَدِينَةِ　荷物運び人は商品を村から都市へ運ぶ

مَكَّار <مكر ❖ 形ずるい, 狡猾な 名ずるい人, ペテン師

مَكَّار مِثْلُ الثَّعْلَبِ　狐のように狡い(人)

مُكَافَأَة <كفأ 複 -ات ❖ 報酬, 褒美

لِلْمُحْسِنِ مُكَافَأَةٌ　慈善家には報酬がある

مُكَافَأَةٌ لَهُ عَلَى اجْتِهَادِهِ وَاهْتِمَامِهِ بِأُمُورِ الشَّعْبِ　民衆の為に努力と貢献をした者には報酬がある

مُكَافَحَة <كفح ❖ 反対; 闘い; 運動, キャンペーン

نَحْنُ نَعْمَلُ عَلَى مُكَافَحَةِ الْأُمِّيَّةِ　私達は文盲を無くす運動をしています

مُكَالَمَة <كلم 複 -ات ❖ 会話; 通話

أُجْرَة الْمُكَالَمَةِ　通話料(料金)

مَكَان <كون 複 أَمْكِنَة / أَمَاكِنُ ❖ 場所, 所

فِي كُلِّ مَكَانٍ　あらゆる場所(所)で

فِي مَكَانٍ آخَرَ　別の(他の)場所(所)で

مَكَان الْحَادِثِ (الْجَرِيمَةِ)　事故の(犯罪の)現場

عِنْدَنَا أَمَاكِنُ مَشْهُورَةٌ فِي مَدِينَتِي　私達の町には名所があります

مَكَانَة <كون 複 -ات ❖ 場所; 地位; 立場

اَلْمَكَانَة الْمَرْمُوقَة　重要な地位

مِكَبٌّ <كب 複 مَكَابُّ ❖ 糸巻き, ボビン

لَمْ يَبْقَ فِي الْمِكَبِّ إِلَّا خَيْطٌ قَصِيرٌ　糸巻きに糸は少ししか残っていなかった

مَكَّةُ (الْمُكَرَّمَةُ) ❖ メッカ ※モスレムの聖地

مَكْتَب <كتب 複 مَكاتِب 関 مَكْتَبِيّ ※ 事務所, オフィス; 机; 学校; (政府の)部局 関 事務の

لَيْسَ فِي الْمَكْتَبِ أَحَدٌ　事務所に誰もいない

مَكْتَب لِلْكِتابَةِ　文机

أَدَوات مَكْتَبِيَّة　事務用品

مَكْتَبَة <كتب 複 ـات/مَكاتِب ※ 図書館, 本屋; 机

مَكْتَبَة عامَّة　公立図書館

اِسْتَعارَ كُتُبًا مِنَ الْمَكْتَبَةِ　図書館から本を借りた

مَكْتُوب <كتب 複 مَكاتِيب ※ 形 書かれた 名 書かれたもの, 手紙, 書簡

قَرَأْتُ مَكْتُوبَكَ بِسُرُورٍ وَلَهْفَةٍ　私は喜んだり, ため息をついたりして, あなたの手紙を読みました

مَكَثَ (u) ※ 滞在する; 居住する

كَمْ يَوْمًا سَتَمْكُثُ فِي غَزَّةَ ؟　何日ガザに滞在するつもりですか

مُكَثِّف <كثف 複 ـات ※ コンデンサー, 蓄電器

مُكَثِّف مُتَغَيِّر　可変蓄電器/バリアブルコンデンサー/バリコン

يُسْتَعْمَلُ الْمُكَثِّفُ فِي الرّادِيُو　コンデンサーはラジオに使われる

مَكَرَ (u) 名 مَكْر ※ だます/騙す, 裏切る 名 ずるい事; だまし

إِذا وَثِقَ بِكَ إِنْسانٌ، فَلا تَمْكُرْ بِهِ !　もし, あなたが人に信用されたら, 裏切ってはならない

مُكَرَّم <كرم ※ 尊い; 聖なる

مَكَّة الْمُكَرَّمَة　聖なるメッカ ※モスレムの聖地

مَكْرُمَة (مَكْرِمَة) <كرم 複 مَكارِم ※ 尊い行為, 尊い行動; 立派な行い

نَشْكُرُ لَكَ مَكْرُمَتَكَ　私達はあなたの立派な行いに感謝しています

مَكْرُوه <كره ※ 形 嫌われた, 嫌な 名 災難, 不運, 不幸

إِذا حَلَّ بِكَ مَكْرُوهٌ، فَلَيْسَ أَجْمَلَ مِنْ أَنْ تَصْبِرَ　もし不幸に遭遇したら, 耐える事以上に立派な事はありません

مَكْسَبٌ <كسب 複 مَكَاسِب ✤ 利益, 儲け

بِعْتُ السَّيَّارَةَ ، وَلَمْ أُحَقِّقْ مَكْسَبًا　私は自動車を売ったけれど, 儲けはなかった

مَكْسُور <كسر ✤ 壊れている, 壊れた;折れた, 骨折した

هٰذَا الْكُرْسِيُّ مَكْسُورٌ　この椅子は壊れている

مُكَعَّب <كعب 複 ـات ✤ 形 立方体状の;立法の[数学] 名 立方体

ثَلَاثَةُ أَمْتَارٍ مُكَعَّبَةٍ　3 立方メートル/3 m^3

مَكْفُوف <كف 複 مَكَافِيف ✤ 形 盲目の, 目の見えない 名 盲人

يَسِيرُ الرَّجُلُ الْمَكْفُوفُ مُسْتَعِينًا بِالْعَصَا الْبَيْضَاءِ　盲目の人は白い杖を頼みに歩く

مُكَلَّف <كلف ✤ 形 責任のある, 義務のある 名 納税者;兵役義務者

اَلنَّاطُورُ مُكَلَّفٌ بِحِرَاسَةِ الْمَصْنَعِ　警備員は工場の警備に責任がある

مَكَّنَ <مكن II 名 تَمْكِين ✤ 可能にさせる; 力を与える, 強化する 名 強化

مَكَّنَهُ مِنْ عَدُوِّهِ　彼を敵より強くした

مِكْنَسَة <كنس 複 مَكَانِس ✤ 箒, 掃除する道具

مِكْنَسَة كَهْرَبَائِيَّة　電気掃除機

مِكْوَاة <كوى 複 مَكَاوٍ ✤ アイロン

مِكْوَاة الْكَهْرَبَاءِ (كَهْرَبَائِيَّة)　電気アイロン

مِكْيَال <كيل 複 مَكَايِيل ✤ 計り;計量単位

اَللِّيتْرُ مِكْيَالُ السَّوَائِلِ　リットルは液体の計量単位です

مَكِيدَة <كيد 複 مَكَايِد ✤ 策略;陰謀

قَدْ يُدَبِّرُ لَكَ خَصْمُكَ مَكِيدَةً　あなたの敵はあなたへの陰謀を企むだろう

مُكَيِّفَة <كيف ✤ エアコン, 空調機

مُكَيِّفَة الْهَوَاءِ　エアーコンディショナー/エアコン

مَلَّ (a) 名 مَلَلٌ ✤ 飽きる, うんざりする, 退屈する 名 退屈

لَقَدْ مَلِلْتُ الْقِيَامَ بِنَفْسِ الْعَمَلِ　私は仕事をするのに飽きた(うんざりした)

اَلْقِصَّةُ مُمْتِعَةٌ، قَرَأْتُهَا وَلَمْ أَشْعُرْ بِمَلَلٍ　その物語は面白い，私は読んで退屈さを感じなかった

❖ مَلَأَ، يَمْلَأُ 命 اِمْلَأْ　満たす(~بِـ/مِنْ/~ ه:~で) 命 満たしなさい

مَلَأْتُ الْإِبْرِيقَ الْفَارِغَ مَاءً　私は空の薬缶に水を満たした

اِمْلَإِ الْفَرَاغَ بِالْكَلِمَةِ الْمُنَاسِبَةِ　空欄を適当な言葉で埋めなさい

❖ مِلْءٌ > ملأ 複 أَمْلَاء　一杯の，満ちている

مِلْءُ قَدَحٍ　カップ一杯の

مِلْءُ الْيَدِ　一握りの

مِلْءُ كُوبِ لَبَنٍ　コップ一杯のミルク

❖ مَلْأَى > ملأ　"مَلْآن" :満ちている"の女

❖ مُلَائِم > لأم　ふさわしい，適切な

وَقْتٌ مُلَائِمٌ　ちょうどいい時間

أَلْقَى الْقَصِيدَةَ بِنَبْرَةٍ مُلَائِمَةٍ　ふさわしい抑揚をつけてカシーダ詩を詠じた

❖ مَلَابِس > لبس　⇒ مَلْبَس の複

❖ مَلَّاحٌ > ملح　船乗り，乗組員，水兵；操縦士

نَشَرَ الْمَلَّاحُ الشِّرَاعَ　船の乗組員が帆を広げた

مَلَّاح جَوِّيّ　操縦士/パイロット

مَلَّاح فَضَائِيّ　宇宙飛行士

❖ مَلَّاحَة > ملح 複 ـات　塩田

تُبَخِّرُ الشَّمْسُ مَاءَ الْمَلَّاحَةِ، فَيَبْقَى الْمِلْحُ　太陽が塩田の水分を蒸発させた後に，塩が残る

❖ مِلَاحَة > ملح　航法

مِلَاحَة جَوِّيَّة　飛行術

❖ مُلَاحَظَة > لحظ 複 ـات　観察，考察；備考，注；コメント，注意

لَا تُهْمِلْ قِرَاءَةَ الْمُلَاحَظَةِ　備考の読みを怠らないようにしなさい

أ ب ت ث ج ح خ د ذ ر ز س ش ص ض ط ظ ع غ ف ق ك ل م ن هـ و ي

مَلْأَكٌ / مَلَاكٌ < لأك 複 مَلَائِك / مَلَائِكَة ❖ 天使

لَعَلَّ مَلَاكًا هَبَطَ مِنَ السَّمَاءِ　　おそらく,天から舞い降りた天使にちがいない

مُلَاكِم < لكم 複 ون ❖ ボクサー

يَحْلُمُ أَنْ يَصِيرَ مُلَاكِمًا　　彼はボクサーになる事を夢見ている

كَانَ "مُحَمَّد عَلِيّ" مُلَاكِمًا عَظِيمًا　　モハンマド・アリは偉大なボクサーだった

مُلَاكَمَة < لكم ❖ ボクシング,拳闘

يُجْرِي النَّادِي مُبَارَاةً فِي الْمُلَاكَمَةِ　　クラブがボクシングの試合を行う

مَلَام / مَلَامَة < لوم ❖ 非難,批判

مَنْ كَثُرَ كَلَامُهُ كَثُرَ مَلَامُهُ　　言葉多き者に非難多し/口は災いのもと[格言]

مَلَامِح < لمح ❖ 顔つき,面影;表情

فِيهِ مَلَامِحُ مِنْ أَبِيهِ　　彼に父親の面影がある/彼は父親似だ

تَغَيَّرَتْ مَلَامِحُ وَجْهِهِ　　顔の表情が変わった

مَلْآن < ملأ 女 مَلْأَى / مَلْآنَة ❖ 満ちている,一杯である(~بِـ:~で)

اَلْغُرْفَةُ مَلْآنَةٌ بِالطُّلَّابِ　　部屋は学生で一杯だ

مَلْبَس < لبس 複 مَلَابِسُ ❖ 衣料,衣類;衣装 複服

اَلْمَصْنَعُ يُؤَمِّنُ لِلْعَامِلِ مَعَاشَهُ وَمَلْبَسَهُ　　工場は労働者に給料と衣料を保証する

مَلَابِس تَقْلِيدِيَّة　　(伝統的)民族衣装

مَلَابِس رَسْمِيَّة　　制服

مَلَابِس دَاخِلِيَّة　　下着

مَلَابِس غَرْبِيَّة　　洋服

مِلَّة < مل 複 مِلَلٌ ❖ 宗教;信条,主義

لِكُلٍّ مِنَ النَّاسِ مِلَّةٌ　　人々全てに信条がある

مُلْتَقًى < لقي 複 مُلْتَقَيَات ❖ 会う場所;合流点 ※定 اَلْمُلْتَقَى

اَلسَّاحَةُ مُلْتَقَى الْأَوْلَادِ　　広場は子供達が会う場所です

مُلْتَهِب < لهب ❖ 燃えている;燃えやすい

اَلْعَيْنَيْنِ الْمُلْتَهِبَتَيْنِ　属対燃えるような二つの目を(の)

مَادَّة مُلْتَهِبَة　燃料

مَلْجَأٌ < لجأ 複 مَلَاجِئُ ❖ 避難所

مَلْجَأ الْأَيْتَام　孤児院

سَمِعْنَا صَفَّارَةَ الْإِنْذَارِ، فَقَصَدْنَا الْمَلْجَـ　警報を聞いたので,避難所を目指した

مَلَّحَ < ملح II ❖ 塩をかける;塩辛くする;塩漬けにする

نَسِيتُ أَنْ أُمَلِّحَ السَّمَكَ　私は魚に塩を振るのを忘れました

مِلْح 複 أَمْلَاح ❖ 塩

مِلْح الطَّعَام　食塩

شَيْءٌ مِنَ الْمِلْحِ يُطَيِّبُ الطَّعَامَ　塩分が料理をおいしくする

مُلْحِدٌ < لحد 複 ون / مَلَاحِدَة ❖ 形 異教の;不信心の 名 異教徒;背教者;不信心者

هَلْ لِلْمُلْحِدِ دِينٌ؟　不信心者に宗教はありますか

مِلْحَفَة < لحف 複 ❖ 布団カバー;毛布

تُفَكُّ الْمِلْحَفَةُ وَتُغْسَلُ كُلَّ أُسْبُوعٍ　布団カバーは1週間毎に(毎週)外され,洗われます

مُلْحَق < لحق ❖ 形 付け加えられた;付随の,付録の 名 付加物,付録 (複 ـات, مَلَاحِقُ)随行員,アシスタント(複 ـون)

اَلْمَعْلُومَاتُ الْإِضَافِيَّةُ الْجَدِيدَةُ وَرَدَتْ فِي الْمُلْحَقِ　新しい追加の情報が付録に掲載された

مَلْحَمَة < لحم 複 مَلَاحِم ❖ 激戦;英雄詩

نَظَمَ "هُومِيرُوس" مَلْحَمَةَ "الْإِلْيَاذَة"　ホメロスは英雄詩イーリアスを作った

مُلَحِّن < لحن 複 ون ❖ 作曲家

يُعْجِبُنِي السَّيِّدُ "سادا" مُلَحِّنًا أَكْثَرَ مِنْهُ مُطْرِبًا　私は"サダ"さんを歌手よりも作曲家として好きです

مَلْحُوظ < لحظ ❖ 著しい,大幅な

تَقَدُّم مَلْحُوظ　著しい進歩

مَلَذَّة < لذ ❖ 楽しみ;甘さ;美味しさ;喜び,快感

لَا يَجِدُ الْمَرِيضُ فِي الطَّعَامِ مَلَذَّةً　病人は食事に美味しさを見い出せない

مَلَّسَ < ملس II ❖ 滑らかにする;平らにする

الْغَسْلُ وَالْكَيُّ يُمَلِّسَانِ الْقُمَاشَ الْخَشِنَ　洗濯とアイロンで布地のしわを平らにする

مَلِسٌ ❖ 滑らかな,すべすべした

جِلْدُ الْغَنَمِ الْمَلِسِ　滑らかな羊の皮

مَلْعَب < لعب 複 مَلَاعِب ❖ 運動場;競技場;遊び場

مَلْعَبُ الْمَدْرَسَةِ وَاسِعٌ　学校の運動場は広い

مَلْعَبُ كُرَةِ الْقَدَمِ　サッカー場

مِلْعَقَة < لعق 複 مَلَاعِق ❖ 匙,スプーン

مِلْعَقَةُ شَايٍ　ティースプーン

تُوضَعُ الْمِلْعَقَةُ إِلَى يَمِينِ الصَّحْنِ　スプーンは皿の右側に置きます

مَلَفٌّ < لف 複 -ات ❖ ファイル;ブックカバー;糸巻き;コイル;問題

أَحْفَظُ رَسَائِلَكَ فِي مَلَفٍّ　あなたの手紙はファイルにして,保存しています

الْمَلَفُّ الْفِلَسْطِينِيُّ　パレスチナ問題

مَلْفُوف < لف ❖ 形 巻かれた;丈夫な 名 キャベツ

لَمْ نَزْرَعْ خَسًّا بَلْ مَلْفُوفًا　私達が植えたのはレタスではなく,キャベツです

مِلْقَط < لقط 複 مَلَاقِط ❖ ピンセット,トング,挟む道具;(蟹などの)はさみ

مِلْقَطُ الْغَسِيلِ　洗濯ばさみ

تَنَاوَلَ الْجَمْرَةَ بِالْمِلْقَطِ　火箸で燃えている炭を扱った

مَلَكَ (i) ❖ 所有する;制御する;支配する(～عَلَى:～を);出来る

أَمْلِكُ سَيَّارَتَيْنِ　私は車を2台所有しています(持っています)

مَلَكَهُ الْغَيْظُ　怒りに捕らわれた/怒り狂った

مَلَكَ عَلَيْهِ نَفْسَهُ　彼の感情を支配した/興奮させた

مَلَكَ نَفْسَهُ　自制した

لَمْ يَمْلِكْ أنْ ~　～する事を我慢出来なかった/～せざるを得なかった

مَا مَلَكَتْ يَمِينُهُ (يَدَاهُ)　彼の財産/彼の富

اِحْتَلَّ "اَلْإِسْكَنْدَرُ" اَلشَّرْقَ وَمَلَكَ عَلَيْـ　アレキサンダーは東方を占領し，支配した

❖ مَلَّكَ < ملك II 名 تَمْلِيك　所有させた；(財産，権利を)移転する，譲渡する；王にする 名移転，譲渡

تُسَدِّدُ ثَمَنَ الْبَيْتِ، فَنُمَلِّكُكَ إِيَّاهُ　あなたが家の代金を払えば，私達は権利を譲渡します

❖ مَلِك 複 مُلُوك 女 مَلِكَة　王，国王，君主 女女王

نُصِّبَ وَلِيُّ الْعَهْدِ مَلِكًا　皇太子が王に指名された

مَلِكَة سَبَأ　シバ*の女王　*アラビア半島西南部(イエメン)にあった古代王国

❖ مِلْك 複 أَمْلَاك　財産；所有物

مِلْك خَاصّ　私有財産

اَلشَّارِعُ مِلْكٌ لِكُلِّ النَّاسِ　道路は皆の物です

❖ مُلْك　支配，統治；主権，所有権

اَلْعَدْلُ أَسَاسُ الْمُلْكِ　公正は統治の基本である

❖ مَلَك < لأك 複 مَلَائِك / مَلَائِكَة　天使 ※= مَلَاك

اَلطِّفْلُ فِي بَرَاءَتِهِ مَلَكٌ　無邪気な子供は天使である

❖ مَلَكُوت < ملك　王国

اَلْمَلَكُوت السَّمَاوِيّ / مَلَكُوت السَّمَاوَاتِ　天の王国[キリスト教]

❖ مَلَلٌ < مل　⇒ مَلّ 名

❖ مُلِمٌّ < لم　詳しい，良く知っている

لَسْتُ مُلِمًّا بِالْقَانُونِ　私は法律に詳しくありません

❖ مَلْهًى < لهو 複 مَلَاهٍ　遊び場，娯楽場；娯楽 ※定 اَلْمَلْهَى

❖ مُلْهَم < لهم　霊感を受けた

اَلشَّاعِرُ يَنْظِمُ الشِّعْرَ مُلْهَمًا　詩人は霊感に打たれて，詩を詠む

أ ب ت ث ج ح خ د ذ ر ز س ش ص ض ط ظ ع غ ف ق ك ل م ن هـ و ي

مُلُوخِيَّة ❖ モルヘイヤ

اَلْمُلُوخِيَّةُ شَبِيهَةٌ بِالنَّعْنَاعِ　モルヘイヤはミントに似ている

مُلَوَّن < لون ❖ 色のついた, 着色された;カラーの

شُبَّاك زُجَاجٍ مُلَوَّنٍ　ステンドグラス

مَلِيءٌ < ملأ ❖ 一杯の, 満ちた(~بِـ:~で)

مَلْعَبُ الْمَدْرَسَةِ مَلِيءٌ بِالتَّلَامِيذِ　学校の運動場は生徒達で一杯である

مَلِيحٌ < ملح 複 مِلَاح / أَمْلَاح ❖ かわいい, 美しい;しょっぱい

وَجْه مَلِيح　美しい顔

مَاءُ الْبَحْرِ دَافِئٌ مَلِيحٌ　海の水は温かくて, しょっぱい

مَلْيُون 複 -ات / مَلَايِين ❖ 百万/100万

رَأْسُ مَالِ الشَّرِكَةِ خَمْسَةُ مَلَايِينِ يِنٍّ　会社の資本金は五百万円です

مِمَّا ~/ مِمَّ ~ ※ مِنْ + ما ❖ 何について~;その結果~;~の一部;~より

مِمَّ تَتَشَكَّى، يَا أَخِي؟　やぁ, 兄弟！何の文句を言っているのだ

مِمَّا أَنْتَ خَائِفٌ؟ أَنَا خَائِفٌ مِنَ الْكَلْبِ　あなたは何が怖いのですかー私は犬が怖いです

اِنْتَشَرَ الرُّكُودُ الِاقْتِصَادِي مِمَّا أَدَّى إِلَى فِقْدَانِ الْعَمَلِ　不景気が広がり, その事が失業を招いた

اَلْفُنْدُقُ أَجْمَلُ مِمَّا تَوَقَّعْنَا　ホテルは私達が思っていたのよりもきれいでした

مَمَاتٌ < موت ❖ 死;死に場所

أُحِبُّكِ فِي الْحَيَاةِ وَفِي الْمَمَاتِ　生きていようと, 死んでいようと, 私は貴女が好きです

قَرْيَتِي هِيَ مَمَاتِي　私の村が私の死に場所です

مُمَاثِل < مثل ❖ 同様の, 同じ様な, 似たような

فِي حَالَةٍ مُمَاثِلَةٍ　同じ様な場合に

مُمَارَسَة < مرس ❖ 練習;実行, 実践, 行う事

لَا يَسْمَحُ الرَّبْوُ لَهُ بِمُمَارَسَةِ الرِّيَاضَةِ　彼は喘息で運動が出来ない

مُمْتَاز <ميز ❖ 優秀な,すぐれた;素晴らしい

اَلْعَامِلُ الْمُمْتَازُ يَنَالُ الْجَائِزَةَ　優秀な労働者は報酬を得る(貰う)

مُمْتَحِن <محن ❖ 試験官

رَفَضَ الْأُسْتَاذُ أَنْ يَكُونَ مُمْتَحِنًا　教授は試験官になる事を拒否した

مُمْتِع <متع ❖ 面白い,楽しい

قَرَأْتُ قِصَّةً مُمْتِعَةً　私は面白い物語を読んだ

يَبْدُو أَنَّ الْحَفْلَةَ سَتَكُونُ مُمْتِعَةً　パーティは楽しくなりそうですね

مُمْتَلَكَات <ملك ❖ 資産,財産;不動産 ※ مُمْتَلَكَة:所有されたの複

مُمْتَلَكَات الشَّرِكَةِ　会社の資産

مُمَثِّل <مثل 複 ون 女 مُمَثِّلَة 複 -ات ❖ 俳優,演技者;代表,代表者

يَنْتَخِبُ الشَّعْبُ مُمَثِّلِيهِ فِي مَجْلِسِ النُّوَّابِ　国民が国会の議員を選ぶ

تَحْتَاجُ الْمَسْرَحِيَّةُ إِلَى أَحَدَ عَشَرَ مُمَثِّلًا　その劇には11人の演技者が必要である

مِمْحَاة <محو 複 مَمَاحٍ ❖ 消しゴム,黒板消し

فِي طَرَفِ الْقَلَمِ مِمْحَاةٌ صَغِيرَةٌ　鉛筆の端に小さな消しゴムが付いている

مَمَرّ <مر 複 مَمَارّ ❖ 通路,回廊;通過

بَيْنَ الْمَقَاعِدِ مَمَرٌّ ضَيِّقٌ　座席の間に狭い通路がある

مُمَرِّضَة < مرض ❖(女性)看護師 ※ 旧 看護婦,男性看護師は مُمَرِّضٌ

تَتْبَعُ الْمُمَرِّضَةُ تَعْلِيمَاتِ الطَّبِيبِ　看護師は医者の指示に従う

مِمْسَحَة 複 مَمَاسِحُ ❖ 雑巾;ふきん

اَلْمِمْسَحَةُ الْجَدِيدَةُ لَا تَشْرَبُ الْمَاءَ　新しい雑巾は水を吸わない

مَمْشًى <مشو 複 مَمَاشٍ ❖ 歩道,通路 ※定 اَلْمَمْشَى

صَادَفْتُ مُعَلِّمِي فِي الْمَمْشَى　私は通路で先生と,ばったり会いました

مَمْشُوق <مشق ❖ 痩せた;細い,すらりとした,スリムな

قَوَام مَمْشُوق　すらりとした体格

مُمْكِن <مكن ❖ 可能な,出来る

مملحة ~ من

مِنَ الْمُمْكِنِ أَنْ ~　～する事が可能である/～が出来る

غَيْر مُمْكِنٍ　不可能な

أَمُمْكِنٌ تُسَاعِدُنِي؟　私を助けてくれませんか ※口語

مَلَّاحَة = ❖ مَمْلَحَة < ملح 複 مَمَالِحُ

❖ مِمْلَحَة < ملح 複 مَمَالِحُ　塩入れ(ビン)

نَسِيتُ أَنْ أَضَعَ الْمِمْلَحَةَ عَلَى الْمَائِدَةِ　私は塩入れをテーブルに置くのを忘れました

❖ مَمْلَكَة < ملك 複 مَمَالِك　王国

الْمَمْلَكَة الْأُرْدُنِّيَّة الْهَاشِمِيَّة　ヨルダン・ハシミテ王国

❖ مَمْلُوء < ملأ　満たされた;一杯の(～بِـ:～で)

كُوب مَمْلُوء بِالْمَاءِ　水で満たされたコップ

كَانَ قَلْبِي مَمْلُوءً بِالسُّرُورِ　私の心は喜びで一杯でした

❖ مِمَّنْ ※ مِنْ + مَنْ　誰を,誰から

❖ مَمْنُوع < منع　禁止の,禁じられた;格変化しない[文法]

مَمْنُوع التَّدْخِين　禁煙/喫煙禁止

مَمْنُوع التَّصْوِير　撮影禁止

مَتَى نَصْرِفُ الْكَلِمَةَ الْمَمْنُوعَةَ مِنَ الصَّرْفِ؟　格変化しない語はいつ変化させるのですか

❖ مُمِيت < موت　致命的な,命にかかわる

جُرْح مُمِيت　致命傷

❖ مِنْ ~　前 ～から;～より

مِنْ أَيْنَ أَنْتَ؟　あなたはどちらから来られましたか

هِيَ مِنْ طُوكِيُو　彼女は東京から来ました(東京出身です)

اِطْرَحْ ٤ مِنْ ٩　9から4を引きなさい

يُصْنَعُ الْجُبْنُ مِنَ الْحَلِيبِ　チーズは牛乳から作られる

يَوْم مِنَ الْأَيَّامِ　ある日

أَمْرٌ مِنَ الْأُمُورِ　ある事

اَلْيَابَانُ أَكْبَرُ مِنَ الْكُوَيْتِ　日本はクウェートより大きい

مَنْ ❖ 誰 ※疑問詞;～する人 ※関係代名詞

مَنْ أَنْتَ؟　あなたは誰ですか　*(女)
(ـِ)*

لِمَنْ هٰذَا؟　これは誰の物ですか

مَنْ رَأَيْتَ فِي الْمَحَطَّةِ؟　駅で誰を見ましたか

مَنْ يَطْلُبْ يَجِدْ　求める人が得る/求めよ,さらば与えられん[格言]

مَنَا، يَمْنُو <منو / مني 受 مُنِيَ، يُمْنَىٰ ❖ 苦しめる;試みる ※受被る;苦しむ(～بِـ;～で)

مُنِيَ الْفَلَّاحُ بِخَسَارَةٍ كَبِيرَةٍ　その農民は大きな損害を被った

مُنَاخ <نوخ ❖ 気象,気候;環境

اَلْمُنَاخ الِاسْتِوَائِيّ　熱帯気候

مُنَاخ غَيْر عَادِيٍّ　異常気象(気候)

مَنَارٌ/مَنَارَة <نور 複 مَنَاوِر/مَنَائِر ❖ 灯台;灯火

اَلْمَنَارَةُ تُرْسِلُ النُّورَ حَوْلَهَا　灯台は周りに光を放つ

مُنَاسِب <نسب ❖ ふさわしい,適切な

هُوَ لَيْسَ مُنَاسِبًا لِلْعَمَلِ　彼はその仕事にふさわしくない

تَعْبِير مُنَاسِب　適切な表現

مُنَاسَبَة <نسب 複 ـات ❖ 機会;関係

بِالْمُنَاسَبَةِ　ところで/さて ※話題を変える時に

بِهٰذِهِ الْمُنَاسَبَةِ السَّعِيدَةِ　この幸せな良き機会に

مَنَاعَة <منع ❖ 力,体力;抵抗力,免疫

اَللِّقَاحُ يُكْسِبُ الْجِسْمَ مَنَاعَةً　ワクチンは体に免疫を獲得する

مُنَافِس <نفس 複 ـون ❖ 競走相手,ライバル

أَحْرَزَ فَرِيقُنَا انْتِصَارًا عَلَى فَرِيقِ الْمُنَافِسِ　私達はライバルチームに勝った

مُنَافِق <نفق 複 ون ❖ 偽善者

اَلْمُنَافِقُونَ مَاكِرُونَ　偽善者達はずるい

مُنَاقَشَة <نقش ❖ 議論, 論争

قَابِل لِلْمُنَاقَشَةِ　議論の余地がある

مَنَامٌ <نوم 複 ـات ❖ 眠り, 睡眠; 夢(複 ـات); 寝場所, 寝室

رَأَيْتُ طَيْفَكَ فِي مَنَامِي　寝ている時に, あなたの幻を見ました

لَمْ يَبْقَ فِي الْفُنْدُقِ مَنَامٌ لِأَحَدٍ　ホテルに寝室は一つも無かった

مَنَامَة <نوم ❖ 寝場所, 寝室; 寝具

اَلْمَنَامَة　マナーマ ※バーレーンの首都

مُنَاوَرَة <نور 複 ـات ❖ 企み, 戦略; (軍事)演習

شَهِدَ الْقَائِدُ الْمُنَاوَرَةَ　指揮官が演習に出席した

مِنْبَر <نبر 複 مَنَابِر ❖ ミンバル ※モスク内の演壇

رَقِيَ الْخَطِيبُ الْمِنْبَرَ　説教師がミンバルに上った

مُنَبِّه <نبه 複 ـات ❖ 目覚まし時計

رَنَّ جَرَسُ الْمُنَبِّهِ　目覚まし時計が鳴った

مُنْتَج <نتج 複 مُنْتَجَات ❖ 形 生産された 名 複 製品, 生産物, 産物

مُنْتَجَات صِنَاعِيَّة　工業製品

مُنْتَجَات زِرَاعِيَّة　農産物

مُقَاطَعَة الْمُنْتَجَاتِ الْإِسْرَائِيلِيَّةِ　イスラエル製品のボイコット

مُنْتِج <نتج ❖ 形 生産の; 豊かな 名 生産者, 制作者

دَوْلَة مُنْتِجَة الزَّيْتِ　産油国

مُنْتَخَب <نخب 複 ـات ❖ 形 選ばれた, 選抜された 名 選抜隊, 選抜チーム

اِنْضَمَّ إِلَى مُنْتَخَبِ كُرَةِ الْقَدَمِ　サッカーの選抜チームに加わった

مُنْتَصَف <نصف ❖ 中央, 真ん中; 半ば

مُنْتَصَف اللَّيْلِ　深夜/真夜中

مُنْتَصَفُ النَّهَارِ　正午

فِي مُنْتَصَفِ الطَّرِيقِ　途中で/道の真ん中で

مُنْتَهًى<نهو ❖ 形 終わった 名 極限, 終わり ※定 اَلْمُنْتَهَى

بَلَغَ مُنْتَهَاهُ　極限に達した

هِيَ فِي مُنْتَهَى السَّعَادَةِ　彼女は幸せの絶頂にいる

مِنْجَلٌ<نجل 複 مَنَاجِل ❖ 鎌

يُحْصَدُ سَنَابِلُ الْقَمْحِ بِالْمِنْجَلِ　小麦の穂が鎌で刈られる

مَنْجَم<نجم 複 مَنَاجِم ❖ 鉱山

عَمِلَ فِي مَنْجَمِ الْفَحْمِ عُمَّالٌ كَثِيرُونَ　炭坑で沢山の労働者が働いた

مُنَجِّم<نجم 複 ❖ 占星術師, 星占い師

هَلْ تُصَدِّقُ نُبُوءَةَ الْمُنَجِّمِ ؟　占星術師の予言をあなたは信じますか

مَنَحَ (a) 名 مَنْح ❖ 与える, 授与する 名 与える事, 授与

تَمْنَحُ الْإِدَارَةُ الْفَائِزَ جَائِزَةً　当局は勝利者に賞を与える(授与する)

مِنْحَة 複 مِنَحٌ ❖ 贈り物; 奨学金

نَالَ مِنْحَةً دِرَاسِيَّةً　奨学金を得た(貰った)

مُنْحَدَر<حدر 複 ـات ❖ 斜面, 坂

صَعِدَ مُنْحَدَرًا　坂を登った

هَبَطَ الْمُتَزَلِّجُ مُنْحَدَرَ الْجَبَلِ　スキーヤーが山の斜面(坂)を下りた

مُنْحَرِف<حرف ❖ 傾いた; 曲がった; ゆがんだ; 堕落した

وَلَدٌ مُنْحَرِفٌ　不良少年

مُنْحَنًى<حنو ❖ カーブ, 曲がり角 ※定 اَلْمُنْحَنَى

رَأَيْتُ السَّيَّارَةَ تَخْتَفِي عِنْدَ الْمُنْحَنَى　私はカーブの所で車が消えるのを見ました

مَنْخِرٌ / مِنْخَرٌ<نخر 複 مَنَاخِر 双 مِنْخَرَانِ (ـَ) ❖ 鼻の穴, 鼻孔

لَا تَدُسَّ إِصْبَعَكَ فِي مِنْخَرِكَ　鼻の穴に指を入れるな

مُنْخَفِض<خفض ❖ 低い

أ ب ت ث ج ح خ د ذ ر ز س ش ص ض ط ظ ع غ ف ق ك ل م ن هـ و ي

صَوْت مُنْخَفِض　低い声

أَرْض مُنْخَفِضَة　低い土地

مُنْخُل (ـٍ) < نخل 複 مَنَاخِل ❖ ふるい/篩

لَا يَسْقُطُ مِنَ الْمُنْخُلِ إِلَّا الدَّقِيقُ النَّاعِمُ　細かい粉以外は，篩から落ちてこない

مُنْدَهِش < دهش 複 ـون ❖ 驚いた，驚かされた

كُنْتُ مُنْدَهِشًا جِدًّا　私はとても驚きました

مَنْدُوب < ندب ❖ 形 悼まれる；嘆かれる 名 通信員；代理人（複 ـون）

مَنْدُوب مُفَوَّض　全権大使

مَنْدِيل 複 مَنَادِيل ❖ ハンカチ，ハンケチ；スカーフ

مَسَحَ الْعَرَقَ عَنْ جَبِينِهِ بِالْمَنْدِيلِ (ـَ)　額の汗をハンカチで拭った

مَنْدِيل قُطْنِيّ　木綿のハンカチ

مُنْذُ (ـُ) ~ ❖ 前 ~以来，~から，~ぶりに

مُنْذُ الْآنَ　今から/これから

مُنْذُ مَتَى ~؟　いつから~ですか

مَا رَأَيْتُهُ مُنْذُ كُنْتُ طِفْلًا صَغِيرًا　私は幼い頃から，彼に会っていません

هِيَ تَدْرُسُ اللُّغَةَ الْعَرَبِيَّةَ مُنْذُ الْعَامِ الْمَاضِي　彼女は昨年から，アラビア語を勉強しています

قَابَلْتُهُ مُنْذُ سَنَةٍ　一年ぶりに，彼と会いました

مَنْزِل < نزل 複 مَنَازِلُ ❖ 家，住居；月の相；位置

أَيْنَ مَنْزِلُكَ؟　あなたのお家はどこですか

أَهْل الْمَنْزِل　家族

مَنْزِلَة < نزل 複 مَنَازِلُ ❖ 地位，身分；威厳；等級

يَطْمَعُ فِي الْوُصُولِ إِلَى مَنْزِلَةٍ عَالِيَةٍ　高い地位に着く事を望んでいる

مَنْشَأ < نشأ ❖ 成長した場所，出生地，生まれ故郷；起源

مُنْشَأَة < نشأ 複 مُنْشَآت ❖ プラント；施設

هَلْ أَسْتَطِيعُ أَنْ أَدْخُلَ الْمُنْشَأَةَ ؟　プラントの中に入っても良いですか

إِغْلَاق الْمُنْشَآتِ النَّوَوِيَّةِ　核施設の閉鎖

مِنْشَار <نشر 複 مَنَاشِير ❖ 鋸,のこぎり

نَشَرَ ~ بِالْمِنْشَارِ　～を鋸で切った

مِنْشَفَة <نشف 複 مَنَاشِف ❖ タオル

مِنْشَفَةُ الْحَمَّامِ كَبِيرَةٌ　浴場のタオルは大きい

مَنْصِب <نصب 複 مَنَاصِب ❖ 地位,役職;立場

تَوَلَّى مَنْصِبَ ~　～の地位(役職)に就いた

يَتَوَلَّى مَنْصِبًا وِزَارِيًّا　大臣の地位に就く

مِنْضَدَة <نضد 複 -ات/مَنَاضِد ❖ テーブル;台

مِنْضَدَةُ عَمَلٍ　作業台

مُنْطَاد <طود 複 مَنَاطِيدُ ❖ 気球,飛行船

يَرْتَفِعُ الْمُنْطَادُ فِي الْجَوِّ بِوَاسِطَةِ الْغَازِ　気球はガスで上がる

مَنْطِق <نطق 関 مَنْطِقِيّ ❖ 話し方;論理,道理 関論理的な

هَذَرَ الرَّجُلُ فِي مَنْطِقِهِ　その男はたわいも無い事をしゃべった

لَيْسَ مِنَ الْمَنْطِقِ أَنْ ~　～する事は道理に適っていない

عِلْمُ الْمَنْطِقِ　論理学

غَيْرُ مَنْطِقِيّ　非論理的な

مِنْطَقَة <نطق 複 مَنَاطِق ❖ 地方,地域

يَسْكُنُ فِي هٰذِهِ الْمِنْطَقَةِ　彼はこの地方に住んでいる

مِنْظَار 複 مَنَاظِير ❖ 虫眼鏡,望遠鏡

اَلْمِنْظَارُ يُرِيكَ النَّمْلَةَ حِصَانًا　虫眼鏡は一匹の蟻を馬のように見せる

مِنْظَار فَلَكِيّ　天体望遠鏡

مَنْظَر <نظر 複 مَنَاظِر ❖ 景色,光景,シーン,場面

أَبْهَجَنِي مَنْظَرُ الْأَطْفَالِ يَلْعَبُونَ　子供達の遊んでいる光景が私を幸せにする

مُنَظَّمَة <نظم 複 -ات ＊ 組織, 機構; 連盟

مُنَظَّمَة إِقْلِيمِيَّة (دُوَلِيَّة) 地方(国際)組織

مُنَظَّمَة غَيْر حُكُومِيَّة 非政府組織/NGO

مُنَظَّمَة التَّحْرِيرِ الْفِلَسْطِينِيَّةِ パレスチナ解放機構 /PLO

مَنَعَ (a) ＊ 禁じる, 阻む, 阻止する, 防ぐ(〜عَنْ/مِنْ/ها:〜を)

مَنَعَ التَّدْخِينَ / مَنَعَهُ مِن التَّدْخِينِ 喫煙を禁じた

اَلْقَانُونُ يَمْنَعُ حَمْلَ السِّلاَحِ 法律は武器の所持を禁じている

مُنْعَزِل <عزل ＊ 寂しい, 淋しい, 侘びしい; 孤立した, 孤独な

قَرْيَة مُنْعَزِلَة 孤立した村

مُنْعِش <نعش ＊ 爽やかな; 元気付ける

هَوَاء مُنْعِش 爽やかな風

مُنْعَطَف <عطف 複 -ات ＊ カーブ, 曲がり角; 曲がった部分,

عِنْدَ الْمُنْعَطَفِ، اِصْطَدَمَتِ السَّيَّارَتَانِ カーブの所で2台の車が衝突した

مُنْفَرِد <فرد ＊ ソロの; 孤独の; 孤立している

عَازِف مُنْفَرِد عَلَى الْكَمَانِ バイオリンのソロ(演奏者)

مِنْفَضَة <نفض 複 مَنَافِضُ ＊ 灰皿; ほこり払い ※道具

اِمْتَلَأَتِ الْمِنْفَضَةُ رَمَادًا وَأَعْقَابَ سَجَايِرَ 灰皿は灰とたばこの吸い殻で一杯だった

مَنْفَعَة <نفع 複 مَنَافِعُ ＊ 有用さ, 有効 複 施設; 付属物

لاَ مَنْفَعَةَ فِي سَاعَةٍ مُعَطَّلَةٍ 壊れた時計は有用ではない(役に立たない)

مَنَافِع عَامَّة 公共の施設

مَنْفِيّ <نفو ＊ 形 追放された; 否定の 名 強制退去者

اَلْحَنِينُ إِلَى الْوَطَنِ يُعَذِّبُ الْإِنْسَانَ الْمَنْفِيَّ 祖国への郷愁が流刑者を悩ます

"لاَ" حَرْفٌ يَجْعَلُ الْكَلاَمَ مَنْفِيًّا "لاَ"は否定の言葉です

مِنْقَار <نقر 複 مَنَاقِير ＊ くちばし/嘴

يَتَنَاوَلُ الطَّيْرُ طَعَامَهُ بِمِنْقَارِهِ 鳥はくちばしで, えさを食べる

مُنَقَّح <نقح ❖ 改訂された,直された

طَبْعَة مُنَقَّحَة　改訂版

مَنْقَل <نكر 複 مَنَاقِل ❖ こんろ,火桶,火鉢;真ちゅう(鍮)の細工物

اَلْفَحْمُ يَتَوَهَّجُ فِي الْمَنْقَلِ　こんろで炭が燃えている

مَنْقُوط <نقط ❖ 音声符号のある;点の付いた

مَنْقُوط غَيْر مُنَظَّمٍ　不規則な点の模様

مُنْكَر <نكر 複 -ات ❖ 形 否定された;嫌な 名 非行,禁じられた行為

اَلدِّينُ يَنْهَى عَنِ الْمُنْكَرِ　宗教は非行を禁じる

مِنْهَاج <نهج 複 مَنَاهِيج ❖ プログラム,計画

مِنْهَاج التَّعْلِيم　カリキュラム

مَنْهَل <نهل 複 مَنَاهِل ❖ 水飲み場

مِلْنَا إِلَى الْمَنْهَلِ لِنَشْرَبَ مَاءً　水を飲むために,私達は水飲み場にしゃがんだ

مَنُون <من ❖ 女 死;運命

وَافَتْهُ الْمَنُونُ فِي سِنٍّ مُبَكِّرَةٍ　早い時期に,彼に死が訪れた

مُنَوِّم <نوم ❖ 睡眠薬

تَنَاوَلَ ٣ أَقْرَاصٍ مِنَ الْمُنَوِّمِ　睡眠薬を3錠飲んだ

مُنِيَ، يُمْنَى <منو ❖ ⇒ مَنَا 受

مَنِيَّة <منو 複 مَنَايَا ❖ 運命;死

اَلْمُشْتَاقُ إِلَى لِقَاءِ رَبِّهِ لَا يَخْشَى الْمَنِيَّةَ　主に見えたいという願望は死を恐れない

مُنْيَة <منو 複 مُنًى ❖ 要求;願望,願い

مُنْيَتِي أَنْ أَرَاكَ　あなたに会いたいという私の願い

مُهَاجِر <هجر 複 -ون ❖ 移民,移住者

اَلْمُهَاجِرَة / اَلطُّيُور الْمُهَاجِرَة　渡り鳥

اَلْمُهَاجِرُونَ　モハージェルーン ※予言者モハンマドと共にメッカからメディナへ移住した人々

بَعْدَ طُولِ غِيَابٍ، عَادَ الْمُهَاجِرُ إِلَى وَطَنِهِ	その移民はずっと後に, 祖国に戻った
مَهَارَة <مهر ❖	技術, 技能, 技; 熟練; 上手
تُكْتَسَبُ الْمَهَارَةُ بِالتَّمْرِينِ	技術は練習(訓練)で習得される
بِمَهَارَةٍ / مَعَ مَهَارَةٍ	上手に/うまく
مَهَبّ <هب 複 مَهَابّ ❖	風の強い所;風の吹く所
لَا تَسْتَقِيمُ شَجَرَةٌ غُرِسَتْ فِي مَهَبِّ الرِّيحِ	風の強い所に植えられた木は真っ直ぐに伸びない
مُهْجَة 複 -ات/مُهَج ❖	血, 心臓の血; 魂, 心
قَدَّمَ مُهْجَتَهُ فِي سَبِيلِ الْعِلْمِ	学問のために心血を注いだ
خَرَجَتْ مُهْجَتُهُ	彼は死んだ
الْقُدْسُ مُهْجَةُ فِلَسْطِينَ	エルサレムはパレスチナの心です
مَهْجَر <هجر 複 مَهَاجِرُ ❖	移住地, 入植地, 移住先の国
عَاشَ فِي الْمَهْجَرِ زَمَنًا ثُمَّ عَادَ	彼はしばらく移住地で暮らしてから戻った
مَهْجُور <هجر ❖	使われない;捨てられた;無人の
الْبَيْتُ الْمَهْجُورُ مَعَ الْأَيَّامِ يَخْرَبُ	無人の家は時が経つにつれて, 荒れる
مَهَّدَ <مهد II 名 تَمْهِيد ❖	(地面を)平らにする, 舗装する;広げる;容易にする 名滑らかにする事;序文, 序論
نُزِيلُ الصُّخُورَ، وَنُمَهِّدُ الْأَرْضَ فَتَوْطَأُ	私達は石を取り除いて, 地面を平らに舗装する
تَمْهِيدًا لِـ～	～を容易にするために/～の準備のために
تَمْهِيد لِكِتَابٍ	本の序文
مَهْد 複 مُهُود ❖	揺りかご
مِنَ الْمَهْدِ إِلَى اللَّحْدِ	揺りかごから墓場まで
يَنَامُ الطِّفْلُ مُطْمَئِنًّا فِي مَهْدِهِ	赤ん坊が揺り籠で安らかに眠っている
مُهَذَّب <هذب ❖	仕付けの良い, 上品な;丁寧な
غَيْرُ مُهَذَّبٍ	仕付けの悪い/失礼な
وَلَدٌ مُهَذَّبٌ	行儀の良い子
مَهْر 複 مُهُور ❖	マハル, 結納金

رَفَضَ تَزْوِيجَ ابْنَتِهِ وَغَلَّى مَهْرَهَا　娘の結婚を拒んで，マハルの値段を上げた

مُهْر 複 أَمْهَار / مِهَار 女 مُهْرَة 複 مُهُر ❖ 印，印章，印鑑；子馬

تَرْعَى الْفَرَسُ وَمُهْرُهَا　牝馬とその子馬が草を食んでいる

مَهْرَب <هرب 複 مَهَارِب ❖ 避難；逃亡；逃亡先

لَا مَهْرَبَ مِنْهُ　避けられない/不可避の

مُهَرِّج <هرج ❖ 道化師，ピエロ

أَثَارَ الْمُهَرِّجُ ضَحِكَ الْمُتَفَرِّجِينَ　ピエロは観客に笑いを起こした

مَهْرَجَان 複 ـات ❖ 祭り，フェスティバル

(ـَ)
مَهْرَجَان السِّيَاحَةِ　観光祭

مَهْزَلَة <هزل 複 ـات / مَهَازِل ❖ 喜劇，コメディー；笑いの種

الْغِشُّ جَعَلَ الِامْتِحَانَ مَهْزَلَةً　カンニングは試験を茶番にした

مَهْزُوم <هزم ❖ 負けた，敗北した

الْمُلَاكِمُ الْمَهْزُومُ يَتَرَنَّحُ　負けたボクサーがふらついている

مَهْ(َ)لٌ ❖ 遅い事

مَهْ(َ)لًا / عَلَى مَهْ(َ)لٍ　ゆっくり/じっくり

عَلَى مَهْ(َ)لِكَ　慌てずに，のんびり行きましょう

مُهِمّ <هم ❖ 大事な，重要な

وَثِيقَة مُهِمَّة　重要書類

مِنَ الْمُهِمِّ لَكَ أَنْ ~　あなたは～した方が良い

وَلٰكِنَّ الْمُهِمَّ مَنْ يَضْحَكُ أَخِيرًا　しかし大事なのは誰が最後に笑うかだ

مَهْمَا ~ ❖ たとえ(どんなに)～であろうとも
※～:完了形や未完了短形

سَتُشْرِقُ الشَّمْسُ مَهْمَا طَالَ اللَّيْلُ　どんなに夜が長くても，日は昇る

مَهْمَا تَعْمَلْ تُحَاسَبْ عَلَيْهِ　どんな仕事でも，注意してやりなさい

مُهِمَّة / مَهَمَّة <هم 複 ـات ❖ 重大事：任務，割り当て；供給；在庫品

كَلَّفَ الْمَلِكُ الْوَزِيرَ بِالْمُهِمَّةِ　国王はその任務を大臣に課した

مُهِمَّات حَرْبِيَّة　軍需物資

قَامَ بِمُهِمَّتِهِ　任務を果たした

مُهْمِل <همل 複 ون ✽ 不注意な;怠惰な

يَا لَكَ مِنْ مُهْمِلٍ أَنْ تَقُولَ مِثْلَ هٰذَا لَهُ　彼にそんな事を言うとは,君はなんて不注意なんだ

مُهْمَل <همل 複 -ات ✽ 無視された,役に立たない 複ごみ,くず

سِلَّة مُهْمَلَات　ごみ箱

مِهْنَة 複 مِهَن (مُ) ✽ 職業,仕事

اخْتَرْ لِمُسْتَقْبَلِكَ مِهْنَةً تُحِبُّهَا　将来のために,好きな職業を選びなさい

مُهَنْدِس <هندس 複 ون ✽ 技師,技術者

مُهَنْدِس مِعْمَارِيّ　建築技師/建築家

مُهَنْدِس زِرَاعِيّ　農業技術者

مُهَنْدِس كَهْرَبَائِيّ　電気技師

مُهَنْدِس مَدَنِيّ　土木技師

مُهَنْدِس دِيكُور*　インテリアデザイナー　* decore [仏語]

مَهُول <هول ✽ 恐ろしい

شَبَّ فِي الْبِنَايَةِ حَرِيقٌ مَهُولٌ　ビルに恐ろしい火災が起きた

مُهِيب <هيب ✽ (人々に)恐れられている;恐怖心のある

هُوَ مُهِيبُ الطَّلْعَةِ　彼は高所恐怖症だ

مُوَاء <موء ✽ 猫の鳴き声

سَمِعْتُ تَحْتَ الطَّاوِلَةِ مُوَاءَ هِرٍّ　私はテーブルの下で,猫が鳴くのを聞きました

مُوَاجِه <وجه ✽ 形 (〜に)面した(〜لِ),向かいの 名 敵

الْمَنْزِل الْمُوَاجِه　向かいの家

مُوَاجَهَة <وجه 複 -ات ✽ 面会,会う事;面する事;反対側;対立;遭遇

طَلَبْنا مُواجَهَةَ الْمُدِيرِ　私達はマネージャーに面会を求めた

مُواجَهَةً　顔をつき合わせて

مَوادّ <مد ❖ ⇒ مادّة 複

مَواشٍ <مشي / مشو ❖ 家畜 ※ ماشِيَة の複 ※定 الْمَواشِي

قِلَّةُ الْمَرْعَى تَهْزُلُ الْمَواشِي　牧草地の不足が家畜を痩せさせる

مُواصَلَة <وصل 複 ـات ❖ 結合;継続 複 交通;通信,コミュニケーション

مُواصَلَة الْحِوارِ　対話の継続

مُواصَلات حَدِيدِيَّة　鉄道網

أَسْباب الْمُواصَلاتِ　通信手段

تَنْمِيَةُ الْمُواصَلاتِ تُنْعِشُ الاقْتِصادَ　交通の広がりが経済を活気付ける

مُواطِن <وطن 複 ـون ❖ 市民,住民,国民

مُواطِن عالَمِيّ　コスモポリタン/国際人

مُوافِق <وفق 複 ـون ❖ 賛成の,同意の,合意の;一致した,ふさわしい

أَنا مُوافِقٌ　私は賛成です

مَوَّتَ <موت II ❖ 死なせる,殺す

الْعَطَشُ يَكادُ يُمَوِّتُ الْوَرْدَةَ　水涸れでバラが枯れそうだ

مَوْت ❖ 死,滅亡

مَوْت أَبْيَض　自然死

مَوْت باكِر　早死に

لا يَخافُ الْجُنُودُ الْمَوْتَ　兵士達は死を恐れない

مَوْج أَمْواج 複 ※ مَوْجَة ❖ 波;震動 ※1つの波

مَوْجَة صَوْتِيَّة　音波

مَوْجَة طَوِيلَة (مُتَوَسِّطَة / قَصِيرَة)　長波(中波/短波)

هَدَأَتِ الْأَمْواجُ بَعْدَ طُولِ الْهِياجِ　しばらく波が立ち,やがて静かになった

مُوجَز <وجز ❖ 形 要約された,手短な 名 (ニュースの)速報;要約

مُوجَز إِخْبارِيّ/ مُوجَز الأَخْبارِ　ニュースの速報

أ ب ت ث ج ح خ د ذ ر ز س ش ص ض ط ظ ع غ ف ق ك ل **م** ن هـ و ي

مَوْجُود < وجد 複 ون ❖ (人,動物が)いる,(物が)有る/在る;存在する

أَسَيِّدٌ ～ مَوْجُودٌ 女 أَسَيِّدَةُ ～ مَوْجُودَةٌ ؟ ～さんいらっしゃいますか

اَلْهَوَاءُ مَوْجُودٌ فِي كُلِّ مَكَانٍ 空気はどこにでも有ります

مَوْجُوع < وجع 複 ون ❖ 痛がっている;苦しんでいる

إِنْ بَكَى الطِّفْلُ، فَهُوَ إِمَّا جَائِعٌ وَإِمَّا مَوْجُوعٌ 子供が鳴くのは空腹か,あるいは痛い時である

مُوَحِّد < وحد 複 ون ❖ 一神教徒

اَلْمُوَحِّدُون ムワッヒド朝 ※1130～1269年北アフリカ,スペインを支配

مَوَدَّة < ود ❖ 愛,愛情;友情

فَهِمْتُ مَوَدَّتَهَا 私は彼女の愛が分かりました

مُوَرِّثَة < ورث 複 ـات ❖ 遺伝子

مُعَالَجَةُ الْمُوَرِّثَاتِ 遺伝子操作

مَوْرِد < ورد 複 مَوَارِد ❖ 水飲み場;水飲み場に至る道;井戸,泉;源;収入 複 資源;源

مَوْرِد رِزْقٍ 収入源

مَوَارِد الزَّيْتِ 油井/石油資源

مَوَارِد الدَّوْلَةِ 国家の歳入

مَوْز ※ مَوْزَة ❖ バナナ ※1本のバナナ

زَلَّتْ قَدَمُهُ عَلَى قِشْرَةِ الْمَوْزِ バナナの皮で足が滑った

مُوسًى 複 أَمْوَاس/مَوَاسٍ ❖ 女 剃刀 ※定 اَلْمُوسَى

اِحْذَرْ أَنْ تَشْطُبَ ذَقْنَ الزَّبُونِ بِالْمُوسَى お客さんのあごを剃刀で剃る時は注意しなさい

مُوسَى ❖ モーセ,モーゼ ※古代ユダヤ民族の指導者

أَسْفَار مُوسَى الْخَمْسَةِ モーセ(モーゼ)の五書

مَوْسِم < وسم 複 مَوَاسِم 関 مَوْسِمِيّ ❖ シーズン,季節;祝日 関 季節の

قَرُبَ مَوْسِمُ الْحَجِّ　巡礼のシーズンが近づいた

الرِّيحُ الْمَوْسِمِيَّةُ　モンスーン＊/季節風　＊アラビア語起源

مَوْسُوعَة < وسع [複] -ات ❖ 百科事典;全集

فِي الْمَوْسُوعَةِ عِشْرُونَ مُجَلَّداً　その百科事典は２０巻あります

مُوسِيقَى ❖ [女] 音楽

هٰذِهِ الْمُوسِيقَى جَمِيلَةٌ　この音楽は美しい

مُوسِيقَار ❖ 音楽家

لَيْسَ كُلُّ مَنْ وَضَعَ لَحْنًا مُوسِيقَارًا　作曲する人が全て音楽家ではない

مُوسِيقِيّ [複] ون ❖ [形] 音楽の [名] 音楽家

هُوَ مُوسِيقِيٌّ عَرَبِيٌّ　彼はアラブの音楽家です

آلَة مُوسِيقِيَّة　楽器

مَوْضِع < وضع [複] مَوَاضِع ❖ 場所;置き場;(～の)対象

لَيْسَ مَوْضِعًا لِلْكُتُبِ فِي غُرْفَتِي　私の部屋に本の置き場はありません

مَوْضُوع < وضع [複] -ات/ مَوَاضِيع [関] مَوْضُوعِيّ ❖ 主題,テーマ;事柄 [関] 客観的な

مَا مَوْضُوعُ الْكِتَابِ؟　その本の主題は何ですか

مَوْضُوع تَجْرِبَة عِلْمِيَّة　実験の課題(テーマ)

فَهْرِس الْمَوْضُوعَاتِ　目次

خَارِج عَنِ الْمَوْضُوعِ　的外れの

وَصْف مَوْضُوعِيّ الشِّجَارِ　その争いの客観的な報告

مَوْطِن < وطن [複] مَوَاطِن ❖ 住居;祖国,母国;古里,故郷;場所

مَوْطِنِي ، حَيَاتِي فِدَاكَ !　あぁ祖国,我が命を捧ぐ

مُوَظَّف < وظف [複] ون ❖ [形] 雇われた [名] 事務員,職員;公務員,役人

مُوَظَّف الْجُمْرُك　税関の事務員/税関員

مُوَظَّف الْحُكُومَة　国家公務員

مُوَظَّف عُمُومِيّ　公務員/役人

عَلَى الْمُوَظَّفِ أَنْ يُخْلِصَ لِعَمَلِهِ　公務員は自分の仕事に忠実でなければならない

مَوْعِد < وعد 複 مَوَاعِد ❖ 約束;期日,日時;日取り,日程

عِنْدِي مَوْعِدٌ مَعَ صَدِيقِي　私は友人と会う約束があります

آخر مَوْعِد لِتَقْدِيم التَّقْرِير　レポート提出期日

حَدَّدَ مَوْعِدَ الْحَفْلَةِ　式の日取り(日程)を決めた

كَانَ عَلَى مَوْعِدٍ مَعَهُ (مِنْهُ)　彼と会う約束があった

مَوْعِظَة < وعظ 複 مَوَاعِظ ❖ 説教;教訓,戒め

أَلْقَى رَجُلُ الدِّينِ مَوْعِظَةً بَلِيغَةً　宗教家は雄弁な説教をした(行った)

مُوَقَّت < وقت ❖ 臨時の,一時的な

حُكُومَة مُوَقَّتَة　臨時政府

أَعْمَال مُوَقَّتَة　パートタイム/アルバイト

مَوْقِد < وقد 複 مَوَاقِد ❖ 暖炉,囲炉裏,ストーブ

انْطَفَأَتْ نَارُ الْمَوْقِدِ　ストーブの火が消えた

مَوْقِع < وقع 複 مَوَاقِع ❖ 位置,場所;(ある事象が起きた)現場

الْمَوْقِع عَلَى الْخَرِيطَةِ　地図上の位置

مَوَاقِع النُّجُوم　星の軌道

مَوْقِع الْحَادِث　事故現場

مَوَاقِع النَّظَر　視界/視野

مَوْقِعَة < وقع 複 مَوَاقِع ❖ 戦闘

مَوَاقِع الْقِتَال (الْحَرْب)　戦場

مَوْقِف < وقف 複 مَوَاقِف ❖ 駐車場;状況;立場

مَوْقِف لِلسَّيَّارَاتِ (السَّيَّارَاتِ)　駐車場

اتَّخَذَ مَوْقِفًا صَرِيحًا　はっきりした態度を取った

مَوْقِف سِيَاسِيّ　政治的立場

مَوْقُوت < وقت ❖ 時間が決められた(設定された),時限の

انْفِجَارُ الْقُنْبُلَةِ الْمَوْقُوتَةِ أَرْهَبَ النَّاسَ　一発の時限爆弾の炸裂が,人々を恐怖に陥れた

مَوْكِب < وكب 複 مَوَاكِب ❖ 行列, パレード

مَوْكِب الْمَلِك　王様の行列

هُوَ ذَا الرَّئِيسُ يَصِلُ فِي مَوْكِبٍ رَسْمِيٍّ　ほら, 大統領がパレードにお着きになるよ

مَوَّلَ < مول II 名 تَمْوِيل ❖ 出資する, 資金を出す 名 出資

مَنْ يُمَوِّلُ الْمَشْرُوعَ ؟　誰がその計画に出資するのですか

مَوْلًى < ولي 複 مَوَالٍ ❖ 陛下, 閣下; 君主; 保護者

مَوْلَانَا / مَوْلَايَ　陛下/閣下 ※元首, 君主等に対する呼びかけ

مَوْلِد < ولد 複 مَوَالِد ❖ 誕生日; 誕生した場所, 出生地/出生地

نَحْتَفِلُ بِذِكْرَى مَوْلِدِ أُمِّي غَدًا　明日, 私達は母の誕生日を祝います

مُوَلِّد < ولد 複 ون 女 مُوَلِّدَة ❖ 産する, 繁殖の 名 産する物; 産科医 女 助産婦, 産婆

اُسْتُدْعِيَ الطَّبِيبُ الْمُوَلِّدُ إِلَى الْمُسْتَشْفَى　産科医が病院に呼ばれた

الْمُوَلِّدُ الْكَهْرَبَائِيّ　発電機

مَوْلُود < ولد 複 مَوَالِيد ❖ 形 生まれた, 生まれの 名 誕生; 新生児

مَوْلُودٌ مُبَارَكٌ !　ご出産おめでとう

نِسْبَة الْمَوَالِيد　出生率/出生率

أَنَا مِنْ مَوَالِيدِ "بُرْجِ السَّمَكَةِ"　私は魚座生まれです

رُزِقَ مَوْلُودًا　子供が出来た

مُومِيَاء 複 مُومِيَاءَات / مُومِيَة 複 ـات ❖ ミイラ

مَا تَزَالُ مُومِيَاءُ الْفِرْعَوْنِ مَحْفُوظَةً　未だファラオのミイラは保存されている

مَوَّنَ < مون II 名 تَمْوِين ❖ (食べ物を)用意する; 供給する 名 食糧の供給

تُمَوِّنُ أُمِّي مِنَ الْكَبِيسِ أَصْنَافًا　私の母は様々な保存食を用意する

مَوْهِبَة < وهب 複 مَوَاهِب ❖ 達人, 偉人; 才能, 天賦の才

فَنَّان ذُو مَوْهِبَةٍ　才能のある芸術家

مَوْهُوب < وهب 複 ون ❖ 才能のある; 与えられた

أ ب ت ث ج ح خ د ذ ر ز س ش ص ض ط ظ ع غ ف ق ك ل م ن هـ و ي

لاعِب مَوْهُوب　才能のある選手

مِيَاهٌ < موه ❖ 水 ※ ماء :水 の複

مِيَاه مَعْدِنِيَّة　ミネラルウォーター

مِيَاه غَازِيَّة　ソーダ水/炭酸水

مِيَاه مُقَطَّر (مُسْتَقْطَر)　蒸留水

مِيَاه الْأَمْطَارِ　雨水

مَيْتٌ < موت 複 أَمْوَات/مَوْتَى 女 مَيْتَة 複 -ات ❖ 形 死んだ 名 死者,死人

كَفَّنَ الرِّجَالُ الْمَيْتَ　男達は死者に,死に装束を着せた

مَيِّتٌ < موت 複 ون / أَمْوَات/مَوْتَى ❖ 形 死んだ 名 死者,死人

女 مَيِّتَة / مَيْتٌ 複 -ات

دَفَنَ الْمَيِّتَ　死者を埋めた(埋葬した)

اَلْبَحْر الْمَيِّت　死海

مَيْتَم < يتم 複 مَيَاتِم ❖ 孤児院

كَمْ طِفْلًا يَضُمُّ الْمَيْتَمُ ؟　その孤児院は何人の子供を収容しますか

مِيثَاق < وثق 複 مَيَاثِيق/مَوَاثِيق ❖ 約束,盟約;契約;綱領,憲章

مِيثَاق (هَيْئَةِ) الْأُمَمِ الْمُتَّحِدَةِ　国連憲章

لَنْ نَخُونَ الْمِيثَاقَ!　私達は盟約を破らない!

مَيْدَان / مِيدَان < ميد 複 مَيَادِين ❖ 広場;公園;分野

مَيْدَان الْقِتَال (الْحَرْب)　戦場

مَيْدَان الْعَمَل　活動分野

مَيْدَان السِّبَاق　競技場/競走場

مِيرَاث < ورث 複 مَوَارِيث ❖ 遺産

مَاتَ الرَّجُلُ فَتَنَازَعَ أَوْلَادُهُ عَلَى الْمِيرَاثِ　男が死んで,子供達は遺産を争った

مَيَّزَ < ميز II 名 تَمْيِيز ❖ 区別する,見分ける(～مِنْ/عَنْ/بَيْنَ:～を)
名 区別,分別;判断;認識;差別;意図

أُمَيِّزُ صَوْتَ أُمِّي مِنْ صَوْتِ أَبِي — 私は母の声と父の声を聞き分けます

مَيِّزِ الْقَمْحَ عَنِ الشَّعِيرِ — 小麦と大麦を見分けなさい

مِنْ غَيْرِ التَّمْيِيزِ — うっかり

مِيزَاب <وزب 複 مَيَازِيب ❖ 雨樋;排水管

غَصَّ الْمِيزَابُ بِمَاءِ الْمَطَرِ — 雨樋の雨水が溢れた

مِيزَان <وزن 複 مَوَازِين ❖ 秤;バランス;計器

مِيزَان الْحَرَارَةِ — 温度計

مِيزَان الْمَاءِ — 水準器/水平器

مِيزَان الْقُوَى — パワーバランス/力の均衡

اَلْمِيزَان — 天秤座[天体]

مِيزَانِيَّة <وزن ❖ 予算;均衡,バランス

بَقِيَ جُزْءٌ مِنَ الْمِيزَانِيَّةِ — 予算が余った

وَضَعَ الْمِيزَانِيَّةَ الْمُلْحَقَةَ — 補正予算を組んだ

مِيزَة 複 -ات ❖ 特徴,特質

مِيزَةُ هٰذِهِ السَّيَّارَةِ رَخِيصَةٌ — この車の特徴は安い事です

اَلضَّحِكُ هُوَ مِيزَةُ الْإِنْسَانِ — 笑う事は人間の特徴である

مِيعَاد <وعد 複 مَوَاعِيد ❖ (決められた)時間,期限;場所;約束

فِي الْمِيعَادِ (مِيعَادِهِ) — 時間通りに

بَيَان الْمَوَاعِيدِ (الْقِطَارِ) — (列車の)時刻表

أَرْض الْمِيعَادِ — 約束の地

مِيكْرُوب 複 -ات ❖ ばい菌;微生物

لَحْمُ الْخِنْزِيرِ فِي دَاخِلِهِ مِيكْرُوبَاتٌ كَثِيرَةٌ — 豚肉の中には,ばい菌がたくさんいます

مِيل 複 أَمْيَال ❖ マイル ※1マイル≒1.60キロメートル

وَقَفَ الْمَرْكَبُ عَلَى قَيْدِ مَيْلٍ مِنَ الشَّاطِئِ — 船は岸から1マイルの所で止まった

مَـيْـل 複 مُـيُـول / أَمْـيَـال ❖ 傾向(～إِلَى:～への);傾き;意欲

مَـيْـل الْأَسْعَارِ إِلَى ارْتِـفَاعٍ　上昇傾向の物価/物価の上昇傾向

مَـيْـل إِلَى الْكَسَلِ　怠惰の傾向/怠け癖

مِـيـلَاد＜ولـد 複 مَـوَالِـيـد ❖ 誕生;誕生日

عِـيـدُ مِـيـلَادِكَ سَـعِـيـدٌ　誕生日おめでとう

تَـارِيـخ الْـمِـيـلَادِ　生年月日

مَـحَلّ الْـمِـيـلَادِ　出生地/出生地

عِـيـد الْـمِـيـلَادِ　クリスマス

مِـيـلَاد الـسَّـيِّـدِ الْـمَـسِـيـحِ　イエスの誕生(降誕)

قَـبْـلَ مِـيـلَادِ الـسَّـيِّـدِ الْـمَـسِـيـحِ　紀元前/BC

قَـبْـلَ (بَـعْـدَ) الْـمِـيـلَادِ　紀元前/BC(紀元後/AD)

مِـيـنَـاء/ مِـيـنَـة 複 مَـوَانٍ / مِـيَـن ❖ 女 港(複 مَـوَانٍ);文字盤;ほうろう(複 مَـوَانِـئ)

مِـيـنَـاء جَـوِّيَّـة　空港

عَلَى مِـيـنَـاءِ الـسَّـاعَـةِ أَرْقَـامٌ مُـنِـيـرَةٌ　時計の文字盤の数字が光っている

اَلْـقُـدُورُ الْـمَـعْـدِنِـيَّـةُ تُـطْـلَى بِـالْـمِـيـنَـاءِ　金属の鍋にほうろうが引かれる

حَيَوَانَات (١):動物(1)

أَسَد:ライオン

زَرَافَة:キリン

دُبّ:熊

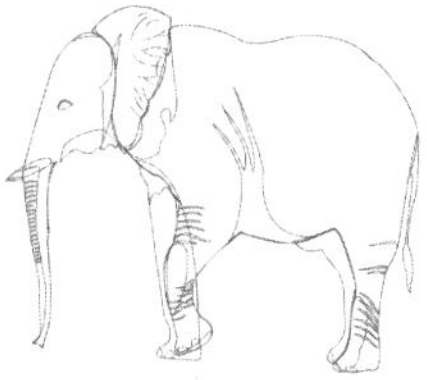

فِيل:象

كُوَالَا:コアラ

كَرْكَدَّن:サイ

غُورِيلَّا:ゴリラ

أ ب ت ث ج ح خ د ذ ر ز س ش ص ض ط ظ ع غ ف ق ك ل م ن هـ و ي

ن

حَرْفُ النُّون

…نا ※ 私達を，私達に；私達の
※１人称複数形の代名詞接続形

زُرْنا يَوْمًا　いつか，私達を訪問して下さい

دَرِّسْنا اللُّغَةَ الْيابانِيَّةَ مِنْ فَضْلِك　私達に，どうか日本語を教えて下さい

سَنَرْجِعُ يَوْمًا إِلَى حَيِّنا　いつの日か，私達の故郷へ帰ろう

نَأَى ، يَنْأَى ※ 遠くにある；遠ざかる，去る

حَلَّقَتِ الطَّائِرَةُ ، وَأَخَذَتْ تَنْأَى بَعِيدًا　飛行機が旋回して，遠ざかり始めた

نَاءٍ ＜ نأى ※ 遠い；離れた ※定 النَّائِي

تَقْصِدُ السَّفِينَةُ بَلَدًا نائِيًا　船は遠い国へ行く

نائِب ＜ نوب ※ 代表；副，代理；分け前，配当　複 نُوَّاب / نُوَب

مَجْلِس النُّوَّابِ　国会

نائِب الرَّئِيس　副大統領

نائِب عامّ (عُمُومِيّ)　検事

نائِب الْفاعِل　受動態の主語

اِنْسَحَبَ النُّوَّابُ الْمُعارِضُونَ مِنَ الْجَلْسَةِ　野党の議員達が会議から退いた(退場した)

نائِبَة ＜ نوب ※ 災難，災害；悪事　複 -ات / نَوائِب

حَماكَ اللّٰهُ مِنْ كُلِّ نائِبَةٍ　神様があなたをあらゆる災難から守って下さる

نائِم ＜ نوم ※ 眠っている，寝ている　複 نِيام / نُوَّم

أَبُوكَ نائِمٌ ، لا تُزْعِجْهُ　お父さんが寝ていらっしゃるから，静かにしなさい

نَابَ، يَنُوبُ < نوب ❖ 代表する;代理をする,代行する(〜عَنْ:〜の);(災難が)起こる;苦しめる

مَنْ يَنُوبُ عَنِ الرَّئِيسِ، مُدَّةَ غِيَابِهِ ؟ — 大統領がいない時は,誰が代行するのですか

مَا نَابَ الْبَرْلَمَانُ عَنِ الشَّعْبِ — 国会は国民を代表していなかった

أَخْشَىٰ أَنْ يَنُوبَنِي صُدَاعٌ — 私は頭痛が起こらないかと,心配しています

نَابٌ < نيب ❖ 女 牙,歯 複 أَنَايِيب / نُيُوب / أَنْيَاب

نَابُ الْكَلْبِ طَوِيلَةٌ حَادَّةٌ — その犬の牙は長くて鋭い

نَابِغَة < نبغ ❖ 偉;非凡な人,達人,天才 複 نَوَابِغ

نَاجَىٰ، يُنَاجِي < نجو III ❖ ささやく;信じる(〜بِـ:〜を);(秘密を)打ち明ける 名 مُنَاجَاة 名 内緒話

لَيْتَ صَدِيقِي بِجَانِبِي، فَأُنَاجِيَهُ — 友達が側にいてくれたら,内緒話が出来るのになぁ

نَاجِح < نجح ❖ 成功した,うまく行った

طَالِب نَاجِح — 試験に受かった学生

نَاحَ، يَنُوحُ < نوح ❖ 悼む,悲しむ

نَاحَ عَلَى مَوْتِهِ — 彼の死を悼んだ

نَاحَرَ < نحر III ❖ 争う,けんかをする

يُنَاحِرُ أُخْتَهُ أَحْيَانًا — 時々,彼は姉(妹)とけんかをする

نَاحِيَة < نحو ❖ 側面;方面;観点 複 نَوَاحٍ

فِي نَاحِيَةٍ مِن الْمَلْعَبِ — 運動場の側で

مِنْ نَاحِيَةٍ أُخْرَىٰ — 一方では

نَاخِب < نخب ❖ 有権者 複 ون

يَخْتَارُ النَّاخِبُ مُمَثِّلًا عَنْهُ فِي الْمَجْلِسِ — 有権者は議会への自分たちの代表を選ぶ

نَادٍ < ندو ❖ クラブ ※定 النَّادِي 複 أَنْدِيَة / نَوَادٍ

نَادٍ أَدَبِيّ (رِيَاضِيّ) — 文芸(スポーツ)クラブ

دَارُ النَّادِي — クラブハウス

اِنْضَمَّ إِلَى النَّادِي — クラブに入った(加入した)

نَادَى، يُنَادِي < ندو III 名 مُنَادَاة ❖ 呼ぶ,呼びかける;提唱する(～بِـ:～を);発表する
名 呼びかけ;発表

نَادَى الْفَلَّاحُ زَوْجَتَهُ　農夫は妻を呼んだ

نَادَى بِالسَّلَامِ الْعَالَمِيِّ　世界平和を提唱した

نَادِر < ندر 複 نَوَادِر ❖ 希な,珍しい 女 変わった話;小話;珍しい物

هٰذَا ثَمِينٌ، لِأَنَّهُ نَادِرٌ　これは価値があります,なぜなら珍しいからです

نَار < نور 女 関 نَارِيّ ❖ 女 火;発砲 関 火の

جَبَلُ النَّارِ　火山/(不屈の抵抗運動で名を成す)ナブルス市*
*パレスチナのヨルダン川西岸地区の都市

ضَرَّمَ النَّارَ فِي～　～に火をつけた

أَطْلَقَ الصَّيَّادُ النَّارَ عَلَى～　猟師が～に目がけて発砲した

دَرَّاجَة نَارِيَّة　オートバイ/バイク

سَهْم (سِلَاح) نَارِيّ　ロケット/小火器

نَازَعَ < نزع III 名 مُنَازَعَة ❖ 争う,闘う;論争する;(違う方向に)引っ張る
名 争い;論争

نَازَعَتْ "مَرْيَمُ" "سَمِيرَةَ" الدُّمْيَةَ　マリヤムはサミーラと人形を引っ張り合った

نَازَلَ < نزل III 名 مُنَازَلَة ❖ 争う,闘う;衝突する 名 決闘,闘い

يُنَازِلُ الْمُلَاكِمُ خَصْمًا قَوِيًّا　ボクサーは強い相手と闘う

نَاس < أنس ❖ 人々 ※ إِنْسَان:人 の 複

دَعَا النَّاسَ إِلَى الْإِسْلَامِ　人々にイスラムへ帰依するように呼びかけた

نَاسَبَ < نسب III 名 مُنَاسَبَة ❖ 合う,似合う,相応しい,適する 名 適合;機会

يُنَاسِبُ الْحِذَاءُ قَدَمَهَا تَمَامًا　その靴は彼女の足にぴったり合います

نَاسَبَ السِّنَّ　年齢に相応しかった

بِالْمُنَاسَبَةِ　ところで ※話題を変える時に

فِي هٰذِهِ الْمُنَاسَبَةِ　この機会に

نَاسِك < نسك 複 نُسَّاك ❖ 修道士,修道僧,行者

جَعَلَ النَّاسِكُ حَيَاتَهُ صَلَاةً وَعِبَادَةً　修道士は生涯を神への祈りと崇拝に捧げた

❖ نَاشِئٌ <نشأ 複 نَوَاشِئُ 女 نَاشِئَة 形成長している 名少年,若者 女少女,女性の若者

حَيَاةُ الْمُدُنِ تُغْرِي كُلَّ نَاشِئٍ　都会の生活はあらゆる若者を引き付ける

❖ نَاشَدَ <نشد III 名 مُنَاشَدَة 訴える,懇願する 名訴え;懇願

نَاشَدَ حَظْرَ الْأَسْلِحَةِ النَّوَوِيَّةِ　核兵器の禁止を訴えた

❖ نَاشِر <نشر 複 ـون 出版社,出版業者

جَمِيعُ الْحُقُوقِ مَحْفُوظَةٌ لِلنَّاشِرِ　版権はすべて出版社に属する

نَاشِرُ الْكِتَابِ يُؤَمِّنُ نَفَقَاتِ طَبْعِهِ　出版社は本の印刷費用を負担する

❖ نَاشِز <نشز 突出した;盛り上がった,高い;調和しない

بُنِيَ الْحِصْنُ عَلَى تَلٍّ نَاشِزٍ مُشْرِفٍ　要塞は盛り上がった丘の上から,見下ろすように建てられた

لَحْنٌ (نَغَمٌ) نَاشِزٌ　不協和音

❖ نَاشِف <نشف 乾いた,乾燥した

تَنْظِيفٌ عَلَى النَّاشِفِ　ドライクリーニング

❖ نَاصَرَ <نصر III 名 مُنَاصَرَة 助ける;保護する 名助け,援助

أُنَاصِرُكَ　私はあなたを助けます

❖ نَاصِع <نصع 純粋な;澄んだ;明確な,はっきりした

نَاصِعُ الْبَيَاضِ　純白/真っ白

❖ نَاضِج <نضج 複 ـون 食べ頃の,熟れた,熟した;成熟した

الطَّعَامُ نَاضِجٌ　その食べ物は食べ頃です

الْفَاكِهَةُ نَاضِجَةٌ　その果物は熟れています

❖ نَاضِر <نضر 新鮮な;鮮やかな,燃えるような;咲いている

أَخْضَرُ نَاضِرٌ　鮮やかな緑

❖ نَاضَلَ <نضل III 名 مُنَاضَلَة 守る(~عَنْ:~を);競う,争う
名争い;コンテスト;防衛,守り

نَعْتَزُّ بِكُلِّ مَنْ يُنَاضِلُ فِي سَبِيلِ الْحَقِّ　私達は真実を守る全ての人を誇りに思う

❖ نَاطِق <نطق 複 ـون 形話せる;知性のある 名スポークスマン;話す人

الْإِنْسَانُ حَيَوَانٌ نَاطِقٌ　人間は言葉を話す動物です

نَاطِق بِلِسَانِ الْحُكُومَةِ　政府のスポークスマン

❖ نَاطِحَة <نطح 複 -ات/ نَوَاطِح　角

نَاطِحَة السَّحَاب　高層建築/超高層ビル/摩天楼

❖ نَاطُور <نطر 複 نَوَاطِيرُ　見張り,警備員

هَرَّبَ النَّاطُورُ الْأَوْلَادَ بِصَرْخَةٍ　警備員が声を上げて,子供達を追い払った

❖ نَاظَرَ <نظر III 名 مُنَاظَرَة　同じである,等しい;比べる;競う;討論する,議論する;監督する 名 競争;論争;監督

يُنَاظِرُ أَبَاهُ بِطُولِ الْقَامَةِ　彼は父親と同じ背丈である

يَسُرُّ الْأُسْتَاذُ بِأَنْ نُنَاظِرَهُ أَحْيَانًا　教授は時々私達と議論して,嬉しそうである

أَعْطَانَا الْأُسْتَاذُ الِامْتِحَانَ وَنَاظَرَنَا　教授は私達に試験を与え,監督した

❖ نَاظِر <نظر 複 نُظَّار　監督;支配人,校長;見物人

وَصَلَ التِّلْمِيذُ مُتَأَخِّرًا فَأَنَّبَهُ النَّاظِرُ　生徒が遅れてきたので,校長が咎めた(叱った)

❖ نَاظِر / نَاظِرَة <نظر 複 نَوَاظِر　目

بَيْنَ نَاظِرَيْهِ　彼の目の前で/彼の面前で

❖ نَاعِم <نعم　柔らかい,滑らかな;粉の

لَبِسَتْ فُسْتَانًا مِنَ الْحَرِيرِ النَّاعِمِ　彼女は柔らかい絹の服を着た

نَاعِمُ الْبَالِ　穏やかな/安らかな

❖ نَاعُورَة <نعر 複 نَوَاعِيرُ　灌漑用水車

تَدُورُ النَّاعُورَةُ ، فَتَرْوِي الْبَسَاتِينَ الْمُمْتَدَّةَ عَلَى كَتِفَيِ النَّهْرِ　水車が回って,川の両岸に広がった果樹園に水を供給している

❖ نَاغَى <نغو III 名 مُنَاغَاة　ささやく;やさしく話す 名 ささやき

تُدَاعِبُ الْأُمُّ طِفْلَهَا وَتُنَاغِيهِ ، فَيُسَرُّ　母親が声を出して子供をあやすと,子供は喜ぶ

❖ نَافِذَة <نفذ 複 نَوَافِذ　窓

اِفْتَحِ النَّافِذَةَ لِلشَّمْسِ وَالْهَوَاءِ　日の光と風を入れる為に,窓を開けなさい

نَافَسَ < نفس III 名 مُنَافَسَة ❖ 競争する，競う(～عَلَى：を目指して/～فِي：～で)
名 競争

تُنَافِسُ ابْنَتِي خَصْمَتَهَا عَلَى الْجَائِزَةِ　私の娘はその賞をライバルと競っている

نَافِع < نفع ❖ 役に立つ，有用な(～لِـ：～に)

اَلْفِكْرَة النَّافِعَة　役に立つ考え

نَاقَة < نوق 複 نُوق/نِيَاق/نَاقَات ❖ 雌ラクダ

اَلنَّاقَةُ أُنْثَى الْجَمَلِ　雌ラクダはラクダの雌です

سَارَتِ النَّاقَةُ تَحْمِلُ هَوْدَجَ الْفَتَاةِ　ラクダが少女を籠に乗せて，歩いて行った

نَاقَشَ < نقش III 名 مُنَاقَشَة ❖ 議論する，論争する；非難する 名 議論；反対

نَاقَشَ الْقَضِيَّةَ　その問題を議論した

قَابِل لِلْمُنَاقَشَةِ　議論の余地がある

نَاقَضَ < نقض III 名 مُنَاقَضَة ❖ 反対する，否定する；矛盾する 名 反対，否定；矛盾

عِنْدَمَا أَعْرَبْتُ عَنْ رَأْيِي، نَاقَضَنِي "زَيْدٌ"　私が自分の意見を言った時に，ザイドは反対した

نَاقُوس < نقس 複 نَوَاقِيس ❖ 鐘，ベル，ゴング

قُرِعَ النَّاقُوسُ دَاعِيًا إِلَى الدَّرْسِ　授業の始まるベルが鳴らされた

نَالَ، يَنَالُ < نيل 名 نَيْل ❖ 得る，手に入れる；勝つ；損なう，侮辱する(～مِنْ：～を)
※ هِيَ نَالَتْ/أَنَا نِلْتُ　名 獲得，取得；恵み

نَالَ مِنْحَةً دِرَاسِيَّةً　奨学金を得た(貰った)

سَيَنَالُ الْفِلْمُ إِقْبَالاً كَبِيرًا　その映画は大きな人気を得るだろう

خَاصَمَ السَّوَّاقُ رَفِيقَهُ وَنَالَ مِنْهُ　運転手が同僚とけんかして，彼を侮辱した

نَيْلُ الاسْتِقْلاَلِ　独立の獲得

نَيْلُ الشَّهَادَةِ　証明書の取得

نَامَ، يَنَامُ < نوم 名 نَوْم ❖ 眠る 名 眠り，睡眠
※ هِيَ نَامَتْ/أَنَا نِمْتُ

نِمْتُ سِتَّ سَاعَاتٍ أَمْسِ　昨日，私は六時間眠った

غُرْفَةُ النَّوْمِ　寝室/ベッドルーム

نَامُوس <نمس 複 -ات ❖ 蚊;法(複 نَوَامِيس)

اَلْمُؤْمِنُ الصَّالِحُ مَنْ حَفِظَ النَّامُوسَ　法を守るのが敬虔な信者である

نَامُوسِيَّة <نمس 複 -ات ❖ 蚊帳

أَسْدِلِي النَّامُوسِيَّةَ حَوْلَ سَرِيرِ أَخِيكِ　(貴女の)弟のベッドに蚊帳を吊しなさい

نَاوَأَ، يُنَاوِئُ <نوء III 名 مُنَاوَأَة ❖ 逆らう,反対する,敵対する;争う 名 闘い,争い

مَاذَا فَعَلَ لَكَ حَتَّى تُخَاصِمَهُ وَتُنَاوِئَهُ ؟　あなたが反目して争う程,彼はあなたに何をしたのですか

نَاوَشَ، يُنَاوِشُ <نوش III 名 مُنَاوَشَة ❖ 戦闘をする;小競り合う 名 戦闘;小競り合い

دَوْرِيَّاتُ الْحُدُودِ يُنَاوِشُ بَعْضُهَا بَعْضًا　国境のパトロール隊は互いに小競り合いをしている

نَاوَلَ، يُنَاوِلُ <نول III 名 مُنَاوَلَة ❖ 与える,手渡す;贈呈する 名 贈呈

نَاوِلْنِي الْمِلْعَقَةَ ، مِنْ فَضْلِكَ　スプーンを下さい

نَاوُوس / نَاؤُوس 複 نَوَاوِيس ❖ 石棺 ※死体を入れる石の棺

وُضِعَتْ جُثَّةُ الْمَلِكِ فِي نَاوُوسٍ　王の遺体は石棺に入れられた

نَايٌ 複 نَايَات ❖ ナーイ笛 ※葦で作った縦笛

عَزَفَ عَلَى النَّايِ　ナーイ笛を吹いた

نَايْلُون = نَيْلُون ❖ :ナイロン

نَبَأٌ <نبأ 複 أَنْبَاء ❖ 知らせ,ニュース;消息

أَنْبَاء مَحَلِّيَّة (عَالَمِيَّة)　国内(国際)ニュース

وَكَالَة الْأَنْبَاءِ　通信社

نَبَات <نبت 複 -ات 関 نَبَاتِيّ ❖ 植物 関 植物の,植物性の;菜食主義者,植物学者

نَمَّى النَّبَاتُ　植物を育てた

ذَبُلَ النَّبَاتُ　植物が枯れた

أُفَضِّلُ طَبْخَ الْأَرُزِّ بِسَمْنٍ نَبَاتِيٍّ　私は植物性油で炒めたご飯が好きです

نُبَاح <نبح ❖ (犬の)吠える声

عَكَّرَ سَكِينَةَ اللَّيْلِ نُبَاحُ الْكَلْبِ　夜のしじま(静けさ)を犬の吠える声が乱した

نُبَاحُ الْكِلَابِ لَا يَضُرُّ السَّحَابَ　犬が吠えても雲は傷つかない/ごまめの歯ぎしり[格言]

نَبَتَ (u) 名 نَبْت ※ نَبْتَة ❖ (植物が)育つ,大きくなる,生える
名成長,芽生え;植物 ※1つの植物

يَنْبُتُ الْعُشْبُ بَعْدَ هُطُولِ الْمَطَرِ　雨の降った後に,草は生える

فِي الرَّبِيعِ ، يُوَرِّدُ النَّبْتُ وَالشَّجَرُ　春に草や木の花が咲く

مَتَى ارْتَوَتِ الْأَرْضُ، كَثُرَ نَبْتُهَا　大地に水が撒かれると,沢山の植物が芽吹いた

اَلنَّعْنَاعُ نَبْتَةٌ صَغِيرَةٌ مُنْعِشَةُ الرَّائِحَةِ　ミントは爽やかな匂いのする,小さい植物です

نَبَحَ (a) 名 نُبَاح / نَبْح ❖ (犬が)吠える,鳴く(～عَلَى:～に) 名(犬の)吠える声

نَبَحَ الْكَلْبُ فِي سُكُونِ اللَّيْلِ　夜のしじまの中を犬が吠えた

نُبْذَة 複 نُبَذ ❖ 小片,部分;(本の)一部;パンフレット

قَرَأْتُ النُّبْذَةَ مِنَ الْكِتَابِ　私はその本の一部を読みました

نَبَرَ (i) ❖ 上げる;高い声を出す,叫ぶ;高い声で歌う

أَنَا أُخَاطِبُكَ بِلُطْفٍ، فَلِمَاذَا تَنْبِرُ ؟　私は穏やかに話しているのに,どうしてあなたは声を張り上げるのですか

نِبْرَاس 複 نَبَارِيس ❖ ランプ,灯り

نَبْرَة 複 نَبَرَات ❖ 甲高い声;アクセント 複 イントネーション,声の抑揚

أَلْقَى الْقَصِيدَةَ بِنَبْرَةٍ مُلَائِمَةٍ　ふさわしい抑揚をつけて,カシーダ(詩)を詠じた

نَبَضَ (i) 名 نَبْض 複 أَنْبَاض ❖ 脈を打つ 名 脈

كَانَ قَلْبُهُ يَنْبِضُ بِسُرْعَةٍ　彼の心臓は脈を速く打っていた

جَسَّ الطَّبِيبُ نَبْضَ الْمَرِيضِ　医者が患者の脈を調べた

نَبْضَة ❖ 脈拍,脈

يَخْفُقُ قَلْبُهُ بِمُعَدَّلِ تِسْعِينَ نَبْضَةً فِي الدَّقِيقَةِ　心臓は平均毎分90の脈拍を打っている

نَبَعَ (u) / نَبَعَ (a) / نَبُعَ (u) ❖ 噴出する,あふれ出る,湧き出る

كَانَ الْمَاءُ يَنْبُعُ مِنْ بَيْنِ الصُّخُورِ　水が岩の間から湧き出ていた

نَبَغَ (u, i, a) ❖ 現れる;とても知識がある(～فِي:～に);優れる

نَبَغَ فِي عِلْمِ الْكِيمِيَاءِ　化学にとても知識があった

نَبُلَ (u) ❖ 高貴である, 品格がある; 寛大である 名 高潔; 寛大 نَبَالَة 名

إِنْ كَانَ يُشَابِهُ أَبَاهُ، فَلِمَاذَا لَا يَنْبُلُ؟ もし彼が父親に似ているとしたら, どうして品格がないのですか

نُبْلٌ ❖ 心の気高さ, 高潔; 寛大

أُقَدِّرُ فِي صَدِيقِي وَفَاءَهُ وَنُبْلَهُ 私は友人の誠実さと寛大さに感謝します

نَبَّهَ > نبه II 名 تَنْبِيه ❖ (〜を)警告する, (〜の) 注意を促す(〜لِـ); (眠りから)起こす 名 警告, 注意

كَمْ مَرَّةٍ نَبَّهْتُكَ إِلَى غَلْطَتِكَ! 私は何度あなたの間違いを警告したことか!

أَرْجُو أَنْ تُنَبِّهِينِي مِنْ نَوْمِي مُبَكِّرًا (貴女)朝早く私を起こして下さい

آلَةُ التَّنْبِيهِ 警笛/(警告の)ホーン/ブザー

نُبُوءَة / نُبُوَّة > نبو ❖ 予言

هَلْ تُصَدِّقُ نُبُوءَةَ الْمُنَجِّمِ؟ 占星術師の予言をあなたは信じますか

نَبِيّ > نبو 複 ون / أَنْبِيَاءُ 関 نَبَوِيٌّ ❖ 預言者 関 預言者の, 預言の

نَزَّلَ اللّٰهُ كَلَامَهُ عَلَى الْأَنْبِيَاءِ 神は預言者達に啓示を下された

نَبِيذ > نبذ ❖ 形 捨てられた 名 ぶどう酒, ワイン(複 أَنْبِذَة)

فِي الدَّنِّ نَبِيذٌ عَتِيقٌ 瓶に年代物のワインが入っている

نَبِيل > نبل 複 نِبَال / نُبَلَاءُ ❖ 高貴な, 高潔な, 気高い, 上品な; 優秀な

أَحْتَرِمُ أَخَاكَ لِأَنَّهُ نَبِيلٌ あなたの兄弟は高潔なので, 私は尊敬しています

نَبِيه > نبه 複 نُبَهَاءُ ❖ 高貴な, 高潔な; 有名な; 賢い, 優秀な

تَبْدُو طَالِبًا نَبِيهًا あなたは賢い生徒のようですね

نَتَأَ (a) ❖ 隆起する; 膨らむ; 突き出る

نَتَأَ الصَّخْرُ 岩が突き出ていた

نَتَانَة > نتن ❖ 悪臭; 腐敗

نَتَانَةُ الْمَزْبَلَةِ تُفْسِدُ الْهَوَاءَ 糞の悪臭が空気を悪くしている

نَتَجَ (i) ❖ 生じる, 発生する

يَنْتِجُ الْفَيَضَانُ مِنْ غَزَارَةِ الْأَمْطَارِ 洪水は多量の雨水から生じる

أ ب ت ث ج ح خ د ذ ر ز س ش ص ض ط ظ ع غ ف ق ك ل م **ن** هـ و ي

نَتَرَ (u) ❖ 掴む, 握る

نَتَرَ الرِّيَاضِيُّ قَضِيبَ الْحَدِيدِ　選手は鉄棒を掴んだ

نِتْرُوجِين ❖ 窒素

غَازُ النِّتْرُوجِين　窒素ガス

نَتَشَ (i) ❖ 抜く, 引き抜く

نَتَشَ الشَّوْكَةَ　刺を抜いた

نَتَفَ (i) ❖ (髪, 羽, 毛などを)剥く, むしる; 引き抜く

نَتَفَ رِيشَ الدَّجَاجَةِ　鶏の羽をむしった

بَدَأَتْ تَنْتِفُ شَعْرَ حَاجِبَيْهَا　彼女は眉毛を引き抜き始めた

نَتَنَ (i) / نَتِنَ (a) / نَتُنَ (u) ❖ 悪臭を放つ; 腐敗する

تَنْتَنُ الْجُثَّةُ　死体が悪臭を放つ

نَتِنٌ ❖ 悪臭のある; 臭い

أَفْسَدَتِ الْهَوَاءَ جُثَّةُ كَلْبٍ نَتِنَةٌ　悪臭のある犬の死体が空気を悪くした

نَتِيجَة <نتج 複 نَتَائِج ❖ 結果

بِالنَّتِيجَةِ　その結果/それゆえ

رَضِيتُ النَّتِيجَةَ　私はその結果に満足した

نَثَرَ (u, i) 名 نَثْر ❖ 散らす; (過程を)書く 名 散乱; 散文

نُثِرَتْ عَلَى الْحَدِيقَةِ الصُّخُورُ　庭に岩が散らばっていた

الشِّعْرُ لُغَةُ الشُّعُورِ وَالْخَيَالِ، أَمَّا النَّثْرُ فَلُغَةُ الْعَقْلِ　詩は感性と想像の言葉であり, 散文は知性の言葉である

نَجَا، يَنْجُو <نجو 名 نَجَاة ❖ 救われる, 助かる; 逃れる(～مِنْ:～から) 名 救助, 救い

نَجَا بِحَيَاتِهِ / نَجَا مِنَ الْمَوْتِ　命が助かった

مَخْرَجُ النَّجَاةِ　避難口/非常口

نَجَاحٌ < نجح ❖ ⇒ نَجَحَ 名

نَجَّارٌ <نجر 複 ～ون ❖ 大工, 大工職人

يَصْقُلُ النَّجَّارُ قِطَعَ الْخَشَبِ　大工さんが木材を削っている

نِجَارَة < نجر ❖ 大工職，大工

أَحْبَبْتُ الْعَمَلَ فِي النِّجَارَةِ　私は大工の仕事が好きでした

نَجَاسَة < نجس ❖ ⇒ 名 نَجُسَ

نَجَحَ (a) 名 نُجْح / نَجَاح ❖ 成功する，合格する，受かる 名 成功，(試験の)合格

نَجَحَ فِي الامْتِحَانِ　試験に受かった(合格した)

أَتَمَنَّى لَكَ النَّجَاحَ فِي الامْتِحَانِ　あなたの試験の合格を祈っています

نَجَّدَ < نجد II ❖ (枕やシーツを)繕う；(家具を)修繕する

نَجَّدَ الْوَسَائِدَ　枕を繕った

نَجْدَة 複 نَجَدَات ❖ 救援，救助；応援，援軍

النَّجْدَةَ！　助けて！

حَامِيَةُ الْقَلْعَةِ تَنْتَظِرُ وُصُولَ النَّجْدَةِ　城の守備隊は援軍を待っている

نَجَرَ (u) ❖ (木を)彫る；削る，切る；平らにする

نَجَرَ الْخَشَبَ　木を削った

نَجُسَ (u) 名 نَجَاسَة ❖ 不潔である，汚い，汚くなる 名 不潔さ，汚さ

نَجَاسَةُ النَّفْسِ أَقْبَحُ مِنْ نَجَاسَةِ الْجَسَدِ　心が汚い事は体が汚い事より醜い

نَجِس 複 أَنْجَاس ❖ 汚い

أَبْعِدْ جَسَدَكَ وَنَفْسَكَ عَنْ كُلِّ مَا هُوَ نَجِسٌ　心と体をあらゆる汚いものから遠ざけなさい

نَجْل 複 أَنْجَال ❖ 子，子供，息子；子孫

زَارَنَا الْفَلَّاحُ وَزَوْجَتُهُ وَنَجْلُهُ　農民とその妻子が私達を訪れた

نَجَمَ (u) ❖ (星が)昇る，現れる；(結果として)～が生じる

نَجَمَ عَنِ الْقِتَالِ سُقُوطُ عَدَدٍ مِنَ الْجَرْحَى　その戦闘では多くの負傷者が生じた

نَجَّمَ < نجم II 名 تَنْجِيم ❖ 星を観察する；占星術を行う 名 占星術

أَنَا لَا أُصَدِّقُ مَنْ يُنَجِّمُ　私は占星術師を信じません

نَجْم 複 نُجُوم ※ نَجْمَة ✽ 星;スター,アイドル ※1個の星

نَجْم ذُو ذَنَبٍ 彗星

نَجْمَة سِينَمَائِيَّة (女性の)映画スター

نَجْم غِنَائِيّ (男性の)アイドル歌手

نَجِيب < نجب 複 نُجُبٌ / نُجَبَاءُ 女 نَجِيب / نَجِيبَة 複 نَجَائِب ✽ 血統のある,由緒ある;高貴な出の

شَابٌّ نَجِيبٌ 由緒ある家の若者

اِمْرَأَةٌ نَجِيبٌ 高貴な出の女性

نَحَّى < نحو II ✽ 押しのける,押しやる;遠ざける,更迭する

أَسَاءَ الْوَزِيرُ التَّصَرُّفَ فَنَحَّاهُ الرَّئِيسُ 大臣の品行が良くなくて,大統領は彼を更迭した

نَحَّاتٌ < نحت 複 ون ✽ 彫刻家;石工,石屋

اَلنَّحَّاتُ الْمَاهِرُ يَتَقَاضَى أَجْرًا عَالِيًا 腕の良い石工は高額な報酬を要求する

نُحَاس < نحس ✽ 銅

نُحَاس أَصْفَر 真ちゅう(鍮)

يُخَالِطُ الذَّهَبُ النُّحَاسَ 金は銅と混ざっている

نَحَّاس < نحس ✽ 銅細工職人;銅器売り

هٰذَا الْمَنْقَلُ الْأَصْفَرُ صُنْعُ نَحَّاسٍ مَاهِرٍ この真鍮細工は腕の良い職人の作です

نَحَافَة < نحف ✽ ⇒ نَحُفَ 名

نَحْب ✽ 嘆き;死

قَضَى الْجَرِيحُ نَحْبَهُ けが人は死んだ

نَحْت 名 نَحَتَ (i,u) ✽ 彫る,彫刻する,(木や石を)えぐる 名 彫刻

نُحِتَ التِّمْثَالُ فِي الرُّخَامِ 像は大理石に彫られた

اَلنَّحْت الْحَدِيث وَالْمُعَاصِر 近代及び現代彫刻

نُحُور 複 نَحْر 名 نَحَرَ (u) ✽ (動物の喉を)切る,(食肉用に動物を)殺す
名 胸の上部

نَحَرَ اللَّحَّامُ الْخَرُوفَ أَمَامَ دُكَّانِهِ	肉屋は店の前で羊を殺した
تَلْمَعُ مَاسَةٌ صَغِيرَةٌ فِي نَحْرِهَا	小さなダイヤモンドが彼女の胸で輝いている
نَحْس 複 نُحُوس / أَنْحُس	✤ 不運, 災難, 災い
لِيَحُلَّ النَّحْسُ عَلَيْكُمْ	お前達に災いあれ
نَحُفَ (u) 名 نَحَافَة	✤ 痩せている;痩せる 名 薄い事;痩せる事;痩身
تَتَمَنَّى بَنَاتِي أَنْ يَنْحُفْنَ	私の娘達は痩せたいと思っている
نَحَلَ (u) 名 نُحُول	✤ (病気や旅行などで)痩せ衰える,衰弱する 名 やせ,痩身;衰弱
مَا لَكَ تَنْحُلُ؟ أَمَرِيضٌ أَنْتَ؟	どうして痩せたのですか, 病気ですか
نُحُولُ جِسْمِكَ يَشْغَلُ بَالِي	あなたの体の衰弱が私は心配です
نَحْل ※ نَحْلَة	✤ 蜜蜂 ※1匹の蜜蜂
خَلِيَّةُ نَحْلٍ	蜂の巣
تَجْمَعُ النَّحْلَةُ الْعَسَلَ مِنَ الْأَزْهَارِ	蜜蜂は花の蜜を集める
نِحْلَة 複 نِحَل	✤ 贈り物, 寄付;派閥, 宗派
اَلنِّحْلَةُ الْبُوذِيَّةُ تَهْتَمُّ بِالتَّأَمُّلَاتِ	仏教のある宗派は瞑想を重んじる
نَحْنُ	✤ 私達は, 我々は, 我らは
نَحْنُ فَهِمْنَا لُغَتَهُمْ	私達は彼らの言葉を理解した
نَحْنَحَ ، يُنَحْنِحُ	✤ 咳払いをする
نَحْنَحَ الْأُسْتَاذُ لَحْظَةً ثُمَّ سَمَّعَ دَرْسَهُ	教授はちょっと咳払いをして,研究を語った
نَحْو 複 أَنْحَاء 関 نَحْوِيّ	✤ 方法;文法;方向;側 関 形 文法の 名 文法学者
عِلْمُ النَّحْوِ	文法
جَمِيعُ أَنْحَاءِ الْبِلَادِ	全国
أَوْ نَحْوُهُ	などなど
اَلنَّحْوِيُّ وَاسِعُ الْمَعْرِفَةِ	その文法学者は博識だ
نَحْوَ	✤ 前 約, おおよそ;～に向かって,対して
غَادَرَ نَحْوَ الْمِينَاءِ	港へ向かって去った

أ ب ت ث ج ح خ د ذ ر ز س ش ص ض ط ظ ع غ ف ق ك ل م ن هـ و ي

تَنْتَشِرُ حَوْلَ الْيَابَانِ نَحْوَ أَلْفِ جَزِيرَ　日本の周りには約千の島が散らばっている

نَحْوَ السَّاعَةِ الرَّابِعَةِ صُبْحًا　朝の四時頃に

نُحُول < نحل ❖ ⇒ نَحَلَ 名

نَحِيب < نحب ❖ 大泣き, 号泣

نَحِيبُ الطِّفْلَةِ يُقَطِّعُ الْقَلْبَ　女児の大泣きは心をえぐる

نَحِيف < نحف ❖ 薄い;痩せた;衰弱した

كَانَ جِسْمُهُ نَحِيفًا　彼は痩せていた

نَحِيل < نحل 複 نَحْلَان/نُحَّل ❖ 細い;痩せた, 細身の

شَدَّتْ وَرِكَهَا النَّحِيلَةَ بِزُنَّارٍ جَمِيلٍ　彼女は美しいベルトで細い腰を縛った

نُخَاعٌ < نخع 複 نُخُعٌ ❖ 脊髄

(ـَ)

مِنَ النُّخَاعِ تَتَفَرَّعُ الْأَعْصَابُ　脊髄から神経が枝分かれしている

نُخْبَة 複 -ات/نُخَبٌ ❖ 選ばれた物, 選ばれた人, 選ばれた部分

الْفَرِيقُ يَضُمُّ نُخْبَةَ اللَّاعِبِينَ　選ばれた選手をチームに加えた

نَخَرَ (u, i) ❖ いびきをかく;虫が食う;虫に食われる

نَخَرَتِ التُّفَّاحَ دُودَةٌ صَغِيرَةٌ　小さな虫がリンゴを食べた

نَخِرٌ ❖ 虫食いの;腐った

الْخَشَبُ النَّخِرُ لَا يَصْلُحُ إِلَّا لِلنَّارِ　虫食いの木は燃やすしかない

نَخَرٌ ❖ 腐った物, 虫食い

نَخَرُ الْأَسْنَانِ　虫歯

نَخَلَ (u) ❖ にふるいにかける

أَخَذَ الْعَامِلُ يَنْخُلُ الرَّمْلَ　職人が砂をふるいにかけ始めた

نَخْل ※ نَخْلَة ❖ なつめ椰子の木, 椰子の木 ※1本のなつめ椰子の木

جَلَسْتُ فِي ظِلِّ نَخْلَةٍ عَالِيَةٍ　1本の高い椰子の木の陰に, 私は座りました

نَخْوَة ❖ 誇り;理想像;情熱;高慢, 尊大

أَتَّكِلُ عَلَى صَدِيقِي لِأَنَّهُ صَاحِبُ نَخْوَةٍ　私の友人は誇り高い人なので,信頼しています

نَخْل = ❖ نَخِيل

نِدّ أَنْدَاد 複 ❖ 形 匹敵する,同等の;似ている 名 ライバル;相手

رَحَّبَ اللَّاعِبُ بِنِدِّهِ　選手はライバルを歓迎した

نَدًى < ندو 複 أَنْدَاء / أَنْدِيَة ❖ 露;寛大さ ※定 النَّدَى

قَطَرَات النَّدَى　露の滴

نِدَاء < ندو 複 -ات ❖ 呼びかけ,アピール;叫び

حَرْف النِّدَاءِ　間投詞*[文法] *يا, أَيُّها「やぁ,おい」等

كَانَتِ السَّفِينَةُ تَبُثُّ نِدَاءَ الاِسْتِغَاثَةِ　船が助けを求める呼びかけ(sos)を発信していた

نَدَبَ (u) 名 نَدْب ❖ 嘆く;(死者を)弔う;任命する;委任する,委ねる
名 嘆き;任命;委任

نَدَبَ الْمَيِّتَ　死を嘆き悲しんだ

عَلَى كُلِّ نِقَابَةٍ أَنْ تَنْدُبَ عَضْوًا يُمَثِّلُهَا　全ての組合は組合を代表する組合員を任命しなければならない

نَدَّدَ < ند II 名 تَنْدِيد ❖ 批判する,非難する;批判にさらす(~بِـ:~を)
名 批判,非難,誹謗

الْغِشُّ عَمَلٌ سَافِلٌ أُنَدِّدُ بِهِ　詐欺は私が非難する卑しい行為です

نَدَرَ (u) ❖ 希である,珍しい

تَنْدُرُ السِّلْعَةُ ، فَيَرْتَفِعُ ثَمَنُهَا　商品が珍しいと,その値段が上がる

نَدَفَ (i) ❖ (綿を)打つ,ほぐす;(雪を)降らす

يَنْدِفُ الْعَامِلُ الْقُطْنَ بِالضَّرْبِ　労働者が綿を叩いて,ほぐしている

أَخَذَتِ السَّمَاءُ تَنْدِفُ بِالثَّلْجِ　雪が降り始めた

نَدِمَ (a) 名 نَدَم / نَدَامَة ❖ 後悔する,反省する(~عَلَى:~を) 名 後悔,悔い

نَدِمَ نَدَمًا عَلَى~　~を後悔した

مَنْ عَجِلَ نَدِمَ　急ぐ者は後悔する/急がば回れ[格言]

شَعَرَ بِالنَّدَمِ　後悔の念を覚えた

نَدْوَة < ندو ❋ 評議会, 会合; シンポジウム, 討論会

تَجْمَعُ النَّدْوَةُ نَاسًا مُثَقَّفِينَ　そのシンポジウムは文化人を集めている

نَدِيم < ندم 複 نِدَامٌ / نُدَمَاءُ ❋ 飲み友達, 友人

بَاتَ وَحِيدًا، لَا صَدِيقٌ وَلَا نَدِيمٌ　彼は一人で夜を過ごした, 友人も飲み友達もいなかっ

نَذَالَة < نذل ❋ ⇒ نَذُلَ 名

نَذَرَ (a) 名 نَذْرٌ 複 نُذُور ❋ 捧げる; (神に)誓う 名 (自由意志による)奉仕; 誓約

نَذَرَتِ الْفَتَاةُ حَيَاتَهَا لِخِدْمَةِ الْمَرْضَى　若い娘は病人への奉仕に, 一生を捧げた

نَذُلَ (u) 名 نَذَالَة ❋ 堕落する, 卑しい 名 堕落; 恥ずべき事

اَلْغِشُّ نَذَالَةٌ　詐欺は恥ずべき行為だ

نَذْلٌ 複 أَنْذَال ❋ 卑しい, 恥ずべき

اِخْتَلَسَ نُقُودَ رَفِيقِهِ، يَا لَهُ مِنْ نَذْلٍ!　同僚の金を盗むなんて, 彼はなんて卑しいのだ

نَرْجِس ❋ 水仙[植物]

(ـَ)

اِنْتَشَرَتْ فِي الْجَوِّ رَائِحَةُ النَّرْجِسِ　水仙の香りが一面に広がった

نَرْجِسِيَّة ❋ ナルシズム, 自己陶酔

نِزَاع < نزع ❋ 紛争, 争い; 喧嘩, いさかい

بِلَا نِزَاعٍ　議論の余地がなく

لَا نِزَاعَ فِيهِ　議論の余地がない

بَعْدَ نِزَاعٍ سَخِيفٍ، صَالَحَ أَخَاهُ　彼は弟(兄)とつまらない喧嘩をした後, 和解した

نَزَاهَة < نزه ❋ 正直; 清廉; 公平

اَلنَّزَاهَةُ فَضِيلَةٌ　正直は美徳だ

نَزَحَ (a, i) 名 نَزْح ❋ 離れている; 離れる, 去る; 移住する; 空になる
名 何もない事, 空

نُزِحَ بِهِ 受　移住する/外国に住む

نَزَحَتِ الْبِئْرُ　井戸水が無くなった

نَزَعَ (i) 名 نَزْع ❋ 取り去る, 抜く; 傾く, 傾向がある(～إِلَى: ～する)
名 除去, 撤去; 死の苦しみ

نَزَعَ الْمِسْمَارَ مِنَ الْخَشَبَةِ　材木から釘を抜いた

يَنْزِعُ الطِّفْلُ بِطَبْعِهِ إِلَى تَقْلِيدِ الْكِبَارِ　子供は自然と大人をまねる傾向がある

نَزَعَ السِّلَاحَ　武装解除

نَزْعَة 複 نَزَعَات ❖ 傾向，偏り；性癖；態度

عَلَى الْمُرَبِّي أَنْ يَسْتَغِلَّ فِي التِّلْمِيذِ كُلَّ نَزْعَةٍ خَيِّرَةٍ　教育者は生徒が全ての面で，良くなるようにすべきだ

نَزَفَ (i) 名 نَزْف ❖ 排出する；空にする；出血させる 名 排出；出血

受 نُزِفَ دَمُهُ　大出血する/出血死する

قَضَى عَلَيْهِ النَّزْفُ الشَّدِيدُ　ひどい出血で彼は死んだ

نَزَلَ (i) ❖ 降りる，下る，下がる；滞在する(～عِنْدَ/عَلَى/بِـ:～に)

命 اِنْزِلْ 女 اِنْزِلِي　降りよ/降りなさい

نَزَلَ عِنْدَ إِرَادَتِهِ　彼の意向に従った

نَزَلَ مُنْحَدَرَ التَّلِّ　丘の坂を下った

نَزَلَ إِلَى الْمَيْدَانِ　戦闘を始めた

نَزَلَ عِنْدَ رَغْبَتِهِ (طَلَبِهِ)　彼の要望に応じた

نَزَلَ ضَيْفًا عَلَى～　～の所に客として滞在した

نَزَلَ مَنْزِلًا (مَنْزِلَةً)　(ある)地位や場所を占めた

نَزَلَ (a) 名 نَزْلَة 複 نَزَلَات ❖ 風邪を引く 名 風邪；降りる事

نَزْلَة وَافِدَة　流行性感冒/インフルエンザ

نَزَّلَ < نزل II 名 تَنْزِيل 複 -ات ❖ 下げる，値下げする，降ろす；啓示する，下す 名 値下げ：降下；啓示

نَزِّلِ السُّلَّمَ　梯子を降ろしてくれ

نَزَّلَ اللّٰهُ كَلَامَهُ عَلَى الْأَنْبِيَاءِ　神は預言者達に啓示を下された

تَنْزِيل نَقْدِيّ　通貨切り下げ

تَنْزِيل أَسْعَارِ الْبَضَائِعِ　商品の値下げ/ダンピング

نَزَاهَة 名 نَزُهَ (u) ❖ 距離を置く；慎む(〜عَنْ:〜を) 名 潔癖さ；誠実

نَزُهَ عَنْ كُلِّ عَيْبٍ　恥になるような事を全て慎んだ

نَزِهَ (a) ❖ 尊敬に値する，立派である

نَزَّهَ < نزه II ❖ 距離を置かせる；高貴にする

نَزَّهَ نَفْسَهُ عَنِ الْقَبِيحِ　恥ずべき事から距離を置いた

نُزْهَة 複 نُزَه ❖ 散歩，ピクニック

كَانَتْ نُزْهَتُنَا مُمْتِعَةً لِلْغَايَةِ　ピクニックはとても楽しかった

نُزْهَة بِسَيَّارَةٍ　ドライブ

نُزْهَة كُلَّ يَوْمٍ　日課の散歩

نَزِيف < نزف ❖ 形（出血で）疲弊した，弱った 名 出血

قَدْ يُسَبِّبُ نَزِيفُ الدَّمِ الضَّعْفَ وَالْمَوْتَ　出血は体を衰弱させ，死をもたらすだろう

نَزِيه < نزه ❖ 正直な；清廉な；高貴な

اَلرَّجُلُ النَّزِيهُ لَا يَرْتَشِي　清廉な男は賄賂を受け取らない

نِسَاء ❖ ⇒ اِمْرَأَة 複

نَسَبَ (i, u) 名 نَسَب 複 أَنْسَاب ❖ 関係する(〜إِلَى:〜に)；せいにする(〜إِلَى:〜の)；祖先をたどる 名 家柄，出自，家系，血統

نَسَبَ الْفَشَلَ إِلَى كَسَلِهِ　失敗を彼の怠慢のせいにした

اَلْبُوذِيَّةُ مَذْهَبٌ دِينِيٌّ يُنْسَبُ إِلَى "بُوذَا"　仏教は仏陀に由来する宗教的理念です

سِلْسِلَة (شَجَرَة) النَّسَبِ　家系図

لَا يَزَالُ النَّاسُ يَتَفَاخَرُونَ بِالنَّسَبِ　人々は未だに家柄を自慢する

نِسْبَة 複 نِسَب ❖ 割合，比率；関連；関係，血縁関係；ニスバ*
*名詞の語尾に ـِيّ を付けて，形容詞「〜の」や名詞「〜人，〜する人」の意味をなし，関連詞とも訳される

نِسْبَةُ الْمَوْتِ　死亡率

نِسْبَة مِئَوِيَّة　百分率/パーセント

بِالنِّسْبَةِ إِلَى〜　〜に関して言えば/〜にとって

عَلَى نِسْبَةِ 〜　〜に比例して

بِالنِّسْبَةِ إِلَيَّ لاَ تَهُمُّنِي الْفُنُونُ　私にとって,芸術は重要ではありません

لَيْسَ بَيْنِي وَبَيْنَهُ نِسْبَةٌ　私と彼は関係ありません

نِسْبِيّ<نسب ❖ 比例の;相対的な

اَلنِّيَابَةُ النِّسْبِيَّةُ　比例代表制

اَلْقِيمَةُ النِّسْبِيَّةُ　相対的な価値

نِسْبِيًّا　相対的に/比較的

نَسْج 名 نَسَجَ (u) ❖ 織る,編む 名 織る事,編む事;織り物,編み物

نَسَجَتِ الصُّوفَ　彼女は羊の毛を織った

نَسَجَ عَلَى مِنْوَالِهِ　彼のまねをした

نَسْخ 名 نَسَخَ (a) ❖ 廃止する,取り消す;複写する,写す
名 廃止;取り消し;複写,コピー;ナスヒー書体

نَسَخْتُ دَفْتَرَ صَدِيقِي　私は友人のノートを写しました

اُكْتُبْ بِخَطِّ النَّسْخِ　ナスヒー書体で書きなさい

آلَةُ النَّسْخِ　コピー機/複写機

نُسَخ 複 نُسْخَة ❖ 写し,コピー

نُسْخَةٌ مِنَ الْمِفْتَاحِ　合い鍵

هٰذِهِ نُسْخَةٌ طِبْقُ الْأَصْلِ عَنِ الْهُوِيَّةِ　これは身元証明書の原本の写し(コピー)です

نُسُور 複 نَسْر ❖ ワシ/鷲

(ـَ)
اَلنَّسْرُ مَلِكُ الطُّيُورِ　鷲は鳥の王様だ

نِسْرِينَة ※ نِسْرِين ❖ ネスリーン[植物] ※1本のネスリーン
※バラ科,花は白く,香しい匂いを放つ

عَبِقَ الْجَوُّ بِرَائِحَةِ النِّسْرِينِ　辺りはネスリーンの香りで満ちていた

نَسْف 名 نَسَفَ (i) ❖ 爆破する;吹き散らす 名 爆破;破壊

تَنْسِفُ الرِّيحُ الرِّمَالَ ، فَتَخْتَفِي مَعَالِمُ الْأَشْيَاءِ　風が砂を吹き散らして,物の形が見えなくなった

تَنْسِيق 名 II نسق<نَسَّقَ ❖ 組織する;段取りをつける;整理する;(玉に)糸を通す
名 段取り;整理

نَسَّقَ الْأَعْمَالَ فِي الْمُؤْتَمَرِ　会議の議事を順序立てた

فَنُّ تَنْسِيقِ الْأَزْهَارِ ثَقَافَةٌ يَابَانِيَّةٌ　生け花は日本の文化です

نَسَكَ (u)(ـُ) ❖ 出家する；修道士生活を送る 名 نُسُكٌ / نُسْكٌ 出家；禁欲主義

اِخْتَارَ أَنْ يَنْسُكَ　出家を選択した

تَعَبَّدَ الرَّجُلُ وَمَالَ إِلَى حَيَاةِ النُّسْكِ　神へ身をささげた男は修道士生活に傾倒した

نَسَلَ (u) ❖ 産む；父親となる；(毛や羽が)抜ける，抜け落ちる 名 نَسْلٌ 複 أَنْسَالٌ 子孫

أُولَى وَظَائِفِ الْمَرْأَةِ أَنْ تَنْسُلَ الْأَوْلَادَ　女性の仕事の第一は子供を産む事です

تَحْدِيدُ النَّسْلِ　産児制限

عِلْمُ النَّسْلِ　遺伝学

نَسَمَ (i) ❖ (風が)やさしく吹く

لَيْتَ الْهَوَاءَ الْبَارِدَ يَنْسِمُ ، فَيُلَطِّفَ الْحَرَّ !　冷たい風が吹けば良いのに，そうすればこの暑さも和らぐだろう

نَسَمٌ ❖ 複 أَنْسَامٌ そよ風；息吹

اَلْجَوُّ ثَقِيلٌ لَا نَسَمَ فِيهِ　空気が重くて，そよ風が吹かない

نَسَمَةٌ ❖ 男 女 複 نَسَمَاتٌ / نَسَمٌ そよ風；呼吸；人；魂

هَبَّتْ عَلَيْنَا نَسَمَةٌ نَاعِمَةٌ مَعَ هُبُوطِ اللَّيْلِ　夜の帳が降りて，気持ちの良い，そよ風が私達に吹いてきた

يَبْلُغُ عَدَدُ سُكَّانِ الْقَرْيَةِ أَحَدًا وَعِشْرِينَ أَلْفَ نَسَمَةٍ　村の人口は2万1千人です

نِسْوَةٌ ❖ ⇒ اِمْرَأَةٌ 複

نَسِيَ ، يَنْسَى ❖ 忘れる 名 نَسْيٌ 忘れる事；忘却

لَا تَنْسَ (تَنْسَيْ)　忘れないで下さい(女)

إِنْ أَنْسَ فَلَا أَنْسَى / مَا أَنْسَ لَا أَنْسَى　私は決して忘れません

أَصْبَحَ نَسْيًا مَنْسِيًّا　完全に忘れられた

نِسْيَانٌ ❖ < نسي 忘れやすい，物忘れの激しい

سَرِيعُ النِّسْيَانِ　物忘れしやすい/忘れん坊

نَسِيب <نسب 複 أَنْسِبَاءُ / نُسَبَاءُ ❖ 親戚,親類

彼は私の親戚(親類)です　هُوَ نَسِيبِي

نَسِيج <نسج 複 أَنْسِجَة / أَنْسَاج ❖ 織物,生地;組織

織物の原料　مَادَّة النَّسِيج

姉は自分のドレスに柔らかい生地を選んだ　اِخْتَارَتْ أُخْتِي لِفُسْتَانِهَا نَسِيجًا نَاعِمًا

体の組織は細胞からなっている　تَتَكَوَّنُ أَنْسِجَةُ الْجِسْمِ مِنْ خَلَايَا

نَسِيم <نسم 複 نَسَائِم / نِسَام ❖ そよ風;呼吸

そよ風と共に,ジャスミンの香りが漂って来る　تَهُبُّ مَعَ النَّسِيمِ رَائِحَةُ الْيَاسَمِينِ

نَشَأَ ، يَنْشَأُ 名 نُشُوء ❖ 生じる,発生する(~مِنْ:~から);成長する 名 成長

二人の若者の間に,固い友情が生まれるだろう　سَتَنْشَأُ بَيْنَ الشَّابَّيْنِ صَدَاقَةٌ مَتِينَةٌ

子供は両親の保護のもとで成長する　يَنْشَأُ الطِّفْلُ فِي رِعَايَةِ وَالِدَيْهِ

نَشَّأَ <نشأ II 名 تَنْشِئَة ❖ 育てる 名 教育

彼をふさわしい教育で育てた　نَشَّأَهُ تَنْشِئَةً صَالِحَةً

نَشْء <نشأ ❖ 若者;新世代

新世代/青年層　اَلنَّشْءُ الْجَدِيد

نُشَارَة <نشر ❖ おがくず

おがくずは湿気とほこりを吸収する　اَلنُّشَارَةُ تَمْتَصُّ الرُّطُوبَةَ وَالْغُبَارَ

نَشَاز <نشز ❖ 形 一致しない 名 盛り上がった所

不協和音　نَغَم نَشَاز

نَشَاط <نشط 複 -ات/ أَنْشِطَة ❖ 活発さ,元気,活力;軽快さ;活動

私達は一ヶ月前に活動を始めた　بَدَأْنَا نَشَاطَنَا مُنْذُ شَهْرٍ

彼は一生懸命に仕事を始めた　قَامَ إِلَى عَمَلِهِ بِهِمَّةٍ وَنَشَاطٍ

نَشَّاف <نشف ❖ 吸取り紙

吸取り紙がインクを吸い取り,書かれたものが乾く　يَمْتَصُّ النَّشَّافُ الْحِبْرَ وَتَجِفُّ بِهِ الْكِتَابَةُ

نَشَّال <نشل 複 نَشَّالَة ❖ 引ったくり;すり

警官は引ったくりを逮捕した　قَبَضَ الشُّرْطِيُّ عَلَى النَّشَّالِ

رَأَيْتُ نَشَّالًا فِي السَّيَّارَةِ الْعَامَّةِ　私はバスの中ですりを見ました

نُشُوب 名 نَشَبَ (a) ❖ くっ付く(～فِي:～に);(戦争が)起こる,勃発する
名 起こる事,勃発

مَا نَشَبَ　ためらわなかった/ちゅうちょしなかった

يَتَكَهَّنُ الْبَعْضُ بِأَنَّ حَرْبًا سَتَنْشَبُ　ある人達は戦争が起こるだろうと予言する

نُشُوبُ الْحَرْبِ (الْخِلَافِ)　戦争(紛争)の勃発

نَشْر 名 نَشَرَ (i,u) ❖ (木を)切る,(のこぎりを)引く;広める;出版する;
報道する;(洗濯物を)吊す 名 広げる事;出版;報道

نُشِرَ 受　出版される

نَشَرَ خَشَبًا بِمِنْشَارٍ　のこぎりで木を切った

يَنْشُرُ الذُّبَابُ الْمَرَضَ　蠅は病気を広める

نَشَرَ الْمُبَشِّرُ دِينَهُ لِمُدَّةِ سَنَتَيْنِ　宣教師は2年間布教した

نَشَرَتِ الصَّحِيفَةُ الْخَبَرَ　新聞がそのニュースを報道した(載せた)

نَشَرَ الْمَلَّاحُ الشِّرَاعَ　乗組員が帆を広げた

نَشَرَ الْكِتَابَ　本を出版した

دَارُ النَّشْرِ　発行所/出版社

ات— 複 نَشْرَة ❖ パンフレット,出版物,配布物;報道;発表

نَشْرَة أُسْبُوعِيَّة (شَهْرِيَّة)　週刊(月刊)誌

دَعْنَا نَسْتَمِعْ إِلَى نَشْرَةِ الْأَخْبَارِ　さぁ,報道番組(ニュース)を聞いてみよう

نَشَطَ (a) ❖ 張り切る,活発である,熱心である

يَسُرُّنِي أَنْ أَرَاكَ تَنْشَطُ فِي عَمَلِكَ　あなたが張り切って仕事をしているのを
見ると,私は嬉しくなります

تَنْشِيط 名 II نشط< نَشَّطَ ❖ 励ます;活発にする,活性化させる;刺激する
名 励まし;活性化

نَشَّطْتُهُ إِلَى عَمَلِهِ　私は彼の仕事を励ました

الرِّيَاضَةُ تُنَشِّطُ حَرَكَةَ الدَّوْرَةِ الدَّمَوِيَّةِ　運動は血液の循環を活発にする

نَشَفَ (a) ❖ 吸収する

نَشَفَ الثَّوْبُ الْعَرَقَ　服が汗を吸収した

نَشِفَ (a) ❖乾く

يَنْشَفُ الْغَسِيلُ بِسُرْعَةٍ فِي الشَّمْسِ　陽光(日の光)で洗濯物が直ぐに乾く

نَشَّفَ<نشف II ❖干す,乾かす;(水を)拭き取る

أَنَا أَغْسِلُ الصُّحُونَ ، وَأَنْتِ تُنَشِّفِينَهَا　私が皿を洗い,貴女はそれを拭く

نَشَّفَ رِيقَهُ　努力した/困らせた

نَشَلَ (u) ❖引ったくる,盗む

نَشَلَ السَّارِقُ حَقِيبَةَ السَّيِّدَةِ　盗人が婦人の鞄を引ったくった

نَشَلَ النَّشَّالُ حَافِظَةَ نُقُودِ أَحَدِ الرُّكَّابِ　すりが一人の乗客の財布を盗んだ

نَشِيَ، يَنْشَى ❖酔う 名 نَشْوَة (ِ) 名 酔い,酩酊

كَادَ السَّامِعُ يَنْشَى طَرَبًا　聴衆は殆ど歌に酔わんばかりだった

نَشِيد<نشد ❖歌,曲 複 أَنَاشِيد

اَلنَّشِيدُ الْأُمَمِيّ　(労働歌の)インターナショナル

نَشِيد وَطَنِيّ (قَوْمِيّ)　国歌

نَشِيط<نشط ❖活発な,元気な 複 نِشَاط

هُوَ وَلَدٌ نَشِيطٌ　彼は活発な(元気な)子供だ

نَصَّ (u) ❖明記する,規定する 名 نَصّ 名 本文,テキスト;条文

تَنُصُّ الْمَادَّةُ التَّاسِعَةُ مِنْ دُسْتُورِ الْيَابَانِ عَلَى مَنْعِ تَسَلُّحِ الدَّوْلَةِ　日本国憲法第九条は国の武装の禁止を明記している

نَصُّ الْقَانُونِ وَاضِحٌ لَا لَبْسَ فِيهِ　法律の条文は明確で曖昧さがない

نَصٌّ أَصْلِيّ　原稿

نَصَبَ (u) ❖立てる,設置する;植える;疲れさす;(名詞を)対格にする,(動詞を)接続形にする 名 نَصْب 名 設置;植える事;苗木;対格や接続形にする事

نَصَبَ الْعَلَمَ　旗を立てた

أَيْنَ نَنْصُبُ الْخَيْمَةَ ؟　どこにテントを立てよう

"لَنْ" حَرْفٌ يَنْصِبُ الْفِعْلَ الْمُضَارِعَ　　"لَنْ"は未完了形動詞を接続形にします

نَصَبَ (a) ❖ 疲れる, くたびれる

يَعْمَلُ كَثِيرًا، لِذَا يَرَاهُ يَنْصَبُ　　彼はとても働くので, 疲れている様に見える

نَصْبَة 複 نَصْب ❖ (1本の)苗, 苗木

دَعَمْتُ النَّصْبَةَ الْمَائِلَةَ ، فَاسْتَقَامَتْ　　傾いた苗を私が支えたら, 真っ直ぐになった

نَصَحَ (a) نَصِيحَة 名 نُصْح/(نِ) 複 نَصَائِح ❖ 忠告する; 勧める 名 忠告, アドバイス

أَنْصَحُكَ (أَنْصَحُ لَكَ) أَنْ ～　　私はあなたに～するように, 忠告します

فَكِّرْ فِي كُلِّ نَصِيحَةٍ تُقَالُ لَكَ قَبْلَ تَنْفِيذِهَا　　どんなアドバイスも実行する前に, 良く考えなさい

أَنَا مُسْتَعِدٌّ لِقُبُولِ نُصْحِكَ　　私はあなたの忠告を受け入れるつもりです

نَصَرَ (u) 名 نَصْر ❖ 助ける, 支える; 勝利させる 名 助け, 支援; 勝利

اُنْصُرِ الضَّعِيفَ وَالْمَظْلُومَ　　弱者や抑圧された人々を助けなさい

اَلنَّصْرُ لَنَا!　　勝利は我らにあり!/勝利するぞ!

نَصْرَانِيّ＜نصر 複 نَصَارَى ❖ 形キリスト教徒の 名キリスト教徒, クリスチャン

هَلْ هُوَ شَاعِرٌ نَصْرَانِيٌّ　　彼はキリスト教徒の詩人ですか

نَصْرَانِيَّة＜نصر ❖ キリスト教

تُبَشِّرُ النَّصْرَانِيَّةُ بِتَعَالِيمِ الْإِنْجِيلِ　　キリスト教は天使の福音を伝道する

نُصْرَة ❖ 支援, 助け

نُصْرَةُ الْمَظْلُومِ　　被抑圧者への支援

نِصْف 複 أَنْصَاف ❖ 二分の一, 半分

نِصْفُ سَاعَةٍ　　半時間(=30分)

سَاعَةٌ وَنِصْفٌ　　1時間半

نِصْفُ اللَّيْلِ　　真夜中

اَلنِّصْفُ الْأَوَّلُ (الثَّانِي)　　前期(後期)

نَصِيب＜نصب 複 نُصُب / أَنْصِبَاء / أَنْصِبَة ❖ 分け前, 割り当て; 配当

هُوَ عَلَى نَصِيبٍ وَافِرٍ مِنْ ~　彼は～の多大な分け前を得る

أَخَذَ كُلٌّ مِنَ الشُّرَكَاءِ نَصِيبَهُ مِنَ الأَرْبَاحِ　全ての出資者が利益の配当を得た

نَصِيحَة < نصح ❖ ⇒ نَصَحَ 名

نَصِير < نصر 複 أَنْصَار / نُصَرَاءُ ❖ 助ける人;支援者,援助者;アンサール*
*預言者ムハンマドの頃のメディナの住人

كُنْ نَصِيرَ الْخَيْرِ　善行の支援者たれ(に成りなさい)

نَضَارَة < نضر ❖ 柔らかさ;若さ;新鮮さ;盛り

حَافِظِي عَلَى نَضَارَةِ وَجْهِكِ　(貴女の)顔の(皮膚の)若さを保ちなさい

نِضَال < نضل ❖ 闘い;守る事,防衛

نِضَالُ الشَّعْبِ الْفِلَسْطِينِيِّ　パレスチナ民衆(人民)の闘い

اَلنِّضَالُ فِي سَبِيلِ الْحَقِّ وَاجِبٌ وَشَرَفٌ　権利を守る事は義務であり,名誉である

نَضَبَ (u) ❖ (大地に)しみ込む;干上がる;(水が)涸れる

لَا يَنْضُبُ　無尽蔵の/尽きない

يَكَادُ مَاءُ الْعَيْنِ يَنْضُبُ　泉の水が涸れそうだ

نَضِجَ (a) 名 نُضْج ❖ 焼ける*;熟れる,熟する *食べ頃になる意
名 熟す事,成熟

نَضِجَ اللَّحْمُ　肉が焼けた

نَضِجَتِ الْفَاكِهَةُ　果物が熟れた(熟した)

يَتِمُّ نُضْجُ الْعِنَبِ فِي أَيْلُولَ　アイヤール(九月)に葡萄は熟する

نَضَّدَ < نضد II 名 تَنْضِيد ❖ 積み上げる;整頓する;活字を組む 名 植字

نَضَّدَ الْعَامِلُ أَحْرُفَ الطِّبَاعَةِ　職工が活字を組んだ

نَضَرَ (u) / نَضِرَ (a) ❖ (花や木が)盛りである;輝いている;美しい

يَنْضُرُ وَجْهُ الْفَتَاةِ　娘の顔が輝いている

نَضِرٌ ❖ 盛んな;輝いている;美しい;(花が)咲いている

بَشَرَةُ وَجْهِكِ نَضِرَةٌ　貴女のお顔の肌は美しい

نَضِيرٌ ❖ 盛んな;輝いている;美しい;(花が)咲いている

فَتًى نَضِيرٌ	美しい(男の)若者
نَطَّ (u)	✻ 跳ねる, ジャンプする, 弾む
نَطَّتِ الْقِطَّةُ	猫が跳ねた
نِطَاق <نطق 複 نُطُق	✻ ベルト, 帯;紐; 境界, 境;範囲
شَدَّ سِرْوَالَهُ بِنِطَاقٍ	ズボンのベルトを締めた
وَاسِعُ النِّطَاقِ	広範な/広い範囲の/広大な
اِجْتَازَ الْقِطَارُ صَحْرَاءَ وَاسِعَةَ النِّطَاقِ	列車は広大な砂漠を横断した
نَطَحَ (a)	✻ 突く, 押す;頭突きをする
نَطَحَنِي الثَّوْرُ	牛が(角で)私を突いた
نَطَرَ (u)	✻ 見張る, 監視する, 番をする
نَطَرَ الزَّرْعَ	農作物の番をした
نَطَقَ (i,u) 名 نُطْق	✻ 発音する(~بِ:~を), 言葉を発する;話す 名 発音;言葉
نَطَقَ بِكَلِمَةٍ	言葉を発した
اِنْطِقْ بِهٰذِهِ الْكَلِمَةِ	この語を発音しなさい(読みなさい)
نُطْقٌ بِالْحُكْمِ	判決を下す事/宣告
نُطْقُ الضَّادِ صَعْبٌ عَلَيَّ	私には“ض”の発音が難しい
نَظَّارٌ <نظر 複 نَظَّارَة	✻ 見物人, 見物客
اِحْتَشَدَ النَّظَّارَةُ عَلَى مُدَرَّجَاتِ الْمَلْعَبِ	見物人は競技場の(階段状)観客席に集まった
نَظَّارَة <نظر 複 ـات	✻ 眼鏡
لَبِسَ نَظَّارَةً	眼鏡を掛けた
لَا أَسْتَطِيعُ أَنْ أَقْرَأَ بِدُونِ نَظَّارَةٍ	私は眼鏡無しでは字が読めません
نَظَافَة <نظف	✻ 清潔
حَافِظْ عَلَى نَظَافَةِ الشَّارِعِ	通りは清潔に(きれいに)しなさい
نِظَام <نظم 複 أَنْظِمَة / نُظُم 関 نِظَامِيّ	✻ 組織;秩序, 規律;制度, システム 関 秩序のある;規律ある;組織的な
نِظَام أَسَاسِيّ	法/憲法

نِظَام صَارِم　厳しい(厳格な)規律

نِظَام الْحَيَاةِ　生活の仕方

اَلنِّظَام الرَّأْسَمَالِيّ　資本主義

اَلنِّظَام الْعَامّ　公的秩序/公共の秩序

رَاعَى النِّظَامَ　規律を守った

أَخَلَّ بِالنِّظَامِ　規律を乱した

نِظَام الْحُكْمِ　支配組織(機構)

مُهَنْدِس نُظُمٍ　システム・エンジニア

اَلْجَيْش النِّظَامِيّ　規律正しい軍隊

نَظَرَ (u) ❀ 見る;検討する,調べる 名 **نَظَرٌ** 見る事;思考

أُنْظُرْ ! يَا صَدِيقِي　ねえ君,見てごらん!

نَظَرَ الْأُسْتَاذُ إِلَيَّ شَزْرًا　教授は私をにらんだ

نَظَرَ بِإِعْجَابٍ إِلَى الْمَنْظَرِ　景色に見とれた

نَظَرَ فِي الْمُشْكِلَةِ　その問題を検討した

تَحْتَ النَّظَرِ　考慮中

فِي نَظَرِي　私の見たところ/私の意見では

بَعِيد (طَوِيل) النَّظَرِ　遠視の/老眼の

قَصِير النَّظَرِ　近視の

نَظْرَة 複 **نَظَرَات** ❀ 視線,眼差し

أَلْقَى نَظْرَةً عَلَى~　~に視線を向けた

نَظَرِيّ<نظر ❀ 名 理論の;視覚の 名 理論家

نَنْتَقِلُ مِنَ الدَّرْسِ النَّظَرِيِّ إِلَى التَّطْبِيقِ　私達は理論の勉強から実践に移ります

نَظَرِيَّة<نظر ❀ 理論

نَظَرِيَّة التَّطَوُّرِ　進化論

نَظَّفَ<نظف II 名 **تَنْظِيف** ❀ 掃除する,清掃する;清潔にする 名 掃除

هَذَا الصَّابُونُ يُنَظِّفُ الْغَسِيلَ تَنْظِيفًا
この石けんが洗濯物をきれいにします

نَظَمَ (i) 名 نَظْم ❖ (糸を)通して集める;(詩を)作る,詠む
名 韻が踏まれた言葉;整頓

يَنْظِمُ الشَّاعِرُ الشِّعْرَ مُلْهَمًا
詩人は霊感に打たれて,詩を詠む

نَظَّمَ <نظم II 名 تَنْظِيم ❖ 組織する;整理する,整える 名 組織化;整理;調整

نَظَّمَ النَّشَاطَاتِ
活動を組織した/組織活動をした

بَوَّابُ الْمَوْقِفِ يُنَظِّمُ حَرَكَةَ السَّيَّارَاتِ
駐車場の門番は車の動きを整理する

كَيْفَ تَصِفُ تَنْظِيمَ شَرِكَتِكَ؟
あなたの会社の組織はどの様ですか

تَنْظِيمُ الْآلَةِ
機械の調整

تَنْظِيمُ الْأُسْرَةِ
家族計画

نَظِيف <نظف ❖ 清潔な,きれいな;整理された

اِلْبَسْ ثَوْبًا نَظِيفًا
清潔な服を着なさい

غُرْفَة نَظِيفَة
整理整頓された部屋

نَعَى، يَنْعَى ❖ 死亡を知らせる(～إِلَى:～に);非難する(～عَلَى:～を)

اَلرِّسَالَةُ تَنْعَى إِلَيْنَا صَدِيقًا عَزِيزًا
手紙は親しい友人の死亡を私達に知らせています

أَنْعَى عَلَيْكَ سُوءَ تَصَرُّفِكَ
私は行いの悪いあなたを非難します

نُعَاس <نعس ❖ 眠気

تَثَاءَبَ مِنَ النُّعَاسِ
眠くて,欠伸をした

غَلَبَ عَلَيْهِ النُّعَاسُ
眠気が襲った

نَعَامَة <نعم 複 -ات/ نَعَام / نَعَائِم ❖ ダチョウ[鳥類]

لِلنَّعَامَةِ رَأْسٌ صَغِيرٌ وَرِيشٌ نَاعِمٌ وَثِيرٌ
ダチョウは小さい頭と,滑らな柔らかい羽を持つ

نَعَتَ (a) 名 نَعْت 複 نُعُوت ❖ 述べる,叙述する,描写する:(名詞を)修飾する
名 叙述,記述,描写;修飾語

اِنْعَتِ الْقَمَرَ بِكَلِمَةٍ
月を言葉で描写せよ

نَعْجَة 複 -ات/ نِعَاج ❖ 雌の羊

وَضَعَتِ النَّعْجَةُ حَمَلًا أَبْيَضَ لَطِيفًا
羊が可愛い白い子羊を産んだ

نَعَسَ (a, u) ❖ まどろむ,眠る;(市場が)不景気である

تَثَاءَبَ الطِّفْلُ قَبْلَ أنْ يَنْعَسَ　子供は眠る前に欠伸をした

نُعْسَانُ <نعس 女 نَعْسَى 複 نِعَاس ＊ 眠い, 眠たい

أَنَامُ عِنْدَمَا أَكُونُ نُعْسَانًا　私は眠たい時に寝ます

نَعْشٌ 複 نُعُوش ＊ 棺, 棺桶

رُفِعَ النَّعْشُ عَلَى الْأَكُفِّ فِي مَوْكِبٍ بَاكٍ حَزِينٍ　棺は嘆き悲しむ行列者の手で持ち上げられた

نَعَقَ (a) 名 نَعِيق ＊ (カラスが)鳴く 名(カラスの)鳴き声

حَطَّ الْغُرَابُ عَلَى الْقَبْرِ ، وَرَاحَ يَنْعَقُ　カラスが墓の上に降りて, 鳴き始めた

نَعِيقُ الْغُرَابِ يُشْبِهُ بُكَاءَ الطِّفْلِ　烏の鳴き声は赤ん坊の泣き声に似ている

نَعْل 複 نِعَال / أَنْعُل ＊ 女 靴, サンダル; 靴底; 蹄鉄

لِمَاذَا تَمْشِي حَافِيًا؟　أَلَا نَعْلَ لَدَيْكَ ؟　どうして裸足で歩いているの, 靴はないのですか

نَعْلِ الْفَرَسِ　馬の蹄鉄

يَعْتَبِرُ النَّاسُ نَعْلَ الْفَرَسِ طَالِعَ خَيْرٍ　人は馬の蹄鉄を幸運と見なす

نَعِمَ (a) / نَعَمَ (a, u) ＊ 快適な(恵まれた)生活をする, 楽しむ; 喜ぶ
しなやかである; 若々しい

لَيْتَ كُلَّ إِنْسَانٍ يَنْعَمُ　全ての人々が恵まれた生活が出来たらいいのに

أَرْجُو أَنْ يَنْعَمَ الْعَرُوسَانِ بِصَفْوِ الْعَيْشِ !　(私は)新郎新婦が幸せに, お暮らしになる事を願っています

نَعُمَ (u) ＊ 滑らかである, 柔らかである

يَصْقُلُ النَّجَّارُ الْخَشَبَ لِيَنْعُمَ　大工は滑らかにするために, 木を削る

نَعَّمَ <نعم II ＊ 滑らかにする, 磨く; 柔らかくする; 生活を楽にする

أُنَعِّمُ سَطْحَ الطَّاوِلَةِ بِوَرَقِ الزُّجَاجِ　私はサンドペーパーで台の表面を磨きます

نَعَمْ ＊ はい, ええ

هَلْ أَنْتَ مِنَ الْيَابَانِ ؟　あなたは日本から来たのですか

نَعَمْ ، أَنَا مِنَ الْيَابَانِ　はい, 日本から来ました

نِعْمَ ＊ 実に素晴らしい ※後に定冠詞付きの名詞を伴う

نِعْمَ الرَّجُلُ "مَرْوَانُ"　マルワーンは実に素晴らしい男だ

إِنَّهُ نِعْمَ الصَّدِيقُ　彼は実に素晴らしい友人だ

نِعْمَ مَا فَعَلْتَ　良くやった

نِعْمَ الْقَرِينُ ~ !　~さんは実に良い連れ合いだ

نِعْمَ الْمُؤَدِّبُ الْعَصَا　棒は何と良い教育者だ/ムチを惜しむと子供がだめになる[格言]

نِعْمَة 複 نِعَمٌ ◆ 贈り物;恵み ※神よりの祝福としての

نِعْمَةُ اللّٰهِ　神の恵み

شَكَرَ اللّٰهَ عَلَى نِعَمِهِ　神の恵みに感謝した

وَاسِعُ النِّعْمَةِ　裕福な/豊かな

وَلِيُّ النِّعْمَةِ　保護者/パトロン

نَعْنَاع / نَعْنَع ◆ ミント, ペパーミント, はっか

مَغْلِيُّ النَّعْنَاعِ يُسَكِّنُ الْمَغَصَ　ミントを煎じたものは腹痛を軽減する

نُعُومَة <نعم ◆ 柔らかさ;滑らかな事

مِنْ (مُنْذُ) نُعُومَةِ أَظْفَارِهِ　幼い頃から

كَانَ مُنْذُ نُعُومَةِ أَظْفَارِهِ مُغْرَمًا بِالْأَدَبِ وَالشِّعْرِ　彼は幼い頃から文学と詩に夢中であった

نَعِيقٌ <نعق ◆ ⇒ نَعَق 名

نَعِيم <نعم ◆ 形 柔和な 名 幸福, 幸せな生活;快適さ, 安楽な事

نَعِيمُ الْبَالِ　穏やかな/平和な

قَلَّمَا دَامَ نَعِيمُ الْإِنْسَانِ　人々の幸せな生活は, 殆ど続かなかった

نَعِيمًا　お疲れさま, さっぱりしましたね ※床屋さんが散髪を終えた客や, 風呂上がりに掛ける言葉

نَغَّصَ <نغص II ◆ 損なう, 駄目にする;乱す;苦しくする

نَغَّصَ عَيْشَهُ (عَلَيْهِ الْعَيْشَ)　生活を苦しくした

نَغَّمَ <نغم II 名 تَنْغِيم ◆ 抑揚をつける;歌う;ハミングする 名 抑揚;ハミング

أَصْغَيْنَا إِلَى الْمُطْرِبِ يُغَنِّي وَيُنَغِّمُ　私達は歌手が抑揚を付けて歌うのを聞いた

بِتَنْغِيمٍ　抑揚をつけて

نَغْم [複] أَنْغَام ※ نَغْمَة [複] نَغَمَات ❖ 抑揚;音声;メロディー ※一つのメロディー;美声

أَنْغَام الْمُوسِيقِي　メロディー

مَا كَانَ أَطْرَبَ نَغْمَهُ وَتَنْغِيمَهُ　彼の歌の抑揚とメロディーは何と美しかったことか

نَفَى، يَنْفِي <نفو [名] نَفْي ❖ 否定する,否認する;追放する [名] 否定,否認;追放

نَفَى الأَمْرَ　その事を否定した(打ち消した)

أَجَابَ بِالنَّفْيِ　否定的に答えた/否定した

نَفَى الْحَاكِمُ مَنْ غَضِبَ عَلَيْهِمْ　支配者は怒り,彼らを追放した

نَفَّاث ❖ ジェットの

مُحَرِّك نَفَّاث　ジェットエンジン

طَائِرَة نَفَّاثَة　ジェット機

نَفَّاثَة <نفث [複] -ات ❖ 魔法使い;ジェット機

خَرَقَتِ النَّفَّاثَةُ جِدَارَ الصَّوْتِ　ジェット機が音速の壁を破った

نِفَاق ❖ ⇒ [名] نَفَقَ

نِفَاق <نفق ❖ 偽善

إِنْ يَخْفَ النِّفَاقُ عَلَى النَّاسِ، فَهُوَ لَا يَخْفَى عَلَى اللّٰهِ　偽善は人に見えなくても,神様は良くご存じである

نُفَايَة <نفى [複] -ات ❖ ゴミ,廃棄物

نُفَايَة الْمَطْبَخِ　台所のゴミ

نُفَايَات نَوَوِيَّة　核廃棄物

نَفَثَ (u, i) [名] نَفْث ❖ 噴出する;吐き出す,吐く [名] 吐く事;唾

تَلْدَغُ الْحَيَّةُ لِتَنْفُثَ السُّمَّ　蛇は毒を噴出する為に咬む

نَفَخَ (u) [名] نَفْخ ❖ 吹く,吹き込む(ه/〜فِي:〜を) [名] 吹き込む事

نَفَخَ فِي الْبُوقِ النُّحَاسِيِّ　トランペットを吹いた

نَفَخَ فِي رُوحِهِ　元気づけた/励ました

نَفْخَة ❖ 一吹き;膨らむ事,膨張

أَكْلُ الْحُبُوبِ يُوَلِّدُ نَفْخَةً فِي الْبَطْنِ　豆料理はお腹が膨らむ(ガスが出る)

نَفِدَ (a) ❖ 尽きる, 無くなる

نَفِدَتِ الْبِضَاعَةُ　その商品は売り切れました

نَفِدَ مَالُهُ　お金が尽きた

نَفَذَ (u) 名 نَفَاذ / نُفُوذ ❖ 貫く; 至る; 実行される 名 貫通; 実行; 影響

لَا بُدَّ لِإِرَادَةِ اللّٰهِ أَنْ تَنْفُذَ　必ずや神の意志は貫かれる

يَنْفُذُ الطَّرِيقُ إِلَى مَيْدَانِ الْمَدِينَةِ　道は街の広場に至る(通じる)

نَفَاذُ الْبَصِيرَةِ　洞察力

نَفَّذَ < نفذ II 名 تَنْفِيذ ❖ 実行する, 遂行する 名 実行, 遂行; 実施, 執行

نَفَّذَ الْخُطَّةَ بِالضَّبْطِ (ُ)　その計画を正確に実行した

نُفِّذَ حُكْمُ إِعْدَامِهِ　死刑が執行された

سَيَقُومُ بِتَنْفِيذِ الشَّرْطِ　その条件を実行するだろう

تَنْفِيذُ الْمَشْرُوعِ　計画の実施

تَنْفِيذُ حُكْمِ الْإِعْدَامِ　死刑(の)執行

نَفَرَ (u, i) ❖ 後ずさりする, 逃げる; 避ける

حَتَّى الْقِطَّةُ تَنْفُرُ مِنَ السَّمَكِ الْفَاسِدِ　腐った魚は猫でも後ずさりする

نَفَّرَ < نفر II 名 تَنْفِير ❖ びっくりさせる; 後ずさりさせる 名 おどし, 恐怖

نَفَّرَهُ بِشَكْلِهِ الْقَبِيحِ　醜い姿が彼をびっくりさせた

نَفَرٌ < نفر 複 أَنْفَار ❖ (3人から10人の男の)集団, グループ; 部隊

تَوَزَّعَ الْجُنُودُ، كُلُّ نَفَرٍ فِي مُهِمَّةٍ　兵士達は(部隊に)分けられたが, どの部隊も重要であった

نَفُسَ (u) ❖ 価値がある, 価値を増す; 貴重である

تَنْفُسُ التُّحْفَةُ مَعَ مُرُورِ الزَّمَنِ　傑作は時の経過と共に価値を増す

نَفَّسَ < نفس II 名 تَنْفِيس ❖ (苦痛, 悩みから)救い出す; 空気を出す 名 換気

نَفِّسْ عَجَلَةَ السَّيَّارَةِ قَلِيلًا　自動車のタイヤの空気を少し抜きなさい

نَفَسٌ 複 أَنْفَاس ❖ 男 息, 呼吸; (タバコの)一服

خُذْ نَفَسًا عَمِيقًا　深呼吸しなさい

أَمْسَكَ أَنْفَاسَهُ　息を殺した

يُدَخِّنُ نَفَسًا بَعْدَ عَمَلِهِ　仕事を終わったら，タバコを一服する

نَفْس ❖ 女 精神，心，魂 男 人；自身；同じ　複 أَنْفُس / نُفُوس

بِنَفْسِهِ / نَفْسُهُ　彼自身で/自分自身で

قَالَ بِنَفْسِهِ　独り言を言った

قَدَّمَ نَفْسَهُ　自己紹介(を)した

نَفْسُ الشَّيْءِ　同じ物

نَفْسُ الْأَمْرِ　事の本質

مَحَبَّةُ النَّفْسِ　我がまま/利己主義

فِي نَفْسِ الْأَمْرِ (الْوَاقِعِ)　実際は/現実は

ضَبْطُ النَّفْسِ　自制心

عِلْمُ النَّفْسِ　心理学

جَلَسَ حَوْلَ النَّارِ اثْنَا عَشَرَ نَفْسًا　火の回りに１２人の人が座った

فِي نَفْسِ الْوَقْتِ / فِي الْوَقْتِ نَفْسِهِ　同時に

نَفْسَانِيّ / نَفْسِيّ < نفس ❖ 心理学の；心理的な，精神的な

طِبٌّ نَفْسَانِيٌّ　精神医学

عَالِمٌ نَفْسِيٌّ　心理学者

نَفَشَ (u) ❖ (鳥が羽を)逆立てる；(羊毛や髪を)ぼさぼさにする

نَفَشَ الرِّيشَ　(鳥が)羽を逆立てた

نَفَشَ الْمُزَيِّنُ شَعْرَ السَّيِّدَةِ ثُمَّ سَرَّحَهُ　美容師は婦人の髪をぼさぼさにしてから，梳いた

نَفَضَ (u) ❖ 快復する；起きる；振り払う；しぼむ/萎む　名 نُفُوض
名 快復；起床

نَفَضَ مِنْ مَرَضِهِ　病気から快復した

نَفَضَ مِنْ نَوْمِهِ، فَلَبِسَ ثِيَابَهُ　起床して，服を着た

تَرَاكَمَ الْغُبَارُ عَلَى ثَوْبِكَ، فَانْفُضْهُ　服に埃が掛かっています，振り払いなさい

نِفْط ❖ 石油
(َ)

مُنَظَّمَةُ الْبُلْدَانِ الْمُصَدِّرَةِ لِلنَّفْطِ　石油輸出国機構/OPEC

نَاقِلَةُ نَفْطٍ　石油タンカー

نَفْطٌ خَامٌ　原油

نَفْع 名 نَفَعَ (a) ❖ 役に立つ,有益である 名 有益,有用

لَا يَنْفَعُ　役に立たない/無駄である

لَا يَنْفَعُ الشَّجَرُ النَّاسَ　その木は人の役に立たない

لَا نَفْعَ فِي هٰذَا الدَّوَاءِ الْقَدِيمِ　この古い薬は効き目がない

نَفَاق 名 نَفَقَ (u) ❖ 良く売れる,需要がある;品切れになる;(動物が)死ぬ,滅びる(名 نُفُوق) 名 繁盛

نَفَقَتِ الْبِضَاعَةُ بِفَضْلِ الدِّعَايَةِ　宣伝のおかげで商品が良く売れた

نَفَقَ الْفِيلُ　象が死んだ

نَفِقَ (َ) (a) ❖ 使い尽くされる,費やす

نَفِقَ مَالُهُ　彼のお金が尽きた

II نفق < نَفَّقَ ❖ 売る,良く売る

اَلدِّعَايَةُ تُنَفِّقُ السِّلْعَةَ　宣伝が商品を売る

أَنْفَاق 複 نَفَقٌ ❖ 地下道,トンネル

دَخَلَ الْقِطَارُ فَجْأَةً فِي نَفَقٍ مُظْلِمٍ　<u>汽車</u>(列車)は急に暗いトンネルに入った

ـات 複 نَفَقَة ❖ 出費,費用,経費

أَقْتَصِدُ فِي النَّفَقَةِ　私は出費を節約する

تَحَمَّلَ النَّفَقَةَ　その費用を負担した

نَفَقَةُ اللَّازِمَةِ　必要経費

خَفَّضَ نَفَقَاتِ <u>الْمَعِيشَةِ</u> (الْحَيَاةِ)　生活費を<u>切り詰めた</u>(節約した)

نفذ < نُفُوذ ❖ 影響力,勢力,支配力

ذُو نُفُوذٍ سِيَاسِيٍّ　政治力のある

لَهُ نُفُوذٌ شَعْبِيٌّ　彼は国民に影響力を持っている

بَسَطَ نُفُوذَهُ عَلَى~　~に支配を<u>広げた</u>(及ぼした)

نَفْيٌ<نفو ❖ 否定;追放

حَرْف النَّفْيِ　否定詞[文法]

أَجَابَ بِالنَّفْيِ　否定的に答えた/否定した

حُكِمَ عَلَى الرَّجُلِ بِالنَّفْيِ　その男に追放の判決が出た

لِلنَّفْيِ أَدَوَاتٌ مِنْهَا : مَا، لاَ، لَمْ، لَنْ　否定詞にはمَا, لاَ, لَمْ, لَنْがある

نَفِيرٌ<نفر 複 أَنْفَارٌ ❖ トランペット,ラッパ[楽器];バンド,集団

سَمِعَ الْجُنُودُ صَوْتَ النَّفِيرِ، فَاجْتَمَعُوا　兵士達はラッパの音を聞いて,集まった

هَلْ جَمَعْتَ الْأَنْفَارَ لِجَنْيِ الْقُطْنِ ؟　(あなたは)綿花を集める人達を集めましたか

نَفِيس<نفس ❖ 価値のある,高価な,貴重な

الْمَسَابِح النَّفِيسَة　複価値のある(高価な)数珠

الْمَعَادِن النَّفِيسَة　貴金属

نَقَّ، يَنِقُّ 名 نَقِيق ❖ (蛙が)鳴く,(雌鶏がこっこっと)鳴く
名(蛙の鳴き声)げこげこ,(雌鶏の鳴き声)こっこっ

نَقَّتِ الضِّفْدَعَةُ　蛙が鳴いた

نَقَّى<نقو II 名 تَنْقِيَة ❖ きれいにする,純化する;駆除する;選ぶ,選択する
名純化;選り分ける事,選別

رَشَّ الْمُبِيدَ، وَنَقَّى الدُّودَةَ　薬を撒いて,害虫を駆除した

وَضَعَتْ جَدَّتِي نَظَّارَتَهَا لِتُنَقِّيَ الْفُولَاتِ　祖母は豆を選り分ける為に,眼鏡を掛けた

نَقِّ الشَّمْسِيَّةَ الَّتِي تُفَضِّلُهَا　好きな傘を選びなさい

نِقَابَة<نقب 複 ـات ❖ 組合;団体

نِقَابَة الْعُمَّال　労働組合

أَضْرَبَتِ النِّقَابَةُ مُطَالَبَةً بِزِيَادَةِ الْأُجُورِ　組合は賃上げを要求して,ストライキに入った

نِقَاش<نقش ❖ 議論,討論

قَادَ النِّقَاشُ إِلَى التَّفَاهُمِ وَالْوِفَاقِ　議論は相互理解と協調をもたらした

نَقَاهَة<نقه ❖ 快方,快復

هُوَ الْآنَ فِي فَتْرَةِ نَقَاهَةٍ بَعْدَ الشِّفَاءِ　今,彼は病気が治って,快復する途中です

أ ب ت ث ج ح خ د ذ ر ز س ش ص ض ط ظ ع غ ف ق ك ل م ن هـ و ي

نَقَبَ (u) ❖ 穴を空ける,穿つ;掘る;探す;探検する

نَنْقُبُ الْجِدَارَ لِنَهْرُبَ مِنْهُ　逃げるために,壁に穴を空けよう

نَقَّبَ＜نقب II 名 تَنْقِيب ❖ 掘削する;発掘する;調査する,調べる,探査する
名 掘削;発掘;調査

تُنَقِّبُ الشَّرِكَةُ عَنِ النَّفْطِ　企業は石油を求めて掘削する

نَقَّبَ عَنِ الْآثَارِ　遺跡を発掘した

نَقَّحَ＜نقح II 名 تَنْقِيح ❖ 改訂する;訂正する;改善する 名 改訂;訂正,修正

نَقَّحَ الْقَامُوسَ　辞書を改訂した

نَقَدَ (u) 名 نَقْد 複 نُقُود 関 نَقْدِيّ ❖ 支払う;(鳥が餌を)ついばむ;批評する
名 現金,貨幣;批判,批評 関 貨幣の;批評の

نَقَدَ أَبِي الْبَائِعَ ثَمَنَ الْبُرْتُقَالِ　父はオレンジの代金を売り子に支払った

نَقَدَ الطَّائِرُ الْحُبُوبَ　鳥が穀物をついばんだ

نَقْدًا　現金で

يُدَرِّبُنَا الْأُسْتَاذُ عَلَى النَّقْدِ الْأَدَبِيِّ　教授は私達に文芸批評を指導しています

تَضَخُّم نَقْدِيّ　インフレ/インフレーション

نَقَرَ (u) 名 نَقْر ❖ 掘る;(鳥が)ついばむ;(手で)叩く
名 穴掘り,掘削;穴;叩き

تَنْقُرُ الدَّجَاجَةُ الْحَبَّ نَقْرًا　一羽の鶏が穀物をついばんでいる

يَنْقُرُ الطَّبْلَةَ نَقْرًا خَفِيفًا　太鼓を軽く叩く

يَرْقُصُ الْفَلَّاحُونَ عَلَى نَقْرِ الدُّفِّ　農民達はタンバリンの弾かれる音に合わせて踊る

نَقَشَ (u) 名 نَقْش 複 نُقُوش ❖ まだらに色を塗る;塗る;彫る,刻む,彫刻する(～عَلَى:～に) 名 塗る事;彫る事,彫刻

أُرِيدُ أَنْ تَنْقُشَ عَلَيْهِ هٰذَا الْحَرْفَ　この文字をその上に彫って欲しい

نَقَّشَ＜نقش II ❖ 塗る,描く;彫る

نَقَّشَ الرُّسُومَ بِأَلْوَانٍ جَمِيلَةٍ　美しい色で絵を塗った

نَقَّشَ الرُّخَامَ　大理石を彫った

نَقَصَ (u) 名 نَقْص/ نُقْصَان ❖ (～が)不足する,欠乏する,欠ける ※主語の～には欠けているもの 名 不足,欠乏;不備

نَقَصَتِ الْخِبْرَةُ　経験が不足した

نَقْص الْعَقْل　頭が弱い

عَوَّض النَّقْص　不足を補った

مُرَكَّب نَقْصٍ　劣等感

نَقَضَ (u) 名 نَقْض　❖壊す;(契約を)無効にする,失効させる,破る;拒否する 名破壊;無効,破棄;拒否

اُنْقُضْ بَيْتَكَ الْقَدِيمَ، وَابْنِ بَيْتًا جَدِيدًا　あなたの古い家を壊して,新しい家を建てなさい

نَقْض الْحُكْم　判決の破棄

حَقُّ النَّقْض　拒否権

نَقَّطَ <نقط II　❖(アラビア語に)発音符号を付ける;染みを付ける;滴らせる;結婚祝いの贈り物をする

لَا تَنْسَ أَنْ تُنَقِّطَ الْحُرُوفَ فِي كِتَابَتِكَ　書いた文字に発音符号を付けるのを忘れるな

نُنَقِّطُ الْعَرُوسَيْنِ بِهَدِيَّةٍ　私達は結婚する二人に贈り物をする

نُقْطَة 複 نِقَاط/ نُقَط　❖点;コンマ,句読点

سَجَّلَ نِقَاطًا　点を入れた ※試合などで

نُقْطَة ضَعْف　弱点/急所

تُوجَدُ بَعْضُ النِّقَاطِ الْمُخْتَلِفَةِ　異なる点が幾つかある

اَلْبَاءُ تَحْمِلُ نُقْطَةً وَاحِدَةً　"ب"には点が一つあります

نَقَعَ (a) 名 نَقْع　❖(水に)浸す,漬ける 名(水に)浸す事;淀んだ水

تَنْقَعُ أُمِّي الْفُولَ فِي الْمَاءِ قَبْلَ طَبْخِهِ　母は豆を料理する前に,水に浸します

نَقَفَ (u)　❖軽く打つ,叩く,弾く;うち破る

بَدَأَتِ الْفِرَاخُ تَنْقُفُ الْبَيْضَ　雛が卵(の殻)を破り始めた

نَقَلَ (u) 名 نَقْل　❖運ぶ,移す;翻訳する,直す(〜إِلَى:〜に);伝える;引用する 名輸送,運送;翻訳;引用

نَقَلَتِ الشَّاحِنَةُ الْبَضَائِعَ　トラックが商品を運んだ

نَقَلْتُ الرِّسَالَةَ الْعَرَبِيَّةَ إِلَى الْيَابَانِيَّةِ　私がアラビア語の手紙を日本語に直しました

نَقَلَ الدَّمَ إِلَى~　〜に輸血した

شَرِكَة النَّقْل　運送会社(業者)

نَقَمَ (a) / نَقِمَ (i) ❖ 復讐する(～مِنْ:～に);罰する;怒る

إِنْ تَعْصَ أُمَّكَ يَنْقَمْ مِنْكَ أَبُوكَ　あなたが母親に逆らえば,父親が罰するでしょう

نَقْمَة (ـُ) 複 نِقَم / نَقَمَات ❖ 復讐;罰;憤り,怒り;恨み

أَخَافُ نِقْمَةَ الضَّمِيرِ　私は良心の呵責を恐れます

نَقِيّ<نقي 複 أَنْقِيَاء ❖ 純粋な,清い

اَلْهَوَاء النَّقِيّ　きれいな空気/新鮮な空気

نَقِيب<نقب 複 نُقَبَاء ❖ 指導者,頭,トップ;(軍の)将校,大尉

عُقِدَ الاجْتِمَاعُ بِرِئَاسَةِ النَّقِيبِ　会議が指導者の指揮のもとに開かれた

نَقِيض<نقض ❖ 形 反対の,逆の 名 反対,逆

عَلَى نَقِيضِ～　(～に)反する/(～と)逆の

عَلَى النَّقِيضِ　反対に/逆に

طَرَفَا النَّقِيضِ　両極端

اَلْبَيَاضُ نَقِيضُ السَّوَادِ　白は黒の反対です

نَقِيق<نق ❖ 蛙の鳴き声

نَقِيقُ الضَّفَادِعِ يُؤَرِّقُنَا لَيْلًا　夜の蛙の鳴き声は私達を眠らせない

نَكَبَ (u) ❖ 悩ます,苦しめる;逸れる,(風向きが)変わる

اَلدَّهْرُ غَادِرٌ، يُسْعِدُكَ مَرَّةً وَيَنْكُبُكَ أُخْرَى　運命は気まぐれである,ある時は(あなたを)幸せにし,またある時は苦しめる

نَكَبَتِ الرِّيحُ　風向きが変わった

نَكْبَة 複 نَكَبَات ❖ 破局,大厄災

اَلنَّكْبَة　ナクバ ※パレスチナ人が1948年のイスラエル建国により被った災難

أَصَابَ التُّسُونَامِي الْمِنْطَقَةَ بِنَكْبَةٍ فَادِحَةٍ　その地方を破局的な津波が襲った

نَكَّتَ<نكت II 名 تَنْكِيت ❖ 冗談を飛ばす(言う);からかう(～عَلَى:～を)

نَكَّتَ فِي قَوْلِهِ (كَلَامِهِ) 　冗<ruby>談<rt>じょうだん</rt></ruby>を<ruby>飛<rt>と</rt></ruby>ばした(<ruby>言<rt>い</rt></ruby>った)

❖نُكْتَة 複 نُكَت／نِكَات 　冗<ruby>談<rt>じょうだん</rt></ruby>;<ruby>小<rt>こ</rt></ruby><ruby>話<rt>ばなし</rt></ruby>,<ruby>笑<rt>わら</rt></ruby>い<ruby>話<rt>ばなし</rt></ruby>

رَوَى نُكْتَةً 　<ruby>小<rt>こ</rt></ruby><ruby>話<rt>ばなし</rt></ruby>をした

النُّكْتَةُ النَّاجِحَةُ تُثِيرُ الضَّحِكَ 　<ruby>良<rt>よ</rt></ruby>い<ruby>冗<rt>じょう</rt></ruby><ruby>談<rt>だん</rt></ruby>は<ruby>笑<rt>わら</rt></ruby>いをもたらす

❖نَكَّدَ ＜نكد 名 II تَنْكِيد 　<ruby>困難<rt>こんなん</rt></ruby>にする,<ruby>難<rt>むずか</rt></ruby>しくする;<ruby>苦<rt>くる</rt></ruby>しくする,<ruby>惨<rt>みじ</rt></ruby>めにする
　名 <ruby>困苦<rt>こんく</rt></ruby>,<ruby>苦<rt>くる</rt></ruby>しさ;<ruby>惨<rt>みじ</rt></ruby>めさ

كَثْرَةُ الْمَصَائِبِ تُنَكِّدُ عَيْشَنَا 　<ruby>災害<rt>さいがい</rt></ruby>の<ruby>増加<rt>ぞうか</rt></ruby>は<ruby>私<rt>わたし</rt></ruby><ruby>達<rt>たち</rt></ruby>の<ruby>生活<rt>せいかつ</rt></ruby>を<ruby>苦<rt>くる</rt></ruby>しくする

❖نُكْرَان ＜نكر 　<ruby>否定<rt>ひてい</rt></ruby>,<ruby>否認<rt>ひにん</rt></ruby>

لَا نُكْرَانَ 　<ruby>議論<rt>ぎろん</rt></ruby>の<ruby>余地<rt>よち</rt></ruby>が<ruby>無<rt>な</rt></ruby>い

نُكْرَان الْجَمِيل 　<ruby>恩知<rt>おんし</rt></ruby>らず／<ruby>忘恩<rt>ぼうおん</rt></ruby>の

نُكْرَان الذَّات 　<ruby>自己否定<rt>じこひてい</rt></ruby>

❖نَكِرَة ة 複 -ات 　<ruby>知<rt>し</rt></ruby>られていない<ruby>人<rt>ひと</rt></ruby>や<ruby>物<rt>もの</rt></ruby>,<ruby>無名<rt>むめい</rt></ruby>の<ruby>人<rt>ひと</rt></ruby>や<ruby>物<rt>もの</rt></ruby>

اسْم نَكِرَةٍ 　<ruby>不定名詞<rt>ふていめいし</rt></ruby>

هُوَ نَكِرَةٌ فِي الْقَوْمِ 　<ruby>彼<rt>かれ</rt></ruby>は<ruby>人<rt>ひと</rt></ruby>に<ruby>知<rt>し</rt></ruby>られていない(<ruby>無名<rt>むめい</rt></ruby>の<ruby>人物<rt>じんぶつ</rt></ruby>だ)

❖نَكَّسَ ＜نكس II 　<ruby>半旗<rt>はんき</rt></ruby>を<ruby>上<rt>あ</rt></ruby>げる;ひっくり<ruby>返<rt>かえ</rt></ruby>す;(<ruby>頭<rt>あたま</rt></ruby>を)<ruby>下<rt>さ</rt></ruby>げる

نَكَّسَتِ الدَّوْلَةُ الْأَعْلَامَ 　<ruby>国<rt>くに</rt></ruby>は<ruby>半旗<rt>はんき</rt></ruby>を<ruby>上<rt>あ</rt></ruby>げた

❖نَكَشَ (u) 　(<ruby>井戸<rt>いど</rt></ruby>の)<ruby>泥<rt>どろ</rt></ruby>をさらう,きれいにする

يَنْكُشُ الْعَامِلُ الْبِئْرَ 　<ruby>職人<rt>しょくにん</rt></ruby>が<ruby>井戸<rt>いど</rt></ruby>の<ruby>泥<rt>どろ</rt></ruby>をさらう

❖نَكَّلَ ＜نكل 名 II تَنْكِيل 　<ruby>虐待<rt>ぎゃくたい</rt></ruby>する(~بِ:~を);<ruby>罰<rt>ばっ</rt></ruby>する(~بِ:~を);
　<ruby>見<rt>み</rt></ruby>せしめにする 名 <ruby>虐待<rt>ぎゃくたい</rt></ruby>;<ruby>見<rt>み</rt></ruby>せしめ

نَكَّلَ الْجُنُودُ بِالْأَسْرَى 　<ruby>兵士達<rt>へいしたち</rt></ruby>は<ruby>捕虜<rt>ほりょ</rt></ruby>を<ruby>虐待<rt>ぎゃくたい</rt></ruby>した

❖نَكْهَة 　<ruby>匂<rt>にお</rt></ruby>い,<ruby>香<rt>かお</rt></ruby>り;<ruby>口臭<rt>こうしゅう</rt></ruby>

فِي الْكَعْكَةِ نَكْهَةُ لَيْمُونٍ شَهِيَّةٍ 　ケーキに<ruby>美味<rt>おい</rt></ruby>しそうなレモンの<ruby>香<rt>かお</rt></ruby>りがする

❖نَمَا・يَنْمُو ＜نمو 名 نُمُوّ 　<ruby>育<rt>そだ</rt></ruby>つ,<ruby>成長<rt>せいちょう</rt></ruby>する;<ruby>繁<rt>しげ</rt></ruby>る 名 <ruby>成長<rt>せいちょう</rt></ruby>

※ هِيَ نَمَتْ／أَنَا نَمَوْتُ

يَنْمُو الْأَرُزُّ فِي الْمَنَاطِقِ الدَّافِئَةِ 　<ruby>稲<rt>いね</rt></ruby>は<ruby>暖<rt>あたた</rt></ruby>かい<ruby>地方<rt>ちほう</rt></ruby>で<ruby>育<rt>そだ</rt></ruby>つ

النُّمُوّ الِاقْتِصَادِيّ 　<ruby>経済成長<rt>けいざいせいちょう</rt></ruby>

نَمَىٰ ، يَنْمِي ❖ 育つ, 成長する;栄える;せいにする(〜إِلَىٰ:〜の);(知らせが)届く(〜إِلَىٰ:〜に)

نَمَى النَّبَاتُ　植物が育った

نَمَيْتُ إِلَيْهِ الْفَشَلَ　私は失敗を彼のせいにした

نَمَّىٰ<نمى II 名 تَنْمِيَة ❖ 開発する;改善する;育てる 名 進歩;開発;育成;増加

نَمَّىٰ حُقُولَ النَّفْطِ　油田を開発した

اَلسَّمَادُ يُنَمِّي الزَّرْعَ　肥料が作物を育てる

تَنْمِيَةُ الْمُوَاصَلاتِ تُنْعِشُ الاقْتِصَادَ　交通の広がりが,経済を活気づける

نِمْرٌ / نَمِرٌ 複 نُمُرٌ / أَنْمَار ❖ 豹,虎

أَخَافُ النَّمِرَ أَكْثَرَ مِمَّا أَخَافُ الذِّئْبَ　私は狼より豹が怖い

نُمْرَة 複 نُمَر ❖ 番号,数字
(´)　(´)

نَمَشٌ ※ نَمَشَة ❖ 染み,そばかす ※1個の染み

ظَهَرَ فِي وَجْهِهَا نَمَشٌ　彼女の顔に染みが出た

نَمَطٌ 複 أَنْمَاط/ نِمَاط ❖ 方法,やり方;種類,タイプ

عَلَىٰ هٰذَا النَّمَطِ　この方法で/このやり方で

هُمْ عَلَىٰ نَمَطٍ وَاحِدٍ　彼らは皆,同じ様なものだ

نَمَّقَ<نمق II 名 تَنْمِيق ❖ (本を)美装する,飾る;書く 名 装飾;作文

جَلَّدَ الْكِتَابَ وَنَمَّقَهُ　本(のページ)を束ね,美しい表紙を付けた

نَمْل 複 نِمَال ※ نَمْلَة ❖ アリ/蟻 ※1匹の蟻

نَمْل أَبْيَض (نَمْلَة بَيْضَاء)　シロアリ ※( )内は単数

نَمُوذَج (نُ) 複 ـات/ نَمَاذِج ❖ 見本,モデル

صَنَعَ الْإِسْكَافُ أَحْذِيَتَهُ عَلَىٰ نُمُوذَجٍ وَاحِدٍ　靴屋は見本の靴を一つ作った

نَهَىٰ ، يَنْهَىٰ/ نَهَا ، يَنْهُو<نهو ❖ 禁じる(〜عَنْ:〜を);妨げる(〜عَنْ:〜を)

اَلدِّينُ يَنْهَىٰ عَنِ الْمُنْكَرِ　宗教は非行を禁じる

ضَمِيرُكَ يَنْهَاكَ عَنِ الْغِشِّ وَالْكَذِبِ　良心が嘘や欺瞞をあなたに禁ずる

نُهًى<نهو ❖ 知性;頭脳 ※定 اَلنُّهَى

يَمْتَازُ الْإِنْسَانُ بِالْأُنْسِ وَالنُّهَى　人はその社会性と知性において際立っている

نَهَارٌ<نهر ❖ 昼,昼間 複 أَنْهُر / نُهُر

نَهَارُكَ سَعِيدٌ !　今日は!

طَوَالَ النَّهَارِ　一日中

يَطُولُ النَّهَارُ فِي فَصْلِ الشِّتَاءِ هُنَا　ここの冬は昼間が長い

نِهَايَة<نهو ❖ 終わり, 終了

نِهَايَةً / فِي النِّهَايَةِ　とうとう/最後に

مَا لَا نِهَايَةَ　無限大

لِكُلِّ شَيْءٍ نِهَايَةٌ　全てに終わりがある

نَهَبَ (a,u) ❖ 強盗を働く, 略奪する 名 強盗, 略奪;戦利品 名 نَهْب 複 نِهَاب/نُهُوب

نَهَبَ الْأَرْضَ (الطَّرِيقَ) إِلَى~　~へ全速力で行った/~へ全力で疾走した

دَخَلَ الْغُزَاةُ الْمَدِينَةَ فَنَهَبُوا وَقَتَّلُوا　強盗団が街に入り, 略奪と殺りくを行った

رَجَعَ الْجَيْشُ بِالنِّهَابِ　軍隊は略奪を行った

نَهَجَ (a) ❖ 進む;従う,辿る;はっきりさせる 名 道,進路;方法 名 نَهْج 複 نُهُوج/نُهُج

أَيَّ طَرِيقٍ نَنْهَجُ ؟　どちらの道を進みましょうか

اَلنَّهْجُ الْقَوِيمُ　正しい道/適切な方法

نَهَرَ (a) ❖ (血,水などが)ほとばしる,流れる;叱る;追い立てる 名 川/河;(新聞などの)コラム 名 نَهْر 複 أَنْهَار / نُهُور / أَنْهُر

أَتَنْهَرُ الْفَقِيرَ السَّائِلَ ، بَدَلَ أَنْ تُحْسِنَ إِلَيْهِ ؟　あなたは物を乞う貧しい人に施しをしないで, 追い立てるのですか

شَاطِئُ النَّهْرِ　川岸

نَهْرٌ جَلِيدٌ　氷河

مَا بَيْنَ النَّهْرَيْنِ　メソポタミア

نَهَشَ (a) ❖ (蛇が)かむ/噛む

نَهَشَتْهُ الْحَيَّةُ　蛇が彼をかんだ

نَهَضَ (a) 名 نُهُوض/نَهْض ❖ 起きる(〜عَنْ:〜から)；殺到する(〜إِلَى:〜に)；勧める(〜بِـ:〜を)；逆らう(〜عَلَى:〜に)；準備する(〜لِـ:〜を)；始める(〜لِـ:〜を) 名 起床；勇気づけ

نَهَضَ عَنِ السَّرِيرِ　ベッドから起きた

اِعْتَادَ النُّهُوضَ بَاكِرًا　朝早く起きる事(早起き)に慣れた

نَهْضَة 複 -ات ❖ 復興，再生；起立

كَانَ لُبْنَانُ رَائِدَ النَّهْضَةِ الْعَرَبِيَّةِ　レバノンはアラブ復興のリーダーだった

نَهَقَ (a) ❖ (ロバが)いななく

يَنْهَقُ الْحِمَارُ فِي سُكُونِ اللَّيْلِ　夜の静けさの中でロバがいななく

نَهَمٌ ❖ 旺盛な食欲

نَهَمُهُ فِي الْأَكْلِ غَيْرُ مَعْقُولٍ　彼の旺盛な食欲はとてつもない

نَهِمٌ ❖ 形 食欲の旺盛な 名 大食いの人

يَا لَهُ مِنْ أَكُولٍ نَهِمٍ !　彼は何と食欲が旺盛なのだろう

نَهِيقٌ＜نهق ❖ ロバの鳴き声

نَهِيقُ الْحِمَارِ مُزْعِجٌ　ロバの鳴き声はうっとおしい

نَوَى، يَنْوِي ※ هِيَ نَوَتْ/أَنَا نَوَيْتُ ❖ 〜するつもりである；決心する(〜أَنْ:〜する事を)

أَنْوِي السَّفَرَ إِلَى طُوكِيُو　私は東京に行くつもりです

هَلْ تَنْوُونَ أَنْ تَسْبَحُوا؟　あなた達は泳ぐつもりですか

نَوَاة＜نوى 複 نَوَيَات ❖ 核，実，芯

نَوَاةُ الذَّرَّةِ　原子核

نَوْبَة 複 نُوَب ❖ 交代，シフト，ローテーション；番；発作，引き付け

بِالنَّوْبَةِ　順番に/一つずつ

نَوْبَةُ سُعَالٍ　咳き込み/咳きの発作

نَوْبَةٌ قَلْبِيَّةٌ　心臓発作

(اَلْ)نُوبَة / بِلَادُ النُّوبَةِ ❖ ヌビア ※エジプト南部とスーダン北部の一帯

نُوت / نُوتَة ❖ 音符

نُوتَة مُوسِيقِيَّة　楽譜

نَوَّرَ < نور II　❖花を咲かす;灯りをつける;日が射す

نَوَّرَتْ أَشْجَارُ الْكَرَزِ مُعْلِنَةً مَجِيءَ الرَّبِيعِ　桜の木が春の到来を告げる花を咲かせた

عِنْدَمَا نَوَّرَ الصُّبْحُ، نَهَضْنَا لِلْعَمَلِ　朝に日が射すと，私達は仕事を始めた

نُورٌ 複 أَنْوَار　❖明かり，光り；輝き

أَضَاءَ (أَطْفَأَ) النُّورَ　明かりを点けた(消した)

صَبَاحُ النُّورِ　おはようございます ※صَبَاحُ الْخَيْرِ への答礼

مَسَاءُ النُّورِ　今晩は ※مَسَاءُ الْخَيْرِ への答礼

نَوْرَج 複 نَوَارِج　❖脱穀機

تُهَشِّمُ النَّوْرَجُ السَّنَابِلَ بِسُرْعَةٍ　脱穀機は速く脱穀が出来ます

نَوَّعَ < نوع II 名 تَنْوِيع　❖分類する;多様化する;変更する 名 多様化;変更

نَوَّعَ الْمَأْكُولَاتِ　食事を多様化した

نَوْع 複 أَنْوَاع　❖種類，タイプ;質

نَوْعًا مَا　いくらか/少々

نَوْعًا وَكَمِّيَّةً /نَوْعًا وَكَمِّيًّا　質と量

أَنْوَاع كَثِيرَة مِنَ الْأَسْمَاكِ　沢山の種類の魚

نُوفَمْبَرُ　❖十一月/１１月 ※西暦の十一月

يَمْتَدُّ الْخَرِيفُ مِنْ سِبْتَمْبَرَ إِلَى نُوفَمْبَرَ فِي الْيَابَانِ　日本では秋は九月から十一月です

نَوَّمَ < نوم II 名 تَنْوِيم　❖(子供をあやして)寝かす，眠らせる;麻酔をかける;催眠術をかける 名 寝かす事;催眠術;麻酔

إِبْرَةٌ مِنَ الْمُخَدِّرِ نَوَّمَتِ الْمَرِيضَ　麻酔の注射が患者を眠らせた

نَوْم　❖眠り，睡眠

اَلصَّلَاةُ خَيْرٌ مِنَ النَّوْمِ　祈りは眠りより良い

نَوَوِيّ < نوى　❖原子の;核の 名原子;核

نَاشَدَ حَظْرَ الْأَسْلِحَةِ النَّوَوِيَّةِ　核兵器の禁止を訴えた

ـنِي ❖ 私を，私に ※1人称単数代名詞の接続形

أَعْطِنِي حُرِّيَّتِي　私に自由を下さい

نَيْء / نِيء / نِيّ ❖ 生の；調理されていない

يَأْكُلُ الْيَابَانِيُّونَ السَّمَكَ النَّيْءَ　日本人は魚を生で食べる

نِيَابَة ＜ نوب ❖ 代表；代理；検察

رَئِيسُ النِّيَابَةِ　主任検事

اَلنِّيَابَةُ تَكْلِيفٌ، لَيْسَتْ تَشْرِيفًا　代表である事は面倒であり，名誉な事ではない

نِيَابِيّ ＜ نوب ❖ 委任された，代理の；代表の

حُكُومَة نِيَابِيَّة　代議政体/議会制

مَجْلِس نِيَابِيّ　議会/国会

نِيَّة ＜ نوى 複 ـات/نَوَايَا ❖ 意向，意志，意図；決意，決心

لَا نِيَّةَ لَهُ فِي السَّفَرِ الْآنَ　彼には今，旅に出る意志は無い(つもりは無い)

لَيْسَ فِي نِيَّتِي الِاعْتِذَارُ　私に謝罪する意志はない

اَلْمَبْدَأُ وَالنِّيَّةُ الْحَقِيقِيَّةُ　本音と建て前

نَيِّر ＜ نور ❖ 輝く；明快な；明るい，光っている

اَلنَّيِّرَانِ　太陽と月　※二つの輝くもの

نِير ＜ نير 複 أَنْيَار / نِيرَان ❖ (牛の首にかける)くび木/頸木

يَحْمِلُ الثَّوْرُ نِيرَهُ　牛はくび木を付けている

نَيْزَك 複 نَيَازِك ❖ 流れ星；短い槍

شَاهَدْنَا نَيَازِكَ　私達は流れ星を見た

نَيْسَان ❖ ナイサーン ※シリア暦の4月

أَيَّامُ نَيْسَانَ ٣٠　ナイサーンは30日あります

نَيْل ❖ ⇒ نَالَ 名

نَيْلُون ❖ ナイロン

حَلَّ النَّيْلُونُ مَحَلَّ مَوَادَّ كَثِيرَةٍ　ナイロンは沢山の物質に取って代わった

حَرْفُ الهَاء

ه

ـهُ ❖ 彼を(に);彼の;それを(に);それの
※3人称男性単数代名詞の接続形

سَاعَدْتُهُ　私は彼(それ)を助けた

كِتَابُهُ　彼の本は

ـهَا ❖ 彼女を(に);彼女の;それを(に);それの
※3人称女性単数および物の複数の接続形

هُوَ ضَرَبَهَا　彼は彼女(それ)を殴った

أَسْعَدَ الْجَدَّةَ أَنْ يَكُونَ مَعَهَا إِنْسَانٌ تَتَحَدَّثُ إِلَيْهِ　話し相手が出来た事が,お祖母さんを喜ばせた

هَا ❖ ほら,そら,見よ ※人称代名詞主格の前に来る

هَا هُوَ　ほら,ここだ/ほらそこだ

هَا هُوَ (هِيَ) ~　はい,これが~です ※(女)

هَاكَ　ほら,君のだ/そこに君はいたのか

هَا الْكِتَابَ الَّذِي طَلَبْتَهُ　ほら,君が頼んでいた本だ

هَائِج <هيج ❖ 興奮した;怒った,怒った;荒れた

هَاجَ هَائِجُهُ　激怒した/とても怒った

كَانَتِ الْأَمْوَاجُ هَائِجَةً　波が荒かった

هَائِل <هول ❖ 恐ろしい;驚くべき;莫大な,巨大な

هَائِل الْحَجْم　巨大な

شَبَّ فِي الْجَبَلِ حَرِيقٌ هَائِلٌ　山で恐ろしい火事があった

هَابَ ، يَهَابُ <هيب 名 هَيْبَة ❖ 恐れる;敬う,尊敬する 名 恐れ;尊敬,威厳
※ هِيَ هَابَتْ/ أَنَا هِبْتُ

اَلْمُؤْمِنُ يَهَابُ اللّٰهَ　信仰深き人は神を恐れる

مَنْ هَابَ خَابَ　恐れる者は失敗する/虎穴に入らずんば虎児を得ず[格言]

هَاتِ 女 **هَاتِي** <هيت 男複 هَاتُوا 女複 هَاتِينَ ❖ (~を)下さい;(~を)持って来て下さい

هَاتِ لِي~　私に~を下さい

فَهَاتِ ثَمَنَ مَا أَكَلْتَ　さぁ,あなたが食べた代金を下さい

هَاتَانِ 対属 هَاتَيْنِ ❖ = هٰتَانِ

هَاتَرَ <هتر III 名 مُهَاتَرَة 複 ـات ❖ ののしる,侮辱する 名 ののしり,侮辱 複 口論

مِنْ عَادَةِ أُمِّ عَلِيٍّ أَنْ تُهَاتِرَ جَارَتَهَا　いつもアリの母は隣の人(隣人)を悪く言う

هَاتِف <هتف 関 هَاتِفِيّ ❖ 叫び;電話,拡声器(複 هَوَاتِف) 関 電話の,電話による

هَاتِف الْقَلْب　内なる声/心の声

رَنَّ جَرَسُ الْهَاتِفِ　電話のベルが鳴った

دَلِيل الْهَاتِف　電話帳

بِالْهَاتِف/ هَاتِفِيًّا　電話で

مُكَالَمَة هَاتِفِيَّة　通話/電話での会話

اتَّصَلَ بـ~ (بِالْهَاتِف)　~に電話をした

سَأَتَّصِلُ بِكَ بِالْهَاتِف　あなたに電話で連絡しますね

هَاجَ ، يَهِيجُ <هيج 名 هَيْج / هَيَجَان ❖ 興奮する;激怒する;(海が)荒れる;興奮させる 名 興奮;荒れる事

هَاجَ الْبَحْرُ　海が荒れた(時化た)

اَللَّوْنُ الْأَحْمَرُ يَهِيجُ الثَّوْرَ　赤い色は牛を興奮させる

هَاجَى <هجو III 名 مُهَاجَاة ❖ あざ笑う;風刺する,中傷する 名 風刺,中傷

هَاجَى الْقِرْدُ السَّرَطَانَ　猿は蟹をあざ笑った

هَاجَرَ <هجر III 名 مُهَاجَرَة ❖ 移住する 名 移住

هَاجَرَتْ عَائِلَتُهُ إِلَى الْبَرَازِيل　彼の家族はブラジルに移住した

هَاجِرَة <هجر 複 هَوَاجِر ❖ 昼間,日中;昼間の暑さ

هُوَ سَارَ مُرْهِقًا فِي الْهَاجِرَةِ

<ruby>昼間<rt>ひるま</rt></ruby>の<ruby>暑<rt>あつ</rt></ruby>さの<ruby>中<rt>なか</rt></ruby>を<ruby>歩<rt>ある</rt></ruby>いて<ruby>疲<rt>つか</rt></ruby>れた

هَاجِس >هجس< 複 هَوَاجِس ✿ <ruby>考<rt>かんが</rt></ruby>え;<ruby>願<rt>ねが</rt></ruby>い;<ruby>妄想<rt>もうそう</rt></ruby>;<ruby>疑惑<rt>ぎわく</rt></ruby> 複 <ruby>固定観念<rt>こていかんねん</rt></ruby>;<ruby>早合点<rt>はやがてん</rt></ruby>/<ruby>早合点<rt>はやがってん</rt></ruby>

هَاجِس فَتَيَاتِ الْيَوْمَ نَحَافَةُ أَجْسَامِهِنَّ

<ruby>今<rt>いま</rt></ruby>の<ruby>若<rt>わか</rt></ruby>い<ruby>娘<rt>むすめ</rt></ruby>は<ruby>痩<rt>や</rt></ruby>せたい<ruby>願望<rt>がんぼう</rt></ruby>がある

هَاجَم >هجم< III مُهَاجَمَة 名 ✿ <ruby>襲<rt>おそ</rt></ruby>う,<ruby>攻撃<rt>こうげき</rt></ruby>する 名 <ruby>襲撃<rt>しゅうげき</rt></ruby>,<ruby>攻撃<rt>こうげき</rt></ruby> 受 <ruby>襲<rt>おそ</rt></ruby>われる,<ruby>攻撃<rt>こうげき</rt></ruby>される

هَاجَمَ الذِّئْبُ قَطِيعَ الْغَنَمِ

<ruby>狼<rt>おおかみ</rt></ruby>は<ruby>羊<rt>ひつじ</rt></ruby>の<ruby>群<rt>むれ</rt></ruby>を<ruby>襲<rt>おそ</rt></ruby>った

هُوجِمَ الْقِطَارُ

<ruby>列車<rt>れっしゃ</rt></ruby>が<ruby>襲<rt>おそ</rt></ruby>われた

هَادِئ >هدأ< ✿ <ruby>静<rt>しず</rt></ruby>かな,<ruby>穏<rt>おだ</rt></ruby>やかな,<ruby>平穏<rt>へいおん</rt></ruby>な;<ruby>大人<rt>おとな</rt></ruby>しい

هَادِئُ الْبَالِ (الْقَلْبِ)

<ruby>気持<rt>きも</rt></ruby>ちの<ruby>落<rt>お</rt></ruby>ち<ruby>着<rt>つ</rt></ruby>いた

لَيْلَة هَادِئَة

<ruby>静<rt>しず</rt></ruby>かな<ruby>夜<rt>よる</rt></ruby>

الْمُحِيطُ الْهَادِئُ

<ruby>太平洋<rt>たいへいよう</rt></ruby>

طِفْل هَادِئ

<ruby>大人<rt>おとな</rt></ruby>しい<ruby>子供<rt>こども</rt></ruby>

هَادَن >هدن< III مُهَادَنَة 名 ✿ <ruby>和解<rt>わかい</rt></ruby>する,<ruby>和睦<rt>わぼく</rt></ruby>する;<ruby>休戦協定<rt>きゅうせんきょうてい</rt></ruby>を<ruby>結<rt>むす</rt></ruby>ぶ 名 <ruby>和解<rt>わかい</rt></ruby>,<ruby>和睦<rt>わぼく</rt></ruby>

تَدَخَّلَ الْمُصَالِحُونَ ، فَهَادَنْتُ جَارِي

<ruby>仲介者<rt>ちゅうかいしゃ</rt></ruby>が<ruby>入<rt>はい</rt></ruby>ったので, <ruby>私<rt>わたし</rt></ruby>は<ruby>隣人<rt>りんじん</rt></ruby>と<ruby>和解<rt>わかい</rt></ruby>した

هَادَن خَصْمَهُ

<ruby>敵<rt>てき</rt></ruby>と<ruby>和睦<rt>わぼく</rt></ruby>した

هَارَش >هرش< III مُهَارَشَة 名 / هِرَاش ✿ <ruby>争<rt>あらそ</rt></ruby>わせる,けんかさせる 名 けんか

هَارَشَ كَلْبَهُ عَلَى كَلْبِ أَحْمَد

<ruby>彼<rt>かれ</rt></ruby>は<ruby>自分<rt>じぶん</rt></ruby>の<ruby>犬<rt>いぬ</rt></ruby>をアフマドの<ruby>犬<rt>いぬ</rt></ruby>とけんかさせた

هَازَل >هزل< III ✿ からかう,<ruby>茶化<rt>ちゃか</rt></ruby>す,<ruby>冗談<rt>じょうだん</rt></ruby>を<ruby>言<rt>い</rt></ruby>う

يُحِبُّ أَنْ يُهَازِلَ كَلْبَهُ

<ruby>彼<rt>かれ</rt></ruby>は<ruby>自分<rt>じぶん</rt></ruby>の<ruby>犬<rt>いぬ</rt></ruby>をからかうのが<ruby>好<rt>す</rt></ruby>きだ

هَاشَ • يَهُوشُ >هوش< ✿ <ruby>興奮<rt>こうふん</rt></ruby>する

يَهُوشُ الْكَلْبُ كُلَّمَا اقْتَرَبَ مِنَ الْبَيْتِ غَرِيبٌ

その<ruby>犬<rt>いぬ</rt></ruby>は<ruby>家<rt>いえ</rt></ruby>に<ruby>近<rt>ちか</rt></ruby>づく<ruby>見知<rt>みし</rt></ruby>らぬもの<ruby>全<rt>すべ</rt></ruby>てに<ruby>興奮<rt>こうふん</rt></ruby>する

هَالَ • يَهُولُ >هول< هَوْل 名 ✿ <ruby>脅<rt>おど</rt></ruby>す,<ruby>怖<rt>こわ</rt></ruby>がらせる 名 <ruby>恐怖<rt>きょうふ</rt></ruby>;<ruby>力<rt>ちから</rt></ruby>

هَالَ الزِّلْزَالُ السُّكَّانَ

<ruby>地震<rt>じしん</rt></ruby>は<ruby>住民<rt>じゅうみん</rt></ruby>を<ruby>怖<rt>こわ</rt></ruby>がらせた

أَبُو الْهَوْلِ

スフィンクス

هَالَ • يَهِيلُ >هول< هَيْل 名 ✿ (<ruby>砂<rt>すな</rt></ruby>や<ruby>土<rt>つち</rt></ruby>などを)<ruby>盛<rt>も</rt></ruby>り<ruby>上<rt>あ</rt></ruby>げる;<ruby>掛<rt>か</rt></ruby>ける 名 <ruby>砂山<rt>すなやま</rt></ruby>,<ruby>砂丘<rt>さきゅう</rt></ruby>

مَا اسْتَقَرَّتِ الْجُثَّةُ فِي الْحُفْرَةِ ، حَتَّى بَدَأَ الرِّجَالُ يَهِيلُونَ التُّرَابَ عَلَيْهَا　死体が穴に安置されると,直ぐに男達はその上に土を掛け始めた

هَؤُلَاءِ <ذا ※ これらの;これらの人達

> ※هَذَا, هَذِهِ の複数形だが人のみに用いる。人以外の複数形には هَذِهِ を用いる

هَؤُلَاءِ مُدَرِّسُونَ لِلُّغَةِ الْيَابَانِيَّةِ　これらの(この)人達は日本語の先生です。

هَؤُلَاءِ الطَّالِبَاتُ مُسْلِمَاتٌ　これらの女学生はイスラム教徒です

هَالَةٌ <هول 複 -ات ※ (月や太陽の)かさ;(目の回りの)くま

إِذَا الْتَفَّ الْقَمَرُ بِهَالَتِهِ ، تَوَقَّعْنَا مَطَرًا قَرِيبًا　もし月にかさが出たら,近じか雨が降るでしょう

هَامَ ، يَهِيمُ <هيم ※ 熱愛する,(狂おしいほどに)愛する;さ迷う,さすらう

هَامَتِ الْقَافِلَةُ فِي الصَّحْرَاءِ　キャラバンは砂漠をさ迷った

هَامٌّ <هم ※ 重要な,大事な

مَسْأَلَةٌ هَامَّةٌ　重要な問題

أَمْرٌ هَامٌّ　大事な事

هَامَةٌ <هوم 複 -ات ※ 頭,頭;てっぺん,頂上

يُغَطِّي الشَّيْخُ هَامَتَهُ بِلَفَّةٍ بَيْضَاءَ　長老は頭頂を白い頭巾で巻いている

مَرْفُوعَ الْهَامَةِ أَمْشِي　頭を上げて,私は歩く

هَامِدٌ <همد ※ 静かな;死んだ

وُجِدَ الرَّجُلُ جُثَّةً هَامِدَةً　その男は動かぬ死体となって,見つかった

هَامِشٌ <همش 関 هَامِشِيٌّ ※ (ページの)余白,マージン 関 余白の

عَلَى هَامِشِ ～　～に関連して

لَا تَكْتُبْ شَيْئًا فِي هَامِشِ الْوَرَقَةِ　余白に書いたらダメです

هَانَ ، يَهُونُ <هون 名 هَوْنٌ ※ 容易になる,易しい;重要でなくなる
名 易しさ;低下,凋落

تَبْدَأُ الْمُصِيبَةُ صَعْبَةً ثُمَّ تَهُونُ　災難は辛さで始まり，後から易しくなる[格言]

❖ هَانَ، يَهُونُ 名 هُونٌ / هَوَان　卑劣である，卑しい；情けない 名不名誉，恥

قَدْ نَفْشَلُ وَنُهْزَمُ ، وَلٰكِنَّنَا　私達は失敗したり，負たりするであろう，しかし
لَا نَهُونُ　私達は卑怯ではない

❖ هَاوٍ<هوى 形 هُوَاة 複 هَاوِيَة 女 -ات 複　愛している；傾倒している
名恋人；愛好者，アマチュア ※定 الْهَاوِي

أَعْرِفُكِ هَاوِيَةَ مُوسِيقَى　私は貴女が音楽愛好者である事を知っています

مُصَوِّرٌ هَاوٍ　アマチュアカメラマン

هُوَ كَانَ عَازِفًا هَاوِيًا، ثُمَّ صَارَ مُحْتَرِفًا　彼はアマチュアの演奏家だったが，プロになった

❖ هَاوَدَ<هود III 名 مُهَاوَدَة　寛大である；親切である；値切る，値段を安くする
名親切心，寛大；考慮

أَرْجُو أَنْ تُهَاوِدَنِي فِي الثَّمَنِ　値段を安くして欲しい

مُهَاوَدَةُ الْأَسْعَارِ　安価/低価格

❖ هَاوُن 複 هَوَاوِين　臼，すり鉢；迫撃砲

دُقِّي قَلِيلًا مِنَ الْجَوْزِ فِي الْهَاوُنِ　(貴女は)すり鉢で木の実を少し，つぶしなさい

سَقَطَتْ فِي الشَّارِعِ قَذِيفَةُ هَاوُنٍ　(1発の)迫撃砲弾が通りに落ちた

❖ هَبَّ (u) 名 هَبٌّ / هُبُوب　(風が)吹く；(火事が)起こる；動き出す；駆けつける；
目覚める(～مِنْ：～から)；立ち上がる(～مِنْ：～から)；
起き上がる；～し始める(～：未)
名吹く事；動き出す事

هَبَّتْ عَاصِفَةٌ شَدِيدَةٌ　強い風が吹いた/嵐になった

هَبَّ مِنْ نَوْمِهِ　眠りから覚めた/目覚めた

هَبَّ لِلْمُقَاوَمَةِ　抵抗運動に立ち上がった

هَبَّ وَاقِفًا　立ち上がった/起立した

❖ هَبَاءٌ<هبو 複 أَهْبَاء / أَهْبِيَة　塵，埃 ※特に空中の細かいもの

ذَهَبَ هَبَاءً / ذَهَبَ (ضَاعَ) هَبَاءً مَنْثُورًا　霧散した

ذَهَبَتْ كُلُّ الْأَحْلَامِ هَبَاءً　全ての夢が塵と消えた

هِبَة < وهب 複 ـات ❖ 贈り物, プレゼント, 賜物

مِصْر هِبَةُ النِّيلِ — エジプトはナイルの賜物

هَبْر ※ هَبْرَة ❖ (脂肪のない赤身の)肉 ※1切れの肉

قِطَعُ الْهَبْرِ مَعْرُوضَةٌ فِي بَرَّادِ اللَّحَّامِ — 赤身の肉が肉屋の冷凍ケースに飾られている

هَبَطَ (i,u) 名 هُبُوط ❖ 降りる, 下がる; 着陸する; 落とす, 値下げする
名 降下, 落下, 着陸

هَبَطَتِ الطَّائِرَةُ — 飛行機が降りた(着陸した)

هَبَطَ مِنَ الطَّائِرَةِ — 彼は飛行機から降りた

بَعْدَ قَلِيلٍ يَهْبِطُ ثَمَنُ السُّكَّرِ — まもなく砂糖の値段が下がる

هُبُوط عَلَى سَطْحِ الْقَمَرِ — 月面着陸

هَبِلَ (a) ❖ (母親が子を)失う; 発狂する; 分別をなくす

مَنْ سَمِعَ كَلَامَهُ السَّخِيفَ ظَنَّهُ يَهْبَلُ — 彼の愚かな言葉を聞いたら, 発狂したと思うでしょう

هَاتَانِ 対属 هَاتَيْنِ ❖ 女 この二つ(二人)は; この二つ(二人)の
※女性名詞に用いられる, 男性形は هٰذَانِ

هَاتَانِ سَمَكَتَانِ كَبِيرَتَانِ — これは大きな2匹の魚です

هَاتَانِ الْمَدِينَتَانِ جَمِيلَتَانِ — この二つの都市は美しい

هَتَفَ (i) 名 هُتَاف ❖ 応援する, 声援する(~لِـ/~بِـ:～を); 叫ぶ(~بِـ :～に)
名 声援, 叫び; スローガン

هَتَفَ فَرَحًا — 喜びの声を上げた

هَتَفَ بِحَيَاتِهِ — 彼に万歳を叫んだ

هَتَكَ (i) 名 هَتْك ❖ 引き裂く; 露わにする; (女性を)犯す
名 引き裂く; 暴露; 強姦, レイプ

كَادَ يَهْتِكُ ثَوْبَهُ لِشِدَّةِ غَيْظِهِ — 激しい怒りで, 服を引き裂きそうだった

هَتَكَ عِرْضَهُ — 辱めた

هَجَا ، يَهْجُو < هجو ❖ 風刺する, 馬鹿にする; 中傷する詩を作る

يَغْضَبُ الشَّاعِرُ عَلَى شَخْصٍ فَيَهْجُوهُ — その詩人は怒ると人を風刺する(辱める)詩を作る

هِجَاءٌ<هجو ❖ アルファベット,スペル(複 أَهْجِيَة);中傷的な詩,風刺詩;けなす事,皮肉

حُرُوف الْهِجَاءِ　アルファベット文字

لَيْسَ الْهِجَاءُ شِعْرًا مُسْتَحَبًّا　風刺の詩は好ましくない

هَجَّى، يُهَجِّي<هجو II 名 تَهْجِيَة ❖ つづる/綴る;書き方(綴り方)を教える 名 綴り

كَانَ مُعَلِّمُنَا يُهَجِّينَا النَّصَّ مَقْطَعًا مَقْطَعًا　私達の先生は文章の書き方を語句毎に教えていた

هَجَرَ (u) 名 هَجْر ❖ 見捨てる,諦める;別れる;(他国へ)移住する
名 放棄;別離,別居;日中の暑さ

هَجَرَ بِلَادَهُ (أَهْلَهُ)　国(家族)を捨てた

هُجِرَ الْبَيْتُ، وَلَا يَزَالُ فَاضِيًا　家は見捨てられて,まだ空き家です *受

*عِنْدَمَا سَاءَتْ عَلَاقَتُهُ بِصَدِيقِهِ هَجَرَهُ　彼は友人との関係が悪くなって,疎遠になった

هِجْرَة ❖ (他国への)移住,移民

سُلْطَات الْهِجْرَةِ　移民局

اَلْهِجْرَة　ヒジュラ ※預言者ムハンマドがメッカからメディナ(ヤスリブ)へ移住した事;聖遷

هِجْرِي ❖ ヒジュラの

سَنَة هِجْرِيَّة　ヒジュラ(イスラム)暦の一年

هَجَعَ (a) 名 هُجُوع ❖ 安らかに眠る;静まる 名 鎮静

أَبُوكَ مُتْعَبٌ يَهْجَعُ فِي سَرِيرِهِ　あなたのお父さんは疲れて,ベッドに寝ています

هَجَمَ (u) 名 هُجُوم 関 هُجُومِيّ ❖ 襲う,攻撃,侵略する(~عَلَى:~を) 名 攻撃 関 攻撃の

قَدْ نَهْجُمُ عَلَى الْعَدُوِّ فِي أَيَّةِ لَحْظَةٍ　私達はいつでも敵を襲うだろう

هُجُوم مُضَادّ (مُعَاكِس)　逆襲/反撃

هُجُوم جَوِّيّ　空襲/空爆

اَلْهُجُومُ خَيْرُ أَنْوَاعِ الدِّفَاعِ　攻撃はどんな防御より良い/攻撃は最大の防御なり[格言]

هَجُنَ (u) ❖ 誤っている,間違いである;不正確である

اَلْكَاتِبُ يَتَحَاشَى كُلَّ كَلَامٍ يَهْجُنُ　作家はあらゆる不正確な言葉(の使用)を避ける

أ ب ت ث ج ح خ د ذ ر ز س ش ص ض ط ظ ع غ ف ق ك ل م ن هـ و ي

هَجِير <هجر 複 هُجُر ❖ 真昼の暑さ; 正午, 日中

وَقْتَ الْهَجِيرِ يَتَوَقَّفُ الْعَمَلُ فِي الْوَرْشَةِ　正午に工場の仕事は止まる

هَجِين <هجن 複 هُجُن ❖ 形 卑しい, 低い; 混血の 名 合いの子, 混血児

يُعْتَبَرُ الْبَغْلُ حَيَوَانًا هَجِينًا　ラバは混血の動物と見なされている

هَدَّ (u) 名 هَدّ /هُدُود ❖ 破壊する, 倒壊させる; 破滅させる 名 破壊

نَهُدُّ الْبَيْتَ الْقَدِيمَ ، لِنُقِيمَ بِنَاءً جَدِيدًا　私達は新しいビルを造るために古い家を解体します

هَدَى، يَهْدِي 名 هُدًى/هَدْي ❖ 導く, 案内する 名 導き, 正しい道; 真の宗教

«اهْدِنَا الصِّرَاطَ الْمُسْتَقِيمَ !»　私達を正しい道に導き給え

عَلَى غَيْرِ هُدًى　目的もなく/デタラメに

كَانَ عَلَى هُدًى　正しい宗教に帰依した

سِرْ عَلَى هَدْيِ الصَّالِحِينَ　正しい者の道を進みなさい

اَللّٰهُ يَهْدِيكَ　(心配しないで)神様が導いて下さいます

هَدَأَ، يَهْدَأُ 名 هُدُوء ❖ 静かになる; 鎮まる, 穏やかになる; 滞在する
名 静けさ; 落ち着いている事, 平静, 平穏

命 اِهْدَأْ 女 اِهْدَئِي　大人しくしなさい

هَدَأَ رُوعُهُ　心が穏やかになった/気分が落ち着いた

هَدَأَتِ الْعَاصِفَةُ　嵐が収まった

بِهُدُوءٍ　静かに/穏やかに/平穏に

جَلَسَ بِهُدُوءٍ عَلَى الْكُرْسِيِّ　静かに椅子に座った

اَلْهُدُوءُ يُرِيحُ الْأَعْصَابَ　静けさが神経を休める

هَدَّأَ، يُهَدِّئُ <هدأ II 名 تَهْدِئَة ❖ 静かにさせる, 落ち着かせる; なだめる; 減速する;
(赤ん坊を)寝かす 名 落ち着かせる事

هَدَّأَ جَوْعَهُ　空腹を満たした

هَدَّأَ أَعْصَابَهُ　神経を休めた

هَدِّئْ رَوْعَكَ (مِنْ رَوْعِكَ)　落ち着いて！

هُدْب (هُدُب) 複 أَهْدَاب ❖ まつ毛

يُزَيِّنُ عَيْنَ الْفَتَاةِ هُدْبٌ طَوِيلٌ — 長いまつ毛が娘の目を美しくしている

هَدَّدَ <هدد II 名 تَهْدِيد ❖ 脅す, 脅迫する; 脅かす(~بِـ:~で) 名 脅迫; 脅威

هَدَّدَهُ بِالسَّيْفِ — 刃物で彼を脅した

اَلسِّلَاحُ النَّوَوِيُّ يُهَدِّدُ السَّلَامَ الْعَالَمِيَّ — 核兵器は世界の平和を脅かす

رِسَالَةُ تَهْدِيد — 脅迫状

تَهْدِيد عَسْكَرِيّ — 軍事的脅威

هَدَرَ (i) 名 هَدْر (هَدَر) / هَدِير ❖ (雷鳴が)轟く;(ライオンが)吼える;騒がしい; 無駄になる 名 轟音, 轟き;唸り声;無駄

هَدَرَ الرَّعْدُ — 雷鳴が轟いた

اِسْمَعْ هَدِيرَ النَّهْرِ — 川の(流れの)轟きを聞き給え(聞きなさい)

ذَهَبَ مَالُهُ هَدْرًا — 彼のお金は浪費された(無駄使いされた)

هَدَفَ (u) 名 هَدَف 複 أَهْدَاف ❖ (~を)目的とする, 目標とする(~إِلَى);目指す; 近づく 名 目的, 目標, ゴール

طَالِبُ الْعِلْمِ يَهْدُفُ إِلَى الْمَعْرِفَةِ — 学問の徒は知識(を得る事)を目指す

أَهْدَاف حَرْبِيَّة — 軍事目標

عِنْدَ تَسْجِيلِ الْهَدَفِ، يُصَفِّقُ الْمُشَاهِدُونَ وَيَهْتِفُونَ — ゴールが決まると, 観客は拍手をし, 声援を送る

هَدَلَ (i) 名 هَدِيل ❖ (鳩が)鳴く(名 هَدِيل);下げる, 降ろす(名 هَدْل)

هَلْ سَمِعْتَ الْحَمَامَ يَهْدِلُ؟ — 鳩が鳴いているのを聞きましたか

اِهْدِلِي السِّتَارَ عَلَى النَّافِذَةِ — (貴女は)窓のカーテンを降ろしなさい

هَدَمَ (u) 名 هَدْم ❖ 壊す, 破壊する;崩す 名 破壊;取り壊し

هَدَمَ الْبِنَاءَ — 建物を取り壊した

هَدَمَ صِحَّتَهُ بَعْدَ الرِّحْلَةِ — 彼は旅行の後, 体調を崩した

هَدَّمَ <هدم II 名 تَهْدِيم ❖ 壊す, 破壊する 名 破壊

هَدَّمَتِ الْقَنَابِلُ بُيُوتًا كَثِيرَةً — 爆弾が沢山の家を破壊した

هُدْنَة 複 ـات/ هُدَن ❖ 静けさ, 鎮静; 休戦, 休止

اِنْتَهَتِ الْحَرْبُ بِهُدْنَةٍ　戦争は休止した

هَدْهَدَ ، يُهَدْهِدُ ❖ (赤ん坊を)あやす;揺する,揺らす

هَدْهَدَتْ طِفْلَهَا لِيَنَامَ　彼女は赤ん坊を寝かしつけようとあやした

هُدُوء ❖ ⇒ هَدَأَ 名

هَدِيَّة <هدى 複 هَدَايَا ❖ 贈り物,プレゼント

هَدِيَّة صَغِيرَة　細やかな贈り物

قَدَّمَ هَدِيَّةً لِـ~　～に贈り物をした

فِي الْأَعْيَادِ ، تَبَادَلَ الْأَهْلُ وَالْأَصْدِقَاءُ الْهَدَايَا　祭りの日には,家族や友人達が贈り物を取り交わす

هَدِير <هدر ❖ ⇒ هَدَرَ 名

هٰذَا <ذا 主双 هٰذَانِ 属対双 هٰذَيْنِ 複 هٰؤُلَاءِ ❖ これは;この ※男性名詞に用い,複数形は人のみに,人以外の複数形は هٰذِهِ を用いる

هٰذَا مَكْتَبٌ　これは机です

هٰذَا الْمَكْتَبُ كَبِيرٌ　この机は大きい

هٰؤُلَاءِ الرِّجَالُ يَابَانِيُّونَ　これらの(この)男達は日本人です

هَذَى ، يَهْذِي 名 هَذَيَان / هَذْي ❖ うわごとを言う,訳の分からない事を言う
名 うわごと;精神錯乱状態

اِرْتَفَعَتْ حَرَارَةُ الْمَرِيضِ ، فَصَارَ يَهْذِي　病人の熱は上がり,うわごとを言うようになった

يَهْذِي النَّائِمُ هَذَيَانًا　眠っている人がうわごとを言う

هٰذَانِ 対属 هٰذَيْنِ ❖ この二つ(二人)は;この二つ(二人)の
※男性名詞双数に用いる,女性形は هٰتَانِ

هٰذَانِ حَكِيمَانِ عَاقِلَانِ　この二人は理性のある賢者です

هٰذَانِ الْكِتَابَانِ نَادِرَانِ　この2冊の本は珍しい

هَذَّبَ <هذب II 名 تَهْذِيب ❖ 仕付ける;洗練する;教育する 名 仕付け;洗練;教育

عَلَى الْأَهْلِ أَنْ يُهَذِّبُوا أَوْلَادَهُمْ　子供は家庭で仕付けなければならない

تَهْذِيب الْأَطْفَالِ　子供の仕付け

هَذَرَ (u, i) 名 هَذَر(ْ) ❖ 無駄話をする,べらべらしゃべる 名無駄話

هَذَرَ الرَّجُلُ فِي مَنْطِقِهِ　その男はたわいもない事をしゃべった

هٰذِهِ <ذا 主双 هٰتَانِ 属対 هٰتَيْنِ 複 هٰؤُلَاءِ ❖ これは,これらは;この,これらの
※単数女性名詞,また人以外の複数形にも用いる

هٰذِهِ تِلْمِيذَةٌ مُجْتَهِدَةٌ　こちらは真面目な女生徒です

هٰذِهِ بَيْضَةٌ　これは卵です

هٰذِهِ الْبَيْضَةُ بَيْضَاءُ　この卵は白い

هٰذِهِ الْأَهْرَامُ فِي الْجِيزَةِ　これらのピラミッドはギザにあります

هٰؤُلَاءِ الْمُمَرِّضَاتُ مُسْلِمَاتٌ　これらの女性看護師はイスラム教徒です

هَذَيَان <هذى ❖ ⇒ 名 هَذَى

هِرٌّ 複 هِرَرَةٌ ❖ 猫,雄猫　※ هِرَّةٌ:雌猫

صَادَ الْهِرُّ فَأْرَةً　猫は鼠を捕った

هَرَأَ (a) 名 هُرَاءٌ ❖ 裂く;(寒さを)感じさせる;やり過ぎる;
無駄話をする 名無駄話,無駄口,くだらない話

هَرَأَتِ الرِّيحُ　風の冷たさが身に染みた

هَرَأَ فِي كَلَامِهِ　くだらない話をした

أُسْكُتْ ! فَكَلَامُكَ هُرَاءٌ　うるさい!無駄口を叩くな

هَرَبَ (u) 名 هُرُوب ❖ 逃げる,逃亡する(〜مِنْ:〜から) 名逃亡

هَرَبَ السَّجِينُ مِنَ السِّجْنِ　囚人が刑務所から逃げた(脱獄した)

هَرَّبَ <هرب II 名 تَهْرِيب ❖ 逃げさせる,逃亡させる,逃がす;密輸する 名密輸

هَرَّبَ النَّاطُورُ السَّجِينَ مِنَ السِّجْنِ　看守が囚人を刑務所から逃がした

ضُبِطَ الشَّابُّ وَهُوَ يُهَرِّبُ الْمُخَدِّرَاتِ　麻薬を密輸していた若者が捕まった

أَحْبَطَ مُحَاوَلَةَ تَهْرِيبٍ　密輸を阻んだ(阻止した)

هَرَجَ (i) 名 هَرْج ❖ 混乱する;興奮する 名混乱;興奮

وَقَعَ خِلَافٌ بَيْنَ الْحَمَّالِينَ ، وَرَاحُوا يَهْرِجُونَ　運び人の間にいさかいが生じ,彼らは興奮し始めた

هَرَّجَ ＜هرج II 名 تَهْرِيج ❖ 混乱させる；冗談を言う，ふざける 名 冗談

كُلَّمَا اجْتَمَعَ الرِّفَاقُ، رَاحُوا يُهَرِّجُونَ　仲の良い者が集まると，いつもふざけ始めた

هَرَسَ (u) ❖ つぶす，物を粉状にする；打ち砕く

تَسْلِقِينَ الْحِمِّصَ أَوَّلاً، ثُمَّ تَهْرُسِينَهُ　先ずひよこ豆を茹で，それからつぶします

هَرْطَقَة ❖ 異端［宗教］

قَاوَمَتِ السُّلْطَةُ الدِّينِيَّةُ أَكْثَرَ مِنْ هَرْطَقَةٍ　正統派（宗教）は多くの異端と闘った

هَرَعَ (a) 受 هُرِعَ ❖ 急ぐ，突進する（～إِلَى：～へ） 受 急ぐ（～إِلَى：～へ）

هَرَعَ إِلَى الْخَارِجِ　急いで外に飛び出した

هَرِمَ (a) ❖ 老いぼれる，老衰する

يَصْعُبُ عَلَى الرَّجُلِ النَّشِيطِ أَنْ يَهْرَمَ　元気のいい男はなかなか，老いぼれない

هَرِمٌ ❖ 老いぼれた，老衰した

كَانَ أَبُو مُحَمَّدٍ شَيْخًا هَرِمًا　ムハンマドの父は年老いて，よぼよぼだった

هَرَمٌ 複 أَهْرَام / أَهْرَامَات ❖ ピラミッド

بُنِيَ الْهَرَمُ لِيَكُونَ قَبْرًا لِلْفِرْعَوْنِ　ピラミッドはファラオの墓として建てられた

هَرْوَلَ، يُهَرْوِلُ ❖ 急ぐ（～إِلَى：～へ）

تُهَرْوِلُ ثَلَاثَةُ فَتَيَاتٍ فِي الشَّارِعِ　三人の女の子が通りを急いでいる

هَزَّ (u) 名 هَزٌّ ❖ 振る，揺する 名 振る事，振動，揺れ

هَزَّ الْكَلْبُ ذَيْلَهُ　その犬は尻尾を振った

هَزَّ كَتِفَيْهِ　肩をすくめた

شَعَرَ النَّاسُ بِالْهَزَّةِ فَخَافُوا　人々は揺れを感じて，恐れた

هَزِئَ، يَهْزَأُ / هَزَأَ، يَهْزَأُ ❖ 嘲る，嘲笑する，馬鹿にする（～بِـ/مِنْ：～を）

لَا تَهْزَأْ بِمَنْ (مِمَّنْ) هُوَ أَضْعَفُ مِنْكَ　（あなたより）弱い人を馬鹿にしてはならない

هَزَّة 複 ―ات ❖ 揺れ，振動；動揺；（喜びに）震える事，感動

هَزَّة أَرْضِيَّة　地震

هَزَّة نَفْسِيَّة　精神的動揺(ショック)

هُزَال <هزل ❖ 痩せ;痩せている事;衰弱

مَا الْأَفْضَلُ ، سَمْنَةُ الْجِسْمِ أَمْ هُزَالُهُ ؟　太っているのと痩せているのでは,どちらが良いですか

هَزَلَ (a) / هَزَلَ (u) ❖ やせる;やせ衰える,やつれる

قِلَّةُ الْغِذَاءِ تَهْزُلُ الْجِسْمَ وَتَهِنُهُ　栄養の不足が体を衰えさせ,弱くする

هَزَلَ (i) ❖ 冗談を言う 名 هَزْلٌ 冗談

لَا تَهْزِلْ　冗談は止めて下さい

ضَعِ الْهَزْلَ جَانِبًا، وَاعْمِدْ إِلَى الْجِدِّ　冗談は横に置いて,真剣にやりなさい

هَزَمَ (i) ❖ 打ち負かす,敗走させる

هَزَمَ الْعَدُوَّ　敵を打ち負かした

إِذَا هُزِمْنَا ، سَيَسْلُبُنَا الْأَعْدَاءُ أَمْوَالَنَا　私達が破れたら,敵は私達の財産を奪うだろう

هَزْهَزَ ، يُهَزْهِزُ ❖ 揺する;興奮させる

تُهَزْهِزُ الْأُمُّ مَهْدَ طِفْلِهَا بِرِفْقٍ　母親は子供の揺りかごをやさしく揺する

هَزِيل <هزل 複 هَزْلَى ❖ やつれて,痩せて

صَارَ هَزِيلًا　彼はやつれた

هَزِيمَة <هزم ❖ 敗北,負け

هَزِيمَةُ الْعِرَاقِ فِي حَرْبِ الْخَلِيجِ　湾岸戦争でのイラクの敗北

رُوحُ الْهَزِيمَةِ　敗北主義

هَشَّ ، يَهِشُّ ❖ 微笑む(~لِـ/بِـ:~に);生き生き(と)している;
柔らかい;(パンが)砕けやすい

فِي الْأَشْجَارِ عُودٌ يَصْلُبُ، وَعُودٌ يَهِشُّ　木には固い枝と柔らかい枝がある

هَشٌّ ❖ 柔らかい;弱い;壊れやすい;陽気な

لَا تُتَّخَذُ الدَّعَائِمُ مِنَ الْخَشَبِ الْهَشِّ　もろい木を柱に使ってはならない

هَشَمَ (i) ❖ 壊す;ばらばらにする,砕く

يَهْشِمُ السَّنَابِلَ بِالْعَصَا　穂を棒で(打って)脱穀する

هَشَّمَ < هشم II ❖ 壊す;ばらばらにする;砕く,粉砕する

يُهَشِّمُ النَّوْرَجُ السَّنَابِلَ سَرِيعًا　脱穀機は穂を速く脱穀する

هَشَّمْتَ اللُّعْبَةَ قَبْلَ أَنْ تَهْنَأَ بِهَا أُخْتُكَ　お前は妹が楽しむ前に,人形を壊した

هَضْبَة 複 هَضَبَات / هِضَاب ❖ 高原;高地,高台,丘,地面の盛り上がった所

هَضْبَةُ الدِّكَّن　デカン高原 ※インドの大部分を占める高原

بُنِيَتِ الْقَلْعَةُ الْقَدِيمَةُ عَلَى هَضْبَةٍ مُشْرِفَةٍ　昔の城は見通しの良い高台に建てられた

هَضَمَ (i) هَضْم 名 ❖ 消化する 名 消化

هَضَمَتِ الْمَعِدَةُ الطَّعَامَ　胃が食べ物を消化した

سُوءُ الْهَضْمِ　消化不良

هَطَلَ (i) ❖ (ひどく)雨が降る,土砂降りになる

بَيْنَمَا أَنَا سَائِرٌ إِذْ هَطَلَ الْمَطَرُ　私が歩いていると,ひどい雨が降り出した

هُطُول (الْأَمْطَالِ) < هطل ❖ 土砂降り,大雨,豪雨

يَنْبُتُ الْعُشْبُ بَعْدَ هُطُولِ الْمَطَرِ　雨の降った後に,草は生える

هَفَا ، يَهْفُو < هفو ❖ 急ぐ,駆け付ける(～إِلَى:～へ);間違える;羽ばたく;(心臓が)激しく鼓動する;空腹になる

كُلَّمَا ذَكَرْتُكَ ، رَقَّ قَلْبِي وَهَفَا　貴女の事を思うたびに,私の胸は高鳴りました

مَا حَانَ وَقْتُ الْعَشَاءِ حَتَّى هَفَوْتُ　私は夕食の時間が来ると,直ぐに腹が減ります

هَفْوَة ❖ 誤り,間違い;失敗;罪

لِكُلِّ جَوَادٍ كَبْوَةٌ ، وَلِكُلِّ عَالِمٍ هَفْوَةٌ　どんな駿馬も転び,どんな学者も誤る/弘法も筆の誤り[格言]

هِكْتَار ❖ ヘクタール

اَلْهِكْتَارُ عَشَرَةُ آلَافِ مِتْرٍ مُرَبَّعٍ　1ヘクタール(ha)は1万平方メートル(㎡)です

هٰكَذَا ※ هَا+كَذَا ❖ このようにして,このように,そのように

اِفْعَلْ هٰكَذَا　このようにしなさい

هَلْ ~؟ ❖ ~ですか ※発音変化に注意⇒ هَلِ الْـ~

هَلْ هٰذَا مِفْتَاحٌ؟　これは鍵ですか

هَلْ هُوَ فَقِيرٌ؟　彼は貧しいのですか

هَلْ كَتَبَ ذٰلِكَ؟　彼があれを書いたのですか

هَلِ الْبَيْتُ قَدِيمٌ؟　その家は古いのですか

هَلَّ ، يَهِلُّ ❖ (月が)出る, 現れる;始まる;(雨が)降る

هَلْ يَهِلُّ الْهِلَالُ هٰذَا الْمَسَاءَ؟　今晩は月が出ますかね

هَلَّ فَصْلُ الشِّتَاءِ　冬になった

هَلَّا (~؟) ※ هَلْ + لَا ❖ ~していないのですか ※~:完了形

~していただけませんか ※~:未完了形

هَلَّا أَتْمَمْتَ دَرْسَكَ ، يَا "سَامِي"　サーミーよ,勉強は終ったのですか *柔らかい非難

هَلَّا تَكَرَّمْتَ وَ~؟　~して頂けませんか ※~:完了形

هَلَّا تَكَرَّمْتَ وَمَرَرْتَ بِدُكَّانِي؟　私の店に立ち寄って頂けませんか

هَلَّا يَأْتِي؟　彼は来ないのですか

هَلَاكٌ <هلك ❖ ⇒ هَلَكَ 名

هِلَالٌ <هل 複 أَهَالِيلُ / أَهِلَّةٌ ❖ 男 月,新月,三日月

يَتَفَاءَلُ النَّاسُ بِرُؤْيَةِ الْهِلَالِ　人は三日月を見るのを良き兆しとする

الْهِلَالُ الْأَحْمَرُ　赤新月社

هَلَكَ (i) / هَلِكَ (a) 名 هَلَاكٌ ❖ 死ぬ,滅びる;破壊される;滅ぼす;破壊する

名 死,破滅;絶滅

لَوْلَا التَّوْبَةُ ، لَهَلَكَ الْأَثِيمُ　悔悟(後悔)がなければ,罪人は無くならない

هَلَاكُ السَّفِينَةِ　難破

هَلُمَّ 男 複 هَلُمُّوا 女 هَلُمِّي 複 هَلْمُمْنَ ❖ さぁ,~しよう

هَلُمَّ إِلَى الْعَمَلِ　さぁ,仕事をしよう

وَهَلُمَّ جَرًّا　等など/etc

هَلْيُونٌ / هِلْيَوْنٌ ❖ アスパラガス

تَأْكُلُ سِيقَانَ الْهَلْيُونِ　アスパラガスは茎を食べます

هُمْ < هو ❖ 彼らは，彼達は；彼らを(に)，彼達を(に)(ـهُمْ-)；
彼らの，彼達の(ـهُمْ)　※3人称男性複数形の代名詞

هَلْ هُمْ يَابَانِيُّونَ ؟　彼らは日本人ですか

مَاذَا أَعْطَيْتَهُمْ ؟　あなたは彼らに何を上げましたか

جِنْسِيَّتُهُمْ سَعُودِيَّةٌ　彼らの国籍はサウジアラビアです

هَمَّ ، يَهُمُّ 名 هَمٌّ 複 هُمُوم ❖ 関心を引く；悩ます；計画を立てる(～بِـ:～の)；
大事である；始める(～بِـ / بِأَنْ :～を)；老いぼれる
名 関心；悩み，心配；意図；大事さ，重要性

لِمَنْ يَهُمُّهُ الْأَمْرُ　(手紙，文書などで)関係者各位

تَهُمُّنِي صِحَّتُهُ　私は彼の健康が気に掛かる

بِلَا هَمٍّ　心配せずに

هُمُوم مَالِيَّة　お金の苦労

أَثْقَلَهُ بِالْهُمُومِ　悩みを抱えた

هُمَا < هو ❖ 彼ら(彼女ら)二人は；
彼ら(彼女ら)二人を(に)(ـهُمَا--)；
彼ら(彼女ら)二人の(ـهُمَا--)
※3人称男性および女性双数形の代名詞

هُمَا طَالِبَانِ مِنَ الْيَابَانِ　彼ら二人は日本からの学生です

هُمَا طَالِبَتَانِ جَمِيلَتَانِ فِي الْجَامِعَةِ　二人は美しい女子大生です

شَقَّتُهُمَا قَرِيبَةٌ مِنَ الْجَامِعَةِ　二人のアパートは大学の近くです

ضَرَبَهُمَا الْمُسْتَوْطِنُ　入植者が二人を殴った

هِمَّة < هم 複 -ات / هِمَمٌ ❖ 熱意，野望；決意，決心；意図，目的

بَرَّدَ الْهِمَّةَ　士気をそいだ/やる気を無くさせた

بِهِمَّةٍ　熱心に

هَمَجٌ 複 أَهْمَاج ❖ 野蛮人，未開人

لَا يُقَدِّرُ الْهَمَجُ الْحَضَارَةَ　野蛮人には文明が分からない

هَمَدَ (u) 名 هُمُود ❖ 衰える;消える;静かになる;死ぬ
名 衰える事;消滅;静止;死

هَمَدَتِ النَّارُ　火の勢い(火勢)が衰えた

كَادَ يَهْمُدُ مِنَ الْبَرْدِ　寒さで死ぬところだった(死にそうだった)

هَمَدَتِ الأَصْوَاتُ　音が静かになった

هَمْزَة 複 هَمَزَات ❖ ハムザ ※アラビア文字の" ء "

هَمْزَةُ الْقَطْعِ　ハムザト・ル=カタァ ※分離形のハムザ

هَمْزَةُ الْوَصْلِ　ハムザト・ッ=ワスル ※母音と結合したハムザ

هَمَسَ (i) 名 هَمْس ❖ (ぶどうを)搾る;ささやく,耳打ちする,つぶやく
(〜:بِـ〜を/〜:إِلَى〜に) 名 ささやき,耳打ち

اِقْتَرِبِي لِأَهْمِسَ إِلَيْكِ بِبَعْضِ كَلِمَاتٍ　(貴女に)少し耳打ちしたい事があるので,近くに来なさい

هَمْهَمَ ، يُهَمْهِمُ ❖ つぶやく;ぶつぶつ言う,不平を言う

جَلَسَ غَاضِباً يُهَمْهِمُ　怒って,ぶつぶつ言いながら座った

هَمَسَ إِلَيْهِ بِكَلِمَةٍ　彼にささやいた

هُنَّ <هو ❖ 彼女達は;彼女達を(に)(ـهُنَّ--);
彼女達の(ـهُنَّ--) ※3人称 女性複数形の代名詞

هُنَّ طَالِبَاتٌ يَابَانِيَّاتٌ　彼女達は日本人の女学生です

ذَهَبْتُ إِلَى مَدْرَسَتِهِنَّ　私は彼女達の学校へ行った

لَا تُصَوِّرْهُنَّ فِي دَاخِلِ الْبَيْتِ　家の中で彼女達を写さないで下さい

هُنَا ❖ ここ,ここに,ここで

أَنَا هُنَا　私はここです

هُنَا وَهُنَاكَ　あちこち/あちらこちら

بَحَثَ عَنْ 〜 هُنَا وَهُنَاكَ　あちこち〜を探した

هَنَأَ (a, i, u) 名 هَنَاء ❖ (体に)有益である,健康に良い 名 幸せ;健康

هٰذَا طَعَامُكَ ! لَيْتَهُ يَهْنُؤُ لَكَ !　これがあなたの食事です,この食べ物があなたの体に有益でありますように!/どうぞ,お召し上がり下さい

هَنِئَ ، يَهْنَأُ 名 هَنَاءٌ ❖ (～に)嬉しくなる,(～を)喜ぶ;(～を)楽しむ(بِـ~)
名幸せ;健康;祝福

هَنِئَتْ أُخْتُكَ بِهَدِيَّتِي　あなたの妹は私のプレゼントに喜んだ

فِي سَعَادَةٍ هَنَاءٍ　とても幸せに

هَنَّأَ ، يُهَنِّئُ<هنأ II 名 تَهْنِئَة ❖ 祝う,祝福する(~عَلَى/بِـ~:～の事を) 名祝福

أُهَنِّئُكَ بِعِيدِ مِيلَادِكَ السَّعِيدِ　誕生日おめでとう

هُنَاكَ / هُنَالِكَ ❖ あちら(に),あそこ(に),向こう(に);～が有る(いる)

إِلَى هُنَاكَ　あちらへ/向こうへ

مِنْ هُنَاكَ　あちらから/向こうから

هُنَاكَ شَنْطَةٌ عَلَى الْكُرْسِيِّ　椅子の上にバッグが有ります

كَانَ هُنَاكَ فَلَّاحٌ فِي الْقَرْيَةِ　その村にお百姓さんがいました

(اَلْ)هِنْد / بِلَاد الْهِنْدِ 関 هِنْدِيٌّ 複 هُنُود ❖ インド 関インドの;インド人

جَوْزُ الْهِنْدِ　ココナッツ

اَلْهُنُودُ الْحُمْرُ　アメリカインディアン

تَمْر هِنْدِيّ　タマリンド*[植物] *アラビア語起源

هِنْدَبَاءُ ❖ チコリー[植物]

تُؤْكَلُ الْهِنْدَبَاءُ نَيْئَةً وَمَطْبُوخَةً　チコリーは生や茹でて食される

هِنْدَبَاء بَرِّيَّة　タンポポ

هَنْدَسَ ، يُهَنْدِسُ ❖ 設計する ※建築や土木分野で

مَنْ هَنْدَسَ هَيَاكِلَ بَعْلَبَكَّ؟　誰がバールバック神殿を設計したのですか

هَنْدَسَة ❖ 技術;建築;工学;幾何;調査

عِلْمِ الْهَنْدَسَةِ　幾何学

اَلْهَنْدَسَة الزِّرَاعِيَّة　農学/農業経営学

اَلْهَنْدَسَة الْمِعْمَارِيَّة　建築工学

اَلْهَنْدَسَة الْكَهْرَبَائِيَّة　電気工学

اَلْهَنْدَسَة الْمَدَنِيَّة　土木工学/都市工学

هِنْدُوسِيّ ❖ ヒンズー教の;ヒンズー教徒

اَلدِّيانَة الْهِنْدُوسِيَّة　ヒンズー教

هَنِيء <هَنَأ ❖ 快適な,気持ちの良い,楽しい;健康に良い;美味しい

أَمْضَى جَدِّي شَيْخُوخَةً هَنِيئَةً صالِحَةً　祖父は快適で健康な老後を過ごした

هَنِيئًا مَرِيئًا / هَنِيئًا لَكَ　(食事を)お召し上がり下さい

أَكَلْتُ الطَّعامَ هَنِيئًا مَرِيئًا　食事をおいしく頂きました/ご馳走様でした

هَنِيئًا لِمَنْ يَنالُ الْجائِزَةَ !　賞を獲得された方,おめでとうございます!

هُنَيْهَة ❖ ちょっとの間;一瞬

فَكَّرَ هُنَيْهَةً　ちょっと考えた

هُوَ 双 هُما 複 هُمْ ❖ 彼は,それは ※3人称単数男性主格の代名詞

هَلْ هُوَ يابانِيٌّ؟　彼は日本人ですか

هُمْ مُهَنْدِسُونَ ماهِرُونَ　彼らは腕の良い技術者です

هَوَى، يَهْوِي ❖ 落ちる;転ぶ;(風が)吹く;バランスが失われる

يَرْتَفِعُ السَّهْمُ، ثُمَّ يَهْوِي　矢は高く上がり,それから落ちて来る

اِخْتَلَّ تَوازُنُهُ فَهَوَى　バランスを失って転んだ

هَوًى 複 أَهْواء / هَوايا ❖ 好きな事,楽しみ;愛,情熱 ※定 اَلْهَوَى

عَلَى هَواهُ　勝手に/好きな様に

سَرَحَ الْغَنَمُ عَلَى هَواهُ فِي الْمَرْعَى　羊は牧場で勝手に草を食んでいる

أَصْحاب الْأَهْواء　複 分派主義者/異端者

وَلا تَتَّبِعْ أَهْواءَهُمْ　彼らの好みに従ってはならない

وَقَعَ فِي هَواها　彼は彼女に恋をした

هَواء <هوى 複 أَهْوِيَة / أَهْواء 関 هَوائِيّ ❖ 空気,大気;風;空 関 空気の,大気の;風の;空の

اَلْهَواء الْأَصْفَر　コレラ

هَواء مَضْغُوط　圧縮空気

تَعْلُو الطّائِرَةُ فِي الْهَواءِ　飛行機は空高く舞い上がる

خَرَجَ فِي الْهَواءِ　屋外に出た

سِلْك هَوَائِيّ
アンテナ

قَصَبَة هَوَائِيَّة
気管(きかん)

دُلَاب هَوَائِيّ
風車(ふうしゃ)

هَوَادَة >هود
寛容(かんよう);優(やさ)しさ,慈悲(じひ)

بِلَا هَوَادَةٍ
容赦(ようしゃ)なく

سَنُقَاتِلُ الْأَعْدَاءَ بِلَا هَوَادَةٍ
さぁ容赦(ようしゃ)なく,敵(てき)と戦(たた)かおう

هِوَايَة >هوى -ات複
趣味(しゅみ);アマチュア主義(しゅぎ)

مَا هِوَايَتُكَ؟
あなたの趣味(しゅみ)は何(なん)ですか

هِوَايَتِي جَمْعُ الْأَصْدَافِ الْبَحْرِيَّة
私(わたし)の趣味(しゅみ)は海(うみ)の貝(かい)を集(あつ)める事(こと)です

هُوَّة >هوى -ات/هُوًى複
深(ふか)い穴(あな);地面(じめん)の裂(さ)け目(め);淵(ふち)

بَيْنَ الْجَبَلَيْنِ وَادٍ يُشْبِهُ الْهُوَّة
二(ふた)つの山(やま)の間(あいだ)に,地面(じめん)の裂(さ)け目(め)のような谷(たに)がある

ضَيَّقَ هُوَّةَ الْخِلَافَات
争(あらそ)いの溝(みぞ)を埋(う)めた

هَوَّرَ >هور II名 تَهْوِير
危険(きけん)に晒(さら)す;地面(じめん)に投(な)げる;事故(じこ)を起(お)こす 名事故(じこ)

رُطُوبَةُ الطَّرِيقِ عِنْدَ الْمُنْعَطِفِ، هَوَّرَتِ السَّيَّارَة
カーブの濡(ぬ)れた地面(じめん)が自動車(じどうしゃ)を危険(きけん)に晒(さら)した

هَوَس 名 هَوْس (a)
困惑(こんわく)する;夢中(むちゅう)になる;気(き)が狂(くる)う 名夢中(むちゅう),心酔(しんすい);錯乱(さくらん),妄想(もうそう)

هُوَ فِي مَيْلِهِ إِلَى الرَّسْمِ يَكَادُ يَهْوَس
彼(かれ)は気(き)も狂(くる)わんばかりに,絵(え)を描(か)く事(こと)に夢中(むちゅう)だ

هَوَّس >هوس II
困惑(こんわく)させる;眩惑(げんわく)させる;狂(くる)わせる;夢中(むちゅう)にする

الْمُوسِيقَى شُغْلُهُ الشَّاغِلُ! إِنَّهَا يُهَوِّسُه
音楽(おんがく)は彼(かれ)の最大(さいだい)の関心事(かんしんじ)であり,彼(かれ)を夢中(むちゅう)にさせている

هَوَّل >هول II名 تَهْوِيل -ات/تَهَاوِيل複
怖(こわ)がらせる,恐(おそ)れさせる;脅(おど)す(~بِ:~で);誇張(こちょう)する 名脅(おど)し,誇張(こちょう);悪夢(あくむ)複(多彩(たさい)に文(ぶん)を)飾(かざ)る事(こと)

كَانَ الْمُعَلِّمُ يُهَوِّلُ عَلَيْنَا بِالْعَصَا
先生(せんせい)は棒(ぼう)で私達(わたしたち)を怖(こわ)がらせていた

هَالَ ⇐ هَوْل 名

هَوَّن >هون II名 تَهْوِين
楽(らく)にする,気楽(きらく)にする;簡単(かんたん)にする 名軽視(けいし)

هَوِّنْ عَلَيْكَ　気楽にやりなさい/頑張ってね

هَوِيَ ، يَهْوَى <هوي ❖ 好きになる,愛する;道楽する

أَهْوَى الْمُوسِيقَى　私は音楽が好きです

هُوِيَّة <هو ❖ 本質,本性;身元;身分証明,身分証明書

تَذْكِرَة (بِطَاقَة) الْهُوِيَّةِ　身分証明書/IDカード

أَنَا أَضْمَنُ هُوِيَّتَهُ　彼の身元は私が保証します

هِيَ 双 هُمَا 複 هُنَّ ❖ 彼女は;それは ※3人称単数女性主格の代名詞
双彼女達二人は 複彼女達は

هَلْ هِيَ عَرَبِيَّةٌ ؟　彼女はアラブ人ですか

هَلْ هُنَّ يَابَانِيَاتٌ ؟　彼女達は日本人ですか

هَيَّا ❖ さぁ/さぁ早く

هَيَّا بِنَا　さぁ,行こう/さぁ,早く行こう

هَيَّا بِنَا نَذْهَبُ إِلَى السِّينِمَا　さぁ,映画館に行こう

هَيَّأَ ، يُهَيِّئُ <هيء II 名 تَهْيِئَة ❖ 準備する,用意する;整える 名 準備,用意

مُؤُونَةُ الشِّتَاءِ تُهَيَّأُ فِي الصَّيْفِ　冬の食糧は夏に準備される

هَيْئَة <هيء 複 ـات ❖ 形;姿,外見;組織,機構,委員会

عَلَى هَيْئَةِ ~　~の形をした

هَيْئَةُ الْأُمَمِ الْمُتَّحِدَةِ　国際連合/国連

الْهَيْئَةُ الاجْتِمَاعِيَّةُ　人間社会/社会組織

هَيْئَةُ التَّدْرِيسِ　教職員/教師団

هَيْئَةُ الدِّبْلُومَاسِيَّةِ　外交団

عِلْمُ الْهَيْئَةِ　天文学

هَيْبَة ❖ 恐れ;誇り,名声;威厳;畏怖,敬意

هَيْبَةُ الضَّمَائِرِ　良心への恐れ

مَنْ كَثُرَ ضَحِكُهُ قَلَّتْ هَيْبَتُهُ　笑い多き者は威厳を失う[格言]

هَيَّجَ <هيج II 名 تَهْيِيج ❖ 動かす;刺激する;挑発する 名 刺激;挑発

هَيَّجَتِ الرِّيحُ الْغُبَارَ فِي الشَّارِعِ　風が通りのゴミを動かした

هَيْدُرُوجِين ❖ 水素

يَتَّحِدُ الْهَيْدُرُوجِينُ مَعَ الْأُكْسِجِينِ لِيُكَوِّنَا الْمَاءَ　水素は酸素と化合し，水を作る

هَيْكَل 複 **هَيَاكِل** ❖ 寺院，神殿；大建築物；枠，骨格，骨組み

شَيَّدَ الرُّومَانُ هَيَاكِلَ بَعْلَبَكَّ　ローマ人がバールバック神殿を建てた

اَلْهَيْكَلُ الْعَظْمِيّ　骸骨

هَيْمَنَ ، يُهَيْمِنُ ❖ "アーメン"と言う；見る，見張る；守る

هَيْمَنَ الطَّائِرُ عَلَى الْفِرَاخِ　その鳥は雛を見守っていた

هَيِّن ❖ やさしい，簡単な；取るに足らない；地味な

هٰذَا عَلَيَّ هَيِّنٌ　それは私には容易な(容易い)事です

اَلْقَتْلُ الْهَيِّنُ　安楽死

(٢) حَيَوَانَات : 動物(2)

غَزَال：鹿

كَلْب：犬

قِرْد：猿

سِنْجَاب：リス

خِنْزِير：豚

أَرْنَب：兎

حِصَان：馬

قِطّ：猫

حَرْفُ الْوَاو

و

وَ ～ ❖ そして～, と; ～しながら; ～に誓って

فَرِحَ عُثْمَانُ وَقَالَ	オスマーンは喜び, そして言った
أَنَا وَأَنْتَ	あなたと私
وَاللّٰهِ	神に誓って

وَا ❖ ああ, おお

وَا زَيْدُ (زَيْدَا / زَيْدَاهْ)	ああ, ザイドよ
وَا أَسَفَاهْ	ああ/なんたる事/ああ何と悲しい事
وَا أَنْتَ فَصِيحٌ !	わぁ, 君は何て雄弁なのだ
وَاعَجَبَاهْ	ああ, 素晴らしい

وَاءَمَ ＜وأم III 名 مُوَاءَمَة / وِئَام ❖ 同意する; 調和する 名 同意; 調和

وَاءَمَ "مَجْدِيٌّ" "مُحَمَّدًا"، فَتَصَادَقَا	マジュディはムハンマドと仲良くなり, 二人は互いに信じ合った

وَاثِق ＜وثق 複 ون ❖ 自信のある, 確信する (～مِنْ أَنْ / ～مِنْ: ～を)

وَاثِق مِنْ نَفْسِهِ	自信のある
وَاثِق مِنَ الْفَوْزِ	勝利を確信して
كُنْتُ وَاثِقًا مِنْ أَنَّكَ تَنْجَحُ	私はあなたが合格すると確信していました

وَابِل ＜وبل ❖ どしゃ降り, 大雨, 豪雨

وَابِل مِنَ الْمَطَرِ (الرَّصَاصِ)	どしゃ降り (銃弾の雨)
أَمْطَرَ عَلَيْهِ وَابِلًا مِنَ الشَّتْمِ	彼に非難の雨を浴びせた

وَاتَرَ ＜وتر III ❖ 休み休みする(行う), 断続的に行う

أ ب ت ث ج ح خ د ذ ر ز س ش ص ض ط ظ ع غ ف ق ك ل م ن هـ و ي

لِمَاذَا تُوَاتِرُ الْعَمَلَ ، وَعَلَيْكَ أَنْ تُوَاصِلَهُ ؟　どうして仕事を休み休みするのですか,仕事は続けてしなければなりませんよ

وَاجِب < وجب 複 ـات ❖ 形 義務的な;必要な 名 義務;宿題

اَلْحُقُوق وَالْوَاجِبَات　権利と義務

لَا شُكْرَ عَلَى وَاجِبٍ　お礼に及びません/どういたしまして

يُحْسِنُ الْقِيَامَ بِالْعَمَلِ الْوَاجِبِ　彼は義務的な仕事も良くやる

وَاجِبَات الْبَيْتِ　家事

اَلْوَاجِبَات الْمَدْرَسِيَّة　学校の宿題

بِالْوَاجِبِ　嫌々ながら/義務的に

وَاجِم < وجم ❖ 沈黙の,無言の,黙した;落胆した

جَلَسَ وَاجِمًا　黙って座った

وَاجَهَ < وجه III 名 مُوَاجَهَة ❖ 向かう;面する;会う,面会する;遭遇する,直面する 名 遭遇;対面,直面

وَاجَهَ مَصِيرَهُ بِشَجَاعَةٍ　勇敢にも運命に立ち向かった

وَاجَهَ صُعُوبَةً　困難に直面した

وَاجِهَة < وجه 複 ـات ❖ 先端;面;ショーウィンドー

وَاجِهَة الْقِتَال　戦線/(戦争の)前線

وَاجِهَة الْمَتْجَرِ　店のショーウィンドー

اَلْوَاجِهَةُ الْجَمِيلَةُ تَلْفِتُ النَّظَرَ　美しいショーウインドーが目を引く

وَاحَة 複 ـات ❖ オアシス

هَيَّا نَقْضِي الْإِجَازَةَ فِي الْوَاحَةِ　さぁ,休日をオアシスで過ごそう

وَاحِد < وحد 複 وُحْدَان 女 وَاحِدَة ❖ 形 一つの 名 一/壱/1,一つ,一人

اَلْوَاحِد / اَلْوَاحِد الْأَحَد　唯一者/神

وَاحِدًا وَاحِدًا / وَاحِدًا بَعْدَ الْآخَرِ　一つづつ

كُلّ وَاحِدٍ　皆/全員

زَرَافَاتٍ وَوُحْدَانًا　集団で,あるいは単独で(個人で)

وَأَدَ ، يَئِدُ 名 وَأْد ❖ (女の新生児を)生き埋めにする 名 生き埋め

كَانَ بَعْضُ الْجَاهِلِيِّينَ يَئِدُ الْبَنَاتِ　ジャーヒリア時代(イスラム以前)には女児を生き埋めにして,殺す人々もいた

حَرَّمَ الْإِسْلَامُ وَأْدَ الْبَنَاتِ　イスラム教は女児の生き埋めを禁じた

وَادٍ <ودى 複 أَوْدِيَة / وِدْيَان ❖ 涸れ谷,涸れ川,ワジ ※定 اَلْوَادِي

يَجْرِي النَّهْرُ فِي الْوَادِي　涸れ谷に川が流れている

وَادِع <ودع ❖ 穏やかな,静かな

مَا أَحَبَّ الْعَيْشَ الْوَادِعَ فِي الرِّيفِ!　何と田舎の静かな生活が好ましいことか

وَارَى ، يُوَارِي <ورى III 名 مُوَارَاة ❖ 隠す;秘密にする 名 隠す事,隠匿

أَيْنَ نُوَارِي الْجُثَّةَ ؟　死体をどこに隠そうか

وَارَاهُ التُّرَابَ (فِي الْحُفْرَةِ)　(遺体を)埋葬した

وَارِث <ورث 複 وَرَثَة / وُرَّاث ❖ 形 相続の 名 相続者,相続人,跡取り

وَارِث بِوَصِيَّة　遺産相続人

وَارِد <ورد 複 ـات ❖ 形 到着した;先に述べた,先に言及された;明記された;可能な 名 新参者 複 輸入

غَيْر وَارِدٍ　不可能な

وَارِدَات وَصَادِرَات　輸出と輸入/輸出入

اَلشُّرُوط الْوَارِدَة فِي الْعَقْدِ　契約書に明記された条件

وَارِف <ورف ❖ (影が)伸びている,広がっている

مَكَان وَارِف الظِّلِّ　影の伸びた場所

وَارِم <ورم ❖ 腫れた,膨れた ※病気などで

أَنْفُكَ الْوَارِمُ يُشَوِّهُ وَجْهَكَ　腫れた鼻があなたの顔を台無しにしている

وَازَى ، يُوَازِي <وزى III 名 مُوَازَاة ❖ 平行である;面する,会う;匹敵する 名 等距離;平行

يُوَازِي الشَّارِعُ النَّهْرَ　その通りは川に平行である

عَلَى مُوَازَاةِ ~　~に平行して

وَازَنَ < و ز ن III 名 مُوَازَنَة 複 -ات ❖ (重さが)釣り合う；釣り合いをとる；均等に分ける
比較する(‥ بَيْنَ ~ وَبَيْنَ:~を‥と)
名 均衡，バランス；比較 複 予算

وَازِنْ بَيْنَ الْكِتَابَيْنِ وَاشْتَرِ الْأَصْلَحَ — 二つの本を比べて，良い方を買いなさい

وَاسِطَة < و س ط 複 وَسَائِط ❖ 媒体，仲介；手段，方法

بِوَاسِطَةِ ~ — ~の手段で/~の方法で

بِوَاسِطَةِ بُلْدَانٍ ثَالِثَةٍ — 第三国経由で

يَنْتَقِلُ الصَّوْتُ بِوَاسِطَةِ الْهَوَاءِ — 音は空気を媒体にして伝わる

يَتَكَلَّمُ الطَّيَّارُ بِوَاسِطَةِ اللَّاسِلْكِيِّ — パイロットは無線機で話す

وَاسِع < و س ع ❖ 広い，ゆったりとした；広範な；※ 比 أَوْسَع

شَارِع وَاسِع — 広い通り/大通り

ثَوْب وَاسِع — ゆったりとした服

عَلَى نِطَاقٍ وَاسِعٍ — 広範囲に

((إِنَّ اللّٰهَ وَاسِعٌ عَلِيمٌ)) — 実に，神は広大無辺にして，全知であられる

وَاشٍ < و ش ى 複 وُشَاة / وَاشُون ❖ 中傷者；密告者，裏切り者 ※ 定 اَلْوَاشِي

لَا تُصْغِ إِلَى كَلَامِ الْوَاشِي — 中傷者の言葉に耳を傾けるな

وَاصَلَ < و ص ل III 名 مُوَاصَلَة 複 -ات ❖ 続ける，継続する 名 継続，続行；通信

مَنْ وَاصَلَ السَّعْيَ، بَلَغَ الْهَدَفَ — 努力を続けた者が目標に達する

وَاصَلَ اللَّيْلَ بِالنَّهَارِ — 夜を日に継で(昼夜の別なく)働いた

وَسَائِل الْمُوَاصَلَاتِ — 通信手段/交通手段

وَاضِح < و ض ح ❖ 明白な，明らかな，明瞭な

خَطَأٌ وَاضِحٌ — 明らかな誤り

وَاضِح بِذَاتِهِ — 自明の

مِنَ الْوَاضِحِ أَنَّ ~ — ~なことは明らかです

وَاطَأَ < و ط ء III 名 مُوَاطَأَة ❖ 同意する，(~ عَلَى:に)；共謀する 名 同意；共謀

هَلْ وَاطَأْتَ اللِّصَّ عَلَى السَّرِقَةِ ؟ — あなたはその盗みを泥棒と共謀しましたか

وَاظَبَ < وظب III 名 مُوَاظَبَة ❖ 続ける,根気よく続ける(〜عَلَى:〜を) 名 根気;勤勉

يُوَاظِبُ عَلَى الْعَزْفِ　根気よく演奏を続ける

وَاعٍ < وعي ❖ 注意深い,用心した;意識が有る ※定 اَلْوَاعِي

اَلْوَلَدُ الْوَاعِي لَا يَجْتَازُ الشَّارِعَ ، إِلَّا إِذَا كَانَ خَالِيًا　注意深い子は車が来ない時以外は,通りを渡らない

وَاعَدَ < وعد III 名 مُوَاعَدَة ❖ 約束する;同意する;手配する 名 約束;同意;手配

وَاعَدْتُ مُحَمَّدًا عَلَى الذَّهَابِ إِلَى الْمَسْبَحِ　私はムハンマドとプールに行く約束をした

وَاعِظ < وعظ 複 وُعَّاظ ❖ 形 警告の;説教の 名 警告;説教者(複 ـون)

أَصْغَى الْمُصَلُّونَ إِلَى كَلَامِ الْوَاعِظِ　礼拝者達は説教の言葉を聞いた

وَافٍ < وفى ❖ 忠実な,誠実な;十分な,完璧な ※定 اَلْوَافِي

سُورَة الْوَافِيَة　コーランの第一章

كَانَ الشَّرْحُ وَافِيًا ، فَفَهِمْنَا الدَّرْسَ　説明が十分だったので,私達は授業を理解した

وَافَى < وفى III 名 مُوَافَاة ❖ 急にやって来る,突然来る;現れる;運ぶ
名 到着;配達;伝達

وَافَانِي الْخَبَرُ هٰذَا الصَّبَاحَ　今朝,その知らせが突然私の所に来た

لَا أَحَدَ يَعْلَمُ مَتَى يُوَافِيهِ الْمَوْتُ　いつ自分の死がやって来るか,誰も知らない

وَافَاهُ أَجَلُهُ (قَدَرُهُ)　彼は死んだ(亡くなった)

مُوَافَاة بِمَعْلُومَاتٍ　情報の伝達

وَافِر < وفر ❖ 豊かな,沢山の 名 ワーフィル ※詩の韻律

كَثْرَةُ الْأَمْطَارِ تُبَشِّرُ بِمَحْصُولٍ وَافِرٍ　沢山の雨は豊作という良い知らせだ

وَافَقَ < وفق III 名 مُوَافَقَة ❖ 賛成する,同意する(〜فِي/عَلَى:〜に);似合う,合う,
ふさわしい 名 賛成,同意,合意,承認

أَلَا تُوَافِقُنِي عَلَى رَأْيِي؟　私の意見に賛成しないのですか

هٰذَا اللَّوْنُ لَا يُوَافِقُنِي　この色は私に合わない

تَمَّتِ الْمُوَافَقَةُ　合意に達した

مُوَافَقَة الْجَمِيعِ　全員の賛成/満場一致

أ ب ت ث ج ح خ د ذ ر ز س ش ص ض ط ظ ع غ ف ق ك ل م ن هـ و ي

وَاقِعٌ < وقع 複 وُقَّع / وُقُوع 関 وَاقِعِيّ ❖ 形 落ちている;位置する;起こった;現実の;他動詞の
名 現実,事実;他動詞[文] 関 現実の,リアルな

اَلْوَاقِع　現実/現実の世界

غَيْر وَاقِعٍ　非現実的/真実ではない

سِيَاسَة وَاقِعِيَّة　現実的な政策

شَيْءٌ وَاقِعٌ　出来事

وَاقِع الْحَال　真相/真実

فِي الْوَاقِع / وَاقِعًا　現実には/実は/実際には

دُونَ الْوَاقِع بِكَثِيرٍ　事実から掛け離れている

اَلْوَاقِعُ أَنَّهُ ذَهَبَ لِزِيَارَتِهَا فِي الشَّرِكَةِ　事実,彼は彼女に会う為に会社に行った

حِكَايَة وَاقِعِيَّة　実話

لَوْحَة وَاقِعِيَّة　写実的な絵

اَلْمَذْهَب الْوَاقِعِيّ/ اَلْوَاقِعِيَّة　リアリズム

وَاقِعَة < وقع 複 وَقَائِع ❖ 事故,災害;事実,現実;闘い

اَلْوَاقِعَة　復活[宗教] ※死後に蘇る事

صُورَة الْوَاقِعَةِ　(事故などの)公式発表

وَاقِف < وقف ❖ 形 立っている,止まっている 名 立っている人;見物人

عَلَى الْوَاقِف　直ちに/即座に

هَبَّ وَاقِفًا　立ち上がった/起立した

تَكَلَّمَ الْمُدَرِّس وَهُوَ وَاقِفٌ　教師は立ったまま,話した

وَاكَبَ < وكب III 名 مُوَاكَبَة ❖ 伴う,同伴する,同行する;護送する
名 のろのろした歩み;同行;護衛

تَحَرَّكَتْ حَامِلَةُ الطَّائِرَاتِ تُوَاكِبُهَا ثَلَاثُ طَرَّادَاتٍ　三隻の駆逐艦に護衛されて航空母艦が移動していた

بِمُوَاكَبَةِ ~　~に護衛されて

وَالٍ < ولي 複 وُلَاة ❖ 支配者,統治者;ワーリー ※オスマン帝国州知事
※定 اَلْوَالِي

الْوَالِي　統治者/神

وَالَى ، يُوَالِي < ولي III [名] مُوَالَاة ❖ 続ける;友人である;助ける,支持する [名]継続;友情

أُرِيدُ أَنْ أُوَالِيَ قِرَاءَةَ الْكِتَابِ　私は本を読み続けたい

مَجْلِسُ النُّوَّابِ يُوَالِي الْحُكُومَةَ فِي سِيَاسَتِهَا الْخَارِجِيَّةِ　国会は政府の外交政策を支持している

وَالِد < ولد [複] ون [女] وَالِدَة [複] ـات ❖ 父,父親 [女]母,母親

وَالِدَانِ (يْنِ)　両親 ※( )内は[属][対]

كَيْفَ حَالُ وَالِدَيْكَ؟　ご両親はお元気ですか

تَعْصِي وَالِدَيْهِ　両親に反抗する

وَئِيد < وأد ❖ [形]緩慢な,ゆっくりとした

[名](生き埋めにされた)新生児

وَئِيدًا　ゆっくりと

فِي الْجَبَلِ، تَسِيرُ الْعَرَبَةُ سَيْرًا وَئِيدًا　山を馬車がゆっくりと進む

وَبِئَ ، يَوْبَأُ [名] وَبَأ [複] أَوْبَاء / وَبَاء [複] أَوْبِئَة ❖ 伝染する,感染する [名]伝染病/感染症

الْوَبَاءُ يَنْتَقِلُ مِنْ مَكَانٍ إِلَى مَكَانٍ　伝染病はあちらこちらに移ります

وَبِيء < وبئ ❖ 汚染された

الْمِنْطَقَةُ وَبِيئَةٌ　その地域は汚染されている

وَبَال < وبل ❖ 害,害悪,有害;災い

حَلَّتْ إِصَابَةُ الْمَزْرُوعَاتِ بِالْجَرَاثِيمِ وَبَالًا عَلَى الْمُزَارِعِينَ　病原菌による作物の被害が農民に災いとなった

وَبَّخَ < وبخ II [名] تَوْبِيخ ❖ 非難する;叱責する,叱る [名]非難;叱責

وَبَّخَ نَفْسَهُ　反省した

وَبَّخَهُ الْمُعَلِّمُ لِأَنَّهُ طَائِشٌ　先生は彼を落ち着きが無いと叱った

وَبَر [複] أَوْبَار ❖ (羊やラクダなどのテントに用いられる)毛,毛皮

أَهْلُ الْوَبَرِ　ベドウィン

يَكْسُو جِسْمَ الْجَمَلِ وَبَرٌ قَصِيرٌ　短い毛がラクダの体を覆っている

وَبِر ❖ 毛の,毛で覆われた;毛がふさふさしている

الأَرْنَبُ حَيَوَانٌ وَبِرٌ　兎は毛で覆われた動物です

وَتَدَ ، يَتِدُ 名 وَتْدٌ/وَتَدٌ 複 أَوْتَاد ❖ (杭,釘などで)しっかり固定する,打ち込む 名 杭,楔

نَنْصُبُ الْخَيْمَةَ أَوَّلًا ، ثُمَّ نَتِدُهَا　先ずテントを立てて,それから杭で固定しましょう

وَتَدُ الْخَيْمَةِ　テントの杭

وَتَرٌ 複 أَوْتَار/وِتَار ❖ (楽器や弓の)弦;斜辺[数学]

كَمْ وَتَرًا فِي الْكَمَانِ؟　バイオリンにはいくつの弦が有りますか

وَتَرُ الْمُثَلَّثِ الْقَائِمِ الزَّاوِيَةِ　直角三角形の斜辺

ضَرَبَ عَلَى الْوَتَرِ الْحَسَّاسِ　心の琴線に触れた/事の本質を突いた

وَتِيرَة < وتر 複 وَتَائِر ❖ 方法,やり方

عَلَى هٰذِهِ الْوَتِيرَةِ　この方法で/このやり方で

عَلَى وَتِيرَةٍ وَاحِدَةٍ　一斉に

وَثَائِقِيّ < وثق ❖ ドキュメンタリーの;書類の

فِيلْم وَثَائِقِيّ　ドキュメンタリー映画/ドキュメンタリー

وَثَاق (ـِ) < وثق 複 وُثُق ❖ 縄,綱,紐;縛る事

فَكَّ وِثَاقَهُ　紐を解いた

شَدَّ وِثَاقَ الْأَسِيرِ　捕虜を縛り上げた

وَثَبَ ، يَثِبُ 名 وُثُوب/وَثْب ❖ 跳ぶ,跳ねる;跳び掛かる(~إِلَى/عَلَى:~に)
名 跳ぶ事,跳び,跳躍,ジャンプ

يَثِبُ الْأَسَدُ عَلَى فَرِيسَتِهِ فَيَقْتُلُهَا　ライオンは獲物に跳び掛かり,そして殺す

وَثْب طَوِيل　走り幅跳び

وَثْب عَالٍ　走り高跳び

وَثْب بِالْعَصَا　棒高跳び

اَلْوَثْب الثُّلَاثِيّ　三段跳び

وَثِقَ ، يَثِقُ 名 ثِقَة ❖ 信用する,信頼する(~بِ:~を);確信する(~مِنْ:~を)
名 信用,信頼;確信

خَادِمُنَا أَمِينٌ ، وَنَحْنُ نَثِقُ بِهِ　私達の召使いは誠実なので,彼を信用しています

يُوثَقُ بِهِ　信頼できる ※受

وَثُقَ ، يَوْثُقُ ❖確固とする;安定する;確かである(～مِنْ:～は)

بِالْإِخْلَاصِ تَوْثُقُ الصَّدَاقَةُ　誠実さが友情を確かにする

وَثَّقَ < وثق II 名 تَوْثِيق ❖確固とする, 強固にする; 証明する
名強固さ; 強化; 証明

أُحَاوِلُ دَائِمًا أَنْ أُوَثِّقَ عَلَاقَاتِي بِأَصْدِقَائِي　私は友人との関係をいつも強くするようにしています

وَثَنٌ 複 أَوْثَان / وُثْن 関 وَثَنِيّ ❖偶像; 彫像 関偶像崇拝の;偶像崇拝者,邪教徒

كَانَ لِكُلِّ قَبِيلَةٍ وَثَنٌ تَعْبُدُهُ　かつて,全ての部族に崇拝する偶像があった

اَلدِّيَانَاتُ الْوَثَنِيَّةُ مَلْأَى بِالْأَسَاطِيرِ　偶像崇拝の宗教は神話に満ちている

وَثَنِيَّة < وثن ❖偶像崇拝;邪教

وَثِير < وثر ❖柔らかい,なめらかな;気持ちの良い

فِرَاش وَثِير　柔らかいベッド

مَقْعَد وَثِير　気持ちの良い椅子

وَثِيق < وثق 複 وِثَاق ❖確かな, 強固な;親密な,親しい

صَدَاقَة حَمِيمَة وَثِيقَة　親密で確かな友情

وَثِيقَة < وثق 複 وَثَائِق ❖書類,文書

وَثِيقَة رَسْمِيَّة　公(式)

وَثِيقَة زَوَاجٍ　結婚証明書

اَلْوَثِيقَةُ الْعُظْمَى　(英国の)マグナカルタ/大憲章

أَثْبِتْ إِدِّعَاءَكَ بِوَثِيقَةٍ　あなたの主張を文書にしなさい

وُجَاق < وجق 複 ـات ❖ストーブ;レンジ

تَنْبَعِثُ مِنَ الْوُجَاقِ حَرَارَةٌ قَوِيَّةٌ　ストーブから強い熱が出ている

وَجَاهَة <وجه ❖ 名声,信望;威厳

ذُو وَجَاهَةٍ　著名な/有名な/高貴な人々/上流階級

لِلْأَمِيرِ وَجَاهَةٌ يَعْتَرِفُ بِهَا الْجَمِيعُ　王子には人々の信望がある

وَجَبَ ، يَجِبُ 名 وُجُوب ❖ 義務である,必須である;(心臓が)脈打つ;落ちる,沈む,破産する 名 義務,必須

كَمَا يَجِبُ　適切に/礼にかなって

يَجِبُ (عَلَى‥) أَنْ ~　(‥は)~しなければならない

كَانَ يَجِبُ أَنْ تَقُولَهُ مُنْذُ زَمَنٍ طَوِيلٍ　あなたは彼にもっと早く言うべきであった

يَجِبُ أَنْ تُصْلِحَ خَطَاءَكَ　あなたは自分の間違いを直さなくてはならない

وَجْبَة ❖ 食事

مَا الْوَجْبَةُ الرَّئِيسِيَّةُ الْيَابَانِيَّةُ؟　日本の主食は何ですか

يَتَنَاوَلُ جَدِّي وَجْبَةً خَفِيفَةً　私の祖父は軽い食事を取る

وَجَدَ ، يَجِدُ 名 وُجُود ❖ 見つける;分かる,認識する;強く愛する(~بِ:~を);怒る(~عَلَى:~を);悲しむ(~لِ:~を) 名 存在

男 يُوجَدُ ~ 女 تُوجَدُ ~　~がある ※ وَجَدَ の未完了受け身形

تُوجَدُ دَرَّاجَتُكَ أَمَامَ مَدْخَلِ الْبَيْتِ　あなたの自転車は家の入り口の前に有ります

هَلْ وَجَدْتَ عَمَلاً جَدِيداً؟　新しい仕事を見つけましたか

أُعْجِبَ الشَّابُّ بِالْفَتَاةِ وَوَجَدَ بِهَا　若者は娘が気に入って,愛するようになった

كَيْفَ لَا أَجِدُ عَلَيْكَ وَأَنْتَ تُعَذِّبُ وَالِدَيْكَ؟　あなたがご両親を苦しませるような事をしたら,私はどうして怒らないでいられましょうか

وُجُودُ اللهِ　神の存在

لَمْ أَشْعُرْ بِوُجُودِكَ　私は君がいるのに気が付かなかった

وِجْدَان <وجد ❖ 心,感情;意識;興奮,昂揚

الْوِجْدَانُ الْبَاطِنُ　潜在意識

وَجِعَ ، يَوْجَعُ 名 وَجَعٌ 複 أَوْجَاع ❖ 痛む,痛みを感じる;痛みを与える 名 痛み,痛覚;痛みを伴う病気

يَوْجَعُ رَأْسُهُ / يَوْجَعُهُ رَأْسُهُ　頭が痛む

وَجَعُ الرَّأْسِ (الْبَطْنِ / السِّنّ) 頭痛(腹痛/歯痛)

وَجَعُ الأَضْرَاسِ لَا يُطَاقُ 臼歯(奥歯)の痛みは我慢できない

وَجِعٌ ❖ 形 痛がっている, 苦しんでいる 名 痛がっている人 複 ونَ / وَجْعَى / وَجَاعَى

إِنْ بَكَى الطِّفْلُ، فَهُوَ إِمَّا جَائِعٌ وَإِمَّا وَجِعٌ 子供が鳴くのはお腹が空いている時か, あるいはどこか痛い時である

وَجَفَ، يَجِفُ ❖ 興奮する; (心臓が)どきどきする 名 وَجِيف (心臓の)動悸

يَجِفُ قَلْبِي 心臓がどきどきします

وَجِلَ، يَوْجَلُ ❖ 恐れる; 臆病である 名 وَجَلٌ 恐れ; 臆病

الْجُنْدِيُّ الشُّجَاعُ لَا يَوْجَلُ 勇敢な兵士は恐れない

وَجَمَ، يَجِمُ ❖ (悲しみや恐怖で)沈黙する, 黙る 名 وُجُوم / وَجْم 沈黙

وَبَّخْتُ الْغُلَامَ، فَوَجَمَ وَلَمْ يُجِبْ 私が青年を叱ると, 彼は沈黙し, 返事をしなかった

سَيْطَرَ عَلَى النَّاسِ وُجُومٌ 沈黙が人々を支配した/人々は沈黙した

وَجْنَة (وِ) ❖ 頬 複 وَجَنَات

بِشَوْقٍ كَبِيرٍ أُقَبِّلُ وَجْنَتَكَ، يَا بُنَيَّ 我が子よ！熱き愛の口付けをおまえの頬にしよう

وَجَّهَ ❖ 向ける(~إِلَى:~へ); 指導する 名 تَوْجِيه 操縦; 指導 複 ات- <وجه II

يُوَجِّهُ السَّائِقُ السَّيَّارَةَ بِالْمِقْوَدِ 運転手はハンドルで車の進路を取る

وَجَّهَ الاهْتِمَامَ إِلَى~ ~に関心を向けた

وَجَّهَ التَّلَامِيذَ فِي دُرُوسِهِمْ 生徒の勉強を指導した

تَوْجِيه مِهَنِيّ 職業指導

وَجْه ❖ 顔; 表, 表面; 方法; 意味; 意見, 立場; 始まり; 理由 複 أَوْجُه / وُجُوه

فِي وَجْهِهِ 彼の前(面前)で/面と向かって

وَجْهًا لِوَجْهٍ (بِوَجْهٍ) 顔をつきあわせて/一対一で

لِوَجْهِ اللّٰهِ 後生だから/お願いだから/無料で

عَلَى وَجْهِ (بِوَجْهِ) التَّقْرِيبِ おおよそ/大体

عَلَى وَجْهِ (بِوَجْهِ) الْخُصُوصِ 特に

عَلَى وَجْهِ (بِوَجْهِ) الْعُمُومِ / بِوَجْهِ الْعَامِّ 概して/一般的に

أ ب ت ث ج ح خ د ذ ر ز س ش ص ض ط ظ ع غ ف ق ك ل م ن هـ **و** ي

عَلَى هٰذَا الْوَجْهِ — このような<ruby>方法<rt>ほうほう</rt></ruby>で/このようにして

عَلَى الْوَجْهِ التَّالِي — <ruby>次<rt>つぎ</rt></ruby>のような<ruby>方法<rt>ほうほう</rt></ruby>で/<ruby>次<rt>つぎ</rt></ruby>のようにして

بَيَّضَ وَجْهَهُ — <ruby>名誉<rt>めいよ</rt></ruby>を<ruby>守<rt>まも</rt></ruby>った/<ruby>面目<rt>めんぼく</rt></ruby>を<ruby>保<rt>たも</rt></ruby>った

سَوَّدَ وَجْهَهُ — <ruby>名誉<rt>めいよ</rt></ruby>をなくした/<ruby>面目<rt>めんぼく</rt></ruby>を<ruby>失<rt>うしな</rt></ruby>った

احْمَرَّ وَجْهُهُ — (<ruby>恥<rt>は</rt></ruby>ずかしくて)<ruby>顔<rt>かお</rt></ruby>が<ruby>赤<rt>あか</rt></ruby>くなった

وِجْهَة —ات 複 ❖ <ruby>方向<rt>ほうこう</rt></ruby>;<ruby>観点<rt>かんてん</rt></ruby>,<ruby>見解<rt>けんかい</rt></ruby>;<ruby>目的<rt>もくてき</rt></ruby>,<ruby>目標<rt>もくひょう</rt></ruby>

مِنْ هٰذِهِ الْوِجْهَةِ (وِجْهَةِ النَّظَرِ هٰذِهِ) — この<ruby>見解<rt>けんかい</rt></ruby>から/この<ruby>観点<rt>かんてん</rt></ruby>から

وَصَلَ إِلَى الْوِجْهَةِ — <ruby>目的地<rt>もくてきち</rt></ruby>に<ruby>着<rt>つ</rt></ruby>いた(<ruby>到着<rt>とうちゃく</rt></ruby>した)

وَجُدَ ⇒ وُجُود > وجد 名 ❖

وَجَمَ ⇒ وُجُوم > وجم 名 ❖

وَجِيز > وجز ❖ <ruby>短<rt>みじか</rt></ruby>い,<ruby>簡潔<rt>かんけつ</rt></ruby>な;<ruby>要約<rt>ようやく</rt></ruby>した

فَتْرَة وَجِيزَة — わずかな<ruby>間<rt>あいだ</rt></ruby>

بِوَجِيز الْعِبَارَة — <ruby>簡潔<rt>かんけつ</rt></ruby>に/<ruby>要約<rt>ようやく</rt></ruby>して/<ruby>手短<rt>てみじか</rt></ruby>に<ruby>言<rt>い</rt></ruby>えば

سَأَشْرَحُ لَكَ الْمَسْأَلَةَ بِكَلَامٍ وَجِيزٍ — その<ruby>問題<rt>もんだい</rt></ruby>をあなたに<ruby>手短<rt>てみじか</rt></ruby>に<ruby>説明<rt>せつめい</rt></ruby>しましょう

وَجِيه > وجه وُجَهَاء 複 女 وَجِيهَة وَجَائِه 複 ❖ <ruby>著名<rt>ちょめい</rt></ruby>な,<ruby>有名<rt>ゆうめい</rt></ruby>な,<ruby>知<rt>し</rt></ruby>られている;<ruby>優<rt>すぐ</rt></ruby>れた,<ruby>卓越<rt>たくえつ</rt></ruby>した
名 <ruby>名士<rt>めいし</rt></ruby>,<ruby>偉人<rt>いじん</rt></ruby> 複 <ruby>上流階級<rt>じょうりゅうかいきゅう</rt></ruby>の<ruby>人達<rt>ひとたち</rt></ruby>

أَبُوهُ رَجُلٌ وَجِيهٌ مُحْتَرَمٌ — <ruby>彼<rt>かれ</rt></ruby>の<ruby>父<rt>ちち</rt></ruby>は<ruby>有名<rt>ゆうめい</rt></ruby>で,<ruby>尊敬<rt>そんけい</rt></ruby>されている<ruby>男<rt>おとこ</rt></ruby>です

وَحَّدَ > وحد II تَوْحِيد 名 ❖ <ruby>統一<rt>とういつ</rt></ruby>する,<ruby>一<rt>ひと</rt></ruby>つにする;まとめる,<ruby>整理<rt>せいり</rt></ruby>する
名 <ruby>統一<rt>とういつ</rt></ruby>;<ruby>唯一絶対<rt>ゆいいつぜったい</rt></ruby>の<ruby>神<rt>かみ</rt></ruby>を<ruby>信<rt>しん</rt></ruby>じる<ruby>事<rt>こと</rt></ruby>;<ruby>神<rt>かみ</rt></ruby>の<ruby>唯一性<rt>ゆいいつせい</rt></ruby>

وَحِّدُوا آرَاءَكُمْ وَاتَّفِقُوا — あなた<ruby>達<rt>たち</rt></ruby>は<ruby>意見<rt>いけん</rt></ruby>をまとめて,<ruby>合意<rt>ごうい</rt></ruby>しなさい

وَحَّدَ اللهَ — <ruby>神<rt>かみ</rt></ruby>は<ruby>一<rt>ひと</rt></ruby>つと<ruby>宣言<rt>せんげん</rt></ruby>した

وَحَّدَ الدُّيُون — <ruby>借金<rt>しゃっきん</rt></ruby>を<ruby>整理<rt>せいり</rt></ruby>した

التَّوْحِيد — <ruby>一神教<rt>いっしんきょう</rt></ruby>

وَحْدَ ❖ <ruby>一人<rt>ひとり</rt></ruby>で,<ruby>単独<rt>たんどく</rt></ruby>で

وَحْدَ ~ — ~だけで

وَحْدَهُ / وَحْدَهَا — <ruby>彼一人<rt>かれひとり</rt></ruby>で/<ruby>彼女一人<rt>かのじょひとり</rt></ruby>で

جَاءَ (ذَهَبَ) وَحْدَهُ　彼は一人でやって来た(行った)

وِحْدَانِيّ < وحد　❖ 孤独な;一人の,単独の;未婚の

اِبْنِي وَلَدٌ وِحْدَانِيٌّ مُدَلَّلٌ　私の息子は甘やかされた,寂しがりやの子です

وَحْدَة　❖ 統一,団結;単位;(軍隊の)師団;組合,連合;孤独

وَحْدَةُ الْآرَاءِ　意見の統一

اَلْوَحْدَةُ الْعَرَبِيَّةُ　アラブの統一

وَحْدَةُ الطُّولِ (الْوَزْنِ)　長さ(重さ)の単位

أَشْعُرُ بِالْوَحْدَةِ أَحْيَانًا　私は時々孤独を感じる

وَحْش 複 وُحُوش 関 وَحْشِيّ　❖ 獣;野蛮さ;野生 関 醜い;野蛮な;野生の

اَلنَّمِرُ وَحْشٌ شَرِسٌ مُخِيفٌ　虎は恐ろしくて凶暴な獣です

عَمَلٌ وَحْشِيٌّ　野蛮な行為

حِمَارُ وَحْشٍ　野生のロバ/しまうま

وَحِلَ ، يَوْحَلُ 名 وَحْل 複 أَوْحَال　❖ 泥にはまる;暗礁に乗り上げる 名 泥

يَوْحَلُ الثَّوْرُ فِي الْأَرْضِ اللَّيِّنَةِ　牛がぬかるみにはまる

طُرُقَات مُغَطَّاة بِالْوَحْلِ　泥でおおわれた道

وَحِلٌ　❖ 泥の,泥のついた,泥だらけの;泥で汚れた

اِخْلَعْ حِذَاءَكَ الْوَحِلَ عِنْدَ الْبَابِ　ドアの所で,泥のついた靴を脱ぎなさい

وَحِمَ ، يَحِمُ (يَوْحَمُ)　❖ (妊婦が特定の食べ物に対して)食欲がある

قَدْ تَوْحَمُ الْمَرْأَةُ الْحُبْلَى　妊婦は特定の食べ物に食欲を感じるだろう

وَحْيٌ < وحى　❖ 啓示;霊感,インスピレーション

هَبَطَ عَلَيْهِ الْوَحْيُ　彼に啓示が降りた

وَحِيد < وحد　❖ 一つの,一人の,単一の;唯一の;孤独な

وَحِيدًا 女 وَحِيدَة　一人で

اَلْأَمَلُ الْوَحِيدُ　唯一の望み

اِبْنٌ وَحِيدٌ　一人息子

ابْنَة (بِنْت) وَحِيدَة　一人娘

لَا أُحِبُّ أَنْ أَحْيَا وَحِيدًا　私は一人で生活したくない

وَحِيدَانِ　二人だけで/二人っきりで

وَخَزَ ، يَخِزُ 名 وَخْز ❖ 刺す, 貫く 名 刺す事;(刺した)痛み

سَأَخِزُك بِهٰذِهِ الْإِبْرَةِ ، فَلَا تَخَافِي !　(貴女を)この針で刺しますが, 怖がらないで下さい

وَخْز الضَّمِيرِ　心の痛み/良心の呵責

وَخُمَ ، يَوْخُمُ 名 وَخَامَة ❖ 不健康である;不完全である 名 不健康;悪さ

وَخِمَ ، يَوْخَمُ ❖ 消化不良で苦しむ;食べ物が腐る

يَوْخَمُ الطَّعَامُ بِسُهُولَةٍ فِي الصَّيْفِ　夏は食べ物が直ぐ悪くなる

وَخِمٌ ❖ 不健康な, 悪い

اَلطَّعَامُ الْوَخِمُ يُرْمَى　悪くなった(腐った)食べ物は捨てられる

وَخِيم < وخم ❖ 不健康な; 消化の悪い;悪い, 悲惨な

طَعَام وَخِيم　悪い食べ物

وَخِيم الْعَاقِبَةِ　結末の悪い/有害な

عَوَاقِب وَخِيمَة　悲惨な結果

عَاقِبَةُ الْكَسَلِ وَخِيمَةٌ　怠惰の結末は悲惨である

وَدَّ ، يَوَدُّ 名 وُدّ/وِدّ/وَدّ ❖ 望む, 好む, 愛する;〜だったらよかったのに(〜 لَوْ/أَنْ〜/لَوْ أَنْ〜) ※〜:完了形 名 望み, 欲望;愛

※ هِيَ وَدَّتْ / أَنَا وَدِدْتُ

كَمَا يَوَدُّ　彼の好きなように

أَوَدُّ مُسَاعَدَتَك　あなたの援助をお願いしたい

وَدِدْتُ لَوْ أَلْقَاك كُلَّ سَاعَةٍ　私はいつも貴女に会うのを望んでいました

وَدِدْتُ لَوْ كَانَ غَنِيًّا　彼が金持ちだったら良かったのに

أَوَدُّ أَنْ تَفْعَلَ ذٰلِك　あなたがそうしてくれたら良いのに

عَلَاقَة وِدٍّ (وُدٍّ)　友好な関係

وَدَاعٌ < ودع ❖ 別れ, 別離

وَدَاعًا / اَلْوَدَاعُ ! (أَيُّهَا ~/ أَيَّتُهَا ~/ اَلْ~)　(~さん)さようなら！

قَالَ لَهُ وَدَاعًا　彼に別れを告げた

وَدَعَ ⇐ 名 وَدَاعَة ❖ وَدَاعَة > ودع

وَدَعَ ، يَدَعُ 名 وَدْع 命 دَعْ ❖ 預ける；～させる；～のままにする，放置する；許す
名 預ける事，預け入れ 命 預けなさい；預けさせなさい

اَلْأَفْضَلُ أَنْ تَدَعَ مَالَكَ فِي الْمَصْرِفِ　お金は銀行に預けた方が良い

دَعْنِي (女 دَعِينِي) أَفْعَلُ (أَرَى)　私にさせなさい(見せなさい)

دَعْنِي وَشَأْنِي　私に構わないで下さい

دَعْنَا ~　さあ～しましょう ※～：一人称複数未完了形

دَعْنَا نَبْتَعِدُ عَنْ تِلْكَ الطَّرِيقِ　あの道(を行くの)は避けよう

وَدَعَ ، يَدَعُ / وَدُعَ ، يَوْدُعُ 名 وَدَاعَة ❖ 穏やかである，静かである，落ち着いている
名 平穏；柔和；優しさ

تَغْضَبُ "جَمِيلَة"، وَلَكِنَّهَا سُرْعَانَ مَا تَوْدُعُ　ジャミーラは怒るけど，直ぐに穏やかになる

أُحِبُّ فِي الرِّيفِ وَدَاعَةَ حَيَاتِهِ　私は田舎の平穏な生活が好きです

وَدَّعَ > ودع II 名 تَوْدِيع ❖ 見送る，別れを告げる 名 見送り，別れ

وَدَّعَ الْمُسَافِرُ أَهْلَهُ　旅する人が家族に別れを告げた

وَدَّعَ الْأَصْدِقَاءُ الْمُسَافِرَ　旅する人を友人達が見送った

وَدَ(ْ)عٌ 複 ـات ※ وَدْعَة ❖ 貝，貝殻 ※1個の貝

وَجَدْنَا وَدَعًا عَلَى الشَّاطِئِ　私達は海岸で貝殻を見つけた

وَدُود > ود ❖ 心の優しい；愛のある，情のある；親しい

أَسْعَدَكِ اللّٰهُ بِزَوْجٍ وَدُودٍ !　神様が貴女に良き夫を与えられて，幸せにして下さりますように

وَدِيع > ودع 複 وُدَعَاءُ ❖ 静かな，おとなしい

هَاجَمَ الذِّئْبُ حَمَلًا وَدِيعًا　狼はおとなしい子羊に襲いかかった

وَدِيعَة > ودع 複 وَدَائِع ❖ 預金

وَدِيعَة لِأَجَلٍ مُعَيَّنٍ　定期預金

وَدِيعَة عَادِيَّة　普通預金

(الْ)وَرَى ❖ 人, 人間, 人類

لَيْسَ فِي الْوَرَى إِنْسَانٌ كَامِلٌ　完全な人はいない

وَرَاءٌ <ورى ❖ 後ろ, 後方

إِلَى الْوَرَاءِ　後ろに/後ろへ

مِنَ الْوَرَاءِ　後ろから/後方から

كَانَ وَرَاءَهُ　彼を支えた

وَرَاءَ(~)<ورى ❖ 前 (~の)後ろに, 背後に, 向こうに

مَا وَرَاءَ الْبِحَارِ　海外

مَا وَرَاءَ الطَّبِيعَةِ　超自然/形而上学

مَا وَرَاءَ الْأُرْدُنِّ　トランスヨルダン

وَرَاءَ الْأَكَمَةِ مَا وَرَاءَهَا　何か裏がある/怪しい

وِرَاثَة <ورث ❖ 遺伝;相続

عِلْم الْوِرَاثَةِ　遺伝学

الْأَمْلَاكُ وَالْأَخْلَاقُ تَنْتَقِلُ إِلَى الْأَبْنَاءِ بِالْوِرَاثَةِ　財産も性格も子孫に相続される

وِرَاثِيّ<ورث ❖ 遺伝の;相続の, 遺産の

أَمْرَاض وِرَاثِيَّة　遺伝病

وَرَّاقٌ<ورق 複 ـون ❖ 紙屋, 製紙業者;本屋

يَعْمَلُ فِي دُكَّانِ وَرَّاقٍ　彼は紙屋(本屋)で働いている

وَرِثَ، يَرِثُ 名 وِرْث / إِرْث ❖ 相続する, 受け継ぐ 名 相続

سَوْفَ يَرِثُ الْإِبْنُ مَالَ أَبِيهِ　息子が父親の財産を相続するだろう

وَرِثَ التُّرَاثَ　遺産を相続した

وَرَّثَ<ورث II ❖ 相続させる;残す

لَنْ يُوَرِّثَ أَوْلَادَهُ شَيْئًا　彼は子供達に何も相続させないだろう

وَرَدَ ، يَرِدُ ❖ 述べられる,掲載される;着く,やって来る

وَرَدَ الْمَاءَ　水場にやって来た/水場に着いた

كَتَبْتُ لَكَ ، وَلَمْ يَرِدْنِي مِنْكَ جَوَابٌ　あなたに手紙を書いたけれど,返事は来なかった

وَرَّدَ < ورد II 名 تَوْرِيد ❖ 咲く;輸入する;供給する 名 輸入;供給

فِي الرَّبِيعِ ، يُوَرِّدُ النَّبْتُ وَالشَّجَرُ　春に草木の花が咲く

وَرْد 複 وُرُود ※ وَرْدَة ❖ 花;バラ/薔薇 ※1本の花(バラ)

بَاقَة وَرْدٍ　バラの花束

وَرْد بَرِّيّ　野バラ

لِكُلِّ وَرْدَةٍ شَوْكٌ　どんなバラにも刺がある[格言]

وَرْشَة 複 وِرَش / ـات ❖ 工場,作業場,仕事場

عُمَّال الْوَرْشَةِ　工場の労働者

وَرْشَة لِلْبِنَاءِ　建設現場/工事現場

وَرَّطَ < ورط II ❖ (苦境に)巻き込む

طَيْشُكَ قَدْ يُوَرِّطُكَ　あなたの軽率さが苦境を招くだろう

وَرْطَة 複 وَرَطَات / وِرَاط ❖ 苦境,窮地,ジレンマ;ぬかるみ

اَلْوُقُوع فِي وَرْطَةٍ　泥沼にはまる事/苦境

وَرَعٌ ❖ 敬虔;用心;臆病

يَحْيَا الْمُؤْمِنُ الْمُتَعَبِّدُ حَيَاةَ صَلَاحٍ وَوَرَعٍ　信心深い信者は正しく敬虔に生きる

وَرِع 複 أَوْرَاع ❖ 敬虔な

كَانَ وَرِعًا تَقِيًّا　彼は敬虔であった(宗教心が厚かった)

وَرَفَ ، يَرِفُ ❖ (影が)伸びる;(植物が)繁る

ظِلُّ الشَّجَرَةِ يَرِفُ بَعْدَ الظُّهْرِ　午後に木の影が伸びる

وَرَّقَ < ورق II ❖ 葉が出る,葉をつける;(壁紙を)貼る

تُزْهِرُ شَجَرَةُ اللَّوْزِ قَبْلَ أَنْ تُوَرِّقَ　アーモンドの木は葉が出る前に花が咲く

أ ب ت ث ج ح خ د ذ ر ز س ش ص ض ط ظ ع غ ف ق ك ل م ن هـ و ي

ورق～وريد

وَرَقٌ 複 أَوْرَاق ※ وَرَقَة ◆ 紙;カード;木の葉 ※1枚の紙(木の葉)

وَرَقَة مَالِيَّة (نَقْدِيَّة) 紙幣

وَرَقَة الْبَرِيد 葉書

وَرَق مُقَوًّى 段ボール

أَوْرَاق الْحُكُومَةِ 国債

الْأَوْرَاق الرَّسْمِيَّة 公文書

أَوْرَاق اللَّعِب トランプ

تُشَتِّتُ الرِّيحُ أَوْرَاقَ الْأَشْجَارِ 風が木の葉を散らす

وَرِقٌ ◆ 葉の繁った;緑の,青々とした

غُصْنُ شَجَرَةِ التُّوتِ وَرِقٌ そのイチジクの木の枝は葉が繁っている

وَرْك/وِرْك/وَرِك 複 أَوْرَاك ◆ 女 尻,臀部,腰

شَدَّتْ وَرِكَهَا النَّحِيلَةَ بِزُنَّارٍ جَمِيلٍ 彼女は美しいベルトで,細い腰を縛った

وَرِمَ ، يَرِمُ 名 وَرَمٌ 複 أَوْرَام ◆ 膨らむ,膨張する;腫れる 名 膨張;腫れもの,腫瘍

بَدَأَ الْخَدُّ يَرِمُ 頬が腫れ始めた

وَرَمُ الدِّمَاغِ 脳腫瘍

يَزُولُ الْوَرَمُ قَرِيبًا まもなく腫れは引くでしょう

وَرَّمَ < ورم II ◆ 腫らす;膨らます

وَرَّمَتِ الصَّدْمَةُ الْعَنِيفَةُ سَاقِي (私は)足を強くぶつけて,腫らしました

وَرَّمَ أَنْفَهُ 怒らせた/むっとさせた

وَرَّمَ بِأَنْفِهِ 思い上がった/のぼせ上がった

وَرِيث < ورث 複 وُرَثَاء ◆ 跡取り,遺産相続人

اِبْن وَرِيث 跡取り息子

وَرِيد < ورد 複 أَوْرِدَة/وُرُود/وُرْد ◆ 静脈

حُقْنَة فِي الْوَرِيدِ 静脈注射

مَا الْفَرْقُ بَيْنَ الشِّرْيَانِ وَالْوَرِيدِ ؟ 動脈と静脈の違いは何ですか

وَزّ ※ وَزَّة ✽ ガチョウ/鵞鳥 ※1羽のガチョウ

يَسْبَحُ الْوَزُّ إِلَى جَانِبِ الْبَطِّ　　ガチョウがアヒルの側に泳いで行く

وِزَارَة < و ز ر 複 ـات ✽ 官庁，省；内閣

وِزَارَة الْإِنْشَاءَات　　建設省

وِزَارَة التَّرْبِيَةِ وَالتَّعْلِيمِ　　教育省

وِزَارَة الْخَارِجِيَّةِ　　外務省

وِزَارَة الدَّاخِلِيَّةِ　　内務省

وِزَارَة الزِّرَاعَةِ　　農政省/農業省

وِزَارَة الصِّحَّةِ الْعَامَّةِ　　厚生省

وِزَارَة الْعَدْلِ (الْعَدْلِيَّةِ)　　法務省

وِزَارَة الْعَمَلِ　　労働省

وِزَارَة الْمُوَاصَلَاتِ　　通産省

وِزَارَة الْمَالِيَّةِ　　財務省

وِزْر 複 أَوْزَار ✽ 荷，重荷，負担；罪

أَخِيرًا وَضَعَتِ الْحَرْبُ أَوْزَارَهَا　　とうとう(終に)戦争が終わった

وَزَّعَ < و ز ع II 名 تَوْزِيع ✽ 分配する，配る，分ける 名 分配，分割；配達

نُوَزِّعُ الْهَدَايَا عَلَى الْأَطْفَالِ　　私達は子供達にプレゼントを配る

تَوْزِيع الثَّرْوَةِ　　富の分配

وَزَنَ ، يَزِنُ 名 وَزْن 複 أَوْزَان ✽ 重さがある；重さを計る；バランスを取る，等しくする 名 重さ，重量，体重；(詩の)韻律

زِنْ لِي هٰذِهِ السَّمَكَةَ ، مِنْ فَضْلِكَ　　この魚の重さを計って下さい

وَزْنِي أَقَلُّ مِنَ الْمُعَدَّلِ　　私の体重は平均より軽い

ثَقِيل (خَفِيف) الْوَزْنِ　　目方が重い(軽い)

رَاجِح الْوَزْنِ　　思慮分別のある

وَزِير < و ز ر 複 وُزَرَاءُ ✽ 大臣

رَئِيس الْوُزَرَاءِ / الْوَزِير الْأَكْبَر　　首相/総理大臣/内閣総理大臣

وَسَاد/ وِسَادَة <وسد 複 ـات ❖ 枕；クッション，座布団

اِتَّكِئْ عَلَى الْوِسَادَةِ　クッションにもたれなさい

لَا أَحْتَاجُ فِي نَوْمِي إِلَى وِسَادَةٍ　私は寝る時に枕は要りません

وِسَاطَة <وسط ❖ 媒体；仲介；ひいき，縁故

بِوِسَاطَةِ ～　～によって/～を通して

عَنْ وِسَاطَةِ ～　～のあっせんで/～の世話で

نَجَحَتْ وِسَاطَتُهُ ، فَتَفَاهَمَ الْخَصْمَانِ　彼の仲介は成功して，反目していた二人は理解し合った

وِسَام <وسم 名 أَوْسِمَة ❖ 勲章；メダル，バッジ

اِسْتَحَقَّ الضَّابِطُ الْوِسَامَ　兵士はその勲章に値した

وَسِخَ ، يَوْسَخُ 名 وَسَخ 複 أَوْسَاخ ❖ 汚れる，汚くなる 名 汚れ

سُرْعَانَ مَا يَوْسَخُ لِبَاسُكَ !　あなたの服は直ぐに汚れますね！

مَسْحُوقُ الْغَسِيلِ يُزِيلُ كُلَّ وَسَخٍ　この粉の洗剤はどんな汚れも落とします

وَسَّخَ <وسخ II ❖ 汚くする，汚す

مَاذَا تَفْعَلُ لِتُوَسِّخَ مَلَابِسَكَ هٰكَذَا؟　どうしたら，こんなに服が汚れるのですか

وَسِخ ❖ 汚い，汚れた

يَعُودُ الْعَامِلُ بِثَوْبٍ وَسِخٍ　労働者は汚れた服で帰る

وَسَطَ ، يَسِطُ 名 وَسْط 複 أَوْسَاط ❖ 中央にある；真ん中にする 名 中央，真ん中；中間

وَجَدْنَا الصَّبِيَّ جَالِسًا وَسْطَ الْمُتَفَرِّجِينَ　私達は見物人の真ん中に座っている少年を見つけた

وَسَّطَ <وسط II ❖ 中央にする，中央に置く；仲介者に選ぶ

وَسِّطِ الطَّاوِلَةَ فِي الْغُرْفَةِ　テーブルを部屋の中央に置きなさい

وَسْط(َ) 複 أَوْسَاط ❖ 形 中央の，真ん中の；中間の 名 中央，真ん中；中間

تَوَقَّفَتِ السَّيَّارَةُ وَسَطَ الطَّرِيقِ　自動車が道の真ん中に止まった

وُسْطَى <وسط ❖ 中央の，中間の ※ أَوْسَط の 女

إِصْبَع وُسْطَى/ الْوُسْطَى　中指

آسِيَا الْوُسْطَى　中央アジア

اَلْقُرُون (اَلْعُصُور) الْوُسْطَى　中世

وَسِعَ ، يَسَعُ 名 سَعَة ❖ 広くなる;(広さが)十分である, 収容する;
～できる 名広さ

لَا يَسَعُ .. إِلَّا ~　～せざるを得ない

مَا أَسَعُ ذَلِكَ　私にはそれが出来ない

وَسِعَ الْحِذَاءُ مَعَ الْوَقْتِ　靴は次第に大きくなった

تَسَعُ قَاعَةُ التَّدْرِيسِ ثَلَاثِينَ مَقْعَدًا　教室は３０席を収容します

لَا يَسَعُنِي أَنْ ~　私には～出来ない

لَا يَسَعُنِي أَنْ أَخْدَعَكَ　私はあなたを騙す事は出来ない

وَسُعَ ، يَوْسُعُ 名 وَسَاعَة ❖ 広い, 広くなる;大きくなる

وَسُعَتْ قَاعَةُ التَّدْرِيسِ　教室は広かった

وَسَّعَ > وسع II 名 تَوْسِيع ❖ 広くする, 広げる, 拡大する;拡張する
名拡大;拡張

وَسَّعَتِ الْبَلَدِيَّةُ الطَّرِيقَ　市は通りを広げた(拡張した)

وَسَّعَ الْمَكَانَ لِـ~　～に場所を空けた

وُسْع ❖ 能力, 力

فِي وُسْعِهِ　可能である

بَذَلَ وُسْعَهُ　彼は最善を尽くした

لَمْ يَكُنْ فِي وُسْعِي أَنْ أُلَبِّيَ طَلَبَهُ　私は彼の要求に答える事が出来なかった

وَسَمَ ، يَسِمُ 名 وَسْم 複 وُسُوم ❖ 印を付ける;跡を付ける;特徴付ける 名印;跡, 痕

أَخْشَى أَنْ يَسِمَكِ هٰذَا الْجُرْحُ فِي وَجْهِكِ　この傷が貴女の顔に残らないか心配だ

وَسْم جُرْحٍ قَدِيمٍ　古い傷跡/古傷

وَسْوَسَ ، يُوَسْوِسُ 名 وَسْوَاس 複 وَسَاوِس ❖ (悪い企みを)ささやく; 唆す(~لِـ :～に)
名ささやき; 唆し

وَسْوَسَ لَهُ الشَّيْطَانُ أَنْ يَخْتَلِسَ نُقُودَ صَدِيقِهِ　悪魔が彼に友達のお金を取れとささやいた(唆した)

أ ب ت ث ج ح خ د ذ ر ز س ش ص ض ط ظ ع غ ف ق ك ل م ن هـ و ي

وَسِيط < وسط 複 وُسَطَاءُ ❖ 形 中間の; 仲介の 名 中間物; 仲介者, 仲介人

كُلَّمَا تَخَاصَمَ صَدِيقَانِ، دَخَلْتُ بَيْنَهُمَا وَسِيطًا　私は友人が仲違いした時は, いつも仲介に入った

وَسِيط تِجَارِيّ　仲買人

وَسِيع < وسع ❖ 広い

اِنْتَقَلْنَا إِلَى مَنْزِلٍ وَسِيعٍ　私達は広い家に移った

وَسِيلَة < وسل 複 وَسَائِل ❖ 手段, 方法

لَا أَعْرِفُ بِأَيَّةِ وَسِيلَةٍ أُقْنِعُهُ　私は彼を説得する方法を知らない

اَلْغَايَةُ تُبَرِّرُ الْوَسِيلَةَ　目的が手段を正当化する

وَسَائِل الْمُوَاصَلَات　通信手段/交通手段

وَسِيم < وسم 複 وِسَامٌ / وُسَمَاءُ 女 وَسِيمَة 複 -ات/وِسَامٌ ❖ きれいな, ハンサムな; 上品な

هُوَ شَابٌّ أَنِيقٌ وَسِيمٌ　彼は優雅でハンサムな若者だ

وَشَى، يَشِي 名 وَشْي ❖ 中傷する(～بِ:～を);密告する;告発する;飾る 名 中傷;密告;飾り

لَا أُرِيدُ أَنْ أَشِيَ بِآخَرَ　私は他人を中傷したくない

وَشَى بِهِ إِلَى الْحَاكِمِ　彼を裁判官に告訴した

وَشَّى < وشى II 名 تَوْشِيَة ❖ 飾る, 刺繍をする 名 飾り, 刺繍

وَشَّتِ الْآلَةُ فُسْتَانَ الزِّفَافِ　機械がウェディングドレスに刺繍をした

وِشَاح < وشح 複 أَوْشِحَة / وُشُح ❖ スカーフ, (飾りのついた)肩掛け

اِطْرَحِي هٰذَا الْوِشَاحَ عَلَى كَتِفَيْكِ　(貴女は)この肩掛けを肩に掛けなさい

وَشُكَ، يَوْشُكُ 名 وَشْك (وُ) ❖ 速く行う

عَلَى وَشْكِ ～/ عَلَى وَشْكِ أَنْ ～　～しようとするところです

أَنَا عَلَى وَشْكِ أَنْ أُنْهِيَ عَمَلِي　私は今, 仕事を終えるところです

وَشَمَ، يَشِمُ 名 وَشْم 複 وُشُوم / وِشَام ❖ 入れ墨をする 名 入れ墨

هَلْ تُرِيدُ أَنْ تَشِمَ زَنْدَيْكَ؟　あなたは両腕に入れ墨をしたいのですか

وَشْوَشَ ، يُوَشْوِشُ ❖ ささやく

مَالَ إِلَى أُذُنِ جَارِهِ يُوَشْوِشُهُ　隣の人の耳に(身を傾けて)ささやいた

وَشِيكٌ < وشك ❖ [男][女] 間近の;差し迫った

وَشِيكُ الزَّوَالِ　破滅間近の

وَشِيكُ الْحَلِّ　解決が近い

سَفَرٌ وَشِيكٌ　差し迫った旅行

وَصَّى < وصى ‖ [名] تَوْصِيَة [複] -ات/تَوَاصٍ ❖ 任せる,委ねる;遺言状を書く;勧める;命じる
[名] 委託;代理;遺言;推薦;勧告,命令

وَصَّى لَهُ وَالِدُهُ بِالدُّكَّانِ　彼の父親は彼に店を委ねた(任せた)

خِطَاب (رِسَالَة) تَوْصِيَةٍ　推薦状

شَرِكَة تَوْصِيَةٍ　有限会社

بِالتَّوْصِيَةِ　委託されて

وَصَفَ ، يَصِفُ [名] وَصْف ❖ 述べる,記述する,描写する;処方箋を書く
[名] 記述,描写;形容詞[文]

مَاذَا وَصَفَتْ لَكِ الطَّبِيبَةُ ؟　女医さんは貴女にどんな処方箋を書きましたか

لَا يُوصَفُ (بِالْكَلَامِ)　(言葉で)言い表せない

شَيْء يَفُوقُ الْوَصْفَ　言葉で言い表せないもの

وَصْفَة ❖ 記述,描写

وَصْفَة طِبِّيَّة　処方箋

وَصَلَ ، يَصِلُ [名] وَصْل [複] وُصُولَات ❖ つながる;着く,届く,達する
[名] 結合,連結;組合 [複] 領収書

أَخْبِرْنِي كَيْفَ أَصِلُ هُنَاكَ　そこに着く(行く)方法を教えて下さい

وَصَّلَ < وصل ‖ [名] تَوْصِيل ❖ つなげる;連結する,接続する,結ぶ;運ぶ,送る
[名] 連結,結合

وَصِّلِ الْأَسْلَاكَ بَعْضَهَا بِبَعْضٍ　線を互いに結びなさい

يُوَصِّلُ الْأَبُ طِفْلَهُ إِلَى الْمَحَطَّةِ بِالسَّيَّارَةِ　父親は自動車で子供を駅まで送っている

تَوْصِيل عَلَى التَّوَالِي (التَّوَازِي)　直列(並列)つなぎ

وَصَمَ ، يَصِمُ 名 وَصْم ❖ 名を汚す;汚名を着せる 名 不名誉,汚名

اَلرَّجُلُ الشَّرِيفُ يَتَحَاشَى كُلَّ مَا يَصِمُ　賢明な男は不名誉な事に近付かない

وُصُول < وصل 複 -ات ❖ 到着;受け取り,領収書 複 領収書,レシート

بِطَاقَةُ الْوُصُولِ　入国カード

أَسْعَارُ الْبَضَائِعِ عَلَى الْوُصُولَاتِ　商品の値段は領収書に書いてあります

وُصُولِيّ < وصل ❖ 形 利己主義の 名 成り上がり者,成金

اَلْوُصُولِيَّة　利己主義/日和見主義

وَصِيّ < وصى 複 أَوْصِيَاء ❖ 後見人;代理人

جُعِلَ الرَّجُلُ وَصِيًّا عَلَى ابْنِ أُخْتِهِ　男は姉の子供(甥)の後見人にされた

وَصِيَّة < وصى 複 وَصَايَا ❖ 命令,指示;勧告;遺言;戒め

اَلْوَصَايَا الْعَشْر　(モーゼの)十戒

وَصِيف < وصف 複 وُصَفَاء 女 وَصِيفَة ❖ 奴隷,小姓,召使い 女 女中,メード

يُرَافِقُ الْأَمِيرَ وَصِيفُهُ　一人の召使いが王子に同伴している

وَضُؤَ ، يَوْضُؤُ 名 وُضُوء ❖ (礼拝の前に身体が)清められる 名 沐浴

يَوْضُؤُ الْجِسْمُ بِالْإِغْتِسَالِ　体は洗われて清められる

وَضَّأَ < وضؤ II 名 تَوْضِئَة ❖ 清める,沐浴する;洗う 名 沐浴

وَضَّأَ الشَّيْخُ جِسْمَهُ بِالْمَاءِ الْبَارِدِ　長老は冷たい水で体を清めた

وَضَّاحٌ < وضح ❖ 輝いている,明るい

أَطَلَّ الشَّابُّ بِوَجْهِهِ الْوَضَّاحِ　若者は顔を輝かせた

وَضَحَ ، يَضِحُ 名 وُضُوح ❖ 明らかになる,明らかである 名 明確さ;明白

بِوُضُوحٍ　明らかに/はっきりと

وَضَّحَ < وضح II 名 تَوْضِيح ❖ 明らかにする;説明する 名 明らかにする事;説明

حَاوِلْ أَنْ تُوَضِّحَ الْمَعْنَى　その意味を説明してみなさい

تَوْضِيحُ الْمَسْأَلَةِ　問題の明確化

وَضَحٌ 複 أَوْضَاح ❖ 明り,明るさ

أ ب ت ث ج ح خ د ذ ر ز س ش ص ض ط ظ ع غ ف ق ك ل م ن هـ و ي

فِي وَضَحِ النَّهَارِ　真っ昼間に/白昼に

وَضَعَ ، يَضَعُ 名وَضْع 複أَوْضَاع ✽ 置く, 入れる; 出産する; 書く, 作成する, 制定する; 低くする, へりくだる; 慎ましくする
名 置く事; 出産; 制定, 作成; 立場; 状況, 情勢; 原則; 態度, 姿勢

ضَعْ النَّبَاتَ فِي الشَّمْسِ　その植物は日の当たる所に置きなさい

تَضَعُ الْمَرْأَةُ الْحَامِلُ طِفْلَهَا فِي نِهَايَةِ الشَّهْرِ التَّاسِعِ　妊婦は妊娠9ヶ月の終わりに出産する ※アラブでは妊娠期間は9ヶ月とされる

وَضَعَ أَسَاسًا　基礎を築いた

وَضَعَ حَدًّا لِـ~　~を終えた

وَضَعَ حَدًّا لِحَيَاتِهِ　彼は自殺した

وَضَعَ مَشْرُوعًا (خُطَّةً)　計画を立てた

وَضَعَ تَقْرِيرًا　レポートを書いた

وَضَعَ اقْتِرَاحَاتٍ　提案した

قَوِّمْ وَضْعَ جِسْمِكَ　姿勢を正しなさい

وَضْعُ الْقَانُونِ　法律の制定

اَلْوَضْعُ الْحَالِيُّ　現在の状況/現状/現況

اَلْوَضْعُ فِي الشَّرْقِ الْأَوْسَطِ　中東情勢

وَضْعُ الْيَدِ　所有/領有/占拠

وُضُوح <وضح ✽ はっきりする事, 明白な事, 明確さ

بِوُضُوحٍ　はっきりと/明確に

لَمْ أَفْهَمْ بِوُضُوحٍ مَا تُرِيدُ　私はあなたの欲しい物が何か, はっきり分かりませんでした

وَضِيع <وضع 複وُضَعَاء ✽ 下品な, 卑しい; 低い

اَلطَّبَقَةُ الْوَضِيعَةُ　下層階級

اَلْوَضِيعُ وَالرَّفِيعُ　全ての階級層

وَطَأَ ، يَوْطَأُ ✽ 平らになる; 滑らかになる

نُزِيلُ الصُّخُورَ، وَنُمَهِّدُ الْأَرْضَ فَتَوْطَأُ　私達が石を取り除いて舗装したら，地面は平らになる

وَطِئَ، يَطَأُ 名 وَطْء ❖ 踏む，踏みつける；馬に乗る；性交渉を持つ
名 踏みつける事；性交渉；くぼみ，低地

لَا نَسْتَطِيعُ أَنْ نَطَأَ الرَّمْلَ السَّاخِنَ　熱い砂の上を歩く事は出来ません

وَطِئَ عَتَبَةَ الْبَابِ　敷居をまたいだ

وَطَّأَ، يُوَطِّئُ < وطأ II 名 تَوْطِئَة ❖ 平らにする，滑らかにする；圧する；用意する
名 平らにする事；導入；用意，準備

اِقْتَلَعَ الْعُمَّالُ الصُّخُورَ وَوَطَّؤُوا الْأَرْضَ　労働者が石を掘り出し，土地を平らにした

لِتَوْطِئَةِ ～　～の準備として

وَطْأَة < وطأ ❖ 抑圧，強制；重大性；激しさ

اَلْعَيْشُ تَحْتَ وَطْأَةِ الْاِحْتِلَالِ　占領の抑圧下の生活

اِشْتَدَّتْ وَطْأَةُ الشَّيْءِ　事態は深刻化した

وَطَدَ، يَطِدُ 名 وَطْد ❖ 強くする，強化する；安定させる 名 強化；安定

وَطَدَ عُرَى الصَّدَاقَةِ　友情の絆を強くした

وَطَدَ الْعَزْمَ أَنْ ～　～しようと決心した

عَلَى الْحُكُومَةِ أَنْ تَطِدَ الْأَمْنَ فِي الْبِلَادِ　政府は国の治安を安定させなければならない

وَطَّدَ < وطد II 名 تَوْطِيد ❖ 強くする，強化する　※＝ وَطَدَ

وَطَّدَتِ السُّلْطَةُ الْأَمْنَ فِي الْبِلَادِ　政府は国の安全(治安)を強化した

تَوْطِيدُ الْعَلَاقَاتِ　関係の強化

وَطَرٌ 複 أَوْطَار ❖ 目的，目標；欲求，欲望

قَضَى وَطَرَهُ (أَوْطَارَهُ)　目的を達した/欲求を満たした

وَطَّنَ < وطن II 複 تَوْطِين ❖ 定住させる；(定住場所を)選ぶ 名 帰化

وَطَّنَ نَفْسَهُ عَلَى～　～を決心(決意)した/～に慣れた/～に適応した

وَطَّنْتُ نَفْسِي عَلَى السَّفَرِ　私は旅行に行こうと決心(決意)した

وَطَّنَتِ الْحُكُومَةُ الْمُهَاجِرِينَ　政府は移住者を定住させた

وَطَنٌ 複 أَوْطَان 関 وَطَنِيّ 複 ون ❖ 国,祖国;古里;民族 関 国の,国立の,愛国主義者

حُبُّ الْوَطَنِ　愛国心/祖国愛

لِبَاس وَطَنِيّ　民族衣装

نَشِيد وَطَنِيّ　国歌

إِذَاعَة وَطَنِيَّة　国営放送

هُوَ وَطَنِيٌّ صَمِيمٌ　彼は真の愛国者です

وَطَنِيَّة ❖ ナショナリズム,民族主義;祖国愛;郷土意識

وَطْوَاط 複 وَطَاوِيط ❖ コウモリ/蝙蝠[動物]

مَا أَشْبَهَ الْوَطْوَاطَ بِفَأْرَةٍ مُجَنَّحَةٍ　本当に,コウモリは翼のある鼠みたいです

وَطِيء < وطأ ❖ 低い;平らな

بَحَثْنَا عَنْ مَحَلٍّ وَطِيءٍ لِنَصْبِ الْخَيْمَةِ　私達はテントを立てる平らな場所を探した

وَطِيد < وطد ❖ 確固とした;強い,しっかりした;堅固な

وَطِيدُ الْأَمَلِ بِـ~　~を強くの望んでいる/~を強く信頼している

أَسَاس وَطِيد　しっかりした基礎(土台)

اَلْعَلَاقَات الْوَطِيدَة　強い関係

وَطِيس < وطس ❖ オーブン,かまど;戦闘,闘い

حَمِيَ الْوَطِيسُ　激しい戦闘が起こった

وَظَّفَ < وظف II 名 تَوْظِيف ❖ 雇う,雇用する;採用する;投資する 名 雇用,採用

وَظَّفَ مُوَظَّفًا　職員を雇った

وَظَّفَ مَالًا　投資した

وَظِيفَة < وظف 名 وَظَائِف ❖ 仕事;宿題;義務,任務;働き,作用,機能;賃金

قَامَ بِوَظِيفَتِهِ　職務を果たした/宿題をした

اِعْتَزَلَ وَظِيفَتَهُ　勤めを引退した

وَظَائِف الْأَعْضَاءِ　(体の)器官の働き

عِلْم الْوَظَائِف　生理学

وَظَائِف شَاغِرَة (خَالِيَة)　求人募集

وَعَى، يَعِي 名 وَعْي ❖ (～を)含む, (～から)なる;思い出す, 分かる;気づく, 目覚める 名 注意;意識;目覚め, 覚醒

لَا يَعِي مَا يَقُولُ	彼は自分が何を言っているか分かっていない
اَلْوَعْيُ الْقَوْمِيّ	民族の覚醒/ナショナリズム
اِسْتَعَادَ (فَقَدَ) وَعْيَهُ	意識を回復した(失った)
فِي غَيْرِ وَعْيٍ	無意識に
مَا وَرَاءَ الْوَعْيِ	潜在意識

وِعَاء <وعي 複 أَوْعِيَة ❖ 鉢;容器, 入れ物

صَبَّ فِي الْوِعَاءِ مَاءً	鉢に水を注いだ
ضَعِ الْمَاءَ فِي وِعَاءٍ وَاسِعٍ	大きい容器に水を入れなさい

وَعَدَ، يَعِدُ 名 وَعْد 複 وُعُود ❖ 約束する, 誓う;脅す(～بـ～で) 名 約束, 誓い

لَمْ أَعِدْ مِثْلَ هٰذَا	私はそんな事は約束しませんでした
أَخْلَفَ بِوَعْدِهِ	約束を破った
عَلَيْكَ أَنْ تَفِيَ بِوَعْدِكَ	約束は実行し(守ら)なければならない

وَعُرَ، يَوْعُرُ / وَعِرَ، يَوْعَرُ / وَعَرَ، يَعِرُ ❖ 荒れる;(地勢が)険しくなる

سَرْعَانَ مَا تَوْعُرُ (تَوْعَرُ/تَعِرُ) الْأَرْضُ إِذَا أُهْمِلَتْ	土地は使わないと, 直ぐに荒れる

وَعْر / وَعِر ❖ 形 荒れた, 凸凹の;岩だらけの 名 荒れ地

سَلَكَ الْجُنُودُ فِي سَفْحِ الْجَبَلِ دَرْبًا وَعْرًا	兵士達は山の麓の岩だらけの道を進んだ

وَعَظَ، يَعِظُ 名 وَعْظ 複 وَعَظَات ❖ 訓戒する, 説教(を)する;忠告をする, 勧める 名 訓戒, 説教;警告;助言

رَجُلُ الدِّينِ يُقِيمُ الصَّلَاةَ، وَيَعِظُ النَّاسَ	宗教家は礼拝を行い, また人に説教をする

وَعَكَ، يَعِكُ 名 وَعْك/وَعْكَة ❖ 熱を出す;酷暑になる 名 病気;蒸し暑さ

خُذِ الدَّوَاءَ حَتَّى لَا تَعِكَكَ الْحُمَّى	熱が出なくなるまで, 薬を飲みなさい

وَعِل (ـَ) 複 أَوْعَال/وُعُل/وُعُول ❖ 野生の山羊, カモシカ

أَصَابَ الصَّيَّادُ الْوَعِلَ، وَقَتَلَهُ	猟師はカモシカを撃って, 殺した

وُعُورَة < وعر ✤ 凸凹;困難さ

اَلدُّرُوبُ شَدِيدَةُ الْوُعُورَةِ　　その山道は凸凹がひどい

وَغًى ✤ ⇒ وَغَى 名

وَعِيد < وعد ✤ 脅し, 脅迫

اَلرَّجُلُ الشُّجَاعُ لَا يُخِيفُهُ وَعِيدٌ　　勇敢な男に脅しは利かない

وَغًى / وَغْي ✤ 戦争, 戦闘;騒動;騒音 ※定 اَلْوَغَى

سَاحَةُ الْوَغَى　　戦場

وَفَى، يَفِي 命 فِ 女 فِي 名 وَفَاء ✤ (約束や望みを)果たす, 履行する(~بِ);完全である;(借金を)返済する 命 果たしなさい, 履行しなさい 名 忠実なこと(~لِ:~に);果たすこと, 義務の履行;借金の支払い

عَلَيْكَ أَنْ تَفِيَ بِوَعْدِكَ　　約束は守らなければならない

وَفَى الدَّيْنَ　　借金を返済した(返した)

اَلْوَفَاءُ لِوَالِدَيْهِ　　親孝行

وَفَّى < وفى II 名 تَوْفِيَة ✤ 完成させる; 十分に与える 名 完成;満足; 充足

وَفَّى ~ حَقَّهُ　　(~に)全額支払った/(~を)徹底的に論じた

وَفَّى الْمَوْضُوعَ حَقَّهُ　　そのテーマを徹底的に論じた

وَفَاة < وفى 複 وَفَيَات ✤ 死, 死亡, 死去

بَعْدَ وَفَاةِ أَبِيهِ　　父の死後に

نِسْبَةُ الْوَفَيَاتِ　　死亡率

شَهَادَةُ الْوَفَاةِ　　死亡証明書

وِفَاق < وفق ✤ 調和, 協調;一致, 合意; 協定

قَادَ النِّقَاشُ إِلَى التَّفَاهُمِ وَالْوِفَاقِ　　議論は相互理解と協調へ導いた

ذَهَبَ الْخِلَافُ، وَجَاءَ الْوِفَاقُ　　反目は去り, 協調が行われた

وَفَدَ، يَفِدُ ✤ 来る(~عَلَى/إِلَى:~に), 訪問する(~عَلَى:~を)

مَا زِلْتُ أَفِدُ إِلَى بَيْتِ الْعَرُوسِ　　私はまだ花嫁の家を訪問していない

وَفْد 複 وُفُود ❖ 代表団, 使節団 ※ اَلْوَفْد : ワフド党

وَفْد تِجَارِيّ (اِقْتِصَادِيّ) 経済使節団

وَفَرَ ، يَفِرُ ❖ 増やす; 貯める, 蓄える

يَفِرُ نُقُودَهُ لِشِرَاءِ سَيَّارَةٍ 車を買う為に, お金を貯める

وَفُرَ ، يَوْفُرُ ❖ 増える; 潤沢である

اَلتِّجَارَةُ تَزْدَهِرُ ، وَالرِّبْحُ يَوْفُرُ 商売が繁盛して, 儲けも増える

وَفَّرَ < وفر II 名 تَوْفِير ❖ 増やす; 蓄える; 節約する; 確保する; 与える
救う(〜عَلَى: を) 名 提供; 蓄え, 貯金; 節約; 増加

وَفَّرَ وَقْتَهُ 時間を節約した

وَفَّرَ الْغِلَافُ الْجَوِّيُّ الْهَوَاءَ اللَّازِمَ لِلتَّنَفُّسِ 大気は呼吸に必要な空気を与えてくれる

وَفَّرَ عَلَيْهِ عَنَاءً (التَّعَبَ) その問題から彼を救った

صُنْدُوق التَّوْفِيرِ 貯金箱

وَفِقَ ، يَفِقُ 名 وَفْق ❖ 正しい; ふさわしい, 適切である 名 一致, 合意; 調和

وَفْقَ ~/وَفْقًا لِـ~ /مِنْ وَفْقِ ~ 〜通りに/〜を本に/〜に従って

جَرَى الاِحْتِفَالُ وَفْقَ طَقْسٍ مَعْهُودٍ 式は良く知られた儀式通りに行われた

وَفَّقَ < وفق II 名 تَوْفِيق ❖ 成功させる, 繁栄させる; 和解させる, 調停する,
仲裁する 名 成功; 繁栄; 和解; 調停, 仲裁

حَفِظَكَ اللهُ وَوَفَّقَكَ ! 神は貴男を守り, 成功にお導き下さるであろう

وَفَّقَ بَيْنَ الْمُتَشَاجِرَيْنِ 喧嘩をしている二人を仲裁した

وُفِّقَ كُلَّ التَّوْفِيقِ إِلَى ~ 〜に, ことごとく成功を収めた

أَتَمَنَّى لَكَ التَّوْفِيقَ ご成功を祈ります

وَفِيّ < وفى 複 أَوْفِيَاءُ ❖ 本当の, 真の; 誠実な, 忠実な; 完全な; 十分な

كَلْب وَفِيّ 忠犬

بَحَثْتُ عَنِ الْخِلِّ الْوَفِيِّ، فَلَمْ أَجِدْهُ 真の友を捜したけれど, 見つかりませんでした

وَفِير < وفر ❖ 豊かな, 豊富な, 潤沢な

دَخْل وَفِير — 豊かな収入

تَعُودُ الْقَنَاةُ عَلَى مِصْرَ بِالْمَالِ الْوَفِيرِ — 運河はエジプトに莫大な富をもたらす

وَقَى، يَقِي 名 وَقْي ❖ 守る,防ぐ(～مِنْ：～から) 名 守り,防御;保護

تَقِينِي الشَّمْسِيَّةُ الشَّمْسَ — 日傘は太陽から私を守る

وَقَى نَفْسَهُ مِنْ خَطَرِ～ — ～の危険から身を守った

وَقَّى <وقى II ❖ 守る,保護する;防ぐ

اَلْخَيْمَةُ تُوَقِّيكَ مِنَ الْبَرْدِ — テントはあなたを寒さから守ってくれる

وَقَاحَة <وقح ❖ 不作法,恥知らず,ずうずうしさ

هِيَ صَاحَتْ بِوَقَاحَةٍ ”أَنْتَ مَا دَفَعْتَنِي“ — ”あなたは支払ってない”と彼女は不作法に叫んだ

وَقَار <وقر ❖ 尊厳,威厳,落ち着き払った態度

اَلْأُسْتَاذُ يَتَكَلَّمُ بِوَقَارٍ — 教授は威厳を持って話す

وِقَايَة <وقى ❖ 防御,守り;保護;予防,予防法

دِرْهَمُ وِقَايَةٍ خَيْرٌ مِنْ قِنْطَارِ عِلَاجٍ — 予防は治療に勝る[格言]

وَقَّتَ <وقت II 名 تَوْقِيت ❖ (時間を)決める,指定する 名 時間

وَقَّتَ الْمُعَلِّمُ الدُّرُوسَ الْمُخْتَلِفَةَ — 先生が様々な授業の時間割を決めた

تَوْقِيت صَيْفِيّ (مَحَلِّيّ) — 夏(現地)時間

وَقْت 複 أَوْقَات ❖ 時間,時;季節

أَمْضَيْتُ أَوْقَاتًا مُمْتِعَةً — 私は楽しい時を過ごした

فِي هٰذَا الْوَقْتِ — 今/現在/近頃/その間に

فِي وَقْتِهِ — その時/良い時に/盛りに

فِي نَفْسِ الْوَقْتِ/ فِي الْوَقْتِ نَفْسِهِ — 同時に

فِي أَوَّلِ وَقْتٍ — 最初に/先ず

وَقْتُ الْفَرَاغِ — 暇な時間

مَعَ الْوَقْتِ — 次第に/時がたつにつれて

فِي ذٰلِكَ الْوَقْتِ — 当時/その時

فِي كَثِيرٍ مِنَ الْأَوْقَاتِ — しばしば

وَقِحٌ ✤ 恥知(はじし)らずな,不作法(ぶさほう)な,ぞんざいな;生意気(なまいき)な

الْوَلَدُ الْوَقِحُ　　生意気(なまいき)な(礼儀知(れいぎし)らずの)子供(こども)

وَقَدَ ، يَقِدُ 名 وَقْد ✤ 火(ひ)が付(つ)く,燃(も)える 名 燃焼(ねんしょう);燃料(ねんりょう)

وَقَدَتِ النَّارُ بِسُرْعَةٍ　　火(ひ)は直(す)ぐに付(つ)いた

وَقَّدَ < وقد II ✤ 火(ひ)を付(つ)ける,火(ひ)を起(お)こす

وَقَّدَ النَّارَ فِي الْفُرْنِ　　オーブンの火(ひ)を付(つ)けた

وَقَرَ ، يَقِرُ ✤ 壊(こわ)す,破壊(はかい)する;骨折(こっせつ)する;既定(きてい)のことである

وَقَرَتْ أُذُنُهُ　　耳(みみ)を悪(わる)くした/耳(みみ)が聞(き)こえなくなった

وَقُرَ ، يَوْقُرُ ✤ 威厳(いげん)がある,厳(いか)めしい

عَلَيْكَ أَنْ تَوْقُرَ فِي مِشْيَتِكَ وَتَصَرُّفِكَ　　歩(ある)き方(かた)や行(おこな)いに威厳(いげん)を持(も)ちなさい

وَقَعَ ، يَقَعُ 名 وُقُوع ✤ 落(お)ちる;倒(たお)れる;降(お)りる,下(お)りる;起(お)こる;位置(いち)する
名 落下(らっか);発生(はっせい)

وَقَعَتِ الْحَمَامَةُ عَلَى الْحَبِّ فَأَكَلَتْهُ　　一羽(いちわ)の鳩(はと)が穀物(こくもつ)の上(うえ)に降(お)りて,食(た)べた

وَقَعَ فِي حُبِّهَا　　彼女(かのじょ)と恋(こい)に落(お)ちた

وَقَعَ فَجْأَةً　　転(ころ)んだ

وَقَعَتِ الْحَرْبُ　　戦争(せんそう)が起(お)きた

وَقَعْنَا مِنَ النِّزَاعِ عَلَى حِيَادٍ　　その論争(ろんそう)で,私達(わたしたち)は中立(ちゅうりつ)の立場(たちば)を取(と)った

تَقَعُ الْمَدْرَسَةُ فِي مَرْكَزِ الْمَدِينَةِ　　学校(がっこう)は町(まち)の中心部(ちゅうしんぶ)に在(あ)ります

وَقَّعَ < وقع II 名 تَوْقِيع ✤ 落(お)とす;倒(たお)す;署名(しょめい)する 名 署名(しょめい),サイン

يُوَقِّعُ بِبَصْمَةٍ مِنْ إِبْهَامِهِ　　指紋押捺(しもんおうなつ)をする

هَلْ يُوجَدُ تَوْقِيعِي عَلَى الْعَقْدِ ؟　　その契約書(けいやくしょ)に私(わたし)の署名(しょめい)が有(あ)りますか

وَقْع ✤ 落(お)ちる事(こと),落下(らっか);起(お)きる事(こと),発生(はっせい);印象(いんしょう)

سَمِعْتُ وَقْعَ أَقْدَامٍ عَلَى الشَّارِعِ　　私(わたし)は通(とお)りを歩(ある)く足音(あしおと)を聞(き)いた

كَانَ لَهُ أَحْسَنُ وَقْعٍ فِي النُّفُوسِ　　良(よ)い印象(いんしょう)を与(あた)えた

وَقَفَ ، يَقِفُ 名 وَقْف 複 أَوْقَاف ✤ 立(た)ち上(あ)がる;止(と)まる,停止(ていし)する;終(お)わる
名 停止(ていし);ワクフ* *モスレムによる寄進(きしん)

قِفْ !　立て!/止まれ!

وَقَفَ أَمَامَهُ　反対した/抵抗した

وَقَفَ فِي وَجْهِهِ　立ちはだかった

وَقْف إِطْلَاق النَّارِ　戦闘停止

نُقْطَة الْوَقْف　終止符/ピリオド

وَقَّفَ < وقف 名 تَوْقِيف ❖ 止める;駐車する;立てる;逮捕する
名 止めること,停止;駐車;逮捕

وَقَّفَ السَّائِقُ السَّيَّارَةَ　運転手は車を止めた

وَقُود < وقد ❖ 燃料

تَزَوَّدَتِ الطَّائِرَةُ بِالْوَقُودِ　飛行機は燃料を補給した

فَرَغَ الْوَقُودُ　燃料が無くなった

وَقُور < وقر 複 وُقُر ❖ 男女 威厳のある

تَصَدَّرَ الْمَجْلِسَ شَيْخٌ وَقُورٌ مِنَ الْقَبِيلَةِ　議会に威厳のある族長が送られた

وُقُوع < وقع ❖ ⇒ وَقَعَ 名

وُقُوف < وقف ❖ 止まる事,停止,中止;立つ事,起立;研究

أَتَسْتَطِيعُ الْوُقُوفَ؟　(あなたは)立てますか

وَقِيعَة < وقع 複 وَقَائِع ❖ 中傷;出来事;真相;戦闘,会戦

مَحْضَر (دَفْتَر) الْوَقَائِع　議事録/覚え書き

سَقَطَ فِي الْوَقِيعَةِ قَتْلَى قَلِيلُونَ　その戦闘では戦死者はわずかだった

وَكَالَة (َ) < وكل 複 ـات ❖ 代理店

وَكَالَة السَّفَرِ　旅行代理店

وَكَالَة الْأَنْبَاءِ　通信社

وَكَّرَ < وكر II ❖ 巣を作る

وَكَّرَ الطَّائِرُ فِي الشَّجَرِ　鳥が木に巣を作った

وَكْر 複 وُكُور / أَوْكَار ❖ 巣,住みか;隠れ家

أ ب ت ث ج ح خ د ذ ر ز س ش ص ض ط ظ ع غ ف ق ك ل م ن هـ و ي

وَكْر نَمْلٍ　蟻の巣/蟻塚

وَكْر اللُّصُوصِ　盗賊の隠れ家

وَكَزَ ، يَكِزُ ✽ 突く,小突く,突く;殴る

وَكَزَ بِقَبْضَةِ الْيَدِ　拳で突いた/殴った

وَكَلَ ، يَكِلُ ✽ 信じる;任せる,委ねる

وَكَلَ بِاللّٰهِ　神を信じた/神に身を委ねた

يُرِيدُ وَالِدِي أَنْ يَكِلَ إِلَيَّ إِدَارَةَ الشَّرِكَةِ　父は私に会社の運営を任せたがっている

وَكَّلَ < وكل II ✽ 任せる,委任する,権限を与える,代理人にする

قَدْ وَكَّلْنَاهُ عَلَى الْمَزْرَعَةِ　既に私達は彼に農地を任せた

وَكِيل < وكل 複 وُكَلَاءُ ✽ 代理人,支配人;副～,次～

وَكِيل قُنْصُلٍ　副領事

وَكِيل تَأْمِينٍ　保険代理業者

وَلَّى < ولي II ✽ (知事,などに)任命する;(顔を)向ける;逃げる

وَلَّى "زِيَادًا" الْحُكْمَ عَلَى الْبَصْرَةِ　ズィヤードをバスラ市の知事に任命した

وَلَّاهُ ظَهْرَهُ (دُبُرَهُ)　背を向けた/逃げた

وَلَّى هَارِبًا　逃げた

وَلَاء < ولي ✽ 友情,友好;善意;献身;誠実さ

مُعَاهَدَة وَلَاءٍ　友好条約

وِلَادَة < ولد ✽ 誕生;出産

وِلَادَة مُعَجَّلَة　早産

وِلَادَة قَيْصَرِيَّة　帝王切開による出産

وِلَايَة < ولي 複 ـات ✽ 州,行政区;主権;任期

الْوِلَايَات الْمُتَّحِدَة　(アメリカ)合衆国

وِلَايَات حَيْفَا　ハイファ*行政区 *パレスチナの地中海沿いの都市

وِلاَيَة < ولي ❖ 保護, 法的効力;友情

هُمْ عَلَى وِلاَيَةٍ وَاحِدَةٍ　彼らは結束している(助け合っている)

وَلَجَ ، يَلِجُ 名 لِجَة ❖ 入る, 貫く 名入ること, 貫通

وَلَجَ اللِّصُّ الْبَيْتَ مِنَ النَّافِذَةِ　泥棒が窓から家に入った

وَلَدَ ، يَلِدُ ❖ 生む, 産む

وُلِدَ ، يُولَدُ 受　生まれる

((لَمْ يَلِدْ وَلَمْ يُولَدْ))　(神は)生みも生まれもしない

كَمَا وَلَدَتْهُ الأُمُّهُ　生まれたままの姿で

وُلِدَ إِبْرَاهِيمُ طُوقَان فِي مَدِينَةِ نَابُلُس عَامَ ١٩٠٥ م　イブラヒーム・トゥカーンは西暦1905年にナブルス市で生まれた

وَلَّدَ < ولد II 名 تَوْلِيد ❖ 分娩を助ける, 生ませる, 出産させる;発生させる
名助産;出産;発生

وَلَّدَ الْكَهْرَبَاءَ مِنَ الْمَاءِ　水で電気を発生させた

مُسْتَشْفَى التَّوْلِيد　産科病院/産院

تَوْلِيد طَاقَةِ الْكَهْرَبَاءِ　発電

وَلَدٌ 複 أَوْلاَد / وُلْد ❖ 子, 男の子 ※ ⇔ بِنْتٌ: 娘, 女の子

وَلَدُ الزِّنَاءِ　非嫡出子/私生児/私生子

أَوْلاَد حَرَامٍ　不良/悪漢

صِحَّةُ الأُمِّ جَيِّدَةٌ وَكَذَلِكَ صِحَّةُ الْوَلَدِ　母親の健康状態は良く, 子の健康も同様です/母子共に健康です

وَلِعَ ، يَوْلَعُ ❖ 火が付く, 燃える;熱中する(~بِ:~に)

يَوْلَعُ بِالرِّيَاضَةِ　運動(スポーツ)に熱中する

وَلَّعَ < ولع II ❖ 火を付ける;熱中させる, 夢中にする

مَا الَّذِي وَلَّعَكَ بِالرِّيَاضَةِ؟　どうして, あなたはスポーツに夢中になったのですか

وَلَغَ ، يَلَغُ ❖ (犬や猫などが舌で)舐める

أُنْظُرْ إِلَى الْقِطَّةِ كَيْفَ تَلَغُ الْمَاءَ　猫がどの様に水を舐めるのかを見なさい

وَلْوَلَ ، يُوَلْوِلُ ❖ 悲嘆する, 嘆く, 悲しくて泣く

كَانَتِ الْمَرْأَةُ تُوَلْوِلُ　女性は泣いていた

وَلِيَ ، يَلِي ❖ 近くにある;続く;支配する

مَا يَلِي　次のもの/次に来るもの/以下のもの

فِيمَا يَلِي أَخْبَارٌ هَامَّةٌ　続きまして,重要なニュースです

كَمَا يَلِي　次の様に/次の通り/以下の様に

نَتِيجَةُ الامْتِحَانِ هِيَ كَمَا يَلِي　試験の結果は以下の通り

وَلِيَ الْحُكْمَ　権力を取った(握った)

وَلِيّ <ولي 複 أَوْلِيَاء ❖ 形 近い 名 近い者 複 支援者,保護者;所有者;聖者

وَلِيُّ الأَمْرِ　保護者/支配者/責任者

وَلِيُّ الْعَهْدِ　皇太子/王位継承者

وَلِيد 複 وِلْدَان / وِلْدَة ❖ 形 乳児の,新生児の 名 新生児;赤ちゃん,赤ん坊

الأُمُّ وَوَلِيدُهَا بِخَيْرٍ　母子共に健康です

وَلِيمَة <ولم 複 وَلَائِم ❖ 宴会

أَقَامَ وَلِيمَةً بِمُنَاسَبَةِ زَوَاجِ ابْنَتِهِ　娘の結婚披露の宴会を行った

وَمَضَ ، يَمِضُ ❖ きらめく,光る

كَانَ الْبَرْقُ يَمِضُ فِي الأُفُقِ　稲妻が地平線に光っていた

وَمِيض <ومض ❖ 光り,せん光,きらめき

وَمِيضُ الْبَرْقِ يُنِيرُ الْجِبَالَ　稲妻の光りが山々を照らしている

وَنَى ، يَنِي / وَنِيَ ، يَوْنَى ❖ 疲れる,弱る;諦める;落胆する

لَا يَنِي　疲れを知らない

وَهَّابٌ ❖ 与える者

اَلْوَهَّابُ　恵みを与える者/神

وَهَبَ ، يَهَبُ ❖ (見返りを期待しないで)与える,捧げる(~لِ:~に)

وَهَبَتْهُ مِنْ ذَاتِ نَفْسِهَا　彼女は身も心も彼に捧げた

وَهَجَ ، يَهِجُ 名 وَهْج ❖ ぎらぎら輝く,まぶしい;燃え立つ 名 きらめき

وَهَجَتْ شَمْسُ الصَّيْفِ　夏の太陽がぎらぎらと輝いた

وَهْلَة ❖ 恐怖;一瞬（複 ـات）

عِنْدَمَا رَأَيْتُ ثَوْرًا شَعَرْتُ بِوَهْلَةٍ　牛を見た時，私は恐怖を感じた

رَأَيْتُهُ أَوَّلَ وَهْلَةٍ　私はそれを初めて見ました

فِي الْوَهْلَةِ الْأُولَى　最初に/初めに

لِأَوَّلِ وَهْلَةٍ　一見して/直ぐに

وَهَّمَ < وهم II ❖ (幻想，偏見，根拠のない恐怖などを)吹き込む，煽る;思わせる，信じ込ませる

تَوَهُّجُ الطَّرِيقِ فِي الصَّيْفِ يُوَهِّمُ بِوُجُودِ مَاءٍ　夏の道路のきらめきは水があると思わせる

وَهْمٌ 複 أَوْهَام 関 وَهْمِيّ ❖ 幻想，幻 関 幻想の，幻の;想像上の，架空の

هٰذَا مُجَرَّدُ وَهْمٍ　それは単なる幻想にすぎない

قُوَّة وَهْمِيَّة　想像力

مُؤَسَّسَة وَهْمِيَّة　架空の会社

وَهَنَ ، يَهِنُ 名 وَهْن ❖ 弱くする;勇気をくじく;弱くなる;落胆する 名 弱さ

لَا يَهِنُ　疲れを知らない/衰えを知らない

قِلَّةُ الْغِذَاءِ تُهْزِلُ الْجِسْمَ وَتَهِنُهُ　栄養の不足は体力を奪い，弱くする

الْوَهْنُ النَّفْسِيّ　神経衰弱

وَهَنَ ، يَوْهُنُ / وَهِنَ ، يَهِنُ 名 وَهْن ❖ 弱くなる，弱る 名 弱さ

إِنَّكَ رَجُلٌ قَوِيٌّ لَا يَوْهُنُ أَمَامَ الصِّعَابِ　本当に，あなたは困難に直面しても，くじけない強い男だ

وَيْح ❖ 災い(~لِـ:~への)

وَيْحٌ لَكَ ! (وَيْحَكَ !)　おまえに災いあれ

وَيْحًا لِـ~　~に災いあれ

وَيْل ❖ 苦しみ;災難，災い

وَيْلٌ لِـ~ / وَيْلَ ~/وَيْلًا لِـ~　~に災いあれ

وَيْلَة 複 ـات ❖ 災難，災い;不運，不幸

حَرْفُ الياء

ي

ـي ❖ 私の

هٰذَا كِتَابِي　これは私の本です

~يَا ❖ やぁ~, まぁ

اِسْمَعْ ، يَا حَسَنُ !　聞きたまえ！やぁ，ハサン ＊主格

مَاذَا تَتَمَنَّى ، يَا رَجُلُ؟　君は何をお望みですか ＊非限定主格

يَا بَائِعَ الصُّحُفِ　やぁ，新聞売り ＊対格，後ろに限定名詞が続く

يَا اللّٰهُ　おぉ，神よ

يَا سَلَامُ !　まぁ！※驚いた時に

يَا لَـ~ مِنْ ..　~は何と‥なのだろう※驚きを表す

يَا لَهَا مِنْ شَعْوَذَةٍ　何という素晴らしい手品でしょう

يَا لَكَ مِنْ جَبَانٍ !　臆病者！/ 弱虫！

~يَا لَلْ　何と~であることか

يَا لَلْيَدِ الرَّشِيقَةِ !　何と仕事が手早いのでしょう

"فُوجِي سَانْ" ! يَا لَهُ مِنْ طَوْدٍ !　富士山！何と高くそびえる山よ！

يَائِس＜يـأس ❖ 形 絶望的な 名 絶望した人 複 يَأْس ون 女 يَائِسَة 複 ـات

مُحَاوَلَة يَائِسَة　絶望的な試み

(الْ)يَابَان ❖ 日本，日本

اَلْيَابَانُ : فِي الْمُحِيطِ الْهَادِئِ شَرْقِيَّ آسِيَا ،　日本：東アジアの太平洋に囲まれている

۳۷۸,۰۰۰ كم٢ ، ۱۲۷,۰۰۰,۰۰۰ ن .　面積37万8千平方km，人口1億2千7百万人

عَاصِمَتُهَا طُوكِيُو أَكْبَرُ مُدُنِ الْعَالَمِ ،　首都は世界最大の都市，東京，

مِنْ مُدُنِهَا : أُوسَاكَا، نَاغُويَا، يُوكُوهَامَا،　主要な都市：大阪，名古屋，横浜，

كِيُوتُو ، كُوبِه ، كَاوَاسَاكِي ، هِيرُوشِيمَا ، <ruby>京都<rt>きょうと</rt></ruby>, <ruby>神戸<rt>こうべ</rt></ruby>, <ruby>川崎<rt>かわさき</rt></ruby>, <ruby>広島<rt>ひろしま</rt></ruby>,

كِيتَاكِيُوشُو ، فُوكُوكَا ، نَاغَاسَاكِي . <ruby>北九州<rt>きたきゅうしゅう</rt></ruby>, <ruby>福岡<rt>ふくおか</rt></ruby>, <ruby>長崎<rt>ながさき</rt></ruby>

تَتَأَلَّفُ مِنْ أَرْبَعِ جُزُرٍ : هُونْشُو ، <ruby>次<rt>つぎ</rt></ruby>の<ruby>四<rt>よっ</rt></ruby>つの<ruby>島<rt>しま</rt></ruby>から<ruby>構成<rt>こうせい</rt></ruby>される：<ruby>本州<rt>ほんしゅう</rt></ruby>,

هُوكَايْدُو ، كِيُوشُو ، شِيكُوكُو . <ruby>北海道<rt>ほっかいどう</rt></ruby>, <ruby>九州<rt>きゅうしゅう</rt></ruby>, <ruby>四国<rt>しこく</rt></ruby>

أَكْبَرُهَا هُونْشُو . تَنْتَشِرُ حَوْلَهَا نَحْوَ その<ruby>中<rt>なか</rt></ruby>で<ruby>一番大<rt>いちばんおお</rt></ruby>きいのは<ruby>本州<rt>ほんしゅう</rt></ruby>である

أَلْفِ جَزِيرَةٍ صَغِيرَةٍ . <ruby>周<rt>まわ</rt></ruby>りに<ruby>約千<rt>やくせん</rt></ruby>の<ruby>小<rt>ちい</rt></ruby>さな<ruby>島<rt>しま</rt></ruby>がある

يَابَانِيّ >يابان ⇔ 形<ruby>日本<rt>にほん</rt></ruby>の, <ruby>日本<rt>にっぽん</rt></ruby>の 名<ruby>日本人<rt>にほんじん</rt></ruby>, <ruby>日本人<rt>にっぽんじん</rt></ruby>

الشَّعْبُ الْيَابَانِيّ <ruby>日本人<rt>にほんじん</rt></ruby>/<ruby>日本国民<rt>にほんこくみん</rt></ruby>

اللُّغَةُ الْيَابَانِيَّة <ruby>日本語<rt>にほんご</rt></ruby>

يَابِس >يبس ⇔ <ruby>乾<rt>かわ</rt></ruby>いた, <ruby>乾燥<rt>かんそう</rt></ruby>した；<ruby>枯<rt>か</rt></ruby>れた；<ruby>堅<rt>かた</rt></ruby>い

أَرْض يَابِسَة <ruby>乾燥<rt>かんそう</rt></ruby>した<ruby>土地<rt>とち</rt></ruby>

صَارَتِ الْعَضَلَاتُ فِي عُنُقِي يَابِسَةً <ruby>私<rt>わたし</rt></ruby>は<ruby>肩<rt>かた</rt></ruby>が<ruby>凝<rt>こ</rt></ruby>りました

(الْ)يَابِسَة >يبس ⇔ <ruby>陸<rt>りく</rt></ruby>, <ruby>陸地<rt>りくち</rt></ruby>

فَرِحَ الْمُهَاجِرُونَ بِرُؤْيَةِ الْيَابِسَة <ruby>移民達<rt>いみんたち</rt></ruby>は<ruby>陸地<rt>りくち</rt></ruby>を<ruby>見<rt>み</rt></ruby>て<ruby>喜<rt>よろこ</rt></ruby>んだ

يَئِسَ ، يَيْئَسُ (يَيْئَس) بَأْس 名 <ruby>絶望<rt>ぜつぼう</rt></ruby>する, あきらめる；<ruby>見放<rt>みはな</rt></ruby>す (～بِ ：～を)
名 <ruby>絶望<rt>ぜつぼう</rt></ruby>；<ruby>断念<rt>だんねん</rt></ruby>, あきらめ；<ruby>絶望<rt>ぜつぼう</rt></ruby>した<ruby>人<rt>ひと</rt></ruby>

أَيْئَسُ مِنْ إِصْلَاحِ هَذَا الْكَلْب <ruby>私<rt>わたし</rt></ruby>はこの<ruby>犬<rt>いぬ</rt></ruby>の<ruby>調教<rt>ちょうきょう</rt></ruby>に<ruby>絶望<rt>ぜつぼう</rt></ruby>しています

لَا تَيْئَسْ <ruby>諦<rt>あきら</rt></ruby>めるな

أُصِيب بِالْيَأْس <ruby>絶望<rt>ぜつぼう</rt></ruby>に<ruby>襲<rt>おそ</rt></ruby>われた

شَعَرَ بِالْيَأْس <ruby>絶望<rt>ぜつぼう</rt></ruby>を<ruby>感<rt>かん</rt></ruby>じた

يَاسَرَ >يسر III ⇔ <ruby>甘<rt>あま</rt></ruby>やかす；<ruby>親切<rt>しんせつ</rt></ruby>にする；<ruby>寛大<rt>かんだい</rt></ruby>に<ruby>接<rt>せっ</rt></ruby>する

أُيَاسِرُ النَّاس <ruby>私<rt>わたし</rt></ruby>は<ruby>人<rt>ひと</rt></ruby>に<ruby>優<rt>やさ</rt></ruby>しくしています

يَاسَمِين ※ يَاسَمِينَة ⇔ ジャスミン ※<ruby>1本<rt>いっぽん</rt></ruby>のジャスミンの<ruby>木<rt>き</rt></ruby>

شَمَّ رَائِحَةَ زَهْرِ الْيَاسَمِين ジャスミンの<ruby>花<rt>はな</rt></ruby>の<ruby>香<rt>かお</rt></ruby>りを<ruby>嗅<rt>か</rt></ruby>いだ

يَافِع >يفع يُفْعُون 複 形 <ruby>思春期<rt>ししゅんき</rt></ruby>の, <ruby>青年期<rt>せいねんき</rt></ruby>の, <ruby>年<rt>とし</rt></ruby>ごろの 名 <ruby>若者<rt>わかもの</rt></ruby>, <ruby>青年<rt>せいねん</rt></ruby>

هُوَ غُلَامٌ يَافِع <ruby>彼<rt>かれ</rt></ruby>は<ruby>青年<rt>せいねん</rt></ruby>だ（もう<ruby>大人<rt>おとな</rt></ruby>だ）

يَأْفُوخ < يفخ 複 يَوَافِيخ ❖ 頭の先端,頭頂

الضَّرْبَة عَلَى الْيَأْفُوخِ　頭上への一撃

يَاقُوت ❖ ヒヤシンス;サファイヤ 複 يَوَاقِيت ※ يَاقُوتَة ※1本のヒヤシンス

يَاقُوت أَحْمَر　ルビー

يَاقُوت أَزْرَق　サファイア

يَانْسُون ❖ アニス,アニスの実(= أَنِيسُون) ※セリ科の植物

يَانَصِيب < نصب ❖ くじ,宝くじ

وَرَقَة يَانَصِيبٍ　くじ券

يَانِع < ينع 複 يَنْع ❖ (果物が)熟した,熟れた;柔らかい

بَاتَ الْعِنَبُ يَانِعًا　葡萄が熟した

يَاوَمَ < يوم III 名 مُيَاوَمَة ❖ (一日いくらで)雇う 名日雇い

هَلْ تُيَاوِمُ عُمَّالَ الْوَرْشَةِ ؟　工場の労働者を日雇いで雇うのですか

عَامِل مُيَاوَمَةٍ　日雇い労働者/日雇い

يَبَاب < يب ❖ 形 荒廃した;破壊された 名 廃墟

مَنْزِلٌ خَرَابٌ يَبَابٌ　荒れ果てた住居

تَرَكَ التُّسُونَامِي الْمِنْطَقَةَ يَبَابًا　津波がその地方を廃墟にした

يَبَسَ (a, i) 名 يَبْس(يُبْس) / يَبَس ❖ 乾く,乾燥する 名 乾く事,乾燥

يَبِسَتْ سَنَابِلُ الْقَمْحِ　小麦の穂が乾いた(乾燥した)

يَبَّسَ < يبس II 名 تَيْبِيس ❖ 乾かす,乾燥させる 名 乾燥

شَمْسُ الصَّيْفِ تُيَبِّسُ الْأَرْضَ　夏の太陽が大地を乾かす

يُبُوسَة < يبس ❖ 乾く事,乾燥

جَفَّتِ الْبُحَيْرَةُ فَصَارَتْ يُبُوسَةً　湖が干上がった

يَتِمَ (i) / يَتُمَ (u) / يَتَمَ (a) 名 يُتْم ❖ 孤児になる,孤児である 名 孤児,みなしご

أَتَعْرِفُ الْوَلَدَ الَّذِي يَتِمَ صَغِيرًا؟　幼くして孤児になった子を知っていますか

يَتَّمَ < يتم II ❖ 孤児にする

أ ب ت ث ج ح خ د ذ ر ز س ش ص ض ط ظ ع غ ف ق ك ل م ن هـ و ي

كَمْ مِنْ وَلَدٍ يَتَّمَ التُّسونامي!　津波はどれだけの子供を孤児にしたことか

يَتِيم ❖ 孤児 ＜يتم 複 أَيْتَام / يَتَامَى

دَارُ الْأَيْتَام　孤児院

يَتِيمُ الْأَبِ (الْأُمِّ / الْأَبَوَيْنِ)　父親(母親/両親)のいない孤児

يَجِبُ ❖ 義務である ※وَجَبَ の未 ＜وجب

كَمَا يَجِبُ　あるべき方法で/適切に

يَجِبُ عَلَى.. أَنْ ~　‥は～しなければならない

يَجِبُ عَلَى الْوَلَدِ أَنْ يَحْتَرِمَ وَالِدَيْهِ　子は親を敬わなければならない

يَخْت ❖ ヨット 複 يُخُوت

سِبَاق الْيُخُوتِ　ヨットレース

أَبْحَرَ الرَّجُلُ فِي يَخْتِهِ　男は自分のヨットで航海した

يَدٌ ❖ 女 手;腕;握り,取っ手;権力;所有;援助 複 أَيْدٍ / أَيَادٍ

يَدَانِ (يْنِ)　両腕 ※( )内は属対

يَدَا الْبِنْتِ　その娘の両腕は

يَدَيِ الْبِنْتِ　その娘の両腕を(の)

بَيْنَ يَدَيْهِ　彼の前に(で)/手の中の/持っている

لَا سِلَاحَ بَيْنَ يَدَيْهِ　彼は武器を持っていない

عَلَى يَدِ ~　～の指導の下に

عَلَى أَيْدِي ~　～の手によって

صِفْرَ الْيَدَيْنِ　手ぶらで

يَدًا بِيَدٍ　手から手へ(に)

طَلَبَ يَدَ ~　(女性に)求婚(プロポーズ)した

بِيَدٍ وَاحِدَةٍ　片手で

يَدُ الْحَيَوَانِ　(動物の)前足

تَحْتَاجُ الشَّرِكَةُ إِلَى الْأَيْدِي الْعَامِلَةِ　会社は人手を必要としている

لَهُ يَدٌ بَيْضَاءُ فِي ~　彼は～に習熟している

بَيْنَ يَدَيِ الْكِتَابِ　(本の)前書き

سَاعَةُ الْيَدِ　腕時計

يَدَوِيٌّ < يد ❖ 手の, 手でする

صِنَاعَةٌ يَدَوِيَّةٌ　手工業

عَمَلٌ يَدَوِيٌّ　手芸

أَشْغَالٌ يَدَوِيَّةٌ　手仕事

يَرَاعٌ < يرع ❖ 形 臆病な 名 茎;ペン:葦 ※1本の茎,ペン يَرَاعَةٌ 複 ـات

مَا أَشْبَهَ الْيَرَاعَ بِقَصَبِ السُّكَّرِ !　葦は何と砂糖黍に似ているのでしょう

لَوَازِمُ الْكِتَابَةِ وَرَقَةٌ وَحِبْرٌ وَيَرَاعٌ　物を書くには紙とインクとペンがいります

يَسَارٌ < يسر ❖ 左, 左手, 左側;資力, 財力;簡単 ※⇔ يَمِين

يَسَارًا / عَنِ الْيَسَارِ　左に/左へ

إِلَى الْيَسَارِ دُرْ　左側に回りなさい

أَهْلُ الْيَسَارِ　財力のある一家

يَسَرَ (a) / يَسِرَ (a) / يَسُرَ (u) 名 يُسْرٌ ❖ 易しい,容易である;少なくなる;賭け矢(مَيْسِر)で遊ぶ,ギャンブルをする;左から来る
名 容易な事,安楽;贅沢

مَعَ الْوَقْتِ كُلُّ صَعْبٍ يَيْسُرُ　時とともに,あらゆる困難も容易になる[格言]

يَسُرَ الْمَالُ بَيْنَ يَدَيْهِ　手持ちの金が少なくなった

((إِنَّ مَعَ الْعُسْرِ يُسْرًا))　苦あれば楽あり

يَسَّرَ < يسر II 名 تَيْسِير ❖ 易しくする,容易にする;準備する 名 簡易化,容易化

يَسَّرَ السَّبِيلَ أَمَامَهُ لِـ~　~する事が可能になった

يُسْرَى < يسر 複 يُسْرَيَات ❖ 形 左の 名 左, 左手 ※ أَيْسَر の 女 ⇔ يُمْنَى

يَكْتُبُ بِالْيَدِ الْيُسْرَى　彼は左手で字を書く

جَلَسَ عَنْ يُسْرَاهُ　彼の左側に座った

يَسْرَة ❖ 左, 左の方向, 左側

يَمْنَةً وَيَسْرَةً　右や左に

يَسِير <يسر ❖ 簡単な, 易しい, 平易な; 少ない

عَمَلٌ يَسِيرٌ　簡単な仕事

مَبْلَغٌ يَسِيرٌ　わずかな金額

يَعْسُوب <عسب 複 يَعَاسِيب ❖ 雄の蜂

زَعَامَةُ الْيَعْسُوبِ　女王蜂

يَقْطِين <قطن ❖ かぼちゃ[植物]

أُحِبُّ بِزْرَ الْيَقْطِينِ　私はかぼちゃの種が好きです

يَقِظَ (a) ❖ 起きる, 目が覚める; 目覚めている

مَتَى يَقِظْتِ مِنْ نَوْمِكِ؟　貴女はいつ起きたのですか

يَقِظٌ (ُ) 複 أَيْقَاظ ❖ 目覚めている, 起きている; 注意深い

عَلَى الْحَارِسِ أَنْ يَكُونَ يَقِظًا　警備員は起きていなければならない

يَقْظَانُ 複 يِقَاظ 女 يَقْظَى 複 يَقَاظَى ❖ 目覚めている; 注意深い

أَبُو الْيَقْظَانِ　雄鶏

أَيَقْظَانٌ أَنَا أَمْ نَائِمٌ؟　私は目覚めているのか, それとも眠っているのか

يَقَظَة (ْ) ❖ 目覚め, 覚醒

فِي يَقَظَةٍ　目覚めて

حُلْمُ الْيَقْظَةِ　空想/白昼夢

يَقِين <يقن ❖ 確かさ; 確信

عَلَى يَقِينٍ مِنْ (بِ)~　~を確信している

أَنَا عَلَى يَقِينٍ بِأَنَّهُ سَيَأْتِي　私は彼がやって来ると, 確信しています

يَمّ 複 يُمُوم ❖ 海

مَخَرَ الْيَخْتُ عُبَابَ الْيَمِّ　ヨットが海の波を切って進んでいった

يَمَام <يم 複 -ات ※ يَمَامَة ❖ 鳩, 野鳩, 山鳩 ※1羽の鳩

مَا الْفَرْقُ بَيْنَ الْيَمَامِ وَالْحَمَامِ؟　野鳩と家鳩の違いは何ですか

يَمَّمَ <يم II ❖ 行く; 回る; 回り道をする

يَمَّمَ وَجْهَهُ شَطْرَ ~ 　~に顔を向けた

يَمَّمْنَا شَطْرَ الْمَنْزِلِ 　私達は回り道をして,帰宅した

يُمْن (u) يَمَنَ / (a) يَمِنَ / (u) يَمُنَ ❖ 幸運である,運がよい;祝福する(~عَلَى:~を);
右に進む

لَيْتَ السَّنَةَ الْجَدِيدَةَ تَيْمُنُ عَلَيْكُمْ 　新年に貴方達が祝福されますように/新年おめでとう

يَمَّنَ < يمن II ❖ 右に進む,右に曲がる

يَمَّنَ الطَّائِرُ 　鳥は右に飛んで行った

(اَلْ)يَمَن 関 يَمَنِيّ ❖ イエメン 関 イエメンの;イエメン人

اَلْجُمْهُورِيَّةُ الْيَمَنِيَّةُ 　イエメン共和国

يُمْنَى < يمن ❖ 形 右の 名 右手 ※ أَيْمَن の女

يَعْمَلُ بِالْيَدِ الْيُمْنَى 　右手を使う

يَمِين < يمن 複 أَيْمَان/ أَيْمُن ❖ 女 右,右側;右手;誓い,宣誓 ※⇔ يَسَار :左

إِلَى الْيَمِينِ / يَمِينًا 　右に

عَلَى الْيَمِينِ 　右側に/右手に

يَمِينُ الطَّرِيقِ 　通りの右側

مَا مَلَكَتْ يَمِينُهُ 　所有物/財産

أَيْمُ (أَيْمُنُ) اللّٰهِ 　私は神にかけて誓う

يَمِينُ اللّٰهِ 　神に誓って

تُوضَعُ السِّكِّينُ إِلَى يَمِينِ الصُّحْنِ، الشَّوْكَةُ إِلَى شِمَالِهِ 　ナイフは皿の右側に,フォークは左側に置かれます

يَنَايِرُ ❖ 一月 ※西暦の一月

هَلْ تَبْدَأُ السَّنَةُ بِشَهْرِ يَنَايِرَ؟ 　一年は一月から始まるのですか

يَنْبُوع < نبع 複 يَنَابِيع ❖ 泉,井戸

نَسْتَقِي الْمَاءَ مِنَ الْيَنْبُوعِ 　私達は井戸の水を汲んでいます

يَنْسُون ❖ = يَانِسُون

يَنَعَ (a, i) ❖ 熟(う)れる, 熟(じゅく)する

مَتَى تَيْنَعُ الثِّمَارُ ؟　　あの実(み)はいつ熟(う)れますか

يَهُود ❖ يَهُودِيّ 関 يَهُود 複 يَهُودِيّ 関 ユダヤ人(じん), ユダヤ教徒(きょうと) 関 ユダヤの; ユダヤ人(じん)

اَلتَّوْرَاةُ كِتَابُ الْيَهُودِ الْمُقَدَّسُ　　トーラはユダヤ人(じん)の聖(せい)なる書(しょ)です

اَلْيَهُودِيَّة ❖ ユダヤ教(きょう); ユダヤ人女性(じんじょせい)

اَلْيَهُودِيَّةُ تَعْتَمِدُ التَّوْرَاةَ　　ユダヤ教(きょう)はトーラー(モーゼの五書(ごしょ))を信(しん)じる

يُوجَدُ ❖ وجد > يُوجَدُ 女 تُوجَدُ　　(人(ひと), 動物(どうぶつ)が)いる, (物(もの)が)ある

※ وَجَدَ の未受

يُوجَدُ فِي الْمَلْعَبِ نَاسٌ كَثِيرُونَ　　運動場(うんどうじょう)には沢山(たくさん)の人(ひと)がいます

تُوجَدُ لُعَبٌ كَثِيرَةٌ أَمَامَ الْوَلَدِ　　子供(こども)の前(まえ)に沢山(たくさん)のおもちゃがあります

يُود ❖ ヨード, ヨー素(そ)

صِبْغَةُ الْيُودِ　　ヨードチンキ

يُولِيُو / يُولِيَة ❖ 七月(しちがつ) ※西暦(せいれき)の七月(しちがつ)

يَوْم ❖ 日(ひ), 一日(いちにち); 昼(ひる); 今(いま), 現在(げんざい); 闘(たたか)い, 争(あらそ)い 複 أَيَّام 関 يَوْمِيّ 複 ـات
関 一日(いちにち)の; 毎日(まいにち)の; 日々(ひび)の, 日常(にちじょう)の 複 日誌(にっし); ニュース

اَلْيَوْم *(ـَ)　　今日(きょう)/本日(ほんじつ)/当日(とうじつ) *副詞的用法(ふくしてきようほう)では語尾(ごび)が(ـَ)

اَلْجَوُّ جَمِيلٌ الْيَوْمَ　　本日(ほんじつ)は晴天(せいてん)なり

سَأَذْهَبُ الْيَوْمَ مَعَ أَبِي إِلَى الْمَعْرِضِ　　今日(きょう), 私(わたし)は父(ちち)と一緒(いっしょ)に展覧会(てんらんかい)に行(ゆ)きます

مَا يَمْضِي مِنَ الْأَيَّامِ لَا يَعُودُ　　過(す)ぎ去(さ)った日々(ひび)は戻(もど)らない

يَوْم الدِّينِ　　最後(さいご)の審判(しんぱん)の日(ひ)

ذَاتَ يَوْمٍ / فِي ذَاتِ يَوْمٍ　　ある日(ひ)

كُلَّ يَوْمٍ　　毎日(まいにち)

مِنْ أَيَّامٍ　　数日前(すうじつまえ)

يَوْمًا يَوْمًا / يَوْمًا فَيَوْمًا / يَوْمًا بَعْدَ (عَنْ) يَوْمٍ / مِنْ يَوْمٍ إِلَى (لِـ) يَوْمٍ　　日(ひ)ごとに/一日(いちにち)ごとに

فِي يَوْمٍ وَلَيْلَةٍ　　夜(よる)となく昼(ひる)となく/夜(よ)に日(ひ)を継(つ)いで

يومئذ ~ يونية

مُنْذُ الْيَوْمِ　今から/今後は

فِي هٰذِهِ الْأَيَّامِ　この頃/近頃/最近

يَوْمًا / يَوْمًا مَا　いつか/いつの日か/やがて

سَنَرْجِعُ يَوْمًا إِلَى حَيِّنَا　いつの日か, 故郷へ帰ろう

يَوْم رَأْسِ السَّنَةِ　元旦/元日

اَلْيَوْم التَّالِي　翌日

يَوْم أَسْوَد　不運な日

اِبْن الْيَوْمِ　現代人

عَلَى تَوَالِي الْأَيَّامِ　将 来/そのうち

أَيَّام الْعَرَب　アラブ人が争った日々

اَلْجَرِيدَة الْيَوْمِيَّة　日刊新聞/日刊紙

اَلْمُحَادَثَات الْيَوْمِيَّة　日常会話

يَوْمِيًّا　毎日

يَوْمَئِذٍ / يَوْمَذَاكَ < يوم ❖ その時, その頃; その日

كَانَ يَوْمَئِذٍ فِي الثَّالِثَةِ مِنْ عُمْرِهِ　その時, 彼は3歳だった

(اَلْ)يُونَان 関 يُونَانِيّ ❖ ギリシャ 関ギリシャの; ギリシャ人

لِلْيُونَانِ حَضَارَةٌ عَرِيقَةٌ　ギリシャには古い文明がありました

"سُقْرَاط" حَكِيمٌ يُونَانِيٌّ كَبِيرٌ　ソクラテスはギリシャの偉大な賢人です

يُونِيَة / يُونِيُو ❖ 六月 ※西暦の六月

〈著者紹介〉

田中博一（たなか　ひろいち）

1950年　福岡県三井郡（現久留米市）生まれ
1968年　朝倉高校卒、九州大学農学部入学
　　　　農業工学科専攻後に林学科に転科
著　書：『さあアラビア語を学びましょう』（愛知イスラム文化センター、1988年）
　　　　『改訂版　日本語アラビア語基本辞典』（鳥影社、1999年）
　　　　『現代日本語アラビア語辞典』（鳥影社、2015年）
他に、エジプトの作家ヤコブ・シャールゥニィの作品を中心に翻訳多数。

現代アラビア語辞典

アラビア語—日本語

定価（本体10000円+税）

乱丁・落丁はお取り替えします。

2017年9月 1日初版第1刷印刷
2017年9月29日初版第1刷発行
著　者　田中博一
発行者　百瀬精一
発行所　鳥影社 (www.choeisha.com)
〒160-0023 東京都新宿区西新宿3-5-12トーカン新宿7F
電話 03(5948)6470, FAX 03(5948)6471
〒392-0012 長野県諏訪市四賀229-1(本社・編集室)
電話 0266(53)2903, FAX 0266(58)6771
印刷・製本　モリモト印刷・高地製本

ISBN978-4-86265-613-1 C0587